D1750299

Stein/Jonas

Kommentar zur

Zivilprozeßordnung

21. Auflage
bearbeitet von

Reinhard Bork · Wolfgang Brehm
Wolfgang Grunsky · Dieter Leipold
Wolfgang Münzberg · Herbert Roth
Peter Schlosser · Ekkehard Schumann

Band 5
Teilband 2
§§ 592–703 d

J. C. B. Mohr (Paul Siebeck) Tübingen

Bearbeiter:

Prof. Dr. jur. REINHARD BORK, Hamburg
Prof. Dr. jur. WOLFGANG BREHM, Bayreuth
Prof. Dr. jur. WOLFGANG GRUNSKY, Bielefeld
Prof. Dr. jur. DIETER LEIPOLD, Freiburg i. Br.
Prof. Dr. jur. WOLFGANG MÜNZBERG, Tübingen
Prof. Dr. jur. HERBERT ROTH, Münster
Prof. Dr. jur. PETER SCHLOSSER, München
Prof. Dr. jur. EKKEHARD SCHUMANN, Regensburg

Zitiervorschlag: Stein/Jonas/Bearbeiter[21] § 29a Rdnr. 2

Die Deutsche Bibliothek – CIP-Einheitsaufnahme

Stein, Friedrich:
Kommentar zur Zivilprozeßordnung / Stein ; Jonas.
Bearb. von Reinhard Bork ... – Geb. Ausg. – Tübingen : Mohr
  NE: Jonas, Martin:; Bork, Reinhard [Bearb.]
  Geb. Ausg.
  Bd 5.
  Teilbd. 2. §§ 592–703 d. – 21. Aufl. – 1993
  ISBN 3-16-146167-3

© 1993 J.C.B. Mohr (Paul Siebeck) Tübingen.

Das Werk einschließlich aller seiner Teile ist urheberrechtlich geschützt. Jede Verwertung außerhalb der engen Grenzen des Urheberrechtsgesetzes ist ohne Zustimmung des Verlags unzulässig und strafbar. Das gilt insbesondere für Vervielfältigungen, Übersetzungen, Mikroverfilmungen und die Einspeicherung und Verarbeitung in elektronischen Systemen.

Dieser Band wurde von Gulde-Druck in Tübingen aus der Rotation gesetzt, auf alterungsbeständiges Werkdruckpapier der Papierfabrik Niefern gedruckt und von der Großbuchbinderei Heinr. Koch in Tübingen gebunden. Der Einband entwarf Alfred Krugmann in Stuttgart.

Fünftes Buch

Urkunden- und Wechselprozeß

Vorbemerkungen

I. Mit dem **fünften Buch** beginnt die Behandlung der sog. **besonderen Prozeßarten**, deren Zulässigkeit von jeweils charakteristischen Voraussetzungen abhängt. Dies sind der *Urkunden- und Wechselprozeß*, der *Arrestprozeß* und das Verfahren bei *einstweiligen Verfügungen*, §§ 916 ff., (die nur künstlich nicht in einem eigenen Buch, sondern in einem Abschnitt des achten Buches über die Zwangsvollstreckung geregelt sind), das Mahnverfahren, das keine summarische Prozeßart ist, weil es die Sachverhandlung nicht beschränkt, sondern ausschließt, sowie besonders gestaltete Verfahrensarten für Ehe-, Familienstands- und Aufgebotsverfahren (Buch 6 und 9). Das ursprünglich in den §§ 645–687 geregelte Entmündigungsverfahren ist mit dem Institut der Entmündigung entfallen. Die »Verfahren über den Unterhalt Minderjähriger« sind 1969 hinzugekommen.

Dagegen kennt die ZPO ein allgemein zur Verfügung stehendes beschleunigtes Verfahren, wie das »référé-Verfahren« des französischen Rechts oder das beschleunigte Verfahren einer Reihe schweizerischer Kantone leider nicht. Die Folge davon ist eine übermäßige Ausdehnung des Verfahrens der einstweiligen Verfügung, das oft so durchgeführt werden muß, daß es den dringend benötigten beschleunigten, aber endgültigen Rechtsschutz gewährleistet.

II. Der **Urkunden- und Wechselprozeß**[1] zeichnet sich weniger durch eine formelle Beschleunigung des Prozeßgangs, die nur in § 604 Abs. 2 für den Wechselprozeß, eine spezielle Unterart des Urkundenprozesses, vorgesehen ist, sondern vielmehr durch eine **Beschränkung der Verhandlung und Entscheidung** auf Klagegrund und dokumentarisch liquide zu stellende Verteidigung aus. Durch eine Beschränkung der zulässigen Beweismittel und den Ausschluß der Widerklage wird eine Beschleunigung des Verfahrens erreicht. Erst im Nachverfahren kann der Beklagte seine Verteidigung umfassend entfalten. Der Kläger soll einen raschen, wenn auch nur provisorischen und mit dem Risiko von Schadensersatzansprüchen belasteten → § 600 Rdnr. 25 Rechtsschutz erhalten. Daher kommt auch eine Aussetzung nach § 148 nicht in Betracht → § 148 Rdnr. 34.

Ob der Urkundenprozeß in seiner jetzigen Gestalt den praktischen Bedürfnissen entspricht, muß bezweifelt werden. Die Statistik spricht seit langem für das Gegenteil. Nur der Wechselprozeß, bei dem die obligatorische Fristenkürzung das praktisch Wesentliche ist, spielt in der Praxis die ihm zugedachte Rolle.

Zum Urkunden- und Wechsel*mahn*verfahren → § 703 a.

III. Der Urkundenprozeß kann zu einem **endgültigen oder aber auch nur vorläufigem Ergebnis** führen. Mit der Klageerhebung im Urkundenprozeß wird der Streitgegenstand in seiner ganzen Dimension, also so wie im normalen Erkenntnisverfahren, der richterlichen Entscheidung unterbreitet. Die Entscheidung ist dann – aber nur dann – endgültig und dem

---

[1] Lit: *Stein* Urkunden- und Wechselprozeß (1887); *Groß* Der Urkundenprozeß Büro 1956, 9 ff.; *Schrader* Das prozessuale Verhältnis von Vor- und Nachverfahren im Urkunden- und Wechselprozeß, Diss. Frankfurt (1970); *Beckmann* Die Bindungswirkung des Vorbehaltsurteils im Urkunden-, Wechsel- und Scheckprozeß, Diss. Hamburg 1989; *Stürner* Statthaftigkeit und Beweisbedürftigkeit im Urkundenprozeß, NJW 1972, 125 f.; *Hall* Vorbehaltsanerkenntnis- und Anerkenntnisvorbehaltsurteil im Urkundenprozeß (1992); *Hertel* Der Urkundenprozeß unter besonderer Berücksichtigung von Verfassung (rechtliches Gehör) und Vollstreckungsschutz (1992).

Geschichtlich: *Briegleb* Über Wechselprozeß und exekutorische Urkunden (1845).

Urteil im ordentlichen Prozeß gleichwertig, wenn sie von den dem Urkundenprozeß eigentümlichen Beschränkungen nicht berührt ist. Dies ist dann der Fall, wenn der Anspruch des Klägers als unbegründet abgewiesen wird, § 597 Abs. 1 → § 597 Rdnr. 2 oder wenn der Beklagte dem Anspruch nicht widersprochen hat, also bei Anerkenntnis oder Säumnis. Kommt es aber zum Streit in der Sache selbst und unterliegt der Beklagte, so verurteilt ihn das Gericht im Urkundenverfahren nur provisorisch, da dem Beklagten die »Ausführung« seiner Rechte vorbehalten bleibt, § 600 Abs. 1 (Nachverfahren). Zur Bindung des Gerichtes im Nachverfahren → § 600 Rdnr. 12 f. In diesem Fall wird das Verfahren als ordentliches Verfahren unter Beibehaltung der Parteirollen fortgeführt. Das Nachverfahren ist also kein zweiter, selbständiger Prozeß. Danach gewährt der Urkundenprozeß einen Rechtsschutz eigener Art. Immer wenn der Beklagte nicht säumig ist → § 597 Rdnr. 5 und sich seiner Verurteilung widersetzt, selbst wenn er einräumt, keine im Urkundenprozeß statthafte Verteidigung zu haben, erhält der Kläger lediglich ein (Vorbehalts-)Urteil, das auch nach Eintritt seiner formellen Rechtskraft keine materielle Rechtskraft entfaltet. Der Beklagte braucht nicht eigens zu beantragen, daß ihm im Urteil »die Ausführung seiner Rechte« vorbehalten bleiben möge. Es genügt, daß er in der Sache dem Anspruch »widersprochen« hat.

Durch die Erklärung, im Urkundenprozeß zu klagen, die gemäß § 593 Abs. 1 eine Rechtsschutzvoraussetzung des Urkundenprozesses ist, macht der Kläger nicht ein besonderes materielles Recht gegen den Beklagten geltend[2], vielmehr macht er von einem besonderen Rechtsschutz Gebrauch, den ihm die Rechtsordnung zur Verfügung stellt. Unabhängig davon, welche Bedeutung man der »Verfahrensbehauptung« im Zusammenhang mit der Streitgegenstandsbestimmung im allgemeinen beimißt → Einl. Rdnr. 263 ff., begründet die Verfolgbarkeit eines Anspruchs im Urkundenprozeß niemals einen gegenüber der normalen Leistungsklage verschiedenen Streitgegenstand vgl. → Einl. Rdnr. 296[3].

4   IV. Für das **Verfahren im Urkundenprozeß** gelten, soweit im fünften Buch nicht besondere Vorschriften enthalten sind, die Regeln der ersten vier Bücher → § 595 Rdnr. 6. Die Vorschriften über das Verfahren vor dem Einzelrichter etwa finden auch hier Anwendung. Die wesentlichen Abweichungen von dem ordentlichen Verfahren bestehen in dem Erfordernis der Liquidstellung der Klagebegründung durch sofort vorzulegende Urkunden, auch bei Säumnis des Beklagten → 597 Rdnr. 4, 5, sowie der Beschränkung der gesamten Beweisführung von Angriff und Verteidigung, einschließlich des Echtheitsbeweises, auf sofort vorzulegende Urkunden und Antrag auf Parteivernehmung (§ 595). Bei dem Ausschluß der Widerklage im Urkundenprozeß (→ zur Urkundenwiderklage § 595 Rdnr. 1) und der vorläufigen Vollstreckbarkeit aller im Urkundenprozeß erlassenen Urteile (§ 708 Nr. 4) ohne Erfordernis einer Sicherheitsleistung (§ 711 Nr. 4) handelt es sich um weitere Besonderheiten des Urkundenprozesses. Zu besonderen Verfahrensvorschriften im Wechsel- und Scheckprozeß → § 602 Rdnr. 1.

5   V. Für die **Gerichts- und Anwaltsgebühren im Urkundenprozeß** gelten gewisse Besonderheiten. Zwar stellen Urkundenprozeß und Nachverfahren für die *Gerichtskosten* eine Instanz dar. Während aber generell für das Endurteil eine doppelte Gebühr entsteht (Nr. 1015 Kostenverzeichnis; Anlage 1 zu § 11 Abs. 1 GKG), entsteht für das Vorbehaltsurteil nur eine einfache Gebühr (Nr. 1013 Kostenverzeichnis). Erst für ein später erlassenes Endurteil werden weitere Gebühren erhoben (mit Begründung 1/1 Gebühr, Nr. 1014 Kostenverzeichnis; ohne Begründung 1/2 Gebühr, Nr. 1015 Kostenverzeichnis). Für die *Anwaltskosten* hingegen

---

[2] S. auch *RGZ* 72, 185, 188 – im Zusammenhang mit der Frage, ob es dem Kläger zur Vermeidung der Verjährungsunterbrechung zumutbar war, vom Urkundenprozeß Abstand zu nehmen, wenn die Urkunde beschlagnahmt war.

[3] So mit Recht *Bettermann* Rechtshängigkeit 88 ff.; *Schrader* aaO 21 f.; *Beckmann* aaO 65 und 147.

gilt das Nachverfahren als besonderer Rechtsstreit, allerdings mit der Beschränkung, daß die Prozeßgebühr des Urkunden- und Wechselprozesses auf die Gebühr des Nachverfahrens anzurechnen ist, § 39 BRAGO. Prozeßkostenhilfe → § 119 Rdnr. 3. Auch bei einer vergleichsweisen Kostenübernahme soll diese sowohl die Kosten des Vorverfahrens als auch des Nachverfahrens ergreifen[4]. Zur Ausländersicherheit → § 110 Rdnr. 14, § 111 Rdnr. 8 → im Nachverfahren § 600 Rdnr. 31.

VI. Im **arbeitsgerichtlichen Verfahren** sind die Vorschriften über den Urkunden- und Wechselprozeß nicht anwendbar, § 46 Abs. 2 S. 2 ArbGG. Der Wechsel- oder Scheckprozeß aus einem im Rahmen des Arbeitsverhältnisses begebenen Scheck oder Wechsel wird dadurch nicht ausgeschlossen. In diesem Fall ist das ordentliche Gericht für Vor- und Nachverfahren zuständig[5]. Dies folgt aus der besonderen Natur und Funktion des Wechsels bzw. Schecks, eine vom Grundverhältnis losgelöste Verbindlichkeit zu schaffen (vgl. § 21 SchG). **6**

VII. Für in- und ausländische **Schiedssprüche**[6] sowie ausländische Urteile, sofern sie nicht aus Staaten kommen, auf die sich das AVAG bezieht, kann auch über das Urkundenverfahren eine »Vollstreckbarerklärung« erreicht werden[7]. Das Verfahren gem. §§ 1042ff. steht dem nicht entgegen, da es sich insoweit nicht um eine abschließende Regelung handelt und es allein darauf ankommt, daß es sich bei dem Schiedsspruch bzw. Urteil um eine Urkunde handelt, die als Basis für einen Urkundenprozeß geeignet ist → § 592 Rdnr. 17. Eventuellen Härten bei der Vollstreckung kann durch §§ 711, 712 begegnet werden. Ein italienisches »arbitrato irrituale« → Anh. § 1044 Rdnr. 7 kann auf diese Weise erleichtert »vollstreckt« werden. **7**

§ 592 [Zulässigkeit]

Ein Anspruch, welcher die Zahlung einer bestimmten Geldsumme oder die Leistung einer bestimmten Menge anderer vertretbarer Sachen oder Wertpapiere zum Gegenstand hat, kann im Urkundenprozeß geltend gemacht werden, wenn die sämtlichen zur Begründung des Anspruchs erforderlichen Tatsachen durch Urkunden bewiesen werden können. Als ein Anspruch, welcher die Zahlung einer Geldsumme zum Gegenstand hat, gilt auch der Anspruch aus einer Hypothek, einer Grundschuld, einer Rentenschuld oder einer Schiffshypothek.

Gesetzesgeschichte: bis 1900 § 555 CPO; Änderungen RGBl. 98 I 256, RGBl. 40 I 1609.

I. Besondere Zulässigkeitsvoraussetzungen des Urkundenprozesses (Überblick)

Der Kläger kann den Urkundenprozeß erfolgreich führen, wenn er – neben den allgemeinen Prozeßvoraussetzungen – folgende Voraussetzungen erfüllt: die Klage ist auf Verurteilung wegen eines Leistungsanspruches gerichtet (II.); dieser Anspruch hat die Zahlung einer bestimmten Geldsumme bzw. einer bestimmten Menge vertretbarer Sachen zum Gegenstand (III.); der gesamte Klagegrund (IV.) wird urkundlich bewiesen (V.); der Kläger beantragt den besonderen Rechtsschutz des Urkundenprozesses (VI.); der Kläger kann die ihm obliegenden **1**

---

[4] OLG Hamm Rpfleger 1975, 322.
[5] OLG Hamm NJW 1980, 1399; AG Essen MDR 1988,327; *Großelanghorst/Kahler* WM 1985, 1025ff.; BGH NJW 1976, 330; *Liesecke* DRiZ 1970, 318.
[6] Zur Anerkennung eines Schiedsgutachten als Urkunde, die als Basis für einen Urkundenprozeß ausreicht,

BGH WM 1988, 276 – EWiR 1988, 339 (*Schlosser*). Im konkreten Fall wurde die Klage nur deshalb abgewiesen, weil das Schiedsgutachten offensichtlich unrichtig war.
[7] *Schlosser* Die Durchsetzung von Schiedssprüchen und ausländischen Urteilen im Urkundenprozeß und mittels eines inländischen Arrests, FS Schwab (1990) 435ff.

Beweise für andere als die im § 592 bezeichneten Tatsachen mit den in § 595 Abs. 2 zugelassenen Beweismitteln vollständig führen.

Erfüllt der Kläger eine dieser besonderen Voraussetzungen → § 595 Rdnr. 5 nicht, so ist die Klage meist → § 597 Rdnr. 2 ff. als in der gewählten Prozeßart unstatthaft abzuweisen. Erfüllt der Kläger aber alle besonderen Voraussetzungen des Urkundenprozesses, so erhält er zumindest ein stattgebendes Vorbehaltsurteil. Erzwingt der Beklagte ein Nachverfahren, so wird die Frage, ob der Kläger auch eine der materiellen Rechtskraft fähige, der Klage stattgebende Endentscheidung erhält, erst nach der Durchführung des Nachverfahrens beantwortet. Zu weiteren Einzelheiten, insbesondere der prozessualen oder materiellrechtlichen Qualifikation von Erfordernissen für den Erfolg des Rechtsschutzgesuches, der Prüfung von Amts wegen, den Folgen von Geständnis und Nichtbestreiten und zu den Wirkungen eines Mangels im Rechtsschutzgesuch → 597 Rdnr. 3 bis 5, 7.

II. Das Erfordernis einer Leistungsklage

2   Die Klage muß auf Verurteilung gerichtet sein (Leistungsklage); zur Leistungsklage allgemein → Rdnr. 5 ff. vor § 253. Ausgeschlossen sind somit im Prinzip Gestaltungsklagen[1], Feststellungsklagen (§ 256)[2], auch Inzidentfeststellungsanträge nach § 256 Abs. 2, sowie Klagen auf Erteilung der Vollstreckungsklausel (§ 731) oder Erlaß des Vollstreckungsurteils (§ 722) s. aber → Rdnr. 7 vor § 592 und ähnliche Klagen. Zulässig im Urkundenprozeß sind aber in den Grenzen der Bestimmung alle Leistungsklagen auch Klagen auf zukünftige Leistung (§§ 257–259)[3], auf Leistung an Dritte, auf Leistung Zug um Zug → 726 Rdnr. 13[4] und auf Leistung einer Sicherheit durch Hinterlegung[5].

2a Streitig ist die Frage, was zu geschehen hat, wenn der Beklagte vor oder während des Urkundenprozesses in **Konkurs** fällt. Zwei Ansichten stehen sich gegenüber. Nach einer Ansicht, die auch von der Rechtsprechung bevorzugt wird, ist eine im Urkundenprozeß durchzuführende Feststellung zur Konkurstabelle prinzipiell unstatthaft[6]. Begründet wird diese Ansicht mit dem Zweck des Urkundenprozesses, der nur unzureichend erreicht werden kann, da die Feststellung zur Konkurstabelle im Vorbehaltsurteil dem Kläger nicht zur (schnellen) Befriedigung verhelfen würde, da nur Leistung aus einer noch zu ermittelnden Konkursquote verlangt werden kann. Um zu vermeiden, daß eine möglicherweise bisher aussichtsreiche Klage als in der gewählten Prozeßart unstatthaft zurückgewiesen oder der Kläger zur Abstandnahme vom Urkundenprozeß genötigt wird, lassen die Anhänger dieser Lehre einen im Zeitpunkt der Konkurseröffnung bereits anhängigen Urkundenprozeß – praeter legem – von selbst in das ordentliche Verfahren übergehen[7]. Demgegenüber hält eine andere, vorzugswürdige Lehre den Urkundenprozeß zu Recht zur Feststellung eines Anspruchs zur Konkurstabelle für statthaft, und zwar auch dann, wenn die Klage erst nach Konkurseröffnung erhoben wird[8]. Der Begriff »ordentliches Verfahren« ist nur als Gegensatz zum Konkursverfahren gemeint[9]. Zum anderen soll die Feststellung zur Konkurstabelle auch und gerade zur Befriedigung, wenngleich in den Formen und Modalitäten des Konkursrech-

---

[1] *BGH* WM 1979, 614.
[2] *BGH* WM 1979, 614; *BGHZ* 16, 213. – A. M. *Wiezorek*[2] B I a 2 für bezifferte Feststellungsklagen.
[3] Allg. M.; *OLG Hamburg* OLGRsp 5, 57; *OGHZ* 4, 228 u. a. Zur Kündigung in der Klage → § 592 Rdnr. 7.
[4] Der Ausschluß im Mahnverfahren gemäß § 688 Abs. 2 erlaubt keinen Rückschluß auf den Urkundenprozeß; *RGZ* 56, 303; *OLG Hamburg* OLGRsp 7, 297; 8, 48.
[5] *BGH* NJW 1953, 1707 f.
[6] *OLG München* NJW 1985, 983. Ebenso für die Feststellung einer Forderung zur Vergleichstabelle *BGH* WM 1979, 614.
[7] *OLG Hamm* MDR 1967, 929; *Baumbach/Lauterbach/Hartmann*[51] Rdnr. 3; *Thomas/Putzo*[18] Rdnr. 4; *Kilger* Konkursordnung[15] § 146 Anm. 2a.
[8] *MünchKommZPO-Braun* Rdnr. 6; *Rosenberg/Schwab*[14] § 164 II 1; *Jaeger/Weber* KO § 146 Anm. 5; *Zöller/Schneider*[17] Rdnr. 3; *Gottwald/Eickmann* Insolvenzrechtshandbuch (1990) § 64 Rdnr. 37.
[9] *Teske* ZZP 99 (1986), 185, 191 f., 196.

tes, führen. Es besteht daher auch kein Anlaß, die Zulässigkeit eines im Urkundenprozesses zu erlassenden Urteils auf den Fall einer Konkurseröffnung nach Klageerhebung zu beschränken[10]. Allerdings darf nach § 168 Nr. 1 KO, solange das Nachverfahren nicht abgeschlossen ist, aufgrund eines Vorbehaltsurteils nichts ausgezahlt werden. Die Bedeutung der hier vertretenen Lehre besteht aber darin, daß in den Fällen, in denen bereits ein Vorbehaltsurteil vorliegt, dem Widersprechenden die Initiative zur Weiterführung des Prozesses → § 600 Rdnr. 5 ff. zugeschoben wird (§ 146 Abs. 6 KO). Ist erst nach Eröffnung des Konkurses ein Vorbehaltsurteil (auf Feststellung zur Konkurstabelle) erwirkt worden, so muß die Auszahlung, solange der Vorbehalt besteht → § 600 Rdnr. 8 ff., nach § 168 Nr. 1 KO zurückbehalten werden.

Die *beschränkte Haftung des Erben* macht den Urkundenprozeß ebensowenig unzulässig wie das Mahnverfahren, da sie erst bei der Vollstreckung praktisch erheblich wird, § 781; → 688 Rdnr. 1.

III. Das Erfordernis einer Klage auf Zahlung oder Leistung vertretbarer Sachen

1. Der Anspruch muß auf **Zahlung einer Geldsumme** oder auf die Leistung einer bestimmten Menge anderer vertretbarer Sachen oder Wertpapiere gerichtet sein. Geldansprüche sind nur solche, die auf Bezahlung eines bestimmten Geldwertes gehen, § 108 Rdnr. 12, auch wenn dieser Wert in einer bestimmten Münzsorte angegeben ist. Vertretbar sind nach § 91 BGB solche beweglichen Sachen, die im Verkehr nach Zahl, Maß oder Gewicht bestimmt zu werden pflegen. Wertpapiere werden im Anschluß an § 363 HGB überflüssigerweise besonders aufgeführt (zum Begriff → § 108 Rdnr. 15). Dabei ist nicht erforderlich, daß sie auf den Inhaber lauten. Allerdings muß es sich auch bei ihnen um vertretbare Sachen handeln. Es ist gleichgültig, welches der Rechtsgrund des Anspruchs[11] und der wirtschaftliche Zweck der Leistung ist[12]. Auch Klagen auf Zahlung an einen Dritten, an den Kläger und einen Dritten[13] und auf Hinterlegung bei einem Dritten als Sicherheit für den klagenden Gläubiger[14] → Rdnr. 2 sind zulässig. Dagegen ist der Urkundenprozeß für Ansprüche auf Leistung individuell bestimmter Waren oder Wertpapiere schlechthin unzulässig[15].   3

2. Ansprüche, die auf Leistung anderer Gegenstände oder auf ein Tun oder Unterlassen gerichtet sind, eignen sich weder allein noch in Verbindung mit anderen Ansprüchen (§ 260) für den Urkundenprozeß[16]. Eine Klage etwa auf Abnahme einer Werkleistung und Bezahlung des Werklohns kann nicht im Urkundenprozeß erhoben werden. Aus diesem Grunde ist im Urkundenprozeß auch eine Stufenklage unzulässig[17].   4

Das Gesetz macht in Satz 2 davon allerdings eine Ausnahme zugunsten der Ansprüche auf Kapital, Zinsen und Nebenleistungen aus einer *Hypothek, Grundschuld oder Rentenschuld*, einer Schiffshypothek (i. S. v. §§ 1113, 1147, 1191, 1199 BGB) oder eines Registerpfandrechts an Luftfahrzeugen (§ 99 Abs. 1 LuftfzRG), die in Wahrheit Ansprüche nicht auf Zahlung, sondern auf Duldung der Zwangsvollstreckung sind. *Reallasten* werden nicht geson-

---

[10] *Teske* aaO 198 und 202 mwN; *Zöller/Schneider*[17] Rdnr. 3. – A. M. *Rosenberg* Lb[9] § 158 II 1 a; OLGRsp 29, 137 f.
[11] Zu Forderungen aus Wechsel bzw. Scheck, denen ein Arbeitsverhältnis zugrundeliegt → Rdnr. 6 vor § 592. Zur Geltendmachung von Mietzahlungsansprüchen: *LG Bonn* NJW 1986, 264. Zur Geltendmachung einer Werklohnforderung bei fingierter Abnahme gemäß § 12 Nr. 5 Abs. 1 VOB/B *OLG Stuttgart* NJW-RR 1986, 898.
[12] A. M. *OLG Dresden* SA 29, 143 (Erfüllung eines Darlehensversprechens).

[13] A. M. *RGZ* 104, 36 f. (für den Fall des § 1281 BGB).
[14] *BGH* NJW 1953, 1707 f.
[15] *RGZ* 10, 341; *RG* HRR 1926, 2289.
[16] *RG* WarnRsp 17, 155 (Anspruch auf Schuldbefreiung); *OLG Köln* ZZP 73, 307 ff. = MDR 1959, 1017 (Unzulässigkeit der Klage auf Abgabe einer Willenserklärung).
[17] *MünchKommZPO-Braun* Rdnr. 7.

dert aufgeführt, weil die Zulässigkeit des Urkundenprozesses bei geeignetem Gegenstand bereits aus § 1107 BGB folgt. Die seinerzeit durch die wirtschaftlichen Bedürfnisse der Praxis veranlaßte Einbeziehung der Hypothekenklagen in den Urkundenprozeß rechtfertigt es, die sachlich ähnlichen Fälle der Klage auf Duldung der Zwangsvollstreckung z. B. in das *Gesamtgut* (§§ 743, 745 Abs. 2), in das dem *Nießbrauch* unterliegende Vermögen (§ 737), in die der Verwaltung des *Testamentsvollstreckers* unterliegenden Nachlaßgegenstände (§ 748 Abs. 2), in ein Faustpfandobjekt (§ 1204 BGB) oder in ein Objekt, das Gegenstand eines *Zurückbehaltungsrechts* ist (§ 371 Abs. 3 HGB), ebenso zu behandeln, allg. M. Die auf Duldung der Zwangsvollstreckung gerichteten Klagen teilen mit den Leistungsklagen im engeren Sinne das für die Tauglichkeit zum Urkundenprozeß entscheidende Merkmal[18], auf die Erlangung eines vollstreckbaren Titels gerichtet zu sein. Der Umstand, daß nicht mit dem ganzen Vermögen oder nicht mit dem Vermögen des Vermögensträgers gehaftet wird, ist hier, wie auch sonst (z. B. bei den Parteien kraft Amtes → Rdnr. 25 ff. vor § 50), prozessual unerheblich. Unterstützend kommt in diesen Fällen noch hinzu, daß § 794 Abs. 2 in diesen Fällen auch die Errichtung vollstreckbarer Urkunden ausdrücklich zuläßt, allg. M.

5   3. Dem Bestimmtheitserfordernis der Summe oder Quantität, das auch für Nebenforderungen gilt, genügt es, wenn sich die Summe durch Berechnung aus gegebenen Faktoren ergibt[19], wie z. B. bei einem Zinsanspruch seit Klageerhebung. Bei alternativen Ansprüchen müssen beide Alternativen bestimmt sein, gleich, ob der Gläubiger oder der Schuldner die Wahl hat.

IV. Die durch Urkunden zu belegenden Behauptungen

6   Die zur Begründung des Anspruchs erforderlichen Tatsachen sind die zur prozessualen Substantiierung notwendigen rechtserzeugenden Tatsachen, nicht etwa alle Tatsachen, für die die Beweislast den Kläger trifft. Welche Tatsachen zur Anspruchsbegründung gehören und welche anderen als rechtserhaltende (Repliken) anzusehen sind, ist nach der materiellrechtlichen Anspruchsgrundlage zu bestimmen, von der der Anspruch hergeleitet wird[20] → § 286 Rdnr. 59. Zum Wechsel → § 602 Rdnr. 6. Auch diejenigen Verschiebungen der Behauptungs- und Beweislast, die sich aus der freien Beweiswürdigung ergeben → § 286 Rdnr. 34 ff., Rdnr. 87 ff. (zum Anscheinsbeweis), kommen zur Geltung, aber nur insoweit, als sich die richterliche Überzeugung auf die Klageurkunden gründet[21] → Rdnr. 14−18 und § 597 Rdnr. 4. Im Gegensatz zum Klagegrund stehen die Prozeßvoraussetzungen → § 595 Rdnr. 5. Im einzelnen ist hervorzuheben:

7   1. Zum Klagegrund gehört auch die **Fälligkeit** des Anspruchs, also wenn der Anspruch von Anfang an[22] ein befristeter oder bedingter war, der Ablauf der Frist, der Eintritt der Bedingung[23], die rechtzeitige Kündigung, namentlich beim Darlehen nach § 609 BGB[24]. Soweit die Klage als Kündigung wirkt → § 257 Rdnr. 2, gilt dies auch für den Urkundenprozeß; denn der Urkundenbeweis braucht erst bei Erlaß des Urteils vorzuliegen und dem Erfordernis des § 593 wird durch die Zustellung der Kündigung in der Klage genügt[25]. Im Fall des § 259 gehört

---

[18] S. dazu *Schlosser* Gestaltungsklagen und Gestaltungsurteile (1966) 102 ff.
[19] *BayObLG* DNotZ 1976, 367.
[20] Instruktives Beispiel: *LG Koblenz* NJW 1956, 1285 (Urkundenprozeß aus schriftlichem Mietvertrag; Minderungseinwand gegen Mietzinsanspruch). Zum Klagegrund des Bürgschaftsanspruchs gehört auch der Bestand der Hauptforderung: *RGZ* 97, 162.
[21] So auch *RGZ* 113, 18.
[22] Anders bei der nachträglichen Stundungsabrede, weil dann die Behauptung des Fristablaufs oder der Kündigung Replik ist (§ 595 Abs. 2), sollte sie auch in der Klage vorweggenommen sein.
[23] Zur Abnahmefiktion gem. § 12 Nr. 5 Abs. 1 VOB/B bei Geltendmachung einer Werklohnforderung, *OLG Stuttgart* NJW-RR 1986, 898 (die Behauptung, daß keine Abnahme verlangt worden sei, gehört nicht zur Klagebegründung).
[24] *RG* SA 46, 16; *KG* OLGRsp 2, 29 f. u. a.
[25] *KG* aaO 31; *RGZ* 88, 375. − A.M. *Stern* ZZP 32, 238, 243 ff., 247).

zur Begründetheit der Klage nicht die Gefährdung der Erfüllung → § 259 Rdnr. 21. Im übrigen bedarf es der Behauptung eines die Klage veranlassenden Verhaltens des Beklagten nicht. Die Erhebung der Klage ohne Veranlassung durch den Beklagten zieht auch im Urkundenprozeß nur die Kostenfolge des § 93 nach sich. Zum Erfordernis der Vorlage des Wechsels oder Schecks → § 605 Rdnr. 1. Zu den die Klage begründenden Umständen gehört auch eine nach Verwaltungsrecht erforderliche Genehmigung eines Rechtsgeschäfts oder der Leistung → Einl. Rdnr. 990 ff.

2. Der tatsächlichen Substantiierung bedarf auch die **Sachlegitimation** der Parteien[26] → Rdnr. 19 ff. vor § 50, besonders im Fall der Übertragung oder Überweisung (§ 835)[27] des Anspruchs. Bei Verpflichtungsurkunden, die von einem Vertreter unterschrieben sind, gehört dazu die Vertretungsbefugnis, mag die Urkunde mit dem Namen des Vertreters als solchem oder nur mit dem Namen des Vollmachtgebers unterzeichnet sein[28]. Nur insoweit, als es sich um die Vertretung des Klägers selbst handelt und in der Erhebung der Klage eine dem bürgerlichen Recht genügende Genehmigung der Handlung des Vertreters liegt, bedarf es eines Urkundenbeweises für die Vertretungsmacht zur Zeit der Unterzeichnung nicht, da es dem Kläger nicht verwehrt ist, seine Aktivlegitimation anstatt auf die frühere Vertretungsmacht auf die erst im Prozeß erfolgende Genehmigung zu gründen, die als Prozeßvorgang des Urkundenbeweises nicht bedarf → Rdnr. 15, allg. M. Ebensowenig bildet die Identität des Klägers oder des Beklagten einen Teil des Klagegrundes. Namentlich bedarf es keines Nachweises darüber, wer Inhaber einer *kaufmännischen Firma* ist. Sofern dies der Aufklärung bedarf → § 50 Rdnr. 18, findet § 595 Abs. 2 Anwendung[29]. Noch weniger gehören zur Begründung des Anspruchs Angaben zum tatsächlichen Substrat von Sachurteilsvoraussetzungen → Rdnr. 6 wie Prozeßvollmacht, Prozeßlegitimation des gesetzlichen Vertreters, Prozeßführungsbefugnis[30] → Rdnr. 19 vor § 50.

3. Bei Ansprüchen aus einem **zweiseitigen Vertrage** ist die Behauptung der Erfüllung seitens des Klägers, die Vorleistung nach § 320 BGB, regelmäßig Replik gegen die Einrede des nicht erfüllten Vertrages, auch wenn sie in der Klage vorweggenommen ist[31]. Soweit dagegen der Kläger auf Grund des Vertrages oder besonderer gesetzlicher Bestimmungen vorzuleisten hat, gehört die Behauptung der Vorleistung zum Klagegrund[32].

4. Wird ein Anspruch aus einem **vormundschaftsgerichtlich genehmigten** Rechtsgeschäft hergeleitet, so gehört nicht nur die Erteilung der Genehmigung, sondern auch deren »Mitteilung« nach § 1829 Abs. 1 S. 22 BGB zum Klagegrund. Dagegen ist der Nachweis der Genehmigung des gesetzlichen Vertreters bei Verbindlichkeiten aus dem Erwerbsgeschäft nach § 112 BGB oder aus dem Dienst- und Arbeitsverhältnis nach § 113 BGB Replik gegen den Einwand der fehlenden Geschäftsfähigkeit → § 286 Rdnr. 34 ff., 72. Zur Beweislast bei Depotwechseln → § 286 Rdnr. 77, 144.

5. *Offenkundige*[33] (auch gerichtsbekannte), zugestandene und *nicht bestrittene*[34] Tatsa-

---

[26] *RGZ* 3, 377, 379; *RG* HRR 28 Nr. 1657; *RGZ* 41, 412 413 f. (zu Art. 36 WO, jetzt Art. 16 WG).
[27] *OLG Hamburg* HGZ 1927, 227.
[28] *RGZ* (VZS) 74, 69, 70; *RGZ* 115, 311, 316 f.; *OLG Karlsruhe* BB 1971, 1384 allg. M.
[29] *RGZ* 41, 407; *KG* OLGRsp 3, 351; *Goeppert* ZHR 47, 275 f.; *OLG Dresden* SächsAnn 1920, 382 (Ggf. ist es zweckentsprechend, sich Nachweise darüber zu verschaffen).
[30] *Walsmann* ZZP 52, 202. – A.M. *KG* ZZP 52, 202 (Zustimmung des Ehegatten).
[31] *OLG Karlsruhe* BadRspr 1906, 20; *OLG Hamburg* HGZ 47, 85.
[32] Bei der Geltendmachung eines Mietzinsanspruchs → Rdnr. 3 gehört der Fortbestand des Mietverhältnisses nicht zu den anspruchsbegründenden Tatsachen, *LG Bonn* NJW 1986, 264. Zur Geltendmachung einer Honorarforderung des Anwalts im Urkundenprozeß: *BGH* WM 1992, 159; *LG Köln* NJW 1963, 306; JW 14, 101; *OLG Hamburg* OLGRsp 31, 72; *OLG München* JW 1921, 766 u.a.
[33] *BGHZ* 62, 286 (abl *Bull* NJW 1974, 1514; *Gloede* MDR 1974, 895 ff.; *Stürner* JZ 1974, 681 f.; *Hertel* (vor § 592 Fn. 1) 132 ff., 137.
[34] *BGH* NJW 1974, 1199 = LM Nr. 3 zu § 592; *OLG Köln* ZIP 1982, 1424, 1426; *Habscheid* ZZP 96 (1983), 306, 313 ff.

chen sind nicht Gegenstand des Beweises, sie bedürfen also auch keines Urkundenbeweises → § 597 Rdnr. 4. Zur Gerichtskundigkeit aufgrund Akten → § 595 Rdnr. 3.

12 6. **Ausländische Rechtsnormen,** Gewohnheitsrechte und Statuten, auch soweit sie dem Gericht unbekannt sind und des Beweises bedürfen (§ 293), bilden ebenfalls nie einen Teil der den Anspruch begründenden Tatsachen. Dies gilt ebenso für allgemeine Erfahrungssätze → § 284 Rdnr. 17, § 595 Rdnr. 5.

13 7. Sind im Klagegrund **bedingende Rechtsverhältnisse** enthalten, so bedürfen sie von vornherein der Auflösung in die einzelnen Tatsachen und des Urkundenbeweises[35]. Dasselbe gilt für die Begründung von *Nebenansprüchen*[36], mit Ausnahme der Nebenansprüche im Wechselprozeß, für die nach § 605 Abs. 2 Glaubhaftmachung genügt. Ebenso gilt § 592 auch für die Begründung eines zulässigerweise (§ 264) *ergänzten oder erweiterten Klageantrags*[37]. Ist wegen der Kostenlast noch eine besondere Beweisaufnahme nötig (z. B. im Rahmen einer Entscheidung nach § 93), so gelten hierfür die Regeln des Urkundenbeweises → § 93 Rdnr. 22, § 95 Rdnr. 4.

V. Der durch Urkunden zu erbringende Vollbeweis

14 Der nach § 592 erforderliche Urkundenbeweis ist der volle, nach dem Grundsatz der freien Beweiswürdigung zu beurteilende Beweis durch Urkunden jeglicher Art, allg. M. → § 597 Rdnr. 4, der, vorbehaltlich des Erfordernisses des § 593, erst am Ende der mündlichen Verhandlung vorliegen muß. Die Abgrenzung zwischen Vorverfahren und Nachverfahren dient nicht zuletzt der prozessualen Klarheit, so daß Verzicht auf Urkundenbeweis und Rügeverlust nach § 295 – anders als im Fall von § 595 Rdnr. 5 – nicht möglich sind[38]. Bei Säumnis des Beklagten gilt nur die Echtheit der Urkunde als zugestanden, die Urkunde wird durch die Säumnis nicht ersetzt (§ 597 Abs. 2; → § 597 Rdnr. 5).

15 1. Die **Praxis** ist sehr **großzügig** bei der Anerkennung von **Schriftstücken als Grundlage eines Urkundenprozesses.** Es ist nicht erforderlich, daß die Urkunde das Rechtsverhältnis selbst verbrieft, ebensowenig, daß der Schuldner bei der Errichtung der Urkunde mitgewirkt hat, soweit dies nicht, wie beim Wechsel, vom materiellen Recht gefordert wird. Es genügt vielmehr jeder Beweis durch **Schriftstücke, die dem prozessualen Urkundenbegriff** → Rdnr. 1ff. vor § 415 unterfallen, seien es öffentliche oder Privaturkunden, auch wenn die Urkunden nur Indizien[39] → § 595 Rdnr. 3, z. B. außergerichtliche Geständnisse, enthalten oder wegen ihrer äußeren Erscheinung, z. B. wegen mangelnder Unterschrift oder Unvollständigkeit nur einen geringen Beweiswert haben[40] → § 602 Rdnr. 6. Der Beweis kann namentlich durch *Handelsbücher, Postschein, Maklernoten* und *Notizen jeder Art,* auch wenn die einzelne Urkunde nicht voll beweiskräftig ist, geführt werden; → zur *Telekopie* Rdnr. 16.

Auch die *im Prozeß selbst errichteten Urkunden* können verwendet werden, z. B. die Zustellungsurkunde über die Klage als Beweis der Kündigung[41] → Rdnr. 7. Eine Ausnahme gilt nur bei prozeßordnungswidrig zustande gekommenen Urkunden, wie etwa für ein Protokoll über eine nach § 592 nicht zulässige Parteivernehmung[42], wenn andernfalls der Verstoß nicht mehr korrigiert werden könnte. Bloße Glaubhaftmachung genügt, von den Nebenforde-

---

[35] *RG* JW 1898, 572: die Hauptschuld bei der Klage gegen den Bürgen. In dem Fall *RG* SA 54, 358 umfaßte die Bürgschaftsurkunde auch die Hauptschuld → Rdnr. 18.
[36] Allerdings ist hierbei für die freie Beweiswürdigung ein weiter Spielraum gegeben.
[37] *RGZ* 5, 381, 383; 30, 405, 408.
[38] Im Ergebnis ebenso *Stürner* NJW 1972, 1257, 1259.
[39] *BGH* ZIP 1329 (*Dunz*); *BGH* WM 1983, 22 Schuldanerkenntnis. – A.M. *Baumbach/Lauterbach/Hartmann*[51] Rdnr. 7.
[40] *RGZ* 95, 70, 72; *RGZ* 142, 303, 306; *BGH* WM 1967, 367.
[41] *KG* OLGRsp 2, 29.
[42] So mit Recht *OLG Karlsruhe* BB 1971, 1384.

rungen im Wechselprozeß (§ 605 Abs. 2) einmal abgesehen, nicht, sofern nicht prozeßrechtliche Normen anderer Gesetze eine Glaubhaftmachung genügen lassen. Vielmehr muß der **Beweis vollständig** und nur durch Urkunden, wenn auch auf Grund *freier Beweiswürdigung*[43], geführt werden. Davon sind nur offenkundige Tatsachen wie das Parteiverhalten im Prozeß ausgenommen → Rdnr. 11. Die Urkunden müssen also einzeln oder in ihrer Verbindung miteinander die volle Überzeugung von der Wahrheit der behaupteten Tatsachen begründen. Jedes andere Beweismittel ist ausgeschlossen. Der Grundsatz von der freien richterlichen Beweiswürdigung gilt auch, wenn die Bedeutung einer Wechselunterzeichnung als Akzept oder Bürgschaft[44] oder als Genehmigung einer fremden Erklärung[45] zu würdigen ist oder wenn es gilt, die Beweislage bei Durchstreichungen → § 419[46] zu würdigen. Dabei steht auch hier der *Indizienbeweis* durch Urkunden dem direkten Beweis gleich. Zum *Anscheinsbeweis* → § 599 Rdnr. 1.

2. Unter Urkunden sind nur **schriftliche Fixierungen** zu verstehen, wie sich aus den Worten «in Urschrift oder Abschrift» (§ 593) ergibt[47] → Rdnr. 1 vor § 415. Dabei macht es keinen Unterschied, ob die Urkunde mit den gewöhnlichen oder mit allgemein üblichen und verständlichen, z. B. stenographischen Schriftzeichen geschrieben oder ob sie auf mechanischem Wege hergestellt wurde. Es genügen namentlich auch gedruckte Urkunden, wie Bekanntmachungen in öffentlichen Blättern sowie *Fotokopien, Telegramme oder Telekopien*[48] (Telefax). Auch eine Namensunterschrift ist nicht erforderlich, da diese weder den Begriff der Urkunde, noch deren volle Beweiskraft und Anerkennensfähigkeit i. S. des § 439 Abs, 2 bedingt → § 416 Rdnr. 1 und 4, § 440 Rdnr. 2[49]. 16

3. Es spielt keine Rolle, wer Aussteller der Urkunde ist und ob sie Beurkundungen enthält, die üblicherweise schriftlich fixiert und auch sonst dem Gericht im Wege des »Urkundenbeweises« vorgelegt werden. Selbst Urkunden, die **vom Beweisführer herrühren**, sind als Beweismittel nicht grundsätzlich ausgeschlossen. Allerdings können sie nur zum Beweis von Indizien verwendet werden, was etwa bei Handelsbüchern praktisch bedeutsam werden kann. Es ist aber nicht möglich, daß eine Partei schriftlich fixierte Gedankengänge unmittelbar als »Urkundenbeweis« für ihren Tatsachenvortrag verwendet. 17

Daß **Privaturkunden Dritter**, die im Privatrechtsverkehr üblich sind, wie Zessionsurkunden, Quittungen, Schlußscheine eines Maklers, als Beweismittel zulässig sind, ist selbstverständlich → § 595 Rdnr. 5. Aber auch andere **private Zeugnisurkunden** aller Art. und **Protokolle über frühere Zeugenvernehmungen** können als Beweismittel in den Urkundenprozeß eingeführt werden, wenngleich ein Richter sich über den Beweiswert derartiger Urkunden jeweils sehr gewissenhaft Rechenschaft ablegen muß. Läßt man mit der h. M. eine Parallelität von Rechtsmittelverfahren gegen das Vorbehaltsurteil und Nachverfahren zu → § 600 Rdnr. 7 a f., so können auch Protokolle über Zeugenaussagen aus dem Nachverfahren verwendet werden[50]. Die Frage ist freilich sehr streitig. Nach Ansicht des *BGH*[51] sollen privatschriftliche Zeugen- oder Sachverständigenbekundungen als Beweismittel im Urkundenprozeß prinzipiell untauglich sein. Der *BGH* begründet dies damit, daß der Urkundenprozeß auf die erhöhte Beweiskraft der Urkunden angelegt sei und diese Voraussetzung bei den genannten Urkunden nicht zutreffe. Nach *Wieczorek*[52] soll der Gegner der Erhebung des Urkundenbe-

---

[43] RG WarnRspr. 12 Nr. 49.
[44] Vgl. OLG Dresden SächsAnn 1919, 521.
[45] OLG Marienwerder SA 55, 162.
[46] RGZ 129, 165, 167.
[47] Zöller/Schneider[17] Rdnr. 15.
[48] OLG Köln CR 1991, 612 f.
[49] Vgl. RGZ 2, 416 und Stein aaO vor § 592, 117 ff.
[50] OLG Hamburg OLGRspr 29, 226; OLG Karlsruhe BadRspr 1903, 193; 1906, 20.

[51] BGHZ 1, 218, 220; OLG München NJW 1953, 1835; RGZ 49, 374, 375; MünchKommZPO-Braun Rdnr. 16; Rosenberg/Schwab[14] § 164 II 2b; ebenso für Protokolle aus früheren Beweissicherungsverfahren Thomas/Putzo[18] Rdnr. 7.
[52] ZPO² C II b 3.

weises widersprechen dürfen, wenn er im ordentlichen Verfahren die persönliche Vernehmung des Zeugen oder Sachverständigen verlangen könnte. Die Tendenz der älteren Rechtsprechung ging dahin, Zeugnis- und Sachverständigenurkunden dann nicht zuzulassen, wenn sie zum Ersatz der persönlichen Vernehmung errichtet worden sind[53], da damit kein Ersatz für den im Urkundenprozeß unzulässigen Zeugenbeweis geschaffen werden soll[54]. In Wirklichkeit ist aber der Urkundenbeweis, auch hinsichtlich nur berichtender Urkunden Dritter, unbeschränkt zulässig – ebenso wie im normalen Erkenntnisverfahren. Daß dort der Gegner des Beweisführers die persönliche Vernehmung des Zeugen oder Sachverständigen verlangen kann, ändert an der Zulässigkeit des privaten Zeugnis- oder Sachverständigenurkundenbeweises nichts, auch wenn der zusätzlich erhobene mündliche Beweis häufig zu dessen Erschütterung dient. Durch privatschriftliche Berichts- oder Beurteilungsurkunden kann allerdings ein Beweis nur mit großer Vorsicht als erbracht gelten. Etwas großzügiger darf man bei Zeugnis- oder Sachverständigenprotokollen aus anderen Prozessen sein → § 595 Rdnr. 2, 3. Jedenfalls beweisen die Urkunden unmittelbar immer nur, »was sie enthalten, nicht aber, ob es richtig ist, was sie erklären«[55]. Ist der Inhalt der Urkunde unstreitig, dann fehlt es an der Beweisbedürftigkeit → § 597 Rdnr. 4. Auch *Schiedsgutachten* und *Schiedssprüche* sind Urkunden i. S. v. § 592 → Rdnr. 7 vor § 592.

Eidesstattliche Versicherungen gehören gesetzessystematisch nicht zu den Urkunden können daher, wenn sie im Hinblick auf den Prozeß abgegeben wurden, kein im Urkundenprozeß taugliches Beweismittel sein[56]. Eidesstattliche Versicherungen der Prozeßparteien sind gewöhnliche Parteibehauptungen, solche von Zeugen einfache Berichtsurkunden[57].

18   4. Daß sämtliche zu den klagebegründenden Tatsachen existierenden Urkunden **vorgelegt** werden → § 595 Rdnr. 3, ist vorbehaltlich etwaiger Vorschriften des materiellen Rechts (z. B. § 1160 BGB) nicht immer notwendig. Die Urkunde muß nicht selbst den geltend gemachten Anspruch verbriefen → Rdnr. 15. Es genügt, wenn durch eine Urkunde (inzident) zugleich der Inhalt der anderen bewiesen wird → Rdnr. 13. So kann z. B. durch die Hypothekenurkunde der Inhalt der nicht vorgelegten Darlehensurkunde bewiesen werden[58]; zum Schuldanerkenntnis → Rdnr. 15. Auch bei Order- und Inhaberpapieren bedarf es eines besonderen Urkundenbeweises über die zur Klage legitimierende Inhaberschaft nicht, da sich der Besitz der Urkunde aus der Vorlegung der Urkunde durch die Partei oder ihren Anwalt im Termin ergibt[59] → Rdnr. 8, zur wiederholten Vorlegung § 595 Abs. 3; → ferner § 597 Rdnr. 5. Bei *Verlust der Originalurkunde* vor Klageerhebung → § 593 Rdnr. 3.

VI. Urkundenprozeß als Option des Klägers

19   Liegen die Voraussetzungen der Rdnr. 1–17 vor, so hängt es ausschließlich von der **Wahl des Klägers** ab, ob er im Urkundenprozeß oder im ordentlichen Verfahren klagen will (»kann«) → § 593 Rdnr. 1. Eine Abrede, nicht im Urkunden- oder Wechselprozeß zu klagen, ist zulässig[60] → Rdnr. 68, 246, 247 vor § 128. Streit besteht nur über die Wirkungsweise solcher Vereinbarungen. Die h. M.[61] meint, die Abrede sei nur so zu deuten, daß bei verein-

---

[53] *RGZ* 49, 374, 375; 97, 162; *OLG Hamburg* OLGRsp 31, 71, 72; ferner *KG* JW 1922, 498 (Protokolle aus einem Beweissicherungsverfahren).
[54] *Zöller/Schneider*[17] Rdnr. 15, 16.
[55] *RGZ* 102, 328, 330 f.
[56] *OLG München* NJW 1953, 1835; *OLG Köln* ZZP 73, 307 – freilich auch für eidesstattliche Versicherungen, die in einem anderen Prozeß abgegeben wurden.
[57] *OLG Hamburg* OLGRsp 29, 226; *OLG Karlsruhe* BadRspr 1903, 193; 1906, 20.
[58] Vgl. *RG* SA 54, 358.
[59] *OLG Frankfurt* SA 49, 67. Wohl kann ein solcher Beweis notwendig werden, wenn die Urkunde nicht von der Partei selbst oder ihrem Bevollmächtigtem vorgelegt wird.
[60] *RGZ* 160, 241; *BGHZ* 38, 254, 258 – obiter; *BGH* WM 1973, 144 – obiter; *Baumgärtel* Prozeßhandlung (1957) 271; *Niese* Prozeßhandlung (Diss. Jena 1931) 72 f.; *Schlosser* Einverständliches Parteihandeln (1968) § 9 IV 1.
[61] *Baumgärtel* aaO; *Niese* aa.

barungswidrigem Verhalten der einen Partei der Gegenpartei die Einrede der Arglist zustehe. In Wirklichkeit hat aber die Abrede, sobald sie im Rahmen der Verhandlungsmaxime irgendwie zur Kenntnis des Gerichts gelangt, unmittelbare prozessuale Wirkung[62] → § 595 Rdnr. 5.

Eine gerichtliche Entscheidung, insbesondere eine einstweilige Verfügung auf Unterlassung des prozessualen Gebrauchmachens von einer Urkunde, ist nicht von selbst unwirksam und daher beachtlich[63], auch wenn man sie für unzulässig hält → Rdnr. 46 ff. vor § 935, § 935 Rdnr. 2, 3.

§ 593 [Klageerfordernisse]

(1) Die Klage muß die Erklärung enthalten, daß im Urkundenprozeß geklagt werde.
(2) Die Urkunden müssen in Urschrift oder in Abschrift der Klage oder einem vorbereitenden Schriftsatz beigefügt werden. Im letzteren Fall muß zwischen der Zustellung des Schriftsatzes und dem Termin zur mündlichen Verhandlung ein der Einlassungsfrist gleicher Zeitraum liegen.

Gesetzesgeschichte: § 556 CPO. Änderung RGBl. 98 I 256.

I. Die Erklärung, daß im Urkundenprozeß geklagt werde, bedeutet, daß der Kläger damit 1 den besonderen Rechtsschutz dieser Prozeßart beansprucht → § 592 Rdnr. 1 und ist daher unerläßliche Voraussetzung für die Gewährung dieses Rechtsschutzes. Die Erklärung braucht nicht ausdrücklich zu sein, die Klage muß nur unzweideutig den Willen, im Urkundenprozeß zu klagen, erkennen lassen[1]. Nicht zuletzt ist mindestens dies aber nötig, damit der Beklagte seine Verteidigung auf die vom Kläger gewählte Prozeßart einrichten kann. Enthält die Klage diese Voraussetzung nicht, so fehlt eine besondere Sachurteilsvoraussetzung des Urkundenprozesses und der Rechtsstreit wird im ordentlichen Verfahren anhängig. Eine *hilfsweise Klageerhebung im Urkundenprozeß* ist unzulässig[2]. Nach der Rechtsprechung soll es auch unzulässig sein, Ansprüche primär im Wechselprozeß und hilfsweise im Urkundenprozeß geltend zu machen. Ist in diesem Fall der wechselrechtliche Anspruch nicht begründet, so ist aus dieser Sicht die Klage insoweit als unbegründet, im übrigen als im Wechselprozeß unstatthaft abzuweisen[3]. Die nicht wechselrechtlichen Ansprüche können im ordentlichen Verfahren, ggfs. auch in einem einfachen Urkundenprozeß geltend gemacht werden. Im Grunde ist aber diese Einengung der Parteiinitiative nicht einsichtig[4].

Eine Nachholung der Erklärung, im Urkundenprozeß klagen zu wollen, in einem Schriftsatz oder in der mündlichen Verhandlung bedeutet das Verlangen eines Übergangs zu einem anderen Rechtsschutz und ist deshalb → § 264 Rdnr. 28, 29 als Klageänderung nach § 263 zu behandeln[5]. Der Einwand, daß der Rechtsstreit schon im ordentlichen Verfahren anhängig ist, würde substanzlos sein, weil er bei jeder Anspruchsaustauschung (§ 264 Nr. 3) gebracht werden könnte. Nur wird die Zulassung durch das Gericht gegen den Willen des Beklagten, § 263 a. E., regelmäßig auszuschließen sein, da praktisch kaum Fälle denkbar sind, wo sie als

---

[62] *Schlosser* Einverständliches Parteihandeln aaO mit näherer Begründung. Generell die Verfügungswirkung von Prozeßvereinbarungen verteidigend *Konzen* Rechtsverhältnisse zwischen Prozeßparteien (1976). 192 ff. (195 f.).
[63] RGZ 69, 123 f. – A.M. *Wieczorek*[2] D III.

[1] RGZ 96, 100; OLG Hamburg OLGRsp 31, 73.
[2] BGH NJW 1982, 523; BGH NJW 1992, 2258, 2259.
[3] BGH aaO.
[4] *MünchKommZPO-Braun* § 602 Rdnr. 6.
[5] BGHZ 69, 66, 71 f.

»sachdienlich« → 263 Rdnr. 12 anzusehen wäre. Eine Ausnahme ist dann angebracht, wenn der Übergang in einem frühen Stadium des Prozesses erklärt wird, etwa weil der Kläger vergessen hatte, die Erklärung schon in der Klageschrift abzugeben[6] Die Entscheidung des Gerichts über die Zulässigkeit des Rechtsschutzbegehrens ist entsprechend § 268 unanfechtbar[7].

Einer *Wiederholung der Erklärung in der mündlichen Verhandlung* oder ihrer Verlesung nach § 297 *bedarf es nicht.* Fehlt die Erklärung nur in der für den Beklagten bestimmten Abschrift, so kann höchstens Vertagung im Interesse des Beklagten beschlossen werden[8]. Auch im umgekehrten Fall ist die Erklärung aber wirksam[9].

2 II. In § 593 Abs. 2 wird im Interesse der Vorbereitung des Beklagten ein weiteres Formalerfordernis des Urkundenprozesses aufgestellt, die Notwendigkeit der **Beifügung der Urkunden:**

1. **Alle Urkunden,** durch die die zur Begründung des materiellen Anspruchs erforderlichen Tatsachen → § 592 Rdnr. 6 ff. bewiesen werden sollen, **müssen** abweichend von §§ 130 f. in Urschrift oder Abschrift der Klage bzw. den Schriftsätzen → Rdnr. 3 **beigefügt werden.** Eine *Beglaubigung* der Abschrift ist nicht vorgeschrieben[10], das OLG Düsseldorf hat jedoch unter Hinweis auf § 170 Abs. 2 eine anwaltliche Beglaubigung für erforderlich gehalten[11]. Die Anlagen müssen dem Beklagten zusammen mit der Klage oder dem Schriftsatz zugestellt werden, d.h. es muß nach §§ 170, 210 von der Urschrift bzw. der (regelmäßig einfachen, s. soeben) Abschrift eine beglaubigte Abschrift für den Beklagten genommen und dem Beklagten übergeben werden. Der Urkundsbeamte der Geschäftsstelle bedarf demgemäß in letzterem Falle bei der Beglaubigung nach § 210 keiner Urschrift der Urkunde[12]. Unleserliche Unterschriften können in der Abschrift als solche gekennzeichnet werden. Bei Lücken oder Schreibfehlern gilt § 295[13].

Die Beifügung von Urkunden ist nicht erforderlich hinsichtlich solcher klagebegründender Erklärungen, die in der Klage selbst enthalten sind, wie insbesondere bei einer Kündigung → § 592 Rdnr. 7; denn der Inhalt der Klage kann nicht mindere Bedeutung haben als ihre Anlagen.

Die Beifügung und Zustellung dient nur zur Vorbereitung des Beklagten; die Notwendigkeit, im Termin die Urschrift zwecks Beweisantretung vorzulegen, wird nicht berührt[14].

3 2. Zur Vermeidung von Härten ist auch die **nachträgliche Zustellung** im Laufe des Rechtsstreits zugelassen, sofern die Urkunden einem vorbereitenden Schriftsatz als Anlage beigefügt werden, der sich darauf beschränken kann, ein bloßes Begleitschreiben zu den Urkunden zu sein. Allerdings muß zwischen der Zustellung und dem Verhandlungstermin ein der Einlassungsfrist der betreffenden Instanz (§§ 274 Abs. 3, 520 Abs. 3 S. 2, 555 Abs. 2) und Prozeßart (§ 604) gleicher Zeitraum liegen. Zu Unrecht will man zum Teil bei manchen Urkunden dann eine Ausnahme machen, wenn sie im Termin vorgelegt werden, wie etwa bei einem Handelsregisterauszug zu der erst in der mündlichen Verhandlung problematisch gewordenen Vertretungsmacht[15]. Sinn der Einlassungsfrist ist es, daß der Beklagte sich seinerseits um den Gegenbeweis durch Urkunden soll bemühen können. Als Termin kommt hierbei nur diejenige mündliche Verhandlung in Betracht, auf die das Urteil ergeht, da es der

---

[6] *MünchKommZPO-Braun* Rdnr. 2.
[7] BGHZ 69, 66, 71 f.
[8] *OLG Dresden* OLGRsp 13, 176 (Die Erklärung war in der Abschrift durchgestrichen).
[9] *Wieczorek*² A I b.
[10] *Zöller/Schneider*¹⁷ Rdnr. 7.
[11] *OLG Düsseldorf* JZ 1988, 572; *Thomas/Putzo*¹⁸ Rdnr. 3.
[12] Ist die Beglaubigung unterblieben, so liegt ein Mangel der Zustellung vor, ebenso wie bei unterbliebener Beglaubigung der Klageschrift → 253 Rdnr. 157.
[13] *Zöller/Schneider*¹⁷ Rdnr. 8.
[14] *OLG Frankfurt* ZIP 1981, 1192 (Scheckklage ist unstatthaft, wenn dem Kläger vor Klageerhebung der Scheck abhandengekommen ist und der Kläger nur eine Kopie, nicht aber das Original vorlegen kann); *Zöller/Schneider*¹⁷ Rdnr. 13.
[15] *Wiezorek*² B II a.

Zweck der Vorschrift ist, dem Kläger die Heilung des Mangels bis zum Urteil zu ermöglichen[16]. Auch in der Berufungsinstanz kann die Zustellung noch wirksam nachgeholt werden[17].

Anstelle der förmlichen Zustellung genügt die formlose Mitteilung von Amts wegen nach § 270 Abs. 2[18].

3. Die **Beifügung von Auszügen** (§ 131 Abs. 2) ist nur dann ausreichend, wenn der Auszug die wesentlichen, d.h. die zum Beweis der klagebegründenden Tatsachen erforderlichen Bestandteile der Urkunde enthält[19]. Demgemäß sind auch Lücken der Abschriften unerheblich, wenn sie nicht die wesentlichen Bestandteile berühren[20]. Ob die beigefügten Urkunden in deutscher oder fremder Sprache abgefasst sind, ist gleichgültig[21]; die Vorlage einer Übersetzung ist erst in der mündlichen Verhandlung erforderlich, § 142 Abs. 3[22]. Will der Beklagte vor dem Termin die Urschrift einsehen, so muß er nach §§ 134, 135 die Niederlegung auf der Geschäftsstelle oder die Mitteilung beantragen.

4. Ist die **Mitteilung der Klageurkunden nicht** oder nicht ordnungsgemäß oder nicht rechtzeitig → Rdnr. 2–4 **erfolgt** *und bleibt der Beklagte im Termin säumig*, so darf kein Versäumnisurteil ergehen; vielmehr ist die Klage nach § 597 Abs. 2 abzuweisen, sofern nicht vertagt wird[23]. Erscheint dagegen der Beklagte im Termin und legt nunmehr der Kläger die Urkunde vor, so tritt, falls der Beklagte den Mangel nicht rügt, **Heilung nach § 295** ein. Ebenso kann der Beklagte auch auf die Rüge einer verspäteten Zustellung verzichten. Denn wenn auch das Erfordernis hier, abweichend vom ordentlichen Prozeß (§ 131), ein wesentliches ist, so bildet es doch nur einen Teil des Klageerhebungsaktes und nicht der Prozeßart[24]. Der Mangel kann daher wie jeder sonstige wesentliche Mangel der Klage → § 253 Rdnr. 171 ff. durch Unterlassen der Rüge geheilt werden. Ebenso kann, sofern das materielle Recht nichts Gegenteiliges verlangt, auf die tatsächliche Vorlegung der Urkunde verzichtet werden, da es genügt, wenn der Beweis durch Urkunden geführt werden könnte (»Vorlegbarkeit« → § 592 Rdnr. 18)[25].

Rügt dagegen der Beklagte den Mangel der Zustellung → Rdnr. 3, so wird das Gericht zur Behebung des Mangels dem Kläger in der Regel Vertagung zu bewilligen haben; denn in diesem Fall muß das gleiche gelten wie bei sonstigen Klagemängeln → § 253 Rdnr. 171 ff., 189 ff.[26]. Andernfalls ist die Abweisung nach § 597 Abs. 2 → § 597 Rdnr. 7 unvermeidlich[27]. War die Urkunde in der mündlichen Verhandlung, in der vertagt wurde, bereits vorgelegt, so bedarf es nicht noch ihrer Zustellung, denn die Vorlegung ersetzt sie[28]. Generell soll nach einigen Gerichten die Zustellung unterbleiben können, wenn sie zwecklos ist, etwa weil die Urkunde in der mündlichen Verhandlung anerkannt, hergestellt oder (z.B. durch Streichung nachfolgender Wechselindossamente) verändert wurde[29]. Dabei wird aber übersehen, daß die rechtzeitige Zustellung dem Beklagten auch Gelegenheit geben soll, sich darauf einzustellen, daß er in seiner Verteidigung nach § 598 beschränkt ist[30]. Über die die Sachurteilsvoraussetzungen betreffenden Tatsachen → § 595 Rdnr. 5.

Die dargelegten Grundsätze gelten entsprechend, wenn der Kläger die Klage nachträglich

---

[16] RGZ 97, 162; 104, 34; OLG Köln OLGRsp 1, 170 f.
[17] RGZ 56, 306; 108, 390 u.a.
[18] A.M. Wiezorek[2] B I.
[19] RGZ 3, 379; 9, 431 ff.; OLG Jena SA 54, 114; RGZ 142, 303, 304.
[20] OLG Dresden SA 31, 35.
[21] BGH NJW 1988, 1468 f. (Spanische Wechsel).
[22] RGZ 9, 437.
[23] MünchKommZPO-Braun Rdnr. 6; Zöller/Schneider[17] Rdnr. 10; Thomas/Putzo[18] Rdnr. 4. – A.M. noch die 19. Aufl.
[24] RGZ 114, 365, 367; heute wohl allg. M. – A.M. noch RGZ 142, 303, 304.
[25] OLG Frankfurt ZIP 1981, 1192; Zöller/Schneider[17] Rdnr. 13.
[26] OLG Hamburg OLGRsp 31, 73; Baumbach/Lauterbach/Hartmann)[51] Rdnr. 3. Heute wohl allg. M.
[27] RGZ 114, 365, 371.
[28] RGZ 114, 365, 371.
[29] RGZ 97, 162, 165; 114; 365, 371; RG HRR 1934, 1242 (Urkunde war dem Beklagten ausweislich seiner Schriftsätze lange und gut bekannt).
[30] MünchKommZPO-Braun Rdnr. 6.

gemäß § 264 Nr. 1 in tatsächlicher Beziehung ergänzt und über die neuen Tatsachen Urkunden vorlegt, die noch nicht zugestellt sind[31].

Eine Klageänderung ist auch im Urkundenprozeß möglich. Wenn jemand, der einen Wechsel im Rücklauf nach Einlösung erhalten hat, zum formellen Nachweis seiner Legitimation erst während des Verfahrens sein und seiner Nachmänner Indossament ausstreicht, so ist dies jedoch keine Klageänderung[32], denn am materiellen Klagegrund ändert sich in diesem Fall nichts.

Der Verstoß gegen die Vorschrift des § 593 Abs. 2 S. 2 kann mit der Revision gerügt werden, denn durch diesen Mangel kann die unterlegene Partei beschwert sein[33]. Die Vorschrift soll sie in die Lage versetzen, rechtzeitig für einen urkundlichen Gegenbeweis zu sorgen. Zum Einfluß der Verhandlungsmaxime auf die Urkundenbeweisführungslast, etwa bei unbestrittenen Behauptungen → § 597 Rdnr. 4.

6   III. Hinsichtlich der **Erhebung der Klage** (§§ 253, 498), insbesondere der Einreichung und *Zustellung* der Klageschrift gelten die Regeln des ordentlichen Verfahrens (§§ 261, 496 ff.) einschließlich der Vorschriften über vorbereitende Schriftsätze (§§ 129 ff., 273), der Zustellung von Anwalt zu Anwalt und der Einlassungsfristen (§ 274 Abs. 3). Für den Wechsel- und Scheckprozeß sieht § 604 allerdings eine Abkürzung der Einlassungsfrist vor. Im übrigen kann eine Abkürzung nur nach § 226 herbeigeführt werden.

Durch die Klageerhebung wird der Urkundenprozeß anhängig und der in diesem geltend gemachte Anspruch rechtshängig → § 261 Rdnr. 1 ff.; zur Einrede der Rechtshängigkeit → § 261 Rdnr. 63, § 267 Rdnr. 1 ff. Dies steht einer **Aufrechnung** mit diesem Anspruch in einem anderen Prozeß nicht entgegen[34]. Die Aufrechnungsmöglichkeit besteht auch dann, wenn bereits ein rechtskräftiges Wechselvorbehaltsurteil ergangen und der Anspruch im Nachverfahren anhängig ist[35]. Gegenüber einer im ordentlichen Prozeß erhobenen Klage kann eine **Widerklage auch als Urkundenklage** erhoben werden → § 595 Rdnr. 1. Ein Grund, dies zu unterbinden existiert ebensowenig wie beim Nachverfahren des Urkundenprozesses → § 600 Rdnr. 19. Die Urkundenklage macht eine etwaige negative Feststellungsklage des Beklagten unzulässig. Zu Rechtshängigkeitsfragen beim Übergang vom Urkundenprozeß zum ordentlichen Verfahren und umgekehrt → Rdnr. 1. Zum Verfahrensgang → § 595 Rdnr. 6.

§ 594   [fortgefallen]

Gesetzesgeschichte. § 557 CPO; Wegfall RGBl. 24 I 135

Die Vorschrift brachte Sondervorschriften für prozeßhindernde Einreden. Zu ihnen generell vgl. § 280 Abs. 2. Zur Einrede mangelnder Kostenerstattung eines früheren Verfahrens vgl. § 269 Abs. 4. Zum Ausschluß der Einrede der mangelnden Sicherheit für die Prozeßkosten vgl. § 110 Abs. 2 Nr. 2.

Zur Erläuterung → 20. Auflage.

---

[31] *RGZ* 5, 381; 30, 405; *RG* JW 1902, 132; *RG* JW 1926, 2683.
[32] *RGZ* 114, 365 ff.; *Mansfeld* LZ 1912, 588.
[33] In *RGZ* 114, 366, 371 hat das Revisionsgericht die Überprüfung vorgenommen, ohne ihre Zulässigkeit zu problematisieren; ebenso in JW 1926, 2683.
[34] *BGHZ* 57, 242.
[35] *BGH* MDR 1977, 1013.

§ 595 [Widerklage, Beweismittel]

(1) Widerklagen sind nicht statthaft.
(2) Als Beweismittel sind bezüglich der Echtheit oder Unechtheit einer Urkunde sowie bezüglich anderer als der im § 592 erwähnten Tatsachen nur Urkunden und Antrag auf Parteivernehmung zulässig.
(3) Der Urkundenbeweis kann nur durch Vorlegung der Urkunden angetreten werden.

Gesetzesgeschichte: § 551 CPO. Änderung: RGBl. 33 I 786, 821.

I. Widerklagen

Widerklagen sind nach Abs. 1 ausgeschlossen. Man muß aber nach dem Sinn des § 595 Abs. 1 eine im Urkundenprozeß erhobene Widerklage zulassen[1] → Rdnr. 593 Rdnr. 6. Meist erübrigt sich eine solche aber wegen der Möglichkeit einer nach § 598 liquide zu stellenden Aufrechnung. Zur Inzidentwiderklage → § 592 Rdnr. 2. Streitig ist, wie ein dem § 595 Abs. 1 zuwider erhobene Widerklage zu behandeln ist. Als Lösungswege werden Prozeßabweisung[2], Trennung entsprechend § 145 Abs. 2[3] und eine Wahlmöglichkeit zwischen diesen beiden Wegen[4] vorgeschlagen. Trennung ist jedenfalls dann möglich, wenn der Widerkläger nach § 596 vom Urkundenprozeß Abstand nimmt; dann kann freilich § 33 nicht zur Begründung der Zuständigkeit dienen[5]. Im übrigen ist nach § 597 Abs. 2 zu verfahren; im Nachverfahren sind Widerklagen unbeschränkt zulässig. Einen Antrag auf Verurteilung zu Schadenersatz nach § 717 Abs. 2 hält man nicht für eine Widerklage und daher auch im Urkundenprozeß für zulässig[6]. Nach der hier vertretenen Lehre → § 600 Rdnr. 25 handelt es sich auch hierbei um eine Widerklage. Das gleiche gilt für Anträge nach §§ 304 Abs. 2, 600 Abs. 2. Zu Urkundenklagen, die als Widerklagen erhoben werden → § 600 Rdnr. 19.

1

II. Die Beweisbeschränkungen

Der summarische Charakter des Urkundenprozesses → Rdnr. 2 vor § 592 ist in ihrem Grundgedanken gleichbedeutend mit der **Beschränkung** der Verhandlung und Entscheidung auf diejenigen **Angriffs- und Verteidigungsmittel, die sofort liquid gestellt werden können**. Es handelt sich um einen rein prozeßrechtlichen Grundsatz, der neben den materiellrechtlichen Beschränkungen der Einreden, z.B. nach Art. 17 WG, Art. 22 SchG, §§ 796, 1138 BGB, § 364 HGB steht.

2

Zu den zulässigen Beweismitteln hinsichtlich der Sachurteilsvoraussetzungen und zur Einrede des Schiedsvertrags → Rdnr. 5.

1. Anstatt jedoch die sofortige Beweisbarkeit als Erfordernis der Liquidität aufzustellen, hat die ZPO aus dem gemeinen Recht den Gedanken der »schleunigen Beweismittel« übernommen: **Urkunden und Antrag auf Parteivernehmung** sind stets zulässig[7], auch wenn sie im Einzelfall zu einer Verzögerung führen (z.B. bei ausländischen Klägern). Dagegen sind die Beweismittel *Zeugen, Sachverständige, Augenschein* oder *eidesstattliche Versicherungen*[8]

2a

---

[1] *Wieczorek*[2] B II. – Anders die h. M., statt aller: *Baumbach/Lauterbach/Hartmann*[51] Rdnr. 1; *Thomas/Putzo*[18] Rdnr. 1; *Zöller/Schneider*[17] Rdnr. 1; *MünchKommZPO-Braun* Rdnr. 1.
[2] *Baumbach/Lauterbach/Hartmann*[51] Rdnr. 1.
[3] *Wieczorek*[2] B I.
[4] *Zöller/Schneider*[17] Rdnr. 1.
[5] *Wieczorek*[2] B I.
[6] *OLG Köln* OLGRsp 5, 50; allgLitM; → Rdnr. 5.
[7] LG *OLG Hamburg* MDR 1974, 49: Ablehnung, wenn Unerheblichkeit feststeht.
[8] BGHZ 1, 220; *OLG Frankfurt* WM 1975, 87. OLG

nicht zulässig, auch dann nicht, wenn sie, wie u.U. bei gestellten Zeugen, den Prozeß sofort erledigen würden. Aufgabe des Richters ist es in derartigen Fällen, auf Abstandnahme nach § 596 hinzuwirken. Augenscheinsbeweis ist auch die Schriftvergleichung (§ 441)[9]. Parteivernehmung ohne Antrag – auch des Klägers selbst nach § 448 – ist ausgeschlossen[10]; denn in §§ 597 Abs. 2, 598 sind die Folgen für den Fall, daß der Beweis nicht mit den im Urkundenprozeß zulässigen Beweismitteln vollständig geführt ist, abschließend geregelt[11].

2b   2. Die Liquidität im Sinn des Abs. 2 ist nur ein *Erfordernis der Beweisführung*. Dieses kommt also nur zur Geltung, wenn Beweis nötig wird. Wie auch sonst, schließen Geständnis und Nichtbestreiten das Erfordernis eines Beweises aus[12] → § 597 Rdnr. 4.

III. Einzelheiten der Beweisführung

3   Für den zulässigen Beweis zur Urkundenechtheit oder zu nicht zum Klagegrund gehörenden Tatsachenbehauptungen gilt demnach im einzelnen folgendes:

1. Urkunden sind auch hier → § 592 Rdnr. 16, 17 schriftliche Fixierungen jeglicher Art. Der **Beweisantritt** muß stets durch **Vorlegung** der Urschrift in der mündlichen Verhandlung erfolgen[13]. Damit ist jedoch nicht unbedingt der Besitz der Urkunden verlangt, sondern nur der Beweisantritt durch Vorlegungsanträge nach §§ 421ff., 428, 432 ausgeschlossen[14] → § 592 Rdnr. 18. Im Rahmen des Urkundenprozesses darf das Gericht den Mangel der Bereitschaft des Beklagten, eine Urkunde vorzulegen, auch nicht in Ausübung der freien Beweiswürdigung zu dessen Lasten verwerten. Der Beklagte kann auf die Vorlage der Urkunde verzichten, sofern die Urkunde als solche existiert[15] → § 593 Rdnr. 5. Die Berufung auf Urkunden, die sich bereits im Besitz des Gerichts befinden – nicht nur im Besitz derselben Kammer[16] –, wie z.B. Untersuchungsakten, Akten des Nachverfahrens → § 592 Rdnr. 17, ist demnach zulässig[17]. Unzulässig ist aber die Berufung auf die erst beizuziehenden Akten eines auswärtigen Gerichts[18] oder die Beiziehung von Akten, auf die sich niemand berufen hat[19]. Zur Verwertbarkeit des Akteninhalts einschließlich von Vernehmungsprotokollen als »Urkunden« → § 592 Rdnr. 17. Sind die Urkunden vorher nicht mitgeteilt worden (§ 131), so können sie dennoch benützt werden, die Partei, die die Urkunden nicht rechtzeitig vorlegt, setzt sich aber dem Risiko einer Vertagung auf ihre Kosten aus. § 593 kommt für den Beweisantritt selbst nicht in Betracht. Öffentliche Urkunden können nach Maßgabe des § 435 in öffentlich beglaubigter Abschrift vorgelegt werden. Daß die einmal erfolgte Vorlegung in späteren Terminen, insbesondere in der Berufungsinstanz, wiederholt werden müsse, verlangt das Gesetz nicht, soweit es nicht zum Zwecke erneuter Beweisaufnahme erforderlich ist[20].

München NJW 1953, 1835; *OLG Köln* ZPP 73, 307; *RGZ* 97, 162 (der Beweiszwang des § 592 darf nicht durch privatschriftliche Urkunden, die einen Ersatzbeweis für unzulässige Beweismittel darstellen, umgangen werden). Richtiger Ansicht nach müssen eidesstattliche Versicherungen aber – wenn auch ohne Berücksichtigung ihres besonderen Beweiswertes als eidesstattliche Erklärung – als normale Berichtsurkunden verwendet werden dürfen; → § 592 Rdnr. 17.
[9] *RG* Recht 1932, 659.
[10] *RG* HRR 1935 Nr. 1705.
[11] Dies gilt auch bezüglich des Nachweises der Urkundenechtheit für vom Beklagten vorgelegte Urkunden, *Habscheid* ZZP 96 (1983), 313.
[12] *Beckmann* aaO 110ff., 118 mwN.
[13] Zu den Folgen des Verlustes der Originalurkunde, *OLG Frankfurt* ZIP 1981, 1192.

[14] *OLG Nürnberg* DB 1968, 570. Daß die Urkunde im Strafverfahren beschlagnahmt ist, hindert zwar den Urkundenprozeß, bildet aber wegen § 596 keine Verhinderung i.S. von § 203 Abs. 2 BGB; *RGZ* 72, 185f.
[15] *Zöller/Schneider*[17] § 593 Rdnr. 13; *OLG Frankfurt* ZIP 1981, 1192 (Urkunde wegen Verlust nicht vorlegbar).
[16] *OLG Hamburg* OLGRsp 31, 73.
[17] *RGZ* 8, 45; 13, 377; *RG* JW 1897, 352; *OLG Dresden* SA 23, 548; *OLG Karlsruhe* BadRspr 1906, 20; *dass.* Justiz 68, 260. *Zöller/Schneider*[17] Rdnr. 10.
[18] *OLG München* NJW 1953, 1835.
[19] *OLG Karlsruhe* Justiz 1968, 260. *Zöller/Schneider*[17] Rdnr. 10.
[20] *RGZ* 36, 104; *RG* JW 1893, 472; *KG* OLGRsp 3, 140.

Dies ist besonders dann von Bedeutung, wenn das Urteil erster Instanz gegen Aushändigung des Wechsels vollstreckt ist.

Der Richter ist in Anwendung von § 286 in der Würdigung der Beweiskraft der Urkunden einschließlich ihrer Echtheit frei, soweit nicht die §§ 415 ff. eingreifen → § 592 Rdnr. 14. Auch Indizien[21] zur Entkräftung des durch Urkunden scheinbar gelungenen Beweises zum Klagegrund können ihrerseits durch Urkunden belegt oder wahrscheinlich gemacht werden[22] → § 592 Rdnr. 15. Beweisbedürftig ist die Echtheit einer Urkunde im übrigen erst im Falle eines substantiierten Bestreitens[23].

2. Für den **Antrag auf Parteivernehmung** und deren Durchführung gelten die §§ 445 ff. Bei seiner Vernehmung kann sich der Gegner, wie auch sonst, mit Nichtwissen oder dahin erklären, daß er nur über Mitteilungen anderer Angaben machen könne[24]. Der Antrag auf Parteivernehmung ist wegen aller nicht zum Klagegrund gehörender Tatsachen zulässig sofern das Beweisthema erheblich ist[25]. Zur Weigerung der Gegenpartei, sich vernehmen zu lassen → § 599 Rdnr. 1.

Wird der Urkundenbeweis gleichzeitig mit einem Antrag auf Parteivernehmung angetreten, so tritt letzterer zurück, arg. §§ 445 Abs. 2, 450 Abs. 2. Will eine Partei andere als die im Urkundenprozeß zulässigen Beweismittel geltend machen, so muß nur *der Kläger* eine besondere Prozeßhandlung vornehmen und nach § 596 vom Urkundenprozeß Abstand nehmen. Einmal erhobene Einwendungen braucht *der Beklagte* nicht zurückzuziehen, da sie ihm für das Nachverfahren von Rechts wegen vorbehalten bleiben (§ 598). Aus einer auf § 529 Abs. 2 a.F. bezogenen *BGH*-Entscheidung[26] darf nicht geschlossen werden, daß die Revision nicht auf die Zulassung im Urkundenprozeß nicht zulässiger Beweismittel gestützt werden könne.

IV. Die **Beweismittelbeschränkungen** des § 595 beziehen sich auf **alle materiellrechtlich erheblichen Tatsachen**, sofern diese nicht zu den klagebegründenden gehören, die gemäß § 592 zu beweisen sind. § 595 gilt somit für Einreden i. w. S. einschließlich der sog. rechtshindernden Tatsachen[27], Repliken im weitesten Sinne[28] usw. sowie die Frage der Echtheit oder Unechtheit der Urkunden, auch derjenigen, die nach § 592 erforderlich sind. Allerdings wird der Echtheitsbeweis häufig prima facie als geführt angesehen werden können[29].

Die **Sachurteilsvoraussetzungen** fallen dagegen, jedenfalls soweit sie von Amts wegen zu prüfen sind, weder unter die Vorschrift des § 592 → § 592 Rdnr. 6 ff. noch unter die des § 595 Abs. 2, 3, denn eine beschränkte Sachprüfung erscheint mit ihrer absoluten Natur unvereinbar[30]. Zu den Sachurteilsvoraussetzungen gehören auch die besonderen Voraussetzungen der §§ 257 ff.[31]. Daß das gleiche grundsätzlich auch für **prozeßhindernde Einreden** gelten muß, obwohl sie der Disposition des Beklagten unterliegen, also für diejenigen der §§ 269 Abs. 4, 1027a[32], folgt aus § 599 Abs. 1, der einen Widerspruch gegen den materiellen Anspruch voraussetzt, sowie daraus, daß ein Vorbehalt prozeßhindernder Einreden diese nicht für die Zukunft erhalten, sondern gegenstandslos machen würde. Ist aber der Vorbehalt ausgeschlossen, so ist es auch § 595 Abs. 2, der ihn zur Voraussetzung hat[33]. Zum Verfahren bei prozeßhindernden Einreden → Nachweise bei § 594.

---

[21] *OLG Köln* ZIP 1982, 1424, 1427 sowie die zum gleichen Komplex ergangenen Entscheidungen *LG Nürnberg-Fürth* ZIP 1982, 164; *LG Koblenz* ZIP 1982, 165. Allg LitM. Einen besonderen »Echtheitsbeweis« verlangte *LG Bonn* ZIP 1982, 166 (aber aufgehoben durch OLG Köln aaO).
[22] *BGH* WM 1983, 22; *BGH* WM 1985, 1244 – ZIP 1985, 1329 (Anm. *Dunz*).
[23] *MünchKommZPO-Braun* Rdnr. 6.
[24] Vgl. *RG* JW 1936, 817.
[25] A.M. *LG Hamburg* MDR 1974, 49.
[26] ZZP 73, 291, 293.
[27] *RGZ* 23, 297.
[28] Vgl. *RG* JW 1891, 84 (Datum des Akzeptes). → § 600 Rdnr. 6.
[29] *RGZ* 72, 291.
[30] *BGH* NJW 1986, 2765; *RGZ* 160, 346.
[31] *Wieczorek*² § 592 C III a I, § 597 A II a.
[32] Prozeßkostensicherheit → § 110 Abs. 2 Nr. 2.
[33] *BGH* NJW 1986, 2765; *BAG* NJW 1972, 1216.

Bei **prozeßhindernden Einreden, die auf Privatvereinbarung beruhen**, muß man nach dem Sinn der Beweismittelbeschränkung des Urkundenprozesses einen Beweis durch Urkunden oder Parteivernehmung fordern[34]. Das gilt vor allem für die Einrede des Schiedsvertrages → § 1025 Rdnr. 13 und der Einrede des vertraglichen Ausschlusses des Urkundenprozesses → § 592 Rdnr. 19. Die Konsequenz, daß damit letztere Abrede, sofern sie nicht schriftlich getroffen wurde, praktisch obsolet wird, muß man im Interesse der Funktionstüchtigkeit des Urkundenprozesses in Kauf nehmen.

Prozeßhindernde Einreden müssen aber zu dem vom Gesetz geforderten Zeitpunkt schon im Urkundenprozeß geltend gemacht werden, weil dieser eine Sachverhandlung etwa i.S.v. § 282 Abs. 3 darstellt[35]. Nichtrüge der Zuständigkeit → § 600 Rdnr. 11.

Wegen der Prozeßvoraussetzungen gilt das normale Beweisverfahren, nicht etwa der Freibeweis.

Was hinsichtlich der Sachurteilsvoraussetzungen rechtens ist, gilt auch für **alle anderen prozessual erheblichen Tatsachen**[36], z. B. solche, von denen die Ablehnung eines Richters, die Unterbrechung oder Aussetzung des Verfahrens, die Beseitigung einer Geständniswirkung[37] und dgl. abhängig ist. Dagegen gelten § 595 Abs. 2, 3 für Beweise, die wegen einer Kostenentscheidung nötig werden, etwa wenn fraglich ist, ob der Beklagte gemäß § 93 Anlaß zur Klage gegeben hat. Die Verzögerung, die mit einer Beweisaufnahme durch Zeugen usw. lediglich wegen der Kostenentscheidung verbunden wäre, ist dem Kläger nicht zumutbar[38]. Die Kostentragungspflicht ist von Amts wegen zu behandelnder Bestandteil des materiellen Streitgegenstandes. Daher ist es nur konsequent, auch wegen der Kosten trotz des Anerkenntnisses ein Vorbehaltsurteil zu erlassen → dazu § 599 Rdnr. 2; bei Erledigung der Hauptsache → § 596 Rdnr. 4.

Hat der Beklagte in der höheren Instanz oder nach Einspruch Ansprüche gemäß § 717 Abs. 2 geltend gemacht → Rdnr. 1, gelten die Beweisbeschränkungen der Absätze 2 und 3[39].

Zur Verwendung von Gerichtsakten → § 592 Rdnr. 17.

6 **V.** In der **mündlichen Verhandlung** finden, vorbehaltlich der §§ 592 ff. die Vorschriften des ordentlichen Prozesses Anwendung → Rdnr. 4 vor § 592, also auch hinsichtlich der in das Ermessen des Gerichts gestellten Prozeßleitung[40] die §§ 142 ff., jedoch mit Ausnahme des § 144 und des § 145 Abs. 3 → § 598 Rdnr. 3. Dies gilt auch für die Entscheidung über die Anberaumung eines frühen ersten Termins zur mündlichen Verhandlung (§§ 272 Abs. 2, 275) oder die Durchführung eines schriftlichen Vorverfahrens (§§ 272 Abs. 2, 276 f). Das Recht zur **Verbindung** mehrerer bei dem Gericht anhängiger Prozesse (§ 147) beschränkt sich auf Urkundenprozesse. Die **Aussetzung** des Verfahrens nach §§ 148 und 149 widerspricht dem Sinn und Zweck des Urkundenprozesses → § 148 Rdnr. 34; zu § 264 → § 593 Rdnr. 5. Eine Übertragung auf den **Einzelrichter** ist in der gleichen Weise wie außerhalb des Urkundenprozesses zulässig, erfaßt aber den Prozeß insgesamt, also auch das Nachverfahren. Nach Erlaß eines Vorbehaltsurteils ist eine Übertragung auch dann möglich, wenn im Haupttermin bereits vor der Kammer verhandelt wurde → § 348 Abs. 3.

---

[34] A.M. *BGH* NJW 1986, 2765 – obit; ihm ohne Auseinandersetzung folgend die übrige Kommentarliteratur.
[35] Im Ergebnis ebenso *OLG Düsseldorf* NJW 1983, 2149 → 600 Rdnr. 12, 13.
[36] S. auch *RG* JW 1901, 718 (Aussetzung); *KG* OLGRsp 9, 77 (Klageerhebung).
[37] A.M. *RG* Recht 1932, 659; nur braucht ein Beweis zur Beseitigung einer Geständniswirkung nicht erhoben zu werden, wenn die zugestande Tatsache auch urkundlich bewiesen werden kann.
[38] A.M. *Baumbach/Lauterbach/Hartmann*[51] Rdnr. 4; *OLG Karlsruhe* OLGZ 1986, 125.
[39] A.M. *OLG Köln* OLGRsp 5, 50. Vgl. den parallelen Fall in § 561 Rdnr. 16.
[40] *RGZ* 13, 378.

§ 596 [Abstandnahme vom Urkundenprozeß]

Der Kläger kann, ohne daß es der Einwilligung des Beklagten bedarf, bis zum Schluß der mündlichen Verhandlung von dem Urkundenprozeß in der Weise abstehen, daß der Rechtsstreit im ordentlichen Verfahren anhängig bleibt.

Gesetzesgeschichte: § 559 CPO. Keine Änderungen.

I. Die Abstandnahme vom Urkundenprozeß[1] ist ihrer **Rechtsnatur** nach die Ersetzung des bisher im Urkundenprozeß verfolgten summarischen Rechtsschutzbegehrens durch das auf endgültige Verurteilung oder Festellung gerichtete ordentliche Verfahren, ohne daß dabei der Streitgegenstand geändert wird. Dies ist deshalb möglich, weil schon mit Erhebung der Klage der Anspruch rechtshängig geworden ist → Rdnr. 3 vor § 592. Die Abstandnahme unterscheidet sich somit von der Klagerücknahme (§ 269) durch die Fortdauer der Rechtshängigkeit. Es handelt sich dabei auch um **keine** besonders geregelte **Unterart der Klageänderung** (Änderung des geforderten Rechtsschutzes bei gleichbleibendem Anspruch → § 264 Rdnr. 26 ff.), sondern um einen geänderten prozessualen Arbeitsplan. Mit der Abstandnahme kann aber eine **Klageänderung** oder ein Übergang zur Feststellungsklage **verbunden** sein, für deren Zulässigkeit nach der jeweiligen Prozeßlage neben § 596 die §§ 263, 264 maßgeblich sind → Rdnr. 10 und § 602 Rdnr. 7. Zur Situation im Falle des *Konkurses* → § 592 Rdnr. 2a. 1

An besondere Voraussetzungen ist die Abstandnahme nicht geknüpft. Ihre Wirksamkeit hängt insbesondere nicht davon ab, daß der Urkundenprozeß statthaft war. Zu der Prüfung dieser Frage wäre in dem nachfolgenden ordentlichen Verfahren überhaupt kein Raum.

II. Zur wirksamen **Abstandnahme** kommt es unter folgenden **Voraussetzungen**: 2

1. Der Kläger muß die **Erklärung abgeben**, vom Urkundenprozeß Abstand zu nehmen. Diese Erklärung muß unbedingt sein → Rdnr. 208 vor § 128. Daß der Urkundenprozeß bisher statthaft war, ist nicht Voraussetzung für die Wirksamkeit der Abstandnahme[2]. Die Abstandnahme unter der Bedingung, daß das Gericht den Urkundenprozeß für unstatthaft hält, ist unwirksam, so daß die Klage nicht als in der gewählten Prozeßart als unstatthaft abgewiesen wird[3], sondern im Urkundenprozeß anhängig bleibt. Die Erklärung braucht nicht ausdrücklich zu sein, sondern kann auch schlüssig geschehen, sofern sie eindeutig ist[4], z.B. durch Einverständnis mit der Aufnahme unzulässiger Beweise, die der Beklagte anbietet[5]. Gegebenenfalls wird der Richter gem. §§ 139, 278 Abs. 3 auf Klarstellung hinzuwirken haben[6]. Das bloße Antreten illiquider Beweise ist dagegen noch keine Abstandnahme[7], § 597 Abs. 2. Ein Widerruf der Erklärung ist nicht zulässig → Rdnr. 225 vor § 128.

2. Die Erklärung muß nach h. M.[8] in der mündlichen Verhandlung abgegeben werden. Dies ist auch dann möglich, wenn der Beklagte in der mündlichen Verhandlung ausbleibt → Rdnr. 8. Die Zustellung eines Schriftsatzes soll, abgesehen von den Fällen der Entscheidung ohne mündliche Verhandlung, § 128 Abs. 2 → § 128 Rdnr. 87 und der Entscheidung nach Lage der Akten → § 251 Rdnr. 11, nur vorbereitende Bedeutung haben können. Jedoch ist nicht einzusehen, warum die Abstandnahme nicht ähnlich einer Klagerücknahme auch durch bestimmenden Schriftsatz soll geschehen können, zumal sich die Formulierungen in § 596 3

---

[1] *Stein* aaO 254 ff., 303 ff.
[2] *BGHZ* 80, 97, 100 = NJW 1982, 1536, 1537 = JR 1981, 332 (*Zeiss*).
[3] So *RGZ* 4, 352; *RG* JW 1897, 532.
[4] Zweifel also zu Lasten dessen, der sich auf eine angeblich bereits geschehene Abstandnahme beruft.
[5] *OLG Colmar* Recht 1901, 209; *Wieczorek*[2] A I e. – A.M.. für diesen Fall *MünchkommZPO-Braun* Rdnr. 1; *Zöller/Schneider*[17] Rdnr. 1.
[6] *Zöller/Schneider*[17] Rdnr. 1.
[7] *BGH* WM 1979, 803; *RG* HRR 1932 Nr. 1791.
[8] *Thomas/Putzo*[18] Rdnr. 1. *Zöller/Schneider*[17] Rdnr. 1.

§ 596 II   5. Buch. Urkunden- und Wechselprozeß

und § 269 durchaus ähneln[9]. Der Verlesung, § 297, bedarf es nicht. Ebensowenig ist eine Einwilligung des Beklagten erforderlich.

4   3. Die Abstandnahme kann **bis zum Schluß der mündlichen Verhandlung** erklärt werden, also auch nach Erlaß eines Beweisbeschlusses und ebenso im Verfahren nach erhobenem Einspruch[10]. Der taktische Nachteil, den der Beklagte dadurch erleidet, daß er die Beseitigung des zur Zwangsvollstreckung geeigneten Urteils erst später erreichen kann, kann durch Maßnahmen nach §§ 719, 707 abgefangen werden[11]

Komplizierte Probleme wirft die **Erledigung des Rechtsstreits in der Hauptsache** auf. *Die beiderseitige Erledigungserklärung* gemäß § 91a ist auch im Urkundenprozeß jederzeit zulässig. Eine Erledigungserklärung i.S. von § 91a muß sich aber notwendigerweise auf den Streitgegenstand als ganzen beziehen, nicht nur auf seine Verfolgbarkeit im Urkundenprozeß. Denn eine auf den Urkundenprozeß als solchen beschränkte Erledigungserklärung würde einer Abstandnahme entsprechen, die durch einseitige Prozeßhandlung erklärt werden kann. Der Rechtsstreit bleibt nach der Erledigungserklärung wegen der Kosten im Urkundenverfahren anhängig, falls der Kläger nicht Abstandnahme erklärt[12], was ihm jederzeit freisteht[13]. Erklärt der Kläger keine Abstandnahme, so ergeht Vorbehaltsurteil auf der Grundlage von § 91a[14]; evtl. notwendig werdende Beweisaufnahmen sind, sofern man sie überhaupt zur Vorbereitung der Kostenentscheidung aus § 91a für zulässig hält, in das Nachverfahren zu verweisen[15]. Der Umstand, daß der Kostenbeschluß im Urkundenprozeß erging, eröffnet für das Nachverfahren nicht die Möglichkeit zu einer weitergehenden Beweisaufnahme, als auch sonst im Rahmen der Anwendung von § 91a gestattet ist[16].

Erklärt nur der *Kläger einseitig die Erledigung des Rechtsstreits in der Hauptsache*, ohne gleichzeitig Abstandnahme vom Urkundenprozeß zu erklären, dann ist zu unterscheiden: Wenn das Gericht nach den Beweisgrundsätzen, die für das Vorbehaltsverfahren gelten, überzeugt ist, daß der Anspruch begründet war, dann muß Vorbehaltserledigungsurteil ergehen, was trotz § 592 S. 1 möglich ist[17]. Hält das Gericht schon im Urkundenverfahren die ursprüngliche Begründetheit des Anspruchs nicht für erwiesen, so muß es den Erledigungsantrag nach § 597 Abs. 2 abweisen. Dazu, ob dies als Entscheidung nach Klageänderung oder aufgrund einer privilegierten Klagerücknahme (unter Vorbehalt des Nachverfahrens) zu deuten ist → § 91a Rdnr. 37.

Ergeht Vorbehaltsurteil so wird im Nachverfahren, wenn Erledigung weiter feststeht, das Urteil bestätigt; der Beklagte kann aber auch noch im Nachverfahren der Erledigung zustimmen und damit den Weg zu einem Beschluß nach § 91a eröffnen[18]. Ergibt sich im Nachverfahren, daß die Klage nicht begründet war, so wird sie abgewiesen.

5   4. Inwieweit die Abstandnahme in der **Berufungsinstanz** zulässig ist, ist aus § 596 nicht eindeutig zu ersehen. Bei der Verwandtschaft von Abstandnahme und Klageänderung → Rdnr. 1 ist es naheliegend, auch die Abstandnahme in der Berufungsinstanz mit Einwilligung des Beklagten[19] oder ohne eine solche dann zuzulassen, wenn das Gericht sie nach den für die Klageänderung in der Berufungsinstanz geltenden Gesichtspunkten → Erl. § 528 für sachdienlich hält[20]. Daß dann bei Zulassung der Abstandnahme für eine Zurückverweisung nach § 538 kein Raum ist → § 538 Rdnr. 28. Der Rechtsstreit bleibt bzw wird (bezüglich des

---

[9] *MünchKommZPO-Braun* Rdnr. 1.
[10] Vgl. dazu *Kiefe* Recht 1908, 328f. – A.M. früher *Stein* aaO 264, 267.
[11] A.M. *MünchKommZPO-Braun* Rdnr. 3, der deshalb systemwidrig in dieser Situation die Abstandnahme der Klageänderung gleichstellt.
[12] *Göppinger* ZZP 70, 221, 223.
[13] *OLG München* ZZP 51, 284.
[14] *Göppinger* aaO 229ff.

[15] A.M. z.T. *Göppinger* aaO 229f.; *Zöller/Schneider* Rdnr. 15.
[16] A.M. *Göppinger* aaO 232.
[17] *Göppinger* aaO 225.
[18] A.M. *Göppinger* aaO 232.
[19] *KG* JW 1931, 2039, 2040 u.a.
[20] *BGHZ* 29, 237, bestätigt in *BGH* NJW 1965, 1599 (die Zulassung der Abstandnahme ist in entsprechender Anwendung von § 268 unanfechtbar). AllgM.

Nachverfahrensteils) in zweiter Instanz anhängig[21]. Das geschilderte Prinzip ist aber ohne gewichtige Ausnahmen nicht durchführbar. Hat der Beklagte Berufung gegen ein Urteil eingelegt, mit dem er unter Vorbehalt seiner Rechte verurteilt wurde, und erklärt dann der Kläger die Abstandnahme vom Urkundenprozeß, so muß das Verfahren zwangsläufig in erster Instanz, wo das Nachverfahren anhängig geblieben war, fortgesetzt werden[22]. Ist die Klage im ersten Rechtszug als unbegründet abgewiesen worden, so sind Gesichtspunkte, welche die Abstandnahme als nicht sachdienlich erscheinen lassen könnten, nicht ersichtlich; die Abstandnahme ist daher ohne Einwilligung des Beklagten möglich[23]. War die Klage in erster Instanz als im Urkundenprozeß unstatthaft zurückgewiesen worden, so hängt die Zulassung der Abstandnahme von einer konkreten Sachdienlichkeitsentscheidung des Gerichts ab, die sich nach den für das Berufungsverfahren geltenden Grundsätzen auszurichten hat. Bleibt der Rechtsstreit nach Abstandnahme vom Urkundenprozeß im Berufungsrechtszug, so ist § 528 Abs. 1 ebenfalls nicht anwendbar, weil die dort in Bezug genommenen Fristen auf das Nachverfahren nicht wirken → § 600 Rdnr. 10. Auch für eine Anwendung von § 528 Abs. 2 ergibt sich ein Anwendungsbereich nur, wenn Angriffs- und Verteidigungsmittel in Rede sind, die bereits im Vorverfahren hätten geltend gemacht werden müssen → § 600 Rdnr. 10.

Auch in *dritter Instanz* ist Abstandnahme nicht gänzlich ausgeschlossen. Sofern kein Nachverfahren in einer unteren Instanz rechtshängig geblieben ist, bleibt der in das ordentliche Verfahren übergeleitete Prozeß dann aber in dritter Instanz anhängig, so daß neue Tatsachenbehauptungen und -beweismittel ausgeschlossen sind; str. → § 600 Rdnr. 8. Sinnvoll kann die Abstandnahme sein, wenn auf der Grundlage des spätestens im Berufungsurteil festgestellten Sachverhalts nur noch auf Feststellung geklagt werden soll.

Obsiegt der Kläger nach der Abstandnahme aufgrund eines Vorbringens, dessen Geltendmachung ihm erst durch die Abstandnahme möglich wurde, so greift die Kostenvorschrift des § 97 Abs. 2 ein.

5. Die Abstandnahme kann auch bloß für einen **Teil des Anspruches** → § 301 Rdnr. 4 oder nur für die Nebenforderungen erklärt werden[24]. Dann muß das Gericht die Verhandlung in entsprechender Anwendung von § 145 trennen[25], obwohl diese Vorschrift an sich keinen Anspruch auf Trennung begründet. Das Interesse des Klägers, der, wie sich erst im Prozeß herausstellt, nur einen Teil seines Anspruchs urkundenmäßig belegen kann, ist aber vorrangig.

III. Die Erklärung der Abstandnahme hat die **Wirkung**, daß der **Urkundenprozeß in das ordentliche Verfahren übergeht.**

1. Wird die Abstandnahme in Anwesenheit des Beklagten erklärt, so kann sich die Verhandlung im ordentlichen Verfahren sofort anschließen. Wenn dem Beklagten die Absicht des Klägers, vom Urkundenprozeß Abstand zu nehmen, vorher mitgeteilt war, kann man § 335 Abs. 1 Nr. 3 entsprechend anwenden und gegen ihn entscheiden, wenn er keine Einwendungen vorbringt. Andernfalls folgt aus dem Anspruch auf rechtliches Gehör die Notwendigkeit einer Vertagung[26] → § 600 Rdnr. 10, 28.

2. Erfolgt dagegen die Abstandnahme bei *Säumnis des Beklagten* → Rdnr. 3, so kann nur dann sofort ein Versäumnisurteil im ordentlichen Verfahren ergehen, wenn die Abstandnahme gemäß § 335 Abs. 1 Nr. 3 vorher dem Beklagten mitgeteilt war. Die Mitteilung bedarf

---

[21] BGH aaO – A.M.. *OLG Koblenz* NJW 1956, 427.
[22] *Rosenberg/Schwab*[14] § 164 II 4.
[23] So mit Recht *Rosenberg/Schwab*[14] aa.
[24] *MünchKommZPO-Braun* Rdnr. 5; *Baumbach/Lauterbach/Hartmann*[51] Rdnr. 1; *Thomas/Putzo*[18] Rdnr. 1. – A.M.. *KG* OLGRsp 15, 154; *Zöller/Schneider*[17] Rdnr. 2. – Vermittelnd *KG* ZZP 52, 203, *Rosenberg/Schwab*[14] aaO (Abstandnahme erst nach Trennung oder Teilurteil möglich).
[25] A.M. *MünchKommZPO-Braun* Rdnr. 6: automatische Verfahrenstrennung.
[26] *OLG Hamm* NJW 1974, 1515.

nach § 270 Abs. 2 der förmlichen Zustellung, da sie sich i. S. dieser Norm als ein »Sachantrag« darstellt → § 297 Rdnr. 3. Ist die rechtzeitige Mitteilung unterblieben, so ist ein neuer Termin anzusetzen, zu dem der Beklagte von Amts wegen (§§ 214, 497) zu laden ist; die Terminsverkündung allein genügt ihm gegenüber nicht, arg. § 335 Abs. 2. Bei neuer Ladung braucht, sofern nur bei der ersten Ladung im Urkundenprozeß die richterlich bestimmte (§ 226) oder gesetzliche (§ 604) Einlassungsfrist des Urkunden- bzw. Wechselprozesses eingehalten war, nicht die Einlassungsfrist (§ 274 Abs. 3), sondern nur die Ladungsfrist gewahrt zu werden.

9   IV. Die **Fortdauer** der durch die Klageerhebung im Urkundenprozesse begründeten **Rechtshängigkeit** äußert sich in folgenden Wirkungen:
    1. Einer neuen Klage bedarf es nicht; ihr stünde die Rechtshängigkeit entgegen → § 261 Rdnr. 1.
    2. Die prozessualen und materiellen Wirkungen der *Rechtshängigkeit* dauern fort, insbesondere die auf § 603 gegründete Zuständigkeit.

10 3. Alle im Urkundenprozeß vorgenommenen **Prozeßhandlungen** behalten die Wirkung, die sie im Urkundenprozeß erlangt haben, auch im ordentlichen Verfahren, also namentlich die mündliche Verhandlung zur Hauptsache, gerichtliche Geständnisse, Bestreitungen, Verzichte, Zwischenurteile sowie Beweisaufnahmen; → § 600 Rdnr. 11. Die Abschneidung von Rechtsbehelfen wirkt dagegen nur insoweit fort, als sie bereits vor dem Schluß der mündlichen Verhandlung im Urkundenprozeß eingetreten war, wogegen die Abschneidung des Vorbringens, die erst durch den Schluß der Verhandlung im Urkundenprozeß eingetreten wäre, den nun in das ordentliche Verfahren übergeleiteten Prozeß nicht berührt → § 600 Rdnr. 11. Beide Parteien sind also berechtigt, im ordentlichen Verfahren neue Tatsachen und Beweise geltend zu machen, soweit nicht die Beschränkungen der Klageänderung (Rdnr. 1 i.V.m. §§ 263, 264) und die Wirkungen einer bereits erfolgten Beweisaufnahme entgegenstehen. § 533 Abs. 2 ist entsprechend anzuwenden[27].

11 4. Die Abstandnahme begründet keine Verpflichtung des Klägers, die **Kosten** des bisherigen Urkundenprozesses zu tragen. Dazu, daß aber bei der Abstandnahme in der Berufungsinstanz die Regelung des § 97 Abs. 2 eingreifen kann → Rdnr. 5a.E. Die Befreiung nach § 110 Abs. 2 Nr. 2 bleibt aber nicht bestehen[28]. Zum Parallelproblem beim Vorbehaltsurteil → § 600 Rdnr. 11. Die im ordentlichen Verfahren ergehende Entscheidung umfaßt auch die Kosten des Urkundenprozesses.

12 V. Ein **Übergang vom Wechsel- zum Urkundenprozeß** ist zulässig[29], aber nur, wenn die Zuständigkeit des Gerichts auch für den Urkundenprozeß begründet ist, also nicht bloß auf § 603 beruht[30]: einer Abstanderklärung nach § 596 bedarf es in diesem Fall nicht, da jeder Wechselprozeß auch Urkundenprozeß ist. War die Einlassungsfrist bloß für den Wechsel-, aber nicht für den Urkundenprozeß gewahrt, so mag das nach Lage des Falles Anlaß geben, einem Vertagungsantrag des Beklagten stattzugeben; ein Anrecht auf Vertagung hat er aber nicht. Wird statt des Anspruchs aus dem Wechsel jetzt ein solcher aus dem sog. Kausalgeschäft verfolgt, so liegt eine Klageänderung vor → Rdnr. 1[31]. Unzulässig ist es, einen Anspruch primär im Wechselprozeß, hilfsweise im gewöhnlichen Urkundenprozeß zu verfolgen → § 593 Rdnr. 1.

---

[27] *Wieczorek*[2] A II.
[28] A.M. *Wieczorek*[2] A I b.
[29] BGH JZ 1970, 550, 552 zust. *Hadding*.
[30] A.M. *Wieczorek*[2] § 602 A II mit beachtlichen Gründen.

[31] *OLG Naumburg* OLGRsp 24, 206; *OLG Kiel* OLGRsp 37, 155.

§ 597 [Klageabweisung]

(1) Soweit der in der Klage geltend gemachte Anspruch an sich oder infolge einer Einrede des Beklagten als unbegründet sich darstellt, ist der Kläger mit dem Anspruch abzuweisen.

(2) Ist der Urkundenprozeß unstatthaft, ist insbesondere ein dem Kläger obliegender Beweis nicht mit den im Urkundenprozeß zulässigen Beweismitteln angetreten oder mit solchen Beweismitteln nicht vollständig geführt, so wird die Klage als in der gewählten Prozeßart unstatthaft abgewiesen, selbst wenn in dem Termin zur mündlichen Verhandlung der Beklagte nicht erschienen ist oder der Klage nur auf Grund von Einwendungen widersprochen hat, die rechtlich unbegründet oder im Urkundenprozeß unstatthaft sind.

Gesetzesgeschichte: vor 1900 § 560 CPO. Keine Änderungen.

I. Die von der Vorschrift erfaßten Arten abweisender Urteile

Ist der Urkundenprozeß nach Maßgabe des in dem Urkundenverfahren zulässigen Prozeßstoffes (§ 595) zur Entscheidung reif, so kann sowohl im Falle der Abweisung wie auch der Verurteilung eine endgültige oder eine nur vorläufige Entscheidung ergehen → Rdnr. 3 vor § 592. § 597 behandelt in seinen beiden Absätzen ausdrücklich nur zwei (II., III.) der drei unterschiedlichen Arten[1] des abweisenden Urteils (zur Konkurrenz → Rdnr. 9). Dazu kommt noch die Abweisung der Klage als generell unzulässig, die in Analogie zu Abs. 1 behandelt werden muß (IV.). Jede dieser abweisenden Entscheidungen ist Endurteil und beendet die Rechtshängigkeit. Soweit Raum für ein neues Verfahren bleibt, ist dieses durch neue Klage anhängig zu machen[2]. Dies gilt auch dann, wenn eines dieser Urteile während eines schon schwebenden Nachverfahrens ergeht; eine Konstellation, zu der es freilich nach der hier vertretenen Lehre gar nicht kommen kann → § 600 Rdnr. 7,8. 1

II. Rechtskraftfähige Abweisung des Anspruchs

Eine Abweisung des klägerischen Anspruchs, durch die der materielle Anspruch rechtskräftig (§ 322) aberkannt wird[3], ist in drei Situationen möglich: Unbegründetheit der Klage (1.), Anerkenntnis (2.) und Säumnis des Klägers (3.). 2

1. Wichtigster Fall ist, daß der Anspruch des Klägers ganz oder teilweise[4] **sachlich unbegründet** ist. Ebenso ist denkbar, daß nur die auf vorbehaltlose Verurteilung gerichtete Klage unbegründet ist und auf eine Zug um Zug zu erbringende Leistung erkannt wird → Rdnr. 3. Gänzlich abzuweisen ist die Klage, wenn die Behauptungen des Klägers den Klageantrag nicht rechtfertigen. Dies gilt auch dann, wenn sich der Beklagte gegen die Klage nicht hinreichend substantiiert verteidigt → § 139 Rdnr. 34 oder bei Säumnis des Beklagten → § 331 Rdnr. 20[5].

Die Klage ist auch dann abzuweisen, wenn die Urkunde, auf die sich die Klage gründet, eine sog. **Skripturobligation** darstellt (wie z. B. beim Wechsel) und diese fehlerhaft ist. In diesem Fall ist der Anspruch mit der Unechtheit, Mangelhaftigkeit usw. der Skripturobligation selbst hinfällig. Der Mangel muß aber positiv feststehen[6]. Ebenso sind z. B. Verwirkung und Klausel-

---

[1] Vgl. bes. *Stein* Urkunden und Wechselprozeß (1887), 207 ff.
[2] Umdeutung eines Schriftsatzes im Nachverfahren in eine Klage im ordentlichen Verfahren ist möglich.
[3] RGZ 148, 201.
[4] *RG* Gruch. Beitr. 30, 1066.
[5] *BGHZ* 82, 200, 208 = NJW 1982, 523, 524; *RGZ* 148, 201.
[6] *OLG Braunschweig* OLGRsp 5, 91. – A.M. *OLG Marienwerder* SA 55, 103.

nichtigkeit nach dem AGBG[7] von Amts wegen zu beachtende Schlüssigkeitshindernisse. Anders dagegen verhält es sich, wenn die Wirksamkeit des (infolge Formmangels) ungültigen Wechsels als Schuldschein offenbleibt; in diesem Falle wäre die Klage, sofern nicht der Kläger nunmehr vom Wechselprozeß gemäß § 596 zum ordentlichen Verfahren oder zum Urkundenprozeß übergeht[8] → § 596 Rdnr. 10, als in der gewählten Prozeßart unstatthaft abzuweisen.

Zur endgültigen Klageabweisung genügt es nicht, wenn die beigebrachten **Urkunden lediglich zum Nachweis des Klageanspruchs nicht ausreichen;** in diesem Fall ist die Klage als im Urkundenprozeß unstatthaft abzuweisen[9].

Ist der Klageanspruch nachgewiesen und **widerspricht der Beklagte unsubstantiiert,** unschlüssig oder in einer nach § 595 nicht beweisbaren Art, ergeht Vorbehaltsurteil. Wegen unstreitiger und offenkundiger Tatsachen → Rdnr. 4.

Hat der Beklagte seine Einreden und Einwendungen im Urkundenprozeß bewiesen und hat der Kläger dagegen **Gegenbeweis mit Beweismitteln** angeboten, **die im Urkundenprozeß nicht zulässig sind,** so ist die Klage nicht endgültig, sondern lediglich als in der gewählten Prozeßart unstatthaft abzuweisen. Aus Gründen der Waffengleichheit muß man es dem Kläger gestatten, seine Beweisantritte bis zum Nachverfahren zurückzubehalten und nur durch den bloßen Widerspruch eine Abweisung nur nach § 597 Abs. 2 zu erreichen[10]. Unterläßt der Kläger den Widerspruch, so wird die Klage auch dann vorbehaltlos abgewiesen, wenn der Urkundenprozeß in der Berufungsinstanz schwebt und der Beklagte seine Einwendungen mit Urkunden beweist, die er im Nachverfahren erlangt hat[11].

Ebenfalls nach § 597 Abs. 2 ist abzuweisen, wenn der Beklagte eine zur **Hilfsaufrechnung** gestellte Forderung mit Mitteln des Urkundenprozesses beweisen kann[12].

Ein klageabweisendes Vorbehaltsurteil gibt es nicht → § 598 Rdnr. 3. Zur Aufrechung und Eventualaufrechung → § 598 Rdnr. 3.

2a 2. Bleibt der Kläger im Termin säumig und wird auf Antrag des Beklagten nach § 330 ein **Versäumnisurteil** gegen ihn erlassen, so wird mit diesem die Klage sachlich abgewiesen; → Rdnr. 7. Die Statthaftigkeit des Urkundenprozesses braucht in diesem Fall nicht geprüft zu werden[13]. Der Hinweis, der Beklagte könne bei Säumnis des Klägers füglich nicht mehr erreichen als im ordentlichen Prozeß[14], ist unbehelflich, weil die Konstellation mögliche Unstatthaftigkeit der besonderen Rechtsschutzform des Urkundenprozesses im ordentlichen Verfahren kein Gegenstück hat. Zur Säumnis bei unzulässiger Klage → Rdnr. 7.

2b 3. Zu einer sachlichen Klageabweisung kommt es auch, wenn der Kläger auf den Anspruch verzichtet und der Beklagte nach § 306 die Abweisung der Klage beantragt[15].

III. Klageabweisung bei Fehlen der Voraussetzungen des Urkundenprozesses

3 **Als in der gewählten Prozeßart unstatthaft ist die Klage abzuweisen,** wenn es an den besonderen Voraussetzungen des Urkundenprozesses mangelt. Dies ist insbesondere dann der Fall, wenn sich der Gegenstand des Anspruches nicht gemäß § 592 für den Urkundenprozeß eignet. Ebenso ist die Klage als in der gewählten Prozeßart unstatthaft abzuweisen, wenn

---

[7] *BGH* WM 1991, 238.
[8] Vgl. *BGH* NJW 1988, 1468 (Pagaré-Papier als abstraktes Schuldversprechen; der Kläger war vom Urkundenprozeß in das ordentliche Verfahren übergegangen).
[9] A.M. *Wieczorek*[2] § 592 C II b 2, C III.
[10] *MünchKommZPO-Braun* Rdnr. 4.
[11] A.M. *OLG Hamburg* OLGRsp 29, 226; *MünchKommZPO-Braun* § 599 Rdnr. 5..
[12] *BGHZ* 80, 99. – A.M. *Zeiss* JR 1981, 333.

[13] *MünchKommZPO-Braun* Rdnr. 10; *Zöller/Schneider*[17] Rdnr. 1. – A.M. *Baumbach/Lauterbach/Hartmann*[51] Rdnr. 1 (nur Prozeßabweisung, mit der Begründung, daß der Beklagte im Säumnisverfahren nicht mehr erreichen kann als im normalen Verfahren); SchlHOLG SchlHA 1955, 23.
[14] So *Baumbach/Lauterbach/Hartmann*[51] aaO.
[15] *Zöller/Schneider*[17] Rdnr. 5; *Stein* aaO 227; *Hegler* Anerkenntnis 28 f.

nicht sämtliche zur Begründung des Anspruchs erforderlichen Tatsachen (mit Ausnahme der Urkundenechtheit, § 595 Abs. 2) durch Urkunden erwiesen werden können[16]. So ist auch zu verfahren, wenn die angebotenen Urkunden keine Beziehung zum Streitgegenstand haben[17], oder wenn bezüglich anderer Tatsachen (insbesondere der Echtheit der Urkunden und als Replik vorgebrachter Tatsachen) der erforderliche Beweis weder durch Urkunden noch im Wege der Parteivernehmung gemäß § 445 geführt werden kann[18]. Stehen nach materiellem Recht nicht Verurteilung und Klageabweisung, sondern Verurteilung schlechthin und Verurteilung zur Leistung Zug um Zug in Frage – wie z.B. gemäß § 322 BGB bei der Replik der Erfüllung gegenüber der Einrede des nicht erfüllten Vertrags –, so kann, da der prozessuale Schutz des § 597 Abs. 2 nicht hinter dem materiellen zurücksteht, auch im Urkundenprozeß eine Verurteilung zur Leistung Zug um Zug erfolgen (zur Statthaftigkeit → Rdnr. 2). In diesem Fall hat eine Beweisfälligkeit mit den Beweismitteln des Urkundenprozesses nicht die Abweisung der Klage, sondern die Verurteilung zur Leistung Zug um Zug zur Folge[19].

Die Eignung des Anspruchs zur Verfolgung im Urkundenprozeß ist von Amts wegen zu prüfen; insoweit ist für eine Disposition der Parteien kein Raum (s.a. bei Säumnis und Verzicht des Klägers → Rdnr. 2a, 2b). Wird die Klage nach Abs. 2 abgewiesen, so ist am besten im Tenor »als im Urkundenprozeß unstatthaft« ausdrücklich hinzuzufügen. Auch eine Abweisung schlicht als »unzulässig« kann aber aus den Urteilsgründen in diesem Sinne interpretiert werden.

1. Inwieweit dagegen eine entsprechende Prüfung von Amts wegen hinsichtlich Lückenlosigkeit des Urkundenbeweises vorzunehmen ist, ist nach dem Wortlaut des § 597 und der Entstehungsgeschichte der Vorschrift zweifelhaft[20]. Die Motive[21] bezeichnen allerdings »den vollständigen Beweis aller zur Begründung des Anspruchs erforderlichen Tatsachen als eine Bedingung des klägerischen Prozeßrechts« und nehmen an, daß »der Beweis vollständig und urkundlich geführt sein müsse, ehe die Verteidigung in Frage komme«. Diese Aussage scheint sich auf den ersten Blick mit dem Wortlaut des Abs. 2 durchaus zu decken.

4

Demgemäß nimmt eine Mindermeinung an, die Lückenlosigkeit des Urkundenbeweises zum Klagegrund sei ohne Rücksicht auf **Geständigkeit** oder **Nichtbestreiten** des Beklagten Voraussetzung für die Statthaftigkeit der besonderen Prozeßart des Urkundenverfahrens[22]. Der Standpunkt, welcher das durch den Wortlaut von § 592 S. 1 implizierte Ergebnis ausschlaggebend sein läßt, wird damit begründet, daß die Chancen des Urkundenprozesses der prozessuale Lohn für ein »Gebaren im Rechtsverkehr« seien, »das Unklarheiten meide und Klarheit und Sicherheit suche« und so dem Kläger Veranlassung gebe, um Urkundenbelegbarkeit der gegebenenfalls von ihm im Urkundenprozeß zu beweisenden Tatsachen besorgt zu sein[23].

Auf der anderen Seite steht aber der Grundsatz, daß Tatsachen insoweit keines Beweises bedürfen, als sie offenkundig, zugestanden (§ 288) oder nicht bestritten sind (§ 138 Abs. 3 i.V.m. § 288)[24]. Ebenso ist die psychologische Spekulation, potentielle Parteien würden sich deshalb rechtzeitig Urkunden als Belege sichern, weil z.B. der potentielle Kläger wegen des

---

[16] Wenn etwa anstatt des Urkundenbeweises Beweis durch Parteivernehmung angetreten ist, *RGZ* 115, 311, 316f.
[17] A.M. *Wieczorek*² § 592 C II b 1, der die Klage dann als »unzulässig« abgewiesen haben will.
[18] *BGHZ* 50, 112 = NJW 1968, 1379, 1381.
[19] A.M. *Wieczorek*² B II e.
[20] Eine umfassende Darstellung gibt *Beckmann* (vor § 592 Fn. 1) 101ff.
[21] Mot. 346, 350f.7.
[22] *OLG Frankfurt* MDR 1982, 153; *Stein* aaO 99f, 110; *Hankel* AcP 71, 383f.; *Stern* ZZP 32, 245; *Meyer* ZZP 38, 159ff.; *Ulrich* ZZP 44, 57ff.; *Glöde* MDR 1966, 103; *ders.* MDR 1974, 895; *Stürner* NJW 1972, 1257ff.; *ders.* JZ 1984, 681; *Bull* NJW 1974, 1514; *MünchKommZPO-Braun* § 592 Rdnr. 11, 14, aber »Ausnahmen aus offenkundigen Erwägungen« zulassend; *Hertel* (vor § 592 Fn. 1) 132ff., 187 mit Ausnahme offenkundiger Tatsachen.
[23] *Stürner* NJW 1972, 1257, 1258, der den Gedanken der besonderen Beweiskraft zwar nennt, seine gesamte Argumentation aber auf den Gedanken des »prozessualen Lohns« stützt. Ähnlich *Bull* aaO.
[24] Vgl. *Zöller/Schneider*¹⁷ Rdnr. 5.

Anspruchsgrundes solche in Händen habe oder weil der Beklagte rechtshindernde oder rechtsvernichtende Tatsachen urkundlich beweisen kann, lebensfremd[25]. Der Urkundenprozeß knüpft an den größeren Beweiswert und die schnellere Verfügbarkeit von Urkunden an, die es rechtfertigen, einen besonders raschen und effizienten Rechtsschutz zu gewähren, wenn notwendige Beweise durch Urkunden geführt werden. Da Geständnis und Nichtbestreiten in ihrer Verläßlichkeit dem Urkundenbeweis nicht nachstehen, sondern prozessual gesehen sogar absoluten »Beweiswert« haben, ist es daher nicht erforderlich, wegen solcher Tatsachen Urkundenbeweis zu verlangen[26]. Die Gegenmeinung ist auch meist nicht konsequent durchsetzbar, da die zur Anspruchsbegründung nötige Übergabe der Urkunde meist nicht urkundlich nachweisbar ist. Allerdings führt dieser Standpunkt zwangsläufig dazu, daß im gedanklichen Extremfall auch ein Urkundenprozeß ohne Urkunden zulässig ist[27]. Erschreckend ist das nicht, weil es zu einem Vorbehaltsurteil nur kommen kann, wenn der Klagegrund liquide ist und daher auch nichts dagegen eingewandt werden kann, wenn auch die Verteidigung des Beklagten vorläufig auf urkundenmäßig liquides Vorbringen beschränkt wird[28]. Einen Grundsatz, daß die Erlangung eines bis zur Verwertung führenden Vollstreckungstitels ohne Respektierung des Schuldners »Recht auf den Beweis« nur bei (mindestens konkludent erklärter) freiwilliger Unterwerfung (verfassungsrechtlich) zulässig sei, gibt es nicht. Vielmehr kann der Gesetzgeber das Betreibungs- und Insolvenzrisiko von typischen Wahrscheinlichkeitssituationen an umkehren[28a].

Was für nicht bestrittene Tatsachen rechtens ist, gilt auch für **gerichtsbekannte Tatsachen**[29]. Zu den unter § 595 fallenden Tatsachen → § 595 Rdnr. 6 ff.; zum Erfordernis der Vorlegung des Wechsels im Fall des § 605 Abs. 1 → § 605 Rdnr. 1.

Eine Verstärkung der materiellen Beweiskraft von Urkunden gibt es im Urkundenprozeß nie → § 592 Rdnr. 15. Allgemein gilt jedoch der Grundsatz der Vermutung der Vollständigkeit von schriftlich geschlossenen Verträgen → § 286 Rdnr. 115 ff.

5   2. Wenn der *Beklagte* im Verhandlungstermin säumig ist, muß das Gericht aber gemäß Abs. 2 außer der Eignung des Anspruchs zum Urkundenprozeß die urkundliche Liquidität der zur Klagebegründung erforderlichen Tatsachen von Amts wegen prüfen, d. h. es muß feststellen, ob die nach § 593 in Urschrift oder Abschrift mitgeteilten Urkunden den Klageanspruch begründet erscheinen lassen[30]. Denn auf Grund der Säumnis des Gegners gelten nur die Echtheit der ordnungsgemäß mitgeteilten Urkunden und die Übereinstimmung der Abschriften mit den Urschriften nach § 331 als zugestanden. Einer Vorlegung der Urkunden zum Zwecke des Beweises bedarf es danach nicht[31]. Das Versäumnisurteil ist daher auch nicht auf das fingierte Zugeständnis der vom Kläger vorgebrachten Tatsachen, sondern darauf zu gründen, daß auf Grund der Terminsversäumnis die vorgelegten Urkunden als echt bzw. die nach § 593 mitgeteilten Abschriften als mit den Urschriften übereinstimmend anerkannt sind und diese Urkunden den geltend gemachten, zum Urkundenprozesse geeigneten Anspruch begründen. Anspruchsbegründende Tatsachen, für die ein urkundlicher Nachweis praktisch nicht in Betracht kommt, muß man aber auch dann kraft fingierten Geständnisses als gegeben

---

[25] So auch *Beckmann* aaO 106.
[26] Grundlegend *BGHZ* 62, 286 = *NJW* 1974, 1199 ff. = *JZ* 679 (*Stürner*) = *JR* 426 (*Bassenge*); *BGHZ* 70, 267. Früher schon so *RGZ* 12, 133; 30, 408; 142, 306 u. a. z. B. *JW* 1897, 422; 1905, 344; 1911, 327; 1927, 378. Dem *BGH* zustimmend *Baumbach/Lauterbach/Hartmann*[51] Rdnr. 4; *Zöller/Schneider*[17] Rdnr. 5; *Rosenberg/Schwab*[14] § 164 II 2c. Beckmann aaO 116 f. Für Replikatsachen ist unbestritten, daß Beweis durch Urkunden und Parteivernehmung nur im Bestreitensfalle notwendig ist.
[27] Insoweit ist der *BGH* inkonsequent (nur Lücken in der Urkundenkette sollen durch Geständnisse und Nichtbestreiten schließbar sein); zu Recht rügend *Bull* aaO; *Hertel* aaO 132; *Bassenge* aaO.
[28] *Habscheid* ZZP 96 (1983), 313 ff. – A.M. *MünchKommZPO-Braun* § 592 Rdnr. 14.
[28a] A.M. *Hertel* aaO 68 ff.
[29] Teilw. A.M. (nur bei allgemeinkundigen Tatsachen) *Stürner* NJW 1972, 1257, 1259 und JZ 1974, 681, 682.
[30] *BGHZ* 62, 286, 290.
[31] So auch *KG* JW 1929, 120; vgl. *MünchKommZPO-Braun* Rdnr. 6; *Baumbach/Lauterbach/Hartmann*[51] Rdnr. 8. – A.M. *KG* JW 1931, 3566; *Zöller/Schneider*[17] Rdnr. 11; *Rosenberg/Schwab*[14] § 164 III 4b.

betrachten, z.B. den Besitz von Inhaberpapieren, die willentliche Entäußerung von urkundlichen Erklärungen des Gegners, die der Kläger im Besitz hat und dergleichen. Mangels eines Widerspruchs des Beklagten ist das Versäumnisurteil gegen ihn immer vorbehaltlos zu erlassen → § 599 Rdnr. 2, 3. Ergibt dagegen die Prüfung, daß es an den Erfordernissen des Urkundenprozesses (§ 592) fehlt, ist die Klage als im Urkundenprozeß unstatthaft abzuweisen. Im Urkundenprozeß werden also Anwesenheit und Nichtbestreiten einerseits und Säumnis andererseits bezüglich der faktischen Entscheidungsgrundlage nicht gleich behandelt. Das ist aber kein Wertungswiderspruch[31a]. Der Gesetzgeber kann in besonderen Prozeßakten die Säumnis auch eigenständig behandeln.

3. Im Falle des **Anerkenntnisses** sind die Voraussetzungen des Urkundenprozesses nicht zu prüfen, da in diesem Falle das Urteil nur auf Grund des Anerkenntnisses erlassen wird, so daß die besonderen Voraussetzungen für den ursprünglichen, jetzt erledigten Antrag des Klägers unerheblich werden[32] → § 307 Rdnr. 30.

IV. Fehlen sonstiger Sachurteilsvoraussetzungen

Eine **Abweisung als unzulässig** ist auch dann auszusprechen, wenn Sachurteilsvoraussetzungen oder Klageerfordernisse fehlen, die der Urkundenprozeß mit dem ordentlichen Verfahren gemeinsam hat → § 282 Rdnr. 34. Inwieweit die Sachurteilsvoraussetzungen von Amts wegen zu prüfen sind, bestimmt sich nach den sonst dafür geltenden Regeln → Einl. Rdnr. 314–317. Ob dann, wenn es zusätzlich an dem besonderen Klageerfordernis der Urkundenzustellung nach § 593 Abs. 2 → dort Rdnr. 5 fehlt, die Klage als im Urkundenprozeß unstatthaft oder – was wohl konsequent wäre – als unzulässig abzuweisen ist, mag zweifelhaft sein. Eine aus diesem Grunde erfolgte Abweisung darf jedoch der erneuten Klageerhebung im Urkundenprozeß mit rechtzeitiger Urkundenzustellung auf keinen Fall im Wege stehen → Rdnr. 8c. Zur Disponibilität von Klageerfordernissen und der Heilung von Klagemängeln → § 253 Rdnr. 171, § 592 Rdnr. 14, § 593 Rdnr. 5.

Auch bei Säumnis des Klägers ist eine unzulässige Klage nicht durch Versäumnisurteil abzuweisen → § 330 Rdnr. 11.

V. Rechtskraft abweisender Urteile

Die Unterscheidung zwischen den drei genannten Arten des abweisenden Urteils wird zunächst in der **Tragweite ihrer Rechtskraft** praktisch bedeutsam. Geht man davon aus, daß alle Urteile der Rechtskraft fähig sind → § 322 Rdnr. 51 und daß das Wesen der Rechtskraft in der Bindung des Richters eines zweiten Prozesses an den Ausspruch der einem Tatbestand zugeordneten Rechtsfolge besteht → § 322 Rdnr. 8, 51, so gilt folgendes:

1. Die materielle Abweisung des Anspruches → Rdnr. 2 steht jeder neuen Geltendmachung desselben materiellen Anspruchs, sowohl im ordentlichen als auch im Urkundenprozess, entgegen. Dabei ist es ohne Belang, ob dieser Anspruch im Wege der Leistungs- oder Feststellungsklage geltend gemacht wird. Die Abweisung der Klage mit diesem Anspruch ist schlechthin endgültig.

2. Die Abweisung als in der gewählten Prozeßart unstatthaft (Rdnr. 3–6) steht, wenn sie wegen der Ungeeignetheit eines Anspruchs zum Urkundenprozeß erfolgt, jedem neuen Urkundenprozeß entgegen. Wird sie wegen mangelnden Klage- oder Replikbeweises abgewiesen, so steht sie nur einem Urkundenprozeß mit identischen Beweisen entgegen. In

---

[31a] A.M. *Hertel* aaO 126 ff.   [32] *Zöller/Schneider*[17] Anm. § 592 Rdnr. 4.

keinem Falle ist aber die Klage im ordentlichen Prozeß gehindert. Bei Teilabweisung kann der Kläger den abgewiesenen Teil durch Klageerweiterung in das Nachverfahren wegen des durch Teilvorbehaltsurteil beschiedenen Teils einbeziehen[33] → § 600 Rdnr. 18. Wird die Klage erst in der Rechtsmittelinstanz als in der Prozeßart unstatthaft abgewiesen, so stellt sich für die h. M. das Problem des Schicksals des bereits angelaufenen Nachverfahrens[34], nach dem hier eingenommenen Standpunkt → § 600 Rdnr. 8 nicht.

8c 3. Die Abweisung als unzulässig → Rdnr. 7 steht nur einer mit demselben Mangel behafteten Klage entgegen → § 322 Rdnr. 137. Allerdings ist der Mangel der Klageerhebung, insbesondere der Urkundenzustellung im früheren Prozeß, nicht identisch mit einem gleichartigen Mangel im späteren Prozeß → § 322 Rdnr. 204.

Über die Voraussetzungen einer Abweisung als unzulässig oder unstatthaft kann auch Zwischenurteil ergehen.

8d 4. Die Abweisung als in der Prozeßart unstatthaft kann in der Rechtsmittelinstanz nach dem Grundsatz des Verbots der reformatio in peius → § 536 Rdnr. 3 ff. durch eine sachliche Klageabweisung nur ersetzt werden, wenn auch der Beklagte das Rechtsmittel eingelegt hat[35].

VI. Konkurrenz von Abweisungsgründen

9 **Konkurrieren mehrere** der in Nr. 2–7 behandelten Abweisungsgründe, so ist zu unterscheiden → § 300 Rdnr. 14 ff.:

1. Da eine Entscheidung zur Sache ausgeschlossen ist, wenn allgemeine Sachurteilsvoraussetzungen fehlen, insbesondere wenn die Klage nicht ordnungsmäßig erhoben ist → § 300 Rdnr. 14, kann das Gericht, wenn es genötigt ist, einen der unter Rdnr. 7 angeführten Formmängel zu berücksichtigen, nur auf Grund dieses Mangels entscheiden, sollten auch gleichzeitig andere Mängel klar zu Tage liegen. Die allgemeinen Sachurteilsvoraussetzungen sind daher in der Regel vor den besonderen Voraussetzungen des Urkundenprozesses zu prüfen[36].

10 2. Die unter Rdnr. 3–6 aufgeführten besonderen Sachurteilsvoraussetzungen des Urkundenprozesses sind lediglich Voraussetzungen für das Obsiegen des Klägers im Urkundenprozess. Dagegen sind sie für sein sachliches Unterliegen, sei es wegen mangelnden Anspruchs → Rdnr. 2, sei es infolge Säumnis oder Verzichts → Rdnr. 2a, 2b, unerheblich[37]. Ist daher der Kläger nach Abs. 1 mit dem Anspruch abzuweisen, so darf dies auch dann geschehen, wenn die Eignung des Anspruchs für den Urkundenprozeß oder seine Liquidität noch nicht oder wenn ihr Gegenteil bereits feststeht[38]. Das Gericht hat im Sinne der Richtung des Urkundenprozesses auf ein möglichst endgültiges Ergebnis → Rdnr. 3 vor § 592 jeweils den am weitesten wirksamen unter den hier behandelten Abweisungsgründen → Rdnr. 2–6 seinem Urteil zugrundezulegen. Dies entspricht auch dem Bestreben nach Prozeßökonomie und verhindert, daß der Beklagte erneut mit einem als unbegründet erkannten Anspruch überzogen wird.

---

[33] *RGZ* 148, 199, 201.
[34] Dazu *Stürner* ZZP 87 (1974), 87, 93 f. (kann weiter betrieben werden).
[35] *RGZ* 44, 121, 123; 57, 42, 44.
[36] *RGZ* 47, 382 (für die Frage der Zuständigkeit); *Thomas/Putzo*[18] Rdnr. 4; *Zöller/Schneider*[17] Rdnr. 6.
[37] *MünchKommZPO-Braun* § 592 Rdnr. 18.
[38] *BGH* WM 1982, 3, 5; WM 1982, 271; *BGH* JR 1976, 376 Anm. *Bassenge*; *Zöller/Schneider*[17] Rdnr. 6; *Thomas/Putzo*[18] Rdnr. 4. – A. M. *Rosenberg/Schwab*[14] § 164 III 5 c.

§ 598 [Nicht liquide Beklagteneinwendungen]

Einwendungen des Beklagten sind, wenn der dem Beklagten obliegende Beweis nicht mit den im Urkundenprozeß zulässigen Beweismitteln angetreten oder mit solchen Beweismitteln nicht vollständig geführt ist, als im Urkundenprozeß unstatthaft zurückzuweisen.

Gesetzesgeschichte: bis 1900 § 561 CPO; keine Änderungen.

I. Macht der Beklagte **Einwendungen** geltend, die des Beweises bedürfen → § 595 Rdnr. 5, so hat er den Beweis mit den im Urkundenprozeß zulässigen Beweismitteln zu führen. Gelingt ihm dies nicht oder nicht vollständig, so sind die Einwendungen, wenn ein Vorbehaltsurteil nach § 599 Abs. 1 ergeht, nicht endgültig, sondern nur als im Urkundenprozeß unstatthaft zurückzuweisen. Zur Aufrechnung → Rdnr. 3. Die Zurückweisung ist nur in den Entscheidungsgründen auszusprechen. Damit ist es dem Beklagten gestattet, die Einwendungen im Nachverfahren erneut geltend zu machen. Aber auch wenn sowohl im Tenor als auch in den Gründen eine Zurückweisung nach § 598 fehlt, können die Einwendungen im Nachverfahren erneut gebracht werden, sofern nicht ersichtlich eine endgültige Zurückweisung gewollt ist[1]. Zur Aussetzung bei illiquiden Einwendungen → § 595 Rdnr. 6. Zur Entbehrlichkeit, Einwendungen zu erheben → § 599 Rdnr. 3. 1

Einwendungen sind hier, wie im § 597, nicht bloß Repliken und Dupliken des Beklagten, sondern sein gesamtes Vorbringen, mit dem er dem Anspruch des Klägers widerspricht[2], also auch die Behauptung der Unechtheit oder der Verfälschung einer öffentlichen Urkunde. Nicht dazu gehören die prozeßhindernden Einreden, bei denen alle Beweismittel zulässig sind → § 595 Rdnr. 5.

Zu der Einwendung, daß ein Verbraucherkreditgeschäft vorliegt und gem. § 10 Abs. 2 VerbrKrG die Rückgabe des Wechsels bzw. Schecks verlangt werden kann → § 602 Rdnr. 7.

II. Im Gegensatz zu den Einwendungen des § 598 stehen diejenigen Einwendungen, **die rechtlich unbegründet sind.** Zwar erfolgt auch in diesem Fall eine Verurteilung mit dem Vorbehalt nach § 599 Abs. 1. Aber nach h. M. soll in diesem Fall die im Urkundenprozeß ausgesprochene Zurückweisung als unbegründet auch im Nachverfahren fortwirken[3]. Vgl. zu dieser Frage und zu dem hier eingenommenen Standpunkt → § 600 Rdnr. 12 f. 2

III. Der **Aufrechnungseinwand** – selbst im Wege der Eventualaufrechnung[4] – kann im Urkundenprozeß erhoben werden. Hierbei ist jedoch zu unterscheiden: 3

1. Sind sowohl die Klageforderung nach § 592 als auch der (unbedingte) Aufrechnungseinwand nach § 595 Abs. 2 **liquide** und erhebt der Kläger keine Einwendungen gegen die Aufrechnungsforderung, dann ist die Klageforderung endgültig als unbegründet abzuweisen. Rechtlich möglich ist auch die Anwendung von § 302[5]. Im Urkundenprozeß ergeht dann Vorbehaltsurteil mit der Maßgabe, daß – immer noch im Urkundenprozeß – über den Vorbehalt der Aufrechnung entschieden wird. Rechnet der Beklagte im Urkundenprozeß mit einer unbestrittenen Gegenforderung auf, mit der er bereits in einem anderen Prozeß hilfsweise aufgerechnet hat, so ist die Klage als im Urkundenprozeß unstatthaft abzuweisen, wenn der Kläger nicht mit in dieser Prozeßart zulässigen Beweismitteln beweisen kann, daß sein im

---

[1] *MünchKommZPO-Braun* Rdnr. 2.
[2] *RGZ* 23, 297.
[3] *BGH* WM 1972, 970; weitergehend *Beckmann* aaO 156 (unabhängig von der Entscheidung in den Urteilsgründen soll nur neues tatsächliches Vorbringen zu berücksichtigen sein); diese Ansicht ist aber zu weitgehend → § 600 Rdnr. 12.
[4] *BGHZ* 80, 97 = WM 1981, 385 = JR 81, 332.
[5] *OLG Celle* NJW 1974, 1473 (abl. *Joch* NJW 1974, 1956), *Thomas/Putzo*[18] Rdnr. 4. – A.M. *Rosenberg/Schwab*[14] § 164 III 4c; *Baumbach/Lauterbach/Hartmann*[51] Rdnr. 1; *Zöller/Schneider*[17] Rdnr. 8; *MünchKommZPO-Braun* Rdnr. 3; *Bartels* JW 1934, 1348; *RGZ* 24, 425; *KG* KGBl. 1915, 15.

anderen Rechtsstreit verfolgter Anspruch bestand, durch die Aufrechnung erloschen ist, und damit auch die Gegenforderung verbraucht ist[6].

Kann der Beklagte (ggfs in dem nach § 302 vorbehaltenen zweiten Teil des Urkundenprozesses) den *Aufrechnungseinwand* **nicht** *nach § 595 Abs. 2 erhärten*, dann ergeht Vorbehaltsurteil nach § 599. Denn wenn die Klageforderung liquide ist, der Aufrechnungseinwand jedoch nicht, so bleibt es bei dem Grundsatz, daß ein Vorbehaltsurteil nach § 599 ergeht und dem Beklagten die Ausführung seiner Rechte im Nachverfahren vorbehalten wird[7].

Erhebt der Kläger, dessen Anspruch liquide ist, gegen eine ebenfalls liquide Aufrechnungsforderung Einwendungen, die nicht liquide sind, so ist die Klage durch Prozeßurteil abzuweisen[8].

Eine Aufrechnung mit einer Forderung, die unter einen Schiedsvertrag fällt, ist nicht möglich → § 1025 Rdnr. 37. Zur Einrede des Schiedsvertrags → § 595 Rdnr. 5.

4 2. Schwierigkeiten bereitet die **Eventualaufrechnung**. Sie liegt dann vor, wenn der Beklagte in erster Linie das Bestehen der Klageforderung bestreitet und erst in zweiter Linie – hilfsweise – den Aufrechnungseinwand bringt. Auch hier sind zwei Situationen zu unterscheiden:

a) Der Klagegrund und die primär erhobenen Einwendungen sind urkundlich nicht liquide, wohl aber die nur hilfsweise eingewendete Aufrechnungsforderung. In diesem Fall muß die konsequente Anwendung der Beweiserhebungstheorie → § 300 Rdnr. 14 dazu führen, daß die Klage nicht schlechthin abgewiesen, sondern lediglich als im Urkundenprozeß unstatthaft abgewiesen wird[9]. Bei dieser Verfahrensweise wird eine Unsicherheit über die Reichweite der Rechtskraft vermieden.

5 b) Der Klagegrund ist urkundlich liquide, nicht aber die primär vom Beklagten erhobenen Einwendungen, allerdings ist die hilfsweise eingewendete Aufrechnung liquide. In solchen Fällen ist die Klage als in der gewählten Prozeßart unstatthaft abzuweisen[10]. Die Rechtsprechung bevorzugt diese Lösung mit der Begründung, es mache keinen Unterschied, ob eine Haupt- oder Hilfsaufrechnung eingewendet werde[11], sowie mit dem Argument, die in der Literatur angebotene Alternative eines klageabweisenden Vorbehaltsurteils sei mit dem Wortlaut von § 599 nicht zu vereinbaren, ein abweisendes Vorbehaltsurteil entspräche in diesem Fall aber einer sachlichen Klageabweisung, die die Rechtskraft über die Aufrechnungsforderung solange im Ungewissen lasse, wie kein Nachverfahren durchgeführt worden sei[12]. Die Abweisung nach § 597 Abs. 2 ist auch nicht unbillig für den Kläger, da er gem. § 596 die Klageabweisung vermeiden kann.

§ 599 [Vorbehaltsurteil]

(1) **Dem Beklagten, welcher dem geltend gemachten Anspruch widersprochen hat, ist in allen Fällen, in denen er verurteilt wird, die Ausführung seiner Rechte vorzubehalten.**

(2) **Enthält das Urteil keinen Vorbehalt, so kann die Ergänzung des Urteils nach der Vorschrift des § 321 beantragt werden.**

---

[6] *BGH* NJW 1986, 2767.
[7] *BGH* NJW 1971, 2226; *OLG Hamm* NJW 1976, 246f.
[8] *BGH* WM 1981, 385, 386.
[9] So mit Recht *Dunz* MDR 1955, 721.
[10] *BGHZ* 80, 97 = WM 1981, 385 = JR 332 zust. *Zeiss*; *Dunz* MDR 1955, 721.
[11] *BGHZ* 80, 97ff. (mit der Begründung, daß es ein untragbares Ergebnis wäre, ein stattgebendes Vorbehaltsurteil zu erlassen, wenn eine Aufrechnungsforderung im Urkundenverfahren feststeht).
[12] *BGH* aaO 100.

(3) **Das Urteil, das unter Vorbehalt der Rechte ergeht, ist für die Rechtsmittel und die Zwangsvollstreckung als Endurteil anzusehen.**

Gesetzesgeschichte: bis 1900 § 562 CPO. Keine Änderungen.

I. Die Verurteilung im Urkundenprozeß

Liegen die Voraussetzungen für ein obsiegendes Vorbehaltsurteil vor → § 592 Rdnr. 1 ff., so ist der Beklagte zu verurteilen. Urkunden und gegebenenfalls Parteivernehmung müssen grundsätzlich die volle Überzeugung des Gerichts von der Richtigkeit der beweisbedürftigen Behauptung erbringen. Dabei genügt es, wenn durch Urkunden Tatsachen belegt werden, die eine Anscheinsbeweisschlußfolgerung rechtfertigen → § 592 Rdnr. 15. Lehnt eine Partei es ab, sich vernehmen zu lassen, so kann je nach den Umständen daraus der Schluß auf die Wahrheit der vom Gegner aufgestellten Behauptung gezogen werden[1]. Ein den Beklagten verurteilendes Urteil, das den Urkundenprozeß beendet, ist jedoch nur dann ein endgültiges Urteil über den materiellen Anspruch, wenn es von der Beschränkung der Sachverhandlung im Urkundenprozeß unberührt war. Bei einem den materiellen Anspruch abweisenden Urteil gegen den Kläger → § 597 Rdnr. 2 ist dies immer der Fall. Ob dies bei einem Urteil gegen den Beklagten zutrifft, wird allerdings nicht in jedem einzelnen Fall geprüft, vielmehr stellt das Gesetz darauf ab, **ob der Beklagte dem geltend gemachten Anspruch widersprochen hat** → Rdnr. 3 vor § 592. 1

1. Ohne Vorbehalt der Rechte wird der Beklagte demnach nur dann verurteilt, wenn er den erhobenen Anspruch vorbehaltlos ganz oder teilweise anerkennt → § 597 Rdnr. 6 oder wenn er im Termin zur mündlichen Verhandlung wegen Nichterscheinens oder Nichtverhandelns säumig bleibt (§§ 331, 333) und deswegen ein Versäumnisurteil gegen ihn erlassen wird → § 597 Rdnr. 5[2]; auch dann, wenn er in einem früheren Termin der Klage widersprochen haben sollte (§ 332)[3]. Dies gilt auch in der Berufungsinstanz. Urteile ohne Vorbehalt sind unbedingte Endurteile, die den Rechtsmitteln oder dem Einspruch unterliegen und volle Rechtskraftwirkung gemäß § 322 und § 767 äußern[4]. Hat der Beklagte in der Hauptsache anerkannt, so kann, wenn der Beklagte gemäß § 93 der Kostentragungspflicht widerspricht, der Vorbehalt auf den Kostenausspruch beschränkt werden, wenn die Entscheidung über die Kosten eine Tatsachenprüfung mit normalen Beweismitteln verlangt[5]; str. 2

2. Hat der **Beklagte** dem Anspruch **widersprochen**, so ist ihm »die Ausführung seiner Rechte«, d.h. seine unbeschränkte Verteidigung im Nachverfahren, vorzubehalten. Ein besonderer Antrag auf Vorbehalt der Rechte ist nicht erforderlich[6]. Der Widerspruch muß nicht ausdrücklich erklärt werden[7] und bedarf weder einer Begründung noch des Bestreitens einzelner Tatsachen noch der Behauptung des Vorliegens einzelner Einreden[8]. Möglich ist auch ein **Anerkenntnisurteil mit Vorbehalt der Rechte,** wenn sich das Anerkenntnis nur auf die Verurteilung unter Vorbehalt im Urkundenprozeß bezieht. Weder Interessen des Klägers noch Belange des Beklagten sind ersichtlich, die einem solchen Verfahren im Wege stünden[9]. 3

---

[1] Skeptisch OLG Düsseldorf WM 1981, 369; LG Düsseldorf DB 1973, 967 = BB 729 = WM 657.
[2] Thomas/Putzo[18] Rdnr. 1, 2; Zöller/Schneider[17] Rdnr. 6; Furtner MDR 1966, 653; Künkel NJW 1963, 1044 und 2014. – A.M. Moller NJW 1963, 2013; Goldschmidt Prozeß als Rechtslage 102 Fn. 589.
[3] Zöller/Schneider[17] Rdnr. 6; Thomas/Putzo[18] Rdnr. 2. – A.M. Künkel NJW 1963, 1044; Moller NJW 1963, 2013.
[4] RG JW 1896, 399.
[5] Schröer JZ 1955, 153 f. – A.M. Schwab JZ 1955, 154; Göppinger ZZP 70, 227; Rosenberg/Schwab[14] § 164 III 6 N. 29; Künkel NJW 1963, 1041 (1043); Thomas/Putzo[18] Rdnr. 4; Zöller/Schneider[17] Rdnr. 7; OLG Karlsruhe OLGZ 1986, 124.
[6] Wolff ZZP 64, 99 f.
[7] OLG Köln NJW 1954, 1085.
[8] BGH NJW 1982, 183, 184.
[9] OLG München MDR 1963, 603; OLG Koblenz MDR 1856, 560; Künkel NJW 1963, 1041 ff.; Moller NJW

Möglich ist auch ein erweitertes Vorbehaltsanerkenntnis, durch das bestimmte Einwendungen für das Nachverfahren abgeschnitten werden[9a] Der Beklagte muß den Widerspruch *in der mündlichen Verhandlung* erklären. Im Fall der Entscheidung ohne mündliche Verhandlung → § 128 Abs. 2 → § 128 Rdnr. 87 und der Entscheidung nach Lage der Akten gemäß § 251a → § 251a Rdnr. 11, genügt, wie auch sonst, die schriftsätzliche Erklärung. Dabei ist es ausreichend, wenn sich aus dem Vorbringen des Beklagten ergibt, daß er sich dem klägerischen Anspruch nicht bedingungslos unterwirft. Dies gilt auch dann, wenn der Beklagte nur die Beschränkung der Haftung als Erbe geltend macht. Ob der Widerspruch sachlich gerechtfertigt ist, bleibt für die Frage des Vorbehalts außer Betracht; auch rechtlich unbegründete oder unsubstantiierte Einreden genügen → § 598 Rdnr. 2. Ob Raum für ein **Vorbehaltsversäumnisurteil** besteht, ist umstritten. Wenn der Kläger ein vorbehaltloses Versäumnisurteil beantragt, so ist dieses zu erlassen. Nach einer z.T. vertretenen Auffassung soll ein Vorbehaltsversäumnisurteil zulässig sein, wenn der Kläger nur ein solches beantragt hat und der Beklagte vorher schriftlich widersprochen hat[10]. Aber der nur schriftlich erklärte Widerspruch des Beklagten kann nach dem Prinzip der Einheit der mündlichen Verhandlung (§ 332) keine Bedeutung haben. Vielmehr ist weitergehend eine Beschränkung auf Erlaß nur eines Versäumnisvorbehaltsurteils immer dann zulässig, wenn entweder der Beklagte in einer früheren mündlichen Verhandlung widersprochen[11] oder der Kläger seinen Antrag entsprechend beschränkt hat[12]. Diesem Ergebnis stehen keine Belange des Beklagten oder der Rechtspflege entgegen. Dagegen kann der Kläger für eine solche Beschränkung sinnvolle prozeßökonomische Ziele haben. Der Wortlaut des § 599 läßt sich so interpretieren, daß ein Vorbehalt auch dann nicht ausgeschlossen ist, wenn der Beklagte nicht widersprochen hat[13].

II. Der Ausspruch des Vorbehalts

4   Soweit ein Vorbehalt auszusprechen ist, muß er ohne besonderen Antrag in die Urteilsformel (§ 313 Abs. 1 Nr. 4) aufgenommen werden[14]. Der Vorbehalt der Rechte ist allgemein; das Gericht hat auch nach der Konzeption der h.M. zur Bindungswirkung → § 600 Rdnr. 12 nicht diejenigen Einreden auszunehmen, über die es endgültig entschieden hat[15]. Fehlt der Vorbehalt im Urteil, so kann jede Partei Ergänzung des Urteils nach § 599 Abs. 2, § 321 verlangen. Da aber das vorbehaltlose Urteil in diesem Fall zugleich an einem inhaltlichen Fehler leidet → § 321 Rdnr. 15, kann die Ergänzung unabhängig von der Frist des § 321 durch Rechtsmittel herbeigeführt werden[16]. Auch das Revisionsgericht kann nach § 565 Abs. 3 → § 565 Rdnr. 16 den übergangenen Vorbehalt aussprechen. Ein Vorbehalt nur in den Urteilsgründen ist unwirksam[17]. Wird kein Rechtsmittel eingelegt, so schließt die Rechtskraft des ohne Vorbehalt ergangenen Urteils jede Nachklage aus[18].

1963, 2013ff.; *Schopp* ZZP 69, 1ff.; *Schriever* MDR 1979, 24; *MünchKommZPO-Braun* Rdnr. 4; *Zöller/ Schneider*[17] Rdnr. 8; *Hall* (vor § 592 Fn. 1) 51ff., 81ff. ausdrücklich offengelassen (aber nicht beanstandet) in BGH WM 1992, 159, 161;- A.M. LG Hannover NJW RR 1987, 384; *Wieczorek*[2] § 306 B II b 2; *Kleinwächter* NJW 1957, 737; *Schröer* JZ 1955, 153f.; *Baumbach/Lauterbach/Hartmann*[51] Rdnr. 1
[9a] *Hall* aaO 144ff.
[10] *Künkel* NJW 1963, 1041ff.; LG Freiburg NJW 1955, 68 (abl. *Lent*).
[11] *MünchKommZPO-Braun* Rdnr. 3.
[12] A.M. *Zöller/Schneider*[17] Rdnr. 6.
[13] So mit Recht *Moller* NJW 1963, 2013ff.

[14] BGH NJW 1981, 393, 394; allg. M.
[15] Dies ist vielmehr erst im Nachverfahren festzustellen; vgl. auch RGZ 14, 323.
[16] S. auch RGZ 10, 348; JW 1899, 229f.
[17] RGZ 47, 364 (für den entsprechenden Fall des § 302); *MünchKommZPO-Braun* Rdnr. 7; *Baumbach/ Lauterbach/Hartmann*[51] Rdnr. 6; *Rosenberg-Schwab*[14] § 164 III 5d. – A.M. *Zöller/Schneider*[17] Rdnr. 2.
[18] Vgl. *Beckmann* aaO 84, 131, der die Aufnahme oder Nichtaufnahme des Vorbehalts als eine selbständige Entscheidung ansieht, die auch nicht durch neues tatsächliches oder rechtliches Vorbringen in Frage gestellt werden kann.

Auch die höheren Instanzen können bei der Aufhebung eines die Klage abweisenden Urteils bzw. bei einem Rechtsmittel des Beklagten gegen eine vorbehaltslose Entscheidung ein Vorbehaltsurteil nach § 599 Abs. 1 erlassen[19]. Für das Revisionsgericht ist dies eine Endentscheidung i.S. des § 565 Abs. 3. Zur Zuständigkeit im Nachverfahren → § 600 Rdnr. 14.

Im Nachverfahren kann der Vorbehalt, auch wenn zu Unrecht gemacht, nicht mehr beseitigt werden.

III. Das Vorbehaltsurteil; seine Vollstreckung

1. Das unter Vorbehalt erlassene Urteil ist der **formellen Rechtskraft**[20] fähig; denn es ist hinsichtlich der Rechtsmittel und der Zwangsvollstreckung als Endurteil anzusehen[21]. War es nach § 708 Nr. 4 für vorläufig vollstreckbar erklärt, so wird es auch vor Erledigung des Vorbehalts mit Eintritt der formellen Rechtskraft endgültig vollstreckbar[22]. Wenn das Gericht die Vollstreckbarerklärung nach § 708 Nr. 4 übersehen hat oder wenn diese nach § 712 nicht verfügt worden ist, so wird das Urteil auch ohne Vollstreckbarerklärung auf Grund der Rechtskraft vollstreckbar. Der Kläger kann Rechtsmittel nur mit der Begründung einlegen, daß ein Vorbehalt nicht in das Urteil hätte aufgenommen werden dürfen. Zur Wiederaufnahmeklage → § 585 Rdnr. 8.

Materielle Rechtskraft erlangt das Urteil erst mit Rechtskraft seiner Bestätigung im Nachverfahren.

2. Das Gericht kann mit Rücksicht auf ein weiterbetriebenes Nachverfahren die Zwangsvollstreckung und auch bereits getroffene Vollstreckungsmaßregeln aus dem Vorbehaltsurteil gegen Sicherheitsleistung einstweilen einstellen, § 707 Abs. 1[23]. Jedoch sollte im Interesse des Urkundenprozesses und insbesondere des Wechselkredits von dieser Möglichkeit nur zurückhaltend Gebrauch gemacht werden[24], insbesondere wenn es sich um ein *Wechsel*vorbehaltsurteil handelt. Eine Einstellung der Vollstreckung widerspricht dem Interesse an schnellem Rechtsschutz, den der Urkundenprozeß gewähren soll. Allerdings kann im Hinblick auf den mit dem Verbraucherkreditgesetz verfolgten Schutz (vgl. § 10 Abs. 2 VerbrKrG)[25] eine großzügigere Handhabung angezeigt sein; → § 602 Rdnr. 7. Ein Einstellungsgesichtspunkt kann auch sein, daß die Urkunden, die zum Vorbehaltsurteil führten, nicht solche sind, mit deren Unterzeichnung gesteigerte Vollstreckungsrisiken verbunden sind, sofern zusätzlich für die Einwendungen des Schuldners eine starke Plausibilität spricht[25a].

Soweit einstweilige Einstellung nicht gewährt wird, bleibt bei vorläufiger Vollstreckbarkeit des Vorbehaltsurteils die Zwangsvollstreckung so lange zulässig, bis ein abänderndes Urteil in der höheren Instanz oder im Nachverfahren verkündet ist, § 717 Abs. 1[26], bei einem rechtskräftigen Vorbehaltsurteil so lange, bis das abändernde Urteil aus dem Nachverfahren vollstreckbar ist, § 775 Nr. 1. In beiden Fällen tritt mit dem bezeichneten Zeitpunkt die Schadensersatzpflicht nach §§ 717 Abs. 3, § 300 Abs. 4, 600 Abs. 2 ein[27].

3. Abgesehen von den Rechtsmitteln und der Zwangsvollstreckung ist aber das Vorbehaltsurteil nur für den Urkundenprozeß als solchen ein unbedingtes Endurteil. In bezug auf

---

[19] *OLG München* BayJMBl 1955, 196.
[20] Materielle Rechtskraft erlangt das Urteil durch Bestätigung im Nachverfahren; RGZ 47, 190; *Zöller/Schneider*[17] Rdnr. 18.
[21] BGHZ 69, 270, 272 = NJW 1978, 43.
[22] BGH aaO.
[23] BGH aaO.
[24] *MünchKommZPO-Braun* Rdnr. 7.

[25] *Palandt-Putzo*[52] § 10 VerbrKrG Anm. 4.
[25a] Tendenziell ähnlich, sehr ausführlich, aber zu einseitig die Schuldnerinteressen betonend *Hertel* Der Urkundenprozeß (1992), 142ff., 187ff.
[26] Vgl. *RG* JW 1902, 163f.; *Kuttner* Nebenwirkungen 22.
[27] S. auch *OLG München* OLGRsp 23, 195f. Nicht vor der Abänderung: *KG* OLGRsp 17, 180.

den materiellen Anspruch dagegen ist es ein auflösend bedingtes Endurteil → § 300 Rdnr. 11. Es gilt zwar die 30-jährige Verjährung für rechtskräftige Urteile gemäß § 219 BGB, besitzt aber keine materielle Rechtskraft. Denn ein Vorbehaltsurteil entscheidet nicht endgültig → § 322 Rdnr. 56; über den Anspruch wird erst in dem Nachverfahren materiell rechtskräftig entschieden → § 600 Rdnr. 1. Daher sind zur Abwendung der Zwangsvollstreckung geleistete Zahlungen noch keine endgültig gemeinten »Erfüllungen«. Der Bürge, der durch ein Vorbehaltsurteil zur Zahlung veranlaßt wird, erwirbt dadurch noch nicht den Rückgriffsanspruch nach § 774 BGB[28]. Im übrigen ist das Vorbehaltsurteil nach der Konzeption der h. M. zur Bindungswirkung kein Zwischenurteil im Hinblick auf das Nachverfahren[29]. Obgleich es insoweit bindend sein soll, als es sich um Punkte handelt, die das Gericht unbeeinflußt durch die Eigenart des Urkundenprozesses endgültig entschieden hat → § 600 Rdnr. 12, so ist das Gericht doch wegen der Wirkung des Vorbehalts nicht an die Entscheidung des Vorbehaltsurteils gebunden. Zur Wiederaufnahmeklage → § 585 Rdnr. 8.

Zur Vollstreckbarkeit eines aufgrund eines Vorbehaltsurteils ergehenden Anfechtungsurteils → § 10 AnfechtungsG.

8   4. Über die Kosten ist im Vorbehaltsurteil vorbehaltlich der Aufhebung im Nachverfahren zu entscheiden → § 91 Rdnr. 5. Das gilt für die gesamte Kostenentscheidung bei Teilanerkenntnis- und Restvorbehaltsurteil[30]. Zum Kostenvorbehaltsurteil → Rdnr. 4.

§ 600 [Nachverfahren]

(1) **Wird dem Beklagten die Ausführung seiner Rechte vorbehalten, so bleibt der Rechtsstreit im ordentlichen Verfahren anhängig.**

(2) **Soweit sich in diesem Verfahren ergibt, daß der Anspruch des Klägers unbegründet war, gelten die Vorschriften des § 302 Abs. 4 Satz 2 bis 4.**

(3) **Erscheint in diesem Verfahren eine Partei nicht, so sind die Vorschriften über das Versäumnisurteil entsprechend anzuwenden.**

Gesetzesgeschichte: bis 1900 § 563 CPO. Änderungen RGBl. 98 I 256.

I. Funktion des Nachverfahrens	1	IV. Das Verfahren im übrigen	14
II. Beginn und Ende; Verzicht auf das Nachverfahren	4	V. Das Urteil im Nachverfahren	23
		VI. Versäumnis im Nachverfahren	27
III. Für des Nachverfahren bindende Elemente aus dem Vorverfahren	10	VII. Kosten des Verfahrens	31

I. Die Funktion des Nachverfahrens[1]

1   1. Wird der Beklagte unter dem Vorbehalt der Ausführung seiner Rechte verurteilt, so hat der Urkundenprozeß zu keiner endgültigen Entscheidung über den materiellen Anspruch geführt. Es ist dann **Aufgabe des Nachverfahrens**, dies nachzuholen, d. h. zu entscheiden, »ob der Anspruch des Klägers begründet war«, der bislang nur unter einer auflösenden Bedingung

---

[28] BGHZ 86, 267 = NJW 1983, 1111.
[29] Für die Anwendung des § 318 aber *Beckmann* aaO 81 ff.
[30] OLG Hamm JZ 1954, 609.

[1] Lit.: *Schrader* Das prozessuale Verhältnis von Vor- und Nachverfahren im Urkunden- und Wechselprozeß, Diss. Frankfurt (1979); *Beckmann* Die Bindungswirkung des Vorbehaltsurteils im Urkunden-, Wechsel- und Scheckprozeß, Diss. Hamburg (1989); *Hall* Fn. 1 vor § 592.

zuerkannt wurde². Ob daneben auch noch über den Anspruch des Beklagten auf Schadensersatz → Rdnr. 25 entschieden wird, ist für das Nachverfahren als solches nicht wesentlich.

Der *Streitgegenstand* des Vorverfahrens ändert sich daher im Nachverfahren nicht 2 → Rdnr. 3 vor § 592. Im Nachverfahren wird die Berechtigung des Anspruchs grundsätzlich noch einmal und auf einer breiteren Basis überprüft. Das Nachverfahren dient nach der hier vertretenen Konzeption → Rdnr. 12 f. auch der Kontrolle der Arbeit des im Urkundenverfahren tätig gewordenen Richters. Ein Richter, der im Urkundenverfahren mitgewirkt hat, ist daher von der Mitwirkung bei Angriffen auf das Urteil im Nachverfahren ausgeschlossen³.

2. Wie das *Verhältnis von Vor- und Nachverfahren* dogmatisch am besten in den Griff zu 3 bekommen ist, ist eine nicht geklärte Frage. Die meisten Stellungnahmen gehen von der Vorstellung einer engen Verfahrenseinheit aus, wonach ein Vorbehaltsurteil nur eine Art. Vorabentscheidung von Teilaspekten aus einem im übrigen zu einer Einheit zusammengefaßten Prozeßstoff bilden soll⁴. Diese Sicht wird der gesetzlichen Regelung, die von zwei sehr deutlich getrennten Verfahrensphasen ausgeht, nicht gerecht⁵. Eine dogmatische Anlehnung an das Berufungsverfahren⁶ ist wegen des Fehlens eines Devolutiv- oder Suspensiveffektes beim Übergang in das Nachverfahren freilich ebenso unrichtig. Genausowenig bringt eine Gleichstellung eines Vorbehaltsurteils mit einem Zwischenurteil⁷ einen zur Lösung von Einzelfragen tauglichen Erkenntniswert. Manche Lücken in der gesetzlichen Regelung können jedoch durch eine Analogie zum Einspruchsverfahren nach Erlaß eines Versäumnisurteils ausgefüllt werden. Ein Vergleich über die »Kosten des Rechsstreits« erfaßt sowohl die Kosten des Vor- als auch des Nachverfahrens⁸. Auch die Gewährung von Prozeßkostenhilfe umfaßt Vor- und Nachverfahren⁹. Zum Verzicht auf das Nachverfahren → Rdnr. 9.

II. Beginn und Ende; Verzicht auf das Nachverfahren

Die Probleme, die im Hinblick auf den Beginn und das Ende des Nachverfahrens sowie 4 einer Parallelität zu einem Rechtsmittelverfahren gegen das Vorbehaltsurteil auftreten, sind sehr vielschichtig.

1. Die h. M. behandelt diese in denkbar unsystematischer Weise. 5

a) Hält man das Vor- und Nachverfahren für eine eng zusammengehörende Einheit → Rdnr. 2, dann muß das Nachverfahren von selbst mit dem Zeitpunkt beginnen, zu dem das Vorbehaltsurteil wirksam wird. Irgendeiner auf Verfahrensfortsetzung gerichteten Parteiinitiative bedarf es dann nicht¹⁰. Gleichwohl verlangt man ohne nähere Begründung in der Praxis häufig einen Antrag einer Partei¹¹ → Rdnr. 8 f.

b) Der Beginn des Nachverfahrens soll weiter den Eintritt der formellen Rechtskraft des 6 Vorbehaltsurteils nicht voraussetzen¹². Das Gericht soll noch nicht einmal befugt sein, das Nachverfahren bis zur rechtskräftigen Entscheidung im Vorverfahren auszusetzen, weil letzteres im Verhältnis zum Nachverfahren nicht als »anderer Rechtsstreit« i. S. von § 148 gewertet wird¹³. Die Kollisionsprobleme, welche durch die gleichzeitige Rechtshängigkeit

---

² *BGH* ZZP 87 (1974), 86 f. abl. *Stürner* 93.
³ Zum Streitstand § 41 Rdnr. 16.
⁴ So die plausible Interpretation der h.M. durch *Schrader* aaO 3 ff. und *Beckmann* aaO 81 ff., der aus dem innerprozessualen Zusammenhang von Vor- und Nachverfahren die Anwendung des § 318 herleitet.
⁵ So mit Recht *Schrader* aaO 24 ff.
⁶ So *Schrader* aaO 35 ff.
⁷ So *Beckmann* aaO 81 ff.
⁸ OLG Hamm Rpfleger 1975, 322.
⁹ *Zöller/Schneider*¹⁷ Rdnr. 6.

¹⁰ *BGH* ZZP 87(1974), 86 f.; *BGH* NJW 1979, 2307 = ZZP 93, 177 Anm. *Grunsky*; *Hellwig* System II 62; *Wieczorek*² B 1; *Jauernig*²³ § 89 III B; *Rosenberg/Schwab*¹⁴ § 58 V 5; *Baumbach/Lauterbach/Hartmann*⁵¹ Rdnr. 1; *Zöller/Schneider*¹⁷ Rdnr. 3, 27.
¹¹ OLG Frankfurt MDR 1990, 256 (zur Verwirkung des Antragsrechts); *Thomas/Putzo*¹⁸ Rdnr. 1–3; *Zöller/Schneider*¹⁷ Rdnr. 27.
¹² Statt aller *BGH* aaO; *RG* SA 52, 352; *RG* Gruch. Beitr. 44, 457; *MünchKommZPO-Braun* Rdnr. 2.
¹³ *BGH* aaO.

ein- und desselben Streitgegenstandes vor zwei Gerichten entstehen, versucht man wie folgt zu lösen, wobei zwischen verschiedenen Fallkonstellationen unterschieden wird.

7   aa) Ergeht während des Nachverfahrens **in der Rechtsmittelinstanz des Urkundenverfahrens** ein Urteil ohne Vorbehalt (Verurteilung oder Abweisung), so soll sich mit dessen Rechtskraft das Nachverfahren durch prozessuale Überlagerung erledigen[14]. Nur noch über die Kosten soll dann zu entscheiden sein[15].

7a   bb) Wird das **Nachverfahren zuerst spruchreif,** also bevor der Instanzenzug gegen das Vorbehaltsurteil erschöpft ist, so ist nach h.M. danach zu entscheiden, ob die Spruchreife sachlich unabhängig vom Vorbehaltsurteil ist oder nicht. Das erstere ist der Fall, wenn das Gericht zur *Abweisung der Klage* gelangt. Denn in diesem Fall ergeht das Urteil ohne Rücksicht auf die Existenz des klägerischen Anspruchs, wie ihn das Vorbehaltsurteil feststellt[16]. Durch die Rechtskraft eines solchen Urteils – allerdings auch nicht früher – wird daher das Rechtsmittel gegen das Vorbehaltsurteil unzulässig, weil es damit gegenstandslos geworden ist[17]. Die Revision gegen ein Berufungsurteil, das das Vorbehaltsurteil aufgehoben hat, wird damit unbegründet[18]. Ebenso soll auch für die Kosten eine gesonderte Entscheidung entbehrlich werden, da das Urteil im Nachverfahren über die Kosten des Urkundenprozesses mitentscheidet → Rdnr. 31[19].

Im Falle einer *Verurteilung des Beklagten* im Nachverfahren ist es Konsequenz der Lehre, die eine doppelte Rechtshängigkeit desselben Anspruch zuläßt, daß das Judikat, auch wenn es schon rechtskräftig ist, nur unter der Bedingung der Rechtskraft des Vorbehaltsurteils wirken kann[20]. Doppelt unausweichlich ist diese Konsequenz, wenn man das Gericht im Nachverfahren im weiten Umfang für unfrei[21], insbesondere an die im Vorbehaltsurteil getroffenen Aussagen zur Schlüssigkeit des klägerischen Anspruchs für gebunden hält → Rdnr. 12 f.

Im Fall einer stattgebenden Entscheidung im Nachverfahren (mit Urteilstenor: »Das Urteil wird für vorbehaltslos erklärt« oder »Der Vorbehalt entfällt«) soll diese vom Ausgang eines Rechtsmittels gegen das Vorbehaltsurteil abhängig sein. Die materielle Rechtskraft des Urteils im Nachverfahren setzt dann ein rechtskräftiges Vorbehaltsurteil voraus[22]. So wird dann auch formuliert, daß »in jedem Fall das Urteil im Nachverfahren vom Bestand des Vorbehaltsurteils abhängig« ist[23]. Bis dahin ist das Urteil im Nachverfahren auflösend bedingt[24], ähnlich einem Zwischenurteil nach § 280.

Da nach h.M. eine Parallelität zulässig ist und auch eine Bindungswirkung des Vorbehaltsurteils angenommen wird, ist die Freiheit des Beklagten zwischen Rechtsmitteleinlegung im Vorverfahren und Fortgang im Nachverfahren zu entscheiden, faktisch eingeschränkt, wenn dem Beklagten daran gelegen sein muß, Feststellungen aus dem Vorbehaltsurteil zu beseitigen, um nicht im Nachverfahren mit Feststellungen aus dem Vorbehaltsurteil konfrontiert zu werden[25].

---

[14] *OLG Hamburg* OLGRsp 13, 177; *Stürner* ZZP 87 (1974), 87, 93; *Zöller/Schneider*[17] Rdnr. 28; *MünchKommZPO-Braun* Rdnr. 23.

[15] *OLG Hamburg* aaO; *Zöller/Schneider*[17] Rdnr. 28.

[16] Nicht recht verständlich ist die vielfach gehörte Einschränkung auf klagabweisende Urteile, die unabhängig vom Vorbehaltsurteil ergehen. Letzteres ist bei allen klagabweisenden Urteilen der Fall, auch bei solchen, die sich auf neue Beweismittel zum Fehlen der Anspruchsvoraussetzungen gründen.

[17] *BGH* NJW 1973, 467; *Zöller/Schneider*[17] Rdnr. 30.

[18] Ähnlich *RGZ* 77, 95 f, das auf Einspruch sein eigenes Vorbehaltsurteil ohne weitere Prüfung aufrecht erhielt, nachdem sich herausgestellt hatte, daß nach Revisionseinlegung ein im Nachverfahren ergangenes Urteil rechtskräftig geworden war.

[19] *KG* OLGRsp 7, 299, 300; *OLG München* SA 66, 480 (Ausnahme: Kosten der unzulässigen Berufung); *Zöller/Schneider*[17] Rdnr. 3. – A.M. *Stürner* ZZP 87, 87 (3): Vorbehaltsklausel wird gegenstandslos.

[20] *BGH* NJW 1973, 467, 468 = ZZP 87 (1974), 85, 86 (abl. *Stürner*).

[21] Auf der Basis der insoweit gegenteiligen (zutreffenden) Ansicht umgekehrt dem rechtskräftigen Urteil im Nachverfahren Priorität einräumend *MünchKommZPO-Braun* Rdnr. 23.

[22] *Zöller/Schneider*[17] Rdnr. 29 f.

[23] *Zöller/Schneider*[17] Rdnr. 28, 30 (bei Abweisung im Nachverfahren soll aber der Urkundenprozeß in höherer Instanz enden);

[24] *BGH* ZZP 87, 86 f. aaO (abl. *Stürner* 93).

[25] *Beckmann* aaO 22 ff., 27 (Vorbehaltsurteil als »Falle« für das Nachverfahren), aaO 22.

2. a) Obwohl nicht zu bestreiten ist, daß die ZPO auch an anderen Stellen die Rechtshängigkeit ein- und desselben Anspruchs in zwei Instanzen kennt[26], ist eine solche Annahme eine vom Rechtsschutzziel des Urkundenprozesses her nicht indizierte und darum unnötige Komplizierung des Verfahrens, die in der Praxis nur deshalb erträglich ist, weil in der Regel das Nachverfahren faktisch so lange nicht weiterbetrieben wird, wie sich die Akten beim Rechtsmittelgericht befinden, das gegen das Vorbehaltsurteil angerufen wurde. Anstatt mit dem zuerst ergehenden »beständigen« Endurteil, gleich ob es im Vorverfahren (Klageabweisung bzw. Stattgabe ohne Vorbehalt) oder im Nachverfahren ergangen ist, Vor- und Nachverfahren gleichzeitig erledigen zu lassen, **sollte man dem Vorverfahren prinzipiell Vorrang einräumen:**

8

Dem Kläger, dem die Rechtsordnung den besonderen prozessualen Behelf des Urkundenprozesses gibt, kann man deshalb mit Fug abverlangen, nicht Urkundenprozeß und Nachverfahren gleichzeitig zu betreiben, zumal er nach erhobener Urkundenklage jederzeit in das normale Erkenntnisverfahren überwechseln kann. Dem Beklagten aber kann man zumuten, sich zu entscheiden, ob er Berufung einlegen, also sich gegen das Vorbehaltsurteil zunächst nur mit solchen Mitteln wenden will, die im Vorverfahren geltend gemacht werden können, oder ob er gleich den Weg des Nachverfahrens beschreiten will, in welchem nach richtiger Ansicht → Rdnr. 12 f. keine Bindung an die Feststellung aus dem Vorbehaltsurteil existiert[27]. Auch § 538 Abs. 1 Nr. 4 basiert auf der Vorstellung, daß das Nachverfahren nicht von selbst in erster Instanz anhängig bleibt, wenn gegen das Vorbehaltsurteil Berufung eingelegt worden ist[28]. Beantragt der Beklagte Prozeßfortsetzung im Nachverfahren, so fehlt es seiner Berufung gegen das Vorbehaltsurteil am Rechtsschutzbedürfnis. Ein gegen das Vorbehaltsurteil eingelegtes Rechtsmittel macht den Antrag auf Eröffnung des Nachverfahrens wegen Rechtshängigkeit unzulässig. In diesem Fall entsteht auch nicht das Problem, was zu geschehen hat, wenn bei anhängigem Nachverfahren erstmals ein Vorbehaltsurteil im Berufungsverfahren[29] oder in der Revisionsinstanz[30] ergeht.

Nach der hier vertretenen Ansicht kann es daher zu einer (zulässigen) Parallelität von Vorverfahren im Rechtsmittelzug und Nachverfahren nur in dem ganz seltenen Fall kommen, in dem der Kläger das Vorbehaltsurteil mit der Begründung angreift, es hätte mangels Widerspruch des Beklagten gar kein Vorbehalt ausgesprochen werden dürfen.

b) Daß sich das Nachverfahren an den Erlaß eines Vorbehaltsurteils anschließt, ohne daß eine Partei die Initiative dazu ergreifen müßte, ist aus dem Gesetz nicht ableitbar. Die Formulierung, daß dem Beklagten »die Ausführung« seiner Rechte vorbehalten bleibe, deutet eher auf das Gegenteil hin. Die Aussage, der Rechtsstreit »bleibe« im ordentlichen Verfahren anhängig, steht der Notwendigkeit einer Parteiinitiative nicht entgegen, weil ein Verfahren auch in den Fällen, wo es zu seiner Fortsetzung einer Parteiinitiative bedarf (Einspruch, Rechtsmittel) anhängig bleibt. Angesichts des Erfahrungsumstandes, daß sich beide Parteien meist mit dem Vorbehaltsurteil zufrieden geben, ist die These, das Nachverfahren müsse von Amts wegen[31] weiter betrieben werden, auch praktisch mißlich. Es besteht

9

---

[26] Die herrschende Auslegung zu § 600 verweist denn auch auf diese; s. Stein aaO 95 ff.
[27] A.M. *Beckmann* aaO 81 f., gerade weil ihm zufolge dem Urteil im Vorverfahren eine weitgehende Bindungswirkung entsprechend § 318 zukommen soll.
[28] A.M. *Zöller/Schneider*[17] Rdnr. 2, der die Norm als »überflüssig« ansieht.
[29] Nach einer Ansicht (*RGZ* 29, 368; 57, 184 (185); SA 49, 239; JW 1897, 82; *OLG Hamburg* SA 44, 468; *OLG Jena* ThürBl. 49, 244 f. u.a.m.) soll in diesem Fall das Nachverfahren im zweiten Rechtszug anhängig werden. Da dies aber zum Verlust einer Instanz führt, wird zunehmend die Ansicht vertreten, das Nachverfahren grundsätzlich in die Zuständigkeit erster Instanz fallen zu lassen (*OLG Düsseldorf* MDR 1973, 856; *OLG Frankfurt* MDR 1977, 236). Nach einer vermittelnden Ansicht soll das Berufungsgericht gem. § 538 I Nr. 4 zwischen Zurückverweisung und Entscheidung wählen können (*OLG München* OLGZ 1966, 34, NJW-RR 1987, 1024); *Zöller/Schneider*[17] Rdnr. 9.
[30] *BGH* JR 1988, 463 (Zurückverweisung an das LG unter Übergehung des OLG) abl. *Schneider*.
[31] *BGH* NJW 1973, 467; → Rdnr. 6.

jedoch keine Veranlassung, sich hinsichtlich der Anforderungen an die Verfahrensfortsetzungsinitiative an der Berufung zu orientieren[32], vielmehr erscheint eine *Analogie zum Einspruch*, der dann freilich beiden Parteien offensteht, sachgerecht[33], vor allem, wenn man der hier vertretenen Lehre folgt, wonach das Vorbehaltsurteil in jeder Hinsicht überprüfbar bleibt → Rdnr. 12f. Auch die Grundsätze zur Einspruchsfrist können analog angewandt werden[34]; freilich mit der Maßgabe, daß eine Frist erst zu laufen beginnt, wenn das Vorbehaltsurteil formell rechtskräftig geworden ist[35].

Der *Antrag auf Fortsetzung des Rechtsstreites im Nachverfahren* muß auch sonst *zulässig* sein. Er ist es etwa wegen Fehlens des Rechtsschutzbedürfnisses nicht, wenn der Beklagte auf die Duchführung des Nachverfahrens verzichtet hatte, weil dann der Kläger sowohl bei Verzicht auf das Nachverfahren ebenso wie auch bei der Durchführung desselben gleichviel erreichen würde. Zur Antragsrücknahme → Rdnr. 21. Der Antrag des Beklagten auf Eröffnung des Nachverfahrens ist nach der hier vertretenen Ansicht auch dann unzulässig, wenn dieser gegen das Vorbehaltsurteil ein Rechtsmittel eingelegt hat → Rdnr. 8.

Der **Verzicht auf das Nachverfahren** kann in entsprechender Anwendung von § 346 und daher nach den für den Verzicht auf ein Rechtsmittel geltenden Grundsätzen behandelt werden[36]. Ein Verzicht vor Urteilserlaß führt dazu, daß die Entscheidung ohne Vorbehalt ergeht[37]. Ein »Rechtsmittel-Verzicht« im Vorverfahren umfaßt in aller Regel auch einen Verzicht auf das Nachverfahren[38]. Ein nach Erlaß des Vorbehaltsurteils erklärter Verzicht führt zur Unzulässigkeit des Nachverfahrens[39]. Das Vorbehaltsurteil erstarkt dann zu einem der materiellen Rechtskraft fähigen Endurteil, was das Gericht im Tenor der Entscheidung, die den Antrag auf Eröffnung des Nachverfahrens zurückweist, festhalten kann[40] (»... mit der Maßgabe, daß der Wegfall der Wirkungen des Vorbehalts festgestellt wird«).

III. Für das Nachverfahren bindende Elemente aus dem Vorverfahren?

10   Die Parteien können im Nachverfahren **neue Angriffs- und Verteidigungsmittel**, insbesondere neue Beweise jeder Art geltend machen. Fristen gemäß § 273 Abs. 2 Nr. 1; § 275 Abs. 1 S. 1, Abs. 3 und 4; § 276 Abs. 1 S. 2, Abs. 3; § 277, die im Vorverfahren gesetzt wurden, gelten nur für dieses. Solange die Sache noch im Vorverfahren anhängig war, brauchte keine Partei i.S. der §§ 282 ff. etwas vorzutragen, was erst für das Nachverfahren bedeutsam werden konnte → § 596 Rdnr. 10. Für die Berufungsinstanz → Erl. § 528. Gelangt das Nachverfahren durch ein Rechtsmittel des Beklagten in die höhere Instanz, so kann der Kläger im Wege der Anschlußberufung auch Ansprüche verfolgen, die er im Urkundenverfahren nicht geltend gemacht hatte[41]. Insbesondere können Schadensersatzansprüche aus § 600 Abs. 2 auf diese Weise in das Verfahren eingeführt werden.

Gleichwohl bestehen für Gericht und Parteien gewisse Bindungen aus dem Vorverfahren. Hierbei ist jedoch zwischen der Bindung an Prozeßhandlungen des Gerichts und der Prozeßparteien einerseits und den im Vorbehaltsurteil getroffenen Feststellungen des Gerichts andererseits zu unterscheiden.

---

[32] So aber *Schrader* aaO 58 ff.
[33] A.M. *MünchKommZPO-Braun* Rdnr. 4.
[34] A.M. *Schrader* aaO bezüglich der Berufungsfrist. Nach ihm ist nur eine allgemeine Rechtsbehelfsverwirkung möglich. Zur Verwirkung des Antragsrechts s.a. OLG Frankfurt MDR 1990, 256.
[35] Sollte ein Gericht diesen Gedanken erstmals aufgreifen, so ist gegebenenfalls Wiedereinsetzung in den vorigen Stand zu gewähren.

[36] *Wieczorek*[2] A I b; *KG* OLGRsp 15, 272f, 37, 157.
[37] *Schrader* aaO 52.
[38] *Schrader* aaO.
[39] *Schrader* aaO S. dazu auch *KG* OLGRsp 37, 157.
[40] *MünchKommZPO-Braun* Rdnr. 5.
[41] A.M. *KG* ZZP 55, 300f.

1. Da das Nachverfahren nur zur Ergänzung des bisherigen Prozeßstoffs (aus dem Urkundenprozeß) dient, **behalten** (ähnlich wie nach Einspruchseinlegung und im Fall der Berufung → § 525 Rdnr. 3) **alle früheren Prozeßhandlungen** der Parteien sowie des Gerichts, insbesondere die im Urkundenprozeß abgegebenen bindenden Erklärungen, **ihre Wirkung** auch für das Nachverfahren, also namentlich das gerichtliche Geständnis von Tatsachen und die Anerkennung der Echtheit von Urkunden. Auch das erweiterte Vorbehaltsanerkenntnis → § 599 Rdnr. 3 behält naturgemäß seine Wirkung. Dagegen wirken Unterlassungen im Urkundenprozeß mit der Wirkung, daß Einwände abgeschnitten werden, nur insoweit fort, als die betreffenden Rechtsbehelfe schon vor dem Schluß der mündlichen Verhandlung im Urkundenprozeß endgültig ausgeschlossen waren. Dazu gehören Begründung der Zuständigkeit durch rügelose Einlassung, § 39, Rügeverluste nach § 295 und die prozeßhindernden Einreden, vor allem die Einreden des Schiedsvertrags → § 595 Rdnr. 5 und der mangelnden Prozeßkostenerstattung nach § 269 Abs. 4, § 1027a. Zur Einrede mangelnder Prozeßkostensicherheit → Rdnr. 31.

Der Beklagte ist aber unbeschränkt in der Geltendmachung und im Beweis neuer Einreden, und zwar auch solcher, die im Urkundenprozeß zwar vorgebracht waren, über die aber dort nicht entschieden wurde[42], also auch solcher, die erst jetzt vorgebracht werden, oder deren tatsächliche Grundlage erst nach dem Vorbehaltsurteil entstanden sind. Der maßgebende Zeitpunkt ist auch hier der Schluß der mündlichen Verhandlung oder was dem gleichsteht, § 128 Abs. 2 → § 300 Rdnr. 20[43]. Ferner kann der Beklagte jetzt ohne Einschränkung der Beweismittel den Gegenbeweis gegen den vom Kläger im Urkundenprozeß geführten Beweis antreten. Soweit Tatsachen dem Vorbehaltsurteil als unbestritten zugrunde gelegt waren (Repliken, Echtheit von Urkunden[44]), können sie im Nachverfahren bestritten werden, wobei die Parteien im Beweis und Gegenbeweis nicht beschränkt sind, auch wenn Tatsachen neu bestritten werden, die der Kläger im Urkundenprozeß durch Urkunden hätte beweisen können[45]. Auch der Gegenbeweis gegen einen zu Lasten des Beklagten als geführt angesehenen Beweis ist zulässig[46].

2. a) **Die Feststellungen im Vorbehaltsurteil** sind **nach h. M. für das Nachverfahren insoweit bindend,** als sie nicht durch zulässigerweise neu vorgetragene Tatsachen oder neue Beweisantritte in Frage gestellt werden. Die von der Rechtsprechung im allgemeinen gewählte Formel, die Feststellungen im Vorbehaltsurteil seien insoweit bindend, als sie nicht auf der eigentümlichen Beschränkung der Beweismittel im Urkundenverfahren beruhen[47], ist freilich schon als Prämisse für die von der h. M. gezogenen Schlußfolgerungen zu eng[48]. Im Nachverfahren dürfen durchaus auch solche Tatsachen und Beweismittel neu in den Prozeß eingeführt werden, die schon im Vorverfahren hätten gebracht werden können[49]. Konsequenter stellt daher *Hall*[49a] darauf ab, ob die im Vorbehaltsurteil stehenden Annahmen durch neuen Tatsachenstoff oder durch neue Beweismittel in Frage gestellt werden. Der Grundsatz der *Präklusion* solchen Vorbringens ist aber von nirgendwo herzuleiten → Rdnr. 10. Dies folgt schon daraus, daß im Urkundenprozeß keine prozessuale Pflicht, sich sachlich gegen den Klageanspruch zu verteidigen, existiert und dem Beklagten die Ausführung seiner Rechte

---

[42] RGZ 14, 105.
[43] So auch RGZ 45, 429 (430, 432); KG SA 50, 110; *Naumburg* OLGRsp 29, 105; *Neustadt* MDR 1959, 668. – A.M. *Hirsch* Übertragung der Rechtsausübung I 120.
[44] BGHZ 82, 115 = NJW 1982, 183 = JR 1982, 333 (Anm. *Schreiber*) = BGH WM 1981, 1299 (Kläger kann die Echtheit einer (Privat-) Urkunde auch noch im Nachverfahren bestreiten, wenn er sich dazu im Urkundenprozeß nicht erklärt hat).
[45] BGH NJW 1960, 100.
[46] OLG *Hamburg* NJW 1953, 1070.

[47] BGH NJW 1993, 668; BGH NJW 1988, 1468 = JR 1988, 330 (*Bilda*); BGHZ 82, 115, 119 f.; BGH NJW 1960, 100; OLG Düsseldorf NJW 1983, 2150; *Bilda* NJW 1983, 142 ff.; *Zöller/Schneider*[17] Rdnr. 19 mwN.
[48] Eine gute Übersicht über die Rechtsprechung gibt *Beckmann* aaO 7 ff.
[49] So mit Recht *Stürner* ZZP 85 (1972), 424 ff. Dies war auch schon immer die Einstellung des BGH, jetzt besonders klar NJW 1993, 668.
[49a] Vor § 592 Fn. 1 105 ff., 137.

bereits dann vorbehalten bleibt, wenn er dem Klageanspruch ohne Begründung widersprochen hat[50]. Deshalb besteht auch keine Regelungslücke, die durch analoge Anwendung von § 318 ausgefüllt werden müßte[50a]. Auch die Einrede der *Verjährung* kann im Nachverfahren noch erhoben werden[51].

Im einzelnen gilt nach h.M. folgendes:

Die rechtliche Beurteilung der Sachurteilsvoraussetzungen[52] – einschließlich der Frage der Zulässigkeit der Klage im Urkundenprozeß[53] – sowie den Elementen (Schlüssigkeit) des Anspruchsgrundes[54], der Erheblichkeit von Einwendungen sowie die Würdigung der Beweiskraft der vorgelegten Beweismittel, also vor allem Echtheit und Beweiskraft der vorgelegten Urkunden und der Glaubwürdigkeit von Parteiaussagen anläßlich einer Parteivernehmung, all dies soll durch das Urteil im Urkundenprozeß bindend auch für das Nachverfahren festgelegt sein, selbst wenn das Urteil eine ausdrückliche Erörterung darüber, z.B. über die Gültigkeit des Wechselprotestes oder über die Zulässigkeit des Rechtsweges nicht angestellt hat[55]. Eine Ausnahme soll nur gelten, wenn im Nachverfahren ein Mangel des Vorbehaltsurteils entdeckt wird, der ein Wiederaufnahmeverfahren zu begründen geeignet wäre. Von dieser Ausnahme abgesehen sind daher nach h.M. grundsätzlich Einwendungen des Beklagten, die im Urkundenprozeß aus rechtlichen Erwägungen bereits als materiell unbegründet – nicht bloß als im Urkundenprozeß als unstatthaft (§ 598) – verworfen worden sind, im Nachverfahren ausgeschlossen[56]. Als rechtlich unbegründet ist an sich auch eine Einrede verworfen, die mangels genügender tatsächlicher Substantiierung zurückgewiesen ist → § 139 Rdnr. 34. Dies wäre jedoch im Hinblick darauf, daß der Beklagte seinen Widerspruch überhaupt nicht zu begründen braucht, nicht konsequent.

Man ist daher bereit, ihn mit der Einwendung zu hören, wenn er sie nunmehr schlüssig begründet[57]. Ist dagegen eine Einwendung im Urkundenprozeß schlüssig vorgetragen, jedoch – nach Ansicht des Gerichts im Nachverfahren – fälschlich als unschlüssig zurückgewiesen worden, so will man die Entscheidung auch für das Nachverfahren bindend sein lassen[58]. Ist die Einrede als im Urkundenprozeß unstatthaft oder als nicht erwiesen verworfen worden, so hat der Richter sie freilich auch nach herrschender Ansicht im Nachverfahren einer erneuten Würdigung zu unterziehen, allerdings nur aufgrund neuer Tatsachen und/oder neuer Beweismittel[59]. Dies soll auch dann gelten, wenn das Gericht die Einrede auf Grund der eidlichen oder uneidlichen Parteivernehmung des Gegners für nicht erwiesen oder für widerlegt erachtet hat[60]. Umgekehrt kann nach herrschender Ansicht auch der Kläger im Nachverfahren nicht geltend machen, daß dem Beklagten die Ausführung seiner Rechte gar nicht hätte vorbehalten werden dürfen; um das geltend zu machen, muß er Berufung gegen das Vorbehaltsurteil einlegen[61].

---

[50] *BGH* NJW 1988, 1468.
[50a] A.M. *Hall* aaO 119ff.
[51] *BGH* WM 1992, 159.
[52] RGZ 159, 173; *OLG München* BayJMBl 1956, 35; *BAG* NJW 1972, 1216 (sachliche Zuständigkeit der ordentlichen Gerichte im Verhältnis zu den Arbeitsgerichten); *OLG Düsseldorf* NJW 1983, 2149 (Einrede des Schiedsvertrags) → § 595 Rdnr. 5.
[53] *BGH* NJW 1973, 467 = ZZP 87 (1974), 85ff; *BGH* NJW 1993, 668 (Art. VIII Abschn. 2 (b) S. 1 IWF-Abkommen).
[54] *BGH* LM Nr. 3 zu § 599 = NJW 1968, 2244 (Passivlegitimation); *OLG Frankfurt* NJW 1968, 2385 (Formgültigkeit eines Wechsels, Passivlegitimation – wobei sehr fraglich ist, ob in diesem Fall der spätere Hinweis des Beklagten auf seine Kommanditistenstellung und die deshalb fehlende Passivlegitimation nicht als neuer Sachvortrag hätten gewürdigt werden müssen); *BGH* WM 1969, 1279 (Formgültigkeit eines Wechsels); *OLG Köln* BB 1972, 1207 (Wechselfähigkeit).
[55] *BGH* WM 1991, 238; RGZ 62, 93; 159, 173, 176; nach *Zöller/Schneider*[17] § 600 Rdnr. 19 muß der Beklagte das Vorbehaltsurteil anfechten oder die Folgen seiner Untätigkeit hinnehmen. – A.M. *Stürner* ZZP 85 (1972), 424ff.
[56] *BGH* NJW 1973, 467 = ZZP 87 (1974), 87 (*Stürner*); *BGH* WM 1979, 272; *BGH* WM 1972, 970; *BGH* WM 1957, 66; *BGH* 56, 1334; *Zöller/Schneider*[17] § 600 Rdnr. 21 (auch zur Präklusion von Einwendungen aus AGB-Gesetz); *Beckmann* aaO 81ff.
[57] RG SA 55, 471.
[58] *BGH* NJW 1960, 576; *Liesecke* Driz 1970, 318.
[59] So *Beckmann* aaO 81ff.
[60] *OLG Hamburg* NJW 1953, 1070.
[61] *BGH* NJW 1962, 446.

b) Daß es überhaupt Feststellungen aus dem Vorbehaltsurteil geben soll, die für das Nachverfahren bindend sind, wird zu Recht in Frage gestellt[62]. Die in § 318 verankerte innerprozessuale Bindungswirkung bedeutet, daß das Gericht, ähnlich wie durch die materielle Rechtskraft, nur an den endgültigen Subsumtionsschluß, nicht aber an tragende Urteilsgründe gebunden ist[63]. Es ist zwar unrichtig zu behaupten, daß ähnlich wie im Verfahren des einstweiligen Rechtsschutzes Entscheidungsgegenstand des Urkundenprozesses nur das vorläufige Vollstreckungsrecht des Klägers sei. Denn ob der angestrebten Entscheidung materielle Rechtskraft zukommen soll und welche innerprozessualen Bindungswirkungen diese hat, ist prinzipiell unabhängig von der Bestimmung des Streitgegenstandes. Jedoch führt das Vorverfahren des Urkundenprozesses in der Tat nicht zu einer endgültigen Rechtsfeststellung. Man müßte, um die behauptete Bindung dogmatisch zu erklären, schon zu folgender Konstruktion greifen: Vorbehaltsurteil einschließlich Vorbehalt bedeute eine grundsätzlich bindende Rechtsfeststellung, die nur im Rahmen des Vorbehalts, nicht aber darüber hinaus angreifbar sei. Aber auch diese Konstruktion kann die behauptete Bindung nur rechtfertigen, wenn vorher der Umfang des Vorbehalts bestimmt ist. Das tut aber das Gesetz nicht (»Ausführung seiner Rechte«). Die überwiegenden Gründe sprechen somit dagegen, eine irgendwie geartete Bindung anzunehmen: Gewiß ist das Gericht verpflichtet, den ihm zulässigerweise vorgelegten Streitstoff umfassend und nicht nur vorläufig zu würdigen. Jedoch ist die psychologische Gefahr, daß das Gericht (und auch der Beklagte) im Vertrauen auf die im Nachverfahren mögliche Korrektur weniger sorgfältig verfährt als sonst, nicht zu leugnen, insbesondere da rechtspolitisches Ziel des Urkundenprozesses sicher die rasche Schaffung eines Vollstreckungstitels ist[64]. Ein Gericht in einem laufenden Verfahren an der Korrektur eines erkannten Irrtums zu hindern, ist zudem immer mißlich und dem Ansehen der Justiz abträglich. Schließlich ist es ganz untunlich, den mit dem Vorbehaltsurteil aus mehreren Gründen unzufriedenen Beklagten dazu zu zwingen, sowohl ein Berufungsverfahren als auch ein Nachverfahren anzustrengen[65] →Rdnr. 7, 8. Die Konsequenz, daß theoretisch ein für den Beklagten erfolgreiches Nachverfahren auch möglich ist, wenn nichts Neues vorgetragen wird[66], braucht man nicht zu scheuen: Sie wird, wenn überhaupt jemals, sicherlich nur in Fällen praktisch, wo man sie dankbar begrüßt.

IV. Das Verfahren im übrigen

1. Für das Nachverfahren ist das Gericht erster Instanz nicht ausnahmslos[67], sondern nur dann **funktionell zuständig**, wenn dieses bereits das Vorbehaltsurteil erlassen hat. Wenn die erste Instanz die Klage abweist oder ohne Vorbehalt verurteilt und *erst das Berufungsgericht das Vorbehaltsurteil erläßt*, bleibt das Nachverfahren zunächst in der Berufungsinstanz anhängig[68]. Der Gesichtspunkt, daß dem Beklagten für das Nachverfahren keine Instanz

---

[62] *Stürner* ZZP 85 (1972), 424, 428f.; *ders.* ZZP 87 (1974), 87, 89f.; *Schrader* (vor § 592 Fn. 1) 35ff.; *Schreiber* JR 1982, 335; *MünchKommZPO-Braun* Rdnr. 12ff., § 589 Rdnr. 5, der in BGH NJW 1988, 1468 aaO die Andeutung einer Umkehr der bisherigen gegenteiligen Rechtsprechung sieht.

[63] *MünchKommZPO-Braun* Rdnr. 18. – A.M. *Beckmann* aaO 81ff.

[64] Dies übersieht *Beckmann* aaO 73 (mit der Befürchtung, der Urkundenprozeß würde zu einem Titelverschaffungsverfahren denaturiert). Aus der Gefahr der Nachlässigkeit des Gerichts gerade die gegenteilige Schlußfolgerung ziehend *Hall* aaO 117ff.

[65] So *BGH* WM 1991, 238; *BGH* WM 1969, 1279; *BGH* NJW 1962, 446.

[66] Davor zurückschreckend *Schrader* aaO 44..

[67] So aber die h.M.; *Thomas/Putzo*[18] Rdnr. 1–3; *Rosenberg/Schwab*[14] § 164 III 6; *Baumbach/Lauterbach/Hartmann*[51] Rdnr. 3; *OLG München* BayJMBl 1955, 196; offengelassen in *BGH* NJW-RR 1988, 61, 63.

[68] RGZ 29, 368; 57, 184 (185); RG SA 49, 239; RG JW 1897, 82; *OLG Hamburg* SA 44, 468; Jena ThürBl. 49, 244f. u.a.m. – A.M. *OLG Düsseldorf* MDR 1973, 856; *OLG Frankfurt* MDR 1977, 236; *Stein* Urkunden- und Wechselprozeß 315ff.;.

verlorengehen darf, verlangt freilich in aller Regel die Zurückverweisung[69], für die § 538 Nr. 4 i.V.m. § 540 oder § 539 entsprechend angewandt werden können[70], ohne daß deshalb die Zurückverweisung in jedem Fall unausweichlich würde[71]. Hat der Beklagte Berufung gegen das Vorbehaltsurteil eingelegt und will er später ggfs. das Nachverfahren betreiben, kann es Gründe geben, von einer Zurückverweisung abzusehen. Auch wenn das **Revisionsgericht erstmals ein Vorbehaltsurteil erläßt,** kehrt das Nachverfahren nicht von selbst, also ohne Zurückverweisung, in die Berufungsinstanz zurück. Es bedarf in entsprechender Anwendung von § 565 der Zurückverweisung[72]. Im Rahmen einer Sachentscheidung, aber nur in diesem, kann an das Gericht erster Instanz verwiesen werden[73]. Die Voraussetzungen hierfür dürften aber kaum jemals vorliegen. Die Erwägungen, die es dem Gesetzgeber zumutbar erscheinen ließen, den Parteien bezüglich zentraler Fragen des Rechtsstreites eine Instanz zu nehmen, wenn schon einmal die Revisionsinstanz mit der Angelegenheit befaßt war, gelten auch für die Fälle des erstmals durch das Revisionsurteil ausgesprochenen Vorbehalts.

Eine Vereinbarung der Parteien ist, da es sich hier um eine Frage der funktionellen Zuständigkeit handelt → § 1 Rdnr. 120, ausgeschlossen.

15   2. Die Wirkungen der **Rechtshängigkeit** dauern fort[74], d.h. sie datieren auch für das Nachverfahren von dem Zeitpunkt der Erhebung der Klage im Urkundenprozeß. Das hat eine Reihe von Konsequenzen.

16   a) Die **sachliche und örtliche Zuständigkeit** des Gerichts dauert nach § 263 Nr. 2 fort, unabhängig davon, ob sich der Streitwert geändert hat oder das Nachverfahren vor dem Landgericht einen Streitwert hat, der eigentlich in die Zuständigkeit des Amtsgerichts gehört. Ebenso bleibt die Zuständigkeit der Kammer für Handelssachen in Wechselsachen erhalten. Da durch das Vorbehaltsurteil über die Zuständigkeit des Gerichts aber nicht mit Bindung für das Nachverfahren entschieden ist → Rdnr. 12f, kann die ursprüngliche Unzuständigkeit auch noch im Nachverfahren[75] weiter gerügt werden, wenn die Rüge im Vorverfahren rechtzeitig erhoben worden ist → Rdnr. 11. Auch durch die jetzt erst mögliche Erhebung einer Widerklage können die Voraussetzungen für eine Verweisung, und zwar auch nach § 506 oder § 99 GVG, entstehen[76] → vgl. aber auch § 4 Rdnr. 6, § 261 Rdnr. 76.

17   b) Würde der Streitgegenstand durch eine neue Klage bei demselben oder einem anderen Gericht anhängig gemacht, so stünde dem Gegner die Einrede der **Rechtshängigkeit** zu[77]. Es ist nicht möglich, statt der Durchführung des Nachverfahrens die Vollstreckungsgegenklage zu erheben. Ein Wahlrecht besteht insoweit nicht.

18   c) Die Vorschriften über die *Klageänderung* gelten auch für das Nachverfahren. Das Vorbringen neuer Klagebegehren, sowohl neuer Ansprüche wie auch neuer Klagegründe, zu denen bei Wechsel- und Scheckklagen auch der Anspruch aus dem Kausalverhältnis gehört, ist daher nur nach §§ 263, 264, in diesen Grenzen aber auch ohne Rücksicht auf das Vorbehaltsurteil zulässig[78]. So kann z.B. auch der im Urkundenverfahren mit einem Teilanspruch nach § 597 Abs. 2 abgewiesene Kläger im Nachverfahren diesen Teilanspruch im Wege der Klageerweiterung von neuem verfolgen[79] → § 597 Rdnr. 8b. Soweit eine Klageänderung im Nachverfahren zu einer Kostenbelastung des Beklagten führen würde, die nicht entstünde,

---

[69] *OLG München* NJW-RR 87, 1024 (zur Zurückverweisung an das Gericht erster Instanz für das Nachverfahren).
[70] *BGH* NJW-RR 88, 61, 63; *OLG München* OLGZ 66, 34, NJW-RR 87, 1024. *Schrader* aaO 57 ff.
[71] A.M. *MünchKommZPO-Braun* Rdnr. 6..
[72] *BGH* WM 1987, 1397, 1398f. = ZIP 1441 = JR 1988, 463 (abl. *Schneider*) zur Zurückweisung an das Landgericht bei erstmaligem Erlaß Vorbehaltsurteil in der Revisionsinstanz).
[73] *BGH* JR 1988, 463 aaO, abl. *Zöller/Schneider*[17] Rdnr. 10.
[74] RGZ 57, 184, 186; *OLG Jena* ThürBl. 49, 244, 247.
[75] A.M. noch die 19. Aufl. IV 1.
[76] *OLG Breslau* JW 1916, 614.
[77] *Stein* Urkunden- und Wechselprozeß (1887), 297; *OLG Celle* SA 52, 364.
[78] BGHZ 17, 31 = NJW 1955, 790.
[79] RGZ 148, 199; allg. M.

wenn gleich die geänderte Klage erhoben worden wäre, ist eine entsprechende Anwendung von § 97 Abs. 2 vertretbar.

d) *Widerklagen* im Nachverfahren zu unterbinden, ist nicht angezeigt. Die h.M. will **19** allerdings im Nachverfahren eine im Urkundenprozeß erhobene Widerklage nicht zulassen → vgl. § 595 Rdnr. 1. Der Grund für das in § 595 Abs. 1 festgehaltene Verbot, gegen eine Urkundenklage mit einer nicht in dieser Prozeßart verfolgten Widerklage zu antworten, besteht jedoch im Nachverfahren nicht, weil die Beschränkung der Widerklage auf die Verfahrensart des Urkundenprozesses das Verfahren nicht überfrachtet, sondern im Gegenteil zu einer Entlastung des Verfahrens führt[80].

e) Da der Antrag auf Fortsetzung des Prozesses im Nachverfahren am ehesten dem **20** Einspruch, aber nicht der Berufung vergleichbar ist → Rdnr. 3,9, ist für den von Amts wegen anzusetzenden Termin nur die allgemeine **Ladungsfrist** (§ 217), nicht aber eine **Einlassungsfrist** einzuhalten[81]. Das Nachverfahren kann (richtigerweise auf Antrag einer der Parteien → Rdnr. 9) sofort nach Verkündung des Vorbehaltsurteils weiterverhandelt werden, wenn nicht ein bloßer Verkündungstermin angesetzt wurde.

f) Der **Antrag auf Fortsetzung des Prozesses im Nachverfahren** kann wie der Einspruch **21** zurückgenommen werden. Sobald die Frist (sofern man eine solche annehmen will) für den Antrag auf Fortsetzung des Prozesses im Nachverfahren abgelaufen ist → Rdnr. 9, kann er zulässigerweise aber nicht wiederholt werden, was zur Folge hat, daß dann das Vorbehaltsurteil vorbehaltlos wird. Wird der Antrag zurückgenommen, so kann bezüglich der Kosten des Verfahrens § 515 Abs. 3 S. 1 entsprechend angewandt werden[82].

g) Aus der Zusammengehörigkeit des Nachverfahrens und des Urkundenprozesses folgt **22** u.a., daß ein im Nachverfahren erklärtes Anerkenntnis niemals ein sofortiges i.S. von § 93 ist[83]. Zur Streitgenossenschaft → vor 59 Rdnr. 12. Zur Erledigung des Rechtsstreits im Nachverfahren → § 596 Rdnr. 4; zum Säumnisverfahren → Rdnr. 27ff.

V. Das Urteil im Nachverfahren

1. Ergibt sich im Nachverfahren, daß der Widerspruch des Beklagten (§ 599 Abs. 1) **23** materiell unbegründet ist und somit der Anspruch des Klägers endgültig zuzuerkennen ist, so ist das **im Urkundenprozeß erlassene Urteil vorbehaltlos aufrechtzuerhalten**[84]. Damit wird dann auch die darin enthaltene vorläufige Verurteilung des Beklagten im Kostenpunkt (nach § 91) endgültig[85], die jetzt von selbst auch die Kosten des Nachverfahrens umfaßt.

2. Erweist sich dagegen der Anspruch des Gegners auf Grund des Nachverfahrens als **24** unbegründet, d.h. zu einer unbedingten Klageabweisung reif[86], so ist nach Abs. 2 zu verfahren. Gemäß § 302 Abs. 4 S. 2-4 ist auch hier das frühere Urteil aufzuheben und der Kläger mit seinem Anspruch abzuweisen.

3. Außerdem ist der Kläger, wenn das Urteil aufgehoben wird, zum vollen **Schadensersatz** **25** verpflichtet. Der Beklagte kann diesen Anspruch im Nachverfahren geltend machen. Man

---

[80] So mit Recht *Schrader* aaO 74ff.
[81] A.M. *Schrader* aaO 66 (auch Einlassungsfrist! In Konsequenz der herrschenden Konzeption – Verfahrensfortsetzung ohne Initiative einer Partei → Rdnr. 9 -bedarf es nach Erlaß des Vorbehaltsurteils gar keines neuen Termins). *OLG Frankfurt* MDR 1990, 256 arbeitet mit Verwirkung.
[82] *Schrader* aaO 89.
[83] *OLG Hamburg* OLGRsp 29, 36 f.
[84] Dabei ist selbstverständlich nicht an dem Ausdruck festzuhalten (»bestätigen«, »es hat sein Bewenden« u.ä.).

– Ist bei gleichzeitiger Anhängigkeit im Instanzenzug des Urkundenprozesses, was nach h.M. möglich ist → Rdnr. 7, 8), ein anderes Urteil an Stelle des ersten getreten, so ist dieses aufrechtzuerhalten, *RGZ* 57, 184ff.
[85] S. *Stein* aaO 360. – Mißverständlich *Baumbach/Lauterbach/Hartmann*[51] Rdnr. 9 (dem Beklagten seien die »weiteren« Kosten aufzuerlegen). *Zöller/Schneider*[17] Rdnr. 29 empfiehlt, aus Gründen der Klarheit einen klarstellenden Zusatz aufzunehmen.
[86] So auch *OLG Braunschweig* BrschwZ 42, 138.

sagt meist, dies könne durch »einfachen Inzidentantrag« geschehen. Der Sache nach handelt es sich aber um eine Widerklage → §§ 302 Rdnr. 28 und § 33 Rdnr. 24. Das Gesetz sagt aber weder in § 302 noch in ähnlichen Bestimmungen, wie der Schadensersatzanspruch geltend zu machen ist[87]. Worin die Formerleichterungen eines »einfachen Inzidentantrages« verglichen mit einer Widerklage liegen soll, ist auch nicht recht einsehbar. Vor der Aufhebung des Urteils ist eine besondere Klage auf Leistung von Schadensersatz nicht begründet. Daß eine besondere Klage auf Leistung von Schadensersatz wegen Rechtshängigkeit unzulässig sei, solange das Nachverfahren nicht rechtskräftig abgeschlossen ist → Rdnr. 17[88], läßt sich jedoch nicht behaupten. Auch wenn »einfacher Inzidentantrag« etwas anderes sein soll als eine Widerklage und obwohl der Antrag zum rückwirkenden Eintritt der Rechtshängigkeit führt, ist der Schadensersatzanspruch nicht rechtshängig, solange es an einem diesbezüglichen Antrag fehlt.

26   4. Das Urteil unterliegt den in der hier betreffenden Instanz zulässigen **Rechtsmitteln**[89]. Nimmt man entgegen der hier vertretenen Ansicht → Rdnr. 12 f. eine Bindung an das Vorbehaltsurteil an, dann ist der Rechtsmittelrichter im selben Umfang wie der erstinstanzliche Richter an das Vorbehaltsurteil gebunden.

Das aufhebende Urteil ist für vorläufig vollstreckbar zu erklären. Das ist notwendig, damit die Zwangsvollstreckung aus dem Vorbehaltsurteil gemäß §§ 775 Nr. 1, 776 eingestellt werden kann[90].

VI. Versäumnis im Nachverfahren

27   Nach Abs. 3 finden im Nachverfahren die Vorschriften über das Versäumnisurteil entsprechende Anwendung. § 331 a über die Entscheidung nach Lage der Akten gilt unmittelbar. Die entsprechende Anwendung der Vorschriften über das Versäumnisverfahren führt nicht etwa deshalb, weil das Nachverfahren nur auf Antrag einer Partei eröffnet wird → Rdnr. 9, zu einer Umkehr der Parteirollen mit der Folge, daß der die Verfahrensfortsetzung begehrende Teil als Kläger bezeichnet wird[91]. Auch nach der Einspruchseinlegung kehren sich für den erneuten Fall der Säumnis die Parteirollen nicht um und der Antrag auf Fortsetzung des Prozesses im Nachverfahren gleicht mehr dem Einspruch als der Berufung → Rdnr. 3. Erst recht hat die Säumnis des Klägers nicht zur Folge, daß er lediglich mit seinem im Nachverfahren erhobenen Antrag abgewiesen würde[92]. Das Nachverfahren kann sachlich nur mit einer Beseitigung des Vorbehalts oder einer Klageabweisung enden. Im einzelnen gilt folgendes:

28   1. Ist **der Kläger säumig**, so wird er auf einfachen Säumnisantrag des Beklagten unter Aufhebung des Vorbehaltsurteils nach § 330 durch echtes Versäumnisurteil[93] mit der Klage abgewiesen[94]. Denn die Säumnis bewirkt allein den Verlust seines prozessualen Anspruchs → § 330 Rdnr. 1. Die h. M. verlangt konsequenterweise nicht, daß das Vorbehaltsurteil schon rechtskräftig ist → Rdnr. 7. Nach dem hier eingenommenen Standpunkt → Rdnr. 8 muß jedoch das Vorbehaltsurteil rechtskräftig sein, damit der Beklagte zulässigerweise das Nachverfahren betreiben kann. Der Erlaß eines Versäumnisurteils gegen den Kläger ist unzulässig, wenn ihm der Antrag des Beklagten auf Eröffnung des Nachverfahrens nicht i. S. von § 335 Nr. 3 rechtzeitig mitgeteilt worden war → § 596 Rdnr. 7. Hier liegt ausnahmsweise der Fall

---

[87] Nach *Zöller/Schneider*[17] sollen Widerklage, einfacher Zwischenantrag und Aufrechnung möglich sein; aaO Rdnr. 32.
[88] *KG* OLGRsp 17, 180 f.; *KG* OLGRsp 25, 136 (Aussetzung).
[89] Vgl. *RGZ* 25, 421, 424 (bezüglich der im Nachverfahren erhobenen Schadensersatz-Widerklage).

[90] *Furtner* DRiZ 1957, 184 ff. mit eingehender Begründung.
[91] So aber *Schrader* aaO 77 ff.
[92] So ebenfalls *Schrader* aaO 79 f.
[93] *MünchKommZPO-Braun* Rdnr. 22.
[94] *Zöller/Schneider*[17] Rdnr. 34.

vor, wo § 335 Abs. 1 Nr. 3 auch zu Gunsten des Klägers wirkt: Das wird vor allen Dingen dann praktisch, wenn der Beklagte unmittelbar im Anschluß an die Verkündung des Vorbehaltsurteils das Nachverfahren betreiben will. Jedoch kann der Antrag auf Fortsetzung des Prozesses im Nachverfahren bereits während des Vorverfahrens für den Fall gestellt werden, daß ein Vorbehaltsurteil ergeht. Ist dem Genüge getan, so kann in unmittelbarem Anschluß an das Vorbehaltsurteil mit dem Nachverfahren begonnen werden. Die Ladung muß sich nicht speziell auch auf dieses beziehen. § 333 ist durchaus entsprechend anwendbar[95], wenn der Beklagte nicht verhandelt.

2. Der **säumige Beklagte** gilt hinsichtlich sämtlicher Klagebehauptungen im Sinne von § 331 geständig und mit seinen Einreden ausgeschlossen. Auf Grund der im Vorbehaltsurteil erfolgten bedingten Feststellung des Anspruchs ist daher nunmehr vorbehaltsloses Urteil gegen ihn zu erlassen.

3. Bezüglich der **Entscheidung nach Lage der Akten** gilt nichts Besonderes → Erl. § 331a. Hervorzuheben ist nur, daß aus der Zusammengehörigkeit des Urkunden- und Nachverfahrens folgt, daß das im ersten Verfahren Vorgetragene bzw. schriftsätzlich Angekündigte Teil des abzuurteilenden Prozeßstoffes ist, und zwar auch dann, wenn es in dem Urkundenverfahren unberücksichtigt zu bleiben hatte, und ferner, daß es für den Fall eines Urteils nach Aktenlage gemäß § 251a Abs. 1 S. 2 genügt, wenn in dem Urkundenverfahren eine mündliche Verhandlung stattgefunden hat.

VII. Kosten des Verfahrens

Über die Kosten des Urkundenprozesses und des Nachverfahrens ist nach dem Grundsatz der Einheit der Kostenentscheidung in dem das Nachverfahren abschließenden Endurteil erneut nach §§ 91 ff. zu erkennen. Die Verurteilung zur Kostentragungspflicht umfaßt dabei auch die Kosten des Urkundenprozesses[96]. Die Kosten des Nachverfahrens sind dabei entsprechend § 97 Abs. 2 ganz oder teilweise dem Beklagten aufzuerlegen, wenn er die Einreden, die zur Abweisung führten, nach dem freien Ermessen des Gerichts schon im Urkundenprozeß hätte geltend machen und beweisen können[97].

Die Einrede der mangelnden Prozeßkostensicherheit nach § 110 ist von Beginn des Nachverfahrens an möglich, weil der Grund für die Befreiung nach § 110 Abs. 2 Nr. 3 dann weggefallen ist[98]. Jedoch trifft die Verpflichtung zur Leistung von Sicherheit nicht den Beklagten, welcher in aller Regel diejenige Partei ist, die das Nachverfahren betreibt.

Zu den Gebühren → Rdnr. 5 vor § 592. Sie sind ebenso wie der Streitgegenstand aus dem Streitgegenstand des Urkundenprozesses, nicht aus dem etwaiger Erstattungsansprüche zu berechnen.

§ 601 [fortgefallen]

Gesetzesgeschichte: bis 1900 § 564 CPO, Änderungen RGBl. 24 I 135

---

[95] A.M. *Schrader* aaO 84.
[96] *OLG Koblenz* Büro 1985, 1886; *KG* OLGRsp 07, 299; *Zöller/Schneider*[17] Rdnr. 29.
[97] Vgl. *Stein* aaO 361; *Zöller/Schneider*[17] Rdnr. 29 f. – A.M. *OLG Hamburg* OLGRsp 17, 182 (zu § 97 Abs. 2).
[98] A.M. *Wieczorek*[2] A II b 3.

§ 602 [Wechselprozeß]

Werden im Urkundenprozeß Ansprüche aus Wechseln im Sinne des Wechselgesetzes geltend gemacht (Wechselprozeß), so sind die nachfolgenden besonderen Vorschriften anzuwenden.

Gesetzesgeschichte: § 565 CPO. Änderungen RGBl 33 I 786, 821

1   I. Der **Wechselprozeß**[1] bildet, wie sich aus der Stellung des § 602 im fünften Buch und den Worten »im Urkundenprozeß« ergibt, nur eine **Unterart des Urkundenprozesses**. Für seine Voraussetzungen ist daher § 592 maßgebend. Dies gilt aber nicht hinsichtlich der Qualifikation des Anspruchs. Im Wechselprozeß können nicht nur Ansprüche auf Geldzahlung geltend gemacht werden, sondern sämtliche Ansprüche aus einem Wechsel im Sinne des Wechselgesetzes[2]. Wenn die Voraussetzungen des Wechselprozesses gegeben sind, hat der Kläger die Wahl zwischen dem Wechselprozeß, dem gewöhnlichen Urkundenprozeß und dem ordentlichen Verfahren. Die Geltendmachung eines Anspruches im Wechselprozeß schließt eine hilfsweise Geltendmachung im gewöhnlichen Urkundenprozeß oder ordentlichen Verfahren aus → § 593 Rdnr. 1. Allerdings besteht zwischen der Klage aus dem Kausalgeschäft und der Klage aus dem Wechsel keine Streitgegenstandsidentität, so daß trotz Rechtshängigkeit der Wechselklage eine gesonderte Klage im Urkundenprozeß[3] oder auch im ordentlichen Verfahren aus anderen Rechtsgründen erhoben werden kann.

II. Voraussetzungen einer Wechselklage sind:

2   1. Es muß ein Anspruch aus einem Wechsel i. S. des WG geltend gemacht werden, d. h. ein Anspruch, mit dem ein Recht aus der Wechselurkunde geltend gemacht wird. Ein außerhalb der Wechselurkunde begründeter Anspruch kann im Wechselprozeß nicht – auch nicht hilfsweise – geltend gemacht werden.

Zu den Ansprüchen, die im Wechselprozeß geltend gemacht werden können, gehören die *Ansprüche auf Zahlung der Wechselsumme* gegen den Annehmer des gezogenen Wechsels, den Aussteller des eigenen Wechsels und den Wechselbürgen (Art. 28, 32, 78 WG); auf Bezahlung der *Rückgriffssumme* (Art. 48 WG); der Anspruch gegen den *vollmachtslosen Unterzeichner des Wechsels* (Art. 8 WG)[4] und der Anspruch aus einem abhanden gekommenen Wechsel auf Grund des Ausschlußurteils nach § 1018 Abs. 1 ZPO sowie nach Einleitung des Aufgebotsverfahrens und Sicherheitsleistung nach Art. 90 Abs. 1 S. 2 WG[5]. Weiter können Bereicherungsansprüche (Art. 89 WG)[6], die Ansprüche auf Ausstellung einer weiteren Wechselausfertigung (Art. 64 Abs. 2 WG), der Anspruch auf Aushändigung einer Ausfertigung nach Art. 66 Abs. 2 WG sowie der Anspruch des Inhabers der indossierten Wechselabschrift auf Herausgabe der Wechselurschrift (Art. 68 Abs. 1 WG) im Wechselprozeß geltend gemacht werden.

---

[1] Lit.: *Sydow* ZZP 2, 470ff.; *Stein* aaO 88ff., 200ff.; sowie die Kommentare zum WG, die auch die prozessualen Fragen mehr oder weniger eingehend behandeln.

[2] *Keyßner* ZHR 25, 490; *Hellwig* System 2, 65; *Levin* JW 1926, 2410; *Baumbach/Lauterbach/Hartmann*[51] Rdnr. 2; *Thomas/Putzo*[18] Rdnr. 3; *Rosenberg/Schwab*[14] § 164 IV 1; Nikisch § 137 IV 1. – A.M. *Stein* aaO 88 (nur für Ansprüche auf Geldzahlung); *Sydow-Busch* I; *Wieczorek*[2] A I a.

[3] *OLG Karlsruhe* (Z.S. Freiburg) NJW 1960, 1955.

[4] *RGZ* 64, 164.

[5] *Thomas/Putzo*[17] Anm. 1b; *Zöller/Schneider*[17] Rdnr. 2. – A.M. *KG* ZZP 54, 340 (zust. *Bernstein*); *Stein* aaO 202.

[6] *Thomas/Putzo*[18] Rdnr. 3; *Baumbach/Lauterbach/Hartmann*[51] Rdnr. 2. – A.M. *RG* Gruch 28, 1013; *Hellwig* System II 65; *Wieczorek*[2] B II b 1. Allerdings wird sich die Frage der Zulässigkeit der Wechselklage in der Praxis kaum stellen, da der Kläger die Bereicherung regelmäßig nicht mit den Mitteln des Urkundenprozesses beweisen kann.

2. Die Ansprüche behalten ihre rechtliche Natur auch dann, wenn sie von **Personen** geltend gemacht werden, die zwar **keine wechselrechtliche Legitimation haben**, denen aber die Ansprüche als solche aus dem Wechsel zustehen, wie dem Zessionar[7] und dem Pfändungspfandgläubiger. Ebenso kann die Wechselklage gegen Personen erhoben werden, die kraft Gesetzes für die wechselmäßige Verbindlichkeit als solche haften, auch wenn sie nicht selbst Wechselzeichner sind, denn auch sie haften aus dem Wechsel, nicht bloß wie der Bürge des BGB für den Wechsel. Die gilt zunächst unbestritten für die Erben des Wechselzeichners, den Übernehmer des ganzen Vermögens gemäß § 419 BGB (nicht aber für den Schuldübernehmer gemäß § 414 BGB), den Übernehmer des Handelsgeschäftes nach § 25 HGB, den Gesellschafter einer offenen Handelsgesellschaft gemäß § 128 HGB, den Komplementär gemäß § 161 Abs. 2 HGB sowie den Kommanditisten im Rahmen seiner Haftung gemäß § 171 hinsichtlich der Wechsel der Gesellschaft[8]. Dementsprechend ist auch die auf Grund des ehelichen Güterrechts eintretende Haftung des Gesamtgutes als eine wechselmäßige anzusehen. Dasselbe gilt in den Fällen der §§ 737, 743, § 745 Abs. 2, § 748 Abs. 2 BGB.

3. Keine Ansprüche aus dem Wechsel sind dagegen Ansprüche auf **Schadensersatz** gegen den Nachmann wegen unterlassener oder verspäteter Benachrichtigung (Art. 45 Abs. 6 WG); der Anspruch auf Auslieferung von Wechsel und Protest gegen Erstattung der Wechselsumme (Art. 50 WG); der Anspruch des Honoraten gegen den Ehrenannehmer bzw. -zahler (Art. 55 Abs. 4 WG), der Anspruch auf Herausgabe des Wechsels gegen den wechselrechtlich legitimierten Inhaber (Art. 16 Abs. 2 WG). Ferner handelt es sich um keinen Anspruch aus dem Wechsel, wenn die Parteien bei einer Klage auf Herausgabe von Wechseln, aus denen keine Rechte mehr hergeleitet werden können, nur darüber streiten, wer den Wechsel eingelöst hat[9]. Ansprüche »aus einem Wechsel« entstehen auch nicht dadurch, daß sie hilfsweise zu einem Wechselanspruch geltend gemacht werden →Rdnr. 1. So kann der eingeklagte Anspruch daher nicht im Wechselprozeß hilfsweise auf ein Schuldanerkenntnis gestützt werden[10].

4. Wechsel im Sinne des Wechselgesetzes ist auch der mit Wechselkraft ausgestattete *ausländische Wechsel*, Art. 91 ff. WG, auch wenn er nicht den Formerfordernissen des deutschen Rechts entspricht, Art. 92 WG; bei einer vom Inländer im Ausland abgegebenen, den inländischen Formerfordernissen entsprechenden Wechselerklärung ist Art. 92 Abs. 3 WG zu beachten.

5. Sämtliche zur Begründung des Anspruchs erforderlichen Tatsachen müssen durch Urkunden bewiesen werden (§ 592), sofern nicht schon der Wechsel hierzu ausreicht. So müssen insbesondere die Tatsachen, aus denen sich in den unter Rdnr. 3 erwähnten Fällen die Passivlegitimation ergibt, und der Nachweis der Protesterhebung bei Rückgriffsansprüchen (Art. 605 Abs. 1) urkundlich belegt sein. Dazu gehört an sich auch die Legitimation desjenigen, der den Protest hat erheben lassen, da diese im Fall der Durchstreichung von Indossamenten (Art. 50 Abs. 2 WG) weder aus dem Wechsel noch aus dem Protest, der keine Abschrift des Wechsels enthält (Art. 80 f. WG), ersichtlich ist. Da aber auch der Urkundenbeweis – soweit nicht die §§ 415 ff. eingreifen (was hier nicht der Fall ist) – der freien Beweiswürdigung unterliegt →592 Rdnr. 14 und § 599 Rdnr. 1, wird diese regelmäßig den Schluß erlauben, daß der Beamte einen den Auftraggeber legitimierenden Wechsel vor sich hatte[11]. Anders ist es, wenn Durchstreichungen oder Veränderungen die wechselmäßige Verpflichtung berühren. In diesem Fall hat der Kläger darzulegen, zu welchem Zeitpunkt die Verände-

---

[7] Auch gewillkürte Prozeßstandschaft ist zulässig; im Nachverfahren bedarf es dann keines Ermächtigungsindossaments, *BGH* ZIP 1983, 279.
[8] *BGH* LM § 602 Nr. 1; *Zöller/Schneider*[17] Rdnr. 3.
[9] *BGH* WM 1965, 718.
[10] *BGH* WM 1972, 461; *BGHZ* 53, 10, 17.
[11] Im Ergebnis ebenso *RGZ* 104, 260; *Schlotter, Rausnitz, Stranz* DJZ 1908, 1270, 1332, 1383; *Hallensleben* JW 1908, 668.

rung vorgenommen wurde[12], und zwar im Wege des Replikbeweises (§ 595)[13]. Besonderheiten gelten für den Beweis der Vorlegung und hinsichtlich der Nebenforderungen → § 605. Ist der Wechsel zerrissen oder teilweise durchgestrichen (§ 419), so ist er dennoch als Urkunde nach § 592 → § 592 Rdnr. 14 -18) tauglich, vorbehaltlich der materiellrechtlichen Bedeutung der Durchstreichung[14]. Der Zug-um-Zug-Vorbehalt nach Art. 39 Abs. 2 WG ist ggf. in den Urteilstenor aufzunehmen[15]. Im übrigen ist, insbesondere wegen der Vollmacht des Vertreters, auf § 592 Rdnr. 8 hinzuweisen.

7   III. Für den **Wechselprozeß** gelten, sofern nicht die §§ 603–605 besondere Bestimmungen enthalten, die **Regeln des Urkundenprozesses** gemäß §§ 593 ff.; zur Klageabweisung wegen Mängeln des Wechsels → § 597 Rdnr. 2. Zur Zulässigkeit von Einwendungen im Nachverfahren → § 600 Rdnr. 12. Jedoch ist hier nur für solche Einwendungen Raum, die dem Schuldner nach dem materiellen Wechselrecht gegen den jeweiligen Kläger zustehen (Art. 17 WG)[16]. Dazu gehören gegebenenfalls auch die Einwendungen aus dem Grundgeschäft[17]. Bei Schecks und Wechseln, die entgegen Art. 10 Abs. 2 S. 1 und 2 VerbrKrG begeben wurden, besteht ein Herausgabeanspruch gem. Art. 10 Abs. 2 S. 3 VerbrKrG, der dem Verbraucher einen zusätzlichen Schutz gewähren soll[18]; gleichzeitig sind Sicherungsabrede und Verpflichtungsgeschäft nichtig[19] und können nach Art. 17 WG gegen die wirksam entstandene Wechselverbindlichkeit eingewendet werden.

Der *Übergang vom Wechselprozeß zum einfachen Urkundenprozeß* ist zulässig → § 596 Rdnr. 12. Zur vorläufigen Vollstreckbarkeit → § 708 Nr. 4. Nach der hier vertretenen Ansicht ist der Wechselprozeß auch zur Feststellung zur *Konkurstabelle* möglich → § 592 Rdnr. 2a.

Wird ein Anspruch aus einem Wechsel im ordentlichen Verfahren geltend gemacht, so finden die § 603 ff. keine Anwendung. Unabhängig von der Wahl des Verfahrens zur prozessualen Durchsetzung des Anspruches ist bei Ansprüchen aus Wechseln und Schecks nach § 95 Nr. 2 und 3 GVG in erster und in zweiter Instanz die Kammer für Handelssachen zuständig → § 1 Rdnr. 131 und Rdnr. 5 vor § 511; → auch § 349 Abs. 2 Nr. 8.

Wechselsachen sind nach § 200 GVG Feriensachen[20]. Eine Ausnahme von dem Grundsatz, daß das im Anschluß an ein Wechselvorbehaltsurteil durchgeführte Nachverfahren, das weiterhin den Wechselanspruch zum Gegenstand hat, Feriensache ist, ist jedoch dann anzunehmen, wenn der Kläger das Grundgeschäft als zusätzliche Anspruchsgrundlage in den Rechtsstreit eingeführt hat,[21] wobei es unerheblich ist, ob sie im Wechselprozeß, im ordentlichen oder im Mahnverfahren geltend gemacht werden → § 233 Rdnr. 20. Zur Berechnung des Streitwertes → § 4 Rdnr. 33.

8   **IV. Zum Scheckprozeß** → § 605 a

---

[12] *RGZ* 66, 201.
[13] *RG* JW 1891, 94 (Datum des Akzeptes). – A.M. *OLG Dresden* OLGRsp 3, 411; 29, 225.
[14] *OLG Dresden* SA 22, 535; *OLG Hamburg* OLGRsp 19, 414f.
[15] *Wieczorek*[2] A 1c; *Liesecke* DRiZ 1970, 318; *Zöller/Schneider*[17] Rdnr. 9. *Baumbach/Lauterbach/Hartmann*[51] Rdnr. 6 (Vorbehalt braucht nicht in das Urteil aufgenommen zu werden). Nach *RGZ* 37, 5 soll eine Verurteilung konkludent den Vorbehalt »gegen Aushändigung des Wechsels« enthalten.

[16] *ROHG* 20, 403. Wegen des Einwandes fehlender Aktivlegitimation s. *RGZ* 45, 429 ff. → § 600 Rdnr. 11 a.E.
[17] *BGH* NJW 1972, 252 = LM Nr. 1 Anm. Mezger.
[18] *Palandt-Putzo*[51] VerbrKrG Art. 10 Anm. 4.
[19] *Palandt-Putzo* aaO Anm. 7..
[20] *BGH* NJW-RR 1991, 1469.
[21] *BGH* aaO; *BGH* WM 1988, 1102; *BGHZ* 37, 371, 373f.

§ 603 [Örtliche Zuständigkeit]

(1) **Wechselklagen können sowohl bei dem Gericht des Zahlungsortes als bei dem Gericht angestellt werden, bei dem der Beklagte seinen allgemeinen Gerichtsstand hat.**

(2) **Wenn mehrere Wechselverpflichtete gemeinschaftlich verklagt werden, so ist außer dem Gericht des Zahlungsortes jedes Gericht zuständig, bei dem einer der Beklagten seinen allgemeinen Gerichtsstand hat.**

Gesetzgebungsgeschichte: bis 1900 § 566 CPO; keine Änderungen.

I. In § 603 wird die örtliche und internationale[1] Zuständigkeit für Wechselklagen geregelt, d. h. die Zuständigkeit für die im Wechselprozeß erhobenen Ansprüche aus Wechseln (§ 602 Rdnr. 2–5). Wird dagegen im ordentlichen Verfahren oder im einfachen Urkundenprozeß geklagt, so kommt der besondere Gerichtsstand des § 603 nicht zur Anwendung. Die für den Wechselprozeß begründete Zuständigkeit dauert für das Nachverfahren fort → 596 Rdnr. 9, § 600 Rdnr. 16. Zum Wechselmahnverfahren → § 703 a

II. In § 603 Abs. 1 wird dem allgemeinen Gerichtsstand des Beklagten (§§ 12–18, 35) der Gerichtsstand des Zahlungsortes als weiterer Gerichtsstand eröffnet. Bei beiden Gerichtsständen handelt es sich nicht um ausschließliche; die Wechselklage kann daher auch in einem der besonderen Gerichtsstände der §§ 20–23, 28, 30, 31[2] oder im vereinbarten Gerichtsstand der §§ 38 f[3] erhoben werden. Zu Vereinbarungen in der Wechselurkunde selbst → § 38 Rdnr. 48.

Dem Wechselprozeß eigentümlich ist sonach nur der Gerichtsstand des Zahlungsortes, der für alle im Wechselprozeß zulässigen Ansprüche gilt, auch wenn der Zahlungsort für diese nicht der Erfüllungsort ist (vgl. z. B. Art. 45 ff. WG). Der Zahlungsort bestimmt sich vielmehr nach Art. 1 Nr. 5; Art. 2 Abs. 3 WG, also nach dem Inhalt der Wechselurkunde. Der Vermerk »zahlbar aller Orten« enthält keine Bestimmung eines Zahlungsortes, entkräftet aber die etwa daneben im Wechsel enthaltene Ortsbestimmung nicht[4]. Ist die als Zahlungsort bestimmte politische Gemeinde in mehrere Gerichtsbezirke eingeteilt, so wird, wenn der Ortsteil nicht bezeichnet ist[5], jedes der mehreren Gerichte für zuständig zu erachten sein.

Die ausschließliche Gerichtsstandsregelung des § 6a AbzG[6] sollte nach einer vielfach vertretenen Ansicht für diejenigen Fälle eine Spezialregelung zu § 603 sein, in denen der Abzahlungsverkäufer selbst, eine Finanzierungs- oder Refinanzierungsbank oder ein Dritter klagt, der den Wechsel in Kenntnis der Tatsache erworben hat, daß er im Rahmen eines Abzahlungsgeschäfts begeben wurde[7]. Auf diese Weise wollte man, orientiert am allgemeinen Anwendungsbereich des AbzG, beim finanzierten Kauf den Käufer im gleichen Umfang den Schutz der prozessualen Bestimmung des § 6a AbzG gewähren, andererseits aber vermeiden, daß sie auf Klagen völlig unbeteiligter Dritter aus dem Wechsel erstreckt wird[8]. Es lag

---

[1] *OLG Düsseldorf* NJW 1969, 380 (Schweiz). Auf die Frage der Anerkennungsfähigkeit der Entscheidung im Ausland kommt es nicht an).

[2] H.M. – A.M. *OLG Hamburg* OLGRsp 23, 196, das aber die Zulässigkeit einer Gerichtsstandsvereinbarung zugesteht.

[3] So auch *RG* JW 1895, 166; *OLG Karlsruhe* BadRspr 1926, 36.

[4] S. auch *Baubach-Hefermehl* WG Art. 1 Rdnr. 10. Der Klausel kommt nur die Bedeutung zu, daß sich der Akzeptant an allen Orten, wo er betroffen wird, verklagen lassen will, *ROHG* 4, 263.

[5] Auch die Angabe der Straße und Hausnummer ist eine solche Bezeichnung; *Baumbach/Lauterbach/Hartmann*[51] Rdnr. 3; *KG* OLGRsp 15, 154f.

[6] Das AbzG ist mit dem Inkrafttreten des VerbrKrG zum 1.1.91 außer Kraft getreten.

[7] *Löwe* NJW 1971, 1825, 1829; *Palandt-Putzo*[50] § 6a AbzG Rdnr. 5; *Zöller/Schneider*[17] Rdnr. 7; *OLG Stuttgart* MDR 1973, 321 (Klage des Verkäufers oder der Finanzierungsbank); *Baumbach/Lauterbach/Hartmann*[51] Anh. nach § 29 Rdnr. 2. – Die Entscheidung des *BGH* NJW 1974, 747f. betrifft eine nicht auf den Zahlungsort zielende Prorogation und kann für den Anwendungsbereich des § 603 nicht herangezogen werden.

[8] Diese Einschränkung fehlt bei *Meyer* MDR 1971, 812 (814) und *Lieser/Bott/Grathwohl* DB 1971, 901, 906.

nahe, diesen Gedanken auf § 38 Abs. 3 zu übertragen und § 603 immer für unanwendbar halten, wenn dem Wechsel ein Grundgeschäft zugeordnet ist, in dessen Rahmen Prorogationsvereinbarungen ausgeschlossen sind. Aus der Tatsache, daß § 603 unverändert weitergilt, ist aber auf seinen Vorrang vor § 38 Abs. 3 zu schließen[9].

Die *sachliche Zuständigkeit* wird durch § 603 nicht berührt; maßgeblich ist insoweit die Wechselsumme ohne Nebenforderungen → § 4 Rdnr. 33.

3   III. Werden **mehrere Wechselverpflichtete** (z.B. der Annehmer neben dem Aussteller, Indossanten oder Wechselbürgen) gemeinschaftlich verklagt, so ist das Gericht, bei dem einer der Beklagten seinen allgemeinen Gerichtsstand hat, für die verbundenen Klagen gegen alle Streitgenossen zuständig, auch wenn der allgemeine Gerichtsstand der übrigen oder der Zahlungsort im Ausland liegt. Voraussetzung ist, daß die Klage gegen alle durch Zustellung erhoben wird. In welcher Reihenfolge zugestellt wird, ist grundsätzlich unerheblich[10]. Dagegen fehlt die Zuständigkeit, wenn die Zustellung an dem im Gerichtsbezirk wohnenden Beklagten bis zum Schluß der mündlichen Verhandlung → § 300 Rdnr. 20 und § 261 Rdnr. 73 unterblieben ist[11]. Ist sie andererseits erfolgt, so kann ihr im Verhältnis zu den übrigen Streitgenossen die zuständigkeitsbegründende Wirkung nur dann abgesprochen werden, wenn sich aus den besonderen Umständen des Falles ergibt, daß die Klage als solche gegen den einen nicht ernstlich gemeint, sondern lediglich als Mittel genutzt wird, eine Zuständigkeit gegen die anderen zu begründen[12]. Unerheblich ist, ob die Klage gegen den hier wohnenden Mitverpflichteten im Wechselprozeß statthaft und ob sie begründet ist, z.B. bei Unterlassen des Protestes; denn er ist jedenfalls mitverklagt[13]. Es ist daher auch unerheblich, wenn er sich im Konkurs befindet[14]. Spätere Veränderungen, etwa die Klagerücknahme hinsichtlich eines der mehreren Beklagten, vermögen die einmal gegebene Zuständigkeit nicht zu beeinflussen → § 261 Abs. 2 Nr. 2[15]. Das gilt auch bei einem Wechselmahnbescheid, gegen den gerade der die Zuständigkeit begründende Wechselschuldner keinen Widerspruch einlegt[16].

§ 604   [Klageerhebung und Anlaufen des Verfahrens]

(1) **Die Klage muß die Erklärung enthalten, daß im Wechselprozeß geklagt werde.**

(2) **Die Ladungsfrist beträgt mindestens 24 Stunden, wenn die Ladung an dem Ort, der Sitz des Prozeßgerichts ist, zugestellt wird. In Anwaltsprozessen beträgt sie mindestens drei Tage, wenn die Ladung an einem anderen Ort zugestellt wird, der im Bezirk des Prozeßgerichts liegt oder von dem ein Teil zu dessen Bezirk gehört; dies gilt nicht für Meß- und Marktsachen.**

(3) **In den höheren Instanzen begträgt die Ladungsfrist mindestens vierundzwanzig Stunden, wenn die Zustellung der Berufungs- oder Revisionsschrift oder der Ladung an dem Ort erfolgt, der Sitz des höheren Gerichts ist; mindestens drei Tage, wenn die Zustellung an einem anderen Ort erfolgt, der ganz oder zum Teil in dem Landgerichtsbezirk liegt, in dem das höhere Gericht seinen Sitz hat; mindestens eine Woche, wenn die Zustellung sonst im Inland erfolgt.**

Gesetzesgeschichte: bis 1900 § 567 CPO. Änderungen: RGBl. 98 I 256; 09 I 475, BGBl. 76 I 3281

---

[9] Ebenso *Evans-von Krbek* NJW 1975, 861f.
[10] RGZ 36, 364f.
[11] OLG Dresden OLGRsp 7, 300. S. auch RGZ 51, 175.
[12] RGZ 51, 175f.; *MünchKommZPO-Braun* Rdnr. 2; *Baumbach/Lauterbach/Hartmann*[51] Rdnr. 4; → § 1 Rdnr. 12. – A.M. *Novak* ÖsterrJZ 1949, 343; *Zeiss* Die arglistige Prozeßpartei (1967) 86ff. (auch dann nicht!).
[13] A.M. *OLG Hamburg* OLGRsp 5, 92.
[14] *OLG Kassel* OLGRsp 9, 78.
[15] *OLG Dresden* SA 25, 242f.; Baumbach/Lauterbach/Hartmann[51] Rdnr. 4; *Kümmelmann* ZZP 70, 297; *Rosenberg/Schwab*[14] § 164 IV 2b.
[16] *Kümmelmann* ZZP 70, 296ff.

I. Soll ein Wechselanspruch gemäß § 602 im Wechselprozeß verhandelt werden, so bedarf es der unzweideutigen → § 593 Rdnr. 1 *Erklärung* in der Klageschrift, **daß im Wechselprozeß geklagt wird.** Die bloße Bezeichnung als Wechselklage genügt[1]. Diese Erklärung ersetzt für den Wechselprozeß die für den einfachen Urkundenprozeß nach § 593 erforderliche Erklärung. Für den Scheckprozeß (§ 605a) ist die Erklärung, im Wechselprozeß zu klagen, genügend[2].

II. Nachdem durch die Vereinfachungsnovelle 1976 die Besonderheiten für die Einlassungsfristen in Wechselsachen gestrichen wurden, kann der Richter diese nur noch nach § 226 bewilligen, sofern dafür im Einzelfall ein Bedürfnis besteht.

III. § 604 Abs. 2 sieht nur noch für *Ladungsfristen* eine Verkürzung vor. Die nach früherem Recht angeordnete Zusammenfassung benachbarter Orte ist durch G. v. 17.7.1985[3] ebenso aufgehoben worden wie die in Gestalt von § 88 WG früher bestehende Rechtsgrundlage für eine solche VO.

1. Die Frist beträgt 24 Stunden, wenn an dem Ort zugestellt wird, der Sitz des Prozeßgerichtes ist, d. h. in dem das Gerichtsgebäude liegt. Ob dieser Ort bzw. die zusammengefaßten Orte (s. oben) ganz oder nur zum Teil zum Gerichtsbezirk gehören, gilt gleich. Nach § 604 Abs. 2, 2. Hs. bleibt darüber hinaus die für alle **Meß- und Marktsachen** geltende 24-Stunden-Frist auch im Wechselprozeß uneingeschränkt erhalten.

2. Die **Dreitagesfrist** gilt ohnehin im amtsgerichtlichen Verfahren, § 217. Im landgerichtlichen Verfahren gilt sie nach Abs. 2, wenn die Klage nicht an dem Orte oder innerhalb der zusammengefaßten Orte erhoben wird, die den Sitz des Prozeßgerichts bilden, aber an einem Ort, der ganz oder zum Teil in dem Bezirk des Landgerichts liegt, das Prozeßgericht ist. Ist ein anderer, nicht zum Landgerichtsbezirk gehörender Ort mit einem solchen, der zum Bezirk gehört, nach Art. V der Novelle von 1909 zu einem Ort verbunden, so gilt die Dreitagesfrist für beide Landgerichte.

3. Eine **Wochenfrist** gilt endlich nach § 217 in allen landgerichtlichen Prozessen bei sonstigen Ladungen im Inland, d. h. wenn keiner der Fälle Nr. 1 und Nr. 2 zutrifft.

Zu 1. bis 3. Die kurze Ladungsfrist des Wechselprozesses kann nach § 226 in den Fällen Nr. 1–3 vom Vorsitzenden noch **abgekürzt** werden. Bei Ladung durch Zustellung im Ausland oder durch öffentliche Zustellung sieht das Gesetz ausdrücklich keine Fristverlängerung vor. Jedoch kann es auf eine Verletzung rechtlichen Gehörs hinauslaufen, wenn lediglich die einwöchige Mindestfrist gewahrt wird. Maßgebend für die Berechnung ist die Zustellung der Ladung, nicht die der Klage, wie sich aus Abs. 3 klar ergibt. Eine für die Einlassungsfrist etwa bewilligte Abkürzung gilt nicht ohne weiteres für die Ladungsfrist, ebensowenig für die nach § 274 Abs. 3 S. 3 bei Zustellung der Klage im Ausland bestimmte Einlassungsfrist.

IV. Durch Abs. 3 ist klargestellt, daß Abs. 2 auch für die **höheren Instanzen** gilt, und zwar so, daß die Dreiteilung: Gerichtssitz, Landgerichtsbezirk, anderer deutscher Ort, maßgebend ist. Die Dreitagesfrist gilt also nur, wenn die spätere Ladung an einem Ort zugestellt wird, der ganz oder teilweise zu dem Landgerichtsbezirk gehört, in dem das Berufungs- oder Revisionsgericht seinen Sitz hat. Es ist daher möglich, daß die Frist in der höheren Instanz kürzer ist als in unteren. Die auf Grund des Art. V. der Novelle von 1909 erfolgte Zusammenlegung benachbarter Orte gilt auch hier.

---

[1] *Baumbach/Lauterbach/Hartmann*[51] Rdnr. 1; *Thomas-Putzo*[18] Rdnr. 1; *Zöller/Schneider*[17] Rdnr. 1. – A.M. *OLG Hamburg* OLGRsp 31, 73.

[2] *RGZ* 96, 100.
[3] BGBl. I 1507.

§ 605 [Beweis der Wechselvorlegung]

(1) Soweit es zur Erhaltung des wechselmäßigen Anspruchs der rechtzeitigen Protesterhebung nicht bedarf, ist als Beweismittel bezüglich der Vorlegung des Wechsels der Antrag auf Parteivernehmung zulässig.

(2) Zur Berücksichtigung einer Nebenforderung genügt, daß sie glaubhaft gemacht ist.

Gesetzesgeschichte: eingefügt RGBl. 98, 256. Änderungen RGBl. 33 I 786, 821.

1   I. Die **Vorlegung des Wechsels** bildet einen Teil des Klagegrundes für die Wechselforderung selbst nur insoweit, wie ein Rückgriffsanspruch geltend gemacht wird, also in Fällen, »wo es zur Erhaltung des wechselmäßigen Anspruchs der rechtzeitigen Protesterhebung bedarf«. Für diese Fälle verbleibt es bei der Regel des § 592 → § 602 Rdnr. 6. Im übrigen ist die Behauptung vergeblicher Vorlegung nur diejenige des klageveranlassenden Verhaltens, nicht ein Teil des Klagegrundes. Deshalb ist schon nach der Regel des § 592 → § 592 Rdnr. 7 i.V.m. § 595 Abs. 2 neben dem Urkundenbeweis als Beweismittel dafür der Antrag auf Parteivernehmung (§ 445) zulässig[1]. Bei Sichtwechseln genügt die Klageerhebung nicht als Vorlegung[2]. Für den Erlaß des Protestes hat gemäß Art. 46 Abs. 2 WG der Beklagte die Beweislast.

Nur hinsichtlich des Anspruchs auf Verzugszinsen vom Verfalltag oder vom Tag der Vorlegung bis zum Tag der Klageerhebung gehört die Vorlegung zum Klagegrund, und nur für diesen Anspruch enthält § 605 Abs. 1 eine Abweichung zu § 592, indem er von der Notwendigkeit des Urkundenbeweises befreit und den Antrag auf Parteivernehmung nach § 445 als Beweismittel zuläßt. Daraus folgt aber zugleich, daß die Tatsache im Fall der Säumnis auch dann als zugestanden anzunehmen ist, wenn der Kläger den Antrag auf Vernehmung des Gegners in der Klage unterlassen haben sollte[3]. – Der von Abs. 1 getroffene Fall gehört aber gleichzeitig unter Abs. 2, – zumindest in der Regel, wenn die Zinsen als Nebenforderung geltend gemacht werden, so daß die Glaubhaftmachung genügt.

2   II. Nach der Regel des § 592 müßten auch diejenigen Tatsachen, die den Klagegrund der Nebenforderung bilden, also Spesen, Porti, Provisionen, Kosten usw. (Art. 48 f, 52 WG), mit Urkunden bewiesen werden. § 605 Abs. 2 gestattet indessen für die Begründung dieser Nebenforderungen die Glaubhaftmachung, weil die in Betracht kommenden meist geringen Beträge teils gesetzlich, teils handelsüblich feststehen und ihr Anfall bei gewöhnlichem Verlauf der Dinge ohnedies wahrscheinlich ist. Einer Verzögerung wirkt das Erfordernis sofortiger Beweisführung (§ 294 Abs. 2) entgegen. Soweit im übrigen der Beklagte Einreden gegenüber den Nebenforderungen vorbringt, muß auch für diese die Glaubhaftmachung genügen → § 294 Rdnr. 18.

Nicht ausgeschlossen ist übrigens (»genügt«), daß der Kläger auch für die Nebenforderungen vollen Beweis antritt → 294 Rdnr. 2. Das ist aber, da er diesen Beweis nur durch sofort vorzulegende Urkunden antreten könnte, nur im Fall des Abs. 1 von Bedeutung: soweit zur Begründung des Anspruches auf Verzugszinsen die Vorlegung des Wechsels nach Abs. 2 glaubhaft zu machen wäre, würde durch § 294 Abs. 2 der Antrag auf Parteivernehmung praktisch ausgeschlossen sein. § 605 Abs. 2 gestattet dem Kläger deshalb auch den Weg des vollen Beweises durch Antrag auf Parteivernehmung[4]. Dies ist wichtig für den Fall der Säumnis des Beklagten, wenn durch die Geständnisfiktion des § 331 die Beweisaufnahme überhaupt unnötig wird (→ Rdnr. 1).

---

[1] *ROHG* 5, 315f.; 14, 31; *RGZ* 8, 66f.; *OLG Stuttgart* SA 51, 195; *OLG Celle* SA 53, 196; *Goldschmidt* ZHR 28, 78 u.a.

[2] *OLG Hamburg* OLGRsp 18, 87.

[3] Ebenso *KG* OLGRsp 20, 330.

[4] Vgl. auch *OLG Frankfurt* OLGRsp 10, 361; *OLG Jena* ThürBl. 48, 78 (Protestkosten deshalb nicht erstattungsfähig).

§ 605 a [Scheckprozeß]

Werden im Urkundenprozeß Ansprüche aus Schecks im Sinne des Scheckgesetzes geltend gemacht (Scheckprozeß), so sind die §§ 602 bis 605 entsprechend anzuwenden.

Gesetzesgeschichte: eingefügt RGBl. 33 I 605

§ 605 a entspricht § 28 Abs. 3 SchG. Zur Bezeichnung der Klage als Klage im Scheckprozeß → § 604 Rdnr. 1.

Die Scheckklage ist Feriensache, § 200 GVG. Im einzelnen → Bemerkungen §§ 602–605. Besonderheiten ergeben sich hier nicht.

Zur Geltendmachung eines Anspruchs aus Arbeitsverhältnis im Scheckprozeß → Rdnr. 6 vor § 592.

Durch das Abkommen der Banken über das beleglose Scheickeinzugsverfahren[1] ist die Bedeutung des Scheckprozesses spürbar zurückgegangen[2].

---

[1] ZIP 1985, 771.

[2] Hierzu im einzelnen *MünchKommZPO-Holch* Rdnr. 1.

Sechstes Buch

Familiensachen. Kindschaftssachen. Unterhaltssachen. Allgemeine Einleitung

I. Besonderheiten der im sechsten Buch geregelten Verfahren

1   Unter den besonderen Verfahrensarten ragten in der ursprünglichen Fassung der »CPO« das Verfahren in Ehe- und Familiensachen, das Verfahren in Kindschaftssachen (Feststellung des Rechtsverhältnisses zwischen Eltern und Kindern) und das Verfahren in Entmündigungssachen hervor. Man hat die Gegenstände dieser drei Verfahrensarten als **Statussachen** bezeichnet. An ihnen war die Allgemeinheit besonders stark interessiert. Daraus ist für das Verfahren vor allem die Folgerung gezogen worden, den Verhandlungsgrundsatz durch den Untersuchungsgrundsatz zum Teil zu ersetzen, zum Teil sehr stark zurückzudrängen. Das besondere öffentliche Interesse beschränkte sich aber auf den Status als solchen und schloß die durch ihn begründeten Einzelfolgen nicht mit ein. Daher waren die vermögensrechtlichen Konflikte unter Familienangehörigen strikt vom Statusverfahren getrennt. Sorgerechtsbezogene Verfahren (damals: »elterliche Gewalt«) nach Abschluß einer »Ehesache« → § 606 Rdnr. 1 und vormundschaftsgerichtliche Maßnahmen nach einer Entmündigung konnten als »Angelegenheiten der freiwilligen Gerichtsbarkeit« gewissermaßen von Natur aus nicht mit dem Statusverfahren verbunden werden, wenngleich sie zumeist dessen Folge waren.

Diese systematische Reinheit hat der Gesetzgeber der siebziger und achtziger Jahre aufgegeben, weil sie sich als denkbar unpraktisch erwiesen hatte. Sowohl im Scheidungsverfahren → § 623 wie im Kindschaftsverfahren → § 643 können die wichtigsten Rechtsfolgen einer Statusentscheidung schon im Stammverfahren mit festgehalten werden. Die Möglichkeiten zu einstweiligen Anordnungen der unterschiedlichsten Art. haben die ursprüngliche Systematik des Gesetzes vollends gesprengt.

Die Entmündigung als Rechtsinstitut hat das BtG mit Wirkung vom 1.1.1992 abgeschafft. Die Verfahrenselemente der Nachfolgeregelung stehen in §§ 65 ff. FGG.

II. Personen mit staatsangehörigkeitsähnlichem Sonderstatus[1]

2   Personen mit Sonderstatus sind Volksdeutsche im Sinne von Art. 116 Abs. 1 GG → Rdnr. 3, verschleppte Personen und heimatlose Ausländer → Rdnr. 4 ff., unter das UN-Übereinkommen über die Rechtsstellung von Staatenlosen fallende Personen → § 606 a Rdnr. 15, Flüchtlinge und Asylberechtigte (sowie, in sehr beschränktem Rahmen, Asylantragsteller) → Rdnr. 7 ff. sowie »Kontingentflüchtlinge« → Rdnr. 10. Die Vorschriften, die für diese Personenkreise in den Statussachen der §§ 606 ff. ZPO die internationale Zuständigkeit der deutschen Gerichte begründen, finden dann Anwendung, wenn mindestens ein Ehegatte seinen (nicht notwendig gewöhnlichen) Auf enthalt in der Bundesrepublik Deutschland hat und wenn der andere entweder nie in die Bundesrepublik gekommen ist oder diese wieder verlassen hat. Maßgeblicher Zeitpunkt ist zumeist jener der Antragstellung[2].

Die internationale Zuständigkeit der deutschen Gerichte, die an den Sonderstatus der genannten Personengruppen anknüpft, besteht aber nur für die **Dauer ihres (gewöhnlichen)**

---

[1] Siehe Kommentierungen zum EGBGB, z. B. *Palandt-Heldrich*[51] Anhang zu EGBGB Art. 5.

[2] *OLG Bamberg* FamRZ 1982, 508; zust. *Zöller-Geimer*[17] § 606 a Rdnr. 78.

Aufenthalts in der Bundesrepublik³. Diese teleologische Reduktion (Aufenthalts- statt Staatsangehörigkeitsanknüpfung in § 606a) folgt aus dem Zweck der Sonderregelung, dem Betreffenden eine Ersatzheimat in Deutschland zu verschaffen. Seine Berechtigung verliert dieser Sonderstatus im Prozeßrecht, wenn in einem anderen Staat gewöhnlicher Aufenthalt genommen wird.

1. Volksdeutsche Flüchtlinge und Vertriebene im Sinne des Art. 116 GG stehen nach Art. 9 Abs. 2 Nr. 5 FamRÄndG verfahrensrechtlich deutschen Staatsangehörigen gleich⁴. Spätaussiedler sind durch § 1 Abs. 2 Nr. 3 BVFG ihrerseits den Flüchtlingen und Vertriebenen gleichgestellt.

2. Verschleppte Personen und Flüchtlinge, also (Art. 10 AHKG Nr. 23⁵) »Personen, die nicht die deutsche Staatsangehörigkeit besitzen oder deren Staatsangehörigkeit nicht festgestellt werden kann« und die Inhaber einer amtlichen Bescheinigung sind, »daß sie der Obhut der internationalen Organisation unterstehen, die von den Vereinten Nationen mit der Betreuung der verschleppten Personen und Flüchtlinge beauftragt ist«, sind nach Art. 3 des genannten Gesetzes deutschen Staatsangehörigen gleichgestellt → § 606a Rdnr. 15. Zuständig ist der Hohe Kommissar der UN für das Flüchtlingswesen.

3. Heimatlose Ausländer im Bundesgebiet, die am 30.6.1950 im Geltungsbereich des GG Aufenthalt hatten oder später den Sonderstatus erwarben, sind nach § 11 des Gesetzes über die Rechtsstellung heimatloser Ausländer im Bundesgebiet⁶ im Verfahren vor deutschen Gerichten deutschen Staatsangehörigen gleichgestellt. Der Personenkreis ist mit dem von AHKG Nr. 23 erfaßten weitgehend identisch⁷, zumal auch das Gesetz vom 30.6.1950 den Besitz einer Bescheinigung wie in Rdnr. 4 gekennzeichnet voraussetzt.

Die Bedeutung der zu Rdnr. 4 und 5 genannten Gesetze ist gering geworden, weil sie nur die Nachkriegsfälle erfassen und amtliche Bescheinigungen der erwähnten Art seit Jahrzehnten nicht mehr ausgestellt werden.

4. Die moderne Form des Sonderstatus, den eine Person haben kann, ist diejenige des **Asylberechtigten**.
a) Die Asylgesetzgebung knüpft an Flüchtlinge im Sinne der »**Genfer Flüchtlingskonvention**«⁸ an, die ihren Wohnsitz oder in Ermangelung dessen ihren Aufenthalt in der Bundesrepublik Deutschland haben, Art. 12 Abs. 1⁹. Sie sind verfahrensrechtlich wie Deutsche zu behandeln¹⁰. Ursprünglich war die Konvention nur auf Personen anwendbar, die infolge von Ereignissen Flüchtlinge geworden sind, die sich vor dem 1.1.1951 zugetragen hatten. Das Protokoll vom 31.1.1969¹¹ hat jedoch diese zeitliche Begrenzung aufgegeben. Die Gleichstel-

---

³ *OLG München* IPRax 1989, 239; *Zöller-Geimer* aaO Rdnr. 77; *Nagel* IZPR³ Rdnr. 702; unentschieden *BGH* NJW 1990, 636.

⁴ »Soweit im…deutschen Verfahrensrecht die Staatsangehörigkeit einer Person maßgebend ist, stehen den deutschen Staatsangehörigen die Personen gleich, die, ohne die deutsche Staatsangehörigkeit zu besitzen, Deutsche im Sinne des Art. 116 Abs. 1 des GG sind«.

⁵ Das Gesetz ist weiterhin in Kraft: Bekanntmachung BayJMBl. 1952, 142; *BGH* NJW 1985, 1283 = IPRax 292. Der Einigungsvertrag hat den Geltungsbereich des Gesetzes auf ganz Deutschland erstreckt. Art. 3 lautet: »Bei bürgerlichen Rechtsstreitigkeiten, die im sechsten Buche der Zivilprozeßordnung geregelt sind, finden die Vorschriften auf verschleppte Personen und Flüchtlinge Anwendung, als ob sie deutsche Staatsangehörige wären«.

⁶ Gesetz vom 25.4.1951, BGBl. I 269, zuletzt geändert durch AuslG 1990, Art. 4.

⁷ Beispielhaft demonstrierbar anhand des Falles *BGH* NJW 1985, 1283.

⁸ Abkommen über die Rechtsstellung der Flüchtlinge vom 28.7.1951 BGBl. 1953 II 959 (teilweise abgedruckt bei *Palandt-Heldrich*⁵² Anhang II 4).

⁹ Anwendungsfälle: *BayObLG* FamRZ 1975, 229; *OLG Bamberg* FamRZ 1982, 506.

¹⁰ Art. 16 Abs. 2: »In dem vertragschließenden Staat, in dem ein Flüchtling seinen gewöhnlichen Aufenthalt hat, genießt er hinsichtlich des Zugangs zu den Gerichten einschließlich des Armenrechts und der Befreiung von der Sicherheitsleistung für Prozeßkosten dieselbe Behandlung wie ein eigener Staatsangehöriger«.

¹¹ BGBl. 1969 II 1294, in Kraft seit 5.11.1969, BGBl. 1970 II 194.

lung bedeutet, daß die internationale Zuständigkeit für die Dauer des gewöhnlichen Aufenthalts der Betreffenden → Rdnr. 2 sowohl in der Kläger wie in der Beklagtenrolle[12] wie bei Deutschen besteht[13] und daß ein besonderes Anerkennungsverfahren nicht erforderlich ist[14]. Das Gericht hat selbständig zu prüfen, ob Flüchtlingseigenschaft besteht und Wohnsitz bzw. Aufenthalt in seinem Bezirk vorliegt[15]. Grundsätzlich schließt die Gleichstellung mit Inländern aber eine Anerkennung einer Entscheidung des Verfolger- bzw. Heimatstaates nicht aus[16].

8   b) **Asylberechtigte**, die das Bundesamt für die Anerkennung ausländischer Flüchtlinge als solche im Sinne des Art. 16 Abs. 2 S. 2 GG anerkannt hat (§§ 1, 4, 7 ff. AsylVerfG)[17], oder denen vor dem 3.10.1990 in der früheren DDR Asyl gewährt worden ist[18], sind nach § 3 Abs. 1 Flüchtlingen im Sinne der Genfer Flüchtlingskonvention gleichgestellt[19] → § 606a Rdnr. 15. Sofern sie sich im Inland aufhalten, können sie wie Deutsche vor deutschen Gerichten Scheidungsantrag stellen und wegen der Nebenfolgen der Scheidung das Verbundverfahren beanspruchen[20]. Widerruf (§ 16 AsylVerfG) und Erlöschen (§ 15 AsylVerfG) der Asylberechtigung nach Klageerhebung berühren nach § 261 Abs. 3 Nr. 2 die deutsche internationale Zuständigkeit nicht[21]. Sinn der Vorschrift ist es aber sicherlich nicht, ehemalige Asylberechtigte ehemaligen Staatsangehörigen i. S. von § 606a Abs. 1 Nr. 1 gleichzustellen[22].

9   5. Personen, die in der Bundesrepublik einen **Asylantrag nach Art. 16 Abs. 2 S. 2 GG** in Verbindung mit AsylVerfG vom 16.7.1982 gestellt haben, halten sich zwar nach §§ 19 ff. AsylVerfG ausschließlich zur Durchführung des Asylanerkennungsverfahrens berechtigterweise im Bundesgebiet auf. Zu einem gewöhnlichen Aufenthalt wird dieser Aufenthalt aber nur, wenn unabhängig vom Ausgang des Anerkennungsverfahrens eine Aufenthaltsduldung zu erwarten ist. Es reicht aus, wenn der Asylbewerber Grund hat, darauf zu hoffen. Anerkannt ist im Asylrecht zudem ein Anspruch auf existenzerhaltende staatliche Leistungen über einen bloßen Abschiebungsschutz hinaus[23]. Das BSG stellt zur Festlegung des Aufenthalts darauf ab, daß zwar die Unterbringung in Sammelunterkünften über längere Dauer einen Aufenthalt begründet, diese aber in den Fällen einer fortbestehenden Ausreisepflicht wie nach §§ 19 Abs. 1 AsylVerfG nicht auf Dauer angelegt ist[24]. Damit wird man auch im Verfahren nach §§ 606 ff. ZPO nur dann eine deutsche Zuständigkeit annehmen können, wenn für den Asylantragsteller oder seinen Verfahrensgegner sonst die Gefahr einer Rechtsverweigerung besteht[25].

---

[12] *Staudinger-Spellenberg*[12] Internationales Eheverfahrensrecht Rdnr. 154.
[13] *BGH* NJW 1982, 2732 = IPRax 1984, 33 mit insoweit zust. Anm. *Hirschberg*; *OLG Celle* FamRZ 1989, 623. Gelegentlich wird die im Text gemachte Aussage so ausgedrückt: Sie stünden Staatsangehörigen mit gewöhnlichem Aufenthalt in der Bundesrepublik gleich: *OLG München* IPRax 89, 238; *Hirschberg* aaO; *Zöller-Geimer*[17] § 606a Rdnr. 77; *Kropholler* Handbuch zum IZVR I. Kap. III Rdnr. 58; *Johannsen-Henrich* Eherecht[2] § 606a Rdnr. 26. Das Ergebnis ist das gleiche: *Staudinger-Spellenberg*[12] Internationales Verfahrensrecht in Ehesachen Rdnr. 152; *MünchKommZPO-Walter* § 606a Rdnr. 16.
[14] Ausführlich dazu *Hirschberg* aaO S. 20. A.M.
[15] *Palandt-Heldrich* aaO (Protokoll v. 31.1.1967) Rdnr. 26.
[16] *BGH* FamRZ 1979, 577. Differenzierend *Hirschberg* aaO. Kritisch *Wengler* in RGRK Internationales Privatrecht Bd. VI/II § 10 Anm. 93.
[17] Vom 16.7.1982, BGBl. 1982 I 1946. Dazu *Jayme* IPRax 1984, 114 f.
[18] Besondere Bestimmungen zur Überleitung von Bundesrecht gemäß Art. 8–11 des Einigungsvertrages, Kap. II Abschnitt II 1a.
[19] Art. 3 AsylVerfG: »(1) Asylberechtigte genießen im Geltungsbereich dieses Gesetzes die Rechtsstellung nach dem Abkommen über die Rechtsstellung von Flüchtlingen vom 28. Juli 1951 (BGBl. 1953 II 55).
(2) Unberührt bleiben Vorschriften, die den Asylberechtigten eine günstigere Rechtsstellung einräumen«.
[20] *BGH* FamRZ 1990, 32 = NJW 636.
[21] *Zöller-Geimer*[17] § 606a Rdnr. 83; *OLG Celle* FamRZ 1974, 314.
[22] A.M. *MünchKommZPO-Walter* § 606a Rdnr. 15.
[23] Dazu *Kanein-Renner* Ausländerrecht (1988) 714 ff.; *Marx-Strate-Pfaff* Asylverfahrensgesetz (1987) Rdnr. 1253, 1259 m.w.N.
[24] *BSG* 4 REg 30/89 (bislang unveröffentlicht) unter Hinweis auf *BSG* SozR 7833 § 1 Nr. 4 m.w.N.
[25] *Staudinger-Spellenberg*[12] Internationales Verfahrensrecht in Ehesachen, Rdnr. 153, 256.

Geduldete Personen haben gewöhnlichen Aufenthalt in der Bundesrepublik.

6. Die unter das Gesetz über Maßnahmen für im Rahmen **humanitäre Hilfsaktionen** 10
aufgenommenen Flüchtlinge[26] fallende Personen genießen die gleiche Rechtsstellung wie
Flüchtlinge nach der Genfer Flüchtlingskonvention → Rdnr. 7 ff. Diese Personen sind dadurch
gekennzeichnet, daß ihnen unter Bezugnahme auf das Gesetz eine Einreiseerlaubnis in der
Form des Sichtvermerks erteilt wurde oder eine sie betreffende Übernahmeerklärung nach
§ 22 AusländerG existiert[27].

III. Neue Bundesländer

1. Gemäß **Art. 8 EV** gilt seit dem **3.10.1990** in den **neuen Bundesländern** und in **Ost-Berlin** 11
grundsätzlich das Verfahrensrecht der bisherigen Bundesrepublik, also **GVG, ZPO** und **FGG.**
Allerdings konnte wegen der prekären Situation der Justiz in den neuen Bundesländern, v. a.
im Hinblick auf ihre personelle und sachliche Ausstattung, eine vollständige Angleichung an
das Rechtspflegerecht der alten Bundesländer noch nicht bewerkstelligt werden. Die »**Maßgaben**« des EV Anl. I Kap. III Sachgeb. A Abschn. III Z. 1—5 tragen dem Rechnung, indem sie
eine Reihe von **Abweichungen** schaffen, die sich insbesondere aus der vorläufigen **Beibehaltung des Gerichtsaufbaus nach Kreis- und Bezirksgerichten** (Z. 1 Maßg. a Abs. 1) und damit
von Teilen des Instanzenzuges der ehemaligen DDR und dem **Fehlen eines Anwaltszwanges
vor dem Kreisgericht** → § 78 Rdnr. 4 ergeben.

2. Nach der allgemeinen **Gleichstellungsklausel in Abschn. III Z. 1 Maßg. b Abs. 1** tritt in 12
den neuen Bundesländern das Kreisgericht an die Stelle des Amtsgerichtes, das Bezirksgericht
an die Stelle des Landgerichtes und Oberlandesgerichtes. Hinsichtlich der **Zuständigkeit** und
des **Instanzenzuges in Familiensachen** ergibt sich folgendes:

Das **Kreisgericht** tritt an die Stelle des Amtsgerichtes in seiner Funktion als **Familiengericht**
(Z. 1 Maßg. e Abs. 1 iVm § 23a GVG). Das Familiengericht ist auch beim Kreisgericht als
gesonderte Abteilung ausgestaltet[28] (§ 23b GVG). Die Regelbesetzung des Kreisgerichtes ist
der Einzelrichter (Z. 1 Maßg. g Abs. 2).

3. Das **Bezirksgericht** entscheidet über Berufungen und Beschwerden gegen Entscheidun- 13
gen des Kreisgerichtes (Z. 1 Maßg. h Abs. 1), übernimmt also in Familiensachen die **Funktion
des Oberlandesgerichtes** (§ 119 Abs. 1 Nr. 1 und 2 GVG). Die Bezeichnung der Spruchkörper
des Bezirksgerichtes als Senate wurde beibehalten[29]. Die Regelbesetzung der Senate ist drei
Richter (Z. 1 Maßg. j Abs. 3) und entspricht damit sowohl den Kammern des Landgerichts wie
den Senaten des Oberlandesgerichts. Den bei den Bezirksgerichten als Keimzelle der künftigen Oberlandesgerichte zu bildenden besonderen Senaten (Z. 1 Maßg. k) sind die Entscheidungen über Berufungen und Beschwerden gegen Entscheidungen der Kreisgerichte nicht
zugewiesen worden. Diese bleiben bei den allgemeinen Senaten des Bezirksgerichts. Aus
familienrechtlicher Sicht interessant ist die Zuständigkeit der besonderen Senate für sofortige
Beschwerden nach § 8 Abs. 1 des Sorgerechtsübereinkommens-Ausführungsgesetzes[30] (Z. 1
Maßg. l Abs. 2 Nr. 3) und die Anträge gegen Entscheidungen der Landesjustizverwaltung über
die Anerkennung ausländischer Entscheidungen in Ehesachen nach Art. 7 § 1 FamRÄndG[31]
(Z. 1 Maßg. l Abs. 2 Nr. 6).

Der **Bundesgerichtshof** bleibt **Revisions- und Beschwerdegericht** gemäß § 133 GVG.

---

[26] Vom 22.7.1980 BGBl. I 1057.
[27] *Jayme* IPRax 1981, 75.
[28] *Brachmann* DtZ 1990, 299f.
[29] *Brachmann* DtZ 1990, 301.
[30] Vom 21.12.1967, BGBl. I, 1248, geändert durch Ges. v. 5.6.1980, BGBl. I, 657.
[31] Vom 11.8.1961, BGBl. I, 1221.

14   4. Zum **Übergangsrecht in Ehesachen** → Anh. § 639

15   5. Diese Regelungen gelten allerdings nicht gleichermaßen für **Ost-Berlin**. Hier erforderte – und ermöglichte – die Vereinigung mit dem Westteil der Stadt eine weitgehende und sofortige Angleichung an bisheriges Bundesrecht[32]. Nach **EV Anl. I Kap. III Sachgeb. A Abschn. IV Z. 3 Maßg. c aa** gelten insbesondere Abschn. III Z. 1 Maßg. a und b über die Beibehaltung von Kreis- und Bezirksgericht → Rdnr. 11 f nicht, so daß für ganz Berlin der vierstufige Gerichtsaufbau des GVG (AG, LG, KG, BGH) bereits verwirklicht ist. **Familiengericht** ist also das **Amtsgericht**, welches gemäß § 608 das **landgerichtliche Verfahren** anwendet und vor dem **Anwaltszwang** besteht. Rechtsmittelgericht sind Kammergericht und Bundesgerichtshof.

Ausgeschlossen ist nach Abschn. IV Z. 3 Maßg. c aa auch das für die neuen Bundesländer geltende Übergangsrecht des Abschn. III Z. 5 → Anh. § 639. Nach **Abschn. IV Z. 3 Maßg. c bb** ist in Altverfahren, in denen bis zum 3.10.1990 kein Anwaltszwang bestand, also auch im bis zum 3.10.1990 kreis-, jetzt amtsgerichtlichen Verfahren in Familiensachen, eine Prozeßvertretung bis zur Beendigung des Rechtszuges nicht erforderlich.

16   6. Nach dem **Rechtspflegeanpassungsgesetz** vom 26. 6. 1992 (BGBl I 1147) ist der Zeitpunkt festgelegt, ab wann die »Maßgaben« des Einigungsvertrages nicht mehr anzuwenden sind.

---

[32] *Brachmann* DtZ 1990, 305.

Erster Abschnitt

Verfahren in Familiensachen

Erster Titel

Allgemeine Vorschriften für Familiensachen[1]

Vorbemerkungen zum 1. Abschnitt und zum 1. Titel

I. Geschichtliche Entwicklung des Familienverfahrensrechts	1
1. Rechtslage bis 1976	1
2. Rechtslage seit 1976	2
a) Die Entstehungsgeschichte des Scheidungsrechtsreformgesetzes	3
b) Die Gerichtsverfassungsrechtlichen Reformen	3
c) Das Familiengericht insbesondere	4
d) Seitherige Gesetzesänderungen	4a
II. Die möglichen Verfahrensgegenstände in Ehesachen	5
1. Scheidungsantrag	6
2. Nichtigkeitsklage	7
3. Aufhebungsklage	8
4. Feststellungsklage	9
a) Gegenwärtiges Bestehen einer Ehe	
b) Früheres Bestehen einer Ehe	10
c) Eherechtliche Gestaltungsklagerechte	11
d) Recht zum Getrenntleben	12
e) Ausländische eherechtliche Statusverhältnisse	13
5. Herstellungsklage	14
a) Umfassende Herstellung des ehelichen Lebens	14a
b) Spezialisierte Herstellungsklage	14b
c) Klage mit vermögensrechtlichem Einschlag	14c
d) Fehlen einer Rechtsschutzmöglichkeit	14d
6. Doppelwirkungen im Recht	14e
7. Folgen der Ehe oder ihrer Auflösung	15
III. Internationales Eheverfahrensrecht	16
1. Die internationale Zuständigkeit	
2. Anwendbarkeit fremden materiellen Rechts	17
a) Die Geltung der lex fori in Verfahrensfragen	
b) Nach fremden Recht vorzunehmende Rechtsgestaltungen	17a
c) Verfahrensfragen bei Gestaltungsklagen, die im deutschen Recht kein Gegenstück haben	17b
d) Hinweise zu verwandten Fragen	18
IV. Die Besonderheiten der Familiensachen im allgemeinen und der Ehesachen im besonderen	19
1. FG- und ZPO-Sachen	19
2. Verfahrensbeteiligte und rechtliches Gehör	20
3. Abweichungen des Eheprozesses vom ordentlichen Verfahren	21
4. Rechtsmittel und Wiederaufnahme	22
5. Feststellungen über Ehen im Inzidentzusammenhang	23

[1] Lit.: *Baumeister* u.a. (für ZPO: *Kayser*) Familiengerichtsbarkeit (1992); *Bergerfurth* Der Ehescheidungsprozeß und die anderen Eheverfahren[7] (1989); *Bosch* Familiengerichtsbarkeit – Bewährung und weiterer Ausbau, FamRZ 1980, 1; *Diederichsen* Entwicklung und Funktion des Familien-, insbesondere des Eheprozeßrechts in der Bundesrepublik Deutschland, ZZP 91 (1978) 397 ff.; *Johannsen* (Hrsg.) Eherecht[2] (1992); *Kappe-Diederichsen* Die Familiengerichtsbarkeit beim OLG Celle, FS OLG Celle (1986) 375; *Lüke* Die Praxis des neuen Scheidungsrechts in der Bundesrepublik Deutschland, Leviathan 83, 575; *von Münch* Die Scheidung nach dem neuen Recht[5] (1986); *Rahm/Künkel* Handbuch des Familiengerichtsverfahrens (fortlaufend ergänzte Lose-Blatt-Ausgabe); *Rolland* Das neue Ehe- und Familienrecht[3] (1985); *Schlosser* Die einverständliche Scheidung im Spannungs-

I. Geschichtliche Entwicklung des Familienverfahrensrechts[2]

1. Die ZPO kannte bis 1975 eine Sonderbehandlung nur für Ehesachen, also für Verfahren, die den Bestand der Ehe zum Gegenstand hatten, nicht aber für sonstige Familiensachen. Sie hatte sich hinsichtlich des Verfahrens in Ehesachen im wesentlichen der preußischen Verordnung vom 26.6.1844 angeschlossen. Die Nov. 98 paßte das Verfahren dem materiellen Eherecht des BGB an und prägte die Besonderheiten des Eheprozesses stärker aus. Die Nov. 24 brachte keine nennenswerten Änderungen. Dagegen gestaltete die zum EheG vom 6.7.1938 ergangene EheVO vom 27.7.1938[3] das Verfahren in einer Reihe z.T. grundsätzlicher Probleme um. Einige weitere Änderungen brachte die vierte DVO z. EheG[4]. Diese wurde durch Art. 9 Abs. 2 Nr. 16 FamRÄndG 1961 wieder aufgehoben. Die im gleichen Gesetz vorgenommene Aufhebung von Bestimmungen der ersten DVO berührte hingegen das Prozeßverfahren nicht, vgl. Art. 9 Abs. 2 Nr. 11 FamRÄndG. Durch die lediglich teilweise Aufhebung der ersten DVO wurde vielmehr deren Weitergeltung in den nicht aufgehobenen Teilen konkludent bestätigt, was der vorher gemeinhin gepflogenen Annahme über ihre Weitergeltung entsprach[5]. An die Stelle der ersten DVO war in den Gebieten der ehemaligen britischen Besatzungszone die VO des dortigen Zentraljustizamtes vom 12.7.1948[6] getreten, deren §§ 13 bis 19 durch das FamRÄndG aufrechterhalten wurden.

Im GleichberechtigungsG vom 18.2.1957[7], das nach seinem Art. 8 Abs. 2 Nr. 4 im wesentlichen am 1.7.1958 in Kraft getreten war, hatte der Gesetzgeber den § 606 (ergänzt durch § 606b) geändert. Die Änderungen der ZPO durch das FamÄndG 1961 betreffen deren eheverfahrensrechtliche Teile nicht.

2. Die Scheidungsrechtsreform durch Gesetz vom 14. Juli 1976 hat eine weitgehende und abschließende Neugestaltung der jetzt nicht mehr Ehe-, sondern Familienverfahrensrecht genannten Materie herbeigeführt[8]. Die Vereinfachungsnovelle 1976 hat im 6. Buch nur noch redaktionelle Anpassungen gebracht[9].

a) Die Reform des Scheidungsrechts hat ihre **Entstehungsgeschichte**. Den Auftakt bildete die Veröffentlichung der Vorschläge zur Reform des Verfahrensrechts in »Ehesachen«, die die Eherechtskommission beim Bundesminister der Justiz im Anschluß an ihre Empfehlungen zur Neugestaltung des materiellen Scheidungs- und Scheidungsfolgenrechts[10] ausgearbeitet hatte[11]. Darin waren bereits die wesentlichen Elemente der inzwischen Gesetz gewordenen Neuerungen enthalten. Der leidenschaftlich erörterte »Diskussionsentwurf« des Bundesministeriums der Justiz[12] enthielt keine verfahrensrechtlichen Bestimmungen. Auch in der Folgezeit verlief die Entwicklung zunächst zweispurig. Die verfahrensrechtlichen Vorschläge standen in einem formell eigenständigen Gesetzesentwurf, der als Ergänzung des einige Monate vorher fertiggestellten Entwurfs zum materiellen Scheidungsrecht gedacht war. Die sechste Legislaturperiode des Deutschen Bundestages brachte 1971 einen nicht veröffentlichten Referentenentwurf eines »Zweiten Gesetzes zur Reform des Ehe- und Familienrechts –

---

feld der Streitgegenstandsproblematik, FamRZ 1978, 319; *Schwab* (Hsg.) Handbuch des Scheidungsrechts[2] (verfahrensrechtliche Teile bearbeitet von *Maurer*) (1989); *Walter* Der Prozeß in Familiensachen (1985).

[2] Lit.: *Hecker* Die historische Entwicklung des Ehescheidungsprozeßrechts, Diss. Frankfurt (1967); *Blasius* Ehescheidung in Deutschland 1784–1945 (1987).

[3] RGBl. I 807, 923.

[4] Vom 25.10.1941, RGBl. I 654.

[5] Siehe 18. Aufl. Fn. 15.

[6] VOBl. BZ 210.

[7] BGBl. I 609.

[8] BGBl. 76 I 1421.

[9] BGBl. 76 I 3281.

[10] Veröffentlicht unter dem Titel »Vorschläge zur Reform des Ehescheidungsrechts und des Unterhaltsrechts nach der Ehescheidung«, Bielefeld (1970).

[11] Veröffentlicht unter dem Titel »Vorschläge zur Reform des Verfahrensrechts in Scheidungssachen, zum Recht der Kinder geschiedener und getrennt lebender Eltern, zur Behandlung der Ehewohnung und des Hausrats sowie zum Ehe- und familienrechtlichen Steuerrecht«, Bielefeld (1971).

[12] Reform des Rechts der Ehescheidung und der Scheidungsfolgen, hrsgg. vom Bundesministerium der Justiz, Deutscher Bundesverlag GmbH (1970).

Gesetz zur Neuordnung der Zuständigkeiten und des Verfahrens in familienrechtlichen Angelegenheiten«[13], auf welches 1972 der Regierungsentwurf folgte[14]. Die Eherechtsreform konnte wegen der vorzeitigen Beendigung der sechsten Legislaturperiode des Deutschen Bundestages nicht mehr verwirklicht werden. In der siebten Legislaturperiode sind die Verfahrensreformvorstellungen der Bundesregierung dann zusammen mit den materiellrechtlichen Teilen des geplanten neuen Eherechts den gesetzgebenden Körperschaften zugeleitet worden[15].

b) Die am meisten ins Auge springenden Neuerungen auf verfahrensrechtlichem Gebiet waren **gerichtsverfassungsrechtlicher** Natur. »Bei den Amtsgerichten werden besondere Abteilungen für Familiensachen (Familiengericht) gebildet«, § 23 b Abs. 1 GVG. Es ist weniger der Übergang der Zuständigkeiten für Ehesachen vom Landgericht auf das Amtsgericht, welcher die Bedeutung der Neuerung ausmachte, als die Konzentration der wichtigsten familienbezogenen privatrechtlichen Streitigkeiten – gleich ob bisher in der streitigen oder der freiwilligen Gerichtsbarkeit angesiedelt – bei einer Abteilung eines Gerichts. 3

c) Die neuartige Konzeption eines Familiengerichts hat nicht nur zu einer guten Verdoppelung der Paragraphenzahl des ersten Abschnitts des sechsten Buches, sondern auch zu einer **grundlegend geänderten Systematik** des sechsten Buches geführt. Den statusrechtlichen Abschnitten Familiensachen und Kindschaftssachen folgen jetzt nicht mehr die – seit 1.1.1992 ohnehin obsoleten – Entmündigungssachen, sondern die Regelung des ganz und gar nicht statusrechtlichen »Verfahrens über den Unterhalt Minderjähriger«. Entgegen der durch die anspruchsvolle Überschrift ausgelösten Vermutung ist mit letzterem aber keine zusammenhängende Regelung der verfahrensrechtlichen Aspekte des Kindesunterhalts geschaffen worden. Vielmehr sind dort nur zwei vereinfachte Sonderverfahren geregelt. Im ersten Abschnitt sind außer dem statusrechtlichen Ehe-Stammverfahren auch die sonstigen Familiensachen → § 621 Rdnr. 1 ff. behandelt, die allesamt nicht statusrechtliche Gegenstände haben. Der erste Abschnitt ist freilich jetzt nicht mehr in zwei, sondern in vier Titel untergliedert. 4

Im **ersten Titel** »Allgemeine Vorschriften für Ehesachen« sind die mit einem Eheauflösungsverfahren üblicherweise verbundenen Nebenverfahren gedanklich ausgeklammert. Die Vorschriften gelten auch nicht nur für Ehescheidungsverfahren, sondern ebenso für die Nichtigkeits- und Feststellungsklagen sowie vor allem für Verfahren zur Aufhebung der Ehe gemäß § 30 ff. EheG, für welche die Grundsätze über den Verfahrensverbund nicht anwendbar sind, obwohl auch in diesem Fall das Familiengericht für die Folgesachen zuständig ist. Es ist daher nicht verwunderlich, daß die meisten Bestimmungen aus den früheren §§ 606, 630 zwar in anderer Bezifferung, aber inhaltlich kaum geändert wieder erscheinen.

Im **zweiten Titel** »Verfahren in anderen Familiensachen« ist umgekehrt die Tatsache gedanklich ausgeklammert, daß die meisten »anderen Familiensachen« in aller Regel als Nebenverfahren zu einem Ehescheidungsverfahren auftauchen. Sie können allesamt in der Tat auch isoliert auftreten und werfen selbst dann, wenn sie als Nebenverfahren zu einem Eheauflösungsprozeß anhängig werden, isolierbare Probleme auf.

Erst im **dritten Titel** wird dann geregelt, was die Gerichte in 99% aller Fälle als Familiensachen erwartet: das Ehescheidungsverfahren und seine Verbindung mit einer Reihe von Verfahren über die Folgen der Scheidung. Dabei ist aber nicht aus dem Auge zu verlieren, daß auf das Scheidungsbegehren die allgemeinen Vorschriften für Ehesachen im ersten Titel und auf die damit verbundenen Ansprüche die Vorschriften des zweiten Titels über Verfahren in anderen Familiensachen grundsätzlich durchaus anwendbar sind. Daraus folgt, daß auf die verschiedenen miteinander verbundenen Ansprüche verschiedene Prozeßmaximen anwend-

---

[13] Erwähnt von *Schulz* in ZRP 1971, 268.
[14] BRDrucks 77/72 = BTDrucks VI 3453 – im folgenden Erster RegE genannt.
[15] BTDrucks VII 650.

bar sein können und regelmäßig anwendbar sein werden → Rdnr. 19. Lediglich soweit im dritten Titel Bestimmungen enthalten sind, die von denen des ersten und zweiten Titels abweichen, gehen sie als leges speciales vor.

Der **vierte Titel** befaßt sich mit »Verfahren auf Nichtigerklärung und auf Feststellung des Bestehens oder Nichtbestehens einer Ehe«. Er hat aber inhaltlich die früheren §§ 631 bis 638 nicht geändert, sondern lediglich § 636 redaktionell, nämlich bezüglich einer Verweisung, angepaßt.

4a d) Seither hat das 6. Buch nur minimale Änderungen erfahren, wenn man von der Aufhebung der §§ 645 bis 687 durch das BtG absieht: Durch das Gesetz zur Neuregelung der elterlichen Sorge (BGBl. 1979 I 1061), das Gesetz über die Prozeßkostenhilfe (BGBl. 1980 I 677), das UnterhaltsänderungsG (BGBl. 1986 I 301) und das IPR-Gesetz (BGBl. 1986 I 1142).

4b e) Zu den **neuen Bundesländern** → Allg. Einl. 6. Buch Rdnr. 11 ff.

II. Die möglichen Verfahrensgegenstände in Ehesachen

5 In § 606 ist an sich mit dem Anspruch auf Ausschließlichkeit aufgezählt, was eine Ehesache sein kann. Jedoch schließt dies eine entsprechend Anwendung der Vorschriften der §§ 606 ff. auf nicht ausdrücklich erwähnte Verfahrensgegenstände nicht aus, vor allen Dingen auf Verfahrensgegenstände, die sich aus der Anwendung ausländischen Rechts oder aus der Behandlung von gerichtlichen Entscheidungen ergeben, die aus einer anderen Rechtsordnung stammen. Im einzelnen gilt folgendes:

6 1. Das **Begehren auf Scheidung**, §§ 1564 ff. BGB, d. h. auf Trennung der Ehe dem Bande nach durch rechtsgestaltendes Urteil → Rdnr. 39 ff., 50 ff. vor § 253 ist statistisch und von der gesetzlichen Leitbildfunktion her das zentrale Anwendungsgebiet der Vorschriften über Ehesachen, auch wenn dieses Verfahren in seinem im Verhältnis zu anderen Ehesachen besonderen Aspekten im dritten Titel noch einmal gesondert angesprochen wird. Zum Streitgegenstand → §§ 611 Rdnr. 2, 12, 616 Rdnr. 12.

Über die Klage auf Trennung von Tisch und Bett nach ausländischem Recht → Rdnr. 17 a, 17 b.

7 2. Die **Nichtigkeitsklage** ist eine Klage auf das *rückwirkende* rechtsgestaltende Urteil → Rdnr. 54 vor § 253, das die Ehe aus einem der absolut wirkenden Gründe der §§ 16 ff. EheG von Anfang an für nichtig erklärt. Es sind dies der Verstoß gegen § 17 (Formmangel), § 18 (mangelnde Geschäfts- oder Urteilsfähigkeit), § 20 (Doppelehe), § 21 EheG (Verwandtschaft und Verschwägerung). Die Nichtigkeitsklage ist nach § 23 EheG der einzige Weg, die Nichtigkeit der Ehe geltend zu machen. Die *Auflösung* der Ehe durch Tod eines Ehegatten, durch Scheidung oder Aufhebung schließt zwar die Klage des überlebenden Ehegatten, nicht aber diejenige des Staatsanwalts gegen den Überlebenden aus. Ganz entfällt die Möglichkeit der Nichtigkeitserklärung der Ehe *mit dem Tode beider* Ehegatten, § 24 Abs. 2 EheG.

Klagebefugt ist nach § 24 EheG der Staatsanwalt und jeder der beiden *Ehegatten*, im Falle der Doppelehe (§ 20 EheG) auch der Ehegatte der *früheren* Ehe, nach Auflösung der Ehe durch Tod, Scheidung oder Aufhebung in *allen* Fällen *nur* der Staatsanwalt → § 632 Rdnr. 3.

Über die Nichtigkeit als *Inzidentfrage* eines anderen Prozesses und über die Aussetzung → Rdnr. 33 und § 151.

Auf die Klage auf Feststellung der *Rechtsunwirksamkeit* des Ausspruches einer *nachträglichen Eheschließung* sind die für die Ehenichtigkeitsklage geltenden Vorschriften entsprechend anzuwenden, § 4 Abs. 4 Gesetz vom 29.3.1951[16].

---

[16] BGBl. I 215, aufrechterhalten nach Art. 10 Nr. 1 des Ersten Gesetzes zur Reform des Ehe- und Familienrechts, BGBl. 76 I 1421.

Zu Fällen, die nach einer fremden lex causae zu entscheiden sind → Rdnr. 17.

3. Die Aufhebungsklage mit dem Ziele der rechtsgestaltenden Lösung der Ehe ex nunc, 8
§ 29 EheG, wegen eines der in den §§ 30 bis 34, 39 EheG aufgeführten, bei Eheschließung vorhandenen Mängel (mangelnde Einwilligung des gesetzlichen Vertreters, Irrtum, arglistige Täuschung, Drohung, Leben des für tot erklärten Ehepartners einer früheren Ehe) ersetzt die vor dem EheG 1938 existierende *Anfechtungsklage*, die jedoch eine rückwirkende Lösung der Ehe zum Ziele hatte, BGB §§ 1331 ff., 1341 a. F. Die neuerliche Reform des Eheauflösungsrechts hat an den Vorschriften über die Eheaufhebung seltsamerweise weder formell – nach wie vor »Klage« – noch materiell etwas geändert. Aufhebungs- und Scheidungsbegehren unterscheiden sich nur in den Voraussetzungen, nicht im praktischen Ziele, da die Folgen der Aufhebung die gleichen wie die einer Scheidung sind, § 37 EheG. Daraus folgt, daß die Aufhebungsklage ausgeschlossen ist, wenn die Ehe bereits anderweit (durch Tod oder Scheidung) gelöst ist. Wegen der Verbindung der Aufhebungs- und Scheidungsbegehren → § 610 Rdnr. 3, wegen Klage und Widerklage, die einerseits Scheidung, andererseits Aufhebung zum Gegenstand haben → § 610 Rdnr. 4. Zu Fällen, die nach einer fremden lex causae zu entscheiden sind → Rdnr. 17.

4. Feststellungsklagen als Ehesachen sind ebenfalls möglich. 9

a) Die Klage auf **Feststellung des Bestehens oder Nichtbestehens** einer Ehe unter den Parteien, d.h. auf ein nur *deklaratorisches* Feststellungsurteil über das Bestehen der Ehe, § 638, die im BGB und im EheG selbst nicht erwähnt wird, ist ein besonderer Anwendungsfall des § 256, der jedoch unter die Ehesachen aufgenommen ist, um die Disposition der Parteien über den Bestand der Ehe auszuschließen. Abweichend von allgemeinen Grundsätzen → § 256 Rdnr. 37 ff. kann ein Dritter nicht das Bestehen einer Ehe gerichtlich klären lassen[17]. Das Erfordernis des rechtlichen Interesses an der alsbaldigen Feststellung gilt auch in Ehesachen. Anwendungsfälle der Feststellungsklage sind insbesondere folgende Situationen:

aa) Es ist tatsächlich zweifelhaft, ob ein Eheschliessungsakt stattgefunden hat. Dies kann etwa der Fall sein, wenn die Beweisunterlagen hierfür nicht mehr vorliegen[18].

bb) Der Eheschließungsakt ist nach ausländischem Recht zu beurteilen, und dieses kennt eine dem § 23 EheG entsprechende Bestimmung nicht[19], oder es ist zweifelhaft, ob der Eheschließungsakt dem Art. 13 Abs. 3 EGBGB entspricht, weil die Parteien auf ihr Heimatrecht vertraut haben[20].

cc) Es ist tatsächlich oder rechtlich zweifelhaft, ob eine formgerecht geschlossene Ehe für nichtig erklärt oder aufgelöst ist. Eine Klage auf Feststellung der Wirksamkeit eines ausländischen Nichtigkeits-, Aufhebungs- oder Scheidungsurteils ist aber unzulässig, da es am Rechtsschutzbedürfnis fehlt. Art. 7 § 1 FamRÄndG hat der Landesjustizverwaltung die Entscheidung über die Anerkennung übertragen → § 328 Rdnr. 401 ff. Jedoch kann über die Wirksamkeit von angeblichen Eheauflösungsakten nach ausländischem Recht im Wege der Feststellungsklage entschieden werden, wenn Art. 7 FamRÄndG nicht anwendbar ist[21].

Ob eine Klage auf Nichtigerklärung der Ehe → Rdnr. 7 oder auf Feststellung des Nichtbestehens der Ehe gerichtet ist, ist erforderlichenfalls im Wege der Auslegung aus ihrem Inhalt zu ermitteln. Die von dem Kläger gewählte Bezeichnung ist nicht exklusiv entscheidend[22]. Zum rechtlichen Gehör Dritter → Rdnr. 20.

Wegen der Feststellungsklagen bezüglich Scheidungsurteilen von Gerichten der ehemaligen DDR → Rdnr. 18.

---

[17] *OLG Hamm* FamRZ 1980, 706.
[18] So etwa das Urteil *BGH* NJW 1952, 705 ff.
[19] *RG* JW 1917, 364; *LG Hamburg* FamRZ 1973, 602.
[20] *OLG Hamm* NJW 1970, 1509.
[21] *LG Hamburg* IPRsp 77 Nr. 66; *AG Hamburg* IPRsp 82 Nr. 66.
[22] Vgl. *RG* JW 1931, 1335.

10   b) Möglich ist auch eine Klage auf Feststellung, daß in einem **früheren Zeitpunkt eine Ehe bestanden oder nicht bestanden habe**, etwa, daß eine in der Zwischenzeit aufgelöste Ehe in Wirklichkeit niemals rechtwirksam zustandegekommen sei. Das KG[23] will eine solche Klage nicht als Statusklage, sondern als gewöhnliche Feststellungsklage nach § 256 behandeln, auf welche insbesondere die Zuständigkeitsvorschriften der §§ 606 ff. keine Anwendung finden sollen, weil »Ehesache« nur die Klage auf Feststellung des (jetzigen) Bestehens oder Nichtbestehens einer Ehe sei. Nach dem Sinne des Gesetzes muß aber auch eine Feststellungsklage über einen inzwischen aufgelösten Ehestand den Vorschriften des Statusprozesses unterworfen werden[24].

11   c) Eine Klage auf Feststellung des Nichtbestehens eherechtlicher Gestaltungsklagerechte, also von Nichtigkeits-, Aufhebungs- oder Scheidungsgründen ist unzulässig → § 253 Rdnr. 92.

12   d) Zur Klage auf Feststellung des Rechts zum Getrenntleben → Rdnr. 14 a.

13   e) Ausländische Statusverhältnisse, die vom deutschen IPR als solche anerkannt werden, können in den Verfahrensformen der §§ 606 ff. festgestellt werden. Soweit der Bestand der Ehe tangiert wird, liegt eine Ehesache vor, etwa bei Klage auf Aushändigung des jüdischen Scheidebriefs[25]. Zu Gestaltungsklagen nach ausländischer lex causae → Rdnr. 17.

14   **5. Die Klage auf Herstellung des ehelichen Lebens**[26] war, als sie geschaffen wurde, als eine Leistungsklage zur Durchsetzung des höchstpersönlichen Anspruchs auf Ehefolge und Ehegemeinschaft[27] gedacht. Ein der Klage stattgebendes Urteil war und ist nicht vollstreckbar → § 888 II. Ihre Bedeutung erschöpfte sich daher darin, die Rechtsstellung des Klägers für den Fall zu verbessern, daß es alsbald zu einem Scheidungsverfahren kommen würde, in dem der dem Urteil nicht nachkommende andere Ehegatte dann leicht als der an der Zerrüttung schuldige Teil hingestellt werden konnte. Die Klage wurde auch dann für statthaft gehalten, wenn sich die gegenseitigen ehelichen Pflichten materiell nach einem ausländischen Recht bestimmten und dieses einen der Herstellungsklage entsprechenden prozessualen Behelf nicht kannte[28]. Ohne daß man sich viel Mühe mit der Unterscheidung zwischen Zulässigkeit und Begründetheit machte, hielt man sie für den geeigneten Rechtsbehelf im Falle einer Zuwiderhandlung gegen die sich aus dem persönlichen Verhältnis der Ehegatten ergebenden Pflichten, nicht nur durch räumliche Trennung. Nicht aber war die Herstellungsklage im Falle der Verweigerung von Unterhaltsleistungen statthaft, weil dann ein vermögensrechtlicher, wenngleich auf der Ehe beruhender Anspruch in Frage stand und steht, der unzweifelhaft gesondert durchsetzbar ist[29]. Wohl aber konnte die Klage durch die Art begründet sein, wie Unterhalt gewährt wurde[30].

14a   a) Eine umfassend auf Herstellung des ehelichen Lebens gerichtete Klage kann in heutiger Zeit die ihr vom Gesetz ursprünglich zugedachte Funktion nicht mehr haben. Daß der Gesetzgeber des Jahres 1976 sie nicht abschaffte, lag allein in seiner kritischen Sorge begründet, sich nicht in einer praktisch bedeutungslosen Frage zusätzlich Angriffsflächen für polemische Kritik zu schaffen. Die Klage ist nicht nur ein Anachronismus geworden[31]. In aller Regel fehlt ihr das Rechtsschutzbedürfnis, für welches die Chance, moralischen Druck auf die Gegenseite auszuüben, nicht ausreicht[32]. Für das dialektische Gegenstück der Klage, nämlich

---

[23] FamRZ 1958, 324, zust. *Neuhaus* 463.
[24] *Staudinger-Spellenberg*[12] Rdnr. 354.
[25] *Neubauer* FamRZ 1981, 5.
[26] Vgl. *Planck* BGB Bd. 4, 121 ff.; ferner aus der älteren Lit. *Gauß* Die Klage auf Herstellung des ehelichen Lebens (1910); *Werner* Das Recht auf eheliche Lebensgemeinschaft in seiner prozessualen Durchführung (1910).
[27] Die Klage hatte das EheG von 1938 nicht beseitigt, RGZ 160, 112.
[28] Vgl. *RGZ* 147, 385.
[29] *OLG Braunschweig* OLGRsp 18, 262; *OLG München* NJW 1963, 49 u.a.m. Offenlassend: RGZ 97, 286.
[30] RGZ 97, 286.
[31] So *Gernhuber* FamR[3] (1980) § 23, 4; *MünchKomm-Wacke*[2] § 1353 BGB Rdnr. 43; *Zöller-Philippi*[17] Rdnr. 3.
[32] A.M. resignierend alle Kommentare und Lehrbücher. Das *RG* (RGZ 163, 384) ließ das Rechtsschutzbedürfnis nicht an der sicheren Erwartung scheitern, daß im Einzelfall der beklagte Ehegatte sich nicht fügen werde. Rechtsschutzbedürfnis fehlt auf jeden Fall nach Ablauf der 3-Jahresfrist von § 1566 Abs. 2 BGB, *Heinz* DRiZ 1978, 80.

für die Klage auf **Feststellung des Rechts zum Getrenntleben**[33], hat man sich dieser Einsicht schon weitgehend angenähert, was deshalb leichter fiel, weil die Zulässigkeit einer Feststellungsklage generell vom positiv darzulegenden Vorliegen eines Rechtsschutzbedürfnisses abhängt. Die Tatsache, daß der andere Ehegatte mit der Trennung nicht einverstanden ist, macht die Klage auf Feststellung des Getrenntlebens nicht zulässig[34]. Sie nur dann für zulässig zu erachten, wenn der Herstellungsklage der anderen Seite zuvorgekommen werden soll[35], ist uneinsichtig und nach der hier entwickelten Konzeption ohnehin gegenstandslos. In der Zeit vor Inkrafttreten der Scheidungsrechtsreform war man mit der Annahme des Rechtsschutzbedürfnisses sehr großzügig[36] und leugnete sein Vorliegen nur, wenn der andere Teil mit der Trennung einverstanden war, auch wenn er die Berechtigung dazu leugnete[37].

Denkbar ist aber ein Rechtsschutzbedürfnis für die Herstellungsklage, wenn ein ausländisches Recht Wirkungs- und Ehescheidungsstatut ist und in diesem Rahmen der Herstellungsklage eine Bedeutung ähnlich derjenigen zukommen kann, die sie früher nach deutschem Recht hatte.

b) Die Klage konnte nach dem Verständnis, das ihr vor 1976 zukam, auch inhaltlich spezifiziert auf die Erfüllung einzelner ehelicher Pflichten gerichtet werden[38], etwa auf Unterlassung ehewidriger Beziehungen zu einer dritten Person[39] oder Nichtaufnahme eines Lebensgefährten in die Wohnung, die vor der Trennung Ehewohnung war[40]. Jedoch ist auch für eine Herstellungsklage mit einem solchermaßen spezifizierten Inhalt heutzutage kein Raum mehr[41]. Da auch ein ihr stattgebendes Urteil nicht vollstreckbar wäre und keine rechtlichen Bindungen für ein späteres Verfahren auslösen kann, gibt es keinen Grund, die Situation anders zu beurteilen als bei einer umfassenden Herstellungsklage. Da, wo es nötig ist, einen Ehegatten gegen die Pflichtvergessenheit des anderen zu schützen, ist es Ausfluß der verfassungsmäßigen Effizienzgarantie des Rechtsschutzes[42], dem verletzten Ehegatten eine Klage zur Verfügung zu stellen, die auch zu einer vollstreckbaren Gerichtsentscheidung führt. Die Rechtsprechung hat daher in Sprengung des Systems der ZPO eine allgemeine Unterlassungsklage zum Schutz des, wie sie sagt, »räumlich-gegenständlichen Bereichs der Ehe« zugelassen[43]. Mit einer Ausnahme[44] ist eine solche Klage immer als allgemeine Leistungklage behandelt worden[45]. In einem Fall[46] wurde sogar die als Grundlage einer Anordnung konstruierte Klage auf Feststellung des Rechts zum Getrenntleben nicht als solche anerkannt. Auch die Klage auf Unterlassung des Betreibens eines Scheidungsverfahrens im Ausland ist keine Klage auf Herstellung des ehelichen Lebens[47].

14b

Auch **negatorischer Rechtsschutz** bezüglich körperlicher Integrität, Ehre und sonstiger

---

[33] Ehesache: *OLG Zweibrücken* FamRZ 1981, 186. *OLG Köln* FamRZ 1982, 403; *OLG Karlsruhe* FamRZ 1991, 1456. allg. M.
[34] *OLG Braunschweig* FamRZ 1980, 568; *KG* FamRZ 1982, 272, 273; 88, 81 f.; *OLG München* FamRZ 1986, 807; *OLG Karlsruhe* FamRZ 1989, 79 f. -A.M. Voraufl.
[35] *Zöller-Philippi*[17] Rdnr. 10.
[36] *BGH* FamRZ 1964, 38. m.w.N. Voraufl. Fn. 32.
[37] *OLG Hamburg* FamRZ 1970, 487; *LG Saarbrücken* FamRZ 1970, 140 (L.S.).
[38] *BGH* FamRZ 1971, 633 ff.; *OLG Hamburg* FamRZ 1967, 100.
[39] *OLG Celle* NJW 1965, 1918.
[40] *OLG Hamm* MDR 1981, 415; *OLG Karlsruhe* FamRZ 1980, 139.
[41] Letzte veröffentlichte Entscheidung im gegenteiligen Sinn wohl *OLG Frankfurt* FamRZ 1982, 484: Prozeßkostenhilfe für Klage, »übermäßigen Alkoholgenuß einzustellen, nicht angetrunken oder betrunken nach Hause zu kommen, in der Ehewohnung nicht Krach zu schlagen und seine Familienangehörigen nicht anzuschreien«.
[42] Dieses Prinzip als allgemeines betonend: *BVerfGE* 46, 166 (Notwendigkeit auch einstweiligen Rechtsschutzes); 11, 139, 143 (staatliche Hilfe für Minderbemittelte). Im größeren Zusammenhang behandelt: *Benda/Weber* ZZP 96 (1983) 296 ff.; *Schumann* ZZP 96 (1983), 137, 160 ff. Siehe auch → vor § 1 Rdnr. 514.
[43] *OLG Karlsruhe* FamRZ 1980, 139 ff.; *OLG Düsseldorf* FamRZ 1981, 577; *OLG Hamm* FamRZ 1981, 477 = NJW 1793; *KG* FamRZ 1983, 617; *OLG Zweibrücken* FamRZ 1989, 55.
[44] *OLG Celle* FamRZ 1980, 242 = NJW 711; *MünchKommZPO-Walter* § 606 Rdnr. 15.
[45] In diesem Sinne auch *Smid* FamRZ 1989, 1144; *Riegel* NJW 1989, 2799 ff.; allg.Lit.M. Erst recht natürlich Klagen gegen Dritte z.B. *OLG Hamm* FamRZ 1981, 477.
[46] *OLG Karlsruhe* FamRZ 1989, 77.
[47] *RGZ* 157, 136.

Persönlichkeitsrechte ist keine Ehesache und auch keine Familiensache⁴⁸. Zu einstweiligen Anordnungen → § 620 Rdnr. 7.

14c c) Wenn man aber schon die Ehestörungsklage nicht als Klage auf Herstellung des ehelichen Lebens ansieht, dann muß man alle den **vermögensrechtlichen Bereich** tangierenden Klagen erst recht als allgemeine Leistungsklagen zulassen, so wie das die Rechtsprechung auch vor 1976 schon weitgehend getan hat. Herstellungsklagen sind also nicht Klagen auf Erteilung von Auskunft über Vermögensverhältnisse⁴⁹, auf Zurverfügungstellung eines angemessenen Haushaltsgelds⁵⁰, auf Leistung von Taschengeld, auf Erstattung unter dem Gesichtspunkt des Ausgleichs unter Gesamtschuldnern⁵¹, auf Schadenersatz wegen pflichtwidriger Übertragung eines Kfz-Schaden-Freiheitsrabatts⁵². Eine besondere Rolle spielen in der Praxis Klagen auf Verhaltensweisen, die steuerrechtlich relevant sind. Ob es um Klagen auf Zustimmung zur Zusammenveranlagung⁵³, auf Schadenersatz wegen Verweigerung der Mitwirkung⁵⁴ oder auf die Beteiligung der Ehegatten an Steuererstattungsbeträgen⁵⁵ geht, eine Klage auf Herstellung des ehelichen Lebens liegt nicht vor. Zur Frage, ob eine andere Familiensache gegeben ist → § 621 Rdnr. 35.

Am schwierigsten einzuordnen waren lange Zeit Auseinandersetzungen um Benutzung oder Mitbenutzung der Ehewohnung. Früher tendierte man dahin, in einer Klage auf Duldung der Mitbenutzung eine Herstellungsklage zu sehen⁵⁶. Nach 1976 wollte man danach differenzieren, ob der Kläger mit der Klage auch die Wiederherstellung der Lebensgemeinschaft begehrte, wobei dann noch eine besondere Schwierigkeit darin lag, daß bereits mit dem Eingang der Klage bei Gericht entschieden werden mußte, ob es sich um eine Familiensache handelte oder nicht⁵⁷. Gelegentlich begrüßte man die Klage auf Feststellung des Rechts zum Getrenntleben als Basis für einstweilige Anordnungen⁵⁸. Seit Inkrafttreten des Gesetzes vom 20.2.1986 (BGBl. I 301) sind alle Auseinandersetzungen um die Berechtigung zur Benutzung der Ehewohnung in das Sonderverfahren nach § 18a HausrVO verwiesen. Der dort in Bezug genommene § 1361b BGB spricht zwar nur von der Möglichkeit eines Ehegatten, die ganze oder teilweise Zuweisung der Wohnung zur Alleinbenutzung zu verlangen. Die Vorschrift soll jedoch ein vereinfachtes Verfahren zur Regelung der Benutzungsverhältnisse an der Ehewohnung gewährleisten. Daher ist sie entsprechend anzuwenden, wenn ein Ehegatte verfügt haben will, daß er zur Mitbenutzung der Wohnung berechtigt ist. Eine solche Initiative ist nur die Kehrseite zum Recht der anderen Seite, die Zuweisung zur Alleinbenutzung betreiben zu können. Nach dem Prinzip der prozessualen Waffengleichheit muß man beiden Teilen die Rechtsschutzinitiative gewähren. Vollstreckbar ist eine nach § 18a HausrVO getroffene Anordnung freilich nur, wenn sie mit einem Leistungsbefehl versehen ist → § 620 Rdnr. 9. Da jedoch ein solcher beantragt werden kann, besteht für die Klage auf Herstellung des ehelichen Lebens in der spezifischen Variante einer Klage auf Duldung der Mitbenutzung der ehelichen Wohnung kein Raum mehr. Das Verfahren nach § 18a HausrVO ist auch nicht nur »vorläufig« im Verhältnis zu einer gedachten Herstellungsklage. Vielmehr betrifft sie die

---

⁴⁸ Die Zuständigkeit des Familiengerichts bejahend *MünchKommZPO-Walter* § 606 Rdnr. 14.
⁴⁹ A.M. *OLG Hamburg* FamRZ 1967, 100; *OLG Schleswig* SchlHA 74, 112 = FamRZ 1975, 164 (L.S.); *OLG Stuttgart* FamRZ 1979, 809 – ob ein solcher Anspruch der ehelichen Verbindung allgemein folgt, ist aber zweifelhaft.
⁵⁰ *Zöller-Philippi*¹⁷ Rdnr. 4; *Gernhuber* FamR³ § 23, 2; *OLG München* NJW 1963, 49.
⁵¹ *OLG Hamm* FamRZ 1979, 607.
⁵² *OLG Stuttgart* FamRZ 1989, 763.
⁵³ *OLG München* FamRZ 1979, 721; 83, 615; *OLG Koblenz* FamRZ 1982, 942; *OLG Hamm* FamRZ 1979,

607; *dass.* FamRZ 1983, 937; *BayObLG* FamRZ 1985, 947; *OLG Karlsruhe* FamRZ 1979, 718; *OLG Düsseldorf* FamRZ 1984, 805, 806.
⁵⁴ *BGH* FamRZ 1988, 143f.
⁵⁵ *SchlHOLG* SchlHA 80, 163; *OLG Hamburg* FamRZ 1982, 507; *OLG Hamm* FamRZ 1988, 518.
⁵⁶ *OLG Celle* FamRZ 1964, 264.
⁵⁷ Nur dann keine, wenn sich schon aus der Klagebegründung ergibt, daß nicht Wiederaufnahme der ehelichen Lebensgemeinschaft gewollt ist: *OLG Hamm* FamRZ 1981, 477; *Zöller-Philippi*¹⁷ Rdnr. 7.
⁵⁸ *OLG Bamberg* FamRZ 1979, 804.

ganze Zeit des Getrenntlebens bzw. des Wunsches eines Teils, getrennt zu leben. Daher besteht auch kein Rechtsschutzbedürfnis für eine Klage auf Feststellung des Rechts zum Getrenntleben mehr[59], wenn dadurch nur die Basis für eine einstweilige Anordnung bezüglich der Ehewohnung geschaffen werden soll.

Soweit nach den soeben entwickelten Grundsätzen eine allgemeine Leistungsklage nicht möglich ist, wird mangels Rechtsschutzbedürfnis gar kein Rechtsschutz gewährt. Darunter fallen folgende, von der Rechtsprechung als Herstellungsklagen gewertete Rechtsschutzziele: Verurteilung des anderen Ehegatten, mit in eine andere Wohnung zu ziehen[60], sich einer medizinischen oder ähnlichen Behandlung zu unterziehen[61]. **14d**

6. Seit die Auslösung von **Doppelwirkungen im Recht** anerkannt ist[62], besteht kein zwingender logischer Grund, weshalb eine bereits aufgelöste Ehe durch Richterspruch nicht noch einmal sollte aufgelöst werden können. **14e**

7. Keine Ehesache im Sinne dieses Abschnittes sind diejenigen **Klagen, die die vermögensrechtlichen und sonstigen** (z.B. namensrechtlichen[63]) **Folgen der Ehe** oder ihrer Auflösung, insbesondere die Unterhaltspflicht gegenüber dem anderen Ehegatten oder den Kindern betreffen. Die wichtigsten sind aber »andere Familiensachen« im Sinne von § 621. Um den dort zu findenden, als numerus clausus gedachten Katalog rankt sich eine umfangreiche Detailrechtsprechung → 621 Rdnr. 2–14. Ebensowenig sind Ehesachen die Klagen, durch die ein Dritter das Bestehen oder Nichtbestehen einer Ehe geltend macht und die ein Ehegatte über diese Fragen gegen einen Dritten erhebt. Leider sind auch im Interesse der Effizienz des Rechtsschutzes von der Herstellungsklage abgespaltene Leistungsklagen → Rdnr. 14b keine Familiensachen. **15**

III. Internationales Eheverfahrensrecht[64]

1. Die Zentralprobleme des internationalen Eheverfahrensrechts sind die *internationale Zuständigkeit* der deutschen Gerichte und die *Anerkennung ausländischer Entscheidungen*. Der erstere Komplex ist heute in einer von der Regelung der örtlichen Zuständigkeit geglückt unterschiedenen Norm (§ 606a) behandelt. Zu letzterem Komplex → § 328 Rdnr. 401 ff. Einige spezielle Fragen sind hier im jeweiligen Sachzusammenhang behandelt. **16**

Neue Bundesländer → Rdnr. 11 ff. Allg.Einl. vor § 606.

2. Kommt auf den zu entscheidenden Fall eine **fremde Rechtsordnung zur Anwendung**, so sind deren rein verfahrensrechtliche Regelungen für das deutsche Recht dennoch nicht zu beachten, auch nicht, um dadurch für das erstrebte Urteil die Anerkennungschancen zu erhöhen[65]. **17**

a) Die Geltung des lex-fori-Prinzips für prozessuale Fragen ist universell anerkannt. Deshalb kann darauf vertraut werden, daß das fragliche Ausland einem deutschen Urteil nicht deshalb die Anerkennung versagen wird, weil es zwar seinem materiellen, aber nicht seinem

---

[59] Anders noch *OLG Karlsruhe* IPRax 1985, 106.
[60] *OLG Schleswig* SchlHA FamRZ 1957, 420; *OLG Düsseldorf* FamRZ 1969, 153.
[61] *OLG Frankfurt* FamRZ 1982, 484 m.w.N.
[62] *Kipp* FS Martitz (1911) 211 ff.; *Wieacker* FS Erik Wolf 421, 446 ff.; *Peter* AcP 132, 1, 32; *Hildebrandt* Mitschuldklage (1933) 62 ff.; *Dölle* Verhandlungen des 42. Deutschen Juristentags (1957) Bd. II B 12 ff.; *Arens* ZZP 76, 423, 430 ff.; *Staudinger-Dilcher*[12] Rdnr. 80 vor § 104.

[63] *RGZ* 108, 230 (Klage wegen Verletzung des Namensrechts).
[64] Lit.: *Staudinger-Spellenberg*[12] Internationales Verfahrensrecht in Ehesachen (1990) – viele allgemeine Probleme des internationalen Zivilprozeßrechts mitbehandelnd; *Henrich* Ehe- und Familiensachen mit Ausländerbeteiligung 4. Aufl. (1988); zur internationalen Zuständigkeit s. Literatur zu § 606a.
[65] A.M. *Zöller-Geimer*[17] Rdnr. 15 ff.

Prozeßrecht entspricht. Die anfangs der 80iger Jahre postulierte, sich hinterher aber als unnötig herausstellende Rücksichtnahme auf die nach italienischem Recht vorgesehene Mitwirkung der Staatsanwaltschaft sollte eine Lehre sein → § 606a Rdnr. 20 – Italien. Die in den 70iger Jahren geführte Diskussion[66] zu der von dem Prozeßrecht der lex causae vorgeschriebenen Unbeachtlichkeit eines Geständnisses ist im Hinblick auf § 616 gegenstandslos. Durch die Anwendung des Amtsermittlungsgrundsatzes in Fällen, wo die lex causae den Verhandlungsgrundsatz kennt, wird die Anerkennungsfähigkeit des deutschen Urteils sicherlich nicht in Frage gestellt[67].

17a b) Aufgrund der anwendbaren lex causae sind aber nicht nur gegebenenfalls die nach fremdem Recht bestehenden Statusverhältnisse festzustellen, sondern auch die im **fremden Recht vorgesehenen Gestaltungen** mit den ihnen nach eben diesem Recht eigenen Wirkungen vorzunehmen[68]. In der Tenorierung ist dies möglichst deutlich zum Ausdruck zu bringen. Dem stehen weder die Normen des deutschen internationalen Privatrechts, noch die angeblichen Grenzen der »wesenseigenen Zuständigkeit der deutschen Gerichte« entgegen[69]. Eine Anfechtungs- oder Aufhebungsklage hat daher zu einem Urteil mit den im ausländischen Recht vorgesehenen Wirkungen zu führen[70]. Ist italienisches Recht anwendbar, so muß im Falle einer nach religiösem Ritus geschlossenen Ehe der Scheidungsausspruch ausdrücklich auf die bürgerlichrechtlichen Wirkungen der Eheauflösung beschränkt werden[71]. Die Klage auf **Trennung von Tisch und Bett** mit den Wirkungen des jeweiligen ausländischen Rechts hat der *BGH*[72] nach langer ablehnender Haltung der Praxis[73] mit Recht für zulässig erklärt. Mit dem *BGH* zur Voraussetzung für eine solche Entscheidung zu machen, daß nach deutschem Recht Scheidungsreife besteht, ist nicht nötig[74]. Eine nach italienischem Recht vorgesehene Bestätigung einvernehmlicher Trennung der Ehegatten kann auch von deutschen Gerichten ausgesprochen werden[75]. Nach ausländischem Recht, nicht aber nach deutschem Recht mögliche **Nebenansprüche eines Scheidungsurteils** können prinzipiell auch in einem deutschen Eheauflösungsurteil getroffen werden[76]. Das gilt vor allen Dingen dann, wenn die Nebenfolge verwandte Züge mit einer solchen des deutschen Rechts hat, die in einer »anderen Familiensache« mit dem Scheidungsverfahren in Verbund stehen kann → § 630 Rdnr. 1. Aber auch dann, wenn die Nebenfolge keine Entsprechung im deutschen Recht kennt, wird man sie für durch das Scheidungsgericht aussprechbar halten müssen, wenn dem nicht Gründe des deutschen ordre public entgegenstehen.

17b c) Welche Verfahrensvorschriften auf **Gestaltungsklagen** anwendbar sind, **die im deutschen Recht kein** genaues oder überhaupt kein **Gegenstück** haben, mag häufig zweifelhaft sein. Man muß auf das Verfahren abstellen, das beim nächstverwandten deutschen Gestaltungsakt gepflogen wird, etwa bei der Klage auf Trennung von Tisch und Bett auf die für unser Eheauflösungsverfahren geltenden Bestimmungen[77]. Betrifft der im fremden Recht vorgese-

---

[66] Etwa *Jayme* FamRZ 1972, 302.
[67] So mit Recht *Coester-Waltjen* Internationales Beweisrecht (1983) Rdnr. 604.
[68] Siehe dazu ausführlich *Schlosser* Gestaltungsklagen und Gestaltungsurteile (1966) 301 ff.; *Heldrich* Internationale Zuständigkeit und anwendbares Recht (1969) 301 ff.; heute allg.M. in der Erl.Lit. z.B. *MünchKomm-ZPO-Walter* § 606a Rdnr. 8.
[69] *MünchKommZPO-Walter* § 606a Rdnr. 8.
[70] RGZ 151, 226.
[71] *OLG Düsseldorf* FamRZ 1976, 352; *OLG Frankfurt* FamRZ 1978, 510.
[72] BGHZ 47, 324 = NJW 1967, 2109 = FamRZ 452 = JZ 671 (zust. *Heldrich*); heute allgLitM.: *Jensko* Scheidung und Trennung von Tisch und Bett nach französischem Recht, Diss Mannheim 1984.
[73] RGZ 55, 345; RGZ 167, 193; w.N. *BGH* aaO.

[74] *OLG Bamberg* FamRZ 1979, 514 – Abwarten der Frist des § 1565 Abs. 2 BGB entbehrlich.
[75] LG Stuttgart FamRZ 1974, 255; AG Offenbach FamRZ 1978, 509; OLG Düsseldorf FamRZ 1981, 146.
[76] *OLG München* OLGRsp 42, 16; *KG* IPRsp 31, 81; *Raape* Staatsangehörigkeitsprinzip und Scheidungsakt (1943) 97 ff.; wohl auch *OLG Frankfurt* FamRZ 1964, 258, 261.
[77] *OLG München* NJW 1978, 1117; *OLG Frankfurt* FamRZ 1979, 813; 84, 1233; als selbstverständlich vorausgesetzt in OLG *Karlsruhe* FamRZ 1984, 184; allg.M. Der *BGH* aaO hatte bei der Klage auf Trennung von Tisch und Bett – vorsichtig – die Frage nach der u. U. nicht oder nicht vollständig möglichen Anwendung einzelner Bestimmungen aus dem Kreis der §§ 606 ff. noch offen gelassen.

hene Gestaltungsakt ein Rechtsverhältnis, das wir als Ehe bezeichnen würden, dann hat sich das Verfahren nach den Vorschriften des Eheprozesses zu richten, weshalb auch gegebenenfalls die Vorschriften über einstweilige Anordnungen anwendbar werden. Wenn das Scheidungstatut ein Recht ist, das die Scheidung ohne Mitwirkung des Gerichts kennt, muß gleichwohl in Deutschland ein Statusverfahren nach §§ 606 ff. angestrengt werden, Art. 17 Abs. 2 EGBGB. Ob ein nach ausländischem Recht begründetes Anfechtungsbegehren wegen anfänglicher Mängel der Eheschließung in den Formen des deutschen Aufhebungs- oder Nichtigkeitsprozesses abzuwickeln ist, hängt nicht davon ab, ob dem sich nach ausländischem Recht richtenden Gestaltungsurteil Rückwirkung zukommt oder nicht, sondern davon, inwieweit in einem solchen Fall nach ausländischem Recht ähnlich wie bei der deutschen Aufhebungsklage zugunsten der Ehe disponiert werden kann[78]. Ist ein Betreibungsrecht des Staatsanwalts nach dem maßgebenden Recht nicht vorgesehen, so wird man auch in Deutschland auf ein solches verzichten müssen. Der Staatsanwalt hat dann aber immer die Rechte aus § 634[79], wenn das Verfahren unserem Nichtigkeits- oder Bestandsfeststellungsverfahren entspricht[80]. Zur Mitwirkung des deutschen Staatsanwalts im übrigen → § 606 a Rdnr. 18.

In ein deutsches Scheidungsurteil ist u. U. auf einen widerklageartigen besonderen Antrag[81] ein Schuldausspruch aufzunehmen, und zwar dann, wenn ein solcher nach dem maßgebenden ausländischen Recht vorgesehen ist. Unterbleibt die **Schuld-»Feststellung«** im **Scheidungsurteil**, so kann sie häufig im Folgeverfahren nicht inzident nachgeholt werden. Ist das ausländische Recht so strukturiert, dann hat der Schuldausspruch Gestaltungscharakter[82] und unterliegt nicht der prozessualen lex-fori-Regel. Die ursprünglich gegenteilige Meinung des *BGH*[83] und der überwiegenden Anzahl der Autoren[84] ist obsolet, seit der *BGH* sich im hier vertretenen Sinne ausgesprochen hat[85]. Keinesfalls verstößt eine Feststellung zur Scheidungsschuld allein deswegen gegen den deutschen ordre public, weil es ein zentrales Anliegen der Scheidungsreform gewesen ist, Schuldfeststellungen zu vermeiden.

Rein verfahrensrechtliche Regelungen der lex causae braucht das deutsche Gericht nicht zu beachten, auch nicht, um im Ausland die Anerkennungschancen für das Urteil zu erhöhen[86]. Die Geltung des lex-fori-Prinzips für verfahrensrechtliche Fragen ist so universell anerkannt, daß darauf vertraut werden kann, das fragliche Ausland werde dem deutschen Urteil nicht deshalb die Anerkennung versagen, weil das deutsche Gericht zwar die fremde lex causae, aber deutsches Prozeßrecht angewandt hat.

Zu Fragen des Verfahrensverbundes bei ausländischer lex causae bezüglich der Ehesache → § 623 Rdnr. 20 ff.

17c

Aus dem Eheauflösungsmonopol der staatlichen Gerichte hat der Gesetzgeber des Jahres 1986 (Art. 17 Abs. 2 EGBGB) leider im Anschluß an ein Grundsatzurteil des *BGH*[87] die Schlußfolgerung gezogen, im Inland könnten auch Ausländer keine Privatscheidung (etwa durch Registrierung standesamtlicher Erklärungen bei ihren Konsulaten) vornehmen. Einzel-

---

[78] Zu schematisch will das *LG Baden-Baden* IPRsp 58/59 Nr. 124 eine Anfechtungsklage des ausländischen Rechts generell den Vorschriften für die deutsche Aufhebungsklage unterwerfen.
[79] So mit Recht *Beitzke* RabelsZ 23 (1958) 708, 711) bezüglich des früheren § 607, der generell für Eheverfahren ein Beteiligungsrecht des Staatsanwalts vorsah.
[80] Näher *Staudinger-Spellenberg*[12] Internationales Eheverfahrensrecht Rdnr. 379 ff.
[81] *OLG Frankfurt* IPRax 1982, 22.
[82] *Schlosser* Gestaltungsklagen und Gestaltungsurteile (1966) 81 ff. m.w.N.; BSozG NJW 1959, 1749, 1750; *Rosenberg* ZPR[9]. § 161 V 1a. – A.M. *Arens* ZZP 76, 439, 441; *Müller-Freienfels* JZ 1972, 715, 716) 5.

[83] NJW 1982, 1940, 1942.
[84] *Henrich* FS Bosch (1976) 417 m.w.N. – A.M. *Soergel-Kegel*[11] Art. 17 Rdnr. 66 m.umfangr. N. zum Streitstand.
[85] FamRZ 1987, 793, 795 = NJW 1988, 637 = IPRax 173 (*Hepting* 153); zust. *OLG Celle* FamRZ 1989, 623, 625; *OLG Hamm* FamRZ 1989, 625, 626; *Kropholler* IPR (1990) § 46 II 1; *Palandt-Heldrich*[52] Art. 17 EGBGB Rdnr. 18; *MünchKomm-Winkler von Mohrenfels*[2] Art. 17 EGBGB Rdnr. 114; allg. M.
[86] A.M. *Zöller-Geimer*[17] Rdnr. 16 ff.
[87] BGHZ 82, 43 f. = NJW 1982, 519 = FamRZ 1946 = IPRax 1983, 38.

heiten → § 328 Rdnr. 415. Das deutsche Gericht kann freilich nichts anderes tun, als aufgrund der lex causae notwendige privatautonome Akte durch Scheidungsurteil zu ersetzen[88].

18 Über das in Ehesachen anzuwendende materielle Recht siehe Art. 13 bis 17 EGBGB. Wegen der Anerkennung ausländischer Scheidungsurteile → § 328 Rdnr. 401 ff. Zur Behandlung von Urteilen von Gerichten der ehemaligen DDR → § 328 Rdnr. 301 ff. (20. Aufl.). Zur internationalen Zuständigkeit → § 606 a, 621 Rdnr. 56 ff. Zur internationalen Rechtshängigkeit → § 606 a Rdnr. 4, 261 Rdnr. 11 ff., 621 Rdnr. 55. Zur »wesenseigenen Zuständigkeit« der Gerichte → Einl. vor § 1 Rdnr. 762.

IV. Die Besonderheiten der Familiensachen im allgemeinen und der Ehesachen im besonderen

19 1. Die nach Familiensachen zusammengefaßten Angelegenheiten sind teils nach FGG-Grundsätzen, teils nach ZPO-Grundsätzen – und auch dann wieder verschieden nach eheverfahrensrechtlichen und normalen Prinzipien – abzuwickeln → § 616 Rdnr. 2 ff., § 621 a Rdnr. 1 ff. Das gilt auch für den in Scheidungssachen angeordneten Verfahrensverbund → § 624 Rdnr. 2. Wegen der Anwendbarkeit der Vorschriften aus dem ersten Abschnitt des zweiten Buches → § 624 Rdnr. 4 ff.

20 2. Die in den Vorschriften der ZPO vorgesehenen Verfahrensbeteiligungen erfassen nicht alle materiell Beteiligten, welche nach Art. 103 Abs. 1 GG **Anspruch auf rechtliches Gehör** haben. Diese Norm verlangt, daß grundsätzlich der Kreis der in ihren Rechten vom Urteil Betroffenen und derjenigen der Gehörsberechtigten übereinstimmt[89] → Rdnr. 30 ff. vor § 128. Das bedeutet, daß etwa im Bestandsfeststellungsstreit die aus der Verbindung hervorgegangenen Abkömmlinge, deren Status als eheliche Kinder in Frage gestellt wird, im Verfahren gehört werden müssen[90]. Die abstrakte Möglichkeit einer streitgenössischen Nebenintervention genügt den Erfordernissen des Art. 103 Abs. 1 GG nicht[91]; in entsprechender Anwendung der §§ 640 e ZPO, 65, 66 VwGO sind die Kinder zum Verfahren beizuladen[92], wobei die sich aus Art. 103 GG bei Anwendung dieser Normen ergebenden notwendigen Anreicherungen zu beachten sind → § 640 e Rdnr. 9, 10. Ist die Beiladung unterblieben, so entfaltet das Urteil aber gleichwohl Feststellungswirkung inter omnes[93]. Die Übergangenen die Entscheidung binnen einer erst mit Zustellung auch an sie beginnenden Rechtsmittelfrist analog § 579 Abs. 1 Nr. 4 anfechten zu lassen[94], würde zu einem unvertretbaren und zudem unerkannten

---

[88] *OLG München* IPRax 1989, 238, 241 f. (*Jayme* 232) – zu Recht die talāg-Scheidung des islamischen Rechts dann nicht als gegen den deutschen ordre public verstoßend bezeichnet, wenn auch die Voraussetzungen einer Scheidung nach deutschem Recht vorliegen.

[89] Dazu ausführlich *Schlosser* Gestaltungsklagen und Gestaltungsurteile (1966) §§ 17, 18, 19; *ders.* JZ 1967, 431 ff.; *Grunsky* FamRZ 1966, 642; *ders.* Grundlagen des Verfahrensrechts[2] § 25 II 2b; *Brüggemann* JR 1969, 363 ff.; *Manfred Wolf* JZ 1971, 405, 406. Aus der Rechtsprechung in diesem Sinne *BGHZ* 89, 121 ff. = NJW 1984, 353 (»nach § 1599 I BGB ficht der Mann die Ehelichkeit des Kindes durch Klage gegen das Kind an. Bei einer solchen Rechtsstreitigkeit handelt es sich um eine …(S)ache…, in der das Urteil…für und gegen alle wirkt…, also auch für und gegen die…Mutter…Nach Art. 103 I GG hat sie deshalb Anspruch auf rechtliches Gehör…«.

[90] *Schlosser, Grunsky, Wolf* aaO; *Zeuner* Rechtliches Gehör, materielles Recht und Urteilswirkungen, 42, 45 ff.; *Calavros* Urteilswirkungen zu Lasten Dritter (1977) 150 ff.; *Waldner* Der Anspruch auf rechtliches Gehör (1989) Rdnr. 419. – A.M. *BayObLG* FamRZ 1966, 639, 640; wohl auch *Marotzke* ZZP 100 (1987) 164, 206 Fn. 215 mit der Begründung, das statusrechtliche Feststellungsurteil beziehe sich nicht auf den Zeitpunkt der Geburt. Zum Stellenwert des Arguments, rechtskräftige Feststellungen zur Existenz eines Rechts schlössen nicht aus, es zu einem anderen Zeitpunkt doch bzw. doch nicht als entstanden anzusehen, *Leipold* Keio Law Review 1990, 277, 282.

[91] Dazu näher *Schlosser* aaO § 22 I; *Grunsky* Grundlagen aaO § 25 II 3.

[92] *Schlosser* aaO § 22 II; *ders.* JZ 1967, 431, 435; *Grunsky* aaO; *Zeuner* aaO.

[93] *Schlosser* aaO § 23 I; *ders.* JZ 1967, 431, 436 f. – A.M. *Grunsky* FamRZ 1966, 642, 643 f.; *ders.* Grundlagen § 25 II 4; *Zeuner* aaO 50 f.; *Waldner* aaO 245 f.

[94] *Marotzke* aaO 182 ff. im Anschluß an BGHZ 89, 121 → § 640 e Rdnr. 12.

Hinausschieben des Eintritts der formellen Rechtskraft führen, was insbesondere bei ex nunc wirkenden Gestaltungsurteilen chaotische Folgen haben könnte. Die Annahme, daß gesetzlich vorgesehene Entscheidungswirkungen subjektiv eingeschränkt werden, wenn notwendige Anhörungen unterblieben sind, würde zu großer Rechtsunsicherheit führen und hat im Gesetz nirgendwo Niederschlag gefunden. Auch § 640h S. 2 ist kein Beleg dagegen, weil das Gesetz die Beiziehung eines ehelichen Vaterschaftsprätendenten nicht verlangt. Hat die Verfassungsbeschwerde Erfolg, so braucht indes das Urteil nicht insgesamt aufgehoben zu werden[95]. Es genügt, wenn ihm das Verfassungsgericht die auch die Rechtsstellung des Dritten erfassende Wirkung nimmt. Was für Kinder gilt, ist entsprechend auch für einen Gatten aus einer späteren Ehe eines der Beteiligten rechtens, wenn der neue Ehegatte Gefahr läuft, aufgrund des erstrebten Urteils als bigamisch verheiratet zu gelten.

Der Grundsatz, daß jeder anhörungsberechtigt ist, für dessen Rechte das im Ehe- oder Kindschaftsverfahren ergehende Urteil im Falle eines Klageerfolgs oder -mißerfolgs präjudiziell-aberkennende Bedeutung haben wird, läßt sich aus praktischen Gründen jedoch nicht uneingeschränkt durchführen. *Zeuner* ist es gelungen[96], den Begriff der »Zuständigkeit zur Geltendmachung von Rechten« so zu konkretisieren, daß man ihn als einschränkendes Kriterium handhaben kann. Sachlich auf das Gleiche läuft es hinaus, von der materiellrechtlichen Trennung der Rechtsverhältnisse trotz »sachlogischen Zusammenhangs« zu sprechen[97]. Das Gesetz kennt durchaus Fälle, wo die Geltendmachung eines Rechts schon vom materiellen Zuweisungsgehalt her in der Person eines Hauptbetroffenen konzentriert werden soll und Rechtsstellungen anderer dadurch als der Position dieses Hauptbetroffenen untergeordnet ausgewiesen sind. Die Vorschriften über die Anerkenntnis der Vaterschaft zu einem nichtehelichen Kinde wie diejenigen über die Anfechtung der Ehelichkeit[98], die Legitimation durch nachfolgende Eheschließung und die Adoption zeigen, daß Personen, deren erbrechtliche oder unterhaltsrechtliche Stellung von dem zweifelhaften Familienstatus einer anderen Person abhängt, keine eigene Zuständigkeit für gerichtliche Bekämpfung oder Verteidigung dieses Status' haben. Ob weitere Einschränkungen der subjektiven Tragweite der Anhörungspflicht aus Gründen der Schnelligkeit und Effizienz sowie der finanziellen Erschwinglichkeit des Rechtsschutzes zugelassen werden können[99], ist fraglich, jedoch im vorliegenden Zusammenhang unerheblich, weil Drittbetroffenheit, die nach diesem Prinzip behandelt werden müßte, in Familien- und Statussachen nicht auftritt. Die Interessen rechtsgeschäftlicher Gläubiger aus Schlüsselgewaltsgeschäften etwa lassen sich durch entsprechende Anwendung der den gutgläubigen Verkehr schützenden Bestimmungen schon vom materiellen Recht her wahren[100].

3. Die Abweichungen des Eheprozesses vom ordentlichen Verfahren beruhen auf dem öffentlichen Interesse, daß eine Ehe zum einen nicht unter Voraussetzungen aufgelöst wird, unter denen das Gesetz eine Nichtigerklärung oder Auflösung nicht gestattet, und zum anderen, daß eine Ehe nicht von Bestand bleibt, die das Gesetz für nichtig erklärt. An diesem Grundsatz hat sich auch im zeitgenössischen Eheverfahrensrecht nichts geändert. Gewiß gibt es scheidungswilligen Eheleuten mehr Spielraum, vor allem einvernehmlich Scheidungswilligen. Jedoch ist sorgfältig darauf zu achten, daß die objektiven Scheidungsvoraussetzungen, vor allen Dingen die Anforderungen an die Vermutung des Scheiterns einer Ehe, nicht

---

[95] So die Befürchtung von *Grunsky* Grundlagen aaO.
[96] aaO 31 ff.
[97] *Häsemeyer* ZZP 101 (1988) 385, 387 ff. Seiner These, allein die Rechtskraft und nicht die Gestaltungswirkung eines Gestaltungsurteils bestimme, wer von den Urteilswirkungen betroffen werde, ist allerdings zu widersprechen → § 640h Rdnr. 1.

[98] BGHZ 92, 275 = JZ 1985, 338: Keine streitgenössische Nebenintervention des als wirklicher Vater Bezeichneten → § 640h Rdnr. 7.
[99] So *Wolf* aaO 406 ff.; auch *Zeuner* aaO 39. – A.M. *Grunsky* Grundlagen § 25 II 2 b.
[100] *Zeuner* aaO 40 f.

prozessual überspielt werden. Zur Prädominanz der Scheidung aus dem Grundtatbestand → § 630 Rdnr. 1. Die diesem Anliegen dienenden Vorschriften der ZPO sind denn auch – von kleineren redaktionellen Anpassungen abgesehen – wortwörtlich aufrechterhalten worden. Demgemäß muß der Parteiwille gegenüber dem öffentlichen Interesse zurücktreten. Der Verhandlungsgrundsatz und die Dispositionsmaxime → Rdnr. 68 ff., 75 ff. vor § 128 sind daher in wesentlichen Teilaspekten ausgeschlossen, §§ 616, 617. Dem Gericht ist eine eigene Ermittlungstätigkeit aufgegeben, bei Nichtigkeits- und Ehefeststellungsklagen unbeschränkt, bei Scheidungs-, Aufhebungs- und Herstellungsklagen unter Beschränkung auf Tatsachen, die geeignet sind, der Aufrechterhaltung der Ehe zu dienen, § 616 Abs. 2. Ferner ist ein Versäumnisurteil gegen den Beklagten ganz ausgeschlossen, § 612 Abs. 4, und dasjenige gegen den Kläger in den Fällen der Nichtigkeits- und Feststellungsklage von einer Sachabweisung zur Prozeßabweisung abgeschwächt (§§ 635, 638). Die Parteien sind zudem durch das Verbot der Gerichtsstandsvereinbarung (§ 40 Abs. 2) und die Erzwingbarkeit ihres persönlichen Erscheinens (§ 613 Abs. 2, verglichen mit § 141 Abs. 3) in ihrer Dispositionsfreiheit beschränkt. Sondervorschriften für Ehesachen enthält außerdem noch § 313a Abs. 2 (aber nicht für Scheidung). Nach § 170 GVG ist die Verhandlung in Ehesachen nicht öffentlich. Die Verkündung des Urteils geschieht dagegen, sofern nicht hierfür unter den Voraussetzungen des § 172 GVG die Öffentlichkeit ausgeschlossen ist, öffentlich, § 173 GVG.

22   4. Auf das **Rechtsmittelverfahren und die Wiederaufnahmeklagen** → § 619 Rdnr. 11 ff. sind die allgemeinen Vorschriften anwendbar, soweit sie nicht für den Eheprozeß ausdrücklich modifiziert sind[101] → §§ 615 Abs. 2, 618, 634, 704. Wegen der Rechtsmittel der siegreichen Partei im Interesse der Aufrechterhaltung der Ehe → Allg. Einl. vor § 511 Rdnr. 63 f, wegen eines Rechtsmittels zur Geltendmachung neuer Eheauflösungsgründe → § 611 Rdnr. 9, zur Zuständigkeit → § 606 Rdnr. 1.
Wegen der Rechtsmittel in sonstigen Familiensachen → § 621 e und Erläuterungen dort. Zur Rechtsmittelproblematik in Scheidungs- und Folgesachen → §§ 628 bis 628 c.

23   5. Trotz des öffentlichen Interesses an der Entscheidung der Ehesache ist es nicht ausgeschlossen, daß das Bestehen einer Ehe oder eines sonstigen Statusverhältnisses **als Inzidentfragen** im ordentlichen Verfahren und nach dessen Regeln entschieden werden. Jedoch ist dabei zu beachten:
a) Ist in einem gewöhnlichen Rechtsstreit streitig, ob zwischen den Parteien eine Ehe besteht oder nicht, und hängt von der Beantwortung dieser Frage die Entscheidung des Rechtsstreits ab, so ist dieser nach § 154 auf Antrag bis zur Durchführung des Ehefeststellungsstreits → Rdnr. 9 auszusetzen. Unterbleibt die Aussetzung, so hat das mit dem Rechtsstreit befaßte Gericht über den Bestand der Ehe als Vorfrage zu entscheiden. Letzteres ist stets der Fall bei Prozessen mit Dritten oder zwischen Dritten. Das Urteil wirkt dann aber nur zwischen den Prozeßparteien und kann eine Wirkung für und gegen alle auch nicht durch Inzidentklage nach § 256 Abs. 2 erhalten.
b) Über die Gültigkeit einer Ehe, d.h. über das Bestehen oder Nichtbestehen von Nichtigkeitsgründen, kann ebenso wenig als Vorfrage entschieden werden wie über die Aufhebbarkeit einer Ehe. Dieser Grundsatz hat auch in § 27 EheG keine Einschränkung erfahren, weil diese Vorschrift überhaupt erst dann zur Anwendung kommt, wenn die Ehe rechtskräftig für nichtig erklärt ist. Wegen der Aussetzung des Verfahrens mit Rücksicht auf einen angestrengten Nichtigkeitsprozeß oder auf eine anhängige Eheaufhebungsklage → §§ 151, 152.

24   6. Wegen der Prozeßkosten § 93a und Erläuterungen dort.

---
[101] *BGH* FamRZ 1982, 789 (Ehesache!)

§ 606 [Zuständigkeit]

(1) Für Verfahren auf Scheidung, Aufhebung oder Nichtigkeitserklärung einer Ehe, auf Feststellung des Bestehens oder Nichtbestehens einer Ehe zwischen den Parteien oder auf Herstellung des ehelichen Lebens (Ehesachen) ist das Familiengericht ausschließlich zuständig, in dessen Bezirk die Ehegatten ihren gemeinsamen gewöhnlichen Aufenthalt haben. Fehlt es bei Eintritt der Rechtshängigkeit an einem solchen Aufenthalt im Inland, so ist das Familiengericht ausschließlich zuständig, in dessen Bezirk einer der Ehegatten mit den gemeinsamen minderjährigen Kindern den gewöhnlichen Aufenthalt hat.

(2) Ist eine Zuständigkeit nach Absatz 1 nicht gegeben, so ist das Familiengericht ausschließlich zuständig, in dessen Bezirk die Ehegatten ihren gemeinsamen gewöhnlichen Aufenthalt zuletzt gehabt haben, wenn einer der Ehegatten bei Eintritt der Rechtshängigkeit im Bezirk dieses Gerichts seinen gewöhnlichen Aufenthalt hat. Fehlt ein solcher Gerichtsstand, so ist das Familiengericht ausschließlich zuständig, in dessen Bezirk der gewöhnliche Aufenthaltsort des Beklagten oder, falls ein solcher im Inland fehlt, der gewöhnliche Aufenthaltsort des Klägers gelegen ist. Haben beide Ehegatten das Verfahren rechtshängig gemacht, so ist von den Gerichten, die nach Satz 2 zuständig wären, das Gericht ausschließlich zuständig, bei dem das Verfahren zuerst rechtshängig geworden ist; dies gilt auch, wenn die Verfahren nicht miteinander verbunden werden können. Sind die Verfahren am selben Tage rechtshängig geworden, so ist § 36 entsprechend anzuwenden.

(3) Ist die Zuständigkeit eines Gerichts nach diesen Vorschriften nicht begründet, so ist das Familiengericht beim Amtsgericht Schöneberg in Berlin ausschließlich zuständig.

Gesetzesgeschichte: § 568 CPO. Änderungen: RGBl. 98, 256, RGBl. 1938 I 923, RGBl. 1941 I 654, BGBl. 1957 I 609 → Rdnr. 3, Rdnr. 2 ff. vor § 606.

I. Überblick 1	c) Letzter inländischer gemeinsamer gewöhnlicher Aufenthalt 14
II. Die örtliche Zuständigkeit im einzelnen 7	d) Gewöhnlicher inländischer Aufenthalt des Beklagten 15
1. Der gewöhnliche Aufenthalt	e) Gewöhnlicher inländischer Aufenthalt des Klägers 16
a) Das faktische Kriterium 8	
b) Die notwendige Dauer 9	f) Die zuerst eingetretene Rechtshängigkeit einer Ehesache 17
c) Vorübergehende Abwesenheit 10	
d) Mehrfacher, unbekannter Aufenthalt 11	g) AG Berlin-Schöneberg 18
2. Die Anknüpfungsleiter 12	III. Widerklagen 19
a) Gemeinsamer gewöhnlicher Aufenthalt	IV. Behandlung der Zuständigkeit des Familiengerichts 20
b) Gewöhnlicher Aufenthalt zusammen mit minderjährigen Kindern 13	

I. Überblick

1. § 606 gibt zunächst die gesetzliche Begriffsbestimmung der Ehesachen. Damit legt er zugleich seinen Anwendungsbereich und den der folgenden Vorschriften des ersten Abschnitts im allgemeinen fest, → dazu Rdnr. 6–15 vor § 606. Bei **Wiederaufnahmeklagen** geht die durch § 606 begründete Zuständigkeit jener nach § 584 vor[1]. 1

---

[1] *BGH* NJW 1982, 2449 = FamRZ 789; *OLG Stuttgart* FamRZ 1980, 379; *OLG Braunschweig* NJW 1978, 56 = FamRZ 128. – A.M. *OLG Köln* FamRZ 1978, 359; *KG* FamRZ 1979, 526 – alle aber wohl durch *BGH* aaO überholt.

2 2. Mit der Erwähnung des Familiengerichts knüpft § 606 an die Regelung der **sachlichen Zuständigkeit** in §§ 23 a Nr. 4, 23 b Abs. 1 Nr. 1 GVG an. Die Familiengerichte sind die bei den Amtsgerichten gebildeten Abteilungen für Familiensachen[2]. Um den Übergang von der vor 1976 gegebenen Zuständigkeit der LGe auf die der AmtsGe sich nicht zum Nachteil der Anwaltschaft auswirken zu lassen, ordnete das Gesetz im selben Umfang Anwaltszwang an, wie wenn das Statusverfahren beim LG geblieben wäre und für die übrigen Verfahren die allgemeinen Regeln gälten → § 78 Rdnr. 3. Dadurch, daß über Berufungen und Beschwerden Familiensenate am OLG entscheiden, § 119 Nr. 1 und 2 GVG, ist die Statthaftigkeit von Revision und weiterer Beschwerde (zum Bundesgerichtshof) gewährleistet.

Neue Bundesländer → Allg.Einl. vor § 606 Rdnr. 11 ff.

3 3. § 606 regelt nur die **örtliche Zuständigkeit**, erweckt also in Absatz 3 zunächst den Eindruck, als gebe es für jedes auf der Welt anzustrengende Eheverfahren ein zuständiges deutsches Gericht → Rdnr. 4. Die örtliche Zuständigkeit ist immer als ausschließliche geregelt, was angesichts der vom Scheidungseinverständnis ausgehenden Zerrüttungsvermutung, § 1566 I BGB, und der faktischen Durchsetzung der einverständlichen Scheidung kaum noch zu rechtfertigen ist. Die örtliche Zuständigkeit knüpfte früher an den allgemeinen Gerichtsstand des Ehemanns, d. h. regelmäßig an dessen Wohnsitz an. In Verbindung mit dem EheG vom 6.7.1938 wurde § 606 durch die dazu erlassene vierte DurchVO vom 25.10.1941 (RGBl. I 654) dahin geändert, daß der gemeinsame gewöhnliche Aufenthalt der Ehegatten, hilfsweise der gewöhnliche Aufenthalt des Ehemannes, maßgebend war und höchst subsidiär das LG Berlin zu entscheiden hatte. Diese Vorschriften waren seit 1.4.1953 bereits durch den Grundsatz der Gleichberechtigung von Mann und Frau obsolet geworden. Das GleichberechtigungsG hat § 606 diesem neuen Rechtszustand angepaßt → Rdnr. 1 vor § 606. Die Neuregelung von 1976 hat in der Sache nur insoweit eine Änderung gebracht, als seither an zweiter Stelle der Reihenfolge das Gericht steht, in dessen Bezirk ein Ehegatte mit den gemeinsamen minderjährigen Kindern den gewöhnlichen Aufenthalt hat. Die Regelung trägt der Zuständigkeitsfestlegung des § 621 Abs. 2 S. 1 Rechnung, nach der während der Anhängigkeit der Ehesache das dafür zuständige Gericht auch für die Familiensachen des § 621 Abs. 1 zuständig sein soll. Von diesen betreffen die Nr. 1–4 Regelungen, die die gemeinschaftlichen Kinder unmittelbar berühren[3].

4 4. Die **internationale Zuständigkeit** der sich zunächst als weltweit bereitstehend präsentierenden deutschen Gerichte wird durch § 606 a wieder eingeschränkt. Anders als üblicherweise wird also die internationale Zuständigkeit der deutschen Gerichte in Statussachen weder doppelfunktionell an die örtliche geknüpft noch vor der örtlichen geregelt, sondern als deren Einschränkung dargestellt. Das ändert aber nichts daran, daß die auch sonst bestehende qualitative Eigenart der internationalen Zuständigkeit → Einleitung Rdnr. 737 ff. unberührt bleibt.

Zur Prüfungsreihenfolge → § 606 a Rdnr. 7.

§§ 606, 606 a gelten auch für Ehenichtigkeitsklagen. Ist eine solche gegen beide Partner einer angeblich bigamischen Ehe gerichtet, so ist § 606 anwendbar, wenn einer von ihnen Deutscher ist[4].

5 5. Die Gerichtsstände des § 606 sind als **ausschließliche** bezeichnet. Das hat im Verhältnis der deutschen Gerichte zueinander keine konstitutive Bedeutung. Da nach § 40 Abs. 2

---

[2] Rechtsvergleichend *Nakamura* in Habscheid (Hsg.) Effektiver Rechtsschutz und verfassungsmäßige Ordnung (1983) 467 ff.

[3] Begründung des Regierungsentwurfes BTDrucks 7/650 S. 195.

[4] *BGH* FamRZ 1976, 337 = NJW 1590.

nämlich jede Gerichtsstandsvereinbarung in Ehesachen ausgeschlossen ist, hat das deutsche Gericht stets sowohl seine sachliche wie seine örtliche Zuständigkeit von Amts wegen zu prüfen → § 616 Rdnr. 1, nicht mehr aber in der Berufungsinstanz → § 529 Rdnr. 2 und in der Revisionsinstanz § 559 Rdnr. 10, sowie vom Kläger gegebenenfalls die nötigen Beweise dafür zu fordern. Das Gericht kann sich aber, soweit kein Zweifel besteht, mit den dahingehenden Angaben der Parteien zufrieden geben.

6. Der für die Zuständigkeit **maßgebende Zeitpunkt** ist nach allgemeinen Grundsätzen → § 300 Rdnr. 20 ff. auch hier der *Schluß der mündlichen Verhandlung;* wegen des entsprechenden Zeitpunktes bei einer Entscheidung nach § 128 Abs. 2 → § 128 Rdnr. 94 ff. Es genügt daher, wenn die Zuständigkeit nachträglich eintritt → § 261 Rdnr. 73[5], während ein nach Eintritt der Rechtshängigkeit (nicht aber nur nach Anbringung des Prozeßkostenhilfegesuchs[6]) eingetretener[7] nachträglicher Fortfall der die Zuständigkeit begründenden Umstände nach § 261 Abs. 3 Nr. 2, also vor allen Dingen der nachträgliche Wegfall des gewöhnlichen Aufenthalts[8], außer Betracht bleibt → § 261 Rdnr. 76. Das gilt auch bei Gesetzesänderungen, sofern in den Übergangsvorschriften nichts Abweichendes bestimmt ist[9]. Anders ist nur zu entscheiden, wenn die Anerkennungserwartung nach § 606 a Abs. 1 Nr. 4 während des Prozesses entfällt[10]. Wie auch sonst ist die Zustellung einer Antragsschrift im Rahmen des Prozeßkostenhilfeverfahrens bedeutungslos[11]. Eine Weitergeltung des anzuwendenden materiellen Rechts läßt sich aus § 261 freilich nicht begründen. Gegebenenfalls folgt sie allerdings aus dem für die Sache maßgebenden ausländischen Recht[12]. Zu den Parallelfragen bei der internationalen Zuständigkeit der deutschen Gerichte → § 606 a Rdnr. 2 f.

Mit beeindruckenden Argumenten wird vorgeschlagen, den Zeitpunkt für die perpetuatio fori auf die Anhängigkeit einer Familiensache (die Folgesache werden wird) oder eines Antrags auf Erlaß einer einstweiligen Anordnung vorzuverlegen[13]. Ob sich dies de lege lata erreichen läßt, ist aber zweifelhaft.

II. Die örtliche Zuständigkeit im einzelnen

1. Die Zuständigkeitsordnung in Ehesachen baut nicht auf den Begriffen des allgemeinen Gerichtsstandes und des Wohnsitzes, sondern auf denjenigen des **gewöhnlichen Aufenthalts** auf[14]. Das ist, wie in § 606 a auch, der Ort, an dem jemand während einer längeren Zeit, wenn auch nicht ununterbrochen, aber doch hauptsächlich sich aufzuhalten pflegt; insbesondere, aber nicht notwendigerweise[15], der tatsächliche Mittelpunkt seiner sozialen Bezüge, der am stärksten durch den Ort der regelmäßigen Nächtigung gekennzeichnet wird[16]. Bei Verschiedenheit von Wohn- und Arbeitsort ist der erstere maßgebend. Es handelt sich um eine von den rechtlichen Kompliziertheiten des Wohnsitzbegriffs losgelöste, an faktische Gegebenheiten anknüpfende Bestimmung der Zuständigkeit, die ihr Gegenstück in Art. 5 Nr. 2 EuGVÜ, Art. 1 Haager MSÜ, Art. 5 Abs. 2, 18 EGBGB und Rechtsanwendungsverordnung vom

---

[5] So auch *BGH* NJW 1984, 1305 → § 606 a Rdnr. 3 für die internationale Zuständigkeit. Unrichtig *OLG Stuttgart* FamRZ 1982, 84, 85. Einzige Ausnahme → Rdnr. 14.
[6] *BGH* FamRZ 1980, 131.
[7] *MünchKommZPO-Walter* Rdnr. 31.
[8] *BGH* FamRZ 1983, 1216 = IPRax 1985, 162; *ders.* NJW 1988, 636; *KG* NJW 1988, 649, 650; *OLG München* IPRax 1988, 354 (*Winkler v. Mohrenfels* 341); *OLG Düsseldorf* IPRax 1983, 129 (Nr. 36).
[9] *BGH* NJW 1979, 887; *BGH* IPRax 1988, 173.
[10] Bezüglich des früheren § 606 b Nr. 1 so *OLG Karlsruhe* FamRZ 1958, 31 f.; *LG Freiburg* FamRZ 1957, 31.
[11] *BGH* FamRZ 1980, 131.
[12] RGZ 151, 105.
[13] *MünchKommZPO-Walter* aaO; *Zöller-Philippi*[17] Rdnr. 49.
[14] Lit.: Außer Kommentaren zu §§ 606 f. *Spellenberg* IPRax 1988, 1, 4 ff.; *MünchKomm-Sonnenberger*[2] vor Art. 7 EGBGB Rdnr. 542 ff.; *von Bar* Internationales Privatrecht Bd. I (1987) Rdnr. 528 ff.
[15] *OLG Zweibrücken* FamRZ 1985, 81, 82.
[16] *KG* NJW 1988, 649, 650.

7.12.1942¹⁷ hat. Vor allem prägt der gewöhnliche Aufenthalt heute nach Art. 14 Abs. 1 Nr. 2 EGBGB das Ehewirkungsstatut und dadurch das Scheidungsstatut bei gemischt nationalen Ehen. Der Begriff ist, möglicherweise von geringfügigen Nuancen abgesehen, in allen genannten Normen einheitlich auszulegen¹⁸. Auf die zu den genannten Normen entstandene Rechtsprechung kann auch im Rahmen der §§ 606, 606a zurückgegriffen werden. Da bei den unter den genannten Normen erwähnten internationalen Übereinkommen ein Interesse an international einheitlicher Auslegung besteht und kein Interesse daran existiert, in §§ 606, 606a eine davon abweichende Auslegung zu fördern, sollten auch ausländische Judikatur und Rechtslehre zum Begriff des gewöhnlichen Aufenthalts wohlwollende Berücksichtigung finden¹⁹. Wenn die Alternativen gewöhnlicher Aufenthalt im Inland oder im Heimatstaat einer Person lauten, kann man schärfere Maßstäbe anlegen als dann, wenn die Folge des Leugnens des gewöhnlichen Aufenthalts im Inland die wäre, daß man nirgendwo einen gewöhnlichen Aufenthalt der fraglichen Person annehmen kann. Im einzelnen gilt folgendes.

8 a) Im Unterschied zum Wohnsitz ist der gewöhnliche Aufenthalt **etwas ganz überwiegend Faktisches**, allg. M. Zu Recht hat man schon vom »faktischen Wohnsitz« gesprochen²⁰. Es kann sich auch um einen erzwungenen Aufenthalt handeln, wie etwa bei Aufenthalt in **Strafanstalten**²¹ oder psychologischem Krankenhaus, auch wenn die fragliche Person zwangsweise dorthin verbracht wurde. Der entgegenstehende Wille des **Sorgeberechtigten** vermag die Begründung eines gewöhnlichen Aufenthalts durch das Kind nicht zu hindern²², wenn der Aufenthalt hinreichend lange gedauert hat → Rdnr. 9. Es spielt bei sich im Inland aufhaltenden Ausländern auch keine Rolle, ob der Meldepflicht genüge getan wurde oder nicht²³. Umgekehrt begründet die polizeiliche Meldung allein auch noch nicht den gewöhnlichen Aufenthalt²⁴. Allerdings verlangt auch der Gesichtspunkt, daß niemand als Opfer rechtswidrigen Tuns um seine Zuständigkeitsrechte gebracht werden darf, Beachtung. Verschleppte oder als **Geiseln** genommene Personen behalten ihren gewöhnlichen Aufenthalt im Inland²⁵. In den **Kindesentführungsfällen** → Rdnr. 9 muß man eine beträchtliche Integrationsdauer annehmen, damit Aufenthaltszuständigkeit begründet werden kann.

9 b) Generell läßt sich sagen, daß »gewöhnlicher Aufenthalt« erst nach einer gewissen **Dauer des Aufenthalts** begründet wird. Als »Faustregel« hat sich in Anlehnung an § 9 Satz 2 AO eine Zeit von 6 Monaten herausgebildet²⁶. Allerdings ist hierbei zu differenzieren. Wenn jemand **umzieht**, um am Ort der neuen Wohnung seinen neuen Lebensmittelpunkt zu begründen, so hat er vom ersten Tag an dort gewöhnlichen Aufenthalt²⁷, der Insasse eines Krankenhauses oder einer Rehabilitationsklinik aber nicht²⁸, sofern man nicht mit einem dortigen

---

¹⁷ Dazu Kommentare zu Art. 38 EGBGB. Zum gewöhnlichen Aufenthalt im Sinne der genannten Verordnung *BGH* NJW 1983, 2771.
¹⁸ So mit Recht *OLG Hamm* NJW 1990, 651.
¹⁹ Zur Zeit fehlt es noch an der rechtsvergleichenden Aufarbeitung solcher Judikatur.
²⁰ *OLG Hamm* NJW 1990, 651 = IPRax 247 (zust. *Spickhoff* 225, 226).
²¹ *OLG Schleswig* SchlHA 1980, 73; *OLG Düsseldorf* MDR 1969, 143; *OLG Stuttgart* MDR 1964, 768 – fast allg. M. mit Ausnahme von *MünchKomm-Sonnenberger*² vor Art. 7 EGBGB Rdnr. 546 (trotz grundsätzlicher Objektivierung des Aufenthaltsbegriffs auch bei ihm). Erschöpfende Nachweise zur h. M. und zum früheren Streitstand *Staudinger-Spellenberg*¹² Internationales Verfahrensrecht in Ehesachen Rdnr. 168.
²² *BGH* NJW 1981, 520 = FamRZ 135.
²³ *KG* NJW 1988, 649, 650.
²⁴ *OLG Zweibrücken* FamRZ 1985, 81, 82. Für die im Ausland berufstätige Tochter hatten ihre Eltern eine möblierte Wohnung freigehalten; die Tochter war noch polizeilich gemeldet und besuchte ihre eigenen Kinder viermal jährlich – trotzdem kein gewöhnlicher Aufenthalt mehr.
²⁵ *Spellenberg* IPRax 1988, 1, 4.
²⁶ So berichtet von *OLG Hamm* NJW 1990, 651. Dagegen *Spellenberg* IPRax 1988, 1, 5. Skeptisch auch *MünchKommZPO-Walter* Rdnr. 20.
²⁷ *BGHZ* 78, 293 = FamRZ 1981, 135, 136. – A. M. *Staudinger-Spellenberg*¹² Internationales Verfahrensrecht in Ehesachen Rdnr. 163; *Spellenberg* IPRax 1988, 1, 4, der zu Unrecht Zuständigkeitserschleichung befürchtet: Dazu steht der gewöhnliche Aufenthalt des Klägers zu weit am Schluß der Zuständigkeitsleiter!; *OLG München* FamRZ 1981, 389, 390; für Fortbestehen des alten gewöhnlichen Aufenthalts des von einem Elternteil mitgenommenen Kindes, ohne den Gesichtspunkt besonders zu prüfen, daß es der sorgeberechtigte Elternteil war, der mit dem Kind verzog.
²⁸ *BGH* FamRZ 1984, 993 – freilich bezüglich des Begriffs »Wohnung« im Sinne von § 182 → dort Rdnr. 2.

Verbleiben auf unabsehbare Zeit rechnen muß. Der gewöhnliche Aufenthalt an einem festgefügten Daseinsmittelpunkt wird auch nicht durch einen mehrere Monate dauernden *Krankenhausaufenthalt* an einem anderen Ort in Frage gestellt[29]. Je intensiver der vom Recht anerkannte Wille auf Begründung eines neuen Lebensmittelpunktes ist, umso weniger braucht man das Erfordernis der Dauer des neuen Aufenthaltes zu betonen. Die Aufenthaltsdauer muß umso länger sein, je weniger sie von einem rechtlich anerkannten Willen der fraglichen Person auf Begründung eines neuen Lebensmittelpunktes getragen wird[30] Rdnr. 8 (»Strafanstalt«).

Bei Kindern, die **gegen den Willen** des oder eines **sorgeberechtigten Elternteils** entführt worden sind, muß man warten, bis das Kind in seine neue Umgebung vollständig integriert ist, wofür sich in der Tat die Faustregel von 6 Monaten[31] herausgebildet hat. Etwas anderes gilt jedoch, wenn der Inhaber des Sorgerechts darauf verzichtet, das Kind gegen dessen Willen zurückzufordern[32], oder wenn sein Wunsch, es zurückzuerhalten, aussichtslos erscheint[33]. Bei alternierendem Aufenthalt kommt es auf den Schwerpunkt, also nicht etwa auf den Wochenendaufenthalt an[34].

Kein gewöhnlicher Aufenthalt ist der nur zu vorübergehenden Zwecken gewählte Aufenthalt, etwa eines Flüchtlings, der in ein Drittland weiterreisen möchte[35]. Bei **Asylbewerbern** → Allg.Einl. vor § 606 Rdnr. 9 wird man mehrere Jahre Inlandsaufenthalt fordern müssen[36], wofür hier die Faustregel von drei Jahren vorgeschlagen wird[37]. Spekulationen, daß nach rechtskräftiger Ablehnung von Asyl eine Abschiebung erfolgen werde, genügen zwar allein nicht, um gewöhnlichen Aufenthalt zu leugnen[38]. Im allgemeinen begründet der nach abgelehntem Asylantrag befristet geduldete Aufenthalt aber nicht gewöhnlichen Aufenthalt[39]. Ist aber mit einer Abschiebung zu rechnen, dann kann das Recht nicht gleichzeitig einen gewöhnlichen Aufenthalt mit der aus ihm erwachsenden Rechtsstellung annehmen. Bei **illegal eingereisten Ausländern**, die keinen oder einen völlig abwegigen Asylantrag gestellt haben, ist besondere Zurückhaltung am Platze. Das gleiche gilt bei Ausländern, die im Wege der **Familienzusammenführung** in die Bundesrepublik gekommen sind, deren Familienbindung aber kurz nach ihrer Einreise zerbrochen ist[40].

c) Eine **vorübergehende**, unter Umständen auch längere **Abwesenheit** aus beruflichen, geschäftlichen, gesundheitlichen oder sonstigen Gründen hebt den gewöhnlichen Aufenthalt nicht auf, sofern aus der Beibehaltung der Wohnung, der dortigen beruflichen Stellung oder ähnlichen Umständen ersichtlich ist, daß der wirtschaftliche Daseinsmittelpunkt an dem bisherigen Ort verblieben ist[41] → Rdnr. 9. Am schwierigsten sind die Fälle zu beurteilen, wo jemand aus *beruflichen oder Ausbildungsgründen* auf längere Zeit, aber letzlich doch nur

10

---

[29] BGH NJW 1983, 2772 – Unterbrechung von einundhalb Jahren Existenzaufbau in Spanien durch unfallbedingten Krankenhausaufenthalt in Deutschland von 9 Monaten hindert die Annahme eines fortbestehenden gewöhnlichen Aufenthalts in Spanien nicht (Entscheidung ergangen zu dem ungeschriebenen negativen Tatbestandsmerkmal »gewöhnlicher Aufenthalt« in Rechtsanwendungsverordnung vom 7.12.1942).

[30] Zöller-Philippi[17] Rdnr. 29.

[31] BGH NJW 1981, 520 = FamRZ 135 m.w.N.; OLG Celle FamRZ 1991, 1221; OLG München FamRZ 1981, 389, 390. Für diesen Fall wohl allg. M. *MünchKommZPO-Walter* Rdnr. 20.

[32] OLG Hamm FamRZ 1991, 1466.

[33] MünchKommZPO-Walter Rdnr. 26.

[34] OLG Bremen, FamRZ 1992, 963.

[35] Für früheres Flüchtlingslager: OLG Schleswig SchlHA 1955, 166.

[36] Spickhoff IPRax 1990, 225, 227) m.v.w.N. Für Zurückhaltung zu Recht auch *Staudinger-Spellenberg*[12] Internationales Verfahrensrecht in Ehesachen Rdnr. 168.

[37] OLG Koblenz FamRZ 1990, 536 (9 Jahre ausreichend); OLG Hamm NJW 1990, 651 = IPRax 247 (4 Jahre ausreichend). 23 Monate (so OLG Nürnberg IPRax 1990, 249) sind zu wenig!.

[38] OLG Hamm NJW 1990, 651 – 4 Jahre Inlandsaufenthalt eines türkischen Kurden.

[39] OLG Bremen FamRZ 1992, 952.

[40] OLG Karlsruhe FamRZ 1990, 1351, 1352 – nur kurz befristete vorläufige Aufenthaltserlaubnis; Trennung von Ehegatten bereits 6 Wochen nach Einreise.

[41] OLG Karlsruhe FamRZ 1970, 410, 412 – trotz zerrütteter Ehe gewöhnlicher Aufenthalt noch in der ehelichen Wohnung, die noch immer wochentags zur regelmäßigen Nächtigung diente; OLG Frankfurt NJW 1961, 1586 – gewöhnlicher Aufenthalt eines meist in der Kaserne lebenden Soldaten am Wohnort seiner Familie, wo er seine dienstfreien Tage verbrachte.

vorübergehend an einem fremden Ort Wohnung nimmt, jedoch erhebliche Bande zu seinem früheren Lebensmittelpunkt aufrechterhält. In einem Fall, in dem eine Studentin im Ausland studierte, dort auch Wohnung nahm, aber die Absicht hatte, nach Deutschland zurückzukehren, sobald sie einen geeigneten deutschen Studienplatz erhalten würde, hat das Gericht zu Recht auch gewöhnlichen Aufenthalt im Ausland angenommen[42]. In einem anderen Fall blieb der gewöhnliche Aufenthalt in der Bundesrepublik erhalten, weil für die im Ausland studierende Tochter in der Wohnung ihrer Mutter noch ein Zimmer zur Verfügung stand und (offenbar) der Verwirklichung der Absicht, wieder zurückzukehren und zuhause weiterzustudieren (oder ins Berufsleben einzutreten), keinerlei Hindernisse entgegenstanden[43]. Für **Saisonarbeiter**, **Grenzgänger** und **Soldaten**, die vorübergehend außerhalb ihrer Heimat stationiert sind, hat man gewöhnlichen Aufenthalt dort geleugnet[44]. **Wehrpflichtige** behalten ihren gewöhnlichen Aufenthalt, wenn sie die Absicht haben, nach Beendigung des Dienstes dorthin zurückzukehren und aus diesem Grund die Beziehungen dorthin aufrechterhalten, so gut es der Dienst ermöglicht[45]. Bei Gastwissenschaftlern, die länger als ein Jahr im Inland arbeiten, wird man aber hierzulande gewöhnlichen Aufenthalt annehmen müssen, vor allem wenn sie zusammen mit ihrer Familie eingereist sind[46]. Wenn die betreffenden Personen in einem festen Berufsverhältnis zu einer Stammeinrichtung ihres Heimatlandes bleiben und nur beurlaubt sind, muß man eine längere Frist verlangen, bis hierzulande gewöhnlicher Aufenthalt begründet werden kann.

11 d) Nicht jedermann hat mindestens einen gewöhnlichen Aufenthalt oder höchstens einen. Ein Ehegatte, der sich von seiner Familie getrennt hat, aber noch nicht weiß, wo er sich niederlassen soll und vorübergehend irgendwo Unterkunft gefunden hat, hat gar keinen gewöhnlichen Aufenthalt[47]. Unterkunft in einem **Frauenhaus** begründet dort aber gewöhnlichen Aufenthalt, auch wenn keine Absicht besteht und bestehen kann, dauernd dort zu bleiben[48]. Die Kritik dieses Standpunkts[49] übersieht, daß die Alternative unmöglich sein kann, gewöhnlichen Aufenthalt am bisherigen ehelichen Wohnsitz anzunehmen, sondern allenfalls vom Fehlen jedweden gewöhnlichen Aufenthalts auszugehen → Rdnr. 7 a.E. Wessen **Aufenthalt unbekannt** ist, wird einer Person gleichgestellt, die im Inland keinen gewöhnlichen Aufenthalt hat[50].

Es ist in der Rechtsprechung anerkannt, daß man auch zwei (theoretisch sogar noch mehr) gewöhnliche Aufenthalte haben kann[51]. Es besteht kein Grund, für das internationale Zivilprozeßrecht oder das IPR davon eine Ausnahme zu machen[52]. Da heute der Gesichtspunkt der Scheidungsgeographie praktisch keine Rolle mehr spielt, sollte man in den seltenen Fällen, wo ein doppelter gewöhnlicher Aufenthalt begründet ist, dem Antragsteller (Kläger) ein Wahlrecht geben, an welchem Aufenthalt er das Verfahren einleiten will[53].

12 **2. Die Anknüpfungsleiter sieht folgendermaßen aus:**
a) In **erster Linie** ist nach Abs. 1 das Familiengericht zuständig, in dessen Bezirk die Ehegatten ihren **gemeinsamen gewöhnlichen Aufenthalt** haben. Voraussetzung ist, daß der

---

[42] *KG* FamRZ 1987, 605 = NJW 1988, 649, 650.
[43] *OLG Hamm* FamRZ 1989, 1331 – Fall zu Art. 5 Nr. 2 EuGVÜ.
[44] *OLG Hamm* NJW 1990, 651.
[45] *OLG Kassel* NJW 1949, 868.
[46] A.M. *Henrich* Internationales Scheidungsrecht[5] 20.
[47] *OLG Stuttgart* FamRZ 1982, 84.
[48] *OLG Saarbrücken* FamRZ 1990, 1119; *OLG Hamburg* FamRZ 1982, 85; *OLG Hamburg* FamRZ 1983, 612, 613.
[49] *Merig* Anm. zu *OLG Saarbrücken* aaO.
[50] *BGH* FamRZ 1982, 1199; *KG* NJW 1988, 649, 651; *OLG Zweibrücken* FamRZ 1985, 81; *OLG Düsseldorf* FamRZ 1974, 92; *OLG Hamburg* FamRZ 1974, 93. Heute allg. M..
[51] Heute allg. M. in Auslandsfällen. Aus der Rechtsprechung: *KG* NJW 1988, 649, 650 = FamRZ 1987; 605; *BayObLGZ* 1980, 52, 56 = FamRZ 1980, 883, 885 – in keinem der beiden Fälle wurde aber ein doppelter gewöhnlicher Aufenthalt tatsächlich angenommen.
[52] Str. wie hier *Staudinger-Spellenberg*[12] Internationales Verfahrensrecht in Ehesachen Rdnr. 169 m.N. zum Streitstand. – A.M. *v. Bar* Internationales Privatrecht Bd. I, 1987 Rdnr. 528 m.w.N.; *MünchKomm-Sonnenberger* Art. 5 EGBGB Rdnr. 32 m.w.N. zum Streitstand.
[53] So schon *RGZ* 102, 82, 86f.

gewöhnliche Aufenthalt der Ehegatten ein gemeinsamer ist. Daß beide Ehegatten getrennt zufällig ihren gewöhnlichen Aufenthalt am gleichen Ort haben, genügt nicht[54]. Eine getrennte Wohnung schließt jedoch bei sonstigem ehelichen Zusammenleben die Gemeinsamkeit des Aufenthalts nicht aus.

b) Besteht kein gemeinsamer gewöhnlicher Aufenthalt, so kommt es für die Ermittlung des zuständigen Gerichts darauf an, ob ein Ehegatte mit den gemeinsamen minderjährigen Kindern zusammen seinen gewöhnlichen Aufenthalt an einem Ort im Bundesgebiet hat. Das kann auch ein Frauenhaus sein → Rdnr. 11. Es genügt, wenn die Kinder im selben Gerichtsbezirk wie einer der Ehegatten wohnen; es braucht nicht dieselbe Wohnung zu sein[55]. Aus dem bestimmten Artikel (»den«) ergibt sich, daß es genügt, wenn einzelne der Kinder bei einem Ehegatten wohnen, sofern die restlichen bei einem Dritten[56] und nicht beim anderen Ehegatten[57] wohnen. Vorübergehende Besuche von Ehegatten oder Kindern hindern den Fortbestand des gewöhnlichen Aufenthalts zusammen mit dem anderen Ehegatten nicht → Rdnr. 9. Daß die Kinder während des Prozesses volljährig werden, bleibt wegen § 261 Abs. 3 Nr. 2 außer Betracht. Wenn das während der Ehe geborene Kind mittlerweile als nichtehelich gezeugt festgestellt worden ist, kommt der Hilfsgerichtsstand Abs. 1 S. 2 nicht mehr in Betracht[58]. 13

c) Liegen die Voraussetzungen von Rdnrn. 12 oder 13 nicht vor, so bestimmt sich das zuständige Gericht nach dem letzten inländischen gemeinsamen → Rdnr. 12 gewöhnlichen Aufenthalt, sofern im Zeitpunkt des Eintritts der Rechtshängigkeit wenigstens einer der Ehegatten in diesem Gerichtsbezirk seinen gewöhnlichen Aufenthalt hat. Ob dieser im Anschluß an den ehemaligen gemeinsamen Aufenthalt fortbesteht oder nach zeitweiliger Abwesenheit dort begründet worden ist, ist belanglos[59]. Abweichend von den sonst geltenden Grundsätzen zur nachträglichen Begründung der Zuständigkeit → Rdnr. 6, § 261 Rdnr. 73 wird die Zuständigkeit im Falle des Abs. 2 S. 1 durch Zuzug nach Rechtshängigkeitsbegründung nicht hergestellt. Im Prozeßkostenhilfeverfahren muß darauf abgestellt werden, ob im Zeitpunkt der (meist erst nach Bewilligung vorzunehmenden) Zustellung der fragliche Ehegatte vermutlich im Gerichtsbezirk wohnen wird. Ist der gegenwärtige Aufenthalt des Antragsgegners unbekannt, so ist, wenn der Kläger keinen inländischen Aufenthalt hat, das Familiengericht beim AG Schöneberg in Berlin zuständig[60], wenn der Aufenthaltsort des Antragstellers im Inland liegt, das für ihn zuständige Familiengericht[61]. Ob die Parteien nach ihrem letzten inländischen Aufenthalt etwa noch einen gemeinsamen Aufenthalt im Ausland gehabt haben, ist unerheblich.

d) Hat **keiner der Ehegatten seinen gewöhnlichen Aufenthalt im Gerichtsbezirk** des letzten gemeinsamen Aufenthaltsortes oder haben die Parteien überhaupt keinen gemeinsamen Aufenthaltsort oder einen solchen nur im Ausland gehabt und hat auch keiner der Ehegatten einen gewöhnlichen Aufenthalt mit den gemeinsamen minderjährigen Kindern, so ist für die Zuständigkeit der gegenwärtige gewöhnliche inländische Aufenthalt des Beklagten maßgebend. 14

---

[54] *OLG Stuttgart* FamRZ 1982, 84; *MünchKomm-ZPO-Walter* Rdnr. 24.
[55] *OLG Frankfurt* FamRZ 1984, 806; *OLG Hamm* FamRZ 1989, 641.
[56] *BGH* FamRZ 1984, 370 = NJW 1242; *OLG Koblenz* FamRZ 1986, 1119; *OLG München* FamRZ 1979, 152; *OLG Frankfurt* FamRZ 1980, 376; *OLG Hamm* FamRZ 1980, 1137.
[57] *BGH* NJW RR 1987, 1348; *OLG Hamm* FamRZ 1981, 476; *OLG Koblenz* FamRZ 1986, 1119. – A.M. *AG Hersbruck* FamRZ 1979, 717 – § 36 Abs. 1 Satz 2 FGG analog.
[58] *AG Helmstedt* FamRZ 1981, 477.
[59] *BayObLG* NJW 1949, 223; *OLG Schleswig* JR 1949, 387.
[60] A.M. *LG Köln* MDR 1962, 133 = NJW 350 (letzter bekannter gewöhnlicher Aufenthalt des Beklagten im Inland).
[61] *BGH* FamRZ 1982, 1199 = NJW 1983, 285; *OLG Zweibrücken* FamRZ 1985, 81. Heute allg. M.

15 e) Fehlt ein inländischer gewöhnlicher Aufenthalt des Beklagten (Antragsgegners), so entscheidet der des Klägers (Antragstellers).

16 f) Haben **beide Parteien Klage erhoben bzw. Scheidungsanträge** gestellt, so ist nach Abs. 2 S. 3 das Gericht zuständig, bei dem eine der Sachen zuerst **rechtshängig** geworden ist. Das gilt auch, wenn die Sachen nicht miteinander verbunden werden können, z. B. wenn der Mann Scheidung, die Frau Nichtigerklärung der Ehe begehrt → § 610 Rdnr. 1. Bei Erhebung beider Klagen an demselben Tag ist § 36 entsprechend anzuwenden. Ausländische Rechtshängigkeit → § 610 Rdnr. 9.

17 g) Notfalls – also wenn im Inland keiner der Ehegatten seinen gewöhnlichen Aufenthalt hat oder ein solcher nicht bekannt ist → Rdnr. 15 – greift nach Abs. 3 die Zuständigkeit des Familiengerichts beim **Amtsgericht Schöneberg in Berlin** Platz. Insbesondere diese Zuständigkeit ist in internationalen Fällen aus verfassungs- und völkerrechtlichen Gesichtspunkten über das in § 606 a vorgesehene Maß hinaus eingeschränkt → § 606 a Rdnr. 9, 13.

Der frühere gemeinsame Aufenthalt begründet danach für sich allein niemals eine Zuständigkeit, sondern nur in Verbindung mit dem gegenwärtigen Aufenthalt der Ehegatten. Für die Anwendung von § 15 ist neben der lückenlosen Regelung des § 606 kein Raum[62].

Die Reihenfolge der Gerichtsstände ist zwingend vorgeschrieben. Jeder Hilfsgerichtsstand wird durch den vorhergehenden ausgeschlossen. Für Gerichtsstandsvereinbarungen ist kein Raum → Rdnr. 5. Jedoch kann die Zuständigkeit auf einen nachrangigen Gerichtsstand gestützt werden, wenn die tatbestandlichen Voraussetzungen einer vorrangigen unsicher sind, dieser aber auch kein anderer wäre.

Ohne Bedeutung für die Zuständigkeit ist, ob die Klage vom Ehemann, von der Ehefrau, nach § 24 EheG vom Staatsanwalt oder nach § 24 Abs. 1 i.V.m. § 20 EheG vom Ehegatten der früheren Ehe erhoben wird.

III. Widerklagen

18 Soweit nach § 606 eine Zuständigkeit für die Klage besteht, kann in dem Verfahren auch eine Widerklage – soweit eine solche überhaupt zulässig ist → § 610 Rdnr. 4, 633 Abs. 2, 638 – erhoben werden. Nach dem vor 1957 geltenden Recht, nach dem noch auf den Aufenthalt »des Mannes« und »der Frau« abgestellt wurde, brauchte dies im Gesetz nicht eigens betont zu werden, weil es dann nicht darauf ankam, wer Kläger und wer Beklagter bzw. Antragsteller oder Antragsgegner war. An der Zulässigkeit einer Widerklage, die sich wegen § 33 Abs. 2 an sich auf § 33 Abs. 1 nicht stützen ließe, sollte aber durch die Neuregelung in § 606 i.d.F. des Gleichberechtigungsgesetzes sicher nichts geändert werden. Ein Scheidungsantrag kann auch als Gegenantrag zu einer Aufhebungsklage gestellt werden.

IV. Behandlung der Zuständigkeit des Familiengerichts

19 1. Das Verhältnis der Familiengerichte zur allgemeinen Prozeßabteilung der Amtsgerichte war lange Zeit kontrovers. Viele glaubten (und glauben), nach § 281 könne nicht nur an das Amtsgericht, sondern speziell auch an sein Familiengericht verwiesen werden[63]. Der BGH hat sich aber auf den Standpunkt gestellt, daß im Verhältnis zweier Abteilungen des Amtsgerichts nur die formlose Abgabe möglich ist und im Falle einer Verweisung durch das Landgericht an »das Familiengericht« die Bindungswirkung des § 281 nur das Amtsgericht betrifft, dem das

---

[62] OLG Düsseldorf FamRZ 1968, 467.
[63] *Jauernig* FamRZ 1977, 681; ders. FamRZ 1979, 97 – in Kritik am BGH: ders. ZPR 22. Aufl., § 91 V; *Bosch* FamRZ 1986, 819 ff.; *Kissel* Kommentar zum GVG, § 23 b Anm. 32; Köln FamRZ 1982, 944 m.w.N.; resignierend *Walter*, Prozeß in Familiensachen 90 f.

Familiengericht angehört, nicht das Verhältnis zwischen Familiengericht und allgemeiner Prozeßabteilung[64]. Im Falle von Streitigkeiten darüber, ob eine Familiensache vorliegt, muß analog §§ 36 Nr. 6, 37 verfahren werden[65] → § 36 Rdnr. 22; § 281 Rdnr. 45 ff.

2. Die örtliche Zuständigkeit des Familiengerichts ist so zu behandeln wie die örtliche Zuständigkeit generell → vor § 12. Zur Ausschließlichkeit → Rdnr. 5. **20**

§ 606a [Internationale Zuständigkeit]

(1) Für Ehesachen sind die deutschen Gerichte zuständig,
1. wenn ein Ehegatte Deutscher ist oder bei der Eheschließung war,
2. wenn beide Ehegatten ihren gemeinsamen Aufenthalt im Inland haben,
3. wenn ein Ehegatte Staatenloser mit gewöhnlichem Aufenthalt im Inland ist,
4. wenn ein Ehegatte seinen gewöhnlichen Aufenthalt im Inland hat, es sei denn, daß die zu fällende Entscheidung offensichtlich nach dem Recht keines der Staaten anerkannt würde, denen einer der Ehegatten angehört.
Diese Zuständigkeit ist nicht ausschließlich.
(2) Der Anerkennung einer ausländischen Entscheidung steht Absatz 1 Satz 1 Nr. 4 und, wenn die Entscheidung von Staaten anerkannt wird, denen die Ehegatten angehören, Nr. 1 bis 3 nicht entgegen.

Gesetzesgeschichte: Völlig neu gefaßt durch das Gesetz zur Neuregelung des internationalen Privatrechts vom 25.7.1986 (BGBl. 1986 I 1142).

I. Rechtspolitischer Sinn der Regelung	1	ternationalen Zuständigkeit der deutschen Gerichte	9
II. Allgemeine Problematik der Anknüpfungspunkte	2	III. Die Zuständigkeitsanknüpfungspunkte im einzelnen	10
1. Maßgeblicher Zeitpunkt für die Bestimmung der Zuständigkeit des deutschen Gerichts	2	1. Die deutsche Staatsangehörigkeit	10
2. Die Rechtshängigkeit im Ausland	4	2. Der gewöhnliche inländische Aufenthalt beider Ehegatten oder eines von ihnen	14
3. Aussetzung des Verfahrens im Hinblick auf Auslandsverfahren	6	3. Die Beurteilung von Staatenlosen	15
4. Der zwingende Charakter der internationalen Zuständigkeit der deutschen Gerichte	7	4. Der gewöhnliche Aufenthalt des Antragstellers und Anerkennungsprognose	16
5. Das Fehlen eines Gleichlaufgebots	8	IV. Anerkennungszuständigkeit ausländischer Gerichte	21
6. Völkerrechtliche Grenzen der in-			

I. Rechtspolitischer Sinn der Neufassung[1]

Die internationale Zuständigkeit in Ehesachen → Rdnr. 6 ff., 13, 17 vor § 606 hat mit dem IPR-G vom 25.7.1986 eine umfassende Neuregelung erfahren[2]. Anlaß dazu war, daß sowohl **1**

---

[64] BGHZ 71, 264, 268 = FamRZ 1980, 558 = NJW 1282; NJW 1982, 2449; BGHZ 97, 82 = NJW 1986, 1178; FamRZ 1988, 155, 156.
[65] *BGH* NJW 1978, 1531; 79, 1048; 81, 126.
[1] Lit.: *Staudinger-Spellenberg*[12] Internationales Verfahrensrecht in Ehesachen Rdnr. 59 ff.; *Spellenberg* Die Neuregelung der internationalen Zuständigkeit in Ehesachen IPRax 1988, 1 ff. *Henrich* Internationales Scheidungsrecht[5] (1990) 1 f.; *Graf* Die internationale Verbundzuständigkeit (1984).
[2] Noch zum alten Recht: *Dessauer* IPR, Ethik und Politik. Betrachtungen zur Reform des IPR am Beispiel der

im materiellen Kollisionsrecht (Art. 15, 17 EGBGB a. F.)[3] wie im internationalen Zivilprozeßrecht (§§ 606a, 606b ZPO a.F.)[4] die Anknüpfung an das Heimatrecht des Mannes als verfassungswidrig verworfen worden war.

Die Vorschrift des § 606a Abs. 1 n.F. regelt die Zuständigkeit deutscher Gerichte für Ehesachen mit Auslandsberührung. Erstmals in der deutschen Gesetzgebungsgeschichte ist damit die internationale Zuständigkeit der deutschen Gerichte abgesetzt von der örtlichen Zuständigkeit eines bestimmten deutschen Gerichts übersichtlich geregelt worden. Die Widerklagezuständigkeit für Ehesachen → § 610 Rdnr. 4 folgt aus der internationalen Zuständigkeit der deutschen Gerichte für die Primärklage → § 33 Rdnr. 41. Zur internationalen Zuständigkeitskonzentration in Folgesachen → § 621 Rdnr. 56 ff. Sind die deutschen Gerichte international zuständig, so folgt die örtliche Zuständigkeit eines bestimmten deutschen Gerichts selbständig aus § 606 → § 606 Rdnr. 3. Zur völkerrechtlichen Gerichtsbarkeit → Einl. vor § 1 Rdnr. 655 ff.

Mit dieser Neuregelung wurde die internationale Zuständigkeit deutscher Gerichte vor allem in zweierlei Hinsicht ausgedehnt. Praktisch am wichtigsten ist die Zurückdrängung der Anerkennungsprognose für den Heimatstaat eines der Ehegatten auf die Nr. 4 und die Beschränkung auf einen beiderseits klaren negativen Befund → Rdnr. 16 ff. Außerdem läßt die Neuregelung → Rdnr. 12, 13 für die Staatsangehörigkeitszuständigkeit (Abs. 1 Nr. 1) die deutsche Staatsbürgerschaft eines der Ehegatten *im Zeitpunkt der Eheschließung* ausreichen.

Die Zuständigkeitsgründe der Nr. 1–4 von Abs. 1 stehen rechtslogisch völlig gleichwertig nebeneinander. In der Gerichtspraxis kann im allgemeinen auf den Zuständigkeitsgrund zurückgegriffen werden, der sich am leichtesten feststellen läßt → Rdnr. 7.

Wenn sicher feststeht, daß jedes denkbare Sachurteil im Heimatstaat eines der Ehegatten anerkannt werden wird, kann die Zuständigkeit der deutschen Gerichte auf Abs. 1 Nr. 4 gestützt werden, ohne daß vorher geprüft werden müßte, ob eine der vorangehenden Nummern einschlägig ist. Auf diese Weise kann eine häufig schwierige Untersuchung zur eventuell bestehenden Staatsangehörigkeit eines der Beteiligten entbehrlich werden. Solange keine sichere Anerkennungsprognose möglich ist, darf aber Nr. 4 nur streng subsidiär zu den Nrn. 1–3 angewandt werden.

Es gibt keine vorgeschriebene Prüfungsreihenfolge für die internationale, sachliche oder örtliche Zuständigkeit[5] [6]. Aus gelegentlichen Äußerungen der Gerichte werden in dieser Hinsicht viel zu weit greifende Schlußfolgerungen gezogen, etwa aus dem (selbstverständlichen!) Hinweis des *BGH* darauf, daß eine Gerichtsstandsbestimmung durch ein übergeordnetes Gericht die internationale Zuständigkeit der deutschen Gerichte voraussetzt[7] → Allg. Einl. Rdnr. 773.

II. Allgemeine Problematik der Anknüpfungspunkte

1. Maßgeblicher Zeitpunkt für die Bestimmung der Zuständigkeit der deutschen Gerichte

2   Hinsichtlich des Zeitpunktes, zu dem sich der die internationale Zuständigkeit der deutschen Gerichte begründende Tatbestand verwirklicht haben muß, gilt nichts anderes als bei der örtlichen Zuständigkeit auch → § 606 Rdnr. 6. Nicht nur der nachträgliche Erwerb der

---

Anerkennungsprognose als Zuständigkeitsvoraussetzung im internationalen Eherecht (1986).
[3] BVerfGE 63, 181 = IPRax 1983, 223 = FamRZ 450 – zu Art. 15 EGBGB a.F.; *BVerfGE* 86, 384 = IPRax 1985, 290 = FamRZ 463 sowie *BGHZ* 86, 87 = IPRax 1983, 81 = FamRZ 255 – zu Art. 17 EGBGB a.F.

[4] *BVerfG* IPRax 1986, 151 = FamRZ 239.
[5] *Staudinger-Spellenberg*[12] (Fn. 1) Rdnr. 16 mN.
[6] Heute wohl auch für Ehesachen allg. M.
[7] NJW 1980, 2646.

deutschen Staatsangehörigkeit[8], sondern auch eine Erstarkung des Aufenthalts einer Person zum gewöhnlichen Aufenthalt oder die Änderung der Anerkennungsprognose durch eine geänderte ausländische Gesetzgebung können die bisher nicht bestehende internationale Zuständigkeit der deutschen Gerichte begründen. Für den Fall des nachträglichen Erwerbs der deutschen Staatsangehörigekeit hat der *BGH*[9] sogar noch einen Einbürgerungsakt während des Revisionsverfahrens berücksichtigt. Auf andere, nachträglich die internationale Zuständigkeit der deutschen Gerichte begründende Tatsachen läßt sich dies allenfalls dann übertragen, wenn sie keines Beweises bedürfen. Es gelten insoweit die allgemeinen Grundsätze → § 561 Rdnr. 16 f. Eine **Aussetzung des Verfahrens** bis zum Abschluß eines Einbürgerungsantrags ist jedoch nicht möglich[10], weil § 148 nur auf ein anderweitig anhängiges Verfahren zur *Feststellung* bestehender Rechtsverhältnisse anwendbar ist → § 148 Rdnr. 133. Der andere Ehegatte hat einen Anspruch darauf, für eigene, im Ausland anzustrengende Eheverfahren einen rechtshängigkeitsfreien Raum zu erhalten, wenn sich das Einbürgerungsverfahren in Deutschland hinzieht.

Geändertes Zuständigkeitsrecht kann dazu führen, daß bisher mangels Zuständigkeit unzulässige Klagen und Anträge zulässig werden[11].

Im umgekehrten Fall gilt dies aber nicht. **Fällt** ein für die Begründung der internationalen Zuständigkeit der deutschen Gerichte wesentliches Tatbestandsmerkmals nachträglich **weg**, so gilt vielmehr der allgemeine Grundsatz der **perpetuatio fori**[12] → Rdnr. 18, § 606, Rdnr. 6. Es ist dem Kläger (Antragsteller), der ein zuständiges deutsches Gericht angerufen hat, nicht zuzumuten, daß sein Rechtsschutzgesuch mit erheblichen Kostenrisiken[13] wegen nachträglichen Wegfalls der Zuständigkeit unzulässig wird[14]. Der nach früherem Recht bedeutsame Gesichtspunkt, daß mit dem Wegfall zuständigkeitsbegründender Begebenheiten auch die Anerkennungsfähigkeit des Urteils im Ausland gefährdet werden könnte[15], ist heute im wesentlichen obsolet geworden. Für eine Anwendung des aus dem common law stammenden Gedankens des forum non conveniens ist in diesem Zusammenhang noch weniger Raum[16] als im allgemeinen → Einl. § 1 Rdnr. 760 f, wo der Begriff im Sinne einer teleologischen Reduktion der Grundregel gebraucht wird, daß sich die internationale Zuständigkeit nach der örtlichen bemißt, ein Zusammenhang, in dem man sich allerdings auch durch die forum non conveniens Lehre inspirieren lassen kann.

3

Zum Wegfall des Zuständigkeitstatbestands nach Anhängigkeit einer Ehesache → § 606 Rdnr. 6.

2. Die Rechtshängigkeit im Ausland

a) Grundsätzlich ist die ausländische Rechtshängigkeit in Ehesachen in gleicher Weise zu beachten wie allgemein → 261, Rdnr. 11 ff., allg. M.[17]. Nicht zu übersehen ist, daß manche

4

---

[8] BGHZ 53, 128 = FamRZ 1970, 139 = NJW 1007; BGH StAZ 1975, 338; BGH FamRZ 1982, 795 = NJW 1940 = IPRax 1983, 180 (*Henrich* 161) – allg M.
[9] BGHZ 53, 128 aaO; BGH NJW 1977, 498, 499.
[10] *Staudinger-Spellenberg*[12] (Fn. 1) Rdnr. 288. – A.M. *Zöller-Geimer*[17] Rdnr. 40; *Johannsen/Henrich*[2], § 606a, Rdnr. 13; *Kropholler* Handbuch des internationalen Zivilverfahrensrechts, Bd. I, Kap. III (1982) Rdnr. 227; *MünchKommZPO-Walter* Rdnr. 17.
[11] BGH NJW 1979, 887; *ders.* IPRax 1988, 173.
[12] *MünchKommZPO-Walter* Rdnr. 3, 19.
[13] An § 93a wird sich das Gericht auch orientieren, wenn die Erledigung der Ehesachen wegen Wegfalls der Zuständigkeit der deutschen Gerichte erklärt wird.
[14] BGH FamRZ 1983, 1215 = NJW 1984, 1305, 1306 = IPRax 1985, 162; KG NJW 1988, 649; *Staudinger-Spellenberg*[12] (Fn. 1) Rdnr. 96. Enger *Schumann* → § 261 Rdnr. 86.
[15] So wohl noch heute argumentierend: *Staudinger-Spellenberg*[12] (Fn. 1), Rdnr. 294.
[16] BGH FamRZ 1983, 1216 aaO.
[17] Zur Unzumutbarkeit der Beachtung ausländischer Rechtshängigkeit im Einzelfall wegen dortiger Verfahrensverzögerung aus den verschiedensten Gründen und in unterschiedlichster rechtlicher Verkleidung: BGH IPRax 1984, 152 (*Luther* 141) = NJW 1983, 1269 (*Geimer* NJW 1984, 527) = FamRZ 366 – Italien; OLG Hamm NJW 1988, 3102 – England; OLG Hamburg IPRax 1987, 37 – Polen; OLG Düsseldorf IPRax 1986, 29 – Türkei § 261, Rdnr. 14 – zu beachten aber, daß noch auf der Basis

Rechtsordnungen für das Scheidungsverfahren Vorschriften kennen, die die Rechtshängigkeit bereits mit Einreichung des Scheidungsantrags begründen lassen, obwohl sie sonst auf die Zustellung des das Verfahren einleitenden Dokuments abstellen[18]. In Frankreich und Belgien wird das Scheidungsverfahren mit für uns Rechtshängigkeit auslösender Wirkung schon mit dem obligatorischen Antrag auf Anberaumung eines Sühnetermins eingeleitet[19]. Genausowenig wie im Geltungsbereich des EuGVÜ[20] ist es im autonomen Recht sinnvoll, im Interesse eines verfahrensmäßigen »Entwicklungsgleichlaufes« gegenüber Verfahren im Ausland die inländische Rechtshängigkeit auf den Zeitpunkt der Einreichung des Rechtsschutzgesuches vorzuverlegen[21] oder die ausländische Rechtshängigkeit erst von der Zustellung der Klage an zu beachten. Es gilt vielmehr jeweils die lex fori[22]. Der Antragsgegner des deutschen Verfahrens kann diesem daher unter Umständen zuvorkommen. Er kann, unter Umständen aufgrund einer dort gegebenen Zuständigkeit, in seinem Heimatstaat einen Scheidungsantrag einreichen noch bevor der deutsche Antrag ihn über die Wege der internationalen Rechtshilfe erreicht hat → § 261 Rdnr. 14.

Eine Identität der Parteirollen ist zur Annahme von Rechtshängigkeit keinesfalls erforderlich. Fast immer ist es gerade der Gegner des inländischen Verfahrens, der im ausländischen Verfahren die Scheidung betreibt[23]. Bei ausländischer lex causae, die tatbestandsabhängige, individuelle Scheidungsrechte der einzelnen Ehegatten kennt, ist die dortige Verbundzuständigkeit für die Geltendmachung anderer Scheidungsgründe zu beachten.

Weil noch kein Scheidungsurteil ergangen ist, kann das Gericht im Rahmen der Würdigung der ausländischen Rechtshängigkeit ohne Bindung an Art. 7 § 1 FamRÄndG selbst die Anerkennungsprognose treffen[24]. Zu der in diesem Rahmen zu prüfenden Anerkennungszuständigkeit der ausländischen Gerichte → Rdnr. 21.

Zur *Identität des Streitgegenstandes* im Verhältnis zu anderen Formen der Eheauflösung → § 610 Rdnr. 9. Maßgebend, ob das im Ausland anhängige Verfahren funktional einem deutschen Ehescheidungsverfahren entspricht, ist der Inhalt eines deutschen Scheidungsurteils. Vergleichsmaßstab ist, was im Ausland ohne zusätzliche, durch die Parteien veranlaßte Streitgegenstandsänderungen Inhalt eines Sachurteils sein könnte. Sühneverfahren oder Prozeßkostenhilfeverfahren begründen Rechtshängigkeit nur, wenn sie im fremden Staat automatisch in das Eheauflösungsverfahren überführt werden oder zwangsläufig mit der »Erhebung« der Eheauflösungsklage verbunden sind. Eine auf Trennung von Tisch und Bett oder Gestattung des Getrenntlebens gerichtete Klage ist mit einem Scheidungs- oder sonstigen Eheauflösungsverfahren nicht identisch[25], auch nicht, wenn das ausländische Verfahren das Scheidungsverfahren und das inländische das Trennungsverfahren ist[26]. Da eine »autonome« Streitgegenstandsbestimmung, wie sie der EuGH für die Rechtshängigkeitsvorschrift des EuGVÜ vorgenommen hat[27], für geographisch und sachlich aus dem Anwendungsbereich

---

von § 606a a. F. entschieden wurde (wenn auch inhaltlich unrichtig), s. *Henrich* aaO 10.

[18] Vgl. in diesem Zusammenhang einen Belgien betreffenden Fall: *OLG Frankfurt* IPRax 1982, 243 (*Linke* 230f.); einen England betreffenden Fall: *OLG Hamm* NJW 1988, 3102; einen die Schweiz betreffenden Fall *BGH* IPRax 1989, 104 (*Siehr* 93); einen Frankreich betreffenden Fall: *BGH* FamRZ 1992, 1058.

[19] *Sonnenberger* IPRax 1992, 154 in berechtigter Kritik an den entgegengesetzt nationalistisch argumentierenden Berufungsgerichten in *Karlsruhe* (IPRax 1992, 171 – Schutz des Ehegatten, der sich nach ausländischem Sühneterminsantrag mit seinem Scheidungsbegehren an das deutsche Gericht wendet – Revision zugelassen) und *Colmar* (IPRax 1992, 17 – Jurisdiktionsprivileg französischer Staatsbürger nach Art. 14 cc kann durch ausländische Rechtshängigkeit nicht unterlaufen werden).

[20] *EuGHE* 1984, 2397 = NJW 2759.

[21] So aber *Geimer* aaO; *ders.* IZPR (1987) Rdnr. 2173; *Linke* ZfVglRW 1987 (1988) 333.

[22] *BGH* NJW 1987, 3083 (*Geimer*) = FamRZ 580 (*Gottwald*) = IPRax 1989, 104 (*Siehr* 93); *OLG Celle* FamRZ 1993, § 39, h.M.

[23] Beispiele: Sämtliche in den bisherigen Rdnrn. erwähnten Gerichtsentscheidungen.

[24] *BGH* NJW 1987, 3083 aaO; allg. M.

[25] *BGH* NJW 1983, 1269 = FamRZ 366 = IPRax 1984, 154 (*Luther* 141); *KG* NJW 1983, 2324, 2326; allg.M.

[26] *OLG Karlsruhe* IPRax 1985, 106 (abl. *Henrich* 88ff.); *Staudinger-Spellenberg*[12] (Fn. 1) Rdnr. 315.

[27] *EuGH* Rs 144/86 IPRax 1989 157.

dieses Übereinkommens herausfallende Verfahren nicht möglich ist, muß man die Sperrwirkung transnational beachten, die von einem Verfahren für andere Gerichte des gleichen Staates ausgingen[28]. Im Interesse wohlwollender internationaler Zusammenarbeit gehört hierzu auch eine Sperrwirkung nach Art. von § 621 Abs. 2 → § 621 Rdnr. 55.

Ist in einem ausländischen Staat, in dem es Verschuldensscheidung gibt, die Scheidungsklage auf eine Eheverfehlung gestützt, so kann eine inländische konkurrierende Scheidungsklage auf eine andere Eheverfehlung (des anderen Teils) zulässigerweise nur gegründet werden, wenn auch im Auslandsstaat eine solche konkurrierende Scheidungsklage zulässig wäre. Darauf, ob im Ausland und im Inland identische Nebenfolgen der Scheidung geltend gemacht werden oder von Amts wegen in das Verfahren einbezogen werden, kommt es nicht an. Die Rechtshängigkeit ist für sie jeweils gesondert zu bestimmen → § 621 Rdnr. 55. Zur Aussetzung statt sofortiger Klageabweisung → Rdnr. 9.

b) Die Tragweite der **Rechtskraft eines ausländischen Scheidungsurteils** oder einer sonst in einer Ehesache getroffenen Entscheidung ist solange problematisch, als noch keine Entscheidung der Landesjustizverwaltung nach Art. 7 § 1 FamRÄndG ergangen ist. Der *BGH*[29] stellt sich auf folgenden Standpunkt: 5

(a) Wenn eine Partei die Aussetzung des Scheidungsverfahrens beantragt, ist ihrem Antrag in entsprechender Anwendung von § 151 mit der Maßgabe stattzugeben, daß eine Frist zur Einleitung des Anerkennungsverfahrens gesetzt wird;

(b) im Einzelfall kann eine von Amts wegen zu beschließende Aussetzung nach § 148 geboten sein;

(c) wenn die Voraussetzungen für die Anerkennung des ausländischen Urteils offensichtlich nicht vorliegen, kann das deutsche Gericht in ausnahmsweiser Durchbrechung der sonst von Art. 7 § 1 FamRÄndG ausgehenden Sperrwirkung[30] die Auslandsscheidung ignorieren, ohne zuvor auf die Durchführung des Anerkennungsverfahrens drängen zu müssen. Diese Lösung hat im wesentlichen Zustimmung gefunden[31].

Für unzulässig hat es der *BGH* erklärt[32], eine durch eine anerkennungsfähige ausländische Entscheidung geschiedene Ehe im Inland – etwa nach den Grundsätzen von »Doppelwirkungen im Recht« → Rdn 14e vor § 606 – noch einmal zu scheiden. Jedoch kann es ein Fall mißbräuchlicher Rechtsausübung sein, sich auf das Fortbestehen der durch ausländisches, noch nicht förmlich anerkanntes Urteil aufgehobenen Rechtslage zu berufen und etwa eine nachfolgende Ehe als bigamisch hinzustellen[33].

Zur nachträglichen Entscheidung über Folgesachen insbesondere Durchführung des Versorgungsausgleiches → § 621 Rdnr. 16. Zur Anerkennungsfähigkeit ausländischer Urteile, die in Verkennung oder Mißachtung früher begründeter inländischer Rechtshängigkeit ergangen sind → § 261 Rdnr. 203. Zur Identität der Verfahrensgegenstände gilt das zur Rechtshängigkeit Gesagte entsprechend → Rdnr. 4. Eine inländische Nichtigkeitsklage nach ausländischer Scheidung ist grundsätzlich möglich[34]. Wie allgemein → § 622 Rdnr. 2 ff. ist vom Nichtvorliegen bzw. Nichtrechtskräftigwerden eines ausländischen Scheidungsurteils auszugehen, wenn sich die Frage nicht aufklären läßt[35].

---

[28] *Siehr* aaO. – A.M. *Staudinger-Spellenberg*[12] (Fn. 1) Rdnr. 305 (Prozeßlage wie sie § 261 voraussetzt).
[29] FamRZ 1982, 1203 = IPRax 1983, 2 (*Basedow* 278) = NJW 514.
[30] BGHZ 82, 34, 37.
[31] *Staudinger-Spellenberg*[12] (Fn. 1) Rdnr. 345 f. mwN; *Basedow* IPRax 1983, 278 – über Umstände, die durch nachträgliche Zustimmung beeinflußt werden können, darf keine Prognose ergehen; *Bürgle* FamRZ 1983, 281 –

keine Offensichtlichkeitsprüfung, weil jedem der Ehegatten Gelegenheit gegeben werden müsse, selbst den Anerkennungsantrag zu stellen. – Z.T. aM *Schumann* → § 328 Rdnr. 406.
[32] FamRZ 1982, 1203 aaO, heute allg. M.
[33] BGH FamRZ 1961, 427.
[34] Wohl allg. M.
[35] OLG Stuttgart FamRZ 1974, 459.

3. Aussetzung des Verfahrens im Hinblick auf Auslandsverfahren

6   Es sind Fälle denkbar, in denen deutsche Scheidungsverfahren mit Rücksicht auf ein ausländisches Gerichtsverfahren oder abgelaufenes ausländisches Gerichtsverfahren ausgesetzt werden können oder müssen. § 148 ist anwendbar[36], wenn ein streitgegenständlich identisches oder konnexes Verfahren im Ausland anhängig ist und noch nicht sicher abgesehen werden kann, ob das Verfahrensergebnis im Inland anerkennungsfähig sein wird. Art. 21 EuGVÜ i.d.F. des mit Spanien und Portugal abgeschlossenen (noch nicht ratifizierten) Beitrittsübereinkommens und des Luganer Übereinkommens → Einl. vor § 1 Rdnr.n 781 ff. hat dem Gedanken zum Durchbruch verholfen, daß es im Falle internationaler Rechtshängigkeit häufig sinnvoll ist, das als zweites angestrengte Verfahren nur auszusetzen, bis über die Sachentscheidungsgeeignetheit des ersten Verfahrens Klarheit herrscht, anstatt die zweite Klage sofort abzuweisen. Außerhalb des Geltungsbereichs des EuGVÜ muß man diesen Gedanken um das Element »klare Verhältnisse über die Anerkennungsfähigkeit der zu erwartenden Sachentscheidung« erweitern.

4. Der zwingende Charakter der internationalen Zuständigkeit deutscher Gerichte

7   Aus Abs. 1 S. 2 → Rdnr. 21 kann nicht etwa auf die Möglichkeit internationaler Zuständigkeitsvereinbarungen geschlossen werden[37]. Wie die örtliche Zuständigkeit → § 606 Rdnr. 5 ist die internationale stets **von Amts wegen zu ermitteln** → § 616 Rdnr. 1[38], im Revisionsverfahren → § 549 Rdnr. 56 freilich nur nach den diesem Verfahren eigentümlichen Beschränkungen → Einl. vor § 1 Rdnr. 776, also auf Rüge dahingehend, die Tatsacheninstanz sei ihrer Amtsermittlungspflicht nicht nachgekommen. Zu letzterer gehört vor allem eine Vergewisserung über die Staatsangehörigkeits- bzw. Aufenthaltsverhältnisse der Parteien. Wenn nicht besondere Anhaltspunkte für Unstimmigkeiten existieren[39], reichen aber übereinstimmende Angaben der Parteien zu den Aufenthaltsverhältnissen und der deutschen Staatsangehörigkeit aus[40]. Eine rechtskräftige verwaltungsgerichtliche Feststellung der deutschen Staatsangehörigkeit hat inter-omnes-Wirkung, weil ein solches Urteil alle Gerichte und Behörden bindet[41].

Das Gericht kann seine Zuständigkeit auf die Umstände stützen, die sich am leichtesten feststellen lassen. Ist eine Anerkennungsprognose im Sinne von Abs. 1 Nr. 4 leicht zu treffen, so kann es sich damit begnügen, den gewöhnlichen Aufenthalt eines der Ehegatten festzustellen und Staatsangehörigkeitsfragen und den gewöhnlichen Aufenthalt des anderen dahingestellt sein lassen, → Rdnr. 1. wenn nicht zur Verifizierung der *örtlichen* Zuständigkeit weitere Feststellungen zu treffen sind[42]. Läßt sich trotz aller Anstrengungen nicht klären, ob einer der oder beide Ehegatten die deutsche Staatsangehörigkeit besitzen oder hierzulande gewöhnlichen Aufenthalt begründet haben, so ist nach allgemeinen Beweislastgrundsätzen → Einl. vor § 1 Rdnr. 773 vom Nichtvorliegen dieser Tatbestandsvoraussetzungen auszugehen[43]. Zur Nichtfeststellbarkeit des gewöhnlichen Aufenthaltes → § 606 Rdnr. 14; zur Nichtfeststellbarkeit der Staatenlosigkeit → Rdnr. 15. Zur Ermittlungsobliegenheit bei Zweifeln über Anerkennungsfähigkeit des deutschen Urteils im fraglichen Ausland → Rdnr. 19.

---

[36] Restriktiver *Schumann* → § 148 Rdnr. 164.
[37] Heute allg. M. Eine Ausnahme will *Zöller-Geimer*[17] Rdnr. 86 für die Antrittszuständigkeit → Rdnr. 12 zulassen.
[38] Von Amts wegen zu *berücksichtigen* ist sie auch im Vermögensprozeß → Rdnr. 773 Einl. vor § 1.
[39] So im Fall *KG* NJW 1983, 2324, wo die Vorlage des deutschen Personalausweises mit Recht nicht als ausreichend erachtet wurde.

[40] Restriktiver wohl *Staudinger-Spellenberg*[12] (Fn. 1) Rdnr. 115.
[41] *BVerwG* StAZ 1986, 139, 141.
[42] *Staudinger-Spellenberg*[12] (Fn. 1) Rdnr. 158.
[43] *Staudinger-Spellenberg*[12] (Fn. 1) Rdnr. 107 m.w. Einzelheiten in den folgenden Rdnrn.

5. Fehlen eines Gleichlaufgebots

Ein Gebot des Gleichlaufs von internationaler Zuständigkeit deutscher Gerichte und anwendbarem materiellem Recht gibt es im Unterschied zur Rechtslage in vielen anderen Staaten, insbesondere jenen des common law, nicht → Rdnr. 17 vor § 606. Ob das erstrebte deutsche Urteil im Ausland, insbesondere im Staat, dessen Rechtsordnung lex causae ist, anerkannt werden wird, spielt abgesehen vom Fall der Nr. 4, keine Rolle. »Kollisionsrechtliche Schranken von Scheidungsurteilen«[44] gibt es bei deutschen Scheidungsurteilen nicht. Dieser Rechtsstandpunkt ist durch die Neufassung der die internationale Zuständigkeit der deutschen Gerichte betreffenden Vorschriften im Jahre 1986 bekräftigt worden. Daß schon die internationale Zuständigkeit der deutschen Gerichte aus Gründen der prognostizierten Verweigerung der Anerkennung des erstrebten Urteils im Staat der lex causae eingeschränkt sei, ist auch noch niemals vertreten worden. Es wäre daher nachgerade absurd anzunehmen, der deutsche Gesetzgeber habe ohne Rücksicht auf das anwendbare Recht und den Ausgang einer Anerkennungsprognose die internationale Zuständigkeit der deutschen Gerichte begründen wollen, dann aber in einem Teil der Fälle den ergehenden deutschen Urteilen auch für das Inland Wirksamkeit versagt[45].

Von der internationalen Zuständigkeit der deutschen Gerichte scharf zu trennen ist die Frage, ob eine »Ehe« vorliegt, die geschieden oder aufgelöst werden könnte → Rdnr. 17 vor § 606.

6. Völkerrechtliche Grenzen der internationalen Zuständigkeit der deutschen Gerichte?

Die durch § 606 begründete Zuständigkeitsordnung wird nicht durch Völkervertragsrecht eingeschränkt. Verträge, die die »direkte« internationale Zuständigkeit der Gerichte regelten, hat die Bundesrepublik mit Wirkung für Ehesachen nicht abgeschlossen. Bezüglich der für Folgesachen einschlägigen Staatsverträge → § 621 Rdnr. 57 ff. Über Einschränkungen der internationalen Zuständigkeit der deutschen Gerichte kraft allgemeinen Völkerrechts (Völkergewohnheitsrecht; allgemeine Rechtsprinzipien) beginnt man erst langsam nachzudenken → Rdnr. 13.

III. Die Zuständigkeitsanknüpfungspunkte im einzelnen

1. Die deutsche Staatsangehörigkeit

Die deutschen Gerichte sind immer zuständig, wenn auch nur ein Ehegatte Deutscher ist oder bei Eheschließung Deutscher war, auch wenn, bei einer Nichtigkeitsklage jemand klagt, der nicht Ehegatte der fraglichen Ehe ist[46]. Dies allein genügt, um bei Fehlen irgendeiner anderen örtlichen Zuständigkeit eines deutschen Gerichts nach § 606 das Amtsgericht Schöneberg in Berlin zuständig zu machen. Gleichgültig ist, wo im Inland oder Ausland und wie lange jeder der Ehegatten dort gewöhnlichen Aufenthalt hat oder ob – bei gemischt-nationalen Ehen – der deutsche Ehegatte Antragsteller oder Antragsgegner ist, allg. M. Das gilt auch,

---

[44] So die These in der gleichnamigen Schrift von *Hausmann* (1980), bezüglich deutscher Scheidungsurteile 27 ff. Ihm folgend *OLG München* IPRax 1988, 354 unter Berufung auf *BGH* NJW 1972, 1619, wo aber dem deutschen Scheidungsurteil unter Berufung auf den deutschen ordre public doch wieder zu seinem Recht verholfen wurde. Im übrigen entspricht der hier vertretene Standpunkt der in der Standardliteratur zum Prozeßrecht allgemein vertretenen Ansicht. Siehe statt aller *Geimer* IZPR (1987) Rdnr. 1064; *Zöller-Geimer*[17] § 328 Rdnr. 47, 250 → § 328 Rdnr. 11.

[45] So mit Recht *Winkler von Mohrenfels* IPRax 1988, 341, 342 in zutreffender Auseinandersetzung mit einem Teil des IPR-Schifttums.

[46] *BGH* FamRZ 1976, 336.

wenn die internationale Zuständigkeit der deutschen Gerichte nur mit der früheren Staatsangehörigkeit des Antragsgegners begründet wird[47].

Maßgebend für Erwerb und Verlust der deutschen Staatsangehörigkeit ist allein das deutsche Recht. Wegen der Einzelheiten muß auf die Erläuterungen zum RuStAG verwiesen werden[48]. Aussetzung bei Einbürgerungsanträgen → Rdnr. 2.

11 So sehr man die Engherzigkeit des Art. 5 Abs. 1 S. 2 EGBGB (Deutsche mit zusätzlicher ausländischer Staatsangehörigkeit) beklagen muß[49], so wenig wäre es nach allgemeinen Auslegungsmethoden gerechtfertigt, sich darauf zu berufen, daß er nach seinem Wortlaut für das internationale Prozeßrecht nicht gilt[50]. Zudem hat *Mansel* darauf aufmerksam gemacht, daß das Abstellen auf die neben einer ausländischen Staatsangehörigkeit bestehende, möglicherweise kaum oder nicht effektive deutsche Staatsangehörigkeit im internationalen Zuständigkeitsrecht weniger stört als im IPR. Konkurrierende Zuständigkeiten der Gerichte mehrerer Staaten sind unschädlich, weil immer nur eine Rechtsordnung lex causae sein kann[51]. Im Interesse der Praktikabilität der Zuständigkeitanknüpfungspunkte will *Mansel* daher auch eine nicht effektive deutsche Staatsangehörigkeit ausreichend sein lassen[52]. Manche sehen in der Nichterwähnung des internationalen Verfahrensrechts in Art. 5 EGBGB ohnehin nur ein Redaktionsversehen[53]. Jedoch ist bei all dem das prozessuale Gerechtigkeitsinteresse des Antragsgegners ausgeblendet, was verfassungsrechtlich nicht zulässig ist → Rdnr. 13. Daher sollte man aus dem angeblichen Redaktionsversehen eine Tugend machen und für § 606 a nur die effektive deutsche Staatsangehörigkeit entscheidend sein lassen. Das Problem mehrfacher ausländischer Staatsangehörigkeit stellt sich im internationalen Zuständigkeitsrecht nicht.

12 Die Begründung einer internationalen Zuständigkeit deutscher Gerichte allein aufgrund der **früheren Staatsangehörigkeit eines Ehegatten** meint die Staatsangehörigkeit bei der Eheschließungszeremonie. Darunter fallen auch Frauen, die nach früherem Recht durch die Eheschließung mit einem Ausländer ihre deutsche Staatsangehörigkeit verloren haben[54]. Für diese Zuständigkeitsregel wird dieselbe Rigorosität behauptet wie für die Zuständigkeitsbegründung auf der Basis aktueller Staatsangehörigkeit. Sie ist indes völlig verfehlt. Daß diese Zuständigkeit nicht nur zugunsten des deutschen Antragstellers gilt → Rdnr. 10, ändert daran nichts. Denn die Zuständigkeit der deutschen Gerichte ist ganz unabhängig von der Anwendbarkeit des deutschen Scheidungsrechts, woran es typischerweise (Art. 17 Abs. 1 S. 1i.V.m. Art. 14 Abs. 1 Nr. 2, 3 EGBGB) gerade fehlt. Das einzige rechtfertigende Element für eine eng begrenzte »Antrittszuständigkeit« der deutschen Gerichte ist es, einem Ehegatten die Scheidung zu ermöglichen, der unter Aufgabe seiner deutschen Staatsangehörigkeit in ein Land geheiratet hat, in dem sich aus dort herrschenden rechtspolitischen Grundsatzerwägungen eine Scheidung überhaupt nicht ermöglichen läßt oder wo das Scheidungsrecht in geschlechtlich massiv diskriminierender Weise geregelt ist. Mit anderen Worten, Art. 17 Abs. 1 S. 2 EGBGB soll der prozessualen Ergänzung bedürfen[55]. Dafür aber ist die Vorschrift viel zu weit

---

[47] *OLG Zweibrücken* FamRZ 1988, 623 = IPRax 357 (*Rauscher* 343); allg. M.

[48] Zu Zweifelsfragen, die durch die NS- und Nachkriegsgeschichte aufgeworfen wurden, *Staudinger-Spellenberg*[12] (Fn. 1) Rdnr. 155 ff., 139. Zu Flüchtlingen sowie Asylantragstellern und -berechtigten Allg. Einl vor § 606 Rdnr. 3 ff.

[49] Dazu *MünchKomm-Sonnenberger*[2], Art. 5 EGBGB, Rdnr. 10 ff.

[50] A.M. mit unterschiedlichen Folgerungen *OLG Stuttgart* FamRZ 1989, 760; *Staudinger-Spellenberg*[12] (Fn. 1) Rdnr. 136; *Mansel* Personalstatut, Staatsangehörigkeit und Effektivität (1988) Rdnr. 440.

[51] *Mansel* aaO Rdnr. 444 ff. Auch der *BGH* (NJW 1979, 1776), der vor 1986 für das IPR die Lehre von der Maßgeblichkeit der effektiven Staatsangehörigkeit übernommen hatte, hatte ausdrücklich offen gelassen, ob sich dieser Standpunkt ins internationale Verfahrensrecht übertragen läßt.

[52] *MünchKommZPO-Walter* Rdnr. 16. – A.M. *Staudinger-Spellenberg*[12] (Fn. 1) Rdnr. 137 f. für den Fall, daß auch in der Sache nicht deutsches Recht zur Anwendung kommt.

[53] *Johannsen-Henrich*[2] § 606 a Rdnr. 10. In der Sache ebenso *Zöller-Geimer*[17] Rdnr. 37; *Baumbach/Lauterbach/Albers*[51] Rdnr. 4; *Dörr* NJW 1989, 494.

[54] *Henrich* (Fn. 1) 3.

[55] So auch die amtliche Begründung BTDrucks 10/504

geraten. Es ist schlechterdings nicht einzusehen, wieso auch einem ausländischen Ehegatten, der mit seinem die deutsche Staatsangehörigkeit seit vielen Jahren nicht mehr besitzenden Partner in seinem Heimatstaat viele Jahre lang zusammengelebt hat, ein Scheidungsverfahren vor deutschen Gerichten zumutbar sein soll.

Daß Nr. 1 nicht eingreift, wenn ein Ausländer aufgrund seiner Eheschließung mit einem Deutschen die deutsche Staatssangehörigkeit erwarb, sie aber später wieder verlor, versteht sich[56].

Völkergewohnheitsrecht, das der Inanspruchnahme exorbitanter internationaler Zuständigkeiten entgegensteht, wird sich derzeit noch kaum feststellen lassen → Rdnr. 8. Immerhin haben in jenen Bereichen, wo diplomatische Regelungen oder Verfahren zwischen Staaten vor internationalen Gerichten praktisch nicht vorkommen, die Gerichte seit jeher die Funktion übernommen, das Völkerrecht fortzubilden. Jüngst etwa ist höchstrichterlich die Frage der völkerrechtlichen Verträglichkeit von § 23 ZPO bezweifelt worden[57].

13

Näher liegt es freilich, an den vom Bundesverfassungsgericht entwickelten Grundsatz der prozessualen Fairness zu erinnern[58] → Einl. vor § 1 Rdnr. 515. Der Anklang der Formel von der Garantie eines fairen Verfahrens an die Garantie von »due process of law« in der Verfassung der U.S.A. legt es nahe, die Rechtsprechung des Supreme Court der U.S.A. zum Erfordernis von »minimum contacts« als der Voraussetzung der Begründung internationaler Zuständigkeit[59] als Ausdruck eines generellen prozessualen Fairnessempfindens zu nehmen[60]. Aus dem verfassungsrechtlichen Fairnessgebot folgt, daß die in Abs. 1 Nr. 1 vorgesehene Zuständigkeit nicht in Anspruch genommen werden darf, wenn dem sich der Zuständigkeit widersetzenden Antragsgegner eine Rechtswahrung vor deutschen Gerichten nicht zumutbar ist. Das ist freilich keine bloß verfassungskonforme Auslegung der Bestimmung mehr. Sie ist teilweise verfassungswidrig, was rechtswirksam nur im Verfahren nach Art. 100 GG festgestellt werden kann. Zudem ist ein Fall, in dem dem anderen Ehegatten das Verfahren vor den deutschen Gerichten zumutbar ist, ohne daß einer der Ehegatten seinen gewöhnlichen Aufenthalt im Sinne von Nr. 4 im Inland hat, kaum denkbar. Auch der ehemals deutschen Frau, die ins Ausland geheiratet hat, in Deutschland eine Scheidung (nach deutschem Recht) zu ermöglichen, ist kein generell legitimes Anliegen, wenn sie nicht nach Deutschland zurückkehrt, sollte sie auch bestrebt sein, sich als Geschiedene im Land der bisherigen Eheführung oder in einem Drittland eine neue Existenz aufzubauen.

Im übrigen kann auch bei der verfassungsrechtlich gebotenen Einschränkung einer zu weit geratenen Norm nicht so verfahren werden, daß jeder denkbare Fall erfaßt wird, in dem eine Geltung der Norm legitim wäre. Insbesondere im Zuständigkeitsrecht kann es keine allgemein gehaltenen Tatbestandsmerkmale geben. Der im common law entwickelte Gedanke, jeweils im Einzelfall eine Zuständigkeitskorrektur nach den Grundsätzen des forum non conveniens vorzunehmen, ist in das deutsche Recht mit seiner Garantie des gesetzlichen Richters nicht übertragbar → Einl. vor § 1, Rdnr. 760 f.

S. 90 mit Ergänzung durch *Pirrung* Internationales Privat- und Verfahrensrecht nach dem Inkrafttreten der Neuregelung des IPR, Bundesanzeiger-Verlag (1987) 200.

[56] *Johannsen-Henrich*[2] (Fn. 1) Rdnr. 15.
[57] BGH NJW 1991, 3092. Für Vereinbarkeit der »Antrittszuständigkeit« mit dem Völkerrecht *Zöller-Geimer*[17] Rdnr. 45 a.E.
[58] *Zöller-Geimer*[17] Rdnr. 3 äußert Bedenken unter dem Gesichtspunkt des Art. 5 GG. Dagegen *Pirrung* Internationales Privat- und Verfahrensrecht (Bundesanzeiger 1987) 202; *MünchKomm-ZPO-Walter* Rdnr. 29.
[59] In den U.S.A. häufig sogar der Gerichtsbarkeit eines der Einzelstaaten.

[60] Vom Bearbeiter dieses Teils des Kommentars näher entwickelt in Rivista di Diritto Internazionale 1991, 1 ff. und IPRax 1992, 140 ff. In deutscher Sprache ist die Rechtsprechung des US-Supreme Court zuletzt dargestellt worden von *Mössle*, Extraterritoriale Beweisverschaffung im internationalen Wirtschaftsrecht (1990) 210 ff. Außerdem: *Lange-Black*, Der Zivilprozeß in den Vereinigten Staaten (1987) Rdnr. 33; *Schack* Einführung in das US-amerikanische Zivilprozeßrecht (1988) 23 ff. Die familienrechtlich relevante Entscheidung des Supreme Court: Keine Unterhaltsklage am Wohnsitz des Unterhaltsgläubigers, wenn der Unterhaltsschuldner sonst keine Beziehungen zu diesem Ort hat.

Verfassungsrechtlich ist also die Variante von Nr. 1 »oder bei der Eheschließung war« nur zuständigkeitsbegründend, wenn entweder einer der Ehegatten gewöhnlichen Aufenthalt im Inland hat oder wenn der die Scheidung nicht beantragende Ehegatte die internationale Zuständigkeit der deutschen Gerichte ausdrücklich oder schlüssig akzeptiert. Von ihm eine Rüge durch einen von ihm aus der Ferne zu wählenden postulationsfähigen Anwalt zu verlangen, wäre ebenfalls kein faires Verfahren.

Auch bei (fort)bestehender deutscher Staatsangehörigkeit nur eines der Ehegatten kann die Inanspruchnahme der internationalen Zuständigkeit der deutschen Gerichte in vielen Fällen auf ein fairnesswidriges Verfahren hinauslaufen. Im Zusammenhang mit der Verbundzuständigkeit für Unterhaltsklagen → § 621 Rdnr. 22, hat das EuGVÜ in Art. 5 Nr. 2 eine nur auf die Staatsangehörigkeit eines der Ehegatten gestützte internationale Scheidungszuständigkeit als exorbitant ausgewiesen[61]. Ob man dies angesichts der im Zuständigkeitsrecht unvermeidlichen Pauschalierung verfassungsrechtlich in Kauf nehmen kann, ist zweifelhaft. Bei einer verfassungsmäßig gebotenen Verwerfung der »Antrittszuständigkeit« den Gang zu den deutschen Gerichten in *höchst seltenen* Fällen auch da zu verschließen, wo er sich vertreten ließe, ist demgegenüber unvermeidlich.

2. Der gewöhnliche Aufenthalt beider Ehegatten oder eines von ihnen

14   Auf den gewöhnlichen Aufenthalt eines Ehegatten stellen die Nrn. 2–4 ab. Es kommt auf deutsche Vorstellungen zum Inhalt des Begriffs gewöhnlichen Aufenthalt an[62]. Der Begriff ist jeweils im gleichen Sinne zu verstehen wie in → § 606 Rdnr. 7[63]. Die Begründung des Schwerpunkts der Lebensverhältnisse im Inland ist auch im Rahmen von § 606a nicht erforderlich[64]. Ist ein gewöhnlicher Aufenthalt im Inland festgestellt, so wird die internationale Zuständigkeit der deutschen Gerichte nicht dadurch ausgeschlossen, daß Hauptmotiv für seine Begründung der Zugang zur deutschen Gerichtsbarkeit war[65].

Im Vordergrund der Gerichtspraxis steht der gemeinsame gewöhnliche Aufenthalt **beider Ehegatten** im Sinne von Nr. 2. Er ist dazu geschaffen worden, den vielen im Inland sich für längere Zeit aufhaltenden Ausländern die Inanspruchnahme der deutschen Gerichte auch in Scheidungssachen zu ermöglichen, ohne daß umständliche Ermittlungen zu den Chancen für eine Anerkennung des Urteils in ihrem Heimatstaat nötig würden. Insbesondere kommt es nicht darauf an, ob das Ausland eine deutsche Entscheidung nur anerkennt, wenn gleichzeitig bestimmte Scheidungsfolgen geregelt werden[66]. Im Gegensatz zu § 606 Abs. 1 S. 1 ist in § 606a nicht vom *gemeinsamen* gewöhnlichen Aufenthalt der Ehegatten die Rede. Auch wenn sie innerhalb Deutschlands getrennt leben, sind die deutschen Gerichte zuständig, sollte sich auch die örtliche Zuständigkeit nicht nach § 606 Abs. 1 S. 1 richten[67]. Daß der letzte gemeinsame gewöhnliche Aufenthalt im Inland war, reicht aber zur Begründung der Zuständigkeit der deutschen Gerichte nicht aus[68].

---

[61] Amtlicher Bericht Abl. EG vom 05.03.1979 Nr. C 59 Rdnr. 4.
[62] *BayObLG* FamRZ 1992, 584, 585; *dass.* FamRZ 1990, 650.
[63] Allg. M. etwa *MünchKomm-ZPO-Walter* Rdnr. 22.
[64] A.M. *von Bar* IPR Rdnr. 528 mwN. *Henrich* (Fn. 1) 4; *BayObLG* NJW 1990, 3099.
[65] *Staudinger-Spellenberg*[12] (Fn. 1) Rdnr. 117.
[66] *OLG Stuttgart* NJW RR 1989, 261.
[67] *Staudinger-Spellenberg*[12] (Fn. 1) Rdnr. 159.
[68] *OLG Düsseldorf* IPRax 83, 129 (Nr. 36); heute allg. M. Die gelegentlich genannte, scheinbar entgegenstehende Entscheidung *OLG Frankfurt* FamRZ 1975, 693 ist zu Art. 2 des deutsch-griechischen Vertrags ergangen, der nur die Anerkennungszuständigkeit regelt → § 328 Rdnr. 142, 595.

3. Die Beteiligung von Staatenlosen

Nr. 3 schafft eine Sonderregelung für die Beteiligung von Staatenlosen. Daß der Staatenlose mit gewöhnlichem Aufenthalt in Deutschland (aber nur unter dieser Voraussetzung) in Deutschland sein Recht wie ein Deutscher soll finden können und daß Ehesachen davon keine Ausnahme bilden, ist gewiß unmittelbar einsichtig. Eine ungerechtfertigte Privlegierung gegenüber Inlandsansässigen mit fortbestehender ausländischer Staatsangehörigkeit liegt darin nicht, weil schlechterdings kein Staat ausfindig gemacht werden kann, auf den sich eine Anerkennungsprognose beziehen könnte. Rechtsquellenlogisch (Art. 3 Abs. 2 EGBGB analog!) geht Art. 16 des New Yorker Übereinkommens vom 28.09.1954 über die Rechtsstellung von Staatenlosen[69] vor. Jedoch läuft dieses Übereinkommen insofern leer, als die Rechtsstellung der Staatenlosen nach Abs. 1 Nr. 3 in gleicher Weise geregelt ist. Die internationale Zuständigkeit der deutschen Gerichte kann daher nach Belieben auf Abs. 1 Nr. 3, das New York Übereinkommen oder einen Sonderstatus von Personen → Allg. Einl. zu § 606 Rdnr. 2 ff. gestützt werden. 15

Staatenlos ist »eine Person, die kein Staat aufgrund seines Rechts als Staatsangehörigen ansieht« (Art. 1 Abs. 1 New Yorker Übereinkommen). Im Prozeßrecht sind auch völkerrechtswidrige Ausbürgerungen dann beachtlich und der Fortbestand ausländischer Staatsbürgerschaften unbeachtlich, wenn andernfalls eine sachwidrige Prognose nach Nr. 4 anstünde[70]. Wenn ein im Scheidungsverfahren auftretender Ehegatte einen Reiseausweis eines Vertragsstaates des New Yorker Übereinkommens nach dessen Art. 28 besitzt, kann von einer Staatenlosigkeit ausgegangen werden, solange der andere Ehegatte nicht substantielle Einwendungen hiergegen vorbringt oder sich sonst konkrete Zweifel ergeben.

Ist weder eine Staatsangehörigkeit noch eine Staatenlosigkeit eines Ehegatten feststellbar, so ist in entsprechender Anwendung von Art. 5 Abs. 2 EGBGB von Staatenlosigkeit auszugehen. Die dagegen vorgebrachten Argumente[71] überzeugen nicht: Daß logisch gesehen, eine internationale Zuständigkeit auch verneint werden kann, während im IPR immer eine nationale Rechtsordnung als lex causae herangezogen werden muß, ist wohl wahr. Gleichwohl gilt beweislastmäßig immer der Nullzustand, wenn sich die Voraussetzungen für das Entstehen einer Rechtsfolge nicht nachweisen lassen. Gedanklich mögliche Hypothesen, aber praktisch ausgeschlossene Fallgestaltungen wie jene, daß eine Partei mit Sicherheit eine Staatsangehörigkeit besitzt, sich aber nicht klären läßt, welche, können außer Betracht bleiben. Meist kommt man freilich mit Wahlfeststellungen[72] zum selben Ergebnis. Bezüglich jener Staatenloser, die niemals in Deutschland zusammen mit ihrem Ehegatten einen gewöhnlichen Aufenthalt hatten, gilt → Rdnr. 17.

4. Gewöhnlicher Aufenthalt des Antragstellers und Anerkennungsprognose

Die Nr. 4 ist der einzige Fall, wo (leider!) ein Restbestandteil der früher geforderten, aber von der Praxis mit Recht als unverhältnismäßig lästig empfundenen Anerkennungsprogno- 16

---

[69] BGBl. 1976 II 473 ff.: »(1) Ein Staatenloser hat im Hoheitsgebiet aller Vertragsstaaten freien und ungehinderten Zugang zu den Gerichten.
(2) Ein Staatenloser erfährt in dem Vertragsstaat, in dem er seinen gewöhnlichen Aufenthalt hat, die gleiche Behandlung wie dessen Staatsangehörige hinsichtlich des Zugangs zu den Gerichten, einschließlich des Armenrechts und der Befreiung von der Sicherheitsleistung für Prozeßkosten.
(3) Ein Staatenloser erfährt in den Vertragsstaaten, in denen er nicht seinen gewöhnlichen Aufenthalt hat, hinsichtlich der in Abs. 2 genannten Angelegenheiten die gleiche Behandlung wie die Staatsangehörigen des Landes, in dem er seinen gewöhnlichen Aufenthalt hat.«
[70] *Staudinger-Spellenberg*[12] (Fn. 1) Rdnr. 179 mit Einzelheiten.
[71] *Staudinger-Spellenberg*[12] (Fn. 1) Rdnr. 109, 185 ff.
[72] Z.B. Anerkennungsprognose nicht nötig, weil eine Partei entweder deutscher Staatsbürger oder Staatenloser mit gewöhnlichem Inlandsaufenthalt ist.

se⁷³ erhalten geblieben ist. Es handelt sich um einen Kompromiß zwischen der ursprünglichen Vorstellung der Bundesregierung⁷⁴ und dem Bundesrat. Gerade dann, wenn die internationale Zuständigkeit der deutschen Gerichte lediglich auf den gewöhnlichen Aufenthalt nur eines der Ehegatten (meist des Antragstellers) in Deutschland gegründet ist, besteht freilich die Gefahr, daß das Urteil im Ausland nicht anerkannt werden wird. Man war aber durchaus bereit, auch in diesem Fall die Gefahr des Entstehens hinkender Ehen in Kauf zu nehmen. Nur in dem besonders krassen Fall, daß das Heimatrecht keines der Ehegatten das Urteil anerkennen wird und dies offensichtlich ist, hielt man das Anliegen für vorrangig, Scheidungsurteile gar nicht erst zu schaffen, die nur in der Bundesrepublik als wirksam betrachtet werden würden.

17   Die Vorschrift deckt nach ihrem Wortlaut auch den Fall, daß ein Ausländer ohne bisherige Beziehungen zur Bundesrepublik seine Familie verläßt und hierzulande gewöhnlichen Aufenthalt begründet. In dieser Breite ist die Vorschrift aus den → Rdnr. 13 genannten Gründen **verfassungsrechtlich nicht zu halten.**

Das in der Bundesrepublik noch nicht geltende Haager Übereinkommen über die Anerkennung von Ehescheidungen und Ehetrennungen⁷⁵ hat demgegenüber den heute international akzeptierten Standard gesetzt, indem es zusätzlich zum gewöhnlichen Aufenthalt des Klägers (Antragstellers) verlangt, daß dieser Aufenthalt bereits vor Verfahrenseinleitung ein Jahr lang bestanden hat oder der letzte gemeinsame gewöhnliche Aufenthalt der Ehegatten an diesem Ort lag. Mit diesem Inhalt ist das Haager Übereinkommen immer noch vergleichsweise anerkennungsfreundlich. Immerhin fällt es im Interesse der Rechtssicherheit leichter, ausländische Urteile anzuerkennen, auch wenn sie in fragwürdigen internationalen Gerichtsständen ergangen sind, als fragwürdige »direkte« Zuständigkeiten zu begründen⁷⁶.

Der Norm kann auch außerhalb eines Gesetzgebungsverfahrens keine tatbestandliche Reduktion gegeben werden, die handhabbar bliebe. Dazu sind die Möglichkeiten der inlandsbezogenen Anreicherung des Tatbestandes zu verschiedenartig.

Will man den Weg, die Nr. 4 für verfassungswidrig zu erklären, nicht gehen, so bedarf diese Norm jedenfalls in folgender Weise der einschränkenden Handhabung: Es ist sehr selten, daß ausländische Staaten ein Scheidungsurteil anerkennen, das im Gerichtsstand des gewöhnlichen Aufenthalts des Antragstellers ergangen ist, ohne daß weitere Inlandsbezüge vorliegen oder beide Ehegatten der Scheidung durch das angerufene deutsche Gericht zustimmen⁷⁷. Es besteht daher eine tatsächliche Vermutung, daß sie es nicht tun. Das Gericht muß daher in solchen Fällen die Anerkennungsprognose wesentlich ernster nehmen, als es der Wortlaut der Vorschrift nahelegt. Das folgt nicht nur aus Art. 6 Abs. 1 GG, sondern auch daraus, daß es kein faires Verfahren ist, sich dahinter zu verschanzen, daß eine Rechtslage nicht sogleich offensichtlich ist, wenn die auf vielfältiger rechtsvergleichender Erfahrung begründete Vermutung für eine solche Rechtslage spricht. Soweit ausländische Staaten selbst internationale Zuständigkeit aufgrund des gewöhnlichen Aufenthalts in Anspruch nehmen, verlangen sie eine gewisse Verweildauer, mindestens von einem Jahr⁷⁸. In anderen Fällen sollte das deutsche Gericht das Verfahren solange verzögern, bis der Antragsteller derart fest in der deutschen Umwelt verwurzelt ist, daß auch dem anderen Ehegatten die Scheidung durch ein deutsches

---

⁷³ Lit.: *Grundmann* Zum Erfordernis der Anerkennungsfähigkeit bei der Scheidung gemischt nationaler Ehen NJW 1986, 2165.
⁷⁴ BTDrucks 10/504 S. 90.
⁷⁵ Vom 1.6.1970, abgedr. bei *Jayme-Hausmann* Internationales Privat- und Verfahrensrecht⁶, Nr. 85.
⁷⁶ Vorbildlich demgegenüber etwa Art. 1070 n.c.pr.c. (Frankreich): Nur gewöhnlicher Aufenthalt *des Beklagten* ist zuständigkeitsbegründend, und auch das nur, wenn es keinen gewöhnlichen Aufenthalt beider Ehegatten oder keinen gewöhnlichen Aufenthalt eines von ihnen zusammen mit den Kindern mehr gibt.
⁷⁷ Siehe die Übersicht bei Rdnr. 20 und *Staudinger-Spellenberg*¹² (Fn. 1) Rdnr. 249.
⁷⁸ Siehe etwa Schweden, *Staudinger-Spellenberg*¹² (Fn. 1) Rdnr. 149; Schweiz, IPR-G Art. 59 (abgedr. IPRax 1988, 376); Vereinigtes Königreich, Sec. 5 (2) Domicile and Matrimonial Proceedings Act (1973).

Gericht zumutbar wird. An die Glaubwürdigkeit der Behauptung, der in Deutschland neu genommene Aufenthalt sei der gewöhnliche, sind hohe Anforderungen zu stellen. Der im Ausland wohnende andere Ehegatte muß durch das Gericht intensiv über die Möglichkeiten seiner Rechtswahrung belehrt werden, wenn es naheliegt, daß er insoweit hilflos ist. Eine sich anbietende Form der Hilfestellung ist es, mit einem Anwalt Fühlung aufzunehmen, der zur Bearbeitung eines Prozeßkostenhilfegesuchs bereit wäre und dies dem Antragsgegner mitzuteilen. Notfalls[79] ist in entsprechender Anwendung von § 57 ein Prozeßpfleger zu bestellen[80], jedenfalls für das Prozeßkostenhilfebewiligungsverfahren, wenn der Antragsgegner sich nicht vertreten läßt und dies vermutlich auf seine Hilflosigkeit oder Mittellosigkeit zurückzuführen ist.

Schließlich sollte man auch vor dem Verdikt, die Inanspruchnahme deutscher Zuständigkeit für mißbräuchlich zu erklären, nicht die übliche Zurückhaltung → Einl. vor § 1 Rdnr. 250 obwalten lassen. Man braucht nicht nur die arglistige Erschleichung eines Gerichtsstands, man kann auch das treuwidrige Gebrauchmachen von einem nicht arglistig etablierten Gerichtsstand unwirksam sein lassen. Es verstößt gegen das Gebot der ehebedingten Solidarität, die internationale Zuständigkeit der Gerichte in einem fremden Land in Anspruch zu nehmen, wenn am bisherigen Lebensmittelpunkt der Familie eine vertrauenswürdige Justiz zur Verfügung steht, von der die Durchführung des Scheidungsverfahrens nach einem laizistisch geprägten Standard[81] erwartet werden kann. Auch dem (angeblich) von seinem Partner gepeinigten Ehegatten, der in der Bundesrepublik Zuflucht gesucht und gefunden hat, kann man dann den Gang zu den Gerichten im fremden Ausland zumuten.

Unter gleichheitsrechtlichen Aspekten ist die Nr. 4 hingegen nicht zu beanstanden[82]. Diese Garantie bezieht sich im Schwerpunkt auf die Abwehr und Wiedergutmachung von Rechtsverletzungen im Inland. Die ausländische Staatsangehörigkeit von Beteiligten und der ausländische gewöhnliche Aufenthalt des Beklagten sowie – vor allem – die Kumulation von beiden sind daher sehr wohl auch im Rahmen der Gleichheitsgarantie legitime Differenzierungsgründe zur Abgrenzung der internationalen Zuständigkeit der deutschen Gerichte.

Die Nr. 4 wird in der Praxis zu Recht nur subsidiär zu den Nrn. 1–3 angewandt → Rdnr. 1. **18** Trotz der vielen in der Bundesrepublik verweilenden ausländischen Familien spielt die Vorschrift keine praktisch wichtige Rolle. Seit ihrem Inkrafttreten 1986 ist zu ihr nur eine einzige Gerichtsentscheidung veröffentlicht worden → Rdnr. 20 (Italien). Daher wird wegen der unzähligen Einzelprobleme, die sich zu ihrer Anwendung ersinnen lassen, auf andere Veröffentlichungen verwiesen[83] und auf einen umfänglichen Länderüberblick → Rdnr. 20 verzichtet. Die Feststellung der Staatsangehörigkeit und des in einem Staat geltenden Rechts geschieht in Grenzfällen (mehrfache ausländische Staatsangehörigkeit; Teilrechtsordnungen, völkerrechtliche Anerkennung von Staaten, militärische Besetzung mit Zweifeln über Fortgeltung des alten Zivilrechts u.s.w.) nach den für das IPR entwickelten Grundsätze[84], eingeschränkt freilich dadurch, daß das Offensichtlichkeitsprinzip → Rdnr. 19 im Zweifel für die Annahme der die Anerkennung begünstigenden Lösung spricht.

Anerkannt wird ein deutsches Urteil im Ausland immer dann, wenn die auf das Eheband sich beziehenden Wirkungen im wesentlichen[85] akzeptiert werden, ohne daß dies noch von

---

[79] Etwa bei Zurücklassung des Ehegatten in einem totalitären oder in den Kommunikationsbedingungen stark unterentwickelten Land.
[80] Zur Möglichkeit der entsprechenden Anwendung dieser Norm zur Befriedigung dringender Notwendigkeiten der Rechtswahrung siehe *Käck* Der Prozeßpfleger (1990).
[81] Was durchaus nicht ein Monopol für den Zerrüttungs- und den Einverständnisgedanken bedeutet!

[82] A.M. *Geimer*[17] NJW 1986, 658; *Zöller-Geimer* Rdnr. 56 f. vor allem unter Berufung auf Art. 6 MRK.
[83] Siehe außer den bekannten Erläuterungswerken zum EGBGB das monumentale Werk von *J. Dessauer* Internationales Privatrecht, Ethik und Politik (1986), das freilich leider noch auf § 606 b a. F. basiert.
[84] Näher *Staudinger-Spellenberg*[12] (Fn. 1) Rdnr. 191–209 mwN.
[85] Daher nicht, wenn bei einem Scheidungsurteil nur

der Zustimmung eines der beteiligten Ehegatten abhinge, sei es auch erst in Verbindung mit einer Registereintragung. Eine beidseitig negative Anerkennungsprognose kann auch nicht durch die Zustimmung beider Ehegatten mit dem Scheidungsverfahren in Deutschland ausgeräumt werden[86]. Eine im Ausland vorgesehene »révision au fond« erlaubt keine positive Anerkennungsprognose[87]. Die Anerkennung in einem Drittstaat, die der Heimatstaat des betreffenden Ehegatten seinerseits anerkennt, reicht aus[88]. Das gleiche gilt, wenn der Heimatstaat eines der Ehegatten die Ehe ohnehin schon als nicht bestehend oder aufgelöst betrachtet[89]. Ob das Ausland die zu erwartende deutsche Entscheidung allgemein oder gerade deshalb nicht anerkennen wird, weil die überzogene Inanspruchnahme deutscher Zuständigkeit →Rdnr. 17 als inakzeptabel empfunden wird, bleibt sich gleich[90].

Insbesondere im Verhältnis zu Italien ist die Frage aufgetaucht, ob einem deutschen Urteil dann die Anerkennung versagt werden wird, wenn es nicht bestimmte, vom italienischen Recht gewünschte Elemente enthält wie amtswegige Feststellungen ehefeindlicher Tatsachen und ähnliches →Rdnr. 20 -Italien. Darauf kann es im Rahmen von Nr. 4 aber nicht ankommen. Die Zuständigkeit eines Gerichts, auch die internationale, kann sich schwerlich danach bestimmen, wie das das Verfahren abschließende Sachurteil aussehen soll.

Die 1986 geschehene massive Zurückdrängung des Gedankens des durch die Anerkennungsprognose gewährleisteten äußeren Entscheidungseinklangs rechtfertigt es, abweichend von der früheren Rechtslage[91], auch insoweit dem Gerechtigkeitswert der *perpetuatio fori* →Rdnr. 3 Vorrang einzuräumen und eine spätere Verschärfung ausländischen Anerkennungsrechts nicht zu berücksichtigen[92].

Ist eine Scheidungsklage **zur Sachabweisung** reif, so kann dies ausgesprochen werden, ohne daß Anerkennungschancen geprüft werden müßten[93]. Weder das Interesse des Klägers, noch das des Beklagten, noch das der Öffentlichkeit an der Vermeidung hinkender Rechtsverhältnisse verlangen in einer solchen Situation eine deutsche Zuständigkeitsabstinenz. Selbst wenn das deutsche Urteil in keinem der beteiligten Heimatrechte einer neuen Scheidungsklage entgegenstehen sollte (was kaum vorstellbar ist), wäre das Aufkommen hinkender Rechtsverhältnisse nicht zu befürchten. Jedoch wäre es mit dem Sinn von Nr. 4 nicht vereinbar, das Verfahren so lange weiterzubetreiben, bis feststeht, ob eine Sachabweisung ansteht[94], wenn offensichtlich ist, daß die Eheauflösung in keinem der Heimatstaaten der Eheleute anerkannt werden würde.

19 »Offensichtlich« i. S. der Nr. 4 bedeutet, daß dem Gericht lange Nachforschungen, insbesondere die Einholung von Gutachten[95] erspart werden sollen. Im allgemeinen kann das

---

eine Trennungswirkung »anerkannt« wird, *Staudinger-Spellenberg*[12] (Fn. 1) Rdnr. 215; *MünchKomm ZPO-Walter* Rdnr. 32.

[86] A.M. *OLG Karlsruhe* IPRax 1984, 270f (zu Recht abl. *Varady* 252).

[87] *MünchKommZPO-Walter* Rdnr. 32; *Staudinger-Spellenberg*[12] (Fn. 1) Rdnr. 214 mit weiteren Einzelheiten.

[88] *OLG Hamburg* IPRspr. 1958/59 Nr. 122. Nicht aber Anerkennung allein durch die lex causae (ganz h. M. A. M. soweit ersichtlich nur *Zöller-Geimer*[17] Rdnr. 71.

[89] *OLG Stuttgart* IPRax 1988, 172 (*Beule* 150), in Fortentwicklung der früheren Rspr. wonach die Tatsache, daß nach beiden Heimatrechten eine Nichtehe vorlag, das Anerkennungserfordernis entbehrlich machte (*BGH* NJW 1982, 517; *BayObLG* FamRZ 1985, 75); *Staudinger-Spellenberg*[12] (Fn. 1) Rdnr. 219ff.; *Zöller-Geimer*[17] Rdnr. 69.

[90] *Jayme* IPRax 1986, 265, 267; 1987, 187; *Staudinger-Spellenberg*[12] (Fn. 1) Rdnr. 236; *Basedow* NJW 1986, 2971, 2979; *MünchKomm Winkler von Mohrenfels*[2] Art. 17 EGBGB Rdnr. 259. – A.M. *Lüderitz* IPRax 1987, 74, 81; *Dörr* NJW 1989, 491, 493f) – die nur eine allgemeine Ablehnung der Scheidung erheblich sein lassen.

[91] *BGH* IPRax 1985, 162, 164 = FamRZ 1983, 1215 m. w. N..

[92] Anders das übrige Schrifttum, z. B. *Zöller-Geimer* Rdnr. 66.

[93] *MünchKomm-ZPO-Walter* Rdnr. 33. – A.M. *Staudinger-Spellenberg*[12] (Fn. 1) Rdnr. 233 mwN.

[94] Zu Einschränkungen der Verpflichtung zur Anerkennungsprognose bei reinen Feststellungsklagen *Staudinger-Spellenberg*[12] (Fn. 1) Rdnr. 255ff.

[95] Gerade auch in diesem Punkt aM. *Staudinger-Spellenberg*[12] (Fn. 1) Rdnr. 239; *MünchKomm-ZPO-Walter* Rdnr. 35ff.

Gericht daher vom Vorliegen der deutschen internationalen Zuständigkeit ausgehen, wenn sich aufgrund der üblicherweise verfügbaren Erläuterungswerke nicht mit Sicherheit sagen läßt, daß dem vom Kläger angestrebten[96] Urteile in allen der als Heimatstaaten eines der Ehegatten in Betracht kommenden Staaten[97] die Anerkennung verweigert werden wird. Die Vorschrift mag auf einem eiligen Verhandlungskompromiß beruhen. Gleichwohl ist sie als erster Fall in der deutschen Justizgeschichte exemplarisch, in dem der Gedanke zum Durchbruch kam, daß auch im Einzelfall abgewogen werden muß, ob der den Gerichten zumutbare Arbeitsaufwand in einem angemessenen Verhältnis zum erhofften Gerechtigkeitsertrag steht. Das ist ein rechtsstaatlich legitimer Gesichtspunkt, der ernst genommen werden muß und von den Instanzgerichten nicht einer Furcht vor etwaigen Aufhebungen und Zurückverweisungen in den Rechtsmittelinstanzen geopfert werden sollte. Es besteht daher keinesfalls eine Pflicht des Gerichts, alle objektiv erreichbaren Erkenntnisquellen auszuschöpfen[98].

»Offensichtlich« ist eine Anerkennungsverweigerung für den Richter freilich auch dann, wenn ihm der Antragsgegner entsprechend verläßlich Informationen vermittelt, was bei ausländischen Gesetzestexten oder Gerichtsentscheidungen die Beifügung einer (nicht notwendigerweise amtlich beglaubigten) Übersetzung einschließt. Die Vorlage eines Privatgutachtens genügt nur, wenn die in ihm aufbereiteten (und nicht nur zitierten!) Quellen die Schlußfolgerung der Anerkennungsverweigerung eindeutig begründen. Das Rechtssicherheitsargument hat demgegenüber keine einschränkende, ja den hier vertretenen Standpunkt sogar unterstützende Bedeutung. Der den Antragsteller notwendigerweise vertretende Rechtsanwalt kann sich leichter darüber vergewissern, ob eine der Zuständigkeit der deutschen Gerichte entgegenstehende Rechtslage in den Heimatstaaten der Eheleute besteht, als wenn eine aufgrund aller objektiv mobilisierbaren Erkenntnisquellen beruhende Prognose erforderlich wäre.

Fehlt es an einer anderen Verbindung mit Deutschland als dem erst kürzlich begründeten gewöhnlichen Aufenthalt des Antragstellers, so ist im Interesse des Schutzes des Antragsgegners vor einem für ihn unzumutbaren Verfahren → Rdnr. 16 genau nachzuforschen. Eine vom deutschen Richter selbst zu verantwortende Gesetzesauslegung ist nötig, wenn sich die Anerkennungspflicht für den ausländischen Staat aus einem auch in der Bundesrepublik gültigen völkerrechtlichen Vertrag ergibt[99]. Die Absicht des Gesetzgebers, die Arbeitskapazität der Gerichte nicht mit arbeitsaufwendigen Nachforschungen im ausländischen Recht und der ihm zuzuordnenden gerichtlichen Praxis zu befrachten, muß auch Anlaß sein, Revisionsverfahren möglichst von der Frage freizuhalten, ob eine Rechtslage im Ausland »offensichtlich« ist oder nicht. Natürlich ist, rechtslogisch gesehen, die richtige Anwendung des Begriffs »offensichtlich« immer revisibel. Gerade aber, um Revisionsverfahren über die richtige Anwendung des Begriffs auf möglichst eine Grundsatzentscheidung des *BGH* zurückzudrängen, sollte »offensichtlich« so definiert werden, daß es allein auf das dem Gericht leicht verfügbare Material ankommt. Eine die deutsche internationale Zuständigkeit leugnende Klageabweisung deshalb aufzuheben, weil das Gericht zu viel Ermittlung gepflogen hat[100], wäre aber auf jeden Fall dysfunktional.

Für folgende Staaten lassen sich Aussagen dazu machen, daß sie deutsche Scheidungsurteile nicht oder jedenfalls nicht bei Inanspruchnahme der Zuständigkeit nach § 606 a Abs. 1 Rdnr. 4 anerkennen[101]. Im übrigen wird die Konsultation des umfangreichen Nachschlage-

---

[96] Zur Sachabweisung reife Klagen → Rdnr. 18.
[97] A.M. *Staudinger-Spellenberg*[12] (Fn. 1) Rdnr. 104, 245.
[98] Henrich FamRZ 1986, 841, 849; *Basedow* NJW 1986, 2971, 2979; *Zöller-Geimer* Rdnr. 60; *Münch-Komm-Winkler von Mohrenfels*[2] Art. 17 EGBGB Rdnr. 258; OLG Hamm IPRax 1987, 250. – A.M. *Lüderitz* aaO; *Staudinger-Spellenberg*[12] (Fn. 1) Rdnr. 237 ff.
[99] *Staudinger-Spellenberg*[12] (Fn. 1) Rdnr. 243. – A.M. *Zöller-Geimer*[17] Rdnr. 65; BGH IPRax 1985, 162, 164.
[100] So *Zöller-Geimer*[17] Rdnr. 68.
[101] Allgemein zur Anerkennungsgeneigtheit der

werks *Bergmann-Ferid* Internationales Ehe- und Kindschaftsrecht[6] (1983 ff.) empfohlen, das ständig aktualisiert wird.

Afghanistan: Keine Anerkennung, wenn der Antragsgegner Afghane ist und die Scheidung nicht nach afghanischem Recht erfolgt vgl. *Krüger* IPRax **1985**, 151 f; *AG Bonn* IPRax **1985**, 165 = FamRZ 1984, 1234 (L.S.).

Ägypten: Keine Anerkennung, falls der Antragsgegner Ägypter ist, *OLG Braunschweig* FamRZ 1985, 1145.

Algerien: Keine Anerkennung bei einer Scheidung außerhalb des Wohnsitzstaates ober bei Nichtanwendung des Heimatrechts, IPG 82, Nr. 37 S. 370, 375 (Berlin).

Angola: Für die Anerkennung ist noch portugiesisches Recht maßgebend, *OLG Celle* FamRZ 1982, 813, 814.

Argentinien: Frühere anerkennungsfeindliche Rechtslage ist durch EheG vom 8.6.1987 überholt, vgl. *Piltz* IPRax 1988, 320.

Belgien: Nein, wenn die Voraussetzungen von Art. 4 deutsch-belgisches Abkommen vom 30.6.1958 → § 328 Rdnr. 584 nicht vorliegen. Zur anderweitigen Rechtshängigkeit *OLG Frankfurt* IPRax 1982, 283.

Brasilien: Gewöhnlicher Aufenthalt des Antragstellers in Deutschland begründet keine brasilianische Anerkennungszuständigkeit, *Rechsteiner* RabelsZ 1949 (1985) 138 ff.

Bulgarien: Nur gewöhnlicher Aufenthalt des Antragstellers in Deutschland begründet keine Anerkennungszuständigkeit, Art. 303 Abs. 4 Zivilgesetzbuch. Dazu *Jessel-Holst* RabelsZ 51 (1987) 35 ff., 233 ff.

Dänemark: Gewöhnlicher Aufenthalt des Antragstellers allein begründet Anerkennungszuständigkeit erst nach zwei Jahren, § 448 a RechtspflegeG.

Ecuador: Anerkennung nur, wenn ecuadorianisches Recht angewandt wurde und die Ehe nicht in Equador geschlossen worden war, *Samtleben* RIW 1984, 864.

Frankreich: Anerkennung nur, wenn Antragsgegner auf sein ihm nach französischem Recht zustehendes Jurisdiktionsprivileg verzichtet hat. Näher *Mezger* Über die Anerkennung deutscher Ehescheidungsurteile in Frankreich, FS Firsching (1985) 175.

Griechenland: Bloßer gewöhnlicher Aufenthalt des Antragstellers in Deutschland genügt nicht, *Jayme* IPRax 1984, 122, 1987, 187 f; *Tilios-Henrich* IPRax 1985, 150 ff.; *Pouliades* IPRax 1985, 357, 363. Weitere Rechtsprechung und Literatur zu Scheidungen unter Beteiligung griechischer Staatsangehöriger: *OLG Frankfurt* IPRax 1982, 22 (*Henrich* 9); *BGH* IPRax 1985, 102, 104 = FamRZ 1215 = NJW 1305; *OLG Bamberg* IPRax 1985, 102.

Großbritannien: Obwohl für Scheidungen durch Familiengerichte der deutsch-britische Anerkennungs- und Vollstreckungsvertrag nicht anwendbar ist (*Meister* FamRZ 1977, 108, 110), außer bei Verfahrensfehlleistungen des deutschen Gerichts kaum noch Fälle einer Anerkennungsverweigerung denkbar. Näher *Staudinger-Spellenberg*[12] (Fn. 1) Rdnr. 249 -Großbritannien.

Indien: Keine Anerkennung, wenn Ehemann nicht »domicile« in Deutschland hatte, *Chavan* Indian Private International Law (1982) 82.

Iran: Die Verhältnisse sind in jeder Hinsicht zu spekulativ, um eine sichere Anerkennungsverweigerungsprognose zu begründen. Material: *AG Hamburg* IPRax 1983, 75; *Staudinger-Spellenberg*12 (Fn. 1) Rdnr. 249 – Iran.

Irland: Anerkennung nur bei Begründung von domicile im Sinne des common law durch den Antragsteller in Deutschland, *OLG Köln* IPRax 1989, 297; *Coester-Waltjen* IPRax 1985, 148 zu *AG Berlin-Charlottenburg* IPRax 1985, 162.

Rechtsordnungen zahlreicher Staaten → § 328 Rdnr. 270 ff.

Israel: Anerkennung ausgeschlossen, wenn beide Eheleute Juden, Moslems, Drusen oder Angehörige einer christlichen Gemeinschaft sind, die in Israel ein religiöses Gericht unterhält, *Rahm-Breuer* VIII 116.

Italien: Wenn beide Ehegatten Italiener sind, genügt der gewöhnliche Aufenthalt des Antragstellers in Deutschland nicht (*OLG Karlsruhe* FamRZ 1991, 839, zu Unrecht aber fordernd, daß immer beide Ehegatten im Inland gewöhnlichen Aufenthalt haben mußten; *OLG Hamm* IPRax 1987, 250; *AG München* IPRax 1987, 250; *Jayme* IPRax 1986, 267 → Rdnr. 18), wohl aber der des Antragsgegners (*OLG Frankfurt* IPRax 1988, 250). Daß der Staatsanwalt nicht mitgewirkt hat, zur Zerrüttung der Ehe zu wenig von Amts wegen ermittelt wurde (*Jayme* IPRax 1985, 309; 1984, 104) oder der Umfang der Verbundentscheidungen italienischem Standard nicht entspricht, ist kein Anerkennungshindernis[102], → vor § 606 Rdnr. 17. Zur geplanten Neuordnung des italienischen IPR: Jayme IPRax 1990, 196.

Jemen: *Krüger-Küpper* IPRax 1987, 39.

Nachfolgestaaten **Jugoslawien:** Nach Art. 89 i. V. m. 61 IPRG des alten Jugoslawien (abgedr. IPRax 1983, 6 f.) ist die Anerkennung ausgeschlossen, wenn der Antragsgegner Jugoslawe ist und seinen Wohnsitz in Jugoslawien hatte. Der Wohnsitz bleibt häufig auch bei in Deutschland weilenden Gastarbeitern in Jugoslawien erhalten. Anerkannt wird nach Art. 89 II aaO auch, wenn »der Beklagte« die Anerkennung beantragt oder keinen Widerspruch gegen den Antrag des Klägers erhebt. Auch wenn man sich dazu nicht bindend verpflichten kann, macht eine im deutschen Scheidungsverfahren ausgesprochene Erklärung des »passiven« Teils des Verfahrens, gegen die Anerkennung des Urteils in Jugoslawien keinen Widerspruch erheben zu wollen, die Anerkennungslage so unsicher, daß man nicht von einer »offensichtlichen« Anerkennungsfähigkeit mehr sprechen kann (so schon unter der Geltung des alten Rechts *OLG Karlsruhe* FamRZ 1984, 57 = IPRax 270 (*Varady* 249)). Heutige Verhältnisse ungeklärt.

Kanada: Anerkennung nur, wenn einer der Ehegatten zur Zeit der Einleitung des Scheidungsverfahrens ein Jahr lang gewöhnlichen Aufenthalt im Urteilsstaat hatte (*Reinhard* IPRax 1987, 260).

Luxemburg: Bloßer gewöhnlicher Aufenthalt des Antragstellers in Deutschland genügt nicht, IPG 1979 Nr. 40; *AG Wittlich* FamRZ 1980, 782.

Marokko: Der gewöhnliche Aufenthalt nur des Antragstellers genügt nicht, Art. 212 des Gesetzes vom 28.9.1974, wiedergegeben bei *Staudinger-Spellenberg*[12] (Fn. 1) Rdnr. 249 – Marokko.

Mexiko: Zu beachten ist, daß ähnlich wie in den USA jeder Bundesstaat seine eigene Regelung kennt, s. *OLG Stuttgart* FamRZ 1974, 459. Der gewöhnliche Aufenthalt allein des Antragstellers in Deutschland genügt jedenfalls dann nicht, wenn die Anerkennung im Bundesdistriktgericht von Mexico City ansteht, Art. 606 Codigo de procedimintos civiles para el distrito federal i. d. F. 7.1.1988 i. V. m. Art. 156, wiedergegeben bei *Staudinger-Spellenberg*[12] (Fn. 1) Rdnr. 249 – Mexiko.

Österreich: Gewöhnlicher Aufenthalt des Antragstellers in der Bundesrepublik genügt nur, wenn hierzulande auch der letzte gemeinsame gewöhnliche Aufenthalt der Eheleute lag, § 24 4. DVO EheG 1941 (RGBl. I 654 – in Österreich nach wie vor gültig) i. V. m. § 76 Abs. 2 JN.

Pakistan: Anerkennung nur, wenn beide Ehegatten ihren Wohnsitz in der Bundesrepublik hatten, *OLG Hamm* FamRZ 1985, 1145. Bei vorheriger »Verstoßung« bedarf es gar keiner Anerkennung des deutschen Urteils mehr (*BayObLG* FamRZ 1985, 75, 76).

---

[102] So indes *OLG Düsseldorf* FamRZ 1978, 418; *OLG Stuttgart* und *OLG Bremen* IPRax 1985, 46. – Jetzt aber zutreffend eine aus diesem Grunde bestehende Gefahr der Anerkennungsverweigerung leugnend *OLG Stuttgart* NJW RR 1989, 26 f.; *OLG Frankfurt* FamRZ 1985, 619.

Peru: Keine Anerkennung, wenn zum gewöhnlichen Aufenthalt des Antragstellers nicht der letzte eheliche in der Bundesrepublik hinzukommt, bzw., wenn nicht beide Eheleute mit der Durchführung des Verfahrens in Deutschland einverstanden waren, *AG Hamburg* IPRax 1987, 120 *(Samtleben* 96) NJW RR 1986, 374.

Polen: Lit: *Passauer* FamRZ 1990, 14 ff.

Portugal: Eigenartigerweise gerade dann keine Anerkennung, wenn nur der Antragsgegner gewöhnlichen Aufenthalt in Deutschland hatte, *OLG Hamm* FamRZ 1985, 114, 146; *AG Besigheim* IPRax 1984, 277. Vgl. außerdem *Grundmann* IPRax 1984, 114 und *Pau* IPRax 1986, 47.

Schweiz: Keine Anerkennung, wenn der Antragsgegner in der Schweiz wohnt. Siehe Art. 3 des deutsch-schweizerischen Vollstreckungsabkommens → § 328 Rdnr. 726, Art. 65 Abs. 2 SchwIPR-G v. 18.12.1987, Botschaft des schweizerischen Bundesrats zum IPR-G v. 10.11.1982, BBl. 1983 I Nr. 4 S. 263 ff. Sonderdruck S. 99.

Spanien: Art. 8 Deutsch-Spanischer Anerkennungs- und Vollstreckungsvertrag → § 328 Rdnr. 763.

Türkei: Nach Art. 28, 38 Gesetz Nr. 2675 v. 22.11.1982 (abgedr. IPRax 1982, 254 ff.) verlangt das türkische Anerkennungsrecht nicht, daß das ausländische Gericht in vertretbarer Weise Zuständigkeit in Anspruch genommen hat. Das deutsche Urteil ist jedoch anerkennungsunfähig, wenn das deutsche Gericht nicht das nach türkischem IPR benannte Recht angewandt hat, siehe *Staudinger-Spellenberg*[12] (Fn. 1) Rdnr. 249 – Türkei. Das türkische IPR behandelt jedoch die Ehescheidung sehr ähnlich wie das deutsche, s. Art. 13 G. Nr. 2675.

Tunesien: Deutschen Gerichten fehlt die internationale Zuständigkeit zur Scheidung tunesischer Eheleute und von gemischt nationalen Ehen, wenn nicht der Beklagte seinen oder vor Einleitung des Verfahrens beide Eheleute ihren gemeinsamen gewöhnlichen Aufenthalt in Deutschland hatten, Art. 32 deutsch-tunesischer Vertrag → § 328 Rdnr. 851, siehe *AG Mönchen-Gladbach* IPRax 1984, 101.

Nachfolgestaaten UdSSR: Anerkennung der Eheauflösung früher nur, wenn ein Ehegatte die Zeit der Eheauflösung außerhalb der Sowjetunion gelebt hat, Art. 163 II des Ehe- und Familienkodex (Gesetz vom 4.12.1979 der RSFSR/UdSSR; *OLG Celle* FamRZ 1982, 813. Rechtslage heute ungeklärt).

U.S.A.: Gewöhnlicher Aufenthalt des Antragstellers nur ausreichend, wenn er sich zum domicile im Sinne des U.S.-Rechts verdichtet hat, was bei in Deutschland stationierten Armeeangehörigen nicht der Fall ist, *OLG Bamberg* IPRax 1985, 229. Weitere Rechtsprechung: *OLG Nürnberg* IPRax 1983, 81 *(Henrich)*; *OLG Stuttgart* FamRZ 1974, 459; *AG Heidelberg* IPRax 1988, 113 (Rhode Island, Virginia); *AG Böblingen* IPRax 1988, 114 (Maryland).

IV. Die Anerkennungszuständigkeit ausländischer Gerichte

21 Von »Anerkennungszuständigkeit« ausländischer Gerichte spricht man im folgenden Fall: Das Recht des einen Staates -Anerkennungsstaat – (z.B. Deutschland im Falle des § 328 Abs. 1 Nr. 1) erkennt das Urteil eines ausländischen Gerichts nur an, wenn dieses seine Zuständigkeit unter Umständen in Anspruch genommen hat, die der Anerkennungsstaat respektiert, also etwa – im Falle des in Deutschland auch für Ehesachen[103] geltenden Spiegelbildprinzips – wenn im »umgekehrten« Fall auch die deutschen Gerichte ihre Zuständigkeit angenommen hätten. Einzelheiten → § 328 Rdnr. 451 ff. »Anerkennungszuständigkeit« im

---

[103] *BayObLG* FamRZ 1990, 1265, 1266 → § 328 Rdnr. 131 ff.; *dass.* FamRZ 1992, 584, 585.

Gegensatz zur »direkten« Zuständigkeit nennt man diese »Zuständigkeit« deshalb, weil das entscheidende Gericht selbst natürlich seine Zuständigkeit niemals nach ausländischem Recht zu beurteilen hat. Abs. 1 S. 2 und Abs. 2 stehen ausschließlich im Zusammenhang mit der Anerkennungszuständigkeit ausländischer Gerichte, gehören also sachlich in den Regelungsbereich von § 328 Abs. 1. Nr. 1. Abs. 1 S. 2 stellt klar, daß nicht etwa die Anerkennung einer ausländischen Ehescheidung schon deshalb ausscheidet, weil die deutschen Gerichte (auch) zuständig gewesen wären. Es sollte also dem Mißverständnis vorgebeugt werden, die mehrfache Betonung des Ausschließlichkeitscharakters der örtlichen Zuständigkeit in § 606 sei auch für die internationale Zuständigkeit gemeint. Deutsche können sich also im Ausland in einer auch zuhause anerkennungsfähigen Weise scheiden lassen, wenn eine der vier Nummern des Abs. 1 »spiegelbildlich« für die Gerichte des fraglichen Landes zutrifft. Nicht etwa kann aus der Vorschrift die Zulässigkeit der internationalen Prorogation oder gar Derogation geschlossen werden → Rdnr. 6.

Abs. 2 ist nicht etwa wiederum eine Einschränkung dieser Rechtsinhalte, sondern vielmehr eine nochmalige Erweiterung der Anerkennungszuständigkeit. Wird im Staate X ein Ehepaar geschieden, das die Staatsangehörigkeit der Staaten Y und Z hat, ohne daß ein Ehegatte seinen gewöhnlichen Aufenthalt in X gehabt hätte, so erkennen wir das Urteil an, wenn auch X und Z es anerkennen, obwohl die spiegelbildliche Anwendung von § 328 Abs. 1 Nr. 1 ergäbe, daß in X keine Anerkennungszuständigkeit bestand[104]. Hatte einer der Ehegatten in X gewöhnlichen Aufenthalt, dann kommt es auf die (durch Abs. 1 Nr. 4 an sich indizierte) negative Anerkennungsprognose in Y nicht mehr an. Aus den Worten »in den Staaten anerkannt wird« folgt, daß es sich um ausländische Staaten handeln muß, Abs. 2 also nicht zur Anwendung kommt, wenn einer der beteiligten Ehegatten die deutsche Staatsangehörigkeit hat[105].

In Anwendung von Abs. 2 können – in der Potenz – wiederum die unzähligen Einzelprobleme relevant werden, die sich bei der Handhabung des Abs. 2 eingestellt haben. Nur auf folgendes sei hingewiesen: Die spiegelbildliche Anwendung des § 328 Abs. 1 Nr. 1 verlangt, auf die dem Urteilsstaat verbundene Staatsangehörigkeit eines Ehegatten auch dann abzustellen, wenn er noch eine andere Staatsangehörigkeit hatte, und sei es auch die deutsche[106]. Art. 5 Abs. 1 S. 2 EGBGB kann in diesem Rahmen nicht angewandt werden → Rdnr. 11. Zwar ist auch bei der spiegelbildlichen Anwendung von § 606 a Abs. 1 Nr. 2 der gewöhnliche Aufenthalt so zu interpretieren wie bei der unmittelbaren Anwendung auch, nämlich nach deutschen Vorstellungen[107]. Jedoch sollte dann, wenn das ausländische Gericht das Vorliegen von gewöhnlichem Aufenthalt in seinem Staat angenommen hat, in Grenzfällen ein gewisses Wohlwollen gegenüber diesem Standpunkt obwalten. War nach ausländischem Recht nur schlichter Aufenthalt zuständigkeitsbegründend, so muß aber geprüft werden, ob tatsächlich auch gewöhnlicher Aufenthalt im Ausland genommen worden war[108].

22

Hinsichtlich der **Rügeobliegenheit** gilt in Ehesachen grundsätzlich nichts anderes als sonst → § 328 Rdnr. 165. Da die deutsche internationale Zuständigkeit in Ehesachen sehr weit geht und in ihrer ganzen Breite kraft des gesetzlichen Spiegelbildprinzips auch internationalisiert wird, hat es die deutsche Rechtsordnung aufgegeben, die »Institution« der Ehe vor der Flucht ins scheidungsfreundliche Ausland schützen zu wollen. Die Anerkennungszuständigkeit als Anerkennungsvoraussetzung dient daher allein dem Schutz des sich etwa der Scheidung im

---

[104] Beispiel aus dem früheren Recht: *BayObLGZ* 1980, 351, 354 und FamRZ 1981, 558: U.S. Bürger ohne gewöhnlichen Aufenthalt in Mexiko lassen sich dort scheiden.
[105] *BayObLG* FamRZ 1992, 584, 585.
[106] *Mansel*, Personalstatut, Staatsangehörigkeit und Effektivität (1988) Rdnr. 49; *Zöller-Geimer*[17] Rdnr. 107.

– A.M. *OLG Hamm* FamRZ 1987, 506 (zu § 16a Nr. 1 FGG).
[107] *BayObLGZ* 1979, 193, 195 f.; *dass.* FamRZ 1990, 650 = NJW 3099 – Scheidung deutscher Eheleute in Guam aufgrund offensichtlich nur vorübergehenden dortigen Aufenthalts des Ehemannes.
[108] Wahrscheinlich so der Fall *BayObLG* aaO.

Ausland widersetzenden oder sich dort aus Hilflosigkeit nicht zur Wehr setzenden Ehegatten. War *er* mit der Scheidung im Ausland einverstanden oder hat *er* sich ohne Resignation vor einer ohnehin vom dortigen Gericht in Anspruch genommenen Zuständigkeit mit dieser Zuständigkeit einverstanden erklärt, so ist es rechtmißbräuchlich, wenn er im Anerkennungsverfahren das Fehlen der internationalen Zuständigkeit des ausländischen Gerichts rügen wollte[109].

23 In **intertemporaler Hinsicht** wird nahezu einmütig gelehrt, es komme auf die Lage der Anerkennungszuständigkeit im Zeitpunkt der letzten mündlichen Verhandlung vor dem ausländischen Gericht an[110]. Dabei wird jedoch der Tatbestand einer nachträglichen »Begründung« der Zuständigkeit durch faktische Ereignisse (Wohnsitzverlegung, Staatsangehörigkeitserwerb) → § 328 Rdnr. 149 ungerechtfertigterweise auf den Fall einer Änderung der Anerkennungs-Gesetzeslage übertragen. Im Falle einer Liberalisierung des Anerkennungsrechts gibt es keinen Grund, die neue Rechtslage nicht auf früher ergangene Entscheidungen zu übertragen, sofern dadurch Vertrauenstatbestände nicht enttäuscht werden. Hat sich ein Ehegatte am ausländischen Verfahren in der Sache beteiligt oder stimmt er der Anerkennung der ausländischen Entscheidung zu, dann entfällt jeder Gesichtspunkt des Vertrauensschutzes. Hat sich ein Ehegatte im Vertrauen auf die Anerkennungsunfähigkeit des erstrebten Urteils in Deutschland am ausländischen Verfahren nicht beteiligt, dann mag man in der nunmehrigen Anerkennung des Urteils einen Verstoß gegen den deutschen ordre public sehen.

§ 606 b [Internationale Zuständigkeit]

Aufgehoben mit Wirkung vom 1.9.1986 → Gesetzesgeschichte bei § 606 a.

§ 607 [Prozeßfähigkeit; gesetzliche Vertretung]

(1) In Ehesachen ist ein in der Geschäftsfähigkeit beschränkter Ehegatte prozeßfähig; dies gilt jedoch insoweit nicht, als nach § 30 des Ehegesetzes nur sein gesetzlicher Vertreter die Aufhebung der Ehe begehren kann.

(2) Für einen geschäftsunfähigen Ehegatten wird das Verfahren durch den gesetzlichen Vertreter geführt. Der gesetzliche Vertreter ist jedoch zur Erhebung der Klage auf Herstellung des ehelichen Lebens nicht befugt; für den Scheidungsantrag oder die Aufhebungsklage bedarf er der Genehmigung des Vormundschaftsgerichts.

Gesetzesgeschichte: Für den Sühneversuch des früheren Rechts eingefügt durch RGBl. 98, 256, Änderung RGBl. 38 I 923 → vor § 606 Rdnr. 1 ff.

I. Allgemeine Bedeutung der Vorschrift[1]

1 Die Anwendung der allgemeinen Grundsätze über die **Prozeßfähigkeit** auf die Ehesachen würde dazu führen, daß für alle Geschäftsunfähigen und in der Geschäftsfähigkeit be-

---

[109] *Zöller-Geimer*[17] Rdnr. 120 ff. – A.M. nach altem Recht sehr zu ungunsten des Klägers des ausländischen Verfahrens *OLG Stuttgart* IPRax 1984, 35 (krit. *Vogel* 23); *BayObLGZ* 1980, 58 = FamRZ 883.

[110] → § 328 Rdnr. 22 m. N.; *BayObLG* FamRZ 1990, 1265, 1266 in unrichtiger Deutung der gegenteilig lautenden Entscheidung FamRZ 1988, 860.

[1] Lit.: *Simotta* Die Prozeßfähigkeit in Ehesachen und

schränkten Personen der gesetzliche Vertreter aufzutreten hätte. Dies würde aber mit dem höchstpersönlichen Charakter der Ehe unverträglich sein. Die ZPO hat deshalb einen Mittelweg eingeschlagen, wonach für den geschäftsunfähigen Ehegatten diese Regel bestehen bleibt, aber die Befugnis des gesetzlichen Vertreters durch das Erfordernis der Genehmigung des Vormundschaftsgerichts eingeschränkt ist und für den beschränkt geschäftsfähigen Ehegatten in verfassungsrechtlich zulässiger Weise[2] die Regel des § 52 mit einer Ausnahme durchbrochen wird (Abs. 1 Hs. 2). Bezüglich des in der Geschäftsfähigkeit beschränkten Ehegatten ist durch die gerichtliche Praxis, den § 53 auch in Ehesachen anzuwenden[3], im Verein mit der Herabsetzung des Volljährigkeitsalters auf 18 Jahre die Vorschrift zu einer Fassade geworden: Von Minderjährigen geführte Eheprozesse gibt es praktisch nicht mehr. Der Betreuer Volljähriger aber kann das Verfahren jederzeit an sich ziehen, § 1902 BGB, und etwa die vom Betreuten erhobene Klage zurücknehmen → Rdnr. 7 ff.

Wegen der Abwesenheits*pflegschaft* → § 53 Rdnr. 2.

Zu den Ehesachen in diesem Sinne gehören zwar die nach § 620 zu stellenden Anträge → § 620 a Rdnr. 5, nicht aber die Folgesachen der §§ 623 Abs. 1, 621 Abs. 1 → § 624 Rdnr. 34, 623 Rdnr. 5, § 623 Rdnr. 15, § 630 Rdnr. 2, 3, 4. Daher bleibt für die Vorschrift erst recht kaum ein praktischer Anwendungsbereich[4].

II. Die beschränkte Geschäftsfähigkeit

1. *In der Geschäftsfähigkeit beschränkt* sind nach § 106 BGB nur die Minderjährigen. Ihnen steht aktiv und passiv **für alle Ehesachen die volle Prozeßfähigkeit** zu. Demgemäß greift auch bei Parteivernehmung § 455 Abs. 1 nicht Platz. Zu den Betreuten → Rdnr. 7 ff.

Die auf Ehesachen beschränkte Prozeßfähigkeit nach Abs. 1 S. 1 umfaßt das gesamte Erkenntnisverfahren einschließlich Widerklagen, Rechtsmittel und Wiederaufnahme[5] und das Kostenfestsetzungsverfahren. Zu den Ehesachen in diesem Sinne gehören auch die nach § 620 zu stellenden Anträge → § 620 a Rdnr. 5. Darauf, daß einstweilige Anordnungen langfristige Bedeutung erlangen können, kann es nicht ankommen[6]. Nicht aber ist der Minderjährige auch für Folgesachen prozeßfähig[7] → § 624 Rdnr. 34, § 623 Rdnr. 15, § 630 Rdnr. 2 bis 4. Soweit der Minderjährige prozeßfähig ist, kann er auch einen Anwalt bestellen[8]. Das gleiche gilt von der Richterablehnung[9]. Im Rahmen seiner Prozeßfähigkeit besteht für den Minderjährigen auch die Befugnis zum Abschluß von materiellrechtlichen Annexgeschäften, etwa eines Anwaltsvertrags[10] oder der wirksamen Einzahlung der Gerichtsgebühr[11]. Vom Sinn der Vorschrift nicht gedeckt ist aber eine Erstreckung der partiellen Prozeßfähigkeit auf das Zwangsvollstreckungsverfahren, etwa die Abgabe der eidesstattlichen Versicherung[12].

2. Die **einzige Ausnahme** von der partiellen Prozeßfähigkeit des Minderjährigen betrifft den Fall, daß die *Aufhebung der Ehe* deshalb begehrt wird, weil die *Einwilligung des gesetzlichen Vertreters* zur Eheschließung oder Bestätigung seitens des in der Geschäftsfähigkeit beschränkt gewesenen Ehegatten fehlte, §§ 3, 30 EheG. Hier kann während der Dauer der Beschränkung nur der gesetzliche Vertreter des beschränkt geschäftsfähigen Ehegatten

---

sonstigen Streitigkeiten aus dem Eheverhältnis öJZ 1989, 321 ff.
[2] *BVerfG* NJW 1982, 1378.
[3] *BGHZ* 41, 307 = FamRZ 1964, 426 = NJW 1855.
[4] *MünchKomm-Wolf*[2] § 1564 BGB Rdnr. 37.
[5] *Rosenberg-Schwab*[14] § 44 II 3 nach c; allg. M.
[6] *Zöller-Philippi*[17] Rdnr. 2. – A.M. *AK (Derleder)* Rdnr. 1.
[7] *Zöller-Philippi*[17] Rdnr. 3; *Schwab-Maurer*[2] I 279.
[8] *KG* FamRZ 1962, 482 a.E.; *BayObLGZ* 63, 209 (213); *RGZ* 34, 386 (zu § 664 Abs. 2a.F. a.E.). – A.M. *OLG Hamm* JW 1930, 2994; *OLG München* ZZP 55 (1930), 302.
[9] *RGZ* 68, 402, 404.
[10] *Lappe* Rpfleger 1982, 10; *Rosenberg-Schwab* aao; heute allg. M.
[11] *RG* JW 1929, 852 – zu § 664 II a.F.
[12] *OLG Hamm* FamRZ 1960, 161 f.

die Aufhebungsklage erheben. Gemeint ist die im Namen des Ehegatten[13], nicht etwa die im eigenen Namen zu erhebende Klage. Hat der gesetzliche Vertreter Klage erhoben, so erlischt sein Recht zur Prozeßführung erst dadurch, daß der Ehegatte voll geschäftsfähig wird. Dann greifen die → § 241 Rdnr. 18 dargelegten Grundsätze Platz. Wird andererseits nach Erhebung der Klage der Ehegatte geschäftsunfähig, so bedarf der gesetzliche Vertreter der Genehmigung des Vormundschaftsgerichts zur Fortsetzung des einmal begonnenen Prozesses nicht[14].

Über diesen Ausnahmefall hinaus erstreckt sich die Prozeßunfähigkeit des Ehegatten und die Vertretungsmacht des gesetzlichen Vertreters nicht. Namentlich erstreckt sie sich nicht auf eine *Widerklage* des anderen Ehegatten, z.B. auf Scheidung oder Herstellung des ehelichen Lebens[15]. Dadurch wird jedoch die Widerklage als solche nicht etwa unzulässig, denn der prozeßunfähige Ehegatte ist immerhin Partei. Nur ist die Widerklage gegen den insoweit nicht durch seinen gesetzlichen Vertreter vertretenen Ehegatten selbst zu richten und mit ihm zu verhandeln. Es ist also möglich, daß die Partei im Falle einer Widerklage im selben Prozeß teils prozeßfähig, teils prozeßunfähig ist[16]. Wenn hinsichtlich Klage und Widerklage derselbe Rechtsanwalt bevollmächtigt ist, kann eine Widerklage gleichwohl sinnvoll sein. Kommt es bei Klage und Widerklage zu unterschiedlichen Prozeßhandlungen, empfiehlt sich Trennung nach § 145 Abs. 2.

Ist auch der andere Ehegatte in der Geschäftsfähigkeit beschränkt, so wird seine Prozeßfähigkeit dadurch, daß der Gegner durch seinen gesetzlichen Vertreter klagen muß, nicht berührt.

III. Die Geschäftsunfähigkeit eines Ehegatten

4   Als **Geschäftsunfähige** kommen seit Inkrafttreten des BtG nur noch Personen in Betracht, die unter § 104 Nr. 2 BGB fallen. Auch eine gerade auf Ehesachen beschränkte Geschäftsunfähigkeit ist denkbar[17]. Dann tritt ebenfalls wie in den übrigen hier genannten Fällen **Vertretung durch den Betreuer** ein. Wenn ein solcher bisher noch nicht vorhanden ist, also z.B. die Geisteskrankheit eines Volljährigen erst im Prozeß entdeckt wird, ist entsprechend § 148 auszusetzen und ein Betreuerbestellungsverfahren einzuleiten. Soweit irgend möglich, sollten in einem anhängigen zivilgerichtlichen Verfahren keine Feststellungen zur Prozeßunfähigkeit einer Partei mehr getroffen werden → Rdnr. 9. § 57 ist grundsätzlich anwendbar. Im allgemeinen bedeutet es jedoch noch keine »Gefahr im Verzug«, wenn dem Kläger zugemutet wird, das Betreuerbestellungsverfahren abzuwarten.

Abs. 2 hat nur für den Prozeß Bedeutung. In die materiellrechtliche Beziehung greift er nicht ein. Für die Frage etwa, ob der Ehegatte die eheliche Lebensgemeinschaft »ablehnt« (§ 1567 Abs. 1 BGB), kommt es ausschließlich auf die Auffassung der Partei selbst an.

5   Während die Regel des Abs. 2 für Klagen gegen den Geschäftsunfähigen ohne Ausnahme und Einschränkung gilt, ist im Interesse des geschäftsunfähigen Ehegatten die Erhebung der Klage oder einer Widerklage mit dem Ziel der Eheauflösung dem gesetzlichen Vertreter nur freigegeben, wenn das Vormundschaftsgericht sie genehmigt, was auch nachträglich, selbst in der Revisionsinstanz, geschehen kann[18]. Eintritt und Genehmigung des gesetzlichen Vertreters heilt bisher wegen der fehlenden Prozeßfähigkeit der Partei bestehende Mängel[19]. Für die

---

[13] *KG* OLGZ 1970, 353.
[14] *RGZ* 86, 15; *BGH* FamRZ 1963, 28, 30 → § 51 Rdnr. 50.
[15] *AK (Derleder)* Rdnr. 2. – A.M. *Baumbach/Lauterbach/Albers*[51] Rdnr. 2.
[16] So auch *Gernhuber* FamR³ § 14 II 3 Fn. 3. – A.M.

Baumbach/Lauterbach/Albers[51] Rdnr. 2: Unzulässigkeit der Widerklage.
[17] *BGH* FamRZ 1971, 243, 244.
[18] *OLG Hamm* FamRZ 1990, 166 ff.; *RGZ* 86, 15.
[19] *BGH* NJW 1964, 2211; allg. M.

Wahrung der Frist des § 35 EheG ist es ohne Bedeutung, wenn die Genehmigung erst nach ihrem Ablauf erteilt wird. Tritt die Prozeßunfähigkeit erst im Laufe des Rechtsstreits ein, so bedarf es der Genehmigung zur Fortsetzung des Verfahrens nicht →Rdnr. 3[20]. Ist nach ausländischem Recht ein dem deutschen Betreuer ähnlicher Sachwalter bestellt worden, so entscheidet dieses darüber, ob er familienrechtliche Klage überhaupt, nur mit Genehmigung von Verwaltungs- oder Justizbehörden oder gar nicht erheben kann[21]. Wird der Geschäftsunfähige im Laufe des Rechtsstreits prozeßfähig, tritt er ohne Unterbrechung in das Verfahren ein[22].

Für die **Nichtigkeits oder Feststellungsklage** bedarf es keiner Genehmigung. 6

IV. Betreute und betreuungsbedürftige Personen

1. Ist für einen Ehegatten ein **Betreuer** bestellt und gehört die Auflösung der Ehe zu den 7
Angelegenheiten, auf die sich die Betreuung erstreckt, so kann der Betreuer sowohl aktiv wie passiv den Eheprozeß führen →Rdnr. 8 a.E. Eine gewisse Angleichung der Rechtsstellung der dem Einwilligungsvorbehalt unterworfenen Betreuten an die Stellung beschränkt Geschäftsfähiger[23] rechtfertigt nicht, sie i.S. von § 607 den beschränkt Geschäftsfähigen gleichzustellen. Der Betreuer kann einen vom oder gegen den Betreuten begonnenen Eheprozeß an sich ziehen[23a]. Eine von diesem vorher erteilte Prozeßvollmacht verliert dann ihre Wirkung. Dies muß man im Anschluß an die zur früheren Gebrechlichkeitspflegschaft im gleichen Sinne ergangene Grundsatzentscheidung des *BGH*[24] heute für die Rechtsfigur des Betreuers erst recht annehmen. Es wäre unerträglich, wenn eine betreute Person sich durch Affekthandlungen um die ihr aus der Ehe zufließenden Rechte bringen könnte, obwohl der gesunde Ehegatte an sich bereit ist, zu ihr zu stehen. Genauso unerträglich wäre es, wenn der gesunde Ehegatte auf diese Art und Weise um seine Erberwartungen gebracht werden könnte. Es wäre auch kein Ausweg, in Verdachtsfällen die Prozeßfähigkeit des die Eheauflösung begehrenden Ehegatten zu überprüfen. Die Betreuung als Rechtsinstitut soll solche förmlichen Feststellungen gerade tunlich vermeiden. Die dem Gericht obliegende Fürsorgepflicht verlangt auch, daß der Betreuer von der Anhängigkeit einer Ehesache verständigt wird, wenn es Anhaltspunkte gibt, daß er nicht informiert ist.

2. Der **Einwilligungsvorbehalt** nach § 1903 BGB bezieht sich nach seinem Wortlaut nur auf 8
»Willenserklärungen«. Unter diesem Begriff muß man aber auch Prozeßhandlungen, insbesondere Klageerhebungen, als miterfaßt ansehen, weil es sonst keine Möglichkeit gäbe, Personen, die nicht völlig geschäftsunfähig sind, an unsinnigen Klagen zu hindern oder die förmliche Feststellung der Geschäfts- und Prozeßunfähigkeit zu erleiden. Der Einwilligungsvorbehalt kann sich auch auf Ehesachen beziehen. In § 1903 Abs. 2 BGB ist nur die Eingehung der Ehe in das alleinige Belieben des Betreuten gestellt, nicht aber auch ihre Auflösung. Daher kann der Einwilligungsvorbehalt auch die Anhängigmachung von Eheauflösungsklagen erfassen. Allerdings muß man sinnvollerweise verlangen, daß der Betreuer zur Erhebung einer Eheauflösungsklage in entsprechender Anwendung von Abs. 2 S. 2, 2. Hs der Genehmigung des Vormundschaftsgerichts bedarf. Nicht bedarf er dieser Genehmigung freilich zur Fortführung eines vom Betreuten selbst bereits angestrengten Verfahrens.

---

[20] *RGZ* 86, 15.
[21] *LG Mannheim* FamRZ 1961, 79 zu einem Fall aus dem niederländischen Recht, dies aber offenbar mißverstehend (vgl. *van Sasse van Ysselt* FamRZ 1962, 27f).
[22] *RG* JW 1905, 537.
[23] *Bork* MDR 1991, 97ff.
[23a] *Johannsen/Henrich/Sedemund-Treiber*[2] Rdnr. 2a.
[24] *BGHZ* 41, 307 = FamRZ 1964, 426 = NJW 1855; zust. *Zöller-Philippi*[17] Rdnr. 1a; h.M. – A.M. *AK* (Derleder) Rdnr. 1.

§ 607 III – § 608 I   1. Abschnitt. Verfahren in Familiensachen

9   3. Hat das Familiengericht Anhaltspunkte, daß ein in einen Eheprozeß verwickelter Ehegatte betreuungsbedürftig ist, so hat es beim Vormundschaftsgericht anzuregen, die Frage zu prüfen. Es kann zu diesem Zweck den Eheprozeß auch in entsprechender Anwendung von § 148 aussetzen. So zu verfahren, steht dem Ziel des Betreuungsgesetzes näher als die Frage einer etwaigen Prozeßunfähigkeit im Eheverfahren selbst aufzuwerfen und ihr gerichtlich nachzugehen. Ist die Einschaltung des Vormundschaftsgerichts nicht möglich (etwa bei Ausländern, die im Ausland wohnen), so kann bei Zweifeln an der Prozeßfähigkeit entsprechend § 56 ein Prozeßpfleger bestellt werden[25].

10   4. Nach Aufhebung der Betreuung kann der Betreute das bisher vom Betreuer geführte Verfahren fortsetzen. Er kann dessen Prozeßhandlungen genehmigen. An unwiderruflich herbeigeführte Prozeßlagen bleibt er aber gebunden.

§ 608 [Landgerichtsverfahren vor dem Familiengericht]

Für Ehesachen gelten im ersten Rechtszug die Vorschriften über das Verfahren vor den Landgerichten entsprechend

Gesetzesgeschichte: Rdnr. 1 ff. vor § 606–1976 inhaltlich neu.

1   I. Durch die Überführung der Ehesachen als Familiensachen in die Zuständigkeit der Amtsgerichte wären ohne die Bestimmung alle für das Verfahren vor diesen Gerichten geltenden Vorschriften anwendbar geworden. Diese Bestimmungen sind aber auf das Fehlen eines Anwaltszwangs und den kleineren Zuschnitt der vor Amtsgerichten üblicherweise verhandelten Angelegenheiten abgestimmt. Daher hat das Gesetz für Ehesachen die für Verfahren vor den Landgerichten geltenden Vorschriften ausdrücklich für anwendbar erklärt – leider nicht gleichzeitig auch für Kindschaftssachen → § 640 Rdnr. 45. Das bedeutet, daß die §§ 496 ff. nicht anwendbar sind. § 495 muß aber insoweit anwendbar bleiben, als er Abweichungen vorbehält, die sich aus der Verfassung der Amtsgerichte ergeben → § 495 Rdnr. 5. Das bedingt etwa, daß § 45 Abs. 2 (Ablehnung des Richters) anwendbar bleiben muß[1]. Die übrigen für Amtsgerichte geltenden Sonderregeln aus den allgemeinen Vorschriften im ersten Buch → § 495 Rdnr. 2–4 gelten jedoch nicht.

Die Handhabung der Verweisung auf die im Verfahren vor den Landgerichten geltenden Vorschriften hat nur im Hinblick auf § 216 Abs. 2 Schwierigkeiten gemacht. Das *KG*[2] meinte ursprünglich, »unverzüglich« sei eine Terminanberaumung auch dann noch, wenn die Entscheidungsreife der Folgesachen abgewartet werde. Unter dem Eindruck seiner Kritiker hat es diesen Standpunkt dahin modifiziert[3], daß die Rechte des Antragsgegners nicht gekürzt werden dürfen, die er bei Abweisung des Scheidungsantrags als unbegründet (und die dadurch ausgelöste Notwendigkeit für den Scheidungswilligen, es erst später wieder zu versuchen) deshalb hätte, weil eine längere Ehedauer ein Anwachsen von Versorgungs- und Zugewinnausgleichschancen bedingt. Das ist jedoch ein vom Gesetzessinn nicht getragener Überperfektionismus. § 1565 Abs. 2 BGB hat nicht den Sinn, dem Scheidungsgegner die Anwachsung von Versorgungspositionen oder Vermögensanwartschaften zu gewährleisten,

---

[25] *Zöller-Philippi*[17] Rdnr. 4.
[1] *BayObLG* FamRZ 1978, 801; *BGH* FamRZ 1979, 220; heute allg. M.
[2] FamRZ 1983, 821 krit. *Braeuer* 822; *Burgard* und *Jakobs* FamRZ 1983, 1044.
[3] FamRZ 1985, 1066; zust. *OLG Frankfurt* NJW 1986, 389 = FamRZ 79, 80; *Johannsen/Henrich/Sedemund-Treiber*[2] Rdnr. 2; *MünchKommZPO-Walter* § 612 Rdnr. 2.

sondern vorschnelle Scheidungen, also Gerichtsentscheidungen, zu vermeiden. Auch soll § 1565 Abs. 2 BGB nicht jedem Ehegatten nach der Trennung eine Atem- und Besinnungspause von einem Jahr garantieren[4]. Sonst müßten alle Scheidungsanträge unzulässig sein, die vor dieser Frist gestellt wurden und sich nicht im Hinblick auf eine unzumutbare Härte als begründet erweisen. In den meisten Fällen ist die durch das Scheidungsverfahren ausgelöste wirtschaftliche Belastung aller Familienmitglieder groß. Sie durch vermeidbare Verdoppelung von Scheidungsverfahren zu vergrößern, sollte durch Ausschöpfung aller prozessualen Möglichkeiten vermieden werden[5]. Der Scheidungswillige handelt durchaus vernünftig, wenn er das Verfahren so zeitig beginnt, daß nach Ablauf der Jahresfrist Entscheidungsreife vorliegt. Immerhin hat der *BGH* wenigstens gestattet, daß der Termin unabhängig von der Geschäftslage »geräumig« angesetzt wird[6] → § 612 Rdnr. 1. Auch wenn abzusehen ist, daß über eine Berufung gegen die auf § 1565 Abs. 2 BGB gestützte Abweisung des Scheidungsantrags vor Ablauf des Trennungsjahrs keinesfalls würde entschieden werden können, ist nach Möglichkeit schon in erster Instanz so zu terminieren, daß das Trennungsjahr dann abgelaufen sein wird[7]. Das führt § 1565 Abs. 2 BGB keineswegs ad absurdum[8].

Zur Anwendbarkeit von § 128 Abs. 2 → § 613 Rdnr. 2.

II. In den Familiensachen als Scheidungsfolgesachen gilt Entsprechendes → § 624 Abs. 3. 2
Zu den isoliert anhängig gemachten anderen Familiensachen → § 621 b.

Der Begriff »Stellen des Scheidungsantrags«, dessen Zeitpunkt für das Schicksal von Folgesachen von Bedeutung sein kann, ist mit Rechtshängigkeit gleichzusetzen[9], was Zustellung voraussetzt. Auch § 269 Abs. 3 S. 1 ist anwendbar[10] → § 622.

§ 608 wird in den **neuen Bundesländern von EV Anl. I Kap. III Sachgeb. A Abschn. III Z. 5** 3
Maßg. c verdrängt, der das **kreisgerichtliche** Verfahren generell den §§ 495 ff. über das **amtsgerichtliche Verfahren** unterstellt. Das bedeutet in Ehesachen, daß die Vorschriften über das Verfahren vor dem Landgericht nur über § 495 anwendbar sind, also die §§ 496 ff. lediglich ergänzen, während sie diese im übrigen Bundesgebiet nach § 608 verdrängen[11].

§ 609 [Besondere Vollmacht]

Der Bevollmächtigte bedarf einer besonderen, auf das Verfahren gerichteten Vollmacht.

Gesetzesgeschichte: Eingefügt durch RGBl. 98, 256 (§ 613) → vor § 606 Rdnr. 1 ff.

I. Die besondere Vollmacht

Mit Rücksicht auf die höchstpersönliche Natur der Ehesachen verlangt § 609 von dem 1
Bevollmächtigten[1] **eine besondere, auf den Rechtsstreit gerichtete Vollmacht.** Damit soll die

---

[4] A.M. *Ditzen* FamRZ 1988, 1010.
[5] So mit Recht *Schwab-Maurer*[2] Rdnr. 286.
[6] FamRZ 1985, 45, 46.
[7] Einen Erfolg des Antragstellers erst im Berufungsverfahren (wegen dann eingetretenen Ablaufs des Trennungsjahrs) kostenmäßig zu seinen Lasten berücksichtigend *OLG Hamburg* FamRZ 1985, 711, 712.
[8] So aber zu Unrecht *Philippi* FamRZ 1985, 712.
[9] *OLG Düsseldorf* NJW 1980, 2317 in bezug auf § 1408 Abs. 2 BGB.
[10] *BGH* JZ 1986, 766 f.

[11] Die Frage ist streitig. Wie hier ausdrücklich *Baumbach/Lauterbach/Albers*[51] Übers. vor § 606 Rdnr. 2, Vorbem. A zu § 606; *Thomas/Putzo*[17] Einl. VII Erl. nach Z. 9 Rdnr. 23 nennt § 23 a GVG als einen der Fälle, in denen Z. 5 Maßg. c gelten soll. – A.M. *Zöller-Philippi*[17] § 608 Rdnr. 2, der § 608 auch für die neuen Bundesländer als Sonderregel gegenüber den §§ 496 ff. ansieht, ohne aber auf Z. 5 Maßg. c einzugehen.

[1] Für die Vollmacht des Unterbevollmächtigten eines nach § 609 rechtsgültig bevollmächtigten Anwalts gilt § 609 nicht, vgl. dazu auch *RGZ* 161, 92.

sonst bestehende Möglichkeit ausgeschaltet werden, daß ein generalbevollmächtigter Anwalt oder ein durch einen Generalbevollmächtigten bevollmächtigter Anwalt einen Eheprozeß führt. Die Parteien sollen möglichst zu einer persönlichen Entscheidung gezwungen werden. § 609 kann aber nicht verhindern, daß der Kläger den Anwalt zwar bevollmächtigt, diesem aber die Entscheidung über die Klageerhebung überläßt. Vollmacht für einen anderen Rechtsstreit, z. B. den Unterhaltsprozeß, genügt schon ihrem Inhalt nach nicht[2]. Die für das Eheverfahren erteilte Vollmacht deckt auch das Anordnungsverfahren nach § 620, allg. M. Solange Vollmacht für das Hauptverfahren nicht vorliegt, bedarf es aber auch für das Anordnungsverfahren einer dem § 609 entsprechenden Vollmacht. Nach § 624 Abs. 1 bedarf es für die Folgesachen keiner besonderen Vollmacht, weil die Vollmacht für die Scheidungssache sich auf sie erstreckt.

Zum Anwaltszwang in Ehesachen → § 78 Rdnr. 3[3].

2   **1.** Das Erfordernis gilt für **alle Ehesachen**, gleichviel, ob das Verfahren sich als Nichtigkeits-, Aufhebungs-, Scheidungs- oder negatives Feststellungsverfahren gegen den Bestand der Ehe richtet oder als Herstellungs- oder als positives Feststellungsverfahren zugunsten der Aufrechterhaltung der Ehe angestrengt worden ist[4].

3   **2.** Fraglich ist, wie die Vollmacht beschaffen sein muß, um der Vorschrift zu genügen. Da in erster Linie sichergestellt werden soll, daß hinter der Prozeßinitiative eine persönliche Entscheidung der Partei steht, kann es nur darauf ankommen, daß die Partei in der Vollmacht eine Legitimation für das Anstreben eines bestimmten Verfahrensziels erteilt. Dazu muß es aber bereits genügen, daß dieses Ziel – Wegstreben von der Ehe oder Erhaltung der Ehe – allgemein zum Ausdruck gebracht wird. Eine präzisere Eingrenzung kann aufgrund dieser Vorschrift nicht gefordert werden[5]. Damit ist allerdings nicht gesagt, daß eine Vollmacht nicht ihrem Umfang nach auf bestimmte Klagen und – wo eine solche Differenzierung in Betracht kommt – auf einzelne Klagegründe beschränkt werden kann → § 611 Rdnr. 4. Das gibt der Partei die Möglichkeit, die Eigeninitiative des Anwalts ohne ihre nähere Einschaltung gering zu halten. Welchen Umfang die Vollmacht tatsächlich hat, ist durch Auslegung der Erklärung zu ermitteln. Regelmäßig kann davon ausgegangen werden, daß von bestimmten Verfahrensarten (Scheidung, Aufhebung, Nichtigerklärung) die Rede sein wird und darin auch die Begrenzung auf eben diese Verfahren liegt.

4   **3.** Auch die passive Partei des Verfahrens ist dem § 609 unterworfen. Geht sie im Laufe des Verfahrens in eine aktive Rolle über, so ist besondere Vollmacht nötig, etwa in einer Scheidungssache beim Übergang vom Abweisungsantrag zum gleichlaufenden Scheidungsantrag.

5   **4.** Das Erfordernis gilt auch für den der zur Prozeßkostenhilfestenhilfe berechtigten Partei nach § 121 beigeordneten Rechtsanwalt[6] → § 80 Rdnr. 23, nicht dagegen für den nach § 625 beigeordneten Rechtsanwalt, da dieser nach Abs. 2 der Vorschrift nur die Stellung eines Beistandes hat.

II. Nachweis der Vollmacht, Rechtsmittelinstanzen

6   § 609 ist keine Sondervorschrift im Verhältnis zu § 88 Abs. 2[7]. Die Gefahr, daß Anwälte über den Kopf ihrer Partei hinweg agieren, ist auch im Eheverfahren so gering, daß eine

---

[2] *RGZ* 58, 227.
[3] Zum Parteiverrat bei Tätigwerden für beide Ehegatten: *BayObLG* NJW 1981, 833.
[4] *RGZ* 45, 420 u. a. für § 613 a. F.
[5] *AK (Derleder)* Anm. 1; *Zöller-Philippi*[17].– A.M. *Baumbach/Lauterbach/Albers*[51] Rdnr. 1; *Thomas-Putzo*[18] Rdnr. 1, 2.
[6] *OLG Schleswig* SchlHA 1949, 366 für § 613 a. F. 4.
[7] *OLG Frankfurt* FamRZ 1979, 323; *OLG Hamm*

einschränkende Auslegung des § 88 Abs. 2 und die damit in den Kanzleien anwachsende bürokratische Wachsamkeit entbehrlich sind. Die Vollmacht überträgt, wenn sie einmal erteilt ist, auf den Bevollmächtigten alle Rechte, die sonst nach §§ 81 ff. mit einer Vollmacht verbunden sind[8], also namentlich auch das Recht »zur Bestellung eines Vertreters für die höheren Instanzen«. Daraus folgt, daß die Vertretungsmacht des Prozeßbevollmächtigten in der Rechtsmittelinstanz durch die ihm vom Bevollmächtigten erster Instanz erteilte Vollmacht genügend nachgewiesen ist. Einer neuen, *von der Partei selbst* ausgestellten Vollmacht[9] bedarf es nicht. Die vom Bevollmächtigten erster Instanz zu erteilende Vollmacht braucht auch keinen besonderen Anforderungen zu genügen, weil dadurch im Hinblick auf die erörterte ratio legis nichts zu gewinnen wäre. Lediglich dann, wenn die Partei selbst einen Bevollmächtigten für die höhere Instanz bestellt, bedarf es wiederum einer besonderen, auf das Verfahren gerichteten Vollmacht im dargelegten Sinn.

Dagegen entspricht es dem Grundgedanken des Gesetzes, daß die Parteien für ein Wiederaufnahmeverfahren eine spezielle Vollmacht erteilen müssen.

Für die Zulassung vollmachtloser Prozeßvertreter und die Genehmigungsfähigkeit ihrer Prozeßhandlungen gelten die allgemeinen Regeln → § 89.

§ 610 [Klageverbindungen und Widerklagen]

(1) Die Verfahren auf Herstellung des ehelichen Lebens, auf Scheidung und auf Aufhebung können miteinander verbunden werden.

(2) Die Verbindung eines anderen Verfahrens mit den erwähnten Verfahren, insbesondere durch die Erhebung einer Widerklage anderer Art. ist unstatthaft. § 623 bleibt unberührt.

Gesetzesgeschichte: Rdnr. 1 ff. vor § 606; § 575 CPO, RGBl. 98 I 410 ff. (§ 615), 38 I 923, BGBl. 76 I 1421.

I. Verhältnis zum früheren Recht

Gegenüber dem früheren § 615 wurde nur der Ausdruck »Klage« durch »Verfahren« ersetzt, weil nicht mehr alle Ehesachen durch »Klage« anhängig werden → § 622 Abs. 1. Hinzugekommen ist der Verweis auf § 623 in Abs. 2 → § 623. Durch das erste Gesetz zur Reform des Ehe- und Familienrechts (Art. 11 Nr. 2) wurde nicht aufgehoben § 18 EheVO von 1938, der lautet:

»Wird in demselben Rechtsstreit Aufhebung und Scheidung der Ehe begehrt und sind die Begehren begründet, so ist nur auf Aufhebung der Ehe zu erkennen.«

Wie früher können auch heute Herstellungs- bzw. Auflösungsklagen nicht mit Nichtigkeits- und Feststellungsbegehren verbunden werden[1]. Der Grund liegt in der Verschiedenheit der Verfahren → § 611 Rdnr. 1. Bei unzulässiger Verbindung kann jedoch der Hauptanspruch durch Teilurteil abgewiesen werden, sollte er sich als unzulässig oder unbegründet erweisen → § 611 Rdnr. 5, so daß der Rest in zulässiger Weise rechtshängig bleibt[2]. Aus dem Herstellungsanspruch sind u. U. Einzelrechtsfolgen ableitbar → Rdnr. 14 vor § 606. Folgt man dem, 1

NJW 1979, 2316, h.M. – A.M. *AK* (Derleder) Anm. 1; Voraufl.
[8] *RGZ* 59, 346 f. (Verzicht auf Rechtsmittel).
[9] Anscheinend aM. für das alte Recht: *RGZ* 45, 419.

[1] *OLG Stuttgart* FamRZ 1981, 579; *OLG Düsseldorf* FamRZ 1989, 648.
[2] *OLG Düsseldorf* aaO.

dann können sie im Herstellungsverfahren geltend gemacht und mit einem Auflösungsverfahren, nicht aber mit anderen Verfahren verbunden werden. Aus § 610 Abs. 2 ist auch der weitere Grundsatz ableitbar, daß in einem Verfahren, das nicht Ehesache ist, eine solche weder durch Widerklage noch durch Zwischenfeststellungsantrag anhängig gemacht werden kann. Die Unzulässigkeit einer Verbindung ist wie früher nach § 295 Abs. 1 von Amts wegen zu beachten[3]. Wegen der Zurückweisung unzulässig verbundener Klagen → § 260 Rdnr. 50ff. Nicht verbindungsfähige Sachen werden aber durch eine (unzulässige) Verbindung rechtshängig und können daher durch Klageänderung → § 611 Rdnr. 8 in eine verbindungsfähige Form gebracht werden.

II. Zusammentreffen mehrerer Begehren

2 § 610 regelt positiv und negativ die Zulässigkeit der Verfahrensverbindung und der Widerklage in Ehesachen, und zwar im Sinne großzügiger Zulassung, sofern Nicht-Ehesachen vom Verfahren ferngehalten bleiben. Die Vorschrift wird durch die §§ 633, 638 ergänzt. Klageänderungen innerhalb der Ehesachen, wohl auch der Familiensachen, sind im Rahmen von § 263 möglich. Wegen → § 264 Rdnr. 40 aber keine Änderungen zwischen familiengerichtlichen und nicht familiengerichtlichen Sachen.

3 **1. Die Verbindung** des Herstellungs-, Scheidungs- und Aufhebungsverfahrens ist von Anfang an oder durch nachträgliche Häufung → § 611 Rdnr. 7ff. zulässig, obwohl die erstere Klage und die beiden anderen Verfahren in ihren Zielen unvereinbar sind. Zu den Herstellungsverfahren gehören auch solche spezifizierten Inhalts und Klagen auf Feststellung des Rechts zum Getrenntleben, auch wenn diese kaum noch zulässig sind → vor § 606 Rdnr. 14ff. Die Verbindung ist auch dann zulässig, wenn Antrag und Klagen auf tatsächlichen Voraussetzungen beruhen, die voneinander unabhängig oder sogar miteinander unvereinbar sind. Die Verbindung von Herstellungsklage bzw. Scheidungsantrag und Aufhebungsklage ist in allen Fällen nur hilfsweise[4] statthaft[5].

4 **2.** Eben dieselben Grundsätze gelten für die Erhebung der **Widerklage**. Auf die Herstellungsklage kann mit einer Widerklage auf Aufhebung geantwortet werden und umgekehrt. Gegen eine Aufhebungsklage ist eine Aufhebungsklage aus anderem Grund möglich. Für eine solche aus dem gleichen Grund fehlt es indes jetzt am Rechtsschutzbedürfnis, weil auch für den Fall des Klageverzichts des ursprünglichen Klägers nach Wegfall von § 616 a. F. keine Präklusionswirkungen zulasten des Beklagten mehr eintreten. Auch gegen einen Scheidungsantrag ist eine Aufhebungswiderklage möglich. Der Antragsgegner des Scheidungsverfahrens kann sich indes wegen eines eigenen Scheidungsbegehrens dem Antrag sogleich oder später schlicht anschließen. Gegen eine Aufhebungsklage ist Scheidungsantrag statthaft.

Auch eine Widerklage kann noch in **zweiter Instanz** erhoben werden, und zwar ohne daß es der Einwilligung des Gegners bedürfte oder auf die Frage der Sachdienlichkeit (§ 530 Abs. 1) ankäme → § 611 Rdnr. 9. Auch in Ehesachen kann eine Widerklage bedingt erhoben werden, nicht nur in dem Sinn, daß neben der primären, unbedingten Widerklage eine zweite, eventuelle, steht, sondern auch so, daß sie überhaupt nur für einen bestimmten Fall erhoben wird, z. B. für den Fall der Klageabweisung[6] → § 33 Rdnr. 26ff. Aufhebungswiderklage kann auch vom ursprünglichen Kläger nach Rücknahme seiner Klage oder nach rechtskräftiger Abweisung seines Herstellungsbegehrens gegenüber der weiterbetriebenen Widerklage er-

---

[3] *Johannsen/Henrich/Sedemund-Treiber*[2] Rdnr. 6.
[4] *RGZ* (VZS) 31, 13.

[5] *RG* JW 1905, 693; JW 1906, 22; JW 1907, 142 (Scheidung, ev. Herstellung).

hoben werden[7]. In der Revisionsinstanz ist eine Widerklage ebenso ausgeschlossen wie der Übergang zu einer anderen Klage → § 611 Rdnr. 10[8].

Während bei mehreren in Eventualstellung stehenden Klagen oder Klagegründen derselben Partei für **die Reihenfolge** der Parteiwille maßgebend ist → Rdnr. 6 ff., ist für das Verhältnis einander unbedingt gegenüberstehender Klagen und Widerklagen (Anträge) allein die Logik maßgebend. Aus ihr folgt, daß z.B. über das Aufhebungsbegehren vor der Herstellungsklage zu befinden ist, gleichviel, welches Begehren vom Kläger und welches vom Widerkläger ausgeht. Wegen des Verhältnisses von Herstellungs- und Scheidungsbegehren → Rdnr. 14 und wegen des Verhältnisses von Scheidungs- und Aufhebungsbegehren → Rdnr. 6.

III. Einheitlichkeit der Entscheidung?

Seit langem praktizierte man vor 1976 den Grundsatz der Einheitlichkeit der Entscheidung 5 in Ehesachen[9]. Er äußerte sich vornehmlich darin, daß die Entscheidung über verschiedene Eheauflösungsgründe, die klage- oder widerklageweise geltend gemacht wurden, nicht in mehrere Teilurteile oder in kontradiktorische und Versäumnisurteile zerlegt werden durfte. Über die dogmatische Rechtfertigung des Grundsatzes herrschte ebenso Unsicherheit wie über manche Einzelfolgerungen aus ihm. Daß das Einheitlichkeitsprinzip nicht etwa begrifflich-logisch zwingend ist (»die durch rechtskräftig gewordenes Teilurteil geschiedene Ehe kann nicht durch zweites Teilurteil noch einmal geschieden werden«), wie das RG ursprünglich meinte[10], dürfte wegen der heutigen Einstellung zu »Doppelwirkungen im Recht« → Rdnr. 14e vor § 606, allgemein einleuchtend sein[11]. Vertreter der Lehre vom »globalen« Streitgegenstand → § 611 Rdnr. 3 sahen schon früher im Einheitlichkeitsgrundsatz eine zwingende Folge des Streitgegenstandsbegriffs[12]. Auch in der älteren Rechtsprechung des RG zeigten sich Anklänge hieran, wenn davon gesprochen wurde, das eheliche Verhältnis »insgesamt« sei im Streit[13]. Die Formulierung findet sich auch in einer BGH-Entscheidung[14] – freilich eher nebenbei – wieder.

Heute sind die Dinge auf jeden Fall so zu sehen, soweit nur Scheidung der Ehe begehrt wird → § 611 Rdnr. 2. Für einen gesonderten Grundsatz der Einheitlichkeit der Entscheidung ist also im reinen Scheidungsverfahren kein Raum[15]. Läge auch dann ein einheitlicher Streitgegenstand vor, wenn Scheidungs- und Aufhebungsverfahren anhängig sind[16], dann beträfe jedes **Teilurteil** notwendigerweise nur einen unselbständigen Aspekt des Streitgegenstandes und wäre damit unzulässig. Der Einheitlichkeitsgrundsatz folgte aber, soweit das Verhältnis Scheidung/Eheaufhebung in Betracht kommt, gar nicht aus dem dann durchaus nicht als Einheit zu verstehenden Streitgegenstand → § 611 Rdnr. 4. Der Einheitlichkeitsgrundsatz ergab sich vielmehr früher aus der Präklusionsvorschrift von § 616 a.F. und daraus, daß das Gesetz beim Schuldausspruch eine Gesamtwürdigung verlangte. Beide Gründe sind heute weggefallen[17]. Aus § 629 Abs. 2 S. 2 kann der Einheitlichkeitsgrundsatz keinesfalls hergelei-

---

[6] RGZ 59, 409; RGZ 156, 317; RG DR 1940, 1956; OLG Bremen NJW 1963, 1157.
[7] RGZ 122, 211; BGH LM Nr. 9 zu § 616 a.F. = FamRZ 1955, 209; OLG Celle NJW 1953, 1797.
[8] So auch RGZ 106, 220.
[9] Lit.: Arens Der Grundsatz der Einheitlichkeit der Entscheidung in Ehesachen, besonders im Hinblick auf das Wiederaufnahmeverfahren, ZZP 76 (1963), 423 ff.; Gilles Zur Systematik des Wiederaufnahmeverfahrens, ZZP 80 (1968), 391, 408 ff. Einen Grundsatz der Einheitlichkeit *der Verhandlung* gab es entgegen einer viel gebrauchten Formulierung ohnehin nie, dazu Gilles aaO 413 f.; wN § 611 Fn. 1–4.

[10] RGZ 58, 307, 311 ff.; RGZ 122, 211, 212 f.; RGZ 160, 191, 192; OGHZ 2, 337, 338.
[11] Dazu ausführlich und treffend Arens aaO 430 ff.
[12] Arens aao 434 ff.; Gilles aaO.
[13] RGZ 58, 307, 309; RGZ 53, 334, 335 f.; RG JW 1931, 1362.
[14] FamRZ 1989, 153.
[15] MünchKommZPO-Walter Rdnr. 7 ff.
[16] So ausdrücklich Arens aaO 437 ff.
[17] A.M. AK (Derleder) Anm. 4 wegen dogmatisch nicht weiter belegter Notwendigkeit; Schwab-Maurer[2] Rdnr. 283 f.; Rosenberg-Schwab[14] § 166 V 6.

tet werden, sofern Ehescheidung und Eheaufhebung in Frage stehen[18]. Auch bezüglich mehrerer Aufhebungsbegehren bestehen heute die Voraussetzungen für die Annahme eines schlechthin zwingenden Einheitlichkeitsgrundsatzes nicht mehr. Im einzelnen gilt unter Berücksichtigung der vielfältig ins Spiel gebrachten Zweckmäßigkeitserwägungen[19] folgendes:

6   1. Im Falle einer gleichzeitigen Rechtshängigkeit von Scheidungsantrag und Eheaufhebungsbegehren seitens **ein und derselben Partei** wird praktisch ein Eventualverhältnis immer im Vordergrund stehen. Die Reihenfolge liegt ganz in der Disposition des Klägers bzw. Antragstellers[20]. Trotz Aufhebbarkeit der Ehe können sich die Parteien auf Scheidung beschränken[21], dieser daher auch Vorrang vor der Aufhebung einräumen. § 18 EheVO → Rdnr. 1 ist dann nicht anwendbar. Hat der Kläger (Antragsteller) auf die Bestimmung eines Rangverhältnisses verzichtet, so hat nach Wegfall der früheren Sätze 2–4 von § 18 EheVO, die eine Abwägung des Verschuldens an der Aufhebbarkeit und Scheidbarkeit der Ehe vorsahen, das Aufhebungsbegehren Vorrang. Dafür, neben dem Aufhebungsausspruch auch noch einen Scheidungsausspruch haben zu wollen, besteht kein Rechtsschutzbedürfnis mehr. Das Scheidungsfolgenrecht kann der Kläger erreichen, indem er darauf verzichtet, eine Erklärung nach § 37 Abs. 2 EheG abzugeben. Wegen der mit dem Scheidungsantrag verbundenen Folgesachen → § 629 Rdnr. 1. § 18 EheVO begründet also heute ein gesetzliches Eventualverhältnis zugunsten der Aufhebungsklage, wenn der Kläger nicht ein umgekehrtes Eventualverhältnis bestimmt[22]. Der kumulativ zur Aufhebungsklage verfolgte Scheidungsantrag braucht daher nicht abgewiesen zu werden, wenn jene begründet ist. Wegen des Verfahrens → § 623 Rdnr. 2. Die Auflösungsklage kann aber durch Teilurteil abgewiesen werden; sodann ist über den Scheidungsantrag weiter zu verhandeln.

7   2. Auch wenn sich **Scheidungs- und Aufhebungsbegehren als (unbedingte) Klage(Antrag) und Widerklage(-antrag)** gegenüberstehen, hat heute § 18 EheVO Vorrang. Dem in § 37 Abs. 2 EheG begründeten Wahlrecht des Aufhebungsklägers stehen keinerlei Gesichtspunkte entgegen, die aus dem Scheidungsbegehren des anderen Teils erwachsen könnten. Ist Aufhebungsklage erhoben, so steht der Scheidungsantrag des anderen Teils kraft Gesetzes im Eventualverhältnis.

8   3. Die Geltendmachung **mehrerer Eheaufhebungsgründe ein und derselben Partei** kann zur objektiven Klagehäufung führen → § 611 Rdnr. 4. Hat der Kläger kein Eventualverhältnis angegeben, dann muß über alle Aufhebungsgründe entschieden werden, allg. M. Denn es kann sein, daß dem Kläger nur aus einem von ihnen das in § 37 Abs. 2 EheG verbürgte Wahlrecht erwächst[23]. Darüber, ob und gegebenenfalls für welchen Aufhebungsgrund dies der Fall ist, wird aber in aller Regel im Aufhebungsverfahren selbst noch gar nicht entschieden. Jedoch ist kein Grund zu ersehen, der in solchen Fällen ein Teilurteil über einzelne Aufhebungsgründe verböte, wenngleich derartiges häufig unzweckmäßig sein dürfte. Das gleiche gilt dann, wenn klageweise und widerklageweise mehrere Aufhebungsgründe geltend gemacht werden.

9   4. Eine **Rechtshängigkeit** begründet ein Eheauflösungsbegehren für andere Eheauflösungsbegehren im technischen Sinne zwar dann nicht, wenn die Streitgegenstände verschieden sind. Für ein anderwärts anhängig zu machendes Begehren fehlt es aber mit Rücksicht auf

---

[18] A.M. Zöller-Philippi[17] Rdnr. 6.
[19] Darauf die Argumentation beschränkt etwa bei Johannsen/Henrich/Sedemund-Treiber[2] Rdnr. 8.
[20] H.M. – A.M. Baumbach/Lauterbach/Albers[51] vor § 610 Rdnr. 5.
[21] BGH FamRZ 1964, 565f.
[22] MünchKommZPO-Walter Rdnr. 2.
[23] H.M. – A.M. MünchKomm ZPO-Walter Rdnr. 2.

die Ausschließlichkeit der durch § 606 begründeten Zuständigkeiten und die Möglichkeiten nach § 611 → dort Rdnr. 8 ff. am Rechtsschutzbedürfnis[24]. Im Sinne von §§ 1384, 1587 Abs. 2 BGB (»Eintritt der Rechtshängigkeit des Scheidungsantrags«) kommt es auf das erste rechtshängig gemachte Eheauflösungsbegehren an, auch wenn es im Laufe des Verfahrens durch ein anderes abgelöst wurde[25].

Eine im Ausland begründete Rechtshängigkeit hat die gleichen Wirkungen wie eine im Inland erhobene Klage, wenn das fragliche ausländische Prozeßrecht ebenfalls den die Scheidbarkeit der Ehe insgesamt erfassenden Streitgegenstand kennt[26] und wenn mit der Anerkennung des ausländischen Urteils zu rechnen ist. Daß der Verfahrensverbund im Ausland anders organisiert sein mag und hinter dem Umfang des in Deutschland möglichen Verbunds zurückbleibt, ist unerheblich[27], weil es lediglich auf die Rechtshängigkeit der Ehesache ankommt. Eine im Ausland erhobene Scheidungsklage steht einer in Deutschland zu erhebenden Aufhebungsklage nicht entgegen[28] → § 261 Rdnr. 11 ff. Zwischen einer Klage auf Trennung von Tisch und Bett und einer Scheidungsklage besteht erst recht keine Streitgegenstandsidentität → § 606 a Rdnr. 4.

5. Ein Ergänzungsurteil nach § 321 hielt man unter Geltung des alten Rechts überwiegend für unzulässig[29]. Das RG argumentierte auch hier mit begriffslogischen Erwägungen und meinte, wenn eine Ehe einmal aufgelöst sei, so könne sie nicht ein zweites Mal aufgelöst werden[30]. Jedoch war dieses Argument nicht stichhaltig → Rdnr. 14 c vor § 606. Habscheid[31] befürwortete für den früheren Scheidungsprozeß bei Vorliegen einer auf einzelne Scheidungstatbestände konkretisierten Rechtsfolgenbehauptung daher mit Recht die Zulässigkeit eines Ergänzungsurteils. Da im Auflösungsprozeß die einzelnen Eheaufhebungsgründe in aller Regel als konkrete Rechtsfolgenbehauptungen auftreten, muß § 321 nach Wegfall des Einheitlichkeitsgrundsatzes erst recht gelten[32].

6. Unter der Geltung des alten Rechts hielt man es auch für unzulässig, über das Begehren der einen Partei – soweit im Eheverfahren überhaupt zulässig → § 612 Rdnr. 2 ff. – durch **Versäumnisurteil und über das der anderen Partei durch streitiges Urteil zu entscheiden.** Denn der Einspruch gegen das eine und Berufung oder Revision gegen das andere Urteil konnten zu einer Spaltung des Verfahrens führen[33]. Wurde in der letzten mündlichen Verhandlung ein Klage- oder Widerklageantrag nicht mehr gestellt, ohne zurückgenommen worden zu sein, so sollte einheitlich über Klage und Widerklage durch kontradiktorisches Urteil entschieden[34], hierbei aber der nicht mehr gestellte Antrag a limine als unbegründet zurückgewiesen werden → § 611 Rdnr. 2. Auch der Grund hierfür ist nach neuem Recht entfallen, soweit das Verhältnis von Scheidung zur Aufhebung Rdnr. 7 oder verschiedene Aufhebungsgründe → Rdnr. 8 in Frage stehen[35]. Erst recht kann daher heute teils durch Verzichtsurteil → § 617 Rdnr. 4, teils durch streitiges Urteil entschieden werden. Stehen sich freilich Aufhebungsklage und Scheidungsantrag gegenüber und ist der ersteren stattzugeben,

---

[24] *Johannsen/Henrich/Sedemund-Treiber*[2] Rdnr. 4.
[25] *BGH* FamRZ 1989, 153; *BGH* NJW 1982, 280, 281; *OLG Hamm* FamRZ 1981, 61.
[26] *BGH* NJW 1983, 1269 = FamRZ 366 = IPRax 1984, 153; *BGH* NJW 1987, 3083; allg.M.
[27] *BGH* aaO.
[28] *OLG Karlsruhe* IPRax 1985, 36 (zust. *Schlosser* 17); *MünchKommZPO-Walter* § 606 a Rdnr. 10.
[29] *Bötticher* FG Rosenberg (1949), 73 ff.; *Gilles* ZZP 80 (1967), 391 (411).
[30] *RG* HRR 1932, 1789.
[31] *Habscheid* Der Streitgegenstand im Zivilprozeßrecht und im Streitverfahren der freiwilligen Gerichtsbarkeit (1957) 247 ff.
[32] A.M. *Zöller-Philippi*[17] Anm. 9.
[33] *RG* HRR 1931 Nr. 1606; *OGHZ* 2, 239; *OLG Kiel* JW 1930, 2995.
[34] *LG Aachen* MDR 1959, 931; zweifelnd *Teplitzky* in einer Anmerkung für den Fall der nicht abweisungsreifen Widerklage.
[35] *MünchKommZPO-Walter* Rdnr. 8; A.M. *Schwab-Maurer*[2] Rdnr. 284; *Zöller-Philippi*[17] Rdnr. 8; *Rosenberg-Schwab*[14] § 166 V 6 b.

so darf nach § 18 EheVO → Rdnr. 1 über letzteren nicht mehr entschieden werden → Rdnr. 7. Zum Teilverzicht → § 611 Rdnr. 12. Zur Aussetzung → § 614 Rdnr. 2.

12   7. Schon nach altem Recht handelt es sich bei durch Teilanfechtung ausgelöster **Hemmung der Rechtskraft insgesamt** um nichts anderes als um die konkrete Anwendung der sonst bei Teilanfechtung geltenden Rechtskraftgrundsätze[36]. Heute sollte man, wenn mehrere Aufhebungsgründe und neben Aufhebungsbegehren Scheidungsanträge Streitgegenstand sind, eine Teilanfechtung erst recht zulassen. Zu sagen, eine Teilanfechtung sei unzulässig, das Rechtsmittelgericht aber an die Beschränkung der Rechtsmittelanträge gebunden[37], ist nur eine andere Ausdrucksweise hierfür. Wegen der auch noch in der Berufungsinstanz nach § 611, § 18 EheVO eröffneten Möglichkeit → § 611 Rdnr. 9 ist in der Tat die Rechtskraft eines Urteils auch bei Teilanfechtung in stärkerem Maße gehemmt als sonst. Sie ist insgesamt gehemmt, wenn der unterliegende Kläger (Widerkläger) teilweise anficht. Daher sind in diesem Fall Klagerücknahme und Klageverzicht noch möglich[38]. Die Rechtskraft ist auch gehemmt, wenn eine Anfechtung im weiter betriebenen Aufhebungsverfahren wegen § 18 EheVO noch dazu führen kann, daß der bereits erfolgte Scheidungsausspruch wieder aufgehoben wird. Eine Teilanfechtung auf Seiten des unterlegenen Beklagten ist praktisch nicht denkbar. Im Verhältnis Kläger/Widerkläger gelten die allgemeinen Grundsätze über die Zulässigkeit eines Anschlußrechtsmittels.

Die herrschende Praxis hielt schon unter der Geltung des alten Rechts den Einheitlichkeitsgrundsatz im **Wiederaufnahmeverfahren** nicht für anwendbar[39].

IV. Die Verbindung mit Folgesachen (§ 623)

13   Nur § 623 bleibt unberührt. Eine Verbindung ist also nur möglich bei Anhängigkeit einer Scheidungssache, nicht auch bei Anhängigkeit einer anderen Ehesache, obwohl auch dann die Regeln über die Zuständigkeitskonzentration gelten, § 621 Abs. 2 S. 1, Abs. 3. Über Vergleiche in Ehesachen → § 617 Rdnr. 6 ff.

§ 611   [Streitgegenstand, Klageänderung und -erweiterung]

(1) **Bis zum Schluß der mündlichen Verhandlung, auf die das Urteil ergeht, können andere Gründe, als in dem das Verfahren einleitenden Schriftsatz vorgebracht worden sind, geltend gemacht werden.**
(2) **Die Vorschriften des § 275 Abs. 1 S. 1, Abs. 3, 4 und des § 276 sind nicht anzuwenden.**

Gesetzesgeschichte: Rdnr. 1 ff. vor § 606; § 570 CPO, § 614 ZPO, BGBl. 76 I 1421.

1   I. Wie der **Streitgegenstand im Eheauflösungsverfahren** zu bestimmen ist, war unter der Geltung des alten Rechts eine sehr viel und kontrovers diskutierte Frage[1]. Ehescheidungs-,

---

[36] S. 19. Aufl. § 615 II 4.
[37] *Zöller-Philippi*[17] Rdnr. 9.
[38] RGZ 166, 87 ff.
[39] RGZ 171, 39 ff.; OGH NJW 1950, 65. – A.M. *OLG Hamm* DRZ 1949, 448; *OLG Celle* MDR 1953, 304. Näheres zur Problematik unter Geltung des alten Rechts 19. Aufl. § 615 II 5.

[1] Lit.: *Bötticher* Zur Lehre vom Streitgegenstand im Eheprozeß, FG Rosenberg (1949) 73 ff.; *Habscheid* Der Streitgegenstand im Zivilprozeß (1956) durchgehend, insbesondere 210 ff.; *ders.* Rechtskraft und Präklusion im Eheaufhebungsverfahren, FamRZ 1964, 174 ff.; *Arens* Der Grundsatz der Einheitlichkeit der Entscheidung in Ehesachen, ZZP 76 (1963), 423, 434; *Jauernig* Verhandlungsmaxime, Inquisitionsmaxime und Streitgegenstand, Recht und Staat Heft 339/340 (1967) 54 ff.; *Gilles* Zur Systematik des Wiederaufnahmeverfahrens, ZZP 88 (1967), 91, 409 ff.; *Schwab* Der Streitgegenstand im Ehe-

Eheaufhebungs- und Ehenichtigkeitsklagen →Rdnr. 54 vor § 253 sind Gestaltungsklagen. Streitig ist, ob Gegenstand von Gestaltungsklagen ein (behaupteter) öffentlichrechtlicher Anspruch gegen den Staat auf Vornahme der Gestaltung oder ein privatrechtliches Gestaltungsrecht →Rdnr. 59 vor § 253, Allg. Einl. Rdnr. 269 ist, oder ob er schließlich ohne Bezugnahme auf Kategorien des subjektiven Rechts als bloßer Antrag unter Angabe eines Gestaltungsgrundes aufgefaßt werden muß. Der Streit ist für die praktische Rechtsanwendung ohne weiterführende Bedeutung. Wichtig ist aber die Frage nach der Breite des Streitgegenstands.

1. Für den **Scheidungsprozeß** ist die gesamte hierzu geführte Kontroverse obsolet geworden. Es gibt keine verschiedenen Scheidungstatbestände oder -gründe mehr. Auch die nach Situationen verschiedenen Vermutungen für das Scheitern der Ehe (§§ 1564 ff. BGB) begründen solche nicht[2]. Ob man überhaupt noch von subjektiven Scheidungsrechten sprechen kann, ist sehr zweifelhaft[3]. Jedenfalls sind auch die Scheidungsanträge der beiden Ehegatten keine Grundlage für die Annahme zweier verschiedener Streitgegenstände. Einem vom Antragsgegner anderwärts anhängig gemachten Scheidungsantrag steht die Rechtshängigkeit entgegen[4]. Ein zum Gericht des anhängigen Verfahrens gestellter Antrag ist nicht als Einleitung eines neuen Verfahrens, sondern als gleichlaufender Scheidungsantrag im alten Verfahren aufzufassen[5]. Ist ein Scheidungsantrag gestellt und schließt sich ihm der Antragsgegner später an, so wird daraus auch kein »Widerantrag«[6]. Es ist gewiß ungewöhnlich, daß der zunächst passive Teil eines Verfahrens sich später das Rechtsschutzgesuch des aktiven Teils zu eigen macht. Wegen § 781 BGB und § 269 Abs. 1 ZPO wird dafür außerhalb des Eheverfahrens kaum je ein Rechtsschutzbedürfnis bestehen. Für das Scheidungsverfahren folgt die Zulässigkeit einer solchen Reaktion des »Antragsgegners« (allg. M.) aus § 630 Abs. 1 Nr. 1, ohne daß man daraus die Konsequenz ziehen müßte, die jeweiligen Scheidungsanträge der beiden Ehegatten hätten verschiedene Streitgegenstände. Es besteht in der Tat für den zunächst passiven Teil ein anerkennenswertes Bedürfnis, das Verfahren »in der Hand zu behalten«[7] und dies einen unter mehreren Gründen sein zu lassen, auch ihm Prozeßkostenhilfe zu gewähren[8]. Für die Zulässigkeit des zeitlich zweiten Antrags § 33 ins Spiel zu bringen[9], ist aber grundverkehrt. Führt einer der beiden Anträge zu einer Sachentscheidung, so braucht über den anderen nicht mehr gesondert entschieden zu werden, auch nicht, wenn er sich – isoliert betrachtet – als unzulässig darstellt[10]. Eine Berufung mit der Maßgabe zurückzuweisen, daß die Ehe auch auf Antrag des Berufungsführers geschieden wird[11], offenbart nur dogmatische Unsicherheit. Erst recht kann nicht über den einen Antrag entschieden und das Verfahren im übrigen verwiesen werden[12]. Für das Ende der Ehezeit i. S. v. § 1587 II BGB ist

2

---

prozeß, ZZP 65 (1952), 101 ff.; *Schlosser* Die einverständliche Scheidung im Spannungsfeld der Streitgegenstandsproblematik, FamRZ 1978, 319.

[2] *Linke* FS Beitzke (1979) 267, 281 ff., 286, heute h. M.; z. B. *MünchKommZPO-Walter* Rdnr. 4. – A. M. *MünchKomm-Wolf*² § 1564 BGB Rdnr. 22, 35, 49 f.

[3] Der *BGH* (BGHZ 97, 304, 308 = NJW 1986, 2046, 2048 = FamRZ 655, 656) spricht allerdings von einem »materiellrechtlichen Gestaltungsrecht neben dem öffentlichrechtlichen Anspruch auf Erlaß eines Scheidungsurteils« hat damit Gefolgschaft gefunden *Münch-Komm-Wolf*² § 1564 Rdnr. 22 mwN.

[4] *BGH* FamRZ 1983, 38, 40; NJW 1983, 1269 = FamRZ 366 = IPRax 1984, 152, 153; *Zöller-Philippi*¹⁷ § 610 Rdnr. 8; *Diederichsen* ZZP 91 (1978), 397, 442, 446.

[5] *BGH* FamRZ 1983, 38, 40.

[6] Der *BGH* FamRZ 1983, 38, 40 spricht allerdings von »Gegenantrag«.

[7] *OLG Frankfurt* FamRZ 1982, 809; *Bergerfurth* FamRZ 1982, 564; *Rosenberg-Schwab*¹⁴ § 166 I 4 1. – A. M. *Diederichsen* ZZP 91 (1978) 442.

[8] *OLG Celle* FamRZ 1978, 606; *OLG Düsseldorf* FamRZ 1978, 914; *KG* FamRZ 1979, 536; *OLG Hamburg* FamRZ 1983, 1133.

[9] So aber *OLG Zweibrücken* FamRZ 1985, 81.

[10] A. M. *OLG Bamberg* FamRZ 1984, 303: »Zwar handelt es sich um zwei verschiedene Anträge, die rechtlich als Klage und Widerklage zu behandeln sind und die einen unterschiedlichen Ausgang haben können. Es handelt sich um die Verbindung zweier Verfahren, die denselben Streitgegenstand betreffen. Deswegen verbietet es der Grundsatz der Einheitlichkeit der Entscheidung (Zitat), daß über einen Antrag (Klage) entschieden wird, während der andere Antrag unentschieden bleibt« → § 610 Rdnr. 5.

[11] *OLG Hamm* FamRZ 1980, 1049.

[12] *OLG Bamberg* aaO. – A. M. *OLG Zweibrücken*

der erste noch rechtshängige Scheidungsantrag maßgebend, auch wenn die Ehe auf Antrag des anderen Ehegatten geschieden worden ist[13]. In Wirklichkeit braucht das Gericht, wenn es auf Scheidung erkennt, gar nicht zu spezifizieren, auf wessen Antrag dies geschehen ist. Auch der Umstand, daß § 1565 Abs. 2 BGB immer nur zugunsten eines der Antragsteller wirkt, erzwingt dies nicht[14], auch wenn durchaus nur einem der beiden Antragsteller Prozeßkostenhilfe zu gewähren sein mag[15]

2. Die Problematik bleibt bestehen für das **Verhältnis der Scheidung zur Aufhebungsklage** und für die klageweise oder widerklageweise Geltendmachung verschiedener Aufhebungsgründe. Die aus § 616 a.F. hergeleiteten Gründe für die Annahme eines alle denkbaren Scheidungs- und Aufhebungsgründe umfassenden einheitlichen Streitgegenstandes[16] – oder auch nur für die auf einer Seite geltend gemachten Auflösungsgründe[17] – sind entfallen[18]. Ebenso wenig besteht ein Grund, den Streitgegenstand des Eheaufhebungsverfahrens zwingend durch die Tatbestände des materiellen Rechts zu begrenzen und eine weitere Aufgliederung nach Sachverhaltsausschnitten, etwa Irrtümer über verschiedene Eigenschaften – nicht zuzulassen[19]. Auch wenn in der Sache ein ausländisches Recht zur Anwendung kommt, das Elemente der Verschuldensscheidung bewahrt hat, bildet das behauptete Scheidungsrecht eines jeden der Ehegatten einen selbständigen Streitgegenstand, der mit einem besonderen Gegenantrag in den Prozeß eingeführt werden muß[20].

3. Mit Sicherheit ist daher heute im Verhältnis **Aufhebungsklage – Aufhebungswiderklage**[21] sowie im **Verhältnis von Aufhebung und Scheidung** Streitgegenstandsverschiedenheit anzunehmen. Ist Aufhebungs- und Aufhebungs(Scheidungs)-widerklage erhoben, so muß eine Klage abgewiesen werden, wenn nur die andere begründet ist[22]. Ist neben einer Aufhebungsklage auch ein Scheidungsantrag – gleich welcher Seite – begründet, so darf die Ehe aber nur aufgehoben werden, § 18 EheVO, der Scheidungsantrag wird schlicht obsolet[23]. Das Gesetz stellt es im übrigen in das freie Ermessen eines jeden Ehegatten, auf welches tatsächliche Vorbringen und welchen gesetzlichen Aufhebungsgrund er sich berufen will. Dies spricht dafür, ihn den Streitgegenstand auf die konkret geltend gemachten faktischen und rechtlichen Aufhebungsgründe beschränken zu lassen[24]. Einen solchen Willen muß man im Regelfall auch annehmen, weil der Aufhebungskläger kein Interesse daran haben kann, sämtliche nicht vorgebrachten (rechtlichen und tatsächlichen) Aufhebungsgründe nach § 322 ohne Rücksicht auf sein Verschulden zu verspielen. Für den Regelfall gilt also das, was früher *BGH* und wohl herrschende Ansicht zu den (rechtlichen und tatsächlichen) Scheidungsgründen angenommen haben[25]. Wird die Klage auf mehrere Aufhebungsnormen oder tatsächliche Aufhebungsgründe gestützt, dann liegt alternative Klagehäufung vor, deren Zulässigkeit gerade in einem

---

FamRZ 1985, 81 (Berufung des Mannes gegen die auf Unzuständigkeit gestützte Abweisung des Scheidungsantrags zurückweisend, auf Berufung der Frau aber die Abweisung ihres Antrags aufhebend und an das zuständige Gericht verweisend).
[13] *BGH* NJW 1982, 280, allg. M.
[14] A.M. *OLG Stuttgart* NJW 1978, 546.
[15] Wie in *OLG Düsseldorf* FamRZ 1978, 27 und *OLG Hamm* FamRZ 1978, 28.
[16] *Bötticher* (Fn. 1) 92ff.; *ders.* FamRZ 1957, 409, 413; ähnlich *Arens* ZZP 76 (1963), 423, 444; *Gilles* ZZP aaO 410ff.
[17] *Schwab* Streitgegenstand, durchgehend, etwa 183ff. 139; *ders.* ZZP 65, 101, 111; *Rosenberg-Schwab*[14] § 166 V 6; *Habscheid* Streitgegenstand (Fn. 1) 141ff.; *ders.* FamRZ 1964, 174, 177; *Gilles* aaO 391, 410ff.; *Arens* ZZP 76, 423, 434ff.; *Nikisch* AcP 154, 271, 291 f.;

Grunsky Grundlagen des Verfahrensrechts[2] § 5 III 2; *RGZ* 68, 307, 309 ff.
[18] *Brüggemann* FamRZ 1977, 1, 9; *MünchKommZPO-Walter* Rdnr. 3.
[19] So für die Scheidungstatbestände des früheren Rechts *Henckel* Parteilehre 286ff.
[20] *OLG Frankfurt* IPRax 1982, 22.
[21] Früher aM. *Arens*; *Gilles* aaO.
[22] *Bosch* FamRZ 1987, 817.
[23] *Bosch* aaO.
[24] So mit Recht schon zum früheren, hauptsächlich an der Scheidung orientierten Recht *Habscheid* (Fn. 1) 167ff. Ihm folgend *Bötticher* FamRZ 1957, 409. – A.M. (Beschränkungsmöglichkeit nur als Ausfluß der Verhandlungsmaxime, nicht aber Parteidisposition über Globalität oder Konkretisierung des Streitgegenstandes) *Schmid* DRZ 1949, 7ff.; *Gilles* ZZP 80 (1967), 391, 416.

solchen Zusammenhang Habscheid[26] dargetan hat, so daß entgegen der Befürchtung von Schwab[27] nicht zum Zuge kommende Scheidungsgründe nicht eigens aberkannt werden müssen. Eine auf konkrete Vorkommnisse gestützte Aufhebungsklage ist daher schon im Streitgegenstand begrenzt, nicht etwa ist der Prozeßstoff nur durch die Geltung der Verhandlungsmaxime → § 616 Rdnr. 3 limitiert[28]. Die Amtsermittlungsbefugnis des Gerichts → § 616 Rdnr. 2,3,14 erstreckt sich auf nicht geltend gemachte Aufhebungsgründe nicht. Die praktischen Schwierigkeiten, Eheaufhebungsgründe als je verschiedene voneinander zu trennen, die unter der Geltung des alten Rechts gegen die Lehre vom konkreten Streitgegenstand vorgebracht wurden[29], sind im Verhältnis lediglich verschiedener Eheaufhebungsgründe zueinander wesentlich leichter zu meistern, als es früher bezüglich verschiedener Scheidungsgründe der Fall war.

Freilich kann der Kläger zum Ausdruck bringen, daß er die Aufhebbarkeit der Ehe insgesamt als Streitgegenstand des Verfahrens wissen will. Aber auch dann gilt § 616 Abs. 2 → dort Rdnr. 3. Rechtskraft → § 322. Rechtshängigkeit → § 610 Rdnr. 9. Einheitlichkeit der Verhandlung → § 610 Rdnr. 5 ff.

4. Wer auch für die **Nichtigkeitsklage** an die Lehre vom globalen Streitgegenstand anknüpft[30], für den muß eine einmal erhobene Klage sämtliche Nichtigkeitsgründe erfassen. Amtsermittlungspflichten des Gerichtes können dann durch keine Parteidisposition auf bestimmte Nichtigkeitsgründe eingeschränkt sein[31]. Ausgangspunkt muß aber auch insoweit die Erkenntnis sein, daß es das Gesetz in das Belieben der Ehegatten stellt, ob sie Klage erheben und welchen Nichtigkeitsgrund sie gegebenenfalls selbst geltend machen wollen. Auch insoweit ist daher in aller Regel der geltend gemachte Nichtigkeitsgrund für den Streitgegenstand konkretisierend[32]. Eine Nichtigkeitswiderklage gegen eine Nichtigkeitsklage ist auch bei Geltendmachung desselben Nichtigkeitsgrundes zulässig, um den selbst an der Nichtigerklärung interessierten Beklagten vor den Folgen einer Klagerücknahme (§ 635) oder eines Klageverzichts → § 617 Rdnr. 4 zu schützen → Rdnr. 2[33].

5. Die **Feststellungsverfahren in Ehesachen** → vor § 606 Rdnr. 9 ff. werfen gegenüber sonstigen Feststellungsklagen hinsichtlich der Streitgegenstandsbestimmung keine Besonderheiten auf. Es gilt daher das → § 256 Rdnr. 167 ff. generell Gesagte. Nach der dort vertretenen Auffassung erfaßt der Streitgegenstand der negativen Feststellungsklage sämtliche denkbaren Eheschließungsakte.

II. § 611 schließt die **Beschränkungen der Klageänderung** (§§ 263, 264) für den Eheprozeß aus. Da nach jetzigem Recht ein Scheidungsverfahren nur einen Verfahrensgegenstand haben kann, auch wenn beide Ehegatten die Scheidung beantragen (oder sich der Antragsgegner später dem Antrag anschließt) → Rdnr. 2, hat die Vorschrift **für den Scheidungsprozeß keine Bedeutung**. Insbesondere sind ein neuer Tatsachenvortrag zur Unterstützung des Scheidungsbegehrens oder ein neuer Rechtsvortrag zur Anwendbarkeit einer der Scheidungs-»tatbe-

---

[25] BGHZ 45, 329 ff. = ZZP 80 (1967), 132 ff. (*Schlosser*) = FamRZ 1966, 345 ff. = NJW 1509.
[26] *Habscheid* Streitgegenstand (Fn. 1) 251 ff.
[27] ZZP 65, 101, 108.
[28] So aber *Gilles* aaO.
[29] *Bötticher* (Fn. 1) 86, 91; *Habscheid* Streitgegenstand (Fn. 1) 210 ff.
[30] *Bötticher* selbst wollte freilich wegen Unanwendbarkeit von § 616 den globalen Streitgegenstandsbegriff auf den Ehenichtigkeitsprozeß nicht übertragen (Fn. 1) 94 Fn. 19.

[31] Von der uneingeschränkten Geltung der Untersuchungsmaxime her argumentierend und daher auf den Nichtigkeitsprozeß beschränkt so in der Tat *Jauernig* (Fn. 1) 55 ff.
[32] *Baumbach/Lauterbach/Albers*[51] § 633 Rdnr. 1, § 636 a Rdnr. 1; *Bötticher* (Fn. 1) 94 m. Fn. 19.
[33] *MünchKommZPO-Walter* Rdnr. 6 (Widerklage als bedingt erhoben zu interpretieren).

stände« keine Antragsänderungen und daher ohnehin zulässig[34]. Ein Eventualverhältnis zur Heranziehung von §§ 1565 ff. BGB muß der Antragsteller nicht angeben[35].

Die Vorschrift betrifft heute nur noch das Verhältnis mehrerer Aufhebungsbegehren oder Nichtigkeitsklagen zueinander und die spätere Kumulation von Scheidungsantrag, Aufhebungs- und Herstellungsklage. Die Zulässigkeit einer jederzeitigen Widerklage folgt mit den durch § 610 bedingten Einschränkungen schon aus allgemeinen Grundsätzen → § 33 Rdnr. 11. Der Anwendungsbereich der Vorschrift ist durch § 610 begrenzt[36]. Verbindungen, die prinzipiell nicht zulässig sind, können auch durch Klageänderung, Klageerweiterung oder Widerklage nicht zusammen zur Entscheidung gestellt werden. In einem Aufhebungsverfahren können also nicht später Nichtigkeitsgründe oder gar die ursprüngliche Unwirksamkeit einer Eheschließung geltend gemacht werden → § 610 Rdnr. 1. Dagegen ist ein endgültiger (nicht nur eventueller) Übergang von der Nichtigkeits- oder Feststellungsklage zu einer anderen Eheklage oder umgekehrt[37] nach den allgemeinen Vorschriften einer Klageänderung[38] nicht ausgeschlossen[39].

8 1. In **erster Instanz** kann der Kläger bis zum Schluß der Verhandlung (wegen des entsprechenden Zeitpunkts bei der Entscheidung nach § 128 Abs. 2 → § 128 Rdnr. 94) neue Klagegründe oder neu einen Scheidungsantrag geltend machen, gleichviel ob damit eine Änderung des Antrags verbunden ist oder nicht → § 264. Er kann also neue Aufhebungsgründe vorbringen, und zwar kumulativ oder eventuell neben dem ursprünglichen oder auch statt seiner. Er kann ferner vom Scheidungsantrag zur Aufhebungs-[40] oder Herstellungsklage[41] **übergehen** oder umgekehrt[42] oder endlich mit einer dieser Klagen eine andere von ihnen nachträglich als eventuelle → § 610 Rdnr. 3 **verbinden**, ohne Rücksicht darauf, ob ihm das neu Vorgebrachte schon vor der Klageerhebung bekannt war oder nicht. Ein Eventualverhältnis kann auch umgekehrt werden → Rdnr. 9. Nur bedarf es beim Übergang zu einer anderen Klage selbstverständlich auch eines neuen Antrags. Aus dem Sinn von § 611 folgt, daß, wird ein bisher verfolgter Anspruch durch Klageänderung aufgegeben, die Einwilligung des Beklagten auch unter dem Gesichtspunkt von §§ 263, 269 unnötig ist. Hingegen muß man wegen des aufgegebenen Teils § 269 Abs. 3 entsprechend anwenden[43].

Dasselbe gilt vom Widerkläger. Zum Anschluß des zunächst scheidungsunwilligen Ehegatten an den Scheidungsantrag des anderen → § 610 Rdnr. 3.

Solange die Möglichkeiten nach § 611 offenstehen, fehlt für eine separate Klage das Rechtsschutzbedürfnis.

Wegen der Vollmacht → § 609 Rdnr. 3, 4. Wegen der Zurückweisung von Angriffs- und Verteidigungsmitteln nach § 296 → Erl. § 615.

9 2. Auch in der **Berufungsinstanz** ist das Vorbringen neuer Klagegründe zulässig, ohne daß es der Einwilligung des Gegners bedürfte[44] oder eine Zurückweisung wegen fehlender Sachdienlichkeit in Frage käme. Es ist folglich auch gestattet (s. aber den folgenden Absatz), dem neuen Klagegrund einen neuen entsprechenden Antrag beizufügen, also in den oben ange-

---

[34] *MünchKommZPO-Walter* Rdnr. 2. – A.M. (erst durch Abs. 1 zulässig) *Zöller-Philippi*[17] Rdnr. 1.
[35] A.M. *MünchKomm-Wolf*[2] § 1564 Rdnr. 50.
[36] *MünchKommZPO-Walter* Rdnr. 10.
[37] *OLG Bremen* NJW 1956, 515 (Übergang von der Scheidungs- zur Nichtigkeitsklage).
[38] *MünchKommZPO-Walter* Rdnr. 11 läßt eine Klageänderung nach § 611 ohne die Beschränkung des § 263 zu.
[39] So auch *KG* ZZP 56, 194. Zust. *Baumbach/Lauterbach/Albers*[50] Anm. 1. – A.M. (stets zulässig) *Zöller-Philippi*[17] Rdnr. 4; *Johannsen/Henrich/Sedemund-Treiber*[2] Rdnr. 3; *Jauernig* ZPR[23] § 91 II 12.
[40] *OLG Bremen* NJW 1956, 515; *RGZ* 164, 59.
[41] *BGH* FamRZ 1964, 38. Zur Problematik des Instituts → vor § 606 Rdnr. 14.
[42] So zutreffend (zu allen bisher in Rdnr. 8 gemachten Aussagen) *BGH* FamRZ 1989, 153, 155.
[43] *RG* HRR 1939 Nr. 414.
[44] So *RG* schon seit jeher, *RGZ* 8, 351; 9, 393; 11, 354; 15, 289; 25, 339; 27, 375; 43, 412 u.a.

führten Grenzen von einer zu einer anderen Klage in Ehesachen erst in der Berufungsinstanz überzugehen[45] oder aber mit der einen Klage die andere nachträglich zu verbinden[46]. Endlich ist es gestattet, durch Vertauschen von Haupt- und Hilfsanträgen bzw. der in bestimmter Reihenfolge geltend gemachten Klagegründe oder durch Übergang von der Kumulation zur Eventualstellung die Reihenfolge, in der über sie entschieden werden soll → § 610 Rdnr. 6, anderweitig zu bestimmen[47]. Dies alles gilt auch für die Widerklage. Demgemäß ergibt sich auch für die erstmals in der Berufungsinstanz erhobene Widerklage keine Einschränkung dahin, daß sie bei fehlender Einwilligung des Gegners mangels Sachdienlichkeit zurückgewiesen werden könnte (§ 530)[48]. Durch Klageänderung oder Widerklage kann sich erstmals in der Berufungsinstanz eine Situation ergeben, in der »Folgesachen« zur Entscheidung anstehen → § 623 Rdnr. 8.

§ 611 schränkt den allgemeinen Grundsatz, daß die Berufung eine **Beschwer** des Berufungsführers zur Voraussetzung hat, zwar insoweit ein, als mit dem Rechtsmittel die Aufrechterhaltung der Ehe angestrebt wird[49], nicht aber darüber hinaus. Der Kläger, dessen Begehren in erster Instanz voll entsprochen worden ist, kann nicht lediglich zum Zweck einer Auswechslung des Eheauflösungsgrundes Berufung einlegen[50]. → Allg. Einl. zum 3. Buch Rdnr. 63 ff. Wenn der Kläger durch das Urteil beschwert ist, entfällt aber die Beschwer nicht etwa nachträglich dadurch, daß er zu einer anderen Klageart übergeht und den Antrag, dessentwegen die Beschwer besteht, nicht mehr weiterverfolgt[51]. Wegen der Rechtsmittel des siegreichen Klägers zum Zwecke einer Klagerücknahme oder eines Klageverzichts → Allg. Einl. § 511 V 3 b.

Einer **Anschließung** durch den in erster Instanz siegreichen Kläger bedarf es nicht, wenn er unter Aufrechterhaltung desselben Klagegrunds lediglich das ihn stützende tatsächliche Vorbringen ergänzen will. Wohl aber muß er zum Rechtsbehelf der Anschließung greifen, wenn er zu einer Klage mit anderem Streitgegenstand → Rdnr. 1 ff. übergehen möchte. Anschließung ist regelmäßig auch dann nötig, wenn ein neuer Aufhebungstatbestand[52] oder ein neuer tatsächlicher Aufhebungsgrund[53] oder alternativ mehrere Aufhebungsgründe → § 610 Rdnr. 4 geltend gemacht werden sollen. Daß der neue Klagegrund zu einer Änderung in der Tragweite des erstrebten Urteils führt, ist nicht Voraussetzung für die Notwendigkeit der Anschließung. Etwas anderes gilt nur, wenn der Kläger von vornherein einen »globalen« Streitgegenstand bestimmt hat. Auch zur Umkehrung der Eventualstellung → § 610 Rdnr. 6, 7 bedarf es der Anschließung. Solange im Berufungsverfahren noch Streitgegenstände neu eingeführt werden können, fehlt es für eine selbständige Klage am Rechtsschutzbedürfnis → § 610 Rdnr. 9. 10

3. In der **Revisionsinstanz** sind sowohl die Klageänderung wie der Übergang zu einer anderen Klage durch die Natur des Rechtsmittels ausgeschlossen → § 561 Rdnr. 4. Das gleiche 11

---

[45] So mit Recht *BGH* FamRZ 1964, 38 für den Fall des Übergangs von der Scheidungsklage zur Klage auf Feststellung des Rechts zum Getrenntleben. Anders als im Tatbestand dieses Urteils für das Verfahren vor dem Berufungsgericht berichtet, ist aber hinsichtlich des fallengelassenen Scheidungsantrags weder Klagerücknahme noch Klageverzicht noch Erledigungserklärung nötig → Rdnr. 8 a.E.
[46] So auch *RGZ* (VZS) 31, 9 ff. u. a.
[47] *RGZ* 104, 292; vgl. auch WarnRsp 14 Nr. 62.
[48] *MünchKommZPO-Walter* Rdnr. 9; vgl. die Entscheidungen in Fn. 40; s. a. *RGZ* (VZS) 31, 10.

[49] *BGH* FamRZ 1984, 1302, 1303 – Berufung des Gatten, der in erster Instanz der Scheidung zugestimmt hat.
[50] *OLG Karlsruhe* FamRZ 1980, 682; *OLG Hamm* FamRZ 1978, 491; *OLG Oldenburg* NJW 1978, 170. Allg. M.
[51] *BGH* FamRZ 1964, 38 = NJW 298; zust. *Habscheid* FamRZ 1964, 192.
[52] Ebenso zu den früheren Ehescheidungstatbeständen *RGZ* 115, 193 f. – A.M. *RGZ* 161, 216.
[53] Etwa weiterer Irrtum. – A.M. zu den tatsächlichen Scheidungsgründen des früheren Rechts *RG* WarnRsp 21, 16; *RG* HRR 1929 Nr. 10; *RGZ* 42, 412.

gilt für Widerklagen⁵⁴. Klageeinschränkungen, etwa nicht mehr Verfolgung bisher unter anderem auch geltend gemachter Klagegründe sind aber auch in der Revisionsinstanz noch möglich.

§ 611 gilt uneingeschränkt im **Wiederaufnahmeverfahren**⁵⁵.

12   4. Auch im Eheprozeß darf das Gericht über die von den Parteien **gestellten Anträge nicht hinausgehen** → § 616 Rdnr. 12. Hieraus ergibt sich in Verbindung mit § 611, daß auf Klagegründe, die zuerst zur Begründung der Klage vorgetragen worden waren, während des Verfahrens prozessual verzichtet werden kann. Heute ist in einem solchen Fall auch Teilverzichtsurteil möglich → § 610 Rdnr. 6, § 617 Rdnr. 4.

13   III. Abs. 2 soll klarstellen, daß eine **Klageerwiderungsfrist** mit den Besonderheiten des Eheverfahrens nicht zu vereinbaren ist. Auch das in § 276 verankerte vorbereitende schriftliche Verfahren ist für Ehesachen ausgeschlossen. Demgemäß ist § 274 Abs. 2 ebenfalls nicht mehr anwendbar. Die Anwendbarkeit von § 277 ist zwar nicht ausdrücklich ausgeschlossen. Für diese Vorschrift gibt es aber, wenn es an einer Verpflichtung zur Einreichung einer Klageerwiderung fehlt, keinen Anwendungsbereich. Nicht ausgeschlossen ist § 273 Abs. 2 Nr. 1, wonach das Gericht eine Frist zur Erklärung über klärungsbedürftige Punkte im Vorbringen der aufzufordernden Partei selbst setzen kann. Über die Konsequenzen einer Fristversäumnis → Erläuterungen § 615. Auch kann eine Klage-(Antrags-)Erwiderungsfrist durchaus mit der Folge gesetzt werden, daß eine Verspätung im Vorbringen gerade mit Rücksicht auf die gesetzte Frist als »grob nachlässig« im Sinne von § 615 gewertet wird. Wegen der Folgesachen → § 624 Rdnr. 14. Zum Ausschluß von § 272 Abs. 3 → § 612 Rdnr. 1.

§ 612 [Versäumnisverfahren]

(1) Die Vorschrift des § 272 Abs. 3 ist nicht anzuwenden.

(2) Der Beklagte ist zu jedem Termin, der nicht in seiner Gegenwart anberaumt wurde, zu laden.

(3) Die Vorschrift des Absatzes 2 ist nicht anzuwenden, wenn der Beklagte durch öffentliche Zustellung geladen, aber nicht erschienen ist.

(4) Ein Versäumnisurteil gegen den Beklagten ist unzulässig.

(5) Die Vorschriften der Absätze 2 bis 4 sind auf den Widerbeklagten entsprechend anzuwenden.

Gesetzesgeschichte: Rdnr. 1 vor § 606, § 578 CPO, RGBl. 98 I 410 (§ 618 ZPO), BGBl. 50 I 455 (vor 1977 § 618), BGBl. 76 I 1421.

I. Mündliche Verhandlung; Säumnis; Überblick

1   In Abs. 1 ist die Vorschrift, daß die mündliche Verhandlung so früh wie möglich stattfinden soll, für unanwendbar erklärt. Das vorbereitende schriftliche Verfahren ist ebenfalls ausgeschlossen → § 611 Rdnr. 13. Es liegt daher in einem weiten Ermessen des Vorsitzenden, wann und für wann er den Haupttermin ansetzt¹. Abs. 1 ist auch nicht dahin einschränkend

---

⁵⁴ *RGZ* 106, 202, 223.
⁵⁵ *Gilles* ZZP 80 (1967), 391, 417 ff., wenn auch von einem anderen Streitgegenstandsbegriff ausgehend.

¹ *OLG München* NJW 1979, 1050 (»pflichtgemäßes« Ermessen).

auszulegen, daß besonders hastig zu terminieren ist, wenn sich abzeichnet, daß es auf diese Weise zu einer Abweisung des Scheidungsantrags nach § 1565 Abs. 2 BGB kommen kann[2]. Wenn beide Parteien die Scheidung wollen, kann immer die Entscheidungsreife der Folgesache abgewartet werden[3]. Abzuwarten, ob weitere Folgesachen anhängig gemacht werden, ist aber unzulässig[4]. Eine greifbare Gesetzwidrigkeit → § 216 Rdnr. 42 kann in der Auswahl des Termins in Ehescheidungssachen kaum je liegen[5]. Wegen des Zeitpunkts, zu dem über die Anberaumung eines ersten Termins zu entscheiden ist → § 608 Rdnr. 1. Im übrigen gilt in Ehesachen für das Verfahren bis zum Haupttermin ebensowenig etwas Besonderes wie wegen der Abhängigmachung der Zustellung der Klage bzw. des Antrags von der Zahlung der allgemeinen Verfahrensgebühr, § 65 Abs. 1 GKG.

Die Terminologie ist in §§ 612 und 614 insoweit mißlungen, als es in Scheidungsverfahren keine »Beklagten« mehr gibt. Die aufgrund dieser Terminologie auch hier gebrauchten Begriffe erfassen auch den Antragsteller bzw. den Antragsgegner.

II. Versäumnisverfahren[6]

1. Erscheint der **Kläger** nicht, so ist bei der Nichtigkeits- und Feststellungsklage nach §§ 635, 638 das Versäumnisurteil dahin zu erlassen, daß die Klage als zurückgenommen gilt → Bem. dazu. Die Vorschrift kann auf Scheidungs-, Aufhebungs- und Herstellungsverfahren nicht analog angewandt werden[7]. Vielmehr gilt insoweit § 330. Über den Fall des Ausbleibens nach erhobener Widerklage → Rdnr. 10.

2. **Die Säumnis des Beklagten** ist differenziert zu beurteilen.
   a) Bleibt der Beklagte aus, so kann bereits im **ersten Termin eine Verhandlung stattfinden**. Es handelt sich um eine einseitige Verhandlung des Klägers, die als streitige Verhandlung gilt, so daß gegen das Urteil nicht der Einspruch, sondern nur die Berufung statthaft ist.

In der Regel wird aber in dieser ersten Verhandlung noch kein Urteil ergehen können, da der Prozeßstoff meist zu lückenhaft sein wird. Voraussetzung für die einseitige Verhandlung ist, daß die Sachanträge dem Beklagten rechtzeitig mitgeteilt worden sind. Insoweit hat § 335 Nr. 3 entsprechend zu gelten[8]. Eine Versäumnispräklusion (nach §§ 331, 138, 439) findet nicht statt[9]. Das Gericht hat vielmehr aufgrund des mündlichen Vorbringens des Klägers nach freier Überzeugung zu entscheiden, ob und wieweit das Ausbleiben des Beklagten einen Schluß auf die Wahrheit der zur Begründung der Klage vorgebrachten Behauptungen gestattet, und demgemäß die Aufnahme der von dem Kläger angebotenen Beweise anzuordnen, wenn es danach unter Berücksichtigung des gesamten Inhalts der Verhandlung dessen Behauptungen nicht für bewiesen erachtet. Außerdem kann das Gericht in den Grenzen des § 616 auch über Tatsachen, die von dem Kläger nicht vorgebracht wurden, von Amts wegen eine Beweisaufnahme anordnen.

Der Beklagte ist zu späteren Terminen zu laden → Rdnr. 8 ff.
   b) Erscheint der **Beklagte ohne Anwalt**, so kann eine Verhandlung durchaus stattfinden. Der Beklagte kann bereits im ersten Termin angehört und vernommen → § 613 Rdnr. 1–4

---

[2] A.M. *OLG Schleswig* SchlHA 1984, 56; *KG* FamRZ 1985, 1066; *OLG Frankfurt* FamRZ 1986, 79 – obiter; *Ditzen* FamRZ 1988, 1010; wohl auch *MünchKomm-ZPO-Walter* Rdnr. 1
[3] *OLG Frankfurt* aaO 80.
[4] *OLG Frankfurt* aaO.
[5] Ausnahme: *OLG Frankfurt* aaO. (Terminaufhebung, um das Anhängigmachen von Folgesachen abzuwarten); großzügiger iSd Beschwerdemöglichkeit *MünchKomm-ZPO-Walter* Rdnr. 2.
[6] *Prütting* Versäumnisurteil in Statusprozessen, ZZP 91 (1978), 197 ff.; *Riechert* Das Versäumnisurteil und das Urteil nach Lage der Akten im Ehescheidungsrechtsstreit, ZZP 71 (1958), 339 (Zu beachten ist aber die inzwischen eingetretene Rechtsänderung, insbesondere hinsichtlich der unter Rdnr. 10, 14 behandelten Fragen.
[7] *OLG Hamm* FamRZ 1986, 705 = NJW 2061.
[8] RGZ 88, 66; *Baumbach/Lauterbach/Albers*[51] Rdnr. 6; *MünchKommZPO-Walter* Rdnr. 8.
[9] RGZ 28, 398.

werden; aufgrund seiner Angaben kann die Wahrheit der Klagebehauptungen festgestellt und darauf die Scheidung der Ehe gestützt werden, allg. M. → § 613 Rdnr. 5.

5   c) Bleibt der Beklagte, nachdem er in einem früheren Termin erschienen war und verhandelt hatte, in einem **späteren Verhandlungstermin** aus, so wird nicht vertagt. Vielmehr wird in Abwesenheit des Beklagten verhandelt, wobei gegebenenfalls das Gericht die von dem Beklagten früher vorgebrachten oder schriftsätzlich angekündigten Verteidigungsmittel nach § 616 von Amts berücksichtigen kann. Das Urteil ist auch in diesem Fall ein streitiges.

6   d) Praktisch läuft das Verfahren nach § 612 im wesentlichen auf das gleiche hinaus wie das Verfahren nach §§ 331a, 251a. Theoretisch besteht aber zwischen der Entscheidung aufgrund einseitiger Verhandlung und derjenigen **nach Aktenlage** der wesentliche Unterschied, daß im ersteren Falle das Gericht nicht über den von beiden Parteien schriftsätzlich, sondern nur über den vom Kläger in der mündlichen Verhandlung (durch Vortrag oder Bezugnahme) vorgebrachten Streitstoff zu entscheiden hat (→ aber auch § 616 Rdnr. 10). Weiter weicht das Verfahren nach § 612 von dem nach § 331a darin ab, daß das Gericht den Erlaß einer Entscheidung nicht ablehnen kann und die Beschränkungen des § 251a Abs. 2 nicht Platz greifen. Eine Entscheidung nach Aktenlage im technischen Sinne des § 331a ist unzulässig[10].

Bleibt auch der Kläger aus, so ist das Gericht zwar befugt, gemäß § 251a nach Aktenlage zu entscheiden[11]; in Ehesachen wird es sich aber in der Regel kaum je empfehlen, von der Befugnis Gebrauch zu machen.

7   3. Eine besondere Situation ergibt sich im Fall der §§ 1566 Abs. 1 BGB, 630 ZPO. Haben nämlich **beide Ehepartner den Scheidungsantrag gestellt**, so ist es nicht gerechtfertigt, von Kläger und Beklagtem bzw. von Antragsteller und Antragsgegner → § 622 Abs. 3 im Sinne der Vorschrift zu sprechen[12]. Vielmehr können von der Sache her beide Ehegatten sowohl als Antragsteller wie auch als Antragsgegner angesehen werden. Im Hinblick auf die Möglichkeit eines Versäumnisverfahrens hat danach folgendes zu gelten:

a) Ein Antrag auf Erlaß eines den Scheidungsantrag abweisenden Versäumnisurteils gegen den säumigen Ehegatten wird aus praktischen Gründen kaum jemals vorkommen, weil der Erschienene selbst Scheidung und nicht Abweisung erstrebt. Ist letzteres infolge eines Sinneswandels doch der Fall, so muß der nicht mehr Scheidungswillige seinen Antrag zurücknehmen. Erst wenn der verbleibende Antragsteller in Kenntnis dieser veränderten Verfahrenslage erneut säumig wird, ist entsprechend der allgemeinen Regelung → Rdnr. 2 ein Versäumnisurteil gegen ihn zulässig, allg. M.

b) Hält der vertretene Ehegatte an seinem Scheidungsantrag fest, so findet bei Säumnis des anderen Antragstellers eine einseitige Verhandlung entsprechend dem Fall des Ausbleibens des Beklagten → Rdnr. 3 statt.

c) Haben nicht beide Ehegatten den Scheidungsantrag gestellt, sondern hat der eine Ehegatte lediglich dem Antrag des anderen zugestimmt (§ 630 Abs. 1 Nr. 1 2. Fall), so gelten folgende Besonderheiten (allg. M.):

aa) Bei Säumnis des nur zustimmenden Antragsgegners findet einseitige Verhandlung statt.

bb) Bei Säumnis des Antragstellers kann man nicht einfach darauf abstellen, daß der andere Ehegatte keine eigene Verfahrensinitiative ergriffen hat[13]. Der gesetzliche Unter-

---

[10] *Riechert* (Fn. 6) 339 f.
[11] A.M. *MünchKommZPO-Walter* Rdnr. 9.
[12] Auch die Vertreter der Lehre von der Streitgegenstandsverschiedenheit → § 611 Rdnr. 2 der jeweiligen Scheidungsanträge → § 611 Rdnr. 2 verlangen (inkonsequenterweise) nicht, daß neben dem Scheidungsausspruch der Scheidungsantrag des Säumigen als unbegründet zurückgewiesen wird, *MünchKomm-Wolf*[2] § 1564 Rdnr. 64.
[13] A.M. *Johannsen/Henrich/Sedemund-Treiber*[2] Rdnr. 11.

schied zwischen Mitantragstellung und Zustimmung zur Scheidung nimmt auf diffizile psychologische Gegebenheiten Rücksicht. Der Grundsatz des fairen Verfahrens gebietet, dem Antragsteller Gelegenheit zu geben, sich darauf einzustellen, daß der andere Ehegatte die Scheidung jetzt ablehnt. Daher kommt ein Versäumnisurteil gegen ihn erst in Betracht, wenn der andere Ehegatte seine Zustimmung widerrufen hat (§ 630 Abs. 2) und der Antragsteller in Kenntnis dessen ausbleibt. Vorher sind nur Vertagung (§ 227) oder Anordnung des Ruhens des Verfahrens (§ 251 a Abs. 3) zulässig. Andererseits ist aber einseitige Verhandlung bei Säumnis des Antragstellers unter den genannten Voraussetzungen möglich, wenn der andere Ehegatte seinerseits den Antrag stellt; Kenntnis des ursprünglichen Antragstellers davon ist entbehrlich, weil das Ziel der neuen Aktivität des anderen Ehegatten sich mit seinem Verfahrensziel deckt.

III. Weitere Ladung des Beklagten

In allen Fällen steht es dem Beklagten frei, sich jederzeit wieder an dem Verfahren zu beteiligen und alle Rechtsbehelfe geltend zu machen, die nicht etwa schon nach dem Gang des Verfahrens abgeschnitten sind, wie z. B. die Einwendungen gegen die Vereidigung schon vernommener Zeugen. Um ihm dazu Gelegenheit zu geben, ist der Beklagte – auch der, welcher der Scheidung im Verfahren nach § 630 zugestimmt hat – nach Abs. 2 abweichend von § 218 zu jedem folgenden, auch verkündeten Verhandlungstermin besonders zu laden[14], sofern der Termin nicht in Gegenwart des Beklagten oder seines Prozeßbevollmächtigten (allg. M.) anberaumt wurde oder die Bekanntmachung des Termins, z. B. im Falle des § 370 Abs. 2, wie sonst die Ladung ersetzt →Rdnr. 28 ff. vor § 214. Die Ladung erfolgt von Amts wegen, § 214. Für den Kläger gilt dagegen § 218. Abs. 2 gilt auch in der Rechtsmittelinstanz. Es kommt dabei auf die Person an, die in der ersten Instanz die passive Rolle innehatte.

8

IV. Öffentliche Zustellung

Ist der Beklagte durch **öffentliche Zustellung** nach §§ 203 ff. geladen worden, aber nicht erschienen, so bedarf es einer Vertagung naturgemäß nicht. Die Ladung könnte fast immer wiederum nur durch öffentliche Zustellung bewirkt werden. Das ergehende Urteil ist kein Versäumnisurteil → Abs. 4[15]. Bedarf es noch einer weiteren Verhandlung in einem neuen Termin, so bleibt es bei der Regel des § 218. Ebensowenig ist im Falle des § 370 Abs. 2 eine Bekanntgabe des Termins an den Beklagten erneut öffentlich zuzustellen. War dagegen der Beklagte auf die öffentliche Ladung erschienen, so ist er zu einem etwaigen weiteren Termin, wenn dieser nicht in seiner Gegenwart anberaumt wurde, nach Abs. 2 zu laden. Dies hat auch dann zu geschehen, wenn die Voraussetzungen für die Bewilligung der öffentlichen Zustellung inzwischen weggefallen sind, z. B. die Anschrift des Beklagten nachträglich bekannt wird[16].

9

V. Widerklagen

Die Vorschriften in Abs. 2 bis 4 gelten nach Abs. 5 auch für den **Widerbeklagten**. »Widerbeklagter« in diesem Sinne ist auch der Kläger des Aufhebungsverfahrens, der sich mit einer Scheidungsgegeninitiative konfrontiert sieht, sowie der Antragsteller des Scheidungsverfah-

10

---

[14] Ladung zu bloßen Verkündungsterminen ist nicht erforderlich: *OLG Celle* NdsRpfl 1954, 103 = JurBüro 184. Allg. M.

[15] *RG* JW 1906, 567.
[16] *BayObLG* HEZ 2, 141. – Allg. M.

rens, dessen Rechtsschutzziel sich der andere Ehegatte anschließt (»Anschlußantragsgegner«). Sobald also eine solche Gegeninitiative rechtshängig ist, wird bezüglich des Klägers (Antragstellers) § 218 durch § 612 Abs. 2 und 3 verdrängt.

Nach jetzigem Recht ist auch der Grund für die frühere Auffassung entfallen → § 610 Rdnr. 11, nach der es unzulässig war, über das Begehren der einen Partei durch Versäumnisurteil, über das der anderen Partei durch streitiges Urteil zu entscheiden[17]. Zu beachten bleibt allerdings, daß über den Scheidungsantrag nicht mehr befunden werden darf, wenn der diesem gegenüberstehenden Aufhebungsklage stattzugeben ist → § 610 Rdnr. 11 a. E.

VI. Das Verfahren in den Rechtsmittelinstanzen

11   Abs. 2 und Abs. 4 finden nur auf diejenige Partei Anwendung, die in der ersten Instanz Beklagter oder Widerbeklagter → § 622 Abs. 3 war. Danach gestaltet sich das Verfahren wie folgt:

12   1. Bleibt der **Berufungskläger** aus, so ist gem. § 542 Abs. 1 gegen ihn auf Antrag Versäumnisurteil dahin zu erlassen, daß die Berufung zurückgewiesen wird, auch wenn er in erster Instanz Beklagter war, da er ja auch jederzeit sein Rechtsmittel hätte zurücknehmen können. Er wird daher in dieser Beziehung ganz wie der Kläger in erster Instanz behandelt[18]. Das gilt auch, wenn der Kläger inzwischen seinen Antrag auf einen anderen Scheidungs-»tatbestand« stützt und man entgegen der hier vertretenen Ansicht → § 611 Rdnr. 2 darin eine Streitgegenstandsänderung sieht. Die Antragsänderung hätte nur die Natur einer unselbständigen Anschlußberufung[19]. Verschiedentlich wird behauptet, der Antragsteller als Berufungsbeklagter könne auch auf einem »einseitigen« streitigen Urteil bestehen[20]. Dies kann jedoch weder aus dem nur den Beklagten der ersten Instanz meinenden § 612 Abs. 4 hergeleitet noch damit begründet werden, daß die Vorenthaltung eines streitigen Urteils den ursprünglichen Antragsteller und Berufungsbeklagten gegenüber der ersten Instanz unbillig benachteilige[21]. §§ 542 Abs. 3, 331a sind aber anwendbar[22]. Bei Unzulässigkeit der Berufung gelten im Eheverfahren keine Besonderheiten[23] → § 542 Rdnr. 4.

13   2. Versäumt der **Berufungsbeklagte** den Termin, so ist zu unterscheiden:

War er auch in *erster Instanz Beklagter*, so ergibt sich der Ausschluß des auf Scheidung lautenden Versäumnisurteils unmittelbar aus § 612 Abs. 4; in diesem Fall ist nach Abs. 2 → Rdnr. 8 zu verfahren, allgM.

War der Berufungsbeklagte in erster Instanz Kläger, so ist die Statthaftigkeit eines den Scheidungsantrag abweisenden Versäumnisurteils streitig, da § 612 Abs. 4 an sich nur den Beklagten der ersten Instanz meint. Der Sinn dieser Vorschrift steht dem Erlaß eines Versäumnisurteils gegen den Berufungsbeklagten dann nicht entgegen, wenn es allein aufgrund des in erster Instanz festgestellten Sachverhalts ergehen soll. Denn diese Feststellungen sind unter Beachtung von § 617 zustandegekommen[24]. Früher sagte man, das Versäumnisurteil

---

[17] A.M. *OLG Bamberg* FamRZ 1984, 302, 303.
[18] BGHZ 46, 300 = NJW 1967, 630f; *OLG Schleswig* FamRZ 1992, 839; *dass.*SchlHA 1957, 206; *OLG Neustadt* ZZP 69 (1956), 468; *Riechert* (Fn. 6) 343; *Furtner* JuS 1962, 253, 255; *Prütting* (Fn. 6) 201.
[19] A.M. *OLG Saarbrücken* NJW 1966, 2133; *MünchKomm-Wolf*[2] § 1564 BGB Rdnr. 65.; *MünchKommZPO-Walter* Rdnr. 12.
[20] Aus neuerer Zeit: *OLG Hamm* FamRZ 1982, 295 Nr. 163; *OLG Koblenz* FamRZ 1983, 759 – Kindschaftssache.

[21] So mit Recht *OLG Hamm* FamRZ 1982, 295 Nr. 164; *OLG Hamm* NJW RR 1987, 521 = FamRZ 299; *OLG Karlsruhe* FamRZ 1985, 505; *Prütting* (Fn. 6) 201; *Johannsen/Henrich/Sedemund-Treiber*[2] Rdnr. 7; *MünchKommZPO-Walter* Rdnr. 13; h.M.
[22] *Schwab-Maurer* I 319; *Johannsen/Henrich/Sedemund-Treiber*[2] Rdnr. 7.
[23] *Riechert* (Fn. 6) 344.
[24] *OLG München* NJW 1955, 1075; *OLG Nürnberg* NJW 1959, 730 *(Schwab)* = FamRZ 168; *RGZ* 28, 395, 398; *Furtner* aaO 256.

ergehe in entsprechender Anwendung von § 331, modifiziert durch § 542 Abs. 2a.F.[25], der bei Säumnis in der Berufungsinstanz den erstinstanzlich festgestellten Sachverhalt verwertbar ließ. Aus der Modifizierung von § 542 Abs. 2 durch die Vereinfachungsnovelle 1976 braucht man aber nicht die radikale Folgerung zu ziehen[26], im Rechtsmittelzug des Eheverfahrens ein Versäumnisurteil wegen Unvereinbarkeit seiner Voraussetzungen mit § 617 überhaupt nicht mehr zuzulassen. Vielmehr kann man weiter das Versäumnisurteil auf die Tatsachen stützen, die in erster Instanz unter Beachtung von § 617 festgestellt worden waren. Darüber hinaus können die vom Berufungskläger, der in erster Instanz unterlegen ist, neu oder erneut vorgetragenen Tatsachen praktisch nur ehefreundliche sein, die sehr wohl dem Geständnis zugänglich sind → § 617 Rdnr. 21. Daher ist auch ein Versäumnisurteil, gestützt auf sie, möglich[27]. Läßt man die Geständnisfiktion nicht Platz greifen, dann kann das gegen den säumigen Berufungsbeklagten ergehende Urteil aber kein Versäumnisurteil sein[28].

3. Stehen sich **Klage und Widerklage** gegenüber, so gilt auch in der Berufungsinstanz grundsätzlich nichts Besonderes. Auch hier ist ein Nebeneinander von Versäumnisurteil und streitigem Urteil nicht mehr ausgeschlossen, wenn man den hier entwickelten Prämissen → Rdnr. 10, § 610 Rdnr. 11 folgt[29]. Allerdings ist andererseits auch hier zu beachten, daß über den Scheidungsantrag nicht mehr zu befinden ist, wenn der entgegenstehenden Aufhebungsklage in der Berufung stattgegeben werden muß. **14**

Ändert sich der statusrechtliche Streitgegenstand im Berufungsverfahren oder wird jetzt die Scheidung erstmals zu einer streitigen, dann gilt für den passiven Teil der neuen Antragslage Abs. 4[30].

4. In der **Revisionsinstanz** gelten für Ehesachen die allgemeinen Folgen der Versäumung, also nicht[31] die für das Berufungsverfahren geschaffenen Sondervorschriften. Beim Ausbleiben des Revisionsklägers gilt § 330 entsprechend. Bleibt der Revisionsbeklagte aus, der in erster Instanz Kläger oder Widerkläger war, so könnte § 331 nur mit der Maßgabe Anwendung finden, daß wegen § 617 in jedem Fall nur zu prüfen ist, ob der im Tatbestand des Berufungsurteils festgestellte Sachverhalt den Revisionsantrag rechtfertigt[32]. Dann ergeht aber das Urteil nicht mehr aufgrund der Säumnis, ist also kein Versäumnisurteil[33]. Bei Säumnis des Revisionsbeklagten, der auch im erstinstanzlichen Verfahren die passive Rolle innehatte, ist ein Versäumnisurteil wegen § 612 Abs. 4 unzulässig, allgM. **15**

5. In allen Fällen bleiben die Vorschriften der §§ 519b, 554a (Verwerfung als unzulässig) unberührt → § 542 Rdnr. 4. **16**

Hinsichtlich der Kosten ist zu beachten, daß Versäumnisurteile gebührenfrei sind. Wegen der Rechtsanwaltsgebühren vgl. § 33 BRAGO.

---

[25] *Riechert* (Fn. 3) 345f; *Furtner*, OLG München, OLG Nürnberg wie vorherige Note; OLG Braunschweig NJW 1968, 947.
[26] So aber *Prütting* (Fn. 6) 202ff.; *Zöller-Philippi*[17] Rdnr. 9; *Johannsen/Henrich/Sedemund-Treiber*[2] Rdnr. 8; *Rosenberg-Schwab*[14] § 166 V 10b; *Schwab-Maurer*[2] I 320; *MünchKommZPO-Walter* Rdnr. 14.
[27] A.M. Vorauf., deren Inkonsequenz aber zu Recht gerügt wurde durch *Prütting* (Fn. 6) 203 Fn. 20, der selbst freilich die Geständnisfähigkeit auch ehefreundlicher Tatsachen leugnet.
[28] A.M. *BGH* NJW 1955, 748 = JZ 381 = FamRZ 168 (Bosch); *Baumbach/Lauterbach/Albers*[51] Rdnr. 8.

[29] Auf der Grundlage der gegenteiligen Prämissen vielfach anderer Meinung, z.B. *Johannsen/Henrich/Sedemund-Treiber*[2] Rdnr. 11.
[30] OLG Hamm FamRZ 1989, 1102; OLG Saarbrücken NJW 1966, 2123.
[31] A.M. *BGH* NJW 1955, 748; RGZ 27, 360, 362.
[32] *Riechert* (Fn. 6) 353.
[33] *Prütting* (Fn. 6) 207f in berechtigter Kritik an Vorauf. sowie an *BGH* NJW 1955, 748f; *Baumbach/Lauterbach/Albers*[51] Rdnr. 8. – A.M. *MünchKommZPO-Walter* Rdnr. 15.

§ 613   [Anhörung oder Vernehmung der Ehegatten]

(1) Das Gericht soll das persönliche Erscheinen der Ehegatten anordnen und sie anhören; es kann sie als Parteien vernehmen. Ist ein Ehegatte am Erscheinen vor dem Prozeßgericht verhindert oder hält er sich in so großer Entfernung von dessen Sitz auf, daß ihm das Erscheinen nicht zugemutet werden kann, so kann er durch einen ersuchten Richter angehört oder vernommen werden.

(2) Gegen einen zur Anhörung oder zur Vernehmung nicht erschienenen Ehegatten ist wie gegen einen im Vernehmungstermin nicht erschienenen Zeugen zu verfahren; auf Ordnungshaft darf nicht erkannt werden.

Gesetzesgeschichte: § 599 CPO, § 619 ZPO, vor § 606 Rdnr. 1 ff.

I. Das Verhältnis von Anhörung und Vernehmung der Parteien[1]

1   Ursprünglich erklärte sich die besondere Regelung für den Eheprozeß daraus, daß § 141 in den Entwürfen gar nicht enthalten war und sowohl die Anordnung von Zwangsmitteln als auch die allgemeine Möglichkeit der Parteivernehmung erst später eingeführt wurden[2]. In ihrer jetzigen Fassung enthält die Vorschrift allerdings **verschiedene Abweichungen von den allgemeinen Regeln über Anhörung und Parteivernehmung** und modifiziert sie in nicht ganz unerheblichem Umfang.

Im **Vergleich zu § 141** enthält § 613 nicht nur eine Erweiterung der Zwangsmittel, sondern geht dadurch, daß er die Anhörung der Ehegatten zur Regel macht, auch sonst über den § 141 hinaus. Die Anhörung hat nicht nur unter dem Aspekt der Aufklärung des Sachverhalts im Sinne des § 141 zu geschehen, weil eine solche im Einzelfall durchaus nicht mehr anstehen mag, gleichwohl die Anhörung der Ehegatten aber sinnvoll ist. Vielmehr soll das persönliche Erscheinen der Ehegatten auch Gelegenheit geben, ihnen die Tragweite ihres Entschlusses, vor allem auch im Hinblick auf die Folgesachen, vor Augen zu führen. Die Vorschrift ist zwar nicht auf (isolierte) sonstige Familiensachen anwendbar. Das Familiengericht kann sich jedoch entgegen fast einhelliger gegenteilig lautender Ansicht[3] in seinen Entscheidungen davon leiten lassen, daß die Bekundungen der Parteien vor allem für die Entscheidung zu einer Folgesache nötig sein werden und den Auftrag an den ersuchten Richter auf die Aufklärung einer Folgesache beschränken.

Von der Anhörung ist die Vernehmung der Ehegatten begrifflich scharf zu trennen →Rdnr. 5. Über die bloße Anhörung hinaus kann das Gericht nämlich die Parteien im Sinne der §§ 445 ff. auch **vernehmen**, d. h. von ihnen über bestimmte Tatsachen unter die Wahrheitspflicht der Partei gestellte Wissensangaben verlangen, und zwar über die sich sonst aus § 448 ergebenden Grenzen hinaus. Eine derartige Parteivernehmung steht im Ermessen des Gerichts und dient der Aufklärung des Sachverhalts. Sie ist Beweisaufnahme[4]. Wenn echte Vernehmung gewollt ist und nicht nur bloße Anhörung, dann besteht zwischen einem Vorgehen nach § 613 und einem solchen nach § 448 kein wesensmäßiger Unterschied →Rdnr. 6 bis 11. Mitunter wird die bloße Anhörung in der Tat nicht ausreichen. Gerade sie kann vielmehr

---

[1] Lit.: *Göppinger* Die Parteianhörung und Parteivernehmung in Ehesachen ZZP 73 (1960), 59.
[2] Zur historischen Entwicklung siehe *Göppinger* aaO.
[3] *OLG Hamburg* FamRZ 1983, 409; *OLG München* JurBüro 1984, 1359; *Zöller-Philippi*[17] Rdnr. 1.
[4] *BGH* ZZP 74 (1961), 107 = FamRZ 1960, 354; *BGH* FamRZ 1962, 249; *BGH* FamRZ 1963, 174; BGHZ 40, 84; *Göppinger* (Fn. 1) 81.

dem Richter Veranlassung geben, von Amts wegen zu ermitteln und die Eheleute über nicht vorgebrachte Tatsachen als Parteien zu vernehmen → § 616 Abs. 1.

Gegenüber § 448 enthält § 613 eine dreifache Modifikation → Rdnr. 6 und erleichtert überdies dem Gericht die von Amts wegen gebotenen Ermittlungen. Deshalb gilt § 613 auch nach §§ 631 ff. und 640 für die Verfahren mit reinem Untersuchungsgrundsatz[5]. Für isolierte Folgesachen tritt § 141 Abs. 3 an die Stelle von § 613[6].

II. Die Anordnung des persönlichen Erscheinens

1. Das Gericht soll das persönliche Erscheinen beider Ehegatten anordnen. Diese **Maßnahme dient** vor allem der möglichst genauen **Ermittlung des** Sachverhaltes, insbesondere des unstreitigen Sachverhalts. Sie soll den Parteien Gelegenheit geben, alle für das jeweilige Verfahren relevanten Aspekte darzustellen und mit dem Richter zu erörtern. Darüber hinaus fördert die einer mündlichen Aussprache eigentümliche Dynamik mitunter Aspekte zutage, die zuvor als »Lücken« des Parteivortrags gar nicht erkennbar waren. Daher ist die Anordnung und ihre Durchsetzung auch gegen Ehegatten möglich, die sich bisher noch nicht am Scheidungsverfahren beteiligt haben[7]; in diesem Fall ist sie sogar besonders dringend. Stellvertretung wie nach § 141 Abs. 3 S. 2 ist nicht möglich.

2

Die Verpflichtung des Gerichts zur Anordnung des peresönlichen Erscheinens der Eheleute besteht aber **nicht ausnahmslos**. Vielmehr sind Fälle denkbar, in denen das Vorbringen der Parteien klar und unkontrovers oder in einem isolierbaren Punkt durch Beweisaufnahme klärbar ist, die Parteien sich über die Tragweite der Scheidung im klaren sind und Versöhnungsversuche aussichtslos erscheinen. Dann wäre die Androhung von Sanktionen für den Fall des Ausbleibens oder gar die Erzwingung des Erscheinens unverhältnismäßig. Aber auch in einer solchen Situation muß dem Anwalt der nicht erschienenen Partei Gelegenheit gegeben werden, sich persönlich anhören zu lassen. § 613 gilt auch bezüglich einer prozeßunfähigen Partei[8]. Ist eine Anhörung entbehrlich, kann sogar nach § 128 Abs. 2 verfahren werden[9] → § 128 Rdnr. 61. Ein Verfahrensmangel ist das Unterlassen der Anhörung nur bei Ermessensmißbrauch[10]. Jedoch kann die Unterlassung unter dem Gesichtspunkt der mangelnden Aufklärung nach § 616 verfahrensfehlerhaft sein. Es muß aber dann klar gesagt werden, welcher jenseits der Parteibehauptungen liegender Punkt noch aufklärungsbedürftig war. Andererseits zeigt das Gesetz in Abs. 1 S. 2, daß selbst erhebliche Hindernisse für eine ertragversprechende Anhörung oder eine erforderliche Vernehmung nur Anlaß für ihre Übertragung auf einen ersuchten Richter, nicht auf den völligen Verzicht auf sie sein soll. Ein eventuell in dem Verzicht auf persönliche Anhörung liegender Verfahrensfehler kann in der Berufungsinstanz geheilt werden[11].

Zum Problem der Verschmelzung von Anhörung und Vernehmung → Rdnr. 12. Die Anordnung des persönlichen Erscheinens kann auch als vorbereitende Maßnahme nach § 273 Nr. 3 ergehen. Wegen des Falles, daß der Beklagte ohne Anwalt erscheint → § 612 Rdnr. 4. Die Partei ist nach § 141 Abs. 2, 3 S. 3 unmittelbar und unter Hinweis auf die Folgen des

---

[5] *Göppinger* (Fn. 1) 83.
[6] OLG Stuttgart Justiz 1980, 202.
[7] OLG Düsseldorf FamRZ 1981, 1096; heute allg. M.
[8] BGH FamRZ 1964, 28, 30; OLG Hamm FamRZ 1990, 166 – von inzwischen entmündigtem Antragsteller war behauptet worden, er wolle in Wirklichkeit die Scheidung nicht mehr.
[9] *Johannsen/Henrich/Sedemund-Treiber*[2] Rdnr. 4.
[10] *Johannsen/Henrich/Sedemund-Treiber*[2] Rdnr. 4;

MünchKommZPO-Walter Rdnr. 5. – A.M. OLG Hamm FamRZ 1990, 166 f. (in einem Fall, wo aber tatsächlich alles für einen Ermessensmißbrauch des AG sprach); OLG Köln FamRZ 1990, 761 – Kindschaftssache, unterbliebene spezielle Ladung zur persönlichen Anhörung eines säumigen Vaterschaftsbeklagten fehlerhaft; *Zöller-Philippi*[17] Rdnr. 4.
[11] OLG Schleswig FamRZ 1991, 96, 97.

Ausbleibens von Amts wegen zu laden. Der förmlichen Zustellung bedarf die Ladung nach § 141 Abs. 2 Schlußhalbsatz nicht. Wegen der Zwangsmittel → Rdnr. 13.

Bei der **Anordnung des persönlichen Erscheinens** braucht sich das Gericht noch nicht darüber auszusprechen, ob es die Parteien oder eine von ihnen nur anhören oder ob es sie vernehmen will, allg. M.

3 2. Eine **Pflicht einer Partei zur Aussage** besteht auch in Ehesachen nicht. Deshalb sollte das persönliche Erscheinen gar nicht angeordnet und erst recht nicht erzwungen werden, wenn eine Partei hat wissen lassen, daß sie zur Aussage nicht bereit ist und sich keiner Illusion darüber hingeben kann, daß dies bei einer etwaigen Beweiswürdigung zu ihrem Nachteil gereichen kann. Ebenso wenig besteht sonst eine prozessuale (im Gegensatz zur materiellen Auskunfts- und Vorlagepflicht in Folgesachen) Pflicht der Ehegatten, an der Aufklärung des Sachverhalts mitzuwirken, etwa keine Pflicht, eine Untersuchung zu dulden und sich hierzu notfalls zwangsweise vorführen zu lassen → Rdnr. 29 vor § 371.

4 3. Bei den heutigen Verkehrsverhältnissen ist einem in der Bundesrepublik oder im grenznahen Ausland wohnhaften Ehegatten das Erscheinen immer zumutbar[12]. Das Thema der Anhörung durch den **ersuchten Richter** muß spezifiziert sein → Rdnr. 7.

Rechtshilfe nach § 613 Abs. 1 S. 2 ist keine Familiensache. Die Konzentration nach § 23c GVG erfaßt sie nicht[13]. § 23b Abs. 3 S. 2 GVG gilt nicht[14]. Prozeßkostenhilfe kann in besonderen Situationen gewährt werden[15].

§ 613 gilt auch im **Berufungsverfahren. Auslandsfälle** → Rdnr. 17 ff.

III. Durchführung von Anhörung und/oder Parteivernehmung

5 1. Die **Anhörung** erfolgt, wie allgemein nach § 141, in der **mündlichen Verhandlung**. Sie setzt also die Anwesenheit der Prozeßbevollmächtigten voraus, soweit solche bestellt sind. In dem Maße, in dem das Fehlen der Prozeßvertretung die streitige Verhandlung nicht verhindert, sondern zu einer einseitigen Verhandlung führt → § 612 Rdnr. 3, 4, muß auch die Anhörung der nicht vertretenen Partei zugelassen werden, wie es heute unangefochtener Praxis entspricht. Dafür spricht allein der Umstand, daß in der Praxis eine exakte Trennung von Anhörung und Vernehmung vielfach nicht zweckmäßig ist und unterbleibt → Rdnr. 12. Auf die Intimsphäre der Ehegatten ist Rücksicht zu nehmen, insbesondere im Falle einverständlicher Scheidung[16].

Abweichend von → § 141 Rdnr. 20 sollte **das von der angehörten Partei bekundete** aber auch grundsätzlich als **vollwertiger Parteivortrag** gewürdigt werden[17]. So zu verfahren, gebietet § 616, dessen Sinn es verlangt, Bekundungen, die die Partei bei ihrer Anhörung macht, in gleicher Weise ernstzunehmen wie das Vorbringen ihres Anwalts. Zur »mündlichen Verhandlung« wird die Bekundung der anwaltlich nicht vertretenen Partei dadurch aber nicht → § 617 Rdnr. 5. Auch Dispositivakte wie Anschluß an das Scheidungsbegehren des anderen Ehegatten oder die Rechtshängigmachung von Folgesachen können auf diese Weise nicht getätigt werden → § 630 Rdnr. 2. Wenn die Aussagen der Ehegatten in diesem Rahmen oder auch sonst nur als Ergänzung des Parteivortrags gewertet werden, bedarf es ihrer Wiedergabe

---

[12] *MünchKommZPO-Walter* Rdnr. 6. .
[13] *OLG Stuttgart* FamRZ 1984, 716.
[14] A. M. *Diederichsen* NJW 1977, 601, 605; *Bergerfurth* FamRZ 1982, 564; *Johannsen/Henrich/Sedemund-Treiber*[2] Rdnr. 5; *Kissel* § 23 b Rdnr. 82.
[15] *OLG Köln* FamRZ 1991, 349.
[16] *MünchKomm-Wolf*[2] § 1566 Rdnr. 15 f; → § 616 Rdnr. 8.
[17] *MünchKommZPO-Walter* Rdnr. 9.

weder in der Sitzungsniederschrift noch im Urteil[18]. Die Tatsache der Anhörung muß aber wegen § 131 Abs. 1 Nr. 3 BRAGO protokolliert werden.

Die Anordnung des persönlichen Erscheinens kann jedenfalls mit der Maßgabe *wiederholt* werden, daß dem Ehegatten (vor allem dem anwaltlich nicht vertretenen) Gelegenheit gegeben wird, sich erneut anhören zu lassen. Eine unter Sanktionsdrohung stehende Anordnung des erneuten persönlichen Erscheinens ist aber aus Gründen der Verhältnismäßigkeit nur zuzulassen, wenn sich grundlegende Änderungen im Verfahrensstand ergeben haben.

2. Die Parteivernehmung hat in Ehesachen ihr eigenes Profil. 6

a) Die **Voraussetzungen** für die Vernehmung eines oder beider Ehegatten sind in § 613 in folgenden Punkten **von § 448 abweichend geregelt**:

aa) Es ist nicht nötig, daß ein gewisser Grad von Wahrscheinlichkeit für die Richtigkeit der einen oder der anderen Behauptung besteht → § 448 Rdnr. 2.

bb) Die Parteivernehmung hat hier nicht die subsidiäre Stellung im Verhältnis zu anderen Beweismitteln wie bei der sonstigen Parteivernehmung; insbesondere ist die Erledigung einer sonstigen Beweisaufnahme vor der Parteivernehmung (vgl. § 450 Abs. 2) hier nicht vorgeschrieben.

cc) Die Vernehmung ist zulässig sowohl über die von einem Verfahrensbeteiligten aufgestellten Behauptungen wie auch über Tatsachen, die das Gericht nach § 616 von Amts wegen erforschen will. Folgesachen → Rdnr. 1.

b) Die Vernehmung nach § 613 ist ebenso wie die nach § 448 wirkliche **Beweisaufnahme**. 7
Sie ist nur zulässig über bestimmte Tatsachen. Sie ist demnach nicht Inquisitionsmittel. Jedoch ist die Grenze in der Praxis kaum zu ziehen, da die »Tatsachen«, welche das Gericht von Amts wegen berücksichtigen kann, zunächst in bloß vagen Vermutungen bestehen können → Rdnr. 12. Solche Vermutungen können sich auch im Laufe der Anhörung ergeben und Grundlage für eine weitere Befragung sein. Soweit im Eheprozeß dem Geständnis bindende Wirkung versagt ist, § 617, ist die Parteivernehmung auch über zugestandene oder nicht bestrittene Tatsachen zulässig.

Ob das Gericht nur *eine* oder *beide Parteien* vernehmen will, steht in seinem Ermessen. Handelt es sich um Vorgänge, die sich zwischen den Parteien abgespielt haben, so wird sich zumeist die Vernehmung beider Parteien empfehlen. Wird nur eine Partei vernommen, dann sollte der anderen aus Gründen der prozessualen Waffengleichheit wenigstens Gelegenheit zur persönlichen Anhörung gegeben werden.

Die Vernehmung wird durch Beschluß angeordnet, der jedoch nicht der Regel des § 450 unterliegt. Er braucht nicht ausdrücklich als Beweisbeschluß bezeichnet zu werden und den Gegenstand der Vernehmung im einzelnen anzugeben[19]. Bei Ersuchen nach Abs. 1 S. 2 muß das Beweisthema aber hinreichend konkretisiert werden[20].

Sofern nicht die Partei von selbst oder infolge Anordnung ihres persönlichen Erscheinens → Rdnr. 4 im Termin persönlich anwesend ist und demgemäß sofort vernommen werden kann, ist sie nach § 450 Abs. 1 persönlich zu laden, und zwar in Abweichung von der Ladung nach § 141 stets im Wege förmlicher Zustellung. Meistens wird das freilich im Sinne einer ausreichenden Terminvorbereitung von vornherein angezeigt sein.

c) Das **Verfahren bei der Parteivernehmung** nach § 613 untersteht den Regeln der 8
§§ 450 ff.[21]. Die Vernehmung geschieht in der mündlichen Verhandlung in Anwesenheit der Gegenpartei. Die Übertragung der Vernehmung auf einen ersuchten Richter ist auch hier nur

---

[18] *BGH* FamRZ 1964, 32, 33; *BGH* NJW 1969, 428 = FamRZ 1982.
[19] *OLG Neustadt* MDR 1960, 412; *LG Osnabrück* AnwBl 1963, 22; *Göppinger* (Fn. 1) 81.
[20] *OLG Düsseldorf* OLGZ 1968, 57; *OLG Koblenz* FamRZ 1976, 97 – Kindschaftssache.
[21] *Brüggemann* FamRZ 1977, 1, 11.

in den engen, sich aus Abs. 1 S. 2 – sachlich übereinstimmend mit § 451 iVm. § 375 Abs. 1 Nr. 2, 3 – ergebenden Grenzen zulässig. Die Vernehmung ist zu protokollieren[22]. Wenn der Inhalt der Vernehmung weder in der Sitzungsniederschrift noch im Urteilstatbestand wiedergegeben ist, ist das Urteil in der Revisionsinstanz auch dann aufzuheben, wenn wegen dieses Mangels keine besondere Revisionsrüge erhoben ist[23], weil sonst eine Nachprüfung der Richtigkeit des Urteils in der Revisionsinstanz nicht möglich ist.

9 d) Die Aussagen der Ehegatten sind ebenso wie ihre eventuelle Weigerungen →Rdnr. 3 nach §§ 286, 453 frei zu würdigen. Die Vermeidung verdeckter Konventionalscheidungen ist heute kein sehr wesentlicher Gesichtspunkt mehr. Unter dem Teilaspekt, die Parteien vor übereilten Entschlüssen zu bewahren, darf er aber auch nicht gänzlich vernachlässigt werden. Im Falle des Ausbleibens im Anhörungs- und Vernehmungstermin kommt die Anwendung des § 454 nicht in Betracht, vielmehr ist gemäß Abs. 2 zu verfahren.

10 e) Unter den Voraussetzungen des § 452 ist auch die **Beeidigung** eines Ehegatten zulässig, allg. M. In Ehesachen wird allerdings von der Beeidigung nur in seltenen Ausnahmefällen Gebrauch zu machen sein, weil die Beeidigung regelmäßig nicht das geeignete Mittel ist, den etwa bestehenden Verdacht eines kollusiven Zusammenwirkens mit dem anderen Ehegatten auszuräumen.

11 f) Durch die in § 613 dem Gericht über die Grenzen des § 448 hinaus →Rdnr. 6 gewährte Befugnis zur Parteivernehmung von Amts wegen wird die Befugnis der Parteien, einen Beweis durch **Antrag auf Parteivernehmung** des Gegners nach § 445 anzutreten, nicht beschränkt. Insoweit bleibt es bei den Vorschriften der §§ 445 ff.[24]

12 3. Der *BGH* betonte wiederholt, daß das Gericht schon bei Beginn der Befragung einer der Parteien **klarzustellen** habe, **ob** es sich um eine **Anhörung** oder um eine **Parteivernehmung** handeln soll[25]. Dies ist jedoch ein Überperfektionismus. Daß in der Praxis Anhörung und Vernehmung bis zur Ununterscheidbarkeit ineinander übergehen[26], ist keine allgemeine Nachlässigkeit, sondern bedingt durch das durchaus förderungswürdige Bestreben der Gerichte, mit den Parteien in ein unverkrampftes Gespräch zu kommen, das eine strikte Unterscheidung zwischen Klärung und Ergänzung von Parteibehauptungen einerseits und »zu Beweiszwecken« gemachten Aussagen andererseits nicht erlaubt. Die Protokollierung der Aussage in einer für die Parteien oft verfremdend wirkenden Sprache kann das Gesprächsziel zusätzlich beeinträchtigen. Bei Beginn eines solchen Gespräches ist auch häufig noch gar nicht abzusehen, wie es sich entwickeln und wie es hinterher im Urteil verwertbar sein wird. Da auch in Scheidungssachen die Entscheidung nach § 286 u. a. aus dem gesamten Inhalt der Verhandlung zu gewinnen ist und wegen des Amtsermittlungsgrundsatzes ohnehin kein kategorischer Unterschied zwischen tatsächlichen Parteibehauptungen und Beweisen dieser Behauptungen gemacht werden kann, ist es vernünftig, dem Gericht zu gestatten, sich von der Wahrheit einer Annahme auch durch eine glaubwürdige Parteibehauptung überzeugen zu lassen, ohne daß diese die Gestalt des Ergebnisses einer Parteivernehmung annehmen müßte. Auch wenn das Gericht seine Überzeugung von der Glaubwürdigkeit einer bei der »Anhörung« gemachten Parteiaussage stützt, wird diese Anhörung nicht zu einer Parteivernehmung im Sinne von § 160 Abs. 3 Nr. 4. Zu Unrecht hat der *BGH* →Rdnr. 5 aus dem Umstand, daß in einem Urteil Parteiaussagen zur Überzeugungsbildung des Gerichts geführt

---

[22] *BGH* FamRZ 1969, 82f = NJW 428; *BGHZ* 40, 84 = *BGH* FamRZ 1964, 32, 33.
[23] *BGHZ* 40, 84.
[24] *Göppinger* (Fn. 1) 81.
[25] FamRZ 1969, 82, 83 = NJW 428. Kommentarlit. allg. zust.

[26] Symptomatisch *KG* FamRZ 1989, 647, 648 in einer streitigen Scheidungssache: »Die Beklagte hat bei ihrer persönlichen Anhörung nach § 613 ZPO... unmißverständlich zum Ausdruck gebracht, daß sie auf keinen Fall an der Ehe festhalten will. Damit steht fest, daß die Ehe der Parteien zu scheiden ist (§§ 1565 I, 1565 II BGB)«.

haben, die Schlußfolgerung gezogen, es müsse sich um Parteivernehmung gehandelt haben. Wenn das Gericht seine Entscheidung auf die Aussage, die eine Partei gemacht hat, stützen will, muß es aber diese Aussage als solche wiedergeben und von ihrer Würdigung unterscheiden, sonst → Rdnr. 8 bei Fußnote 15. Es liegt im Ermessen des Gerichts, ob es sich mit einer Aufklärung durch Anhörung begnügen oder zu einer förmlichen Parteivernehmung schreiten will[27].

IV. Die Zwangsmittel (Abs. 2)

1. Die Vorschrift des Abs. 2, wonach gegen die *nicht erschienene* Partei wie gegen einen ausgebliebenen Zeugen zu verfahren ist, ist gegenüber § 141 Abs. 3 S. 2 eine Verschärfung, weil Vertretung gänzlich ausgeschlossen ist. Die Vorschrift gilt für alle Fälle der Anordnung des persönlichen Erscheinens, gleichviel ob zum Zwecke der Anhörung oder der Vernehmung. In letzterer Hinsicht bedeutet der Abs. 2 eine Abweichung von § 454, in ersterer Hinsicht eine solche von § 141 insofern, als hier gegen die säumige Partei die Ordnungsstrafe —vorbehaltlich der Entschuldigung[28] — ausgesprochen werden *muß* → im einzelnen die Bemerkungen zu §§ 380, 381, 400. Die Ordnungshaft i. S. von § 380 ist jedoch ausgeschlossen. Zwangsweise Vorführung ist zwar grundsätzlich möglich[29]; § 386 Abs. 3 ist nicht anwendbar[30]. Die Erzwingung des Erscheinens einer erklärtermaßen aussageunwilligen Partei wäre jedoch häufig unverhältnismäßig. Die Verhängung eines Ordnungsgeldes setzt die Einhaltung der Ladungsfrist voraus[31]. Eine vorherige Einlassung des zu ladenden Ehegatten ist nicht erforderlich → Rdnr. 2. Gegen den Beschluß findet die Beschwerde statt, die nach § 572 aufschiebende Wirkung hat und nicht dem Anwaltszwang unterliegt[32]. Daß Zwangsmittel bei Verweigerung der Aussage unzulässig sind → Rdnr. 9. 13

2. Im übrigen finden die für Zeugen geltenden Vorschriften weder unmittelbare noch entsprechende Anwendung. 14

V. Kosten

1. Die Partei hat keinen Anspruch gegen die Staatskasse auf **Zeugengebühren,** siehe jedoch wegen der Gewährung von Reisekosten an mittellose Parteien → § 122 Abs. 1 Nr. 1a. 15

2. Die früher umstrittene Frage, ob die **Beweisgebühr** erwächst, ist teilweise obsolet geworden, teilweise ist sie ausdrücklich geregelt. Die gerichtliche Beweisgebühr gibt es heute nicht mehr. Für die Frage nach der Entstehung der Beweisgebühr für den Anwalt enthält § 31 Abs. 1 Nr. 3 BRAGO eine ausdrückliche Regelung. Es braucht nicht mehr im Einzelfall geprüft zu werden, ob die Vernehmung zu Beweiszwecken erfolgte. Für das Entstehen der Beweisgebühr ist auch nicht erforderlich, daß das Gericht einen Beweisbeschluß erlassen hat oder sich ausdrücklich auf § 613 beruft[33]. Es gilt der Grundsatz, daß die Anordnung des Erscheinens der Partei in der Regel zum Zweck der Vernehmung nach § 613 erfolgt. 16

---

[27] A.M. *Baumbach/Lauterbach/Albers*[51] Rdnr. 3: Zwang zur Parteivernehmung bei Amtsermittlung oder klärungsbedürftigen strittigen Punkten.
[28] Auch nachträglich mit der Folge der Notwendigkeit, den Zwangsmittelbeschluß aufzuheben: *OLG Bamberg* MDR 1982, 585.
[29] *OLG Hamburg* FamRZ 1983, 409; wohl auch *OLG Düsseldorf* FamRZ 1986, 1117, 1118; *Zöller-Philippi*[17] Rdnr. 14; *MünchKommZPO-Walter* Rdnr. 7 (aber nicht, wenn sie nur zur Aufklärung in den Folgesachen Bedeutung erlangen könnte; dazu aber → Rdnr. 1).
[30] *OLG Hamm* OLGRsp 2, 237.
[31] *OLG Zweibrücken* FamRZ 1982, 1097; allg. M.
[32] *OLG Hamm* FamRZ 1984, 183.
[33] *OLG Hamm* aaO; *KG* Rpfleger 1962, 38; *OLG Köln* JMBlNRW 1964, 57; vgl. wegen der Voraussetzungen für das Entstehen der Gebühr auch *OLG Koblenz* NJW 1975, 934.

VI. Auslandsfälle

17 1. § 613 ist **nicht allein deshalb unanwendbar**, weil sich der zu ladende Ehegatte ständig **im Ausland aufhält**. Zum Teil hält man den Versuch, die Ladung oder die Vernehmung im Wege der internationalen Rechtshilfe zu veranlassen und viele Monate zuzuwarten, bis Klarheit über deren Erledigung zu erreichen ist, für unausweichlich[34].

Abs. 1 S. 2 sollte vernünftigerweise in solchen Fällen aber nicht verhindern, daß auf die Anhörung des auswärtigen Ehegatten verzichtet wird, wenn die dadurch ausgelösten Verfahrenskomplikationen in keinem rechten Verhältnis zum vermutlichen Ertrag der Maßnahme stehen. Eine Anhörung im Wege der internationalen Rechtshilfe kann nämlich kaum je leisten, was man sich von § 613 verspricht. Einen Aufklärungsbedarf bezüglich greifbarer Einzelpunkte läßt sich meist zweckmäßigerweise über den Prozeßbevollmächtigten des fraglichen Ehegatten befriedigen. Bestehen Anhaltspunkte dafür, daß der auswärtige Ehegatte selbst an seiner Anhörung interessiert ist, dann kann ihm auch über seinen Prozeßbevollmächtigten mitgeteilt werden, daß er anläßlich des festgelegten Termins Gelegenheit zu einem persönlichen Gespräch mit dem Richter haben wird. Ist der auswärtige Kläger bzw. alleiniger Antragsteller, so kann, wenn er nicht persönlich erscheint, obwohl ihn das Gericht über seinen Anwalt dazu aufgefordert hat, das Eheauflösungsbegehren mit der Begründung abgewiesen werden, das Gericht habe sich von der Wahrheit der von ihm aufgestellten Behauptungen ohne sein persönliches Erscheinen nicht überzeugen können. Ein vorheriger Versuch, die Anhörung über die internationale Rechtshilfe durchzuführen, braucht dann nicht unternommen zu werden.

18 2. Ist der im Ausland wohnende Ehegatte **deutscher Staatsbürger**, so ist es völkerrechtlich unbedenklich, daß er in der Form der Ladung schlicht zum persönlichen Erscheinen vor Gericht gerichtspflichtig gemacht wird. Jedoch verlangt auch dann der verfassungsmäßige Verhältnismäßigkeitsgrundsatz, die Mühseligkeiten und die Kostspieligkeit einer unter Umständen von weit her anzutretenden Auslandsreise gegen den Aufklärungsbedarf abzuwägen. Die Gerichtspflichtigkeit des deutschen Auslandsbewohners erlaubt aber keine unmittelbare Ladung → Rdnr. 19.

Ist der im Ausland wohnende Ehegatte **Ausländer**, so liegen die Dinge komplizierter. Im »transnationalen Justizkonflikt«[35] wird in unterschiedlicher Intensität die These vertreten, daß eine im Ausland sich aufhaltende Partei, vor allem wenn sie einer fremden Nationalität angehört, nur in eingeschränkter Weise verpflichtet, bzw. belastet ist, ohne Einhaltung der Wege der für Aufklärungshandlungen vorgesehenen[36] Formen der internationalen Rechtshilfe an der Arbeit für ein gerechtes Prozeßergebnis, vor allem an der Aufklärung des Sachverhalts mitzuwirken. Anläßlich des »Aérospatiale«-Verfahrens vor dem Supreme Court der USA haben verschiedene europäische Regierungen die These vertreten, ein unmittelbar an eine Prozeßpartei gerichtetes Mitwirkungsansinnen verstoße gegen das völkerrechtliche Gewohnheitsrecht, wenn das Beweismittel auf fremdem Territorium gelegen sei[37]. In den USA pflegt man die Vorstellung, das Interesse des Staates, wo das gerichtliche Verfahren läuft, und das Interesse des Staates, wo die Information belegen ist, müßten gegeneinander abgewogen werden. Hierbei gibt es wiederum die unterschiedlichsten Gewichtungen und Varianten. Sie kamen in der »Aérospatiale«-Entscheidung besonders plakativ zum Ausdruck.

---

[34] *OLG Hamm* NJW 1989, 2203, zust. *Geimer*.
[35] Dazu grundlegend *Stürner* in *Habscheid* (Hrsg.) Der Justizkonflikt mit den Vereinigten Staaten von Amerika (1986) 3 ff.
[36] Zur Zustellung etwaiger gerichtlicher Aufforderungen → Rdnr. 19.
[37] Nachweise in der Entscheidung nächste Fn. Zum Standpunkt der deutschen Bundesregierung *Heidenberger* RIW 1986, 491.

Denn vier Richter meinten, immer müsse zuerst versucht werden, über die Wege des Haager Beweisaufnahmeübereinkommens zu einem Ergebnis zu kommen. Die fünf die Mehrheit bildenden Richter lehnten dies ab und befürworteten eine Einzelfallabwägung, die freilich tendenziell zugunsten der Interessen des Gerichtsstaates auszugehen habe[38]. In Deutschland hat der Abwägungsgedanke unter anderem Namen und eingepreßt in die starren Denkstrukturen der deutschen Rechtstradition ebenfalls Fuß gefaßt. Die einen unterscheiden danach, ob ein materiellrechtlicher Mitwirkungsanspruch bestehe (dann »extraterritorial« wirkende Anordnungen zulässig) oder eine prozessuale Anordnung ansteht (dann völkerrechtlich unzulässig)[39]; ob als Sanktion nur prozessuale Nachteile oder Ordnungsstrafen drohen[40]; oder danach, ob das Beweisthema einen Bezug zum Territorium des Gerichtsstats hat oder nicht[41].

Für all die postulierten Einschränkungen der Mitwirkungspflicht bzw. -last einer auswärtigen Prozeßpartei gibt es jedoch keine Rechtsgrundlage im Völkergewohnheitsrecht[42], dessen Freiräume zudem durch die Haager Rechtshilfeübereinkommen nicht eingeschränkt worden sind[43].

Allerdings bezogen sich die Auseinandersetzungen immer nur auf den Aspekt, ob eine ausländische Partei gezwungen oder unter Druck gesetzt werden kann, auf dem gerichtsfremden Territorium Handlungen vorzunehmen. Die Frage, ob sie persönlich angehalten werden kann, sich zum Termin vor das ausländische Gericht zu begeben, ist bislang noch kaum erörtert worden. Man sollte aber auch in diesem Punkt den Mut haben, dem Gericht, dem man die Zuständigkeit zur Entscheidung in der (Scheidungs- oder sonstigen Familien-)Sache nicht abspricht, nicht die Hände zu binden und in die Reibungsverluste zu zwingen, die mit der Inanspruchnahme der internationalen Rechtshilfe in Form der Vernehmungs- oder Anhörungshilfe verbunden sind[44]. Das kann man umso besser so sehen, wenn man mit der hier vertretenen Ansicht → Rdnr. 3 in § 613 keinen Zwang für persönliche Vorladung der Parteien verankert sieht und daher die persönliche Inpflichtnahme der auswärts wohnenden Partei auf Fälle beschränken kann, wo ihre Sinnhaftigkeit allgemein einleuchtet.

3. Eine eigenständige Frage stellt die Ladung der im Ausland sich aufhaltenden Partei. 19 Auch wenn man sie in der hier vertretenen Weise für gerichtspflichtig hält, kann sie genauso wenig wie ein Zeuge außerhalb der Wege des Haager Zustellungsübereinkommens oder der ihm im völkervertragsfreien Raum entsprechenden Grundsätze → Rdnr. 45 ff. vor § 166 geladen werden, sofern die Ladung nicht aufgrund besonderer Umstände im Inland möglich ist. Auch über ihren Prozeßbevollmächtigten kann der im Ausland wohnenden Partei nur die Gelegenheit vermittelt werden → Rdnr. 17, zur Anhörung zu erscheinen.

4. Richtet sich die Scheidung nicht nach deutschem Recht, so ist § 613 als Mindestmaß der 20 persönlichen Beteiligung der Ehegatten und als deutsche Verfahrensvorschrift gleichwohl anzuwenden[45]. Die vom **Scheidungsstatut** eventuell verlangte vorherige Durchführung eines

---

[38] Société Nationale Industrielle Aérospatiale et al. v. United States District Court for the Southern District of Iowa 107 S. Ct. 2547 (1987) = JZ 87, 984 (in deutscher Übersetzung).
[39] *Astrid Stadler* Der Schutz des Unternehmensgeheimnisses im deutschen und amerikanischen Zivilprozeßrecht und im Rechtshilfeverfahren (1989), 270 ff., 282 ff.
[40] *Leipold* Lex fori, Souveränität, Discovery; Grundfragen des internationalen Zivilprozeßrechts (1989), 64 f.
[41] *Mössle* Extraterritoriale Beweisbeschaffung im internationalen Wirtschaftsverkehr (1990), 433 ff.

[42] So selbst der sonst sehr territorialitätsorientierte *Frederick A. Mann* Recueil des Cours 1984 III 19, 49.
[43] Näher *Schlosser* Der Justizkonflikt zwischen den USA und Europa (1985), 17 ff.; ders. FS Lorenz (1991) 497, 510; *Geimer* Internationales Zivilprozeßrecht (1987) Rdnr. 431; ders. DNotZ 1990, 526; *Junker* Discovery im deutsch-amerikanischen Rechtsverkehr (1986), 312.
[44] Ebenso *Geimer* aaO Rdnr. 431; *Gottwald* FS Habscheid (1989), 119, 126.
[45] *OLG Düsseldorf* FamRZ 1986, 1117.

Sühneversuchs oder sonstiger Versuche zur Erhaltung der Ehe, wie etwa die Wiederholung eines Scheidungsantrags nicht vor Ablauf einer gewissen Frist nach seiner erstmaligen Stellung, betrachtet man überwiegend als materiellrechtliche Regelung, die von deutschen Gerichten zu beachten sind[46]. Das Ergebnis sollte man verteidigen, weil sonst die Anerkennungsverweigerung der Scheidung im Ausland droht. Dogmatisch läßt sich das Resultat mit der Erwägung halten, daß eheerhaltendes Verfahrensrecht nicht nur instrumental ist, sondern mit dem materiellen Scheidungsstatut eng verwoben ist.

§ 614 [Aussetzung des Verfahrens]

(1) Das Gericht soll das Verfahren auf Herstellung des ehelichen Lebens von Amts wegen aussetzen, wenn es zur gütlichen Beilegung des Verfahrens zweckmäßig ist.

(2) Das Verfahren auf Scheidung soll das Gericht von Amts wegen aussetzen, wenn nach seiner freien Überzeugung Aussicht auf Fortsetzung der Ehe besteht. Leben die Ehegatten länger als ein Jahr getrennt, so darf das Verfahren nicht gegen den Widerspruch beider Ehegatten ausgesetzt werden.

(3) Hat der Kläger die Aussetzung des Verfahrens beantragt, so darf das Gericht über die Herstellungsklage nicht entscheiden oder auf Scheidung nicht erkennen, bevor das Verfahren ausgesetzt war.

(4) Die Aussetzung darf nur einmal wiederholt werden. Sie darf insgesamt die Dauer von einem Jahr, bei einer mehr als dreijährigen Trennung die Dauer von sechs Monaten nicht überschreiten.

(5) Mit der Aussetzung soll das Gericht in der Regel den Ehegatten nahelegen, eine Eheberatungsstelle in Anspruch zu nehmen.

Gesetzesgeschichte: Rdnr. 1 ff. vor § 606, § 580 CPO, Änderungen RGBl. 98, 256 (§ 621 ZPO), RGBl. 1938 I 923 (§ 620), BGBl. 1976 I 1421.

I. Die Aussetzung des Verfahrens; Übersicht

1   1. § 614 sieht für Ehesachen in gewissem Umfang die *Aussetzung* des Verfahrens **im Interesse der Erhaltung der Ehe** vor. Im Scheidungsverfahren ist die Aussetzung ein Mittel zur Erhaltung nicht endgültig gescheiterter Ehen. Für das Verfahren auf Herstellung des ehelichen Lebens soll die Bedeutung der Aussetzung darin liegen, daß sie dem beklagten Ehegatten eine freiwillige Rückkehr ohne Eingriff des Richters ermöglicht[1]. Dagegen ist bei der Aufhebungs-, der Nichtigkeits- und der Feststellungsklage → § 606 Rdnr. 7 bis 9 für eine Aussetzung überhaupt kein Raum.

2   2. Die Aussetzung ist nur in den vom Gesetz gezogenen Grenzen statthaft → Rdnr. 14 ff. vor § 239. Würde das Gericht das Ziel einer Aussetzung durch eine Vertagung zu erreichen

---

[46] Aus neuerer Zeit: *LG Hamburg* FamRZ 1972, 40; dass. StAZ 1977, 339; *LG Düsseldorf* FamRZ 1972, 298; *LG Rottweil* FamRZ 1972, 301; *LG Duisburg* FamRZ 1971, 531; *LG Mannheim* IPRsp 1964/65 Nr. 108; *AG München* FamRZ 1979, 815 *(Hausmann)*; *Staudinger-Spellenberg*[17], Internationales Eheverfahrensrecht Rdnr. 368 mwN. – A.M *OLG Düsseldorf* FamRZ 1974, 132.

[1] Regierungsentwurf zum ersten Gesetz zur Reform des Ehe- und Familienrechts BTDrucks 7/650 S. 197. Wie die gesamte Herstellungsklage ist auch ihre Aussetzung obsolet geworden → Rdnr. 14 vor § 606.

suchen, so würde es sich gleichwohl sachlich um eine Aussetzung handeln, was für die Rechtsmittel wesentlich ist → § 252 Rdnr. 1. Die allgemeinen Gründe der Aussetzung nach §§ 246f, 148f. bleiben neben § 614 ebenso unberührt wie die Möglichkeit des Gerichts, auf beiderseitigen Antrag oder im Falle der Säumnis beider Parteien nach § 251a Abs. 3 das Ruhen des Verfahrens anzuordnen[2]. Das gilt auch, wenn der Scheidungsantrag derzeit nicht schlüssig ist, vor allem wenn die Gatten die Erörterungen von Eheverfehlungen vermeiden wollen → § 608 Rdnr. 2. Ist Aussetzung beantragt, so darf das Gericht nicht stattdessen bei Säumnis beider Parteien das Ruhen des Verfahrens anordnen, wenn der Antragsteller darauf vertrauen kann, daß seinem Antrag stattgegeben werde[3]. Teilaussetzungen sind nur bei Streitgegenstandsverschiedenheit, etwa im Verhältnis der Aufhebungs- zur Scheidungsklage denkbar, nach den Anhängern der Lehre von der Fortgeltung des Grundsatzes der einheitlichen Entscheidung → § 610 Rdnr. 5ff. überhaupt nicht → Rdnr. 13. Bezüglich des zur Aussetzung führenden Verfahrens gilt § 248. Mit den anwaltlich nicht vertretenen Gatten kann informell oder im Rahmen einer Anhörung nach § 613 besprochen werden, wie er zur Möglichkeit einer Aussetzung oder des Ruhens des Verfahrens steht und ob Aussicht auf Aussöhnung besteht. Im Termin kann auch bereits vor der Verhandlung über den Scheidungsantrag ausgesetzt werden[4].

Zur Aussetzung bei Verfahren vor ausländischen Gerichten → § 606a Rdnr. 9.

Das erstinstanzliche Gericht bleibt bis zur Einlegung der Berufung zur Aussetzung zuständig[5].

II. Die Aussetzung von Amts wegen

1. Eine Aussetzung von Amts wegen ist im Scheidungsverfahren Pflicht des Gerichts, wenn nach seiner freien Überzeugung **Aussicht auf Fortsetzung der Ehe** besteht. Voraussetzung ist also, daß das Gericht Hoffnung auf eine freiwillige Fortsetzung der Ehe hat. Es bedarf daher keiner Entschließung über die Aussetzung, wenn für eine solche Hoffnung keine konkreten Anhaltspunkte bestehen[6]. Ein Aussetzungsbeschluß ist fehlerhaft, wenn er sich nur auf die allgemeine Erwägung stützt, das Zerwürfnis der Parteien sei nicht schwerwiegend und der Versuch einer Aussöhnung nicht aussichtslos. Ein solcher Beschluß müßte auf Beschwerde aufgehoben werden[7]. Erachtet das Gericht den Rechtsstreit für spruchreif zur Klageabweisung, ist eine Aussetzung auch nicht möglich[8]. Zum Abwarten des Ablaufs der Jahresfrist des § 1565 Abs. 2 BGB → § 608 Rdnr. 1, § 612 Rdnr. 1. Die stärkere Befugnis zur Erhaltung der Ehe absorbiert in diesem Fall die schwächere. Umgekehrt liegt es allerdings auch nicht im Sinne der Vorschrift, die Frage der Aussetzung grundsätzlich erst dann zu prüfen, wenn die Voraussetzungen der Scheidung feststehen oder eine Beweisaufnahme stattgefunden hat. Denn die Fortsetzung des Verfahrens wird entgegen dem Sinn des § 614 vielfach die Zerrüttung der Ehe nur vertiefen. Ausgesetzt werden kann daher immer, wenn der Scheidungsantrag nicht zur Abweisung liquide ist. Feststellungen dazu, daß die Trennungsfristen abgelaufen sind, sind entbehrlich[9]. Auch nach dreijähriger Trennung kann eine Aussetzung im Einzelfall noch sinnvoll sein[10]. In höherer Instanz wird die Aussetzung im allgemeinen nur

---

[2] *KG* FamRZ 1978, 34; *OLG Karlsruhe* FamRZ 1978, 527; *OLG Frankfurt* FamRZ 1978, 919; *OLG Karlsruhe* NJW 1978, 1388f. Allg.M.
[3] *KG* FamRZ 1981, 582. – Allg.M.
[4] *OLG Hamm* FamRZ 1969, 492.
[5] *BGH* NJW 1977, 717, 718.
[6] *OLG Celle* MDR 1965, 48; *OLG Düsseldorf* FamRZ 1978, 609; *OLG Schleswig* NJW 1978, 53. Allg.M.
[7] *KG* FamRZ 1968, 167; *OLG Düsseldorf* aaO.
[8] *Schwab* FamRZ 1976, 491, 504.
[9] A.M. *MünchKomm-Wolf*² § 1564 Rdnr. 61.
[10] *MünchKommZPO-Walter* Rdnr. 4. – A.M. *MünchKomm-Wolf*² § 1564 BGB Rdnr. 62.

gerechtfertigt sein, wenn ganz gewichtige Umstände den Aussöhnungsversuch als erfolgversprechend erscheinen lassen.

4   2. Im Scheidungsverfahren ist eine Aussetzung von Amtswegen nach Abs. 2 S. 2 dann **unzulässig, wenn die Ehegatten bereits länger als ein Jahr getrennt leben** und beide der Aussetzung widersprechen. Damit trägt das Gesetz wertungsmäßig der Tatsache Rechnung, daß nach § 1566 Abs. 1 BGB, § 630 die Ehegatten nach einjährigem Getrenntleben einverständlich die Scheidung herbeiführen können[11]. Der mögliche Wortsinn geht aber über die beiden in § 630 genannten Fälle der einverständlichen Scheidung hinaus und umfaßt auch die Gruppe der Fälle, in denen die Ehegatten im streitigen Verfahren nach einjährigem Getrenntleben aus ganz verschiedenen Motiven der Aussetzung widersprechen. Auf diese Fälle trifft der der Einschränkung der Aussetzungsmöglichkeit in Abs. 2 S. 2 zugrundeliegende Rechtsgedanke nicht zu. Eine Aussetzung auch dann zu untersagen, ist daher nicht gerechtfertigt[12]. Allerdings wird in eben diesen Fällen eine Aussetzung regelmäßig daran scheitern[13], daß – wie das Verhalten des Antragstellers zeigt – keine Aussicht auf Fortsetzung der Ehe besteht oder der Scheidungsantrag – entsprechend dem Bestreben des Antragsgegners – bereits abweisungsreif ist.

5   3. Durch die Fassung des Gesetzes in Abs. 1 und 2 S. 1 (»**soll**«) ist klargestellt, daß aus der Unterlassung der ohne Antrag möglichen Aussetzung nur dann eine Verfahrensrüge hergeleitet werden kann, wenn das Gericht § 614 Abs. 1 bzw. Abs. 2 S. 1 überhaupt nicht beachtet oder ihn aus rechtsfehlerhaften Gründen nicht angewandt hat[14].

6   4. Zum Verfahren → Rdnr. 2. Hat das Gericht die Aussetzung nach den Abs. 1 oder 2 nicht beschlossen oder abgelehnt, so wird dadurch dem Kläger die Möglichkeit, seinerseits die Aussetzung nach Abs. 3 zu verlangen, nicht genommen.

III. Die Aussetzung auf Antrag des Klägers

7   1. Unabhängig von den sachlichen Voraussetzungen der Abs. 1 und 2 kann die Aussetzung nach Abs. 3 angeordnet werden, wenn der Kläger bzw. Antragsteller dies beantragt.

8   Der Aussetzungsantrag des Antragstellers verbietet dem Gericht **nur den Ausspruch der Scheidung**, während es nicht gehindert ist, bei Entscheidungsreife in diesem Sinne den Scheidungsantrag ohne Aussetzung zurückzuweisen. Das Problem stellt sich, wenn sich das Gericht vom Vorliegen einer unzumutbaren Härte im Sinne von § 1565 Abs. 2 BGB nicht hat überzeugen können, und der Kläger mit dem Aussetzungsantrag das Verfahren über die Jahresfrist des § 1565 Abs. 1 BGB retten will. Eine Pflicht zur Aussetzung besteht dann nicht und mangels einer anderweitigen Rechtsgrundlage hierfür auch keine Befugnis, heute allg. M., ohne daß man auf Rechtsmißbrauchserwägungen[15] → Rdnr. 12 zurückgreifen müßte. Jedoch kann in Fällen, wo nicht gerade in frivoler Weise vorzeitig Scheidungsantrag gestellt worden ist, mit »geräumiger« Terminierung gearbeitet werden →Rdnr. 12, § 608 Rdnr. 1, um eine Zurückweisung des Scheidungsantrags und seine alsbaldige Erneuerung zu vermeiden.

Über einen Aussetzungsantrag muß sofort entschieden werden. Das Gericht darf nicht das Verfahren fortsetzen, um festzustellen, ob der Scheidungsantrag abgewiesen werden muß[16].

---

[11] Regierungsentwurf (Fn. 1).
[12] *MünchKommZPO-Walter* Rdnr. 3.
[13] A.M. *MünchKomm-Wolf*² § 1564 BGB Rdnr. 62.
[14] RG WarnRsp 19, 80.

[15] So aber *OLG Bamberg* FamRZ 1984, 897 (Nr. 503); *MünchKommZPO-Walter* Rdnr. 10.
[16] *MünchKommZPO-Walter* Rdnr. 8. – A.M. *OLG Oldenburg* FamRZ 1968, 604 = NJW 1969, 101.

Analog ist Abs. 3 anzuwenden, wenn abzusehen ist, daß nach Ende der Aussetzungszeit 9
keine schwere Härte im Sinne von § 1568 BGB mehr vorliegen wird. Um eine schwere Härte
zu vermeiden, muß die Rechtsordnung das den anderen Teil am wenigsten belastende Mittel
wählen, notfalls im Wege einer analogen Gesetzesanwendung. Angesichts ihrer Möglichkeit
wäre die Abweisung des Scheidungsantrags und seine spätere Erneuerung (mit allen Kosten-
implikationen) nicht zu verantworten.

2. In allen streitigen Scheidungsverfahren genügt der Antrag des Antragstellers. Der 10
»Antrag« des Antragsgegners allein genügt in keinem Fall[17]. Er ist aber Anlaß für das Gericht
zu prüfen, ob eine Aussetzung von Amts wegen in Frage kommt[18].

Im **Verfahren der einverständlichen Scheidung** ist fraglich, wer den Antrag nach Abs. 3
stellen muß, um die Verpflichtung des Gerichts zur Aussetzung herbeizuführen. Man muß
nach der ratio legis differenzieren. Hat ein Ehegatte dem Scheidungsantrag des anderen
lediglich zugestimmt (§ 630 Abs. 1 Nr. 1, 1. Fall), so genügt der Aussetzungsantrag des
Antragstellers allein, weil nur er das Verfahren betreibt. Demgegenüber bedarf es im einverständlichen Scheidungsverfahren mit zwei Antragstellern (§ 630 Abs. 1 Nr. 1, 2. Fall) des
Aussetzungsantrags beider Antragsteller, um das Gericht zur Aussetzung zu verpflichten.
Der Grund liegt darin, daß die Anordnungspflicht sich nur damit rechtfertigen läßt, daß die
das Verfahren betreibenden Beteiligten selbst ihr ursprüngliches Verfahrensziel zumindest
zeitweise nicht weiterverfolgen wollen.

3. Der Antrag kann in **jeder Instanz**, auch noch in der Revisionsinstanz[19], sowie zwischen 11
den Instanzen → § 248 Rdnr. 1, gestellt werden. Wegen des entsprechenden Zeitpunkts bei
der Entscheidung nach § 128 Abs. 2 → § 613 Rdnr. 2, § 128 Rdnr. 94ff. Vor Rechtsmitteleinlegung bleibt das erstinstanzliche Gericht auch nach Urteilserlaß noch zuständig[20]. Zum Verfahren → Rdnr. 2.

4. Dem Antrage ist dann nicht zu entsprechen, wenn er **mißbräuchlich** gestellt ist[21], z. B. 12
wenn der Antragsteller selbst erklärtermaßen auf keinen Fall zur Fortsetzung der Ehe bereit
ist, so daß die Unerreichbarkeit des Zwecks von § 614 von vornherein feststeht[22]. Dagegen
wird man bei den Fällen, in denen der Antrag erklärtermaßen mit dem Ziel gestellt wird, den
Ablauf der gesetzlichen Trennungsfristen herbeizuführen, differenzieren müssen. In einem
streitigen Scheidungsverfahren ist der Aussetzungsantrag zurückzuweisen, wenn er offenbar
nur dem Ziele dient, dem mangels Ablauf der gesetzlichen Trennungsfrist unbegründeten
Scheidungsantrag zum Erfolg zu verhelfen → Rdnr. 8 oder wenn der Antragsteller nur in den
Genuß einer bevorstehenden, ihm günstigen Gesetzesänderung kommen will[23]. Anders ist
die Situation im Falle eines einverständlichen Scheidungsbegehrens nach § 630. Denn einerseits hat keiner der Verfahrensbeteiligten ein Interesse an der Zurückweisung des Scheidungsantrags bzw. der Anträge und andererseits kann auch von einem öffentlichen Interesse an der
Erhaltung der Ehe keine Rede mehr sein, wenn mit der alsbaldigen erfolgreichen Erneuerung
des Verfahrens mit dem gleichen Ziel gerechnet werden muß[24]. Überdies könnten die Partei-
en die gleiche Wirkung durch das schlichte Nichtbetreiben des Verfahrens über einen entsprechenden Zeitraum ungehindert herbeiführen.

---

[17] Seine Ablehnung ist unanfechtbar, *OLG Düsseldorf* NJW 1973, 2032. Allg. M.
[18] *MünchKomm-Wolf*² § 1564 BGB Rdnr. 62.
[19] So auch *RG* JW 1910, 69.
[20] *BGH* NJW 1977, 717, 718.
[21] *Zeiss* NJW 1967, 703, 708.
[22] *OLG Düsseldorf* FamRZ 1974, 311.
[23] *OLG Bremen* FamRZ 1977, 399.
[24] A. M. *MünchKommZPO-Walter* Rdnr. 10.

IV. Mehrheit von Klagen bzw. Anträgen

13 1. Ist nur Antrag auf Scheidung gestellt, einvernehmlich oder kontrovers, so kann wegen der Einheitlichkeit des Streitgegenstandes → § 611 Rdnr. 2 nur einheitlich über die Aussetzung entschieden werden[25].

14 2. Wenn das **Scheidungsverfahren mit einer Aufhebungsklage verbunden** oder wenn eine entsprechende Widerklage erhoben ist, ist eine Aussetzung allein des Scheidungsverfahrens möglich[26], weil entsprechende Teilurteile nach der jetzigen Rechtsprechung nicht mehr unzulässig sind → § 611 Rdnr. 3. Ist der weiter zu behandelnden Aufhebungswiderklage stattzugeben, so darf über den Scheidungsantrag nicht mehr entschieden werden → § 610 Rdnr. 7, 11.

V. Folgesachen. Einstweilige Anordnungen

15 Entsprechend dem Rechtsgedanken von § 626 erstreckt sich die Aussetzung des Scheidungsverfahrens auch auf die Folgesachen, weil diesen mit der Aussetzung des Scheidungsverfahrens die Grundlage entzogen ist. In Ausnahmefällen wird auf Antrag einer Partei in Anlehnung an § 626 Abs. 2 die Fortsetzung der Verhandlung über die Folgesache trotz Aussetzung des Scheidungsverfahrens erfolgen können.

Einstweilige Anordnungen nach §§ 620 ff. sind auch während der Aussetzung zulässig → § 620a Rdnr. 1[27].

VI. Rechtsmittel

16 Gegen jede Aussetzung nach § 614 findet, sofern sie nicht vom Oberlandesgericht ausgesprochen ist, die *einfache Beschwerde*, gegen ihre Ablehnung die *sofortige Beschwerde* statt (§ 252). Dagegen kann die Entscheidung nicht mit den Rechtsmitteln gegen das Endurteil zur Nachprüfung in der höheren Instanz gebracht werden, §§ 512, 548[28]. Die Beschwerde gegen die Ablehnung wird nur durch ein rechtskräftiges Endurteil gegenstandslos → § 252 Rdnr. 3, § 575 Rdnr. 1. Hat dagegen das untere Gericht eine der Beschwerde fähige Entscheidung über die Aussetzung *nicht erlassen*, so kommen die §§ 512, 548 nicht zur Anwendung. Die Anwendung des § 614 Abs. 3 – nicht dagegen auch diejenige der Abs. 1 und 2 – ist auch in der Revisionsinstanz nachzuprüfen.

VII. Dauer und Wirkung der Aussetzung

17 Die Dauer der Aussetzung ist vom Gericht nach freiem Ermessen zu bestimmen. Sie beträgt insgesamt höchstens ein Jahr. Die Höchstdauer muß in dem Beschluß angegeben werden[29]. Für die Berechnung gilt § 222 entsprechend → Rdnr. 51 ff. vor § 214. Ist die Aussetzung einmal angeordnet worden, so kann sie nach Abs. 4 in demselben Rechtsstreit einschließlich eines eventuellen Rechtsmittelverfahrens nur noch ein weiteres Mal angeordnet werden, wobei insgesamt die Höchstdauer von einem Jahr nicht überschritten werden darf. Leben die Parteien bereits länger als drei Jahre getrennt, so reduziert sich die zulässige Höchstdauer auf

---

[25] Zöller-Philippi[17] Rdnr. 5. Allg. M.
[26] A.M. konsequenterweise Schwab-Maurer[2] I 284; Johannsen/Henrich/Sedemund-Treiber[2] Rdnr. 9; Zöller-Philippi[17] Rdnr. 1; h. M.
[27] OLG Celle NdsRpfl 1975, 71.
[28] RGZ 46, 386 f.
[29] OLG Oldenburg NJW 1969, 101 = FamRZ 604; OLG Marienwerder HRR 1941 Nr. 610.

sechs Monate, da das Scheitern der Ehe unwiderleglich vermutet wird, § 1566 Abs. 2. Gegen den Widerspruch des aus der Ehe strebenden Ehegatten ist nur ausnahmsweise auszusetzen[30] → Rdnr. 9. Eine Verlängerung einer Aussetzung ist als Wiederholung ihrer Anordnung zu behandeln. Daraus ergibt sich, daß sie nur dann zulässig ist, wenn in demselben Verfahren vorher nur einmal nach § 614 ausgesetzt worden war. Die von Amts wegen erfolgte Aussetzung kann, insbesondere wegen veränderter Sachlage, auch von Amts wegen aufgehoben werden. Die auf Antrag einer Partei erfolgte Aussetzung kann dagegen nur aufgehoben werden, wenn der oder die früheren Antragsteller einen entsprechenden Antrag stellen oder zumindest damit einverstanden sind → § 150 Rdnr. 12. Allerdings genügt es, wenn in den Fällen, in denen beide Parteien den Aussetzungsantrag stellen mußten, eine Partei nicht mehr daran festhalten will.

Die Wirkung endet von selbst mit dem Ablauf der in dem Beschluß gesetzten Frist[31]. Das bedeutet, daß die Fristen nach § 249 Abs. 1 mit Ablauf der Zeit der Aussetzung von selbst zu laufen beginnen. Dagegen braucht das Gericht von sich aus nicht Termin anzuberaumen[32]. Insoweit gilt § 250. Sonst würde das Gericht im Widerspruch zum Sinn des § 614 die Parteien unter Umständen erst zur Weiterführung des Prozesses anregen[33].

Wegen der Wirkung der Aussetzung § 249. Es handelt sich nicht nur um ein Hindernis für den Ausspruch der Scheidung[34]. Einstweilige Anordnungen → § 620a Rdnr. 1. Ohne Rücksicht auf die Dauer der Aussetzung bestimmt der Eintritt der Rechtshängigkeit das Ende der Ehezeit im Sinne von § 1597 Abs. 2[35] → § 608 Rdnr. 2.

VIII. Eheberatungsstellen

Mit der Aussetzung soll das Gericht den Ehegatten nahelegen, eine Eheberatungsstelle in Anspruch zu nehmen. Das Gesetz geht aber selbst davon aus, daß es Ausnahmefälle gibt, in denen ein entsprechender Hinweis untunlich ist. Durch das gesetzliche Regel-Ausnahmeverhältnis sollte sich das Gericht nicht davon abhalten lassen, die Aussichten, auf diese Weise die Versöhnung der Ehegatten zu unterstützen, realistisch einzuschätzen. Die Übersendung der Akten an die Eheberatungsstelle ist nicht zulässig[36]. 18

§ 615 [Zurückweisung verspäteten Vorbringens]

(1) Angriffs- und Verteidigungsmittel, die nicht rechtzeitig vorgebracht werden, können zurückgewiesen werden, wenn ihre Zulassung nach der freien Überzeugung des Gerichts die Erledigung des Rechtsstreits verzögern würde und die Verspätung auf grober Nachlässigkeit beruht.
(2) §§ 527, 528 sind nicht anzuwenden.

Gesetzesgeschichte: Rdnr. 1 ff. vor § 606, § 583 CPO, § 626 ZPO, Änderungen RGBl. 1924 I 135, BGBl. 1950, 455, BGBl. 1976 I 1421, 3281.

---

[30] *Brüggemann* FamRZ 1977, 1, 11.
[31] BGH LM Nr. 2 zu § 249; *OLG Düsseldorf* FamRZ 1966, 358; *Habscheid* FamRZ 1967, 365.
[32] A.M. *OLG Düsseldorf* aaO.
[33] So mit Recht *Bergerfurth* Anm. zu *OLG Düsseldorf* aaO.
[34] BGH NJW 1977, 717.
[35] BGH NJW 1980, 1161. Heute allg. M.
[36] A.M. *Blau* JZ 1952, 713.

I. Zurückweisung verspäteten Vorbringens in Ehesachen; Überblick

1   Die § 296 verdrängende[1] Sonderregelung für die Ehesachen gilt für das Verfahren in erster Instanz und ist wegen des in Abs. 2 enthaltenen Ausschlusses der für die Berufungsinstanz geltenden allgemeinen Präklusionsvorschriften auch im Berufungsverfahren anwendbar. Der Grund für die spezielle Regelung in Ehesachen liegt darin, daß diese, wie die Möglichkeiten zur Aussetzung des Verfahrens nach § 614 und der Ausschluß des Versäumnisurteils gegen den Beklagten in § 612 Abs. 4 wie auch die Bestimmung des § 612 Abs. 1 zeigen, einer Beschleunigung grundsätzlich nicht bedürfen. In Ehesachen bedarf es daher nur einer Präklusionsregelung, die geeignet ist, grob mißbräuchlichen Verzögerungen des Verfahrens entgegenzutreten. Andererseits hat die Vereinfachungsnovelle 1976 für das allgemeine Zivilprozeßverfahren eine erhebliche Ausweitung der den Parteien obliegenden Prozeßförderungspflichten gebracht, deren Einhaltung die allgemeine Präklusionsvorschrift des § 296 Abs. 1 sicherzustellen hat. Insoweit käme ihre Anwendung in Ehesachen schon deshalb nicht in Betracht, weil die ihr zugrundeliegende Ausgestaltung des Verfahrens nach § 611 Abs. 2 in Ehesachen ausscheidet. Nur nach § 273 Abs. 2 Nr. 1 kann in Ehesachen eine Frist gesetzt werden → § 611 Rdnr. 13. Es ist sinnvoll, wegen der Versäumnis dieser Frist ebenfalls § 615 und nicht § 296 anzuwenden[2]. Schließlich ist zu berücksichtigen, daß in Ehesachen und insbesondere in Scheidungsverfahren das persönliche Verhältnis der Ehegatten es in erheblichem Umfange rechtfertigen kann, das Prozeßmaterial zunächst so weit wie möglich zu beschränken, allg.M. Allerdings ist § 615 angesichts des erst in den parlamentarischen Beratungen entstandenen jetzigen § 296 Abs. 2 im Grunde überflüssig. § 282 Abs. 1 ist nämlich auch in Ehesachen anwendbar. Nur die Anforderungen an eine »nach der Prozeßlage sorgfältige und auf Förderung des Verfahrens bedachte Prozeßführung« sind im Eheverfahren geringer → Rdnr. 2. Die Frage nach dem lex-specialis-Charakter von § 615[3] ist praktisch bedeutungslos.

II. Einzelheiten

2   Die Ausschlußmöglichkeit ist gegeben, wenn das zurückzuweisende Angriffs- oder Verteidigungsmittel im übrigen zulässig ist. Daß Beweismittel und Beweiseinreden nicht ausdrücklich erwähnt sind, ist sachlich ohne Bedeutung, da sie der Begriff der Angriffs- und Verteidigungsmittel, wie § 282 Abs. 1 zeigt, ohnehin umfaßt → § 146 Rdnr. 1. Bei der Frage nach der Rechtzeitigkeit müssen die besonderen Verhältnisse des Eheprozesses berücksichtigt werden. Regelmäßig trägt nämlich eine sinnvolle Beschränkung des Prozeßstoffs in Ehesachen zur Vereinfachung, Beschleunigung und Entschärfung des Ehestreits bei und ist aus diesen Gründen nicht grundsätzlich zu beanstanden. Es kann daher einer Partei nicht unbedingt zum Vorwurf gereichen, wenn sie bestimmte Teile des Streitstoffes erst vorträgt, nachdem ersichtlich ist, daß sie sonst ihr Verfahrensziel nicht erreichen kann. Weitere Voraussetzung für eine Zurückweisung ist, daß das spätere Vorbringen die Erledigung des Rechtsstreits verzögern würde. Eine Präklusion von Angriffs- und Verteidigungsmitteln kommt daher dann nicht in Betracht, wenn die Erledigung des Rechtsstreits sich aus anderen Gründen ohnehin verzögert und durch die Berücksichtigung des an sich verspäteten Vorbringens ein weiterer Aufschub der Erledigung des Rechtsstreits nicht eintritt. Ob mit der Einbeziehung des verspäteten Vorbringens in den Prozeßstoff eine Verzögerung des Verfahrens verbunden wäre, hat das

---

[1] *Prütting* ZZP 98 (1985), 131, 155. Allg.M.
[2] *Johannsen/Henrich/Sedemund-Treiber*[2] Rdnr. 2. – A.M. anscheinend *Zöller-Philippi*[17] Rdnr. 2.
[3] So die h.M.

Gericht nach seiner freien Überzeugung zu entscheiden. Um die Beschränkung des Ausschlusses von Angriffs- und Verteidigungsmitteln auf die Fälle groben Mißbrauchs sicherzustellen, ist für die Zurückweisung verspäteten Vorbringens ferner erforderlich, daß der Partei eine grobe Nachlässigkeit vorzuwerfen ist. Dieses Verschulden hat das Gericht, wie die Formulierung des Gesetzes, insbesondere im Vergleich zum Regierungsentwurf des ersten Gesetzes zur Reform des Ehe- und Familienrechts, ergibt, objektiv festzustellen[4]. Trotz Vorliegens aller genannter Voraussetzungen ist das Gericht nicht zwingend verpflichtet, ein verspätetes Vorbringen zurückzuweisen. Das ergibt sich aus der Formulierung des Gesetzes (»kann«), der nur eine Befugnis, aber keine Verpflichtung entnommen werden kann. Das Gericht ist also trotz Vorliegens aller Voraussetzungen für die Präklusion nicht gehindert, aus sachlichen Erwägungen das verspätete Vorbringen dennoch zu verwerten.

III. Verhältnis zum Amtsermittlungsgrundsatz

Eine generelle Einschränkung der Präklusionsmöglichkeit ergibt sich insoweit, als solches Vorbringen nicht als verspätet zurückgewiesen werden kann, das der Amtsermittlung nach § 616 unterliegt. Es kann nämlich für die Verpflichtung des Gerichts zu eigenen Ermittlungen keinen Unterschied machen, ob die »Anregung« dazu von dritter Seite oder von einer der Parteien kommt. Dagegen ergibt sich entgegen der Begründung der Regierungsentwürfe zum ersten Gesetz der Reform des Ehe- und Familienrechts und zur Vereinfachungsnovelle[5] aus dem in § 617 angeordneten Ausschluß der Geständniswirkung hinsichtlich »ehevernichtenden Materials« keine Beschränkung der Zurückweisungsmöglichkeit. 3

IV. Neue Anträge

Neue Begehren sind keine neuen *Angriffsmittel*, sondern neue Angriffe → § 146 Rdnr. 2. Auf sie finden daher die Vorschriften über die Zurückweisung verspäteter Angriffsmittel keine Anwendung. Nachträgliche Klagehäufungen, Klageänderungen und Widerklagen sind daher durch § 615 keinerlei Beschränkungen unterworfen, selbst wenn die Partei sie in der Absicht der Prozeßverschleppung zurückgehalten haben sollte → § 611 Rdnr. 7 – 10. Solange aber derartige neue Anträge zulässig sind, muß auch ihre Begründung ohne Beschränkung möglich sein. Für eine Zurückweisung der den neuen Antrag stützenden Angriffs- und Beweismittel ist daher nur dann Raum, wenn sie nach *Geltendmachung* des neuen Anspruchs noch weiter zurückgehalten wurden. 4

V. Verfahrensverbund

Im Rahmen des Verfahrensverbundes nach § 623 gelten für die Behandlung verspäteten Vorbringens folgende Grundsätze: § 615 bleibt in seiner Anwendbarkeit auf das Begehren beschränkt, das Ehesache → § 606 Rdnr. 1 ist. Verspätetes Vorbringen zu einzelnen Folgesachen ist nach den jeweils einschlägigen allgemeinen Bestimmungen zu behandeln. Für die Folgesachen des § 621 Abs. 1 Nr. 1 bis 3, 6, 7 und 9 scheidet danach eine Zurückweisung verspäteten Vorbringens aus, weil über § 621a der Amtsermittlungsgrundsatz des § 12 FGG gilt. In den übrigen Folgesachen (§§ 621 Abs. 1 Nr. 4, 5 und 8) richtet sich die Frage der Zurückweisung verspäteten Vorbringens nach § 296. Dabei ist aber zu beachten, daß der Tatbestand der Verzögerung nur dann erfüllt ist, wenn durch die Berücksichtigung des 5

---

[4] Bericht und Antrag des Rechtsausschusses zur Vereinfachungsnovelle BTDrucks 7/5250 S. 12.

[5] BTDrucks 7/650 S. 198; BTDrucks 7/2729 S. 95.

verspäteten Vorbringens sich die Erledigung des Verbundverfahrens insgesamt hinausschieben würde, allg. M. Dagegen steht einer Berücksichtigung auch verspäteten Vorbringens nichts im Wege, wenn sich die Erledigung der im Verbund zusammengefaßten Verfahren aus anderen Gründen ohnehin verzögert.

VI. Rechtsmittelverfahren

6   Auch in der Berufungsinstanz sind, wie sich aus Abs. 2 ergibt, die allgemeinen Präklusionsvorschriften der §§ 527, 528 nicht anwendbar, vielmehr gelten auch dann die das Verfahren erster Instanz beherrschenden Grundsätze. Daraus, daß auch die Anwendung von § 528 Abs. 3 ausgeschlossen ist, muß der Schluß gezogen werden, daß im Berufungsverfahren auch ein solches Vorbringen nachgeholt werden kann, das in der ersten Instanz zu Recht zurückgewiesen worden ist.

§ 616   [Eingeschränkter Untersuchungsgrundsatz in Ehesachen]

(1) Das Gericht kann auch von Amts wegen die Aufnahme von Beweisen anordnen und nach Anhörung der Ehegatten auch solche Tatsachen berücksichtigen, die von ihnen nicht vorgebracht sind.

(2) Im Verfahren auf Scheidung oder Aufhebung der Ehe oder auf Herstellung des ehelichen Lebens kann das Gericht gegen den Widerspruch des die Auflösung der Ehe begehrenden oder ihre Herstellung verweigernden Ehegatten Tatsachen, die nicht vorgebracht sind, nur insoweit berücksichtigen, als sie geeignet sind, der Aufrechterhaltung der Ehe zu dienen.

(3) Im Verfahren auf Scheidung kann das Gericht außergewöhnliche Umstände nach § 1568 des Bürgerlichen Gesetzbuchs nur berücksichtigen, wenn sie von dem Ehegatten, der die Scheidung ablehnt, vorgebracht sind.

Gesetzesgeschichte: Rdnr. 1 ff. vor § 606, § 581 CPO, RGBl. 98 I 410 (§ 622), 38 I 923, BGBl. 76 I 1421.

I. Allgemeines und Systematik des Gesetzes

1   An der Ausbalancierung von Elementen der Untersuchungs- und der Verhandlungsmaxime sowie an der Regelung der prozessualen Dispositionsmöglichkeiten der Parteien hat die Scheidungsrechtsreform von 1976 im Prinzip nichts geändert[1]. Die Abgrenzung der in den §§ 616, 617 angesprochenen Regelungsgegenstände ist unglücklich, weil sie mit der Abgrenzung von Dispositions- und Verhandlungsmaxime sowie der ihrer jeweiligen Alternative, Offizialprinzip und Untersuchungsgrundsatz, nicht zusammenfällt. § 617 regelt mit dem Anerkenntnis einen Aspekt der Dispositionsmaxime. Aus dem Gedankengut des Gegensatzpaares Verhandlungsmaxime/Untersuchungsgrundsatz regelt er die Möglichkeit einer Parteidisposition → § 617 Rdnr. 1. § 616 beschränkt sich darauf zu sagen, wann im Eheverfahren das Gericht von der sonst bestehenden Notwendigkeit einer Parteiinitiative entbunden ist, wenn es darum geht, welche **tatsächlichen Hypothesen** berücksichtigungsbedürftig sind und welche **Beweise** aufgenommen werden sollen. Dies gilt uneingeschränkt auch für Abs. 2 und 3, obwohl die Beweiserhebung dort nicht genannt ist. Sinn der dort verfügten Ausnahmen von Abs. 1 ist es jedoch nur[2], die Parteien vor dem Eindringen des Staates in ihre Intimsphäre

---

[1] *Linke* FS Beitzke (1979) 269 ff.   [2] A.M. *Linke* aaO 274 ff. → Rdnr. 3.

zu schützen, wenn es lediglich um ehefeindliche Tatsachen oder um die höchstpersönliche Disposition über die Geltendmachung der Härteklausel geht. Dieser gesetzgeberische Grund erheischt für die Beweisaufnahme nicht weniger Geltung als für die Einführung von Tatsachenhypothesen (allg. M.) – gleichgültig, ob sich der Beweis auf Tatsachen bezieht, die von den Parteien vorgebracht worden sind oder nicht.

Abs. 2 und 3 haben daher auch Vorrang vor den Bestimmungen, die im Regelfall eine Beweisaufnahme von Amts wegen ohne Rücksicht auf den Willen des Beweisführers zulassen (§§ 143, 144, 273 Abs. 2 Nr. 4). Auch zur Prüfung seiner Zuständigkeit kann das Gericht von Amts wegen ermitteln → § 606a Rdnr. 6. Beweislast → Rdnr. 14. Bindung des Gerichts an den Streitgegenstand → Rdnr. 12.

II. Von Amts berücksichtigungsfähige Umstände und Beweismittel

1. Der Grundsatz

a) Der Amtsermittlungsgrundsatz gilt im **Nichtigkeitsverfahren und in den Feststellungsverfahren** über den Bestand der Ehe uneingeschränkt, **im übrigen**, von Abs. 3 abgesehen, wegen aller eheerhaltender Tatsachen. Von amtswegen zu ermitteln ist auch, ob eine Ehe geschlossen wurde. Die Vorlage der Heiratsurkunde ist aber kein Antrags- bzw. Klageerfordernis[3], auch nicht, wenn auf Feststellung der Rechtsgültigkeit einer im Ausland geschlossenen Ehe geklagt wird und das dortige Recht den Nachweis der Eheschließung nur durch amtliche Urkunden zuläßt[4]. Wohl aber kann im Prozeßkostenhilfeverfahren das Fehlen einer Erfolgsaussicht damit begründet werden, daß die Heiratsurkunde nicht vorgelegt worden ist. Wie das Gericht von Tatsachen erfährt oder Anstoß zu Ermittlungen erhält, ist gleich. Es kann sich um Schriftsätze und Eingaben des in der mündlichen Verhandlung nicht erschienenen Beklagten, um Parteivorträge aus anderen Verfahren – auch aus einem einstweiligen Anordnungsverfahren, um Angaben der Parteien bei ihrer Anhörung oder Vernehmung oder um beiläufige Bekundungen von Zeugen handeln. Auch der Inhalt vorgelegter Urkunden und beigezogener Akten, selbst die Mitteilungen Dritter und die private Kenntnis des Richters (etwa aufgrund von Presseveröffentlichungen) können solche Initiativen auslösen. Als Beweismittel kommen auch Eheberater als Sachverständige in Betracht. Zur Parteianhörung und -vernehmung → § 613 Rdnr. 1 bis 3. Die Beweisaufnahme kann auch entgegen einem Geständnis → § 617 Rdnr. 21 durchgeführt werden. Besondere Wachsamkeit des Gerichts ist geboten, wenn der Antragsgegner sich nicht am Verfahren beteiligt → § 613 Rdnr. 2.

b) Im **Ehescheidungsverfahren** wirkt sich der Amtsermittlungsgrundsatz hauptsächlich dahin aus, daß sich das Gericht ohne Rücksicht auf Parteibehauptungen von der Wahrung der **Trennungsfristen** überzeugen muß (allg. M.). Tatsachen, die zugunsten der Auflösung der Ehe sprechen, darf das Gericht nicht von Amts wegen berücksichtigen, wenn die die Auflösung der Ehe begehrende Partei »widerspricht«. Dies ist nicht gleichbedeutend mit »ohne ihre Zustimmung«. Solange sich die betroffene Partei nicht äußert, ist Amtsermittlung in vollem Umfang zulässig. Nach »Widerspruch« darf aber nicht mehr ermittelt werden; es entsteht nicht nur ein Verwertungsverbot[5]. Der Widerspruch ist Prozeßhandlung und muß positiv – mindestens konkludent[6] – erklärt werden[7]. Konkludent kann die Erklärung vor allen Dingen

---

[3] *OLG Düsseldorf* FamRZ 1992, 1078.
[4] A.M. *OLG Bremen* FamRZ 1992, 1083.
[5] *MünchKommZPO-Walter* Rdnr. 15.
[6] Entgegen mancherorts geäußerter Vorstellungen gibt es auch konkludente Prozeßhandlungen → Rdnr. 92 vor § 128.
[7] Vorschläge der Eherechtskommission, Rdnr. 2 vor § 606; *MünchKomm-Wolf*[2] § 1564 BGB Rdnr. 2; heute allg. M. mit Ausnahme von *Schwab-Maurer*[2] Rdnr. 294.

dadurch geschehen, daß die von dem von der Ehe wegstrebenden Ehegatten vorgetragenen Tatsachen denen widersprechen, auf die das Ermittlungsziel des Gerichts gerichtet sein könnte[8]. Aus der gesetzlichen Zwecksetzung, die Ehe möglichst zu erhalten, will Linke[9] demgegenüber ableiten, daß sich das Gericht hinsichtlich ehefeindlicher Tatsachen strikt auf die Verifizierung des Parteivortrages zu beschränken habe. Es besteht jedoch ebenso das gesetzgeberische Ziel zu vermeiden, daß ein abgewiesener Scheidungsantrag sogleich wiederholt werden muß oder daß eine Ehe in einem aufwendigeren und die menschlichen Bande weiter zerrüttenden Verfahren geschieden werden muß, wenn das Gericht die Voraussetzungen für einen Zerrüttungsvermutungstatbestand ermitteln könnte. Auch entspricht das Postulat Linkes nicht dem mutmaßlichen Parteiwillen. Der im Auflösungsverfahren notwendigerweise anwaltschaftlich vertretene Antragsteller oder Kläger braucht auch über seine Widerspruchsmöglichkeit nicht eigens belehrt zu werden. Welche Tatsachen gegen die Auflösung der Ehe sprechen, bestimmt sich nach materiellem Recht. Im Aufhebungsverfahren kann es sich um Einwendungs- und Einredetatsachen handeln, etwa um Fristablauf (§ 35 EheG) oder Genehmigung der Ehe (§ 30 Abs. 2 EheG). Das Gericht kann aber auch Indizien von Amts wegen ermitteln, die gegen die Berechtigung des Eheaufhebungsbegehrens sprechen, etwa dagegen, daß sich der Kläger wirklich im Sinne von § 32 EheG über persönliche Eigenschaften des anderen Ehegatten geirrt hat. Wenn eine Tatsache von dem Ehegatten vorgebracht worden ist, der nicht Auflösung der Ehe begehrt, kann sie immer berücksichtigt werden.

Die aus dem früheren Recht unverändert übernommene Bestimmung ist zugeschnitten auf konkrete Eheauflösungsgründe, wie sie früher nicht nur für die Eheaufhebung, sondern auch für die Ehescheidung galten. Unter den Eheauflösungsvoraussetzungen, Einwendungen und Einreden hiergegen konnte man leicht die gegen die Auflösung sprechenden Tatsachen erkennen. Die Anwendung der Bestimmung ist heute, wo es nur noch den einen Tatbestand des Scheiterns der Ehe gibt, schwierig. Die Modellvorstellung des Gesetzes ist an sich folgende: Zielrichtung der Bemühungen des Gerichtes, wenn von der Widerspruchsbefugnis nach Abs. 2 Gebrauch gemacht wird, muß es sein zu ergründen, ob es Umstände gibt, die der Scheidung entgegenstehen. Kommen hierbei auch ehefeindliche Tatsachen ans Licht, so kann sie das Gericht nicht berücksichtigen. Diese Modellvorstellung läßt sich in der Praxis aus drei Gründen meist nicht verwirklichen, vor allem nicht, wenn Scheidung aus dem Grundtatbestand des § 1565 BGB → Rdnr. 6 begehrt wird. Erstens lassen sich die zahllosen Einzelelemente des zu ermittelnden Sachverhalts nicht in ehefeindliche und ehefreundliche zerlegen. Zweitens ist der Fall, daß sich der aktive Teil eines Gerichtsverfahrens gegen die Ermittlung und Berücksichtigung von Tatsachen wehrt, die sein Verfahrensziel fördern würden, äußerst selten. Wie das fast völlige Fehlen von veröffentlichten Gerichtsentscheidungen zu Abs. 2 zeigt, funktioniert die Ermittlungstätigkeit des Gerichts im Zusammenspiel mit der Ausübung des richterlichen Fragerechts zufriedenstellend und ohne ein dem Antragsteller unwillkommenes Eindringen in Einzelheiten seines Ehelebens. Drittens und letztens steht der Sinn des Absatzes 2, die Intimsphäre des Antragstellers zu schützen, einer amtswegigen Erforschung[10] und Berücksichtigung[11] von Tatsachen, die einen Zerrüttungsvermutungstatbestand ausfüllen, nicht im Wege.

4   Eine ganz andere Frage ist es, ob der Antragsteller das Gericht durch seinen Antrag zwingen kann, einen Scheidungsantrag entweder abzuweisen oder die Scheidung nur aufgrund eines der Vermutungstatbestände des § 1565 BGB oder umgekehrt nur aus dem

---

[8] *BGH* NJW 1980, 1335, 1337 – Kindschaftssache; *MünchKommZPO-Walter* Rdnr. 13.
[9] FS Beitzke (1979) 267, 275 ff.
[10] A.M. *Linke* FS Beitzke (1979) 267, 288; *Johannsen/Henrich/Sedemund-Treiber*[2] Rdnr. 12.
[11] So selbst *Linke* aaO 189 für überschießende Ermittlungsergebnisse.

Grundtatbestand auszusprechen[12]. Die bloße Tatsache, daß der Antragsteller einen bestimmten Vermutungstatbestand nicht erwähnt, hindert das Gericht aber noch nicht daran, die Scheidung auf ihn zu stützen. Auch wenn der Antragsteller in illusionärer Erfolgsgewißheit seinen Antrag nur auf das Scheidungseinverständnis seines Partners stützt, kann nach §§ 1566 Abs. 2 BGB oder sogar aus § 1565 BGB geschieden werden, wenn die dazu nötigen Feststellungen ohne Verstoß gegen § 616 getroffen worden sind, etwa wenn sie durch den Antragsgegner vermittelt wurden. Eine Antragsänderung ist nie erforderlich, um einen bisher nicht »geltend gemachten« Scheidungs-»tatbestand« ins Spiel zu bringen[13].

Die prozessuale Konstellation in der Handhabung von § 616 ist freilich verschieden, je nach dem ob es sich um eine streitige Scheidung nach dem Vermutungstatbestand von § 1566 Abs. 2 BGB (Rdnr. 5), um eine streitige Scheidung ohne Vermutungsgrundlage (Rdnr. 6), um eine streitige Scheidung gegen die Verteidigung mit der Härteklausel (Rdnr. 7) oder um eine einverständliche Scheidung (Rdnr. 8) handelt → § 624 Rdnr. 18.

2. Die Anwendung von Absatz 2 in den verschiedenen Scheidungsvarianten

a) Im allgemeinen kann das mit einem auf ein **dreijähriges Getrenntleben** gestützten 5
Antrag befaßte Gericht davon ausgehen, daß ihm der Anwalt des antragstellenden Teils alles mitgeteilt hat, was für die Scheidung spricht. Ist dessen Vortrag unschlüssig, so kann es ihm das eröffnen, es braucht aber in aller Regel keine eigenen Ermittlungen anzustellen, ob noch weiteres für die Scheidung sprechendes Material existiert, auch wenn das Gericht theoretisch dazu berechtigt ist, solange der Antragsteller nicht widerspricht. Jedoch muß sich das Gericht auch ohne Rücksicht auf das, was der Antragsgegner vorbringt, vergewissern, ob die Ehegatten wirklich drei Jahre lang getrennt gelebt haben. Widersetzt sich der Antragsgegner ersichtlich der Scheidung, kann das Gericht häufig übereinstimmenden Schilderungen der Parteien vertrauen. Das Gericht muß jedoch den Dingen näher nachgehen, wenn die Darstellung nur wenig substantiiert ist. Insbesondere dann, wenn die Ehegatten behaupten, innerhalb der Ehewohnung getrennt zu leben, muß es sich genau über den Ablauf des normalen Alltags vergewissern. Dazu, wann ein Trennungszustand angenommen werden kann, vgl. Erläuterungswerke zu § 1567 BGB.

Auch eigene Ermittlungen des Gerichts dazu, ob der Antragsteller die häusliche Gemeinschaft deshalb nicht herstellen will, weil er die eheliche Lebensgemeinschaft ablehnt, sind nicht entbehrlich. Diese materielle Scheidungsvoraussetzung (§ 1567 Abs. 1 BGB) läuft materiell gegenüber der bloßen Tatsache, daß ein Ehegatte Scheidungsantrag gestellt hat, nicht leer. Vielmehr muß geprüft werden, ob das Getrenntleben während der gesamten Dreijahresfrist darauf beruhte, daß ein Ehegatte die eheliche Gemeinschaft abgelehnt hat oder nicht. Glaubt das Gericht, die Dreijahresfrist sei noch nicht abgelaufen, so muß es ermitteln, ob die Ehe aus dem Grundtatbestand zu scheiden ist[14], wird aber kaum je unterlassen, den Antragsteller im Sinne von Abs. 2 zuvor zu fragen, was er davon hält.

Widerspricht der Antragsteller den vom Gericht für notwendig erachteten Ermittlungen, so ist nach Beweislastgrundsätzen gegen ihn zu entscheiden → Rdnr. 14.

b) Wird gegen den Willen des Antragsgegners **Scheidung nach dem Grundtatbestand von** 6
§ 1565 BGB begehrt, also ohne daß die Eheleute drei Jahre getrennt gelebt hätten, so ist

---

[12] So *Schlosser* FamRZ 1978, 319, 323; *Johannsen/Henrich/Sedemund-Treiber*[2] Rdnr. 12. – A.M. *Linke* aaO 291.

[13] A.M. aufgrund seiner auf Scheidungs-»tatbestände«- abstellenden Streitgegenstandslehre *MünchKomm-Wolf*[2] § 1565 BGB Rdnr. 100.

[14] A.M. *Linke* aaO 288.

danach zu unterscheiden, ob sie jedenfalls schon ein Jahr lang getrennt gelebt haben oder nicht.

Ist dies nicht der Fall, so kann nach **§ 1565 Abs. 2 BGB** die Ehe nur geschieden werden, wenn ihre Fortsetzung für den Antragsteller aus Gründen, die in der Person des anderen Ehegatten liegen, eine unzumutbare Härte darstellen würde. Wenn der Antragsteller dazu keine Behauptungen aufstellt, hat das Gericht kaum Veranlassung, von Amts wegen Nachforschungen zu betreiben. Wenn ihm jedoch Anhaltspunkte für Vorkommnisse zu Ohren kommen, die die Anwendung der Vorschrift begründen könnten, muß es ihnen nachgehen, solange der Antragsteller nicht widerspricht. Im übrigen aber ist die Ermittlungstätigkeit des Gerichts, was § 1565 Abs. 2 BGB anbelangt, darauf ausgerichtet, nachzuprüfen, ob die vom Antragsteller vorgebrachten Gründe wirklich existieren. Häufig wird sich das Gericht freilich in einer Situation sehen, in welcher sich zahlreiche Behauptungen und Gegenbehauptungen gegenüberstehen. Dann sollte es alles tun, um zu einer einvernehmlichen Interimsregelung zu gelangen, bis die Jahresfrist abgelaufen ist und geräumig terminieren → § 614 Rdnr. 8. Hinsichtlich der Prüfung des Trennungszustandes → Rdnr. 5, s. auch → Rdnr. 3a.E.

Ist die Jahresfrist abgelaufen, so muß das Gericht prüfen, ob die Ehe **gescheitert** ist. Praktisch kann dieser Begriff nur durch Indiztatsachen ausgefüllt werden. Wenn wirklich nach dem Grundtatbestand geschieden werden muß, dann ist allerdings eine gewisse gerichtliche Inquisition über den Zustand der Ehe unvermeidlich. Jedoch ist auch insoweit im Interesse der Schonung der Intimsphäre der Ehegatten und zur Vermeidung einer lange in die nachehelichen Beziehungen hinein wirkenden Vergiftung der Atmosphäre Zurückhaltung angebracht[15]. Angesichts der Hunderte von Elementen, auf denen sich ein Gesamturteil über das Scheitern der Ehe zusammensetzen kann[16], wäre es ein Unding, wenn das Gericht zur Gewinnung eines umfassenden »persönlichen Eindrucks« von den Ehegatten alle Eventualitäten abfragen wollte. Anlaß zur Prüfung, ob außer den vorgebrachten weitere Indiztatsachen existieren, die zur Ausfüllung des Tatbestandsmerkmals »Scheitern der Ehe« geeignet sind, **und darauf zu warten, ob der Antragsteller widerspricht,** wird das Gericht höchst selten haben. Ist die Scheidung als solche umstritten, wird es sich auf die Richtigkeit einvernehmlicher oder nicht bekämpfter Angaben verlassen können. Es braucht auch nicht Sorge zu tragen, daß ihm Dinge vorenthalten bleiben könnten, die der Annahme des Scheiterns der Ehe entgegenstehen. Auch der Zeitpunkt des letzten Geschlechtsverkehrs braucht das Gericht nicht zu interessieren[17]. Umstände, unter denen es gerade in der Krise der Ehe noch einmal zu einem Geschlechtsverkehr gekommen ist, können für die Ehegatten so peinlich (und für die Scheidungsreife gleichwohl ganz unwesentlich) sein, daß insofern eine gerichtliche Nachforschung unterbleiben sollte, wenn der Antragsgegner anwaltlich vertreten ist oder den Eindruck der Unbeholfenheit nicht vermittelt. Im übrigen ist auch in diesem Bereich signifikativ, daß es zum Umfang der gerichtlichen Ermittlungstätigkeit veröffentlichte Gerichtsentscheidungen mit greifbaren Aussagen nicht gibt. Soweit in Rechtsprechung und Literatur die Verpflichtung des Gerichts zur Amtsermittlung betont wird, geschieht dies immer obiter. Die Parteien haben immer ausreichend Tatsachenstoff vorgetragen.

Eine Scheidung nach dem Grundtatbestand setzt nicht den Tatbestand einer »streitigen« Scheidung voraus. Vielmehr können auch beide Ehegatten einen Scheidungsantrag vor Ablauf von drei Jahren Trennungszeit stellen, ohne die in § 630 für eine »einverständliche« Scheidung nötigen Regelungen getroffen zu haben[18]. Auch dann besteht kein Anlaß zu

---

[15] So mit Recht *MünchKomm-Wolf*² § 1565 Rdnr. 46.
[16] Siehe die einschlägigen Kommentierungen zu §§ 1565, z.B. *MünchKomm-Wolf*² Rdnr. 46a ff; *Schwab*² Rdnr. 16 ff.
[17] A.M. *MünchKomm-Wolf*² § 1565 BGB Rdnr. 46.
[18] Heute aM. ausführlich *MünchKomm-Wolf*² § 1565 BGB Rdnr. 57.

besonderem Mißtrauen gegenüber den von den Ehegatten jeweils unwidersprochen aufgestellten Behauptungen. Wenn sich der Antragsgegner nicht energisch gegen die Scheidung wendet, insbesondere einem gegen ihn erhobenen Vorwurf nicht entgegentritt, muß das Gericht freilich prüfen, ob nicht eine einvernehmliche Scheidung lediglich an der Unmöglichkeit einer Einigung über die im § 630 erwähnten Nebenfolgen gescheitert ist. Ist dies wahrscheinlich oder gar dargetan, hat es insoweit seine Vermittlung anzubieten. Hierbei kann es sehr deutlich zum Ausdruck bringen, welche gerichtliche Entscheidung über die Nebenfolgen zu erwarten wäre. Dem steht nicht entgegen, daß es dann eine Tätigkeit in Richtung einer Scheidungserleichterung entfaltet. Sinn des § 630 ist es, den scheidungswilligen Parteien auch die Folgen vor Augen zu führen, die das Auseinandergehen für sie bringen wird. Diesem Anliegen dient auch ein Gericht, das sich um das Zustandekommen einer einvernehmlichen Regelung bemüht. Im übrigen s. § 630 Rdnr. 1

Der Sinn von Absatz 2, nämlich ein unwillkommenes Eindringen in die Intimsphäre der Parteien zu vermeiden, verlangt nicht, den Ablauf einer dreijährigen Trennung unberücksichtigt zu lassen, wenn das Gericht von sich aus Anhaltspunkte dafür findet[19].

c) Das Gesetz hat zwar klar zum Ausdruck gebracht, daß die »**negative Härteklausel**« nur eingreifen soll, wenn »die Ehe gescheitert ist«. Es ist jedoch übertriebener Perfektionismus, daraus zu folgern, ein Scheidungsantrag könne nicht mit der Begründung abgelehnt werden, die Scheidung bedeute auf jeden Fall für den anderen Ehegatten eine unzumutbare Härte, daher könne letztlich dahingestellt bleiben, ob die Ehe überhaupt schon gescheitert sei[20]. Das Argument, das Vorliegen einer außergewöhnlichen Härte könne nicht »isoliert« geprüft werden, ist lebensfremd. Zwangsläufig liegt dem Gericht immer so viel »Prozeßstoff« vor, daß es sich nur um Grenzfälle handeln kann, in denen man Zweifel haben mag, ob die Ehe schon gescheitert ist oder nicht.

7

Ein Ehegatte, der die Scheidung ablehnt, braucht sich nicht im rechtlich qualifizierten Sinne auf § 1568 BGB zu berufen[21]. Soweit das Interesse minderjähriger Kinder eine Anwendung der Härteklausel verlangt, gilt der Amtsermittlungsgrundsatz gänzlich uneingeschränkt[22] Tatsachen, die den Begriff »außergewöhnliche Umstände« im Sinne der zweiten Alternative des § 1568 Abs. 1 BGB ausfüllen, darf das Gericht allerdings nur berücksichtigen, wenn sie der Antragsgegner selbst »vorbringt«. Die bloße Behauptung, der Antragsgegner werde die Scheidung der Ehe als schwere Härte empfinden, reicht als »Vorbringen« im Sinne von Abs. 3 nicht aus[23] und rechtfertigt nicht, ihn als Partei zu vernehmen[24] oder im Rahmen seiner Anhörung nach § 613 gezielt nach mehr Einzelheiten zu forschen. Das Gericht kann einen Ehegatten allerdings über die Existenz der Härteklausel belehren und ihn fragen, ob er dazu etwas vortragen möchte. Auch Beweismittel muß jener Ehegatte »vorbringen«, der an der Anwendung der Härteklausel zu seinen Gunsten interessiert ist. Abs. 3 verlangt daher, anders als Abs. 2, mehr, als daß der geschützte Teil nur nicht widerspricht. Auch wenn er sich nicht äußert, kann das Gericht Tatsachen nicht berücksichtigen, die für die Anwendung der Härteklausel sprechen, selbst dann nicht, wenn sie der Antragsteller selbst vorgetragen haben sollte. Das Gericht darf auch nicht im gut gemeinten Interesse an der Aufrechterhaltung der Ehe tätig werden, weil es sich um eine – ex hypothesi – gescheiterte Ehe handeln muß. Selbst wenn der sich der Scheidung widersetzende Ehegatte ersichtlich auf die Anwendung der

---

[19] *Linke* aaO 288, heute allg. M.
[20] Anders die nahezu allg. M., etwa *MünchKomm-Wolf*[2] § 1568 Rdnr. 73.
[21] *D. Schwab* FamRZ 1976, 491, 506. Heute allg. M. Widersprüchlich *Johannsen/Henrich/Jaeger* Handbuch des Scheidungsrechts[2] § 1568 BGB Rdnr. 37, der eine Obliegenheit postuliert, »diejenigen subjektiven Auswirkungen vorzutragen, die die Feststellung eines schweren «Härteempfindens» ermöglichen«, aber trotzdem eine Berufung auf § 1568 nicht für nötig hält.
[22] *MünchKommZPO-Walter* Rdnr. 16
[23] OLG Zweibrücken FamRZ 1982, 293, 294.
[24] BGH NJW 1981, 2516.

Härteklausel abstellt, darf das Gericht zu ihrer Ausfüllung nicht Tatsachen verwerten oder erforschen, welche dieser Ehegatte nicht vorgebracht hat[25]. Das Gericht kann ihn aber befragen, wenn unklar ist, ob er bestimmte, im Laufe des Verfahrens bekannt gewordene Umstände oder Verdachtsgründe im Rahmen der Anwendung der Härteklausel verwertet wissen will oder nicht.

Im Interesse der Eheerhaltung ist auf Anwaltszwang zum »Vorbringen« von Härteumständen zu verzichten[26] → § 625 Rdnr. 1. Für die jederzeit mögliche »Rücknahme« des Vorbringens eines Härtefalls bedarf es ohnehin keiner anwaltlichen Mitwirkung (allg. M.).

In der Revisionsinstanz ist das Eingreifen der Härteklausel erstmals zu prüfen, wenn die fraglichen Tatsachen feststehen[27]. Ein Verfahrensfehler kann aber darin liegen, daß das Gericht den passiven Teil des Verfahrens nicht über die Möglichkeit belehrt hat, Härtegründe geltend zu machen.

8   d) Wird eine **einvernehmlich beantragte Scheidung** auf § 1566 Abs. 2 gestützt, so ist es Aufgabe des Gerichts vor allem, sich von Amts wegen zu vergewissern, ob die Eheleute tatsächlich bereits ein Jahr getrennt leben. Auch in diesem Bereich ist eine Toleranz gegenüber einer durch verfahrensmäßige Nachlässigkeit bedingten Auflockerung der für eine einvernehmliche Scheidung bestehenden Kautelen → Rdnr. 6 nicht am Platze. Trotzdem ist gegenüber dem erklärten Scheidungswillen oder Scheidungseinverständnis jede Motivforschung ausgeschlossen. Der Sinn des § 1566 Abs. 1 BGB liegt gerade darin, die Intimsphäre der Ehegatten vor gerichtlicher Inquisition zu verschonen und mit dieser Aussicht ein Motiv für privatautonome Scheidungsfolgenregelungen zu setzen[28]. Zum Begriff des Getrenntlebens → Rdnr. 5. Wegen der Nachprüfung zu den nach § 630 verlangten Erklärungen → dort Rdnr. 2 ff. Zur ausländischen lex causae → § 617 Rdnr. 21.

III. Das Verfahren bei Amtsermittlungen

1. Die Verpflichtung des Gerichts zur Amtsermittlung.

9   § 616 Abs. 1 begründet nicht nur die Befugnis zu einer Berücksichtigung von Amts wegen → Rdnr. 91 ff. vor § 128, sondern eine solche zur **Amtsermittlung**. Die Befugnis des Gerichts hängt nicht davon ab, ob der Beklagte (Antragsgegner) einen Abweisungsantrag gestellt hat oder nicht. Das Gericht ist nur dann zur Unterlassung weiterer Ermittlungen berechtigt, wenn seine Überzeugung so gefestigt ist, daß sie durch deren Ergebnis nicht mehr geändert werden kann[29]. Irgendwelche aus dem Gedanken der verbotenen Ausforschung herleitbaren Einschränkungen des Amtsermittlungsgrundsatzes bestehen nicht, soweit es sich tatsächlich um Informationen handelt, die das Gericht zur Entscheidung über den Verfahrensgegenstand benötigt → § 640 Rdnr. 33. Von einem »Ermessen« des Gerichts zu sprechen, wäre daher nicht richtig[30] → § 640 Rdnr. 33 ff. Die Amtsermittlungspflicht des Gerichts schließt das Recht der Parteien, Beweisanträge zu stellen, nicht aus. Diese sind entsprechend § 244 StPO zu behandeln[31] → § 640 Rdnr. 34. Es ist durchaus denkbar, daß einem Beweisantrag einer Partei auch noch unter Umständen stattgegeben werden muß, unter denen das Gericht nicht mehr

---

[25] Anwendungsfall: *BGH* NJW 1981, 2808: Da nur die Gefahr eines erneuten Selbstmordversuchs vorgetragen war, mußten (und durften) die Tatsacheninstanzen auf andere Härtegründe nicht eingehen.
[26] Heute h. M. – A. M. *Johannsen/Henrich/Jäger*[2] § 1568 BGB Rdnr. 38; *MünchKomm-Wolf*[2] § 1564 BGB Rdnr. 60; *Hagena* FamRZ 1975, 391, Fn. 65 – alle aber ohne Vertiefung der Problematik.
[27] *MünchKomm-Wolf*[2] § 1568 BGB Rdnr. 77.
[28] Heute wohl allg. M.
[29] OGHZ 3, 121; BayObLG Rpfleger 1949, 471; *Linke* FS Beitzke (1979) 279. Allg. M.
[30] *Thomas-Putzo*[18] Rdnr. 4; *BayObLG* aaO.
[31] *MünchKommZPO-Walter* Rdnr. 10.

verpflichtet wäre, die Beweisaufnahme von Amts wegen weiter voranzutreiben. Nur unter diesen Voraussetzungen kann eine beantragte Beweisaufnahme von der Leistung eines Auslagenvorschusses abhängig gemacht werden. Die isolierte Revisionsrüge der ungerechtfertigten Ablehnung eines Beweisantrags fällt mit der Rüge mangelnder Aufklärung nicht zusammen.

2. § 616 Abs. 1 verlangt **Anhörung der die Auflösung der Ehe begehrenden Partei**. Schon aus allgemein rechtsstaatlichen Grundsätzen → Rdnr. 20 vor § 128 folgt, daß von Amts wegen ermittelte Tatsachen der Entscheidung nicht zugrundegelegt werden dürfen, ohne daß die Parteien vorher dazu Gehör gehabt hätten. Von persönlichen Angaben einer Partei muß das Gericht etwa den Gegner dann (aber auch nur dann) in Kenntnis setzen, wenn es sie bei der Urteilsfindung berücksichtigen will[32]. Die Anhörung nach Abs. 1 und jene nach § 613 sind nicht zu verwechseln. Dem Abs. 1 ist auch Genüge getan, wenn der Anwalt der Partei Gelegenheit zur Stellungnahme hat. Die anwaltlich nicht vertretene Partei kann im Sinne von Abs. 1 nicht angehört werden. Gerade deshalb ist ihr aber unter Mitteilung von Amtsermittlungsabsichten oder (vor allem) Ermittlungsergebnissen Gelegenheit zu geben, einen Anwalt zu bestellen, oder ihr erneutes persönliches Erscheinen im Sinne von § 613 anzuordnen → § 613 Rdnr. 5. Eine Verletzung des Anspruchs auf rechtliches Gehör begründet die Revision → Rdnr. 50 f. vor § 128. Eine loyale Anwendung von § 616 erfordert es im übrigen, daß eine Partei, welcher möglicherweise ein Widerspruchsrecht nach Abs. 2 zusteht, schon angehört wird, bevor das Gericht zur Amtsermittlung schreitet. Widerspricht sie, so hat das Gericht sein Vorhaben aufzugeben. Führt die Amtsermittlung zur Anwendung eines neuen rechtlichen Gesichtspunktes (anderer Vermutungstatbestand; streitige statt einverständliche Scheidung oder umgekehrt), so ist § 278 III anwendbar[33].

10

3. § 616 gilt auch in der **Berufungsinstanz**. Für eine Anwendung der §§ 525, 536 ist nur insoweit Raum, als in erster Instanz über mehrere Streitgegenstände entschieden wurde → § 610, 611, jeweils Rdnr. 2 ff., also nach der hier vertretenen Meinung nicht, wenn es nur um die Scheidung der Ehe ging. In der Revisionsinstanz ist für eine Anwendung der Vorschrift kein Raum[34]. Für die Bindung des Revisionsgerichts an tatsächliche Feststellungen gelten die allgemeinen Grundsätzen → § 561 Rdnr. 25. § 616 gilt aber wiederum im **Wiederaufnahmeverfahren** einschließlich der Feststellungen zum Vorliegen eines Wiederaufnahmegrundes[35].

11

4. Die **Berücksichtigungsfähigkeit von Tatsachen** findet, auch was das Amtsermittlungsgebot anbelangt, ihre **Grenze am Verfahrensgegenstand**. Bedeutung hat dies wegen der Globalität des Gegenstandes eines Scheidungsverfahrens → § 611 Rdnr. 2 aber nur, wenn es um Aufhebungs-, Nichtigkeits- oder Feststellungsklagen geht → § 611 Rdnr. 4, 5, 6, dann aber auch hinsichtlich der Einengung, die der Verfahrensgegenstand gegebenenfalls im Berufungsverfahren annimmt[36]. Sind Klage und Widerklage abgewiesen und hat nur der Kläger Berufung eingelegt, so kann über die Widerklage nicht mehr verhandelt werden → § 610 Rdnr. 8, 13.

12

5. § 616 Abs. 2 und 3 zeigen, daß die Berücksichtigung mancher Tatsachen auch im Eheprozeß der Parteidisposition unterliegt. Daher sind in diesem Bereich auch **vertragliche Beweisbeschränkungen** → Rdnr. 237 vor § 128, § 286 Rdnr. 133 ff. möglich[37]. Die Parteien können vereinbaren, bestimmte, den Zustand des Scheiterns der Ehe oder der Anwendbar-

13

---

[32] *RG* HRR 1941, Nr. 139.
[33] *OLG Frankfurt* FamRZ 1985, 823 (Nr. 423).
[34] *RGZ* 44, 354 f.
[35] *Schlosser* Gestaltungsklagen und Gestaltungsurteile (1968) 230 f., 352.
[36] *RGZ* 126, 302; *OGHZ* 1, 18; SchlHA 1950, 241.
[37] *Schlosser* Einverständliches Parteihandeln im Zivilprozeß (1968), § 3 I, II, § 11.

keit der Härteklausel belegende Umstände im Prozeß nicht geltend zu machen – freilich nur, nachdem solche Umstände schon eingetreten sind. Es gilt das gleiche Rechtsprinzip wie zum Verzicht auf die Geltendmachung von »Scheidungsgründen« → § 617 Rdnr. 4.

14   6. **Die Verteilung der objektiven Beweislast** richtet sich nach allgemeinen Grundsätzen[38]. Ist etwa eine hinreichend lange Dauer der Trennung der Ehegatten nicht bewiesen, so geht dies zu Lasten des die Scheidung begehrenden Teils. Auch im Verfahren mit Amtsermittlung ist für die Anwendung der Grundsätze über den Anscheinsbeweis Raum[39]. Nur ist das Gericht dadurch nicht von der Verpflichtung entbunden, zunächst alles zu tun, um den Sachverhalt erschöpfend aufzuklären. Im Falle der Beweisvereitelung durch eine Partei kann sich die Beweislast umkehren → § 640 Rdnr. 33.

15   7. Das Unterbleiben hinreichender Aufklärung ist ein Verfahrensmangel, der mit Rechtsmitteln gerügt werden kann[40]. Da die Amtsermittlung nicht im Ermessen des Gerichts steht → Rdnr. 9, obliegt dem Rechtsmittelgericht nicht nur eine Ermessensmißbrauchskontrolle.

§ 617   [Parteidispositionsakte]

Die Vorschriften über die Wirkung eines Anerkenntnisses, über die Folgen der unterbliebenen oder verweigerten Erklärung über Tatsachen oder über die Echtheit von Urkunden, die Vorschriften über den Verzicht der Partei auf die Beeidigung der Gegenpartei oder von Zeugen und Sachverständigen und die Vorschriften über die Wirkung eines gerichtlichen Geständnisses sind nicht anzuwenden.

Gesetzesgeschichte: Rdnr. 1 ff. vor § 606, § 577 CPO, RGBl. 98 I 410 (§ 617), 33 I 821, 38 I 923, BGBl. 76 I 1421.

I. Systematische Stellung der Vorschrift

1   §§ 616 f. regeln die Tragweite des Dispositionsgrundsatzes → vor § 128 Rdnr. 68 ff. und des Verhandlungsgrundsatzes → vor § 128 Rdnr. 75 ff., wenn auch leider in systematisch mißlungener Weise → § 616 Rdnr. 1 und bezüglich der Dispositionsmaxime auch gänzlich unvollständig.

II. Die Dispositionsmaxime im Eheverfahren

2   Über die Geltung der Dispositionsmaxime im Eheverfahren gibt es nur die eine in § 617 enthaltene Sonderbestimmung über Anerkenntnisse. Jedoch hat die besondere Natur dieses Verfahrens Auswirkungen auch auf sonstige prozeßerledigende Dispositionsakte → Rdnr. 3 ff. Zur Geltung der Dispositionsmaxime im übrigen → § 616 Rdnr. 12 (Bindung an Anträge der Parteien), § 610 Rdnr. 8, 9 (Klageänderung). Bei ausländischer lex causae ist der Anwendungsbereich der Vorschrift in dem Maße eingeschränkt, als das ausländische Recht Dispositionen über die Ehe erlaubt → Rdnr. 21.

---

[38] *Rosenberg-Schwab* Beweislast[5] 32; *MünchKommZPO-Walter* Rdnr. 11.
[39] *Tietgen* Juristentagsgutachten (1966) Teil 2 B 84; *RGZ* 163, 245 (wenn der klagende Teil die eheliche Gemeinschaft verlassen hat, habe dies eine tatsächliche Vermutung dafür begründet, daß er die Zerrüttung im Sinne von § 48 Abs. 2 EheG a. F. verschuldet habe). – A.M. *Bergerfurth* FamRZ 1966, 340 ff., der aus § 622 a. F. zu Unrecht schloß, nur bei Wahrunterstellung ehefreundlicher Tatsachen könne der Richter auf den Anscheinsbeweis zurückgreifen.
[40] *OLG Hamm* FamRZ 1990, 166, 167; allg. M.

1. Die Vorschriften über die Wirkungen eines **Anerkenntnisses** (§ 307) sind unanwendbar. Ein Anerkenntnis schließt also die richterliche Nachprüfung der Berechtigung der Klage oder des Scheidungsantrags nicht aus. Es ist nur ein frei zu würdigendes → § 286 Rdnr. 10ff. Element aus den Grundlagen der richterlichen Überzeugungsbildung. §§ 93, 99 Abs. 2 sind unanwendbar[1]. Erkennt der Antragsgegner im Scheidungsverfahren an, so schließt er sich damit dem Scheidungsantrag im Sinne von § 630 an. Nicht zu verwechseln mit dem Anerkenntnis des Klageanspruchs ist die sogenannte Anerkennung der Ehe, d.h. die Erklärung, eine aufhebbare Ehe fortsetzen zu wollen. Solche jeweils in den Absätzen 2 von §§ 30 bis 35 EheG vorgesehenen Erklärungen können wirksam auch im Eheprozeß abgegeben werden.

2. Ein **Verzicht** ist dagegen nicht ausgeschlossen. Er bewirkt, daß die Scheidungsvoraussetzungen (»das Scheidungsrecht« → § 611 Rdnr. 2) neu entstehen müssen, um einen erneuten Scheidungsantrag erfolgversprechend werden zu lassen, daß also im praktischen Ergebnis die Trennungsfristen des § 1565 BGB neu zu laufen beginnen[2]. Mit dieser Wirkung kann auch außerhalb eines Eheverfahrens auf bereits entstandene oder tatbestandlich teilweise entstandene Scheidungsrechte verzichtet werden. Eine Vereinbarung, befristet kein Scheidungsverfahren gegeneinander einzuleiten, können die Eheleute aber nicht wirksam treffen[3]. Zum Teilverzichtsurteil → § 610 Rdnr. 11. Zum **Rechtsmittelverzicht** → § 514 Rdnr. 5.

3. Die Vorschriften über die **Klagerücknahme** erfahren für den Eheprozeß keine Abweichungen. Die förmliche Anhörung oder Vernehmung des Antragsgegners nach § 613 ist keine mündliche Verhandlung im Sinne von § 269 Abs. 1[4]. Stellt der ursprünglich scheidungsinteressierte Ehegatte nach wirkungsloser Antragsrücknahme keinen Scheidungsantrag mehr, so ist, wie auch sonst im Verfahren nach einer unwirksamen Klagerücknahme → § 269 Rdnr. 17, der Antrag abzuweisen. Wenn der andere Ehegatte inzwischen selbst an der Scheidung interessiert ist, muß er (und kann er) selbst Scheidungsantrag stellen[5]. Lehnt er seine Zustimmung zur Antragsrücknahme ab, so besteht sogar Veranlassung, ihn nach § 139 zu befragen, ob er damit selbst einen Scheidungsantrag stellen will. Zum Rückzug eines gemeinsam gestellten Scheidungsantrags durch einen der Ehegatten → § 630 Rdnr. 10.

Auch im Eheverfahren können die Parteien durch einvernehmliche Erklärung den Rechtsstreit nach § 91a **in der Hauptsache für erledigt erklären**. Irgendwelche sachlichen Überprüfungen des erledigenden Ereignisses stehen dem Gericht dann nicht zu, auch nicht im Nichtigkeitsverfahren. Erklärt nur eine Partei den Rechtsstreit in der Hauptsache für erledigt, so gelten ebenfalls die allgemeinen Grundsätze → § 91a Rdnr. 37ff. Im Scheidungsverfahren ist freilich schwer erfindlich, wie sich das Begehren materiell erledigt haben könnte, obwohl der Antragsgegner scheidungswillig ist und daher seine Zustimmung zur Erledigungserklärung oder zur Klagerücknahme verweigert. Ein Beispiel ist die zwischenzeitliche Nichtigerklärung der Ehe (OLG Düsseldorf, FamRZ 1992, 960) – ein anderes ergäbe sich, wenn man entgegen dem hier vertretenen Standpunkt → § 606a Rdnr. 3 die international wirkende perpetuatio fori nicht anerkennen wollte.

---

[1] *OLG Frankfurt* FamRZ 1984, 1123.
[2] *BGHZ* 97, 304 = NJW 1986, 2046, 2047 = FamRZ 656. Allg. M. Verzichtsurteil ergeht auch dann, wenn Antrag nach § 306 nicht gestellt wird, *OLG Karlsruhe* FamRZ 1980, 1121 → § 306 Rdnr. 14.
[3] *BGH* aaO. Heute wohl allg. M. Ausführliche Darstellung in *MünchKomm-Wolf*[2] § 1564 Rdnr. 22ff.
[4] *OLG Karlsruhe* FamRZ 1979, 63; *OLG Köln* FamRZ 1985, 1060.
[5] *OLG Frankfurt* FamRZ 1982, 809; h.M. – A.M. *MünchKomm-Wolf*[2] § 1564 BGB Rdnr. 42.

III. Der Prozeßvergleich insbesondere

6 1. Ein Prozeßvergleich hat **unmittelbar prozeßbeendigende Wirkung** sicherlich dann, wenn in ihm eine Klage oder ein Rechtsmittel zurückgenommen wird[6]. Wie aber auch sonst ein Prozeßvergleich ohne Klagerücknahmeerklärung und ohne Rücksicht auf die Existenz eines vollstreckungsfähigen Inhalts prozeßerledigende Wirkung hat, muß er dies auch in Ehesachen haben können, wenn privatautonom zulässige Regelungen getroffen werden und die Parteien zu erkennen geben, daß sie das Verfahren damit insgesamt als erledigt betrachten[7]. Das wird regelmäßig der Fall sein, wenn die Parteien erklären, die Ehe fortsetzen zu wollen. Nur wenn man eine unmittelbar prozeßbeendende Wirkung annimmt, kann die im Vergleich getroffene Kostenregelung Grundlage einer Kostenfestsetzung sein[8]. Ein Vergleich kann aber auch in Richtung Eheauflösung getroffen werden, wenngleich dadurch noch keine Verfahrenserledigung eintritt. Nur die Eigenschaft als Vollstreckungstitel hat der Vergleich lediglich dann, wenn er zur unmittelbaren Erledigung eines Verfahrensgegenstandes führt. Wirksam und bindend sind gerichtlich protokollierte vergleichsweise Abmachungen auch darüber hinaus. Ein Ehegatte kann vergleichsweise seine Zustimmung zur Scheidung erteilen[9].

7 2. Vergleiche[10] werden im allgemeinen **für den Fall der Ehescheidung** geschlossen und sollen die **nachehelichen Beziehungen** regeln.

8 a) Ist ein **Folgeverfahren nach § 623 bereits anhängig**, so kann der Vergleich dessen Erledigung dienen, soweit die Parteien über den Streitgegenstand dispositionsbefugt sind. Dies ist wegen der Regelung des elterlichen Sorgerechts und des Umgangsrechts nicht der Fall[11] → § 621a Rdnr. 42. Selbst wenn sich die Parteien insoweit »vergleichsweise« auf einen gemeinsamen Vorschlag einigen, macht dies eine Entscheidung des Gerichts nicht überflüssig → § 627 Rdnr. 1. Jedoch ist ein Vergleich unter der Bedingung einer bestimmten Sorgerechtsentscheidung möglich. Eine vergleichsweise Erledigung des Versorgungsausgleichs ist nur möglich, soweit § 1587o BGB Vereinbarungen über ihn zuläßt. Anwaltszwang → Rdnr. 10.

9 b) Enthält der Vergleich auch nur *Regelungen zu einem Gegenstand*[12], *der als Folgesache anhängig* ist, so kann er auch Vereinbarungen beliebigen anderen Inhalts haben, sofern sie den Rahmen möglicher Parteidisposition nicht sprengen. § 610 Abs. 2 → dort Rdnr. 15 steht der vergleichsweisen Einbeziehung von vermögensrechtlichen Ansprüchen, die keine Folgesachen sind, nicht entgegen[13]. Anwaltszwang → Rdnr. 10.

10 c) Ist ein **Folgeverfahren noch nicht anhängig** oder bezieht sich die vergleichsweise Regelung auf keines der anhängigen Folgeverfahren, so wird die Anhängigkeit mit dem Vergleichsschluß selbst begründet. Um ein Folgeverfahren anhängig zu machen, genügt nämlich der erkennbare Wille, es anhängig machen zu wollen → § 623 Rdnr. 9. Diesen Willen muß man im Vergleichsschluß zum Ausdruck gebracht sehen, wenn anders eine vergleichsweise Erledigung der Sache scheitern würde. Jedoch braucht es die Annahme der Eröffnung und gleichzeitigen Erledigung einer Folgesache nicht, wenn der gesamte Vergleich auch der Erledigung des Scheidungsverfahrens dient, etwa weil in ihm die Zustimmung des Antragsgegners zur Scheidung enthalten ist → Rdnr. 6[14]. Der Zweck von § 610 Abs. 2 steht einer vergleichswei-

---

[6] *OLG Düsseldorf* JR 1951, 443f; *Tschischgale* JR 1951, 427.
[7] *MünchKommZPO-Walter* Rdnr. 9.- A. M. *Zöller-Philippi*[17] Rdnr. 5.
[8] *MünchKommZPO-Walter* Rdnr. 9.
[9] *MünchKommZPO-Walter* Rdnr. 8.
[10] Lit.: *Jost* Anwaltszwang und einverständliche Scheidung NJW 1980, 327.
[11] *OLG Schleswig* SchlHA 1980, 79.

[12] Dies ist unabdingbare Voraussetzung: KG RPfleger 1978, 328f.
[13] *OLG Düsseldorf* NJW 1967, 2415. – A.M. anscheinend *OLG Hamm* NJW 1967, 1430, 1431 – beide Entscheidungen zur Einbeziehung vermögensrechtlicher Regelungen in einen im Verfahren nach altem Recht geschlossenen Vergleich.
[14] So mit Recht schon auf der Grundlage des früheren Rechts *J. Blomeyer* Rpfleger 1972, 385, 386f.

sen Miterledigung anderer als Ehesachen nicht im Wege. Kommt es zu Streitigkeiten über die Wirksamkeit des Vergleichs, kann alles, was nicht Ehesache ist, abgetrennt werden. Da heute Folgesachen ausnahmslos dem Anwaltszwang unterstehen → § 78 Abs. 1 S. 2, ist die frühere Streitfrage zum **Anwaltszwang** bei gerichtlichen Scheidungsfolgevergleichen im Sinne seiner Geltung entschieden.

Ist die Ehesache bereits rechtskräftig entschieden, so kann durch Protokollierung von Folgenregelungen ein Prozeßvergleich nur dann zustandekommen, wenn eine Folgesache abgetrennt war, als deren Erledigung der Prozeßvergleich gedacht werden kann[15]. Siehe auch → § 630 Rdnr. 3 ff.

d) Für die Zulässigkeit eines Prozeßvergleichs ist es also nicht nötig, sich ihn als im **Verfahren der einstweiligen Anordnung** zustandegekommen vorzustellen, es sei denn, daß durch ihn nur der Trennungsunterhalt geregelt wird, der keine Folgesache ist → § 623 Rdnr. 3. Auch der Anwaltszwang → Rdnr. 10 könnte durch eine solche Konstruktion nicht umgangen werden, weil der Vergleich nur in mündlicher Verhandlung geschlossen werden kann, für welche Anwaltszwang auch im Verfahren der einstweiligen Anordnung besteht → § 620 a Rdnr. 7, 8. Den Parteien bleibt es aber unbenommen zu erklären, sie wollten den Vergleich zur Beilegung eines einstweiligen Anordnungsverfahrens schließen. Zur gebührenrechtlichen Konsequenz der Nr. 1120 des Kostenverzeichnisses zum GKG und von § 41 Abs. 3 BRAGO → § 620 g Rdnr. 5. Immer kann auch nach einem spontan in der Verhandlung gestellten, nicht von vornherein abwegigen Prozeßkostenhilfeantrag ein Vergleich ohne Anwaltsmitwirkung geschlossen werden[16], § 118 Abs. 1 S. 3 2. Hs. Die Parteien können aber auch in einem dem Scheidungsverfahren vorgeschalteten, isolierten familiengerichtlichen Verfahren einen Vergleich (über alle anstehenden Probleme) für den Fall der Scheidung schließen[17]. Zum Anwaltszwang für einen die »einvernehmliche Scheidung« ermöglichenden Titel → § 630 Rdnr. 8. 11

e) In **Ehesachen, die keine Scheidungssachen sind** und für die das Verbundverfahren nicht zur Verfügung steht, kann allerdings ein Vergleich über die Folgen des in der Ehesache zu erwartenden Urteils nur als im einstweiligen Anordnungsverfahren zustandegekommen gedacht werden[18]. 12

3. Schwierig zu bestimmen ist die Struktur eines **Vergleichs über den Unterhaltsanspruch minderjähriger Kinder.** Ist Scheidung beantragt, so kann nach §§ 1629 Abs. 3 BGB der Unterhaltsanspruch des minderjährigen Kindes nur in Prozeßstandschaft geltend gemacht werden → § 621 Rdnr. 20. Das bedeutet, daß auch eine vergleichsweise Regelung, die nach § 1629 Abs. 3 S. 2 BGB für und gegen das Kind wirkt, nur von den Eltern getroffen werden kann. 13

a) Die Vorschrift dient der Vereinfachung der Geltendmachung und Regelung von Unterhaltsansprüchen für **die beschränkte Zeit des Scheidungsverfahrens.** Da der Ehegatte immer im eigenen Namen und nicht als gesetzlicher Vertreter des Kindes auftritt, ist eine **Genehmigung des Vormundschaftsgerichts nach § 1822 Nr. 12 BGB** nicht nötig. Solange über den Eheprozeß nicht rechtskräftig entschieden ist, kommt eine Umschreibung des Titels → § 620 Rdnr. 6 auf das Kind nicht in Betracht. Die Einführung einer gesetzlichen Prozeßstandschaft bezieht sich auch auf die Zwangsvollstreckung. 14

b) Jedoch endet die Prozeßstandschaft mit Rechtskraft des Urteils, welche die Ehe auflöst oder für nichtig erklärt. Ein Vergleich wird indes zweckmäßigerweise auch Regelungen **für die Zeit über den Scheidungsprozeß hinaus** enthalten. Auch für solche Regelungen ist die Verbin- 15

---

[15] BGHZ 15, 190, 192.
[16] OLG Hamburg FamRZ 1988, 1299.
[17] Jost aaO 330.
[18] BGHZ 15, 192; 48, 346 – allg. M.

Schlosser IV/1993

dung von Prozeßstandschaft des Ehegatten und Dispens von § 1822 Nr. 12 BGB gerechtfertigt. Ist die Prozeßstandschaft mit Rechtskraft des Eheauflösungsurteils erloschen, dann wird das Kind selbst wieder prozeßführungsbefugt. Für dann noch nötige Zwangsvollstreckungen aus dem Titel kann der Vergleich daher auf das Kind umgeschrieben werden → § 621 Rdnr. 20.

16   4. Ist in einem die Scheidungs- und Folgesache insgesamt erledigendem Vergleich eine **Kostenregelung** enthalten, so ist diese abschließend. Für eine Entscheidung des Gerichts nach § 93a ist dann kein Raum mehr. Teilvergleich → § 98 Rdnr. 2. Da entgegen weit verbreiteter Ansicht[19] nicht einzusehen ist, warum die Parteien nicht einen Teilvergleich nur über die Verfahrenskosten sollten schließen können, können sie auch einen Vergleichstitel für die gesamten Verfahrenskosten schaffen, wenn die Ehesache und einzelne Folgesachen durch ihren Vergleich nicht erledigt werden.

17   **5. Die Wirkungen eines Vergleiches** richten sich nach den allgemeinen Grundsätzen. Das gilt sowohl für die Vollstreckungswirkung[20] als auch hinsichtlich des Prozeßbeendigungseffekts. Als Prozeßvergleich ist eine gerichtlich protokollierte Vereinbarung immer schon dann Vollstreckungstitel, wenn sich durch sie auch nur eine der Folgesachen erledigt hat. Obwohl häufig der Vergleich erst Regelungen für die Zeit ab Rechtskraft des Scheidungsurteils enthält, ist er für die Zwangsvollstreckung hinreichend bestimmt → § 726 Rdnr. 3. Nicht hingegen genügt eine in dem Vergleich enthaltene Auflassungserklärung den Erfordernissen von § 925 Abs. 2 BGB[21]. Die Parteien können aber mit der Protokollierung warten, bis der Scheidungsausspruch kraft Rechtsmittelverzichts rechtskräftig ist und dann in dem abgetrennten Folgeverfahren eine unbedingte Auflassung erklären[22]. Wird später geltend gemacht, ein Scheidungsfolgenvergleich sei in einigen Punkten oder insgesamt unwirksam, so ist das Verfahren vor dem Familiengericht als nachhängende Scheidungsfolgensache weiterzubehandeln, wenn und soweit der Gegenstand des Vergleichs unter den Katalog von § 621 fällt. Andernfalls ist das Verfahren auf Antrag an das zuständige Gericht zu verweisen. Die eventuelle Unwirksamkeit eines Vergleiches kann, solange das Scheidungsverfahren noch anhängig ist, auch im Nebenverfahren nach §§ 620 ff. (summarisch) überprüft werden.

IV. Die Verhandlungsmaxime im Eheverfahren

18   Die Regelungen, welche § 617 über die Parteidisposition zum Prozeßstoff enthält, und welche für alle im Verfahren wesentlichen Tatsachen einschließlich der Prozeßvoraussetzungen und der Wahrung der Klagefrist nach § 35 EheG gelten, sind folgende:

19   1. Ausgeschlossen ist die Anwendbarkeit der Vorschriften über die Folgen **unterbliebener oder verweigerter Erklärungen über Tatsachen** und über die Echtheit von Urkunden. Gemeint sind §§ 138, 439. § 531 bleibt unberührt, weil er gerade für das Berufungsverfahren selbst die Weiterwirkung der Folgen aus den genannten Vorschriften ausschließt. Das Gericht hat also in jedem Fall das Schweigen einer Partei frei zu würdigen.

20   2. Ausgeschlossen sind weiter die Vorschriften über den **Verzicht auf die Beeidigung** der Gegenpartei und von Zeugen und von Sachverständigen. Das sind die §§ 452 Abs. 3, 391, 410. Die Entschließung über die Beeidigung steht daher ausschließlich im Ermessen des

---

[19] S. Erl. § 98.
[20] Dazu näher *J. Blomeyer* Rpfleger 1972, 385, (388 f.)
[21] *BayObLG* Rpfleger 1972, 40; *LG Stuttgart* Justiz 1967, 218; *J. Blomeyer* Rpfleger 1972, 385, 387.
[22] So mit Recht *J. Blomeyer* aaO.

Gerichts → § 452 Abs. 1, § 391. Nicht ausgeschlossen ist die Anwendung von § 404 Abs. 4, wonach das Gericht an die Einigung der Parteien über die Person eines Sachverständigen gebunden ist. Das Gericht ist aber ohnehin in der Lage, erforderlichenfalls von sich aus zusätzliche andere Sachverständige heranzuziehen → § 404 Rdnr. 32 ff. Auch § 377 Abs. 4 gilt.

3. Die Wirkungen eines **gerichtlichen Geständnisses**[23] sind in beiden Richtungen ausgeschlossen, sowohl hinsichtlich der Bindung des Gerichts als auch bezüglich derjenigen der Parteien → §§ 288 Rdnr. 2 f, 290, 532. Ein Geständnis ist also ebenso wie das Schweigen einer Partei lediglich ein Beweismittel, dessen Wert nach § 286 frei zu würdigen ist → § 288 Rdnr. 17 f. Das Gericht kann ihm also je nach den Umständen ebenso volle Beweiskraft beimessen wie jeden Beweiswert versagen[24]. Geständnissen über ehefreundliche Tatsachen muß man aber in entsprechender Anwendung von § 616 Abs. 2 bei Aufhebungs-, Scheidungs- und Herstellungsverfahren die sonst von Gesetzes wegen ihnen zukommenden Wirkungen beimessen[25]. Ebenso ist ein Geständnis verbindlich, wenn es nach der auf die Scheidung anwendbaren ausländischen Rechtsordnung verbindlich ist[26].

§ 618 [Verbot des Aufschubs der Zustellung]

§ 317 Abs. 1 Satz 3 gilt nicht für Urteile in Ehesachen.

Gesetzesgeschichte: Eingefügt durch die Vereinfachungsnovelle 1976 (BGBl. I 3281) anstatt des obsolet gewordenen § 625 a. F.

Die früher in § 625 a. F. enthaltene spezielle Anordnung für Ehesachen, daß alle Urteile von Amts wegen zuzustellen seien, ist durch die Vereinfachungsnovelle überflüssig geworden. Nach § 317 Abs. 1 i.V.m. § 270 Abs. 1 ist die Zustellung von Amts wegen generell eingeführt worden. Um in Übereinstimmung mit dem bisherigen Rechtszustand in Ehesachen den alsbaldigen Eintritt der Rechtskraft oder die Fortsetzung im höheren Rechtszug sicherzustellen, war es nur erforderlich, den nach § 317 Abs. 1 S. 3 auf Antrag beider Parteien sonst möglichen Aufschub der Zustellung und die damit in der Sache verbundene Verlängerung der Rechtsmittelfristen auszuschließen[1]. Die Vorschrift gilt für alle Urteile in Ehesachen → Rdnr. 5 bis 14 vor § 606, gleichgültig, ob die Entscheidung der Klage bzw. dem Antrag stattgibt oder sie abweist oder ob ein Rechtsmittel Erfolg oder Mißerfolg hat.

Wegen der entsprechenden Anordnung für sonstige Familiensachen → § 621 c.

§ 619 [Tod eines Ehegatten]

Stirbt einer der Ehegatten, bevor das Urteil rechtskräftig ist, so ist das Verfahren in der Hauptsache als erledigt anzusehen.

Gesetzesgeschichte: Eingeführt durch RGBl. 98, 256 (§ 628). Änderung BGBl. 76 I 1421.

---

[23] Zum österreichischen Recht *Simotta* FS Kralik (1986) 329 ff.
[24] *RG* HRR 1930 Nr. 1868.
[25] A.M. *Prütting* ZZP 91 (1978), 197, 203 Fn. 20.
[26] *Coester-Waltjen* Internationales Beweisrecht (1983) Rdnr. 601 ff. m. zahlr. rvgl. Hinweisen.

[1] Regierungsentwurf zur Vereinfachungsnovelle BT-Drucks 7/2729 S. 94 f; Bericht und Antwort des Rechtsausschusses des Bundestags zur Vereinfachungsnovelle BTDrucks 7/5250 S. 12.

I. Der Tod eines Ehegatten vor Rechtskraft[1]

1. Scheidungsklage, Aufhebungsklage, Herstellungsklage

1 a) Das mit dem *Scheidungsantrag* oder der *Aufhebungsklage* erstrebte Ziel der Auflösung der Ehe könnte zwar nicht mehr voll erreicht werden, wenn vor dem Zeitpunkt, in dem die Auflösung in Wirksamkeit treten würde, die Ehe durch den Tod eines der Ehegatten aufgelöst ist. Denkbar wäre aber ein zweiter Gestaltungsakt im Sinne der Lehre von »Doppelwirkungen im Recht«, was hinsichtlich gewisser Nebenfolgen unterschiedlicher Eheauflösungsarten von praktischer Bedeutung sein könnte → Rdnr. 14 c vor § 606. § 619 ist daher keine Konzession an das materielle Recht, sondern eine eigenständige rechtspolitische Entscheidung zugunsten der automatischen Beendigung des anhängigen Rechtsstreits in der Hauptsache[2]. Für ein statthaftes Rechtsmittel fehlt es auch dann an einem gesetzlichen Rechtsmitteltatbestand, wenn eine (noch nicht rechtskräftige) Entscheidung ergangen ist[3]. Soweit es sich um vermögensrechtliche *Nachwirkungen* der Ehe handelt, die von der Berechtigung zur Scheidung abhängen, wie insbesondere nach BGB §§ 1933, 2077, 2268, 2279, muß im gewöhnlichen Verfahren darüber verhandelt und entschieden werden, wobei über die Ehefragen nach Maßgabe des vor § 606 Rdnr. 23 Ausgeführten als Vorfrage zu befinden ist. Zur Fortführung des Verfahrens wegen einer Folgesache → unten Rdnr. 5.

2 b) Die Unzulässigkeit eines über die Ehe befindenden Sachurteils steht aber nicht auch einer **Klageabweisung aus verfahrensrechtlichen Gründen** – insbesondere mangels Prozeßfähigkeit, gesetzlicher Vertretung oder Zuständigkeit – entgegen. Sinn von § 619 ist: Den Streit über höchstpersönliche Rechtsbeziehungen nicht über den Tod der Ehegatten hinaus fortzusetzen. Diesem Anliegen steht eine Fortsetzung des Streits um die Zulässigkeit der Eheaufhebungsklage ebensowenig entgegen[4] wie eine Klagerücknahme[5]. Eine Rechtsmittelrücknahme nach dem Tod eines Ehegatten durch dessen Erben oder den anderen Ehegatten ist hingegen nicht möglich, weil dies dem Zweck des § 619 zuwider das Scheidungsurteil rechtskräftig werden ließe[6]. Mit dem Ziel einer Prozeßabweisung kann auch der Rechtsnachfolger des verstorbenen Beklagten oder Antragsgegners den unterbrochenen oder ausgesetzten Rechtsstreit → Rdnr. 14 aufnehmen[7]. Ergibt sich entgegen der Rechtsbehauptung des überlebenden Ehegatten, daß Antrag, Klage oder Rechtsmittel doch zulässig war, dann ist wie → Rdnr. 15 zu verfahren.

Auch ein Scheidungsurteil wird erst rechtskräftig, wenn eine unzulässige Revision verworfen wird → § 629a Rdnr. 22. Stirbt ein Ehegatte nach Einlegung einer unzulässigen Revision, so wird der andere verwitwet[8]. Daher gibt es auch keinen Sinn, den Rechtsstreit mit dem Ziele weiterzuführen, die Revision für unzulässig zu erklären[9].

3 c) Ist der *Tod nach Erlaß einer Entscheidung* eingetreten, so ist diese in der Hauptsache wirkungslos[10], muß also nicht (und kann auch nicht → Rdnr. 1) angefochten werden, damit die Erledigung nach § 619 eintritt. Einstweilige Anordnungen → § 620f, Rdnr. 12. Für den Fall

---

[1] Lit.: *Jauernig* Tod eines Ehegatten vor Beginn, während oder nach Abschluß eines Eheprozesses FamRZ 1961, 98ff.
[2] So mit Recht *de Boor* Zur Lehre vom Parteiwechsel und vom Parteibegriff (1941), 117ff.
[3] *BGH* FamRZ 1981, 245 = NJW 686.
[4] BGHZ 43, 239, 242 = NJW 1965, 1274; *BGH* NJW 1974, 368 = FamRZ 129 = ZZP 87 (1974), 347 (*Grunsky*); NJW 1981, 686 = FamRZ 245. Allg.M.
[5] *OLG München* NJW 1970, 1799ff. = FamRZ 655 (L). Heute allg.M.
[6] *OLG Koblenz* FamRZ 1980, 717, 718. Allg.M.
[7] RGZ 149, 110; *OLG Hamburg* NJW 1954, 357. – A.M. *de Boor* aaO 119f; *Jauernig* (Fn. 1) 99.
[8] GemS*ObBG* BGHZ 88, 353 = NJW 1984, 1027 = FamRZ 975
[9] A.M. *BGH* NJW 1974, 368 aaO; *MünchKommZPO-Walter* Rdnr. 13
[10] *OLG Zweibrücken* FamRZ 1980, 716; *OLG Frankfurt* FamRZ 1981, 192; *OLG Saarbrücken* FamRZ 1985, 89. Allg.M.

von Zweifeln über den Todeszeitpunkt unten Rdnr. 16. Soll die Entscheidung nach dem inzwischen eingetretenen Tod nur wegen der Kosten angefochten werden, so ist der gegebene Weg die sofortige Beschwerde entsprechend § 91 a Abs. 2[11]. Man wird letztere bis zum Ablauf der Berufungsfrist zulassen müssen. Ein nach dem Tode eines Ehegatten ergangenes Sachurteil wäre aber wirkungslos[12]. Die Unwirksamkeit betrifft aber den Kostenausspruch in beiden Fällen nicht. Seinetwegen kann auch Rechtskraftszeugnis erteilt werden.

d) Mit der Erledigung des Rechtsstreits in der Hauptsache werden auch Streitigkeiten über die nach § 620 beantragten oder erlassenen einstweiligen Anordnungen ohne weiteres gegenstandslos. Einer Aufhebung bedarf es nicht. Nach § 620 f Abs. 1 S. 2 kann das Außerkrafttreten der Anordnung aber festgestellt werden[13]. 4

e) Den mit dem Scheidungsverfahren **im Verbund stehenden Folgesachen** (§ 623) wird durch den Tod eines Ehegatten die Grundlage entzogen. Auch ihretwegen endet die Rechtshängigkeit automatisch. Auch ein auf eine Folgesache beschränktes Rechtsmittel ist dann unzulässig[14]. Jedoch kann man § 626 Abs. 2 entsprechend anwenden und dem überlebenden Ehegatten oder dem Erben des Verstorbenen die Befugnis vorbehalten lassen, Folgesachen als selbständige Familiensachen fortzuführen, wenn die Entscheidungsbedürftigkeit den Tod des Ehegatten überdauert[15], was praktisch nur beim Zugewinnausgleich und beim nachehelichen Unterhalt im Falle des § 1586 b BGB akut wird[16]. Das bedeutet, daß sie kostenrechtlich selbständig werden → § 626 Rdnr. 5. Der Antrag, den Vorbehalt auszusprechen, kann bis zum Erlaß der in entsprechender Anwendung von § 616 Abs. 1 S. 3 das Ende der Rechtshängigkeit bestätigenden Entscheidung → Rdnr. 15 gestellt werden. Das Gericht hat dazu Gelegenheit zu geben. 5

Die vorbehaltenen Familiensachen können mit anderen Familiensachen verbunden werden. Eine Klageerweiterung auf Sachen, die keine Familiensachen sind, ist aber ausgeschlossen.

War eine Folgesache abgetrennt worden und stirbt ein Ehegatte nach Rechtskraft des Scheidungsurteils, so findet § 619 keine Anwendung[17]. Das gleiche gilt, wenn nach Erlaß des Verbundurteils bezüglich des Scheidungsausspruchs beiderseits Rechtsmittelverzicht erklärt wurde[18] → Rdnr. 10. Die Folgesachen bleiben dann als isolierte oder unter sich im Verbund stehende → § 628 Rdnr. 16 anhängig. Ein Versorgungsausgleichsverfahren, gegebenenfalls nach § 1587 a Abs. 4 S. 2 BGB ist gegen die Erben fortzusetzen[19]. Es ist jedoch denkbar, daß sich die Folgesachen aus Gründen des materiellen Rechts erledigt haben, etwa alle FG-Sachen, in denen nur Entscheidungen mit Wirkung für die Zukunft möglich sind. Es gelten die für die jeweiligen Folgesachen des FG oder der ZPO vorgesehenen Regeln, etwa § 91 a und die Grundsätze über die einseitige Erklärung der Erledigung des Rechtsstreits, wenn es sich um eine zivilprozessuale Folgesache handelt. So muß zur Vermeidung von Kostenlast der Unterhaltsgläubiger den Rechtsstreit in der Hauptsache für erledigt erklären, wenn er – etwa aufgrund einer einstweiligen Anordnung – bis zum Tode des Verpflichteten das erhalten hat, was er begehrt.

Spielt in einem Verfahren die Frage eine Rolle, ob die Voraussetzungen einer Eheauslösung zu Lebzeiten beider Ehegatten bestanden, so ist darüber inzident zu entscheiden. §§ 606 bis 620 g sind unanwendbar.

---

[11] *OLG Hamm* JMBlNRW 1956, 32; *OLG Bremen* NJW 1975, 2074; hLitM. *Bosch* (Anm. zu *OLG Düsseldorf* FamRZ 1970, 486) schlägt die Anwendung von § 99 Abs. 2 vor, ebenso *Rosenberg-Schwab*[14] § 166 V 11 b; *OLG Celle* NJW 1965, 1813: unanfechtbar.
[12] So *Jauernig* (Fn. 1) 101 f mit gewissen Einschränkungen.
[13] *MünchKommZPO-Walter* Rdnr. 15

[14] *BGH* NJW 1981, 686 = FamRZ 245, (246). Allg. M.
[15] Nicht daher bezüglich Versorgungsausgleich, *BGH* aaO.
[16] *Zöller-Philippi*[17] Rdnr. 14 ff.; *MünchKommZPO-Walter* Rdnr. 17.
[17] *BGH* FamRZ 1984, 467, 468.
[18] *BGH* NJW 1984, 2829.
[19] *BGH* FamRZ 1985, 1240, 1241; 1989, 35, 36.

2. Andere Ehesachen

6   a) Die von *einem der Ehegatten* gegen den anderen und die im Falle der *Doppelehe* (§ 20 EheG) gegen beide Ehegatten von dem Ehegatten der *früheren* Ehe betriebenen Nichtigkeitsklagen, § 632, unterstehen ebenfalls dem § 619 mit der Wirkung, daß auch hier der Rechtsstreit in der Hauptsache mit dem Tode eines der Ehegatten als erledigt anzusehen ist. Auch im Falle des Ehenichtigkeitsprozesses ist ein nach dem Tode ergangenes Sachurteil – abgesehen vom Kostenpunkt – wirkungslos[20]. Die Entschließung darüber, ob nach dem Tode des einen Ehegatten die Nichtigkeit der Ehe gegen den Überlebenden unter dem Gesichtspunkt öffentlicher Interessen weiter zu verfolgen ist, liegt in der Hand des Staatsanwalts, der nunmehr allein klageberechtigt ist, § 24 Abs. 1 S. 2 EheG. Dies hat grundsätzlich im Wege einer *neuen Klage* gegen den überlebenden Ehegatten zu geschehen. Nur bei beiderseitigem Einverständnis kann im Wege der *Klageänderung* (Parteiänderung → § 264 Rdnr. 91 ff., 104) der Staatsanwalt als Kläger in den Rechtsstreit eintreten und der überlebende Ehegatte die Stellung des (alleinigen) Beklagten übernehmen[21]. Eine derartige Lösung anzuregen, wird im Interesse der beschleunigten Erledigung der Sache unter Umständen zweckmäßig sein. Das dogmatische Bedenken, daß ein erledigter Prozeß nicht wieder aufleben könne, sollte man aus prozeßökonomischen Erwägungen zurückstellen. Folgt man der herrschenden Klageänderungstheorie → § 264 Rdnr. 98, so kann auch das Gericht die Parteiänderung für sachdienlich erklären[22]. Wegen des Falles, daß der Staatsanwalt gemäß § 634 seinerseits ein Rechtsmittel eingelegt hatte → § 636 Rdnr. 5.

7   b) Wegen der *vom Staatsanwalt* erhobenen Nichtigkeitsklage → § 636. Der Prozeß wird, ohne daß durch den Tod des einen Ehegatten eine Unterbrechung einträte, gegen den Überlebenden als den nunmehr allein Beklagten fortgesetzt.

8   c) Wegen des *Todes beider Ehegatten* → § 636 Rdnr. 6.

9   d) Bezüglich der positiven oder negativen *Ehefeststellungsklage* → Rdnr. 9 vor § 606 gilt § 619. Denn für ein im Eheprozeß ergehendes, für und gegen alle wirkendes Feststellungsurteil ist nur zu Lebzeiten beider Ehegatten Raum, § 638 S. 2. Der Rechtsstreit kann gegen den Rechtsnachfolger nur wegen der Kosten aufgenommen werden.

II. Rechtskraft des Urteils

10   Über den Zeitpunkt der Rechtskraft des Urteils → § 629a Rdnr. 3, 10, 22. Daß die Rechtsmittelfrist für jeden der Ehegatten gesondert läuft, hat nur für die Anfechtung des Urteils durch selbständige Rechtsmittel praktische Bedeutung. Solange auch nur einem Beteiligten noch die Anfechtung und solange dem Gegner die Anschließung freisteht → § 629a Rdnr. 3, 10, ist das Urteil noch nicht rechtskräftig. Solange bleibt daher § 619 anwendbar.

III. Wiederaufnahme des Verfahrens und Wiedereinsetzung in den vorigen Stand

11   1. Eine Wiederaufnahme eines Eheauflösungsverfahrens (Scheidung, Aufhebung) nach dem *Tode des rechtskräftig geschiedenen Gegners* ist nicht möglich[23]. Der Grund liegt in folgendem: Der Sieger eines rechtskräftig abgeschlossenen Prozesses soll soweit geschützt werden, daß niemals gegen seinen Willen das Urteil ersatzlos aufgehoben wird. Er soll

---

[20] So mit Recht *Jauernig* (Fn. 1) 102 f.
[21] Nach *Jauernig* (Fn. 1) 162 und *de Boor* (Fn. 2) 123 kann der Staatsanwalt auch ohne Zustimmung des Beklagten anstelle des verstorbenen Klägers in den Prozeß einrücken.
[22] *MünchKommZPO-Walter* Rdnr. 7
[23] BGHZ 43, 239 ff. = NJW 1965, 1274 ff. = FamRZ 316 = ZZP 79 (1966), 134 (teilw. abl *Bruns*). Heute allg. M.

vielmehr auch im Falle der Wiederaufnahme immer Neuentscheidung verlangen können. Iudicium rescissorium und iudicium rescindens bilden eine Sinneinheit, die nicht zerrissen werden darf. Wo das erste nicht möglich ist, muß auch das letztere unterbleiben.

Stirbt ein Ehegatte während des Wiederaufnahmeverfahrens, so erledigt sich dieses entsprechend § 619, und zwar nur dieses, nicht auch der ursprüngliche Rechtsstreit. Es ist demgemäß nur über die Kosten des Wiederaufnahmeverfahrens, nicht auch neu über die des früheren Prozesses zu entscheiden.

2. Die **Nichtigkeit** der Ehe kann nach dem Tode eines Ehegatten vom Staatsanwalt geltend gemacht werden, § 24 Abs. 1 EheG. Ein Nichtigkeitsstreit kann danach zwischen ihm und dem überlebendem Ehegatten durchgeführt werden. Sinngemäß muß dann aber auch dem letzteren die Befugnis zugebilligt werden, eine Wiederaufnahmeklage *gegen den Staatsanwalt* zu erheben, und zwar gleichviel, ob die vorausgegangene Nichtigkeitsklage von einem der Ehegatten, dem Staatsanwalt oder im Falle der Doppelehe (§ 20 EheG) von dem Ehegatten der früheren Ehe erhoben war[24]. War andererseits die von einem der Ehegatten oder von dem Ehegatten der früheren Ehe erhobene Nichtigkeitsklage abgewiesen worden, so muß nach dem Tode eines der Ehegatten der Staatsanwalt für befugt erachtet werden, die Wiederaufnahme zu betreiben.

3. Aus den gleichen Gründen wie eine Wiederaufnahmeklage kann auch eine **Wiedereinsetzung in den vorigen Stand** nach dem Tode einer Partei bei Eheauflösungsurteil nicht zugelassen werden[25]. Auch die Wiedereinsetzung und die Möglichkeit, das rechtskräftig gewesene Urteil unter Umständen zu bestätigen, stehen in einem unzerreißbaren Sinnzusammenhang.

IV. Verfahren nach dem Tod eines Ehegatten

1. Die Beendigung des Rechtsstreits nach § 619 tritt von selbst ein und ist von Amts wegen zu beachten. Wenn kein Verfahrensbeteiligter an der Erledigung des Verfahrens, gegebenenfalls unter Wirkungsloswerden bereits ergangener Entscheidungen, zweifelt, bedarf sie keines Ausdrucks im Tenor der anstehenden (reinen Kosten-)Entscheidung. Wenn Zweifel bestehen, ist in entsprechender Anwendung von § 269 Abs. 3 S. 3 die Erledigung des Rechtsstreits festzustellen[26], was auch isoliert für ein Folgeverfahren geschehen kann[27]. Die Feststellung der Erledigung kann sich auch auf eine Folgesache beschränken, wenn nur hierfür ein Bedürfnis besteht[28]. Der Einlegung eines Rechtsmittels gegen eine bereits erlassene Entscheidung bedarf es zum Zwecke dieser Feststellung nicht[29].

Stirbt ein Ehegatte, der anwaltlich nicht vertreten war, dann ist das Verfahren, soweit es sich nicht erledigt hat, also insbesondere wegen der Kosten → Rdnr. 15, aber auch wegen analog § 269 Abs. 3 S. 3 zu treffender Feststellungen unterbrochen, § 239. § 246 findet Anwendung, wenn der Verstorbene durch einen Anwalt vertreten war[30], dessen Vollmacht fortbesteht[31].

---

[24] Wie hier wohl *Bruns* ZZP 79 (1966), 139.
[25] *MünchKommZPO-Walter* Rdnr. 11
[26] BGH NJW 1981, 686 = FamRZ 245 – kommentarlos die nachfolgend abgedruckte Entscheidung *OLG Celle* billigend; *OLG Celle* FamRZ 1980, 70 – um Berechtigung des Bezugs der Witwenrente darzutun; *OLG Frankfurt* FamRZ 1990, 297. Ganz h.M. – A.M. *OLG Saarbrücken* FamRZ 1985, 89; *MünchKommZPO-Walter* Rdnr. 12 außer für den Fall, daß bereits ein Urteil verkündet und zugestellt war; *OLG Bamberg* FamRZ 1984, 302, 303 für den Fall, daß der Scheidungsantrag abgewiesen worden war.
[27] *OLG Celle* FamRZ 1981, 1096.
[28] *OLG Celle* FamRZ 1981, 1096 (immer bei Antrag).
[29] *OLG Zweibrücken* FamRZ 1980, 716 – das allerdings auf die analoge Anwendung von § 269 Abs. 3 S. 3 nicht zu sprechen kommt; zu Unrecht, aber ebenfalls ohne § 269 Abs. 3 S. 3 zu bedenken, unselbständiges Anschlußrechtsmittel zu diesem Zweck zulassend *OLG Koblenz* FamRZ 1980, 717, 718.
[30] *OLG Schleswig* SchlHA 1977, 102.
[31] BGH NJW 1981, 686 = FamRZ 245.

15 2. Was den Inhalt der anstehenden **Kostenentscheidung** anbelangt, so ist § 93a anzuwenden[32]. Eine Ausnahme ist nur im Falle des § 97 Abs. 3 zu machen. Formell ist § 91a Abs. 1 S. 2, Abs. 2 anzuwenden[33]. Auch dann, wenn der überlebende Ehegatte den verstorbenen allein beerbt hat, ist eine Kostenentscheidung zu treffen[34]. Ist bereits eine Entscheidung mit einem Kostenausspruch ergangen, so bleibt er bestehen[35] → Rdnr. 3.

16 3. Steht fest, daß der Ehegatte bereits vor Zustellung von Klage oder Scheidungsantrag gestorben ist, so ist die Klage mangels Existenz der klagenden bzw. beklagten Partei abzuweisen[36]. Die Kosten sind ganz dem Kläger bzw. seinen Erben aufzuerlegen. Wenn unsicher ist, ob die Partei vor oder nach Eintritt der Rechtshängigkeit verstorben ist, so ist die Klage ebenfalls als unzulässig abzuweisen[37]. Ist in Unkenntnis des bereits eingetretenen Todes eines Ehegatten ein Urteil gefällt worden, so ist dieses wirkungslos, auch bezüglich der Kostenentscheidung[38].

§ 620 [Einstweilige Anordnungen in Ehesachen]

Das Gericht kann im Wege der einstweiligen Anordnung auf Antrag regeln:
1. Die elterliche Sorge für ein gemeinschaftliches Kind;
2. den Umgang eines Elternteils mit dem Kinde;
3. die Herausgabe des Kindes an den anderen Elternteil;
4. die Unterhaltspflicht gegenüber einem minderjährigen Kinde;
5. das Getrenntleben der Ehegatten;
6. den Unterhalt eines Ehegatten;
7. die Benutzung der Ehewohnung und des Hausrats;
8. die Herausgabe oder Benutzung der zum persönlichen Gebrauch eines Ehegatten oder eines Kindes bestimmten Sachen;
9. die Verpflichtung zur Leistung eines Kostenvorschusses für die Ehesache und Folgesachen.

Im Falle des Satzes 1 Nr. 1 kann das Gericht eine einstweilige Anordnung auch von Amts wegen erlassen.

Gesetzesgeschichte: Rdnr. 1 ff. vor § 606 und sogleich Rdnr. 1, BGBl. 1979 I 1061; 1980 I 677; 1986 I 301.

I. Überblick 1	II. Die einzelnen Anordnungen 3
1. Die Neuerungen des Jahres 1976 1	1. Die Regelung der elterlichen Sorge für ein gemeinschaftliches Kind (Nr. 1) 3
2. Die abschließende Natur des Katalogs 2	2. Die Regelung des Umgangsrechtes (Nr. 2) 4
3. Das Verhältnis der Anordnungsbefugnis zum materiellen Recht 2a	3. Die Herausgabe des Kindes an den anderen Elternteil (Nr. 3) 5
4. Anordnungsbefugnis auch bei Vorliegen anderer Titel? 2b	4. Die Unterhaltspflicht gegenüber
5. Auslandsfälle 2c	

---

[32] BGH FamRZ 1983, 683. Heute allg. M.
[33] *MünchKommZPO-Walter* Rdnr. 20.
[34] *MünchKommZPO-Walter* Rdnr. 21. – A.M. *Johannsen/Henrich/Sedemund-Treiber*² Rdnr. 3; *Thomas-Putzo*¹⁸ Rdnr. 3, 4.
[35] BGH FamRZ 1981, 245, 246 = NJW 686.
[36] *Jauernig* (Fn. 1) 103; *MünchKommZPO-Walter* Rdnr. 4.
[37] *Jauernig* aaO 104.
[38] A: M. bezüglich der Kostenentscheidung *Zöller-Philippi*¹⁷ Rdnr. 16.

einem minderjährigen Kind (Nr. 4)	6	9. Leistung eines Kostenvorschusses für Ehe- und Folgesachen (Nr. 9)	11
5. Die Regelung des Getrenntlebens (Nr. 5)	7	III. Voraussetzungen für den Erlaß einer einstweiligen Anordnung	12
6. Die Regelung des Unterhalts eines Ehegatten (Nr. 6)	8	1. Anhängigkeit einer Ehesache	12
7. Regelungen der Benutzung der Ehewohnung und des Hausrats (Nr. 7)	9	2. Der Antrag	13
		3. Der Entscheidungsspielraum des Gerichts	14
8. Herausgabe oder Benutzung der zum persönlichen Gebrauch eines Ehegatten oder eines Kindes bestimmten Sachen (Nr. 8)	10	4. Auslandsfälle	15

I. Überblick[1]

1. Die Neuerungen des Jahres 1976

Das EherechtsreformG 1976 hatte an dem bis dahin geltenden System der einstweiligen **1** Anordnungen einiges geändert, ohne es prinzipiell in Frage zu stellen. Die Rechtsprechung aus der Zeit davor ist also zum guten Teil auch jetzt noch verwertbar. Das ist deshalb wichtig, weil es wegen des weitgehenden Ausschlusses des Beschwerderechts nach § 620c seit 1976 nur noch wenig veröffentlichte Judikatur zu den einstweiligen Anordnungen gibt. Manches, was früher fehlte, ist allerdings heute ausdrücklich geregelt. Viele Zweifelsfragen sind geklärt, manche erst durch weitere Gesetzgebungsakte. Die wichtigste Neuerung des Jahres 1976 lag in folgendem: Zuvor war streng zwischen Anordnungen für die Dauer des Rechtsstreits (§ 627 a. F.) und solchen zu unterscheiden, die nach seinem rechtskräftigen Abschluß wirken sollten (§ 627b a. F.). Dieser Unterschied ist seither entfallen → § 620f. Rdnr. 1ff. Die Statthaftigkeit einstweiliger Anordnungen ist auch heute noch unabhängig davon, ob bezüglich des Anordnungsgegenstandes bereits eine Folgesache mit anhängig ist. Der aus einer Anordnung Begünstigte kann auch nicht dazu gezwungen werden, die Folgesache anhängig zu machen → § 620f. Rdnr. 2. Ist eine Folgesache anhängig, so kann sie aber nicht als sonstige Familiensache ihrerseits Grundlage für einstweilige Anordnungen sein → § 620a Rdnr. 14[2].

Zum Wirkungsbeginn der Anordnung → § 620 f Rdnr. 1. Verhältnis zu den einstweiligen Verfügungen → § 620a Rdnr. 15.

Zu den für die Interimszeit als endgültig gedachten Gerichtsentscheidungen § 620a Rdnr. 17.

2. Die abschließende Natur des Katalogs

Der Katalog von § 620 Abs. 1 ist abschließend. Andere Anordnungen als die dort genann- **2** ten kann das Gericht nicht erlassen → Rdnr. 1, 7. Die Auszahlung des Kindergeldes an eine Partei der Ehesache anzuordnen, ist unzulässig[3]. Das gleiche gilt für die beantragte Ermächtigung zur Bestimmung des Vornamens eines Kindes[4]. Auch in Bezug auf den meist im Verfahrensverbund stehenden Versorgungsausgleich können einstweilige Maßnahmen nicht erlassen werden[5]. Einer Prozeßpartei kann nicht kraft einstweiliger Anordnung verboten

---

[1] Lit. *Gießler* Vorläufiger Rechtsschutz in Ehe-, Familien- und Kindschaftssachen (1987); *Leipold*, Grundlagen des einstweiligen Rechtsschutzes (1971), 145 ff.; *H. Vogel* Vorläufiger Rechtsschutz in Familiensachen AnwBl 1980, 398; *Luthin* Verfahrensrechtliche Fragen zur einstweiligen Unterhaltsanordnung, FamRZ 1986, 1059.
[2] A.M. Voraufl.
[3] *OLG Köln* JurBüro 1968, 835.
[4] *OLG Celle* FamRZ 1963, 653; *dass.* OLGZ 1972, 50.
[5] Für entsprechend anwendbar erklärt sind die §§ 620 a ff. im Falle eines isolierten Versorgungsausgleichsverfahrens zugunsten des verwitweten Ehegatten nach § 3a Abs. 9 VAHRG.

werden, über Vermögen aus dem Zugewinn zu verfügen[6], weil einstweilige Anordnungen in bezug auf Ansprüche aus dem ehelichen Güterrecht nicht vorgesehen sind. Der Anspruch auf Sicherheitsleistung gem. § 1389 BGB muß nach §§ 916 ff., 935 außerhalb des Verbundes durchgesetzt werden[7]. Der Begriff »regeln« steckt aber einen sehr weit gefaßten Rahmen für die möglichen Anordnungsinhalte, der fast an die Spielräume herankommt, die der Richter sonst im Bereich des einstweiligen Rechtsschutzes in Anwendung von § 938 ZPO hat. Eine analoge Anwendung der einzelnen Nummern von § 620 ist zudem nicht prinzipiell ausgeschlossen[8]. Vor allen Dingen eröffnet die Möglichkeit, das Getrenntleben von Ehegatten »zu regeln«, anstatt es nur zu »gestatten«, eine ganze Reihe von Anordnungen, die vor 1976 nicht erlassen werden konnten. Zur Konkurrenz zum Hauptsacheverfahren und dem diesem zugeordneten einstweiligen Rechtsschutz → § 620 a Rdnr. 14, 16.

3. Das Verhältnis der Anordnungsbefugnis zum materiellen Recht

2a Nicht entschieden hat die Reform die alte Streitfrage, ob § 620 eine reine Verfahrensvorschrift ist und die Zulässigkeit der einzelnen Maßnahmen einer **Grundlage im materiellen Recht** bedarf[9] oder nicht[10] → Rdnr. 3, 4, 6, 7, 9, 11. Im praktischen Ergebnis verwischen sich die Unterschiede zwischen beiden Ansichten aber ohnedies erheblich. Die Anhänger einer Bindung des Richters an das materielle Recht müssen einräumen, daß über die tatsächlichen und rechtlichen[11] Voraussetzungen nur in sehr summarischer Weise entschieden werden kann. Die Vertreter der Gegenmeinung wollen die materiellrechtlichen Vorschriften immerhin als »Leitlinie« beachtet wissen[12]. Als Grundsatz sollte freilich gelten, daß im Rahmen von § 620 keine Entscheidung getroffen werden kann, die nach materiellem Recht mit Wahrscheinlichkeit unbegründet ist[13]. Wie weit aber auf die sichere Feststellung der materiellen Rechtslage verzichtet werden kann, ist nicht einheitlich zu beantworten und muß daher bei den einzelnen Maßnahmen gesondert erörtert werden.

4. Anordnungsbefugnis auch bei Vorliegen anderer Titel?

2b Wenn ein rechtskräftiger Unterhaltstitel vorliegt, kann er im Wege einer einstweiligen Anordnung nicht abgeändert werden[14]. Hat der Unterhaltsgläubiger nur eine rechtskräftige *Feststellung* seines Unterhaltsanspruchs, so kann er ihn im Wege der einstweiligen Anordnung vorläufig titulieren, gegebenenfalls betragsmäßig konkretisieren lassen. Das gleiche gilt wegen § 708 Nr. 8 aber nicht bei vorläufig vollstreckbaren Unterhaltsurteilen. Zu deren Abänderung ist nur das Rechtsmittelgericht befugt. Sowohl im Falle eines rechtskräftigen wie eines nur vorläufig vollstreckbaren Urteils kann im Vorgriff auf ein nach § 323 anzustrebendes Abänderungsurteil die Zwangsvollstreckung in entsprechender Anwendung von § 769 einstweilen eingestellt werden → § 323 Rdnr. 75.

Gerichtliche Vergleiche aus einem früheren Verfahren sind ebenfalls nur nach § 323 Abs. 4,

---

[6] *OLG Nürnberg* FamRZ 1966, 357 = MDR 760.
[7] *MünchKommZPO-Klauser* Rdnr. 7, 39.
[8] A.M. *Ritter* FamRZ 1971, 405 ff., der freilich zu Recht betont, daß der Gedanke der Prozeßökonomie allein eine analoge Anwendung nicht rechtfertigt.
[9] KG FamRZ 1962, 432; *OLG Nürnberg* FamRZ 1965, 217; *OLG München* FamRZ 1980, 448 f. – Kostenvorschuß; *Pastor* FamRZ 1958, 298 (302); *Leipold* (Fn. 1) 145 ff.; *MünchKomm-Klauser* Rdnr. 10.
[10] *OLG Karlsruhe* Justiz 1975, 435; *Riezler* Internationales Zivilprozeßrecht (1949) 252; *Brüggemann* Judex statutor et judex investigator (1968) 240. Systematische Darstellung von Rechtsprechung und Literatur bei *Leipold* (Fn. 1) 145 f.W.
[11] Dazu, daß im Verfahren des einstweiligen Rechtsschutzes auch Rechtsfragen nur kursorisch geprüft zu werden brauchen, *Leipold* (Fn. 1) 64 ff.; *Grunsky* ZZP 85 (1972) 359, 362.
[12] *OLG München* FamRZ 1978, 54 – Sorgerecht.
[13] *Zöller-Philippi*[17] Rdnr. 7; allg. M.
[14] *OLG Schleswig* SchlHA 1980, 162; *AG Berlin-Charlottenburg* FamRZ 1979, 527.

gegebenenfalls i.Vbg.m. § 769 abänderbar[15]. Auch »zusätzlicher« Unterhalt kann dann nicht im Wege einstweiliger Anordnung zugesprochen werden[16]. Selbst für die Zeit nach Erhebung einer Abänderungsklage können keine auf § 620 gestützte einstweilige Anordnungen ergehen[17]. Möglich ist aber ein Teilurteil über die Abänderungsklage als Erhöhungsklage über den Erhöhungsbetrag, der sich auch ohne weitere Beweisaufnahme als begründet darstellt.

Zu Vergleichen, die in Anordnungsverfahren selbst zustandegekommen sind → § 606 b Rdnr. 2b.

5. Auslandsfälle

Für die Anwendbarkeit von § 620 ist es ohne Bedeutung, ob die Ehegatten oder einer davon Ausländer sind. § 620 ist eine prozessuale Norm, internationalrechtlich ist daher die lex fori maßgebend, heute allg. M. Für den Inhalt der nach dieser Bestimmung möglichen Anordnungen ist aber das maßgebliche, **eventuell daher ausländisches Sachrecht entscheidend**[18] → Rdnr. 3, 6, 8, 11. Es gilt insoweit der gleiche Akzentunterschied wie → Rdnr. 2a ausgeführt: »Leitlinie« oder »Anwendung«. Anordnungen, welche nach dem anwendbaren ausländischen Sachrecht nicht begründet sein können, dürfen aber auf keinen Fall erlassen werden[19]. Läßt sich der Inhalt des anwendbaren ausländischen Rechts im Rahmen der Möglichkeiten einer summarischen Prüfung nicht ermitteln, so kann im Verfahren des einstweiligen Rechtsschutzes aber noch eher als sonst → § 293 Rdnr. 60ff. auf deutsches Recht zurückgegriffen werden[20].

2c

6. Neue Bundesländer

Die Regelung des Verfahrens bei einstweiliger Anordnung (§§ 620–620g) gilt gleichermaßen in den neuen Bundesländern (Art. 8 EV). Zu den **Zuständigkeiten** (bei § 620b das Kreisgericht, bei § 620c das Bezirksgericht) → Allg.Einl. zum 6. Buch Rdnr. 11ff.

2d

II. Die einzelnen Anordnungen

1. Die Regelung der elterlichen Sorge für ein gemeinschaftliches Kind (Nr. 1).

a) So wie § 621 Nr. 1 an § 1671 BGB, so knüpft § 620 Nr. 1 an § 1672 BGB an. Der Gesetzgeber hat nicht zu erkennen gegeben, daß der Familienrichter im Rahmen des von ihm nach § 620 Nr. 1 zu gewährenden einstweiligen Rechtsschutzes streng an die **tatbestandlichen Voraussetzungen** und inhaltlichen Möglichkeiten des **§ 1672 BGB** gebunden wäre[21]. Die darin enthaltenen Wertungen sind vielmehr nur insoweit heranzuziehen, als auch im Verfahren der einstweiligen Verfügung nach §§ 935, 938 die Interessenwertung zu berücksichtigen ist, die der Anspruch ausdrückt, um dessen Sicherung es geht. Daher kann eine Entscheidung

3

---

[15] *OLG Hamm* FamRZ 1980, 608; dass. FamRZ 1982, 409, 410; *OLG Zweibrücken* FamRZ 1980, 69.
[16] A.M. *OLG Hamm* FamRZ 1980, 608.
[17] A.M. *AG Berlin-Charlottenburg* aaO; *Münch-KommZPO-Klauser* Rdnr. 46; *Zöller-Philippi*[17] Rdnr. 20.
[18] Aus der Zeit vor 1977 *OLG Stuttgart* NJW 1968, 365; *OLG Frankfurt* OLGZ 1971, 47; *KG* FamRZ 1974, 461 (462); *OLG Düsseldorf* FamRZ 1975, 634; *Leipold* (Fn. 1) 164ff.; *Habscheid* FamRZ 1975, 76, 80. Aus neuerer Zeit findet statt aller *Schack* Internationales Zivilprozeßrecht (1991) Rdnr. 627; *OLG Düsseldorf* NJW 1990, 3091; *OLG Karlsruhe* IPrax 1985, 106.

[19] *OLG München* FamRZ 1980, 448.
[20] Aus früherer Zeit in einem gewissen Gegensatz zu den in der vorigen Fußnote genannten *OLG Celle* NdsRpfl 1969, 136; *OLG Hamm* FamRZ 1970, 89 = NJW 390; *OLG Düsseldorf* FamRZ 1974, 456; *Wuppermann* FamRZ 1970, 177, 180; *Kallenborn* (Fn. 1) 56ff.; *Habscheid* aaO; h.M.
[21] So schon zum früheren Recht *Leipold* (Fn. 1) 160. Für Fehlen jedweder Bindung an § 1672 BGB *OLG Frankfurt* OLGZ 1971, 57; *OLG Düsseldorf* FamRZ 1974, 99.

auch ergehen, wenn die Eltern noch nicht dauernd getrennt leben, was im Rahmen von § 1672 BGB nicht der Fall wäre[22]. Eine Vereinbarung der Eltern hat hohen Vorgabewert für die zu erlassende Entscheidung. Vor schlagwortartigen Festlegungen muß man sich aber auch bei einstweiligen Anordnungen hüten[23].

Ist es zum Schutz des Kindes ausreichend, können auch **Teilaspekte** des Sorgerechts in der Weise geregelt werden, daß sie einem der Ehegatten oder einem Pfleger[24] übertragen werden. Bei einstweiligen Anordnungen braucht man aber die Auswahl des Pflegers nicht dem Vormundschaftsgericht vorzubehalten[25]. Das Gericht kann sich darauf beschränken, die Personen- oder die Vermögenssorge oder auch nur die gesetzliche Vertretung zu regeln. Es kann sogar aus den drei genannten Bereichen bloße Teilaspekte regeln, etwa Erziehungs- oder Aufenthaltsfragen[26], aber immer nur in Gestattung der Zuweisung entsprechender Entscheidungsbefugnisse an einen der Ehegatten, nicht durch unmittelbare Sachentscheidung[27]. Die gesetzliche Vertretung kann das Familiengericht nur (ganz oder teilweise) einem Elternteil übertragen und nicht selbst Vertretungshandlungen vornehmen, etwa den Wohnsitz des Kindes festlegen. Vorname → Rdnr. 1. Auch wenn ein Elternteil das Kind eigenmächtig ins Ausland gebracht hat, rechtfertigt dieser Umstand allein nicht, dem anderen Elternteil das Sorgerecht zu übertragen[28]. Das Gericht muß auch berücksichtigen, ob ein etwa anwendbares ausländisches Recht andere Leitlinien aufstellt als das deutsche[29]. Regelt das ausländische Recht die Frage durch Einräumung von Richterermessen, kann man für die Tätigkeit des deutschen Richters wieder auf § 1672 BGB zurückgreifen.

Die entsprechende Heranziehung von § 938 → Rdnr. 2 erlaubt es aber auch, daß das Familiengericht nicht nur Verfügungen prüft, die das Sorgerecht aufheben oder einschränken (und korrespondierende Rechte anderer, nämlich des anderen Elternteils oder eines Pflegers bzw. Vormundes, begründen), sondern auch sonst **flankierende Maßnahmen** ergreift, also das Sorgerecht »negatorisch« schützt. Zu diesem Zweck können gegen Elternteile auch strafbewehrte Anordnungen ergehen, von dem Sorgerecht in einer bestimmten Weise Gebrauch oder nicht Gebrauch zu machen[30]. Das Familiengericht braucht sich im Verfahren der einstweiligen Anordnung auch nicht strikt an die Kompetenzabgrenzung zum Vormundschaftsgericht zu halten → § 651 Rdnr. 5. Es kann das Sorgerecht einstweilen einer bestimmten Person oder dem Jugendamt als Pfleger übertragen[31].

3a b) Weil § 1672 BGB davon ausgeht, daß auch bei dauerndem Getrenntleben der Eltern in der Regel eine Sorgerechtsanordnung nicht nötig ist, mahnt das *OLG Düsseldorf* mit Recht[32] zur Zurückhaltung mit Regelungsanordnungen. Von der Möglichkeit einer Entscheidung *von*

---

[22] *OLG Schleswig* SchlHA 1977, 204; 1978, 20; *OLG München* FamRZ 1978, 54; *Leipold* (Fn. 1) 160 – dann § 1666 BGB als Maßstab vorschlagend. – A.M. *AG Hamburg* FamRZ 1983, 1043.

[23] Etwa *OLG Hamm* JMBlNRW 1969, 207: Noch nicht schulpflichtige Kinder grundsätzlich in die Obhut der Mutter!.

[24] Zur Zurückhaltung mahnend *OLG Hamburg* FamRZ 1986, 481.

[25] A.M. *MünchKommZPO-Klauser* → Rdnr. 17 § 621 Rdnr. 5.

[26] *OLG Bremen* FamRZ 1982, 1033, 1035; *OLG Stuttgart* FamRZ 1982, 1235; *OLG Hamm* FamRZ 1979, 157 = NJW 49; *Johannsen/Henrich/Sedemund-Treiber²* Rdnr. 8, 10; allg. M.

[27] *OLG Hamm* DAVorm 1984, 508, 509 – unmittelbare Aufenthaltsbestimmung durch Familiengericht unzulässig. Im isolierten Sorgerechtsverfahren dagegenüber hält demgegenüber auch im Rahmen einstweiliger Anordnungen eine Abspaltung von Teilbefugnissen aus dem Sorgerecht für unzulässig: *OLG Hamm* FamRZ 1979, 177.

[28] *OLG Düsseldorf* FamRZ 1974, 99. – A.M. *KG* FamRZ 1974, 461, 463.

[29] *OLG München* FamRZ 1978, 54 – »Richtlinie« → Rdnr. 2; *OLG Karlsruhe* FamRZ 1957, 271; *OLG Schleswig* SchlHA 1969, 32; *OLG Frankfurt* OLGZ 1971, 47.

[30] *Walter* Der Prozeß in Familiensachen (1985), 22; wohl auch *Schwab-Maurer²* I 72, 872. In einer einstweiligen Anordnung im Rahmen eines isolierten Umgangsregelungsverfahrens wurde der Vater verpflichtet, das Kind an dessen 120 km entfernten Wohnort jeweils abzuholen: *OLG Saarbrücken* FamRZ 1983, 1054f. – A.M. *KG* FamRZ 1984, 1143; *AG Besigheim* FamRZ 1983, 295 ff.; *Schlüter-König* FamRZ 1982, 1159, 1163; stillschweigend davon ausgehend auch *BGH* FamRZ 1990, 1226.

[31] *Schwab-Maurer²* I 872 ff. – A.M. *OLG Karlsruhe* FamRZ 1988, 1186; *AG OLG Hamburg.* FamRZ 1983, 1043.

[32] FamRZ 1978, 535 (LS) und 604f.

Amts wegen sollte nur (eingeschränkt durch den summarischen Charakter der anzustellenden Ermittlungen) Gebrauch gemacht werden, wenn auch nach § 1672 BGB von Amts wegen eine Regelung zu treffen wäre. Wenn die Eltern sich über die äußeren Lebensumstände des Kindes einig sind, braucht eine Regelung nicht getroffen zu werden[33]. Wenn beide Elternteile eine Regelung wünschen oder wenn jeder von ihnen anstrebt, das Kind bei sich wohnen zu haben, ist eine Regelung angebracht.

Zweckmäßigerweise wird das Gericht, wenn es sich zu einer Anordnung entschließt, den provisorischen Charakter der zu treffenden Regelung besonders im Auge behalten und nach außen hin betonen. Es wird daher auch stark darauf Bedacht nehmen, den bestehenden Zustand zu erhalten, um für die endgültige Entscheidung nichts unnötig zu präjudizieren und dem Kind einen raschen Wechsel der zur elterlichen Sorge nacheinander zu treffenden Entscheidungen zu ersparen[34]. Im Interesse der Ausgewogenheit der Anordnung hat ein OLG auch einmal das Sorgerecht für ein Kind der Mutter und für das andere Kind dem Vater übertragen[35]. Erweist sich eine Regelung als notwendig, dann muß allerdings häufig in Kauf genommen werden, daß hierdurch wegen des später eine große Rolle spielenden Kontinuitätsgesichtspunktes die endgültige Entscheidung beeinflußt wird[36]. Auch im summarischen Verfahren sollten daher alle Ermittlungen angestellt werden, die der Zeitdruck nur irgend erlaubt.

Konkurrenz zu Verfahren nach § 1672 BGB → § 620a Rdnr. 16.

2. Die Regelung des Umgangsrechts (Nr. 2)

Nr. 2 knüpft an § 1634 BGB an. Meist muß eine solche Anordnung im Zusammenhang mit der Regelung des Sorgerechts getroffen werden, jedoch kann das Umgangsrecht auch geregelt werden, wenn es bezüglich des Sorgerechts dabei bleibt, daß es beiden Eltern zusteht[37]. Auch insoweit sollte nämlich der inhaltlich bezüglich der richterlichen Befugnisse wenig konturenreich formulierte § 1634 BGB nur als Tendenzangabe verstanden werden. Die Regelungsbefugnis umfaßt auch die Befugnis, das Umgangsrecht auszuschließen[38]. Gehen die Eltern stillschweigend von der Aufenthaltsbestimmung durch einen von ihnen oder vom Fortbestand der gemeinsam zu treffenden Aufenthaltsbestimmung aus, dann sollte man ihnen keine generelle Sorgerechtsregelung aufdrängen, nur damit der aus der Wohnung ausgezogene Elternteil eine Basis hat, um ein Umgangsrecht erkämpfen zu können. Dem rechtsstaatlichen Prinzip des geringstmöglichen Eingriffs entspricht es, das Umgangsrecht auch bei Fortbestand beiderseitiger elterlicher Sorge für regelbar zu halten.

Zur Möglichkeit, das Umgangsrecht von Amts wegen zu regeln, will man auf folgende Weise kommen. Das Familiengericht leitet ein Umgangsregelungsverfahren nach § 1634 ein und erläßt dann in diesem Rahmen eine einstweilige Anordnung[39]. Jedoch ist § 620 Nr. 2 demgegenüber eine speziellere Vorschrift → § 620a Rdnr. 16.

3. Die Herausgabe des Kindes an den anderen Elternteil (Nr. 3)

Nr. 3 knüpft an § 1632 Abs. 2 BGB an. Es kann also niemals Herausgabe durch oder an einen Dritten angeordnet werden. Das Kind ist immer an den Elternteil herauszugeben, dem das Aufenthaltsbestimmungsrecht zusteht. Etwas Abweichendes kann nur verfügt werden,

---

[33] *OLG Karlsruhe* FamRZ 1987, 78 f.
[34] *OLG Düsseldorf* FamRZ 1974, 312.
[35] *OLG Düsseldorf* FamRZ 1980, 726.
[36] *OLG Hamburg* FamRZ 1986, 481 = NJW RR 1329.
[37] *Diederichsen* NJW 1984, 1462.
[38] *MünchKommZPO-Klauser* Rdnr. 17. – A. M. *Gießler* (§ 620 Fn. 1) Rdnr. 1026.
[39] *OLG Hamburg* FamRZ 1982, 722.

wenn gleichzeitig nach Nr. 1 das Aufenthaltsbestimmungsrecht neu geregelt wird. Hat einer der nicht allein sorgeberechtigten Ehegatten den Aufenthalt des Kindes eigenmächtig geändert, so ist vor Anordnung der Herausgabe eine Regelung des Aufenthaltsbestimmungsrechts nach Nr. 1 unerläßlich[40] → Rdnr. 3. Keinesfalls darf freilich dabei nach dem Grundsatz verfahren werden, den Eigenmächtigen bestrafen zu wollen und das Kind erst einmal zu seinem »legalen« Aufenthaltsort zurückzuschaffen[41]. Bezüglich der Konkurrenz zum Verfahren nach § 1632 BGB und der in diesem Rahmen nach § 50d FGG möglichen einstweiligen Anordnung kann zwar die zu Nr. 1 → § 620a Rdnr. 14 entwickelte Argumentation nicht gänzlich übernommen werden, weil das isolierte Verfahren eine ausdrückliche gesetzliche Grundlage zum Erlaß einstweiliger Anordnungen zur Verfügung hält. Gleichwohl ist es sinnvoll, § 620 Nr. 3 als die speziellere Norm anzusehen[42].

Rechtsmittel → § 620c Rdnr. 12.

4. Die Unterhaltspflicht gegenüber einem minderjährigen Kinde (Nr. 4)

6   Die Nrn 4 und 6 haben viele gemeinsame Probleme, die hier bei Nr. 6 erläutert werden. Nachfolgende Bemerkungen beziehen sich nur auf den Kindesunterhalt. Nach der 1976 aus dem früheren Recht unverändert übernommenen Formulierung konnte die Unterhaltspflicht nur im Verhältnis der Eltern zueinander geregelt werden. Titel aus der damaligen Zeit berechtigen nach wie vor nur die Eltern im Verhältnis zueinander[43]. Im Anschluß an die daran unter anderem auch in der Vorauflage geübten Kritik hat das UÄndG 1986 die heutige Formulierung gebracht, die klarstellt, daß im Verfahren auf Erlaß einer einstweiligen Anordnung der prozeßaktive Teil genauso als **Prozeßstandschafter** auftritt, wie wenn er sonst während der Anhängigkeit einer Ehesache nach § 1620 Abs. 3 BGB in Prozeßstandschaft handelt. Die Entscheidung wirkt genauso für und gegen das Kind wie eine in der Hauptsache ergangene, wenn man davon absieht, daß sie materielle Rechtskraft ohnehin nicht erlangen kann[44]. Deshalb muß die Tenorierung lauten: »Zu zahlen zu treuen Händen an ...« oder: »Hat Unterhalt für das Kind ... an den im eigenen Namen handelnden Antragsteller« oder in ähnlicher Weise zu lauten und nicht einfach: »Zu zahlen an sein Kind«[45]. Heute ist eine einstweilige Anordnung auch ein Titel des Kindes im Sinne von § 7 UnterhaltsvorschußG[46]. Eine *vorherige Entscheidung zur Regelung der elterlichen Sorge*, insbesondere der gesetzlichen Vertretung, ist nicht erforderlich. Unerheblich ist, wie voraussichtlich über die Zuteilung des *elterlichen Sorgerechts entschieden werden wird*. Maßgebend ist allein, wer von den Eltern derzeit das Kind tatsächlich versorgt, § 1629 Abs. 2 S. 2 BGB. Daher ist es auch unzulässig, Zahlung »beginnend mit der Wirksamkeit der Übertragung der elterlichen Sorge« anzuordnen[47]. Nur eine Zahlung des einen Elternteils an den anderen als Prozeßstandschafter des Kindes kann angeordnet werden. Für die Kinder bildet die Anordnung auch heute noch keinen Vollstreckungstitel, weil § 1629 Abs. 3 BGB die von einem Elternteil erstrittene Anordnung zwingend als in Prozeßstandschaft erzielt ansieht. Für die Zeit nach Erreichung der Volljährigkeit → Rdnr. 4d, § 620a Rdnr. 10, § 621 Rdnr. 20. Zum gerichtlichen Vergleich → § 617 Rdnr. 13 bis 15.

---

[40] Teilw. a.M. *OLG Schleswig* DAVorm 1979, 434 = SchHA 48; *OLG Düsseldorf* FamRZ 1974, 99: Nach dem Wohl des Kindes sei zu beurteilen, ob der eigenmächtig Handelnde zur Herausgabe anzuhalten sei.
[41] So mit Recht *OLG Düsseldorf* FamRZ 1974, 99. – A.M. aber *KG* FamRZ 1974, 461, 463.
[42] Nicht nur dann, wenn noch kein selbständiges FG-Hauptverfahren schwebt.

[43] *BGH* FamRZ 1986, 878f = NJW 3082; *OLG Köln* FamRZ 1987, 957.
[44] *Sedemund-Treiber* FamRZ 1986, 209, 213.
[45] A.M. *Zöller-Philippi*[17] Rdnr. 48.
[46] A.M. für die Zeit vor 1986 noch *OLG Düsseldorf* FamRZ 1985, 628.
[47] *OLG Zweibrücken* FamRZ 1982, 1094.

Haben *Kinder oder hat ein Elternteil als ihr Prozeßstandschafter bereits einen endgültigen Unterhaltstitel* gegen einen Ehegatten erstritten, so ist für eine einstweilige Anordnung dahin, daß ein höherer Betrag an den anderen Ehegatten zu zahlen sei, regelmäßig kein Raum mehr[48], weil das Gericht an die durch die rechtskräftige Feststellung verbürgte Evidenz der Rechtslage gebunden wäre → Rdnr. 2b. Etwas anderes gilt nur dann, wenn in dem Unterhaltsrechtsstreit nur ein Teilbetrag eingeklagt war. Das *Rechtsschutzbedürfnis für eine Unterhaltsklage* außerhalb des auf vorläufige Regelungen zielenden Verfahrens entfällt nicht dadurch, daß einstweilige Anordnungen nach § 620 möglich sind oder gar schon erlassen wurden → § 620a Rdnr. 13. 6a

Vom Ehemann kann auch Unterhalt für ein offensichtlich nicht von ihm stammendes *scheineheliches Kind verlangt* werden, selbst wenn bereits Anfechtungsklage erhoben ist[49]; für die Einrede der Arglist ist kein Raum, weil das Kind vor Rechtskraft der Anfechtung auch von seinem wirklichen Vater keinen Unterhalt begehren kann[50]. Hat ein nicht aus der im Streit befangenen Ehe stammendes Kind mit Zustimmung der beiden Ehegatten im gemeinsamen Haushalt gelebt, so kann aber nicht etwa im Wege der einstweiligen Anordnung für die Dauer des Eherechtsstreits auch für dieses Kind Unterhalt begehrt werden. Denn eine solche Unterhaltsverpflichtung des mit dem Kinde nicht verwandten Ehegatten ergibt sich aus materiellem Recht evidentermaßen nicht[51]. Hinsichtlich der zeitlichen Bemessung der einzelnen Unterhaltsraten gilt § 1612 Abs. 3 BGB. Zur Auszahlung des *Kindergeldes* → Rdnr. 2. 6b

Anders als bei einstweiligen Verfügungen ist die *Höhe des Unterhalts* nicht auf den notwendigen Unterhalt beschränkt. Meist orientieren die Gerichte sich daran, wie sie das Einkommen beider Elternteile nach der Ehescheidung auf die Familienmitglieder aufteilen würden. Das Gericht kann inzident die Unterhaltspflicht nur *einem der Ehegatten oder beiden nach Quoten* auferlegen[52]. 6c

Volljährige Kinder müssen sich durch einstweilige Verfügung, die aber Familiensache ist → § 621 Rdnr. 20, notfalls selbst einen Titel gegen ihren elterlichen Unterhaltsschuldner verschaffen[53]. Wird das Kind voraussichtlich volljährig, solange die Anordnung noch wirksam sein wird, ist aber gleichwohl keine zeitliche Limitierung der Anordnung angezeigt[54]. Das Kind kann nach Eintritt der Volljährigkeit Titelumschreibung begehren[55]. Wegen des vorläufigen Charakters einer einstweiligen Anordnung kann der Unterhaltsanspruch auch im Hauptsacheverfahren geltend gemacht werden → § 620a Rdnr. 13; für die Zeit vor Rechtskraft des Scheidungsurteils freilich nur in der Verfahrenskonzentration bei dem Gericht der Ehesache → § 621 Rdnr. 55, nicht aber im Verbund. 6d

Das Gericht ist im Rahmen der ihm obliegenden summarischen Prüfung an das **materielle Recht**, etwa auch an das anwendbare **ausländische Recht**[56] → Rdnr. 2, oder etwaige »Anrechnungen« oder »Aufrechnungen«[57] gebunden. Von einer Unterhaltsbestimmung nach § 1612 Abs. 2 BGB kann sich ein Ehegatte nicht einseitig lösen[58]. Die Erfüllung einer solchen Bestimmung, etwa Aushändigung eines Krankenscheins bei gesetzlicher Krankenversicherung[59] kann in dringenden Fällen auch im Wege des einstweiligen Rechtsschutzes verlangt werden. 6e

---

[48] *OLG Oldenburg* NJW 1964, 1864 = FamRZ 577.
[49] *Böhmer* MDR 1958, 43; *OLG Oldenburg* NJW 1967, 359 (für den Fall, daß der Ehemann bei Eheschluß wußte, daß die Frau von einem anderen Mann schwanger war). – A.M. wohl *OLG Köln* MDR 1958, 851.
[50] *OLG Düsseldorf* NJW 1958, 715 = FamRZ 106 (*Bosch*); *OLG Oldenburg* NJW 1967, 359 – obiter. A.M. *OLG Nürnberg* MDR 1965, 664 = FamRZ 217.
[51] *OLG Hamm* NJW 1988, 830.
[52] *OLG Hamm* NJW 1988, 830.
[53] *Sedemund-Treiber* FamRZ 1986, 209, 213.
[54] A.M. *Zöller-Philippi*[17] Rdnr. 50.
[55] A.M. *AG Viersen* FamRZ 1988, 1306, das eine solche Limitierung der Anordnung dem Titel sogar inhärent sieht.
[56] *OLG München* FamRZ 1973, 94.
[57] A.M. *OLG Frankfurt* MDR 1969, 844.
[58] *BGH* FamRZ 1983, 809.
[59] *OLG Düsseldorf* FamRZ 1986, 76 – entschieden für einstweilige Verfügungen.

6f Unterhalt für die Vergangenheit → Rdnr. 14. Übergang des Unterhaltsanspruchs auf einen, der eingesprungen ist → Rdnr. 8.

Wegen der endgültigen Klärung der Unterhaltsfrage und einstweiliger Einstellung der Zwangsvollstreckung aus einer einstweiligen Anordnung → § 621f. Rdnr. 3.

Vergleich → § 620b Rdnr. 2b.

5. Die Regelung des Getrenntlebens (Nr. 5)

7 Die Neuschaffung von § 1361b BGB i.Vbg.m. § 18a HausrVO hat die »gerichtliche Gestattung« des Getrenntlebens genauso wie die Herstellungsklage obsolet werden lassen → vor § 606 Rdnr. 14. Wegen anderweitiger »Regelungen« des Getrenntlebens sind zwar die genannten Normen tendenziell Sondervorschriften[60]. In Randbereichen kann aber offen bleiben, ob eine Anordnung auf die Nr. 5 oder die Nr. 7 gestützt wird, weil ein Rechtsmittel nach § 620c ohnehin unstatthaft ist.

Hinter der Nr. 5 steht kein materiellrechtliches Regelungsmodell. Der Richter muß nach seinem Ermessen eine sinnvolle Ordnung des Getrenntlebens suchen[61]. Die Anbindung an § 1353 BGB brächte keine handhabbaren Kriterien.

Umgekehrt kann im Wege einstweiliger Anordnung einem Ehegatten sogar aufgegeben werden, das Betreten der ehelichen Wohnung[62] oder bestimmter Räume[63] durch den anderen Ehegatten zu dulden, nicht allerdings zum Zwecke der Überprüfung von Wohnung und Hausrat[64]. Auch eine Anordnung, die *Benutzungsrechte* an bestimmten Einrichtungen und Bestandteilen der Wohnung begründet, wie Telefon[65] oder Hausgarten[66], ist möglich. Dagegen kann die Regelung des Getrenntlebens nicht mit Auflagen verbunden werden, die auf ein bestimmtes *Verhalten positiver Art* gerichtet sind, allg. M. Daher kann im Wege einstweiliger Anordnung die Mitwirkung im Geschäft oder Betrieb des anderen Ehegatten nicht geregelt werden[67]. Das gleiche gilt für die Benutzung von Räumen, die sowohl zu gewerblichen wie zu Wohnzwecken benutzt werden, wenn dies auf ein Verbot der Mitwirkung im Geschäft des anderen Ehegatten hinausliefe[68]. Ganz allgemein ist man geneigt, negatorischen Rechtsschutz auch im Wege des einstweiligen Rechtsschutzes zu gewähren, wenn dem Antragsteller (weiterhin) Belästigung in seinen Rechten oder rechtlich geschützten Interessen droht. Daher sind *Belästigungsverbote* durchaus zulässig. Statthaft ist daher z. B. die Untersagung von *Mißhandlungen oder Drohungen mit Mißhandlungen*[69]. Selbst das Rauchen in einem Raum, den der Antragsteller zur Nächtigung benötigt, kann untersagt werden[70].

6. Die Regelung des Unterhalts eines Ehegatten (Nr. 6)[71]

8 a) Nach h. M. zu § 627 a. F., die sich auf die 1938 erfolgte Streichung des Verweises auf § 1361 BGB stützte, sollte das Gericht bei Regelung des gegenseitigen Unterhalts der Ehegatten an die **materiellrechtliche Unterhaltsrechtslage** nicht gebunden sein; diese sollte vielmehr

---

[60] *Johannsen/Henrich/Sedemund-Treiber*[2] Rdnr. 18.
[61] *Johannsen/Henrich/Sedemund-Treiber*[2] Rdnr. 19; *Leipold* (Fn. 1) 150 ff. – A. M. *Zöller-Philippi*[17] Rdnr. 46; (§ 1353 Abs. 2 *BGB* ins Spiel bringend); *MünchKomm-ZPO-Klauser* Rdnr. 69.
[62] *OLG Freiburg* NJW 1958, 68; *LG Bremen* MDR 1956, 111.
[63] *LG Essen* FamRZ 1969, 328 (Anordnung der Entfernung von Steckschlössern).
[64] *KG* FamRZ 1973, 202 = NJW 1200.
[65] *OLG Karlsruhe* FamRZ 1967, 45; *OLG Hamburg* MDR 1967, 495; *dass.* MDR 1970, 142; *KG* NJW 1971, 1414; heute allg. M.
[66] *OLG Celle* JR 1949, 451.
[67] *OLG Celle* NdsRpfl. 1951, 203; *OLG Braunschweig* NdsRpfl. 1957, 157. Gießler (§ 620 Fn. 1) Rdnr. 973.
[68] *OLG Zweibrücken* FamRZ 1972, 511.
[69] *OLG Karlsruhe* FamRZ 1989, 77; *dass.* FamRZ 1984, 184; *OLG Hamm* NJW 1982, 1108; *OLG Saarbrücken* FamRZ 1981, 64; *OLG Hamburg* FamRZ 1978, 804. – A. M. noch *OLG Düsseldorf* MDR 1974, 582 (zu § 627 a. F.).
[70] *OLG Celle* FamRZ 1977, 203.
[71] Lit.: *Maurer* Die Wirkung vorläufiger Benutzungsregelungen zum Hausrat und zur Ehewohnung, FamRZ 1991, 886.

nur eine Richtschnur für die Entscheidung abgeben[72]. Es ist aber auch hier nicht einzusehen, wieso eine Partei unter Umständen über den Weg einer einstweiligen Anordnung einen Unterhalt erzielt, der ihr nach materiellem Recht nicht zusteht. Steht aber nach Überleitung des Unterhaltsanspruchs auf einen öffentlichrechtlichen Träger von Unterhaltsersatzleistungen dem Ehegatten kein Unterhaltsanspruch mehr zu, so darf das Gericht den Unterhaltsschuldner gleichwohl zu Unterhaltsleistungen anhalten[73] → § 641 d Rdnr. 19 a. Auch wenn man anderer Ansicht ist, ist Bedacht darauf zu nehmen, ob (bei Getrenntleben)[74] Unterhalt nach § 1361 BGB oder (bei Zusammenleben) nach § 1360a Abs. 2 S. 2 BGB zugesprochen werden muß → Rdnr. 8b. Richtig ist aber, daß die Sachaufklärung über die Voraussetzungen des materiellrechtlichen Unterhaltsanspruchs sehr summarisch bleiben kann, in diesem Rahmen aber durchaus eine Bindung an das materielle Recht besteht[75] → Rdnr. 2, auch an ein anwendbares ausländisches[76] → Rdnr. 2, 6. Das Gericht kann keinen Unterhalt zubilligen, der eindeutig und sofort feststellbar über das nach materiellem Recht geschuldete Maß hinausginge[77]. Der *Selbstbehalt* (§ 1603 BGB analog) ist in jedem Fall auch im einstweiligen Anordnungsverfahren unantastbar[78]. Ist Unterhaltsbedarf nur für eine bestimmte Zeit glaubhaft gemacht, so kann die Anordnung auch **befristet** werden[79]. § 620 ist nicht nur eine Spezialausprägung des auf vorläufige (Teil-)Befriedigung gehenden einstweiligen Rechtsschutzes[80]. Der zuerkannte Betrag soll möglichst nicht hinterher im Hauptsacheverfahren wieder zur Korrektur anstehen. So wie der Kindesunterhalt → Rdnr. 4c ist daher auch der Getrenntlebensunterhalt nicht auf den **notwendigen Unterhalt** zu beschränken[81]. Daher darf die Zuerkennung eines Ergänzungsunterhalts auch nicht deswegen versagt werden, weil die eigenen Einkünfte des Unterhaltsberechtigten seinen notwendigen Bedarf decken[82]. Haben sich die wirtschaftlichen Verhältnisse des Unterhaltsschuldners nach der Trennung deutlich gebessert, kann der Anordnung auch ein besserer Lebensstandard zugrundegelegt werden, als bis zur Trennung bestand[83]. Nur bei insgesamt etwa gleichgebliebenen Einkommensverhältnissen kann Leitlinie sein, beiden Parteien möglichst den Lebensstandard zu erhalten, den sie bisher hatten. Soweit die Höhe des Unterhalts von den Einkünften beider Parteien abhängt, kann das Gericht sich mit eidesstattlichen Versicherungen begnügen. Zum Gebot der Vorsicht bei unklaren Einkommens- und Vermögensverhältnissen → § 620a Rdnr. 7. Daß bei *Getrenntleben der Ehegatten* als Form des Unterhalts im allgemeinen praktisch nur eine *Geldrente* in Frage kommt, liegt auf der Hand. Eine Anordnung, den *Unterhalt in Natur* zu gewähren, ist aber nicht schlechthin unzulässig. In besonderen Fällen (etwa Krankheit oder Urlaubsreise) kann auch die Zubilligung *einmaliger Beträge* neben der Rente angebracht sein[84]. Sofern über die Rente kein Streit besteht, kann sich die Anordnung auch auf einmalige Leistungen beschränken, insbesondere dann, wenn ein Sonderbedarf ansteht[85]. Allerdings kann der

---

[72] *OLG Frankfurt* NJW 1953, 147; *OLG Bremen* MDR 1954, 367; *OLG Hamm* MDR 1953, 370; *OLG München* MDR 1953, 490, 491; *OLG Schleswig* SchlHA 1956, 203; *KG* NJW 1961, 1412; *dass.* FamRZ 1968, 392, 393.
[73] A.M. *OLG Frankfurt* OLGZ 1971, 47; *OLG Hamm* FamRZ 1975, 418 - aber unsauber mit dem Fehlen eines Rechtsschutzbedürfnisses argumentierend.
[74] *KG* FamRZ 1978, 134.
[75] *KG* NJW 1953, 308; *Deubner* NJW 1968, 924; *Leipold* (Fn. 1) 152ff.
[76] *OLG Düsseldorf* FamRZ 1975, 634.
[77] Unterhaltsanordnung in einem Fall aufgrund von § 1579 Nr. 4 BGB abgelehnt: *AG Lahnstein* FamRZ 1985, 188; Aufrechnung mit Nutzungsentschädigung für allein genutztes, im Miteigentum beider Ehegatten stehendes Haus *OLG Frankfurt* FamRZ 1985, 303.
[78] *OLG Düsseldorf* FamRZ 1977, 203.
[79] *van Els* FamRZ 1990, 581, 582; allg. M. wenn auch zur Zurückhaltung mit befristeten Unterhaltsanordnungen mahnend.
[80] A.M. *Baur* Studien zum einstweiligen Rechtsschutz (1967), 32.
[81] Für verfassungsmäßig erklärt durch *BVerfG* FamRZ 1980, 872.
[82] *MünchKommZPO-Klauser* Rdnr. 40. – A.M. *OLG Zweibrücken* FamRZ 1981, 65.
[83] A.M. *OLG Celle* MDR 1968, 587; *KG* FamRZ 1968, 392, 393.
[84] *OLG Bamberg* BayJMBl. 1951, 205; *OLG Köln* NJW 1952, 1382; *OLG Celle* JurBüro 1961, 462 = NdsRpfl. 221; *OLG Düsseldorf* FamRZ 1967, 43; *OLG Celle* FamRZ 1971, 307 (Teil des Weihnachtsgeldes); allg. M.
[85] *KG* NJW 1961, 1412 – Erstausstattung eines zu erwartenden Kindes; *OLG Düsseldorf* FamRZ 1967, 43 – Umzugskosten.

unterhaltsberechtigte Ehegatte im Rahmen einer Unterhaltsregelung nach § 620 grundsätzlich nicht **Sonderzahlungen** für einmalige Anschaffungen verlangen[86].

Eine **Beschränkung des Unterhalts** nach §§ 1361, 1611 hält man für zulässig, aber nicht für zwingend[87]. Liegen die Voraussetzungen der Beschränkung vor, dann wäre aber die Zubilligung eines darüber hinausgehenden Unterhaltsbetrags nicht vertretbar. Im Rahmen der Unterhaltsbemessung sind auch solche finanziellen Belastungen des in Anspruch genommenen Ehegatten zu berücksichtigen, die mit Willen des antragenden Ehegatten eingetreten sind (etwa bei Abzahlungskäufen)[88]. Grundsätzlich sollen Unterhaltszahlungen im Rahmen von § 620 nicht *rückwirkend*, sondern nur vom Zeitpunkt der mangelfreien[89] Antragstellung an verlangt werden können[90]. Ausnahmefälle, etwa bei Schulden die zur Bestreitung des Unterhalts gemacht wurden, hält man für denkbar[91]. Das Gesetz kennt eine solche Einschränkung nicht. Wenn der Geltendmachung von Unterhalt für die Vergangenheit nicht an § 1613 Abs. 1 BGB scheitert, kann er auch noch nach § 620 Nr. 6 geregelt werden[92].

Voraussetzung für die einstweilige Unterhaltsregelung ist nicht **Verzug** des Schuldners oder Rechtshängigkeit des Anspruchs[93].

Leben die Ehegatten nicht getrennt, so kann der haushaltsführende Teil nach § 1360a Abs. 2 S. 2 **Wirtschaftsgeld** verlangen[94]. Darin kann der für seinen eigenen Unterhalt anstehende Rentenbetrag enthalten sein[95]. Maßnahmen nach Nr. 4 und 6 fließen daher in diesem Fall zusammen.

Der **Vorsorgeunterhalt** kann zwar im Prinzip durch einstweilige Anordnung geregelt werden[96]. Es ist aber immer zu prüfen, ob das Anordnungsbedürfnis nicht mit Rücksicht darauf entfällt, daß später Nachversicherung möglich ist.

8a b) Haben die Parteien vor Beginn oder während des Rechtsstreits einen *Unterhaltstitel erzielt*, so ist für eine einstweilige Anordnung kein Raum mehr → § 620a Rdnr. 13. Wenn nur eine *private Unterhaltsvereinbarung* existiert, ist eine einstweilige Anordnung aber nötig, sofern die Gefahr besteht, daß sich der Unterhaltsschuldner an sie nicht halten wird → Rdnr. 14. Ist gegen die Rechtsgültigkeit der Unterhaltsvereinbarung nichts einzuwenden, dann bildet sie für das Gericht die oberste Grenze, weil ein darüber hinaus gehender Anspruch dann materiellrechtlich evidentermaßen nicht begründet ist → Rdnr. 2. Ein rechtskräftiges Unterhaltsurteil kann durch einstweilige Anordnung nicht zugunsten des Unterhaltsberechtigten abgeändert werden → Rdnr. 2b. Die Möglichkeit, eine einstweilige Anordnung zu erwirken, schließt die Geltendmachung von Unterhaltsansprüchen im ordentlichen Verfahren aber nicht aus und umgekehrt → § 620a Rdnr. 14. Eine negative Feststellung, kein Unterhalt sei geschuldet, kann im Wege der einstweiligen Anordnung nicht erreicht werden[97].

---

[86] *OLG Celle* MDR 1959, 494.
[87] *OLG Celle* MDR 1964, 764 = FamRZ 573. – A.M. (nämlich für zwingende Berücksichtigung) *KG* MDR 1953, 50 = NJW 308; *OLG München* MDR 1953, 49; *OLG Tübingen* JR 1950, 282.
[88] *OLG Hamm* MDR 1958, 244; *OLG Düsseldorf* FamRZ 1974, 90.
[89] *van Els* FamRZ 1990, 582.
[90] *OLG Frankfurt* FamRZ 1987, 174 – Fall von § 711 S. 2, § 710; *OLG Düsseldorf* FamRZ 1987, 611 – einstweilige Verfügung, sogar erst vom Zeitpunkt der gerichtlichen Entscheidung an; *dass.* AnwBl 1972, 435; *OLG Hamburg* FamRZ 1982, 408, 409; *OLG Hamm* FamRZ 1980, 816, 817; *OLG Braunschweig* ZBlJugR 1976, 416; allg. M.
[91] *OLG Düsseldorf* FamRZ 1987, 611f.; *OLG Karlsruhe* NJW 1961, 1479; *LG Köln* MDR 1963, 219. Für breites Ermessen des Richters *van Els* FamRZ 1990, 581.
[92] *MünchKommZPO-Klauser* Rdnr. 38 (in entsprechender Anwendung von § 708 Nr. 8 bis 3 Monate vor Antragstellung).
[93] *OLG Tübingen* JR 1950, 282.
[94] *OLG Frankfurt* FamRZ 1970, 655 = NJW 1882.
[95] *KG* FamRZ 1973, 262 = NJW 1130.
[96] *OLG Karlsruhe* FamRZ 1978, 501; *dass.* FamRZ 1980, 1139, 1140; *Gießler* (§ 620 Fn. 1) Rdnr. 680; *Zöller-Philippi*[17] Rdnr. 53; *MünchKommZPO-Klauser* Rdnr. 17; *Rolland*[2] Rdnr. 38; *Hampel* FamRZ 1979, 258. – A.M. *OLG Saarbrücken* FamRZ 1978, 501; *OLG Stuttgart* Justiz 1979, 19 (meist kein Regelungsbedürfnis); *Johannsen/Henrich/Sedemund-Treiber*[2] Rdnr. 21.
[97] *AG Ludwigshafen* FamRZ 1983, 939f.

c) Seit Schaffung von §§ 140b Abs. 3 PatG und vergleichbaren Vorschriften in anderen Gesetzen zum Schutze des geistigen Eigentums ist klargestellt, daß auch **Auskunftsansprüche** im Wege des **einstweiligen Rechtsschutzes** verfolgt werden können[98]. Es kann sich dann im einstweiligen Verfahren eine Art Stufenverfahren entwickeln[99]. Die Notwendigkeit hierfür folgt daraus, daß anders als im Verfahren der einstweiligen Verfügung nicht nur notwendiger Unterhalt zu leisten ist und meist die Decke ohnehin für alle zu kurz ausfällt. 8b

d) Aus der Existenz von § 620f. folgt, daß während eines Eheverfahrens Unterhaltsanordnungen auch im Hinblick auf die **Zeit nach Rechtskräftigwerden eines Scheidungsurteils** ergehen können. Da selten auszuschließen ist, daß der Scheidungsausspruch zu einem Zeitpunkt rechtskräftig wird, zu dem noch keine anderweitige, endgültige Entscheidung über nacheheliche Unterhaltsansprüche vorliegen wird, empfiehlt es sich immer, in der Anordnung zwischen der Zeit bis zur und nach Rechtskraft des Scheidungsurteils zu unterscheiden[100] → § 620f. Rdnr. 8, § 621 Rdnr. 11. Ist eine Unterscheidung nicht getroffen worden, so gilt die Anordnung aber im Zweifel gleichwohl über den Zeitpunkt der Rechtskraft des Scheidungsausspruchs hinaus[101], auch wenn es im Anordnungstenor heißt: »Für die Zeit des Getrenntlebens.« Das Gegenteil kann aus der Lehre von der Nichtidentität von Trennungsunterhalt und Geschiedenenunterhalt[102] nicht hergeleitet werden. Ist die Bedürfnislage nach Rechtskraft des Scheidungsausspruches zweifelhaft, so darf Unterhalt nur bis zu diesem Zeitpunkt zugesprochen werden[103]. Liegt für die Zeit bis zur Rechtskraft des Scheidungsausspruches ein Unterhaltstitel schon vor, so kann sich die einstweilige Anordnung darauf beschränken, den Unterhalt für die Zeit danach festzulegen, wenngleich nur selten ein Bedürfnis dafür besteht. Dem Unterhaltsgläubiger ist es in solchen Fällen zuzumuten, die Folgesache nachehelicher Unterhalt geltend zu machen[104]. Interimsvergleich → Rdnr. 6. Auf Erteilung von **Auskunft** gerichtete einstweilige Anordnungen → Rdnr. 8c. Klage in der Hauptsache Unterhalt → § 620f. Rdnr. 8. 8c

7. Regelungen der Benutzung der Ehewohnung und des Hausrats (Nr. 7)[105]

a) Wie bezüglich des Sorgerechts, des Umgangsrechts und des Rechts, Herausgabe des Kindes zu verlangen, stehen sich auch bezüglich Hausrat und Ehewohnung **zwei mögliche Verfahren** des **einstweiligen Rechtsschutzes** gegenüber; ein isoliertes, auf §§ 1361a, 1361b BGB i. V. m. § 18a HausrVO gestütztes und das in § 620 Nr. 7 vorgesehene. Materiellrechtliche Leitlinie für das letztere sind aber auch wiederum §§ 1361a, 1361b BGB. Überschneidungen mit Nr. 5 sind unvermeidlich → Rdnr. 7. 9

Gleichwohl muß man im Gefolge der sonst von der Rechtsprechung getroffenen Festlegungen → § 620a Rdnr. 15 beide Verfahren wahlweise zulassen[106]. Negative Entscheidungen in einem der Verfahren versperren aber das Regelungsbedürfnis im anderen[107]. Nur das einstweilige Verfahren nach § 13 Abs. 4 HausrVO wird auch hier wiederum durch § 620 Nr. 7

---

[98] *Zöller-Philippi*[17] Rdnr. 63; *MünchKommZPO-Klauser* Rdnr. 39. – A.M. noch bezüglich der Einkommensverhältnisse des Unterhaltsschuldners *OLG Hamm* FamRZ 1985, 411; *dass.* FamRZ 1983, 515; *OLG Düsseldorf* FamRZ 1983, 514; *OLG Stuttgart* FamRZ 1980, 1138; *Johannsen/Henrich/Sedemund-Treiber*² Rdnr. 21; *MünchKommZPO-Klauser* Rdnr. 39; *Gießler* (Fn. 1) Rdnr. 582; h.M.
[99] *Schwab-Maurer*² I 877.
[100] *Zöller-Philippi*[17] Rdnr. 62.
[101] BGH FamRZ 1985, 51, 52; FamRZ 1983, 355 = NJW 1330; allg. M.
[102] BGH FamRZ 1981, 242.
[103] *van Els* FamRZ 1990, 582f.

[104] *Zöller-Philippi*[17] Rdnr. 58; *van Els* FamRZ 1990, 583.
[105] Lit. *Graba* Das Familienheim beim Scheitern der Ehe, NJW 1987, 1721ff. *Finger* Die Zuweisung der Ehewohnung für die Dauer des Getrenntlebens, NJW 1987, 1001ff.; *Brudermüller* Die Zuweisung der Ehewohnung unter Ehegatten, FamRZ 1987, 109; *Maurer* Die Wirkungen vorläufiger Benutzungsregelungen zum Hausrat und zur Ehewohnung, FamRZ 1991, 886.
[106] *OLG Zweibrücken* FamRZ 1988, 86; KG FamRZ 1990, 183 – Zulässigkeit des § 1361b-Verfahrens bleibt durch nachfolgenden Scheidungsantrag unberührt.
[107] *Johannsen/Henrich/Sedemund-Treiber*² Rdnr. 31.

verdrängt¹⁰⁷ᵃ. Zwar gilt das Argument, gesetzliche Regelungen des einstweiligen Rechtsschutzes setzten sich an die Stelle der von der Rechtsprechung zuvor entwickelten Notlösungen → § 620a Rdnr. 16 in vorliegendem Zusammenhang nicht mehr. Gleichwohl ist es sinnvoll, in § 620 Nr. 7 eine gegenüber § 13 Abs. 4 HausrVO spezielle Regelung zu sehen. Insbesondere die Rechtsmittelbegrenzung in § 620c könnte sonst allzu leicht unterlaufen werden.

Die nach § 1361 b BGB geschaffene Möglichkeit einer *Zuweisung der Ehewohnung auch schon vor Anhängigwerden einer Scheidungssache* im Verein mit der Möglichkeit, einstweilige Anordnungen nach § 13 Abs. 4 HausrVO bzw. § 620 Nr. 7 zu erlangen, hat der Herstellungsklage den Rest einer praktischen Funktion genommen, den sie noch hatte → vor § 606 Rdnr. 14.

9a b) Nr. 7 hat, anders als die übrigen Nummern der Bestimmung, auch **Vorrang vor sonst denkbaren Hauptsacheklagen.** Der BGH steht zu Recht auf dem Standpunkt, daß während eines Eheprozesses die auf § 985 BGB gestützte Herausgabeklage bezüglich Ehewohnung und Hausrat ausgeschlossen ist und die »Besitzverhältnisse« ausschließlich im Wege einstweiliger Anordnungen zu regeln sind¹⁰⁸. Nur das auf §§ 1361a, 1361b BGB gestützte selbständige Verfahren zur interimistischen Regelung konkurriert damit¹⁰⁹→ § 620a Rdnr. 17. Daher sind auch selbständig angestrengte possessorische Klagen unzulässig¹¹⁰. Der vindikatorische und possessorische Rechtsschutz ist vielmehr während der Dauer des Eheverfahrens in das Verfahren der einstweiligen Anordnung integriert. Die Eigentumsverhältnisse sind keineswegs irrelevant¹¹¹. Dem feststehenden Eigentümer darf seine Sache nur unter den Voraussetzungen von § 1361 Abs. 1 S. 2, § 1361b Abs. 1 S. 2 vorenthalten werden. Dem Gedanken des possessorischen Rechtsschutzes kann auch durch prompt erlassene Anordnungen nach § 620 Nr. 7 Rechnung getragen werden¹¹². Auch im übrigen hat Nr. 7 für die Dauer des Scheidungsverfahrens Vorrang. Ein Anspruch auf eine bürgerlichrechtliche Nutzungsentschädigung, zu zahlen an den Eigentümer-Ehegatten, besteht nicht¹¹³. Selbst außerhalb eines Eheverfahrens werden possessorischen Ansprüche ins Hausratsverfahren verwiesen¹¹⁴.

9b c) Der Ausdruck »*regeln*« besagt auch hier, daß das Gericht in entsprechender Anwendung von § 938 frei ist, der Anordnung einen sachgerechten Inhalt zu geben; etwa dem Ehegatten, der einen Hausratsgegenstand herausgeben soll, eine Abwendungsbefugnis in Gestalt eines an den anderen Ehegatten zu zahlenden Geldbetrages einräumen kann¹¹⁵.

Insbesondere kann das Familiengericht als *flankierende Maßnahme zur Gebrauchsregelung Ge- und Verbote verhängen, die vollstreckbar sind* → § 620a Rdnr. 10, etwa den weichenden Ehegatten mit einem Hausverbot belegen¹¹⁶, Duldung des Einzugs eines bereits ausgezogenen Ehegatten¹¹⁷, Einräumung des Mitbesitzes nach eigenmächtiger Aussperrung eines Ehegatten¹¹⁸, Entfernung von neu eingebauten Schlössern¹¹⁹, das Telefonieren in einer bestimmten Weise oder das Unterlassen des Telefonierens in einer bestimmten Weise¹²⁰, die

---

¹⁰⁷ᵃ A.M. wohl OLG *Hamm* FamRZ 1992, 1155, 1156 – für den Fall, daß ein Hauptsachverfahren nach der HausrVO anhängig ist.
¹⁰⁸ BGH FamRZ 1976, 691. Ebenso für die Zeit des Getrenntlebens Vorrang der HausrVO postulierend: *BGH* FamRZ 1982, 1200 = NJW 1983, 47; *OLG Zweibrücken* FamRZ 1987, 1146. – A.M. insoweit *KG* FamRZ 1987, 1147.
¹⁰⁹ *OLG Köln* FamRZ 1986, 703; *OLG Zweibrücken* FamRZ 1988, 86.
¹¹⁰ A.M. *OLG Düsseldorf* FamRZ 1983, 164; *Hambitzer* FamRZ 1989, 236ff.; *OLG Frankfurt* FamRZ 1981, 184. – Tendenziell wie hier (wenn auch mit unnötig komplizierten Erwägungen) *LG Stuttgart* MDR 1972, 146; *OLG Zweibrücken* FamRZ 1987, 1146.
¹¹¹ A.M. *OLG Zweibrücken* FamRZ 1969, 100.

¹¹² *MünchKomm ZPO-Klauser* Rdnr. 76; ähnlich *OLG Hamm* FamRZ 1991, 81 für das Hausratsverfahren ohne Anhängigkeit einer Ehesache.
¹¹³ *LG Frankfurt* FamRZ 1985, 390.
¹¹⁴ *OLG Hamm* FamRZ 1991, 81.
¹¹⁵ *OLG Schleswig* FamRZ 1972, 94.
¹¹⁶ *OLG Frankfurt* MDR 1977, 145. – A.M. *OLG Hamm* MDR 1977, 58 – ergangen im Verfahren einer einstweiligen Verfügung.
¹¹⁷ *Zöller-Philippi*¹⁷ Rdnr. 73.
¹¹⁸ *OLG Saarbrücken* FamRZ 1981, 64.
¹¹⁹ *LG Essen* FamRZ 1969, 328 – ergangen zu Nr. 5.
¹²⁰ *KG* OLGZ 1972, 60 = NJW 1971, 1414; *OLG Hamburg* MDR 1967, 495; 1970, 142; *OLG Karlsruhe* FamRZ 1967, 45.

Art der Beheizung und Beleuchtung[121] anordnen. Vor allem kann das Familiengericht zusätzlich zur Wohnungszuweisung ein Räumungsgebot verhängen[122]. Einem Ehegatten kann auch verboten werden, bestimmte Sachen aus der Wohnung zu entfernen[123] oder geboten werden, eigenmächtig entfernte Gegenstände wieder in die gemeinsame oder vom anderen Ehegatten allein benutzte Wohnung zurückzubringen[124]. Auch Räumungsfristen können bewilligt werden, die nach § 620 b ohne Rücksicht auf § 721 verlängerbar sind[125]. Wegen der dem aus der Wohnung gewiesenen gehörigen Sachen können von §§ 885 Abs. 2 bis hier abweichende Anordnungen getroffen werden[126]. Auch die Nutzungsvergütung nach §§ 1361 a Abs. 3 S. 2, 1361 b Abs. 2 BGB und der Ersatz von Umzugskosten[127] können festgesetzt und ihre Zahlung in vollstreckungsgeeigneter Weise angeordnet werden.

Ein aus § 242 BGB folgender **Auskunftsanspruch** ist ebenso wie im Unterhaltsrecht durch einstweilige Anordnung regelbar[128] → Rdnr. 8b.

Im allgemeinen lehnt man es ab, aus dem Wort »kann« auf die Einräumung eines richterlichen Ermessens zu schließen → Rdnr. 14 a. E. Gleichwohl ist es im Rahmen von Nr. 7 besonders schwierig, die Voraussetzungen für ein Regelungsbedürfnis in einer griffigen Weise anzugeben. Eine einverständliche Regelung unter den Ehegatten schließt ein Regelungsbedürfnis meist aus, nicht mehr aber dann, wenn die Wirksamkeit des Einverständnisses streitig wird[129] und das Gericht nicht sofort die Wirksamkeit der Einigung feststellen kann. Aber auch dann kann es Anordnungen zur Befolgung des Einverständnisses erlassen.

Drittbeteiligungen sind ausgeschlossen[130]. **Auslandsfälle** → § 621 Rdnr. 62.

d) Bezüglich der **Hausratsgegenstände** weiß kaum jemand mehr anzugeben, als was sich ohnehin im Wortlaut des Gesetzes findet: Billigkeitsgrundsätze im Falle den Ehegatten gemeinsam gehörender Hausratsgegenstände, Benötigung zur Führung eines abgesonderten Haushalts für den anderen Ehegatten, wenn die Gegenstände dem Eigentümer vorenthalten werden sollen, § 1361 a Abs. 1 und 2 BGB. Selbstverständliche Voraussetzung einer Anordnung ist, daß dem Antragsteller die Möglichkeit abgeht, sich die Gegenstände zumutbarerweise selbst zu beschaffen. Der Teil, der zusammen mit den minderjährigen Kindern in der bisherigen Wohnung bleiben soll, hat auch ein Anrecht auf den Behalt der Masse der Haushaltsgegenstände. Auch bei guten Einkommens- und Vermögensverhältnissen beider Ehegatten kann jedoch schwerlich dem Ausziehenden zugemutet werden, sich auf eigene Kosten einen neuen Hausstand einzurichten während der andere den gesamten bisherigen Hausstand behält. Liquide Verschuldensgesichtspunkte können nicht außer Betracht bleiben. Spricht viel dafür, daß der eine Teil die eheliche Treue zugunsten eines neuen Partners ohne triftigen Grund aufgekündigt hat, so ist dies zu seinen Lasten zu berücksichtigen, wenn nicht die Belange der Kinder entgegenstehen, die von ihm betreut werden müssen.

9c

e) Existenzielle Interessen stehen beim Streit um die **Zuweisung der Ehewohnung** auf dem Spiel. Daraus sind eine Reihe von Folgerungen zu ziehen.

9d

Ist ein Antrag gestellt, so ist dies im allgemeinen ein ausreichendes Indiz dafür, daß eine Regelung – mit welchem Inhalt auch immer – nötig ist. Insbesondere muß die Möglichkeit einstweiliger Anordnungen auch unter dem Gesichtspunkt gesehen werden, daß häufig erst auf diese Weise den Eheleuten die für einen erfolgreichen Scheidungsantrag nötige Tren-

---

[121] *MünchKommZPO-Klauser* Rdnr. 74.
[122] *LG Itzehoe* FamRZ 1987, 176; *OLG Hamburg* FamRZ 1983, 1152.
[123] *OLG Nürnberg* FamRZ 1959, 169; *OLG Köln* MDR 1968, 762; *OLG Düsseldorf* FamRZ 1979, 154.
[124] *OLG Nürnberg* aaO; *OLG Frankfurt* FamRZ 1978, 53; *KG* MDR 1970, 237 = FamRZ 249; *OLG Düsseldorf* NJW 1962, 1402.
[125] *OLG Hamburg* FamRZ 1983, 1152.
[126] *OLG Hamburg* aaO.
[127] *MünchKommZPO-Klauser* Rdnr. 74.
[128] So für einstweiligen Rechtsschutz im isolierten Hausratsverfahren *OLG Düsseldorf* FamRZ 1987, 81. – A. M. *MünchKomm ZPO-Klauser* Rdnr. 76.
[129] *OLG Frankfurt* FamRZ 1991, 1327.
[130] *OLG Hamm* FamRZ 1987, 1277.

nungszeit ermöglicht wird[131]. Nur wenn der Antragsgegner bereits auf Dauer versorgt ist oder sich in verläßlicher Weise auszugswillig zeigt[132] oder wenn der Antragsgegner dem Antragsteller die Wohnung gar nicht streitig macht[133], fehlt es am Regelungsbedürfnis. Regelbar ist nur das Verhältnis der Ehegatten untereinander. Anordnungen, die auf eine Lösung oder Umgestaltung des Mietverhältnisses gegenüber dem Vermieter zielen, sind unzulässig[134].

Die wichtigste Frage, die im Zusammenhang mit einstweiligen Anordnungen im Eheverfahren überhaupt auftritt, ist die: Wann darf die Ehewohnung einem der Ehegatten zum alleinigen Gebrauch[135] zugewiesen werden? Daß dafür unerträgliche (gemeint wohl: für den Antragsteller und gegebenenfalls die Kinder) Verhältnisse herrschen müßten und derjenige Gatte auszuziehen habe, der den Verlust am ehesten verkraften könne[136], ist eine sehr allgemein gehaltene Aussage, der man leicht zustimmen kann. Man sollte sich an den Voraussetzungen von § 1361 b BGB orientieren. Manche Gerichte haben sich dafür ausgesprochen, einem Ehegatten die Wohnung nur dann zum alleinigen Gebrauch zuzuweisen, wenn andernfalls Gefahr für Leib oder Gesundheit des Antragstellers oder sonstiger Bewohner der Wohnung, vor allem der Kinder des Antragstellers, droht[137]. Diese Auffassung ist zwar zu eng; schwere und dauernde Beschimpfungen und Demütigungen sowie betont rüpelhaftes Verhalten genügen[138]. Jedoch ist in allen Fällen besonders streng zu prüfen, ob sich ein so schwerwiegender Eingriff nicht vermeiden läßt. Insbesondere ist die Trennung innerhalb der bisherigen Ehewohnung zu versuchen[139]. Aber auch mit dieser Maßgabe geben sich die Gerichte Mühe, den außergewöhnlichen Charakter der Maßnahme und die hohe »Eingriffsschwelle« zu betonen, die vor ihr liegt[140].

Außergewöhnliche Interessenlagen können die Entscheidung in der einen oder anderen Richtung beeinflussen. So kann die Wohnung dem einen Ehegatten zugewiesen werden, wenn der andere berufsbedingterweise überwiegend verreist ist und den Großteil seiner persönlichen Habe nicht mehr in der Ehewohnung hat[141], wenn nicht gerade mit Hinblick darauf dem anderen Ehegatten das »Zusammenleben« noch zuzumuten ist. Ist ein Ehegatte allein Eigentümer der Wohnung und sind die Verhältnisse so, daß diese nicht zur Benutzung durch beide Ehegatten aufgeteilt werden kann, so kann dies bei einer kinderlosen Ehe den Ausschlag geben[142]. Liquide »Verschuldens«-Gesichtspunkte können auch bei der Entscheidung über die Wohnungszuweisung nicht unberücksichtigt bleiben[143]. Die Wohnung kann nicht demjenigen zugewiesen werden, der den unerträglichen Zustand heraufbeschworen hat[144]. Aus der Befugnis des Gerichts, die Nutzung von Ehewohnung und Hausrat »zu regeln« folgt auch hier die Zulässigkeit von *flankierenden Maßnahmen*, etwa Hausverbot, Anordnung der Herausgabe von Schlüsseln, ja sogar die Festlegung eines vorläufigen Mietvertrages mit dem Eigentümer-Ehegatten zur Absicherung vor den Folgen eines Verkaufes der Wohnung[145].

---

[131] *OLG München* FamRZ 1979, 429f.
[132] Für diesen Fall Regelung ablehnend *OLG Köln* FamRZ 1985, 498. Daß nicht der Antrag gestellt werden kann, dem Gegner die Wohnung zuzuweisen, versteht sich: *OLG Hamburg* FamRZ 1983, 621.
[133] *OLG Köln* FamRZ 1985, 498.
[134] *OLG Hamburg* aaO – Verpflichtung des Antragstellers, das Mietverhältnis zu kündigen.
[135] Natürlich gegebenenfalls zusammen mit Kindern, aber unter Ausschluß des anderen Ehegatten.
[136] *OLG Schleswig* SchlHA 1978, 213.
[137] *OLG Frankfurt* FamRZ 1982, 484; *OLG Köln* FamRZ 1982, 403; *OLG Hamm* FamRZ 1991, 81 (Beschimpfungen und ein einstündiges Aussperren aus der Wohnung nicht ausreichend).
[138] *OLG Karlsruhe* FamRZ 1982, 1220; *OLG Hamm* FamRZ 1979, 59.

[139] *OLG Hamburg* FamRZ 1981, 64; *OLG Oldenburg* MDR 1979, 853; *OLG München* FamRZ 1979, 429f.
[140] *OLG Stuttgart* Justiz 1982, 23; *KG* FamRZ 1987, 850: »Wenn aufgrund außergewöhnlicher Umstände ausnahmsweise die Zuweisung – unter Berücksichtigung auch der Belange des anderen Ehegatten – dringend erforderlich ist, um eine unerträgliche Belastung des die Zuteilung begehrenden Ehegatten abzuwenden« – ergangen zum isolierten Hausratsverfahren nach § 18 a HausrVO.
[141] *OLG Karlsruhe* FamRZ 1978, 132.
[142] *OLG Hamm* FamRZ 1989, 739, 740 – isoliertes Hausratsverfahren, Ergebnis aber auf Anordnungen nach § 620 Nr. 7 übertragbar.
[143] *Dörr* NJW 1989, 810, 811; *KG* FamRZ 1988, 182.
[144] *OLG Hamburg* FamRZ 1981, 64; *OLG Karlsruhe* FamRZ 1982, 1220.
[145] *Schwab-Maurer*² I 885; *Gießler* Rdnr. 895.

Zur Notwendigkeit eines Räumungsbefehls → § 620a Rdnr. 10. Eine Räumungsfrist kann auch im einstweiligen Anordnungsverfahren bewilligt werden[146].

Zum Begriff der Ehewohnung siehe Kommentare zu § 1361b und HausrVO. Verfahrenseinzelheiten → § 620a Rdnr. 7. Vollstreckbarkeit → § 20a Rdnr. 10.

8. Herausgabe oder Benutzung der zum persönlichen Gebrauch eines Ehegatten oder eines Kindes bestimmten Sachen (Nr. 8)[147]

Ein materiellrechtliches Regelungsmodell steht hinter der Vorschrift nicht[148]. Sie bringt dem Richter *frei wahrnehmbare Ermessensbefugnisse*. Auf Überlegungen über Eigentumsverhältnisse braucht er sich im allgemeinen nicht einzulassen, wohl aber bei Wertstücken, deren »Gebrauchsfunktion« untergeordnete Bedeutung hat. Geld, Urkunden, die sich auf eine Geldforderung beziehen, vor allem Sparbücher, die nicht zum persönlichen Gebrauch bestimmt sind[149], sind keine Gegenstände des persönlichen Gebrauchs. Wohl aber gehören zum persönlichen Gebrauch Akten, Ausweispapiere, Krankenschein, Versicherungsunterlagen[150] und sonstige Sammlungen von Urkunden, die der antragstellende Ehegatte zur Verwaltung seiner persönlichen Angelegenheiten, einschließlich seines Vermögens benötigt. Der Begriff »Gegenstände des persönlichen Gebrauchs« ist großzügig auszulegen. Alles, was allein zum persönlichen Gebrauch eines Ehegatten oder eines Kindes, bzw. zum gemeinsamen Gebrauch der Kinder, die nunmehr vom antragstellenden Ehegatten versorgt werden, gehört, fällt unter die Norm[151]. Was zum gemeinsamen Gebrauch mehrerer Familienmitglieder bestimmt war, ist Hausrat. Unter die Nr. 8 fällt auch nicht, was im Eigentum oder Miteigentum des Gewahrsamsinhabers steht und auch eine Wertanlagefunktion hat, wie etwa ein PKW, der dem einen Ehegatten gehört, den aber der andere ausschließlich benutzt. Meist wird jedoch in solchen Situationen eine Schenkung vorliegen. Bei wertvollem Schmuck wird selten ein Regelungsbedürfnis für eine einstweilige Anordnung vorliegen, wenn nicht das Eigentum des Antragstellers dargetan ist. Die Anordnung muß so genau sein, daß sie einen vollstreckungsfähigen Inhalt hat[152].

9. Leistung eines Kostenvorschusses für Ehe- und Folgesachen (Nr. 9)

Das Gericht kann auch die Verpflichtung zur Leistung eines Prozeßkostenvorschusses regeln[153]. Die Absicht der Bundesregierung[154], die Prozeßkostenvorschußpflicht unter Ehegatten und darauf bezügliche einstweilige Anordnungen nicht ins neue Recht mitzuübernehmen, fand in den parlamentarischen Beratungen leider keinen Widerhall. Die materiellen Voraussetzungen der Prozeßkostenvorschußpflicht sind in §§ 1361 Abs. 4 S. 4, 1360a Abs. 4 BGB geregelt. Im Rahmen der Grundsätze über eine nur summarisch anzulegende Prüfung → Rdnr. 2 hat sich das Gericht an dieser Norm zu orientieren[155] → § 115 Rdnr. 145, insbesondere auch an dem Billigkeitserfordernis[156]. Leistungsfähig ist der in Anspruch genommene

---

[146] *OLG Hamburg* FamRZ 1983, 1151 – allg. M.
[147] Lit. *Peschel-Gutzeit* MDR 1984, 890.
[148] A.M. *MünchKommZPO-Klauser* Rdnr. 91, § 1313 BGB.
[149] *OLG Hamm* FamRZ 1980, 708.
[150] *OLG Düsseldorf* FamRZ 1983, 514, 515.
[151] Beispiel: Hobby-Werkzeuge, *OLG Düsseldorf* FamRZ 1986, 1134.
[152] *OLG Zweibrücken* FamRZ 1983, 1162.
[153] Lit. *Olzen* Die Rückforderung von Prozeßkostenvorschüssen unter Ehegatten, JR 1990, 1ff. Zum früheren Recht: *Brühl* FamRZ 1958, 197; *Pastor* FamRZ 1958, 288; *ders.* Prozeßkostenvorschuß und Prozeßkostentragung Diss. Bonn (1962) 33ff.; *Kallenborn* (Fn. 1).
[154] BTDrucks. 7/650 S. 199.
[155] *Pastor* FamRZ 1958, 298, 302; *ders.* Diss. aaO 33 ff. m. umfangr. m.w.N.; *Leipold* (Fn. 1) 156 ff.; *OLG Stuttgart* Justiz 68, 143; *OLG Stuttgart* Justiz 1968, 143.
[156] *OLG München* AnwBl 1983, 176: Bei Nettoeinkommen von DM 2.500 keine Prozeßkostenvorschußpflicht.

Gatte, wenn er aus dem ihm nach Abzug der Unterhaltsansprüche verbleibenden Einkommen außer seinen eigenen Prozeßkosten die des anderen Gatten bezahlen kann.

Bei Beteiligung von *Ausländern* →Rdnr. 2 ist das auf die Prozeßkostenvorschußpflicht anwendbare Recht anzuwenden[157]. Die h.M. will das Prozeßkostenvorschuß-Statut dem Art. 18 EGBGB unterstellen[158]. Soweit danach ausländisches Recht anwendbar wäre, müßte außer Betracht bleiben, ob dieses eine Vorschußpflicht aus Güterrecht, Unterhaltsrecht oder aus einem anderen Rechtsgrund herleitet[159]. Wenn das fremde Recht eine Vorschußpflicht nicht kennt, ließe sich eine solche nicht begründen[160]. Einer langwierigen und schwierigen Ermittlung fremden Rechts bedürfte es freilich dann nicht[161]. Demgegenüber ist es aber wegen des Zusammenhangs von Prozeßkostenhilfe und Prozeßkostenvorschußpflicht besser, an das Prozeßkostenhilfestatut anzuknüpfen[162], das bei Führung von Prozessen in Deutschland immer das deutsche Recht ist[163]. Wegen Art. 24 EuGVÜ kann das Gericht der Ehesache immer eine einstweilige Anordnung auch dann erlassen, wenn der passive Teil im EG-Ausland wohnt.

Zu den **Voraussetzungen** des Prozeßkostenvorschußanspruchs im einzelnen siehe die Erläuterungswerke zu §§ 1360a BGB. Zu den Ehesachen und Folgesachen[164] gehören auch die dazugehörenden einstweiligen Anordnungsverfahren[165], selbst wenn man entgegen der hier vertretenen Ansicht →Rdnr. 8, § 620a Rdnr. 15 f. solche für unzulässig hält. Auch für eine nach Rechtskraft des Urteils in der Scheidungssache anhängig gebliebene Folgesache kann ein Kostenvorschuß noch beantragt werden[166]. Für selbständige Familiensachen gilt Nr. 9 nicht[167]. Für die Geltendmachung des Trennungsunterhalts im Hauptverfahren muß daher eine eigene, auf § 127a gestützte einstweilige Anordnung ergehen, wenn der Antragsteller sich nicht mit einer Unterhaltsanordnung nach § 620 Nr. 6 begnügen will, die von der Prozeßkostenvorschußpflicht nach Nr. 9 abgedeckt ist. Freilich kann im Einzelfall gerade im Hinblick auf die Möglichkeiten von § 620 Nr. 6 die Anordnung einer Kostenvorschußzahlung nach § 127a oder die Beantragung von Prozeßkostenhilfe unbillig bzw. mutwillig sein. Über das Verhältnis des Prozeßkostenvorschusses zur Prozeßkostenhilfe im übrigen →Erl. § 114. Wenn **Anwaltsgebühren bereits entstanden** sind, kann Prozeßkostenvorschußzahlung im Wege der einstweiligen Anordnung nicht mehr verlangt werden[168], vor allem nicht mehr für eine Instanz, die bereits abgeschlossen ist[169]. Wohl kann aus einer einmal ergangenen Anord-

---

[157] Aus neuerer Zeit *OLG Düsseldorf* FamRZ 1978, 908; *OLG München* FamRZ 1980, 448, 499. Aus früherer Zeit *OLG München* NJW 1955, 227 = FamRZ 110; *OLG Köln* FamRZ 1956, 235; *OLG Stuttgart* NJW 1968, 365; *dass.* Justiz 1974, 85; *OLG Celle* NdsRpfl. 1969, 134; *OLG Hamm* FamRZ 1970, 89 = NJW 390; *dass.* NJW 1971, 2137. Heute wohl allg. M. – A.M. noch *OLG Köln* JMBlNRW 1973, 168 = MDR 674.

[158] Statt aller *Palandt-Heldrich*[51], Art. 18 EGBGB Rdnr. 17 n.m.w.N.

[159] *OLG Hamm* NJW 1970, 390; *Goerke* FamRZ 1974, 57.

[160] Auch nicht über Art. 18 Abs. 2 EGBGB: *KG* IPRax 1988, 234, 236; *Zöller-Philippi*[17] Rdnr. 82. Für folgende Rechtsordnungen ist die Frage nach der Existenz einer Prozeßkostenvorschußpflicht in einer veröffentlichten Gerichtsentscheidung entschieden worden: England (*OLG Hamm* NJW 1971, 2137 – ja); Pennsylvania und New Jersey (*OLG Düsseldorf* FamRZ 1975, 43 – ja); Schweiz (*OLG Oldenburg* FamRZ 1981, 1176 – ja); Italien (*KG* FamRZ 1988, 167, 169 – nein); Niederlande (*OLG Düsseldorf* FamRZ 1975, 44; FamRZ 1978, 908 – nein); Tschechoslowakei (*OLG Düsseldorf* OLGZ 75, 458 – nein), Türkei (*AG Berlin-Charlottenburg* IPRax 83, 128 – nein). A.M. mit äußerst gewagter Begründung *OLG Oldenburg* aaO). Zu Österreich findet man bei *Fasching* (Zivilprozeßrecht[2] (1989) Rdnr. 489 folgendes: »Das würde den Begriff der Beistandspflicht bei weitem überspannen«.

[161] Dann deutsches Recht anwendbar: *OLG Düsseldorf* FamRZ 1965, 616; *OLG Hamm* NJW 1970, 390 →Rdnr. 2 a.E.

[162] So mit Recht *Kallenborn* Die Prozeßkostenvorschußpflicht unter Ehegatten im internationalen und ausländischen Privatrecht (1968), 132 ff. mit einem sehr detaillierten Länderteil. Ihm folgend *OLG Stuttgart* Justiz 1974, 85.

[163] Im Ergebnis in Anwendung der allgemeinen prozessualen lex-fori-Regel ebenso *OLG Karlsruhe* Justiz 1986, 48 = IPRax 1987, 38; *OLG Stuttgart* Justiz 1979, 229; *OLG Köln* MDR 1973, 674.

[164] Auch wenn später abgetrennt: *OLG Nürnberg* FamRZ 1990, 421.

[165] *BGH* FamRZ 1981, 759.

[166] *MünchKommZPO* Rdnr. 93; *Gießler* (Fn. 1) Rdnr. 115; *Schwab-Maurer* I Rdnr. 912.

[167] *BGH* FamRZ 1980, 444 = NJW 1392.

[168] *OLG Frankfurt* FamRZ 1967, 484; *OLG Düsseldorf* NJW 1957, 1768.

[169] *OLG Karlsruhe* FamRZ 1980, 1037.

nung auch darüber hinaus, ja selbst nach Beendigung des Scheidungsprozesses noch vollstreckt werden[170]. Der Ausdruck »Prozeßkostenvorschuß« ist nämlich mißverständlich. Es handelt sich vielmehr um eine Prozeßfinanzierungspflicht, die ohne Rücksicht auf den späteren Prozeßausgang besteht[171], die mit einer der Leistungsverfügung entsprechenden einstweiligen Anordnung durchgesetzt werden kann.

Der **Höhe** nach wird die Anordnung regelmäßig auf die Kosten einer Instanz beschränkt sein[172]. Die Aufwendungen für höhere Instanzen kann der Antragsteller erst später geltend machen. Ein Vorschuß kann zur Deckung aller Gerichtskosten, die eine Partei vorschießen muß, und aller außergerichtlichen Aufwendungen, insbesondere der Gebühren und Auslagen eines[173] Rechtsanwalts verlangt werden. Das Gericht wird hierbei weitgehend seiner praktischen Erfahrung entnommene, geschätzte Pauschalbeträge einsetzen müssen. Bei einer streitigen Scheidung kann es von drei Anwaltsgebühren ausgehen[174], im allgemeinen aber noch nicht möglicherweise anfallende Zeugengebühren berücksichtigen[175]. Nach dem Grad der Bedürftigkeit des Antragstellers und der Leistungsfähigkeit seines Gegners kann das Gericht die Vorschußzahlung auch für einen ziffermäßig bestimmten Teil der Aufwendungen des Antragstellers anordnen oder die Zahlung in Raten[176] aufgeben.

Das aufgrund der Anordnung Geleistete ist **zweckgebunden**. Es ist demgemäß dem Zugriff Dritter entzogen. Der Empfänger verstößt gegen die Anordnung, wenn er das Geld zu anderen Zwecken verwendet[177]. Um Unredlichkeiten von vornherein vorzubeugen, kann es sich empfehlen, die Anordnung so zu fassen, daß die Leistung unmittelbar an den Anwalt zu erbringen ist. Rückzahlung → § 620f. Rdnr. 11, ist im Wege der einstweiligen Anordnung ausgeschlossen[178].

III. Voraussetzungen für den Erlaß einer einstweiligen Anordnung

Die Voraussetzungen für eine einstweilige Anordnung sind teils in § 620, teils in § 620a geregelt. Die Eigenschaft eines Vollstreckungstitels erhält sie durch § 794 Abs. 1 Nr. 3, 3a.

12

1. Anhängigkeit einer Ehesache

Der Rechtsstreit muß als Ehesache anhängig[179] sein → vor § 606 Rdnr. 5ff. Bei offensichtlicher Unbegründetheit oder Unzulässigkeit des Verfahrens in der Ehesache ist eine Anordnung nicht prinzipiell ausgeschlossen, jedoch nur mit großer Zurückhaltung zu gewähren[180]. Einstweilige Anordnungen sind danach nicht nur bei Scheidungs-, Aufhebungs- und Nichtigkeitsklagen, sondern auch bei Herstellungs- und Feststellungsklagen statthaft. In letzterem Fall macht es keinen Unterschied, ob bei einer positiven Bestandfeststellungsklage das Bestehen einer Ehe zweifelhaft ist[181], ob von vornherein auf Feststellung des Nichtbestehens einer Ehe geklagt wird[182] oder ob schließlich das Recht zum Getrenntleben festgestellt

---

[170] *BGH* FamRZ 1985, 802 = NJW 2263.
[171] *BGH* aaO.
[172] *OLG Schleswig* SchlHA 1960, 343.
[173] Aber nicht mehrerer! *OLG Nürnberg* Büro 1965, 812.
[174] *KG* MDR 1970, 509.
[175] *OLG Köln* Büro 1968, 835.
[176] *OLG Celle* NdsRpfl. 1953, 83; *OLG Kassel* JR 1950, 280; *OLG Nürnberg* NJW 1953, 309; *OLG Düsseldorf* FamRZ 1976, 344.
[177] Siehe auch *OLG Frankfurt* MDR 1956, 167 (keine Aufrechnung!).
[178] *OLG Düsseldorf* AnwBl 1980, 507.
[179] Bei fehlender Anhängigkeit der Ehesache auch keine Prozeßkostenhilfe für Antrag auf Erlaß einer einstweiligen Anordnung: *OLG Frankfurt* FamRZ 1979, 156.
[180] *KG* FamRZ 1974, 461; *OLG Bamberg* FamRZ 1983, 82 - obiter; *OLG Hamburg* DAVorm 1983, 153; *OLG Karlsruhe* FamRZ 1989, 79 = NJW RR 1414 will die Möglichkeit einer Anordnung dann sogar ganz ausschließen.
[181] *OLG Düsseldorf* MDR 1961, 239.
[182] *Pohle* Rpfleger 1957, 188, 192.

werden soll[183] → vor § 606 Rdnr. 14. Die Zulässigkeit einstweiliger Anordnungen ist auch bei **Wiederaufnahme des Verfahrens** anzunehmen[184]. Auch bei Ehesachen aufgrund ausländischer lex causae, wie der Klage auf Trennung von Tisch und Bett, können einstweilige Anordnungen erlassen werden[185], müssen sich an der materiellrechtlichen ausländischen lex causae orientieren, können aber prozessual als einstweilige Anordnungen unabhängig davon erlassen werden, ob sie nach dem auf die Ehesache geltenden Recht auch in dieser prozessualen Form erlassen werden könnten.

Die Klage auf Aufhebung eines Güterstandes gehört nicht zu den Ehesachen. Nach Rechtskraft des Scheidungsausspruches → § 620a Rdnr. 2. Zuständigkeit → § 620a Rdnr. 6, § 621a Rdnr. 23a, § 600a Rdnr. 8ff.

2. Der Antrag

13 Erforderlich ist ein Antrag eines der Ehegatten, sei es des Scheidungsantragstellers, sei es des »Scheidungsantragsgegners«, auch wenn die Ehegatten bei der vom Staatsanwalt gegen sie erhobenen Nichtigkeitsklage beide auf der Passivseite des Prozesses stehen. Der Staatsanwalt als Partei ist nicht antragsberechtigt. Eine Ausnahme vom Antragserfordernis macht lediglich der Schlußsatz von Abs. 1 für die Nr. 1. Die Nrn. 2 und 3 unterfallen der Ausnahmeregelung nicht, obwohl es sich der Sache nach um Teilaspekte der elterlichen Sorge handelt. Daraus muß man schließen, daß von Amts wegen nur die Personensorge und die Vermögenssorge (einschließlich der dazu gehörenden Vertretungsbefugnis) insgesamt ohne Antrag einem Ehegatten übertragen werden dürfen, nicht aber, daß von Amts wegen auch sonst Teilaspekte regelungsfähig wären[186].

Die Anordnung kann *jeder der Ehegatten beantragen*, nicht nur derjenige, der eine Leistung für sich begehrt, sondern auch etwa der Unterhalts- oder Herausgabepflichtige[187], wenn er weitergehende Ansprüche befürchtet. Er kann dann aber nicht eine Art negative Feststellungsanordnung begehren wollen, für die nie ein Regelungsbedürfnis besteht → Rdnr. 8a.E. Im Hausratsverfahren kann auch nicht Zuweisung der Wohnung an den anderen Ehegatten begehrt werden → Rdnr. 9. Der Antrag muß erkennbar, wenn auch nicht ausdrücklich, auf den Erlaß einer einstweiligen Anordnung gerichtet sein. Er muß die Art der begehrten Regelung kennzeichnen, braucht aber kein bestimmtes Regelungsziel anzugeben, bei Unterhalts- und Prozeßkostenvorschußanordnungen insbesondere keine Bezifferung zu erhalten[188] → § 641d Rdnr. 16. Lediglich im Rahmen von Nr. 8 müssen die begehrten Gegenstände bezeichnet werden. Anordnungen über die Art der Durchführung der Auseinandersetzung trifft der Richter nach § 15 HausRVO von amtswegen. Über einen bezifferten Antrag darf das Gericht aber nicht hinausgehen → § 620a Rdnr. 9 und vor § 935 Rdnr. 10. Für Antragsabänderung → § 620b; zum weiteren Verfahren → § 620a Rdnr. 1ff., § 620d.

3. Der Entscheidungsspielraum des Gerichts

14 Nach Abs. 1 »kann« das Gericht Anordnungen erlassen → Rdnr. 2. Die Anordnung ist nur zu erlassen, wenn das Gericht sie für notwendig erachtet. Allerdings würde es nicht im Sinne der Regelung liegen, einen so strengen Maßstab wie im Falle von § 940 üblich anzulegen

---

[183] *OLG Köln* FamRZ 1982, 403; *OLG Karlsruhe* IPRax 1985, 106.
[184] *OLG Hamm* NJW 1972, 590; *OLG Dresden* HRR 1940 Nr. 694.
[185] *OLG Hamm* FamRZ 1989, 621.
[186] *Johannsen/Henrich/Sedemund-Treiber*² Rdnr. 2.

[187] *Brüggemann* (Fn. 1) 240.
[188] Nach altem Recht hinsichtlich der Bezifferung des Prozeßkostenvorschusses ebenso *OLG Stuttgart* Justiz 1974, 85; *Brüggemann* (Fn. 1) 240. – A.M. *Zöller-Philippi*[17] Rdnr. 3 mwN, *Gießler* Rdnr. 19; *MünchKommZPO-Klauser* § 620a Rdnr. 12.

→ §§ 940 Rdnr. 7ff., → § 620a Rdnr. 15f. Erforderlich und genügend ist, daß, wie man es zu formulieren pflegt, ein »Regelungsbedürfnis« existiert[189]. Dieses ist nicht mit Eilbedürftigkeit gleichzusetzen. Auch in den der FG unterstehenden familiengerichtlichen Verfahren ist ein solches im Rahmen von § 620 wesentlich leichter anzunehmen als bei vorläufigen Maßnahmen im Rahmen »isolierter« Sorgerechts-, Umgangsrechts- und Herausgabeverfahren[190]. Müßig ist es zu fragen, ob dem Gericht ein »Ermessen« zusteht. Jedenfalls hat das Rechtsmittelgericht die Entscheidungen des Familiengerichts hinsichtlich aller Erwägungen zu überprüfen, allg. M.

Wird freiwillig[191] und pünktlich ausreichend[192] Unterhalt geleistet oder hat der Antragsteller Einkünfte, die den angemessenen Unterhaltsbedarf decken[193], braucht keine Anordnung zu ergehen; ebenso wenn sicher feststeht, daß aus der Anordnung (etwa wegen ausländischen Aufenthalts des Gegners) in absehbarer Zukunft nicht wird vollstreckt werden können[194], nicht aber bei bloßen Zweifeln über Vollstreckungschancen[195]. Bezüglich Unterhalt für die Vergangenheit → Rdnr. 8. Im Hinblick auf die Möglichkeiten nachträglicher Bereinigung ist Vorsorgeunterhalt[196], etwa auch in der Gestalt, daß Beiträge an einen Sozialversicherungsträger zu entrichten sind[197], im Wege einstweiliger Anordnung nicht zu regeln, es sei denn, daß der Antragsgegner vermutlich später nicht mehr über hinreichende Mittel verfügen wird, um Rückstände auszugleichen. Am Bedürfnis für eine Anordnung fehlt es aber nicht schon allein deshalb, weil der Antragsgegner unbekannten Aufenthalts ist[198]. Eine Regelung der elterlichen Sorge sollte nicht nur getroffen werden, wenn eine Aufrechterhaltung des bestehenden Zustands dem Kindeswohl widerspricht[199], sondern auch, um den bestehenden Zustand für die Beteiligten und gegenüber Dritten als rechtmäßig auszuweisen[200], nicht aber, wenn bei Beibehaltung der bisherigen gleichmäßig auf die Elternteile und die Wochentage verteilten Pflege durch eine Sorgerechtsentscheidung nur einem der Elternteile psychologisch der Rücken gestärkt werden soll[201]. Die Anordnung ist solange entbehrlich, wie noch Aussicht besteht, daß in Kürze eine hinreichende gütliche Regelung zustandekommen kann → § 620a Rdnr. 8, oder wenn der Antragsteller bereits im Besitz einer gerichtlichen Entscheidung ist, die seinen Belangen Rechnung trägt, etwa eines Unterhaltstitels → § 620a Rdnr. 13.

Die größere oder geringere **Wahrscheinlichkeit**, ob der Antragsteller im Eheprozeß siegen werde, spielt bei der Entscheidung regelmäßig keine Rolle[201a]. Der Erlaß einer Anordnung kann aber abgelehnt werden, wenn der Eheprozeß in der Hauptsache offensichtlich unzulässig oder unbegründet ist → Rdnr. 12. Eine Anordnung ist ausgeschlossen, wenn bereits eine rechtskräftige Entscheidung über die begehrte Maßnahme vorliegt. Denn an eine solche Entscheidung wäre das Gericht der Ehesache gebunden → Rdnr. 2, 6.

An einem ernsthaften Interesse fehlt es nicht immer, wenn die die Anordnung begehrende

---

[189] *OLG Zweibrücken* FamRZ 1986, 1229; *OLG Karlsruhe* FamRZ 1987, 78.
[190] *OLG Karlsruhe* NJW-RR 1990, 840f. – A.M. *OLG Hamm* FamRZ 1990, 893.
[191] *KG* FamRZ 1968, 392.
[192] Bei nicht ausreichender Leistung Anordnung für den gesamten Unterhaltsbetrag: *OLG Köln* MDR 1972, 421 = FamRZ 569; *KG* FamRZ 1976, 90; *MünchKommZPO-Klauser* Rdnr. 40.
[193] Wegen eines geringfügigen Aufstockungsunterhaltsbetrags bedarf es keiner einstweiligen Anordnung. S. aber → Rdnr. 8 bei *OLG Zweibrücken* FamRZ 1981, 65.
[194] *OLG Hamm* FamRZ 1986, 919. – A.M. *MünchKommZPO-Klauser* Rdnr. 40; *Gießler* aaO Rdnr. 123, die Vorauflage mißverstehend.
[195] *OLG Düsseldorf* MDR 1950, 296; *OLG Schleswig* SchlHA 1950, 301. – A.M. *OLG Stuttgart* MDR 1950, 554; *OLG Halle* NJ 1949, 118; *OLG München* MDR 1961, 510.
[196] *OLG Stuttgart* Justiz 1979, 19.
[197] *OLG Saarbrücken* FamRZ 1978, 501.
[198] *OLG Celle* NdsRpfl. 1969, 181. Eine Regelung der elterlichen Sorge sollte nicht nur getroffen werden, wenn eine Aufrechterhaltung des bestehenden Zustands dem Kindeswohl widerspricht.
[199] *OLG Düsseldorf* FamRZ 1974 99; *KG* FamRZ 1974, 452.
[200] *KG* FamRZ 1968, 394, 396; *OLG Celle* NdsRpfl. 1973, 83.
[201] *OLG Karlsruhe* FamRZ 1987, 78.
[201a] Ebenso *Zöller-Philippi*[17] § 620 Rdnr. 2. Teilweise a.M. *MünchKommZPO-Klauser* Rdnr. 3, der Prüfung der Erfolgsaussichten der Ehesache verlangt, wenn keine Eilbedürftigkeit besteht.

Partei schon den Hauptprozeß nicht ernsthaft betreibt → § 620a Rdnr. 1. Zum Rechtsschutzbedürfnis nach erstmaliger Ablehnung der Anordnung → § 620b Rdnr. 2, 2a.

Die Anordnung darf mit Ausnahme solcher nach Nr. 4 **nur die Beziehungen der im anhängigen Eheprozeß streitenden Parteien regeln** → Rdnr. 6. Bei einer Nichtigkeitsklage wegen Doppelehe gehören dazu aber nicht nur die Parteien der **vernichtbaren Ehe,** sondern auch der Partner der ersten Ehe, der klagt → § 632 Abs. 2. Es kann deshalb auch eine Unterhaltsregelung im Verhältnis zu ihm getroffen werden[202].

IV. Auslandsfälle

15   Die internationale Zuständigkeit der deutschen Gerichte in der Hauptsache begründet auch ihre Zuständigkeit für den Erlaß einstweiliger Anordnungen[203]. Die Zuständigkeit des Gerichts der Ehesache ist durch völkerrechtliche Verträge, an denen die Bundesrepublik Deutschland beteiligt wäre, nicht begrenzt → Rdnr. 8, § 620a Rdnr. 6. Vor Erlaß einer Anordnung braucht die internationale Zuständigkeit der deutschen Gerichte in der Hauptsache aber noch nicht geklärt zu sein[204]. Der Gesetzestext gibt keinen Anhaltspunkt, daß mit § 620a Abs. 2 nicht auch die internationale Zuständigkeit der deutschen Gerichte geregelt worden sein sollte. Für einstweilige Maßnahmen muß man eine völkerrechtliche Zulässigkeit auch sinnvollerweise immer schon dann annehmen, wenn auch nur eine realistische Möglichkeit von hinreichenden Kontakten des Falles zum Inland besteht. Selbst bei offensichtlicher Unzuständigkeit des Gerichts der Ehesache kann eine Anordnung ergehen, wenn sie auch unter diesen Umständen dringend geboten ist[205]. Nur darf eine solche Regelung dann zu Lasten der in der Ehesache zuständigen staatlichen Gerichtsbarkeit nichts darüber hinaus regeln wollen. Ein Regelungsbedürfnis besteht ohnehin nur, wenn die Interessen Deutscher oder von Personen mit gewöhnlichem Aufenthalt in Deutschland oder wenn Angelegenheiten mit Bezug zum deutschen Territorium im Spiele sind.

Eine ausländische Rechtshängigkeit verhindert einstweilige Maßnahmen in Deutschland weder als isolierte Sorgerechtsverfahren[206], noch als einstweilige Anordnung im Rahmen eines parallel (wenn auch vielleicht unzulässigerweise) anhängig gemachten Eheverfahrens. Jedoch sollten sich die deutschen Gerichte größter Zurückhaltung befleißigen, wenn ausländische einstweilige Anordnungen schon mit Wirkung für das Inland für vollstreckbar erklärt wurden[207]. Nach § 16a FGG und Art. 7 MSÜ ergibt sich, ob eine ausländische Entscheidung anerkannt wird und deshalb einer Neuentscheidung durch deutsche Gerichte Hindernisse entgegenstehen. Deutsche Gerichte können auch auslandsbelegene Sachverhalte regeln → § 621 Rdnr. 56ff.

Zur Bedeutung der Maßgeblichkeit ausländischen Rechts in der Sache → Rdnr. 2.

---

[202] A.M. *OLG Oldenburg* NdsRpfl. 1957, 153 = ZZP 1971, 271.
[203] *OLG Karlsruhe* FamRZ 1984, 184; *OLG Stuttgart* NJW 1980, 1227.
[204] *OLG Karlsruhe* IPRax 1985, 107; *OLG Hamm* FamRZ 1977, 330.
[205] A.M. *OLG Karlsruhe* FamRZ 1989, 79.
[206] *OLG Hamm* FamRZ 1988, 864 – wo aber zu Unrecht ein isoliertes Verfahren anstatt eines Verfahrens nach § 620 Nr. 1 zugelassen wurde → § 620a Rdnr. 16.
[207] Mit Recht scharfe Kritik an der gegenteiligen Tendenz des *OLG Düsseldorf* FamRZ 1984, 194 übend *Siehr* IPRax 1984, 309.

§ 620a [Verfahren]

(1) Der Beschluß kann ohne mündliche Verhandlung ergehen.

(2) Der Antrag ist zulässig, sobald die Ehesache anhängig oder ein Antrag auf Bewilligung der Prozeßkostenhilfe eingereicht ist. Der Antrag kann zu Protokoll der Geschäftsstelle erklärt werden. Der Antragsteller soll die Voraussetzungen für die Anordnung glaubhaft machen.

(3) Vor einer Anordnung nach § 620 Satz 1 Nr. 1, 2 oder 3 sollen das Kind und das Jugendamt angehört werden. Ist dies wegen der besonderen Eilbedürftigkeit nicht möglich, so soll die Anhörung unverzüglich nachgeholt werden.

(4) Zuständig ist das Gericht des ersten Rechtszugs, wenn die Ehesache in der Berufungsinstanz anhängig ist, das Berufungsgericht. Ist eine Folgesache im zweiten oder dritten Rechtszug anhängig, deren Gegenstand dem des Anordnungsverfahrens entspricht, so ist das Berufungs- oder Beschwerdegericht der Folgesache zuständig. Satz 2 gilt entsprechend, wenn ein Kostenvorschuß für eine Ehesache oder Folgesache begehrt wird, die im zweiten oder dritten Rechtszug anhängig ist oder dort anhängig gemacht werden soll.

Gesetzesgeschichte: Rdnr. 1 ff. vor § 606; § 620 Rdnr. 1; BGBl. 1979 I 1061; 1980 I 677; 1986 I 301.

I. Die Zulässigkeitsvoraussetzungen 1	3. Die Entscheidung 9
1. Rechtshängigkeit, Anhängigkeit 1	4. Feriensache 12
2. Die Zeit nach Erlaß eines Urteils in der Ehesache 2	III. Das Verhältnis zu anderen Rechtsbehelfen 13
3. Zulässigkeit und Begründetheit des Antrags 3	1. Das Verhältnis zu Verfahren in der Hauptsache 13
II. Das Verfahren 4	a) ZPO-Sachen 13
1. Der Antrag 5	b) FG-Sachen 14
2. Das Verfahren bis zur Entscheidung 6	2. Das Verhältnis zu dem der Hauptsache eigentlich zugeordneten einstweiligen Rechtsschutz 15
a) Örtliche und sachliche Zuständigkeit 6	a) ZPO-Sachen (einstweilige Verfügungen) 15
b) Das Verfahren ohne obligatorische mündliche Verhandlung 7	b) FG-Sachen 16
c) Gütliche Beilegung 8	

I. Die Zulässigkeitsvoraussetzungen

Die wichtigsten Fragen der Zulässigkeit des Antrags sind in § 620a gesondert geregelt → Rdnr. 4, 5; § 620 Rdnr. 12, 13.   1

1. Rechtshängigkeit, Anhängigkeit

Die Ehesache **braucht noch nicht rechtshängig** zu sein. Es genügt, ist aber auch erforderlich[1], daß Klage, Scheidungsantrag oder Antrag auf Bewilligung von Prozeßkostenhilfe eingereicht ist[2]. Die Anordnung kann danach vor Klagezustellung, auch vor Bestimmung des Verhandlungstermins und der sie bedingenden Zahlung der Prozeßgebühren ergehen[3]. Von

---

[1] OLG Frankfurt FamRZ 1979, 156.
[2] OLG Hamburg NJW RR 1990, 394; AG Pinneberg FamRZ 1982, 407.
[3] OLG Nürnberg FamRZ 1968, 32; OLG Schleswig SchlHA 1970, 20.

diesem Zeitpunkt an kann insbesondere auch ein zulässiger Antrag auf Anordnung der Bezahlung eines Prozeßkostenvorschusses gestellt werden. Ist die Klage (der Scheidungsantrag) zur Terminbestimmung gar nicht geeignet, so ist eine einstweilige Anordnung allerdings nicht zulässig[4]. Im übrigen braucht die Klageschrift aber nicht ordnungsgemäß, insbesondere nicht vollständig zu sein. Sind Klageschrift (Scheidungsantrag) oder Antrag auf Bewilligung von Prozeßkostenhilfe zwar eingereicht, wird aber das Verfahren nicht betrieben[5], etwa weil der Prozeßkostenvorschuß nicht bezahlt[6] oder weil auf Wunsch die Klageschrift (Scheidungsantrag) noch nicht zugestellt wird[7], so soll manchen zufolge der Antrag ebenfalls unzulässig sein. Besser ist hier eine flexiblere Lösung, die darin bestehen kann, in entsprechender Anwendung von § 614 das Verfahren über die einstweilige Anordnung auszusetzen[8]. Prinzipiell unzulässig ist aber der Erlaß einer Anordnung auch in diesem Falle nicht. Vor allem kann es sein, daß das Ehe-Stammverfahren nur deshalb nicht betrieben wird, um die Trennungsfristen abzuwarten. Einstweilige Anordnungen können aber auch in dieser Zeit sehr wohl nötig sein[9]. Eine einstweilige Anordnung ist grundsätzlich selbst dann zulässig, wenn das Verfahren ruht[10] oder ausgesetzt worden ist[11] → Rdnr. 14, § 614 Rdnr. 15. Bei höchstwahrscheinlicher Erfolglosigkeit des Antrags in der Ehesache besteht aber ebensowenig ein Regelungsbedürfnis wie bei Aussichtslosigkeit eines Prozeßkostenhilfeantrags[12].

2. Die Zeit nach Erlaß eines Urteils in der Ehesache

2   Endet die Ehesache für den Antragsteller erfolglos (Antragsabweisung, Antragsrücknahme, Erklärung der Erledigung des Rechtsstreits), so darf in folgerichtiger Weiterentwicklung der in § 620 f. steckenden Wertung auch über rechtzeitig gestellte Anträge nicht mehr entschieden werden[13]. Die **Verkündung oder Zustellung eines anderen Urteils in der Ehesache** macht einen Antrag auf Erlaß einer einstweiligen Anordnung noch nicht unzulässig. Vor Inkrafttreten des UÄndG 1986 bestand hingegen die klare Regel, daß der Antrag **vor Rechtskraft der Entscheidung in der Ehesache** gestellt worden sein mußte[14], auch wenn eine Folgesache anhängig geblieben war[15], wenngleich unbestrittenermaßen damals wie heute über alle nicht erledigten Anträge noch zu entscheiden ist[16].

Die **Neufassung von Abs. 4** hat die Ansicht entstehen lassen, auch wenn nach rechtskräftigem Abschluß der Ehesache eine Folgesache anhängig geblieben ist, sei eine auf § 620 gestützte einstweilige Anordnung statthaft, wenn sie dem Gegenstand der Folgesache entspricht[17]. Die herrschende Gegenmeinung stützt sich demgegenüber zu Recht darauf, daß die in §§ 620 ff. geregelten einstweiligen Anordnungen unselbständig sind und von der Anhängigkeit einer Ehesache abhängen[18] → § 629 a Rdnr. 18. Ausnahme → § 620 Rdnr. 11.

---

[4] *Bergerfurth* FamRZ 1962, 52, 53.
[5] *OLG Köln* JMBlNRW 1976, 40.
[6] *Bergerfurth* aaO.
[7] *LG Hamburg* MDR 1963, 846.
[8] So mit Recht *Habscheid* FamRZ 1964, 60, 67.
[9] *Schwab-Maurer*[2] 904.
[10] *OLG Celle* NdsRPf 1961, 17. – A.M. *OLG Köln* JMBlNRW 1975, 40 (wenn Scheidungsverfahren seit Jahren nicht betrieben wird).
[11] *RG* JW 1901, 306; *OLG Schleswig* SchlHA 1950, 60; *OLG Celle* MDR 1968, 273; *dass.* NdsRPfl. 1975, 71.
[12] *AG Lörrach* NJW 1978, 1330.
[13] *OLG Hamm* FamRZ 1982, 721f; *MünchKommZPO-Klauser* Rdnr. 7. – Teilw. a.M. (erst ab Rechtskraft der Abweisung) *Gießler* (§ 620 Fn. 1) Rdnr. 98.
[14] *BGH* FamRZ 1983, 355 = NJW 1330.

[15] *OLG Frankfurt* FamRZ 1979, 1040.
[16] *OLG München* FamRZ 1987, 610; *KG* FamRZ 1987, 956; *OLG Karlsruhe* Justiz 1976, 362; 1974, 335 – rückwirkende Unterhaltsleistung; ganz h.M. – A.M., soweit ersichtlich, nur *OLG Karlsruhe* Justiz 1976, 257.
[17] *OLG Hamm* FamRZ 1987, 1278; *Mörsch* FamRZ 1986, 629 – wenn auch zögernd; *Johannsen/Henrich/Sedemund-Treiber*[2] Rdnr. 16; *MünchKommZPO-Klauser* Rdnr. 5.
[18] *OLG Karlsruhe* FamRZ 1992, 1454; *OLG Frankfurt* FamRZ 1990, 539; *dass.* FamRZ 1987, 1279; *OLG Hamburg* FamRZ 1987, 725; *Schwab-Maurer*[2] I Rdnr. 902; *Gießler* (§ 602 Fn. 1) Rdnr. 98; *ders.* FamRZ 1986, 958; *Zöller-Philippi*[17] Rdnr. 3a; § 620 Rdnr. 34, 42; *Kemnade* FamRZ 1986, 625, 626; *Luthin* FamRZ 1986, 1059, 1060.

Auch nach Ablehnung eines ohne Anhängigmachung der Ehesache gestellten **Prozeßkostenhilfeantrags** soll eine einstweilige Anordnung nicht mehr ergehen können[19]; eine bereits erlassene Anordnung soll mit Zurückweisung des Prozeßkostenhilfeantrags außer Kraft treten[20]. Das würde bedeuten, daß die Anträge im Rahmen des folgenden isolierten familiengerichtlichen Verfahrens erneut gestellt werden müßten, wenn noch ein Regelungsbedürfnis besteht. Man sollte sich daher auch in diesem Rahmen auf den Rechtsgrundsatz der perpetuatio litis → Rdnr. 15 besinnen und das Verfahren auf rechtzeitig gestellten Antrag hin weiterführen. Ob noch ein Regelungsbedürfnis besteht, ist freilich eine ganz andere Frage.

3. Zulässigkeit und Begründetheit des Antrags

Große praktische Bedeutung kommt einer – theoretisch sicher möglichen – *Unterscheidung zwischen Zulässigkeit und Begründetheit* eines Antrags nicht zu. Jedenfalls sind die Sachurteilsvoraussetzungen des Hauptverfahrens im einstweiligen Anordnungsverfahren nicht gesondert zu prüfen. Bedenken gegen die Prozeßfähigkeit einer Partei[21] sowie gegen die örtliche und internationale Zuständigkeit des angegangenen Gerichts → § 620 Rdnr. 12 stehen dem Erlaß einer Anordnung nicht entgegen.

3

II. Das Verfahren

Das Verfahren ist in den §§ 620ff. selbständig geregelt. Es ist nicht schlechthin ein Verfahren der ZPO[22]. Vielmehr gilt § 621 a auch insoweit. In den Fällen von § 620 Nr. 1–3 kann daher ein nach den Vorschriften der ZPO vollstreckbarer Vergleich nicht geschlossen werden[23]. Über das Verhältnis zu den einstweiligen Verfügungen → Rdnr. 15. Zur Konkurrenz zum vormundschaftsgerichtlichen Verfahren → Rdnr. 14, 16.

4

1. Der Antrag

Der Antrag → Rdnr. 1–3, → § 620 Rdnr. 5 ist als Gesuch schriftlich einzureichen oder zu Protokoll der Geschäftsstelle zu stellen. Antragsteller muß ein Ehegatte sein. Ein für das Kind bestellter Vormund oder Pfleger kann ihn nicht stellen[24]. Der Antrag kann jederzeit zurückgenommen werden[25]. Er unterliegt nicht dem Anwaltszwang → § 78 Rdnr. 21. Nur solange sich das Verfahren schriftlich weiterentwickelt, soll es aber bei der Dispens vom Anwaltszwang[26] bleiben. Dies gilt auch für schriftliche Anträge auf Änderung oder Aufhebung der Anordnung[27]. Prozeßvollmacht → § 82 Rdnr. 1. *Klauser*[28] hat freilich sehr drastisch die mißlichen Folgen geschildert, die eintreten, wenn man im übrigen Anwaltszwang postuliert, vor allem die Notwendigkeit, einen beim OLG zugelassenen Anwalt einzuschalten, wenn man im Rahmen von § 620 c Beschwerde einlegen will. Daher sollte man in der Tat Abs. 2 S. 2 erweiternd dahin interpretieren, daß das Verfahren insgesamt nicht dem Anwaltszwang unterworfen ist[29]. Prozeßvollmacht → § 82 Rdnr. 1. Ist die Ehesache noch nicht anhängig,

5

---

[19] *OLG Hamm* FamRZ 1982, 721.
[20] *OLG Stuttgart* FamRZ 1984, 720.
[21] *OLG Hamm* MDR 1949, 39; *Bergerfurth* FamRZ 1962, 52, 53.
[22] A.M. *OLG Koblenz* FamRZ 1978, 605.
[23] *OLG Düsseldorf* FamRZ 1979, 843. – A.M. *OLG Koblenz* aaO; *OLG Zweibrücken* FamRZ 1979, 842 → Rdnr. 8.
[24] *MünchKommZPO-Klauser* Rdnr. 2; *Gießler* (§ 620 Fn. 1) Rdnr. 102.

[25] *OLG Saarbrücken* JurBüro 1985, 1888.
[26] *OLG Düsseldorf* FamRZ 1978, 709.
[27] *OLG Frankfurt* FamRZ 1977, 799 = NJW 172.
[28] *MünchKomm ZPO-Klauser* Rdnr. 11.
[29] *OLG Hamm* FamRZ 1985, 1146. – A.M. *OLG Frankfurt* FamRZ 1977, 799 = NJW 1978, 172; *OLG Düsseldorf* FamRZ 1978, 709; *Zöller-Philippi*[17] Rdnr. 9; *Gießler* (§ 620 Fn. 1) Rdnr. 109; *Baumbach/Lauterbach/Albers*[51] Rdnr. 6; *Rolland*[3] Rdnr. 3; *Johannsen/Henrich/Sedemund-Treiber*[2] Rdnr. 11; nahezu allg. M.

sondern ihretwegen nur ein Antrag auf Bewilligung von Prozeßkostenhilfe gestellt, so besteht ohnehin kein Anwaltszwang, allg. M., ebenso wie wenn das Gericht von Amts wegen den Erlaß einer einstweiligen Anordnung bezüglich des Sorgerechts in Erwägung zieht.

Wegen der Bestimmtheit des Antrag → § 620 Rdnr. 13. Eine strikte Begründungspflicht besteht nicht → § 620d Rdnr. 2. Wenn § 620a indes anordnet, daß die Voraussetzungen der Anordnung glaubhaft gemacht werden sollen, so ergibt sich daraus mittelbar, daß das Gericht eine Begründung verlangen kann. Wird einem solchen Verlangen nicht Rechnung getragen, muß man dem Gericht auch die Befugnis einräumen, den Antrag a limine abzuweisen. Der Amtsermittlungsgrundsatz → Rdnr. 7 hebt das Erfordernis der Glaubhaftmachung nicht auf[30]. Im Bereich der der FG zugehörigen Angelegenheiten genügt die Glaubhaftmachung eines Regelungsbedürfnisses → § 620 Rdnr. 2ff.[31]. Die Glaubhaftmachung schließt auch ein, das Nichtvorliegen von Einwendungen plausibel zu machen, vor allem, in Unterhaltssachen darzutun, daß der Antragsgegner leistungsfähig ist[32]. Das Fehlen hinreichender Glaubhaftmachung kann in der mündlichen Verhandlung nachgeholt werden. Das Gericht kann auch Auflagen und informelle Hinweise geben, um eine Zurückweisung a limine zu vermeiden. Zur Prozeßvollmacht → § 609 Rdnr. 1. Wegen der Prozeßkostenhilfe → § 620g Rdnr. 4 → § 623 Rdnr. 15.

2. Das Verfahren bis zur Entscheidung

6   a) **Örtlich und sachlich zuständig** ist nach Abs. 4 S. 1 das Gericht, das im Zeitpunkt des Anhängigwerdens des Antrags das Gericht der Ehesache ist[33], grundsätzlich also das Gericht erster Instanz; wenn die Ehesache in zweiter Instanz schwebt, das Berufungsgericht[34]. Solange noch nicht geklärt ist, in welchem Umfange das Urteil des Familiengerichts durch Berufung angefochten wird, bleibt das Familiengericht insgesamt zuständig[35]. Ist nur die abgetrennte Scheidungssache beim OLG anhängig, nicht aber die Folgesache, so bleibt für die einstweilige Anordnung, die dieser entspricht, das Familiengericht zuständig → § 628 Rdnr. 16. Das Berufungsgericht ist auch zuständig, wenn zwar die Ehesache bei ihm anhängig ist, die Folgesache, auf die sich die einstweilige Anordnung bezieht, aber beim Familiengericht anhängig geblieben ist. Wenn die Ausnahmevorschrift von Abs. 4 S. 2 nicht eingreift, ist auch sonst das Familiengericht zuständig, so etwa, wenn gegen das Urteil des OLG in der Ehesache Revision eingelegt wird[36] oder wenn nur Rechtsbehelfe gegen Entscheidungen über die Gewährung oder Nichtgewährung von Prozeßkostenhilfe eingelegt worden sind[37]. Hat das Familiengericht versehentlich über einen bei ihm gestellten Antrag nicht entschieden, so soll seine Zuständigkeit auch bestehen bleiben, wenn die Ehesache inzwischen vor dem Berufungsgericht schwebt[38]. Demgegenüber soll aber nicht das OLG zuständig bleiben, sondern das Familiengericht zuständig werden, wenn der Antrag zutreffenderweise beim OLG gestellt worden ist, dieses aber nach Aufhebung des familiengerichtlichen Urteils in der Ehesache die Angelegenheit dorthin zurückverwiesen hat, ohne über den Antrag auf Erlaß einer einstweiligen Anordnung entschieden zu haben[39].

Sätze 2 u. 3 von Absatz 4 wurden 1986 eingefügt, um zu verhindern, daß bei Anfechtung nur der Folgeentscheidung gleichwohl das erstinstanzliche Familiengericht für einstweilige

---

[30] *Johannsen/Henrich/Sedemund-Treiber*[2] Anm. 3.
[31] Gegen das Erfordernis einer Glaubhaftmachung in diesen Fällen *Schwab-Maurer*[2] I 907.
[32] *OLG Frankfurt* FamRZ 1989, 87.
[33] *BGH* FamRZ 1980, 670, 671.
[34] Dieses nicht mehr nach Erlaß eines Urteils in der Ehesache: *OLG Stuttgart* FamRZ 1978, 123.
[35] *Zöller-Philippi*[17] Rdnr. 11 unter Berufung auf die Rechtsprechungsgrundsätze zum Zeitpunkt, zu dem der Umfang der Rechtsmittelangriffe festliegt; *Schwab-Maurer*[2] I 915; wohl allg. M.
[36] *BGH* FamRZ 1980, 444, 445 = NJW 1372.
[37] *Zöller-Philippi*[17] Rdnr. 14.
[38] *BGH* FamRZ 1980, 670, 671; *BayObLG* FamRZ 1979, 941; *Diederichsen* NJW 1986, 1462, 1465.
[39] *OLG Hamburg* FamRZ 1983, 612f.

Anordnungen zuständig bleibt → Rdnr. 2⁴⁰. Das OLG ist aber nur für solche einstweilige Anordnungen zuständig, die der bei ihm anhängigen Folgesache korrespondieren. Das gilt auch für Prozeßkostenvorschußsachen⁴¹. Abs. 4 S.3 stellt aber klar, daß das OLG immer zuständig ist, wenn eine einstweilige Anordnung über Prozeßkostenvorschuß für ein beabsichtigtes Rechtsmittel beantragt werden soll⁴². Möglich ist ein solcher Antrag auch noch nach Rechtskraft der Scheidung → § 620 Rdnr. 11. Der Folgesache Sorgerecht entspricht auch die einstweilige Anordnung zum Umgang⁴³, zur Kindesherausgabe und zu den dem persönlichen Gebrauch des Kindes dienenden Gegenständen; der Folgesache Hausrat Anordnungen zu den dem persönlichen Gebrauch eines Ehegatten⁴⁴ gewidmeten Sachen. Dem Unterhalt für die Zeit nach der Scheidung ist der Getrenntlebensunterhalt zuzuordnen⁴⁵. Zur Abänderungsbefugnis des Familiengerichts → § 620b.

Im Falle eines Streites über die Zuständigkeit für den Erlaß einer einstweiligen Anordnung kann im Sinne von § 281 auch bindend vom Amtsgericht ans Oberlandesgericht und umgekehrt verwiesen werden⁴⁶. Mit einer Verweisung der Ehesache wird auch das Anordnungsverfahren verwiesen⁴⁷.

Nach Abs. 4 richtet sich auch die **internationale Zuständigkeit**, selbst wenn im Falle von § 620 Nr. 7 die oder eine (Ferienwohnung) Ehewohnung im Ausland liegt → § 620 Rdnr. 15, § 621 Rdnr. 19, 23a, § 606a Rdnr. 8ff. Das EuGVÜ ändert daran nichts, weil nach seinem Art. 24 vorläufige Maßnahmen in den vom nationalen Recht vorgesehenen Zuständigkeiten getroffen werden können. Hat ein Kind weder gewöhnlichen Aufenthalt in Deutschland noch die deutsche Staatsangehörigkeit, dann sind nach Art. 9 MSÜ einstweilige Maßnahmen nur möglich, wenn sich das Kind vorübergehend in Deutschland aufhält. Ist eine deutsche internationale Zuständigkeit nicht gegeben und deshalb auch eine Anhängigmachung der Ehesache bei einem deutschen Gericht bzw. ein dort gestellter Antrag auf Bewilligung von Prozeßkostenhilfe von vornherein aussichtslos, so entfällt die Möglichkeit von Anordnungen nach § 620. In solchen Fällen bleiben aber einstweilige Verfügungen nach §§ 935 ff. statthaft, → Rdnr. 15. Für eine entsprechende Anwendung von § 942 ist ein Bedürfnis nicht ersichtlich.

Eine Zuständigkeit des *Revisionsgerichts* ist niemals gegeben. Der Zeitraum zwischen den Instanzen gehört nach allgemeinen Grundsätzen → § 176 Rdnr. 12 zur unteren Instanz.

Ob das angerufene Gericht in der Ehesache, bzw. (im Fall von Abs. 4 S. 2) für die der einstweiligen Anordnung korrespondierende Folgesache zuständig ist, braucht nicht gesondert geprüft zu werden → § 620 Rdnr. 12, 15. Hat der Antragsteller vor der Entscheidung in der Hauptsache in Erkenntnis der Unzuständigkeit des zunächst angegangenen Gerichts des Eheverfahrens diese anderwärts angestrengt, so ist der Antrag in entsprechender Anwendung von § 621 Abs. 3 dorthin zu leiten. Wird die Ehesache dorthin verwiesen, so ist im allgemeinen auch der Antrag auf Erlaß einer einstweiligen Anordnung mitzuverweisen. Besteht jedoch ein zeitlich dringendes Regelungsbedürfnis, so kann auch das angegangene Gericht vorher die einstweilige Anordnung erlassen.

b) Das Verfahren folgt den bei → § 128 Rdnr. 39ff. dargelegten Grundsätzen über **das Verfahren ohne obligatorische mündliche Verhandlung**.

Ein **Mischverfahren** dergestalt, daß nach Durchführung der mündlichen Verhandlung noch Schriftsätze ausgetauscht und Ermittlungen durch das Gericht angestellt werden könnten, wird als prozeßordnungswidrig hingestellt⁴⁸, ist aber ausweislich der in diesem Zusammen-

---

⁴⁰ Lit: *Sedemund-Treiber* FamRZ 1986, 209.
⁴¹ *OLG Köln* FamRZ 1990, 768.
⁴² Schwab-Maurer² I 912.
⁴³ A.M. *OLG Frankfurt* FamRZ 1992, 579.
⁴⁴ Zöller-Philippi¹⁷ Rdnr. 13.
⁴⁵ Schwab-Maurer² I 911.

⁴⁶ *BGH* FamRZ 1979, 1004 = NJW 2519; heute wohl allg. M.
⁴⁷ *OLG Hamburg* FamRZ 1983, 612, 614.
⁴⁸ *Johannsen/Henrich/Sedemund-Treiber*² Rdnr. 13. In den dort in Bezug genommenen OLG-Entscheidungen ist aber von einer Unzulässigkeit eines solchen Verfahrens

hang unter dem Gesichtspunkt der Anfechtbarkeit veröffentlichten Anzahl von Entscheidungen → 620c Rdnr. 8 offenbar recht gebräuchlich. Es gibt auch keinen Grund, weshalb es unzulässig sein sollte. Bei Verfahren ohne obligatorischer mündlicher Verhandlung dient eine eventuelle Verhandlung nur der Ergänzung des schriftlich Vorgetragenen → § 128 Rdnr. 46. Meist ist zwar die mündliche Verhandlung der Schlußakt vor der Entscheidung. Jedoch kann auch das Ergebnis von bisherigen schriftlichen und mündlichen Verhandlungselementen abermals schriftlich ergänzt werden. Notfalls muß man in der Weiterführung von Ermittlungen wieder eine konkludent erklärte Rückführung der Angelegenheit von der mündlichen Verhandlung in das schriftliche Verfahren sehen. Ob die Entscheidung dann noch »aufgrund« der mündlichen Verhandlung ergangen ist, ist eine ganz andere Frage → § 620c Rdnr. 8.

7a   Ob ganz oder teilweise mündlich verhandelt worden ist oder nicht, immer gilt folgendes: Die Einlassungsfrist von § 274 Abs. 3 braucht nicht eingehalten zu werden → § 274 Rdnr. 9, wohl aber die Ladungsfrist. Ist die einstweilige Anordnung vor Klagezustellung beantragt worden → Rdnr. 1, so muß, wenn zur Begründung auf die Klageschrift Bezug genommen worden ist, diese formlos mitgeteilt werden, auch wenn insoweit noch keine Gebühr geleistet wurde. In der Regel empfiehlt sich, jedenfalls wenn es sich um die Sorge für die Person der Kinder und um Unterhaltsregelungen handelt, die Durchführung einer mündlichen Verhandlung, zweckmäßigerweise unter persönlicher Zuziehung der Parteien. Zumeist wird es sich so einrichten lassen, daß die Verhandlung über die Anordnung nach § 620 und diejenige zur Hauptsache im selben Termin stattfinden. Für die mündliche Verhandlung besteht kein Anwaltszwang → Rdnr. 5. Auch wenn die in dem Antrag gegebenen Angaben oder die Versuche zu ihrer Glaubhaftmachung nicht ausreichen, ist die Anordnung einer mündlichen Verhandlung regelmäßig der gegebene Weg.

7b   Abs. 3 hat für die das persönliche Kindesschicksal betreffenden Angelegenheiten die **Anhörung von Kind und Jugendamt** zur Pflicht gemacht[49]. Sonst ist aber außer den Ehegatten niemand anderes in anderer Eigenschaft am Verfahren beteiligt denn als Zeuge oder zeugenähnliche Auskunftsperson[50]. Vor allen Dingen ist in Ehewohnungs- und Hausratssachen auch der Vermieter nicht beteiligt, weil in seine Rechte und Pflichten aus dem Mietverhältnis nicht eingegriffen wird[51].

In Eilfällen ist die vorherige Anhörung des Gegners nicht unerläßlich[52], wird aber nur in ganz seltenen Fällen entbehrlich sein[53]. Auch eine mündliche Verhandlung kann in Ausnahmefällen so kurzfristig angesetzt werden, daß mit einem Erscheinen des Antragsgegners nicht mehr zu rechnen ist; das ist ihm gegenüber immer noch schonender, als den schriftlichen Angaben des Antragstellers blindlings zu glauben.

7c   Generell zu sagen, bestrittene Behauptungen könnten nicht berücksichtigt werden, solange sie durch Beweisaufnahme noch nicht geklärt seien[54], geht sicherlich zu weit. Schriftliche Auflagen zur Ergänzung und weiteren Aufklärung werden sich wegen der damit verbundenen Verzögerung nur selten empfehlen. Eine sofortige Zurückweisung des Antrags ist nur dann am Platz, wenn sich das Begehren von vornherein als offensichtlich unbegründet

---

nicht die Rede, sondern nur davon, daß gegen die Entscheidung unter diesen Umständen ein Rechtsmittel nach § 620c nicht statthaft ist.

[49] Ohne daß man daraus ihre persönliche Beteiligteneigenschaft im Sinne von Verfahrenssubjektivität schließen will: *KG* FamRZ 1979, 740 = NJW 2251. – A.M. *Schwab-Maurer*[2] I Rdnr. 141.

[50] *OLG Schleswig* SchlHA 1987, 56 – nicht Verein zur Wahrung von Kindes- und Elterninteressen.

[51] *OLG Hamm* FamRZ 1987, 1277; *Lempp* FamRZ 1984, 14; *Bergerfurth* FamRZ 1985, 549; *Brudermüller* FamRZ 1987, 120; h.M. – A.M. *OLG Koblenz* FamRZ 1987, 406 = NJW 1559; *Thalmann* FamRZ 1984, 15. *Diederichsen* NJW 1986, 1284.

[52] *OLG Celle* FamRZ 1971, 309.

[53] *OLG Kassel* SJZ 1948, 325 = NJW 1949, 30; *OLG Schleswig* SchlHA 1968, 71.

[54] *OLG Düsseldorf* FamRZ 1973, 454 = MDR 1973, 586.

ausweist. Eine Aussetzung des Verfahrens nach § 148 ist unzulässig, auch wenn es sich beim anderen Verfahren ebenfalls um ein Anordnungsverfahren handelt[55].

Inwieweit das Gericht **Beweis erheben oder sich mit einer Glaubhaftmachung** begnügen will, steht in seinem Ermessen. Daraus, daß Abs. 2 für den Antrag Glaubhaftmachung vorschreibt, ist nicht zu folgern, daß das Gericht hier, wie im Verfahren nach § 916 ff., auf liquide Beweismittel beschränkt wäre[56].

Allgemein besteht **Amtsermittlungspflicht**. Das gilt mindestens für solche Verfahren, die als **Hauptsacheverfahren dem FGG** oder der **HausrVO**[57] unterstünden[58]. Aus der Geltung des Amtsermittlungsgrundsatzes kann aber nicht geschlossen werden, daß grundsätzlich so intensiv wie für die Hauptsacheentscheidung ermittelt werden müßte[59]. Vielmehr sind der Zeitaufwand für eine gründliche Ermittlung und die Dringlichkeit des Regelungsbedürfnisses gegeneinander abzuwägen. Auch innerhalb eines Verfahrens nach § 620 sind zeitlich limitierte einstweilige Anordnungen (sozusagen »zweiten Grades«) möglich.

7d

In Ehewohnungs- und Hausratssachen kann davon ausgegangen werden, daß der an einer für ihn möglichst günstigen Entscheidung interessierte Antragsteller alle wesentlichen Behauptungen aufstellt und der Gegner (mindestens) alle falschen bestreitet. Meist geht es also dann auch nur um Glaubhaftmachung von Behauptungen. Bei begehrter Alleinzuweisung der Ehewohnung ist ein besonders hoher Grad an Glaubhaftmachung nötig.

Aber auch in solchen **Sachen, die der ZPO unterstehen**[60] gilt das **Amtsermittlungsprinzip**. Dem Eilcharakter des Verfahrens entspricht es besser, dem Gericht Amtsermittlung zu gestatten → § 620 d Rdnr. 2. Steht freilich bereits fest, daß eine Behauptung nicht bestritten wird, so ist das Gericht außerhalb der Nrn. 1–3 daran gebunden. Denn ein Regelungsbedürfnis auf der Grundlage von Nachforschungen gegen die gemeinsam aufgestellten Behauptungen kann es sicherlich nicht geben. Fast immer kann ein Informationsstand wie auch im normalen Erkenntnisverfahren erreicht werden. Aufgrund seiner Amtsermittlungsbefugnis kann das Gericht den Parteien aufgeben, über ihre Vermögens- und Einkommensverhältnisse Auskunft zu geben und Belege vorzulegen. Die Weigerung kann, wie auch sonst, zum Nachteil der zögerlichen Partei gewertet werden → § 286 Rdnr. 10. Die materiellrechtliche Auskunft des § 1605 BGB kann auch wie eine prozessuale Mitwirkungslast sanktioniert werden, deren Nichtbeachtung Beweiswürdigungsnachteile auslöst[61], im Verfahren des einstweiligen Rechtsschutzes Nachteile in der Waagschale der Glaubhaftmachung. Gelingt freilich ein hinreichend glaubhafter Überblick über die wechselseitigen Einkommens- und Vermögensverhältnisse nicht, so ist hinsichtlich der Höhe der zuzuerkennenden Beträge Zurückhaltung am Platze, unter Umständen sogar nur der dringende augenblickliche Bedarf zugrundezulegen[62] und wegen des Restes auf das Änderungsverfahren zu verweisen, in dem es ein Rückwirkungsverbot nicht gibt → § 620 b Rdnr. 2.

7e

Damit verliert die sehr fein gesponnen erörterte Frage, wer was glaubhaft zu machen hat, wesentlich an Bedeutung. Die allgemeinen Beweislastgrundsätze sind nicht blindlings auf die Glaubhaftmachungsobliegenheit zu übertragen. Das Gericht kann sich vielmehr daran orientieren, wer Zugang zu den Informationsquellen hat und an die fehlende Bereitschaft zur

---

[55] *OLG Frankfurt* FamRZ 1985, 409, 410.
[56] *MünchKommZPO-Klauser* Rdnr. 42.
[57] Für Nr. 8 gilt Entsprechendes: *Zöller-Philippi*[17] Rdnr. 29.
[58] *OLG München* FamRZ 1978, 54, 55; allg. M.
[59] A.M. *MünchKommZPO-Klauser* Rdnr. 27.
[60] Schon auf der Grundlage des alten Rechts so: *OLG Schleswig* SchlHA 1974, 111; *Bergerfurth* FamRZ 1962, 53. Heute so: *Baumbach/Lauterbach/Albers*[51] Rdnr. 10 – A.M. *Zöller-Philippi*[17] Rdnr. 27; *Johannsen/Henrich/Sedemund-Treiber*[2], Rdnr. 14; *Gießler* Rdnr. 130; *Schwab-Maurer*[2], I Rdnr. 907. – A.M. *MünchKommZPO-Klauser* Rdnr. 28 und § 620 Rdnr. 41; h.M. – Für § 620 Nr. 7 würde das Amtsermittlungsprinzip aus der FG-Natur der Angelegenheit ohnehin folgen: *Maurer* FamRZ 1991, 886, 887.
[61] *Winkler v. Mohrenfels* Abgeleitete Informationspflichten im deutschen Zivilrecht (1986), 220 ff.; *Schlosser* JZ 1991, 599, 608.
[62] *MünchKommZPO-Klauser* Rdnr. 42.

Offenbarung Nachteile bei der Würdigung des Grades der Glaubhaftmachung von tatsächlichen Verhältnissen knüpfen.

7f Erscheint der Antragsgegner nicht zu einer anberaumten mündlichen Verhandlung, so findet eine **einseitige mündliche Verhandlung** statt → § 620b Rdnr. 5.

8 c) Ein kluger Richter wird, bevor er einstweilige Anordnungen erläßt, die Möglichkeit **gütlicher Beilegung** ausschöpfen. Im formellen Sinne vergleichsfähig sind zwar nur die Gegenstände von §§ 620 Nrn. 4–9, nicht auch Nr. 2[63]. In den Fällen der Nrn. 1–3 kann also eine zu Protokoll gegebene Einigung der Eltern nicht zwangsweise durchgesetzt werden. Jedoch wird eine solche Einigung im allgemeinen das Regelungsbedürfnis entbehrlich machen. Ob er die in der Sache erreichte Einigung der Parteien in eine Anordnung umsetzt oder einen **Vergleich** zu Protokoll nimmt, macht sachlich kaum einen Unterschied, wenn sich der Vergleich auf die Interimszeit bis zur Rechtskraft der Scheidung oder das Wirksamwerden einer sonstigen endgültigen Regelung beschränken sollte, für diese Periode aber als endgültig gedacht war. Daß ein Vergleich so gewollt ist, will man im Zweifel auch annehmen → § 606b Rdnr. 2b. Für einen Vergleich besteht Anwaltszwang → § 78 Rdnr. 17.

Die eventuelle Unwirksamkeit eines Vergleichs kann auch im Nebenverfahren nach §§ 620ff. (summarisch) überprüft werden. Auch wenn es sich um einen die Unterhaltspflicht endgültig regelnden Vergleich handelt, kann aber im Nebenverfahren nur eine einstweilige Anordnung ergehen → § 620b Rdnr. 3. Dabei ist Bedacht darauf zu nehmen, daß keiner der Ehegatten für den Fall, daß sich gleichwohl die Wirksamkeit des Vergleichs herausstellen sollte, einen doppelt titulierten Anspruch in Händen hält. Es ist daher zu tenorieren: »Der Antragsgegner hat unter Einbeziehung der im Vergleich vom ... getroffenen Regelung und unabhängig von der Wirksamkeit oder Unwirksamkeit dieses Vergleiches an den Antragsteller folgende Zahlungen zu entrichten«.

3. Die Entscheidung

9 a) Die Entscheidung ergeht durch Beschluß. Sie ist, wenn sie aufgrund mündlicher Verhandlung zustandegekommen ist, zu verkünden, andernfalls schriftlich mitzuteilen, und zwar im Wege förmlicher Zustellung, wenn sie einen vollstreckbaren Inhalt hat oder der sofortigen Beschwerde unterliegt → § 620c[64]. Sonst genügt formlose Mitteilung → § 329 Abs. 2. Ist die Partei im Hauptprozeß durch einen Prozeßbevollmächtigten vertreten, so gilt § 176, da es sich hier nicht um ein selbständiges Verfahren handelt. Wegen der Begründung → § 620d. Wegen der Kosten → § 620g. Einverständnis mit Einzelrichterentscheidung nach § 524 Abs. 4 ist möglich, soweit ZPO-Verfahren in Betracht kommen.

Eine **Bindung an Parteianträge** nimmt man allgemein nur für Angelegenheiten an, die im ZPO-Verfahren auszutragen sind[65].

Rechtskraft → § 620b Rdnr. 1, 2, 2a.

10 b) Durch die Neufassung von § 794 Abs. 1 Nr. 3 im Jahr 1986 ist klargestellt, daß auch bezüglich der **Vollstreckung** zwischen sorgerechtsbezogenen und anderen Angelegenheiten zu unterscheiden ist.

---

[63] *OLG Düsseldorf* FamRZ 1979, 843; *dass.* AnwBl 1985, 207f.; *OLG Hamm* FamRZ 1980, 932, 933; *OLG Zweibrücken* FamRZ 1982, 429, 430. – A.M. *OLG Koblenz* FamRZ 1978, 605; *OLG Zweibrücken* FamRZ 1979, 842.

[64] *OLG Celle* FamRZ 1978, 54.

[65] Für Ungebundenheit im übrigen: *OLG Celle* FamRZ 1978, 622 – Sorgerecht; *BGHZ* 18, 143, 145; *OLG Düsseldorf* FamRZ 1985, 1152; *dass.* FamRZ 1986, 1134; *OLG Zweibrücken* FamRZ 1987, 508 – alle für Hausratsverfahren; *BGHZ* 18, 143, 145.

Alle nicht sorgerechtsbezogenen Anordnungen, also auch solche nach § 620 Nr. 7 und 8, werden nach den Vorschriften der ZPO vollstreckt. Sie unterliegen damit auch dem in der ZPO geltenden Bestimmtheitserfordernis. Ohne Räumungsbefehl kann die Räumung eines Wohnungszuweisungsbeschlusses nicht vollstreckt werden[66]. Selbst eine Verurteilung zum Verlassen der Ehewohnung soll nur nach § 888, nicht aber als Räumungstitel vollstreckbar sein, so daß die persönlichen Sachen des Verurteilten nicht weggeschafft werden können[67]. Die Vollstreckungsklausel ist in entsprechender Anwendung von §§ 936, 929 allerdings nicht erforderlich[68]. In Hausratssachen kann das Gericht auch anordnen, daß § 885 Abs. 2–4 nicht anzuwenden sind[69]. § 945 ist nicht entsprechend anwendbar → § 620f. Rdnr. 17. Wegen zu viel gezahlter Unterhaltsleistungen oder sonst zu Unrecht von einem der Ehegatten verlangter Handlungen gilt Bereicherungsrecht.

Mit der Rechtskraft des Scheidungsurteils erlischt die Prozeßstandschaft des Ehegatten zur Geltendmachung von Unterhaltsansprüchen des Kindes, § 1629 Abs. 3. Das Kind wird Rechtsnachfolger kraft Gesetzes. Die vom Elternteil für das Kind geltend gemachten Rechte aus dem Titel stehen nunmehr dem Kind selbst zu. Das Kind kann, vertreten durch den Sorgerechtsinhaber, die Erteilung einer titelübertragenden Klausel verlangen[70]. Dementsprechend könnte, wenn der Elternteil, der die Anordnung erstritten hat, aus ihr vollstrecken möchte, der Unterhaltsschuldner an sich mit der Vollstreckungsgegenklage einwenden, daß eine Berechtigung aus dem Titel nicht mehr besteht[71]. Eine solche Klage ist aber offensichtlich mißbräuchlich, wenn der Beklagte nur das juristische Kleid wechseln und als gesetzlicher Vertreter des Unterhaltsgläubigers auftreten müßte. Sinnvoll ist es ohnehin, die Prozeßstandschaft bis zur Volljährigkeit des Kindes für Zwecke der Vollstreckung als weiterbestehend zu betrachten[72].

Umgangsregelungen und einstweilige Anordnungen auf Herausgabe eines Kindes sowie »flankierende Anordnungen« zur Sorgerechtsregelung → § 620 Rdnr. 3 werden nach § 33 FGG vollzogen[73]. Für das Vollstreckungsverfahren wird die Eigenschaft einer selbständigen Verrichtung angenommen, für die nach Abschluß des Scheidungsverfahrens nicht das Gericht der Ehesache, sondern das Familiengericht am gewöhnlichen Aufenthalt des Minderjährigen örtlich zuständig ist[74]. Zu »Vergleichen« der Eltern über das Umgangsrecht → Rdnr. 8.

4. Feriensache: § 200 Abs. 2 Nr. 2 GVG.

III. Das Verhältnis zu anderen Rechtsbehelfen

1. Das Verhältnis zu Verfahren in der Hauptsache

Auch wenn der Erlaß von Maßnahmen nach § 620 nur ein Regelungsbedürfnis und keine unausweichliche Notwendigkeit erfordert → § 620 Rdnr. 14, so ist es dem jeweiligen Rechtsschutzsuchenden gleichwohl unbenommen, anstatt Antrag auf Erlaß einer einstweiligen

---

[66] *LG Itzehoe* FamRZ 1987, 176.
[67] *AG Gladbeck* FamRZ 1992, 589.
[68] *MünchKommZPO-Klauser* Rdnr. 44; *Schwab-Maurer*[2] I Rdnr. 930. – A.M. *Gießler* (§ 620 Fn. 1) Rdnr. 250; *Zöller-Philippi*[17] Rdnr. 33; *Rolland*[3] Rdnr. 53, *OLG Zweibrücken* FamRZ 1984, 716 – allerdings für einen sorgerechtsbezogenen Fall, für den für die Zeit vor 1980 weitgehend Vollstreckung nach ZPO-Grundsätzen angenommen worden war; *LG Itzehoe* aaO.
[69] *OLG Hamburg* FamRZ 1983, 1151.
[70] *OLG Frankfurt* FamRZ 1983, 1268; *OLG Hamburg* FamRZ 1985, 624; *OLG Köln* FamRZ 1985, 626.

[71] So in der Tat die Meinung vieler Oberlandesgerichte: *OLG Schleswig*, SchlHA 1982, 111; *OLG Frankfurt* FamRZ 1983, 1268; *OLG Hamburg* FamRZ 1985, 624; *OLG Köln* FamRZ 1986, 626; *OLG München* FamRZ 1990, 653.
[72] *OLG Frankfurt* FamRZ 1983, 1268; *KG* FamRZ 1984, 505; *OLG Hamburg* FamRZ 1984, 927; *dass.* FamRZ 1985, 624; *LG Nürnberg* FamRZ 1987, 1172; *OLG Schleswig* FamRZ 1990, 189.
[73] *BGH* FamRZ 1983, 1008, 1010 = NJW 2775 – schon vor die Zeit vor 1986.
[74] *BGH* FamRZ 1986, 789.

Anordnung zu stellen, »endgültigen«0 Rechtsschutz nach den Prinzipien des für die jeweilige Hauptsache geltenden Verfahrens zu begehren[75]. Das muß kein Folgeverfahren sein, weil nicht in jedem Fall eine Regelung für die Zeit nach der Scheidung ansteht.

a) In **ZPO-Sachen** kann ein Ehegatte auf Leistung von Unterhalt[76], auch für die Zeit bis zur Rechtskraft des Scheidungsurteils[77], sowie auf Zahlung eines Prozeßkostenvorschusses[78] klagen. Es kann auch – als Nichtfamiliensache – Klage auf Herausgabe von Gegenständen des persönlichen Gebrauchs, gestützt auf Eigentum, erhoben werden. Man begründet das Wahlrecht des jeweils prozeßaktiven Teils mit dem Argument, das Gesetz wolle dies im Zweifel so, wenn es mehrere Möglichkeiten des Rechtsschutzes zur Verfügung stelle. Die Abweisung eines Antrags auf Erlaß einer einstweiligen Anordnung ist daher für den Hauptsacheprozeß bedeutungslos[79]. Auch die Tatsache, daß bereits eine einstweilige Anordnung erlassen worden ist, hindert nicht nur nicht die durch § 620f. ohnehin gebotene negative Feststellungsklage zur Hauptsache → § 620f. Rdnr. 8, sondern nimmt auch einer parallel laufenden Leistungsklage des Unterhaltsgläubigers nicht das Rechtsschutzbedürfnis[80]. Auch wenn Klage auf Unterhalt schon rechtshängig ist, kann eine einstweilige Anordnung erlassen werden. Eine Beschränkung auf den notwendigen Unterhalt ist auch dann nicht am Platze[81]. Aus der stärkeren Kraft der in der Hauptsache ergangenen Entscheidung folgt, daß durch einstweilige Anordnung ein Urteil in der Hauptsache nicht – etwa im Vorgriff auf Anpassung nach § 323 – abgeändert werden kann → § 610 Rdnr. 2b. Das gegen ein Unterhaltsurteil angerufene Berufungsgericht kann jedoch die Zwangsvollstreckung aus dem Urteil nach §§ 719, 707 einstweilen einstellen oder die vorläufige Vollstreckbarkeit anordnen → Rdnr. 15 a. E. Das ordentliche Verfahren kann auch die Gestalt einer Rückforderungsklage annehmen. Zur **negativen Feststellungsklage** oder **Rückforderungsklage** → § 620f. Rdnr. 8, 18. Zur Frage der Mutwilligkeit einer Unterhaltsklage, die erhoben werden soll, obwohl der Kläger bereits eine einstweilige Anordnung in Händen hat → Erl. § 114.

Eine Klageprovokationsmöglichkeit wie bei § 926 gibt es nicht[82].

14 b) Das gleiche gilt für die der **FG zugeordneten einstweiligen Anordnungen**[83]

Auch während eines Scheidungsverfahrens kann ein Ehegatte das Sorgerecht[84], das Umgangsrecht[85] und die Herausgabe eines Kindes im Verfahren nach §§ 1672, 1634 oder 1632 BGB regeln lassen oder ein Hausrats- oder Wohnungszuweisungsverfahren nach § 18a HausrVO §§ 1361a, 1361b BGB einleiten. Auch hier ist das Argument ausschlaggebend, daß der den Rechtsschutz Suchende die Wahl haben soll, wenn das Gesetz mehrere Rechtsschutzmöglichkeiten zur Verfügung stellt. Dieses Ergebnis wird sogar als notwendiger Ausgleich dafür hingestellt, daß die im Verfahren nach §§ 620ff. ergehenden Entscheidungen nur sehr

---

[75] *Ritter* Vorläufige Anordnungen in Angelegenheiten der freiwilligen Gerichtsbarkeit (1991), 111 ff.
[76] *BGH* FamRZ 1979, 472 – obiter; *ders.* FamRZ 1983, 355, 356 = NJW 1330 – obiter; *OLG Hamburg* FamRZ 1990, 642; *OLG Koblenz* FamRZ 1988, 1182; *KG* FamRZ 1987, 840 – Kindesunterhalt; *OLG Düsseldorf* FamRZ 1978, 118; *OLG Hamm* NJW 1978, 1535 – heute allg. M.
[77] *OLG Koblenz* FamRZ 1983, 1148 – negative Feststellungsklage bezüglich des Unterhalts unter getrennt lebenden Eheleuten, siehe dazu § 620f.
[78] *BGH* FamRZ 1979, 472 = NJW 1508 – ob als Unterhalt in der Hauptsache Familiensache ist allerdings zweifelhaft.
[79] *Griesche* FamRZ 1981, 1025, 1034. – A.M. *OLG Hamm* NJW 1978, 1535.
[80] *OLG Düsseldorf* FamRZ 1992, 337. – A.M. *KG* FamRZ 1983, 620 – solange der Unterhaltsschuldner nicht negative Feststellungsklage erhebe.
[81] A.M. *MünchKommZPO-Klauser* Rdnr. 47.

[82] *MünchKommZPO-Klauser* Rdnr. 50; *Gießler* (§ 620 Fn. 1) Rdnr. 220. A.M. *Braeuer* FamRZ 1984, 10; *Luthin* FamRZ 1986, 1060.
[83] *Ritter* aaO.
[84] *BGH* FamRZ 1982, 788 = NJW 2561 (Sorgerecht); *BGH* FamRZ 1980, 131 = NJW 454 (Umgangsrecht); *OLG Hamburg* FamRZ 1990, 642; *dass.* FamRZ 1988, 523; *OLG Saarbrücken* FamRZ 1989, 530; *OLG Zweibrücken* FamRZ 1984, 405 – mit der Folgerung einer verstärkten Anforderung an das Regelungsbedürfnis für einstweilige Anordnungen; *OLG Köln* FamRZ 1983, 517 – Zweifel am Fortbestehen eines Regelungsbedürfnisses nach § 620 auch für den Fall äußernd, daß das »isolierte« Sorgerechtsverfahren in der Beschwerdeinstanz zur Ruhe gebracht wurde; *OLG Stuttgart* FamRZ 1982, 1235; *KG* FamRZ 1981, 83; *dass.* FamRZ 1979, 1062; *OLG Hamm* FamRZ 1979, 1045; heute allg.M.
[85] *BGH* FamRZ 1980, 131f = NJW 454; *OLG Bremen* FamRZ 1982, 1033; *OLG Hamburg* FamRZ 1982, 722.

beschränkt anfechtbar sind und leicht abgeändert werden können[86]. Zur Überleitung des nach § 1672 BGB eingeleiteten Verfahrens in ein solches der einstweiligen Anordnung fehlt es zwar an einer gesetzlichen Grundlage[87]. Jedoch wird man dem Antragsteller eine entsprechende Antragsänderung gestatten müssen.

Entscheidungen, die im isolierten FG-Verfahren ergangen und trotz ihrer nach § 1696 BGB oder § 17 HausrVO ermöglichten Abänderbarkeit als Hauptsacheentscheidungen gedacht sind, können nicht durch einstweilige Anordnungen, die im Rahmen der §§ 620 ff. erlassen werden, abgeändert werden[88]. Der daran Interessierte ist auf den Weg des § 1696 BGB verwiesen, der freilich ebenfalls einstweilige Anordnungen zuläßt.

2. Das Verhältnis zu dem der Hauptsache eigentlich zugeordneten einstweiligen Rechtsschutz[89]

Alle dem § 620 korrespondierenden Hauptsacheverfahren kennen Möglichkeiten des einstweiligen Rechtsschutzes. Stehen auch diese wahlweise zur Verfügung?

a) Bei den **zivilprozessualen Sachen** ist vor allen Dingen an **einstweilige Verfügungen** zu denken. Man ist sich einig, daß diese während der Anhängigkeit der Ehesache[90] durch die Möglichkeit, einstweilige Anordnungen nach § 620 Nr. 4, 6, 8, 9 zu erlangen, ausgeschlossen sind[91]. Auch das Getrenntleben der Ehegatten kann nicht durch einstweilige Verfügung (eines anderen Gerichts als des Gerichts der Ehesache) geregelt werden[92]. Dazu wird zur Begründung nicht viel vorgetragen. Entscheidend ist wohl, daß das Rechtsschutzziel, anders als bei Konkurrenz zwischen einstweiligem und endgültigem Rechtsschutz, gleichwertig ist. Dann aber soll der Gedanke des § 620 c Vorrang haben. Der Fortgang des Stammverfahrens soll nicht dadurch beeinträchtigt werden, daß Streitigkeiten um einstweilige Regelungen in die Rechtsmittelinstanz gezogen werden. Wegen § 127 a hält man eine einstweilige Verfügung gerichtet auf Zahlung eines Prozeßkostenvorschusses, auch vor Einleitung eines Eheverfahrens für unzulässig[93].

Ist eine *einstweilige Verfügung vor Anhängigwerden der Scheidungssache in zulässiger Weise beantragt worden*, so wäre es mit dem Zweck der §§ 620 ff., ein vereinfachtes Verfahren zur Verfügung zu stellen, unvereinbar[94], das Rechtsschutzgesuch abzuweisen und den Antragsteller auf einen neuen Versuch, diesmal im Rahmen der §§ 620 ff. zu weisen. Man muß sich vielmehr auf den Rechtsgedanken besinnen, daß ein einmal zulässiges Rechtsschutzgesuch nicht ohne gravierende Gründe nachträglich als unzulässig geworden behandelt werden sollte – perpetuatio litis[95]. Dementsprechend lassen einige Oberlandesgerichte das einstweilige Verfügungsverfahren so weiter laufen, wie es begonnen worden ist[96]. Der Grundsatz der

---

[86] *OLG Bremen* FamRZ 1981, 1091 f.
[87] *BGH* FamRZ 1982, 788.
[88] *OLG Hamburg* FamRZ 1988, 635; *OLG Hamm* FamRZ 1988, 411; *KG* FamRZ 1985, 722; *OLG Köln* FamRZ 1983, 517 – allg. M.
[89] Lit.: *Ritter* Vorläufige Anordnungen in Angelegenheiten der Freiwilligen Gerichtsbarkeit (1991), 105 ff.
[90] Bezüglich des Prozeßkostenvorschusses fehlt es vor Anhängigmachung der Ehesache am Verfügungsgrund. *OLG Düsseldorf* FamRZ 1980, 175; *OLG Hamm* NJW 1978, 2515. – A.M. *OLG Karlsruhe* FamRZ 1981, 982; *OLG Oldenburg* FamRZ 1978, 526; *OLG Düsseldorf* FamRZ 1978, 526.
[91] *BGH* FamRZ 1979, 472 = NJW 1508 – obiter; *OLG Düsseldorf* FamRZ 1982, 408; dass. FamRZ 1985, 298, 619 f.; *OLG Hamm* FamRZ 1979, 919; *OLG München* FamRZ 1969, 92; *Gießler* aaO vor Rdnr. 376; allg. M.

[92] *OLG Hamm* NJW 1982, 1108.
[93] *OLG Düsseldorf* FamRZ 1980, 175; *OLG Hamm* NJW 1980, 2515; *Schwab-Maurer*[2] § 846 mwN aus der Literatur – A.M. *OLG Karlsruhe* FamRZ 1981, 982; *OLG Oldenburg* FamRZ 1978, 526.
[94] A.M. *OLG Zweibrücken* FamRZ 1983, 619.
[95] Dazu näher *Schlosser* FS Nagel (1987) 352 ff. Enger *Schumann* → § 261 Rdnr. 88.
[96] *OLG Koblenz* FamRZ 1989, 196 = NJW RR 904; *OLG Düsseldorf* FamRZ 1987, 497 – jedenfalls ohne Zustimmung der Parteien, keine Überleitung; *OLG Hamburg* FamRZ 1982, 408; *OLG Bremen* FamRZ 1982, 1033; *OLG Hamm* FamRZ 1980, 816; *OLG Schleswig* SchlHA 1979, 161. Für den Fall einer bereits erlassenen einstweiligen Verfügung ebenso *MünchKommZPO-Klauser* Rdnr. 58 f.

perpetuatio litis schließt jedoch nicht aus, das angefangene Verfahren im Lichte neuerer Ereignisse als umgestaltet zu betrachten, wenn damit keine einschneidende Rechtsschutzminderung verbunden ist. Daher ist es die vernünftigste Lösung, ein Verfahren der einstweiligen Verfügung als ein Verfahren der einstweiligen Anordnung weiterzuführen, sobald ein Eheverfahren anhängig geworden ist, bzw. seinetwegen ein Prozeßkostenhilfeverfahren anhängig gemacht wird[97]. Auf Widerspruch des Antragsgegners wird, wenn er unbegründet ist, die Entscheidung als einstweilige Anordnung wiederholt[98]. Nicht nötig ist es, das Verfahren der einstweiligen Verfügung als weiter anhängig zu betrachten, soweit auf diese Art und Weise auch für die Vergangenheit Unterhaltsleistungen erzwungen werden sollen[99]. Der übergeleitete Antrag gilt als zu dem Zeitpunkt gestellt, zu dem er im Verfügungsverfahren gestellt war, auch wenn damals die Ehesache noch nicht anhängig war. Anordnungen für Unterhaltsleistungen für die Vergangenheit sind auch sonst nicht prinzipiell ausgeschlossen → § 620 Rdnr. 8. Dem Antragsteller ein Wahlrecht zu geben[100], ist unnötig, weil es für ihn keinerlei legitimes Interesse zu wahren gibt, wenn er das einmal begonnene Verfügungsverfahren als solches fortsetzen wollte. Eine im Verfügungsverfahren dem Antragsteller nach § 926 gesetzte Frist wird obsolet[101]. Allerdings ist es nötig, das Verfügungsverfahren für fortsetzungsfähig zu erklären, wenn vor Anhängigwerden einer Ehesache eine im Verfügungsverfahren die Instanz beendigende Entscheidung ergangen ist[102]. Die Rechtsbehelfsmöglichkeit darf dann keinem der Beteiligten dadurch genommen werden, daß die Entscheidung als eine im Verfahren der einstweiligen Anordnung ergangene und damit häufig sogar als eine unanfechtbare umgedeutet wird. Zum vergleichbaren Problem bei § 127 a → Erl. dort. Aber selbst in diesem Fall wird später § 927 durch § 620 b ersetzt[103].

Wer es in leichtfertiger Weise verabsäumt, im Scheidungsverfahren eine gemäß § 620 f. unbefristete Unterhaltsanordnung zu erlangen oder den nachehelichen Unterhalt im Verbund geltend zu machen, kann sich nach Rechtskraft des Scheidungsurteils nicht ohne Eintritt veränderter Umstände auf einen Verfügungsgrund für eine Unterhaltsverfügung berufen[104].

Der *Arrest* soll hingegen durch § 620 nicht ausgeschlossen sein[105]. Dies ist inkonsequent. Wenn ein Regelungsbedürfnis nur bezüglich einer Sicherheit besteht, kann sie ebenfalls durch einstweilige Anordnung geschehen.

Arrest und einstweilige Verfügung stehen aber als einstweiliger Rechtsschutz zugunsten solcher aus der in Auflösung begriffenen Ehe entstandenen oder wahrscheinlich entstehenden Ansprüche offen, derentwegen § 620 einstweilige Anordnungen nicht vorsieht, also vor allem für Ansprüche auf Zugewinnausgleich[106]. Zuständigkeit → § 621 Rdnr. 37.

Auch die durch §§ 709, 719 und ihre analoge Anwendung eröffneten Möglichkeiten des einstweiligen Rechtsschutzes sind auf einstweilige Anordnungen nicht in der Weise übertragbar, daß in anderen Verfahren, etwa der unterhaltsrechtlichen negativen Feststellungsklage, die Zwangsvollstreckung aus den einstweiligen Anordnungen einstweilen eingestellt werden

---

[97] *Schwab-Maurer*[2] I 851; *Gießler* (§ 620 Fn. 1) Rdnr. 380; *OLG Düsseldorf* FamRZ 1985, 298; *OLG Karlsruhe* FamRZ 1989, 523 – beide für den Fall, daß ein Ehegatte den Erlaß einer einstweiligen Verfügung erfolgreich beantragt hatte, als der Scheidungsantrag – ihm unbekannterweise – bereits anhängig war, sofern dieser Ehegatte nunmehr mit der Überleitung einverstanden ist (ebenso *Johannsen/Henrich/Sedemund-Treiber*[2] vor § 620 Rdnr. 8); *OLG Frankfurt* FamRZ 1981, 188 – jedenfalls beim entsprechenden Willen der Parteien; *OLG Frankfurt* FamRZ 1989, 296.

[98] *Schwab-Maurer*[2] I 852.

[99] So aber *Schwab-Maurer*[2] I 848, 851.

[100] *Zöller-Philippi*[17] § 620 Rdnr. 25; *Johannsen/Henrich/Sedemund-Treiber*[2] vor § 620 Rdnr. 8.

[101] Allg. M. die Anhänger der Optionslehre: binnen der Frist muß dann Antrag nach § 620 b gestellt werden.

[102] *OLG Karlsruhe* FamRZ 1981, 982 ff.; *Gießler* aaO 383; *Schwab-Maurer*[2] I 854.

[103] *Schwab-Maurer*[2] I 853.

[104] *OLG Hamm* FamRZ 1985, 411; *OLG Düsseldorf* FamRZ 1989, 881 (krit. *Gottwald*, der zu Recht betont, daß dies nicht gelten kann, wenn der Gläubiger auf freiwillige Erfüllung seiner Ansprüche vertrauen konnte).

[105] *OLG München* OLGRSp 27, 111.

[106] So mit Recht *Ditzen* NJW 1987, 1806 gegen vielfältige Versuche, den Anspruch auf Sicherheitsleistung nach § 1389 BGB als Sonderregelung gegenüber den §§ 916 ff. ZPO anzusehen und nur wegen jenes Anspruchs einstweiligen Rechtsschutz zu gewähren.

könnte. All diese Möglichkeiten treten hinter § 620b zurück[107]. § 769 bleibt aber anwendbar, wenn Erfüllung oder Erfüllungssurrogate eingewandt werden.

An einem Bedürfnis zur Regelung des Unterhalts fehlt es aber, wenn im Urteil zur Hauptsache die Anordnung der vorläufigen Vollstreckung unterlassen wurde. Denn diese kann nach § 718 nachgeholt werden[108].

b) In den **FG-Sachen** besteht für einstweilige Verfügungen im Sinne von §§ 935, 940 ohnehin kein Raum[109]. Für alle FG-Sachen gäbe es jedoch, würden sie isoliert betrieben, die Möglichkeit einstweiliger Anordnung, wenn diese auch für Materien der Nrn. 1–3 von § 620 nicht im Gesetz vorgesehen sind, sondern durch die Rechtsprechung entwickelt wurden[110]. Nach einigen Gerichten hat der jeweilige Antragsteller die Wahl, ob er einstweiligen Rechtsschutz nach § 620 oder nach den Regeln begehren möchte, die den jeweiligen Folgesachen oder isolierten (nicht im Verbund, aber in der Zuständigkeitskonzentration nach § 621 Abs. 2) anhängig gemachten FG-Sachen entsprechen[111]. Aus den gleichen Gründen wie der einstweilige Rechtsschutz nach § 620 in den zivilprozessualen Sachen Vorrang vor den §§ 916f, 935f. hat, muß man aber auch für die FG-Sachen den Vorrang der Möglichkeiten des § 620 vor einstweiligen Anordnungen in isolierten Verfahren annehmen[112]. 16

Ob es »isolierte vorläufige Regelungen«, ohne daß also das in der FG vorgesehene Hauptverfahren anhängig gemacht würde, gibt, ist ohnehin fraglich[113].

Sind im isolierten FG-Verfahren – zulässiger- oder unzulässigerweise – vorläufige Anordnungen erlassen worden, so sollen diese einigen zufolge in einem auf § 620b gestützten Verfahren nicht mehr abgeändert werden können[114]. Der Grund hierfür ist aber nicht einzusehen[115], weil den abzuändernden Entscheidungen keinerlei überlegene Qualität im Vergleich zu einstweiligen Maßnahmen im Sinne des § 620 zukommt. Nach der hier vertretenen Lehre vom Vorrang der auf § 620 gestützten Maßnahmen vor einstweiligen Anordnungen im isolierten Sorgerechtsverfahren (und im isolierten Hausratsverfahren) ist es nur konsequent, auch die Abänderung früherer provisorischer FG-Entscheidungen zu erlauben, also sie ähnlich wie einstweilige Verfügungsverfahren als in Anordnungsverfahren übergeleitet → Rdnr. 15 zu betrachten, so daß ihre Abänderung von da an dem § 620b unterliegt.

Bestand während einer in Deutschland anhängigen Ehesache auch nach dem Gesetz zur Ausführung von Sorgerechtsübereinkommen[116] die Voraussetzungen für einstweilige Anord-

---

[107] *OLG Bremen* FamRZ 1981, 981.
[108] *OLG Frankfurt* FamRZ 1990, 539.
[109] Überholt durch Schaffung von §§ 1361b *OLG Zweibrücken* FamRZ 1983, 1254; *OLG Schleswig* SchlHA 1979, 161.
[110] Grundlegend *Ritter* Vorläufige Anordnungen in Angelegenheiten der freiwilligen Gerichtsbarkeit (1991).
[111] Zu Sorgerechtsangelegenheiten: *OLG Karlsruhe* FamRZ 1988, 1186; *OLG Hamm* FamRZ 1988, 864; *dass.* FamRZ 1979, 1045; *OLG Zweibrücken* FamRZ 1984, 405; *OLG Frankfurt* FamRZ 1983, 91; *OLG Hamburg* FamRZ 1982, 722; *OLG Stuttgart* FamRZ 1982, 1235; *OLG Bamberg* FamRZ 1983, 82 – obiter; *KG* FamRZ 1981, 83; *Luthin* FamRZ 1983, 92; *Zöller-Philippi*[17] § 620 Rdnr. 33. Zu Hausrats- und Ehewohnungssachen: *OLG Hamm* FamRZ 1968, 648; *LG Essen* NJW 1959, 215; *Zöller-Philippi* aaO; h.M.; zu Hausrat *OLG Karlsruhe* FamRZ 1982, 274; *AG Montabaur* FamRZ 1990, 893.
[112] *OLG Bremen* FamRZ 1982, 1033 – eine Ausnahme allerdings für den Fall zulassend, daß eine einstweilige Regelung im isolierten Sorgerechtsverfahren vor Anhängigwerden der Ehesache bereits getroffen worden ist; *OLG Schleswig* SchlHA 1980, 162; *OLG Düsseldorf* FamRZ 1978, 806 – automatische Überführung des Eilverfahrens zu einem isolierten Sorgerechtsverfahren in das Verfahren nach § 620ff.; *OLG Stuttgart* FamRZ 1978, 668 – Hausratsverfahren; *Johannsen/Henrich/Sedemund-Treiber*[2] vor § 620 Rdnr. 7; für große Zurückhaltung auch *OLG Karlsruhe* NJW RR 90, 840f; grundlegend *Ritter* aaO 110f.; zum Hausrats- u. Ehewohnungsverfahren die meisten Kommentare zur HausrVO (Nw bei *Maurer* FamRZ 1991, 886, 888).
Nach *Klauser* (MünchKommZPO Rdnr. 23) und *Maurer* (aaO) soll, umgekehrt, das der FG-Hauptsache zugeordnete vorläufige Verfahren Vorrang haben, weil es dort an der Rechtsmittelbeschränkung des § 620e fehle und die Verfahren gebührenfrei seien. Die Rechtsmittelbeschränkung hat aber ebenso ihren guten Sinn wie die Regel, daß Anwälte für ein zusätzliches Verfahren auch ein zusätzliches Entgelt beziehen.
[113] *OLG Zweibrücken* FamRZ 1982, 1093; *dass.* FamRZ 1989, 1108; *OLG Hamm* FamRZ 1992, 337. Dagegen aber mit beachtlichen Gründen *Ritter* aaO 27ff. (zust. *Brehm-Overdick* Anm. zu *OLG Hamm*).
[114] *OLG Hamm* FamRZ 1988, 411; *KG* FamRZ 1985, 722; *OLG Schleswig* v. 2.7.1980 FamRZ 1980, 162.
[115] So mit Recht *Zöller-Philippi*[17] § 620 Rdnr. 33; *OLG Schleswig* SchlHA 1980, 162.
[116] BGBl. 1990, I 701.

nungen nach dessen § 6 Abs. 2, so würde auch dieses Verfahren in das der §§ 620ff. einschmelzen, dessen Regelungen ohnehin für entsprechend anwendbar erklärt worden sind.

Das Verfahren nach § 620b hat auch Vorrang vor einer Abänderung im isolierten FG-Verfahren[117]. Die Eheleute haben insoweit auch kein Wahlrecht[118]. Lediglich ab dem Zeitpunkt, zu dem wegen der eingetretenen Rechtskraft der Scheidung eine Abänderung einer einstweiligen Anordnung nicht mehr möglich ist → § 620b Rdnr. 2a, wird der Vorrang dieses Verfahrens obsolet. Wird das zur Herbeiführung einer endgültigen Regelung i. S. v. § 620f. vorgesehene Verfahren angestrengt, so ist ab diesem Zeitpunkt der ihm zugeordnete einstweilige Rechtsschutz, wie etwa einstweilige Einstellung der Zwangsvollstreckung, statthaft[119].

17   c) Von einstweiligen Anordnungen scharf zu unterscheiden sind auf die Zeit des Getrenntlebens beschränkte endgültig gedachte Regelungen, insbesondere auf den Grundlagen der §§ 1361–1361b BGB → Rdnr. 14. Sie ergehen im Hauptsacheverfahren und werden durch die Möglichkeit einstweiliger Anordnungen nicht tangiert. Sie bedeuten i. S. v. § 620f. eine endgültige Regelung für die Interimszeit, aber auch nur für diese → § 620f. Rdnr. 2d.

§ 620b [Änderungen einstweiliger Anordnungen]

(1) **Das Gericht kann auf Antrag den Beschluß aufheben oder ändern. Das Gericht kann von Amts wegen entscheiden, wenn die Anordnung die elterliche Sorge über ein gemeinschaftliches Kind betrifft oder wenn eine Anordnung nach § 620 Satz 1 Nr. 2 oder 3 ohne vorherige Anhörung des Jugendamts erlassen worden ist.**

(2) **Ist der Beschluß oder die Entscheidung nach Abs. 1 ohne mündliche Verhandlung ergangen, so ist auf Antrag auf Grund mündlicher Verhandlung erneut zu beschließen.**

(3) **Für die Zuständigkeit gilt § 620a Abs. 4 entsprechend. Das Rechtsmittelgericht ist auch zuständig, wenn das Gericht des ersten Rechtszuges die Anordnung oder die Entscheidung nach Absatz 1 erlassen hat.**

Gesetzesgeschichte: Rdnr. 1ff. vor § 606; BGBl. 1979 I S. 1061; BGBl. 1986 I S. 301.

I. Systematischer Stellenwert der Vorschrift[1]

1   Die Vorschrift will nicht nur – in Übereinstimmung mit der früheren Rechtslage – die Abänderbarkeit der im einstweiligen Anordnungsverfahren ergangenen Entscheidungen klarstellen. Sie ist auch das **Korrelat dazu, daß es regelmäßig an der Statthaftigkeit eines Rechtsmittels fehlt** → § 620c. Sie bringt daher einen rechtsstaatlichen Ausbau des Abänderungsverfahrens. Dieses kann in relativ einfacherer Weise die *Funktion einer Vollstreckungsgegenklage* erfüllen. Die Praxis läßt in den Grenzen von § 767 Abs. 2 die Vollstreckungsgegenklage gleichwohl zu[2], betrachtet sie jedoch als mutwillig im Sinne des Prozeßkostenhilfe-

---

[117] A. M. *Maurer* FamRZ 1991, 886, 887; *Johannsen/Henrich/Sedemund-Treiber*[2] vor §§ 620 Rdnr. 9.
[118] A. M. *Zöller-Philippi*[17] Rdnr. 33; *Gießler* (§ 620 Fn. 1) Rdnr. 811, 903.
[119] *BGH* FamRZ 1983, 355, 357 = NJW 1330.
[1] Lit.: *Flieger* Das Verhältnis des § 620b zu den §§ 323, 767 ZPO, MDR 1980, 803; *Klauser* Abänderung von Unterhaltstiteln, MDR 1981, 711; *von Els* Wie lange kann eine einstweilige Anordnung oder ihre Abänderung zulässigerweise beantragt werden? ZfJ 1984, 261.
[2] *BGH* FamRZ 1983, 356 = NJW 1330 – allerdings ein Fall, wo eine Abänderung wegen Rechtskraft des Scheidungsurteils →Rdnr. 2 nicht mehr möglich war; *OLG München* FamRZ 1981, 913ff.; *OLG Saarbrücken* FamRZ 1980, 385; *KG* DAVorm 1989, 315, 317; *Hassold* FamRZ 1981, 1036, 1038f.; *MünchKommZPO-Klauser*

rechts³. § 620b ist aber Sondervorschrift gegenüber § 323, was sich auch aus einem Umkehrschluß zu dessen Abs. 4 ergibt⁴. Ebenso kann eine einstweilige Anordnung, die auf § 620 gestützt ist, nicht nach §§ 1696 BGB oder § 17 HausrVO abgeändert werden. § 620b ist eine andere Anpassungsweise i. S. v. § 1612a Abs. 1 S. 2. Da sie nach Rechtskraft der Scheidung nicht mehr zur Verfügung steht → Rdnr. 2a, kann von diesem Zeitpunkt an eine Anpassung nach §§ 641 lff. erfolgen⁴ᵃ. Schließlich verdrängt § 620b auch die Möglichkeit, im Unterhaltshauptprozeß, einschließlich des auf negative Feststellungsklage eingeleiteten, die Einstellung der Zwangsvollstreckung aus der einstweiligen Anordnung zu beantragen, solange das Scheidungsbegehren noch rechtshängig ist⁵. Da nach Rechtskraft der Scheidung eine Abänderung der einstweiligen Anordnung nicht mehr möglich ist, gilt dies aber nicht darüber hinaus⁶. Je nachdem, ob die Gegenmeinung die Zulässigkeit der einstweiligen Einstellung der Zwangsvollstreckung auf eine entsprechende Anwendung des § 707⁶ᵃ oder des § 769⁶ᵇ stützt, leugnet sie die Rechtsmittelfähigkeit der Entscheidung oder nicht. § 620b ist, falls ausnahmsweise sofortige Beschwerde statthaft ist → § 620c Rdnr. 1, auch Sondervorschrift gegenüber § 577 Abs. 3. Leistungsklage und negative Feststellungsklage in der Hauptsache sind auch während der Rechtshängigkeit der Ehesache und des Bestehens einer einstweiligen Anordnung immer zulässig, auch wenn es sich nicht um eine Verbundsache handelt wie bei Klage auf Zahlung des Getrenntlebensunterhalts⁷.

II. Abänderungsvoraussetzungen

Besondere Voraussetzungen der Abänderbarkeit gibt es praktisch nicht. Die Anordnung kann auf Antrag des ursprünglichen Gesuchstellers ergänzt oder erweitert, auf Antrag des Gegners abgeschwächt oder ganz aufgehoben, auch – nach Abweisung – erstmals erlassen werden → Rdnr. 2a. Ist eine Entscheidung auf einen Antrag auf Erlaß einer einstweiligen Anordnung ergangen, dann hat jeder dieselbe Familiensache (und das selbe Kind) betreffende Antrag die Natur eines Abänderungsantrags. Im Gegensatz zu dem, was nach Geltung des alten Rechts ganz überwiegend angenommen worden ist, setzt die Abänderbarkeit eine Veränderung der Verhältnisse nicht voraus⁸, kann sich daher, soweit dies sinnvollerweise geschehen kann, auch auf die Vergangenheit beziehen⁹. Letzteres wird tendenziell gelegentlich geleugnet¹⁰. Richtig daran ist nur, daß häufig kein Regelungsbedürfnis besteht und daß die Rückzahlung zu viel geleisteten Unterhalts nicht ihrerseits eine Regelung »des Unterhalts«

2

Rdnr. 12. – A.M. *OLG Bamberg* FamRZ 1984, 1119; *dass.* Rpfleger 1982, 386; *OLG Köln* FamRZ 1983, 940; *OLG Bamberg* FamRZ 1983, 84; *OLG Frankfurt* FamRZ 1982, 719; *OLG Hamburg* NJW 1978, 1272; *OLG München* MDR 1980, 148; *OLG Nürnberg* MDR 1979, 149; *OLG Schleswig* SchlHA 1979, 41 – wenn Abänderung nicht mehr möglich; *Baumbach/Lauterbach/Albers*⁵¹ Rdnr. 4.
³ *OLG Hamm* FamRZ 1987, 961.
⁴ *BGH* FamRZ 1983, 809; *Hassold* FamRZ 1981, 1036, 1038.
⁴ᵃ *Brüggemann* Nachtrag (§ 641l Fn. 1) Rdnr. 10.
⁵ *OLG Hamm* FamRZ 1982, 411 = NJW 1983, 460; *dass.* FamRZ 1981, 693; *OLG Bremen* FamRZ 1981, 981. – A.M. *OLG Frankfurt* FamRZ 1990, 767; *dass.* NJW 1984, 1630; *dass.* FamRZ 1980, 1139; *KG* FamRZ 1985, 951; *OLG Koblenz* FamRZ 1985, 1272; *OLG Schleswig* FamRZ 1986, 184; *OLG Karlsruhe* Justiz 1981, 130 = NJW 295; *Luthin* FamRZ 1986, 1060; *Gießler* FamRZ 1982, 129; *MünchKommZPO-Klauser* Rdnr. 12ff.
⁶ *BGH* FamRZ 1983, 357 = NJW 1331; *OLG Düsseldorf* FamRZ 1980, 1046f.; *OLG Hamburg* FamRZ 1980, 904f.; 1985, 1273; 1990, 431; *OLG Hamm* FamRZ 1981, 693; *OLG Stuttgart* FamRZ 1992, 203; *dass.* FamRZ 1981, 694; *OLG Karlsruhe* Justiz 1981, 130f.; heute allg. M.
⁶ᵃ *OLG Frankfurt* FamRZ 1980, 1139; *dass.* FamRZ 1989, 87; *OLG Hamburg* FamRZ 1989, 888; *OLG Koblenz* FamRZ 1985, 1272; *Gießler* (§ 620 Fn 1) Rdnr. 252; *ders.* FamRZ 1982, 130.
⁶ᵇ Alle anderen in Fn. 5 (unter A.M.) und 6 ganannten OLG-Entscheidungen.
⁷ *BGH* FamRZ 1987, 682; *Hassold* FamRZ 1981, 1036, 1038; allg. M. → § 620f Rdnr. 2, 8.
⁸ Amtliche Begründung BRDrucks 260/73 = BT-Drucks VII 650 S. 201.
⁹ *MünchKommZPO-Klauser* Rdnr. 4, 10 – rückwirkende Unterhaltserhöhung allerdings nur im Rahmen des Erstantrags.
¹⁰ *OLG Stuttgart* NJW 1981, 2476 – keine rückwirkende Erhöhung des Unterhalts; *Zöller-Philippi*¹⁷ Rdnr. 3 – nur soweit das Angeordnete noch nicht geleistet ist.

darstellt. Jedoch kann eine Neuregelung durchaus so aussehen, daß dem Unterhaltsschuldner erlaubt wird, für einige Raten mit Beträgen aufzurechnen, die vermutlich eine Überzahlung darstellen. Es macht keinen Unterschied, ob Entscheidungen über den Antrag auf einstweilige Anordnungen vom Gericht erster Instanz oder vom Berufungsgericht stammen oder, wie ausnahmsweise zulässig, Beschwerdeentscheidungen → § 620 c sind. Abänderbar ist auch eine Entscheidung, die ihrerseits bereits abändernden Charakter hatte. Auch eine Beschwer durch die abzuändernde Entscheidung ist nicht Zulässigkeitsvoraussetzung für den Abänderungsantrag[11]. Der ursprünglich voll obsiegende Antragsteller kann also durchaus im Wege des Abänderungsantrags eine Erhöhung seines Unterhalts verlangen. Verlangt der ursprünglich voll obsiegende Antragsgegner seinerseits Unterhalt, so ist dies freilich ein Neuantrag, weil Gegenstand des früheren Verfahrens nur »der Unterhalt eines Ehegatten«, also des anderen Ehegatten war. Zur nachgeholten Kostenentscheidung im Wege der »Änderung« → § 620 g Rdnr. 4.

2a   Nicht prinzipiell ausgeschlossen ist, daß für einen Abänderungsantrag das *Rechtsschutzbedürfnis* fehlt. Allein der Umstand, daß die Vollziehung der Anordnung nach § 620 e ausgesetzt worden ist und der Begünstigte zugesagt hat, aus der Anordnung nicht zu vollstrecken, reicht dazu nicht aus. Das Interesse, klare Verhältnisse zu schaffen, hat bei der Unaufwendigkeit des Verfahrens Vorrang[12].

Aus § 620 b ergibt sich, daß einstweiligen Anordnungen – auch begrenzt auf das Verfahren des einstweiligen Rechtsschutzes →Rdnr. 15 vor § 935 – *materielle Rechtskraft* nicht zukommt. Jedoch fehlt es am *Rechtsschutzbedürfnis für eine (abermalige) Änderung* dann, wenn früher eine mündliche Verhandlung stattgefunden hatte, dem Antragsteller eine ausführliche Begründung gegeben worden war und *neue Gesichtspunkte* rechtlichen oder tatsächlichen Charakters nicht geltend gemacht werden[13]. Das gilt auch bei Entscheidungen, die nach § 620 c nicht einem Rechtsmittel unterliegen[14]. Bezüglich der in § 620 Nrn. 1–3 vorgesehenen Anordnungen ist allerdings der Rechtsgedanke des § 1696 BGB entsprechend anzuwenden und eine Neuentscheidung auch ohne Geltendmachung neuer Umstände für zulässig zu erachten[15].

Neue Gesichtspunkte, die einen Antrag zulässig machen, brauchen nicht immer im strengen Sinne neu entstandene Tatsachen im Sinne von §§ 767 Abs. 2 zu sein. Auch eine fortschreitende Aufklärungsarbeit des Gerichts in der Ehesache oder in den Folgesachen oder eine Verweigerung der Prozeßkostenhilfe für die Ehesache[16] oder die der Anordnung entsprechende Folgesache reichen dafür aus. Schließlich kann auch in der Berufungsinstanz der Antrag wiederholt werden, ohne daß geänderte Gesichtspunkte geltend gemacht werden müßten[17].

Der Wortlaut von Abs. 1 ist so weit, daß ihm auch ein den Erlaß einer einstweiligen Anordnung zurückweisender Beschluß unterfällt[18]. Auch seine »Änderung« (in der Gestalt, daß nunmehr positiv etwas angeordnet wird) ist aber davon abhängig, daß geänderte oder sich nunmehr anders darstellende tatsächliche oder rechtliche Verhältnisse geltend gemacht werden[19].

---

[11] H.M. – Anders *Gießler* Rdnr. 165; *Zöller-Philippi* Rdnr. 7.
[12] A.M. *AG Solingen* FamRZ 1989, 522.
[13] *KG* FamRZ 1978, 431; *OLG Saarbrücken* FamRZ 1979, 537; *OLG Koblenz* FamRZ 1985, 1272; *OLG Karlsruhe* FamRZ 1989, 642f.; ganz h.Lit.M., z.B. *Braeuer* FamRZ 1987, 300; *Gießler* Rdnr. 163; *MünchKommZPO-Klauser* Rdnr. 5. – A.M. *KG* FamRZ 1982, 1031; *OLG Zweibrücken* FamRZ 1986, 1229; *OLG Köln* FamRZ 1987, 957 (abl. *Gießler* FamRZ 1987, 1276);

OLG Hamburg FamRZ 1989, 198; *Klauser* MDR 1981, 717; *ders.* DAVorm. 1982, 137; *AG Mainz* FamRZ 1978, 413.
[14] A.M. *Baumbach/Lauterbach/Albers*[51] Rdnr. 1.
[15] *BGH* NJW RR 1986, 1130.
[16] *OLG Schleswig* SchlHA 1981, 81.
[17] *KG* FamRZ 1982, 1031f.
[18] *OLG Zweibrücken* FamRZ 1986, 1229.
[19] *Braeuer* FamRZ 1987, 300, 302. – A.M. *OLG Zweibrücken* FamRZ 1986, 1229, 1230.

Da das einstweilige Anordnungsverfahren ein Annexverfahren zum Eheverfahren ist, können einstweilige Anordnungen nicht mehr abgeändert werden, wenn ein *Scheidungsurteil erlassen und rechtskräftig geworden ist*[20], auch im Fall des § 629a Abs. 3[21]. Über Anträge, die noch zur Zeit der Rechtshängigkeit der Ehesache gestellt worden sind, kann aber entschieden werden[22] → § 620a Rdnr. 2.

Ein **Vergleich**, der als Unterhaltsregelung für die Zeit des Scheidungsverfahrens endgültig gedacht ist, ist bei Eintritt veränderter Verhältnisse nicht gerichtlich »abänderbar« oder »aufhebbar«. Vielmehr ist er lediglich dem Wegfall der Geschäftsgrundlage unterworfen, was in Anwendung des insoweit nur deklaratorisch wirkenden § 323 Abs. 4 und ohne Bindung an die Frist des § 323 Abs. 3 geltend gemacht werden kann → § 323 Rdnr. 55 ff. Es ist auch nicht angängig, rigoros danach zu unterscheiden, ob der Vergleich im Anordnungsverfahren oder im Hauptsacheverfahren zustandegekommen ist. Die Qualität eines »vor einem deutschen Gericht« (§ 794 Abs. 1 Nr. 1) geschlossenen Vergleichs ändert sich nicht mit der jeweiligen Verfahrensart[23]. Gerade deshalb ist aber § 323 Abs. 4 anwendbar. Selbst ein Vergleich, der nur eine »einstweilige Regelung« enthält, kann sie für die Zeit, für die er gelten soll, endgültig treffen und unterscheidet sich dadurch wesentlich von einer einstweiligen Anordnung[24]. Verliert ein solcher Vergleich wegen des Eintritts veränderter Verhältnisse seine Bindungswirkung, so kann eine Anordnung des Gerichts nicht ergehen[25], wohl aber dann, wenn sich das Gericht davon überzeugt, daß der Vergleich nicht wirksam zustandegekommen ist[26]. Das Risiko, daß die Zwangsvollstreckungsorgane den Vergleich der Rechtsansicht des die einstweilige Anordnung erlassenden Gerichts zum Trotze doch für wirksam halten, ist denkbar gering. Auf die Anordnung geleistete Zahlungen würden die Unterhaltsschuld auf jeden Fall getilgt haben und umgekehrt.

Allerdings können die Parteien auch einen Vergleich mit dem Inhalt schließen, daß er nur eine einstweilige Anordnung mit ihrer Labilität ersetzen soll[27], was insbesondere dann anzunehmen ist, wenn die vergleichsschließenden Parteien vorgesehen haben, daß der Vergleich aufgrund weiterer Ermittlungen des Gerichts auch für die Vergangenheit soll abgeändert werden können[28].

Dann unterliegt auch ein Vergleich, und zwar ohne daß nachträglich die Geschäftsgrundlage weggefallen sein müßte[29], der Abänderung nach § 620b, aber nicht nach § 323[30]. Nach Rechtskraft der Scheidung ist eine Abänderung im technischen Sinne nicht mehr möglich → Rdnr. 2a. Der Vergleich kann dann nur noch – auch mit Wirkung für die Vergangenheit durch eine endgültige Regelung ersetzt werden → § 620f Rdnr. 8.

Haben sich die Parteien über die Frage des endgültigen oder provisorischen Charakters der Zwischenlösung nicht klar ausgedrückt, so muß man lebensnaherweise davon ausgehen, daß sie für die Zeit des Scheidungsverfahrens eine endgültige Interimslösung wollten[31]. Auch die Formel »zur Erledigung des einstweiligen Anordnungsverfahrens« muß vernünftigerweise im Sinne einer endgültig gemeinten Interimsregelung verstanden werden[32].

---

[20] *BGH* FamRZ 1983, 356 = NJW 1330, seither allg. M.
[21] *OLG Frankfurt* FamRZ 1987, 1279.
[22] *OLG Frankfurt* FamRZ 1987, 1279; *OLG München* FamRZ 1987, 610; *OLG Stuttgart* NJW RR 1986, 558; allg. Lit. M.
[23] A.M. *OLG Hamm* FamRZ 1982, 409; *dass.* FamRZ 1980, 608; *OLG Zweibrücken* FamRZ 1980, 69; *OLG Karlsruhe* FamRZ 1992, 684; *AG Mönchengladbach* FamRZ 1981, 187.
[24] Zutreffend *OLG Hamm* FamRZ 1991, 582. – A.M. *OLG Hamburg* FamRZ 1980, 904.
[25] A.M. *Baumbach/Lauterbach/Albers*[51] Rdnr. 1.
[26] A.M. *OLG Hamm* FamRZ 1991, 582.
[27] *BGH* FamRZ 1991, 1175; *ders.* FamRZ 1983, 892 = NJW 2200.
[28] Wie im Fall *OLG Köln* FamRZ 1983, 622 geschehen.
[29] A.M. *MünchKommZPO-Klauser* Rdnr. 7; *Zöller-Philippi*[17] Rdnr. 5.
[30] *OLG Hamm* FamRZ 1982, 409.
[31] *OLG Köln* FamRZ 1983, 1122; *AG Besigheim* FamRZ 1981, 554. – A.M. wohl *BGH* aaO; *OLG Karlsruhe* FamRZ 1992, 684; *OLG Hamburg* FamRZ 1982, 412; *OLG Frankfurt* FamRZ 1983, 202.
[32] A.M. *OLG Frankfurt* FamRZ 1989, 87.

III. Das Abänderungsverfahren

3   1. Der **Antrag** kann, wie derjenige nach § 620a, zu Protokoll der Geschäftsstelle erklärt werden[33]. Er ist nur unter den Voraussetzungen von Abs. 1 S. 2 entbehrlich → § 620a Rdnr. 12. Sinn des das Jugendamt besonders berücksichtigenden Elements der Vorschrift ist es, eine rasche Verwertung der bei nachträglicher Anhörung des Jugendamtes auftauchenden Gesichtspunkte zu gewährleisten. Hinsichtlich der *Bestimmtheit des Antrags* und der *Glaubhaftmachung* seiner tatsächlichen Grundlagen gilt das → § 620a Rdnr. 7a.E. Gesagte entsprechend. Prozeßkostenhilfe, die für das ursprüngliche Verfahren gewährt worden ist, erfaßt auch das Abänderungsverfahren[34]. Da es im einstweiligen Anordnungsverfahren ein Gegenstück zur Teilklage nicht gibt, gilt dies auch, wenn das Abänderungsbegehren über den ursprünglich gestellten Antrag hinausgeht[35]. Wegen weiterer Einzelheiten zum Antrag → § 620 Rdnr. 13.

4   2. **Zuständig** ist immer das Gericht, bei dem die Ehesache oder die der Anordnung entsprechende Folgesache schwebt, auch noch vor Berufungseinlegung gegen die Entscheidung in der Ehesache[36], nicht notwendigerweise also das Gericht, welches die ursprüngliche Anordnung erlassen hat → § 620a Rdnr. 6. Jedoch verlangt der dieser Bestimmung zugrundeliegende Zweckmäßigkeitsgedanke auch Anwendung, wenn das Berufungsgericht eine einstweilige Anordnung erlassen hat, das Verfahren aber nach Zurückverweisung der Ehesache oder der entsprechenden Folgesache wieder in der ersten Instanz schwebt[37]. Durch Aktenversendungen begründete Umständlichkeiten verträgt das Verfahren der einstweiligen Anordnung nicht. Da das *Revisionsgericht* eine Anordnung nicht erlassen oder ändern kann, wurde durch Verweisung auf § 620a Abs. 4 bestimmt, daß das Familiengericht zuständig ist, wenn sich die Ehesache in der Revisionsinstanz befindet, jedoch das Berufungs- bzw. Beschwerdegericht, wenn die der Anordnung entsprechende Folgesache in der dritten Instanz anhängig ist[38].
Der Grundsatz der perpetuatio fori gilt aber auch im Abänderungsverfahren.

4a   3. **Abänderungsentscheidungen** können auch ergehen, wenn schon die ursprüngliche Entscheidung aufgrund mündlicher Verhandlung zustandegekommen war. Das ist gerade der Fall, den Abs. 1 in Abgrenzung zu Abs. 2 im Auge hat. Dann muß zur Vorbereitung der Abänderung nicht erneut mündlich verhandelt werden[38a]. Ist demgemäß eine Abänderungsentscheidung ohne mündliche Verhandlung speziell über den Abänderungsantrag zustandegekommen, so muß auf Antrag gemäß Abs. 2 über das Abänderungsbegehren erneut mündlich verhandelt werden[39], auch wenn über den ursprünglichen Antrag aufgrund mündlicher Verhandlung entschieden worden war.

4b   4. **Die Entscheidung** folgt den bei → § 620a Rdnr. 9 herausgearbeiteten Grundsätzen. Wird sie erst nach Verkündung des die Kostenentscheidung enthaltenden Urteils in der Ehesache getroffen, so ist sie mit einer eigenen Kostenentscheidung zu versehen[40]. → Rechtsbehelfe § 620c.

---

[33] *OLG Düsseldorf* FamRZ 1966, 358 (*Bergerfurth*).
[34] *OLG Hamm* MDR 1983, 847; h.M. – A.M. *KG* JurBüro 1984, 578.
[35] A.M. *Zöller-Philippi*[17] Rdnr. 8.
[36] *AG Charlottenburg* DAVorm 1982, 383.
[37] *OLG Köln* FamRZ 1979, 529; *Zöller-Philippi*[17] Rdnr. 10. – A.M. amtliche Begründung BRDrucks 260/73 = BTDrucks 7/650 S. 201.
[38] A.M. *Zöller-Philippi*[17] Rdnr. 10.
[38a] *OLG Düsseldorf* FamRZ 1992, 1198.
[39] Amtliche Begründung BRDrucks 260/73 = BTDrucks VII 650 S. 201.
[40] *OLG Hamburg* MDR 1976, 586; allg. M.

IV. Die nachgeschaltete mündliche Verhandlung

Abs. 2 macht die mündliche Verhandlung auf Antrag obligatorisch, wenn die ursprüngliche 5
Anordnung oder ihre Ablehnung ohne mündliche Verhandlung[41a] zustandegekommen war
→ § 620c Rdnr. 8, § 620a Rdnr. 7. Die Anberaumung einer mündlichen Verhandlung kann
auch nicht mit der Begründung verweigert werden, der Abänderungsantrag sei nicht auf
inzwischen eingetretene Änderungen gestützt[42]. Dann, wenn das ursprüngliche Verfahren
noch anhängig ist, etwa wegen eines bereits gestellten Antrags auf mündliche Verhandlung[43],
ist das Abänderungsverfahren nach Abs. 1 unzulässig[44]. Ist die Frist für die Beschwerde gegen
die nach Abs. 2 zu ergehende Entscheidung noch nicht abgelaufen, so kann, sofern die
Beschwerde nach § 620c überhaupt zulässig ist, auch dort eine Änderung der Verhältnisse
geltend gemacht werden. Das Antragserfordernis besteht auch dann, wenn die ursprüngliche
Entscheidung ohne Antrag ergangen war. Die Regelung gilt auch dann, wenn die zu ändernde
Entscheidung von einem Gericht höherer oder niederer Instanz erlassen worden war. Für den
Antrag besteht Anwaltszwang[45] → § 620a Rdnr. 5. Eine Fristbindung besteht nicht. Auch
wenn im schriftlichen Verfahren dem gestellten Antrag voll entsprochen worden ist und
nunmehr ein höherer Betrag geltend gemacht wird, ist der Weg über Abs. 2 zu wählen. Den
die Erhöhung begehrenden Teil auf einen neuen Erstantrag zu verweisen[46], ist nicht möglich,
weil es im Verfahren der einstweiligen Anordnung ein Gegenstück zur Teilklage nicht gibt.
Begründung des Antrags → § 620d.

Das nachfolgende Verfahren richtet sich nach → § 620a Rdnr. 7ff. Da das Gesetz trotz in
dieser Situation obligatorischer mündlicher Verhandlung ein Versäumnisverfahren nicht
vorsieht, ist aufgrund einseitiger mündlicher Verhandlung mit Amtsermittlungspflicht
→ § 620a Rdnr. 7, § 620 Rdnr. 2 zu entscheiden. Einstweilige Einstellung der Zwangsvollstreckung → § 620e. Abhängigkeit der Statthaftigkeit der Beschwerde von der Durchführung
der mündlichen Verhandlung gemäß Abs. 2 → § 620c Rdnr. 2. § 717 Abs. 2 ist nicht entsprechend anwendbar[47].

§ 620c [Beschwerdefähigkeit von Entscheidungen]

Hat das Gericht des ersten Rechtszuges auf Grund mündlicher Verhandlung die elterliche Sorge für ein gemeinschaftliches Kind geregelt, die Herausgabe des Kindes an den anderen Elternteil angeordnet oder die Ehewohnung einem Ehegatten ganz zugewiesen, so findet die sofortige Beschwerde statt. Im übrigen sind die Entscheidungen nach den §§ 620, 620b unanfechtbar.

Gesetzesgeschichte: Rdnr. 1ff. vor § 606. BGBl. 79 I 1061.

---

[41] *KG* FamRZ 1991, 1327.
[41a] An einer solchen fehlt es auch, wenn die Prozeßbevollmächtigte der Parteien nicht beigezogen worden waren: *OLG Düsseldorf* FamRZ 1992, 1198.
[42] A.M. *OLG Karlsruhe* FamRZ 1989, 642.
[43] *Gießler* Rdnr. 167f.
[44] Ganz h.M. – A.M. nur *Johannsen/Henrich/Sedemund-Treiber*² Rdnr. 11.

[45] So mit Recht und zutreffender Begründung *OLG Düsseldorf* FamRZ 1978, 709f.; h.M. – A.M. *Baumbach/Lauterbach/Albers*⁵¹ Rdnr. 8.
[46] *Gießler* Rdnr. 152; *Zöller-Philippi*¹⁷ Rdnr. 18.
[47] A.M. *AG Viersen* FamRZ 1984, 300.

I. Die Statthaftigkeit der Beschwerde im allgemeinen

1   Die Erfahrung aus der Zeit vor 1976 hat gezeigt, daß Eheauflösungsverfahren in erheblichem Maße durch Rechtsmittelentscheidungen im einstweiligen Anordnungsverfahren belastet wurden. Aus diesem Grunde hat das Gesetz ein Rechtsmittel in der Form der **sofortigen Beschwerde**[1] nur noch in drei für besonders wichtig erachteten Fällen zugelassen. Das ist verfassungsrechtlich zulässig[2]. Gerade um die gesetzliche Wertung nicht zu unterlaufen[3], muß man die Norm als Sondervorschrift gegenüber der außerhalb des Eheverfahrens gegebenen Möglichkeit betrachten, im Rahmen eines »isolierten« Verfahrens oder auf der Basis eines Folgeverfahrens ebenfalls einstweiligen Rechtsschutz zu erreichen und damit einen Beschwerdeweg zu eröffnen → § 620a Rdnr. 13. Sind freilich einstweilige Anordnungen, zugeordnet zu einem isolierten oder einem Folgeverfahren, gleichwohl erlassen worden, so ist die Beschwerde nach den für diese Verfahren geltenden Grundsätzen ohne Rücksicht auf § 620c statthaft[4]. Der Zusatz im Gesetz »auf Grund mündlicher Verhandlung« soll zum Ausdruck bringen, daß ein Ehegatte gegebenenfalls erst den Weg des § 620b Abs. 2 beschreiten muß, ehe er Beschwerde einlegen kann → Rdnr. 8. Nur wenn es zu positiven »Regelungs«-Entscheidungen gekommen ist, nicht auch, wenn der Erlaß einer Anordnung abgelehnt wurde, ist eine Anfechtungsmöglichkeit eröffnet, allg. M. Erst recht ist eine Anfechtung ausgeschlossen, wenn das Gericht noch keine Regelung getroffen hat, seine Entscheidung vielmehr nur der Vorbereitung einstweiliger Regelungen dient, wenn etwa eine Sachentscheidung abgelehnt wird, bis ein Sachverständigengutachten eingeht[5].

II. Beschwerdefähige Erstentscheidungen

2   1. Die **Regelung der elterlichen Sorge** umfaßt nicht Entscheidungen, in denen nur das Umgangsrecht geregelt wird[6]. Durch die gesetzliche Systematik (§ 620 Nr. 1 und 2) ist zum Ausdruck gebracht worden, daß Regelungen des Umgangsrechts nicht Teilregelungen der elterlichen Sorge sind. Anfechtbar sind demgegenüber auch Entscheidungen, die die elterliche Sorge nur teilweise[7], insbesondere nur das Aufenthaltsbestimmungsrecht regeln. Auch die Nähe der Zuweisung eines Aufenthaltsbestimmungsrechts zu einer Kindesherausgabeanordnung zwingt dazu, eine Regelung des ersteren für anfechtbar zu halten. Anfechtbar ist also etwa auch das Verbot, das Kind ins Ausland zu bringen oder die Übertragung eines Teils des Sorgerechts auf einen Pfleger.

3   2. Unter **Herausgabe des Kindes an den anderen Elternteil** ist nur die Herausgabe zum dauernden Aufenthalt zu verstehen, nicht zur Ermöglichung des Umgangsrechts[8].

4   3. Nicht jede Regelung der Nutzungsverhältnisse an der **Ehewohnung** unterliegt der Anfechtung, vor allem nicht die Regelung der gemeinsamen Benutzung[9], sondern nur eine Zuweisung an einen Ehegatten allein. Davon erfaßt ist jede Entscheidung, die einen Ehegatten, und sei es auch nur zeitweise, völlig von der Nutzung der bisherigen gemeinschaftlichen

---

[1] Die die Beschwerde nach § 621e verdrängt: *OLG Stuttgart* FamRZ 1977, 816.
[2] BVerfG FamRZ 1980, 232.
[3] Wie es in *OLG Hamburg* FamRZ 1982, 722 absichtlich geschieht: »... vom Gesetzgeber nicht gewollte Verkürzung des Rechtsschutzes«.
[4] *OLG Düsseldorf* FamRZ 1978, 141; *KG* FamRZ 1978, 269; *OLG Karlsruhe* FamRZ 1978, 270 = NJW 549. – A.M. *OLG Düsseldorf* FamRZ 1977, 825; *OLG Stuttgart* FamRZ 1977, 827.
[5] *OLG Frankfurt* FamRZ 1989, 765.
[6] *OLG Bamberg* FamRZ 1983, 82; *OLG Saarbrücken* FamRZ 1986, 182; *OLG Hamburg* FamRZ 1987, 497.
[7] *OLG Hamm* FamRZ 1979, 157 = NJW 49; *OLG Köln* FamRZ 1979, 320; *OLG Bamberg* FamRZ 1983, 82; *OLG Düsseldorf* FamRZ 1985, 300.
[8] *OLG Saarbrücken* FamRZ 1986, 186.
[9] *OLG Zweibrücken* FamRZ 1984, 916.

ehelichen Wohnung ausschließt[10]. Die sofortige Beschwerde ist auch statthaft, wenn unklar ist, ob das FamG seine Entscheidung auf § 620 Nr. 7 oder – unzulässigerweise → § 620 Rdnr. 9 – auf § 13 Abs. 4 HausrVO gestützt hat[10a]. Entscheidungen, die nur Räumungsfristen betreffen, sind nicht anfechtbar, allg. M.

4. § 620 c bezieht sich nur auf Entscheidungen des Familiengerichts. Hat das **OLG als Berufungs- oder Beschwerdegericht** eine Anordnung erlassen, so folgt deren Unanfechtbarkeit bereits aus § 567 Abs. 2, auch wenn sie einen der in § 620 c genannten Gegenstände betrifft.

5. Auch soweit das Sorgerecht oder das Alleinbenutzungsrecht an der Ehewohnung in Betracht kommen, sind Entscheidungen nicht anfechtbar, die **Anträge der Ehegatten ablehnen**[11]. Zur Problematik der Ablehnung einer Abänderung bereits getroffener Entscheidungen → Rdnr. 8 ff.

6. Von Regelungen, die im Verfahren der §§ 620 ff. getroffen werden, sind scharf zu unterscheiden Regelungen aus sogenannten »**isolierten Verfahren**«. Wieweit sie zulässig sind und wieweit insbesondere einstweilige Anordnungen auch in ihrem Rahmen ergehen können und zur Möglichkeit einstweiliger Anordnungen nach §§ 620 ff. in Konkurrenz stehen, ist an anderer Stelle behandelt worden → § 620 Rdnr. 5, 620 a Rdnr. 15 f. Die Rechtsbehelfsmöglichkeiten gegen solche Entscheidungen richten sich jedenfalls nach der Verfahrensart, der sie zugeordnet sind, also vor allem nach § 19 FGG und § 14 HausrVO. § 620 c kann auf solche Rechtsbehelfe nicht analog angewandt werden[12].

III. Das Ineinandergreifen mit der Abänderungsmöglichkeit nach § 620 b

Das Verhältnis von § 620 c zu § 620 b ist nicht ganz unkompliziert.

1. Ist eine Anordnung **nicht auf Grund mündlicher Verhandlung ergangen**, so muß der Beschwerdeführer erst den Weg über § 620 b Abs. 2 gehen. Nur wenn dann auf Grund Bestätigung des ursprünglichen Beschlusses oder durch seine Abänderung eine Regelung mit dem Inhalt herauskommt, den 620 c voraussetzt, ist die sofortige Beschwerde statthaft[13]. »Auf Grund mündlicher Verhandlung« zustandegekommen ist eine Anordnung, wenn ihr kein anderes Material zur Entscheidungsgrundlage dient, als Gegenstand der mündlichen Verhandlung war – sei es auch nur durch Bezugnahme auf die gewechselten Schriftsätze oder den sonstigen Akteninhalt. Vor allen Dingen ist ein Beschluß nicht mehr auf Grund mündlicher Verhandlung zustandegekommen, wenn das Gericht nach Schluß einer durchgeführten Verhandlung noch weitere Ermittlungen angestellt hat, die es der Entscheidung zugrundelegt[14]. In einem solchen Fall muß vielmehr zunächst erneut der Weg des § 620 b Abs. 2 beschritten werden[15]. Die sofortige Beschwerde muß in einer solchen Situation als unzulässig abgewiesen werden[16] und kann, auch wenn sie beim Familiengericht eingelegt worden ist,

---

[10] KG FamRZ 1986, 1010.
[10a] OLG Hamm FamRZ 1992, 1554, 1555.
[11] BGH FamRZ 1982, 788, 789; OLG Schleswig SchlHA 1980, 45; 56; 1984, 57 (dadurch überholt SchlHA 1978, 170); OLG Zweibrücken FamRZ 1980, 70; OLG Bremen FamRZ 1981, 1091 f.; KG FamRZ 1993, 720.
[12] BGH FamRZ 1978, 886 = NJW 1979, 39; BGH FamRZ 1981, 760; OLG Karlsruhe FamRZ 1980, 902; OLG Düsseldorf FamRZ 1981, 872; KG FamRZ 1982, 272; OLG Koblenz FamRZ 1985, 500. – A.M. OLG Hamm FamRZ 1978, 257; OLG Frankfurt FamRZ 1980, 174; OLG Zweibrücken FamRZ 1983, 518; OLG Köln FamRZ 1983, 732; OLG Bamberg FamRZ 1981, 1094;
90, 645 – Beschwerde erst zulässig nach mündlicher Verhandlung analog § 620 b Abs. 2.
[13] OLG Köln FamRZ 1983, 732; heute wohl allg. M.
[14] OLG Bamberg FamRZ 1981, 294; OLG Stuttgart Justiz 1981, 55; OLG Zweibrücken FamRZ 1984, 916; OLG Karlsruhe FamRZ 1989, 521 – jedenfalls, wenn die mündliche Verhandlung mehrere Monate zurückliegt; Zöller-Philippi[16] Rdnr. 8. – A.M. OLG Hamburg FamRZ 1986, 182 – in einem Fall, in dem die Nachermittlungen nichts Neues erbrachten; Baumbach/Lauterbach/Albers[51] Rdnr. 1. – generell.
[15] OLG Stuttgart aaO; Dörr NJW 1989, 690, 693.
[16] OLG Bamberg aaO.

nicht ohne weiteres als Antrag nach § 620b umgedeutet werden[17]. Jedoch sollte der Familienrichter den Beschwerdeführer nach § 139 aufklären und ihn fragen, ob er sein Rechtsschutzgesuch nicht in ein solches nach § 620b Abs. 2 abgeändert wissen will.

9 **2.** Liegt eine **auf Grund mündlicher Verhandlung ergangene Erstentscheidung** vor, so kann auch ihre Abänderung beantragt werden, § 620b Abs. 1. Wird der Antrag abgelehnt, so ist dagegen sofortige Beschwerde niemals statthaft[18]. Die Ablehnung einer Änderung wirkt nicht stärker und die faktischen Verhältnisse mehr verfestigend als die Ablehnung einer Erstanordnung. Würde man anders entscheiden, so würde die Befristung des Rechtsmittels der sofortigen Beschwerde unschwer dadurch unterlaufen werden können, daß man zuvor einen Abänderungsantrag stellt und gegen dessen Ablehnung vorgeht.

Ist der abzuändernde Beschluß seinerseits ohne mündliche Verhandlung zustandegekommen, so muß, bevor die sofortige Beschwerde statthaft wird, wiederum das Verfahren nach § 620b Abs. 2 vorgeschaltet werden; zur Problematik der Umdeutbarkeit des Rechtsschutzgesuches →Rdnr. 8. Bleibt es danach bei der vorausgehenden Entscheidung, ist also der Abänderungsantrag endgültig abgelehnt worden, so ist wiederum eine sofortige Beschwerde nicht statthaft[19]. Das gleiche gilt, wenn im Verfahren nach § 620b Abs. 2 eine nicht auf Grund mündlicher Verhandlung getroffene Regelung ersatzlos wieder aufgehoben wird[20]. Es ist auch nicht gerechtfertigt, davon dann eine Ausnahme zu machen, wenn die Aufhebung »der Sache nach« eine Regelung des Sorgerechts »darstellt«[21]. Wenn die erstmalige Regelung der elterlichen Sorge abgelehnt wird, kann sich der bestehende Zustand auch weiter verfestigen, ohne daß deshalb die Beschwerdemöglichkeit eröffnet werden würde.

Nur wenn auf Grund eines Abänderungsantrags erstmals die elterliche Sorge über ein gemeinschaftliches Kind geregelt oder anders als bisher geregelt wird, erstmals die Herausgabe des Kindes an den Antragsteller angeordnet oder erstmals die Ehewohnung dem Antragsteller ganz zugewiesen wird, ist die sofortige Beschwerde statthaft.

IV. Außerordentliche sofortige Beschwerde wegen »greifbarer Gesetzwidrigkeit«

10 Über die gesetzlich vorgesehene Beschwerdemöglichkeit hinaus hat die Rechtsprechung im Anklang an ähnliche Entwicklungen anderwärts → § 567 Rdnr. 7[22] die sofortige Beschwerde auch dann zugelassen, wenn eine »greifbar gesetzwidrige« Entscheidung getroffen worden ist[23]. Das wurde in folgenden Fällen angenommen: Das Familiengericht hatte die These vertreten, nach Zurückweisung eines gleichlautenden Antrags könne kein neuer Antrag gestellt werden[24]; das Familiengericht hatte eine einstweilige Sorgerechtsanordnung unter völliger Übergehung des MSÜ mit der Begründung aufgehoben, wegen der ausländischen Staatsangehörigkeit des Vaters des Kindes sei es durch Art. 19 EGBGB an einer solchen Regelung gehindert[25]; das Familiengericht hatte nach Rechtskraft der Scheidung über den

---

[17] *OLG Stuttgart* NJW 1978, 279; *OLG Hamm* FamRZ 1980, 67.
[18] A.M. *OLG Frankfurt* FamRZ 1984, 296; *OLG Düsseldorf* FamRZ 1985, 300.
[19] *OLG Hamm* FamRZ 1980, 1141; dass. FamRZ 1988, 1194; *OLG Bremen* FamRZ 1981, 1091; *OLG Frankfurt* FamRZ 1984, 295. – A.M. *OLG Karlsruhe* FamRZ 1979, 840; *OLG Frankfurt* FamRZ 1984, 296; *OLG Düsseldorf* FamRZ 1985, 300.
[20] *OLG Köln* FamRZ 1983, 732.
[21] A.M. *OLG Karlsruhe* FamRZ 1979, 840; *Gießler*

Rdnr. 177, 1000; *Zöller-Philippi*[17] Rdnr. 11; *Baumbach/Lauterbach/Albers*[51] Rdnr. 1.
[22] Siehe die Grundsatzentscheidung *BGH* FamRZ 1986, 150.
[23] *OLG Hamm* NJW 1979, 988 – zu einer in der Sache inzwischen überholten Rechtslage; *Gießler* Rdnr. 180; im Prinzip allg. M. siehe die nachfolgenden Belegstellen. Kritisch *MünchKommZPO-Klauser* Rdnr. 13 – auf die Korrekturmöglichkeiten im Hauptverfahren hinweisend.
[24] *OLG Zweibrücken* FamRZ 1986, 1229.
[25] *OLG Karlsruhe* FamRZ 1979, 840.

(durchaus rechtzeitig gestellten) Abänderungsantrag entschieden[26]; das Familiengericht hatte einem Ehegatten einen Prozeßkostenvorschuß für einen anderen Prozeß als die Ehesache und deren Folgesachen auferlegt[27]; eine einstweilige Anordnung war ohne Antrag und ohne Anhängigkeit einer Ehesache erlassen worden[28]; das Gericht hatte fälschlich seine Zuständigkeit zum Erlaß einer einstweiligen Anordnung geleugnet[29]; das Familiengericht hatte verkannt, daß im Wege der einstweiligen Anordnung auch ein Belästigungsverbot ausgesprochen werden kann → § 620 Rdnr. 7[30]; das Gericht hatte die Rückzahlung eines Prozeßkostenvorschusses angeordnet[31]; der Beschluß war nicht mit einer Begründung versehen[31a]. Nach dem 1.1.1991 war angeordnet worden, das Umgangsrecht nur in Anwesenheit eines Jugendamtsvertreters auszuüben[32].

Abgelehnt wurde das Vorliegen einer greifbaren Gesetzwidrigkeit in folgenden Fällen: Das Familiengericht hatte gemeint, ein Auskunftsanspruch über die Grundlagen des Unterhalts könne nicht durch einstweilige Anordnung geregelt werden → § 620 Rdnr. 6[33]; das Familiengericht hatte es unterlassen, eine angeblich gebotene Umdeutung eines Antrags auf Erlaß einer einstweiligen Anordnung in einen solchen auf Erlaß einer einstweiligen Verfügung vorzunehmen[34]. Auch grobe Verfahrensfehler, insbesondere die Verletzung des Anspruchs auf rechtliches Gehör (was durch Änderungsantrag nach § 620b korrigiert werden kann), ja selbst eine Aufhebungsentscheidung ohne zugrundeliegenden Antrag[35] lösen die Statthaftigkeit der außerordentlichen Beschwerde nicht aus[36].

In einer Reihe von Fällen, wo jedenfalls keine »greifbare« Gesetzwidrigkeit angenommen wurde, hat sich die Rechtsprechung inzwischen dahin konsolidiert, daß die angefochtenen Entscheidungen in Ordnung gehen[37].

V. Beschwerdemöglichkeit auf Grund anderer Normen

Es gibt keinen allgemeinen Grundsatz, daß der Instanzenzug im Beschwerdeverfahren nicht über den Instanzenzug hinausgehen kann, der für die Hauptsache gilt, aus dem die mit der Beschwerde angefochtene Entscheidung stammt[38]. Daher ist die Beschwerde (nicht: sofortige Beschwerde) zulässig gegen Aussetzungsbeschlüsse[39], Berichtigungsbeschlüsse[40], Streitwertfestsetzungen[41] und Zurückweisungen von Gesuchen, die das Verfahren betref-

11

---

[26] *OLG Hamm* FamRZ 1985, 85 – diese »greifbare Gesetzwidrigkeit« entspricht inzwischen der h.M.! → § 620b Rdnr. 2a.
[27] *OLG Karlsruhe* FamRZ 1990, 766.
[28] *OLG Frankfurt* FamRZ 1979, 320.
[29] *OLG Hamburg* FamRZ 1979, 528; bezüglich der »Abänderbarkeit« eines gerichtlichen Vergleiches (angeblich nur der Weg über § 323 → § 620b Rdnr. 1) ebenso *OLG Hamm* FamRZ 1980. 608.
[30] *OLG Hamburg* FamRZ 1978, 804 – nicht aber, wenn das Gericht sein Ermessen, ob es ein solches Verbot erlassen will, angeblich unrichtig ausgeübt hat: *OLG Düsseldorf* FamRZ 1979, 320.
[31] *OLG Düsseldorf* AnwBl 1980, 507 – sehr bedenklich, denn es handelt sich praktisch um nichts anderes als eine Regelung der »Verpflichtung zur Zahlung des Prozeßkostenvorschusses«.
[31a] *OLG Hamm* FamRZ 1993, 719.
[32] *OLG Karlsruhe* FamRZ 1991, 969: dann sogar Beschwerderecht des Jugendamts.
[33] *OLG Hamm* FamRZ 1983, 515. Umgekehrt die Regelung des Auskunftsanspruches als greifbare Gesetzwidrigkeit ansehend: *OLG Stuttgart* FamRZ 1980, 1138; *OLG Düsseldorf* FamRZ 1983, 514.

[34] *OLG Frankfurt* FamRZ 1985, 193.
[35] *OLG Zweibrücken* FamRZ 1986, 1120.
[36] *OLG Schleswig* SchlHA 1978, 213 – Verkennung der Abänderungsmöglichkeit; 1979, 52; *OLG Hamm* FamRZ 1982, 409 – keine Begründung des Beschlusses FamRZ 1982, 1094 – Ausschluß des Verkehrsanwalts von der nicht öffentlichen Sitzung; *OLG Zweibrücken* FamRZ 1980, 386 – möglicherweise Verkennung, daß Anwaltszwang bestand; *OLG Frankfurt* FamRZ 1986, 183 = NJW 1052. Generell gegen außerordentliches Beschwerderecht bei Verletzung des Anspruchs auf rechtliches Gehör: *BGH* FamRZ 1986, 150; 1989, 265.
[37] Z.B. *OLG Karlsruhe* FamRZ 1980, 1139 – eine Regelung war nur für die Zeit ab Rechtskraft des Scheidungsurteils getroffen.
[38] *E. Schneider* MDR 1987, 107 ff.
[39] *OLG Frankfurt* FamRZ 1985, 409. – A.M. *Baumbach/Lauterbach/Albers*[51] Rdnr. 4.
[40] *OLG Schleswig* SchlHA 1980, 115.
[41] *KG* FamRZ 1980, 1142; *E. Schneider* aaO; *Zöller-Philippi*[17] Rdnr. 14. – A.M. *OLG Hamburg* FamRZ 1980, 906; *OLG Köln* FamRZ 1986, 695.

fen⁴². Eine Ergänzung einer einstweiligen Anordnung entsprechend § 321 erweitert die Rechtsbehelfsmöglichkeiten nicht und ist auch als solche nicht anfechtbar⁴³. Im Einklang mit den allgemeinen Grundsätzen zur Einschränkung des Beschwerderechts gegenüber Entscheidungen im Prozeßkostenhilfeverfahren, wenn in der Hauptsache kein Rechtsmittel statthaft ist →Erl. § 127, kann auch gegen Verweigerungen von Prozeßkostenhilfe für einstweilige Anordnungen nicht Beschwerde mit dem Ziel einer anderen Würdigung der Erfolgsaussichten eingelegt werden⁴⁴, wohl aber mit anderen Gründen⁴⁵. Soweit eine Beschwerde auch im Prozeßkostenhilfeverfahren ausgeschlossen ist, gilt dies auch zu Lasten der Staatskasse⁴⁶.

VI. Das Beschwerdeverfahren

12   Da es sich um einstweilige Anordnungen innerhalb des Eheverfahrens und nicht um eine einstweilige Anordnung zugeordnet zu dem entsprechenden Folgeverfahren handelt, ist das in § 620c vorausgesetzte Rechtsmittel (»die« sofortige Beschwerde) dasjenige der ZPO.

Das Beschwerdeverfahren richtet sich daher nach → § 577. Die Einlegung der Beschwerde unterliegt nicht dem Anwaltszwang⁴⁷ → § 620a Rdnr. 5. Zwar können Beschwerden gegen amtsgerichtliche Entscheidungen auch von der Partei selbst eingelegt werden → § 78 Abs. 2 i.V.m. § 569 Abs. 2 S. 2. Die in § 608 getroffene Interessenwertung verlangt jedoch, daß man das Verfahren auch insoweit als ein landgerichtliches fingiert. Das einstweilige Anordnungsverfahren gehört zum Eheverfahren, so daß die Ausnahme des 2. Hs. der angegebenen Bestimmung nicht anwendbar ist⁴⁸. Wird die Beschwerde beim Familiengericht eingereicht, so muß sie von einem dort zugelassenen Anwalt unterzeichnet sein⁴⁹, der freilich auch weitere Schriftsätze einreichen kann⁵⁰. Wird sie beim Beschwerdegericht eingereicht, so muß sie die Unterschrift eines dort zugelassenen Anwalts tragen⁵¹. Eine beim Familiengericht von einem nur beim Beschwerdegericht zugelassenen Rechtsanwalt eingelegte Beschwerde wird jedoch zulässig, wenn sie innerhalb der Beschwerdefrist zum OLG weitergeleitet wird⁵² → § 569 Rdnr. 7. Soweit das Verschlechterungsverbot gilt → § 621e Rdnr. 12, ist auch eine Anschlußbeschwerde zulässig. Unabhängig vom Meinungsstreit zur Anwendbarkeit von § 572 Abs. 2 auf die sofortige Beschwerde → § 572 Rdnr. 4 ist § 620e auf jeden Fall Sondervorschrift⁵³.

Nur einer der Ehegatten ist anfechtungsberechtigt, nicht das Jugendamt⁵⁴ oder das Kind⁵⁵. Der sich beschwerende Ehegatte muß durch die angefochtene Entscheidung beschwert sein. Wie immer in der FG genügt aber auch eine materielle Beschwer, die freilich stets gegeben sein dürfte. Allerdings wird die Beschwer nicht geltend gemacht, wenn nur gegen eine

---

⁴² *OLG Karlsruhe* FamRZ 1989, 523 – Beschwerde zugelassen, aber für unbegründet erklärt in einem Fall, in dem durch Beschluß ein Verfahren der einstweiligen Verfügung als Verfahren der einstweiligen Anordnung weitergeführt worden war, nachdem sich herausgestellt hatte, daß zum Zeitpunkt der Antragstellung das Scheidungsverfahren schon anhängig war; h.M. – A.M. *Baumbach/Lauterbach/Albers*⁵¹ Rdnr. 4.
⁴³ *OLG Zweibrücken* FamRZ 1983, 621.
⁴⁴ *OLG Düsseldorf* FamRZ 1978, 258; *OLG Karlsruhe* FamRZ 1983, 1253; *OLG Schleswig* SchlHA 1985, 156.
⁴⁵ *OLG Schleswig* SchlHA 1982, 71; *OLG Frankfurt* FamRZ 1986, 926; *Zöller-Philippi*¹⁷ Rdnr. 15. – A.M. (auch dann keine Beschwerde) *OLG Hamm* FamRZ 1980, 386; *OLG Celle* FamRZ 1980, 175; *OLG Köln* FamRZ 1980. 1142; *OLG Zweibrücken* FamRZ 1985, 301; *OLG Düsseldorf* MDR 1987, 770; *OLG Hamburg* FamRZ 1988, 309; *OLG Koblenz* FamRZ 1988, 416; dass. FamRZ 1989, 200.

⁴⁶ *OLG Koblenz* FamRZ 1988, 416.
⁴⁷ *MünchKommZPO-Klauser* Rdnr. 20, § 620a Rdnr. 11. – A.M. *OLG Karlsruhe* FamRZ 1981, 379; *OLG Celle* FamRZ 1982, 321; *OLG Frankfurt* FamRZ 1983, 516.
⁴⁸ A.M. *OLG Hamm* FamRZ 1985, 1146.
⁴⁹ *OLG Bremen* FamRZ 1977, 399; *OLG Celle* FamRZ 1982, 321; *OLG Frankfurt* FamRZ 1983, 516; allg. M.
⁵⁰ *OLG Frankfurt* aaO.
⁵¹ *OLG Frankfurt* aaO, aber Wiedereinsetzung zulassend; unklar: *OLG Celle* aaO.
⁵² *OLG Celle* FamRZ 1982, 321.
⁵³ *Zöller-Philippi*¹⁷ Rdnr. 23.
⁵⁴ KG NJW 1979, 2251.
⁵⁵ *MünchKommZPO-Klauser* Rdnr. 18 A. – A.M. *Schwab-Maurer*² Rdnr. 960.

Nebenbestimmung vorgegangen wird, die dem in § 620c vorausgesetzten Hauptinhalt der Entscheidung nicht vergleichbar ist[56]. Halten das Kind selbst oder der Vormund des Kindes eine einstweilige Anordnung in Sorgerechtssachen für unglücklich, so müssen sie deren Änderung nach § 620b anregen[57].

Aussetzung der Vollziehung → § 620e. Der zwischenzeitliche Vollzug der Entscheidung läßt das Rechtsschutzbedürfnis für die Beschwerde nicht entfallen[58]. Im Zeitpunkt der Entscheidung über die Beschwerde brauchen die Voraussetzungen von § 620a Abs. 2 nicht mehr vorzuliegen[59].

Mit der Beschwerde kann, wie auch sonst, sowohl eine *anderweitige Beurteilung der Verhältnisse* erstrebt, wie deren *Änderung* geltend gemacht werden, § 570. In Kindesherausgabefällen kann die Beschwerde auch das Ziel verfolgen, das Kind abermals, nämlich jetzt an den Beschwerdeführer, herauszugeben[60]. An Anträge ist das Beschwerdegericht nur in dem Rahmen gebunden, wie eine Bindung an solche auch vor dem Familiengericht bestanden hat → § 620 Rdnr. 13. Vor dem Beschwerdegericht können nicht erstmals Anordnungen von der Art begehrt werden, wie sie im erstinstanzlichen Verfahren noch nicht beantragt waren[61]. War der ursprüngliche Antrag konkretisiert → § 620 Rdnr. 13 und war ihm voll entsprochen, so fehlt es dem Antragsteller durchaus nicht an der (materiellen) Beschwer. Eine Erweiterung der Anordnung würde aber die Geltendmachung dieser materiellen Beschwer nicht einschließen und kann daher nur durch Abänderungsantrag erstrebt werden → § 620b Rdnr. 1,2. Eine Änderung der Verhältnisse kann immer durch Abänderungsantrag geltend gemacht werden, der dem Anwaltszwang unterliegt → § 620b Rdnr. 5. In jedem Fall hat das Beschwerdegericht seiner Entscheidung die im Zeitpunkt ihres Erlasses bestehende Sach- und Rechtslage zugrundezulegen. Auch die ursprüngliche Unrichtigkeit der Entscheidung braucht nicht mit sofortiger Beschwerde, sie kann auch im Abänderungsverfahren geltend gemacht werden → § 620b Rdnr. 1. Der Natur der Sache entsprechend kommt eine Änderung der angegriffenen Entscheidung nur mit Wirkung für die Zukunft in Betracht. Ein Rechtsschutzbedürfnis für die Beschwerde kann zwar auch noch nach rechtskräftiger Entscheidung der Ehesache bestehen. Wenn bereits eine im Sinne von § 620f. »anderweitige« Regelung wirksam geworden oder die angefochtene Entscheidung sonst nach § 620f. außer Kraft getreten ist, ist nicht das Rechtsschutzbedürfnis für die Beschwerde entfallen. Manchmal kann es sehr zweifelhaft sein, ob eine Entscheidung außer Kraft getreten ist oder der Aufhebung bedarf. Dann sollte man der am Fortbestand desinteressierten Partei ein Wahlrecht einräumen, Beschwerde einzulegen[62]. Das Beschwerdegericht sollte gegebenenfalls aber nicht die Anordnung aufheben, sondern die Feststellung nach § 620f. Abs. 1 S. 2 trennen.

§ 620d [Begründungspflicht]

In den Fällen der §§ 620b, 620c sind die Anträge und die Beschwerde zu begründen; die Beschwerde muß innerhalb der Beschwerdefrist begründet werden. Das Gericht entscheidet durch begründeten Beschluß.

Gesetzesgeschichte: Rdnr. 1 ff. vor § 606 BGBl. 1986 I S. 301.

---

[56] *OLG Koblenz* FamRZ 1979, 938 – Auflage, in der vom Ehemann geräumten Wohnung keinen anderen Mann nächtigen zu lassen.
[57] A.M. *OLG Hamm* DAVorm 1985, 508 (Vormund beschwerdefähig).
[58] *KG* NJW 1970, 953 (ergangen im FG-Verfahren zum Fall der Anordnung der Herausgabe eines Kindes).
[59] *OLG Hamm* FamRZ 1982, 721.
[60] *OLG Düsseldorf* FamRZ 1980, 728 – ergangen im isolierten FG-Verfahren; *Zöller-Philippi*[17] Rdnr. 18. – A.M. *OLG Oldenburg* FamRZ 1978, 437.
[61] *OLG Köln* MDR 1972, 691.
[62] *OLG Hamm* FamRZ 1982, 721 f.

1   I. Die Vorschrift statuiert eine Begründungspflicht für Anträge und gerichtliche Entscheidungen nur in den genannten Fällen: bei Anträgen auf Änderung einer Entscheidung, aber auch, wenn lediglich nach § 620b Abs. 2 mündliche Verhandlung begehrt wird[1] → § 620b Rdnr. 2 und im Beschwerdeverfahren. Die Begründung muß die wesentlichen tatsächlichen und rechtlichen Grundlagen der Entscheidung erkennen lassen → § 329 Rdnr. 12. Für die Begründung von Anträgen und Beschwerden genügt die kurze Angabe der Gründe für einen Überprüfungswunsch[2]. Erkennbar muß auch sein, welche Änderung der Entscheidung erstrebt wird[3].

2   II. Aus § 620d ergibt sich im Gegenschluß, daß die Entscheidung des Gerichts, welche auf den erstmals gestellten Antrag ergeht, ebensowenig wie dieser selbst begründet zu werden braucht[4]. Auch daraus ergibt sich, daß das Gericht die Entscheidungsgrundlagen von Amts wegen zu ermitteln hat → § 620a Rdnr. 7 und nicht auf substantiierte Darlegungen der Parteien angewiesen ist. Doch kann das Gericht das Fehlen einer Antragsbegründung oder deren Lückenhaftigkeit als Indiz dafür werten, daß eine Anordnung nicht notwendig ist. Jedenfalls darf es von einer Anordnung absehen, wenn die Parteien auch auf Nachfrage keine näheren Erläuterungen zur Begründung ihrer Anträge geben. Das Fehlen einer Verpflichtung des Gerichts zur Entscheidungsbegründung ist in Anbetracht dessen, daß § 620b ein Nachverfahren eröffnet, das die Begründungspflicht auslöst, kein Verstoß gegen rechtsstaatliche Grundsätze → § 620a Rdnr. 5.

3   III. Die Beschwerdefrist ist § 577 zu entnehmen. Mit der Einfügung von Satz 1 Hs. 2 durch das UÄndG vom 20.2.1986 ist der Streit darüber, ob die Beschwerde innerhalb der Beschwerdefrist zu begründen ist, obsolet geworden. Die Beschwerdebegründung braucht nicht mit der Beschwerdeeinlegung verbunden zu sein, muß aber innerhalb der Beschwerdefrist nachgereicht werden[5]. Die Verspätung der Begründung macht die Beschwerde unzulässig.

§ 620e [Aussetzung des Vollzuges]

Das Gericht kann in den Fällen der §§ 620b, 620c vor seiner Entscheidung die Vollziehung einer einstweiligen Anordnung aussetzen.

Gesetzesgeschichte: Rdnr. 1ff. vor § 606.

1   I. Die prozessual → § 620a Rdnr. 10 sonst übliche Terminologie hätte lauten müssen, die Zwangsvollstreckung könne *einstweilen eingestellt* werden. Denn dies ist gemeint. Es erscheint unvorstellbar, daß dem Gericht nur die Wahl zusteht, entweder schlicht oder gar nicht einzustellen. Daraus, daß die Möglichkeiten von Bedingungen und Auflagen, insbesondere von Sicherheitsleistungen nicht erwähnt sind, muß man schließen, daß dem Gericht Ermessensfreiheit zusteht, anstatt der möglichen unbeschränkten Einstellung eine Einstellung unter Sicherheitsleistung oder unter sonstigen Kautelen anzuordnen[1]. Die Bekanntmachung erfolgt nach § 329 Abs. 1 S. 1 oder Abs. 2 S. 1.

---

[1] *OLG Düsseldorf* FamRZ 1978, 807.
[2] *OLG Düsseldorf* FamRZ 1978, 807.
[3] *Schwab-Maurer*[2] Rdnr. 943.
[4] *KG* FamRZ 1982, 1031; *Johannsen/Henrich/Sedemund-Treiber*[2] Rdnr. 3; *Gießler* Rdnr. 145. – A.M. *Zöller-Philippi*[17] Rdnr. 4; *Schwab-Maurer*[2] Rdnr. 924; *MünchKommZPO-Klauser* Rdnr. 5 – Begründungspflicht bei gegenläufigen Anträgen und Erstentscheidung aufgrund mündlicher Verhandlung.
[5] *OLG Celle* NJW 1978, 1635; *OLG Frankfurt* FamRZ 79, 60 kommen schon für das alte Recht auf der Basis einer postulierten Fristbindung für die Begründung zum selben Ergebnis.

[1] *Zöller-Philippi*[17] Rdnr. 3; *Schwab-Maurer*[2] Rdnr.

II. Zuständig ist das Familiengericht, in Fällen des § 620b Abs. 3 das OLG als Berufungsgericht, bei Beschwerdeeinlegung das OLG als Beschwerdegericht[2]. § 620e ist für die Zuständigkeit lex specialis zu §§ 572 Abs. 2 ZPO und 24 Abs. 2 FGG[3].

III. Die Aussetzung des Vollzugs ist sozusagen ein einstweiliger Rechtsschutz im Verfahren des einstweiligen Rechtsschutzes. Die Entscheidung kann auf Gegenvorstellung jederzeit aufgehoben oder abgeändert werden → § 707 III 2. Das formalisierte Abänderungsverfahren nach § 620b kommt aber ebensowenig in Betracht wie eine Beschwerde nach § 620c oder nach § 567 wegen § 572 Abs. 2[4].

§ 620f [Dauer der Anordnung]

(1) Die einstweilige Anordnung tritt beim Wirksamwerden einer anderweitigen Regelung sowie dann außer Kraft, wenn der Scheidungsantrag oder die Klage zurückgenommen wird oder rechtskräftig abgewiesen ist oder wenn das Eheverfahren nach § 619 in der Hauptsache als erledigt anzusehen ist. Auf Antrag ist dies durch Beschluß auszusprechen. Gegen die Entscheidung findet die sofortige Beschwerde statt.

(2) Zuständig für die Entscheidung nach Abs. 1 ist das Gericht, das die einstweilige Anordnung erlassen hat.

Gesetzesgeschichte: Vor § 606 Rdnr. 1 ff.; BGBl. 1986 I S. 301.

I. Allgemeines	1	2. Außerkrafttreten durch Wegfall der Ehesache	12
II. Außerkrafttreten einstweiliger Anordnungen	2	3. Abschließender Charakter der Regelung in Abs. 1	13
1. Außerkrafttreten bei Wirksamwerden einer anderweitigen Regelung		III. Verfahren zur Feststellung der Unwirksamkeit einstweiliger Anordnungen	
a) Elterliche Sorge	3	1. Der Feststellungsbeschluß zum Außerkrafttreten der einstweiligen Anordnung	14
b) Umgangsrecht	4		
c) Kindesherausgabe	5		
d) Kindesunterhalt	6	2. Rechtsmittel	15
e) Getrenntleben der Ehegatten	7	3. Kostenentscheidung	16
f) Ehegattenunterhalt	8	IV. Ausgleichsansprüche	17
g) Ehewohnung und Hausrat	9	1. Schadensersatz	
h) Sachen des persönlichen Gebrauchs	10	2. Ungerechtfertigte Bereicherung	18
i) Prozeßkostenvorschuß	11		

934; für die Sicherheitsleistung *Gießler* Rdnr. 254; *MünchKommZPO-Klauser* Rdnr. 3. – A.M. *Johannsen/Henrich/Sedemund-Treiber*[2] Rdnr. 3; *Thomas-Putzo*[18] Rdnr. 4.
[2] Nach *OLG Schleswig* JurBüro 1979, 128 soll aber für die Aussetzung der Vollziehung einer einstweiligen Anordnung auf Unterhalt für die Zeit des Scheidungsstreits nicht das Berufungsgericht, sondern das Amtsgericht (Familiengericht) zuständig sein, wenn die Scheidung selbst noch nicht angefochten ist, sondern nur die Folgesachen Sorgerecht und Unterhalt.

[3] *Zöller-Philippi*[17] Rdnr. 2, 4; *Johannsen/Henrich/Sedemund-Treiber*[2] Rdnr. 2.
[4] *OLG Hamburg* FamRZ 1990, 423; *KG* FamRZ 1981, 65; *OLG Hamm* FamRZ 1980, 174 f.; *OLG Köln* FamRZ 1983, 622 (wonach in sinngemäßer Anwendung des § 620e die Aussetzung der Vollziehung eines im Verfahren der einstweiligen Anordnung geschlossenen Vergleichs nicht anfechtbar sein soll; *Johannsen/Henrich/Sedemund-Treiber*[2] Rdnr. 4; *Zöller-Philippi*, Rdnr. 5 – allg. M.

I. Allgemeines[1]

1 Die Vorschrift enthält keine Bestimmung zur Frage, in welcher zeitlichen Dimension eine einstweilige Anordnung wirkt. Ihr kann in geeigneten Fällen durchaus *Rückwirkung* bis zu dem in § 620a Abs. 2 bezeichneten Zeitpunkt beigelegt werden → Rdnr. 8. Meist wird jedoch als frühester Zeitpunkt derjenige der Antragstellung in Betracht kommen[2].

Immerhin gibt die Vorschrift, wenn auch nur mittelbar, Anhaltspunkte zur Dauer einer einstweiligen Anordnung. In ihr kommt nämlich deutlich zum Ausdruck, daß eine solche normalerweise über die Rechtskraft des Urteils in der Ehesache hinaus bis zum »Wirksamwerden« einer anderweitigen Regelung in Kraft bleiben soll. Aus diesem Grunde ist die Tatsache dieser Rechtskraft allein keine Einwendung im Sinne von § 767 Abs. 2[3], auch wenn in der Begründung der Anordnung nur auf § 1361 BGB Bezug genommen war. Auch eine Anordnung zum Ehegattenunterhalt wirkt über die Rechtskraft des Urteils in der Ehesache hinaus[4], weil § 620 (»Unterhalt eines Ehegatten«) nicht zwischen Getrenntlebens- und nachehelichem Unterhalt unterscheidet[5]. Auf der anderen Seite kann das Gericht die Dauer der Wirkung einer einstweiligen Anordnung aber von vornherein abweichend von den normalerweise geltenden Grundsätzen bestimmen[6]. Dann können nach Ablauf der Wirkung der Anordnung neue Anordnungen ergehen, solange das Verfahren in der Ehesache noch rechtshängig ist.

Ein im einstweiligen Anordnungsverfahren zustandegekommener *Vergleich* ist im allgemeinen so auszulegen, daß er die gleiche Wirkungsdauer haben soll, wie die beantragte einstweilige Anordnung gehabt hätte[7]. Das zu → § 620b Rdnr. 2b Ausgeführte steht dem nicht entgegen. Bezüglich seines zeitlichen Wirkungsendes ist der Vergleich also wie eine Anordnung zu behandeln[8].

II. Außerkrafttreten einstweiliger Anordnungen

1. Außerkrafttreten bei Wirksamwerden einer anderweitigen Regelung

2 Die einstweilige Anordnung tritt außer Kraft bei *Wirksamwerden einer anderweitigen Regelung* inter partes, nicht etwa bei einer Gesetzesänderung[9]. Eine anderweitige Regelung ist in gewissem Sinne auch eine Abänderung nach § 620b. § 620f. hat aber endgültige Regelungen im Auge[10].

Soweit die Regelung durch *gerichtliche Entscheidung* getroffen werden muß, muß sie, wenn der andere Teil nicht aktiv wird, der am Außerkrafttreten der Anordnung interessierte Teil herbeiführen. Er kann den Gegner nicht dazu zwingen, dies zu tun → Rdnr. 13. Die

---

[1] Lit.: *Klauser* Abänderung von Unterhaltstiteln, DAVorm 1982, 125; *Braeuer* Das Schicksal der einstweiligen Anordnung nach der Scheidung, FamRZ 1984, 10ff.; *Gießler* Das Fortbestehen der einstweiligen Unterhaltsanordnung (§ 620 Nr. 4, 6) nach Erlaß eines Unterhaltsansprüche verneinenden Hauptsacheurteils, FamRZ 1987, 887; *Dörr* Zum Außerkrafttreten einstweiliger Unterhaltsanordnungen nach § 620f ZPO aufgrund einer »anderweitigen« Regelung, FamRZ 1988, 557ff.; *Kohler* Rückforderung aufgrund einstweiliger Anordnung gezahlten Ehegattenunterhalts, FamRZ 1988, 1005; *de With* Die negative Feststellungsklage um die einstweilige Anordnung zur Unterhaltsregelung nach Rechtskraft des Scheidungsurteils. Eine rechtspolitische Forderung, Erlanger FS Schwab (1990) 257ff.

[2] Zu apodiktisch in diesem Sinne aber *RG* JW 98, 586; *Mezger* MDR 1952, 87.

[3] *OLG Stuttgart* FamRZ 1981, 694; *OLG Bamberg* FamRZ 1983, 84 → § 620b Rdnr. 1.

[4] A.M. *OLG München* FamRZ 1981, 913.

[5] *BGH* FamRZ 1983, 356 = NJW 1330; heute allg. M. → Rdnr. 9.

[6] *OLG Düsseldorf* FamRZ 1978, 913; *OLG Bamberg* FamRZ 1982, 86; allg. M.

[7] *BGH* FamRZ 1983, 892; *OLG Bamberg* FamRZ 1984, 1119; *OLG Frankfurt* FamRZ 1983, 202; FamRZ 1989, 87; allg. M.

[8] *OLG Stuttgart* FamRZ 1982, 1033.

[9] *OLG Köln* FamRZ 1987, 957: Dann Abänderung nach § 620b nötig.

[10] A.M. *Maurer* FamRZ 1991, 886, 888.

Vorschrift verlangt nicht, daß eine anderweitige gerichtliche Entscheidung rechtskräftig ist. Sie muß nur »wirksam« sein.

In **ZPO-Sachen** erlangen gerichtliche Entscheidungen freilich grundsätzlich Verbindlichkeit unter den Parteien erst mit ihrer Rechtskraft, ob sie nun feststellender, gestaltender oder anordnender Natur sind. Auch im letzteren Falle führt eine eventuelle vorläufige Vollstreckbarkeit nicht zur bereits eintretenden Verbindlichkeit unter den Parteien. Es ist schwer vorstellbar, wie eine gerichtliche Entscheidung, die unter den Parteien nicht verbindlich ist, eine »wirksame« Regelung sein soll. Daher tritt eine einstweilige Anordnung nicht schon durch den bloßen Erlaß einer anderweitigen gerichtlichen Entscheidung außer Kraft[11]. Bei einer Notwendigkeit, negative Feststellungsklage zu erheben → Rdnr. 8, muß also auf jeden Fall die Rechtskraft des erstrebten Urteils abgewartet werden[12]. Das gleiche muß bei Urteilen gelten, die eingeklagte Unterhaltsansprüche[13] oder Rückzahlungsansprüche[14] abweisen.

2a

Es genügt aber auch nicht, wenn eine anderweitige gerichtliche Entscheidung *vorläufig vollstreckbar* ist[15]. Die Vollstreckungsbeschränkungen der vorläufigen Vollstreckbarkeit und die Instabilität der Entscheidung stehen dem entgegen. Unterhaltsregelungen müssen bis zum Inkrafttreten einer bestandskräftigen anderweitigen Regelung weitergelten, soweit nicht Grund zu einer direkten Abänderung besteht[16]. Es ist auch verkrampft und häufig in der Rechtsschutzintensität übertrieben, noch nicht rechtskräftige Unterhaltsurteile ohne Einschränkung für vollstreckbar zu erklären, nur um eine »anderweitige« und »wirksame« Regelung herbeizuführen oder gar nur um eine Titellücke auszufüllen[17], wenn sich die zeitliche Fortdauer der einstweiligen Anordnung unschwer verteidigen läßt. Dies ist aber gerade deshalb möglich, weil eine vorläufig vollstreckbare Entscheidung auch nicht »wirksamer« als eine einstweilige Anordnung ist. Beiden geht die Verbindlichkeit unter den Parteien ab. Bei genauem Zusehen ist die Wirkungsdichte der vorläufig vollstreckbaren »Endentscheidung« geringer als die der einstweiligen Anordnung, weil die Aufhebung der ersteren mit dem Risiko des § 717 Abs. 2 verbunden ist, einem Risiko, dem der Unterhaltsgläubiger nicht ausgesetzt ist, wenn er bis zur Rechtskraft des im ordentlichen Verfahren erstrittenen Unterhaltsurteils aus der einstweiligen Anordnung vollstrecken kann → Rdnr. 17. Es kann also der Rechtsgedanke des § 641 e entsprechend angewandt werden[18] → dort Rdnr. 4. Daher ist Rechtskraft einer anderweitigen Entscheidung praktisch doch Voraussetzung für das Unwirksamwerden einer einstweiligen Anordnung[19]. Der Richter kann jedoch bei Fällung einer Unterhaltsentscheidung im Verbund, die vor Rechtskraft der Ehesache nicht wirksam wird, gleichzeitig die einstweilige Anordnung zum Ehegattenunterhalt abändern. Im Klage- bzw. Klageabweisungsantrag kann unschwer auch der Antrag erblickt werden, die bereits einstweilige Anordnung entsprechend dem noch nicht rechtskräftigen Ergebnis des Hauptsacheprozesses abzuändern[20]. Nach Rechtskraft des Urteils in der Ehesache kann auch entspre-

---

[11] *Gießler* Rdnr. 557; *ders.* FamRZ 1987, 887; *Klauser* DAVorm 1982, 126, 138; h. M. s. die zahlreichen folgenden Belege. A.M. *OLG Karlsruhe* FamRZ 1982, 1221; FamRZ 1987, 608 (krit. *Gießler* 887).
[12] *BGH* NJW 1991, 705 = FamRZ 180 zustimmend *MünchKommZPO-Klauser* Rdnr. 16.
[13] *Zöller-Philippi*[17] Rdnr. 22; – A.M. *OLG Karlsruhe* aaO.
[14] *Gießler* aaO, *Klauser* aaO. – A.M. *OLG Karlsruhe* aaO.
[15] *OLG Frankfurt* FamRZ 1990, 767 = NJW RR 1991, 265; FamRZ 1982, 410. – A.M. *OLG Karlsruhe* aaO – soweit dies das Urteil weniger oder keinen Unterhalt zuerkennt (zust. *Walter* S. 219; *Zöller-Philippi*[17] Rdnr. 21 ff.); *OLG Hamm* FamRZ 1980, 708; *Luthin* FamRZ 1986, 1059; *Gießler* Rdnr. 557; *Klauser* DAVorm 1982, 138 – soweit ohne Sicherheitsleistung und ohne Abwendungs-

befugnis vorläufig vollstreckbar (mit dieser Einschränkung wohl auch *OLG Frankfurt* FamRZ 82, 410): In diesen Fällen kann aber die Zwangsvollstreckung aus der einstweiligen Anordnung durch das Gericht der Ehesache einstweilen eingestellt werden → § 620b Rdnr. 1; *OLG Hamburg* FamRZ 1984, 719; *MünchKommZPO-Klauser* Rdnr. 16 f.
[16] A.M. *Dörr* FamRZ 1988, 557 ff. – die hier aufgezeigten Konsequenzen bewußt in Kauf nehmend.
[17] So aber *Zöller-Philippi*[17] Rdnr. 21 a.
[18] Gegen die Vergleichbarkeit der Situationen *Dörr* FamRZ 1988, 557, 558.
[19] *OLG Schleswig* SchlHA 1981, 126 – Verbundurteil über nacheheliche Unterhalt.
[20] Siehe den Fall *OLG Koblenz* FamRZ 1985, 819, wo allem Anschein nach so vorgegangen wurde.

chend § 769 die Zwangsvollstreckung aus der einstweiligen Anordnung ganz oder teilweise eingestellt werden → § 620 b Rdnr. 1[21].

Soll die anderweitige Regelung in einer ausländischen Entscheidung bestehen, bedarf diese keines Vollstreckungsurteils nach § 722 f. bzw. der Vollstreckungsklausel nach Art. 31 EuGVÜ[22], da es nur um die Anerkennung der Verbindlichkeit der Tatbestandswirkung des ausländischen Urteils geht und nicht um seine Zwangsvollstreckung → § 722 Rdnr. 5.

2b In Fällen, wo die einstweilige Anordnung in den Bereich der *freiwilligen Gerichtsbarkeit* gehört, ist jede spätere Entscheidung eine »anderweitige wirksame« Regelung, weil Entscheidungen aus diesem Bereich bereits mit der Bekanntgabe an den Adressaten wirksam werden. Eine Ausnahme besteht nur bei Entscheidungen in Folgesachen, deren Wirksamwerden von der Rechtskraft der Entscheidung in der Ehesache abhängt.

2c Eine anderweitige Regelung braucht nicht durch gerichtliche Entscheidung getroffen zu werden. Es genügt auch eine *Vereinbarung der Parteien*. Diese ist materiell mit ihrem Zustandekommen »wirksam«. Sie braucht daher nicht mit einem Vollstreckungstitel verbunden zu sein. Eine vereinbarte anderweitige Regelung kann sich bereits auf die Zeit vor Rechtskraft des Urteils in der Ehesache beziehen, etwa wenn nach Erlaß einer einstweiligen Anordnung eine Unterhaltsvereinbarung zustandekommt, die auch diesen Zeitraum erfaßt.

2d Nur soweit sich die *Regelungszeiträume decken*, tritt die einstweilige Anordnung außer Kraft. So tritt eine Anordnung zum Ehegattenunterhalt nicht also etwa für die Zeit nach Rechtskraft des Scheidungsurteils außer Kraft, wenn das in der Hauptsache erstrittene Unterhaltsurteil nur die Zeit des Getrenntlebens erfaßt[23]. Ein auf §§ 1361a, 1361b BGB gestützter endgültiger Beschluß über Ehewohnung oder Hausrat betrifft die entsprechende einstweilige Anordnung für die Zeit nach Rechtskraft des Scheidungsurteils nicht[24] Bezüglich der Kosten des Verfahrens der einstweiligen Anordnung kann es nie zu einer »anderweitigen« Regelung kommen, wenn die Parteien nicht eine solche vereinbaren. Die *Kostenentscheidung* wird also von § 620f. in aller Regel nicht erfaßt[25]. Regelt die einstweilige Anordnung einen *Dauerzustand*, wozu auch fortlaufende Unterhaltsverpflichtungen gehören, so hängt es vom Inhalt der anderweitigen Regelung ab, ob sie nur für die Zeit von ihrem Wirksamwerden ab oder *auch für die Vergangenheit* Geltung beansprucht. Letzteres dürfte indes selten sein. Bezieht sich die anderweitige Regelung nicht auf die Vergangenheit, so kann wegen der für die Vergangenheit geschuldeten Leistungen noch vollstreckt werden.

So wie sich das Arrestpfandrecht nach Erstreitung eines auf Befriedigung gerichteten Titels zum Pfändungspfandrecht wandelt → § 930 Rdnr. 11, so muß man auch sagen, daß der *Rang von Pfändungsmaßnahmen*, die aufgrund der einstweiligen Anordnung ausgebracht worden sind, erhalten bleibt, wenn die »anderweitige« Regelung mit einem vollstreckbaren Titel versehen ist.

Im einzelnen gilt für die in § 620 aufgeführten Arten von Anordnungen folgendes:

3 a) Nr. 1 **(elterliche Sorge)**. Es kommt nur eine endgültige Regelung durch das Familiengericht in Betracht, die im Rahmen eines isolierten »anderen« Familienverfahrens (§ 621 Abs. 1 Nr. 1) oder im Zusammenhang mit einer Scheidung als Folgeentscheidung, die auch ohne Antrag möglich ist (§ 623 Abs. 3), ergehen kann. Wirksam wird die Entscheidung des Familiengerichts dann, wenn sie in einem isolierten Verfahren ergeht, mit der Bekanntgabe; wenn sie in einem Folgeverfahren zur Scheidung ergeht, erst mit deren Rechtskraft → § 629 d

---

[21] *OLG Frankfurt* FamRZ 1990, 767 = NJW RR 1991, 265.
[22] A.M. Voraufl.; *KG* FamRZ 1986, 822; *MünchKomm-ZPO-Klauser* Rdnr. 14 – inländische Vollstreckbarkeit voraussetzend.
[23] *OLG Karlsruhe* FamRZ 1988, 855.
[24] *LG Oldenburg* FamRZ 1979, 43 f.; *Maurer* FamRZ 1991, 889 mwn; *Johannsen/Henrich/Voelskow*[2] Rdnr. 3. – A.M. *MünchKomm/Müller-Gindullis* § 18a HausRV Rdnr. 78.
[25] A.M. *OLG Düsseldorf* FamRZ 1985, 1271.

Rdnr. 1. Das OLG als Beschwerdegericht kann aber auch wirksam gewordene Entscheidungen des Familiengerichts nach § 24 Abs. 4 FGG einstweilen außer Kraft setzen. Dann lebt die einstweilige Anordnung wieder auf[26]. Rückwirkend kann eine im Verfahren der FG vorgenommene Regelung nie geändert werden[27]. Schwebt ein Beschwerdeverfahren gegen eine nach § 1672 BGB getroffene Regelung, so erledigt es sich nach der Rechtsprechung, wenn mit dem Scheidungsurteil das nacheheliche Sorgerecht nicht geregelt ist, unter Aufrechterhaltung der erstinstanzlichen Entscheidung bis zu dessen Regelung[28] → § 628 Rdnr. 15a. Dies ist eine Notbehelfskonstruktion, um einen regelungslosen Interimszustand zu vermeiden. Daher muß in einer solchen Situation ein erstinstanzliches Verfahren fortgeführt werden, wenn es sich nicht sofort in ein solches nach § 1671 BGB überführen läßt.

b) Nr. 2 (**Umgangsrecht**). Es gilt das gleiche → Rdnr. 2 f. 4

c) Nr. 3 (**Kindesherausgabe**). Eine »anderweitige« Regelung kann nur darin bestehen, daß 5
in einer isolierten (§ 621) oder verbundenen (§ 623) Familiensache angeordnet wird, der Ehegatte, an den das Kind nach der einstweiligen Anordnung herauszugeben war, soll es seinerseits (an den anderen) Ehegatten wieder herausgeben. Hinsichtlich der Wirksamkeit der Entscheidung → Rdnr. 3. Eine Neuregelung des Personensorgerechts allein ist insoweit noch keine anderweitige Regelung, wird es aber dann, wenn sich das Kind wieder bei dem Elternteil befindet, dem das Sorgerecht zugesprochen worden ist. Hält sich das Kind ohne gerichtliche Entscheidung aufgrund einer Vereinbarung der Parteien wieder bei dem anderen Elternteil auf, so wird eine anderweitige Regelung durch das Familiengericht entbehrlich, weil der sorgeberechtigte Teil mit dem anderen Elternteil wirksame Vereinbarungen über den Aufenthalt des Kindes treffen kann.

d) Nr. 4 (**Unterhaltspflicht** gegenüber einem minderjährigen Kind). Wie beim Ehegatten- 6
unterhalt → Rdnr. 8 wirkt auch eine den Kindesunterhalt betreffende einstweilige Anordnung über die Rechtskraft des Scheidungsurteils hinaus. Inhaber von Anspruch und Vollstreckungsrecht wird mit Rechtskraft des Urteils in der Ehesache das Kind. Ihm ist die Vollstreckungsklausel zu erteilen → § 620a Rdnr. 10. Mit Volljährigkeit des Kindes erlischt die einstweilige Anordnung ebensowenig von selbst wie ein Unterhaltsurteil, das nicht zeitlich limitiert ist[29]. Im übrigen ist eine anderweitige Regelung wie beim Ehegattenunterhalt nur eine materiell rechtskräftige gerichtliche Entscheidung → Rdnr. 2, 3. Es genügt aber auch hier eine wirksame Unterhaltsvereinbarung. Zu beachten ist aber, daß diese nur in der Form eines Vergleichs (§ 1629 Abs. 3 BGB) durch die Eltern für das Kind wirksam getroffen werden kann, worunter man dem Sinnzusammenhang nach lediglich einen gerichtlichen Vergleich verstehen kann → § 617 Rdnr. 13–15. Andernfalls muß das Kind ordnungsgemäß gesetzlich vertreten sein. Leugnet der mit der einstweiligen Anordnung belastete Ehegatte das (Fort-)Bestehen des Unterhaltsanspruchs, so ist wie im Falle des Getrenntlebensunterhalts die negative Feststellungsklage der die Praxis beherrschende Rechtsbehelf[30]. Sie ist bei Minderjährigkeit des Kindes gegen die Eltern als Prozeßstandschafter zu richten. Im übrigen gelten die bei → Rdnr. 8 gemachten Ausführungen entsprechend.

e) Nr. 5 (**Getrenntleben der Ehegatten**). Eine anderweitige Regelung kann nur die rechts- 7
kräftige Entscheidung in der Ehesache selbst sein → § 620a Rdnr. 14.

f) Nr. 6 (**Unterhalt der Ehegatten**). Eine wirksame anderweitige Regelung kann eine mate- 8
riell rechtskräftige gerichtliche Entscheidung → Rdnr. 2 – auch über den schuldrechtlichen Versorgungsausgleich – oder eine wirksame Unterhaltsvereinbarung sein[31]. Das Gericht muß

---

[26] *Zöller-Philippi*[17] Rdnr. 20. A.M. *MünchKommZPO-Klauser* Rdnr. 12.
[27] *Brehm* Freiwillige Gerichtsbarkeit (1987), § 20 V 2c.
[28] *BGH* FamRZ 1988, 54, 55 = NJW RR 194.
[29] Dazu *BGH* FamRZ 1984, 682 = NJW 1613.
[30] *OLG Zweibrücken* FamRZ 1981, 190.
[31] *OLG Frankfurt* NJW RR 1991, 265; heute allg. M.

in seiner Erstanordnung zwar zwischen der Rechtslage vor und nach Rechtskraft des Scheidungsurteils differenzieren → § 620 Rdnr. 8. Hat es dies aber unterlassen, was in der Praxis häufig geschieht, so wirkt seine Anordnung dennoch über die Rechtskraft des Scheidungsurteils hinaus → Rdnr. 2 aE.

Für die Zeit bis zur Rechtskraft des Scheidungsurteils läuft meist parallel zur einstweiligen Anordnung zum Getrenntlebensunterhalt kein Hauptsacheprozeß[32]. Eine anderweitige Regelung im Sinne der Vorschrift ist dann vom Unterhaltsschuldner im Wege der *negativen Feststellungsklage* auch noch nach Rechtskraft der Scheidung zu suchen, wenn er glaubt, nicht zur Zahlung von Unterhalt oder zur Zahlung von weniger Unterhalt als die einstweilige Anordnung festgesetzt hat, verpflichtet zu sein[33]. Das gleiche gilt bezüglich des nachehelichen Unterhalts, wenn es im Verbund zu keiner Entscheidung hierüber kommt[34] → Rdnr. 14. Das Rechtsschutzbedürfnis für die negative Feststellungsklage fehlt nicht schon wegen des Erlasses der einstweiligen Anordnung[35]. Eine zwischenzeitliche Änderung der Verhältnisse braucht keinesfalls behauptet oder gar glaubhaft gemacht zu werden[36]. Werden sie nicht dargetan, dann kann aber der Klage unter Bezugnahme auf die Begründung der einstweiligen Anordnung die Erfolgsaussicht im Sinne von § 114 abgesprochen werden. Wird mehr verlangt, als in der einstweiligen Anordnung zugesprochen worden ist, so sind die §§ 1613, 1585b BGB zu beachten. Zuständig ist nicht das Gericht der Ehesache als solches[37].

Da einstweilige Anordnungen keine materielle Rechtskraft entfalten, ist auch eine *Klage auf Rückzahlung* zu viel geleisteten Unterhalts möglich, um zu einer »anderweitigen« Regelung zu kommen[38] → Rdnr. 18. Im Fall grob treuwidrig trotz Aufnahme eigener Erwerbstätigkeit empfangener Unterhaltsleistungen ist auch eine auf § 826 BGB gestützte Schadensersatzklage erfolgversprechend[39] Ist jedoch auch für die Zukunft eine anderweitige Regelung nötig, so muß die Rückforderungsklage (wegen der geleisteten Unterhaltsbeträge) mit der negativen Feststellungsklage (wegen der noch nicht geleisteten, insbesondere der zukünftig fällig werdenden) verbunden werden[40].

Negative Feststellungsklage und Rückforderungsklage können als *Stufenklagen* betrieben werden[41].

Ist Unterhalt noch nicht bezahlt, so kann die negative Feststellungsklage sich auch auf den *Zeitraum vor ihrer Erhebung* beziehen[42]. Prozessual ist die mögliche Rückwirkung der negativen Feststellungsklage auch nicht auf den Zeitraum beschränkt, zu dem der Unterhaltsschuldner zum Verzicht auf seine Rechte aus der einstweiligen Anordnung aufgefordert wurde[43]. Jedoch kann der Rückforderungsanspruch materiellrechtlich verwirkt sein. Ein vergeblicher Versuch des Schuldners, die vorherige Aufhebung der einstweiligen Anordnung zu erreichen, ist nicht Zulässigkeitsvoraussetzung der negativen Feststellungs- oder der Rückforderungsklage[44]. Sie ist auch nicht mutwillig im Sinne von § 114, wenn gleichzeitig ein Antrag nach § 620b Abs. 2 gestellt wird[45].

---

[32] Andernfalls ist die dort, evtl. auch außerhalb des Verbundverfahrens erstrittene Entscheidung mit ihrer Rechtskraft natürlich eine anderweitige Regelung: KG FamRZ 1985, 722.
[33] OLG Bremen FamRZ 1984, 70; allg. M.
[34] BGH NJW 1991, 705 = FamRZ 180; FamRZ 1983, 356 = NJW 1330; FamRZ 1984, 356; FamRZ 1985, 51; heute allg. M. Erfordernis der Rechtskraft → Rdnr. 2.
[35] KG FamRZ 1985, 951; KG FamRZ 1987, 840; OLG Koblenz FamRZ 1983, 1148; OLG Düsseldorf FamRZ 1992, 337; allg. M.
[36] hM. z. B. OLG Hamm FamRZ 1984, 297. Abl. *Braeuer*.
[37] OLG Frankfurt FamRZ 1982, 719.
[38] BGH FamRZ 1984, 768 = NJW 2095. Zust. *Luthin* FamRZ 1986, 1060; OLG Hamburg FamRZ 1985, 951.
[39] BGH FamRZ 1986, 450 = NJW 1751.
[40] *Luthin* FamRZ 1986, 1059.
[41] OLG Frankfurt FamRZ 1987, 175.
[42] OLG Hamm NJW RR 1991, 134; OLG Karlsruhe FamRZ 1980, 608; OLG Schleswig SchlHA 1982, 196.
[43] BGH FamRZ 1989, 850; NJW 1987, 893, st. Rspr. OLG Schleswig SchlHA 1982, 196; OLG München FamRZ 1985, 410; OLG Düsseldorf FamRZ 1985, 1147; OLG Hamm FamRZ 1988, 1056. – A.M. OLG Düsseldorf FamRZ 1985, 86; OLG Bamberg FamRZ 1988, 525; OLG Oldenburg FamRZ 1989, 633; AG Hamburg FamRZ 1991, 208; OLG Karlsruhe aaO.
[44] OLG Saarbrücken FamRZ 1982, 277. – A.M. OLG Frankfurt FamRZ 1979, 730.
[45] OLG Köln FamRZ 1984, 717.

Zur Möglichkeit von Vollstreckungsgegenklage sowie der einstweiligen Einstellung der Zwangsvollstreckung aus der Anordnung → § 620b Rdnr. 1, 2a. Auch soweit man Vollstreckungsgegenklage gegen einstweilige Anordnungen zuläßt, führt sie nicht zu einer »anderweitigen Regelung«[46], weil sie generell nicht zu einer rechtskräftigen Feststellung des Nichtmehrbestehens des bekämpften Anspruchs führt → § 767 Rdnr. 3 ff. Auch die Abweisung einer Unterhaltsklage oder negativen Feststellungsklage als unzulässig ist keine anderweitige Regelung[47]. Nach Rechtskraft der Scheidung ist zwar Abänderungsklage nach § 323 möglich[48], jedoch wegen Abs. 3 und der Bindung an die Grundlagen der abzuändernden Entscheidung kaum je zweckmäßig.

g) Nr. 7 (**Ehewohnung und Hausrat**). Eine anderweitige Regelung kann für die Zeit bis zur Rechtskraft des Urteils im Eheverfahren durch anderweitige Vereinbarung der Parteien zustandekommen[49] → § 620a Rdnr. 14. Für die Zeit nach Rechtskraft ist eine anderweitige gerichtliche Regelung speziell der *Benutzung* von Ehewohnung und Hausrat recht häufig, aber durchaus nicht die einzige Möglichkeit einer anderweitigen »Regelung«. Meist werden nämlich die *Eigentums-* und sonstigen Rechtsinhaberverhältnisse geregelt. Auch dies ist aber nach dem Sinn der Vorschrift eine »anderweitige« Regelung. Im Falle einer als Folgesache mit dem Eheverfahren verbundenen Entscheidung wird die Neuregelung erst mit der Rechtskraft der Entscheidung in der Ehesache wirksam → § 629d. Nach § 16 Abs. 1 HausrVO wird zudem sowohl im isolierten Verfahren vor dem Familiengericht als auch im Verbundverfahren die Neuregelung erst mit ihrer eigenen Rechtskraft wirksam. 9

Ist während des Scheidungsverfahrens nach §§ 1361a, 1361b BGB, also in einem isolierten Hauptsacheverfahren, aber beschränkt auf die Zeit des Getrenntlebens eine Regelung getroffen worden, so handelt es sich zwar insoweit um eine anderweitige Regelung. Sie wirkt jedoch nicht über den Zeitpunkt der Rechtskraft des Scheidungsurteils hinaus[50]. Eine zuvor ergangene Anordnung nach § 620 Abs. 1 Nr. 7 bleibt daher für die Zeit nach Rechtskraft der Scheidung auch dann bestehen.

h) Nr. 8 (**Herausgabe und Benutzung von Sachen zum persönlichen Gebrauch**). Hinsichtlich der Herausgabeanordnung ist außer einer Vereinbarung der Parteien nur ein endgültig vollstreckbares Urteil oder eine rechtskräftige Eigentumsfeststellung → Rdnr. 2 → § 620a Rdnr. 14 denkbar. Wegen der Benutzungsregelung → § 620a Rdnr. 14 kennt das Gesetz keinerlei Grundlage mehr für einen Benutzungsanspruch des anderen, inzwischen geschiedenen Ehegatten. Die Anordnung endet daher zu diesem Zeitpunkt. Sollten es die Ehegatten tatsächlich auf ein Verfahren zu einer »endgültigen Entscheidung« wegen einer dem persönlichen Gebrauch des Kindes dienenden Gegenstand ankommen lassen, so ist § 618a BGB eine geeignete Rechtsgrundlage, wobei »Beistand« im Sinne dieser Vorschrift auch die geschiedenen Elternteile im Kindesinteresse sich untereinander schulden[51]. 10

i) Nr. 9 (**Prozeßkostenvorschuß**). Nach der Rechtsprechung des *BGH*[52] tritt eine Rückzahlungspflicht erst ein, wenn sich die Verhältnisse des vorschußberechtigten Ehegatten gebessert haben. Die Kostenentscheidung in dem Rechtsstreit, den der vorschußberechtigte Ehegatte geführt hat, insbesondere in seinem Scheidungsprozeß mit dem Vorschußverpflichteten, kann man daher nicht als anderweitige Entscheidung über die Erstattungspflicht betrach- 11

---

[46] *OLG Hamm* FamRZ 1980, 277, 1043; *OLG Düsseldorf* FamRZ 1980, 1044, 1046f.; *OLG Karlsruhe* FamRZ 1980, 608; *OLG München* FamRZ 1981, 912, 914; *OLG Bamberg* Rpfleger 82, 386.
[47] *OLG München* FamRZ 1987, 610.
[48] *OLG Frankfurt* FamRZ 1980, 176 → § 620b Rdnr. 1. – A.M. *OLG Koblenz* FamRZ 1985, 819.
[49] *MünchKomm-ZPO-Klauser* Rdnr. 26.

[50] *LG Oldenburg* FamRZ 1979, 43; *Maurer* FamRZ 1991, 886, 889, 891; *Rolland*[2] Rdnr. 2; *Johannsen/Henrich/Voelskow*[2] Rdnr. 3. h.M. – A.M. *MünchKomm-Müller-Gindullis* § 18 HausrVO Rdnr. 7.
[51] Das Fehlen einer Rechtsgrundlage bedauernd und rechtspolitische Vorschläge machend *Peschel-Gutzeit* MDR 1984, 890.
[52] NJW 1971, 1262.

ten⁵³. Ein Scheidungsvergleich, der sich über die Kosten des Scheidungsverfahrens ausspricht, ist aber eine anderweitige Regelung⁵⁴. Als anderweitige Regelung ist im übrigen nur eine endgültig vollstreckbare Entscheidung aus einem neuen (»Rückzahlungs«)-Prozeß oder eine aus negativer Feststellung ergangene rechtskräftige Entscheidung⁵⁵ anzusprechen. Bis zu diesem Zeitpunkt kann aus einer einstweiligen Anordnung noch vollstreckt werden⁵⁶. Nach Rechtskraft des Scheidungsurteils kann aber das im Wege der negativen Feststellungsklage angegangene Gericht die Zwangsvollstrekung einstweilen einstellen → § 620b Rdnr. 1. Ein vorhergehender Versuch, eine Abänderung der Anordnung zu erreichen, ist für die Hauptsacheklage nicht Zulässigkeitsvoraussetzung⁵⁷. Natürlich ist das Gericht im ordentlichen Verfahren nicht an das gebunden, was das Familiengericht bei Erlaß der einstweiligen Anordnung zu den Voraussetzungen der Vorschußpflicht angenommen hat⁵⁸.

2. Außerkrafttreten durch Wegfall der Ehesache

12 Eine einstweilige Anordnung tritt *weiter außer Kraft*, wenn und von dem Zeitpunkt an, zu dem der Scheidungsantrag oder die das Eheverfahren auslösende Klage rechtskräftig abgewiesen worden ist, die Rechtshängigkeit sonst ohne Sachentscheidung geendet hat⁵⁹ (unter Umständen also erst mit wirksamer Erklärung der Zustimmung des anderen Ehegatten zur Rücknahme des Scheidungsantrags), wenn die einstweilige Anordnung nach Einreichung eines Prozeßkostenhilfeantrags ohne Anhängigwerden der Ehesache ergangen ist und der Antrag zurückgewiesen worden ist⁶⁰ oder wenn sonst die im Vorfeld der Begründung der Anhängigkeit der Ehesache eingeleitete Initiative sich erledigt hat⁶¹. Ist mit dem Prozeßkostenhilfeantrag schon die Ehesache anhängig geworden, so bleibt diese nach Erledigung des ersteren anhängig. Es muß dann die Aufhebung einer einstweiligen Anordnung ausdrücklich begehrt werden, wenn das Eheverfahren nicht weiterbetrieben wird. Das gleiche gilt im Falle des Ruhens oder Nichtweiterbetreibens des Rechtsstreits⁶². Nach dem Tode eines Ehegatten erlischt die einstweilige Sorgerechtsanordnung. Das Sorgerecht geht auf den anderen Ehegatten über. § 1681 Abs. 1 S. 2 BGB ist nicht anwendbar⁶³.

3. Abschließender Charakter der Regelung in Absatz 1

13 Die in § 620f. angegebenen Gründe für ein Außerkrafttreten der einstweiligen Anordnung sind abschließend gemeint. Dem Antragsteller in entsprechender Anwendung von §§ 926, 936 eine Frist zur Erhebung der Hauptsacheklage setzen zu lassen, sollte aber ernsthaft erwogen werden⁶⁴.

---

⁵³ *BGH* FamRZ 1985, 802 = NJW 2263; *OLG Düsseldorf* FamRZ 1980, 815; FamRZ 1981, 295; *OLG Nürnberg* NJW 1980, 349; *MünchKomm-ZPO-Klauser* Rdnr. 22; heute allg. M.
⁵⁴ *OLG Köln* FamRZ 1978, 912.
⁵⁵ *BGH* FamRZ 1979, 471; FamRZ 1980, 131; *OLG Frankfurt* F 81, 65; *KG* IPRax 88, 234, 235.
⁵⁶ *BGH* 90, 318; NJW 1990, 1476. – A.M. Olzen JR 90, !!.
⁵⁷ *OLG Frankfurt* FamRZ 1981, 65.
⁵⁸ *Leipold* (§ 620 Note 1) 158.
⁵⁹ *OLG Frankfurt* FamRZ 1983, 202.

⁶⁰ *OLG Hamm* FamRZ 1982, 721; *OLG Stuttgart* FamRZ 1984, 720;*MünchKommZPO-Klauser* Rdnr. 7 mN zur Gegenansicht. – A.M. *OLG Schleswig* SchlHA 1982, 137.
⁶¹ H.M. – Für die beiden letzteren Fälle a.M. *OLG Düsseldorf* FamRZ 1985, 1271; *Schwab-Maurer*² Rdnr. 967 – dann Änderung nach § 620b einziger Weg.
⁶² H.M. – A.M. *Köhler* Unterhaltsrecht⁷ Rdnr. 346.
⁶³ *Zöller-Philippi*¹⁷ Rdnr. 7.
⁶⁴ So mit Recht *Braeuer* FamRZ 1984, 10 ff. – als Alternative zur BGH-Lösung der negativen Feststellungsklage empfohlen; *Luthin* FamRZ 1986, 1059.

III. Verfahren zur Feststellung der Unwirksamkeit einstweiliger Anordnungen

1. Der Feststellungsbeschluß zum Außerkrafttreten der einstweiligen Anordnung

Nicht immer liegt klar zutage, ob eine einstweilige Anordnung ihre Wirkung verloren hat oder nicht. Den Vollstreckungsorganen ist es unzumutbar, diese Frage zu überprüfen. Daher kann jede interessierte Partei einen Beschluß des Gerichts herbeiführen, in dem festgestellt wird, daß die einstweilige Anordnung ihre Wirksamkeit verloren hat. Das Verfahren folgt den zu → § 620a dort Rdnr. 7 entwickelten Grundsätzen. Die Zuständigkeit ist jetzt in Abs. 2 ausdrücklich geregelt. Im Beschluß ist genau zu bezeichnen, für welche zeitliche und quantitative Dimension die einstweilige Anordnung außer Kraft getreten ist[65], wenn nicht ohnehin evident ist, daß die Anordnung gänzlich obsolet geworden ist. Wird auf negative Feststellungsklage hin konstatiert, daß ein geringerer Betrag geschuldet wird, als in der einstweiligen Anordnung zugrundegelegt wurde, so entfällt die einstweilige Anordnung insgesamt[66]. Daß der Unterhaltsgläubiger jetzt keinen Titel mehr hat, muß genauso hingenommen werden wie in dem Fall, in dem er sich mit einer nicht titulierten Vereinbarung begnügt hat. Er hätte ja gegen die negative Feststellungsklage mit der Zahlungsklage kontern können[67]. Darüber, welche weiteren Folgen das Außerkrafttreten der Anordnung hat, etwa im Bezug auf bereits durch Pfändung eingeleitete Zwangsvollstreckungsmaßnahmen, braucht sich das Gericht nicht auszusprechen[68] → Rdnr. 2 a.E. Der Beschluß ist aber zur Vorlage nach § 775 Nr. 1 geeignet[69]. Keinesfalls bedarf es zur Geltendmachung des Außerkraftsetzens der einstweiligen Anordnung einer Vollstreckungsgegenklage. Für eine solche oder eine Klage auf Feststellung des Außerkrafttretens der einstweiligen Anordnung fehlt es am Rechtsschutzbedürfnis, weil der Weg über § 620f. Abs. 1 S. 2 der wesentlich einfachere ist[70]. Auch wenn zweifelhaft ist, ob eine Gerichtsentscheidung oder Parteivereinbarung eine anderweitige Regelung im Sinne von § 620f. ist, hat das Verfahren nach § 620 Abs. 1 S. 2 Vorrang vor der Hauptsacheklage auf Feststellung[71].

Wenn ein Rechtsschutzbedürfnis besteht, insbesondere bei ernsthaften Zweifeln über den Fortbestand der Anordnung, kann auch ein positiver Feststellungsbeschluß ergehen.

In Analogie zu § 775 Nr. 1 → dort Rdnr. 8 kann eine Erneuerung gegen die Fortsetzung der Zwangsvollstreckung erst nach Erwirkung eines Feststellungsbeschlusses nach Abs. 1 S. 2 auf das Außerkrafttreten der Anordnung gestützt werden[72].

2. Rechtsmittel

Sofortige Beschwerde ist zulässig, gleich ob dem Antrag ganz oder teilweise oder gar nicht stattgegeben wurde. Hat das OLG die Feststellung getroffen, so ist nach § 567 Abs. 3 eine Beschwerde nicht statthaft.

---

[65] *OLG Hamburg* FamRZ 1985, 624.
[66] *Braeuer* FamRZ 1984, 10 – dies als Argument gegen die BGH-Lösung der negativen Feststellungsklage gebrauchend.
[67] Für nur teilweises Außerkrafttreten der einstweiligen Anordnung *BGH* FamRZ 1983, 356 = NJW 1330; *Hassold* FamRZ 1981, 1035, 1039;*MünchKommZPO-Klauser* Rdnr. 33.
[68] *OLG Frankfurt* FamRZ 1989, 766.
[69] *OLG Zweibrücken* FamRZ 1985, 1150.
[70] *OLG Düsseldorf* FamRZ 1991, 721; *OLG Koblenz* FamRZ 1981, 1092ff.;*MünchKommZPO-Klauser* Rdnr. 34.
[71] *OLG Zweibrücken* FamRZ 1985, 1150; *Zöller-Philippi*[17] Rdnr. 29.
[72] A.M. *OLG Düsseldorf* FamRZ 1978, 913f.; *OLG Bamberg* FamRZ 1982, 86.

3. Kostenentscheidung

16 Eine *Kostenentscheidung* enthält der Klarstellungsbeschluß nach Abs. 2 nicht. Die Kosten gehören zum Anordnungsverfahren und daher zur Ehesache → § 620g. Nur wenn keine Entscheidung in der Ehesache mehr ansteht, ist zu prüfen, ob Kosten entstanden sein können (was meist nicht der Fall ist). Dann ist eine selbständige Kostenentscheidung unvermeidlich.

IV. Ausgleichsansprüche

1. Schadensersatz

17 § 945 oder § 717 Abs. 2 gelten weder unmittelbar noch entsprechend[73] → § 620a Rdnr. 13. Eine Regelungslücke besteht nicht. Der Gesetzgeber wollte wegen der besonderen Gestalt des einstweiligen Rechtsschutzes in Ehesachen das Risiko der antragenden Partei kleiner halten, als es sich bei einstweiligen Verfügungen einstellt. Eine *Schadenersatzpflicht* besteht daher nur in dem seltenen Falle, in welchem die Erwirkung einer einstweiligen Anordnung den Tatbestand einer unerlaubten Handlung erfüllt. Dies kann gegebenenfalls inzident – also ohne daß die einstweilige Anordnung förmlich aufgehoben werden müßte – festgestellt werden, weil materielle Rechtskraftwirkung einstweiligen Anordnungen nicht zukommt → § 620b Rdnr. 2.

2. Ungerechtfertigte Bereicherung

18 Unterhaltsleistungen, die sich als materiell nicht geschuldet erweisen, können nach den Vorschriften über *ungerechtfertigte Bereicherung* zurückverlangt werden. Auch insoweit kommt es nicht darauf an, ob die einstweilige Anordnung für die fragliche Zeit aufgehoben worden ist oder nicht[74]. Für jeden Hauptsacheprozeß, also auch für die Geltendmachung des Bereicherungsanspruchs im ordentlichen Verfahren → § 620a Rdnr. 14, geht von einstweiligen Anordnungen keine materielle Rechtskraft aus. Die verschärfte Haftung nach § 818 Abs. 4 BGB tritt erst mit der Rechtshängigkeit der Rückforderungsklage, noch nicht mit jener der negativen Feststellungsklage ein[75]. Manche wollen § 820 BGB entsprechend anwenden[76].

3. Sondersituationen

19 a) Ist die Überlassung von Gegenständen zur Benutzung angeordnet, so wirkt dies für die Zeit, bis zu der die Anordnung bestanden hat → Rdnr. 9, 10 endgültig, also ohne daß Ausgleichsansprüche in Betracht kämen → § 620a Rdnr. 14.

20 b) Dazu, wann ein geleisteter Prozeßkostenvorschuß zurückverlangt werden kann, siehe die Erläuterungswerke zu §§ 1360a Abs. 4 BGB → Rdnr. 11 → § 620a Rdnr. 14.

---

[73] *BGH* FamRZ 1984, 767 = NJW 2095; *ders.* FamRZ 1989, 850; *OLG Oldenburg* NdsRspr 84, 119; *Münch-Komm-ZPO-Klauser* Rdnr. 54. – A.M. *Zöller-Philippi*[17] Rdnr. 25; *Olzen* FamRZ 1986, 69 ff.; *Dietzen* 1988, 349 ff.; *Kohler* FamRZ 1988, 1006; *AG Viersen* FamRZ 1984, 300 (aber ohne Auseinandersetzung mit anders lautenden Stimmen).

[74] *Leipold* (§ 620 Fn. 1) 154; heute wohl allg. M.
[75] *BGH* FamRZ 1985, 368 = NJW 1074. – A.M., aber überholt, *OLG München* FamRZ 1983, 1043.
[76] *Zöller-Philippi*[17] Rdnr. 26; *Kohler* FamRZ 1988, 1005; *ders.* ZZP 99 (1986) 44 ff.

§ 620 g [Kosten]

Die im Verfahren der einstweiligen Anordnung entstehenden Kosten gelten für die Kostenentscheidung als Teil der Kosten der Hauptsache; § 96 gilt entsprechend.

Gesetzesgeschichte: Rdnr. 1 ff. Vor § 606.

I. Die Bestimmung setzt voraus, daß für das Anordnungsverfahren besondere Kosten entstehen. Dies ist nach § 41 BRAGO und Nr. 1161 des Kostenverzeichnisses zum GKG in der Tat regelmäßig der Fall. Gleichwohl soll im allgemeinen eine Entscheidung über einen Antrag auf Erlaß einer einstweiligen Anordnung keine selbständige Kostenentscheidung enthalten. Die im Urteil in der Ehesache getroffene Kostenregelung deckt auch die Kosten des Anordnungsverfahrens. Ohne Rücksicht auf dessen Ausgang und die Zahl von dessen Instanzenzügen ist also die in der Ehesache selbst ausgesprochene Kostenregelung maßgebend, wenn das Gericht nicht von § 96 Gebrauch macht[1]. Ist irrtümlich eine eigene Kostenentscheidung gefällt worden (ohne daß die Voraussetzungen von § 96 vorgelegen hätten), so ist diese zwar unanfechtbar. Die Kostenentscheidung in der Ehesache hat dennoch Vorrang[2] und muß gegebenenfalls abgewartet werden[3]. Die Rechtfertigung hierfür fand sich schon nach altem Recht in der Überlegung, daß im Anordnungsverfahren nur eine summarische Aufklärung geleistet werden kann und der letztlich aufgrund eingehender Sachprüfung unterlegene Teil auch für die Kosten des Anordnungsverfahrens geradezustehen hat. Das betont auf Billigkeitsgesichtspunkte abstellende Kostenrecht von § 93 a verdient umso mehr auch Anwendung im Anordnungsverfahren.

II. Indes wäre es nicht selten unbillig, den unterlegenen Teil oder den nach § 93 a sonst für die Kosten mithaftenden Teil auch für solche Kosten heranzuziehen, die durch einen prozessual oder in der Sache[4] erfolglosen Anordnungsantrag des anderen Teils entstanden sind. Solche Kosten können in entsprechender Anwendung von § 96 ausgeschieden und dem erfolglosen Antragsteller auferlegt werden. Das Quotelungsprinzip ist hierbei aber zu beachten, wenn Kosten nur teilweise gesondert auferlegt werden sollen[5]. Soll von § 96 nur bezüglich eines von mehreren Anordnungsverfahren Gebrauch gemacht werden, so muß gleichwohl eine sämtliche Anordnungsverfahren ergreifende einheitliche Kostenentscheidung ergehen. Dies ist durch Nr. 1161 Kostenverzeichnis zum GKG und § 41 Abs. 1 S. 2 BRAGO bedingt[6]. Bei der Quotelung ist dann darauf Rücksicht zu nehmen, wie sich der abgewiesene Antrag im Verhältnis zum Gesamtvolumen der Anordnungsverfahren verhält. Für die Ausübung des gerichtlichen Ermessens sollte entscheidend sein, ob der die Ablehnung des Antrags tragende Grund im weiteren Verfahren bestätigt wurde (dann Kostentrennung) oder nicht[7]. Wenig sachgerecht ist es[8], die Ausübung des Ermessens auf Fälle unzulässiger oder offensichtlich unbegründeter Anträge zu beschränken[9] oder bei unzulässigen Anträgen immer § 96 anzuwenden[10].

---

[1] *OLG München* MDR 1989, 462 – außer Betracht bleiben natürlich die in der Ehesache einem Berufungsführer nach § 97 Abs. 2 gesondert auferlegten Kosten.
[2] *OLG Frankfurt* FamRZ 1980, 387 Nr. 225.
[3] *KG* MDR 1982, 328.
[4] So mit Recht ausdrücklich betonend *OLG Hamm* NJW 1971, 2079; vgl. auch *MünchKomm-ZPO-Klauser* Rdnr. 6 mit Fn. 11.
[5] *OLG Schleswig* SchlHA 1979, 52.
[6] *Zöller-Philippi*[17] Rdnr. 5.
[7] *Schneider* MDR 1970, 804; *Crispin* MDR 1971, 444.
[8] Zweifelnd wohl auch *MünchKomm-ZPO-Klauser* Rdnr. 6 – auf die Erkenntnismöglichkeit des Antragstellers abstellend und (Fn. 13) Ausnahmen zulassend.
[9] AM. *Zöller-Philippi*[17] Rdnr. 4. Dagegen auch *OLG Hamm* aaO.
[10] So *OLG Karlsruhe* FamRZ 1990, 766.

3   III. Die Vorschrift ist im allgemeinen auch anzuwenden, wenn ein Antrag unzulässig ist[11], zurückgenommen wurde[12] oder sich in der »Hauptsache« erledigt hat[13].
Nichts anderes gilt, wenn im Anordnungsverfahren ein *Vergleich* geschlossen wird[14], ohne daß dieser eine eigenständige Kostenregelung enthält. Auch dann, wenn der Vergleich Regelungen enthält, die über den Gegenstand des Verfahrens der einstweiligen Anordnung hinausgehen, ist es nicht nötig, immer § 98 anzuwenden[15]. Im allgemeinen unterfallen auch dann die Kosten des Verfahrens der einstweiligen Anordnung der Kostenentscheidung für die Ehesache. Das Gericht kann aber den Gedanken, der im zweiten Halbsatz der Vorschrift durch Verweisung auf § 96 Ausdruck erhalten hat, auch in der Weise anwenden, daß es in Anlehnung an § 98 ausspricht, die Kosten für das Verfahren der einstweiligen Anordnung seien gegeneinander aufgehoben.

4   IV. Eine selbständige Kostenentscheidung ist jedoch unvermeidlich, wenn eine Kostenentscheidung in der Ehesache nicht (mehr) ergehen kann, etwa weil die Klage niemals rechtshängig geworden ist[16] → § 620a Rdnr. 1. Eine Unterlassung einer solchen Kostenentscheidung kann nicht mit der Beschwerde[17] und nur dann über § 321 gerügt werden, wenn das Gericht eine Kostenentscheidung versehentlich unterlassen hat. Jedoch kann im Wege der Abänderung nach § 620b die Kostenentscheidung nachgeholt werden[18]. Materiell richtet sich die Kostenentscheidung in dieser Situation nach § 93a.
In den Ausnahmefällen, in denen die einstweilige Anordnung nach Erlaß des die Kostenentscheidung enthaltenden Urteils ergeht – »zwischen den Instanzen«, während der Revisionsinstanz oder nach Rechtskraft der Entscheidung im Eheverfahren → § 620a Rdnr. 2 – gilt aber nichts besonderes. Der Umstand, daß die Anordnung der Kostenentscheidung zeitlich nachfolgt, ist kein Hinderungsgrund dafür, die Kosten des Anordnungsverfahrens als der der Entscheidung in der Ehesache beigegebenen Kostenentscheidung unterfallend anzusehen[19]. Wird der in der Hauptsache siegreiche Teil mit dem nachträglichen Antrag auf Erlaß der Anordnung abgewiesen, so wird man dem Gegner aber die Möglichkeit zubilligen müssen, eine Ergänzung der Kostenentscheidung in entsprechender Anwendung von § 321 zu erwirken[20], wenn das Gericht § 96 übersehen hat, oder die Beschwerde zulassen müssen, wenn es irrtümlich gemeint hat, keine Kostenentscheidung treffen zu können[21].

5   V. Für das **Beschwerdeverfahren** geht § 97 dem § 620g vor[22]. Das gilt auch, wenn ein Rechtsmittel zurückgenommen wurde[23], sich die »Hauptsache« (des Anordnungsverfahrens) erledigt hat und das Gericht der Meinung ist, das Rechtsmittel hätte ohne das erledigende

---

[11] H.M. – A.M. *Schellberg* NJW 1971, 1345, 1347; OLG Celle NJW 1969, 1124.
[12] *OLG Saarbrücken* JurBüro 1985, 1888; *OLG Frankfurt* FamRZ 1984, 720; FamRZ 1980, 329; *Münch-Komm-ZPO-Klauser* Rdnr. 8... Aus der Zeit vor 1976 *OLG Hamburg* NJW 1973, 1378; *OLG Karlsruhe* Justiz 1972, 180; *OLG Celle* NJW 1969, 1124. – A.M. *OLG Zweibrücken* JurBüro 1985, 1888; *OLG Düsseldorf* FamRZ 1978, 910; *OLG Koblenz* MDR 1974, 316; *Schneider* JurBüro 1974, 843; *Baumbach/Lauterbach/Albers*⁵¹ Rdnr. 2.
[13] *OLG Frankfurt* FamRZ 1984, 720; FamRZ 1980, 329; *MünchKomm-ZPO-Klauser* Rdnr. 7. Aus der Zeit vor 1976: *OLG Düsseldorf* NJW 1973, 1937 = FamRZ 74, 255. – A.M. *OLG Köln* JMBlNRW 73, 185; *Schneider* aaO.
[14] *OLG Stuttgart* NJW RR 1987, 253 = MDR 63; KG MDR 1975, 763; LG Aachen NJW 1973, 2025. – A.M. *OLG Karlsruhe* MDR 1982, 1025.

[15] AM. *OLG München* AnwBl 1989, 233; *Zöller-Philippi*¹⁷ Rdnr. 6.
[16] *OLG Hamm* FamRZ 1981, 189; allg.M.
[17] AG *Schwandorf* FamRZ 1992, 386. – A.M. *OLG Hamm* aaO.
[18] AG *Schwandorf* aaO.
[19] *OLG Düsseldorf* JurBüro 1969, 273 = MDR 19318. – A.M. *OLG Frankfurt* FamRZ 1990, 540; *Zöller-Philippi*¹⁷ Rdnr. 7; h.Lit.M.
[20] AM. *Grund* NJW 1952, 253.
[21] *OLG Hamm* aaO.
[22] *OLG Bremen* FamRZ 1978, 133; *OLG Düsseldorf* FamRZ 1980, 1047; *OLG Karlsruhe* Justiz 1981, 480; *dass.* FamRZ 1988, 855; *dass.* FamRZ 1989, 522; allg.M. – A.M. Voraufl.
[23] *OLG Frankfurt* FamRZ 1984, 720; *OLG Köln* JurBüro 1970, 180; *Schneider* MDR 1970, 804; *Schellberg* NJW 1971, 1345, 1347; *Crispin* MDR 1971, 422, 444.

Ereignis voraussichtlich keinen Erfolg gehabt[24]. Ein erfolgreiches Rechtsmittel oder ein solches, das vor Eintritt des erledigenden Ereignisses erfolgversprechend war, fällt aber in den Anwendungsbereich von § 620 g[25].

VI. Prozeßkostenhilfe § 624 Rdnr. 35 6

---

[24] *OLG Düsseldorf* NJW 1973, 1937; *OLG Karlsruhe* Justiz 1981, 480; *MünchKommZPO-Klauser* Rdnr. 10.

[25] *MünchKomm-ZPO-Klauser* Rdnr. 10. – A.M. *Zöller-Philippi*[17] Rdnr. 9 – im Falle der Erledigung immer § 620g anwendbar.

Zweiter Titel

Verfahren in anderen Familiensachen

§ 621 [Begriffsbestimmung, Zuständigkeiten]

(1) Für Familiensachen, die
1. die Regelung der elterlichen Sorge für ein eheliches Kind, soweit nach den Vorschriften des Bürgerlichen Gesetzbuchs hierfür das Familiengericht zuständig ist,
2. die Regelung des Umgangs eines Elternteils mit dem ehelichen Kinde,
3. die Herausgabe des Kindes an den anderen Elternteil,
4. die gesetzliche Unterhaltspflicht gegenüber einem ehelichen Kinde,
5. die durch Ehe begründete gesetzliche Unterhaltspflicht,
6. den Versorgungsausgleich,
7. die Regelung der Rechtsverhältnisse an der Ehewohnung und am Hausrat (Verordnung über die Behandlung der Ehewohnung und des Hausrats – Sechste Durchführungsverordnung zum Ehegesetz – vom 21. Oktober 1944, Reichsgesetzbl. I S. 256),
8. Ansprüche aus dem ehelichen Güterrecht, auch wenn Dritte am Verfahren beteiligt sind,
9. Verfahren nach den §§ 1382 und 1383 des Bürgerlichen Gesetzbuchs betreffen, ist das Familiengericht ausschließlich zuständig.

(2) Während der Anhängigkeit einer Ehesache ist unter den deutschen Gerichten das Gericht ausschließlich zuständig, bei dem die Ehesache im ersten Rechtszug anhängig ist oder war. Ist eine Ehesache nicht anhängig, so richtet sich die örtliche Zuständigkeit nach den allgemeinen Vorschriften.

(3) Wird eine Ehesache rechtshängig, während eine Familiensache der in Absatz 1 genannten Art. bei einem anderen Gericht im ersten Rechtszug anhängig ist, so ist diese von Amts wegen an das Gericht der Ehesache zu verweisen oder abzugeben. § 281 Abs. 2, 3 Satz 1 gilt entsprechend.

Gesetzesgeschichte: Rdnr. 1 ff. Vor § 606, BGBl. 1980 I 1061; 1986 I 1142

I. Die Stellung des zweiten Titels im Gefüge des Gerichtsverfassungsrechts und im sechsten Buch der ZPO	1	2. Die Regelung der elterlichen Sorge, Nr. 1.	7
1. Die sachliche, örtliche und funktionelle Zuständigkeit in isolierten Familiensachen	1	a) Anhängigkeit eines Scheidungsverfahrens	12
2. Fehlgriffe bei der Einordnung einer Sache als Familiensache	2	b) Anhängigkeit einer Ehenichtigkeitsklage	13
a) Die formelle Anbindung der Rechtsmittelzuständigkeit	3	c) Verfahren nach Rechtskraft der Scheidung	14
b) Verweisungsfragen	4	d) Maßnahmen ohne Zusammenhang mit einem Eheauflösungsverfahren	15
II. Familiensachen	6	e) Anwendbarkeit ausländischen Rechts	16
1. Allgemeine Aspekte der Einordnung	6	f) Abgabe an eine andere Gerichtsabteilung	17
		3. Die Regelung des Umgangsrechts, Nr. 2	18

4. Die Herausgabe eines Kindes, Nr. 3. ... 19
5. Die gesetzliche Unterhaltpflicht, Nrn. 4, 5 ... 20
   a) Die gesetzliche Unterhaltspflicht gegenüber einem Kind ... 20
   b) Die gesetzliche Unterhaltspflicht gegenüber dem geschiedenen Ehegatten ... 21
   c) Der Zusammenhang des Rechtsstreits mit Unterhaltsansprüchen ... 22
6. Die Regelung des Versorgungsausgleichs, Nr. 6 ... 23
7. Die Regelung der Rechtsverhältnisse an Ehewohnung und Hausrat, Nr. 7. ... 24
8. Rechtsstreitigkeiten aus dem ehelichen Güterrecht, Nrn. 8, 9 ... 33
   a) Ansprüche aus ehegüterrechtlicher Anspruchsgrundlage ... 33
   b) Vermögensauseinandersetzung auf anderer als ehegüterrechtlicher Anspruchsgrundlage ... 34
   c) Steuerrechtsbezogene Ansprüche insbesondere ... 35
   d) Drittbeteiligungen ... 36
9. Gemeinsame Aspekte der Bestimmung des familiengerichtlichen Charakters zivilprozessualer Sachen ... 37
   a) Besondere Rechtsschutzformen ... 37
   b) Nebenansprüche und Nebenverfahren ... 38
   c) Veränderungen im Anspruchsinhalt, der Anspruchssubjekte und Rückerstattungsansprüche ... 39
   d) Ansprüche aus vertraglichen Regelungen, die sich auf Unterhalt und eheliches Vermögen beziehen ... 44
   e) Widerklagen ... 52
III. Die örtliche und die internationale Zuständigkeit ... 53
1. Fehlende Anhängigkeit einer Ehesache ... 54
2. Bestehende Anhängigkeit einer Ehesache ... 55
3. Die internationale Zuständigkeit ... 56
   a) Sorgerechtsverfahren ... 57
   b) Umgangsrechtsverfahren ... 58
   c) Verfahren um Herausgabe eines Kindes ... 59
   d) Unterhaltsverfahren ... 60
   e) Versorgungsausgleichsverfahren ... 61
   f) Ehewohnungs- und Hausratsverfahren ... 62

I. Die Stellung des zweiten Titels im Gefüge des Gerichtsverfassungsrechts und des 6. Buches der ZPO

1. Die sachliche, örtliche und funktionelle Zuständigkeit in isolierten Familiensachen

Der zweite Titel regelt die sonstigen Familiensachen zunächst isoliert, also unabhängig von ihrer möglichen Verbindung mit einer Ehesache. Lediglich § 621 Abs. 2 S. 1, Abs. 3 nehmen auf die Möglichkeit gleichzeitiger Anhängigkeit einer Ehesache Rücksicht. Sie regeln die örtliche Zuständigkeit und die Überführung des Verfahrens an das örtlich zuständige Gericht speziell für diesen Fall. § 621 Abs. 2 S. 2 regelt die örtliche Zuständigkeit im übrigen. Die sachliche Zuständigkeit des Familiengerichts für die in § 621 Abs. 1 erwähnten Angelegenheiten ergibt sich bereits aus § 23a GVG → § 1 Rdnr. 61 ff. und den Vorschriften des BGB über die Zuständigkeit des Familiengerichts in Verfahren, die nach dem FGG zu behandeln sind, sowie aus § 11 HausrVO. Für solche Entscheidungen im Zusammenhang mit dem Versorgungsausgleich, die nicht gestaltender Natur sind → Rdnr. 11, ergibt sich die sachliche Zuständigkeit des Amtsgerichts mittelbar aus § 621 Abs. 1 und § 23b GVG. Primär wollen diese Vorschriften freilich nur die Aufgabenverteilung innerhalb des Amtsgerichts regeln → § 1 Rdnr. 61 ff. Hierbei handelt es sich im technischen Sinne nicht um eine Frage der Zuständigkeit → § 606 Rdnr. 20. Wird Klage nur zum Amtsgericht erhoben, so ist sie intern an das Familiengericht zu leiten, wenn sie eine Familiensache betrifft. Wird in einer Sache, die keine Familiensache ist, Klage oder Antrag »Zum Familiengericht« adressiert, so ist dies

1

unverbindlich. Die Angelegenheit ist ohne förmliche Verweisung und unabhängig von Anträgen der Beteiligten an den innerhalb des Amtsgerichts zuständigen Richter weiterzuleiten → Rdnr. 6. Wird ein Antrag zum Familiengericht X gestellt und ist in Wirklichkeit ein anderes Familiengericht zuständig, so gilt § 281, wenn man vom Fall des § 621 Abs. 3 absieht → Rdnr. 17.

Der Katalog von § 621 ist abschließend gemeint[1], erfaßt also etwa nicht die *Ehestörungsklage* → Rdnr. 14a vor § 606. Weil der Grundsatz von der perpetuatio fori nach Klageänderung nicht mehr gilt, können auch im Wege der Änderung einer Klage in einen nicht familiengerichtlichen Gegenstand Nichtfamiliensachen nicht vor die Familiengerichte gelangen[2] → § 623 Rdnr. Noch viel weniger als § 620 → Rdnr. 2 dispensiert § 621 von der Anwendbarkeit des materiellen Rechts.

Im erstinstanzlichen Verfahren wird die *funktionelle Zuständigkeit* durch die Existenz von Familiengerichten nicht berührt[3].

Die Ausklammerung des nichtehelichen Kindes von der Zuständigkeit des Familiengerichts hat das *BVerfG* 1991 als »derzeit noch« mit dem GG vereinbar bezeichnet[4].

2. Fehlgriffe bei der Einordnung einer Sache als Familiensache

2   Fehlgriffe bezüglich der Einordnung einer Sache als Familiensache oder Nichtfamiliensache werden innerhalb des Amtsgerichts durch *formlose Abgabe*, zwischen Amtsgerichten und Landgericht oder zwischen zwei Amtsgerichten in ZPO-Sachen nach *§ 281* korrigiert → § 621a Rdnr. 6, § 281 Rdnr. 45 ff.[5], in FG-Sachen durch bindende Abgabe. Auf eine analoge Anwendung von § 176 Abs. 2 GVG gestützte förmliche Verweisungen[6] vom Verfahren der ZPO in das der FG und umgekehrt, sind unvermeidlich, auch wenn damit der Richter an sich selbst verweisen muß. Besonderheiten gelten nach § 18 HausrVO insoweit, als auch eine Abgabe innerhalb des Gerichts (an das Familiengericht) bindend ist.

Für Fehlgriffe, die erst in der Rechtsmittelinstanz entdeckt werden, gilt folgendes:

3   a) Hat das *Familiengericht* nach Ansicht des OLG *zu Unrecht* eine Familiensache angenommen, so ist das letztere gleichwohl Rechtsmittelinstanz, § 119 Abs. 1 Nrn. 1, 2 GVG. Im Sinne von § 119 und seiner Neufassung im Jahre 1986[7] liegt es, den zuständigen Familiensenat im OLG mit der Sache zu befassen, auch wenn in erster Instanz niemand das Vorliegen einer Nichtfamiliensache angemahnt hat[8]. Hält dieser die Zuständigkeit des LG für gegeben, so hat er das Urteil aufzuheben und die Sache nach §§ 523, 281 dorthin zu verweisen[9]. In entsprechender Anwendung von § 540 kann es aber auch selbst entscheiden[10].

---

[1] *OLG Bamberg* FamRZ 1984, 1117, allg. M.
[2] A. M. *OLG Düsseldorf* FamRZ 1980, 1036 – überholt aber ohnehin bezüglich der materiellen Anknüpfung der Zuständigkeit des Rechtsmittelgerichts..
[3] *Zöller-Philippi*[17] Rdnr. 69; *MünchKomm-ZPO-Walter* Rdnr. 6 ff.
[4] FamRZ 1992, 157.
[5] Wo in der 20. Auflage allerdings noch die Rechtslage aus der Zeit vor Inkrafttreten der IPR-Reform 1986 wiedergegeben ist.
[6] So *MünchKomm-ZPO-Walter* Rdnr. 8; *OLG Düsseldorf* FamRZ 1979, 836.
[7] Durch das UÄndG. vom 20.02.1986, um die Mißlichkeiten der materiellen Anknüpfung der Rechtsmittelzuständigkeit an das Vorliegen einer Familiensache zu beheben.

[8] *Jauernig* FamRZ 1988, 1260; *ders.* FamRZ 1989, 1, 3. – A. M. für den Fall einer nach § 529 Abs. 3 S. 2, bzw. § 621e Abs. 4 S. 1 noch möglichen Rüge *BGH* FamRZ 1988, 1035; 89, 165. Kritisch dazu *Baumbach/Lauterbach/Albers*[51] § 119 GVG Rdnr. 4.
[9] *OLG Karlsruhe* FamRZ 1980, 382; *KG* FamRZ 1983, 616 – unter Berufung auf den *BGH* FamRZ 1981, 247 = NJW 2418, wo aber nach der vor 1986 geltenden Rechtslage an das LG als Berufungsinstanz verwiesen worden ist; *Jauernig* FamRZ 1989, 1, 2; *Johannsen/Henrich/Sedemund-Treiber*[2] § 119 GVG Rdnr. 5; *Thomas-Putzo*[18] § 119 GVG Anm. 2a bb.
[10] *Diederichsen* NJW 1986, 1462; *Peschel-Gutzeit* 51; *Baumbach/Lauterbach/Albers*[51] § 119 GVG Rdnr. 4. WN bei *Jauernig* aaO.

Ganz Entsprechendes hat zu gelten, wenn nach Meinung des OLG[11] eine Familiensache vorliegt, dies noch gerügt werden kann, § 529 Abs. 3, und daher anstatt des LG das AG hätte entscheiden müssen.

b) Da aber das Familiengericht nur eine besondere Abteilung des Amtsgerichts ist → § 606 Rdnr. 20, kann nur »an das Amtsgericht« zurückverwiesen werden, wenn nach Ansicht des LG als Berufungsgericht das Familiengericht anstatt der allgemeinen Prozeßabteilung des Amtsgerichts hätte entscheiden müssen oder wenn nach Ansicht des OLG die allgemeine Prozeßabteilung des AG anstatt des Familiengerichts entschieden hat[12]. Die im Tenor »an das Amtsgericht« schlechthin gerichtete Rückverweisung ist auch wegen der Ausführungen des Gerichts zum Vorliegen oder Nichtvorliegen einer Familiensache bindend, § 565 Abs. 2 analog → § 538 Rdnr. 36[13].

Eine Verweisung vom »falschen« an den richtigen Rechtsmittelsenat des OLG oder an das richtige Rechtsmittelgericht ist nicht mehr zulässig. Wie zu Recht geltend gemacht worden ist[14], liegt es allerdings in der Konsequenz der Rechtsprechung des BGH, innerhalb des OLG die Sache an den »materiell« zuständigen Senat abzugeben, der dann aber nicht zwingend an das AG zurückverweisen muß, wenn dieses durch die »falsche« Abteilung entschieden hat. Jedoch wird diesem praktischen Bedürfnis auch durch die hier vorgeschlagene entsprechende Anwendung von § 540 Rechnung getragen.

Verweisungen nach § 281 sind immer auch dann bindend, wenn die Frage des familiengerichtlichen Charakters der Angelegenheit falsch beurteilt worden ist[15]. Ist vom erstinstanzlichen Gericht nur »an das Amtsgericht« verwiesen worden, so besteht keine Bindung hinsichtlich der Ausführungen des verweisenden Gerichts zur Zugehörigkeit der Sache zur allgemeinen Prozeßabteilung oder zum Familiengericht[16]. Dies gilt bei einer Abgabe genauso wie bei einer Verweisung[17]. Vor allem ist das Amtsgericht, an das verwiesen worden ist, nicht an besondere Verfahrensvorschriften gebunden, die in der Angelegenheit gelten, so wie sie das verweisende Gericht annahm, um die Sache als Familiensache einzuordnen[18]. Hat hingegen ein Gericht fälschlicherweise »an das Familiengericht« eines Amtsgerichts verwiesen, so ist auch dies bindend. Ein Grund, ausgerechnet in diesem Falle von den sonst zur Bindung an fehlerhafte Gerichtsentscheidungen geltenden Grundsätzen abzuweichen, besteht nicht[19]. Weitere Einzelheiten → § 281 Rdnr. 45 ff.

II. Familiensachen

1. Allgemeine Aspekte der Einordnung

In § 621 wird die aus § 23 b GVG stammende Aufzählung wiederholt. Anstatt »Familiensachen sind: ...«, heißt es freilich: »Für Familiensachen, die ... betreffen«. Diese Formulierung klingt eher vage. Keinesfalls kann sie dahin verstanden werden, daß jeder indirekte Bezug des

---

[11] Nach der hier vertretenen Ansicht: Eines Senats für allgemeine Zivilsachen.
[12] *Bergerfurth* FamRZ 1987, 1008; *Diederichsen* aaO; *Rosenberg-Schwab*[14] § 166 IV 2; *Baumbach/Lauterbach/Albers*[51] § 119 GVG Rdnr. 4 – der aber zu Unrecht die Zurückverweisung für zwingend hält, weil dem »Nichtfamiliensenat« die Sachkompetenz fehle. – A.M. *Jauernig*, FamRZ 1989, 1, 2 – weil beim Amtsgericht keinen Fall der Geschäftsverteilung annehmend.
[13] So von *Jauernig* aaO, 2, zutreffend als die Konsequenz der vom *BGH* gesetzten Prämisse herausgearbeitet.
[14] Allg.M. mit Ausnahme *Zöller-Gummer*[17] § 119 GVG Rdnr. 7 ff.

[15] *BGH* FamRZ 1990, 147.
[16] *BGHZ* FamRZ 1980, 558; *OLG Hamburg* FamRZ 1982, 941; *BayObLG* FamRZ 1981, 62. A.M. – *OLG Köln* FamRZ 1982, 944.
[17] *BayObLG* FamRZ 1980, 1034 ff.
[18] *OLG Hamburg* aaO. – Hausratssache.
[19] *OLG Frankfurt* FamRZ 1980, 471; *OLG Stuttgart* FamRZ 1980, 607; *OLG Karlsruhe* FamRZ 1980, 139. A.M. *BGH* FamRZ 1980, 557; *OLG München* FamRZ 1979, 721; *OLG Hamburg* FamRZ 1980, 903; *KG* FamRZ 1978, 128 (L.S.); *OLG Hamm* FamRZ 1978, 906; *OLG Zweibrücken* FamRZ 1979, 839.

Rechtsstreits zu einer der in Absatz 1 genannten Angelegenheiten zur Begründung familiengerichtlicher Zuständigkeit ausreicht. Auf die Art der Einwendungen des Beklagten oder Antragsgegners kommt es ohnehin nicht an[20]. Wird gegen eine im normalen Zivilprozeß eingeklagte Forderung mit einer familiengerichtlichen Forderung *aufgerechnet*, so ändert dies an der Zuständigkeit der allgemeinen Prozeßabteilung nichts, auch wenn sich der Schwerpunkt des Rechtsstreits in die Prüfung der Aufrechnungsforderung verlagert[21]. Umgekehrt begründet die Aufrechnung mit einer Unterhalts- oder Güterrechtsforderung keine Familiensache[22].

Ein familiengerichtliches Verfahren liegt auf jeden Fall dann vor, wenn eine Anspruchsgrundlage im Spiel ist, die unterhaltsrechtlich oder ehegüterrechtlich ausgewiesen ist bzw., wenn ein Verfahren angestrengt wird, das unter eine der schon von Haus aus dem Enumerationsprinzip der FG unterworfenen Angelegenheiten der Nrn. 1–3, 6 oder 7 fällt. In diesem Zusammenhang wird immer wieder gesagt, für die Einordnung als Familiensache sei die »Begründung« des geltend gemachten Anspruchs entscheidend[23]. Gemeint ist damit jedoch nicht die vom Kläger bzw. vom Antragsteller vorgetragene Rechtsansicht, sondern deren Tatsachenvortrag[24]. Auf die *vom Gericht* in Betracht gezogene Anspruchsgrundlage kommt es an[25].

Im Falle mehrerer denkbarer[26] Anspruchsgrundlagen hat sich der *BGH* in erstaunlich mutiger Abweichung von den sonst für besondere Gerichtsstände auf Grund spezieller materiellrechtlicher Qualifikation der eingeklagten Ansprüche hochgehaltenen Linie[27] für die ausschlaggebende Bedeutung der für eine familiengerichtliche Einordnung relevanten Anspruchsgrundlage entschieden[28]; Klagenhäufung, Widerklage → Rdnr. 25 f.

Allerdings hat der *BGH* in einem Fall auch eine Familiensache angenommen, in dem keine einschlägige Anspruchsgrundlage zur Debatte stand[29]. Es ging um Ansprüche aus § 894 oder § 985 BGB wegen ehegüterrechtlich unwirksamer Verfügungen über das Vermögen als ganzes. Deshalb darf man aber nicht postulieren, daß der rechtlich konturenlos klingende »familienrechtliche Schwerpunkt«[30] für die Einordnung ausschlaggebend sei. Vielmehr muß man sich darauf besinnen, daß das materielle Recht Anspruchsgrundlagen häufig auf recht abstrakter Ebene zur Verfügung stellt, etwa dann, wenn es um Rückabwicklung geht oder wenn praeter legem Anspruchsgrundlagen aus § 242 BGB entwickelt werden. Zu diesen Fällen gehört auch die Ausfüllung von § 426 BGB durch eine »andere Bestimmung«[31]. Dann muß man darauf abstellen, ob die Anspruchsgrundlage in ihrer konkreten Färbung zu einem unterhaltsrechtlichen oder güterrechtlichen Rechtsverhältnis gehört bzw. ob die zu Grunde liegende fehlgeschlagene Leistungsbeziehung nach den Vorstellungen der Beteiligten (»Parallelwertung in der Laiensphäre«) in dieser Weise einzuordnen wäre.

---

[20] BGH FamRZ 1980, 988; BGH FamRZ 1985, 48, 49; *MünchKomm-ZPO-Walter* Rdnr. 1.
[21] *BGH* FamRZ 1989, 166; heute allg. M.
[22] *BGH* FamRZ 1989, 166 = NJW RR 173; *BayObLG* NJW RR 1986, 6 = FamRZ 1985, 1057, 1059; *OLG München* FamRZ 1985, 84.
[23] *BGH* FamRZ 1980, 988 = NJW 2476; FamRZ 1980, 1106; FamRZ 1984, 35.
[24] *MünchKomm-ZPO-Walter* Rdnr. 1.
[25] BayObLG FamRZ 1985, 1057; *dass.* FamRZ 1983, 1248, 1249; *OLG Bamberg* FamRZ 1989, 408; *OLG München* FamRZ 1987, 1161 (besonders lehrreiches Beispiel. Anspruch auf § 426 BGB gestützt, vom Gericht aber wegen des Zeitpunktes des zugrundeliegenden Hauskaufs als ein solcher aus Zugewinnausgleich gewertet); besonders klar: *Walter* JZ 83, 54, 56.
[26] Offensichtlich nicht einschlägige Anspruchsgrundlagen scheiden aus: *BGH* FamRZ 1983, 155 = NJW 1913.
[27] Dazu *Waldner* MDR 1984, 190.
[28] NJW 1983, 1911, 1913 = FamRZ 156, 363 (zust. *Walter*); *OLG Bamberg* FamRZ 1989, 408; *OLG Köln* FamRZ 1990, 644. Nahezu allg.Lit.M. – A.M. *Rahm* IV 504.
[29] BGH FamRZ 1981, 1045; zust. *OLG Celle* FamRZ 1987, 942. – A.M. *Spall* FamRZ 1981, 1046.
[30] So *Zöller-Philippi*[17] 3 b.
[31] So das Beispiel von *Zöller-Philippi*[17] aaO → Rdnr. 13.

Bei einer Klage, die sich letztlich als unbegründet erweist, ist es mitunter schwierig zu sagen, welches die entscheidende Anspruchsgrundlage gewesen wäre. Im Zweifel sollte man dann keine familiengerichtliche Einordnung vornehmen[32].

Wie genau einzuordnen ist, kann freilich im Einzelfall dahingestellt bleiben, wenn eine andere Einordnung als in eine der Nummern des § 621 nicht in Betracht kommt[33]. Das gilt vor allen Dingen bei Rechtserscheinungen des *ausländischen Rechts*, deren Qualifikation gelegentlich schwierig ist, auf die aber meist nicht verzichtet werden kann[34]. Wenn aber eine im ausländischen Recht vorgesehene Rechtsgestaltung sinnvollerweise nirgendwo in den Katalog des § 621 einzuordnen ist, dann liegt auch keine Familiensache vor[35].

2. Die Regelung der elterlichen Sorge, Nr. 1

Die Nr. 1[36] → § 620 Rdnr. 1 kann nicht darauf abstellen wollen, daß es sich um ein »gemeinschaftliches« Kind von (früheren) Eheleuten handelt, weil die Anhängigkeit eines Eheverfahrens nicht vorausgesetzt wird. Sie ist aber nur scheinbar weiter als ihre Entsprechung in § 620, weil ihr Anwendungsbereich auf Maßnahmen nach §§ 1671, 1672, 1678 Abs. 2, 1681 Abs. 2 S. 3, 1696 BGB beschränkt ist, die allesamt voraussetzen, daß beide Eltern noch leben. Für andere die elterliche Sorge betreffende staatliche Entscheidungen ist nicht das Familiengericht, sondern das Vormundschaftsgericht zuständig. Das gilt insbesondere für Maßnahmen nach §§ 1629 Abs. 2 S. 2, 1630 Abs. 2, 1631 Abs. 2, 1666[37] bis 1969, 1674[38] BGB. Das Familiengericht ist auch für die Anordnung von Vollstreckungsmaßnahmen[39], die Durchsetzung ausländischer Gerichtsentscheidungen[40] → Rdnr. 19, 37 und für die nach § 1696 BGB mögliche Änderung seiner eigenen Entscheidungen zuständig → § 621e Rdnr. 12–14.

Zum Problem der Prozeßkostenhilfe und Anwaltsbeiordnung → § 121. Einstweilige Anordnungen → § 620 Rdnr. 3. Auch in isolierten Sorgerechtsverfahren sind einstweilige Anordnungen zulässig; sie können auch das Umgangsrecht mitenthalten. Dieses kann als Teil des Sorgerechts mitgeregelt werden. Es bedarf dazu keiner Basis in Gestalt eines selbständigen Umgangsregelungsverfahrens[41].

Nichteheliche Kinder → Rdnr. 1.

Nicht ausdrücklich gelöst hat das Gesetz die Frage der Abgrenzung der Zuständigkeiten von *Familiengericht und Vormundschaftsgericht* in Fällen, in denen nach dem Gesetzwortlaut die Voraussetzungen für ein Eingreifen beider vorliegen. Das gilt insbesondere für die Konkurrenz von Maßnahmen nach §§ 1666ff. BGB und §§ 1671f. BGB.

In den ersten Jahren nach Inkrafttreten des Eherechtsreformgesetzes 1976 wollte man die Abgrenzung vielfach vom Gedanken des antizipierten Verfahrensergebnisses her unternehmen. Das Familiengericht durfte danach nur die in §§ 1671, 1672, § 1678 Abs. 2,

---

[32] Beispiel: Für den Anspruch auf Nutzungsentschädigung für das Wohnen der geschiedenen Ehefrau in dem zum Gesamtgut gehörigen Haus gibt es keine Anspruchsgrundlage, *OLG Düsseldorf* FamRZ 1984, 1098. Aus unerfindlichen Gründen hatte der BGH aber in einem Zuständigkeitsbestimmungsbeschluß eine güterrechtliche Sache angenommen.
[33] *OLG Köln* IPRax 1983, 73 – Morgengabe des iranischen Rechts; vgl. hierzu *MünchKomm-ZPO-Walter* Rdnr. 83 mwN.
[34] *OLG München* IPRax 1981, 22 (zust. *Jayme*).
[35] *OLG Frankfurt* FamRZ 1988, 421 – Gestattung der geänderten Namensführung während des Getrenntlebens; → Rdnr. 21 »Morgengabe«; *OLG Hamm* FamRZ 1993, 211 (Auskehr der hälftigen Geldgeschenke nach türkischem Recht).

[36] Lit: *Schlüter-König* Die Konkurrenz von Familiengericht und Vormundschaftsgericht in Sorgerechtsangelegenheiten – ein ungelöstes Problem FamRZ 1982, 1159.
[37] Für Antrag auf Übertragung des Aufenthaltsbestimmungsrechts: *BGHZ* 78, 108 = NJW 1981, 126 = FamRZ 80, 1107, 1108; *OLG Düsseldorf* FamRZ 1983, 938 → Rdnr. 40.
[38] Die Bestimmung des Familiengerichts als zuständiges Gericht in *BGH* FamRZ 1988, 1259 beruhte offenbar auf einem Versehen.
[39] *BGH* NJW 1986, 789; *ders.*, FamRZ 1978, 330 = NJW 1102; *OLG Koblenz* FamRZ 1977, 736.
[40] *BGH* NJW 1978, 1112; *BGH* FamRZ 1983, 1008ff., 1009.
[41] A.M. *OLG Zweibrücken* FamRZ 1989, 1108; *OLG Hamburg* FamRZ 1986, 181.

§ 1696 i.V.m. §§ 1671, 1672 BGB vorgesehenen Maßnahmen treffen, also Maßnahmen, die das Personensorgerecht insgesamt im Auge haben, *allenfalls durfte es zwischen Personensorge und Vermögenssorge jeweils insgesamt unterscheiden.* Zielte ein Verfahren auf solche Maßnahmen, dann war dieser Betrachtungsweise zufolge das Familiengericht zuständig. War Verfahrensziel eine auf § 1666 BGB gestützte Maßnahme, die das Familiengericht nicht hätte treffen können, so sollte das Vormundschaftsgericht zuständig sein[42]. Von diesem Ansatz ist man aber mehr und mehr zugunsten einer Betonung der Zuständigkeit des Familiengerichts abgekommen.

9 Es spricht nämlich alles dafür, die Zuständigkeit des Familiengerichts, das im Rahmen des Scheidungsverfahrens ohnehin zuständig ist oder in den in Rdnr. 4–8 behandelten Fällen mit der Scheidung der Eltern befaßt war oder häufig doch bald befaßt sein wird, zu fördern und die des Vormundschaftsgerichts zurückzudrängen. Für dieses Ziel steht ein prozessualer und ein materiellrechtlicher Weg zur Verfügung, die sich beide keinesfalls ausschließen.

10 Ist ein familiengerichtliches Verfahren bezüglich des Sorgerechts anhängig – und das ist in jedem Scheidungsverfahren der Fall –, dann besteht gegenüber einem vormundschaftsgerichtlichen Verfahren bezüglich des Sorgerechts eine *Rechtshängigkeitssperre.* Auch in familiengerichtlichen FGG-Verfahren gibt es die Rechtshängigkeitssperre → § 621 a Rdnr. 3. Der an diesem Lösungsvorschlag vorgebrachten Kritik[43] ist zu widersprechen: § 12 StPO beweist, daß es eine Rechtshängigkeitssperre auch in Verfahren gibt, die von Amts wegen eingeleitet werden und die natürlich nicht in Anträgen der Beteiligten eine gegenständliche Begrenzung finden können. Vielmehr fällt alles, was an Entscheidungen in Bezug auf das Sorgerecht denkbar ist, in den Verfahrensgegenstand. Wegen der Möglichkeit, in Sorgerechtssachen eine einstweilige Anordnung auch von Amts wegen zu erlassen, § 620 Abs. 2, ergreift die Rechtshängigkeit auch die Zeit von der Stellung des Scheidungsantrags bis zum Wirksamwerden einer Sorgerechtsregelung nach Scheidung.

Ist ein Verfahren beim Vormundschaftsgericht eingeleitet worden (etwa weil noch kein Scheidungsantrag gestellt und daher auch noch keine »Verbundsrechtshängigkeit« der Sorgerechtssache beim Familiengericht eingetreten ist), so hat dieses auch bei Fehlen einer beim Familiengericht schon bestehenden Rechtshängigkeit die Sache an das Familiengericht abzugeben, wenn Maßnahmen nach §§ 1672, 1678 Abs. 2 BGB in Betracht kommen. Der Grund liegt im Vorrang der im Zusammenhang mit Scheidung und getrennt lebenden Eltern dem Familiengericht obliegenden Aufgaben.

11 Einig ist man sich, daß § 1666 BGB neben §§ 1671, 1672, 1678 BGB allenfalls subsidiär zur Anwendung kommt. Mit gutem Grund kann man sogar die These vertreten, daß im Fall einer Scheidung der Ehe oder im Falle des dauernden Getrenntlebens andere gestaltende Maßnahmen als die in §§ 1671, 1672, 1678 BGB ermöglichten ausgeschlossen sind[44], also insbesondere nach Übertragung des Sorgerechts auf einen Elternteil das Vormundschaftsgericht diesem nicht wieder das Aufenthaltsbestimmungsrecht entziehen und dem anderen Elternteil übertragen darf[45]. Daraus folgt, daß eine Zuständigkeit des Vormundschaftsgerichts ausgeschlossen ist, solange die Möglichkeit besteht, daß sich das Familiengericht mit einer Sorgerechtsregelung befaßt. Insofern, aber auch nur insofern, besteht eine Anfangszuständigkeit des Familiengerichts. Ohne daß man den Terminus »Rechtshängigkeit« gebrauchte, wird daher

---

[42] BGHZ 78, 108 = NJW 1981, 126 = FamRZ 1980, 1107; *Baumbach/Lauterbach/Albers*[51] Rdnr. 9; *Zöller-Philippi*[17] Rdnr. 28. WN bei *Schlüter-König* FamRZ 1982, 1159.
[43] *Schlüter-König* aaO 1162; *Johannsen/Henrich/Sedemund-Treiber*[2] § 23 b GVG Rdnr. 34.
[44] So grundlegend *Schlüter-König* FamRZ 1982, 1159, 1162; *OLG Hamm* FamRZ 1978, 941; *OLG Karlsruhe*

DAVorm 1979, 136; *OLG Oldenburg* FamRZ 1979, 851; *Maurer* I Rdnr. 72; *Johannsen/Henrich/Sedemund-Treiber*[2] § 23 GVG Rdnr. 30 ff. – letztere will im Gegensatz zu ersteren einstweilige gestaltende Maßnahmen auch dem Vormundschaftsgericht zugestehen, aber nicht solange das Familiengericht mit der Sorgerechtssache befaßt werden kann, siehe sogleich im Text.
[45] *LG Berlin* FamRZ 1985, 965.

auch von diesem Ausgangspunkt her die Zuständigkeit des Vormundschaftsgerichts von den Möglichkeiten des Familiengerichts, einstweilige Regelungen zu treffen, verdrängt[46]. Diese einstweiligen Regelungen können alles beinhalten, was das Vormundschaftsgericht in Anwendung von § 1666 BGB anzuordnen vermag → § 620a Rdnr. 14. Nur wo ein Stammverfahren eingeleitet worden ist, dessen Ziel sich nicht als Maßnahme im Rahmen eines Eheverfahrens oder anderer familiengerichtlicher Verfahren erreichen läßt, ist das Vormundschaftsgericht zuständig → insbesondere Rdnr. 5d a.E., 5c a.E.

Ansprüche, die unmittelbar aus § 1618a BGB abgeleitet werden, sind keine familiengerichtlichen Sachen[47].

Auf dieser Grundlage ergibt sich für die möglichen Situationen, in denen eine Entscheidung über das Sorgerecht ansteht, folgendes:

a) Ist ein *Scheidungsverfahren anhängig*, so ist das Familiengericht von einer Ausnahme abgesehen allein zuständig. Es kann Maßnahmen treffen, die auch ein Vormundschaftsgericht in Anwendung von § 1666 treffen könnte[48] → Rdnr. 11. Die Ausnahme betrifft die Auswahl des Pflegers oder Vormunds, wenn das Familiengericht nach § 1671 Abs. 5 BGB Vormundschaft oder Pflegschaft angeordnet hat. Bedauerlicherweise ist für die Auswahl des Vormunds oder des Pflegers das Vormundschaftsgericht zuständig[49], es sei denn, daß es im Rahmen der Sorgerechtsregelung gerade darauf ankommt, daß eine bestimmte Person Vormund oder Pfleger wird[50].   12

Für die Zeit bis zur Rechtskraft des Scheidungsurteils kann eine Regelung sowohl im Verfahren nach § 620 wie in dem nach § 1672 BGB getroffen werden[51]. Der an einer Entscheidung Interessierte hat das Recht, das eine oder andere Verfahren zu wählen[52] → § 620 Rdnr. 3.

Zuständig bleibt das Vormundschaftsgericht freilich für alle Verfahren nach §§ 1628, 1631a Abs. 2, 1631b BGB[53], § 3 Abs. 3 S. 2 RuStAG[54], § 1821f. BGB i.V.m. § 1643 BGB[55]. Zuständig bleibt es auch, wenn nach einer (einstweilig oder endgültig) getroffenen Sorgerechtsentscheidung zusätzliche Maßnahmen im Sinne von § 1666 BGB gegen einen Dritten oder gegen den nicht mehr sorgeberechtigten Elternteil anstehen[56].

b) Ist eine *Nichtigkeitsklage anhängig*, so tritt zwar kein Verfahrensverbund ein. Gleichwohl ist das Familiengericht, weil die Kinder auch nach Nichtigerklärung der Ehe als ehelich gelten, in gleicher Weise zuständig wie bei einem Scheidungsverfahren, § 1671 Abs. 6 BGB. Für die *Aufhebungsklage* ist ohnehin das Scheidungsfolgenrecht für anwendbar erklärt, § 37 EheG. Es gilt also bezüglich des Sorgerechts das Gleiche wie bei der Nichtigerklärung einer Ehe. In beiden Fällen verdrängen die während des Standardverfahrens gegebenen Möglichkeiten einer einstweiligen Anordnung die Zuständigkeit des Vormundschaftsgerichts.   13

c) Wird *nach Rechtskraft der Scheidung* bezüglich des einem der Ehegatten oder beiden übertragenen Sorgerechts ein Verfahren eingeleitet, so ist leider eine Gesamtzuständigkeit   14

---

[46] *Johannsen/Henrich/Sedemund-Treiber*[2] § 23b GVG Rdnr. 31; *Schlüter-König* aaO, der aber gestaltende Eingriffe in das Sorgerecht durch das Vormundschaftsgericht ohnehin für unzulässig hält. – A.M. *Zöller-Philippi*[17] Rdnr. 30; → § 620 Rdnr. 11f – die Möglichkeit konkurrierender und nur durch Einvernahme zwischen Vormundschaftsgericht und Familiengericht zu kanalisierender Zuständigkeiten in Kauf nehmend.
[47] A.M. *Baumbach/Lauterbach/Albers*[51] Rdnr. 9.
[48] *Schlüter-König* FamRZ 1982, 1159, 1164.
[49] BGH NJW 1981, 2460 = FamRZ 1048. Heute, wenn auch unter Resignation, allg.M., z.B. OLG Karlsruhe FamRZ 1988, 1186; *Schlüter-König* FamRZ 1982, 1159, 1163.
[50] OLG Koblenz FamRZ 1981, 1004; OLG Stuttgart FamRZ 1978, 830; OLG Hamburg DAVorm 1983, 151ff. – A.M. *Zöller-Philippi*[17] Rdnr. 27.
[51] OLG Saarbrücken FamRZ 1989, 530.
[52] A.M. OLG Zweibrücken FamRZ 1984, 405.
[53] *Schlüter-König* FamRZ 1982, 1159, 1164ff.
[54] OLG Düsseldorf FamRZ 1978, 198; OLG Oldenburg NdsRpfl. 1978, 32.
[55] BGH FamRZ 1981, 1048.
[56] OLG Köln FamRZ 1985, 1059.

des Vormundschaftsgerichts de lege lata nicht damit begründbar, daß es eine Zuständigkeit des Sachzusammenhangs gebe[57].

Die Einleitung eines Verfahrens mit dem Ziel, das Sorgerecht anderweitig zu übertragen, ist als *Abänderungsverfahren von § 1696 BGB* zwar eine Familiensache[58]. Insbesondere ist Familiensache die Aufhebung einer nach § 1671 Abs. 5 BGB getroffenen Maßnahme[59]. Die Abänderungsbefugnis nach § 1696 BGB hat auch heute noch Vorrang vor inhaltsgleichen Maßnahmen, die, isoliert betrachtet, auch auf § 1666 BGB gestützt werden könnten[60].

Gleichwohl meinen manche, Maßnahmen, die sich nicht als »Regelung des Sorgerechts« insgesamt darstellten, könnten in diesem Verfahren nicht getroffen werden; für »Einzelmaßnahmen« bleibe das Vormundschaftsgericht zuständig[61]. Mit Recht verengen aber auch hier *Schlüter-König*[62] den Kreis der beim Vormundschaftsgericht verbleibenden Einzelmaßnahmen auf gestaltende Maßnahmen. Mit Recht sehen die Autoren insbesondere einen Entzug nur des Aufenthaltsbestimmungsrechts durch das Vormundschaftsgericht als durch §§ 1671, 1696 BGB verdrängt an.

Wie in allen Verfahren der FG und im Scheidungsverfahren auch können aber auch in einem isolierten Sorgerechtsabänderungsverfahren einstweilige Anordnungen erlassen werden. Wie im Falle des Getrenntlebens → Rdnr. 15 kann daher etwa im Wege einer einstweiligen Anordnung dem Inhaber des Sorgerechts das Aufenthaltsbestimmungsrecht entzogen und dem anderen Ehegatten übertragen werden. Auch im Zusammenhang mit Sorgerechtsänderungsverfahren können einstweilige Anordnungen einen Ausspruch von Ge- und Verboten beinhalten, bis zur endgültigen Entscheidung das Sorgerecht nur in der einen oder anderen Weise auszuüben oder nicht auszuüben. Für die Zuständigkeit des Vormundschaftsgerichts bleibt also auch in diesem Zusammenhang kein Raum.

Kommt freilich das Familiengericht endgültig zu der Schlußfolgerung, daß die Sorgerechtsentscheidung nicht abgeändert werden soll, kann es die Akten an das Vormundschaftsgericht mit der Anregung weiterleiten, zu prüfen, ob Maßnahmen nach § 1666 BGB angezeigt sind[63].

Ist von Anfang an nur eine Einzelmaßnahme beantragt und ergibt sich auch kein Grund, die getroffene Sorgerechtsregelung insgesamt in Frage zu stellen, ist insbesondere nur der Entzug des Aufenthaltsbestimmungsrechts beantragt, so liegt eine Vormundschaftssache vor, unabhängig davon, ob man die Möglichkeit der beantragten Maßnahme als durch § 1671 BGB verdrängt ansieht oder nicht[64]. Insbesondere obliegen einzelne Maßnahmen nach §§ 1628, 1631a Abs. 2, 1631b BGB immer dem Vormundschaftsgericht[65]. Allein das Vormundschaftsgericht ist auch nach dem Tode des nicht sorgeberechtigten Elternteils zuständig[66].

15   d) Soweit Maßnahmen während bestehender Ehe, aber ohne *Zusammenhang mit einem Eheauflösungsverfahren* anstehen, hat das Familiengericht Zuständigkeit, solange die Eltern nicht getrennt leben (allg. M.). Auch nicht im Vorgriff auf eine sich anbahnende Trennung können Maßnahmen des Familiengerichts getroffen werden[67].

Für den Fall hingegen, daß die Eltern getrennt leben, meinte der *BGH* wenige Jahre nach Inkrafttreten des Eherechtsreformgesetzes[68], das Vormundschaftsgericht sei zuständig, wenn

---

[57] H.M. – A.M. *OLG Hamm* FamRZ 1978, 941 f.; *OLG Köln* FamRZ 1980, 401; *MünchKomm-Hinz*[2] § 1666 Rdnr. 1.
[58] *BayObLGZ* 1979, 142 ff. = FamRZ 1980, 401.
[59] *BGH* FamRZ 1990, 1224; *OLG Hamm* FamRZ 1978, 941 f.; *OLG Oldenburg* FamRZ 1979, 851 – Heute allg. M.
[60] *Schlüter-König* FamRZ 1982, 1159, 1165 → Rdnr. 4b.
[61] *BayObLG* aaO. – Übertragung des Aufenthaltsbestimmungsrechts auf den nicht sorgeberechtigten Elternteil.

[62] *Schlüter-König* FamRZ 1982, 1159, 1166.
[63] *OLG Hamburg* FamRZ 1982, 943.
[64] *AG Besigheim* FamRZ 1983, 295 bezüglich eines Antrags des sorgeberechtigten Elternteils gegen den nicht sorgeberechtigten Elternteil, das Kind nicht eigenmächtig an sich zu bringen.
[65] *Schlüter-König* FamRZ 1982, 1159, 1165 f mwN.
[66] *OLG Hamm* NJW RR 1986, 559 = FamRZ 479; allg. M.
[67] *OLG München* FamRZ 1979, 1037.
[68] *BGHZ* 78, 108 = FamRZ 1980, 1107 = NJW 1981, 126 – Aufenthaltsbestimmungsrecht.

andere Maßnahmen anstünden als in § 1672 BGB vorgesehen. Für das Aufenthaltsbestimmungsrecht sind dem die Oberlandesgerichte zu Recht nicht gefolgt. Sie sahen richtig, daß auch in einem sich an § 1672 BGB orientierenden Stammverfahren einstweilige Anordnungen möglich sind, die auch Teile des Sorgerechts wie das Aufenthaltsbestimmungsrecht vorweg regeln können[69]. Dem ist der *BGH* nunmehr stillschweigend gefolgt[70]. Die Behauptung, befehlende Einzelanordnungen seien als einstweilige Anordnungen nicht möglich[71], entbehrt der Überzeugungskraft → § 620a Rdnr. 14. § 938 ZPO gilt erst recht in der FG. Bis zur endgültigen Regelung des Sorgerechts für die Zeit des Getrenntlebens kann das Gericht alle Anordnungen erlassen, die gewährleisten, daß das Sorgerecht sinnvoll ausgeübt wird. Der Begriff »regeln« schließt aber nicht ein, nach Abschluß des Verfahrens weitere flankierende Anordnungen, etwa gegen einen vom Sorgerechtsinhaber möglicherweise geplanten Umzug ins Ausland, zu treffen[72]. Für sie ist ausschließlich § 1666 BGB maßgebend und damit das Vormundschaftsgericht zuständig.

Ist allerdings nur die Übertragung des Aufenthaltsbestimmungsrechts beantragt und sieht das damit befaßte (richtigerweise: Vormundschafts-) Gericht keinen Grund, das Recht der elterlichen Sorge insgesamt zu regeln, so liegt keine Familiensache vor; andernfalls ist das Verfahren an das Familiengericht abzugeben[73].

e) Kommt in der Sache *ausländisches Recht* zur Anwendung so ist danach zu entscheiden, ob die von diesem vorgesehenen Maßnahmen mit einer dem deutschen Familiengericht übertragenen Aufgabe vergleichbar sind oder nicht. Da das deutsche Familiengericht bezüglich nichtehelicher Kinder so gut wie keinerlei Zuständigkeiten hat, wird es auch nicht zuständig, wenn das Kindschaftsstatut ein ausländisches Recht ist, das die Unterscheidung zwischen ehelichen und nichtehelichen Kindern nicht kennt[74]. 16

f) Eine Rechtsgrundlage für eine bindende Verweisung zwischen Vormundschaftsgericht und Familiengericht gibt es nicht. Nur eine nicht bindende *Abgabe* ist möglich → § 281 Rdnr. 45ff.[75], § 621a Rdnr. 6. Zum egativen Kompetenzkonflikt → § 36 Rdnr. 4. 17

3. Die Regelung des Umgangsrechts, Nr. 2

Nr. 2 → § 620 Nr. 4 bezieht sich auf § 1634 BGB. Das Familiengericht ist also auch zuständig, wenn das Umgangsrecht eines Elternteils gegenüber einem Vormund oder Pfleger geregelt werden soll, der nach § 1671 Abs. 5 BGB bestellt worden ist[76], etwa in der negativen Form, daß es ausgeschlossen wird oder der Vormund den Eltern den Aufenthaltsort des Kindes gar nicht mitzuteilen braucht[77]. 18

Die Zuständigkeit des Familiengerichts ist in diesem Bereich so breit, daß Konkurrenzprobleme im Verhältnis zum Vormundschaftsgericht kaum auftreten. Sie besteht auch in allen Fällen, in denen die Eltern noch verheiratet sind, gleich, ob sie getrennt leben oder nicht. Hat das Vormundschaftsgericht das Sorgerecht nach § 1666 BGB einem Elternteil entzogen oder nach 1674 BGB sein Ruhen festgestellt[78], so ist für die Regelung des Umgangsrechts gleichwohl das Familiengericht zuständig[79]. So sinnvoll die Zuständigkeit des Vormundschaftsge-

---

[69] *KG* FamRZ 1984, 1143; *OLG Düsseldorf* FamRZ 1983, 939; *OLG München* FamRZ 1981, 389.
[70] FamRZ 1990, 1226.
[71] *KG* aaO; *Schlüter-König* FamRZ 1982, 1159, 1161ff.
[72] *OLG Köln* FamRZ 1985, 1059.
[73] *BGH* FamRZ 1980, 1107 = NJW 1981, 126; *OLG Düsseldorf* FamRZ 1983, 938 – Obiter; *Zöller-Philippi*[17] Rdnr. 32.
[74] *KG* FamRZ 1978, 352; *Johannsen/Henrich/Sede-*

mund-Treiber[2] § 23b GVG Rdnr. 36. – A.M. *Böttcher* Rpfleger 81, 3, 5.
[75] *BGH* DAVorm 1990, 465; *Schlüter-König* FamRZ 1982, 1159, 1167f.
[76] *BGH* FamRZ 1983, 1102, 1103.
[77] *OLG Oldenburg* FamRZ 1978, 268.
[78] A.M. *OLG Frankfurt* FamRZ 1979, 1061. Wie hier *Schwab-Maurer* I 78.
[79] *BGH* FamRZ 1981, 659 = NJW 2067; FamRZ 1983, 1102 = NJW 1984, 2824 – entgegen der bis dahin ständi-

richts kraft Sachzusammenhangs auch wäre, sie läßt sich de lege lata nicht begründen[80]. Das alles gilt auch, wenn § 1634 BGB entsprechend auf den Fall angewandt wird, daß die Eltern das Kind in Familienpflege gegeben haben[81] oder wenn nach § 1696 BGB eine Umgangsregelung geändert werden soll, die zu Unrecht das Vormundschaftsgericht statt des Familiengerichts getroffen hat[82].

Nr. 2 gilt hingegen nicht bezüglich des von der nicht sorgeberechtigten nichtehelichen Mutter in Anspruch genommenen Verkehrsrechts[83] oder wenn im Anschluß an eine auf § 1666 BGB gegründete (vormundschaftsgerichtlich) angeordnete Entziehung des Aufenthaltsbestimmungsrechts eine Umgangsregelung zu treffen ist[84]. Auch das Umgangsrecht der Großeltern kann nur aus § 1666 BGB hergeleitet werden und fällt nicht in die Zuständigkeit des Familiengerichts (allg. M.).

Änderungen von Entscheidungen, Durchsetzung ausländischer Gerichtsentscheidungen; Zwangsgeld → Rdnr. 2, 14.

4. Die Herausgabe eines Kindes, Nr. 3

19 Nr. 3 → § 620 Rdnr. 5 knüpft an § 1632 BGB an, ihrem Wortlaut nach freilich beschränkt auf das Verhältnis der Elternteile zueinander[85]. Anträge gegenüber beliebigen Dritten[86], Pflegepersonen (§ 1632 Abs. 4 BGB) oder von bzw. gegenüber nichtehelichen Elternteilen fallen daher auch im Bereich der Nr. 3 nicht in die Zuständigkeit des Familiengerichts[87]. Die herrschende Literaturmeinung will freilich den Wortlaut der Vorschrift sprengen und das Familiengericht für zuständig erklären, wenn ein Elternteil das Kind von einem nach § 1671 Abs. 5 BGB, nicht aber von einem nach § 1666 BGB eingesetzten Vormund oder Pfleger herausverlangt oder umgekehrt[88]. Der Gesichtspunkt des Sachzusammenhangs allein würde eine solche einschränkende Auslegung des § 621 Abs. 2 Nr. 3 zwar genausowenig rechtfertigen wie der anderen Nummern der Vorschrift. Im Falle des § 1671 Abs. 5 BGB läßt sich jedoch in der Tat sagen, daß der so bestellte Vormund oder Pfleger an die Stelle des Elternteils tritt, dem normalerweise das Sorgerecht allein zuerkannt wird. Daraus kann man auch verfahrensrechtliche Konsequenzen ziehen.

Zur Herausgabe »des« Kindes gehört bei sinnvoller Gesetzesinterpretation auch die Herausgabe der zum persönlichen Gebrauch des Kindes angeschafften oder gewidmeten Sachen. Spekulationen darüber anzustellen, ob an solchen Sachen das Kind oder einer der Elternteile Eigentum hat, ist bar jeden Sinns[89].

---

gen Rechtsprechung vieler Oberlandesgerichte, siehe nächste Fußnote. Heute aber wie *BGH OLG Düsseldorf* FamRZ 1986, 203 f.

[80] A.M. *Schlüter-König* FamRZ 1982, 1159, 1160; *Johannsen/Henrich/Sedemund-Treiber*[2] § 23 b GVG Rdnr. 40 – im Anschluß an eine Reihe von OlG Entscheidungen aus der Zeit vor 1983; *MünchKommZPO-Walter* Rdnr. 28 – unter Bezug auf den klaren Wortlaut von § 1634 Abs. 2 BGB.

[81] *LG Frankfurt* FamRZ 1986, 1036. A.M. *KG* Berlin DAVorm 1979, 139; *Johannsen/Henrich/Sedemund-Treiber*[2] § 23 b GVG Rdnr. 42, 44; *Zöller-Philippi*[17] Rdnr. 34.

[82] *OLG Düsseldorf* FamRZ 1986, 203.

[83] *OLG Karlsruhe* FamRZ 1978, 906; *OLG Hamburg* FamRZ 1978, 793 f.; *BayObLG* FamRZ 1982, 958.

[84] Allg.M. z.B. *OLG Schleswig* SchlHA 1982, 41; *OLG Düsseldorf* FamRZ 1981, 479; *OLG Oldenburg* FamRZ 1979, 1038.

[85] Lit.: *Münder* Der Anspruch auf Herausgabe des Kindes, NJW 1986, 811.

[86] *OLG Zweibrücken* OLGZ 1982, 178.

[87] *OLG Köln* FamRZ 1978, 707; *OLG Schleswig* FamRZ 1978, 708; *OLG Hamm* FamRZ 1979, 314; *OLG Frankfurt* FamRZ 1980, 288 allg. M.

[88] *Johannsen/Henrich/Sedemund-Treiber*[2] § 23 b GVG Rdnr. 48 mwN; *MünchKommZPO-Walter* Rdnr. 32; *Zöller-Philippi*[17] Rdnr. 37; *Kissel* GVG-Kommentar § 23 b GVG Rdnr. 64; *Böttcher* Rpfleger 1981, 317; *Walter* 20 ff., der darin eine Bestätigung folgender OLG-Urteile aus der Zeit vor Inkrafttreten des Gesetzes zur Neuregelung der elterlichen Sorge am 01.01.1980 sieht: *KG* FamRZ 1978, 351 = NJW 814; *OLG Oldenburg* FamRZ 1978, 706; *OLG Hamburg* FamRZ 1978, 792; *OLG Schleswig* SchlHA 78, 216; *OLG Stuttgart* DAVorm 1982, 995. – A.M. *Baumbach/Lauterbach/Albers*[51] Rdnr. 12; wohl auch *Schlüter-König* FamRZ 1982, 1159, 1161, die aber eine Ausnahme für diesen Fall nicht gesondert erörtern; zögernd *Schwab-Maurer*[2] I Rdnr. 81.

[89] Zur ganzen Problematik *Peschel-Gutzeit* MDR 1984, 890.

Entsprechend anwendbar ist § 1632 Abs. 3 S. 2 BGB und damit § 621 Abs. 1 Nr. 3, wenn sich die beiden Elternteile um die Leiche des ums Leben gekommenen Kindes und um Bestattungsart und -ort streiten[90]. Der Streit um die Kosten der Beerdigung ist aber keine Familiensache[91].

Nr. 3 sagt nichts dazu, welches Gericht zuständig ist, wenn es darum geht, einem Ehegatten das Aufenthaltsbestimmungsrecht zu entziehen. Dies richtet sich nach Nr. 1 →insbesondere Rdnr. 5b. Es kann sein, daß für eine solche Regelung das Vormundschaftsgericht zuständig ist, etwa solange die Eltern getrennt leben. Wenn ein mit einem Herausgabeverlangen konfrontiertes Familiengericht glaubt, daß eine Entscheidung über das Aufenthaltsbestimmungsrecht oder über die Sorgerechtsregelung unter Umständen ernsthaft zu überlegen ist, für die das Vormundschaftsgericht zuständig ist, muß die Sache zunächst an das Vormundschaftsgericht abgegeben werden.

Vollstreckungsmaßnahmen nach § 33 FGG obliegen dem Familiengericht in gleicher Weise wie beim Sorgerecht → Rdnr. 2[92]. Das gilt auch für die Vollstreckung eines ausländischen Titels, der auf Herausgabe eines Kindes lautet[93].

5. Die gesetzliche Unterhaltspflicht, Nrn. 4, 5

a) Die Nr. 4 meint nur Unterhaltsansprüche, die ein Kind gegenüber einem seiner ehelichen[94] → Rdnr. 1 a.E. Elternteile zu haben glaubt, einschließlich der Erstattungsansprüche, die ein Elternteil wegen des von ihm für das Kind verauslagten Unterhalts haben mag[95]. Von der Vorschrift werden daher nicht erfaßt: Klagen der Eltern gegen eines ihrer Kinder[96]; Klagen der Kinder gegen einen Großelternteil[97], selbst dann nicht, wenn das Kind sich seinen Unterhaltsbedarf teils durch Inanspruchnahme von Elternteilen, teils durch Vorgehen gegen einen Großelternteil zusammentragen muß; erst recht nicht die Klage der Großeltern[98] oder gar entfernterer Verwandter oder ganz Außenstehender[99] gegen die Eltern auf Erstattung getätigter Unterhaltsaufwendungen. Der Ausdruck »betreffen« darf nicht darüber hinwegtäuschen, daß nur die klageweise Geltendmachung eines Unterhaltsanspruchs gemeint ist, nicht die Entscheidung des Vormundschaftsgerichts nach § 1612 Abs. 2 S. 2 BGB. Entscheidungen des Vormundschaftsgerichts zum **Kindergeld** können ohnehin allenfalls mittelbar Einfluß auf die Höhe des Unterhaltsanspruchs des Kindes erhalten, »betreffen« ihn aber nicht[100]. Wohl aber liegt nach der Rechtsprechung des *BGH* eine Kindesunterhaltssache und damit eine Familiensache vor, wenn nach Auszahlung des Kindergelds dessen gänzliche oder teilweise Auskehrung an den anderen Elternteil begehrt wird, obwohl es sich insoweit nicht um einen Anspruch des Kindes handelt[101]. Ob für das Kind ein gesetzlicher Vertreter (Elternteil, Vormund, Pfleger) oder im Rahmen des § 1629 Abs. 2 BGB ein Elternteil als Prozeßstandschafter auftritt, bleibt sich gleich.

---

[90] LG *Paderborn* FamRZ 1981, 700; *OLG Hamm* FamRZ 1981, 701; *MünchKomm-ZPO-Walter* Rdnr. 31.
[91] *OLG Schleswig* SchlHA 1981, 67; *MünchKomm-ZPO-Walter* Rdnr. 35.
[92] *BGH* FamRZ 1986, 789; 90, 35.
[93] *BGH* FamRZ 1983, 1008; *OLG Hamm* FamRZ 1987, 506.
[94] Nicht Unterhaltsanspruch des scheinehelichen Kindes gegen seinen Erzeuger, aM. *OLG Hamm* NJW 1988, 830.
[95] *BGH* FamRZ 1978, 770; *MünchKommZPO-Walter* Rdnr. 45. Zum Erstattungsanspruch Dritter sogleich.
[96] *OLG Frankfurt* FamRZ 1981, 184.
[97] *BGH* FamRZ 1978, 585; *LG Osnabrück* FamRZ 1984, 1032; allg. M.
[98] *OLG München* FamRZ 1978, 348.
[99] *BGH* FamRZ 1979, 218 = NJW 660; *OLG Hamm* NJW 1983, 2203. Insoweit die Unterscheidung zwischen Erstattungsanspruch der Elternteile gegeneinander und Erstattungsansprüchen Dritter kritisierend *MünchKommZPO-Walter* Rdnr. 48.
[100] *BayObLG* FamRZ 1981, 916; *OLG Hamm* FamRZ 1981, 63; *OLG Schleswig* SchlHA 1983, 55. – A.M. *OLG Frankfurt* FamRZ 1979, 1038.
[101] *BGH* FamRZ 1978, 770; *BGH* FamRZ 1980, 345 f.; heute allg. M.

Auch die Unterhaltsklage **volljähriger Kinder** ist Familiensache. Werden sie während des von einem Elternteil in Prozeßstandschaft nach § 1629 Abs. 2 BGB angestrengten Prozesses volljährig, so treten sie selbst in das Verfahren ein[102] → § 623 Rdnr. 6a. Aus einem von einem Elternteil in Prozeßstandschaft erstrittenen Unterhaltstitel dürfen sie nur noch selbst die Vollstreckung betreiben, indem sie den Titel nach § 727 auf sich umschreiben lassen[103]. Rechtsstreitigkeiten zwischen einem Elternteil und einem volljährigen Kind, das nach seinen Einkommensverhältnissen sich selbst unterhalten kann, sind keine Familiensachen, auch wenn es um Wohnenbleiben im elterlichen Haus und dortiger Verköstigung geht[104].

Verfahren, die den Unterhaltsanspruch eines nichtehelichen Kindes betreffen, sind keine familiengerichtlichen Angelegenheiten → Rdnr. 1a.E. Daher sind es auch nicht Verfahren, die einen Anspruch des scheinehelichen Vaters nach der Ehelichkeitsanfechtung gegen seine Frau als primär Unterhaltspflichtige[105] oder Unterhaltsansprüche eines Stiefkindes betreffen, selbst wenn eine vertragliche Vereinbarung zwischen den Ehegatten dahingehend vorliegen sollte.

21 b) Nr. 5 meint sowohl den Familienunterhalt nach §§ 1360f. BGB[106], als auch den Getrenntlebensunterhalt nach § 1361 BGB wie den – damit keineswegs identischen[107] – Geschiedenenunterhalt. Auch bei Bestehen einer Gütergemeinschaft unterfällt der Unterhaltsanspruch der Nr. 5[108].

Manche Gerichte wenden die Vorschrift entsprechend auch dann an, wenn nichteheliche Lebensgefährten wechselseitig Unterhaltsansprüche geltend machen, natürlich unabhängig davon, ob solche Ansprüche tatsächlich bestehen[109].

Ist lex causae ein **ausländisches Recht**, dann können auch uns unbekannte Arten der Unterhaltsgewährung und -sicherung »durch die Ehe begründete Unterhaltsansprüche« sein, z.B. die *Morgengabe* des islamischen Rechts[110]. Zu steuerrechtsbezogenen Rechtsstreitigkeiten unter Ehegatten → Rdnr. 35.

22 c) Rechtsstreitigkeiten können in den **unterschiedlichsten Formen und Intensitäten**, vor allem auch in den unterschiedlichsten Mediatisierungsgraden mit Unterhalt etwas zu tun haben. Da das gleiche Problem auch bei Ansprüchen aus dem ehelichen Güterrecht auftritt → Rdnr. 34, werden an anderer Stelle → Rdnr. 38 ff. alle Fragen zusammen behandelt werden, die sich für die zivilprozessualen Familiengerichtssachen gemeinschaftlich oder in analoger Weise stellen.

Gemeinsam für den Kindes- und den Ehegattenunterhalt ist, daß das Familiengericht für alle Formen des Unterhalts zuständig ist, nicht nur für den durch regelmäßige Geldraten zu leistenden. Es ist zuständig für Sonderbedarf, bei Eheleuten ebenso[111] wie bei Kindern[112]. Dazu gehören auch Prozeßkostenvorschußansprüche → § 620a Rdnr. 14 a.E., auch wenn ein ausländisches Recht anders qualifiziert[113]. Sonderbedarf sind auch Umzugskosten[114] und Krankheitskosten. Streckt der Unterhaltsgläubiger aus seinem Vermögen Krankheitskosten vor, so ist sein »Erstattungsanspruch« ebenfalls Unterhalt, auch wenn er die Form annimmt,

---

[102] *BGH* FamRZ 1983, 474, 475.
[103] *OLG Frankfurt* FamRZ 1991, 1211 – für einen Titel, der die Unterhaltspflicht noch im Verhältnis der Elternteile zueinander regelte. § 766 scheidet aus → 724 Rdnr. 2 Fn. 9, § 727 Rdnr. 30.
[104] *OLG Oldenburg* FamRZ 1981, 185.
[105] *BayObLG* NJW 1979, 1050.
[106] *OLG Schleswig* SchlHA 1979, 144: Streitigkeiten der Ehegatten über ihre wechselseitige Verpflichtung, sich an den Mietkosten für die Ehewohnung zu beteiligen.
[107] *BGH* FamRZ 1980, 1099.
[108] *BGH* NJW 1990, 2252.
[109] *OLG Hamm* FamRZ 1983, 273. – A.M. *OLG Schleswig* SchlHA 1983, 141.
[110] *KG* FamRZ 1980, 470. – A.M. *OLG Zweibrücken* IPRsp 1986 Nr. 150 – für Klage außerhalb des Verbundverfahrens; *OLG Bremen* FamRZ 1980, 606 – güterrechtliche Einordnung.
[111] *OLG München* FamRZ 1978, 601; *OLG Zweibrücken* FamRZ 1981, 1090; *dass.* FamRZ 1980, 1041ff.; *OLG Stuttgart* FamRZ 1981, 36; *KG* FamRZ 1981, 464.
[112] *OLG Düsseldorf* FamRZ 1979, 916; *OLG Koblenz* FamRZ 1982, 402.
[113] *KG* IPRax 1988, 234 (*v. Bar*).
[114] *BGH* FamRZ 1980, 45.

daß der Unterhaltsschuldner zur Herausgabe dessen verurteilt werden soll, was er aus einer privaten Krankenversicherung oder/und der beamtenrechtlichen Beihilfe erhalten hat[115].
Unterhalt ist auch eine Kapitalabfindung (§ 1585 Abs. 2 BGB)[116].
Erstattung verauslagten Kindesunterhalts → Rdnr. 20.

6. Der Versorgungsausgleich, Nr. 6

Nr. 6[117] bezieht sich auf §§ 1587 ff. BGB und betrifft ein Verfahren der FG. § 621a Abs. 1 hat vor allem zur Konsequenz, daß nicht nur für gestaltende Entscheidungen, sondern auch für feststellende und Leistungsanordnungen ein numerus clausus gilt. Die einschlägigen Bestimmungen sind im BGB[118] und im VAHRG[119] zu finden. Für die Genehmigung von Vereinbarungen über den Versorgungsausgleich ist das Familiengericht nach §§ 1587o Abs. 2 S. 3 BGB zuständig. Für den schuldrechtlichen Versorgungsausgleich steht zwar im BGB (§§ 1587f, g) nichts von der Zuständigkeit des Familiengerichts. Durch die Worte »erfolgt insoweit der Ausgleich« ergibt sich jedoch aus dem Zusammenhang, daß damit dem Familiengericht die Befugnis zu einer Leistungsverfügung zuerkannt ist, allg. M.

23

Das Familiengericht ist im Verfahren der FG[120] auch für gesetzlich vorgesehene Nebenentscheidungen und die Zuerkennung von Nebenansprüchen zuständig, soweit sie in den Bereich des Versorgungsausgleichs fallen: Auskunftsansprüche nach § 1587e, 1587h[121][122]; → Rdnr. 38; Auskunftsansprüche in entsprechender Anwendung von § 1587e BGB (etwa zur Klärung, ob Haftpflichtansprüche gegen den Prozeßbevollmächtigten aus dem Scheidungsverfahren bestehen)[123].

In manchen Fällen hat die Rechtsprechung praeter legem Rechtsschutzmöglichkeiten im Versorgungsausgleichsverfahren entwickelt, die ebenfalls den Familiengerichten zustehen, z.B. Feststellungsentscheidungen zur Festlegung von Ausgangswerten für einen später fällig werdenden schuldrechtlichen Versorgungsausgleich[124]. Auch wenn im Zusammenhang mit Versorgungsausgleichsverfahren ein bisher nicht anerkannter Rechtsbehelf eingelegt wird, den das Gericht als unstatthaft ansieht, liegt eine Familiensache vor[125].

Auch isolierte Versorgungsausgleichsverfahren sind denkbar, nämlich dann, wenn die Ehe im Ausland geschieden wurde[126] oder wenn die Ehe aufgehoben oder für nichtig erklärt worden ist. Im allgemeinen wird der Versorgungsausgleich von Amts wegen durchgeführt. Nur auf Antrag erfolgt er freilich in folgenden Fällen: §§ 1587b Abs. 4, 1587b Abs. 1, 1587f., 1587l BGB; §§ 2, 3a Abs. 5 S. 1 und Abs. 9 S. 3, 9, 10, 10a VAHRG und nach Auslandsscheidung[127].

Im allgemeinen gilt das Prinzip, daß Streitigkeiten zwischen Versorgungsträgern einerseits und Ausgleichsberechtigten bzw. -verpflichteten andererseits keine familiengerichtlichen,

---

[115] *MünchKommZPO-Walter* Rdnr. 44. – A.M. *OLG München* FamRZ 1986, 74, zu Recht abl. *Rassow; AG Ludwigshafen* FamRZ 1983, 163 – Mutterschaftshilfe.
[116] *MünchKommZPO-Walter* Rdnr. 15.
[117] Lit.: *Dörr* FamRZ 1987, 1095; *Hoppenz* FamRZ 1987, 426; *Vogel* MDR 1979, 270.
[118] Dort vor allem §§ 1587b Abs. 1, 2, 1587d, 1587g Abs. 2, § 1587i Abs. 3.
[119] § 1 Abs. 2; 3; 3b; 3c; 10a.
[120] Zu früheren Streitfragen *Vogel* MDR 1979, 270 ff.
[121] *BGH* FamRZ 1981, 533 = NJW 1508; *OLG Hamm* FamRZ 1978, 700 = NJW 2560; *dass.* FamRZ 1986, 828; *OLG Koblenz* FamRZ 1978, 702; *OLG Hamburg* FamRZ 1978, 787f.; *dass.* FamRZ 1981, 179; *OLG Düsseldorf* FamRZ 1978, 423; *dass.* FamRZ 1979, 836 – keine Zurückverweisung nötig, wenn irrtümlich durch Urteil entschieden, sondern Fortsetzung des Verfahrens als FG-Sache; *OLG Düsseldorf* FamRZ 1980, 811; *KG* FamRZ 1979, 297; *OLG München* FamRZ 1979, 299, 300; *OLG Frankfurt* FamRZ 1980, 265; *OLG Zweibrücken* FamRZ 1985, 1270; allg.M. – → § 261e Rdnr. 7. Zur entsprechenden Anwendung von § 254 → § 621e Rdnr. 6.
[122] Die Auskunftspflicht der Träger des Versorgungsausgleichs ist nach §§ 53d Abs. 2 S. 2 FGG, § 11 Abs. 2 VAHRG (insoweit sogar Auskunftspflicht der Eheleute selbst) prozessual ausgestaltet, so daß es ihrerseits keiner besonderen Regelung der Zuständigkeit bedürfte.
[123] *OLG Karlsruhe* FamRZ 1982, 1028.
[124] *BGH* FamRZ 1982, 42 = NJW 387.
[125] *BGH* FamRZ 1980, 989f.
[126] *BGH* NJW 1983, 1270; *ders.* NJW RR 1990, 322; *KG* FamRZ 1990, 186; allg.M.
[127] *BGH KG* aaO.

sondern sozialgerichtliche, verwaltungsgerichtliche, arbeitsgerichtliche oder allgemein zivilgerichtliche Sachen sind (soweit es nicht im Verbundverfahren mittelbar zu Auseinandersetzungen zwischen einem Ehegatten und dem am Verfahren beteiligten Versorgungsträger kommt). Demgegenüber hat § 3a Abs. 9 S. 1 VAHRG in den Fällen des verlängerten schuldrechtlichen Versorgungsausgleichs eine Zuständigkeit des Familiengerichts auch für Ansprüche des überlebenden ausgleichsberechtigten Gatten gegen den Versorgungsträger begründet. Auch für alle mit dem Versorgungsausgleich zusammenhängenden Auskunftsansprüche der Beteiligten gegeneinander besteht diese Zuständigkeit, § 3a Abs. 8 VAHRG. Dazu kommen sonstige im Rahmen von §§ 3a VAHRG anfallende Verrichtungen. Im Falle des § 3a Abs. 4 S. 1 darf das Familiengericht allerdings nicht den Streit zwischen dem hinterbliebenen Ehegatten des Ausgleichspflichtigen und dem Versorgungsträger entscheiden, weil hierfür ein anderer Rechtsweg, regelmäßig der zu den Arbeitsgerichten, besteht[128].

Inwieweit Entscheidungen und Anordnungen in Versorgungsausgleichsverfahren nach der ZPO oder nach § 33 FGG zu vollstrecken sind, ist streitig; siehe Kommentare zu § 53g Abs. 3 FGG. Soweit danach das »Prozeßgericht« zuständig ist oder ausnahmsweise doch § 33 FGG eingreift, ist das Familiengericht zuständig[129].

Keine Versorgungsausgleichssache wurde in folgenden Entscheidungen angenommen: Ein geschiedener Ehegatte verlangt vom anderen Auskunft über dessen Versorgungsanrechte, um so Schadensersatzansprüche gegen einen Dritten vorzubereiten[130]. Ein Ehegatte verlangt vom anderen eine Beteiligung an der vom Rententräger ausbezahlten Rente[131]. Ein Ehegatte verlangt Einhaltung einer Zusage der Erstattung eines zur Begründung einer Rentenanwartschaft zu Gunsten des anderen einbezahlten Betrags[132].

Wenn in einer vor Inkrafttreten des Eherechtsreformgesetzes 1976 geschlossenen Scheidungsvereinbarung die Durchführung des Versorgungsausgleichs vorgesehen ist, liegt darin eine Modifizierung des gesetzlichen Unterhaltsanspruchs, sodaß zwar eine Familiensache nach Nr. 5, nicht aber eine Versorgungsausgleichssache vorliegt[133].

7. Regelung der Rechtsverhältnisse an Ehewohnung und Hausrat, Nr. 7

24   Der eigenständige Aussagegehalt von Nr. 7 ist allein der, daß für die in der HausrVO vorgesehenen Verfahren das Familiengericht »zuständig« ist. Es handelt sich um folgende Verfahren:

a) Die Regelung der *Rechtsverhältnisse* an der Wohnung und am Hausrat für die *Zeit nach der Scheidung*, §§ 1–10 HausrVO. Meist wird die Regelung im Verbund begehrt werden, § 623 Abs. 1, muß es aber nicht.

b) Die Regelung der *Benutzungs- und Besitzverhältnisse* an Ehewohnung und Hausrat bei getrennt lebenden Ehegatten oder – beschränkt auf Ehewohnungssachen – im Falle der Absicht eines Ehegatten, getrennt zu leben. Die materiellrechtlichen Grundlagen sind §§ 1361a, 1361b BGB i. V. m. § 18 HausrVO.

c) Verfahren, die vom Prozeßgericht nach § 18 der HausrVO an das Gericht der FG abgegeben worden sind und welche dieses ohne Rücksicht darauf binden, ob das abgebende Gericht zu Recht oder zu Unrecht eine Hausratssache angenommen hat[134].

---

[128] *Dörr* FamRZ 1987, 1096; *Wagenitz* FamRZ 1987, 8 Fn. 34; *Zöller-Philippi*[17] § 621 Rdnr. 47a. – A.M. *Hoppenz* FamRZ 1987, 426.
[129] BGH FamRZ 1979, 224; OLG Düsseldorf FamRZ 1980, 813; OLG Frankfurt FamRZ 1981, 180; OLG Hamm FamRZ 1986, 828 – als selbstverständlich unterstellt.

[130] BGH FamRZ 1984, 465.
[131] OLG Schleswig SchlHA 1980, 135.
[132] LG Freiburg FamRZ 1984, 180.
[133] BGH FamRZ 1985, 367.
[134] Allg.M., z.B. OLG Hamburg FamRZ 1982, 941; *Heintzmann* FamRZ 1983, 960.

Wie im Sorgerecht, Umgangsrecht und Kindesherausgaberecht stehen damit jetzt den Beteiligten für die Zeit des Getrenntlebens zwei zur Option gegebene Verfahren zur Verfügung, wenn ein Eheverfahren anhängig ist. Sie können neben dem isolierten Hausratsverfahren auch eine einstweilige Anordnung nach § 620 Nr. 7 begehren → § 620 Rdnr. 14. Einstweilige Anordnungen nach § 13 HausrVO sind aber unzulässig, solange eine Ehesache anhängig ist → § 620a Rdnr. 16. Negative Feststellungen → Rdnr. 37.

Wegen Einzelheiten muß auf die Kommentierungen zur HausrVO verwiesen werden, wie sie in allen Kommentaren zum BGB enthalten sind. Die für Maßnahmen nach § 620 Nr. 7 skizzierten Regelungsgrundsätze → dort Rdnr. 9a, 9b, gelten unter der Voraussetzung vollständiger Aufklärung aller Verhältnisse auch hier. Nur auf folgende, für die Praxis besonders wichtige Rechtsprechung sei hingewiesen:

Das Hausratsverfahren ist sowohl bei Scheidung wie bei Getrenntleben eine Sonderregelung, die eine Geltendmachung von *Ansprüchen aus § 985 oder § 861 BGB* vor den normalen Zivilprozeßabteilungen der Gerichte ausschließt. Es ist in erweiterter Auslegung von §§ 1361a Abs. 1 und 2 BGB auch in allen sonstigen Fällen anwendbar, in denen sich Ehegatten über Verbleib und Nutzung von Hausratsgegenständen streiten[135]. Das gilt auch bei eigenmächtiger Besitzentziehung und dem sich daran anschließenden einstweiligen Rechtsschutz[136]. Das Argument, andernfalls könne der Richter nur noch danach entscheiden, welchem Ehegatten die Sachen zum Gebrauch bzw. zum Eigentum zuzuweisen seien, die Rücksichtslosigkeit des eigenmächtigen Ehegatten werde also teilweise prämiert, stimmt nicht. Auch in Hausratssachen kann der Familienrichter einstweilige Anordnungen erlassen, § 13 Abs. 4 HausrVO, in deren Rahmen er den possessorischen Rechtsschutz voll zu verwirklichen vermag. Die Regelung, daß der Hausratsrichter auch ein Benutzungsentgelt festlegen kann, sollte man dahin interpretieren, daß auch Schadensersatzansprüche wegen eigenmächtiger Entfernung aus der ehelichen Wohnung absorbiert werden (und deshalb mitzuberücksichtigen sind), um in diesem Bagatellbereich das Parallellaufen von familiengerichtlichem Hausratsverfahren und Schadensersatzprozeß zu vermeiden[137]. Für die Klage auf Zahlung eines Nutzungsentgelts sollte man ebenso verfahren[138]. Selbst den Fall, daß der Ehegatte, dem die Wohnung nicht zugewiesen wurde, diese nicht verläßt und der Berechtigte deshalb Nutzungsentschädigung verlangt, sollte man als Verfahren nach Nr. 7 betrachten und dem Richter in analoger Anwendung von § 1361a Abs. 3 S. 2, § 1361b Abs. 2, § 5 Abs. 2 HausrVO, ein Nutzungsentgelt festsetzen lassen[139]. 25

Für die Zeit nach Rechtskraft des Scheidungsurteils darf eine Nutzungsentschädigung nicht geregelt werden, wenn der Eigentümer oder Miteigentümer die Wohnung aufgibt[140], wohl aber für die Zeit des Getrenntlebens[141], sofern sich die Ehegatten über die Verteilung von Wohnung und Hausrat geeinigt haben und nur noch über die Nutzungsentschädigung strei- 26

---

[135] *BGHZ* 67, 217 = NJW 1977, 43 = FamRZ 1976, 691; *MünchKommZPO-Walter* Rdnr. 76 und Fn. 171f.; ständige Rechtsprechung, zuletzt FamRZ 1982, 1200 = NJW 1983, 47; *Walter* JZ 83, 54f.; h.M. Ausnahme: nächste Fußnote. Der *BGH* spricht zwar davon, daß »Herausgabeansprüche« aus Eigentum ins Hausratsverfahren gehören. Damit meint er aber natürlich nicht, daß sie dann von den Bindungen nach §§ 8 und 9 HausrVO gelöst wären.
[136] *BGH* aaO; *OLG Koblenz* FamRZ 1985, 931; *OLG Düsseldorf* FamRZ 1986, 276; FamRZ 1987, 483; *OLG Hamm* FamRZ 1987, 483; *OLG Köln* FamRZ 1987, 77; *OLG Zweibrücken* FamRZ 1987, 1146; *OLG Frankfurt* FamRZ 1988, 399; FamRZ 1989, 75f. – Ohne Auseinandersetzung mit dem *BGH* A.M. *OLG Bamberg* FamRZ 1993, 335f; *KG* FamRZ 1987, 1147; *OLG Düsseldorf* FamRZ 1983, 164; 84, 1095; 87, 484; *LG Bochum* FamRZ 1983, 166; *OLG Nürnberg* FamRZ 1979, 510m.w.Rspr.N aus früherer Zeit; *Hambitzer* FamRZ 1989, 236.
[137] A.M. noch, aber ohne die Frage näher zu problematisieren *BGH* FamRZ 1980, 45 = NJW 192; *BGH* FamRZ 1980, 988 = NJW 2476; *BGH* FamRZ 1988, 155 = NJW RR 1989, 195; *OLG Koblenz* FamRZ 1982, 507; *OLG Düsseldorf* FamRZ 1985, 406 -§ 893 ZPO; allg.Lit.M.
[138] A.M. *BGH* NJW 1986, 1339.
[139] A.M. *OLG Köln* FamRZ 1992, 450.
[140] *BGH* FamRZ 1982, 355 = NJW 1753 – allg.M.
[141] *OLG Düsseldorf* FamRZ 1985, 949.

ten[142]. Wegen diffiziler Einzelheiten muß auf die Kommentare zur HausrVO verwiesen werden. Auch die Erstattung von Anschaffungskosten, Ausgleichsansprüche nach § 426 BGB oder Ansprüche auf Benutzungsregelung nach § 745 Abs. 2 BGB (im letzteren Fall freilich nur nach Auszug aus der Wohnung)[143] können jedenfalls nicht im Hausratsverfahren zuerkannt werden[144].

Schadensersatzansprüche eines Ehegatten wegen Beschädigung von Hausrat oder Wohnung[145] → Rdnr. 25.

27   Strittig ist die Frage, ob das Familiengericht auch zuständig ist, wenn Ansprüche aus *einer Vereinbarung der Parteien über Hausrat oder Ehewohnung* geltend gemacht werden[146]. Das *OLG Hamm* will dem Familiengericht das Recht geben, in einem solchen Fall festzustellen, daß der Hausrat verteilt sei[147]. Jedenfalls kann das um eine gestaltende Entscheidung angegangene Familiengericht als Vorfrage prüfen, ob nicht eine Einigung unter den Parteien zustandegekommen ist[148], und gegebenenfalls eine weitere Entscheidung ablehnen oder die Ausführung einer Einigung anordnen, je nachdem, welcher der beiden Ansichten es folgt. »Teileinigungen« sind im allgemeinen auch wirksam, solange nicht eine Einigung über alle anstehenden Hausrats- und Wohnungsauseinandersetzungsfragen zustandegekommen ist[149]. Es kann sich daher im Nachhinein immer herausstellen, daß eine Einigung nur eine Teileinigung war.

28   Wie in Versorgungsausgleichssachen → Rdnr. 23 besteht die Zuständigkeit des Familiengerichts auch für solche *Rechtsbehelfe, die praeter legem* entwickelt worden sind, etwa die Feststellung, daß eine Nutzungsvergütung nicht geschuldet wird[150]. Richtigerweise ist zwar das Arrestverfahren durch § 13 Abs. 4 HausrVO verdrängt. Wird es aber angestrengt, ist es eine Familiensache, wenn ein Ausgleichsanspruch nach § 8 Abs. 3 S. 2 HausrVO gesichert werden soll[151].

29   Das Verfahren nach § 1361b BGB unterscheidet sich in Nuancen vom Wohnungszuweisungsverfahren für den Fall der Scheidung. Dingliche Rechte an der Wohnung können dann nicht geregelt werden. Eine Vergütung kann auch ohne Wohnungszuweisung festgesetzt werden[152]. In Rechte des Vermieters kann nicht eingegriffen werden[153].

30   Zur Benutzung der Ehewohnung gehört auch der Zutritt, um beim Auszug noch nicht mitgenommene Sachen abzuholen[154].

31   Der Umstand, daß die Ehewohnung oder ein Hausratsgegenstand im Ausland belegen ist, hindert eine Regelung nicht, wenn die internationale Zuständigkeit der deutschen Gerichte gegeben ist → Rdnr. 24, § 606a Rdnr. 8 ff.

32   Streiten die Ehegatten um Eigentum oder Benutzungsrechte an Gegenständen, die *nicht zum Hausrat gehören* und liegt auch nicht ausnahmsweise ein Anspruch aus dem ehelichen

---

[142] *BGH* aaO; *BGHZ* 71, 216 = *FamRZ* 1978, 496 = *NJW* 1529; *OLG Bamberg FamRZ* 1990, 179; *Graba NJW* 1987, 1721, 1722. – A.M. *OLG Schleswig FamRZ* 1988, 722 = *JZ* 1075 (zustimmend *Kotzur*).
[143] *BGHZ* 87, 265 = *FamRZ* 1983, 795 = *NJW* 1845.
[144] *OLG Hamburg FamRZ* 1988, 299.
[145] *BGH FamRZ* 1980, 45 = *NJW* 192; *FamRZ* 1980, 988 = *NJW* 2476; *FamRZ* 1988, 155 = *NJW RR* 195; *OLG Düsseldorf FamRZ* 1985, 406 – bezüglich § 893 ZPO; *MünchKomm-ZPO-Walter* Rdnr. 75.
[146] Dafür *Zöller-Philippi*[17] Rdnr. 53; *Johannsen/Henrich/Voelskow* § 1361 BGB Anhang § 1 HausrVO; *KG FamRZ* 1990, 183 f. – Dagegen *BGH FamRZ* 1979, 789 = *NJW* 2156; *OLG Köln FamRZ* 1987, 77 (nimmt eine umfassende Zuständigkeit des Familiengerichts für alle Streitigkeiten über die Ehewohnung an, will aber anscheinend dabei sogar eine Bindung des Gerichts an eine von den Parteien getroffene Vereinbarung leugnen); *MünchKommZPO-Walter* Rdnr. 70.
[147] *FamRZ* 1980, 901.
[148] *OLG Koblenz FamRZ* 1984, 1241.
[149] *OLG Frankfurt FamRZ* 1983, 730; *MünchKomm-ZPO-Walter* Rdnr. 71; *Palandt-Diederichsen*[51] Anh. II 2. EheG § 1 Rdnr. 7 mwN. – A.M. *Zöller-Philippi*[17] Rdnr. 54 mN.
[150] *Gottwald FamRZ* 1988, 410; *Zöller-Philippi*[17] Rdnr. 50; *OLG Düsseldorf FamRZ* 1988, 410 (wo zwar in der Sache die Möglichkeit einer solchen Feststellung geleugnet wurde, aber durchaus ein Familiensenat entschieden hat).
[151] *OLG Karlsruhe FamRZ* 1981, 63.
[152] *OLG Schleswig NJW RR* 1988, 1413; *Zöller-Philippi*[17] Rdnr. 51. – A.M. *OLG Bamberg FamRZ* 1990, 180.
[153] *OLG Zweibrücken FamRZ* 1990, 55; *Bergerfurth FamRZ* 1985, 545, 549; *Brudermüller FamRZ* 1987, 120. – A.M. *OLG Koblenz FamRZ* 1987, 406 = *NJW* 1559.
[154] *OLG Düsseldorf FamRZ* 1985, 497.

Güterrecht vor, so sind nicht die Familiengerichte, sondern die normalen Prozeßabteilungen von Amtsgericht bzw. Landgericht zuständig[154a]. Das gilt vor allem für Kraftfahrzeuge, wenn sie nicht kraft gemeinsamer Zweckbestimmung durch die Ehegatten überwiegend dem ehelichen und familiären Zusammenleben dienen[155]. In manchen Fällen wird verschiedentlich für eine Zuständigkeit des Familiengerichts kraft Sachzusammenhangs plädiert[156].

Unterliegt die Hausratsverteilung nicht deutschem oder einem Recht mit vergleichbarer Regelung[156a] so führt die Geltendmachung hausratsbezogener Ansprüche nicht zu einer Familiensache[156b].   32a

8. Rechtsstreitigkeiten aus dem ehelichen Güterrecht, Nr. 8, 9

Anders, als im RegE. vorgesehen, hat das Familiengericht keine Zuständigkeiten zur Erledigung aller vermögensrechtlichen Ansprüche unter den in Scheidung lebenden Ehegatten erhalten. Die Zuständigkeit des Familiengerichts ist also beschränkt auf Streitigkeiten über Ansprüche, die ihren Rechtsgrund in einem Güterstand haben. Gleichgültig ist, ob sich die Streitigkeit auf eine bestehende Ehe, etwa vorzeitiger Ausgleich des Zugewinns, oder auf eine aufgelöste bezieht. Typischerweise sind es Streitigkeiten, die aus Anlaß der Liquidation eines Güterstandes auftreten. Der Anspruch kann auch aus ausländischem Recht hergeleitet sein. Daß sonstige Ansprüche vermögensrechtlichen Zuschnitts unter Ehegatten oder früheren Ehegatten aus der Zeit ihrer Ehe nicht zur Zuständigkeit des Familiengerichts gehören, ist beklagenswert und erschwerend für die Arbeit der Richter und Rechtsanwälte. Ehegüterrechtliche und andere vermögensrechtliche Ansprüche, insbesondere solche aus einer Ehegatteninnengesellschaft, aus Wegfall der Geschäftsgrundlage und dergleichen →Rdnr. 34, hängen oft engstens zusammen. Man sollte die einschlägigen Normen soweit wie irgend möglich zu Gunsten der Zuständigkeit des Familiengerichts interpretieren.   33

a) Eine familiengerichtliche Sache liegt immer vor, wenn ein Anspruch aus einer **ehegüterrechtlichen Rechtsgrundlage** geltend gemacht wird. Dies sind vor allem die §§ 1373–1390 BGB, 1451 BGB[157], § 1457 BGB, §§ 1472–1481 BGB[158]. Dazu gehören aber auch Ansprüche aus besonderen güterrechtlichen Vereinbarungen im Sinne von § 1408 BGB[159], nach gelegentlicher Rechtsprechung freilich nur, wenn eine Rechtsfolge geltend gemacht wird, die allein durch güterrechtlichen Vertrag ausgelöst werden kann[160] →Rdnr. 48. Auch ehegüterrechtliche Ansprüche, die sich gegen Dritte richten (Beispiel: § 1428), gehören hierher. Nicht familiengerichtlich wird eine Sache aber schon dadurch, daß die Haftung des Gesamtguts oder einer anderen Güternase im Außenverhältnis angeordnet ist.

Die nach Beendigung der Eigentums- und Vermögensgemeinschaft des Rechts der ehemaligen DDR geltend gemachten Ansprüche sind ebenfalls güterrechtlicher Art[161]. Die bei → § 744a Rdnr. 8ff. genannten Duldungsklagen sind keine ehegüterrechtlichen. Ist lex causae ein ausländisches Recht, so ist Nr. 8 nur anwendbar, wenn dieses ein eigenständiges Ehegüterrecht ausgeprägt hat und der eingeklagte Anspruch aus ihm hergeleitet wird[162].

[154a] *OLG Hamm* 8. Fam.S. RamRZ 1993, 211f. – A.M. *OLG Hamm* u. Fam.S. RamRZ 1992, 963 (beide für Schmuck).
[155] *BGH* FamRZ 1983, 794; *OLG Zweibrücken* FamRZ 1983, 616 (bestätigt durch *BGH* aaO); *BayObLG* FamRZ 1982, 399.
[156] *Walter* JZ 83, 54, 57; *ders. Der Prozeß in Familiensachen* (1985) 62 ff.; *MünchKommZPO-Walter* Rdnr. 79; *OLG Düsseldorf* FamRZ 1978, 523 (3. Familiensenat). – A.M. *OLG Düsseldorf* FamRZ 1978, 358 (2. Familiensenat); *OLG Karlsruhe* FamRZ 1979, 609.
[156a] Zu der IPR-Frage s. etwa *Palandt/Heldrich*[52] Art. 14 EGBGB Rdnr. 18, Art. 17 EGBGB Rdnr. 17.
[156b] *OLG Hamm* FamRZ 1993, 211f.
[157] *BGH* NJW 1990, 2252.

[158] Für § 1478 BGB: *BGHZ* 84, 333, 337 = FamRZ 1982, 991 = NJW 2373; für § 1477 Abs. 2: *OLG Karlsruhe* FamRZ 1982, 286, 288; für Ansprüche auf Nutzungsentschädigung bezüglich eingebrachter Sachen: *OLG Köln* FamRZ 1993, 713.
[159] *BGH* FamRZ 1981, 944, 1045 → Rdnr. 47.
[160] *BGH* FamRZ 1978, 771; *OLG Hamburg* FamRZ 1980, 909.
[161] *KG* FamRZ 1992, 566.
[162] Zur Rechtsvergleichung siehe den amtlichen Bericht von *Schlosser* zum Übereinkommen über den Beitritt Dänemarks, Irlands und des Vereinigten Königreichs zum EuGVÜ, ABl EG Nr. C 59 vom 5.3.1979 Seite 71f. Rdnr. 45 ff., abgedruckt auch in Bülow-Böckstiegel Inter-

Auch Klagen gestützt auf § 823 Abs. 2 BGB wurden als familiengerichtliche Sachen anerkannt, wenn die in Bezug genommene Schutzrechtsnorm aus dem Ehegüterrecht stammt[163]. Auf diese Weise ist der Anspruch des durch die Vinkulierungsbestimmungen der §§ 1365, 1369 BGB geschützten Ehegatten gegen seinen Partner auf Rückgängigmachung des Geschäfts Familiengerichtssache auch dann, wenn man den Anspruch nicht schon allein aus diesen Bestimmungen herleitet[164]. Zur Beteiligung Dritter → Rdnr. 36.

Außer für die in Nr. 9 genannten, sehr seltenen FG-Sachen ist das Familiengericht nur für die zivilprozessualen Güterstandssachen zuständig, also etwa nicht für den Ersatz von Zustimmungen nach § 1365 Abs. 2 BGB[165].

Im *ausländischen Recht* begründete Anspruchsgrundlagen können ehegüterrechtlich einzuordnen sein, auch wenn es der vergleichbare Lebenssachverhalt im deutschen Recht nicht ist[165a].

34 b) Nach dem Auseinanderbrechen einer Ehe gibt es freilich in zunehmendem Maße Probleme des vermögensrechtlichen Ausgleichs unter den Ehegatten, die im **streng dogmatischen Sinn nicht güterrechtlicher Art** sind, aber meist eng mit der unterhaltsrechtlichen und vermögensmäßigen Liquidation der Ehe verbunden sind. Es ist daher zu bedauern, daß die Rechtsprechung den Mut zu einer etwas weiter ausholenden Rechtsfortbildung nicht aufgebracht hat. Nach der de lege lata so gut wie nicht in Frage gestellten Praxis sind daher keine familiengerichtlichen Sachen Klagen, die zum Gegenstand haben: Die *Auseinandersetzung eines Miteigentums*, meist an dem Familienwohnheim[166]; die Auseinandersetzung einer *Erbengemeinschaft*, an der beide Ehegatten beteiligt sind[167]; die Zustimmung zur *Verwaltung von Miteigentum* (§ 745 Abs. 2 BGB)[168]; Nutzungsansprüche für das *Wohnenbleiben* eines Ehegatten im gemeinsamen Anwesen[169]; Ansprüche aus *§§ 741 ff. BGB* bei Auflösung von *Bankguthaben*[170]; Ansprüche auf *Freistellung von gesamtschuldnerischer Mithaftung*[171]; Ansprüche aus Auflösung einer *Innengesellschaft*; Bereicherungsansprüche nach § 812 Abs. 1 S. 2 2. Hs.; Ansprüche aus *Wegfall der Geschäftsgrundlage*[172]; Ausgleichsansprüche, die ganz allgemein neben den güterrechtlichen aus § 242 BGB hergeleitet werden[173]; den *Innenausgleich unter Gesamtschuldnern*, welche die Ehegatten gewesen sein sollen[174]; Ansprüche aus *Schenkungswiderruf*[175]; allgemein auf § 1353 BGB gestützte vermögensrechtliche Ansprüche[176]; einen Bereicherungsausgleich für Leistungen, die von den Eheleuten noch zu Verlobungszeiten erbracht worden sind[177].

Freilich ist gerade bei vermögensrechtlichen Ansprüchen unter Eheleuten besonders genau darauf zu achten, daß die vom Gericht vorgenommene rechtliche Einordnung und nicht die des Klägers entscheidet → Rdnr. 6. Dort auch zu mehrfach begründbaren Ansprüchen. Zur schuldrechtlichen Vereinbarung der Ehegatten → Rdnr. 48 ff.

---

nationaler Rechtsverkehr in Zivil- und Handelssachen 601.99f.
[163] *OLG Frankfurt* FamRZ 1986, 275f.
[164] *OLG Frankfurt* FamRZ 1986, 275.
[165] *BGH* NJW 1982, 2556.
[165a] *OLG Hamm* NJW 1992, 1220 (Art. 146 Abs. 1 TürkZGB – Herausgabe eingebrachter persönlicher Gegenstände).
[166] *BGH* FamRZ 1980, 1106; *BayObLG* FamRZ 1980, 275, 468; *dass.* FamRZ 1981, 376; *OLG München* FamRZ 1982, 942..
[167] *BayObLG* FamRZ 1980, 468 = NJW 194.
[168] *BGH* NJW 1982, 1753; *BGH* NJW 1983, 1845.
[169] Zu den Nutzungsansprüchen bei einem Anwesen, das zum Gesamtgut gehört → Rdnr. 6.

[170] *BGH* FamRZ 1980, 45; *OLG Düsseldorf* FamRZ 1980, 1036.
[171] *BGH* FamRZ 1980, 671; *BayObLG* FamRZ 1983, 1248, 1249; *dass.* FamRZ 1985, 1057 – Ausnahme Kredit zur Anschaffung von Hausrat; *Zöller-Philippi*[17] Rdnr. 3b.
[172] *BGH* FamRZ 1991, 1169; *BGH* NJW 1978, 1923 = FamRZ 771.
[173] *LG Lübeck* FamRZ 1989, 282.
[174] *OLG Karlsruhe* FamRZ 1985, 721.
[175] *LG Bonn* FamRZ 1980, 359.
[176] *OLG Stuttgart* FamRZ 1989, 763 – Schadensersatz wegen pflichtwidriger Übertragung eines Schadensfreiheitsrabattes der PKW-Versicherung auf einen Dritten.
[177] *OLG Köln* FamRZ 1991, 816.

c) In der Rechtsprechung spielt das geschehene oder verabsäumte Zusammenwirken der 35
Ehegatten in der **steuerrechtlichen Behandlung** ihre Angelegenheiten eine große Rolle.
Eine Klage auf Zustimmung zum **Realsplitting** nach § 10 Abs. 1 Nr. 1 EStG ist zwar durchwegs als familiengerichtliche Angelegenheit behandelt worden, allerdings als eine unterhaltsrechtliche[178]. Demgegenüber[179] ist die familiengerichtliche Einordnung aller anderen steuerbezogenen Rechtsstreitigkeiten unter Ehegatten oder geschiedenen Ehegatten geleugnet worden. Das gilt für eine Klage auf **Zustimmung zu einem Antrag auf Lohnsteuerermäßigung** und geltend gemachtem Anspruch auf eigene Antragstellung[180] ebenso wie für die Klage auf Zustimmung zur **gemeinsamen Veranlagung**[181] und Schadensersatz wegen Verweigerung dieser Zustimmung[182]. Nicht anders ist für Klagen auf teilweise Abführung dessen entschieden worden, was aus dem Lohnsteuerjahresausgleich[183] oder der Einkommensteuer[184] erstattet worden ist.

d) Wie im Gesetzestext festgehalten ist, können ehegüterrechtliche und darum Familien- 36
gerichtsstreitigkeiten auch solche sein, an denen **Dritte beteiligt** sind. Im Verbundverfahren ist dann freilich die güterrechtliche Sache abzutrennen → § 623 Abs. 1 S. 2. Der Gesetzgeber hat vor allem an Verfahren zwischen den Abkömmlingen und dem überlebenden Ehegatten bei fortgesetzter Gütergemeinschaft und an Ansprüche gegen Dritte nach § 1390 BGB gedacht.
Man hat die Bestimmung aber auch auf die Inanspruchnahme der **gesamtschuldnerischen Haftung** in Gütergemeinschaft lebender Ehegatten nach § 1437 Abs. 2, § 1480 BGB[185] oder nach entsprechenden Vorschriften eines ausländischen Rechts[186] und auf Ansprüche aus § 1368 BGB[187] ausgedehnt, obwohl letztere Vorschrift an sich nichts weiter verfügt als eine Prozeßstandschaft zu Gunsten des übergangenen Ehegatten[188]. Zur Einbeziehung »Dritter« infolge Rechtsübergangs → Rdnr. 40.

9. Gemeinsame Aspekte der Bestimmung des familiengerichtlichen Charakters zivilprozessualer Sachen

a) Der Charakter eines Klageverfahrens als eines familiengerichtlichen ist unabhängig von 37
den **Rechtsschutzformen**. Für die, insbesondere zur Herbeiführung der Unwirksamkeit einstweiliger Anordnung notwendige → § 620f. Rdnr. 6, 8, negative Feststellungsklage ist das Familiengericht ebenso zuständig[189] wie für eine Klage auf Zustimmung zur Auszahlung eines gemäß § 839[190] oder aufgrund von Privatvereinbarung zu Gunsten einer familiengerichtlichen Titelforderung hinterlegten Betrages. Auch die Beanspruchung einer in der Verfahrensart unzulässigen Rechtsschutzform begründet eine familiengerichtliche Sache, etwa eine (nicht mögliche) negative Feststellung im Hausratsverfahren[190a].

---

[178] *BGH* FamRZ 1983, 576; *BayObLG* FamRZ 1985, 947, 949; allg. M.
[179] die Unterscheidung zu Recht als unsachgemäß kritisierend *Walter* JZ 1983, 486. Auch insoweit für eine familiengerichtliche Einordnung: *MünchKommZPO-Walter* Rdnr. 55.
[180] *BayObLG* NJW 1985, 1787.
[181] *OLG Stuttgart* RamRZ 1992, 1447; *OLG Düsseldorf* NJW RR 1990, 1027; dass. FamRZ 1984, 805; *OLG Hamm* FamRZ 1983, 937f.
[182] *OLG Hamm* FamRZ 1991, 1070; dass. FamRZ 1985, 489; *OLG München* FamRZ 1983, 615; *OLG Frankfurt* FamRZ 1980, 274; *OLG Düsseldorf* aaO; *LG Hannover* FamRZ 1985, 405.

[183] *BGH* FamRZ 1980, 554; *OLG Düsseldorf* FamRZ 1985, 82; *OLG Hamburg* FamRZ 1982, 507; *AG Lehrte* FamRZ 1984, 915.
[184] *LG Stuttgart* FamRZ 1992, 680.
[185] *BGHZ* 76, 305 = FamRZ 1980, 551 = NJW 1626.
[186] *BGH* FamRZ 1983, 155 = NJW 1913.
[187] *BGH* FamRZ 1981, 944, 1045.
[188] Aus diesem Grunde abl. *Spall*, zust. aber *Bosch*.
[189] *OLG Hamm* FamRZ 1982, 721; allg. M.
[190] *OLG Düsseldorf* FamRZ 1988, 298ff.
[190a] A.M. *AmtsG Groß-Gerau* FamRZ 1993, 215.

Einstweiliger Rechtsschutz wie Arrest[191], einstweilige Verfügung[192] und selbständiges Beweisverfahren[193] fallen ebenso darunter wie **Unterhaltsabänderungsklagen**[194], selbst wenn sie gegen einen im Vereinfachten Verfahren nach §§ 641 lff. ergangenen Beschluß gerichtet sind[195]. **Vollstreckungsgegenklagen** sind dann Familiensachen, wenn sie sich gegen eine Titelforderung richten, die Familiensache ist[196]. Das gilt auch, wenn die Vollstreckungsgegenklage sich gegen einen Vergleich richtet, der einen familiengerichtlichen Gegenstand hat[197]. Daß auch die gegen eine familiengerichtliche Entscheidung gerichtete **Wiederaufnahmeklage** Familiensache ist, versteht sich nahezu von selbst[198] → Rdnr. 22 vor § 606. Es ist daher nur konsequent, auch eine auf § 826 BGB gestützte Klage gegen das Gebrauchmachen von einem Titel, der zu einem Anspruch erlangt worden ist, der unter eine der Nrn. 4, 5 oder 8 fällt, der familiengerichtlichen Zuständigkeit zu unterstellen[199].

Bei einer Vollstreckungsgegenklage reicht es aber zur Begründung einer familiengerichtlichen Zuständigkeit nicht aus, wenn mit einer Forderung aufgerechnet wird, die klageweise vor den Familiengerichten geltend gemacht werden müßte[200].

Für eine auf § 771 gestützte **Widerspruchsklage** gegen die Teilungsversteigerung eines vor der Scheidung zum Gesamtgut gehörenden Bauernhofes hat der BGH mit Recht darauf abgestellt, ob »das der Durchführung ... entgegenstehende Recht materiellrechtlich im Ehegüterrecht wurzelt«[201], was er für das mit der Widerspruchsklage geltend gemachte Recht auf Übernahme im Sinne von § 1477 Abs. 2 BGB annahm. Daher ist auch eine auf § 1365 BGB gestützte Widerspruchsklage gegen die eigenmächtig beantragte Teilungsversteigerung eines im Miteigentum der Ehegatten stehenden Grundstücks Familiensache[202]. Die Tatsache allein, daß der Titel über eine familiengerichtliche Forderung errichtet ist, rechtfertigt die Zuständigkeit des Familiengerichts aber nicht[203].

Die mit einer **gegenteiligen Abmachung der Ehegatten** begründete Widerspruchsklage gegen eine Teilungsversteigerung ist demgegenüber keine güterrechtliche Sache[204].

Entgegen der späteren Selbstdeutung durch den BGH[205] steht es damit aber im Widerspruch, eine Widerspruchsklage nach § 774 immer dann nicht als familiengerichtliche Sache anzusehen, wenn der Vollstreckungstitel, der Grundlage der Zwangsvollstreckung ist, keine Familiensache betrifft[206]. Einwendungen aus § 741 sind auch nicht, wie der BGH meint, farblos »vollstreckungsrechtlicher Natur«, sondern haben ihre Wurzel in der Gütergemeinschaft.

Zu den Rechtsschutzformen gehören auch **Zwangsvollstreckungsmaßnahmen**. Die Vorschriften über die sachliche Zuständigkeit von Vollstreckungsgericht[207], Gerichtsvollzieher und Grundbuchamt und für die ihren Maßnahmen zugeordnete Vollstreckungserinnerung sind freilich Sondervorschriften gegenüber § 621[208], etwa bei Streitigkeiten über die Höhe

---

[191] *BGH* FamRZ 1980, 46; *OLG Frankfurt* NJW RR 1988, 1350; *dass.* FamRZ 1978, 350 = NJW 1012; *OLG Hamm* FamRZ 1982, 621; *OLG Schleswig* SchlHA 1978, 70. – A.M. *OLG Hamm* NJW 1978, 57. Zur Sicherbarkeit des Zugewinnausgleichsanspruchs durch Arrest: *Dietzen* NJW 1987, 1806.
[192] *OLG Frankfurt* FamRZ 1986, 275.
[193] *MünchKommZPO-Walter* Rdnr. 111. – A.M. *LG Lüneburg* FamRZ 1984, 69.
[194] *BGH* FamRZ 1978, 674; *BGH* FamRZ 1979, 907; allg. M.
[195] *OLG Frankfurt* FamRZ 1978, 348.
[196] *BGH* FamRZ 1992, 538; *BGH* FamRZ 1978, 673 = NJW 1811; *BGH* NJW 1979, 2046; *BGH* FamRZ 1980, 346 = NJW 1393; *BayObLG* FamRZ 1991, 1455 = NJW RR 1992, 263; *OLG Schleswig* FamRZ 1991, 958 = SchlHA 80 – eheliches Güterrecht; allg. M.
[197] *BGH* FamRZ 1981, 19ff. = NJW 346.
[198] *OLG Karlsruhe* FamRZ 1979, 725, 726.
[199] *OLG Düsseldorf* FamRZ 1985, 599; *dass.* FamRZ 1980, 376ff.; *OLG Karlsruhe* FamRZ 1982, 400; *v. Bar* IPRax 1988, 234.
[200] A.M. *OLG Hamm* FamRZ 1989, 875.
[201] *BGH* NJW 1985, 3066 = FamRZ 903; ebenso *BayObLG* FamRZ 1981, 376; *OLG Frankfurt* FamRZ 1985, 403.
[202] A.M., aber durch BGH aaO wohl überholt, eine Reihe von OLGen, zuletzt *OLG Stuttgart* FamRZ 1982, 401.
[203] A.M. *MünchKommZPO-Walter* Rdnr. 99.
[204] *BayObLG* FamRZ 1981, 376.
[205] *BGH* NJW 1985, 3066 aaO.
[206] *BGH* FamRZ 1979, 219 = NJW 929.
[207] *BGH* NJW 1979, 1048.
[208] *OLG Düsseldorf* FamRZ 1977, 725; *dass.* FamRZ 1978, 913; *OLG Karlsruhe* FamRZ 1979, 725, 726.

des Pfändungsfreibetrags[209] oder über die Modalität der Räumung der Ehewohnung[210]. Auch für den Drittschuldnerprozeß ist nicht das Familiengericht zuständig[211], wenn nicht gerade die gepfändete Forderungen zu dessen Zuständigkeit gehört → Rdnr. 40.

Wenn jedoch das **Gericht des Erkenntnisverfahrens** für Zwangsvollstreckungsmaßnahmen zuständig ist, so ist es auch das Familiengericht, wenn der fragliche Titel einen Anspruch zum Gegenstand hat, der unter eine der Nrn. 4, 5 oder 8 fällt[212].

Auch für **Erinnerungen** gegen Erteilung oder Verweigerung der **Vollstreckungsklausel** entscheidet unter diesen Voraussetzungen das Familiengericht[213], nicht aber über die Ausstellung von Rechtskraftzeugnissen[214].

Selbst die **Vollstreckbarerklärung eines ausländischen Urteils** über Ansprüche aus dem ehelichen Güterrecht oder über Unterhaltsansprüche muß beim Familiengericht beantragt werden[215], sofern nicht in Staatsverträgen etwas anderes bestimmt ist. Letzteres ist in Gestalt des Haager Übereinkommens über die Anerkennung und Vollstreckung von Unterhaltsentscheidungen[216], § 1 Abs. 1 deutsches Ausführungsgesetz hierzu[217] und nach Art. 32 EUGVÜ der Fall, soweit familiengerichtliche Gegenstände ihm unterfallen, was für Unterhaltsansprüche aber durchaus zutrifft.

Soweit sich die geschilderten zwangsvollstreckungsrechtlichen Behelfe auf einen bereits vorliegenden inländischen Titel beziehen, ist in entsprechender Anwendung von § 119 Abs. 1 Nr. 1 GVG → Rdnr. 3 **formell anzuknüpfen** und darauf abzustellen, ob im Erkenntnisverfahren das Familiengericht oder die allgemeine Prozeßabteilung des Amtsgerichts bzw. das Landgericht entschieden hat[218].

b) Zu den zivilprozessualen Familiensachen gehören auch geltend gemachte **Nebenansprüche** oder angestrengte **Nebenverfahren**.

Das gilt neben den Ansprüchen auf Sicherheitsleistung zu Gunsten eines familiengerichtlich zu verfolgenden Anspruchs[219] vor allem für **Auskunftsansprüche**[220], auch wenn die begehrte Auskunft nicht zur Vorbereitung des Hauptverfahrens gegen den anderen Ehegatten, sondern zur Untermauerung eines Antrags auf Gewährung von Sozialleistungen[221] oder der Vorbereitung eines familiengerichtlichen Verfahrens gegen einen Dritten[222] dient[223]. Ob es eine spezielle Rechtsgrundlage für den Anspruch gibt, oder dieser über § 242 BGB aus einem »familiengerichtlichen« Rechtsverhältnis hergeleitet wird, bleibt sich gleich[224]. Der sich aus § 836 Abs. 3 ergebende Auskunftsanspruch wurde allerdings nicht als Familiensache gewertet[225].

Ein Nebenanspruch mit der Folge seiner familiengerichtlichen Einordnung ist auch ein Anspruch nach dem **Anfechtungsgesetz,** wenn der zugrunde liegende Anspruch ein familien-

---

[209] OLG Celle FamRZ 1979, 57.
[210] OLG Koblenz v. 22.9.1978 zit. bei Klauser MDR 1479, 627, 629 Fn. 53.
[211] OLG Hamm FamRZ 1978, 602.
[212] OLG Hamburg FamRZ 1983, 1252; OLG Schleswig SchlHA 1981, 190; dass. FamRZ 1978, 129f.; OLG Schleswig SchlHA 1981, 190.
[213] OLG Hamburg FamRZ 1981, 980; OLG Düsseldorf FamRZ 1980, 378 ff.; dass. FamRZ 1978, 427.
[214] OLG Zweibrücken FamRZ 1988, 856.
[215] NJW 1980, 2025; ders. FamRZ 1988, 491; ders. FamRZ 1990, 868 (st. Rspr.); OLG Hamm FamRZ 1989, 1199; OLG Bamberg FamRZ 1980, 66; OLG Köln FamRZ 1979, 718. – A.M. Schütze NJW 1983, 154.
[216] BGBl. 1986 II 826; 1987 II 220.
[217] BGBl. 1986 I 1156.
[218] A.M., aber durch die heutige Fassung von § 119 GVG überholt OLG Düsseldorf FamRZ 1981, 577.

[219] MünchKommZPO-Walter Rdnr. 38.
[220] Grundsätzlich dazu Winkler von Mohrensfels Abgeleitete Informationspflichten im deutschen Zivilrecht (1986), § 10 I 1. Aus der Rechtsprechung: BGH FamRZ 1982, 27; OLG Stuttgart IPRax 1990, 250; OLG Düsseldorf 1985, 721; OLG Koblenz FamRZ 1981, 992; OLG Karlsruhe FamRZ 1979, 170; OLG München NJW 1979, 115.
[221] BayObLG FamRZ 1985, 945 – Arbeitslosenhilfe; OLG Karlsruhe FamRZ 1979, 170 – BAFö.
[222] OLG Düsseldorf FamRZ 1985, 721 – güterrechtlicher Anspruch gegen einen Dritten. Zur Einbeziehung in den Verbund → § 623 Rdnr. 5a.
[223] A.M. wenn nicht als Stufenklage KG NJW RR 1992, 450.
[224] OLG Düsseldorf aaO; OLG Schleswig SchlHA 1982, 736.
[225] OLG Nürnberg FamRZ 1979, 524.

gerichtlicher ist,²²⁶ und der Anspruch nach § 419 BGB gegen den Vermögensübernehmer²²⁷. Auf irgendwelche Abwägungen, auf welchem Rechtsgebiet der Schwerpunkt des Verfahrens liegt²²⁸, kommt es genausowenig an wie bei der Aufrechnung →Rdnr. 6.

Das **Kostenfestsetzungsverfahren** ist Familiensache, wenn der Kostengrundtitel zu einer familiengerichtlichen Sache gehört²²⁹. Das gilt für das Kostenfestsetzungsverfahren insgesamt, wenn zwar im Grundtitel auch andere Angelegenheiten behandelt sind, sich aber bei den Kosten eine Trennung nicht vornehmen läßt²³⁰.

Auch Anträge auf **Prozeßkostenhilfe** sind bei den Familiengerichten zu stellen, wenn die zu verfolgende Angelegenheit zu ihrer Zuständigkeit gehört²³¹. Für die **Beratungshilfe** gibt es keine familiengerichtliche Zuständigkeit²³².

Die Klage des **Anwalts** auf sein **Honorar** ist indes keine familiengerichtliche Sache²³³. Erst recht ist die Klage gegen einen Anwalt auf Rückzahlung eines Honorarvorschusses keine familiengerichtliche Sache²³⁴.

Familiensachen sind auch nicht die Ablehnung eines Richters am Familiengericht²³⁵.

39 c) Auch Unterhalts- und ehegüterrechtliche Ansprüche sind nach ihrer Entstehung **Veränderungen ausgesetzt**; vermeintlich bestehende Ansprüche können zu **Rückforderungsansprüchen** führen, wenn sie irriger Weise erfüllt worden sind. Soweit derartige Änderungen nicht Ergebnis einer vertraglichen Einwirkung auf den Anspruchsinhalt sind →Rdnr. 44 f., berühren sie richtiger Ansicht nach den familiengerichtlichen Charakter des Anspruchs nicht.

40 aa) Ein Anspruch verliert seine familiengerichtliche Natur nicht dadurch, daß sich die **Aktiv- oder Passivlegitimation** ändert, auch wenn dies dazu führt, daß andere Personen als Ehegatten bzw. Eltern und Kinder Parteien des Verfahrens werden. Das gilt für die Zession eines Anspruchs, für die Klage eines beliebigen Titelgläubigers, dem ein Unterhalts- oder Güterstandsanspruch zur Einziehung überwiesen ist²³⁶, und für die Überleitung eines Anspruchs auf den Träger einer öffentlichrechtlichen Subsidiärleistung²³⁷, in allen Fällen auch für die negative Feststellungsklage gegen den neuen Anspruchsprätendenten²³⁸. Nichts anderes gilt aber auch, wenn die Ansprüche gegen den **Erben** des ursprünglich Verpflichteten geltend gemacht werden²³⁹. Selbst die Klage des Unterhaltsgläubigers gegen denjenigen, der das Vermögen des Unterhaltsschuldners oder einzelne Vermögensstücke in anfechtbarer Weise übernommen hat, ist eine Familiengerichtssache →Rdnr. 38.

41 bb) Es kommt immer wieder vor, daß Ehegatten oder Eltern güterrechtliche oder unterhaltsrechtliche **Leistungen** erbringen – im Falle einstweiliger Anordnungen sogar erbringen müssen –, die sie dann als unberechtigt **zurückfordern**.

Ein etwaiger Anspruch auf **Rückzahlung eines Prozeßkostenvorschusses** ist nach der Rechtsprechung kein Anspruch aus ungerechtfertigter Bereicherung, sondern ein im Lichte der

---

²²⁶ AM. *OLG Bamberg* FamRZ 1989, 408 – für den Fall, daß der familiengerichtliche Ausgangsanspruch bereits tituliert ist.
²²⁷ *OLG Frankfurt* FamRZ 1983, 196; *OLG München* FamRZ 1978, 48 = NJW 550.
²²⁸ So aber *OLG Bamberg* aaO.
²²⁹ *BGH* FamRZ 1992, 538; *BGH* FamRZ 1981, 19, 20 = NJW 346; *BGH* FamRZ 1978, 585.
²³⁰ *BGH* FamRZ 1981, 19 aaO.
²³¹ *BGH* FamRZ 1979, 421 = NJW 1048: nicht aber bei Prozeßkostenhilfe für die Zwangsvollstreckung aus familiengerichtlichen Titeln.
²³² *BGH* FamRZ 1984, 774..
²³³ *BGH* NJW 1986, 1178 = FamRZ 347; *BayObLG* NJW 1982, 587 – offengelassen für den Fall, daß Anwalt nach §§ 34, 35 den Gerichtsstand des Hauptprozesses wählt; *OLG Frankfurt* FamRZ 1984, 1119. Auch für den Fall der Gerichtsstandswahl nach §§ 34, 35 so: *OLG Saarbrücken* FamRZ 1986, 73; *OLG Karlsruhe* FamRZ 1985, 498; *OLG München* AnwBl 1984, 370; *OLG Zweibrücken* FamRZ 1982, 85; *OLG Hamm* FamRZ 1981, 689f.; dass. FamRZ 1981, 1089. – A.M. (für Gerichtsstandwahl nach §§ 34, 35): *OLG Hamburg* FamRZ 1985, 409; dass. FamRZ 1979, 1036; *KG* FamRZ 1981, 1089; *MünchKommZPO-Walter* Rdnr. 106.
²³⁴ *OLG Frankfurt* FamRZ 1981, 978.
²³⁵ *BGH* FamRZ 1979, 220 = NJW 551.
²³⁶ *OLG Hamm* FamRZ 1985, 407; dass. FamRZ 1978, 602.
²³⁷ *BGH* FamRZ 1981, 758; allg. M.
²³⁸ *MünchKommZPO-Walter* Rdnr. 58.
²³⁹ *AG Groß-Gerau* MDR 1984, 502 – Erben des Unterhaltsverpflichteten.

wechselseitigen Vermögens- und Einkommensverhältnisse sich nach Billigkeitsgrundsätzen bemessender eigenständiger Anspruch, der in den Gesamtkomplex der Regelung des nachehelichen Unterhalts eingebettet ist[240]. Deshalb tat sich die Rechtspraxis insoweit am leichtesten, den Rückerstattungsanspruch als einen unterhaltsrechtlichen und damit familiengerichtlichen zu betrachten[241]. Im Grunde handelt es sich aber um einen Bereicherungsanspruch. Denn was der Empfänger nach unterhaltsrechtlichen Gesichtspunkten nicht behalten darf, muß er als ungerechtfertigte Bereicherung zurückerstatten.

Die **Rückzahlung zuviel geleisteten Unterhalts** betrachtete man demgegenüber von jeher nicht anders denn als Ausgleich einer ungerechtfertigten Bereicherung. Durchaus im Bewußtsein dieser Einordnung hat der *BGH* gleichwohl entschieden, daß auch ein solcher Anspruch den Unterhalt »betrifft«[242]. Für die **Leistungskondiktion** gilt daher generell, daß eine familiengerichtliche Sache vorliegt, wenn die vorgestellte Leistungspflicht die Zuständigkeit des Familiengerichts begründet hätte. Zur Herausgabe von Wohnraum → Rdnr. 43.

cc) Dann ist es aber nur konsequent, auch alle **Schadensersatzansprüche** als familiengerichtliche Sachen zu qualifizieren, die einen Unterhaltsanspruch oder einen ehegüterrechtlichen Anspruch betreffen, also auf dessen Nicht- oder Schlechterfüllung oder unberechtigter Geltendmachung beruhen. Das ist in der Rechtsprechung auch für den *Verzugsschaden*[243], für den Schadensersatzanspruch wegen Nicht-[243a] oder *Schlechterfüllung der Unterhaltspflicht*[244], wegen Nichterfüllung einer vertraglichen Pflicht zur Beteiligung an dem Unterhalt eines gemeinschaftlichen Kindes[245] oder wegen Nichterfüllung einer gesetzlichen *Auskunftspflicht*[246] und schließlich sogar für Schadensersatzansprüche wegen *unberechtigter Zwangsvollstreckung* (§ 717 Abs. 2, § 945)[247] anerkannt worden. Schadenersatz wegen Beschädigung von Hausratsgegenständen → Rdnr. 25, 43. 42

dd) **Keine familiengerichtlichen Sachen** sind demgegenüber Ansprüche, die aus der **Verletzung von absoluten Rechten oder ähnlichen Rechtsgütern** entstehen, die einem der Ehegatten zugeordnet sein sollen, gleich ob es sich um Vindikation, Eingriffskondiktion oder deliktische Schadensersatzansprüche handelt[248]. Wenn die verletzten Rechtsgüter Gegenstände des **Hausrats** sind, so ist aber nicht die allgemeine Prozeßabteilung des Amtsgerichts zuständig. Vielmehr ist das Verfahren als ein Hausratsverfahren zu betrachten, nach der hier vertretenen Ansicht auch bei Geltendmachung von Schadensersatzansprüchen → Rdnr. 25, sofern über den Hausrat nicht schon eine endgültige einvernehmliche oder gerichtlich verfügte Regelung getroffen worden ist. Das gleiche gilt für eine Entschädigung für die Benutzung der im Alleinoder Miteigentum eines Ehegatten stehenden Ehewohnung, die der andere Teil bewohnt. Gerade um die Einschaltung der allgemeinen Prozeßabteilung der ordentlichen Gerichte in die Liquidationsprobleme einer zerbrechenden Ehe zu vermeiden[249], wurde diese Lehre entwickelt. Für Ansprüche, die nach Beendigung des Hausratsverfahrens oder durch Erklärung der Parteien, sich über die Hausratsgegenstände auseinandergesetzt zu haben, entstanden sind, sind allerdings die allgemeinen Zivilprozeßabteilungen der Gerichte zuständig[250]. 43

---

[240] *BGH* NJW 1990, 1476.
[241] in *BGH* aaO als selbstverständlich vorausgesetzt; *KG* IPRax 1988, 234 (*v. Bar*); heute allg. M.
[242] *BGHZ* 71, 264 = FamRZ 1978, 582, 584 – im Anschluß u. A. an die Vorauft. Rdnr. 9. Heute allg. M., u. a. *OLG Düsseldorf* FamRZ 1986, 180.
[243] *OLG Braunschweig* FamRZ 1979, 719.
[243a] *AG Berlin-Charlottenburg* FamRZ 1993, 714 (Nichtweiterleitung von Arztrechnungen an beamtenrechtliche Beihilfestelle).
[244] *OLG Schleswig* FamRZ 1983, 394; *OLG Hamm* NJW RR 1991, 1349.
[245] *OLG Schleswig* SchlHA 1982, 76.

[246] *OLG Hamm* NJW RR 1991, 1349.
[247] *OLG Düsseldorf* FamRZ 1988, 298ff.
[248] *BGH* FamRZ 1980, 45; *OLG Köln* FamRZ 1992, 450; *OLG Bamberg* FamRZ 1986, 477 – angeblich unberechtigte Abhebung vom Girokonto des anderen Ehegatten; *OLG Düsseldorf* FamRZ 1980, 1036 – unberechtigte Verfügung über ein gemeinsames Bankkonto; *OLG Hamm* FamRZ 1980, 66 – unberechtigte Veräußerung des PKW des anderen Ehegatten.
[249] Auf dem Boden der gegenteiligen Ansicht dies in Kauf nehmend *OLG Düsseldorf* FamRZ 1983, 164ff.
[250] *OLG Hamm* FamRZ 1979, 1035.

Auch für die Entschädigung der Nutzung von Objekten, die weder Ehewohnung noch Hausrat sind, sind nicht die Familiengerichte zuständig. Das gilt etwa für das Verlangen, Wohnraum zu räumen, der einem Kind als Naturalunterhalt zur Nutzung überlassen worden ist[251]. Nutzungsentgelt für eine Sache, die zu Unrecht als Naturalunterhalt überlassen worden war, ist aber eine familiengerichtliche Sache[252].

44 d) Gesetzlich begründete oder möglicherweise begründete unterhaltsrechtliche oder ehegüterrechtliche Ansprüche können in vielfältiger Weise Gegenstand **vertraglicher Regelung** sein oder in vielfältig abgestufter Weise indirekt von vertraglichen Regelungen tangiert werden. Die Rechtsprechung ist außer bei einem Vertrag, der ersichtlich der vermögensmäßigen Gesamtauseinandersetzung des gesetzlichen Güterstandes dient, erstaunlich schnell bereit, einen familiengerichtlichen Charakter einer Streitigkeit zu leugnen, wenn sie einem gewöhnlichen schuldrechtlichen Vertrag unter den Ehegatten entspringt, der sich nicht ganz klar und spezifisch auf einen gesetzlichen Anspruch bezieht, der zur Zuständigkeit der Familiengerichte gehört.

45 aa) Außer Vereinbarungen über die Höhe des dem **Kind** oder dem im Prozeßstandschaft handelnden Sorgerechtsinhaber (§ 1629 Abs. 2 BGB) zustehenden Unterhalts gehören hierher auch Vereinbarungen, die die Tragung der Unterhaltslast nur im Verhältnis der Elternteile zueinander regeln[253]. Das sind insbesondere Vereinbarungen, in denen sich ein Ehegatte verpflichtet, den Unterhalt der Kinder, etwa durch Abschluß von Lebensversicherungsverträgen, sicherzustellen[254] oder den anderen Ehegatten von dem Unterhaltsanspruch des Kindes zu befreien[255]. Gleichgültig ist, ob unmittelbar auf Befreiung oder auf Erstattung verauslagten Unterhalts geklagt wird[256]. Auch ein Streit um vertraglich vereinbarte Kinderbetreuungskosten ist Familiensache[257], selbst wenn die Ehegatten für sich selbst auf Unterhalt verzichtet haben und der eine nur die Beteiligung an den Kosten eines Kindermädchens zusagte[258].

46 bb) Vereinbarungen über den **Geschiedenenunterhalt** standen in den ersten Jahren nach Inkrafttreten des Eherechtsreformgesetzes im Lichte der Tatsache, daß auch ein bedürftiger Ehegatte nach altem Recht häufig keinen Unterhaltsanspruch hatte, vor allem sein gesetzlicher Unterhaltsanspruch davon abhing, daß das Verschulden des anderen Teils an der Scheidung im Scheidungsurteil festgehalten worden war. Unterhaltsleistungen, die ein Ehegatte über diesen Rahmen hinaus zugesagt hatte, wurden dann häufig als »vertragliche« Unterhaltsansprüche eingestuft, für welche die rechtliche Eigenschaft als eine »durch die Ehe begründete Unterhaltspflicht« geleugnet wurde[259]. Wie beim Kindesunterhalt auch → Rdnr. 45 sind aber seit jeher auch Ansprüche aus solchen Vereinbarungen als familiengerichtlich zu verfolgende anerkannt worden, die den gesetzlichen Unterhaltsanspruch eines geschiedenen Ehegatten näher ausgestalteten oder modifizierten[260]. Die Vereinbarung kann die Form des Versprechens annehmen, Beiträge zur freiwilligen Weiterversicherung in die öffentlich-rechtlichen Rentenversicherung einzuzahlen[261], oder auch in der Zusage einer Leibrente bestehen[262]. Auch der Umstand, daß in einer Unterhaltsvereinbarung bestimmte Sachnutzungsrechte, etwa für die Nutzung eines Ferienhauses, eingeräumt und bestimmte Arten von Kosten (wie Hausgeld) übernommen wurden, vielleicht sogar in der Form einer

---

[251] *OLG Frankfurt* FamRZ 1983, 200.
[252] *MünchKommZPO-Walter* Rdnr. 41.
[253] *BGH* FamRZ 1981, 19, 21; allg. M.
[254] *BayObLG* FamRZ 1983, 1246.
[255] *BGH* NJW 1979, 552 = FamRZ 217; *OLG Schleswig* SchlHA 1982, 76.
[256] *BGH* NJW 1979, 659 = FamRZ 217.
[257] *OLG Hamburg* FamRZ 1985, 407.
[258] A.M. *BGH* FamRZ 1978, 873.
[259] *BGH* FamRZ 1980, 988; *BGH* FamRZ 1978, 674, 675 = NJW 1924; *BGH* FamRZ 1978, 873 = NJW 1979,

43; *OLG Karlsruhe* FamRZ 1986, 819; *dass.* FamRZ 1980, 382 – nach schweizerischem Recht fehlende gesetzliche Unterhaltspflicht; *BayObLG* FamRZ 1981, 688, 689.
[260] *BGH* FamRZ 1980, 988 = NJW 2476; *BayObLG* aaO; *OLG Schleswig* SchlHA 1982, 154 – Lebensversicherung.
[261] *BGH* FamRZ 1979, 1005.
[262] A.M. *OLG Koblenz* OLGZ 1978, 245; *MünchKommZPO-Walter* Rdnr. 52.

Verpflichtung zur direkten Bezahlung, ändert an dem Charakter der Abmachung als einer Unterhaltsvereinbarung nichts.

Daran anknüpfend kann man heute davon ausgehen, daß jede Unterhaltsvereinbarung von Ehegatten für die Zeit nach der Scheidung der Nr. 5 unterfällt. Denn noch nie ist geleugnet worden, daß eine Unterhaltsvereinbarung auch dann der »Ausgestaltung« des gesetzlichen Unterhaltsanspruchs gilt, wenn es zweifelhaft ist, ob einer der Tatbestände der §§ 1570–1576 BGB vorliegt. Fälle, in denen einem Ehegatten Unterhaltsleistungen unter Umständen zugesagt werden, unter denen eindeutig ein gesetzlicher Unterhaltsanspruch nicht besteht, sind kaum denkbar. Selbst eine Unterhaltszusage, die unabhängig von späteren eigenen Einkünften des Unterhaltsberechtigten ist, dient der Ausgestaltung des gesetzlichen Unterhaltsanspruchs. Das Gesetz ist auch in diesem Bereich gegenüber der privatautonomen Vereinbarung nur eine grobe Notlösung und nicht etwa ein Regelungs-»Modell«.

Im Zweifel sollten Scheidungsfolgenvereinbarungen insgesamt als unterhaltsrechtlich gewertet werden, soweit sie in irgendeiner Weise den laufenden Lebensbedarf des Vertragspartners dienen[263].

cc) Bei Ansprüchen aus **vermögensbezogenen Abmachungen** unter Ehegatten sind folgende Hauptunterscheidungen zu treffen: **47**

Güterrechtlich ist sicherlich ein Anspruch, der durch Ehevertrag im Sinne von § 1408 BGB begründet worden ist und nur durch Ehevertrag begründet werden konnte. Der Streit um den Wegfall der Geschäftsgrundlage für einen solchen güterrechtlichen Vertrag, insbesondere für die Vereinbarung der Gütertrennung, ist seinerseits güterrechtlich[264]. Auch Verträge, die nach Aufhebung der Gütergemeinschaft deren Auseinandersetzung regeln, sind güterrechtlich. Lebten die Ehegatten im Güterstand der Gütertrennung, so ist man geneigt, vermögensrechtliche Ansprüche, die sie gegeneinander haben mögen, als nicht güterrechtlich anzusehen → Rdnr. 33. Dann ist es allerdings konsequent, auch im Zusammenhang mit der Ehescheidung getroffene Abmachungen über vermögensrechtliche Ausgleichsleistungen nicht als güterrechtlich zu qualifizieren[265].

Ansprüche aus vertraglichen Abmachungen über die Auseinandersetzung der **Zugewinngemeinschaft** sind wie Ansprüche aus der gesetzlichen Zugewinnausgleichsregelung zu behandeln[266]. Die Parteien können in Bezug auf die durch die Scheidung aufgelöste oder durch die bevorstehende Scheidung aufzulösende Zugewinngemeinschaft beliebige Vereinbarungen treffen, vor allen Dingen anstatt eines Zugewinnausgleichsanspruchs irgendwelche anderen Leistungspflichten setzen. Häufig ist etwa die Aufteilung von Grundstücken unter Ausbedingung einer Ausgleichszahlung für die Wertdifferenz. Tun sie dies, so sind auch solche Vereinbarungen güterrechtlich[267]. **48**

Die Parteien können auch vorweg eine **Teilauseinandersetzung** treffen. Auch dann sollte man eine ehegüterrechtliche Sache annehmen und nicht von einer Auseinandersetzung nur bezüglich eines einzelnen Vermögensgegenstandes sprechen[268]. Ehegatten können auch für einen großzügig bemessenen Zugewinnausgleich eine Gegenleistung vereinbaren, z. B. die

---

[263] So auch, wenn auch nicht als zentrales Argumentationselement, *BayObLG* FamRZ 1983, 1246, 1247.
[264] *BGH* FamRZ 1980, 989.
[265] *BayObLG* FamRZ 1981, 688 – Einräumung eines Wohnrechts.
[266] *BGH* FamRZ 1981, 19, 21; *OLG Hamm* FamRZ 1979, 1035.
[267] *BGH* FamRZ 1982, 262 = NJW 941 – Unterhaltsrente statt Zugewinnausgleich; *BayObLG* NJW 1981, 128.
[268] A.M. *Klauser* MDR 1979, 627, 629; *BayObLG* FamRZ 1983, 198, 199 (zust *MünchKommZPO-Walter* Rdnr. 84) – Überlassung eines Teils der Einkünfte aus gesellschaftsrechtlicher Beteiligung; *OLG Stuttgart* FamRZ 1985, 83 – Weiterbetreiben der gemeinsamen Arztpraxis; *OLG Köln* vom 21.12.1978 zit. bei Klauser aaO Fn. 45 – während der Trennungszeit getroffene Vereinbarung über Unkosten eines im Miteigentum stehenden Hauses; *OLG Stuttgart* FamRZ 1980, 384ff. – im Scheidungsvergleich getroffene Vereinbarung über je hälftige Tragung des Kapitaldienstes für eines im Eigentum eines der Ehegatten stehenden Anwesens; *OLG Hamm* FamRZ 1980, 469 – Streit um Beteiligung des in der Wohnung verbleibenden Ehegatten an der Mietkaution.

darlehensweise Hingabe des Ausgleichsbetrages an den Leistenden. Auch dies ist eine ehegüterrechtliche Vereinbarung im Sinne von Nr. 7[269].

Auch Klagen auf Feststellung der Unwirksamkeit solcher Auseinandersetzungsvereinbarungen und Ansprüche auf Rückgewähr aufgrund unwirksamer Auseinandersetzungsvereinbarungen erbrachter Leistungen sind wie bei Streitigkeiten um die Wirksamkeit von Unterhaltsvereinbarungen → Rdnr. 45, 46 familiengerichtliche Sachen[270].

49 Im Falle des gesetzlichen Güterstandes treffen die Ehegatten zur vermögensmäßigen Auseinandersetzung häufig nicht eine Vereinbarung, die einen bestimmten Betrag als Zugewinnausgleich des einen Teils ausweist. Vielmehr einigen sie sich häufig über die Zuweisung der Vermögenswerte unter sich und vereinbaren eine Reihe von zweckgebundenen Zahlungen, wie Unterhaltskosten für Wohnraum oder PKW, oder die Abtragung von Schulden. Im Falle solcher **komplexer Scheidungsfolgenvereinbarungen** ist die Rechtsprechung zu Recht geneigt, eine insgesamt die Liquidierung des gesetzlichen Güterstands regelnde Vereinbarung und damit eine Vereinbarung güterrechtlicher Natur anzunehmen[271].

Allerdings hat der BGH insgesamt eine güterrechtliche Vereinbarung nur dann angenommen, wenn eine Trennung in einzelne Regelungsbereiche nicht möglich ist[272]. Jedoch ist eine solche Unterscheidung nicht sinnvoll. Besonders sachwidrig ist es, die Verpflichtung eines Vertragsteils einer ehegüterrechtlichen und Unterhaltsvereinbarung, dem anderen die Hälfte der Anwaltskosten zu erstatten, die dieser zunächst allein beglichen hat, vom übrigen Teil der Vereinbarung zu trennen und diesbezügliche Klagen an die allgemeine Prozeßabteilung des Amtsgerichts zu verweisen[273].

50 In Verträgen, in denen die Parteien ihre güterrechtlichen Beziehungen oder Vermögensauseinandersetzungsfragen einschließlich des Zugewinns regeln, können auch dem § 328 BGB unterliegende Ansprüche **Dritter** begründet werden. Diese müssen dann ihre Ansprüche vor dem Familiengericht einklagen[274].

51 Keine familiengerichtlichen Sachen begründen freilich **Vereinbarungen, die nicht im Zusammenhang mit einer bevorstehenden Auflösung** oder Umgestaltung **eines Güterstandes** getroffen worden sind. Die Rechtsprechung verwendet insoweit meist die Formel, es handle sich um die Auseinandersetzung bezüglich eines einzelnen Vermögensgegenstandes. Es kann sich aber auch um eine Vereinbarung handeln, die überhaupt nicht die Natur einer vermögensmäßigen »Auseinandersetzung« hat. Aus der Rechtsprechung sind folgende Beispiele zu nennen: Übertragung eines Handelsgeschäfts von einem Ehegatten auf den anderen[275]; eine lange vor Einleitung des Scheidungsverfahrens gegebene Zusage des einen Ehegatten, der andere könne ein bestehendes Bungalow benutzen oder die Errichtung eines neuen verlangen[276]; das angeblich im Innenverhältnis vereinbarte Anrecht des einen Ehegatten, an Leistungen, etwa Versicherungsleistungen, die an den anderen erbracht werden, beteiligt zu sein[277]; die Vereinbarungen, im Innenverhältnis Schulden des anderen Ehegatten, etwa aus Anwaltsvertrag[278], ganz oder teilweise zu tragen; Vereinbarungen, die im Zusammenhang mit dem Erwerb eines Grundstücks getroffen worden sind, etwa über Schuldentilgung. In

---

[269] *OLG Karlsruhe* FamRZ 1979, 56.
[270] *BGH* NJW 1980, 193; *BGH* FamRZ 1984, 35.
[271] sehr gutes Beispiel: *BayObLG* FamRZ 1983, 1246. Im übrigen: *BGH* FamRZ 1984, 35 – Geschäftsübernahme durch einen Ehegatten, eingebettet in einen Vertrag, der auch die Regelung des Zugewinnausgleichs beinhaltete; *BGH* FamRZ 1983, 365; *BGH* FamRZ 1983, 156; *BGH* FamRZ 1982, 262 = NJW 941; *BGH* FamRZ 1981, 19, 21; *BGH* FamRZ 1980, 878 = NJW 2529; *BGH* FamRZ 1980, 1106.
[272] *BGH* FamRZ 1982, 362 = NJW 941; *BGH* FamRZ 1980, 671 = NJW 1636 – die in einer einheitlichen Vereinbarung u. a. getroffene Regelung über die Freistellung von Kreditverbindlichkeiten anders gewertet als die übrigen Elemente der Vereinbarung.
[273] So aber *OLG Düsseldorf* FamRZ 1991, 1070.
[274] *BGH* JZ 1983, 346 (zust. *Walter*) = FamRZ 156.
[275] *OLG Hamburg* FamRZ 1980, 903.
[276] *BayObLG* FamRZ 1981, 688.
[277] *OLG Hamm* FamRZ 1991, 206; *OLG Bamberg* FamRZ 1984, 1117.
[278] *OLG Düsseldorf* FamRZ 1991, 1070.

anderen Fällen hat die Rechtsprechung unter diesem Gesichtspunkt zu Unrecht eine allgemeine zivilprozessuale Sache angenommen → Rdnr. 48.

e) Eine **Widerklage** mit einem nicht von Haus aus zur Zuständigkeit der Familiengerichte gehörenden Anspruch hält man allgemein für ausgeschlossen[279]. Der BGH hat in einer Entscheidung aus dem Jahr 1978 in einem »besonders gelagerten Übergangsfall« ein Gebot des Sachzusammenhangs gesehen, das die Zuständigkeit des Familiengerichts für die Widerklage rechtfertigen sollte, obwohl nach der vom Beklagten gegebenen Anspruchsbegründung keine Familiensache vorlag[280]. Er hat also vorausgesetzt, daß eine solche Widerklage normalerweise nicht statthaft ist. Dogmatisch läßt sich dies nicht begründen. Nach § 33 Abs. 2 darf eine Widerklage nur wegen eines solchen Anspruchs nicht erhoben werden, *für den* eine ausschließliche Zuständigkeit anderweitig begründet ist. Nicht aber ist eine Widerklage vor einem Gericht mit ausschließlicher Zuständigkeit deshalb ausgeschlossen, weil der widerklageweise geltend gemachte Anspruch nicht unter die ausschließliche Zuständigkeit fällt. Für die Zulässigkeit von Widerklagen mit sonst nicht familiengerichtlich zu verfolgenden Ansprüchen besteht auch ein großes praktisches Bedürfnis, um zu gewährleisten, daß lebensmäßig zusammenhängende Vermögensliquidationsprobleme nicht künstlich auseinander gerissen werden. Der vom BGH entschiedene Fall hatte seine Besonderheit auch in Wirklichkeit gar nicht darin gehabt, daß er ein Übergangsfall war. Der von § 33 Abs. 1 geforderte Sachzusammenhang der Widerklage mit der Hauptklage verhindert zudem eine unsachgemäße Überfrachtung der Familiengerichte mit ihnen wesensmäßig nicht zugedachten Aufgaben. Seit im Rechtsbehelfszug die formelle Anknüpfung nach § 119 Abs. 1 Nr. 2 GVG gilt, entstehen auch für die Rechtsmittelinstanzen durch die Zulässigkeit von Widerklagen keine Probleme mehr. 52

Gegen eine Widerklage kann auch eine von den Fesseln des § 263 gelöste Wider-Widerklage erhoben werden[281]. Auf diese Art und Weise kann auch der ursprüngliche Kläger Ansprüche in das Verfahren einführen, die von Haus aus keine familiengerichtlichen Sachen sind. Wegen § 610 Abs. 2 ist allerdings im Verbund eine Widerklage mit einer nicht familiengerichtlichen Sache unzulässig. Nach Lösung des Verbundes wird aber eine solche Widerklage zulässig. Deshalb sollte sie auch nicht als unzulässig abgewiesen werden, solange noch offen ist, ob es zu der Lösung des Verbundes kommen wird.

III. Die örtliche und internationale Zuständigkeit

§ 621 Abs. 2 und 3 unterscheiden mehrere Situationen: 53

1. Eine Ehesache ist während der gesamten Dauer des Verfahrens in der sonstigen Familiensache niemals anhängig geworden (Abs. 2 S. 2) → Rdnr. 16.

2. Eine Ehesache war bereits anhängig, als die sonstige Familiensache anhängig wurde, oder wird gleichzeitig anhängig gemacht (Abs. 2 S. 1) → Rdnr. 17.

3. Eine Ehesache wird anhängig gemacht, nachdem eine sonstige Familiensache anhängig geworden ist → Rdnr. 17.

4. Die internationale Zuständigkeit ist durch Staatsverträge teilweise besonders geregelt → Rdnr. 18.

Zur sachlichen und funktionellen Zuständigkeit → Rdnr. 1.

---

[279] *MünchKommZPO-Walter* Rdnr. 3; *Walter* JZ 1983, 476, 478f.
[280] *BGH* FamRZ 1979, 215, 216.
[281] *BGH* MDR 1959, 571.

1. Fehlende Anhängigkeit einer Ehesache

54 Die allgemeinen Vorschriften, nach denen sich die Zuständigkeit dann richtet, wenn *eine Ehesache nicht anhängig* ist (Abs. 2 S. 2) sind folgende:

Nrn. 1–3: § 43 Abs. 1, § 36 FGG; Haager MSÜ → Rdnr. 19–21.

Nrn. 4 u. 5: §§ 12 ff., insbesondere §§ 13, 15, 16, 20, 23 a, 29, 38 ZPO[282].

Nr. 6: § 45 FGG – vor allem maßgebend bei ausnahmsweise nachträglich oder im Gefolge eines ausländischen Scheidungsurteils möglichem Versorgungsausgleich[282a]

Nr. 7: § 11 HausrVO[283].

Nr. 8: §§ 12 ff. ZPO (wie Nrn. 4 und 5).

Nr. 9: § 45 FGG[284].

Ist eine Ehesache nicht anhängig, so können also für verschiedene Familiensachen unterschiedliche Amtsgerichte an verschiedenen Orten zuständig sein, auch wenn ein und dieselbe Familie betroffen ist. Von der Geschäftsverteilung innerhalb eines Amtsgerichts hängt es ab, ob auch verschiedene Familiengerichte ein und desselben Amtsgerichts mit Angelegenheiten befaßt werden können, welche dieselbe Familie angehen.

Nach § 23 c GVG können Aufgaben des Familiengerichts bei einzelnen Amtsgerichten konzentriert werden. Rechtshilfeersuchen werden davon aber nicht erfaßt[285].

Eine Verbindung von Familiensachen mit Nichtfamiliensachen ist unzulässig → Rdnr. 25.

Spezielle Zuständigkeitsvorschriften mit Ausschließlichkeitsanspruch sind zu beachten, etwa § 767[286] oder § 802[287]. Auch § 919 betrachtet man als vorrangig[288].

2. Anhängigkeit oder nachfolgende Rechtshängigkeit einer Ehesache

55 Bei bestehender Anhängigkeit oder nachfolgender Rechtshängigkeit einer Ehesache ist das Gericht der Ehesache ausschließlich zuständig. Gerichtsstandsvereinbarungen sind in diesem und für diesen Fall nicht wirksam, § 40 Abs. 2, wohl aber Schiedsverträge → § 1025 Rdnr. 27. Forderungen, die unter eine der Nrn. 4, 5, 7 oder 8 fallen, können freilich *aufrechnungsweise* auch in jedem anderen Verfahren geltend gemacht werden[289]. Für den Fall, daß mit einer Forderung aufgerechnet wird, die bereits beim Familiengericht eingeklagt ist → § 148 Rdnr. 27. In zivilprozessualen Folgesachen muß die Anhängigkeit der Ehesache im Zeitpunkt der Zustellung der Klage noch fortbestehen[290]. In FG-Sachen kommt es auf den Zeitpunkt der Anhängigkeit an[291]. Hat die Anhängigkeit der Ehesache geendet, so begründet eine beim Gericht der Ehesache verbliebene Folgesache keine Zuständigkeit[292]. Für Verfahren nach der HausrVO ergibt sich diese Folge auch aus deren § 11 Abs. 1. In Ehesachen, die Scheidungssachen sind, beschränkt sich das Gesetz darauf, die Zuständigkeitskonzentration anzuordnen. Eine Verfahrensverbindung ist dagegen nicht möglich → § 610 Rdnr. 15. Abs. 2 und 3 regeln im übrigen nicht nur die örtliche Zuständigkeit, sondern auch zwingend die Geschäftsvertei-

---

[282] Auch bei negativer Feststellungsklage bezüglich eines Unterhaltsanspruchs: *BGH* NJW RR 1988, 521.

[282a] A.M. *BGH* FamRZ 1993, 177; *BGH* FamRZ 1980, 29, der ohne nähere Begründung meint, anders als sonstigen Vorschriften über die örtliche Zuständigkeit könne dem § 45 FGG kein Indiz für die internationale Zuständigkeit entnommen werden.

[283] *OLG Hamm* FamRZ 1981, 875 f.; *OLG Düsseldorf* IPRax 1983, 129.

[284] *BGH* FamRZ 1988, 1160 – wohl unter stillschweigender Aufgabe von FamRZ 1980, 29 f, wo die Zuständigkeit des Gerichtes angenommen wurde, bei dem die Ehesache anhängig war.

[285] *OLG Stuttgart* FamRZ 1984, 716.

[286] Bei Titeln aus der Zeit vor Inkrafttreten des 1. Eherechtsreformgesetzes 1976: Das Amtsgericht, in dessen Bezirk das Landgericht, bei dem das Verfahren anhängig war, seinen Sitz hat: *BGH* FamRZ 1980, 47 f.; FamRZ 1980, 346; *OLG Koblenz* FamRZ 1986, 366.

[287] A.M. *OLG Hamburg* FamRZ 1984, 68.

[288] *OLG Frankfurt* FamRZ 1988, 184.

[289] *BGH* FamRZ 1989, 166; *OLG München* FamRZ 1985, 84.

[290] *BGH* FamRZ 1980, 1109 = NJW 1981, 126; FamRZ 1986, 454; 88, 1257.

[291] *BGH* FamRZ 1986, 454 = NJW 3141.

[292] *BGH* FamRZ 1982, 43 = NJW 1001; *OLG Schleswig* SchlHA 1980, 43.

lung innerhalb des zuständigen Amtsgerichts für den Fall, daß dort mehrere Familiengerichte bestehen. Insoweit besteht eine Parallele zu § 33, der ebenfalls nicht nur die örtliche Zuständigkeit für die Widerklage bestimmt, sondern auch den Spruchkörper innerhalb des zuständigen Gerichts festlegt.

»Anhängigkeit« im Sinne von § 621 Abs. 2 ist wörtlich zu verstehen → § 620a Rdnr. 1. Die Einreichung eines Prozeßkostenhilfegesuchs reicht aber, anders als im Falle des § 620a Abs. 2, nicht aus. Schwebt die Ehesache im Rechtsmittelzug, so ist das Familiengericht zuständig, vor dem sie erstinstanzlich behandelt wurde. Die Ausdrucksweise »während« bedeutet nicht etwa eine Abweichung von den Grundsätzen über die perpetuatio fori, § 261 Abs. 3 Nr. 2. Erlischt die Anhängigkeit der Ehesache → § 261 Rdnr. 91 ff., so bleibt die nach § 621 Abs. 2 für eine andere Familiensache begründete Zuständigkeit bestehen[293]. Ist im Hinblick auf eine bereits anhängige Ehesache ein falsches (Familien-)Gericht angerufen worden, so gilt § 621 Abs. 3 nicht entsprechend. Handelt es sich um eine Sache der Nrn. 4, 5 oder 8, so kann nur aufgrund Antrags an das zuständige Gericht verwiesen werden → § 281 Abs. 1. In den übrigen Sachen ist nach allgemeinen Grundsätzen des Verfahrens der freiwilligen Gerichtsbarkeit abzugeben[294]. Eine Abgabe an das zuständige Familiengericht ist auch ohne Antrag möglich. Solange die Sache nicht verwiesen oder abgegeben wurde, besteht gegenüber einer neuen Klage oder einem neuen Antrag vor dem zuständigen Familiengericht eine Rechtshängigkeitssperre → § 621a Rdnr. 3.

Für Maßnahmen des einstweiligen Rechtsschutzes nach §§ 916 ff. ZPO ist das in Abs. 2 bezeichnete Gericht das Gericht der Hauptsache i. S. der §§ 919, 957. Jedoch bleibt für einen Arrest die amtsgerichtliche Zuständigkeit nach § 919 unberührt[295]. Zur Bedeutung der §§ 916 ff. in familiengerichtlichen Sachen → § 620a Rdnr. 15.

Die Sondervorschriften des § 802 i.V.m. § 767 Abs. 1, § 797 Abs. 5 wird freilich durch Abs. 2 S. 1 bezüglich der örtlichen Zuständigkeit nicht verdrängt, solange die Zwangsvollsreckung nicht für den Fall der Scheidung für unzulässig erklärt werden soll[296].

Abs. 2 S. 1, Abs. 3 können außer Betracht bleiben, wenn eine Ehesache mißbräuchlich (beim eindeutig unzuständigen Gericht) anhängig gemacht wurde, um dem Gericht einer anderweitig anhängig gemachten, isolierten Familiensache die Zuständigkeit zu nehmen oder dieses Verfahren wegen der Verweisungs- bzw. Abgabenotwendigkeit zu verzögern[297].

Der in *Abs. 3* vorkommende Begriff »rechtshängig« → § 623 Rdnr. 6 ist ebenfalls im technischen Sinne zu verstehen. Die nachträgliche bloße »Anhängigkeit« einer Ehesache löst die Verweisungspflicht noch nicht aus[298].

Wird die Ehesache rechtshängig, bevor über eine Folgesache in erster Instanz entschieden ist, so muß das für die Folgesache unzuständig gewordene Gericht die Sache verweisen oder abgeben. Ist eine die erste Instanz abschließende Entscheidung ergangen (wozu Zwischenurteile aller Art und Teilurteile[299] nicht gehören), dann verbleibt es für das Rechtsmittelverfahren bei der Anknüpfung an das Gericht, das tatsächlich entschieden hat, auch wenn sonst die Instanz erst mit der Rechtskraft der Entscheidung oder Rechtsmitteleinlegung als beendet betrachtet wird[300].

Eilmaßnahmen sind bis zur Abgabe bzw. Verweisung zulässig[301].

---

[293] *BGH* FamRZ 1981, 23.
[294] *Habscheid* Freiwillige Gerichtsbarkeit⁵ § 11 V 1; *OLG Celle* NJW 1970, 1011.
[295] *OLG Frankfurt* NJW RR 1988, 1350.
[296] *BGH* FamRZ 1980, 346 = NJW 1980, 1393. Zu Scheidungsfolgenvergleichen aus der Zeit vor 1976 *BGH* FamRZ 1980, 47; *OLG Koblenz* FamRZ 1986, 366.
[297] *KG* FamRZ 1989, 1105.

[298] *BGH* FamRZ 1981, 23; *OLG Schleswig* SchlHA 1979, 143. (L.S.).
[299] A.M. *Johannsen/Henrich/Sedemund-Treiber*² Rdnr. 10.
[300] *BGH* FamRZ 1985, 800 = NJW 1986, 2058; allg. M.
[301] *OLG Hamm* FamRZ 1979, 177.

Ist die *Ehesache erst nach Rechtshängigkeit der Folgesache vor dem Rechtsmittelgericht* anhängig geworden, so begründet Abs. 3 weder eine Verweisungsbefugnis, noch gar eine Verweisungsverpflichtung[302]. Muß jedoch die Sache an das erstinstanzliche Gericht zurückverwiesen werden, so ist sie gleich dem inzwischen zuständig gewordenen Gericht der Ehesache zuzuleiten[303].

Eine Klage ist in den Fällen der Nrn. 4, 5 und 8 an das zuständige Gericht zu verweisen, in den übrigen Fällen an dieses abzugeben. Das weitere Verfahren richtet sich in beiden Situationen nach § 281 Abs. 2, 3 S. 1 → Rdnr. 50. Daher ist vor der Entscheidung den Parteien auch immer *rechtliches Gehör* zu gewähren → § 281 Rdnr. 31 f. Alle Prozeßhandlungen der Parteien oder des Gerichts, die vor dem unzuständig gewordenen Gericht vorgenommen wurden, behalten ihre Wirksamkeit. Das gilt auch für Sachentscheidungen.

3. Die internationale Zuständigkeit

56   Seinem Anspruch nach regelt § 621 Abs. 2 nicht nur die *örtliche, sondern auch die internationale Zuständigkeit*[304] unabhängig davon, ob in der Sache deutsches oder ausländisches Recht zur Anwendung kommt. Von diesem Prinzip wird die Gerichtspraxis beherrscht[305]. Etwas mißverständlich spricht man gelegentlich von der internationalen »Verbundzuständigkeit«. Entscheidend für die internationale Zuständigkeit der deutschen Gerichte ist jedoch nicht der Verbund nach § 623, der schon voraussetzt, daß das Gericht der Ehesache auch für die Folgesachen international und örtlich zuständig ist, sondern § 621 Abs. 2, der eben dies letztere anordnet. Daß er auch die internationale Zuständigkeit regeln will, ist durch die Einfügung der Worte »unter den deutschen Gerichten« klargestellt worden, ein Vorgang, der besagt, daß die deutschen Gerichte in den genannten Fällen konkurrierend international zuständig sind[306]. Für die Zwecke der Bestimmung der Zuständigkeit deutscher Gerichte sind materiellrechtliche Regelungen des ausländischen Rechts nach deutschen Begriffen einzuordnen. Die Qualifikation nach der lex fori ist im Prozeßrecht noch dringender als im IPR[307]. Zur Bedeutung ausländischer Scheidungsverfahren → Rdnr. 27.

Staatsvertragliche Regelungen haben immer Vorrang. Art. 3 Abs. 2 EGBGB ist verallgemeinerungsfähig. Mindestens im internationalen Prozeßrecht ist er ebenso anzuwenden wie im internationalen Privatrecht. Staatsverträge, die im Rahmen der Organisation der Europäischen Gemeinschaft zustandegekommen sind, teilen ohnehin den Vorrang des primären Gemeinschaftsrechts vor einfachem innerstaatlichem deutschem Recht → Rdnr. 781 Vor § 1.

Die Konkurrenz zu staatsvertraglichen Zuständigkeitsbestimmungen ist im Verhältnis zu Abs. 2 S. 2 relativ unproblematisch. Staatsverträge gehören im Sinne dieser Vorschrift zu den »allgemeinen Vorschriften«. Der 1986 in Abs. 2 eingefügte Zusatz »unter den deutschen Gerichten« sollte klarstellen, daß die Anerkennung eines ausländischen Urteils nicht daran scheitert, daß für die fragliche familienrechtliche Sache in Deutschland eine ausschließliche Zuständigkeit in Anspruch genommen wird. Im einzelnen gilt folgendes:

57   a) Bei Verfahren nach Nr. 1 *(elterliche Sorge)* ist vorrangig vor dem grundsätzlich anwendbaren § 621 Abs. 1 Nr. 1, Abs. 2[308] vor allen Dingen das *Haager Minderjährigenschutzüber-*

---

[302] *BGH* FamRZ 1980, 444.
[303] *BGH* aaO.
[304] Lit.: vor allem *Henrich* Internationales Scheidungsrecht[5] (1990).
[305] *OLG Zweibrücken* NJW 1986, 3033 – allgemein; *BGHZ* 75, 241 = FamRZ 1980, 29, 30; *BGH* FamRZ 1982, 996; *BGHZ* 91, 186 = FamRZ 1984, 674 = NJW 2361; *OLG Zweibrücken* NJW 1986, 3033 – zum Versorgungsausgleich. Siehe im übrigen für die einzelnen Nummern des § 621 Abs. 1 jeweils unter Rdnrn. 29–24.

[306] *Johannsen/Henrich/Sedemund-Treiber*[2] Rdnr. 17; allg. M. Vor 1986 für nur analoge Anwendung *Graf*, Die internationale Verbundzuständigkeit (1984) 19 ff.
[307] *OLG Frankfurt* FamRZ 1989, 75 f – für Verlangen auf Herausgabe von Hausrat deutsche Familiengerichte zuständig, auch wenn das anwendbare Recht keine Sonderregelung für Hausrat vorsieht; *KG* IPRax 1989, 234 *(v. Bar)* – Prozeßkostenvorschuß als unterhaltsrechtliche Regelung; *H.Roth* IPRax 1989, 280.
[308] *BGH* IPRax 1984, 208; *BGH* IPRax 1985, 40 =

einkommen vom 5.10.1961 zu beachten, das für die Bundesrepublik Deutschland am 17.09.1971 (BGBl. II 219 ff.) in Kraft getreten ist und das auch für die Regelung der elterlichen Sorge nach Scheidung gilt, allg. M. Von dem nach Art. 15 möglichen Vorbehalt der Zuständigkeit von »Behörden«, die dazu berufen sind, »über ein Begehren auf Nichtigerklärung, Aufhebung und Auflösung oder Lockerung des zwischen den Eltern des Minderjährigen bestehenden Ehebands zu entscheiden«, hat die Bundesrepublik keinen Gebrauch gemacht. Der Grund hierfür liegt darin, daß zum Zeitpunkt der Ratifizierung des Abkommens noch niemand daran dachte, das Scheidungsverbundverfahren könne auch in Deutschland eingeführt werden. Hat der Minderjährige seinen gewöhnlichen Aufenthalt in einem Vertragsstaat (Art. 13) so kann das in der Ehesache angerufene Familiengericht daher nur in folgenden Fällen entscheiden[308a]:

aa) Der Minderjährige hat seinen gewöhnlichen Aufenthalt in der Bundesrepublik, Art. 1, und die Behörden des Vertragsstaates, dem der Minderjährige angehört, sind noch nicht tätig geworden. Haben diese bereits Entscheidungen getroffen, so sind die deutschen Gerichte nur zuständig (Art. 8), soweit der Minderjährige in seiner Person oder in seinem Vermögen andernfalls ernsthaft gefährdet wäre.

bb) Der Minderjährige hat die deutsche Staatsangehörigkeit, und das Familiengericht ist der Auffassung, es müsse in seinem Interesse nach deutschem Recht tätig werden, Art. 4[309]. Diese Voraussetzung wird häufig vorliegen, wenn eine Ehesache anhängig ist. In aller Regel erfordert es das Wohl des Kindes, daß gleichzeitig mit einer Entscheidung der Ehesache auch eine solche über die elterliche Sorge ergeht[310]. Nach Art. 4 müssen die Behörden des Aufenthaltsstaates aber vorher verständigt werden.

cc) Dazu treten einige weniger wichtige Zuständigkeiten.

Das deutsche Familiengericht ist also in der Regel im Verhältnis zu Vertragsstaaten des MSÜ dann nicht zuständig, wenn der Minderjährige weder die deutsche Staatsangehörigkeit noch seinen Aufenthalt in der Bundesrepublik hat. Bei vorübergehendem Aufenthalt sind nur einstweilige Maßnahmen nach Art. 9 möglich → § 620 Rdnr. 3 a. E.

Eine (internationale) perpetuatio fori gibt es in Verfahren, die der FG zugeordnet sind, nicht, so daß nach einem Aufenthaltswechsel auch mit Wirkung für ein im Inland oder Ausland anhängiges Verfahren Unzuständigkeit oder Zuständigkeit eintreten kann[311]. Einzelheiten zum MSÜ in den Kommentaren zum BGB[312].

dd) Unberührt von Zuständigkeitsgesichtspunkten bleibt richtigerweise die Anwendung von Art. 3 MSÜ, wonach ein *nach dem Heimatrecht des Minderjährigen bestehendes »Gewaltverhältnis«* anzuerkennen ist. Die Norm beschränkt nur die den deutschen Gerichten möglichen Entscheidungsinhalte, nicht die internationale Zuständigkeit der deutschen Gerichte[313].

FamRZ 1984, 686; OLG Hamm FamRZ 1989, 1109; OLG Stuttgart NJW 1980, 1227; OLG Bamberg FamRZ 1981, 1106 – die darin befürwortete Berücksichtigung der effektiven Staatsangehörigkeit bei auch deutschen Doppelstaatlern ist nicht überholt → § 606 a Rdnr. 11, 13. *Jayme* FamRZ 1979, 21 ff. und *Henrich* aaO 114 ff. Vertragsstaaten außer der Bundesrepublik: Frankreich, Luxemburg, die Niederlande, Österreich, Portugal, die Schweiz, Spanien und die Türkei.

[308a] *OLG Celle* NJW RR 1992, 1288: keine Zuständigkeit wenn Sorgeberechtigter mit Kind ins Ausland verzogen.

[309] Anwendungsfall *OLG Karlsruhe* NJW 1979, 500.

[310] *BayObLGZ* 1978, 113, 116; *OLG Karlsruhe* NJW 1979, 500 – für den Fall, daß die Behörden des Aufenthaltsstaates dies wünschen –; *Staudinger-Kropholler*[12] vor Art. 18 EGBGB Rdnr. 558. – A.M. *Johannsen/Henrich/Sedemund-Treiber*[2] Rdnr. 20; *Jayme* FamRZ 1979, 22; *Mitzgus* 192; *Rahm-Paetzold* VII Rdnr. 353.3; *Siehr* IPrax 1982, 86 Fn. 15. Auf die Besonderheiten des Einzelfalles abstellend *OLG Stuttgart* NJW 1978, 1746.

[311] *OLG Stuttgart* NJW 1980, 1227; *OLG Hamm* FamRZ 1988, 864; *dass.* FamRZ 1989, 1109; als selbständig vorausgesetzt in *OLG Düsseldorf* FamRZ 1980, 728; *OLG Koblenz* FamRZ 1989, 204; *OLG Stuttgart* FamRZ 1989, 1110.

[312] Z.B. Palandt-Heldrich[51] Anhang nach Art. 24 EGBGB Rdnr. 54; *MünchKomm-Siehr* Anhang zu Art. 19 EGBGB; *Staudinger-Kropholler*[12] Vorbem. D zu Art. 18 EGBGB; *Rahm-Paetzold* VIII Rdnr. 414 ff. Außerdem *Allinger* Das Haager Minderjährigenschutzabkommen (1988).

[313] Strittig, Meinungsstand bei Palandt-Heldrich[51] Anhang Art. 24 EGBGB Rdnr. 7.

ee) Greift das MSÜ nicht ein, so kann sich eine internationale Verbundzuständigkeit der deutschen Gerichte ergeben, obwohl Eltern und Kinder sich nicht mehr in Deutschland aufhalten. Eine Einschränkung der deutschen internationalen Zuständigkeit durch den Gedanken des *forum non conveniens* wird für diesen Fall aber erörtert[314].

Außerhalb des Verbundes bemißt sich die Zuständigkeit nach § 135b, 36 FGG.

58 b) Das Haager Minderjährigenschutzübereinkommen bezieht sich auch auf die Regelung des *Umgangsrechts*[315], so daß im Falle der Nr. 2 entsprechendes gilt.

59 c) Auch die *Herausgabe des Kindes* von einem Elternteil an den anderen untersteht heute den Leitgedanken des Minderjährigenschutzes, wenn auch häufig nur mittelbar dadurch, daß demjenigen Elternteil das Aufenthaltsbestimmungsrecht zukommt, der es im Interesse des Kindes am besten ausüben kann → § 620 Rdnr. 5. Aus diesem Grunde sind auch Maßnahmen nach Nr. 3 vom Haager Minderjährigenschutzübereinkommen erfaßt[316]. Sonderregelungen bestehen auch im Falle von widerrechtlichen Kindesentführungen[317].

60 d) Für die Nrn. 4 und 5 (Unterhalt) gelten die besonderen Zuständigkeitsregeln von Art. 2, 5 Nr. 2 EuGVÜ[318]. Dieses verdrängt also das nationale Recht[319]. Das hat in mehrfacher Hinsicht Bedeutung. Ist in einem der Mitgliedstaaten des EuGVÜ ein Verfahren über den Unterhaltsanspruch *rechtshängig*, so entfaltet dieses für deutsche Gerichte Sperrwirkung, gleich ob sich das ausländische Gericht mit Recht oder zu Unrecht für zuständig hält, § 21 EuGVÜ. Wird ein Unterhaltsverfahren vor deutschen Gerichten am Wohnsitz des Beklagten (Unterhaltsschuldners oder Gläubigers) angestrengt, so garantiert das EuGVÜ nur die Zuständigkeit der deutschen Gerichte, Art. 2. § 621 Abs. 2 und 3 können angewandt werden. Wird eine Klage am Wohnsitz oder gewöhnlichen Aufenthalt des Unterhaltsberechtigten geltend gemacht, worunter man im Falle des § 1629 Abs. 3 BGB den in Prozeßstandschaft klagenden Ehegatten verstehen muß, so garantiert **Art. 5 Nr. 2 EuGVÜ** auch die örtliche Zuständigkeit. Diese Zuständigkeit bleibt daher wegen des Vorrangs des EuGVÜ → Rdnr. 18 grundsätzlich **auch bestehen, wenn andernorts eine Ehesache anhängig** ist oder wird[320]. Das muß besonders dann gelten, wenn das Scheidungsverfahren zu einem anderen deutschen Gericht anhängig gemacht wird. Nun hat zwar die Neufassung von Art. 5 Nr. 2 anläßlich des Beitritts von Dänemark, Irlands und des Vereinigten Königreichs die einheitliche europäische Verbundzuständigkeit gebracht. Sie ist aber als Wahlgerichtsstand ausgestaltet und verdrängt den Gerichtsstand am Wohnort des Unterhaltsberechtigten nicht. Die europäische Verbundzuständigkeit verweist blanko auf das für das »Personenstandsverfahren« zuständige Gericht, das nach Art. 1 Abs. 2 Nr. 1 zu bestimmen, den nationalen Gesetzgebern vorbehalten ist. Gerade deshalb hat man aber diese Zuständigkeit wieder eingeschränkt. Wenn sie lediglich auf der Staatsangehörigkeit einer der Parteien »beruht«, kann sie nicht in Anspruch genommen werden.

---

[314] S. *OLG Frankfurt* IPRax 1983, 295 (abl. *Schlosser* 285); *Zöller-Philippi*[17] Rdnr. 82 mwN.
[315] *OLG Zweibrücken* IPRax 1981, 182; *KG* OLGZ 79, 183; allg.M.
[316] *OLG Düsseldorf* FamRZ 1980, 728.
[317] S. dazu Gesetz vom 05.04.1990 zur Ausführung des Haager Übereinkommens vom 25.10.1980 über die zivilrechtlichen Aspekte internationaler Kindesentführung und des Europäischen Übereinkommens vom 20.05.1980 über die Anerkennung und Vollstreckung von Entscheidungen über das Sorgerecht für Kinder und die Wiederherstellung des Sorgeverhältnisses BGBl. 1990, 701f.

[318] Noch nicht in Kraft gegenüber Spanien, Portugal und Griechenland. Im sogenannten Luganer Übereinkommen hatten sich die EG-Mitglieder sowie Finnland, Island, Norwegen, Österreich, Schweden und die Schweiz auf eine vertraglichen Regelung verständigt, die von wenigen Nuancen abgesehen dem EuGVÜ entspricht → vor § 1 Rdnr. 781.
[319] *OLG München* FamRZ 1979, 153; *OLG Karlsruhe* FamRZ 1986, 1226f.; *OLG Hamm* IPRax 1988, 307.
[320] So wohl auch *Beitzke* FamRZ 1973, 411, 415.

Beantragt also die in den USA wohnende deutsche Ehefrau gegen ihren in der Schweiz wohnenden schweizerischen Mann vor einem deutschen Gericht die Scheidung, so kann die Zuständigkeit des deutschen Gerichts nur auf die Staatsangehörigkeit der Antragstellerin gegründet werden, § 606a Abs. 1 Nr. 1. Eine Unterhaltsklage kann dann vor diesem Gericht nicht anhängig gemacht werden. Ist auch der Mann Deutscher, dann beruht die Zuständigkeit des Gerichts ohnehin nicht auf der Staatsangehörigkeit »einer« der Parteien[321]. Beantragt eine in der Bundesrepublik lebende türkische Gastarbeiterin vor einem deutschen Gericht die Scheidung gegen ihren in der Türkei lebenden Mann, dann ist die deutsche internationale Zuständigkeit sicherlich nicht auf die Staatsangehörigkeit einer der Parteien gegründet. Das Gericht ist auch für Unterhaltsansprüche eines jeden der Ehegatten oder der Kinder international zuständig. Beantragt der im Ausland wohnende deutsche Ehemann gegen seine im Inland wohnende ausländische Partnerin die Scheidung, dann würde jedes Gericht seine internationale Zuständigkeit auf § 606a Abs. 1 Nr. 1 stützen. Nr. 4 ist an sich nur für Scheidungsverfahren beiderseits ausländischer Eheleute gedacht. Gleichwohl läßt im geschilderten Beispiel die internationale Zuständigkeit der deutschen Gerichte sich auch auf Nr. 4 stützen, wobei eine Anerkennungsprognose bezüglich des deutschen Rechts gegenstandslos wird. Somit kann für diesen Fall auch eine Zuständigkeitskonstellation erreicht werden, in der auch Unterhaltsansprüche geltend gemacht werden können.

Die bloße Tatsache der Rechtshängigkeit der Scheidungssache im Ausland kann auch die Rechtshängigkeit der Unterhaltssache begründen[322].

e) Für die Nr. 6 *(Versorgungsausgleich)* gibt es keine Zuständigkeitsregelungen in internationalen Verträgen. Insbesondere betreffen Versorgungsausgleichsverfahren meist Materien der »sozialen Sicherheit« im Sinne von Art. 1 Abs. 2 Nr. 3 EuGVÜ und unterfallen diesem Übereinkommen daher nicht. Die Zuständigkeit nach Abs. 2 und 3 wirkt daher auch bezüglich des Versorgungsausgleichs international[323]. Lediglich dann, wenn sich der Versorgungsausgleich auf privatrechtliche Versorgungsanwartschaften, -erwartungen und -ansprüche bezieht, oder wenn ein schuldrechtlicher Versorgungsausgleich geltend gemacht wird, ist die Anwendbarkeit des EuGVÜ zu erwägen[324].   61

In ausländische öffentlichrechtliche Versorgungsrechte und Anwartschaften kann jedoch ein deutsches Gericht nie eingreifen[325].

f) Im Falle der Nr. 7 *(Ehewohnung und Hausrat)* ist es denkbar, daß sich die Objekte im Ausland befinden, vor allem wenn man bedenkt, daß auch Ferienwohnungen von der »Hausrats«-Verordnung erfaßt werden[326]. Zwar gehören zu den Befugnissen des Hausratsrichters unter Umständen auch Gestaltung von Mietverhältnissen oder mietähnlichen Berechtigungen an der Ehewohnung. Typologisch handelt es sich jedoch nicht um die Rechtsbeziehung, die Art. 16 Nr. 1 EuGVÜ im Auge hat[327]. Vielmehr ist der Vorgang auch i. S. des Prozeßrechts unterhaltsrechtlich zu qualifizieren[328]. Auch wenn hauptsächlich an den Verbleib der Kinder zu denken ist, so ist die Wohnungszuweisung doch keine »Schutzmaßnahme« im Sinne des MSÜ[329]. Es gilt daher das zu Rdnr. 22 Gesagte. Art. 2 EuGVÜ ist anwendbar, wenn der Antragsteller im Ausland wohnt und der Antragsgegner seinen Wohnsitz in Deutschland hat. Art. 5 Nr. 2 ist anwendbar, wenn der Antragsteller im Inland wohnt und der Antragsgegner   62

---

[321] Im Ergebnis ebenso *Kropholler* Europäisches Zivilprozeßrecht[3] Art. 5 Rdnr. 24.
[322] *OLG München* IPRax 1992, 174 – Polen.
[323] *BGHZ* 75, 241 ff. = FamRZ 1980, 29, 30; *BGH* FamRZ 1982, 996.
[324] Für Streitigkeiten unter Bezugsprätendenten zur Anwendbarkeit neigend *Kropholler* aaO Art. 1 Rdnr. 36.

[325] *BGH* FamRZ 1989, 949. Zum ganzen Problem der Behandlung ausländischer Versorgungsanwartschaften *Henrich* aaO Rdnr. 409 ff.
[326] *KG* FamRZ 1974, 198.
[327] A.M. wohl *Jayme* IPRax 1981, 49, 50.
[328] *OLG Hamm* IPRax 1990, 114 = FamRZ 1989, 621.
[329] A.M. *OLG Karlsruhe* IPRax 1985, 106.

seinen Wohnsitz im EWG-Ausland hat. Bei Anhängigkeit einer Ehesache sind Abs. 2 und 3 anwendbar.

§ 621 a [Anwendbarkeit von FGG-Vorschriften]

(1) Für die Familiensachen des § 621 Abs. 1 Nr. 1–3, 6, 7, 9 bestimmt sich, soweit sich aus diesem Gesetz oder dem Gerichtsverfassungsgesetz nichts besonderes ergibt, das Verfahren nach den Vorschriften des Gesetzes über die Angelegenheiten der freiwilligen Gerichtsbarkeit und nach den Vorschriften der Verordnung über die Behandlung der Ehewohnung und des Hausrats. Anstelle der §§ 2–6, 8–11, 13, 16 Abs. 2,3 und des § 17 des Gesetzes über die Angelegenheiten der freiwilligen Gerichtsbarkeit treten die für das zivilprozessuale Verfahren maßgeblichen Vorschriften.

(2) Wird in einem Rechtsstreit über eine güterrechtliche Ausgleichsforderung ein Antrag nach § 1382 Abs. 5 oder nach § 1383 Abs. 3 des BGB gestellt, so ergeht die Entscheidung einheitlich durch Urteil. § 629 a Abs. 2 gilt entsprechend.

Gesetzesgeschichte: Rdnr. 12 f. Vor § 606, BGBl. 1980 I 677.

1   I. Die dem Familiengericht zugewiesenen Angelegenheiten können solche sein, die in zivilprozessualen Verfahren abzuwickeln sind, und solche, für welche das FGG gilt. Auch wenn mehrere dieser Verfahren anhängig sind, sollen sie nicht ihre spezifische Färbung verlieren → § 606 Rdnr. 19, § 624 Rdnr. 2 ff. § 621 a bestimmt daher, daß für solche Verfahren, die vor der Reform des Eherechts der freiwilligen Gerichtsbarkeit zugerechnet wurden, grundsätzlich weiterhin das FGG und für das Hausratsverfahren weiterhin die verfahrensrechtlichen Bestimmungen der HausrVO anwendbar bleiben sollen. Das Verfahren um den Versorgungsausgleich hat die Reform zu einem neuen FGG-Verfahren gemacht. § 621 a gilt auch für Verfahren der einstweiligen Anordnungen → § 620 a Rdnr. 4,7. Kommt ausländisches Recht oder das Recht der ehemaligen DDR zur Anwendung, so ist funktional einzuordnen, etwa bei Vollstreckung von Titeln[1]. Vom Grundsatz der aufrechterhaltenen *Trennung zwischen zivilprozessualem und FG-Verfahren* macht die Bestimmung aber 3 Gruppen von Ausnahmen (II–IV).

2   II. Die **erste Gruppe** besteht aus der im GVG und in der ZPO im zweiten und dritten Titel des ersten Abschnitts des 6. Buches verstreuten Vorschriften, aus denen sich *etwas »Besonders«* ergibt[2]. Aus dem GVG sind zu nennen § 119 über die Zuständigkeit der OLGe als Rechtsmittelinstanzen in Familiensachen, § 133 Nr. 2 über die Zuständigkeit des Bundesgerichtshofs als Gericht der weiteren Beschwerde, § 170 GVG über die Öffentlichkeit. Aus der ZPO kommen in Betracht § 78 Abs. 2 über den Anwaltszwang in manchen isolierten Familiensachen und in Folgesachen von Scheidungssachen sowie § 93 über die Kosten.

3   III. Die **zweite Gruppe von Ausnahmen** enthält § 621 a *Abs. 1 S. 2.* Eine Reihe den Charakter des Verfahrens der freiwilligen Gerichtsbarkeit nicht prägender technischer Vorschriften ist durch die für den Zivilprozeß oder kraft des GVG für Zivil- und Strafprozeß gemeinsam geltenden Vorschriften ersetzt worden. Wie der Umkehrschluß aus § 621 b ergibt, sind die für das amtsgerichtliche, zivilprozessuale Verfahren geltenden Vorschriften gemeint → Rdnr. 12. Im einzelnen bedeutet dies:

---

[1] *KG* FamRZ 1991, 1213 – DDR.

[2] § 64 a Abs. 3 FGG ist daneben eine gedankenlose Doppelregelung: *Brüggemann* FamRZ 1977, 1, 19.

§ 2: Die Vorschriften des GVG über **Rechtshilfe** (§§ 156 ff) geltend mittelbar. 4

§ 3: Die Vorschriften der ZPO über den **Gerichtsstand** exterritorialer Deutscher (§ 15) gelten unmittelbar. 5

§ 4: Die Vorschrift ist durch diejenige des § 261 Abs. 3 Nr. 1 ZPO über die **Rechtshängigkeit** ersetzt[3]. Die Gegenmeinung will auf § 35 ZPO abstellen[4]. Dies gibt aber keine Lösung für den Fall der von amtswegen einzuleitenden Angelegenheiten. Das Argument, § 261 Abs. 3 Nr. 1 setze einen den Streitgegenstand bestimmenden Antrag der aktiven Seite des Verfahrens voraus, ist nicht stichhaltig. In Verfahrensarten, wo auch ein gerichtliches Initiativrecht besteht oder die Art der zutreffenden Maßnahme nicht durch Anträge der Beteiligten beschränkt ist, kann der Verfahrensgegenstand logischerweise auch nicht durch Parteianträge begrenzt sein. In FG-Sachen setzt Rechtshängigkeit Zugang oder Mitteilung eines verfahrenseinleitenden Aktes an die Beteiligten nicht voraus. Zur Mitteilung von Entscheidungen → Rdnr. 14. 6

§ 5: Es gelten §§ 36 f. ZPO über die **Bestimmung des zuständigen Gerichts** durch ein höheres Gericht. Es kann also auch der *BGH* bestimmungsberechtigt werden[5]. Zu den für anwendbar erklärten Vorschriften gehört auch § 281[6]. Von ihm darf aber erst Gebrauch gemacht werden, wenn das Gericht seiner Pflicht zur amtswegigen → Rdnr. 18 Ermittlung der für seine Zuständigkeit oder Unzuständigkeit ausschlaggebenden Tatsachen nachgekommen ist, worunter auch die Ermittlung des Aufenthalts einer Person gehört[7]. Die Bindungswirkung eines Verweisungsbeschlusses tritt jedoch nicht ein, ohne daß alle Beteiligten vorher rechtliches Gehör gehabt hätten[8]. Die Bindungswirkung eines Verweisungsbeschlusses ist nicht davon abhängig, daß ein Antrag auf Verweisung gestellt worden wäre[9]. Bei korrekter Verfahrensweise ist ein solcher aber erforderlich. Fehlt es daran, so ist ein gestellter Sachantrag als unzulässig zurückzuweisen, in von amtswegen einzuleitenden Verfahren das für zuständig erachtete Gericht auf die Situation aufmerksam zu machen. Im Falle eines informell nicht aufzuräumenden negativen Kompetenzkonflikts müssen sich beide Gerichte nach Einleitung des Verfahrens für unzuständig erklären und die Entscheidung nach § 36 Nr. 6 suchen. Zu den Voraussetzungen einer rechtskräftigen Unzuständigkeitserklärung → § 281 Rdnr. 230 ff., § 36 Rdnr. 22[10]. 6a

§ 6: An seine Stelle treten §§ 41–91 ZPO, insbesondere mit der Folge, daß das Recht zur *Richterablehnung* ausdrücklich normiert ist[11]. 7

§ 8: Die Vorschriften des GVG über Gerichtssprache, Sitzungspolizei, Beratung und Abstimmung (§§ 176–197) gelten unmittelbar. 8

§ 9: Für die Zuziehung eines *Dolmetschers* gilt § 185 GVG. 9

§ 10: §§ 199–202 GVG über die Gerichtsferien gelten auch in FG-Sachen, siehe § 200 Abs. 2 Nr. 5 GVG. 10

§ 11: An seiner Statt gelten die Vorschriften der ZPO über die *Vornahme von Prozeßhandlungen*. Soweit kein Anwaltszwang besteht → § 78 Rdnr. 3 ff., können Anträge und Erklärungen zu Protokoll der Geschäftsstelle abgegeben werden, § 496. 11

---

[3] *Johannsen/Henrich/Sedemund-Treiber*[2] Rdnr. 3; *Zöller-Philippi*[17] Rdnr. 9; *MünchKommZPO-Walter* Rdnr. 7.
[4] *OLG Koblenz* FamRZ 1983, 201; *Baumbach/Lauterbach/Albers*[51] Rdnr. 4; *Schlüter-König* FamRZ 1982, 1159 (1162).
[5] *BGH* FamRZ 1990, 1226; *OLG Düsseldorf* FamRZ 1984, 914.
[6] *BGHZ* 71,15 = FamRZ 1978, 331; *BGH* FamRZ 1990, 1226; *BGH* FamRZ 1992, 49 = NJW RR 1991, 1346.
[7] *BGH* FamRZ 1992, 49 = NJW RR 1991, 1346.
[8] *BGH* FamRZ 1988, 1256f.; FamRZ 1987, 155.
[9] *BGH* FamRZ 1987, 155.
[10] Beispiel für Nichtvorliegen: *BGH* FamRZ 1991, 927 (Abgabe eines Verfahrens über den schuldrechtlichen Versorgungsausgleich nach § 46 FGG).
[11] Zur Lückenhaftigkeit des FGG und der Notwendigkeit, es ohnehin durch entsprechende Anwendung von zivilprozessualen Vorschriften anzureichern, *Habscheid* Freiwillige Gerichtsbarkeit[7] § 12 II.

12   § 13: An seiner Statt gelten §§ 78–90 ZPO. Die Bezugnahme in § 621a betrifft das *amtsgerichtliche Verfahren*, nicht das landgerichtliche[12]. Manchen zufolge sollen anstelle des § 13 FGG nur jene Vorschriften der ZPO gelten, die die Berechtigung begründen, sich vertreten zu lassen[13], nämlich die §§ 90, 79, 80. Seit der Änderung des § 78 im Jahre 1986 hat die Streitfrage ihre frühere Bedeutung weitgehend verloren.

13   § 14: §§ 114–127 gelten nicht mehr kraft Verweisung, sondern unmittelbar. Einzelheiten zur *Prozeßkostenhilfe* in FG-Familiensachen, insbesondere zur Anwaltsbeiordnung, dort.

14   § 16 Abs. 2, 3: An die Stelle dieser Vorschriften treten die Bestimmungen der ZPO über die Verkündung, Zustellung und Mitteilung von Beschlüssen (§ 329[14], vor allem auch § 621c → Erläuterungen dort)[15]. Zuzustellen ist allen Beschwerdeberechtigten nach §§ 53b Abs. 2, 59 Abs. 3, 64k Abs. 3 S. 3 FGG, bei Kindern zwischen 14 und 18 Jahren nicht dem gesetzlichen Vertreter[16], nach § 185 auch nicht ersatzweise einem Elternteil[17]. § 16 Abs. 1 FGG ist aber anwendbar[18]. Eine Sorgerechtsentscheidung wird durch formlose Bekanntgabe wirksam. Nur der Lauf der Rechtsmittelfrist hängt von der Einhaltung der nach § 329 Abs. 3 gebotenen Zustellungsform ab[19]. Ausnahmen zu § 16 Abs. 1 FGG sind § 629d, §§ 53g Abs. 1, 53a Abs. 2 S. 1 FGG, § 16 Abs. 1 HausrVO. All diese Vorschriften gehen den ZPO-Bestimmungen über Eintritt der Gestaltungswirkung und vorläufige Vollstreckbarkeit vor[20].

15   § 17: An seiner Statt gelten die Vorschriften der §§ 221 ff ZPO direkt.

16   Neben den in Abs. 1 S. 2 erwähnten gibt es vereinzelt auch noch sonstige Bestimmungen des FGG, die durch ZPO-Vorschriften ersetzt sind, z.B. §§ 93a, 97 Abs. 2, 621e, 629a ZPO.
Ganz unberührt von § 621a bleiben die Fälle, wo ohnehin Vorschriften der ZPO zur Lückenfüllung entsprechend auf das Verfahren der FG angewandt werden. Beispiele: § 91a in echten Streitsachen insoweit, als eine Bindung an die beiderseitige *Erledigungserklärung* angenommen wird[21] → Rdnr. 20; § 141 Abs. 3[22], §§ 239ff.[23], § 254 → § 621 Rdnr. 11[24], § 256[25], § 301[26], § 304[27], §§ 578ff.[28].

17   **IV. Die dritte Gruppe von Ausnahmen** ist die Sonderregelung, die Abs. 2 für den Fall trifft, daß eine Zugewinnausgleichsforderung als zivilprozessuale Angelegenheit nach Nr. 8 mit einem *Stundungsbegehren* (§ 1382 BGB) oder einem Antrag auf *Übertragung von Vermögensgegenständen* (§ 1383 BGB) als Angelegenheit der freiwilligen Gerichtsbarkeit nach Nr. 9 von § 621 Abs. 1 zusammenfällt. Schon in §§ 1382f. BGB selbst ist angeordnet, daß dann das zivilprozessuale Verfahren dasjenige der freiwilligen Gerichtsbarkeit absorbiert. Diesen, den Sinn der gesetzlichen Regelung bis zur Unkenntlichkeit verstümmelnde Verweisung auf § 629a Abs. 2 und die dort sich findende weiter Verweisung auf §§ 621e, 623 und

---

[12] *Bergerfurth* FamRZ 1981, 582; *Thomas* Putzo[17] 3b; Baumbach/Lauterbach/Albers[51] Rdnr. 4.
[13] OLG Schleswig SchlHA 1980, 187; OLG Oldenburg NJW 1979, 113; *Zöller-Philippi*[17] Rdnr. 18; *Schwab-Maurer*[2] Rdnr. 500; *Bergerfurth* aaO.
[14] KG FamRZ 1983, 1161.
[15] Beispiel: OLG Hamburg FamRZ 1985, 93 – Wirksamkeit verkündeter Beschlüsse in Sorgerechtssachen; KG FamRZ 1978, 728 – Beachtung von § 176 bei der Zustellung.
[16] Allg. M. Einzelheiten *Heintzmann* FamRZ 1980, 116.
[17] *Zöller-Philippi*[17] Rdnr. 23.
[18] MünchKomm-ZPO-*Walter* Rdnr. 12 – auch hinsichtlich Endentscheidungen gem. § 621e.
[19] OLG Stuttgart FamRZ 1982, 429.
[20] OLG Karlsruhe FamRZ 1983, 731 – Zur Anwendbarkeit von § 534.
[21] BayObLG FamRZ 1989, 886.

[22] OLG Stuttgart Justiz 1980, 202 – aber keine Möglichkeit zwangsweiser Vorführung → Rdnr. 26. – A.M. OLG Zweibrücken FamRZ 1987, 392.
[23] BGH FamRZ 1984, 467, 469 – Versorgungsausgleich.
[24] OLG Hamburg FamRZ 1981, 1095; OLG Hamm FamRZ 1980, 64.
[25] BGH FamRZ 1982, 42 – Versorgungsausgleich.
[26] BGH FamRZ 1983, 38 (40); FamRZ 1983, 890; FamRZ 1984, 572 = NJW 1543 – alle auf den Versorgungsausgleich bezogen. Zu Rechtsmittelproblemen im Zusammenhang mit versorgungsausgleichsrechtlichen Teilentscheidungen: BGH NJW 1983, 1311; NJW 1984, 120; NJW 1984, 2879; NJW RR 1988, 131.
[27] OLG Hamburg FamRZ 1980, 1133.
[28] BGH FamRZ 1984, 669; OLG Frankfurt FamRZ 1984, 66 – alle den Versorgungsausgleich betreffend, aber durch § 10a VAHRG inzwischen zum großen Teil überholt → Rdnr. 22.

629 Abs. 1 bedeutet, aufgeschlüsselt, folgendes: Wird das Urteil, in welchem über den Zugewinnausgleichsanspruch und die Anträge nach §§ 1382 Abs. 5, 1383 Abs. 3 BGB entschieden wurde, nur wegen letzteren Punktes angefochten, ist Beschwerde statthaft; eine weitere Beschwerde ist nach § 621e Abs. 2 nur eröffnet, wenn die Beschwerde als unzulässig verworfen worden war. Wird nach Einlegung einer solchen Beschwerde gegen das Urteil in der Zugewinnausgleichssache Berufung oder Revision eingelegt, so muß im Urteil, welches dieses Verfahren beschließt, auch über die Beschwerde mitentschieden werden, wenn der Ausgleichsanspruch zugesprochen wird. Wird ein Urteil, daß sowohl über den Zugewinnausgleich als auch über die Nebenansprüche nach §§ 621 Nr. 9 entscheidet, mit der Revision angefochten, so können auch die Nebenentscheidungen zur Nachprüfung des Revisionsgerichts gestellt werden, weil auf § 629a Abs. 1 nicht verwiesen ist[29] → § 629a Rdnr. 4.

V. Die zentralen Vorschriften des FGG bleiben auch im Verfahren vor dem Familiengericht anwendbar. Das gilt insbesondere für § 12[30], der nicht nur den Amtsermittlungsgrundsatz sondern auch die generelle Möglichkeit des **Freibeweises** begründet und auch die tatsächlichen Grundlagen der örtlichen und internationalen Zuständigkeit erfaßt[31]. Insbesondere in Streitsachen[32] kann sich das Gericht im allgemeinen aber darauf verlassen, daß jede Partei Tatsachen, die für sie vorteilhaft sind, jedenfalls in Umrissen von sich aus vorträgt. Im Laufe der parlamentarischen Beratungen hat man auch darauf verzichtet, besondere Verfahrensvorschriften für den Fall zu schaffen, daß um den Versorgungsausgleich gestritten wird. Schon nach allgemeinen Grundsätzen kann das Familiengericht von allen Behörden Auskünfte verlangen. Die Befugnis der Gerichte, Auskünfte zu verlangen ist heute in § 11 Abs. 2 VAHRG umfassend durch eine Generalklausel geregelt.

18

Im übrigen bleibt es insbesondere bei der Anwendbarkeit folgender Vorschriften des FGG (für die nicht eigens erwähnten Vorschriften ist dies selbstverständlich):

§ 13a: Die Vorschrift ist in isolierten Familiensachen anwendbar[33]. 19

§ 16 Abs. 1: → § Nr. 14. Zum Beteiligtenbegriff → § 624 Rdnr. 36. 20

§ 18: Der in Absatz 2 genannten sofortigen Beschwerde ist die befristete Beschwerde im Sinne von § 621e Abs. 3 i.Vdg.m. § 516 gleichgestellt[34]. Bei einer dem Gericht nicht bewußten Unvollständigkeit der erfassten Versorgungsanwartschaften ist eine Änderung daher unzulässig[35]. Als Sondervorschrift ist aber immer § 10a VAHRG zu beachten[36]. Zum Wiederaufnahmeverfahren → Rdnr. 18, → § 621a Rdnr. 14. 21

§ 19: Die Vorschrift wird für Endentscheidungen durch § 621e verdrängt. § 19 Abs. 2 FGG wird durch § 119 Abs. 1 Nr. 2 GVG ersetzt. Zur Abgrenzung von Endentscheidungen und anderen Entscheidungen → dort Rdnr. 1 ff. 22

§§ 20–26: → § 621e Rdnr. 7 ff. § 20 gilt bezüglich der Beschwerdeberechtigung[37]. → § 624 Rdnr. 36. Notwendige Streitgenossenschaft gibt es auch im familiengerichtlichen FG-Verfahren nach Ansicht des BGH nicht[38]. 23

§§ 27–30: Die Vorschriften sind durch § 621e, §§ 119 Abs. 1, 133 Nr. 2 GVG ersetzt[39]. 24

§ 33: Allein diese Vorschrift ist in den Familiensachen des § 621 Abs. 1 Rdnr.n. 1–3 25

---

[29] Zust. *MünchKomm-ZPO-Walter* Rdnr. 17. – A.M. *Zöller-Philippi*[17] Rdnr. 70.
[30] BGH FamRZ 1983, 262, 263; *MünchKommZPO-Walter* Rdnr. 13.
[31] BGH FamRZ 1992, 49 = NJW RR 1991, 1346; OLG Düsseldorf FamRZ 1978, 621 – auch noch in Beschwerdeinstanz.
[32] BGH FamRZ 1988, 709 – für § 1587c BGB.
[33] Heute allg.M.: OLG Köln FamRZ 1982, 1262 – Erledigung der Hauptsache → Rdnr. 41; OLG Stuttgart FamRZ 1983, 936; OLG Frankfurt FamRZ 1986, 368 – beide die Anwendbarkeit von § 515 Abs. 3 ZPO ablehnend.
[34] BGH FamRZ 1987, 522 = NJW 1543.
[35] BGH FamRZ 1988, 277 = NJW RR 71.
[36] BGH FamRZ 1989, 264, = NJW RR 130. Zu § 10a VAHRG *Ruland* NJW 1987, 349; *Hahne* FamRZ 1987, 228.
[37] BGH FamRZ 1980, 989f – Versorgungsausgleich.
[38] BGH FamRZ 1981, 657; abl. *Borgmann* 689.
[39] BGHZ 1972, 169 = FamRZ 1978, 886 = NJW 1979, 39; FamRZ 1979, 224 = NJW 820; FamRZ 1989, 1066.

anzuwenden[40]. Das gilt auch bei einstweiligen Anordnungen nach § 620[41] oder nach FG-Grundsätzen[42]. In Versorgungsausgleichssachen wird die in § 11 Abs. 2 VAHRG verankerte Auskunftspflicht durch Anwendung von § 33 sanktioniert[43]. Endentscheidungen in Versorgungsausgleichssachen werden gemäß § 53g Abs. 3 FGG nach ZPO-Grundsätzen vollstreckt. Dazu gehören auch Entscheidungen über Auskunftsbegehren, die die Parteien sich gegenseitig nach § 1587e BGB stellen. Jedoch werden die Gerichte aus praktischen Gründen auch dann meist nach §§ 11 Abs. 2 VAHRG vorgehen. Eine Grundlage, das persönliche Erscheinen anzuordnen oder gar zu erzwingen, gibt § 33 nicht[44] → Rdnr. 18.

26   Die in §§ 35 ff. FGG enthaltenen Sondervorschriften bezüglich jeweils spezieller Verfahrensarten sind gerade auch für familiengerichtliche Verfahren gedacht und bleiben daher von § 621a grundsätzlich unberührt.

VI. Folgende **ungeschriebene Grundsätze der FG** bleiben von § 621a ebenfalls unberührt:
27   Die Rechtsprechungsgrundsätze zu der Konstellation, die der **notwendigen Streitgenossenschaft** des Zivilprozeßrechts entspricht[45], gelten auch im familiengerichtlichen Verfahren.
28   An übereinstimmende **Erledigungserklärungen** ist das Gericht in echten Streitsachen gebunden; eine einseitige Erledigungserklärung → Rdnr. 20 ist bereits nach Einreichung einer Antragsschrift möglich[46]. Antragsrücknahme → § 623 Rdnr. 17.
29   Die **Vergleichsunfähigkeit** von Angelegenheiten des § 621 Abs. 1 Nrn. 1−3 wird durch die Eigenschaft einer Sache als Familiensache (und Folgesache) ebenfalls nicht berührt, wenn auch der Einigung der Eltern hohes Gewicht zukommt bzw. (insbesondere bei Umgangsregelungen) eine Entscheidung des Gerichts sogar entbehrlich machen kann[47].
30   Soweit Entscheidungen der FG allgemein einer **Begründung** bedürfen, bedürfen sie es auch als familiengerichtliche oder Folgesachen. § 313a Abs. 1 ist unanwendbar[48].
31   **Einstweilige Anordnungen** → § 620a Rdnr. 16.
32   Die **Unterbrechung** des Verfahrens in entsprechender Anwendung von §§ 239 ff. ZPO findet auch in FG-Streitverfahren statt, etwa im abgetrennten und über die Rechtskraft der Scheidung hinaus fortgeführten Versorgungsausgleichsverfahren[49].

§ 621b [Besonderheit güterrechtlicher Streitigkeiten]

(1) In Familiensachen des § 621 Abs. 1 Nr. 8 gelten die Vorschriften über das Verfahren vor den Landgerichten entsprechend.

Gesetzesgeschichte: Rdnr. 1 ff. Vor § 606; BGBl. 1986 I 301.

Die Vorschrift ist ihrem systematischen Stellenwert nach eigentlich § 621a Abs. 1 S. 3. Gelten im allgemeinen anstatt der in § 621a Abs. 1b. 2 genannten Vorschriften des FGG die für das *amtsgerichtliche* Verfahren der ZPO gedachten Normen, so stellt § 621b klar, daß in

---

[40] *OLG Hamm* FamRZ 1980, 86.
[41] *BGH* NJW 1983, 2776.
[42] *Zettel* DRiZ 1981, 216; *OLG Bremen* FamRZ 1982, 92.
[43] *OLG Stuttgart* FamRZ 1986, 705; *OLG Karlsruhe* FamRZ 1984, 498; *Friederici* NJW 1983, 791.
[44] *OLG Hamburg* FamRZ 1983, 409 – keine Grundlage für zwangsweise Vorführung; § 613 ZPO in Versorgungsausgleichssachen nicht entsprechend anwendbar.
[45] *BGH* FamRZ 1981, 658.
[46] *BayObLG* FamRZ 1989, 886; *OLG Köln* FamRZ 1983, 1262.
[47] *BGH* FamRZ 1988, 277; *OLG Schleswig* SchlHA 1980, 79.
[48] *OLG Hamm* NJW 1979, 434.
[49] *BGH* FamRZ 1984, 467, 468; *BGH* FamRZ 1981, 245.

Zugewinnausgleichssachen die für das landgerichtliche Verfahren der ZPO gedachten Vorschriften zur Anwendung kommen. Für sie besteht, auch wenn sie als isolierte Verfahren durchgefochten werden, ausnahmslos Anwaltszwang, § 78 Abs. 2 Nr. 2. Der Anwaltszwang ist unabhängig vom konkreten Streitwert. Auf FG-Verfahren des § 621 Abs. 1 Nr. 9 findet die Vorschrift keine Anwendung.

Die Vorschrift ist in den neuen **Bundesländern während der Übergangszeit** unanwendbar. Das Verfahren unterliegt nach EV Anl. I Kap. III Sachgeb. A Abschn. III Z. 1 Maßg. e und Z. 5 Maßg. c den Vorschriften der §§ 496 ff. für das amtsgerichtliche Verfahren. Über § 495 sind jedoch die Regeln über das Verfahren vor dem Landgericht ergänzend anwendbar → § 608 Rdnr. 3 mwN[1]. **Anwaltszwang** → § 78 Rdnr. 4.

§ 621 c [Zustellung von Entscheidungen]

§ 317 Abs. 1 Satz 3 ist auf Endentscheidungen in Familiensachen nicht anzuwenden.

Gesetzesgeschichte: Rdnr. 1 ff. Vor § 606

Seit dem auch Urteile von amtswegen zuzustellen sind → § 270 Abs. 1 i.Vdg.m. § 317 erübrigen sich Sondervorschriften für Ehesachen. Warum § 317 Abs. 1 S. 3 in Familiensachen nicht anzuwenden ist, hat der Rechtsausschuß des Bundestages, der die Fassung des Gesetzes aus Anlaß der Vereinfachungsnovelle beschlossen hat[1], nicht weiter erläutert. Offenbar soll der Gedanke des § 618 auf andere Familiensachen übertragen werden, obwohl in selbständigen Familiensachen der Gesichtspunkt, alsbald Klarheit über den Fortbestand der Ehe zu erhalten, schwerlich ausschlaggebend sein kann. Wollen die Eheleute wegen laufender Verhandlungen über ihre in den fraglichen Verfahren zu regelnden Beziehungen nicht in die Notwendigkeit versetzt werden, allein zur Fristwahrung Rechtsmittel einlegen zu müssen, so können sie nur das Gericht bitten, mit der Verkündung oder sonstigen Bekanntmachung einer Entscheidung zuzuwarten.

§ 621 d [Revision]

(1) Gegen die in der Berufungsinstanz erlassenen Endurteile über Familiensachen des § 621 Abs. 1 Nr. 4, 5, 8 findet die Revision nur statt, wenn das Oberlandesgericht sie in dem Urteil zugelassen hat; § 546 Abs. 1 Satz 2, 3 gilt entsprechend.

(2) **Die Revision findet ferner statt, soweit das Berufungsgericht die Berufung als unzulässig verworfen hat.**

Gesetzesgeschichte: Rdnr. 1 ff. Vor § 606.

I. Die in § 621 d nicht genannten Nummern von § 621 Abs. 1 betreffen allesamt nicht 1 zivilprozessuale Verfahren. In *Familiensachen, die nach der ZPO abzuwickeln* sind, gelten deren Vorschriften über die Entscheidung durch Urteil → § 621 a Rdnr. 5 und daher auch

---

[1] A. auch hier wohl *Zöller-Philippi*[17] Vorbem. zu § 621, der die §§ 621 ff. auf das Verfahren vor dem Kreisgericht gleichermaßen anwenden will.

[1] BTDrucks 7/5250 S. 13.

diejenigen für die Berufung. Für Ehesachen gilt § 621 d nicht → § 546 Rdnr. 3. Für Scheidungs- und Folgesachen → § 629 a. Seit Inkrafttreten des UÄndG 1986 ist für die funktionelle Zuständigkeit maßgebend, ob ein Familiengericht entschieden hat, § 119 Abs. 1 Nr. 1 GVG. Der **Sinn des § 621 d** ist es, die Streitwertrevision gegen Urteile von Oberlandesgerichten auch dort auszuschließen, wo sie nach § 546 statthaft wäre. Das ist nicht verfassungswidrig[1]. Die Revision und eine Anschlußrevision → § 556 Rdnr. 3 ist daher in diesem Bereich, abgesehen vom Fall einer als unzulässig zurückgewiesenen Berufung (Abs. 2), nur kraft Zulassung statthaft[2] → Erl. § 546. Der Grund dafür, Familiensachen der Streitwertrevision zu entziehen, lag in dem Bestreben, für den Verfahrensverbund einen einheitlichen Rechtsmittelzug zu schaffen und den Parteien keine Veranlassung zu geben, wegen erweiterter Revisionsmöglichkeiten bestimmte Arten von Streitigkeiten dem Verbund entziehen zu wollen[3].

2 II. Systemkomformer wäre es gewesen, durch das UÄndG 1986 die Vorschrift in folgender Weise umzuformulieren: »Gegen ... Endurteile der Oberlandesgerichte, mit denen über eine Berufung gegen ein familiengerichtliches Urteil entschieden worden ist ...«. Das Unterbleiben der Anpassung beruht offenbar auf einem Versehen[4]. Es läßt sich jedoch durch die Gerichtspraxis weitgehend korrigieren[5]: Nach dem Gesetzeswortlaut ist die Streitwertrevision auch gegen Entscheidungen der Familiensenate der OLGe statthaft, wenn es sich materiell nicht um eine Familiensache handelt. Das OLG müßte also, folgte man dem Wortlaut der Vorschrift, sich Gedanken über die Zulassung der Revision nur dann machen, wenn eine Familiensache vorliegt, nicht wenn durch einen Irrläufer eine nichtfamiliengerichtliche Sache mit einem Streitwert über DM 60.000,– zum ihm gelangt ist[6]. Jedoch muß man § 549 Abs. 2 entsprechend anwenden. Im Zusammenwirken mit § 119 Abs. 1 Nr. 2 GVG ist der ZPO der Grundsatz zu entnehmen, daß ohne Zuständigkeitsrüge ein Rechtsmittelgericht sich nicht mehr damit befassen soll, ob der Streitgegenstand familiengerichtlicher Natur ist oder nicht, der *BGH* überhaupt nicht mehr. Ob eine Familiensache gegeben ist, wollte der *BGH* allerdings in einer Sache, die noch vor Inkrafttreten des UÄndG 1986 rechtshängig geworden war, selbständig prüfen, wenn es das OLG ausdrücklich offen gelassen hat[7]. Zu Situationen, in denen der *BGH* selbständig prüfen muß, ob eine Familiensache vorliegt oder nicht, kann es aber heute nicht mehr kommen: Hatte in erster Instanz das Familiengericht entschieden, so ist dem OLG durch § 119 Abs. 1 Nr. 1 GVG die Nachprüfung, ob eine Familiensache vorliegt, verwehrt. Es würde dem Sinn von § 549 Abs. 2 widersprechen, dann dem *BGH* eine Nachprüfung zu gestatten, ob vielleicht doch keine Familiensache vorgelegen hat. Zur Wahrung des Gleichheitsatzes muß der *BGH* aber die Revisionswürdigkeit selbst prüfen, wenn das OLG irrtümlich von einer zulassungsfreien Revision ausgegangen ist[8] (was aber seit Inkrafttreten des UÄndG 1986 ebenfalls kaum noch vorkommen dürfte, nach der hier vertretenen Lehre gar nicht vorkommen kann).

3 III. Bezüglich der Modalitäten der Revisionszulassung gilt → § 546 Rdnr. 4 ff. Bei einer Beschränkung der Zulassung muß keine Bezifferung ausgesprochen werden, wenn die Beschränkung sonst hinreichend bestimmt ist[9]. Eine Beschränkung auf bestimmte Rechtsfragen ist nicht zulässig[10]. Im Falle einer Entscheidung über eine Mehrheit von Ansprüchen, vor allen

---

[1] *BVerfG* FamRZ 1982, 243; *BGH* FamRZ 1983, 365.
[2] *BGH* NJW 1979, 550 = FamRZ 220; FamRZ 1984, 35. Allg. M.
[3] BTDrucks 7/4361 66.
[4] So auch *Walter* JZ 86, 363. A.M. *Zöller-Philippi*[17] 5a.
[5] So auch *Jauernig* FamRZ 1988, 1258.
[6] So in der Tat *Zöller-Philippi*[17] aaO.
[7] *BGH* NJW 1988, 2380 = FamRZ 1036, krit. *Jauernig* 1258.
[8] *BVerfG* FamRZ 1984, 866.
[9] *BGH* FamRZ 1982, 684 f.; *MünchKommZPO-Klauser* Rdnr. 8.
[10] *MünchKommZPO-Klauser* Rdnr. 8 mwN in Fn. 14–18.

Dingen also bei einer Verbundentscheidung, muß die Revisionswürdigkeit bezüglich eines jeden Anspruches gesondert geprüft werden, allg. M.

IV. Abs. 1 ist entsprechend anwendbar, wenn gegen die Entscheidung eines OLG nach § 341 Abs. 1 S. 2 sofortige Beschwerde nach § 341 Abs. 2 S. 2 eingelegt werden soll[11]. Aus Abs. 2 ist auch abzuleiten, daß die im Falle des § 519b Abs. 2 vorgesehene **sofortige Beschwerde** statthaft ist, wenn das OLG die Berufung durch Beschluß als unzulässig verworfen hat[12].

V. Für die FGG-Sachen ergibt sich die Ausschließlichkeit der weiteren Beschwerde kraft Zulassung aus → § 621 e Rdnr. 6 ff.

VI. Bezüglich der Gerichte in den *neuen Bundesländern* bringt der Einigungsvertrag Anlage I Kap. III. A. Abschn. III. Nr. 28 Buchst. i S. 3 eine Besonderheit. Sie ist aber bereits überholt[13].

Zur **Zuständigkeit des Bezirksgerichtes in den neuen Bundesländern** anstelle des Oberlandesgerichtes → Allg.Einl. z, 6. Buch Rdnr. 13.

Zum **Übergangsrecht**[14] → Anh. § 639.

4

5

6

§ 621 e [Rechtsmittel in FGG-Verfahren]

(1) Gegen die im ersten Rechtszug ergangenen Endentscheidungen über Familiensachen des § 621 Abs. 1 Nr. 1 bis 3, 6, 7, 9 findet die Beschwerde statt.

(2) In den Familiensachen des § 621 Abs. 1 Nr. 1 bis 3, 6 findet die weitere Beschwerde statt, wenn das Oberlandesgericht sie in dem Beschluß zugelassen hat; § 546 Abs. 1 Satz 2, 3 gilt entsprechend. Die weitere Beschwerde findet ferner statt, soweit das Oberlandesgericht die Beschwerde als unzulässig verworfen hat. Die weitere Beschwerde kann nur darauf gestützt werden, daß die Entscheidung auf einer Verletzung des Gesetzes beruht.

(3) Die Beschwerde wird durch Einreichung der Beschwerdeschrift bei dem Beschwerdegericht eingelegt. Die §§ 516, 517, 519 Abs. 1, 2, §§ 519a, 552, 554 Abs. 1, 2, 5, § 577 Abs. 3 gelten entsprechend.

(4) Für das Beschwerdegericht gilt § 529 Abs. 3, 4 entsprechend. Das Gericht der weiteren Beschwerde prüft nicht, ob eine Familiensache vorliegt.

Gesetzesgeschichte: Rdnr. 1 ff. Vor § 606 BGBl. 1986 I S. 301.

I. Die befristete Beschwerde gegen »Endentscheidung«	1	e) »Teil-Endentscheidungen«	6
1. Die Abgrenzung von Endentscheidungen und »Nichtendentscheidungen« im allgemeinen		3. Das Beschwerdeverfahren	7
		a) Die Beschwerdebefugnis	7
		b) Die Einlegung beim Beschwerdegericht	8
2. Einzelheiten	2	c) Die Befristung der Beschwerde	9
a) Versorgungsausgleichssachen	2	d) Rechtsmittelantrag?	10
b) Sorgerechtssachen	3	e) Die Begründung der Beschwerde	11
c) Hausratssachen	4		
d) Isolierte Kostenentscheidungen	5	f) Änderungen des Rechtsmittelgegenstands	12

---

[11] *BGH* FamRZ 1982, 162.
[12] *MünchKommZPO-Klauser* Rdnr. 11.
[13] Anwendungsfälle: *BGH* FamRZ 1991, 793, 1175.
[14] *BGH* DNotZ 1991, 243. – zur Revision gegen Beschlüsse des Bezirksgerichts.

g) Überführung der Beschwerde in die Berufung 13	3. Das Gericht der weiteren Beschwerde 19
h) Die entsprechende Anwendbarkeit von § 577 Abs. 3 14	4. Gründe für eine weitere Beschwerde 20
i) Die möglichen Entscheidungsinhalte 15	5. Frist zur Einlegung der weiteren Beschwerde 21
II. Die weitere Beschwerde 16	6. Der Ausschluß des Streits über die Einordnung einer Sache als Familiensache 22
1. Die Zulässigkeitsbeschränkung durch den Beschwerdegegenstand 17	III. Ehemalige DDR 23
2. Die Zulässigkeitsbeschränkung durch Zulassung 18	

I. Die befristete Beschwerde gegen »Endentscheidungen«

1. Die Abgrenzung von Endentscheidungen und »Nicht-Endentscheidungen« im allgemeinen

1   Die Vorschrift gilt nur für **FG-Familiensachen**. In ZPO-Sachen bleibt es bei § 567 Abs. 4. Eine unzulässigerweise doch eingelegte weitere Beschwerde kann daher wie eine unstatthafte Revision auch das BayObLG verwerfen[1].

Solange die im FG-Verfahren abzuwickelnden Angelegenheiten nicht in Verbindung mit einem Scheidungsverfahren stehen[2], bleibt es grundsätzlich auch bei den im Verfahren der freiwilligen Gerichtsbarkeit vorgesehenen Rechtsmitteln und sonstigen Rechtsbehelfen. Auch § 14 HausrVO bleibt unberührt. Abs. 1 hat demgemäß die primäre Funktion, klarzustellen, daß die Aufnahme von »Verfahren in Familiensachen« in die ZPO daran nicht prinzipiell etwas geändert hat. Das gilt etwa hinsichtlich des Kreises der Beschwerdeberechtigten, der alle materiell und formell Beteiligten und Beschwerten erfaßt. Die Einlegung der Beschwerde hat auch keine aufschiebende Wirkung[3], so daß die angefochtene Entscheidung noch weiter mit Zwangsgeldern durchgesetzt werden kann[4]. Zur Beschwerdeberechtigung näher → Rdnr. 7.

Aus diesen Gegebenheiten schließt die herrschende Meinung, daß Entscheidungen, die keine »Endentscheidungen« sind und die man üblicherweise »**Zwischenentscheidungen**« nennt, in der gleichen Weise mit der (unbefristeten) FG-Beschwerde angefochten werden können, wie es ohne Existenz der §§ 621 ff. der Fall wäre. Auch wenn es seltsam erscheinen mag, sind Entscheidungen, die keine Endentscheidungen sind, meist mit der unbefristeten Beschwerde anfechtbar[5]. Im Einzelfall kann es freilich das Beschwerdegericht dann, wenn die Anfechtungsfrist gewahrt ist, dahingestellt sein lassen, ob die Beschwerde die befristete des § 621 e oder die unbefristete nach dem FGG ist[6]. Meist wird die Frage erst im Zusammenhang mit Erwägungen zur Statthaftigkeit der weiteren Beschwerde → Rdnr. 15 erheblich.

§ 621 e hat freilich auch den weiteren Sinn, in familiengerichtlichen Sachen die **FG-Beschwerde** »**berufungsähnlich**« auszugestalten (Abs. 3) und die weitere Beschwerde der Revision anzunähern (Abs. 2).

---

[1] *BayObLG* FamRZ 1988, 85 = NJW RR 702; *dass.* FamRZ 1993, 346.
[2] Ein selbständiges FG-Verfahren soll nach *OLG Karlsruhe* FamRZ 1979, 1044 nach Anhängigwerden der Scheidungssache in ein einstweiliges Anordnungsverfahren umgewandelt werden, mit der Folge, daß die befristete Beschwerde nach § 621 e unstatthaft wird → § 620 a Rdnr. 13 ff.
[3] *OLG Bremen* NJW 1979, 1051.
[4] *OLG Schleswig* SchlHA 1979, 55.
[5] *BGH* FamRZ 1978, 886 = NJW 1979, 39 (mit erschöpfenden Nachweisen zum damaligen Streitstand); als selbstverständlich vorausgesetzt in *BGH* FamRZ 1979, 224 = NJW 820 f.; FamRZ 1989, 1066; heute allg. M. Siehe auch die in den nachfolgenden Belegen genannten Entscheidungen, die den Klammerzusatz (unbefristete Beschwerde) haben.
[6] *OLG Stuttgart* FamRZ 1980, 467.

Mit der unbefristeten FG-Beschwerde sind insbesondere anfechtbar **einstweilige Anord-** 1a
nungen oder deren Ablehnung[7], vor allem im Sorgerechtsverfahren[8] und Verfahren nach der
HausrVO[9]. Manche Gerichte wollen allerdings § 620c analog anwenden[10]. Die entsprechende Anwendung von § 620b Abs. 2 wird demgegenüber durchweg abgelehnt[11]. Zur weiteren
Beschwerde in diesen Fällen Rdnr. 17.

Der Wortlaut von Abs. 1 ist noch nicht der Neufassung von § 119 Abs. 1 Nr. 2 GVG durch 1b
das UÄndG 1986 angepaßt. Er muß heute folgendermaßen gelesen werden: »Gegen die im
ersten Rechtszug von den Familiengerichten als Familiensachen des § 621 Abs. 1 Nr. 1 bis 3, 6,
7, 9 erlassenen Entscheidungen findet die Beschwerde statt«. Daher ist die Beschwerde auch
die befristete, wenn gerügt wird, daß eine Sache fälschlich als Familiensache behandelt
wurde[12].

Weitere Fälle von Entscheidungen, die keine »Endentscheidungen« sind: Aussetzung des 1c
Verfahrens; Zwangsgeldverhängung → Rdnr. 2, 3.

2. Einzelheiten

Die wohl beliebteste Definition für den Begriff »Endentscheidungen« lautet folgendermaßen: »Solche die Instanz beendenden Hauptsacheentscheidungen, die, wenn sie im Verbund
getroffen würden, in der Form eines Urteils ergehen müßten«[13]. Daraus sind in den verschiedenen familiengerichtlichen Sachen (Rdnr. 2 bis 4) und auf einer allgemeineren Ebene
(Rdnr. 5, 6) folgende Konsequenzen gezogen worden.

a) **Versorgungsausgleichssachen:** »Endentscheidungen« sind Entscheidungen über das Ruhen der Verpflichtung zur Begründung von Rentenanwartschaften im Sinne von § 1587d
BGB[14]; die Genehmigung einer Vereinbarung über den Versorgungsausgleich nach § 1587o
BGB[15] – nicht aber die Verweigerung der Genehmigung, die nur in Verbindung mit der dann
zu treffenden Entscheidung über den Versorgungsausgleich anfechtbar ist. Mit der Beschwerde kann die Genehmigung durch das Beschwerdegericht erstritten werden[16]. Auch dann,
wenn mit Rücksicht auf die Auslandsberührung des Verfahrens entschieden wird, daß ein
Versorgungsausgleich »derzeit« nicht stattfinden kann (ohne daß das Versorgungsausgleichsverfahren abgetrennt und sein Ruhen oder seine Aussetzung angeordnet würde), liegt eine
Endentscheidung vor[17]. Auch Entscheidungen, die einen Antrag als unzulässig abweisen,
etwa weil über den Regelungsgegenstand schon entschieden ist, sind Endentscheidungen[18].

---

[7] *BGH* FamRZ 1978, 886 = NJW 1979, 39 – abweichende Entscheidungen von Oberlandesgerichten aus früherer Zeit sind dadurch überholt.
[8] *BGH* aaO; heute allg. M.
[9] *OLG Karlsruhe* FamRZ 1980, 902; *KG* FamRZ 1987, 1171 (§ 19 FGG anwendbar). – Aus der Anfangszeit nach Inkrafttreten des ersten EherechtsreformG a. M. (aber inzwischen wohl überholt) *OLG Düsseldorf* FamRZ 1978, 257; 1979, 620; *OLG Hamm* FamRZ 1978, 257, 361; *OLG Stuttgart* FamRZ 1977, 816.
[10] *OLG Düsseldorf* FamRZ 1977, 751; 77, 825; *OLG Köln* FamRZ 1978, 530; *OLG Stuttgart* FamRZ 1978, 141 = NJW 279. – A.M. *OLG Hamm* FamRZ 1978, 361; 1978, 441; *OLG Köln* FamRZ 1978, 533; *KG* FamRZ 1978, 269; *OLG Düsseldorf* FamRZ 1978, 141.
[11] Etwa *OLG Bremen* FamRZ 1978, 805.
[12] *BGH* FamRZ 1990, 147.
[13] *KG* FamRZ 1979, 76; ähnlich *OLG München* FamRZ 1977, 824; *OLG Karlsruhe* FamRZ 1978, 732; *MünchKomm-ZPO-Klauser* Rdnr. 3; wohlwollend zit. auch in *BGH* FamRZ 1981, 25, 26.
[14] *OLG Düsseldorf* FamRZ 1982, 81.
[15] *OLG Düsseldorf* FamRZ 1981, 804f.; *OLG Stuttgart* FamRZ 1982, 1079; h.M. – A.M. *OLG Frankfurt* FamRZ 1987, 494; *Philippi* FamRZ 1982, 1057 – weil die darauf aufbauende Entscheidung, ein Versorgungsausgleich finde nicht statt, die Endentscheidung sei. Differenzierend je nach Inhalt der zu genehmigenden Vereinbarung *OLG Frankfurt* FamRZ 1983, 610 – Anfechtbarkeit aber unter Heranziehung des Rechtsgedankens von § 1829 BGB mit Rechtskraft des Scheidungsurteils auf jeden Fall erlöschend.
[16] *BGH* FamRZ 1982, 471 = NJW 1463; FamRZ 1982, 688; FamRZ 1987, 467 = NJW 1769.
[17] *Roth-Stielow* NJW 1979, 1148.
[18] *OLG Nürnberg* NJW 1980, 790.

Nicht als eine Endentscheidung wurde angesehen eine förmliche[19], wenn auch unzulässige Zwischenentscheidung über die Dauer der Ehezeit im Sinne von § 1587 II BGB[20] sowie nach h. M. auch eine Zwangsgeldfestsetzung[21] → Rdnr. 3.

Soweit *Zwangsgeldfestsetzungen* im Zusammenhang mit **Auskunftsbegehren der Ehegatten wechselseitig** in Frage stehen, ist freilich folgendes zu beachten: Nach § 1587e Abs. 1 i.V.m. § 1580 BGB sind die Ehegatten nur untereinander auskunftspflichtig, nicht aber, wie man zu sagen pflegt, »gegenüber dem Gericht«. Demgemäß wurde auch zutreffenderweise vielfach entschieden, daß Auskunftsanordnungen des Gerichts gegenüber einem Ehegatten (Teil)Endentscheidungen über einen Nebenanspruch sind[22] und gemäß § 53g Abs. 3 FGG nach der ZPO zu vollstrecken sind[23]. Allerdings sind auch Fälle bekannt geworden, wo Auskunftsanordnungen mit Zwangsgeldandrohungen und -festsetzungen nach § 33 durchgesetzt werden sollten, obwohl es dafür an einer Rechtsgrundlage fehlte. In diesen Fällen hat der *BGH* keine Endentscheidung im Sinne von §§ 621e Abs. 1 angenommen, die weitere Beschwerde als unzulässig verworfen und die Frage, ob die Anordnung hätte ergehen dürfen, dahingestellt sein lassen[24] → Rdnr. 3. Heute besteht nach § 11 Abs. 2 VAHRG eine Auskunftspflicht der Ehegatten auch »gegenüber dem Gericht«. Anordnungen in diesem Rahmen, vor allem die solche Anordnungen sanktionierenden Zwangsgeldfestsetzungen sind demgemäß keine Endentscheidungen[25].

3   b) **Sorgerechtssachen**: Schon immer wurde durchweg geleugnet, daß Zwangsgeldfestsetzungen nach § 33 FGG zur Durchsetzung von Sorgerechts-, Umgangsrechts- und Kindesherausgabeentscheidungen »Endentscheidungen« im Sinne von § 621e seien[26]. Rein begrifflich ist dies kaum einsichtig. In Wirklichkeit unternimmt man – durchaus offen und explizit – eine teleologische Reduktion. Man will vermeiden, daß in FG-Sachen ein Beschwerdeweg zum *BGH* besteht, der in ZPO-Familiensachen nach §§ 567 Abs. 3 S. 1 fehlt. So berechtigt dieses Anliegen ist, so wenig ist es gerechtfertigt, deshalb solche Zwangsvollstreckungsentscheidungen auch im Hinblick auf das Verfahren der Erstbeschwerde nicht als Endentscheidungen anzusehen[27].

4   c) **Hausratssachen**: Die Ablehnung des Antrags auf Verlängerung einer Räumungsfrist wurde als Endentscheidung angesehen[28]. Das gleiche muß man sicherlich auch bei der Bewilligung einer Räumungsfrist und ihrer Verlängerung annehmen.

5   d) **Isolierte Kostenentscheidungen**: Kostenentscheidungen nach Rücknahme eines Rechtsschutzgesuches sind nicht als Endentscheidungen qualifiziert worden, um keinen weitergehenden Rechtsmittelzug zuzulassen, als er sonst gegen isolierte Kostenentscheidungen offenstünde[29] → Rdnr. 15. Für das Rechtsmittel selbst gilt § 20a FGG. Als eine Endentscheidung wurde demgegenüber der Beschluß betrachtet, der feststellte, daß ein Verfahrensgegenstand,

---

[19] Bei einem nicht-förmlichen »Erkennenlassen« liegt keine Entscheidung vor, weshalb ein Rechtsbehelf überhaupt nicht statthaft ist, *OLG Hamburg* FamRZ 1980, 1133.
[20] *OLG Koblenz* FamRZ 1979, 47 (unanfechtbar); *OLG Hamm* FamRZ 1980, 897 (unbefristete Beschwerde); *MünchKomm-ZPO-Klauser* Rdnr. 6; .
[21] *BGH* FamRZ 1981, 25; *OLG Bremen* FamRZ 1984, 713; *MünchKomm-ZPO-Klauser* Rdnr. 6.
[22] *BGH* NJW 1981, 1508; FamRZ 1982, 585, 687 = NJW 1646 – allerdings im Falle eines isoliert geltend gemachten Auskunftsanspruchs; *OLG Schleswig* SchlHA 1980, 70; *OLG Hamburg* FamRZ 1981, 179; *KG* FamRZ 1982, 823; *Bergerfurth* FamRZ 1982, 563, 565.
[23] *OLG Stuttgart* NJW 1978, 547 – aber irrig von Klage auf Auskunft sprechend; *OLG Hamburg* MDR 1978, 933; *OLG Düsseldorf* FamRZ 1978, 423; *OLG Koblenz* FamRZ 1978, 702; *KG* FamRZ 1979, 298.
[24] *BGH* FamRZ 1981, 25 = NJW 177; NJW 1979, 820f.; FamRZ 1979, 696.
[25] *Walter* JZ 83, 476, 481.
[26] *BGH* FamRZ 1983, 1008, 1012 = NJW 2757 – ein Fall internationaler Kindesentführung; für Versorgungsausgleichssachen → Rdnr. 2; *BGH* FamRZ 1992, 538.
[27] *OLG Hamm* FamRZ 1980, 481.
[28] *OLG München* NJW 1978, 548 = FamRZ 196; *OLG Karlsruhe* Die Justiz 79, 438; *OLG Stuttgart* FamRZ 1980, 467 – im konkreten Fall konnte dies allerdings dahingestellt bleiben, weil auch die Erfordernisse der einfachen FG-Beschwerde erfüllt waren; *MünchKomm-ZPO-Klauser* Rdnr. 5. – A.M. *Zöller-Philippi*[17] Rdnr. 9.
[29] *BGH* FamRZ 1990, 1102 – heute allg.M.

insbesondere der Versorgungsausgleich, sich in der Hauptsache in einer Weise erledigt habe, die eine anderweitige Endentscheidung entbehrlich macht.[30].

Wiedereinsetzung in den vorigen Stand →Rdnr. 9.

e) »**Teil-Endentscheidungen**«: Auch Teil-Endentscheidungen sind Endentscheidungen[31]. 6 Jedoch ist es im Einzelfall sehr schwer, zwischen einer Teil-Endentscheidung und einer einstweiligen Anordnung zu unterscheiden. Liegt tatsächlich eine Teil-Endentscheidung vor, darf das Rechtsmittelgericht über den noch in erster Instanz verbliebenen Teil des Verfahrensgegenstandes nicht mitentscheiden, außer das Familiengericht hat unzulässigerweise eine Teilentscheidung getroffen[32]. Teil-Endentscheidungen sind insbesondere Vorabentscheidungen über den Auskunftsanspruch nach §§ 1587e Abs. 1 i.V.m. § 1580 BGB →Rdnr. 2 und Vorabentscheidungen nach § 627[33].

3. Das Beschwerdeverfahren

Abs. 3 bringt für das Beschwerdeverfahren einige Abweichungen von den Regeln, die sonst für die Beschwerde nach dem FGG gelten.

a) **Beschwerdebefugt** ist, wie allgemein im Verfahren der FG, jeder, der formell oder 7 materiell beschwert ist. Ob der Beschwerdeführer vorher am Verfahren beteiligt war, ist gleichgültig[34]. Ein Verein zur Förderung von Kindesinteressen ist nicht beschwerdeberechtigt[35]. Pflegeeltern haben kein Beschwerderecht, wenn einem Elternteil ein Umgangsrecht eingeräumt wird und die elterliche Sorge einem Vormund übertragen ist[36].

Bei Trägern auszugleichender Versorgung ist genau darauf zu achten, ob sie durch die angefochtene Entscheidung wirklich beschwert sind und die Beseitigung der Beschwer geltend machen wollen[37]. Die Rechtsprechung ist im großen und ganzen recht großzügig. Der *BGH*[38] hat etwa eine Beschwerde aus doppeltem Grunde zugelassen, in der gerügt worden war, daß einmal das Familiengericht anstatt des begehrten quasi-splittings das erweiterte splitting vorgenommen habe und zum anderen von §§ 3c VAHRG nicht Gebrauch gemacht habe. Die häufig zu hörende Formel, eine Beschwerdeberechtigung bestehe immer, wenn ein der objektiven Rechtslage entsprechendes Ergebnis erzielt werden solle[39], ist indes nicht richtig. Hat etwa das Familiengericht den Versorgungsausgleich nach § 3c S. 1 VAHRG ausgeschlossen, so ist der Träger der Versorgung nicht beschwerdebefugt[40]. Das gleiche gilt, wenn die Verteilung der Rentenanwartschaften im splitting gerügt wird[41]. Gegen die Genehmigung einer Versorgungsausgleichsvereinbarung der Ehegatten steht nur diesen die Beschwerde zu[42]. Auch die Beseitigung eines Rechenfehlers, der sich nicht zu Lasten des Versorgungsträgers auswirkt, kann nicht mit der Beschwerde geltend gemacht werden[43].

Notwendige Streitgenossenschaft → § 621a Rdnr. 23. Zu weiteren Einzelheiten siehe die Kommentare zu § 20 FGG.

Der Grundsatz der *Meistbegünstigung* ist mit der Maßgabe anwendbar, daß die Beschwerde statthaft ist, wenn fälschlicherweise durch Urteil entschieden worden ist[44]. Die Rechtsmittelinstanz hat dann das Verfahren auf das richtige Geleise zu bringen[45].

---

[30] *OLG Köln* FamRZ 1983, 1262.
[31] *BGH* FamRZ 1983, 459f = NJW 1311; *OLG Stuttgart* FamRZ 1978, 443; *MünchKommZPO-Klauser* Rdnr. 3.
[32] *BGH* aaO.
[33] *KG* FamRZ 1979, 340.
[34] *BGH* FamRZ 1980, 989 = NJW 2418.
[35] *BGH* NJW RR 1988, 194.
[36] *OLG Bamberg* FamRZ 1985, 524.
[37] *BGH* NJW 1980, 1961.
[38] NJW RR 1990, 1156.
[39] So z.B. *MünchKomm-ZPO-Klauser* Rdnr. 11 mwN.
[40] *OLG Zweibrücken* FamRZ 1989, 994; *OLG Hamm* FamRZ 1988, 1070.
[41] *OLG Saarbrücken* FamRZ 1980, 170.
[42] *OLG Frankfurt* FamRZ 1985, 613.
[43] *BGH* FamRZ 1982, 1196 = NJW 1983, 179.
[44] *OLG Düsseldorf* FamRZ 1980, 811.
[45] *OLG Schleswig* SchlHA 1980, 70.

Das *Rechtsschutzbedürfnis* fehlt für die Beschwerde, wenn ein Rechenfehler gerügt werden soll, der entsprechend § 319 behoben werden kann[46].

8   b) Die Beschwerde muß **beim Beschwerdegericht**, dem OLG (§ 119 Abs. 1 Nr. 2 GVG), **eingelegt** werden, während § 21 FGG auch die Einlegung beim iudex a quo gestatten würde. Auch wenn es sich in Wirklichkeit nicht um eine Familiensache handelt, ist ein *Familiensenat* des OLG zuständig[47]. Wird die Beschwerde beim falschen Gericht, insbesondere beim Familiengericht selbst eingelegt, gelten die für die Einlegung einer Berufungsschrift beim falschen Gericht anerkannten Grundsätze entsprechend → § 518 Rdnr. 1 ff.[48].

Letztere Vorschrift ist freilich nur in ihrem ersten Absatz inhaltlich in § 621 e Abs. 3 übernommen, nicht aber in ihren übrigen Teilen für entsprechend anwendbar erklärt worden. Die **Einlegung der Beschwerde** richtet sich daher im übrigen nach **§ 21 Abs. 2 FGG**, freilich mit der Maßgabe, daß allein das Beschwerdegericht zuständig ist. Dort kann die Beschwerde aber auch zu Protokoll der Geschäftsstelle erklärt werden[49]. Auch die Anforderungen an die Beschwerde richten sich nach dem FGG. Sie braucht – zunächst → Rdnr. 10 – keine Begründung zu enthalten. Die Beschwerdeschrift braucht auch nicht unterschrieben zu sein[50]. Es genügt, wenn aus ihr der Anfechtungswille bestimmter Personen und die ungefähre Art der geltend gemachten Beschwer zweifelsfrei hervorgeht. Siehe im übrigen die Kommentare zu § 21 FGG.

Anwaltszwang besteht nicht, wenn es sich um isolierte Familiensachen handelt[51], § 78 Abs. 2 Nr. 3. In Verbundsachen besteht allerdings Anwaltszwang sehr wohl[52], auch nach Abtrennung[53]. Wird im Laufe eines Scheidungsverfahrens ein Auskunftsanspruch zum Versorgungsausgleich geltend gemacht, so ist dieser stufenklageähnlich mit ihm verbunden → § 621 Rdnr. 23. Gegen ihn betreffende Entscheidungen kann daher nur in anwaltlicher Vertretung Beschwerde eingelegt werden[54]. Zum »Behördenprivileg« → § 78 Rdnr. 3 f.

Auch § 129 a ist anwendbar.

9   c) Die Beschwerde ist nicht als »sofortige« bezeichnet. Durch Bezugnahmen auf §§ 516, 517 ist aber bestimmt, daß sie binnen eines Monats einzulegen ist. Man nennt sie die »**befristete**« Beschwerde. Man muß sie mit der Maßgabe als »sofortige« ansprechen, daß an die Stelle der Zwei-Wochen-Frist von §§ 22 FGG eine solche von einem Monat getreten ist. Im übrigen aber sind die Vorschriften des FGG über sofortige Beschwerden anwendbar. Vor allem steht, wie die Verweisung auf § 577 Abs. 3 zum Ausdruck bringt, die befristete Beschwerde der sofortigen Beschwerde auch im Hinblick auf § 18 II FGG gleich[55]. Das Familiengericht ist nicht nur nicht zur »Abhilfe« (§ 577 Abs. 3), sondern grundsätzlich nicht zu einer Änderung seiner Entscheidungen befugt[56].

---

[46] *OLG Zweibrücken* FamRZ 1985, 614.
[47] *BGH* NJW RR 1988, 1221; FamRZ 1989, 165.
[48] *BGH* FamRZ 1978, 232 = NJW 1165; FamRZ 1978, 492 – rechtzeitiger Eingang der durch das Amtsgericht weitergeleiteten Beschwerdeschrift beim OLG.
[49] Im Ergebnis ebenso *OLG Celle* FamRZ 1978, 139; *von Hornhardt* FamRZ 1978, 171; *Rolfs* FamRZ 1978, 477 ff.; *Johannsen/Henrich/Sedemund-Treiber*[2] Rdnr. 14 – das Protokoll, auch wenn nicht unterschrieben, als »Beschwerdeschrift« qualifiziert. – A.M. *OLG Düsseldorf* RPfleger 1978, 30 = FamRZ 1977, 744 – bei Unterzeichnung des Protokolls durch den Beschwerdeführer aber Beschwerde wirksam eingelegt; Baumbach/Lauterbach/Albers[51] Rdnr. 18; *MünchKommZPO-Klauser* Rdnr. 24; amtliche Begründung zum Regierungsentwurf BRDrucks. 260/73 = BTDrucks. VII 650 S. 206.
[50] *KG* FamRZ 1979, 966 – daher Eingang einer Fotokopie der ursprünglich beim Amtsgericht eingereichten Beschwerde beim OLG ausreichend; *OLG Celle* FamRZ 1978, 139; *Zöller-Philippi*[17] Rdnr. 18 a. – A.M. *OLG Düsseldorf* FamRZ 1977, 744; *OLG Hamm* FamRZ 1989, 307; *Baumbach/Lauterbach/Albers*[51] Rdnr. 18; *MünchKommZPO-Klauser* Rdnr. 24; *Johannsen/Henrich/Sedemund-Treiber*[2] Rdnr. 14.
[51] *BGH* FamRZ 1978, 232 = NJW 1165; FamRZ 1979, 232 = NJW 766; FamRZ 1982, 586; FamRZ 1987, 56 – heute allg. M.
[52] *BGH* FamRZ 1982, 586.
[53] *BGH* FamRZ 1979, 232 = NJW 766 (im Fall isolierter Anfechtung); *OLG Koblenz* FamRZ 1980, 280; *OLG Düsseldorf* FamRZ 1980, 388.
[54] *OLG Karlsruhe* FamRZ 1980, 811. – A.M. *OLG Bamberg* FamRZ 1980, 811.
[55] *OLG Schleswig* FamRZ 1981, 372.
[56] *BGH* FamRZ 1984, 572 = NJW 1543; *BGH* FamRZ 1988, 276; *MünchKommZPO-Klauser* Rdnr. 55.

Die *Beschwerdefrist* beginnt mit der Zustellung der in vollständiger Form abgefaßten Entscheidung, allg. M. Die Zustellung ist fristauslösend auch dann, wenn die Individualisierung der beteiligten Ehegatten für den Träger der Versorgungsansprüche schwierig ist[57]. Die Zustellung eines Berichtigungsbeschlusses, der für den Versorgungsträger keine wesentlich neue Beschwer begründet, setzt eine neue Beschwerdefrist nicht in Lauf[57a]. § 516 letzter Hs. ist nicht anwendbar, wenn die Entscheidung weder verkündet noch zugestellt worden ist[58] → § 629a Rdnr. 24.

Wegen der Erwähnung der Frist des § 621e in § 233 muß man allerdings die **Wiedereinsetzung** nach ZPO-Grundsätzen behandeln[59]. Wiedereinsetzung ist, wenn erstmals im Verfahren der weiteren Beschwerde, aber bezüglich Versäumung der Beschwerdefrist, begehrt wird, durch den *BGH* zu gewähren[60]. In folgenden Fällen ist sie gewährt worden: 1978 wegen des Irrtums darüber, daß die weitere Beschwerde gegen Entscheidungen bayerischer OLGe nicht beim BGH, sondern beim *BayObLG* einzureichen war[61], und wegen eines Irrtums darüber, daß in Kostensachen die sofortige Beschwerde und nicht die Beschwerde des § 621e statthaft ist[62]. Sie wurde aber nicht gewährt wegen bloßer Unerfahrenheit im Umgang mit den Gerichten[63], weil das Familiengericht die bei ihm eingereichte Beschwerde nicht zügig an das OLG weitergeleitet hat[64] oder weil die Beschwerde versehentlich an das LG anstatt an das OLG adressiert war[65]. Wegen der Rechtsprechung zu Wiedereinsetzungsbegehren, die nicht auf Besonderheiten des familiengerichtlichen Verfahrens abstellte → § 233 Rdnr. 30 ff.

Die Frist des § 621e i.V.m. § 516 gilt auch für die Rechtspflegererinnerung des § 11 RpflG[66]. »Endentscheidungen« sind Entscheidungen des Rechtspflegers niemals, allg. M. Jedoch ist die Entscheidung, die der Richter nach Vorlage der Sache gemäß § 11 Abs. 2 S. 2 RpflG fällt, sehr wohl eine solche[67].

d) Die Beschwerde muß sich als solche des § 621e ausnehmen. Falsche Adressierung der Beschwerdeschrift schadet nicht, wenn diese beim zuständigen OLG abgegeben wird[68]. Die Beschwerdeschrift braucht keinen **Antrag** zu enthalten, da auf § 519 Abs. 3 nicht verwiesen ist[69]. Es besteht auch keine Bindung an Anträge, soweit nicht das Verbot der Schlechterstellung → Rdnr. 11 eingreift[70]. Allerdings bleibt es dem Beschwerdeführer unbenommen, die angegriffene Entscheidung nur teilweise anzufechten, wenn es sich um einen teilbaren Verfahrensgegenstand handelt[71]. So kann etwa die Beschwerde in Versorgungsausgleichssachen auf den Ausgleich einer Zusatzversorgung beschränkt werden[72]. Sind die Verfahrensgegenstände nicht teilbar, so gilt die Beschwerde als unbeschränkt eingelegt[73].

Eine Entscheidung kann nur insoweit angefochten werden (und gilt folglich auch nur als insoweit angefochten), als sie den Beschwerdeführer betrifft, also etwa nur die Entscheidung zur Rentenversicherungsanwartschaft und nicht zu anderen Anwartschaften, wenn nur der Träger der gesetzlichen Rentenversicherung Beschwerde einlegt[74]. Regelungen, die nur auf

10

---

[57] OLG Schleswig FamRZ 1987, 958.
[57a] OLG Hamm 1992, 1452.
[58] OLG Celle FamRZ 1989, 881; h.M. – A.M. OLG Frankfurt FamRZ 1985, 613; Johannsen/Henrich/Sedemund-Treiber[2] Rdnr. 13.
[59] BGH FamRZ 1979, 30 = NJW 109; FamRZ 1981, 657 (Borgmann); NJW 1982, 225; NJW 1985, 2834.
[60] FamRZ 1980, 347.
[61] BGH NJW 1979, 1414.
[62] OLG Karlsruhe FamRZ 1980, 476.
[63] BGH FamRZ 1980, 347.
[64] BGH NJW 1979, 876; OLG Oldenburg FamRZ 1978, 138; OLG Koblenz FamRZ 1988, 633.
[65] OLG München FamRZ 1979, 733.
[66] KG FamRZ 1981, 375; OLG Frankfurt FamRZ 1982, 1027. – A.M. Zöller-Philippi[17], Rdnr. 10.
[67] A.M. Zöller-Philippi[17] Rdnr. 11.
[68] BGH VersR 1981, 1182 – Abgabe bei einer Sammelannahmestelle, zu der das zuständige OLG, nicht aber das LG gehörte, an welches die Beschwerde adressiert war.
[69] Allg. M. zuletzt BGHZ 92, 5 ff. = FamRZ 1984, 990.
[70] BGH aaO.
[71] BGH aaO; BGH NJW RR 1988, 130; FamRZ 1983, 38, 39; OLG Frankfurt FamRZ 1983, 405; OLG Oldenburg JurBüro 1981, 589; OLG Hamm FamRZ 1989, 1096 – allesamt Versorgungsausgleichsfälle betreffend.
[72] BGHZ 92, 5, 11 = FamRZ 1984, 990, 992.
[73] OLG Hamm aaO – Versorgungsausgleich aufgrund § 3b Abs. 1 Nr. 1 und Nr. 2 VAHRG: Vollständige Überprüfung, auch wenn nur »Entscheidung« zu Nr. 2 angefochten.
[74] OLG Hamm v. 25.10.1979 – 4 UF 63/79, zit. nach von Maydell FamRZ 1981, 623, 630 Fn. 339.

besonderen Antrag hin getroffen werden können, können nicht erstmals in der Beschwerdeinstanz beantragt werden[75], sofern es sich nicht nur um besondere Regelungsgesichtspunkte handelt, die nur auf Antrag zu berücksichtigen sind[76], etwa im Falle des § 1587d BGB[77].

11 e) An die durch Verweisung auf § 519 Abs. 1 und 2 vorgeschriebene **Begründung** der Beschwerde sind keine sehr hohen Anforderungen zu stellen. Der Beschwerdeführer muß fristgerecht nur erkennbar werden lassen, was er an der angefochtenen Entscheidung mißbilligt und warum er sich durch sie beschwert fühlt[78]. Die Angabe des Punktes, in dem die Entscheidung angefochten wird, insbesondere ein pauschaler Angriff auf den Rechenansatz und die Rechenoperation bei Durchführung des Versorgungsausgleichs[79] und die nichtssagende Bezugnahme auf den Vortrag erster Instanz genügen aber nicht[80]. Auch die bloße Behauptung »für das Wohl des Kindes wird beim Vater besser gesorgt« ist keine hinreichende Beschwerdebegründung[81].

Als ausreichend wurde demgegenüber angesehen: Berufung auf die in den Akten befindliche Auskunft über die Bewertung von Versorgungsanwartschaften, von der das Familiengericht abgewichen ist[82]; die substantiierte Rüge einer unrichtigen (weil Anwartschaften des Antragsgegners außer acht lassenden) Bewertung der Versorgungsanwartschaften, auch wenn es an einer alternativen Berechnung fehlt[83]; Verweis auf einen bei den Akten befindlichen Schriftsatz, der ersichtlich keinen Eingang in die Überlegungen des Gerichts gefunden hat[84].

Eine *Bindung an die Begründung* besteht nicht. Sie kann später ausgewechselt werden[85]. Zur Begründung, wenn FG Folgeentscheidungen zusammen mit anderen Entscheidungen durch Berufung angefochten werden → § 629a Rdnr. 1.

Die *Begründungsfrist* beträgt einen Monat, kann aber auf Antrag durch den Vorsitzenden des zuständigen Beschwerdesenats verlängert werden → § 519 Rdnr. 10. Eine *Versäumung der rechtzeitigen Begründung* des Rechtsmittels hat dessen Unzulässigkeit zur Folge[86]. Bei fristgerechter, aber sachlich unrichtiger Begründung ist das Nachschieben weiterer Beschwerdegründe nach Fristablauf zulässig[87] Bezüglich der Fristenhemmung durch die Gerichtsferien nach § 223 Abs. 1 S. 1 i.V.m. § 200 Nr. 5a, 5b GVG ist eine sehr komplizierte Regelung getroffen → § 223 Rdnr. 21.

12 f) Der **Rechtsmittelgegenstand** kann sich im Beschwerdeverfahren in vielfältiger Weise ändern.

Im *Sorgerechtsverfahren* gibt es weder ein Verbot der Schlechterstellung, noch, folglich, Raum für die *Anschlußbeschwerde*[88].

---

[75] *BGH* FamRZ 1990, 606 – schuldrechtlicher Versorgungsausgleich.
[76] *OLG Hamburg* FamRZ 1979, 599.
[77] *BGH* FamRZ 1985, 267 = NJW 2267 – für den Fall des § 1587c BGB, und zwar auch dann, wenn man diese Vorschrift so interpretieren sollte, daß sie eine subjektive Geltendmachung der Härte durch den betroffenen Ehegatten voraussetzt. Zögernd freilich *BGHZ* 92, 5f = FamRZ 1984, 990, 992.
[78] *BGH* FamRZ 1982, 1196 = NJW 1983, 179 – Rechenfehler beim Versorgungsausgleich, der sich nur zugunsten des Beschwerdeführers auswirken konnte, ist keine geltend gemachte Beschwer; *BGH* FamRZ 1982, 38; *BGH* VersR 1981, 277; *BGH* NJW 1979, 1989; *OLG Karlsruhe* FamRZ 1982, 397.
[79] *MünchKomm-ZPO-Klauser* Rdnr. 27 – den Fall einer entgegen § 53b Abs. 3 FGG fehlenden Begründung der Entscheidung ausnehmend.
[80] *OLG Düsseldorf* FamRZ 1983, 728; FamRZ 1980, 813; *OLG Oldenburg* FamRZ 1980, 474 – im Hausratsverfahren genügt die Einreichung einer Liste von Gegenständen, der der Beschwerdeführer behalten will, und von solchen, die er dem anderen Ehegatten zugewiesen haben möchte, nicht; *OLG Bremen* FamRZ 1989, 649 – nicht erläuterter Antrag nach § 1587c BGB. Weiteres Beispiel für ungenügende Beschwerdebegründung: *OLG Karlsruhe* FamRZ 1982, 397.
[81] *OLG Düsseldorf* FamRZ 1978, 834.
[82] *BGH* FamRZ 1982, 36, 38.
[83] *BGH* VersR 1981, 277.
[84] *BGH* FamRZ 1979, 30 = NJW 109.
[85] *OLG Köln* FamRZ 1979, 935 – Versorgungsausgleichssache.
[86] *BGH* NJW 1979, 1989 = FamRZ 909; *OLG Düsseldorf* FamRZ 1978, 834.
[87] *MünchKomm-ZPO-Klauser* Rdnr. 28 mN.
[88] *BGHZ* 85, 180 = FamRZ 1983, 44 = NJW 173 allg. M.

Die Rechtsprechung des *BGH* zum Verbot der Schlechterstellung und der Zulässigkeit der Anschlußbeschwerde im *Versorgungsausgleichsverfahren* ist heute geklärt: Wenn ein *Träger der Versorgungslast* Beschwerde einlegt und noch nicht gesagt werden kann, wie sich Beitragsaufkommen und Versicherungsfallrisiko zueinander verhalten, steht der Gesichtspunkt der reformatio in peius → § 536 Rdnr. 3 ff. einer Sachentscheidung nicht entgegen[89]. Aus diesem Grunde ist dann auch für eine unselbständige Anschlußbeschwerde kein Raum[90]. Auch der Träger der Versorgungslast wird aber durch das Verbot der Schlechterstellung geschützt, wenn sich eine Änderung der angefochtenen Entscheidung nur zu seinem Nachteil auswirken kann[91]. Ist das Rechtsmittel wirksam auf einen Teil der Versorgungsausgleichsregelung beschränkt worden, so kann ein *Ehegatte, zu dessen Ungunsten sich ein Erfolg der angefochtenen Entscheidung auswirken würde,* unselbständige Anschlußbeschwerde einlegen[92].

Für die Beschwerde *eines Ehegatten* hat der *BGH* zunächst ein Verbot der Schlechterstellung angenommen[93], wenn ein Ehegatte Herabsetzung oder weitere Herabsetzung nach § 1587 c BGB begehrt. Diesen Standpunkt hat er später in einer Grundsatzentscheidung für alle von einem Ehegatten eingelegten Beschwerden verallgemeinert[94] und wörtlich ausgeführt:

»Neben der Änderung der Höhe des Ausgleichsbetrages kann auch die Änderung der Ausgleichsform in bestimmten Fällen den Rechtsmittelführer schlechter stellen. So ist etwa die Rechtsstellung des Ausgleichsberechtigten im schuldrechtlichen Versorgungsausgleich nach §§ 1587 f ff. BGB schwächer ausgestaltet als in allen Formen des öffentlichrechtlichen Versorgungsausgleichs bis nach § 1587 b I bis III BGB. Innerhalb des öffentlich-rechtlichen Versorgungsausgleich ist die Ausgleichsform des § 1587 b III BGB für den Berechtigten nachteiliger als der Ausgleich in den Formen des Splittings oder des Quasi-Splittings nach §§ 1587 b I und II BGB, weil sie mit dem Risiko der mangelnden Durchsetzbarkeit des Anspruchs auf Beitragsentrichtung behaftet ist, das dazu führen kann, daß der Berechtigte auf den schuldrechtlichen Versorgungsausgleich verwiesen wird (§ 1587 f. Nr. 3 BGB)[94a]. Der Ausgleichspflichtige wird ebenfalls im Sinne des Rechtsmittelrechts beschwert, wenn ihm ein Ausgleich in der Form des § 1587 b III BGB anstelle eines Splittings oder Quasi-Splittings auferlegt wird, weil die Belastung mit der Beitragszahlungspflicht regelmäßig einschneidender in seine gegenwärtige Vermögenslage eingreift als die Aufteilung seiner Versorgungsanrechte. Für den Ausgleichspflichtigen gilt im übrigen – umgekehrt wie für den Ausgleichsberechtigten –, daß sich seine Rechtsstellung verschlechtert, wenn er dem öffentlichrechtlichen Versorgungsausgleich anstelle des schuldrechtlichen unterworfen wird.«

Unstatthaft ist die Anschlußbeschwerde aber dann, wenn sie dasselbe Ziel verfolgt wie die Beschwerde des Hauptbeschwerdeführers[95].

Für das *Verfahren der weiteren Beschwerde* hat der *BGH* das Verbot der Schlechterstellung insoweit angewandt, als er die für den Beschwerdeführer und den Führer der weiteren Beschwerde teilweise erfolgreiche Beschwerdeentscheidung nicht wegen Unzulässigkeit der Anschließung gegen eine Anschließung aufgehoben und deshalb nicht die Beschwerde ganz abgewiesen hat[96].

Eine unselbständige Anschließung zu dem Zweck, das Beschwerdeverfahren auf einen *anderen FG-Gegenstand der im Verbund entschiedenen Fragen zu erstrecken,* ist immer

---

[89] *BGH* aaO; *ders.* FamRZ 1990, 273, 275.
[90] *BGH* NJW 1986, 1494; NJW 1985, 968 = FamRZ 59; NJW 1985, 2266, 2267 = FamRZ 267.
[91] *BGH* FamRZ 1985, 1240 = NJW 1986, 185.
[92] *OLG Celle* FamRZ 1985, 939.
[93] FamRZ 1982, 475.
[94] *BGHZ* 85, 180 = FamRZ 1983, 44, 47 = NJW 183.
[94a] Vgl. *BGHZ* 81, 152, 190 f. = FamRZ 1981, 1051, 1060.
[95] *BGH* FamRZ 1982, 36, 37 ff.
[96] *BGH* FamRZ 1986, 455. – A.M. *MünchKomm-ZPO-Klauser* Rdnr. 47.

möglich, § 629a Rdnr. 11. Zur Bindung an Anträge sowie das Verbot der Schlechterstellung → Rdnr. 10.

In den Angelegenheiten der Nrn. 7[97] und 9 von § 621 gilt das Verschlechterungsverbot aber uneingeschränkt, weil sich ausschließlich private Interessen der beteiligten Eheleute gegenüberstehen.

13   g) Eine **Erweiterung des Rechtsmittels** ist auch in der Weise zulässig, daß nachträglich andere Elemente des Verbundurteils angefochten werden und die Beschwerde dadurch zur Berufung wird[98]. Allerdings muß dies bis spätestens zum Ablauf der Beschwerdebegründungsfrist geschehen[99]. Danach sind nur noch solche Erweiterungen zulässig, die sich im Rahmen der vorgebrachten Anfechtungsgründe bewegen[100]. Zur Beschränkung des Rechtsmittels auf einen Teil der angefochtenen Entscheidung → Rdnr. 10.

14   h) Die entsprechende Anwendbarkeit von § 577 Abs. 3 ist weittragend → Rdnr. 9, § 621a Rdnr. 21. Besonders gegenüber rechtskräftigen Entscheidungen in Versorgungsausgleichsfällen besteht eine Korrekturmöglichkeit nur unter den engen Voraussetzungen der entsprechend anzuwendenden §§ 578ff.[101] und § 10a VAHRG[102]. Auch § 1696 BGB ist Sondervorschrift gegenüber § 577 Abs. 3. Von der erstgenannten Norm kann auch aus Anlaß der Einlegung der Beschwerde Gebrauch gemacht werden. Jedoch darf deshalb die Weiterleitung der ohnehin fälschlicherweise beim AG eingereichten Beschwerde nicht angehalten werden. Das Amtsgericht muß ein neues Verfahren einleiten.

15   i) Die **möglichen Entscheidungsinhalte** richten sich nach materiellem Recht. Das Beschwerdegericht trifft – gegebenenfalls unter Aufhebung der angefochtenen Verfügung – diejenigen Entscheidungen, die der Rechtslage entsprechen. Es kann aber auch unter Aufhebung die Sache ganz oder teilweise an das Familiengericht zurückverweisen[103]. Die Zurückverweisungsgründe können in Analogie zu §§ 538f. gebildet werden. Im Interesse einer zügig abschließenden Entscheidung der Angelegenheit sollte aber von der Möglichkeit, trotz des Mangels selbst in der Sache zu entscheiden und die dazu nötigen Ermittlungen anzustellen, in beherzter Weise Gebrauch gemacht werden.

In isolierten Familiensachen richtet sich die **Kostenentscheidung** nach § 13a FGG. Folgesachen verlieren demgegenüber ihre besondere Eigenschaft nicht, wenn es nach §§ 627f. zu einer Trennung kommt oder wenn im Verbundurteil über sie entschieden ist und nur Entscheidungen in der Folgesache angefochten werden. Es sind dann die §§ 91ff. ZPO anzuwenden[104], etwa auch § 97 bei Rücknahme der befristeten Beschwerde[105]. Zur (fehlenden) Eigenschaft isolierter Kostenentscheidungen, »Endentscheidungen« zu sein → Rdnr. 6. Teilendentscheidungen → Rdnr. 6.

---

[97] *BGHZ* 19, 196ff.
[98] *BGH* FamRZ 1981, 946.
[99] *BGH* aaO; *OLG Frankfurt* FamRZ 1984, 406 – keine teilweise Zurücknahme des erweiterten Rechtsmittels, wenn sich die Rechtsmittelbegründung nur auf den ursprünglich angefochtenen Teil bezieht → § 629a Rdnr. 12.
[100] *BGH* FamRZ 1982, 1196, 1197; *OLG Zweibrücken* FamRZ 1982, 621 → § 629d Rdnr. 12.
[101] *BGH* FamRZ 1980, 989; FamRZ 1984, 572 = NJW 1543; FamRZ 1988, 276f.; allg.M.
[102] *BGH* FamRZ 1988, 276; FamRZ 1989, 264f.
[103] *OLG Hamm* FamRZ 1987, 1063; 1288.; *MünchKomm-ZPO-Klauser* Rdnr. 64 – Hauptfälle: mangelnde Sachaufklärung, Verfahrensmangel; ausnahmsweise: Mangel der Rechtsfindung, der tatsächliche Feststellungen verhindert hat.
[104] *OLG Frankfurt* FamRZ 1991, 586; *OLG Düsseldorf* FamRZ 1980, 1052; *OLG München* FamRZ 1980, 734; *OLG Karlsruhe* MDR 1984, 59; *MünchKomm-ZPO-Klauser* Rdnr. 73. – A.M. (§ 13a Abs. 1 FGG) *OLG Hamburg* FamRZ 1979, 326; *OLG Oldenburg* FamRZ 1980, 1135; *OLG Hamm* FamRZ 1982, 1093; *OLG Stuttgart* FamRZ 1983, 936; *OLG Frankfurt* FamRZ 1986, 368.
[105] *OLG München* FamRZ 1979, 734.

II. Die weitere Beschwerde

Deutliche Abweichungen von den normalerweise im Verfahren der freiwilligen Gerichtsbarkeit geltenden Grundsätzen bringt § 621 e für die weitere Beschwerde. Die Vorschriften in Abs. 2 und 4 lehnen sich im Interesse einer einheitlichen Gestaltung des Rechtsmittelwesens gegenüber Entscheidungen der Familiengerichte weitgehend an das Revisionsrecht an. Daraus folgt vor allem, daß auch für alle Entscheidungen, die keine Endentscheidungen sind (praktisch wichtig für einstweilige Anordnungen → Rdnr. 1, Verhängung von Zwangsmaßnahmen nach § 33 FGG → Rdnr. 2, 3 und isolierte Kostenentscheidungen → Rdnr. 5), der Instanzenzug beim OLG endet. Für eine auf § 27 FGG gestützte weitere Beschwerde ist kein Raum, weil das GVG (§§ 119, 133) kein Gericht vorsieht, das dafür zuständig wäre[106]. Das gleiche gilt für Rechtsmittelentscheidungen des OLG in den FG-Fällen der Nrn. 7 (Hausrats- und Ehewohnungssachen) und 9 (Stundung von Zugewinnausgleichsforderungen und Übertragung von Vermögenswerten unter Anrechnung auf die Ausgleichsforderung) von § 621 Abs. 1[107]. Für einen Teil der Versorgungsausgleichssachen ist die weitere Beschwerde nach § 53 g Abs. 2 FGG ausgeschlossen, was nicht etwa durch § 621 e Abs. 2 wieder aufgehoben wird[108]. Schließlich endet der Instanzenzug auch beim OLG, wenn dieses die Beschwerde nicht als unzulässig verworfen (Abs. 2 S. 2) und die weitere Beschwerde nicht zugelassen hat. Die Feststellung, daß eine unselbständige Anschlußbeschwerde durch die Unzulässigkeit der Hauptbeschwerde obsolet ist, ist der Verwerfung einer Beschwerde als unzulässig nicht gleich zu erachten[109]. Nach Ansicht des BVerfG[110] liegt es freilich in diesen Fällen »nahe«, bei offenkundiger Verletzung des rechtlichen Gehörs eine Gegenvorstellung zuzulassen.

Vollstreckungsgegenklagen unterliegen demselben Rechtsmittelzwang wie die Entscheidung, gegen die sie sich richten[111].

1. Die Zulässigkeitsbeschränkung durch den Beschwerdegegenstand

Die weitere Beschwerde ist einmal für *Verfahren* zulässig, *die das Schicksal des Kindes (§ 621 Nrn. 1 bis 3) oder den Versorgungsausgleich (§ 621 Nr. 6) betreffen*. Für Hausratsauseinandersetzungsverfahren oder Verfahren nach den §§ 1382, 1383 BGB wäre die Zulassung einer weiteren Beschwerde der Bedeutung der Angelegenheit nicht angemessen[112], zumal es in diesem Bereich weitgehend um Gestaltungen nach richterlichem Ermessen geht, die Rechtsfragen kaum aufwerfen, welche nach einheitlicher Rechtsprechung verlangen. Ist nach § 621 a Abs. 2 einheitlich durch Urteil entschieden worden, so kann bezüglich der nach §§ 1382, 1383 BGB getroffenen Entscheidungen auch nicht Anschlußrevision eingelegt werden, wenn die Entscheidung über den Zugewinnausgleich selbst in die dritte Instanz gebracht worden ist → § 621 a Rdnr. 17, § 629 a Rdnr. 4.

2. Die Zulässigkeitsbeschränkung durch Zulassung

Auch in den Angelegenheiten, für welche die weitere Beschwerde offensteht, ist Zulässigkeitsvoraussetzung die Zulassung durch das OLG als Gericht der Beschwerde, sofern mit der weiteren Beschwerde nicht gerügt werden soll, daß das OLG die Beschwerde zu Unrecht als

---

[106] BGH NJW 1979, 820; FamRZ 1989, 1066.
[107] Karlsruhe FamRZ 1981, 581.
[108] BGH MDR 1984, 922.
[109] BGH FamRZ 1981, 657, 658.
[110] FamRZ 1987, 142 = NJW 1319: »Beim gegenwärtigen Stand der Rechtsprechung der Fachgerichte« allerdings die Verfassungsbeschwerde nicht wegen Nichterschöpfung des Rechtswegs für unzulässig haltend.
[111] BGH FamRZ 1992, 538.
[112] BGH FamRZ 1980, 234; BGH FamRZ 1980, 992, 993; BGH FamRZ 1992, 538.

unzulässig[113] verworfen habe → Erläuterungen § 546 → § 621 d Rdnr. 1. Die Zulassung kann wie bei der Revision → § 546 Rdnr. 25 ff. auch beschränkt erteilt werden[114]. Eine Zulassung ist wirkungslos, wenn sie keinen der in Abs. 2 aufgeführten Gegenstände betrifft[115]. Auch die Verwerfung der Erstbeschwerde als unzulässig macht die weitere Beschwerde nur statthaft, wenn es sich um einen solchen Verfahrensgegenstand handelt[116]. Eine Nichtzulassungsbeschwerde ist nicht statthaft[117]. Nachträglich kann eine versäumte Zulassung nicht nachgeholt werden, weil das Beschwerdegericht mit der Sache nicht mehr befaßt ist[118]. Für den Eintritt der formellen Rechtskraft gilt das → § 629 a Rdnr. 22 Gesagte entsprechend.

3. Das Gericht der weiteren Beschwerde

19 Zuständig zur Entscheidung über die weitere Beschwerde ist grundsätzlich der BGH, § 133 Nr. 2 GVG. Da die weitere Beschwerde ganz den Regeln über die Beschwerde folgt, ist sie im Falle des § 621 e auch grundsätzlich beim *BGH* einzulegen. Anwaltszwang → § 78 Abs. 1 S. 3. Zur Einlegung der weiteren Beschwerde beim BayObLG → § 7 EGZPO Rdnr. 13, 14.

4. Gründe für eine weitere Beschwerde

20 Daß die weitere Beschwerde nur auf eine Gesetzesverletzung gestützt werden kann, würde sich unabhängig von § 621 d Abs. 3 S. 3 auch aus § 27 FGG ergeben. Tatsachen, die nach dem für die Entscheidung des OLG maßgebenden Zeitpunkt eingetreten sind, können nicht mehr berücksichtigt werden[119]. Wie bei der sofortigen Beschwerde gegen die Verwerfung der Berufung nach § 519 b Abs. 2 auch → § 519 b Rdnr. 38 kann die weitere Beschwerde nach § 621 e Abs. 2 S. 2 auf neue Tatsachen gestützt werden[120].

Der Beschwerdeführer muß aber gerade durch die angefochtene Entscheidung des OLG beschwert sein. Eine Beschwer durch die Ausgangsentscheidung des Familiengerichts genügt nicht. Hat er die Entscheidung des Familiengerichts zum Versorgungsausgleich nicht angefochten, so kann er die Entscheidung des OLG, das die Beschwerde eines anderen Beteiligten zurückweist, nicht mit der weiteren Beschwerde bekämpfen[121]. Ist der Beschwerdeführer der weiteren Beschwerde durch die Entscheidung des OLG im Vergleich zu der des Familiengerichts nur geringfügig beschwert, so steht dies nach Meinung des *BGH* einer völligen Neudurchführung des Versorgungsausgleichs in quantitativer und qualitativer Hinsicht nicht entgegen[122].

5. Frist zur Einlegung der weiteren Beschwerde

21 Nach Abs. 3 i.V.m. § 552 beträgt die Frist für die Einlegung der weiteren Beschwerde einen Monat. Sie ist mit der Maßgabe als »sofortige« anzusehen, daß an die Stelle der 14-Tage-Frist die Monatsfrist tritt → Rdnr. 9. Die Anschlußbeschwerde ist auch im Stadium der weiteren Beschwerde statthaft. Jedoch ist dann § 556 entsprechend anwendbar[123] → § 556 Rdnr. 2. Im übrigen → Rdnr. 12 a. E.

---

[113] Es kommt auf die Substanz der die Beschwerde abweisenden Entscheidung an. Die Formulierungen »unbegründet« bzw. »zurückweisen« (anstatt verworfen) sind unschädlich: *BGH* FamRZ 1982, 155 = NJW 448.
[114] Beispiel *BGH* FamRZ 1989, 376 (Zulässigkeitsbeschränkung aus den Gründen der Entscheidung zu entnehmen).
[115] *BGH* FamRZ 1979, 696.
[116] FamRZ 1980, 670; FamRZ 1980, 234 = NJW 402; FamRZ 1981, 25.

[117] *BGH* FamRZ 1990, 1228.
[118] *BGH* FamRZ 1981, 447 = NJW 2755.
[119] *BGH* FamRZ 1983, 682 – Nachversicherung eines Zeitsoldaten.
[120] *BGH* NJW 1979, 876 = FamRZ 223.
[121] *BGH* FamRZ 1983, 683 = NJW 1858; FamRZ 1984, 670; *MünchKomm-ZPO-Klauser* Rdnr. 69.
[122] *BGH* FamRZ 1984, 1214.
[123] *BGH* FamRZ 1983, 154.

6. Der Ausschluß des Streits über die Einordnung einer Sache als Familiensache

Absatz 4 dient der Eindämmung den Rechtsschutz verzögernder Streitigkeiten über die 22
Eigenschaft einer Sache als Familiensache. In Satz 1 sind ohnehin die für die Berufung in
zivilprozessualen Sachen geltenden Regeln für entsprechend anwendbar erklärt. Satz 2
entspricht dem § 549 Abs. 2. Eingeführt wurden diese Regelungen zugleich mit dem Prinzip
der formellen Anknüpfung der Rechtsmittelzuständigkeit (§§ 119 Abs. 1 Nr. 1,2; § 133 Nr. 2
BGB) durch das UÄndG 1986.

Unberührt bleibt die Kontrolle der örtlichen und internationalen Zuständigkeit[124] durch
die Rechtsmittelgerichte.

III. Ehemalige DDR

Der Einigungsvertrag hat in der Anlage I Kap. III Sachgebiet A Abschnitt III Nr. 5 Maßgabe 23
d bestimmt, daß hinsichtlich der Beschwerde die Bezirksgerichte wie Oberlandesgerichte
behandelt werden, und daher die Beschwerde gegen ihre Entscheidungen im allgemeinen
gänzlich ausgeschlossen. Gleichzeitig ist aber bestimmt, daß die befristete Beschwerde nach
§ 621 e Abs. 2 auch gegen Entscheidungen der Bezirksgerichte statthaft ist. Nach Maßgabe h
bb können Tatsachen, die erst durch die mit dem Beitritt übergeleiteten Rechtsvorschriften
erheblich geworden sind, noch in der Revisionsinstanz vorgebracht werden. Diese Vorschrift
muß man entsprechend auch auf die revisionsähnliche weitere Beschwerde des § 621 e
anwenden → 16. zur Zuständigkeit der Bezirksgerichte anstelle der OLGe → Allg. Einl. z.
6. Buch Rdnr. 13.

§ 621 f [Einstweilige Anordnungen auf Leistung eines Prozeßkostenvorschusses]

(1) In einer Familiensache des § 621 Abs. 1 Nr. 1 bis 3, 6 bis 9 kann das Gericht auf Antrag
durch einstweilige Anordnung die Verpflichtung zur Leistung eines Kostenvorschusses für
dieses Verfahren regeln.

(2) Die Entscheidung nach Abs. 1 ist unanfechtbar. Im übrigen gelten die §§ 620a bis 620g
entsprechend.

Gesetzesgeschichte: Rdnr. 1 ff. Vor § 606.

I. Das mit einer Familiensache befaßte Gericht kann, auch **wenn eine Ehesache nicht** 1
anhängig ist, in jedem Falle einstweilige Anordnungen erlassen, soweit die Leistung eines
Prozeßkostenvorschusses in Betracht kommt. Für Unterhaltssachen ist dies in einer über das
familiengerichtliche Verfahren hinausgehenden Weise in §§ 127a verfügt, für die übrigen
Familiensachen in § 621 f. Die entsprechende Anwendbarkeit der §§ 620a bis 620g ist sehr
global ausgesprochen. Für manche in Bezug genommene Vorschriften gibt es im Falle eines
Versuchs zu entsprechender Anwendung auf sonstige Familiensachen keinen Anwendungsbereich. Im einzelnen sind die Besonderheiten, die sich aus der entsprechenden Anwendung
der genannten Vorschriften in sonstigen Familiensachen ergeben, in den Erläuterungen zu
→ §§ 620a bis 620g, 127a vermerkt.

---

[124] *BGH* NJW RR 322; *BGH* NJW 1982, 2732.

2　II. Auch § 621 f. gibt dem Gericht nicht die Befugnis, Prozeßkostenvorschußanordnungen ohne *Rücksicht auf das materielle Recht* zu erlassen → § 620 Rdnr. 2. Das Wichtigste dazu wird im folgenden kurz dargelegt werden. Weitere Einzelheiten in den Kommentaren zu § 1360 a und (soweit Verwandte in Betracht kommen) § 1610 BGB.

1. Unter *geschiedenen Eheleuten* besteht keine Prozeßkostenvorschußpflicht[1].

3　2. Verfahren nach § 621 Nr. 6 (*Versorgungsausgleich*) und Nr. 7 (*Ehewohnung und Hausrat*) betreffen sicherlich *persönliche Angelegenheiten* im Sinne von § 1360 a Abs. 4 BGB. Daß auch Rechtsstreitigkeiten darunter fallen, die sich auf den *Güterstand* – vor allem seine Liquidation – beziehen[2], muß man der Existenz des § 621 f. entnehmen, der sonst in seiner Bezugnahme auf die Nrn. 8 und 9 von § 621 leerliefe.

4　3. Auch ein *Kind kann vom unterhaltspflichtigen Elternteil* unter Umständen einen Prozeßkostenvorschuß verlangen[3], unter Umständen sogar ein volljähriges Kind[4]. Für Verfahren nach §§ 621 Abs. 1 bis 3, 8 kann dies vor allem praktisch werden, wenn das Kind gemäß § 59 FGG Beschwerde gegen eine Entscheidung des Familiengerichts einlegen will oder wenn wegen Zugewinnausgleichsforderungen nach § 1390 BGB Bereicherungsansprüche gegen das Kind geltend gemacht werden.

5　4. Wegen des *Versorgungsausgleichs* kommt eine einstweilige Anordnung kaum in Betracht, wenn Übertragung oder Begründung von Anwartschaften nach § 1587 b Abs. 1 und 2 BGB in Frage stehen, weil diese Verfahren entweder im Verbund (§ 623 Abs. 3) oder unter bereits rechtskräftig geschiedenen Eheleuten auftreten. Beim schuldrechtlichen Versorgungsausgleich ist es demgegenüber denkbar, daß er erst zu einem Zeitpunkt geltend gemacht wird, der nicht mehr »rechtzeitig« für den Verbund ist → § 623 Rdnr. 8 ff., 10 a, die Eheleute aber noch nicht geschieden sind. Dann kann Kostenvorschuß nach § 621 f. begehrt werden.

6　5. Nicht vorschußverpflichtet ist, wer im Sinne von § 1603 Abs. 1 leistungsunfähig ist. Unter Einbeziehung des Billigkeitskriteriums von § 1360 a Abs. 4 hält man nicht für vorschußpflichtig, wer sonst seinen angemessenen Unterhalt gefährden würde, allg. M.

7　III. Die Entscheidung ist Vollstreckungstitel, § 794 Abs. 1 Nr. 3a. Aus ihm kann ungeachtet der späteren Kostenentscheidung vollstreckt werden[5].

---

[1] *BGHZ* 89, 33 ff. = FamRZ 1984, 148 = NJW 291, heute wohl allg. M.
[2] *MünchKomm-Wacke*[2] § 1360 a BGB Rdnr. 28; allg. M.
[3] BGHZ 57, 229 (234) = NJW 1972, 199, 200; *OLG München* FamRZ 1987, 303.
[4] *OLG Düsseldorf* FamRZ 1986, 698; *OLG Karlsruhe* FamRZ 1989, 534 ff. – A. M. *OLG Stuttgart* FamRZ 1988, 758.
[5] *BGH* NJW 1985, 2263.

Dritter Titel

Scheidungs- und Folgesachen

§ 622 [Antragsschrift]

(1) Das Verfahren auf Scheidung wird durch Einreichung einer Antragsschrift anhängig.
(2) Die Antragsschrift muß vorbehaltlich des § 630 Angaben darüber enthalten, ob
1. gemeinschaftliche minderjährige Kinder vorhanden sind,
2. ein Vorschlag zur Regelung der elterlichen Sorge unterbreitet wird,
3. Familiensachen der in § 621 Abs. 1 bezeichneten Art anderweitig anhängig sind.
Im übrigen gelten die Vorschriften über die Klageschrift entsprechend.
(3) Bei der Anwendung der allgemeinen Vorschriften treten an die Stelle der Bezeichnungen Kläger und Beklagter die Bezeichnungen Antragsteller und Antragsgegner.

Gesetzesgeschichte: Rdnr. 1 ff. Vor § 606.

I. Die systematische Stellung der Vorschrift[1]

Der gesamte dritte Titel regelt die Besonderheiten, die für Scheidungssachen gelten. Zum 1 großen Teil bezieht er sich auf die sogenannten Folgesachen. Die Zuständigkeitskonzentration hat das Gesetz indes für jeden Fall der Anhängigkeit einer Ehesache verfügt → § 621 Abs. 2 S. 1, Abs. 3. Nur der Zwang zum Verfahrens- und Entscheidungsverbund ist auf das Scheidungsverfahren beschränkt → § 610 Rdnr. 15. Nur in letzterem Fall kann man von Folgesachen sprechen → § 623 Rdnr. 2 ff.

II. Allgemein auf den Scheidungsantrag anwendbare Vorschriften

1. § 622 bezieht sich allein auf den das Scheidungsverfahren auslösenden *Antrag*. Mit den 2 Folgesachen hat er nur insofern und mittelbar etwas zu tun, als er Anordnungen enthält, welche die dem Familiengericht bei Anhängigkeit einer Scheidungssache hinsichtlich der Folgeangelegenheiten von Amts wegen obliegenden Aufgaben erleichtern sollen → Rdnr. 6. Absatz 1, der als Verfahrenseinleitung keine Klage, sondern einen Antrag vorschreibt, ist im Hinblick auf materiell-rechtliche Vorschriften nötig. Ein einverständliches Scheidungsbegehren in die Form einer »Klage« pressen zu wollen, wäre nachgerade absurd gewesen. Der Übergang vom Verschuldens- zum Zerrüttungsprinzip machte aber auch im übrigen die Vorstellung klageweiser Geltendmachung von Scheidungs-»Rechten« obsolet. § 253 ist freilich in vielen seiner Bestandteile nicht Ausdruck der Tatsache, daß ein Kläger subjektive Rechte geltend macht, sondern Zeugnis praktischer Zweckmäßigkeit für den Fall der Einleitung eines gerichtlichen Verfahrens. Daraus rührt die scheinbare Paradoxie, in Scheidungssachen von der »Klage« zum »Antrag« überzugehen, gleichwohl aber auf den Antrag die für die Klage geltenden Vorschriften entsprechend für anwendbar zu erklären. Zur Vermeidung lächerlicher Ausdrücke (»Widerantragsgegner«) oder um Verwechslungen vorzubeugen, kann man aber auf die traditionelle Bezeichnung »Kläger« und »Beklagter« zurückkommen.

---

[1] Lit.: *Vogel* Die Scheidungsantragsschrift, AnwBl 1982, 457.

Dem Geist des Gesetzes würde es ohnehin mehr entsprechen, dialektisch aufgeladene Begriffe zu vermeiden. Der »entsprechenden« Anwendung von § 253 wird auch ein Antragsteller gerecht, der nur den anderen Ehegatten mit den in § 253 Abs. 2 Nr. 1, Abs. 4, § 130 Nr. 1 vorgesehenen Angaben bezeichnet, aber darauf verzichtet, ihn »Antragsgegner« oder »Beklagten« zu nennen. In gerichtlichen Entscheidungen spricht man besser nur von Ehemann und Ehefrau. Im Falle der einverständlichen Scheidung gibt es für Abs. 3 ohnehin keinen Anwendungsbereich. Aus dem »Antragsgegner« kann unschwer ein Mitantragsteller werden.

3 2. Scheidungsanträge müssen daher wie Klageschriften *zugestellt* werden → § 253 Rdnr. 9. Auch wenn der Scheidungsantrag von beiden Ehegatten ausgeht → § 630, muß er (beiden Ehegatten) zugestellt werden. Eine unterbliebene Zustellung ist auch durch unterlassene Rüge nicht heilbar[2], es sei denn, dem Antragsgegner ist ein Schriftstück zugegangen (etwa im Rahmen des Prozeßkostenhilfeverfahrens), das inhaltlich dem § 622 entspricht[3].

4 3. Auf den Scheidungsantrag entsprechend anwendbar ist insbesondere **§ 253 Abs. 2**. »Parteien« im Sinne dieser Vorschrift sind die beiden Ehegatten. Zur Kennzeichnung der zu scheidenden Ehe gehört auch die Angabe des Standesamtes und des Datums der Eheschließung. Zweckmäßig, aber nicht unerläßlich, sind möglichst vollständige Angaben zu den für das Verfahren wesentlichen persönlichen Daten der Ehegatten, wie früherer Name, Begleitname, sämtliche Vornamen, Beruf und genaue Anschrift. Die Verwendung von Formularen ist nicht unzulässig, kann aber bei nachlässiger Konzeption oder unvollständiger Ausfüllung zur Verweigerung der Terminsanberaumung führen[4]. Gemäß der entsprechend anzuwendenden § 253 Abs. 4, § 131 sind eine Ablichtung der Heiratsurkunde oder der fraglichen Eintragung im Familienstammbuch beizufügen.

Auch die Vorschriften über Klageerweiterung und Widerklage gelten entsprechend; schließt sich der andere Ehegatte erst später dem Scheidungsantrag an, so kann dies in der mündlichen Verhandlung nach § 261 Abs. 2, § 297 Abs. 1 S. 2 geschehen[5]. Zur ordnungsgemäßen Kennzeichnung der aufzulösenden Ehe gehören das Datum der Eheschließung und das Standesamt, vor dem geheiratet wurde.

Für die »bestimmte« Angabe des Grundes des erhobenen »Anspruchs« gibt es freilich im Scheidungsverfahren keinen Anwendungsbereich. § 253 verlangt nicht, daß ein Klageantrag substantiiert wird, sondern nur Kennzeichnung des Tatsachenkomplexes, aus dem der Antragsteller die behauptete Rechtsfolge herleitet → § 253 Rdnrn. 129ff. Dem ist aber im Scheidungsverfahren mit der Behauptung genügt, die Ehe sei gescheitert[6]. § 130 Nr. 4 verlangt als »Sollvorschrift« aber darüber hinaus die Angabe von Tatsachen, aus denen der Richter die Scheidungsreife der Ehe ableiten kann → Rdnr. 5.

5 4. Anwendbar sind auch die Vorschriften in §§ 253 Abs. 4 und 5 → § 253 Rdnr. 154, 161 ff. Wegen fehlerhafter Antragsschriften → § 253 Rdnr. 181 ff., § 78 Rdnr. 13. Für eine *Anwendung* von § 253 Abs. 3 (Streitwertangabe) fehlt es an einem *Ansatzpunkt*, weil die Zuständigkeit des Gerichts unabhängig vom Streitwert ist. Wegen der Streitwertangabe bei anderen Familiensachen → § 621 b Rdnr. 1.

III. Sonderregelungen für den Scheidungsantrag

6 Zusätzlich zu den entsprechend für anwendbar erklärten Vorschriften über die Klageschrift treten die Erfordernisse in Abs. 2 S. 1. Der Scheidungsantrag ist nicht ordnungsgemäß, wenn

---

[2] *OLG Schleswig* FamRZ 1988, 736.
[3] *Zöller-Philippi*[17] Rdnr. 8; *MünchKommZPO-Klauser* Rdnr. 5 – Wirkung ex nunc. – A. M. *OLG Schleswig* aaO.
[4] *OLG Celle* FamRZ 1978, 257.
[5] *OLG Frankfurt* FamRZ 1982, 809.
[6] *Linke* FS Beitzke (1979) 267, 287; *Zöller-Philippi*[17] Rdnr. 5. – A. M. *MünchKommZPO-Klauser* Rdnr. 11 – Angabe der das Scheitern begründenden Umstände.

es an einer der drei genannten Angaben fehlt, auch wenn Fehlanzeige zu machen ist. Die Scheidungssache wird aber durch einen fehlerhaften Antrag durchaus schon *insoweit* rechtshängig, als Termin anberaumt werden muß und die Klage als unzulässig abzuweisen ist, wenn die Angaben nicht ergänzt werden. Ursprüngliches Fehlen der in Abs. 2 vorgeschriebenen Angaben muß man dem Fehlen des vorgeschriebenen Inhalts einer Klage gleichstellen. Nachträgliche Angaben heilen nur mit Wirkung ex nunc[7]. Wichtig ist dies für die zahlreichen materiell-rechtlichen Nebenwirkungen, die die Rechtshängigkeit[8] auslöst: §§ 1361 Abs. 1 S. 2, 1379 Abs. 2, 1384, 1408 Abs. 2, 1587 Abs. 2, 1933 S. 1, 2077 Abs. 1 S. 2, 2268, 2279 BGB. Wegen der ausdrücklich vorbehaltenen Besonderheiten bei einvernehmlicher Scheidung → § 630 Rdnrn. 1 ff. Im einzelnen gilt folgendes:

1. Die Angabe über die **Existenz gemeinschaftlicher minderjähriger Kinder** hat den Sinn, das Gericht darüber zu orientieren, ob es nach § 623 Abs. 3 in Bezug auf die Regelung der elterlichen Sorge oder des Umgangsrechts von Amts wegen tätig werden muß. Als gemeinschaftliche Kinder müssen daher alle gelten, für welche § 1671 BGB gilt. Die Vorschrift betrifft auch gemeinsame Kinder nach Scheidung und Wiederheirat[9]. Neben den durch nachfolgende Eheschließung legitimierten Kindern gehören gemeinsam adoptierte Kinder dazu, § 1754 Abs. 1 BGB. Anzugeben ist nur, was zur persönlichen Identifizierung der Kinder nötig ist, also Name und Geburtsdatum, nicht aber Aufenthalt[10].

2. Bei seiner Entscheidung über die elterliche Sorge hat das Familiengericht nach § 1671 Abs. 3 einen *gemeinsamen Vorschlag der Eltern* besonders zu beachten. Daher muß es rechtzeitig Bescheid wissen, ob es einen solchen Vorschlag zu erwarten hat. Die Erklärung, welche dem Antragsteller deshalb nach Abs. 2 Nr. 2 abverlangt wird, ist aber für die Eheleute auch dann nicht verbindlich, wenn sie den Vorschlag gemeinsam gemacht haben[11] → § 623 Rdnr. 11. Ob mit der Rücknahme der Zustimmung zur Scheidung auch eine Distanzierung von einem Vorschlag für die elterliche Sorge verbunden ist, ist Frage des Einzelfalls[12]. Sie können auch später einen solchen Vorschlag nachreichen. Sie können daher dem Gericht auch erklären, daß sie vorerst keinen Vorschlag zu machen hätten. Sie können sich auch damit begnügen, dem Gericht einen Vorschlag anzukündigen, ohne bereits zu sagen, wie er aussehen wird. Dann muß freilich dem Gericht die Möglichkeit offenbleiben, den Eheleuten zur Unterbreitung eines Vorschlags eine Frist zu setzen, wenn es meint, bei dessen Ausbleiben eine einstweilige Anordnung erlassen zu müssen. Zur endgültigen Regelung der elterlichen Sorge für die Zeit nach Scheidung der Ehe können die Eheleute freilich bis zum Schluß der letzten mündlichen Verhandlung immer noch einen gemeinsamen Vorschlag unterbreiten.

3. Dem Antragsteller eine Erklärung darüber abzuverlangen, ob *Familiensachen anderweitig anhängig* (nicht: »rechtshängig« → § 620 a Rdnr. 1) sind, hat den Zweck, das Familiengericht der Scheidungssache in die Lage zu versetzen, das mit einer anderen Familiensache befaßte Gericht gemäß § 621 Abs. 3 → dort Rdnr. 17 zu einer Verweisung oder Abgabe zu veranlassen und im übrigen → § 621 Rdnr. 17 auf Verweisungsanträge zu drängen. Zweckmäßigerweise wird dem Gericht das Aktenzeichen einer anderweitig anhängigen Familiensache mitgeteilt. Voraussetzung für eine ordnungsgemäße Klageerhebung ist dies aber nicht. Eine Mitteilung über anderweitig anhängige Familiensachen ist entbehrlich, wenn diese nicht mehr

---

[7] A.M. (ex tunc) *Friederici* MDR 1978, 725 und *MünchKommZPO-Klauser* Rdnr. 10.
[8] Nicht bloße Anhängigkeit: *BGH* FamRZ 1985, 45, 47 (§ 1408 Abs. 2 BGB); *BGH* NJW 1990, 2382 f. (§ 1933 S. 2 BGB).
[9] *Vogel* AnwBl 1982, 457 bei Fn. 25.
[10] A.M. *Vogel* aaO; *MünchKommZPO-Klauser* Rdnr. 10 – »zweckmäßig« im Hinblick auf Gerichtsstand (§ 606 Abs. 1 S. 2).
[11] *Vogel* aaO.
[12] Dies generell annehmend *AG Charlottenburg* FamRZ 1981, 787.

im ersten Rechtszug anhängig sind, weil dann die Zuständigkeitskonzentration nicht mehr eintreten kann[13].

10   4. Auch die *Antragsrücknahme* richtet sich nach den allgemeinen Vorschriften. Nach Verhandlung des anderen Ehegatten zur Hauptsache ist eine Rücknahme ohne dessen Zustimmung nicht mehr möglich. Wegen der Globalität des Verfahrensgegenstands in Ehesachen → § 611 Rdnr. 2 ist die Rechtshängigkeit der Ehesache durch den ersten bei Gericht eingereichten und dem anderen Ehegatten zugestellten Scheidungsantrag herbeigeführt, auch wenn dieser Antrag später zurückgenommen und die Ehe auf Antrag des anderen Ehegatten geschieden wird[14] → § 610 Rdnr. 5, 8.

§ 623   [Folgesachen]

(1) Soweit in Familiensachen des § 621 Abs. 1 eine Entscheidung für den Fall der Scheidung zu treffen ist und von einem Ehegatten rechtzeitig begehrt wird, ist hierüber gleichzeitig und zusammen mit der Scheidungssache zu verhandeln und, sofern dem Scheidungsantrag stattgegeben wird, zu entscheiden (Folgesachen). Wird bei einer Familiensache des § 621 Abs. 1 Nr. 4, 5, 8 ein Dritter Verfahrensbeteiligter, so wird diese Familiensache abgetrennt.

(2) Das Verfahren muß bis zum Schluß der mündlichen Verhandlung erster Instanz in der Scheidungssache anhängig gemacht sein. Satz 1 gilt entsprechend, wenn die Scheidungssache nach § 629b an das Gericht des ersten Rechtszuges zurückverwiesen ist.

(3) Für die Regelung der elterlichen Sorge über ein gemeinschaftliches Kind und für die Durchführung des Versorgungsausgleichs in den Fällen des § 1587b des Bürgerlichen Gesetzbuchs bedarf es keines Antrags. Eine Regelung des persönlichen Umgangs mit dem Kinde soll im allgemeinen nur ergehen, wenn ein Ehegatte dies anregt.

(4) Die vorstehenden Vorschriften gelten auch für Verfahren, die nach § 621 Abs. 3 an das Gericht der Ehesache übergeleitet worden sind, soweit eine Entscheidung für den Fall der Scheidung zu treffen ist.

Gesetzesgeschichte: Rdnr. 1 ff. Vor § 606, BGBl. 1979 I 1061; 1986 I 301.

I. Systematik der Regelung	1	III. Rechtzeitigkeit des Antrages	7
II. Mögliche Gegenstände von Folgesachen	2	1. Die Legaldefinition der Folgesachen	7
1. Familiensache	2	2. Antragsabhängige Folgesachen	8
2. Regelung für den Fall der Scheidung	3	a) Antragserweiterungen	9
3. Regelung zugleich für die Zeit unmittelbar nach der Scheidung	4	b) Rechtzeitigkeit der Anhängigmachung	10
4. Bedeutung des zu erwartenden Entscheidungsinhalts	5	c) Rechtsfolgen verspäteter Anträge	10a
5. Besonderheit bei Auskunftsansprüchen	5a	3. Antragsunabhängige Folgesachen	11
6. Beteiligung Dritter	6	IV. Verfahren	12
		1. Die obligatorische Natur der Verbindung	13

---

[13] *Vogel* aaO bei Fn. 48. – A.M. *Zöller-Philippi*[17] Rdnr. 4 – wegen der Möglichkeit einer Zurückverweisung.   [14] *BGH* NJW 1982, 280, 281.

2. Zwang zur gesonderten Verbescheidung von »Verbindungs«- oder Trennungsanträgen?	14	6. Die einheitliche Entscheidung	19
		V. Auslandsfälle	20
3. Die Sachentscheidungsvoraussetzungen in Folgesachen	15	1. Die internationale Zuständigkeit der deutschen Gerichte	20
4. Die Verbindung von ZPO- und FGG-Sachen	16	2. Die Anwendbarkeit ausländischen Rechts	21
5. Die Beendigung der Rechtshängigkeit einer Folgesache	17	3. Antragsabhängigkeit des Verbunds?	22

I. Systematik der Regelung[1]

Die Vorschrift regelt nicht die Zuständigkeitskonzentration, auch nicht in internationalen Fällen[2]. Diese ist in § 621 Abs. 2 und 3 verankert und gilt für alle Ehesachen[3]. Die Vorschrift regelt lediglich den Verfahrens- und Entscheidungsverbund → § 622 Rdnr. 1. Absätze 1 und 4 bezeichnen die Verfahren, welche zur Verhandlung und Entscheidung verbunden sind, ihrem Gegenstand nach. Absätze 2 und 3 grenzen die Verbindungsmöglichkeit von der zweiten Seite, dem Zeitpunkt des Anhängigwerdens her ein. Die Vorschrift geht als Sondernorm dem § 260 vor: Die Verbindung besteht ex lege, sobald die Folgesache geltend gemacht wird → Rdnr. 13, 14. Zur Parteidisposition über das Anhängigwerden einer Familiensache als Folgesache → Rdnr. 13. Die Folgesache selbst kann sich wie die Scheidungssache auch nach ausländischem Recht bemessen → Rdnr. 21, Rdnr. 16 vor § 606, § 621 Rdnr. 16, 33. Von der Verbindung nach § 260 unterscheidet sich der nach § 623 eintretende Verfahrensverbund auch dadurch, daß die Folgesachen im Verhältnis zur Scheidungssache, aber auch untereinander ein gewisses Maß an Selbständigkeit behalten. Vor allem ist zwischen ZPO- und FGG-Folgesachen, die unterschiedlichen verfahrensrechtlichen Regelungen unterstehen, zu unterscheiden.

§ 623 ist eine Durchbrechung des Grundsatzes von § 610 Abs. 2 → § 610 Rdnr. 13. Daraus folgt, daß eine Widerklage → § 621 Rdnr. 52 oder eine Klagehäufung mit Begehren einer Regelung, die nicht auf den Fall der Scheidung abzielt, unzulässig ist. In einem solchen Fall muß abgetrennt werden. Die Sache kann aber als selbständige Familiensache in der Zuständigkeitskonzentration des § 621 Abs. 2 fortgeführt werden.

II. Mögliche Gegenstände von Folgesachen

1. Familiensache

Es muß sich um eine **Familiensache** handeln → § 621 Rdnr. 6 bis 52, in der **für den Fall der Scheidung** eine Entscheidung zu treffen ist. Unter dieser Voraussetzung ist die Geltendmachung einer Folgesache auch schon zu einem Zeitpunkt möglich, zu dem eine gerichtliche Verfolgung (etwa im Wege einer Klage auf künftige Leistung) sonst noch nicht möglich wäre. Das hat außer für den Versorgungsausgleich vor allen Dingen Bedeutung für Verfahren, welche die erst mit der Scheidung eintretende Liquidation eines Güterstandes zum Gegenstand haben. Nicht gilt der Verfahrensverbund, wenn nur für den Fall der *Eheaufhebung* oder

---

[1] Lit.: *Diederichsen* ZZP 91 (1978) 397 ff., 417 ff.; *Herbert Roth* Vernetzte Prozeßmaximen im familienrechtlichen Verbundverfahren ZZP 103 (1990), 5 ff.; *Kellermann-Körber* Verfahrensrechtliche Probleme des Verhandlungs- und Entscheidungsverbunds im Blick auf dessen Zielsetzung (1987).

[2] *Graf* Die internationale Verbundzuständigkeit (1984), 19 f.

[3] *Bosch* FamRZ 1987, 816 mwN in Fn. 8 u. 11.

der *Nichtigerklärung* einer Ehe eine Entscheidung zu treffen ist[4]; auch nicht wegen des bei Eheaufhebung durchaus (nämlich im isolierten Verfahren) durchzuführenden Versorgungsausgleichs[5]. Ist *kumulativ Eheaufhebung und Ehescheidung* beantragt und hat erstere Vorrang → § 610 Rdnr. 6, 7, so ist gleichwohl auch das Scheidungsverfahren anhängig. Damit tritt der V*erfahrens*verbund ein[6]. Der *Entscheidungs*verbund ist auch dann nur möglich, wenn die Ehe geschieden und nicht aufgehoben wird. Das Gericht kann aber von § 136 Gebrauch machen und das Verfahren zunächst auf das Aufhebungsbegehren beschränken → Rdnr. 13, § 629 Rdnr. 1.

Der Entscheidungsverbund tritt auch nicht ein, wenn *für den Fall der Ablehnung des Scheidungsantrags* eine Entscheidung zu treffen ist. Insbesondere in den Fällen von § 621 Nrn. 1, 5 und 7 ist dies unschwer denkbar, vor allem, wenn die Ehegatten auch für diesen Fall getrennt weiterzuleben gedenken. Obgleich etwa die vom Antragsgegner des Scheidungsverfahrens für den Fall der Ablehnung des Scheidungsantrags erhobene Unterhaltsklage eine Familiensache ist, kann sie mit dem Scheidungsverfahren nicht verbunden werden. Macht der Antragsteller sowohl für den Fall der Scheidung als auch für den Fall der Ablehnung Unterhaltsansprüche geltend, so müssen letztere abgetrennt verhandelt und entschieden werden.

Nur wenn eine Trennung praktisch undurchführbar wäre oder aufgrund der für den Fall der Scheidung gemachten Ermittlungen die »Folgesache« entscheidungsreif ist, kann auch bei Abweisung des Scheidungsantrags im Verbund entschieden werden. Es wäre sinnentleerte Begriffsjurisprudenz, wenn man dann die gemeinsame Entscheidung ablehnte. Zusammen mit dem Urteil, das einen Scheidungsantrag ablehnt, kann daher auch über die Regelung der elterlichen Sorge oder des Verkehrsrechts entschieden werden, wenn nach §§ 1672 oder 1634 BGB eine solche Entscheidung ansteht und ohne weitere Ermittlungen getroffen werden kann. Andernfalls müßte man nach Abschluß des Scheidungsverfahrens ein erneutes, abermals kostenträchtiges Verfahren einleiten, in dem nichts mehr zur Ermittlung ansteht[7].

Kommt es im Falle eines alternativ kumulierten Aufhebungs- und Scheidungsbegehrens zur Eheaufhebung → § 610 Rdnr. 6, 7, so bleiben die verbundenen Sachen als selbständige Familiensachen anhängig[8]. Nicht ist etwa § 629 Abs. 3 entsprechend anzuwenden[9].

2. Regelung für den Fall der Scheidung

3 Es muß sich um eine solche Familiensache handeln, die von ihrem **Gegenstand her eine Entscheidung** *gerade für den Fall der Scheidung* erlaubt. Das ist in den Fällen des § 621 Nrn. 1 bis 3, 6, 8 und 9 grundsätzlich unproblematisch. Die übrigen Familiensachen können auch Angelegenheiten sein, in denen eine Entscheidung für die Zeit des Bestehens der Ehe zu treffen ist. Da es sich ausschließlich um Verfahren handelt, die durch Klage oder Antrag eingeleitet werden, muß dem Antrag entnommen werden, ob eine Entscheidung für den Fall der Scheidung begehrt wird. Meist wird in der Hauptsache nur eine Entscheidung für die Zeit danach erbeten werden. Die Praxis bedient sich, wenn schon ein Scheidungsverfahren anhängig ist, wegen der bereits für die Zeit vor Rechtskraft der Scheidung notwendigen Regelungen

---

[4] *BGH* FamRZ 1982, 586 = NJW 2386; *OLG München* FamRZ 1980, 565 – Nichtigkeitsklage des Staatsanwalts; *OLG Stuttgart* FamRZ 1981, 579. Heute allg. M. Bei Verzicht des beeinträchtigten Ehegatten auf eine Erklärung nach § 37 Abs. 2 EheG analoge Anwendung von § 623 befürwortend: *Bosch* FamRZ 1987, 816. Rechtspolitisch kritisch *Beitzke* FamRZ 1981, 1125.
[5] *BGH* FamRZ 1989, 153.
[6] *Zöller-Philippi*[17] Rdnr. 3; *Bergerfurth* FamRZ 1976, 582. – Teilweise a. M. *OLG Stuttgart* FamRZ 1981, 579 – wegen § 18 Abs. 1 DVO EheG erst wenn wegen voraussichtlicher Erfolglosigkeit der Aufhebungsklage in die sachliche Behandlung des Scheidungsantrags eingetreten wird.
[7] Anders leider die völlig h. M., z. B. *MünchKomm-ZPO-Klauser* Rdnr. 49.
[8] *Bergerfurth* FamRZ 1976, 581, 582.
[9] A. M. *Zöller-Philippi*[17] Rdnr. 3; s. auch *MünchKomm-ZPO-Klauser* Rdnr. 3, § 629 b Rdnr. 2.

des Instituts der einstweiligen Anordnung. Jedoch muß dies nicht der Fall sein. Dann ist das Verfahren, soweit es den Unterhalt bis zur Rechtskraft des Scheidungsurteils betrifft, abzutrennen → Rdnr. 13.

Vor allen Dingen fallen **Unterhaltsansprüche, die für die Zeit vor Rechtskraft des beantragten Scheidungsurteils fällig werden sollen**, nicht in den Entscheidungsverbund. Dies betrifft bedauerlicherweise[10] nicht nur den Getrenntlebensunterhalt der Ehegatten[11], sondern auch den Kindesunterhalt[12], obwohl seinetwegen kaum unterschiedliche Behandlungen für die Zeit vor und nach Rechtskraft des Scheidungsurteils anstehen, wenn die Eltern bereits getrennt leben. Das Familiengericht sollte daher darauf hinwirken, daß der Kindesunterhalt für die Zeit des Scheidungsverfahrens durch einstweilige Anordnung geregelt wird. Eine gleichwohl angestrengte oder aufrechterhaltene Hauptsacheklage zum Kindesunterhalt muß aber abgetrennt werden, soweit die Zeit vor Rechtskraft des Scheidungsurteils in Frage steht. Eine Abänderungsklage bezüglich eines vor Anhängigkeit des Scheidungsantrags ergangenen Unterhaltsurteils wird nicht in den Verhandlungs- und Entscheidungsverbund einbezogen[13]. Eine für den Fall der Scheidung erhobene Klage auf »Abänderung« eines schon vorhandenen Unterhaltstitels gehört indes in den Entscheidungsverbund[14], kann aber im Falle des Getrenntlebensunterhalts in dieser Form keinen Erfolg haben, weil der Titel durch die Rechtskraft des Scheidungsurteils ohnehin erlischt → § 620f. Rdnr. 8, § 621 Rdnr. 21. Eine negative Feststellungsklage für die Zeit nach Ehescheidung fällt immer in den Verbund.

3a

Entsprechendes gilt, wenn das **elterliche Sorgerecht** oder der Anspruch auf Herausgabe eines Kindes für die Zeit des Scheidungsverfahrens nicht durch einstweilige Anordnung geregelt werden soll, sondern ein Ehegatte darauf besteht, daß eine für diese Zeit endgültige Regelung nach § 1372 BGB getroffen wird[15].

3b

Zu den für den Fall der Ehescheidung geltend zu machenden und geltend gemachten Ansprüchen aus dem **ehelichen Güterrecht** gehören nicht nur der Zugewinnausgleichsanspruch, sondern auch die *Auseinandersetzung des Gesamtguts* bei ehelicher Gütergemeinschaft[16] einschließlich der nach § 1478 Abs. 1 BGB sich ergebenden Ansprüche[17].

3c

Schließlich kann auch bezüglich der **Ehewohnung und des Hausrats** anstatt einer einstweiligen Anordnung nach § 620 Nr. 7 ein »Hauptsacheverfahren« nach §§ 1361a, 1361b BGB, § 18a HausrVO für die Zeit des Getrenntlebens angestrengt werden. Ein solches Verfahren gehört ebenfalls nicht zum Verbund → § 620a Rdnr. 14, § 620f. Rdnr. 9.

3d

3. Regelung sogleich für die Zeit unmittelbar nach der Scheidung?

Sogleich für die Zeit unmittelbar nach Scheidung muß eine Entscheidung **nicht** zu treffen sein. Anwendbar ist § 623 daher auch auf solche Fälle, in denen die nachehelichen Rechtsbeziehungen sich erst zu einem Zeitpunkt aktualisieren, der einige Zeit nach Rechtskraft der Scheidung liegt[18]. § 623 ist insoweit Sondervorschrift zu den §§ 257 ff. → § 624 Rdnr. 8. Denkbar ist, daß erst von einem späteren Zeitpunkt an Unterhaltsansprüche entstehen werden. Vor allem aber ist der schuldrechtliche Versorgungsausgleich (§§ 1587ff. BGB) im Zeitpunkt der Scheidung selten akut. Eine Verurteilung zu künftiger Leistung in entsprechen-

4

---

[10] Dagegen analoge Anwendung von § 623 befürwortend: *Scheld* JZ 1980, 77.
[11] BGH FamRZ 1982, 781; 85, 578; OLG Stuttgart Justiz 79, 209: Bei Geltendmachung des Getrenntlebensunterhalts und des nachehelichen Unterhalts in einem einzigen isolierten Verfahren ist nach Anhängigwerden der Ehesache Prozeßtrennung nötig.
[12] OLG Frankfurt FamRZ 1978, 44; OLG Schleswig SchlHA 1978, 41.
[13] OLG Celle NdsRpfl. 78, 31.
[14] OLG Celle FamRZ 1978, 814; *Zöller-Philippi*[17] Rdnr. 14; *MünchKomm-ZPO-Klauser* Rdnr. 15 (Kindesunterhalt).
[15] OLG Celle FamRZ 1978, 622.
[16] OLG Karlsruhe FamRZ 1982, 286.
[17] BGHZ 84, 333 = FamRZ 1982, 991 (zust. *Bölling*) = NJW 2373.
[18] *Diederichsen* ZZP 91 (1978) 397, 417.

der Anwendung von §§ 257 ff., die grundsätzlich auch in Streitsachen der freiwilligen Gerichtsbarkeit zugelassen werden muß, ist mangels Konkretisierbarkeit im Zeitpunkt des Scheidungsausspruchs nicht möglich[19]. Deshalb kann auch ein Grundurteil nach § 304 nicht ergehen. Zulässig sind aber Feststellungsanträge zu den vorhandenen Rentenwerten. Solche Feststellungsentscheidungen gibt es nämlich auch sonst in echten Streitsachen der freiwilligen Gerichtsbarkeit → § 621 Rdnr. 23, § 628 Rdnr. 8. Wie man solche Klagen unter dem Gesichtspunkt eines Rechtsschutzbedürfnisses für eine alsbaldige Sachentscheidung auch immer bewerten mag: Sie unterliegen als Folgesachen dem Verbund.

4. Bedeutung des zu erwartenden Entscheidungsinhalts

5   Gleichgültig ist, ob der für den Fall der Scheidung gestellte **Antrag gutzuheißen oder abzulehnen ist**. Besteht für den nachehelichen Unterhalt bereits ein wirksamer Prozeßvergleich, so ist für eine gerichtliche Verurteilung zu Unterhaltsleistungen kein Raum mehr. Ein dennoch beantragtes Urteil und das vorausgehende Verfahren unterliegen aber dem Verbund. Das gilt auch, wenn um die Wirksamkeit eines Unterhaltsvergleichs gestritten wird → Rdnr. 17, § 617. Der Verbund gilt auch, wenn ein Antrag in einer Folgesache ohne Rücksicht auf den Ausgang des Scheidungsverfahrens abweisungsreif ist – sei es auch nur aus prozessualen Gründen.

Die untechnisch gefaßte Vorschrift ist so zu lesen: »Soweit ... eine Entscheidung für den Fall der Scheidung beantragt oder vom Gericht von Amts wegen zu treffen ist«. Es widerspräche allen Grundsätzen des prozessualen Denkens, den Verfahrensverbund davon abhängig zu machen, wie über einen gestellten Antrag zu entscheiden ist und ihn für entbehrlich zu halten, wenn ein Antrag ohne Rücksicht auf den Ausgang des Scheidungsverfahrens abgewiesen werden muß. Von einem sich an die Abweisung anschließenden Rechtsmittelverfahren könnten zudem Störungen auf die in erster Instanz anhängig gebliebenen Verfahrensteile ausgehen. Zum Schicksal der Folgesache dann, wenn der Scheidungsantrag abgewiesen wird → § 629 Rdnr. 3. Rücknahme des Scheidungsantrags: → § 626 Rdnr. 3 ff.

5. Besonderheit bei Auskunftsansprüchen

5a   Soweit Auskunftsansprüche bestehen, die den Inhalt einer für den Fall der Scheidung zu treffenden Entscheidung vorbereiten sollen, vor allen Dingen nach §§ 1379 Abs. 2, 1605, 1580 BGB, hat sich inzwischen durchgesetzt, daß sie im Weg der **Stufenklage** durchgesetzt werden können und daß über die erste Stufe durch Teilurteil[20] bereits vor Erlaß des Scheidungsurteils vorab entschieden werden kann[21], auch solange der Scheidungsantrag in der mündlichen Verhandlung noch nicht gestellt ist[22]. In das Verbundurteil geht dann erst die letzte Stufe der auf eine Stufenklage hin anstehenden Entscheidung ein, nämlich diejenige über den bezifferten Anspruch. Obwohl Auskunft nicht für den Fall der Scheidung geschuldet wird, läßt es die Praxis zu, daß die bloße Auskunftsklage im Verbund geltend gemacht wird und daß über sie im Verbundurteil entschieden wird[23]. Das hindert freilich nicht, daß Aus-

---

[19] *BGH* FamRZ 1984, 251, 668 – mit Ausführungen auch zum Feststellungsinteresse; *OLG Köln* FamRZ 1987, 287.
[20] *OLG München* NJW 1979, 114; *OLG Schleswig* FamRZ 1991, 95; allg. M.
[21] *BGH* FamRZ 1979, 581, 690 = NJW 1603 – Zugewinnausgleich; *BGH* FamRZ 1982, 151 – Geschiedenenunterhalt.
[22] *OLG Stuttgart* FamRZ 1987, 1034.
[23] *OLG Hamm* FamRZ 1981, 482; *OLG Frankfurt* FamRZ 1987, 299. – A.M. *OLG Zweibrücken* FamRZ 1980, 1142; *MünchKommZPO-Klauser* Rdnr. 28 f. Nach *Smid* Jura 1990, 400, 403, muß auch dann über sie vorab durch Teilurteil entschieden werden.

kunftsansprüche auch selbständig in einem isolierten familiengerichtlichen Verfahren verfolgbar sind[24] → § 621 Rdnr. 23, § 621a Rdnr. 16.

Nach Erledigung der Auskunft muß ein bezifferter Antrag gestellt werden. Geschieht dies nicht, kann in ZPO-Sachen Versäumnisurteil gegen den Antragsteller in der betreffenden Folgesache begehrt werden. Durch gerichtliche Auflage ist eine Bezifferung nicht herbeizuführen[25].

Auch in **Versorgungsausgleichssachen** kann in entsprechender Anwendung von § 254 der Auskunftsanspruch nach §§ 1587e BGB »stufenweise« geltend gemacht werden[26]. Es gilt daher das, was für die »Verbund-Stufenklage« in ZPO-Sachen gesagt worden ist, entsprechend. Die Entscheidung über die erste Stufe ist auch in diesem Fall eine Teilentscheidung. Sie ist nicht mit einer Entscheidung über eine abgetrennte Folgesache zu vergleichen und muß daher nach § 629 durch Teil*urteil* ergehen. In der Praxis wird freilich die Geltendmachung des Auskunftsanspruchs, um dem Anwaltszwang auszuweichen, häufig wie ein nicht im Verbund stehendes selbständiges Verfahren behandelt[27], was wie in ZPO-Sachen etwas regelwidrig für zulässig erachtet werden kann.

Von der Geltendmachung des Auskunftsanspruchs *einer Partei* scharf zu unterscheiden ist eine Anordnung des Familiengerichts nach § 11 Abs. 2 VAHRG, die sich auch gegen einen Ehegatten richten und von einem Ehegatten »beantragt« (= angeregt) werden kann. Für eine solche Anordnung des Gerichts ist eine bestimmte Form (»Verfügung«, »Beschluß«, »Teilverfügung« oder dergleichen) nicht vorgesehen, weil es sich um eine gerichtliche Entscheidung in einem Verfahren der FG handelt, in dem es die aus der ZPO bekannte Differenzierung der Entscheidungskategorien nicht gibt.

6. Beteiligung Dritter

Geht es um Streitigkeiten, die **ehelichen Güterstände** betreffen, so können auch Dritte verfahrensbeteiligt werden → § 621 Rdnr. 36, 40. Sobald dies der Fall ist, muß das Verfahren abgetrennt werden. Während des Verfahrens können Dritte nur Hauptparteien werden, wenn eine neue Klage gegen sie – so im Falle des § 1390 BGB – oder durch sie – so im Falle des § 1495 BGB – angestrengt wird. Wird dennoch im Verbund geklagt, was dann aber gar nicht nötig ist, so ist das güterrechtliche Verfahren abzutrennen, Abs. 1 S. 2. Da Sinn der Vorschrift lediglich ist, Dritte als Beteiligte aus dem Scheidungsverfahren herauszuhalten, besteht kein Grund, den güterrechtlichen Streit insgesamt abzutrennen, sobald ein Dritter Verfahrensbeteiligter wird. Abzutrennen ist das Verfahren nur, soweit es den Dritten betrifft. Das ist freilich auch der Fall, wenn der Dritte als Nebenintervenient auftritt. In entsprechender Anwendung von Abs. 2 besteht aber keine Verpflichtung zur Abtrennung mehr, wenn ein Dritter erst nach Schluß der mündlichen Verhandlung Verfahrensbeteiligter wird. Nach Abtrennung besteht kein Anwaltszwang mehr nach § 78 Abs. 2 Nr. 1.

Ursprünglich hat § 623 Abs. 1 S. 3 die Abtrennungsmöglichkeit nur für den Fall eröffnet, daß an *güterrechtlichen Streitigkeiten* Dritte beteiligt sind. Das UÄndG 1986 hat die Regelung auf den Fall erweitert, daß an Unterhaltsstreitigkeiten Dritte beteiligt sind. Praktisch ist die Regelung vor allen Dingen dann geworden, wenn das Kind, für das ursprünglich ein Elternteil in Prozeßstandschaft nach § 1629 Abs. 2, 3 BGB Unterhaltsansprüche eingeklagt

---

[24] *OLG Bamberg* FamRZ 1980, 811; *OLG Schleswig* SchlHA 1980, 70; *OLG Hamburg* FamRZ 1981, 1095f.; *OLG Saarbrücken* FamRZ 1982, 948; wohl auch *BGH* aaO.
[25] *OLG Schleswig* FamRZ 1991, 95.
[26] *OLG Hamm* FamRZ 1980, 64; *OLG Bamberg* FamRZ 1980, 811; *Habscheid* Freiwillige Gerichtsbarkeit § 7 III 1; *MünchKommZPO-Klauser* Rdnr. 30 (wegen § 11 Abs. 2 VAHRG geringe praktische Bedeutung).
[27] *OLG Hamm* FamRZ 1979, 46; *OLG Düsseldorf* FamRZ 1980, 811; *Bergerfurth* FamRZ 1982, 565.

hat, während des Scheidungsprozesses volljährig wird und dann seinen Prozeß selbst führen muß[28]. Entsprechendes gilt, wenn dem prozeßführenden Elternteil das Sorgerecht entzogen und auf einen Vormund übertragen wird[29] und bei Bestellung eines Unterhaltspflegers gem. §§ 1671 Abs. 5 S. 2, 1672 S. 1 BGB. Dritte können aber am Unterhaltsverfahren auch als Nebenintervenienten oder dann teilnehmen, wenn sich Unterhaltsansprüche gegen sie richten, z. B. im Falle des § 419 BGB → § 621 Rdnr. 40.

Sind in sonstigen Fällen Dritte am Verfahren beteiligt → § 624 Rdnr. 36, so ist eine Abtrennung nicht möglich.

6b Unklar ist das Verhältnis der nach § 623 Abs. 1 S. 2 abgetrennten Familiensache zum Scheidungsverfahren. Teilweise wird wie im Falle des § 628 angenommen, daß die abgetrennte Sache Folgesache bleibt. Die Vertreter dieser Ansicht berufen sich auf § 93 a Abs. 2 S. 1, der davon ausgeht[30]. Die Vertreter der Gegenmeinung berufen sich darauf, daß bei Neuschöpfung von § 78 Abs. 2 S. 1 davon ausgegangen worden war, daß abgetrennte Sachen keine Folgesachen sein sollen → § 78 Rdnr. 3c[31]. Der Gesetz gewordene Wortlaut von § 93a hat Vorrang. Jedoch kann insbesondere in Unterhaltssachen volljährig gewordener Kinder der aktive Teil des Verfahrens die Antragstellung so ändern, daß eine Regelung nicht nur für den Fall der Scheidung zu treffen ist. Darauf hat ihn das Gericht hinzuweisen[32].

III. Rechtzeitigkeit des Antrags

1. Die Legaldefinition der Folgesachen

7 Das Gesetz gibt eine Legaldefinition für »Folgesachen«, welche einschließt, daß für die Angelegenheit, welche sich von ihrem Gegenstand her → Rdnr. 2 bis 5 als Folgesache eignet, »rechtzeitig« eine Entscheidung begehrt wird. Ein in der Rechtsmittelinstanz erstmals gestellter Antrag reicht nicht mehr aus, um den Verbund auszulösen[33] → § 629b Rdnr. 2. Wenn die Scheidungssache ohnehin an das Familiengericht zurückgewiesen werden muß, können nach Abs. 2 S. 2 in der neueröffneten ersten Instanz wieder Folgesachen neu geltend gemacht werden[34]. In der Berufungsinstanz bereits anhängig gemachte Folgesachen sollten in diesem Falle nicht abgetrennt werden, um ihre Aufnahme als zulässigerweise geltend gemachte Folgesachen in der ersten Instanz zu ermöglichen.

Wohl aber können im Rahmen der jeweiligen Folgesachengegenstände auch in der Rechtsmittelinstanz diejenigen Antragsänderungen vorgenommen werden, die der Verfahrensart gemäß zulässig sind, ohne den Charakter der Angelegenheit als Folgesache in Frage zu stellen. Der schuldrechtliche Versorgungsausgleich gilt freilich in diesem Zusammenhang als eine gegenüber den anderen Formen des Versorgungsausgleichs besondere Folgesache; seine Durchführung kann auch zusätzlich zu diesen oder alternativ zu ihnen nicht erstmals in der Berufungsinstanz zulässigerweise beantragt werden[35]. Finden sich unter den isolierten Familiensachen oder den nach § 631 Abs. 3 an das Gericht der Ehesache verwiesenen oder abgegebenen Sachen solche, die schon vor Schluß der letzten mündlichen Verhandlung in der Ehesache anhängig geworden waren, dann kann der Verbund während des Berufungsverfah-

---

[28] *BGH* FamRZ 1985, 471, 473 m.w.N.
[29] *Zöller-Philippi*[17] Rdnr. 8a; *MünchKommZPO-Klauser* Rdnr. 19.
[30] *Baumbach/Lauterbach/Albers*[51] Rdnr. 16; *Schwab-Maurer*[1] Rdnr. 156.
[31] *Zöller-Vollkommer*[17] § 78, Rdnr. 41; *Johannsen/Henrich/Sedemund-Treiber*[2] Rdnr. 24 – alle unter Berufung auf BTDrucks. 10/2888 S. 22.
[32] *Zöller-Philippi*[17] Rdnr. 9.
[33] *OLG Hamm* FamRZ 1989, 1191; allg. M.
[34] *OLG Hamburg* FamRZ 1982, 1211, 1212.
[35] *OLG Köln* FamRZ 1979, 1027; *KG* FamRZ 1981, 60.

rens auch nicht dadurch hergestellt werden, daß mittels Antragsänderung die Voraussetzungen für eine Folgesache hergestellt werden[36].

Was »rechtzeitig« ist, ist im übrigen für Entscheidungen, die beantragt werden müssen, und für solche, die von Amts wegen ergehen können, verschieden zu beurteilen.

2. Antragsabhängige Folgesachen

Entscheidungen nach § 621 Nrn. 3 bis 6, 7 bis 9, sowie solche über den schuldrechtlichen Versorgungsausgleich (Abs. 3) hängen davon ab, daß eine Partei Klage erhebt oder einen Antrag stellt. Rechtzeitig geschieht dies, wenn auf diese Weise das Verfahren bis zum Schluß der mündlichen Verhandlung erster Instanz in der Scheidungssache anhängig gemacht ist. Der Zweck der Vorschrift liegt in der Verhinderung von Verzögerungen in der Entscheidung über den Scheidungsantrag bzw. darin, dies nur um den Preis des Verlustes einer Instanz zu vermeiden[37]. Verzögerungen, die dadurch bedingt sind, daß die Folgesachen erst in letzter Minute geltend gemacht werden, müssen in Kauf genommen werden, wenn nicht die Voraussetzungen des § 628 Nr. 3 vorliegen[38]. Wird ein einen Scheidungsantrag abweisendes Urteil aufgehoben, so hat § 629b → dort Rdnr. 2 eine Regelung getroffen, die in Verbindung mit Abs. 2 S. 1 gewährleisten soll, daß inzwischen anhängig gewordene Folgesachen verbunden werden können. Um den Verbund auszulösen, genügt ein Eventualantrag → § 260 Rdnr. 15 f. Der Verfahrensverbund tritt auch ein, wenn neben dem Scheidungsantrag Aufhebungsklage erhoben wird → Rdnr. 2. Die Bestimmungen über den Verfahrens- und Entscheidungsverbund sind rein prozeßrechtlich zu qualifizieren. Es spielt daher keine Rolle, ob auf die Folgesache deutsches oder ausländisches Recht anwendbar ist → Rdnr. 21, § 621 Rdnr. 16. Ist der Antrag zur »Folgesache« nicht rechtzeitig gestellt, so unterbleibt nur der Verbund. Die Zuständigkeitskonzentration beim Gericht der Ehesache → § 622 Rdnr. 1 bleibt auch dann erhalten. Eine Geltendmachung von Begehren nach der Scheidung ist mutwillig i.S. von § 114, wenn es an einem wichtigen Grund gefehlt hat, es nicht als Folgesache geltend gemacht zu haben[39].

a) Soweit schon die Parteien selbst die Angelegenheit bei dem Familiengericht der Scheidungssache anhängig machen wollen, müssen sie, nimmt man § 624 Abs. 3 wörtlich, den Klageweg beschreiten. Daß die Scheidung nur »beantragt«, für die Folgesachen aber »Klage erhoben« werden muß, wäre aber eine Verfahrenskomplizierung, welche der Gesetzgeber sicherlich nicht beabsichtigt hat. Man muß daher § 622 auch auf die Folgesache anwenden. Die der Verfahrensdisposition der Parteien unterliegenden Folgesachen sind daher durch eine **Antragserweiterung** anhängig zu machen, auf welche die Vorschriften über die Klageerweiterung entsprechend anzuwenden sind. Die Antragserweiterung ist durch § 623 Abs. 2 gegenständlich unbeschränkt zugelassen. »Anhängigkeit« bedeutet auch in diesem Zusammenhang nicht »Rechtshängigkeit«[40] → § 620a Rdnr. 1. Es genügt, wenn durch Erklärung in der mündlichen Verhandlung oder durch Einreichung (nicht: Zustellung) eines Schriftsatzes der unmißverständliche[41] Wille des Antragstellers kundgetan wird → § 261, eine bestimmte Angelegenheit zum Gegenstand eines Folgeverfahrens zu machen. Die besondere Form eines Gegenantrags (»Widerklage«) ist nie erforderlich, jedoch kann ein Antrag auch hilfsweise bezüglich des Schicksals eines anderen Antrags gestellt werden.

---

[36] A.M. wohl *OLG Stuttgart* FamRZ 1979, 1022.
[36a] *OLG Hamm* MDR 1981, 324.
[37] So amtliche Begründung BTDrucks VII 650 = BRDrucks 260/73209.
[38] *OLG Bamberg* FamRZ 1988, 741.
[39] *OLG Hamm* FamRZ 1992, 576.
[40] *OLG Hamm* FamRZ 1980, 1049 f.
[41] *OLG Hamm* MDR 1981, 324 – Sondierung von Vergleichsmöglichkeiten nicht ausreichend.

9a In ZPO-Folgesachen muß ein etwa eingereichter Schriftsatz den Erfordernissen des § 253 Abs. 2 Nr. 2 entsprechen[42]. Bei Geltendmachung in der mündlichen Verhandlung kann zwischen »Rechtshängigkeit« und »Anhängigkeit« nicht unterschieden werden. § 297 ist auf jeden Fall einzuhalten. Ein bestimmter Antrag ist unerläßlich[43]. Ist die Vorschrift eingehalten, so kann die sachliche Behandlung der Folgesache nicht deshalb abgelehnt werden, weil damit eine Verzögerung des Scheidungsverfahrens heraufbeschworen wird. Auch eine Abtrennung nach § 628 Abs. 1 Nr. 3 allein aus diesem Grund ist nicht möglich[44]. Für den Eintritt der Anhängigkeit/Rechtshängigkeit durch Geltendmachung in der mündlichen Verhandlung ist eine Begründung des Anspruchs nicht erforderlich. Diese Begründung ist aber ein Erfordernis der Zulässigkeit des Antrags schlechthin[45]. Sie muß nach § 129 durch Schriftsätze vorbereitet werden. Wird die Vorbereitung durch Schriftsätze ohne plausiblen Grund versäumt, so kann man aus dem bloßen Umstand, daß die rechtzeitige Anhängigmachung möglich war, nicht schließen, daß das Gericht durch Vertagung auch Gelegenheit zur Begründung des neu gestellten Antrags geben müsse[46]. Da die nicht hinlänglich begründete Antragserweiterung nicht als unbegründet, sondern als unzulässig abzuweisen ist, ist der Antragsteller auch nicht daran gehindert, den Antrag in einem isolierten und gegebenenfalls auch noch nach Rechtskraft des Scheidungsurteils einzuleitenden Verfahren zu verfolgen. Zur Anhängigmachung dadurch, daß eine Vereinbarung der Parteien als Prozeßvergleich protokolliert werden soll → § 617 Rdnr. 10.

9b In *FGG-Folgesachen*, die nur auf Antrag eingeleitet werden, ist weder ein bestimmter Sachantrag noch die Einhaltung einer Form[47] Zulässigkeitsvoraussetzung[48]. Auch eine FGG-Folgesache wird aber nicht dadurch anhängig, daß die Parteien sie anläßlich der mündlichen Verhandlung im Scheidungsverfahren bloß erörtern und einvernehmlich regeln, sofern die Regelung nicht die Form eines gerichtlichen Vergleichs annimmt[49]. Der Antrag, in den Versorgungsausgleich die Betriebsrentenanwartschaft einzubeziehen, ist kein Antrag auf Durchführung des schuldrechtlichen Versorgungsausgleichs[50].

9c Die Bitte um *Protokollierung einer Vereinbarung* im Gerichtstermin → Rdnr. 17 macht die Sache aber sehr wohl anhängig[51]. Das gleiche gilt aber nicht, wenn im Gerichtstermin nur Vergleichsgespräche geführt werden. Die Ansichten der Gerichte sind aber in diesem Punkte eher zurückhaltend[52].

9d Wird die Folgesache erst zu einem Zeitpunkt geltend gemacht, in welchem das Verfahren wegen der Scheidung und anderer, früher geltend gemachter Folgesachen entscheidungsreif ist, kann sich eine Abtrennung nach § 628 Abs. 1 Nr. 3 empfehlen. Keineswegs ist dies aber als der Normalfall zu betrachten[53].

10 b) Die Folgesache muß beim Gericht der Scheidungssache **rechtzeitig** anhängig gemacht sein. Ein nach Schluß der letzten mündlichen Verhandlung gestellter »Unterhaltsantrag« ist im allgemeinen kein Grund, wieder in die mündliche Verhandlung einzutreten[54]. Etwas anderes gilt aber dann, wenn die Parteien vor Beginn der mündlichen Verhandlung noch Grund hatten zu glauben, in der mündlichen Verhandlung könne die Entscheidungsreife

---

[42] *BGH* FamRZ 1987, 802 = NJW 3264, 3265.
[43] Offengelassen in *BGH* aaO.
[44] *OLG Düsseldorf* FamRZ 1987, 958; FamRZ 1987, 1280.
[45] *BGH* aaO.
[46] A.M. *BGH* aaO.
[47] Zur Formfreiheit von Anträgen im FG-Verfahren *Habscheid* Freiwillige Gerichtsbarkeit[7] (1983) § 19 III 1 b.
[48] *OLG Düsseldorf* FamRZ 1981, 806 – in Hausratssachen kein bestimmter Sachantrag nötig; *OLG Schleswig* SchlHA 1979, 163 – schuldrechtlicher Versorgungsausgleich.
[49] *OLG Düsseldorf* aaO.
[50] *OLG Düsseldorf* FamRZ 1988, 410.
[51] A.M. *OLG Karlsruhe* Justiz 1980, 335.
[52] *KG* Rpfleger 78, 399; *OLG Schleswig* SchlHA 1980, 79; *OLG Düsseldorf* JurBüro 1981, 933 – nach allen begründen weder Vergleichsverhandlungen noch Vergleichsschluß Anhängigkeit; *OLG Celle* JurBüro 1980, 874; *dass.* MDR 1983, 852 – Vergleichsverhandlungen begründen Anhängigkeit.
[53] *OLG Bamberg* FamRZ 1988, 741.
[54] *OLG Frankfurt* FamRZ 1979, 1013, 1014.

bezüglich der Ehesache und der übrigen Folgesachen (vor allem des Versorgungsausgleichs) noch nicht hergestellt werden[55]. Wegen der ständig schwankenden Voraussetzungen für die Höhe eines Unterhaltsanspruchs ist es nämlich vernünftig, mit dem Anheben eines Unterhaltsbegehrens solange zu warten, bis die Ehesache im übrigen entscheidungsreif ist[56], sofern nicht die Ermittlung der Unterhaltshöhe noch umfangreiche und möglicherweise langwierige Arbeiten nötig macht.

Wird nach Anhängigkeit einer Scheidungssache eine andere Familiensache vor einem **anderen Familiengericht anhängig gemacht**, so hat dies das Gericht der Scheidungssache zunächst unbeachtet zu lassen, selbst wenn beim anderen Gericht eine Entscheidung gerade für den Fall der Scheidung begehrt wird. Verweist das andere Gericht gemäß früher Ausgeführtem rechtzeitig an das Gericht der Scheidungssache → § 621 Rdnr. 55, so treten die Voraussetzungen für den Verfahrens- und Entscheidungsverbund mit diesem Zeitpunkt ein. Erfährt das Gericht der Scheidungssache, daß vor deren Rechtshängigkeit anderwärts eine Familiensache anhängig gemacht wurde – was nur geschehen kann, wenn der Antragsteller des Scheidungsverfahrens seiner Erklärungspflicht nach § 622 Nr. 3 nicht nachgekommen ist – entspricht es allerdings dem Sinn von § 623, mit der Scheidung abzuwarten, das andere Gericht zu einer Verweisung oder Abgabe nach § 623 Abs. 3 aufzufordern und dann gemeinsam zu verhandeln und zu entscheiden. Einer besonderen Zustimmung der Parteien dazu, daß aus der isolierten Familiensache eine Scheidungsfolgesache wird, bedarf es nicht. Jedoch ist bei den übergeleiteten Sachen genau darauf zu achten, ob eine Entscheidung wirklich für den Fall der Scheidung begehrt wird. Erst wenn dies feststeht, gegebenenfalls im Wege der Antragsänderung, wird die Sache zu einer Folgesache[57].

Das Verfahren zur Änderung des Versorgungsausgleichs nach § 10a VAHRG betrifft nicht etwa eine Art verlängerter Folgesache. Daher ist nicht automatisch das Familiengericht zuständig, das die ursprüngliche Versorgungsausgleichsentscheidung erlassen hat[58].

c) Ist ein Antrag *nicht rechtzeitig gestellt*, um den Verfahrensgegenstand zur Folgesache zu machen, so löst er ein isoliertes familiengerichtliches Verfahren aus. Dazu bedarf es keiner förmlichen Abtrennung. Stellt eine Partei den Antrag, verspätet geltend gemachte Sachen als Folgesachen zu behandeln, so ist dieser Antrag nicht etwa durch Beschluß zurückzuweisen. Das Gericht hat keine Handhabe, vor Erlaß des Verbundurteils mit innerprozessualer Bindungswirkung zu entscheiden, ob eine Sache Folgesache ist oder nicht. Die analoge Anwendung von § 280 ist aber erwägenswert → Rdnr. 14.

10a

Ein Rechtsanwalt ist gegenüber seiner Partei und als beigeordneter Rechtsanwalt im Prozeßkostenhilfefall auch gegenüber der Staatskasse verpflichtet, Anträge, mit denen für die Zeit nach der Scheidung Regelungen getroffen werden sollen, als Folgesachen geltend zu machen[59]. Liegen keine triftigen Gründe für die nachträgliche Geltendmachung von Unterhaltsansprüchen im isolierten Verfahren vor, so ist dessen Beschreitung »mutwillig« im Sinne des Prozeßkostenhilferechts[60]. Für eine einstweilige Verfügung auf Zahlung von Geschiedenenunterhalt fehlt es regelmäßig am Verfügungsgrund, wenn versäumt worden ist, diesen Anspruch als Folgesache geltend zu machen[61].

---

[55] *OLG Koblenz* FamRZ 1990, 769.
[56] *OLG Köln* FamRZ 1983, 289, 290.
[57] *OLG Bamberg* FamRZ 1990, 645.
[58] *BGH* FamRZ 1988, 1160; *Hoppenz* FamRZ 1987, 425, 426.
[59] *OLG Düsseldorf* FamRZ 1987, 1166.
[60] *OLG Koblenz* FamRZ 1988, 308.
[61] *OLG Zweibrücken* FamRZ 1984, 594.

3. Antragsunabhängige Folgesachen

11 Für Entscheidungen über die **Regelung der elterlichen Sorge, des Umgangsrechts und über die Durchführung des Versorgungsausgleichs** durch Wertausgleich von Anwartschaften oder Aussichten auf eine Versorgung (§ 1587b BGB – öffentlichrechtlicher Versorgungsausgleich – ist nach Abs. 3 ein Antrag nicht erforderlich. In diesen Fällen muß das Gericht von sich aus die Angelegenheit mit in das Scheidungsverfahren einbeziehen[62]. Hat es dies aber bis zum Schluß der mündlichen Verhandlung unterlassen, so ist der Verbund – etwa durch Ergänzungsurteil – nicht mehr nachzuholen. Anhängig ist eine solche Sache immer dann geworden, wenn Gericht oder Parteien irgendwelche Initiativen zur Vorbereitung einer Entscheidung auch wegen solcher Sachen ergriffen haben, die nach außen gerichtet sind[62a]. Nicht etwa sind diese Verfahren allein schon durch Einleitung des Scheidungsverfahrens anhängig[63]. Unter gebührenrechtlichen Gesichtspunkten kann es manchmal sehr zweifelhaft sein, ob eine solche Sache bereits eingeleitet war oder nicht. Jedenfalls ist die Sache eingeleitet, wenn einer der Ehegatten einen auf sie bezüglichen Antrag gestellt hat oder insgesamt den Antrag, sie einzuleiten[64]. Bloße Fragen des Gerichts nach Bestehen von Anwartschaften dienen allerdings nur der Vorbereitung der Entscheidung, ob ein solches Verfahren eingeleitet werden soll, allg. M. Das gilt auch dann, wenn das Gericht mit den Parteien den im Ehevertrag vereinbarten Ausschluß des Versorgungsausgleichs erörtert, gegen dessen Wirksamkeit aber Bedenken nicht bestehen[65]. Wegen fehlerhafter Handhabung durch das Gericht → § 629a Rdnr. 1.

Wird ein Antrag zum Versorgungsausgleich gestellt, so muß über ihn freilich förmlich entschieden werden, auch wenn er der Abweisung zu verfallen hat, weil ein Versorgungsausgleich oder die begehrte Art nicht stattfindet. Dann ist das Verfahren auch eingeleitet.

Hat ein Ehegatte die Regelung des Umgangsrechts nur »angeregt« (Abs. 3), so braucht eine Entscheidung dazu nicht zu ergehen. Wenn aber ein regelrechter Antrag gestellt ist, das Umgangsrecht in einer bestimmten Weise zu regeln, ist auch insoweit das Verfahren eingeleitet. Anhängig ist das Verkehrsrechtsverfahren auch schon mit der Vorlage einer von den Ehegatten stammenden einvernehmlich getroffenen und schriftlich fixierten Regelung[66].

In der Rechtsmittelinstanz hat Abs. 3 keine selbständige Bedeutung mehr. Das Rechtsmittelgericht kann, auch wenn der Scheidungsausspruch selbst angefochten wird, über die in Abs. 3 genannten Gegenstände nur neu befinden, wenn auch insoweit ein Rechtsmittel eingelegt wird.

Ausnahmsweise haben die Gerichte es zugelassen, daß eine Folgesache erst in der Rechtsmittelinstanz anhängig wird: Wenn nach Abschluß der ersten Instanz ein Kind geboren wird[67]; wenn in der ersten Instanz zwar über das Sorgerecht, nicht aber über das Umgangsrecht entschieden worden ist[68].

---

[62] Ausnahme: Wenn nach § 1551 BGB Vormundschaft eingetreten ist: *OLG Hamm* FamRZ 1986, 922.
[62a] *BGH* FamRZ 1993, 176 (nicht: gerichtsinterne Initiativen, die lediglich der Klärung der Frage dienten, ob ein Versorgungsausgleichsverfahren einzuleiten war, auch wenn den Verfahrensbeteiligten davon Kenntnis gegeben wurde).
[63] Nahezu allg.M. – A.M. *OLG Stuttgart* JurBüro 1983, 1666.
[64] *KG* FamRZ 1979, 169. – A.M. *OLG Köln* JurBüro 1978, 1698; *OLG Saarbrücken* JurBüro 1982, 1378; *OLG Düsseldorf* JurBüro 1986, 1854.
[65] *OLG Hamburg* FamRZ 1988, 638. – A.M. *KG* FamRZ 1987, 727.
[66] *OLG Düsseldorf* FamRZ 1981, 806.
[67] *KG* FamRZ 1989, 647 – entschieden für elterliche Sorge, muß aber auch für Kindesunterhalt oder aufgrund der Geburt begehrten Geschiedenenunterhalt gelten.
[68] *OLG Stuttgart* FamRZ 1981, 1105.

IV. Verfahren

Das Verfahren richtet sich nach den allgemeinen Grundsätzen über die Behandlung einer objektiven Anspruchshäufung → § 260 Rdnr. 45. Jedoch ergibt sich aus § 623 eine Reihe nicht unbedeutender Abweichungen. 12

1. Die obligatorische Natur der Verbindung

Die *Verbindung ist obligatorisch, ohne Rücksicht auf eine etwaige »Verspätung« der Folgesachenverträge zwingend*[68a] *und von Amts wegen angeordnet.* Es bedarf also keines Gerichtsbeschlusses, um sie herbeizuführen. Hat freilich das Familiengericht eine Angelegenheit fälschlich als nicht vom Verbund betroffen behandelt, so hat das sowohl mit der »selbständigen Familiensache« wie mit der Scheidungssache befaßte Berufungsgericht beide Verfahren miteinander zu verbinden[69]. Ist es nur mit der »selbständigen« Unterhaltssache befaßt, so hat es die Ausgangsentscheidung wegen eines Verfahrensfehlers aufzuheben → Rdnr. 18. Eine Trennung nach § 145 ist nicht statthaft → § 628 Rdnr. 1ff. Ein Teilurteil kann nur im Zusammenhang mit einer Stufenklage → Rdnr. 5a oder unter den Voraussetzungen von § 628 ergehen. 13

Mit Recht lassen es einige OLGe zu, daß die Parteien antragsabhängige Folgesachen **einvernehmlich aus dem Verbund nehmen**[70]. Die Folge davon ist vor allem, daß eine durch das Gericht veranlaßte Herausnahme der Verhandlung und Entscheidung aus dem Verbund im Sinne von § 295 rechtzeitig gerügt werden muß[71]. Die Disponibilität des Verbundes folgt freilich nicht daraus, daß die Parteien durch die Rücknahme ihres Antrags zur Folgesache ohnehin dispositionsbefugt sind. Natürlich können die Parteien ihre Sachanträge zu Folgeangelegenheiten zurücknehmen, soweit dem nicht § 269 entgegensteht → Rdnr. 17. Jedoch ist die Behandlung einer Sache als Folgesache nicht davon abhängig, daß die Parteien gerade den Antrag stellen sie als Folgesache zu behandeln. Die Dispositionsbefugnis der Parteien folgt aber aus dem entgegen der h. M. bestehenden allgemeinen Prinzip, Verfahrensvereinbarungen für zulässig zu erachten, sofern sie das Gesetz nicht ausdrücklich oder seinem Sinne nach wegen überwiegender überindividueller Belange für unzulässig erklärt → Rdnr. 236ff. vor § 128. Solche übergeordnete Belange gibt es bei den antragsunabhängigen Folgesachen nicht. Der Verbund dient ausschließlich dem Interesse der Eheleute, nicht gegen ihren Willen geschieden zu werden, ohne vorher Klarheit über ihre Rechtsstellung nach der Scheidung zu erhalten. Der gegenteilige Standpunkt des *BGH*[72] überzeugt nicht. Dieser argumentiert hauptsächlich nach Wortlaut (»ist«) und Entstehungsgeschichte der Norm. Letztere zeigt zwar den Willen des Gesetzgebers, den Verbund nur unter engen Voraussetzungen als auflösbar auszuweisen, gibt aber für die Frage der Zulässigkeit einer Parteidisposition über den Verbund nichts her. Welche materiellen, überindividuellen Werte den Parteien eine Disposition über den Verfahrensverbund unmöglich machen sollten, sagt der *BGH* nicht. Richtig betont er zwar, daß ein Einverständnis mit der Lösung des Verbundes vor Ausspruch

---

[68a] *OLG Schleswig* FamRZ 1992, 1199; *OLG München* FuR 1992, 297.
[69] *OLG Stuttgart* Justiz 79, 209.
[70] *OLG Hamm* FamRZ 1980, 1049; 86, 823 (2. Senat); *OLG Düsseldorf* FamRZ 1980, 146 (2. Senat); *OLG Köln* FamRZ 1980, 388: *OLG Schleswig* FamRZ 1991, 96 – schuldrechtlicher Versorgungsausgleich; *Walter* JZ 82, 835; *Kersten* FamRZ 1986, 754; *Smid* Jura 1990, 400, 411 *Göppinger* Vereinbarungen anläßlich der Ehescheidung (1987) Rdnr. 32. – A.M. *OLG München* aaO; *OLG Hamm* FamRZ 1984, 53 (15. Senat); *OLG Düsseldorf* FamRZ 1988, 965 (4. Senat); *OLG Stuttgart* FamRZ 1989, 994; *OLG Zweibrücken* FamRZ 1986, 823; *KG* FamRZ 1981, 289; *OLG Schleswig* SchlHA 1980, 18; *OLG Frankfurt* FamRZ 1980, 177; *OLG Bamberg* FamRZ 1986, 1011; *Schmitz* FamRZ 1989, 1262.
[71] *OLG Düsseldorf* FamRZ 1988, 965; *OLG Köln* FamRZ 1980, 288.
[72] FamRZ 1991, 687.

der Scheidung nicht unwiderruflich ist. Jedoch ist unerfindlich, wieso darin ein Argument gegen die Zulässigkeit der Parteidisposition gefunden werden kann. Rechtsmittel → § 628 Rdnr. 18.

Immer aber kann der Familienrichter nach § 136 die Verhandlung zunächst auf die Scheidungssache oder die eine oder andere Folgesache beschränken, ohne daß damit freilich für diesen Termin Vorbringen zu anderen Sachen ausgeschlossen wäre. Die Notwendigkeit, wegen einer Folgesache auszusetzen, führt dazu, daß das ganze Scheidungsverfahren ausgesetzt werden muß, wenn eine Abtrennung nicht möglich oder nicht tunlich ist[73].

2. Zwang zur gesonderten Verbescheidung von »Verbindungs«- oder Trennungsanträgen?

14 Besonders zu verbescheidende Anträge auf Verbindung oder Trennung kennt das Gesetz nicht. Dennoch gestellte Anträge haben daher nur die Funktion, das Gericht zur Beachtung einer von Amts wegen eingetretenen Verfahrenslage zu veranlassen. Das Gericht braucht auch keinen förmlichen Verbindungsbeschluß zu erlassen, muß aber, wenn Zweifel bestehen, die Parteien darüber informieren, welche Angelegenheit es mit der Scheidungssache gemeinsam zu verhandeln und zu entscheiden gedenkt. Das gilt vor allen Dingen dann, wenn der Antragsteller eine Sache, in der keine Entscheidung für den Fall der Scheidung ansteht, ersichtlich als Verbundsache geltend macht. Dadurch verliert freilich eine Sache, die Feriensache ist, diese ihre Eigenschaft nicht[74]. Eine selbständig anfechtbare Entschließung des Gerichts darüber, welche Sachen es als dem Verbund unterliegend betrachtet, läßt sich nur erreichen, wenn man § 280 entsprechend anwendet → Rdnr. 10 a. Um dies tun zu können, müßte man freilich auch für FG-Sachen über die in § 621 a getroffenen Anordnungen hinaus § 280 ZPO entsprechend anwenden. Prinzipielle Hindernisse, dies zu tun, gibt es nicht. Wird als Folgesache eine Angelegenheit anhängig gemacht, die nicht nur keine Familiensache ist, sondern für die ein anderes Amtsgericht örtlich oder ein Landgericht sachlich zuständig ist, so ist in zivilprozessualen Sachen nach § 281 zu verfahren, in FG-Sachen formlos abzugeben.

3. Die Sachentscheidungsvoraussetzungen in Folgesachen

15 Die **Sachentscheidungsvoraussetzungen** müssen für jedes Folgeverfahren gesondert geprüft werden. Insbesondere erstreckt sich die für die Ehesache nach § 607 erweiterte Prozeßfähigkeit nicht auch auf die Folgesachen. Wegen einer Prozeßabweisung → Rdnr. 5. Zu Kindern, die während des Scheidungsverfahrens volljährig werden → Rdnr. 6 a. Eine »Anregung« im Sinne von § 623 Abs. 3 ist von der Prozeßfähigkeit nicht abhängig.

4. Die Verbindung von ZPO- und FGG-Sachen

16 Einzigartig ist die *Verbindung von zivilprozessualen Sachen mit Sachen der freiwilligen Gerichtsbarkeit zur gemeinsamen Verhandlung und Entscheidung*. Während die gemeinsame Entscheidung relativ leicht vorstellbar ist, bringt der Zwang zur gemeinsamen Verhandlung die Schwierigkeit, daß FGG-Sachen auch schriftlich abgewickelt werden können und sich eine persönliche Fühlungnahme mit den Verfahrensbeteiligten auf Teilaspekte des Verfahrensgegenstandes beschränken kann und nicht die Gestalt einer »Verhandlung« anzunehmen braucht. Wenn in der Scheidungssache (und für andere Folgesachen) eine mündliche Verhandlung stattfindet, so muß den Verfahrensbeteiligten auch Gelegenheit zu Äußerungen

---

[73] *OLG Oldenburg* FamRZ 1980, 71.   [74] *BGH* FamRZ 1985, 578.

gegeben werden, welche die FGG-Sache betreffen. Der Grundsatz der gemeinsamen Verhandlung verlangt aber nicht, daß es dem Richter verwehrt wäre, in FGG-Sachen vor der ersten mündlichen Verhandlung zur Scheidungssache oder zwischen verschiedenen Verhandlungsterminen sich der informellen Methoden der Verfahrensförderung zu bedienen, welche ihm im Verfahren der freiwilligen Gerichtsbarkeit zu Gebote stehen. Das Prinzip der gemeinsamen Verhandlung bedeutet nur, daß in der letzten mündlichen Verhandlung aller Prozeßstoff den Parteien bekannt sein muß und sie Gelegenheit zu umfassender Stellungnahme haben müssen. Zur Geltung verschiedener Verfahrensmaximen für die zivilprozessualen und die übrigen Angelegenheiten → § 624 Rdnr. 2, Rdnr. 19 vor § 606.

5. Die Beendigung der Rechtshängigkeit einer Folgesache

Die Beendigung der Rechtshängigkeit einer Folgesache richtet sich nach den für die jeweilige Verfahrensart geltenden Grundsätzen. 17

a) In FG-Sachen können *Anträge* jederzeit *zurückgenommen werden*. Das betrifft vor allen Dingen den schuldrechtlichen Versorgungsausgleich und das Hausratsverfahren.

In ZPO-Sachen ist eine Rücknahme des Antrags nur unter den Voraussetzungen des § 269 zulässig.

Auch im Falle der Rücknahme richtet sich die Kostenentscheidung nach § 93 a[75].

Gleiches gilt im Falle *beiderseitiger*[76] und selbst *einseitiger Erledigungserklärungen*.

Führen *Klageänderungen* dazu, daß keine Folgesache mehr vorliegt, sind sie nicht sachdienlich. Bei Zustimmung des Beklagten zur Klageänderung verliert die Sache von selbst ihren Charakter als Folgesache und wird selbständig (u. U. also sogar unter Verlust der örtlichen und sachlichen Zuständigkeit → § 261 Rdnr. 83).

b) Ein **Prozeßvergleich**, der eine Entscheidung des Gerichts erübrigt, ist in allen Angelegenheiten möglich, welche der Parteidisposition unterstehen → § 617 Rdnr. 6 ff., unterliegt aber beiderseits dem Anwaltszwang[77]. *Angriffe auf die Wirksamkeit eines Prozeßvergleichs* können niemals die Entscheidung des Gerichts zu solchen Angelegenheiten berühren, die vom Vergleich nicht erfaßt sind und erst recht nicht diejenigen, die vom Vergleich gar nicht erfaßt werden können, wie die Scheidung, der Versorgungsausgleich und das Sorgerecht. Die durch die Unwirksamkeit des Vergleichs wieder auflebende Rechtshängigkeit der Folgesache muß wie die einer abgetrennten behandelt werden[78]. Erfaßt der Vergleich mehrere Angelegenheiten, die Gegenstand von Folgesachen waren, so sind Angriffe auf die Wirksamkeit des Vergleichs im fortgesetzten Verbundverfahren[79] in der Weise zu klären, daß die durch eine eventuelle Unwirksamkeit des Vergleichs betroffenen Regelungsgegenstände ihrerseits im Verbund stehen. Die Rechtsprechung des BGH aus der Zeit vor 1976[80], der ein selbständiges neues Verfahren zuließ, wenn im fortsetzungsunfähigen Scheidungsverfahren der Vergleich geschlossen worden war, ist auf einen zur Beilegung einer Folgesache geschlossenen Vergleich nicht übertragbar. Die Konstellation ist der Situation vergleichbar, die eintritt, wenn mehrere Folgesachen untereinander im Verbund stehen → § 628 Rdnr. 16. Für den Fall, daß der Vergleich ausschließlich solche »Folgesachen« betraf, die im Zeitpunkt des Vergleichsabschlusses noch gar nicht »anhängig« gemacht worden waren, kann die Wirksamkeit des 18

---

[75] *BGH* FamRZ 1983, 683; 86, 253.
[76] *BGH* aaO.
[77] *BGH* FamRZ 1991, 679.
[78] *BGH* FamRZ 1991, 681 (Die überflüssige Klarstellung im Tenor des Scheidungsurteils, daß ein Versorgungsausgleich nicht stattfinde, hat in diesem Fall keine materielle Rechtskraftwirkung und steht der Verfahrensfortsetzung nicht entgegen); *OLG Zweibrücken* FamRZ 1987, 84.
[79] A. M. *OLG Karlsruhe* FamRZ 1981, 787 – auch Klage nach § 767 möglich.
[80] *BGH* FamRZ 1969, 476; *ders.* NJW 1971, 467; *ders.* NJW 1977, 583.).

Vergleichs keineswegs nur in einem neuen Verfahren geklärt werden[81]. Denn im Vergleichsabschluß selbst liegt bereits ein Anhängigmachen → § 617 Rdnr. 10.

6. Die einheitliche Entscheidung

19 Die *Entscheidung* ergeht, wenn dem Scheidungsantrag stattzugeben ist, einheitlich durch Urteil, § 629. In den von Amts wegen in den Verbund gezogenen Angelegenheiten ist immer eine ausdrückliche Entscheidung zu treffen, auch wenn der status quo erhalten bleiben soll. Bezüglich des Versorgungsausgleichs empfiehlt sich auch dann, wenn insoweit kein Folgeverfahren stattgefunden hat → Rdnr. 11, ausdrücklich zu sagen: »Ein Versorgungsausgleich findet nicht statt«[82]. Auch dann empfiehlt sich eine solche Klarstellung, wenn das Gericht einen Ausschluß des Versorgungsausgleichs genehmigt.

Zur Problematik des Verbundverfahrens im Rechtsmittelzug, vor allem wenn das Rechtsmittel nur beschränkt eingelegt wird oder nur teilweise Erfolg hat → § 629 a. Ein Ehegatte ist allein schon dadurch beschwert, daß er geschieden worden ist, ohne daß die Verbundsregelungen getroffen worden sind, auf die er infolge seines Antrags oder aufgrund von amtswegig notwendiger Einbeziehung Anspruch hat[83]. Wegen des Verfahrensfehlers ist dann an die erste Instanz zurückzuverweisen → § 629 a.

V. Auslandsfälle

1. Die internationale Zuständigkeit der deutschen Gerichte

20 Die internationale Zuständigkeit der deutschen Gerichte, die auf völkerrechtlichen Verträgen beruht, hat Vorrang nicht nur vor § 621, sondern auch vor § 623. Art. 3 Abs. 2 EGBGB gilt entsprechend auch im internationalen Prozeßrecht → § 621 Rdnr. 56 ff. Schwebt im Ausland ein Scheidungsverfahren, so können isolierte Verfahren unter den Ehegatten in Deutschland sehr wohl auch dann stattfinden, wenn der Verfahrensgegenstand von einer Verbundregelung des fraglichen ausländischen Eheverfahrensrechtes erfaßt ist[84]. Ist die Angelegenheit – durch Aktualisierung des Verbundes oder in sonstiger Weise – im Ausland *rechtshängig* geworden, so gelten die allgemeinen Grundsätze zur Beachtlichkeit ausländischer Rechtshängigkeit → § 261 Rdnr. 11 ff.

2. Die Anwendbarkeit ausländischen Rechts

21 Unterliegt die Ehesache ausländischem Recht, so tritt der Verbund gleichwohl ein, wenn sie mit einer deutschen Scheidungssache vergleichbar ist. Das ist für eine Klage auf Trennung von Tisch und Bett im allgemeinen so anzunehmen[85]. Eine Verbundentscheidung ist für die Anerkennung eines deutschen Scheidungsurteils in Italien nicht erforderlich[86].

Zu Scheidungsfolgen, die dem deutschen Recht unbekannt sind → § 621 Rdnr. 6.

---

[81] A. M. *OLG Frankfurt* FamRZ 1984, 407.
[82] *Philippi* FamRZ 1987, 1057.
[83] *OLG München* FamRZ 1984, 407; *OLG Hamm* NJW 1989, 2203; *Philippi* aaO.
[84] *OLG München* FamRZ 1979, 153 – österreichisches Scheidungsverfahren, deutsches Unterhaltsabänderungsverfahren; *OLG Frankfurt* FamRZ 1982, 528 – französisches Scheidungsverfahren, deutsches Unterhaltsverfahren; *OLG Düsseldorf* IPRax 1983, 129 (zust. *Jayme*) – türkisches Scheidungsverfahren, deutsches Hausratsverfahren.
[85] *OLG Hamm* NJW 1981, 2648; *OLG Stuttgart* IPRax 1985, 46; *OLG Zweibrücken* NJW 1986, 3033; *AG Rüsselsheim* IPRax 1986, 115; *MünchKommZPO-Klauser* Rdnr. 6. – A. M. *OLG Koblenz* FamRZ 1980, 713 f.; *OLG Frankfurt* FamRZ 1985, 619; *OLG Bremen* IPRax 1985, 46 f.
[86] *OLG Frankfurt* aaO.

3. Antragsabhängigkeit des Verbunds?

Ob bei einer ausländischen lex causae für die Einbeziehung einer Folgesache in den Verbund ein **Antrag** erforderlich ist oder nicht, unterliegt dieser[87]. Im Fall des Art. 17 Abs. 3 EGBGB bedarf es auch zur Durchführung des öffentlichrechtlichen Versorgungsausgleichs eines Antrags, der im ersten Rechtszug gestellt werden muß[88]. Daraus folgt, daß der Antrag, wenn ein erstinstanzliches Scheidungsverfahren nicht mehr schwebt, auch in einem selbständigen Verfahren geltend gemacht werden kann[89]. 22

§ 624 [Verfahren im Falle des Verbundes]

(1) Die Vollmacht für die Scheidungssache erstreckt sich auf die Folgesachen.
(2) Die Bewilligung der Prozeßkostenhilfe für die Scheidungssache erstreckt sich auf Folgesachen nach § 621 Absatz 1 Nr. 1, 6, soweit sie nicht ausdrücklich ausgenommen werden.
(3) Die Vorschriften über das Verfahren vor den Landgerichten gelten entsprechend, soweit in diesem Titel nichts Besonderes bestimmt ist.
(4) Vorbereitende Schriftsätze, Ausfertigungen oder Abschriften werden am Verfahren beteiligten Dritten nur insoweit mitgeteilt oder zugestellt, als das mitzuteilende oder zuzustellende Schriftstück sie betrifft. Dasselbe gilt für die Zustellung von Entscheidungen an Dritte, die zur Einlegung von Rechtsmitteln berechtigt sind.

Gesetzesgeschichte: Rdnr. 1 ff. vor § 606 BGBl. 1986 I 301.

I. Die entsprechende Anwendbarkeit der für das landgerichtliche Verfahren geltenden Vorschriften

Die zentrale Bedeutung von § 624 liegt in seinem Absatz 3[1], der für die neuen Bundesländer nicht gilt → § 608 Rdnr. 3. Während normalerweise sonstige Familiensachen nur im Falle güterrechtlicher Streitigkeiten, und auch dann nur unter den Voraussetzungen von § 621b Abs. 3, nach den für das landgerichtliche Verfahren geltenden Vorschriften abzuwickeln sind, ordnet dies Abs. 3 für das Verbundverfahren generell an. Da landgerichtliches Verfahren für die Scheidungssache selbst schon nach § 608 vorgeschrieben ist, liegt die Annahme nahe, daß das landgerichtliche Verfahren für alle Folgesachen gelten soll, auch wenn sie normalerweise Angelegenheiten der Freiwilligen Gerichtsbarkeit darstellten. Für die Endentscheidung ergibt sich diese Konsequenz in der Tat aus § 629. § 624 Abs. 3 ist weder in der amtlichen Begründung des Regierungsentwurfs noch im Bericht des Rechtsausschusses erläutert[2]. Der erwähnten Annahme stehen aber § 624 Abs. 4 S. 2 und § 629a Abs. 2 entgegen, die offenbar voraussetzen, daß die FG-Sachen nicht nach zivilprozessualen Grundsätzen behandelt werden, wenn sie als Folgesachen auftreten[3]. Absatz 3 läßt sich daher nur folgendermaßen interpretieren[4]: Soweit nach dem zweiten Titel, insbesondere nach § 621a die für das zivilprozessuale 1

---

[87] *Staudinger-Spellenberg*[12] Internationales Eheverfahrensrecht Rdnr. 387; *Roth* ZZP 103 (1990) 18; *Grundmann* Qualifikation gegen die Sachnorm (1988) 162 ff.
[88] OLG Hamm FamRZ 1991, 204.
[89] OLG München FamRZ 1990, 186 zust. *Henrich*.
[1] Lit. s. § 623 Fn. 1.
[2] BTDrucks VII 650 S. 209; BRDrucks 4361/75 S. 68.

[3] OLG Hamm FamRZ 1980, 702; OLG Stuttgart FamRZ 1983, 81 (Begründungspflicht für Versorgungsausgleichssachen folgt aus § 53b Abs. 3 FGG) → § 629 Rdnr. 1; KG FamRZ 1984, 495; allg. M.
[4] *Bergerfurth* FamRZ 1976, 581, 584; *K.H. Schwab* FamRZ 1976, 558, 560 Fn. 20b.

§ 624 I   3. Teil. Scheidungs- und Folgesachen

Verfahren maßgebenden Vorschriften anwendbar sind, treten für Folgesachen → § 623 Rdnr. 6b, § 628 Rdnr. 16 an die Stelle der für das amtsgerichtliche Verfahren geltenden Bestimmungen diejenigen, die für das Verfahren vor den Landgerichten anwendbar sind. Für die in § 621a anstelle der dort genannten Bestimmungen des FGG tretenden ZPO-Vorschriften hatte dies freilich nur Bedeutung für § 496. Im einzelnen gilt folgendes:

2   1. Scheidungs- und zivilprozessuale Folgesachen müssen gegebenenfalls nach **verschiedenen Verfahrensmaximen** behandelt werden. Ein »Mischverfahren« gibt es nach der Konzeption des Gesetzes an sich nicht. Es wird auch versichert, daß es sich entgegen anfänglichen Unkenrufen auch in der Praxis nicht eingebürgert habe[5]. Manches hat sich aber doch verschliffen. So verlangen die Familiengerichte mit routinehafter Regelmäßigkeit von den Ehegatten Auskunft über ihre Einkommensverhältnisse und Vorlage entsprechender Belege, meist einer Kopie der Steuererklärung und/oder einer Einkommensbescheinigung des Arbeitgebers[6], obwohl nach dem Gesetz nur die Ehegatten selbst gegeneinander einen mit der Stufenklage zu verfolgenden materiellrechtlichen Anspruch auf solche Aufklärungsbeiträge haben. Zur Eigenart der FG-Sachen → § 623 Rdnr. 16. Für die Scheidungssache gilt der Untersuchungsgrundsatz mit den sich aus § 616 ergebenden Einschränkungen → § 616 Rdnr. 4 ff. Für die FG-Verfahren nach § 621 Nrn. 1 bis 3, 6 und 9 sowie für das Hausratsverfahren nach Nr. 7 gilt der Untersuchungsgrundsatz uneingeschränkt. Die ZPO-Verfahren nach §§ 621 Nrn. 4, 5 und 9 folgen der Verhandlungsmaxime. Der Verfahrensverbund hat damit insbesondere zur Folge, daß unter Umständen im Interesse einer sachgerechten Entscheidung zum elterlichen Sorgerecht Dinge auch gegen den Willen der Ehegatten aufgeklärt werden müssen, die nach § 616 Abs. 2 wegen des Scheidungsverfahrens allein nicht hätten ermittelt werden dürfen. Sinn von § 616 Abs. 2 ist es, eine Aufklärung beiden Ehegatten unangenehmer Umstände gegen ihren Willen zu unterbinden. Wenn daher wegen der Entscheidung, die in Sachen elterlichen Sorgerechts zu ergehen hat, eine Aufklärung unvermeidlich ist, bestehen auch keine Gründe mehr, die Verwertbarkeit des Aufklärungsergebnisses auf die Entscheidung über die Regelung des elterlichen Sorgerechts zu beschränken[7]. Schließlich ist auch in diesem Zusammenhang im Auge zu behalten, daß die Entscheidungen in der Scheidungssache und in den Folgesachen aufeinander abzustimmen sind[8]. Dies allein ist zwar kein Grund, sich über sonst geltende prozessuale Grundsätze hinwegzusetzen[9]. Als zusätzliches Argument zu einem durch den Gesetzessinn ohnehin indizierten Ergebnis ist der Gesichtspunkt aber durchaus tauglich. Auch in den unterhaltsrechtlichen und ehegüterrechtlichen Streitigkeiten hat die Verhandlungsmaxime den Sinn, den Parteien eine nicht gewollte Aufklärung zu ersparen, wenn ihnen notfalls eine ihnen ungünstige Entscheidung lieber ist. Wenn daher aus anderen Gründen doch aufgeklärt werden mußte, so steht der Verwertbarkeit des Aufklärungsergebnisses auch zu Verfahren nach § 621 Nr. 4, 5 oder 9 nichts im Wege, es sei denn, beide Parteien sperrten sich dagegen. Zur teilweisen Entscheidung durch Versäumnisurteil → § 629 Rdnr. 2.

In den FG-Sachen gilt nicht nur der Amtsermittlungsgrundsatz, sondern auch der der Zulässigkeit des Freibeweises[10]. Im Freibeweis gewonnene Informationen können in den zivilprozessualen Angelegenheiten, sollten sich insoweit nach wie vor streitige Behauptungen gegenüber stehen, nicht ohne Bestätigung durch den förmlichen Beweis verwertet werden.

---

[5] *H. Roth* ZZP 103 (1990), 5 ff.; *Smid* Jura 1990, 400, 405.
[6] *Klauser* MDR 1982, 529.
[7] Wie hier: *KG* FamRZ 1978, 609, 610; *Konzen* JR 1978, 405 ff. bei Fn. 69 ff.; *Diederichsen* ZZP 91 (1978) 414 ff.; *Bender* NJW 1978, 805; *Lindacher* FamRZ 1978, 551; *H. Roth* aaO – sehr ausführlich begründet; *Smid* aaO; h.M. in der Kommentarliteratur. – A.M. *Jauernig* ZRP[23] § 91 IV 2; *Johannsen/Henrich/Sedemund-Treiber*[2] § 623 Rdnr. 20; *Schwab-Maurer*[2] Rdnr. 418.
[8] *H. Roth* aaO 15.
[9] *Jauernig* aaO.
[10] *Konzen* aaO 405 mit Hinweis auf Ermessensschranken, die häufig die Aufnahme des förmlichen Beweises erzwingen.

2. Ausgenommen von der Anwendbarkeit der für das landgerichtliche Verfahren geltenden Vorschriften sind lediglich Sonderbestimmungen in den §§ 622 bis 630. Diese modifizieren das landgerichtliche Verfahren, soweit sie sich auf ZPO-Folgeverfahren beziehen. Das gilt insbesondere bezüglich aller sich auf den obligatorischen Verfahrens- und Entscheidungsverbund beziehenden Vorschriften und für die Beiordnung eines Rechtsanwalts nach § 625. Wegen des Anwaltszwangs → § 78 Rdnr. 3. Dazu kommt, daß an die Stelle der Klage ein Antrag tritt → § 623 Rdnr. 9. 3

II. Hinweise zur Anwendbarkeit einzelner Vorschriften

Nachfolgend seien einige Hinweise zur Anwendbarkeit von Vorschriften des ersten Buches und – vor allem – aus dem ersten Abschnitt des zweiten Buches gegeben, soweit sich Probleme zeigen. 4

§ 91 a: → Rdnr. 24 4a
§§ 66 ff.: → § 623 Rdnr. 6, 6a 4b
§ 216: → § 608 Rdnr. 1, § 614 Rdnr. 8. 4c
§ 253: → § 622 Rdnr. 2 –, 623 Rdnr. 9a 5
§ 254: → § 623 Rdnr. 5a. 6
§ 256: Auch Feststellungen können für den Fall der Scheidung zu treffen sein, jedoch kommt dies selten vor → vor § 606 Rdnr. 9, § 621 Rdnr. 23, § 621 a Rdnr. 16, § 628 Rdnr. 8. 7

§§ 257–259: § 623 ist Sondervorschrift insoweit, als er mittelbar von den sonst für eine Klage auf künftige Leistung geltenden Erfordernissen dispensiert, wenn Ansprüche geltend gemacht werden, die erst nach Rechtskraft der Scheidung entstehen oder fällig werden → § 623 Rdnr. 4. 8

§ 260: → § 623 Rdnr. 1. 9

§§ 261, 262: Die Vorschriften gelten grundsätzlich. Jedoch kommt es im Verfahrensverbund vielfach nicht auf Rechtshängigkeit, sondern auf bloße Anhängigkeit an → § 621 Rdnr. 1, 55, § 623 Rdnr. 7 ff. Wo Rechtswirkungen nicht ausdrücklich an die Anhängigkeit einer Scheidungs- oder Folgesache geknüpft sind, treten die in §§ 261 f. bezeichneten Rechtsfolgen erst mit der Rechtshängigkeit ein → § 610 Rdnr. 9, § 629 a Rdnr. 5. 10

§§ 265, 266, 269: → § 626 Rdnr. 1, 2, 3. 11
§ 270: → § 621 c. 12
§ 271: Für Abs. 3 fehlt es an einem Anwendungsbereich. 13

§ 272 bis 278 i. Vbg. m. § 296 Abs. 1, 4: Schriftliches Vorverfahren und Fristsetzung zur Klageerwiderung entfallen für die Ehesachen → § 611 Rdnr. 8. Da die Folgesachen in der Verhandlung mit der Scheidungssache verbunden sind, muß dies auch für sie gelten, allg. M. Unterschiedliche Verfahrensmaximen können zwar grundsätzlich nebeneinander angewandt werden. Es ist möglich, im Hinblick auf bestimmte Verfahrensgegenstände Amtsermittlungen zuzulassen und im Hinblick auf andere, verbundene, nicht → Rdnr. 2. Für einzelne Verfahrensgegenstände ein schriftliches Vorverfahren veranstalten zu lassen und für andere einen frühen ersten Termin, würde aber praktisch zu einer Verfahrenstrennung führen und kann daher nicht rechtens sein → § 612, 611. 14

§ 279: Die Anwendbarkeit der Vorschrift ist nicht prinzipiell ausgeschlossen. Sie gestattet auch die Anberaumung eines nur zur gütlichen Beilegung des Eheverfahrens oder einzelner Folgesachen anberaumten Termins, der nicht gleichzeitig als Verhandlungstermin gedacht ist. Was einen möglichen Güteversuch wegen des Scheidungsantrags anbelangt, sollte von der Bestimmung jedoch nur zurückhaltend Gebrauch gemacht werden. Der Gesetzgeber hat den Sühneversuch in Ehesachen 1976 als wertlos abgeschafft. Das Gericht muß aber auch auf eine gütliche Beilegung der Folgesachen, und zwar gerade unter dem Gesichtspunkt einer bevor- 15 stehenden Scheidung, drängen. Zu den Möglichkeiten vergleichsweiser Regelungen → § 617 Rdnr. 6 ff.

16 § 280: Anwendbarkeit lediglich auf die Folgesachen ist wegen des notwendigen Verfahrensverbunds ausgeschlossen → § 623 Rdnr. 5. Anwendbar ist die Vorschrift aber, wenn die Zulässigkeit des Scheidungsantrags fraglich ist.

17 § 281: → § 621 Rdnr. 17, § 623 Rdnr. 14.

18 §§ 282, 283 in Verbindung mit § 296 Abs. 2, 3, 4: Sind auf die zivilprozessualen Folgesachen, weil sie der Verhandlungsmaxime unterliegen → Rdnr. 2, in vollem Umfange anwendbar. Für die Ehesache gilt § 615 als Sondervorschrift. Soweit wegen der Scheidung Tatsachen berücksichtigt und Beweise aufgenommen werden müssen, müssen sie auch für die Folgesache berücksichtigt werden, weil deren Erledigung dadurch nicht verzögert werden kann.

19 § 296: Rdnr. 14, 18.

20 § 301: Ist wegen des obligatorischen Entscheidungsverbundes im allgemeinen unanwendbar → § 628 Rdnr. 7.

21 § 302: Im Entscheidungsverbund kann ein Vorbehaltsurteil über den Zugewinnausgleich ergehen, wenn gleichzeitig das Nachverfahren nach § 628 Abs. 1 Nr. 3 abgetrennt wird.

22 § 303: Ist anwendbar, jedoch keine geeignete Grundlage, um über die Scheidung oder Einzelfolgen sachlich vorab zu entscheiden.

23 § 304: Anwendbarkeit ist nicht prinzipiell ausgeschlossen. Jedoch verlangt die gesetzliche Wertung des Entscheidungsverbundes, von der Vorschrift nur Gebrauch zu machen, wenn hinsichtlich der Entscheidung über den Betrag die Voraussetzungen von § 628 Abs. 1 Nr. 3 vorliegen und deshalb das Betragsverfahren abgetrennt werden kann.

24 §§ 306, 307: Sind voll anwendbar. Auch ein für den Fall der Scheidung gestellter Antrag unterliegt dem Verzicht und dem Anerkenntnis. Auch die Grundsätze über die Erledigung des Rechtsstreits in der Hauptsache gelten in den Folgesachen.

25 § 317: → § 618, § 621 c.

26 § 321: → § 610 Rdnr. 10. ist auf Folgesachen uneingeschränkt anwendbar.

27 §§ 330 bis 347: → § 629 Rdnr. 2

28 § 356: Unanwendbar ist die Norm nur, soweit der Amtsermittlungsgrundsatz reicht. Anwendbar ist sie also für solche Beweise, die nur für die zivilprozessualen Sachen von Bedeutung sind. Das gleiche gilt für sämtliche Regelungen des Beweisrechts, die nur eine Konsequenz des Beibringungsgrundsatzes sind, wie etwa § 359 Nr. 3.

29 § 357: → Rdnr. 36.

30 § 379: Ist nicht anwendbar, soweit die Amtsermittlungspflicht reicht, auch wenn das Beweisthema nicht nur für die Scheidungssache, sondern auch für die Folgesachen bedeutsam ist → § 616 Rdnr. 9.

31 § 391: → § 617 Rdnr. 8. § 391 gilt aber, wenn die Aussagen des Zeugen nur für eine zivilprozessuale Folgesache von Bedeutung sind.

32 §§ 420–424: → Vor § 415 Rdnr. 13 ff. Für Urkunden, die nur für die Folgesachen von Bedeutung sind, gelten die allgemeinen Grundsätze.

33 §§ 445–455: → § 613 Rdnr. 1. Für Beweisthemen, die nur für die zivilprozessualen Folgesachen bedeutsam sind, ist eine Parteivernehmung nur nach den allgemeinen Grundsätzen möglich.

III. Sonderregelungen in den Absätzen 1, 2 und 4

34 1. Daß sich die **Vollmacht** auch auf die Folgesachen bezieht, ist insofern zwingend, als eine Partei sich nicht für die Scheidungssache und die Folgesachen durch verschiedene Anwälte

vertreten lassen kann[11]. Möglich ist aber in entsprechender Anwendung von § 83 eine dem Gegner anzuzeigende[12] Vollmachtsbeschränkung mit der Folge, daß der fragliche Ehegatte für die ausgenommene Folgesache unvertreten bleibt[13]. Die Vollmacht erstreckt sich auf jede Sache, die als Folgesache geltend gemacht wird, mag dies auch nicht mehr rechtzeitig im Sinne von § 623 → dort Rdnr. 7ff. geschehen. Es wäre unsinnig, eine verspätet geltend gemachte Folgesache am Mangel der Prozeßvollmacht scheitern lassen zu wollen. Erst sobald das Gericht zu erkennen gegeben hat, daß es die geltend gemachte Angelegenheit nicht als Folgesache betrachtet → § 623 Rdnr. 14, erlischt die Prozeßvollmacht für die weitere Betreibung der Angelegenheit → § 628 Rdnr. 7. Im Falle des § 607 erstreckt sich die Vollmacht auf die Folgesachen aber nur, wenn sie auch der gesetzliche Vertreter erteilt hat, allg. M. § 82 ist entsprechend anwendbar. Eine beschränkt auf einzelne Folgesachen erteilte Vollmacht erstreckt sich aber nicht auf das Scheidungsverfahren, allg. M. Der Antragsgegner bleibt dann im Scheidungsstammverfahren unvertreten.

2. Das Unterhaltsänderungsgesetz 1986 hat den Anwendungsbereich von **Abs. 2** auf die Folgesachen Sorgerecht und Versorgungsausgleich verengt. Man wollte damit die Entscheidung über Gewährung von **Prozeßkostenhilfe** sich automatisch nur auf jene Angelegenheiten erstrecken lassen, die von Amts wegen in den Verfahrensverbund gebracht werden. Die Formulierung des Gesetzes ist insofern etwas zu weit geraten, als sie auch den schuldrechtlichen Versorgungsausgleich erfaßt, der nicht von Amts wegen »durchzuführen« ist[14]. Das gleiche gilt für den Auskunftsanspruch nach §§ 1587e Abs. 1, 1587k BGB → § 621 Rdnr. 38. Auf eine Prognose der »Erfolgsaussicht« kommt es bezüglich der in Abs. 2 genannten Folgesachen im allgemeinen nicht an[15]. Ein Auskunftsanspruch nach § 1587e Abs. 1, § 1587k BGB ist aber mutwillig geltend gemacht, wenn das Gericht nach §§ 11 Abs. 2 VAHRG alle notwendigen Auskünfte einholt. 35

Wegen aller anderen Folgesachen muß Prozeßkostenhilfe eigens beantragt und bewilligt werden. Die Auslegung des entsprechenden Antrags und der auf ihn hin ergangenen Entscheidung kann im Einzelfall ergeben, daß eine nicht näher spezifizierte Bewilligung von Prozeßkostenhilfe alle im Zeitpunkt der Antragstellung anhängigen Folgesachen oder alle im Antrag genannten erfaßt. Für jede einzelne Folgesache sind die Erfolgsaussichten gesondert zu prüfen[16]. Im allgemeinen muß man aber sehen, daß für die vermögensmäßige Liquidierung der Ehe auch der Antragsgegner und Beklagte der Folgesachen Unterhalt und Zugewinnausgleich eines Anwalts bedarf, da ja der Antragsteller durch einen Anwalt vertreten ist, und weil sich selten von vorneherein klar ergeben wird, in welcher Höhe Ansprüche bestehen[17].

Auch für das Verfahren der **einstweiligen Anordnung** muß Prozeßkostenhilfe eigens beantragt werden[18].

Im übrigen Erl. zu → § 114.

3. **Dritte** können in mehrfacher Hinsicht und in mehrfacher Funktion am Verfahren beteiligt sein. Betrifft ihre Beteiligung eine zivilprozessuale Folgesache, so muß diese abgetrennt werden → § 623 Rdnr. 6. Abs. 4 S. 1 betrifft also außer den zivilprozessualen Fällen, wo eine Abtrennung fälschlicherweise unterblieben ist, ausschließlich FG-Folgesachen. 36

---

[11] *MünchKommZPO-Klauser* Rdnr. 3.
[12] *MünchKommZPO-Klauser* Rdnr. 2 unter Hinweis auf *BGHZ* 16, 167 = NJW 1955, 545.
[13] *Zöller-Philippi*[17] Rdnr. 4; *MünchKommZPO-Klauser* Rdnr. 2.
[14] *MünchKommZPO-Klauser* Rdnr. 5. — A.M. *Schwab-Maurer*[2] I Rdnr. 218.

[15] *MünchKommZPO-Klauser* Rdnr. 6.
[16] KG FamRZ 1980, 714; OLG Bamberg FamRZ 1987, 500.
[17] OLG Karlsruhe FamRZ 1989, 882.
[18] OLG Bamberg FamRZ 1986, 702; OLG Düsseldorf FamRZ 1982, 1096; OLG Karlsruhe Justiz 1980, 152; *MünchKommZPO-Klauser* Rdnr. 13; allg. M.

Im **Hausratsverfahren** sind ohne Rücksicht auf den prognostizierten Verfahrensausgang die in § 7 HausrVO bezeichneten Personen beteiligt.

Im Verfahren um den **öffentlichrechtlichen Versorgungsausgleich** sind nach § 53b FGG die Träger der gesetzlichen Rentenversicherung und der Versorgungslast beteiligt. Die Tatsache, daß ein Versorgungsträger nach § 53b Abs. 2 S. 2 FGG, § 11 VAHRG um Auskunft ersucht worden ist, macht ihn allerdings noch nicht zum Verfahrensbeteiligten. Wohl aber sind alle Träger beteiligt, bei denen einer der Ehegatten versichert ist oder[19] versichert werden soll[20].

In den **kindesbezogenen FG-Verfahren** ist das für das Kind zuständige Jugendamt beteiligt, § 49a FGG. Obwohl das Gesetz nur von »Anhörung« des Jugendamtes spricht, muß man seine Verfahrenssubjektivität anerkennen, weil es Sachwalter des Kindeswohles ist und damit Funktionen wahrnimmt, die sonst einem für das Kind zu bestellenden Pfleger oblägen. Nicht beteiligt ist ein anderes nur anzuhörendes Jugendamt[21] oder ein Verein zur Förderung von Kindesinteressen[22].

Vor dem Familiengericht sind minderjährige Kinder zwar nach Maßgabe von § 50b FGG persönlich anzuhören. Das Gesetz hat ihre Rechtsstellung aber nicht als eine solche von förmlich Verfahrensbeteiligten ausgebildet, da ihnen sonst ein Verfahrenspfleger bestellt werden müßte. Ihr Anspruch auf rechtliches Gehör ist durch § 50b sowie durch die Beteiligung des Jugendamtes als ihrem Sachwalter gewährleistet. Minderjährigen Kindern müssen daher im Sinne von Abs. 4 S. 1 keine Schriftstücke zugeleitet werden.

37   4. Darauf zielt **Abs. 4 S. 2**. Nach § 59 FGG haben minderjährige Kinder über 14 Jahren ein Beschwerderecht gegen Entscheidungen, die die Regelung des elterlichen Sorgerechts, das Verkehrsrecht und die Kindesherausgabe betreffen. Daher müssen ihnen solche Entscheidungen zugestellt werden → § 621a Rdnr. 10. Sinn von Absatz 4 S. 2 ist es, die Zustellungsobliegenheit dahingehend einzuschränken, daß Urteilsformel und Urteilsgründe des Verbundurteils nur in den Auszügen zuzustellen sind, die das Kind betreffen.

38   5. Es ist schwer vorstellbar, wie sich der Gesetzgeber die praktische Handhabung der Vorschrift gedacht hat. Bei ihrer Anwendung ist jedenfalls peinlich darauf Bedacht zu nehmen, daß der Anspruch des Dritten auf rechtliches Gehör nicht verletzt wird. Der Richter darf in seiner Entscheidung zu Lasten der Dritten keinen Gesichtspunkt verwerten, der in einem Schriftstück enthalten ist, das ihnen nicht zugeleitet worden war. Bevor er entscheiden kann, wem welcher Teil eines Schriftstücks zugestellt werden soll, müßte der Familienrichter eigentlich jedes Dokument erst aufmerksam darauf durchprüfen, ob es nur Ausführungen enthält, die im Verhältnis zu bestimmten Verfahrensbeteiligten ohne Interesse sind. Die Verantwortung für die Kommunikationsfähigkeit eines Schriftstücks trifft jedoch primär seinen Urheber, bei Anwaltsschriftsätzen also den Parteivertreter. Gegebenenfalls muß dieser getrennte Schriftsätze einreichen[23]. Tut er es nicht und gibt auch sonst keine Hinweise, so kann der Richter davon ausgehen, daß ein von ihm kommendes Schriftstück allen Verfahrensbeteiligten zuzustellen ist. Reicht der Anwalt auszugsweise angefertigte Kopien für bestimmte Verfahrensbeteiligte ein, so kann der Richter darauf vertrauen, daß in dem Original des Schriftsatzes keine Informationen stehen, die auch für einen Nebenbeteiligten von Bedeutung wären.

---

[19] So mit Recht *BGH* FamRZ 1980, 989.
[20] Einzelheiten siehe in den Kommentaren zu § 53b FGG. Beteiligung etwa: *BGH* FamRZ 1989, 41 – bei einer Ausgleichsentscheidung nach § 1 Abs. 3 VAHRG. Keine Beteiligung: *BGH* FamRZ 1989, 369ff. = NJW 1858; FamRZ 1989, 602 = NJW 1859 – privatrechtlich organisierter Versorgungsträger, der Gefahr läuft, verlängerten schuldrechtlichen Versorgungsausgleich bezahlen zu müssen.
[21] *OLG Frankfurt* DAVorm 1989, 868.
[22] *BGH* FamRZ 1988, 54 = NJW 194.
[23] *MünchKommZPO-Klauser* Rdnr. 15.

Entscheidungsgründe muß der Richter so redigieren, daß die Teile, die dritte Verfahrensbeteiligte betreffen, in sich zusammenhängend und abgeschlossen erscheinen. Eines gesonderten Tatbestands bedarf es nicht, weil § 313 Abs. 2 auf Verfahren mit Amtsermittlungsgrundsatz sinnvollerweise nicht angewandt werden kann[24].

Die »Beteiligung« eines Dritten ist nicht von einem förmlichen Zuziehungsbeschluß abhängig. Aus Gründen des rechtsstaatlichen Anstands muß ihm jedoch eine Erläuterung gegeben werden, wenn ihm ein Schriftstück aus dem Verbundverfahren zugeleitet wird, an dem er bisher nicht beteiligt war. Selbständig anfechtbar ist ein »Beteiligungsbeschluß« nicht[25].

6. Die Vorschrift gilt ihrem Wortlaut nach nicht für die mündliche Verhandlung und die Beweisaufnahme. Sie kann jedoch insoweit entsprechend angewandt werden. Der Grundsatz der Parteiöffentlichkeit der Beweisaufnahme gilt nur für solche Beteiligte, deren Rechtspositionen durch das Ergebnis der Erhebungen beeinflußt werden könnten. Die mündliche Verhandlung kann in Abschnitte zerlegt werden; zu Abschnitten, in denen Rechtspositionen Drittbeteiligter nicht tangiert werden, brauchen diese nicht zugezogen zu werden, allg. M.

39

§ 625 [Beiordnung eines Anwalts]

(1) Hat in einer Scheidungssache der Antragsgegner keinen Rechtsanwalt als Bevollmächtigten bestellt, so ordnet das Prozeßgericht ihm von Amts wegen zur Wahrnehmung seiner Rechte im ersten Rechtszug hinsichtlich des Scheidungsantrags und der Regelung der elterlichen Sorge für ein gemeinschaftliches Kind einen Rechtsanwalt bei, wenn diese Maßnahme nach der freien Überzeugung des Gerichts zum Schutz des Antragsgegners unabweisbar erscheint; § 78c Absatz 1, 3 gilt sinngemäß. Vor einer Beiordnung soll der Antragsgegner persönlich gehört und dabei besonders daraufhin gewiesen werden, daß die Familiensachen des § 621 Abs. 1 gleichzeitig mit der Scheidungssache verhandelt und entschieden werden können.

(2) Der beigeordnete Rechtsanwalt hat die Stellung eines Beistands.

Gesetzesgeschichte: Rdnr. 1 ff. vor § 606 geändert BGBl. 1979, I 1061; 1980 I 677; 1990 I 2847

I. Nach der amtlichen Begründung[1] soll die Beiordnung eines Rechtsanwalts nur ein **letzter Ausweg** sein, wenn die Maßnahme zum Schutz des Antragsgegners unabweisbar erscheint, weil er aus »Unkenntnis, mangelnder Übersicht über seine Lage und die Konsequenzen einer Scheidung oder auch auf Grund einer Beeinflussung durch den anderen Ehegatten seine Rechte in unvertretbarer Weise nicht hinreichend wahrnimmt«. Die Formel kehrt in der Rechtsprechung immer wieder[2]. Die Motive für die bisherige Passivität des Scheidungsantragsgegners und seine Einstellung zur beabsichtigten Beiordnung eines Rechtsanwalts sind grundsätzlich gleichgültig. Wegen der mit der Beiordnung verbundenen starken Einmischung in die Belange der Prozeßpartei ist allerdings Zurückhaltung geboten. Erscheint ein Scheidungsbegehren nicht aussichtsreich, so braucht keine Beiordnung zu geschehen. Das gleiche gilt, wenn alle Fragen der nachehelichen Beziehungen zwischen den Beteiligten einvernehmlich abgesprochen sind und nur noch eine Entscheidung über den Versorgungsausgleich ansteht[3]. Das Gericht muß im Rahmen der persönlichen Anhörung der Beteiligten zunächst

1

---

[24] *MünchKommZPO-Klauser* § 629 Rdnr. 4.
[25] *KG* FamRZ 1984, 67.

[1] BRDrucks 260/73 = BTDrucks VII 650 S. 210.
[2] Z.B. *OLG Hamm* FamRZ 1982, 86.
[3] *KG* FamRZ 1978, 607.

selbst versuchen, den Antragsgegner in die Lage zu versetzen, seine Rechte wahrzunehmen. Nicht nur aus Gründen der Klärungsbedürftigkeit der Notwendigkeit einer Beiladung[4], sondern auch zur Gewährleistung des rechtlichen Gehörs sind beide Parteien vorher anzuhören, der Antragsteller, damit nicht der Verdacht aufkommt, bei der Anhörung des Antragsgegners über die Notwendigkeit einer Anwaltsbeiordnung sei einseitig über die Sache selbst gesprochen worden. Das Gesetz läßt eine schriftliche Anhörung nicht ausreichend sein[5]. Die Anhörung kann notfalls nach § 613 Abs. 2 erzwungen werden.

Obwohl wegen anderer Folgesachen als der Regelung der elterlichen Sorge eine Beiordnung nicht vorgesehen ist, kann Grund für die Beiordnung hinsichtlich des Scheidungsantrags sehr wohl die Überzeugung des Gerichts sein, der Antragsgegner sei sich hinsichtlich der vermögensrechtlichen Folgen der Ehescheidung nicht im klaren. Falls Umgangsrecht oder Herausgabe des Kindes in die Regelung des Sorgerechts hineinspielen, muß die Beiladung entsprechend erstreckt werden[6].

Die Beiordnung gilt auch nicht für einstweilige Anordnungen nach § 620 S. 1 Nr. 1[7]. Der Beiordnungsbeschluß ist zu begründen[8]. Der Beiordnungsbeschluß kann jederzeit und muß aufgehoben werden, wenn Vollmacht an den beigeordneten Anwalt erteilt worden ist[9].

2 II. Der beigeordnete Anwalt hat nur die Stellung eines Beistandes, und auch dies nur für die Ehe- und Folgesache Sorgerecht. Er kann also nicht namens des Antragsgegners wirksam Prozeßhandlungen vornehmen. Jedoch gilt für den Anwalt § 90. Er kann also im Termin erscheinen und Sachausführungen machen. Letzteren kann der Antragsgegner nur sofort widersprechen.

Der beigeordnete Rechtsanwalt hat nach § 36a BRAGO Anspruch auf **Vergütung** wie ein Prozeßbevollmächtigter. Zu seiner Aufgabe einer sachgerechten Beratung gehört es, seine Partei hierauf aufmerksam zu machen, ihr insbesondere zu offenbaren, daß für sie, solange nicht weitere Folgesachen anhängig sind, kaum zusätzliche Kosten entstehen, wenn sie ihn zum Prozeßbevollmächtigten bestellt. Die Kosten für den beigeordneten Anwalt sind Prozeßkosten, für deren endgültige Tragung die nach § 93a ergehende Kostenentscheidung maßgebend ist. Zur Pflicht des beigeordneten Anwalts, das Amt anzunehmen, § 48 BRAGO.

3 III. Ein **Beschwerderecht** gegen die Beiordnung steht dem Antragsgegner[10], nicht aber dem Antragsteller des Scheidungsverfahrens zu. Ersteres leitet man im Erst-Recht-Schluß aus § 78c Abs. 3 her, welcher gegen die Auswahl des beigeordneten Anwalts die Beschwerde statthaft sein läßt. Ein dies ablehnender Beschluß ist ebenfalls beschwerdefähig, und zwar nach § 567 Abs. 1[11]. Die Beiordnung kann jederzeit aufgehoben werden. Allerdings ist eine Beschwerde nach Vollmachterteilung ausgeschlossen[12]. Wer sich eines Anwalts bedient, muß ihn auch bezahlen.

4 IV. Auf dem Gebiet der ehemaligen **DDR** ist die Vorschrift unanwendbar, Art. 8 Einigungsvertrag in Verbindung mit Anlage I Kap. III Sachgebiet A Abschn. III 5 Buchstabe b[13].

Die Beiordnung eines Rechtsanwalts gemäß § 121 Abs. 2 bleibt unberührt[14].

---

[4] Aus diesem Grund: *OLG Hamm* FamRZ 1976, 1122 = NJW RR 1987, 652.
[5] *OLG Hamm* aaO; *OLG Oldenburg* FamRZ 1980, 179.
[6] *OLG München* AnwBl 1979, 440. – Anders h.M., z.B. *Baumbach/Lauterbach/Albers*[51] Rdnr. 4; *Thomas-Putzo*[18] Rdnr. 1; *MünchKommZPO-Klauser* Rdnr. 6.
[7] *OLG Koblenz* FamRZ 1987, 618.
[8] *OLG Hamm* aaO.
[9] *MünchKommZPO-Klauser* Rdnr. 3.
[10] *OLG Düsseldorf* FamRZ 1978, 918; *KG* FamRZ 1978, 607; *OLG Oldenburg* FamRZ 1980, 179; *OLG Hamm* FamRZ 1982, 86. – A.M. Vorauflage.
[11] *Brüggemann* FamRZ 1977, 1, 8.
[12] *MünchKommZPO-Klauser* Rdnr. 7.
[13] Dazu *Gottwald* FamRZ 1990, 1179.
[14] *Bergerfurth* DNotZ 1990, 351.

§ 626 [Rücknahme des Scheidungsantrags]

(1) Wird ein Scheidungsantrag zurückgenommen, so gilt § 269 Abs. 3 auch für die Folgesachen. Erscheint die Anwendung des § 269 Abs. 3 Satz 2 im Hinblick auf den bisherigen Sach- und Streitstand in den Folgesachen der in § 621 Abs. 1 Nr. 4, 5, 8 bezeichneten Art als unbillig, so kann das Gericht die Kosten anderweitig verteilen. Das Gericht spricht die Wirkungen der Zurücknahme auf Antrag eines Ehegatten aus.

(2) Auf Antrag einer Partei ist ihr durch Beschluß vorzubehalten, eine Folgesache als selbständige Familiensache fortzuführen. Der Beschluß bedarf keiner mündlichen Verhandlung. In der selbständigen Familiensache wird über die Kosten besonders entschieden.

Gesetzesgeschichte: Rdnr. 1 ff. vor § 606.

I. Antragsrücknahme

1. Die Antragsrücknahme unterliegt den allgemeinen Grundsätzen. § 269 gilt also, soweit § 626 nichts anderes bestimmt → § 269 Rdnr. 9. Wird der Scheidungsantrag wirksam zurückgenommen, so entfällt, ohne daß die Möglichkeit einer Rücknahme der Rücknahme bestünde[1], die Grundlage für die Rechtshängigkeit der Folgesachen, gleichgültig von welcher Seite sie betrieben werden. Die Kostenregelung von § 269 Abs. 3 S. 2 würde sich dahin auswirken, daß der Antragsteller auch die Kosten der vom Antragsgegner betriebenen Folgesachen zu tragen hätte. Häufig entspricht dies auch der Billigkeit, weil der Antragsteller durch seinen Antrag den Antragsgegner veranlaßt hat, um eine Regelung der Folgesachen bemüht zu sein. § 269 Abs. 3 S. 2 kann sich aber auch unbillig auswirken, vor allen Dingen dann, wenn der Antragsgegner erkenntlich unbegründete oder überzogene Folgeansprüche geltend gemacht oder erkennbar aussichtslose Anträge auf Erlaß einstweiliger Anordnungen gestellt hat. Für diesen Fall erlaubt die Vorschrift eine anderweitige, der Billigkeit entsprechende Kostenverteilung in Unterhalts- und güterrechtlichen Sachen. Inhaltlich sollte sich die Praxis der Gerichte von den Grundsätzen inspirieren lassen, die zu § 91a entwickelt worden sind. Eine Beschränkung auf Folgesachen, die vom Antragsgegner betrieben worden sind, nennt das Gesetz zwar nicht ausdrücklich. Jedoch ist schwer einsehbar, wie sich die Regelung von § 269 Abs. 3 S. 2 unbillig sollte auswirken können, wenn der Antragsteller selbst eine Folgesache betrieben hat. § 93a Abs. 1 S. 3 über die Berücksichtigungsfähigkeit einer Kostenvereinbarung der Parteien wird man aber entsprechend auch für den Fall der Zurücknahme eines Scheidungsantrags anwenden können.

Sind neben den in Abs. 1 erwähnten weitere Folgesachen anhängig gewesen, so kann das Gericht den in Abs. 1 niedergelegten Rechtsgedanken bei der Quotelung berücksichtigen. Anlaß dazu besteht jedoch nur selten, weil im allgemeinen dadurch der Streitwert nicht in die Höhe getrieben worden sein kann.

2. Satz 3 von § 626 Abs. 1 unterscheidet sich von § 269 Abs. 3 S. 3 dadurch, daß auch der Antragsteller beantragen kann, das Gericht möge die Wirkungen der Rücknahme des Antrages aussprechen und über die Kosten befinden. Wegen der Entbehrlichkeit der mündlichen Verhandlung und der Möglichkeit einer sofortigen Beschwerde bleibt es bei § 269 Abs. 3 S. 4, 5. Gegen eine Zurückweisung des Antrags → Rdnr. 4 a.E. ist einfache Beschwerde statthaft[2].

---

[1] *OLG München* FamRZ 1982, 510. [2] *OLG Karlsruhe* AnwBl 1989, 347.

II. Die Fortführung einer Folgesache als selbständige Familiensache

3 1. Für die Anwendbarkeit von Abs. 2 wird selten Raum sein. Wörtlich genommen hat er nicht einmal einen Gegenstand. Eine Folgesache ist nämlich ihrer Legaldefinition nach eine Sache in der *für den Fall der Scheidung* eine Regelung beantragt wird → § 623 Rdnr. 2, 3, 7. Eine Weiterführung ist daher nur als selbständige Familiensache, also ohne Blick auf eine Scheidung, möglich. Die Zuständigkeit des Familiengerichts bleibt nach § 261 Abs. 3 Nr. 1 zwar erhalten. Für den Fortbestand eines »Verbundes« ist aber kein Raum mehr. Anwaltszwang besteht nur noch wie bei sonstigen Familiensachen[3]. Entsprechendes gilt für den Vorbehaltsantrag selbst[4].

In den antragsabhängigen zivilprozessualen **Folgesachen der Nrn. 5 und 8 von § 621 Abs. 1** ist eine Weiterführung als selbständige Familiensache daher im allgemeinen nur unter einer gleichzeitigen Antragsänderung denkbar: nämlich Antrag auf Auflösung eines Güterstandes bzw. Klage auf Getrenntlebensunterhalt. Wurde der Unterhaltsanspruch eines ehelichen Kindes geltend gemacht, so braucht der Antrag nicht geändert zu werden, § 1629 BGB, solange die Eltern getrennt leben. Bei weiterem Zusammenleben der Eltern ist eine Fortführung der Klage als Klage auf Leistung von Familienunterhalt nach §§ 1360, 1360a BGB möglich. Auch Änderung (§ 323) eines schon vorhandenen Titels kann auf diese Weise begehrt werden. Ehegatten- und Kindesunterhalt können in objektiver und subjektiver Klagenhäufung geltend gemacht werden.

Soll ein Ehewohnungs- und/oder Hausratsverfahren fortgesetzt werden, so ist eine förmliche Antragsänderung nur dann entbehrlich, wenn die begehrte Maßnahme nach § 1361a BGB auch für den Fall des Getrenntlebens → § 621 Rdnr. 24 erlassen werden kann.

Ein Verfahren zur Regelung der elterlichen Sorge für den Fall der Scheidung setzt einen Antrag nicht voraus, ist aber im Verbund mit anhängig, sobald eine Partei oder das Gericht insoweit tätig wird → § 623 Rdnr. 11. War dies nicht der Fall, ist für eine »Fortführung« kein Raum. War ein solches Verfahren anhängig, was fast ausnahmslos der Fall sein dürfte, dann kann es eine Partei aber unter Antragsänderung als ein solches nach § 1672 BGB fortführen. Ein Umgangsrechtsverfahren setzt ebenfalls keinen Antrag voraus, jedoch muß ein solcher gestellt werden, wenn es nach § 626 fortgesetzt werden soll. Wenn die Fortführung des Verfahrens zur Regelung der elterlichen Sorge bewilligt wird, ist für die Zulässigkeit eines damit verbundenen Verfahrens zur Regelung des Umgangsrechts nicht Voraussetzung, daß ein Verfahren speziell zur Regelung des Umgangsrechts schon anhängig war und seine Fortsetzung eigens bewilligt wird. Wenn eine Umgangsrechtsentscheidung nur im Hinblick auf eine erst vorzunehmende Regelung der elterlichen Sorge begehrt wird, ist das Verfahren integrierender Bestandteil des Verfahrens zu deren Regelung.

Da es einen vorzeitigen Versorgungsausgleich nicht gibt, ist für eine Fortsetzung des Versorgungsausgleichsverfahrens kein Raum → Rdnr. 6.

Wird die Rücknahme des Scheidungsantrags erst in der Berufungsinstanz erklärt, so können nur Folgesachen »fortgesetzt« werden, die in die Berufungsinstanz gelangt sind[5].

4 2. Im Regierungsentwurf war die Fortsetzungsbefugnis nicht ausdrücklich verankert, aber vorausgesetzt[6]. Der Rechtsausschuß des Bundestages wollte mit der Einfügung von Abs. 2 dies nur »verdeutlichen«[7]. Warum ihm eine schlichte Fortsetzungserklärung der interessier-

---

[3] *OLG Schleswig* SchlHA 1980, 187; *MünchKomm ZPO-Klauser* Rdnr. 17.
[4] *MünchKommZPO-Klauser* Rdnr. 15; *Rolland*[2] Rdnr. 6; *Johannsen/Henrich/Sedemund-Treiber*[2] Rdnr. 6. – A.M. *Zöller-Philippi*[17] Rdnr. 9 (Prozeßhandlung).
[5] *MünchKommZPO-Klauser* Rdnr. 13.
[6] BRDrucks 260/73 = BTDrucks VII 650 S. 210.
[7] BTDrucks VII 4361 S. 69.

ten Partei nicht genügte, ihm vielmehr eine vom Ermessen des Richters unabhängige Genehmigung nötig erschien, ist nicht ergründbar. Das Verfahren ist jetzt unnötig kompliziert und seine gesetzliche Regelung nicht durchdacht. Die interessierte Partei muß einen Antrag stellen, das Gericht den Fortführungsvorbehalt machen. Aus der Wahl des Wortes »fortführen« muß man schließen, daß die Folgesache bereits anhängig gewesen sein mußte, als der Scheidungsantrag zurückgenommen wurde. »Fortführen« kann sie aber auch die Partei, die die Folgesache nicht anhängig gemacht hat[8], durch Erhebung einer negativen Feststellungsklage, durch gegenläufige Anträge im Hausrats- und Sorgerechtsverfahren oder durch Anträge irgendwelcher Art, wenn das Verfahren auch von Amts wegen eingeleitet werden kann. Aus dem Begriff »vorzubehalten« muß man folgern, daß der Antrag gestellt werden muß, bevor der Beschluß rechtskräftig geworden ist, welcher sich über die Folgen der Rücknahme des Scheidungsantrags ausspricht[9]. Das ist auch allein sachgerecht, weil spätestens dieser Beschluß endgültig Klarheit darüber schaffen soll, was aus dem Verfahren geworden ist. In entsprechender Anwendung von § 321 ist ein Ergänzungsbeschluß möglich, wenn der Vorbehalt rechtzeitig beantragt war, aber nicht gemacht wurde.

In Abs. 2 S. 2 ist der Beschluß, welcher den Vorbehalt ausspricht, als ein solcher ausgewiesen, welcher von dem Beschluß unterschieden werden muß, der die Wirkungen der Rücknahme des Scheidungsantrags feststellt. Das kann nur bedeuten, daß der Vorbehalt auch vor diesem Beschluß verfügt werden kann.

Abgelehnt werden kann die Fortführungsbefugnis etwa mit der Begründung, vor Rücknahme des Scheidungsantrags sei eine Folgesache gar nicht anhängig gewesen, der Antrag sei erst nach Rechtskraft des Beschlusses nach Abs. 1 S. 3 gestellt worden oder er habe sich, wie bei Versorgungsausgleichsachen, durch Rücknahme des Scheidungsantrags von selbst erledigt. Der ablehnende Beschluß unterliegt der Beschwerde nach § 567 Abs. 1. Das Verfahren, in dem über den »Fortsetzungsgenehmigungsantrag« entschieden wird, ist dasjenige der freigestellten mündlichen Verhandlung.

3. Der Gesetzestext legt den Gedanken nahe, die Partei, der die Fortführung der Folgesache »vorbehalten« worden sei, müsse danach noch irgendeine Prozeßhandlung vornehmen, um die Fortführung zu aktualisieren. Eine solche Annahme verbietet sich jedoch deshalb, weil hierfür keinerlei Fristen bestehen und schwerlich auf unabsehbare Zeit Unklarheit darüber herrschen kann, ob die Sache fortgeführt werden wird oder nicht. Der »Vorbehalt« der Fortführung ist also sinnvollerweise als Anordnung der Fortführung zu verstehen.

Das Gericht muß von Amts wegen das Verfahren so weiterbetreiben, als sei es als selbständige Familiensache anhängig gemacht worden. Die Zuständigkeit, auch die des Rechtsmittelgerichts[10], wirkt fort. Sämtliche Prozeßhandlungen aus der Zeit der Rechtshängigkeit des Scheidungsantrages behalten ihre Wirksamkeit. Eine Prozeßvollmacht wirkt fort[11].

4. Absatz 2 S. 3 durchbricht das sonst auch bei Erledigung geltende Quotelungsprinzip. Kostenrechtlich werden also die erledigten Teile und die fortgeführten Teile als jeweils selbständige Verfahren gewertet – auch rückwirkend für die Zeit, als sie noch im Verbund standen.

---

[8] A.M. *Zöller-Philippi*[17] Rdnr. 9; *Johannsen/Henrich/Sedemund-Treiber*[2] Rdnr. 6.
[9] *OLG Celle* FamRZ 1984, 301; allg.M. *MünchKommZPO-Klauser* Rdnr. 15 hält darüber hinaus den Vorbehaltsantrag auch dann für unzulässig, wenn eine Entscheidung nach § 269 Abs. 3 S. 3 bereits ergangen, aber noch nicht rechtskräftig ist, es sei denn, die Entscheidung wird rechtzeitig angefochten.
[10] *BGH* FamRZ 1984, 256 = NJW 2041.
[11] A.M. *Brüggemann* FamRZ 1977, 1, 22.

III. Entsprechende Anwendung der Vorschrift

7   Entsprechend anzuwenden ist die Vorschrift nach dem Tode eines Ehegatten → § 619 Rdnr. 5 und dann, wenn während der Rechtshängigkeit eines inländischen Scheidungsverfahrens die Anerkennung eines ausländischen Scheidungsurteils rechtskräftig ausgesprochen wird[12], in der als Folgesache in Deutschland anhängigen Angelegenheit aber durch das ausländische Gericht nicht mitentschieden worden ist[13]. In Angelegenheiten, in denen die ausländische Nebenentscheidung durch ein deutsches Gericht abgeändert werden kann, kann das Verfahren mit dem Ziel einer solchen Änderung fortgeführt werden[14]. Wenn nach Erlaß eines ausländischen Scheidungsurteils ein nachträglicher Versorgungsausgleich durch ein inländisches Gericht möglich ist → § 621 Rdnr. 23, kann auch das Versorgungsausgleichsverfahren fortgeführt werden[15].

Auch eine entsprechende Anwendung von Abs. 1 auf fakultativ in den Verbund fallende FGG-Folgesachen, wie Verfahren nach der HausrVO, wird überwiegend angenommen[16].

§ 627 [Vorabentscheidung über elterliches Sorgerecht]

(1) **Beabsichtigt das Gericht, von einem übereinstimmenden Vorschlag der Ehegatten zur Regelung der elterlichen Sorge für ein gemeinschaftliches Kind abzuweichen, so ist die Entscheidung vorweg zu treffen.**

(2) **Über andere Folgesachen und die Scheidungssache wird erst nach Rechtskraft des Beschlusses entschieden.**

Gesetzesgeschichte: Rdnr. 1 ff. vor § 606, geändert BGBl. 1979 I 1061.

1   I[1]. Die Vorschrift enthält die einzige **Ausnahme vom Entscheidungsverbund** in der Richtung, daß über die Folgesache – in eventum – vor dem Urteil in der Scheidungssache entschieden werden kann und sogar muß. Ein Verstoß gegen die Vorschrift unterfällt dem § 539. Sinn der Bestimmung ist es, den Ehegatten Gelegenheit zu geben, ihr Prozeßverhalten darauf umzustellen, daß eine andere Sorgerechtsentscheidung ergeht, als sie erwartet haben. Voraussetzung für die Anwendbarkeit der Vorschrift ist daher nicht ein »Verfahren der einverständlichen Scheidung« nach § 630 oder ein gemeinsamer Vorschlag bereits in der Antragsschrift[2]. Da die Vorschrift aber den Eltern den Erhalt ihrer Dispositionsmöglichkeit sichern soll, können sie ihre Anwendung auch abbedingen[3].

Daß der Scheidungsantrag im Gefolge einer nach Abs. 1 ergangenen Entscheidung umgestellt wird, ist noch seltener als der ohnehin schon sehr seltene Tatbestand[4] der Norm. Denkbar ist aber, daß der durch die Absicht des Gerichts benachteiligte Ehegatte sein Einverständnis zur Scheidung zurückzieht oder sich auf die Härteklausel des § 1568 BGB beruft. Eine Umstellung ist aber häufig vor allem wegen des Umgangsrechtes und wegen des Kindesunterhalts nötig. Mittelbar kann auch der Ehegattenunterhalt selbst tangiert werden,

---

[12] *KG* NJW 1979, 1107; *AG Charlottenburg* FamRZ 1989, 514 = NJW RR 1990, 4.
[13] *OLG Oldenburg* FamRZ 1983, 94.
[14] *Zöller-Philippi*[17] Rdnr. 8a.
[15] *KG* aaO; allg. M.
[16] *Zöller-Philippi*[17] Rdnr. 5; *Johannsen/Henrich/Sedemund-Treiber*[2] Rdnr. 4. – A.M. *MünchKommZPO-Klauser* Rdnr. 9 (kein praktisches Bedürfnis).

[1] Lit. *Hubert Stoll* § 627 im System des Verbundverfahrens, Erlanger FS Schwab (1990) 267 ff.
[2] *Stoll* aaO 274.
[3] *MünchKommZPO-Klauser* Rdnr. 2. – A.M. *Stoll* aaO 275.
[4] Dazu und zur rechtspolitisch notwendigen Erweiterung der Norm auf streitige Sorgerechtsfolgesachen *MünchKommZPO-Klauser* Rdnr. 1.

etwa weil nunmehr von dem Ehegatten, dem die elterliche Sorge nicht übertragen wird, im Sinne von § 1570 BGB eine Erwerbstätigkeit erwartet werden kann.

II. Wenn die Entscheidung »vorweg« zu treffen ist, ergeht sie nicht mehr durch zivilprozessuales Urteil, sondern durch **Beschluß nach FGG-Grundsätzen.** Die Angelegenheit bleibt aber Folgesache, allg. M. Daher wird die Sorgerechtsentscheidung auch erst mit Eintritt der Rechtskraft des Scheidungsurteils wirksam. Erst dann wird sie zu einer endgültigen Regelung im Sinne von § 620 f. 2

III. Das Rechtsmittelverfahren richtet sich nach § 621 e[5] → Erl. dort. Die Abtrennung als solche ist nicht beschwerdefähig[6]. Im ungünstigsten Fall muß also erst eine Entscheidung des BGH abgewartet werden, bevor über den Scheidungsantrag und andere Folgesachen entschieden werden kann. Die Vorschrift gilt auch, wenn das Rechtsmittelgericht selbst → § 623 Rdnr. 11 a. E. erstmals von einem gemeinsamen Vorschlag der Ehegatten abzuweichen gedenkt[7] → § 629 c Rdnr. 2[8]. 3

§ 628 [Vorabentscheidung über den Scheidungsantrag]

(1) Das Gericht kann dem Scheidungsantrag vor der Entscheidung über eine Folgesache stattgeben, soweit
1. in einer Folgesache nach § 621 Abs. 1 Nr. 6 oder 8 vor der Auflösung der Ehe eine Entscheidung nicht möglich ist,
2. in einer Folgesache nach § 621 Abs. 1 Nr. 6 das Verfahren ausgesetzt ist, weil ein Rechtsstreit über den Bestand oder die Höhe einer auszugleichenden Versorgung vor einem anderen Gericht anhängig ist, oder
3. die gleichzeitige Entscheidung über die Folgesache den Scheidungsausspruch so außergewöhnlich verzögern würde, daß der Aufschub auch unter Berücksichtigung der Bedeutung der Folgesache eine unzumutbare Härte darstellen würde.

Hinsichtlich der übrigen Folgesachen bleibt § 623 anzuwenden.

(2) Will das Gericht nach Absatz 1 dem Scheidungsantrag vor der Regelung der elterlichen Sorge für ein gemeinschaftliches Kind stattgeben, so trifft es, wenn hierzu eine einstweilige Anordnung noch nicht vorliegt, gleichzeitig mit dem Scheidungsurteil eine solche einstweilige Anordnung.

Gesetzesgeschichte: Rdnr. 1 ff. vor § 606, geändert BGBl. 1979 I 1061.

I. Zweck und systematischer Stellenwert der Vorschrift[1]

Die Vorschrift gibt dem Familiengericht die Befugnis, in **drei Ausnahmefällen den Entscheidungsverbund zu lösen.** Dann kann über Folgesachen erst nach Stattgabe des Scheidungsantrags entschieden werden. Satz 2 von Abs. 1 stellt klar, daß nicht die Entscheidung über die Folgesachen insgesamt vorbehalten werden kann, vielmehr nur einzelne Folgesachen vom Verbund gelöst werden dürfen, wenn gerade ihretwegen eine nicht mehr hinnehmbare Verzögerung einzutreten droht → § 624 Rdnr. 23. Jede Folgesache muß bezüglich der »Ab- 1

---

[5] KG FamRZ 1979, 340; K. H. Schwab FamRZ 1976, 658, 659.
[6] Stoll aaO. 275.
[7] OLG München FamRZ 1984, 407; allg. M.
[8] Stoll aaO.
[1] Lit.: Klein Zum Kostenrecht der Folgesachen, Rpfleger 1980, 267.

trennungs«-Möglichkeit für sich beurteilt werden². Nur wenn diese Voraussetzungen für sämtliche Folgesachen vorliegen, kann die Entscheidung über sie insgesamt vorbehalten werden.

2   Vorbehalten werden kann nur die Entscheidung über eine *Folgesache insgesamt*. Insoweit lassen sich zwar der Unterhaltsanspruch eines jeden Kindes sowie die Sorgerechtsentscheidung bezüglich eines jeden Kindes als selbständige Folgesachen ansehen → § 629a Rdnr. 14. Beim Ehegattenunterhalt kann aber insofern so gut wie nie zwischen verschiedenen Unterhaltsbestandteilen, wie Elementarunterhalt, Krankenversicherung und Vorsorgeunterhalt unterschieden werden³. Wegen der meist begrenzten Leistungsfähigkeit des Unterhaltsverpflichteten wirkt nämlich die Höhe des für ein Unterhaltselement angesetzten Betrages auf die übrigen Beträge und auf die Höhe des den Kindern geschuldeten Unterhalts ein. Deshalb kann wegen einzelner Elemente auch im isolierten Verfahren kaum je ein Teilurteil ergehen. Nur wenn der Unterhaltsverpflichtete ausnehmend leistungsfähig ist, kann in Ausnahmefällen diese Abhängigkeit aufgehoben sein. Dann ist auch eine teilweise »Abtrennung« möglich → Rdnr. 11.

3   Auch zum Versorgungsausgleich können Teilentscheidungen meist nicht ergehen, so daß auch Teilabtrennungen unmöglich sind⁴, ausnahmsweise aber dann, wenn »die Ausgleichspflicht eines Ehegatten sowohl dem Grunde nach als auch hinsichtlich eines bestimmten Teilbetrags in einer der in § 1587b BGB vorgesehenen Form der Höhe nach feststeht«⁵, oder, kürzer ausgedrückt, soweit in Versorgungsausgleichssachen Teilentscheidungen ergehen können⁶. Das ist etwa dann der Fall, wenn nur ein Ehegatte Ausgleichsanwartschaften erworben hat. Dann kann über den Versorgungsausgleich der Anwartschaft aus der gesetzlichen Rentenversicherung im Verbund entschieden und der Rest abgetrennt werden⁷.

4   Wendet sich auch nur ein Ehegatte gegen die Vorabentscheidung, dann sind die drei in § 628 aufgeführten Fälle abschließend gemeinte Ausnahmen vom Entscheidungsverbund⁸. Zur Frage des Einverständnisses des Ehegatten über eine Vorabentscheidung → Rdnr. 6, § 623 Rdnr. 13.

5   Soll der Verbund gelöst werden, so spricht man meist von »*Abtrennung*«. Von der Trennung nach § 145 unterscheidet sie sich freilich dadurch, daß die »abgetrennte« Sache nicht den Gegenstand eines neuen Prozesses bildet. Die abgetrennte Sache bleibt vor allem Folgesache → Rdnr. 16, wird also nicht aus dem Anwaltszwang entlassen⁹. § 628 ist lex specialis gegenüber §§ 145, 148 ff.¹⁰ Soweit eine »Abtrennung« nach § 628 nicht möglich ist, kann auch nicht teilweise ausgesetzt oder das Ruhen des Verfahrens angeordnet werden. Eine Unterbrechung ex lege betrifft das gesamte Verbundverfahren, wenn sie von einer Folgesache her ausgeht.

6   Gelegentlich spricht man vom »*Ermessen*«, das durch den Begriff »kann« den Gerichten eingeräumt sei¹¹. Insbesondere stellt der BGH die Entscheidung, ob von der Möglichkeit der

---

² *OLG Frankfurt* NJW RR 1988, 774 = FamRZ 966. Allg. M.
³ *OLG Karlsruhe* FamRZ 1982, 318.
⁴ *OLG München* FamRZ 1979, 1025; *KG* FamRZ 1981, 289; *OLG Koblenz* FamRZ 1981, 901; 1025; *OLG Frankfurt* NJW 1982, 1543.
⁵ *OLG Köln* FamRZ 1981, 903, zust. *Schmeiduch*.
⁶ *BGH* FamRZ 1984, 572 = NJW 1543 – unter Verweis auf seine Rechtsprechung zur Zulässigkeit von Teilentscheidungen in Versorgungsausgleichssachen → § 621a Rdnr. 16.
⁷ *BGH* FamRZ 1983, 38. Weiteres Beispiel: *OLG Bremen* FamRZ 1982, 391.
⁸ *OLG Zweibrücken* FamRZ 1982, 946 – keine »Abtrennung« mit anschließender Aussetzung nach § 148, um

das Bekanntwerden höchstrichterlicher Rechtsprechung abzuwarten.
⁹ *BGH* NJW 1981, 233. Allg. M.
¹⁰ Zur Zeit, als wichtige Fragen des Versorgungsausgleichsrechts dem BVerfG vorgelgt waren, haben manche Gerichte diese Folgesache abgetrennt und gleichzeitig ausgesetzt, Nw. bei *v. Maydell* FamRZ 1981, 623, 628.
¹¹ *OLG Zweibrücken* FamRZ 1986, 823f.; *OLG Hamm* FamRZ 1978, 811; *dass.* 1979, 166; *dass.* 1986, 1121 = NJW RR 1987, 896; *OLG Celle* FamRZ 1979, 523f.; *KG* FamRZ 1979, 140; wohl auch *OLG Schleswig* SchlHA 1979, 53, wo von Zurückhaltung die Rede ist, mit der von der eingeräumten »Befugnis« Gebrauch gemacht werden soll. – A. M. *OLG Stuttgart* FamRZ 1978, 809, 810; *OLG Karlsruhe* FamRZ 1979, 725.

Vorabentscheidung nach § 628 Abs. 1 S. 1 Nr. 3 Gebrauch gemacht wird, ins Ermessen des Gerichtes[12]. Für den Fall der Nr. 3 kann jedoch schwer behauptet werden, für eine Ermessensentscheidung, die Abtrennung abzulehnen, sei noch Raum[12a], wenn dies vorausgesetztermaßen deshalb eine unzumutbare Härte ist, weil der Ausspruch der Scheidung außergewöhnlich verzögert würde. Zum Einverständnis der Parteien → § 623 Rdnr. 13

Entsprechend anwendbar ist die Vorschrift, wenn die Ehesache rechtskräftig abgeschlossen ist und Folgesachen untereinander im Verbund anhängig geblieben sind → Rdnr. 16.

II. Einzelheiten zu den Tatbeständen des Absatzes 1

Einhellig betont man zwar, § 628 begründe eine Ausnahme vom Entscheidungsverbund und sei daher eng auszulegen. Jedoch ist dieser Aussage für sich genommen kein greifbarer Sinn abzugewinnen. Auch Ausnahmeregelungen sind im übrigen nach ihrem Sinn und Zweck auszulegen, sofern gewährleistet bleibt, daß nicht durch eine breite Auslegung die Regel praktisch verdrängt wird. 6a

1. Unmöglichkeit, vor Eheauflösung eine Entscheidung über eine Folgesache zu treffen

In der amtlichen Begründung zum Regierungsentwurf und in den parlamentarischen Beratungen ist nirgendwo ein Beispiel für die Anwendung der Nr. 1 von Absatz 1 gegeben. Unmöglich kann gemeint sein, daß die Entscheidung nur für den Fall der Scheidung der Ehe ergehen kann – denn das ist bei allen Folgesachen der Fall. Gemeint ist auch nicht, daß nach materiellem Recht Ansprüche erst entstehen, wenn durch die Scheidung der Ehe auch der Güterstand aufgelöst wird → § 623 Rdnr. 2. Es geht vielmehr um solche Angelegenheiten, in denen sich güterrechtliche Beziehungen oder Versorgungsausgleichsansprüche erst in einem Zeitpunkt aktualisieren, der nach Wirksamwerden der Scheidung liegt, wenn diese sogleich ausgesprochen wird, die genaue Aktualisierung derzeit aber noch nicht ermittelt werden kann. 7

a) Was den **Versorgungsausgleich** anbelangt, so gilt dies insbesondere für seine schuldrechtliche Form → § 623 Rdnr. 4. Freilich hat das Gesetz sich über das Verhältnis der unter § 628 Abs. 1 Nr. 1 fallenden Angelegenheiten zu solchen nicht geäußert, für die es an einem Rechtsschutzbedürfnis für die Entscheidung überhaupt fehlt. 8

Der schuldrechtliche Versorgungsausgleich findet nur auf Antrag statt → § 623 Rdnr. 8. Beginnt der Ausgleich erst zu einem späteren Zeitpunkt als dem der Scheidung, so ist ein Antrag nur in der Form eines Wertfeststellungsbegehrens statthaft → § 623 Rdnr. 4. Er richtet sich nach § 256 ZPO, der in Streitsachen der freiwilligen Gerichtsbarkeit entsprechend anzuwenden ist. Liegt ein Rechtsschutzbedürfnis für ihn vor, dann kann die Feststellung aber bereits zusammen mit der Scheidung getroffen werden. Fehlt es am Rechtsschutzbedürfnis, dann ist der Folgeantrag abzuweisen.

Wegen des öffentlich-rechtlichen Versorgungsausgleichs sind Situationen schwer vorstellbar, in denen eine Entscheidung im Zusammenhang mit der Scheidung der Ehe nicht »möglich« sein soll. Die Unmöglichkeit der Entscheidung ergibt sich nicht etwa daraus, daß der Zeitpunkt der Wirksamkeit der Scheidung bei der Entscheidung über sie nicht bekannt wäre. Für die Berechnung der Höhe des Versorgungsausgleichs ist der Zeitpunkt der Rechtshängigkeit des Scheidungsantrags maßgebend, § 1587 Abs. 2 BGB. Verzögerungen wegen notwendiger Ermittlungen fallen unter Nr. 3. Für Nr. 1 ist also wegen des öffentlich-rechtlichen Versorgungsausgleichs ein Anwendungsbereich nicht auszumachen.

---

[12] *BGH* FamRZ 1991, 1043, 1044.   [12a] Ebenso *MünchKommZPO-Klauser* Rdnr. 3.

9 b) Das gleiche gilt fast immer auch für die **güterrechtlichen Folgesachen**, sofern die Eheleute im *gesetzlichen Güterstand* leben. Entscheidend für die Zugewinnausgleichsforderung ist nach § 1384 BGB der Zeitpunkt der Rechtshängigkeit des Scheidungsantrags. In der Praxis ist Nr. 1 etwa aber angewandt worden, wenn § 1378 Abs. 2, 3 S. 1 zur Anwendung stand[13] und bereits feststand oder jedenfalls zu erwarten war, daß der Wert des Vermögens des ausgleichspflichtigen Ehegatten unter dem an sich geschuldeten Ausgleichsbetrag liegen würde. Man sollte immer schon dann abtrennen, wenn auch nur die Möglichkeit besteht, daß § 1378 Abs. 2 BGB zur Anwendung kommt[14].

Anwendbar ist Abs. 1 Nr. 1 häufiger, wenn sich ehegüterrechtliche Ansprüche auf eine *Gütergemeinschaft* beziehen. Die Liquidationshandlungen, zu denen die Eheleute verpflichtet sind, bis der Überschuß verteilt werden kann, brauchen vor Rechtskraft des Scheidungsurteils nicht vorgenommen zu werden. Wie sie dann aussehen müssen, läßt sich aber im Zeitpunkt der Scheidung noch nicht feststellen, weil bis zur Rechtskraft des Scheidungsurteils noch Vermögensbewegungen möglich sind, die berücksichtigt werden müssen. Das gilt besonders dann, wenn einer der maßgebenden Bewertungsstichtage nach der Scheidung liegt[15].

9a c) Eine analoge Anwendung auf andere Folgesachen ist in Ausnahmefällen möglich, z. B. wenn der Versorgungsfall schon eingetreten ist und die Höhe des Geschiedenenunterhalts von der Höhe des Versorgungsausgleichs abhängt[16].

2. Anhängigkeit eines Rechtsstreits über die auszugleichende Versorgung vor einem anderen Gericht

10 Abs. 1 Nr. 2 bezieht sich auf § 53c Abs. 2 FGG. Der Rechtsstreit wird allerdings in aller Regel ausgesetzt, nicht weil vor einem anderen Gericht ein Verfahren anhängig *ist*, sondern damit ein solches Verfahren anhängig *gemacht wird*. Nr. 2 bezieht sich darauf nicht. Es kann abgewartet werden, ob der Rechtsstreit fristgemäß anhängig gemacht wird.

Analog anzuwenden ist die Vorschrift dann, wenn in anderer Weise eine Folgeentscheidung davon abhängt, wie ein anderweitig anhängiger Rechtsstreit ausgeht. So kann die Höhe des Zugewinnausgleichs, in seltenen Fällen auch die Höhe eines Unterhaltsanspruchs davon abhängen, wie ein gegen einen Dritten geführter Rechtsstreit endet. In diesen Fällen kann aber im Verbund über Zugewinnausgleich oder Unterhaltsanspruch ein Teilurteil ergehen → Rdnr. 2, 3 und nur die Entscheidung über das Schlußurteil abgetrennt werden.

3. Außergewöhnliche Verzögerung der Ehescheidung, die zu einer unzumutbaren Härte führen würde

11 Der Hauptanwendungsfall des § 628 Abs. 2 ist dessen Nr. 3. Es muß beides vorliegen, sowohl eine prognostizierte außergewöhnliche Verzögerung wie eine durch sie bedingte unzumutbare Härte. Letztere allein vermag die Abtrennung nicht zu rechtfertigen[17]. Wegen der nach h. M. sehr stark begrenzten Kontrolle der Abtrennungspraxis der Gerichte haben sich ganz unterschiedliche Trends entwickelt.

Das Einverständnis beider Ehegatten mit der Abtrennung reicht freilich zutreffender Ansicht nach für sich allein ebenfalls aus, um eine Abtrennung zu ermöglichen → § 623

---

[13] *OLG Oldenburg* FamRZ 1988, 89, krit. *Schwackenberg*. Ausführlich dazu *Smid* Jura 1990, 400, 412; *H. Vogel* JurBüro 1979, 1745 ff.
[14] *Smid* aaO..
[15] BGH FamRZ 1984, 254, 255 f. mit einer Reihe sehr lehrreicher Fallvarianten und vom BGH gebildeter hypothetischer Beispiele.
[16] *OLG Schleswig* SchlHA 1980, 134.
[17] *OLG Schleswig* FamRZ 1989, 1106; *OLG Düsseldorf* FamRZ 1985, 412; 80, 1050.

Rdnr. 13. Lehnt man dies mit der h. M. ab, so kann trotz des Einverständnisses beider Ehegatten ohne Drohung außergewöhnlicher Verzögerung eine Folgesache nicht abgetrennt werden. Jedoch ist dann das Einverständnis beider Ehegatten bei Würdigung der außergewöhnlichen Härte zu berücksichtigen → Rdnr. 13.

Sind mehrere Folgesachen anhängig, sind nur diejenigen abzutrennen, die eine außergewöhnliche Verzögerung und, dadurch ausgelöst, eine unzumutbare Härte bedingen[18]. Auch die teilweise Abtrennung ist denkbar, wenn sie einen einer Teilentscheidung zugänglichen Teil betrifft → § Rdnr. 2.

a) Die Gerichte orientieren sich bei der Konkretisierung des Tatbestandsmerkmals **außergewöhnliche Verzögerung** häufig an der Statistik der Scheidungs- und Folgesachen und nehmen eine außergewöhnliche Verzögerung an, wenn ohne Abtrennung zu erwarten wäre, daß der Ausspruch der Scheidung überdurchschnittlich lang auf sich warten ließe[19]. Als Faustregel hat sich im Anschluß an Walter[20] eine Dauer von **zwei Jahren** als nicht außergewöhnlich herausgebildet[21], was aber mit Recht als zu restriktiv beanstandet wurde[22]. Der Begriff außergewöhnliche Verzögerung soll nach herrschender Meinung rein objektiv zu verstehen sein. Ob sie auf unabänderlichen Gegebenheiten oder Verhaltensweisen von Gericht oder Parteien beruht, wird als gleichgültig hingestellt[23]. Zur Berücksichtigung des Verhaltens der Parteien bei Würdigung der unzumutbaren Härte → Rdnr. 13. In Wirklichkeit muß man bei Würdigung des Begriffs »außergewöhnliche Dauer« auch auf den Komplexitätsgrad des konkreten Falles sehen. Wenn lediglich mangels Kooperationsbereitschaft des anderen Ehegatten eine längere Verfahrensdauer droht, als bei dem fraglichen Gericht üblich, so ist dies schon eine außergewöhnliche Dauer[24]. 12

Bei beiderseitigem Scheidungswillen kommt es darauf an, wie lange der Scheidungsantrag des Ehegatten schon gestellt ist, der eine außergewöhnliche Härte geltend macht[25]. 12a

Ist im Verbund eine *Stufenklage* erhoben worden, so muß die hypothetische Zeitablaufberechnung auf die Entscheidung über die letzte Stufe und nicht nur auf jene über den Auskunftsanspruch abstellen[26]. Wenn das Verfahren schon wegen der ersten Stufe der zum Zugewinnausgleich erhobenen Stufenklage zwei Jahre gedauert hat, kann die letzte Stufe abgetrennt werden[27]. Ein Grund, die Zeit in die außergewöhnliche Dauer nicht miteinzurechnen, zu der der Scheidungsantrag noch unschlüssig war, weil die Trennungsfristen des materiellen Rechts noch nicht abgelaufen waren, besteht ebensowenig wie ein Grund[28] für den Abzug der Zeit der Aussetzung des Verfahrens oder seines Ruhens[29]. Falls das Rechtsmittelgericht über die Abtrennung zu entscheiden hat → Rdnr. 19, ist von der Faustregel von zwei Jahren (oder einer kürzeren → Rdnr. 12) einschließlich des Rechtsmittelverfahrens auszugehen[30]. Angesichts der langen Dauer der Verfahren besteht ein legitimes Bedürfnis, Scheidungsanträge schon vor Ablauf der Trennungsfrist zu erheben → §§ 608 Rdnr. 1, 612 Rdnr. 1. In die Schätzung der hypothetischen Verfahrensdauer kann auch die Wahrscheinlichkeit miteinbezogen werden, daß die Einlegung eines Rechtsmittels gegen eine Folgesache zu 12b

---

[18] *MünchKommZPO-Klauser* Rdnr. 8.
[19] *OLG Bamberg* FamRZ 1988, 531; *OLG Düsseldorf* FamRZ 1985, 412, 413; *OLG Frankfurt* FamRZ 1978, 363; 81, 579; *Walter* JZ 1982, 835.
[20] aaO.
[21] *BGH* FamRZ 1986, 898 = NJW 1987, 1772; *OLG Hamm* FamRZ 1986, 1121 = NJW RR 1987, 896; *OLG Düsseldorf* FamRZ 1988, 312; *OLG Düsseldorf* NJW RR 1991, 264 – 18 Monate noch keine außergewöhnliche Dauer.
[22] *MünchKommZPO-Klauser* Rdnr. 9, 11 (18 Monate).
[23] *BGH* aaO; *OLG Düsseldorf* aaO; *OLG Frankfurt* FamRZ 1978, 433 = NJW 1389; 81, 579; *Walter* aaO; *Zöller-Philippi*[17] Rdnr. 5; *MünchKommZPO-Klauser* Rdnr. 10.
[24] *OLG Celle* FamRZ 1979, 523 – Ehefrau wollte sich den Unterhalt aus einer Getrenntlebenvereinbarung so lange wie möglich erhalten.
[25] *OLG Düsseldorf* aaO.
[26] *BGH* FamRZ 1979, 690 = NJW 1603.
[27] *OLG Schleswig* FamRZ 1991, 95, 96.
[28] *MünchKommZPO-Klauser* Rdnr. 10; *OLG Frankfurt* FamRZ 1981, 579.
[29] *BGH* FamRZ 1986, 898 = NJW 1987, 1772. – A. M. *OLG Frankfurt* FamRZ 1981, 579.
[30] *OLG Düsseldorf* FamRZ 1988, 312.

erwarten ist³¹. Eine außergewöhnliche Verzögerung, die das Gericht vermeiden könnte, zählt nicht. Macht eine Partei gegen Auskünfte der Träger der Versorgung unsubstantiierte Einwendungen geltend, so muß das Gericht sich erst nach § 139 um eine Aufklärung bemühen³².

Über den Wortlaut der Vorschrift hinaus ist die bevorstehende Verzögerung einer anderen Folgesache der Verzögerung der Scheidungssache gleichzustellen³³.

13 b) Die **unzumutbare Härte** muß an sich zur außergewöhnlichen Dauer des Scheidungsverfahrens hinzukommen. Mit Recht wird aber neuerdings gesagt, daß 18 bis 24 Monate Verfahrensdauer für sich schon eine außergewöhnliche Härte sind³⁴. Was eine, nicht allein schon in der außergewöhnlichen Dauer des Scheidungsverfahrens liegende **unzumutbare Härte** ist, hängt naturgemäß sehr von den Empfindungen der Ehegatten ab. Zwar ist die Abtrennung nicht von einem Antrag eines Ehegatten abhängig. Das Familiengericht, das ohnehin rechtliches Gehör gewähren muß → Rdnr. 15, muß aber, wenn es eine Abtrennung erwägt, die Ehegatten fragen, ob sie die bevorstehende Verlängerung des Verfahrens als außergewöhnliche Härte empfinden würden. Äußert sich keiner in diesem Sinne, dann darf nicht abgetrennt werden. Hat nur ein Ehegatte die Scheidung beantragt, dann kommt es nur auf dessen Empfindung an³⁵. Wollen beide Ehegatten die Abtrennung, dann ist es im allgemeinen eine außergewöhnliche Härte, wenn man sie ihnen versagen wollte³⁶ → Rdnr. 11, § 623 Rdnr. 13. So kann die Entscheidung über den Versorgungsausgleich bei außergewöhnlicher Verfahrensdauer jederzeit abgetrennt werden, wenn die Parteien ihn ausgeschlossen haben und ihre Vereinbarung nur noch der Genehmigung durch das Familiengericht bedarf³⁷. Die Genehmigungsbedürftigkeit hat das BVerfG³⁷ᵃ u. a. nur deshalb für verfassungsmäßig erklärt, weil der Möglichkeit einer Verzögerung der Scheidung mit § 628 entgegengewirkt werden kann.

Das Vorliegen einer unzumutbaren Härte soll nach einigen Gerichten *unabhängig vom Verhalten des Gerichts und der Parteien* zu beurteilen sein³⁸. Der Umstand, daß im Text von § 628 auf das Verhalten der Parteien nicht abgestellt ist, insbesondere in den Tatbestand der Norm kein Antrag der einen bzw. kein Widerspruch der anderen Seite eingebaut ist, rechtfertigt einen solchen Standpunkt aber nicht. Die Entscheidung des Gesetzgebers, den Verbund möglichst aufrechtzuerhalten, soll dem Interesse des Ehegatten dienen, der nicht geschieden werden möchte, ohne über die nachehelichen Rechtsbeziehungen zu seinem früheren Partner Klarheit zu haben. Wenn er selbst zumutbare Anstrengungen unterläßt, um zu dieser Klarheit zu kommen, so kann gerade darin für den anderen Teil eine unzumutbare Härte liegen³⁹. Das gilt auch dann, wenn der an der Scheidung desinteressierte Gatte völlig passiv bleibt und etwa den Fragebogen zu seinen Versorgungsanwartschaften nicht ausfüllt und bei Gericht einreicht⁴⁰. In einer solchen Situation ist bereits der Begriff »außergewöhnliche Verfahrensdauer« flexibel zu handhaben → Rdnr. 12. Es ist dann dem Antragsteller unzumutbar, auf seinen Auskunftsanspruch nach § 1587e BGB verwiesen zu werden⁴¹, jedenfalls seit dieser Anspruch durch § 11 VAHRG viel von seiner praktischen Bedeutung verloren hat. Wenn freilich eine Partei ihr eigenes Wissen über die Versorgungsanwartschaften des anderen Ehegatten

---

³¹ *BGH* aaO; *AG Augsburg* FamRZ 1981, 1192.
³² *OLG Düsseldorf* FamRZ 1980, 1050 f.
³³ *v. Els* FamRZ 1983, 438.
³⁴ *MünchKommZPO-Klauser* Rdnr. 11.
³⁵ *OLG Zweibrücken* FamRZ 1983, 623; in *OLG Hamm* FamRZ 1992, 1086 war offensichtlich auch der »Antragsgegner« an der Scheidung interessiert.
³⁶ *Zöller-Philippi*¹⁷ Rdnr. 9 – als Indiz für außergewöhnliche Härte anerkennend. Ebenso *OLG Bamberg* FamRZ 1988, 531; *AG Landstuhl* FamRZ 1993, 580; *MünchKommZPO-Klauser* Rdnr. 3, 11 – Einverständnis beider Ehegatten lediglich als Abwägungskriterium.
³⁷ *AG Ettlingen* FamRZ 1978, 340.
³⁷ᵃ NJW 1982, 2365, 2367.
³⁸ Siehe die jeweils mit »A. M.« gezeichneten Entscheidungen, die in den nachfolgenden Fußnoten erwähnt sind.
³⁹ *OLG Frankfurt* FamRZ 1983, 1258; *OLG Schleswig* FamRZ 1991, 95 – der Unterhaltsgläubiger nimmt nach Erledigung des ersten Teils der Stufenklage das Betragsverfahren nicht auf.
⁴⁰ *OLG Frankfurt* FamRZ 1978, 363; *OLG Hamm* FamRZ 1980, 1049 f.; *OLG Bamberg* FamRZ 1988, 531 f.; A.M. *OLG Oldenburg* FamRZ 1992, 458; *OLG Köln* FamRZ 1983, 289.
⁴¹ A.M. *OLG Köln* aaO.

nicht preisgibt, erleidet sie nicht dadurch eine unzumutbare Härte, daß der andere Ehegatte passiv bleibt[42].

Eine außergewöhnliche Härte kann für den Antragsteller auch darin liegen, daß der andere Ehegatte, der sich der Abtrennung von Folgesachen widersetzt, Anträge zu ihnen erst nach jahrelanger Rechtshängigkeit der Scheidungssache gestellt hat[43].

Wenn beide Ehegatten die Abtrennung wünschen, ist es häufig eine außergewöhnliche Härte, sie ihnen zu versagen → § 623 Rdnr. 13. Der Gesichtspunkt, sie könnten sich im Falle von Geringfügigkeit der zur Debatte stehenden Ausgleichsbeträge später an einer Aufklärung desinteressiert zeigen, stilisiert die richterliche Aufklärung zum Selbstzweck hoch. Der abgetrennte Versorgungsausgleich muß nach Erschöpfung der dem Gericht zuzumutenden Aufklärungsinitiativen nach Beweislastgrundsätzen entschieden werden.

An *objektiven Gründen* für eine unzumutbare Härte wurden in der Rechtsprechung anerkannt (häufig traten mehrere Merkmale kumulativ auf): Zentrale (Unterhalt) oder weniger zentrale und akute (Versorgungsausgleich) Bedeutung der Folgesache für die Lebenssituation unmittelbar nach der Scheidung[44], wobei allerdings durch geschickte Beantragung und Gewährung einstweiligen Rechtsschutzes der Weg für die Abtrennung geebnet werden kann[45]; die Absicht, ein aus einer neuen Verbindung hervorgegangenes oder erwartetes Kind zu legitimieren[46]; Kinderlosigkeit der geschiedenen Ehe[47]; hohes Alter und entsprechend geringe verbleibende Lebenserwartung des von der Ehe wegstrebenden Ehegatten[48]; besonders außergewöhnlich lange Verfahrensdauer[49], ja sogar besonders lange Dauer des Getrenntlebens[50]; Weiterlaufen der Verpflichtung zur Zahlung von Getrenntlebensunterhalt aufgrund vertraglicher Abmachung, wenn kein nachehelicher Unterhalt geschuldet wird[51] → Rdnr. 12, ja sogar Grund zu der Annahme, daß nach materiellem Recht erheblich weniger Unterhalt geschuldet wird als in einem Getrenntlebensunterhaltsurteil zuerkannt wurde[52]. Freilich können auch gewichtige Gegeninteressen des anderen Ehegatten dazu führen, daß eine für den an der Abtrennung interessierten Teil entstehende Härte insgesamt doch nicht unzumutbar ist. So darf durch eine Abtrennung der Folgesache nachehelicher Unterhalt keine Lücke zwischen Getrenntlebens- und Geschiedenenunterhalt entstehen[53] → § 629 a Rdnr. 18. Durch Abtrennung des Versorgungsausgleichs kann allerdings heute die Situation, daß der Versorgungsbedürftige bei Versterben des Ausgleichspflichtigen vor endgültiger Entscheidung über den Versorgungsausgleich weder Witwenrente noch eigene Rente bezieht, nicht mehr eintreten[54] → § 621 Rdnr. 23. Die Gefahr, durch plötzliches Versterben des rechtskräftig geschiedenen Partners für eine gewisse Interimszeit in der Luft zu hängen, ist kein sonderlich gewichtiger Gesichtspunkt, der der Abtrennung der Folgesache Versorgungsausgleich entgegenstehen könnte.

14

---

[42] *OLG Frankfurt* FamRZ 1986, 921.
[43] *OLG Frankfurt* FamRZ 1988, 966 = NJW RR 774; *OLG Schleswig* SchlHA 1981, 67; *OLG Karlsruhe* FamRZ 1979, 725; 947. Als Gesichtspunkt unter anderem auch berücksichtigt vom *BGH* FamRZ 1986, 898 = NJW 1987, 1772.
[44] *BGH* aaO; *OLG Bamberg* FamRZ 1988, 531 – Abtrennung erleichtert, wenn Unterhalt auf jeden Fall sichergestellt; *Walter* JZ 1982, 835 bei Fn. 10.
[45] *Walter* JZ 1982, 835 bei Fn. 32.
[46] *BGH* FamRZ 1986, 898 = NJW 1987, 1772; *OLG Frankfurt* FamRZ 1978, 363.
[47] *OLG Bamberg* aaO; *OLG Frankfurt* FamRZ 1979, 1013.
[48] *OLG Bamberg* aaO; *OLG Hamm* FamRZ 1980, 373; *OLG Frankfurt* FamRZ 1978, 808; 80, 280; *OLG Oldenburg* FamRZ 1979, 616; *OLG Celle* FamRZ 1979, 948.
[49] *OLG Bamberg* aaO – je länger die Verfahrensdauer umso eher unzumutbare Härte; *OLG Celle* aaO – 7 Jahre Dauer des Scheidungsverfahrens.
[50] *OLG Oldenburg* aaO.
[51] *OLG Frankfurt* FamRZ 1981, 579.
[52] *BGH* NJW 1991, 2491 = FamRZ 1043 – nicht aber, wenn gegen das Getrenntlebensunterhaltsurteil Abänderungsklage erhoben war und die Zwangsvollstreckung einstweilen eingestellt wurde, *OLG Hamm* FamRZ 1992. 1086, sofern die Klage erfolgversprechend erscheint.
[53] *OLG Düsseldorf* FamRZ 1988, 312; *Smid* Jura 1990, 400, 403.
[54] Anders noch *OLG Saarbrücken* FamRZ 1980, 282.

Denkbar ist auch, daß das weitere Ausbleiben einer Scheidung und der damit einhergehenden Entscheidung zur Folgesache Sorgerecht eine außergewöhnliche Härte für das Kind ist[55]. Umgekehrt wurde die Erwartung einer raschen Scheidung auch bei einer zweieinhalbjährigen Verfahrensdauer als Gesichtspunkt angesehen, der der Annahme einer außergewöhnlichen Härte entgegenstand[56].

III. Verfahren bei und nach Auflösung des Verbundes

1. Verfahren bei Auflösung des Verbundes

15 Für die Auflösung des Verbundes hat das Gesetz keine eigenen Prozeßhandlungen vorgesehen. Es braucht weder vor Erlaß des Scheidungsurteils[57], noch im Zusammenhang mit ihm ein besonderer Abtrennungsbeschluß zu ergehen. § 145 ist nicht entsprechend anwendbar. Vielmehr ist »die Auflösung des Verbundes verfahrensmäßig dem Urteil über den Scheidungsantrag zugeordnet«[58]. Die Scheidung und die Entscheidungen über die nicht abgetrennten Folgesachen ergehen durch Teilurteil[59]. In der Praxis herrscht die Tenorierung »die Entscheidung über ... bleibt vorbehalten« vor.

Unangefochtener Praxis entspricht es freilich, daß die Abtrennung – nicht zu verwechseln mit einer Trennung nach § 145 → Rdnr. 1 – auch durch besonderen Beschluß ausgesprochen werden kann. Durch besonderen Beschluß kann auch der Antrag, eine Folgesache abzutrennen, abgelehnt werden[60]. Zur Frage der Beschwerdefähigkeit von solchen Entscheidungen → Rdnr. 17.

Sowohl ein Trennungsbeschluß wie ein die Trennung ablehnender Beschluß kann aber vom Gericht wieder aufgehoben werden.

Vor Erlaß eines Trennungsbeschlusses oder eines Teilurteils, das die Entscheidung über »abgetrennte« Folgesachen vorbehält, muß den Parteien rechtliches Gehör gewährt werden[61] → Rdnr. 13. Dies braucht aber nicht in mündlicher Verhandlung zu geschehen → Rdnr. 17.

Hat das Familiengericht weder einen Abtrennungsbeschluß erlassen, noch in der Verbundentscheidung die Entscheidung über die Folgesache vorbehalten, so hat es, wenn Folgesachenanträge gestellt waren oder ein Versorgungsausgleichsverfahren eingeleitet war, seinen Entscheidungsauftrag nicht vollständig erfüllt. Dann ein *Ergänzungsurteil* zuzulassen, verstößt nicht gegen den Sinn des Verfahrens- und Entscheidungsverbundes[62] → § 629a Rdnr. 2. Eine nachträgliche Ergänzungsentscheidung durch Beschluß ist aber kein Verfahrensfehler, der zur Aufhebung des Verbundurteils Anlaß geben könnte, wenn vorher eine mündliche Verhandlung stattgefunden hat[63]. Der Beschluß ist für Rechtsmittelzwecke vielmehr als Ergänzungsurteil zu werten (Meistbegünstigungsprinzip).

Die Ehegatten haben zwar kein formalisiertes Antragsrecht. Stellt einer von ihnen einen Abtrennungsantrag, so darf ihn das Gericht dennoch nicht einfach übergehen, sondern muß mindestens in der alle verbundenen Sachen behandelnden Endentscheidung Ausführungen machen, warum es dem Antrag nicht gefolgt ist. Unvollständigkeiten in der Begründung oder

---

[55] *van Els* FamRZ 1983, 438.
[56] *OLG Stuttgart* FamRZ 1992, 320.
[57] *OLG Stuttgart* FamRZ 1978, 809.
[58] *BGH* FamRZ 1983, 461; 81, 24.
[59] *MünchKommZPO-Klauser* Rdnr. 15: »der Sache nach«, jedoch »im Rubrum nicht als solches zu benennen«.
[60] *OLG Koblenz* FamRZ 1991, 209; *OLG Zweibrücken* FamRZ 1986, 823; *OLG Bamberg* FamRZ 1986,

1011; *OLG Hamm* FamRZ 1986, 1121 = NJW RR 1987, 896; *dass.* FamRZ 1978, 811; 1979, 724 = NJW 1979, 1309; *OLG Frankfurt* FamRZ 1980, 178f.; *dass.* 1979, 62; *OLG Stuttgart* Justiz 80, 415; *OLG Saarbrücken* FamRZ 1978, 344; *OLG Karlsruhe* FamRZ 1978, 362.
[61] *BGH* FamRZ 1986, 898, 899 = NJW 1987, 1772; *OLG Köln* FamRZ 1983, 289 = NJW 2984.
[62] Wohl ebenso *OLG Schleswig* FamRZ 1988, 1301.
[63] A.M. *OLG Schleswig* aaO.

gar das völlige Fehlen einer substantiellen Begründung in der Trennungsentscheidung sind aber als solche kein Verfahrensfehler, der allein schon die Berufung gegen das Scheidungsurteil rechtfertigen könnte. Das Berufungsgericht muß vielmehr selbständig prüfen, ob die Abtrennung berechtigt ist oder nicht[64].

Das Gericht kann, wenn es von § 628 Gebrauch machen will, nicht etwa den Parteien verwehren, im Termin zu den Folgesachen zu verhandeln. Lediglich der *Entscheidungs*verbund wird gelockert, der *Verhandlungs*verbund, solange kein förmlicher Abtrennungsbeschluß ergangen ist, nur insoweit, als über die vom Entscheidungsverbund ausgenommene Sache später allein verhandelt werden muß.

2. Einstweilige Anordnung nach Abs. 2

Nach Abs. 2 ist der Erlaß einer einstweiligen Anordnung über die vorläufige Regelung der elterlichen Sorge zwingend. Das Gericht muß so verfahren, auch wenn an den bestehenden Verhältnissen nichts geändert werden soll und unter den Ehegatten kein Streit besteht[65]. Jedoch kann auf Wunsch der Eltern sehr leicht angeordnet werden, daß sie das Sorgerecht weiter innehaben sollen. Selbst dann muß eine solche Anordnung ergehen, wenn bereits eine Entscheidung nach § 1672 BGB vorliegt[66], obwohl deren Wirkungen mit Eintritt der Rechtskraft des Scheidungsurteils nicht enden[67]. Denn die »Fortwirkungslehre« ist nur ein Notbehelf zur Überbrückung der Interimszeit, wenn fehlerhaft verfahren wurde → § 620 f. Rdnr. 3. Auch im übrigen soll das Gericht Bedacht darauf nehmen, daß die Zeit bis zur endgültigen Entscheidung über die Folgesache durch einstweilige Anordnungen überbrückt wird und entsprechende Anträge der Parteien anregen, wenn eine Angelegenheit für die Zeit unmittelbar nach der Scheidung regelungsbedürftig erscheint, was insbesondere in Unterhaltsfragen leicht vorkommen kann. Die Anordnung bleibt dann bis zum Wirksamwerden der vorbehaltenen Entscheidung in der Folgesache bestehen → § 620 f. Rdnr. 3 ff. Wegen der Möglichkeit einstweiliger Anordnungen im übrigen → Rdnr. 16, § 620 Rdnr. 3 bis 11, § 621 f. Rdnr. 1, 6.

15a

3. Das Verfahren nach der Abtrennung

Die abgetrennten Sachen bleiben Folgesachen. Gerade darin unterscheidet sich die Abtrennung von der Trennung → Rdnr. 1. Als Folgesachen unterliegen die abgetrennten Sachen weiter dem Anwaltszwang[68], auch soweit es sich um FGG-Sachen handelt[69]. Die abgetrennte Folgeache ist niemals Feriensache. Der Prozeßstoff einschließlich desjenigen, der in einem gegen das Teilurteil angestrengten Rechtsmittelverfahren anfällt, bleibt für die noch nicht erledigte Folgesache voll verwertbar. Vollmachten und Prozeßhilfegewährungen unterliegen weiterhin dem § 624 Abs. 1, 2. Neue Folgesachen und neue Anträge innerhalb anhängiger Folgesachen (Auskunftsbegehren)[70], nicht aber andere Erweiterungen des Verfahrensgegenstands können nach § 623 Abs. 2 S. 1 bis zur letzten mündlichen Verhandlung in der Scheidungssache noch geltend gemacht werden. Die neu geltend gemachte Folgesache kann dann abermals abgetrennt werden → Rdnr. 6a. Zur Antragsänderung dergestalt, daß keine Folgesache mehr gegeben ist → § 623 Rdnr. 17. Zur Widerklage → § 621 Rdnr. 52. Im Verfahren der Stammsache können, solange die Scheidung nicht rechtskräftig ist, auch noch *einstweilige*

16

---

[64] A.M. *OLG Koblenz* NJW RR 1991, 5.
[65] *MünchKommZPO-Klauser* Rdnr. 25.
[66] *OLG Karlsruhe* FamRZ 1990, 435; *MünchKommZPO-Klauser* Rdnr. 25 – A.M. *OLG Hamburg* FamRZ 1988, 635; *Maurer* FamRZ 1991, 886, 889.
[67] *BGH* FamRZ 1988, 54, 55 = NJW RR 194.

[68] *BGH* FamRZ 1979, 232 = NJW 766; *BGH* FamRZ 1981, 24 (Rechtsmitteleinlegung gegen Entscheidung in abgetrennter Folgesache). Allg. M.
[69] *OLG Frankfurt* FamRZ 1979, 1049.
[70] *MünchKommZPO-Klauser* Rdnr. 23. – A.M. *Zöller-Philippi*[17] Rdnr. 19.

Anordnungen nach § 620 ergehen, die sich auf den Gegenstand der abgetrennten Folgesache beziehen[71].

In entsprechender Anwendung von § 620 Abs. 4 S. 2 bleibt das Familiengericht zuständig[72].

Abgetrennte Sachen stehen in entsprechender Anwendung von § 629 a Abs. 2 S. 3[73] untereinander im Verbund[74] → § 629 a Rdnr. 6. Die Entscheidung über sie ergeht in entsprechender Anwendung von § 629 Abs. 1 einheitlich durch Urteil, sofern nicht sämtliche abgetrennte Sachen FGG-Sachen sind. Wird nur über eine der mehreren vorbehaltenen Folgesachen entschieden, so ist das Verfahren fehlerhaft, was mit dem Rechtsmittel zu rügen ist, das der Verfahrensart entspricht, in der die Entscheidung getroffen worden ist. Jedoch ist unter verbundenen Folgesachen wiederum Abtrennung möglich → Rdnr. 6.

Die im Stammverfahren nach h. M. gemäß § 93 a zu treffende Kostenentscheidung ergreift freilich nicht auch die Folgesachen, die abgetrennt worden sind → Erl. § 93 a. Für die in der abgetrennten Folgesache zu treffende Kostenentscheidung gilt aber ebenfalls § 93 a. Mit sehr eindrucksvollen Argumenten wird aber neuerdings dafür geworben, der eigentlichen Natur der Vorabentscheidung entsprechend (Teilurteil → Rdnr. 15) die Kostenentscheidung der Entscheidung über den abgetrennten Teil vorzubehalten, bei abgetrennten FGG-Sachen immer durch Beschluß[75].

Systemwidrigerweise wendet man auf eine »abgetrennte« Folgesache, wenn nicht deren mehrere im Verbund stehen, die ihnen jeweils zugeordnete Verfahrensart an. In zivilprozessualen Sachen ist öffentlich zu verhandeln[76]. Nach Rechtskraft des Scheidungsurteils endet die Prozeßstandschaft nach § 1629 Abs. 3 BGB[77]. In FGG-Sachen braucht demgegenüber nicht einmal mehr mündlich verhandelt zu werden[78]. Die Entscheidung ergeht durch Beschluß.

Die Folgesache kann und muß[79] auch ohne Rücksicht auf Eintritt oder Nichteintritt der Rechtskraft des Scheidungsurteils weiterbetrieben werden[80]. Vor Rechtskraft der Scheidung werden aber auch bereits getroffene Entscheidungen in abgetrennten Folgesachen nicht wirksam → § 629 d Rdnr. 1 f. Entscheidungen über nachehelichen Unterhalt sollen nicht gefällt werden, solange nicht das Datum des Eintritts der Rechtskraft des Scheidungsurteils feststeht. Denn dieses Datum muß zur Gewährleistung der Bestimmtheit der Verurteilung im Tenor angegeben werden[81]. Über die im Verbund verbliebenen Folgesachen kann unabhängig vom Schicksal der abgetrennten Sachen verhandelt und entschieden werden[82]. Haben die Ehegatten einander wiedergeheiratet, so ist eine abgetrennte Folgesache gleichwohl weiterzubetreiben[83], sofern nicht der Antrag wirksam zurückgenommen wird.

---

[71] *KG* FamRZ 1978, 431; wohl auch *OLG Frankfurt* FamRZ 1979, 1040 (wo die Zulässigkeit einstweiliger Anordnungen zutreffenderweise im Hinblick auf die bereits eingetretene Rechtskraft des Scheidungsurteils geleugnet worden ist); Thomas-Putzo[18] Rdnr. 16; *Baumbach/Lauterbach/Albers*[41] Rdnr. 14.

[72] *MünchKommZPO-Klauser* § 620a Rdnr. 17; *Zöller-Philippi*[17] § 620a Rdnr. 14; *Gießler* (§ 620 Fn. 1) Rdnr. 114.

[73] Früher insoweit offengebliebene Zweifel, s. etwa *BGH* FamRZ 1983, 38, sind durch das UÄndG 1986 und die mit ihm vorgenommene Ergänzung von § 629 a überholt.

[74] *KG* FamRZ 1990, 646; *OLG Stuttgart* FamRZ 1990, 1121; *Göppinger* Vereinbarungen anläßlich der Ehescheidung[6] Rdnr. 32; *Sedemund-Treiber* FamRZ 86, 209, 210; *Philippi* FamRZ 1987, 607; *MünchKommZPO-Klauser* Rdnr. 20.

[75] *MünchKommZPO-Klauser* Rdnr. 25 unter Bezugnahme auf *Thalmann* Praktikum des Familienrechts[3] (1989) 40 f.; *Rahm-Lappe* IX Rdnr. 329.

[76] *Zöller-Philippi*[17] Rdnr. 19a.

[77] *Zöller-Philippi*[17] § 623 Rdnr. 7.

[78] *OLG Koblenz* FamRZ 1985, 1144 = NJW RR 1986, 306; *KG* FamRZ 1984, 495; *OLG Hamm* FamRZ 1980, 702; für Beschwerdeinstanz *BGH* FamRZ 1983, 267 = NJW 824.

[79] *KG* FamRZ 1982, 320.

[80] *BGH* FamRZ 1979, 690 = NJW 1603.

[81] *Zöller-Philippi*[17] § 623 Rdnr. 15a.

[82] *OLG Oldenburg* FamRZ 1980, 71 ff.

[83] *BGH* FamRZ 1983, 461; *OLG Koblenz* FamRZ 1981, 60 – beide zum Versorgungsausgleich.

IV. Rechtsmittelprobleme im Zusammenhang mit der Auflösung des Verbundes

In den ersten Jahren nach 1976 entstand viel Unsicherheit, wenn es im Zusammenhang mit Aufrechterhaltung oder Lösung des Verbundes zu Rechtsmitteleinlegungen kam. Die meisten von ihnen sind heute durch höchstrichterliche Rechtsprechung gelöst.

1. Gesonderte Anfechtbarkeit eines Beschlusses über die Aufrechterhaltung oder Trennung des Verbundes?

Darüber, ob der Verbund aufrechterhalten bleiben oder gelöst werden soll, kann, muß aber nicht ein gesonderter Beschluß ergehen → Rdnr. 15. Der die Auflösung aussprechende Beschluß ist sicher nicht beschwerdefähig[84]. Der sie ablehnende Beschluß soll es nach h. M. auch nicht sein[85][86]. Die dafür gegebene Begründung lautet meist[87], über die Abtrennung habe sich das Gericht von Amts wegen schlüssig zu werden; die Parteien könnten nur Anregungen geben, ein »Gesuch« im Sinne von § 567 Abs. 1 sehe das Gesetz nicht vor. Jedoch wird auch sonst eine Beschwerde für statthaft gehalten, wenn das »Gesuch« der Partei eine Tätigkeit betrifft, die das Gericht von Amts wegen veranlassen müßte, etwa einen Termin anzuberaumen[88]. Überzeugender wäre das Argument, daß über ein Gesuch um Abtrennung von Folgesachen nicht ohne mündliche Verhandlung entschieden werden kann. Jedoch sagt das Gesetz dies nicht. Fast immer wird zwar aufgrund mündlicher Verhandlung entschieden. Wenn jedoch nach Vertagung ein Abtrennungsantrag gestellt wird, kann über ihn auch vor dem nächsten Termin entschieden werden. Daher ist § 567 Abs. 1 anwendbar.

2. Anfechtbarkeit des Verbundurteils wegen fehlerhafter Abtrennung?

Eine Entscheidung, mit der die Trennung abgelehnt wird, ist daher durch das Rechtsmittelgericht nur korrigierbar, wenn man ihm die Befugnis einräumt, die Trennung vorzunehmen → Rdnr. 19. Die vorgenommene Trennung – sei es durch besonderen Beschluß, sei es im Urteil, das die Scheidung ausspricht – kann jedoch in folgender Weise überprüft werden: Wird eine Folgesache abgetrennt, ohne daß die Voraussetzungen des § 628 Abs. 1 vorliegen, so ist dies ein Verfahrensfehler. Da die Ehegatten ein Recht darauf haben, nur geschieden zu werden, wenn gleichzeitig die Entscheidung zu den Folgesachen ergeht, sind sie durch die Entscheidung auch dann beschwert, wenn sie sich gegen die Scheidung als solche nicht wenden wollen[89]. Anstatt nach § 539 die Sache an das Familiengericht zurückzuverweisen, kann das Berufungsgericht auch die in erster Instanz rechtshängig gebliebenen Folgesachen miterledigen[90]. Lehnt man eine Abtrennung aufgrund Parteieinverständnis ab → § 623 Rdnr. 13, so ist es freilich noch immer keine zwingende Konsequenz daraus, auch jenen

---

[84] *BGH* FamRZ 1979, 221 = NJW 821; *ders.* FamRZ 1979, 690 = NJW 1603. Heute allg. M. Etwa *OLG Bamberg* FamRZ 1986, 1011.
[85] *OLG Koblenz* FamRZ 1991, 209; *OLG Zweibrücken* FamRZ 1986, 823; *OLG Bamberg* FamRZ 1986, 1011, 1012; *OLG Hamburg* FamRZ 1977, 801; 78, 42; *OLG Saarbrücken* FamRZ 1978, 344; *OLG Schleswig* SchlHA 1978, 118; 145; 79, 243; *OLG Düsseldorf* FamRZ 1978, 123; *OLG Karlsruhe* FamRZ 1978, 362; *OLG Hamm* NJW 1979, 1309; *OLG Stuttgart* Justiz 80, 415; *Johannsen/Henrich/Sedemann-Treiber*[2] Rdnr. 16; *Zöller-Philippi*[17] Rdnr. 12; *Baumbach/Lauterbach/Albers*[51] Rdnr. 13. – A. M. *OLG Hamm* FamRZ 1986, 1121 = NJW RR 1987, 986; 78, 811; *OLG Frankfurt* FamRZ 1979, 62; *MünchKommZPO-Klauser* Rdnr. 18 unter Hinweis auf den erheblichen Eingriff in die Rechtsposition des Ehegatten, der u. U. jahrelang auf die Scheidung warten müsse; *Walter* (vor § 606 Fn. 1) 164, 165; *Rolland* Rdnr. 15; *Rahm/Künkel/Liermann* Rdnr. 141; *Schwab/Maurer*[2] I Rdnr. 492.
[86] Allgemein: *KG* FamRZ 1979, 615; *OLG Hamburg* FamRZ 1977, 801.
[87] Etwa *OLG Koblenz* FamRZ 1991, 209.
[88] *OLG Schleswig* NJW 1982, 246.
[89] *BGH* FamRZ 1979, 690 = NJW 1603; *ders.* FamRZ 1980, 1108; *ders.* FamRZ 1984, 254. Heute allg. M.
[90] *BGH* FamRZ 1983, 459 = NJW 1311; *ders.* FamRZ 1983, 890 = NJW 1984, 120; *OLG Hamm* FamRZ 1990, 1255.

Ehegatten für beschwert zu halten, der selbst den Abtrennungsantrag gestellt hatte[91]. In den Fällen, wo eine Prozeßpartei keinen Antrag zu stellen braucht, genügt die materielle Beschwer als Rechtsmittelvoraussetzung dann nicht, wenn er tatsächlich einen Antrag gestellt hat, dem stattgegeben worden ist → Rdnr. 53 vor § 511.

Ist nach Abtrennung über die Folgesache unanfechtbar entschieden, so kann mit der Berufung gegen die Scheidung nicht mehr die Unzulässigkeit der Abtrennung geltend gemacht werden[92].

Zur Kontrolle des »Ermessens« des Familiengerichts → Rdnr. 6.

Mit einem Rechtsmittel gegen die Entscheidung in der abgetrennten Folgesache kann die Unrechtmäßigkeit der Abtrennung nicht gerügt werden[93].

3. Anwendbarkeit von § 628 im Rechtsmittelverfahren?

19   Wird das Verbundurteil im Scheidungsausspruch angefochten, so hat dies zur Folge, daß sämtliche Folgesachen auch in der Berufungsinstanz schweben. Wird der Scheidungsantrag dort abgewiesen, so verlieren dann auch die Entscheidungen in Folgesachen nach § 629 Abs. 3 S. 1 ihre Wirkung. Durch Rechtsmittelerweiterung oder Rechtsmittelanschließung kann jederzeit auch eine Überprüfung der Folgeentscheidungen für den Fall begehrt werden, daß es bei der Scheidung bleibt. In diesem Falle kann auch das Berufungsgericht noch von § 628 Gebrauch machen, allg. M. Die Frage der außergewöhnlichen Dauer des Verfahrens bemißt sich dann nach allgemeinen Grundsätzen; nicht etwa ist zu prüfen, ob gerade ein zwei Instanzen durchlaufendes Verfahren ungewöhnlich lange dauert[94].

Wird ein Rechtsmittel hingegen nur *gegen eine der im Verbund stehenden Sachen* eingelegt, so ist für die Anwendung von § 628 kein Raum, wenn damit erreicht werden soll, den Scheidungsausspruch vorab für wirksam zu erklären[95]. Sind jedoch *mehrere Folgesachen angefochten* worden, so stehen diese nach § 629a Abs. 2 S. 3 i.V.m. §§ 623, 628 untereinander im Verbund. Unter den Voraussetzungen des § 628 kann dann eine von ihnen abgetrennt werden. Befinden sich unter den Folgesachen ZPO-Sachen, so ergeht auch die Rechtsmittelentscheidung einheitlich durch Urteil. Entgegenstehende Rechtsprechung aus der Zeit vor 1986 ist durch das UÄndG 1986 überholt. Im übrigen → § 629a Rdnr. 6.

Die durch den *Einigungsvertrag* Anlage I Kap. III A Abschnitt III 5 h, dd eröffnete Möglichkeit ist kaum praktisch geworden[96].

§ 629   [Entscheidungsverbund]

(1) Ist dem Scheidungsantrag stattzugeben und gleichzeitig über Folgesachen zu entscheiden, so ergeht die Entscheidung einheitlich durch Urteil.

(2) Absatz 1 gilt auch, soweit es sich um ein Versäumnisurteil handelt. Wird hiergegen Einspruch und auch gegen das Urteil im übrigen ein Rechtsmittel eingelegt, so ist zunächst über den Einspruch und das Versäumnisurteil zu verhandeln und zu entscheiden.

---

[91] So aber *OLG Schleswig* FamRZ 1989, 1106 – »Einverständnis mit der Abtrennung«; *OLG Düsseldorf* FamRZ 1980, 1050.
[92] *OLG Schleswig* FamRZ 1992, 198.
[93] *BGH* FamRZ 1983, 461 = NJW 1317; *OLG Celle* FamRZ 1981, 1066 ff., 1070.
[94] *BGH* FamRZ 1979, 690 = NJW 1603.
[95] *BGH* FamRZ 1980, 1108 = NJW 1981, 55; *ders.* FamRZ 1981, 248 – gegen einige OLG-Entscheidungen aus den 70er Jahren. Heute nahezu allg. M. Krit. *Oehlers* NJW 1981, 248; *MünchKomm-Wolf*² § 1564 BGB Rdnr. 54, der aber zu Recht darauf hinweist, daß durch die Ergänzung von § 629a durch das UÄndG 1986 sichergestellt ist, daß größere Härten durch Hinauszögern der Rechtskraft des Scheidungsausspruchs nicht mehr auftreten können.
[96] Dazu *Gottwald* FamRZ 1990, 1177.

(3) **Wird ein Scheidungsantrag abgewiesen, so werden die Folgesachen gegenstandslos. Auf Antrag einer Partei ist ihr in dem Urteil vorzubehalten, eine Folgesache als selbständige Familiensache fortzusetzen. § 626 Abs. 2 Satz 3 gilt entsprechend.**

Gesetzesgeschichte: Rdnr. 1 ff. vor § 606.

I. Das Prinzip des Verfahrensverbundes findet seinen charakteristischen Ausdruck in der Notwendigkeit einer einheitlichen Entscheidung. Insoweit ist eine getrennte Behandlung von zivilprozessualen und FG-Sachen nicht möglich. Daher wird auch über FG-Sachen einheitlich durch zivilprozessuales Urteil mitentschieden, das in allen seinen Teilen den Vorschriften der §§ 313 ff. unterliegt. Auch über mehrere abgetrennte Folgesachen ist einheitlich durch Urteil zu entscheiden → § 628 Rdnr. 16. Bei ausländischer lex causae muß sich die Tenorierung der materiellen Rechtslage anpassen[1]. In der Urteilsformel sind noch anhängige und nicht bereits vorher abgetrennte Folgesachen zu berücksichtigen. Findet ein Versorgungsausgleich nicht statt, so ist auch dies in der Urteilsformel festzuhalten.   1

Für die **Form des Urteils** gelten §§ 313, 313a. Der Anwendungsbereich der letzteren Vorschrift ist aber eingeschränkt. Es sind die Ehe- und jede Folgesache gesondert zu betrachten. Ein Verzicht auf die Urteilsbegründung wirkt für Folgesachen nicht, an denen Dritte beteiligt waren, wenn nicht auch diese verzichten[2]. In diesem Rahmen ist auch ein Verzicht auf die Begründung der Entscheidung zum Versorgungsausgleich zulässig[3]. Der Rechtsmittelverzicht muß auch bezüglich aller denkbaren Anschließungen wirksam sein → § 629a Rdnr. 19.

Urteilsergänzungen richten sich nach §§ 319, 321. § 18 FGG wird durch § 318 verdrängt[4].

Zur Kostenentscheidung → § 93a. Wegen fehlerhafter Handhabung durch das Gericht → § 629a Rdnr. 1.

Ist der Ehescheidungsantrag mit einer Eheaufhebungsklage verbunden, so bleibt es beim Vorrang der letzteren → § 610 Rdnr. 6, § 623 Rdnr. 2, wenn der von der Ehe losstrebende Teil nicht dem Scheidungsantrag Vorrang einräumt. Für den obligatorischen Entscheidungsverbund ist dann kein Raum mehr. Immerhin waren die Folgesachen bei dem über die Eheaufhebung entscheidenden Gericht rechtshängig → § 623 Rdnr. 2. Es wäre sinnentleerte Förmelei, folgendermaßen zu argumentieren: Die Folgesache konnte nur insofern verbunden werden, wie sie für den *Fall der Scheidung* zu entscheiden gewesen wäre. Wird die Ehe nicht *geschieden*, sondern *aufgehoben*, so ist diese Voraussetzung entfallen und damit die Rechtshängigkeit als eine nur eventuelle → § 610 Rdnr. 6 erledigt. Die Folge davon wäre, daß die bisherigen Folgesachen als selbständige Familiensachen neu begonnen werden müßten, wenn die Aufhebung der Ehe, wie meist, Scheidungsfolgenrecht (§ 37 EheG) nach sich zieht. Man könnte daran denken, Abs. 3 S. 2 und 3 entsprechend anzuwenden. Bei Abweisung eines Scheidungsantrags kann aber eine Folgesache nur ausnahmsweise weiter Bedeutung behalten. Wird im Falle eines verbundenen Eheaufhebungs- und Scheidungsverfahrens die Ehe aufgehoben, so behalten regelmäßig sämtliche geltend gemachten Folgesachen ihre Relevanz. Eine an praktischen Bedürfnissen orientierte Auslegung des Gesetzes muß daher für diesen Fall davon ausgehen, daß die Folgesache von selbst rechtshängig bleibt; daß zwar der obligatorische Entscheidungsverbund nicht besteht, aber das Familiengericht nicht daran gehindert ist, gleichzeitig mit der Aufhebung über deren Folgen – obwohl als Folgesachen des

---

[1] *Staudinger-Spellenberg*[12] Internationales Eheverfahrensrecht Rdnr. 413 ff.; *MünchKommZPO-Klauser* Rdnr. 2 unter Hinweis auf *BGH* FamRZ 1987, 793 (Verschuldensausspruch im Ehetrennungsurteil nach italienischem Recht).

[2] *OLG Stuttgart* FamRZ 1983, 81 ff.
[3] A.M. *OLG Stuttgart* aaO; *MünchKommZPO-Klauser* Rdnr. 4.
[4] *BGH* NJW RR 1988, 71 = FamRZ 276.

Scheidungsantrags rechtshängig – mitzubefinden. Freilich ergeht dann die Entscheidung nicht einheitlich durch Urteil. Die verbleibenden Folgesachen haben den Charakter selbständiger Familiensachen und sind daher nach zivilprozessualen und FG-Angelegenheiten getrennt zu behandeln.

2   II. Aus § 629 Abs. 2 geht hervor, daß sich das einheitliche Urteil aus einem **Versäumnisurteil** und einer kontradiktorischen Erkenntnis zusammensetzen kann. Da in den der Untersuchungsmaxime unterliegenden FG-Sachen Versäumnisurteile nicht denkbar sind, können nur die zivilprozessualen Folgesachen der Nrn. 4, 5 und 8 von § 621 in Betracht kommen[4a]. Zur Ehesache selbst → § 612 Rdnr. 2ff. Ein Versäumnisurteil muß in diesen Angelegenheiten immer ergehen, wenn der Antragsgegner des Folgeverfahrens nicht anwaltschaftlich vertreten ist. Eine Abwandlung erfahren die allgemeinen Grundsätze über das Versäumnisurteil lediglich durch die Prinzipien des Entscheidungsverbundes. Das Versäumnisurteil kann nur zusammen mit dem Scheidungsausspruch ergehen. Die Teile des Verbundurteils, die als Versäumnisentscheidungen ergangen sind, brauchen nicht eigens als solche bezeichnet zu werden. Es genügt, wenn der Wille des Gerichts, eine Versäumnisentscheidung zu erlassen, aus den Entscheidungsgründen hervorgeht[5]. Wird nach richterlicher Aufklärung kein Antrag auf Erlaß eines Versäumnisurteils gestellt, so kann auch ein Verbundurteil nicht ergehen. Der Versäumnisteil des Verbundurteils darf für die Zeit nach Rechtskraft des Scheidungsurteils für vorläufig vollstreckbar erklärt werden → § 629a Rdnr. 18.

Schließlich ordnet Abs. 2 S. 2 an, daß das Einspruchsverfahren durchgeführt werden muß, bevor über die gegen die übrigen Teile des Urteils eingelegte Berufung[6], vor allem jene gegen das Scheidungsurteil eingelegte, entschieden werden kann. Das Berufungsverfahren wegen der der Berufung unterliegenden Teile des Urteils ruht also faktisch solange, bis auf Einspruch hin in den zivilprozessualen Folgesachen ein kontradiktorisches Urteil ergangen ist[7]. Dadurch soll praktisch ein Stück des Verbunds in der Berufungsinstanz erhalten bleiben und die gegen das auf Einspruch ergangene Urteil eingelegte Berufung mit der Berufung gegen die übrigen Teile des ursprünglichen Urteils zusammen verhandelt werden können. Ein nachträgliches Verbundurteil entsteht freilich nicht → § 629a Rdnr. 25. Daß man sich nicht zu einer Absage an das Versäumnisverfahren und zu einer einheitlichen Geltung der Untersuchungsmaxime für alle Scheidungsfolgesachen hat durchringen können, rächt sich an dieser Stelle. Gegen die Taktik des Antragsgegners, in einer Folgesache durch Nichtverhandeln (§ 333) ein Versäumnisurteil zu provozieren, gegen das Scheidungsurteil Berufung einzulegen und das Berufungsverfahren durch das Einspruchsverfahren anzuhalten, ist keine Abhilfe ersichtlich.

Ist fälschlich einheitlich durch streitiges Verbundurteil entschieden worden, so muß dieses wegen des Verfahrensfehlers aufgehoben werden, wenn der Scheidungsanspruch angefochten wird, aber wohl auch, wenn das Urteil in einer der ZPO-Sachen angegriffen wird[8].

Ist nur gegen Folgeentscheidungen Berufung eingelegt worden, so bleibt auch in diesem Fall der Verbund unter ihnen erhalten → § 628 Rdnr. 19. Ist ein Ehegatte im Berufungsverfahren säumig, so ist in ZPO-Folgesachen wiederum nach Versäumnisgrundsätzen, nämlich gemäß § 542, zu verfahren. In FG-Sachen ist eine Amtsermittlung vorzunehmen, auch soweit ein Antragserfordernis bestand[9].

3   III. Folgesachen sind kraft Legaldefinition nur solche, in welchen eine Entscheidung für den Fall der Scheidung beantragt ist oder für diesen Fall von Amts wegen getroffen werden

---

[4a] Beispiel: *OLG Schleswig* FamRZ 1992, 1199.
[5] *BGH* FamRZ 1988, 945.
[6] Die Berufungsfrist wird durch Einlegung des Einspruchs nicht hinausgeschoben: *BGH* FamRZ 1986, 897.
[7] *OLG Schleswig* FamRZ 1988, 1301, 1302.
[8] *OLG Schleswig* aaO.
[9] *OLG Zweibrücken* NJW 1986, 3033.

muß → § 623 Rdnr. 2 ff. Sie stehen daher kraft Gesetzes im Eventualverhältnis zum Scheidungsantrag dergestalt, daß nur bei dessen Erfolg entschieden werden soll. Satz 2 von Absatz 3 ist die Folge hieraus. Wegen S. 2 und 3 → § 626 Rdnr. 3, 4. Der Grund der Abweisung des Scheidungsantrages ist für die entsprechende Anwendbarkeit von § 626 Abs. 2 S. 3 gleichgültig. Er ist auch anwendbar, wenn zwischenzeitlich eine ausländische Scheidung für das Inland anerkannt worden ist und damit der Scheidungsantrag unzulässig geworden ist und deshalb verworfen werden muß[10]. Beabsichtigt das Gericht, einen Ehescheidungsantrag abzuweisen, so muß es den Parteien Gelegenheit zu einem rechtzeitigen Antrag nach Abs. 3 S. 2 geben. Der Vorbehalt ist in das Urteil aufzunehmen, der Antrag dazu später nicht mehr nachholbar. Absatz 3 ist auch in der höheren Instanz anzuwenden. Die Folgesache ist dann in der Berufungsinstanz weiterzubetreiben. Sind einige Sachen nicht in die zweite Instanz gelangt, so ist ihretwegen an die erste Instanz zurückzuverweisen. Wird der Scheidungsantrag in der Revisionsinstanz abgewiesen, so muß zurückverwiesen werden[11]. Die weiterbetriebenen »Folgesachen« werden zu selbständigen Familiensachen. Es ergeht eine selbständige Kostenentscheidung. Prozeßkostenhilfe muß selbständig beantragt werden[12]. Praktische Bedeutung ist der Regelung nicht zugewachsen.

IV. Der Entscheidungsverbund durch zivilprozessuales Urteil ist eine nicht nur der Übersichtlichkeit dienende rechtstechnische Maßnahme, sondern soll auch dem Schutz des schwächeren Ehegatten dienen, nicht ohne gleichzeitige Entscheidung über die Folgesachen geschieden zu werden. Daher setzt sich der Entscheidungsverbund im Rechtsmittelverfahren fort, sofern auch dort die Scheidung mit zur Debatte steht → § 628 Rdnr. 19, §§ 629 a, 629 b. Im übrigen aber ist aus § 629 a Abs. 2 S. 1 zu schließen, daß die verbundenen Entscheidungen ihre Rechtsnatur als FG-Angelegenheiten wiedererlangen, sobald sie isoliert von Bedeutung werden. 4

§ 629 a [Entscheidungsverbund und Rechtsmittel]

(1) Gegen Urteile des Berufungsgerichts ist die Revision nicht zulässig, soweit darin über Folgesachen der in § 621 Abs. 1 Nr. 7 oder 9 bezeichneten Art erkannt ist.
(2) Soll ein Urteil nur angefochten werden, soweit darin über Folgesachen der in § 621 Abs. 1 Nr. 1 bis 3, 6, 7, 9 bezeichneten Art. erkannt ist, so ist § 621 e entsprechend anzuwenden. Wird nach Einlegung der Beschwerde auch Berufung oder Revision eingelegt, so ist über das Rechtsmittel einheitlich als Berufung oder Revision zu entscheiden. Im Verfahren vor dem Rechtsmittelgericht gelten für Folgesachen § 623 Abs. 1 und die §§ 627 bis 629 entsprechend.
(3) Ist eine nach § 629 Abs. 1 einheitlich ergangene Entscheidung teilweise durch Berufung, Beschwerde, Revision oder weitere Beschwerde angefochten worden, so kann eine Änderung von Teilen der einheitlichen Entscheidung, die eine andere Familiensache betreffen, nur noch bis zum Ablauf eines Monats nach Zustellung der Rechtsmittelbegründung, bei mehreren Zustellungen bis zum Ablauf eines Monats nach der letzten Zustellung beantragt werden. Wird in dieser Frist eine Abänderung beantragt, so verlängert sich die Frist um einen weiteren Monat. Satz 2 gilt entsprechend, wenn in der verlängerten Frist erneut eine Abänderung beantragt wird. Die §§ 516, 552 und 621e Abs. 3 Satz 2 in Verbindung mit den §§ 516, 552 bleiben unberührt.

---

[10] *BGH* FamRZ 1984, 256.
[11] *BGH* FamRZ 1984, 256.
[12] *Zöller-Philippi*[17] Rdnr. 10.

(4) Haben die Ehegatten auf Rechtsmittel gegen den Scheidungsausspruch verzichtet, so können sie auf dessen Anfechtung im Wege der Anschließung an ein Rechtsmittel in einer Folgesache verzichten, bevor ein solches Rechtsmittel eingelegt ist.

Gesetzesgeschichte: Rdnr. 1 ff. vor § 606, Abs. 2 S. 2 geändert, Rest angefügt: BGBl. 1986 I 301.

I. Grundsätze des Rechtsmittelverfahrens; Überblick 1	
1. Die einheitliche Anfechtung durch Berufung oder Revision 1	
2. Die Neuregelung durch das UÄndG 1986 3	
II. Die Ausnahmen von den allgemeinen Rechtsmittelgrundsätzen und deren Modifizierungen im Verbundverfahren; Abs. 1 und 2 4	
1. Der Ausschluß der Revision nach Absatz 1 4	
2. Zeitlich gestaffelte Einlegung von Rechtsmitteln und der ZPO- oder FG-Charakter des Verfahrens 5	
3. Der Verbund mehrerer durch Rechtsmittel in die höhere Instanz gelangter Folgeverfahren untereinander 6	
4. Die Kostenentscheidungen in zweiter Instanz 7	
III. Änderungen des Verfahrensgegenstands im Rechtsmittelzug 10	
1. Verbundverfahren und allgemeine Grundsätze über Streitgegenstandsänderungen 11	
a) Die Rechtsmittelanschließung	
b) Fortlaufende Erweiterungen eines Rechtsmittels 12	
2. Fristgebundenheit von Streitgegenstandserweiterungen im Rechtsmittelverfahren 14	
a) Die Beschränkung des Wortlauts der Vorschrift auf »andere« Familiensachen	
b) Ungleichbehandlung von Anschlußrechtsmitteln und Rechtsmittelerweiterungen? 15	
c) Der Fristbeginn 16	
d) Die fehlende Eigenschaft der Frist als Notfrist 17	
e) Vorläufige Vollstreckbarkeit der Entscheidung über den Getrenntlebensunterhalt? 18	
IV. Verzicht auf Anschlußrechtsmittel 19	
V. Der Zeitpunkt des Eintritts der Rechtskraft der Scheidung 20	
1. Suspendierung der Rechtskraft durch Möglichkeit einer Rechtsmittelanschließung	
2. Suspendierung der Rechtskraft durch Möglichkeit einer Rechtsmittelerweiterung 21	
3. Rechtskraft und unzulässige Revision 22	
4. Wiedereinsetzung in den vorigen Stand 23	
5. Fehlerhafte Zustellungen 24	
6. Aus streitiger und Versäumnisentscheidung zusammengesetztes Urteil 25	

I. Grundsätze des Rechtsmittelverfahrens; Überblick[1]

1. Die einheitliche Anfechtung durch Berufung oder Revision

1   Gegen das nach § 629 Abs. 1 einheitlich ergehende Urteil ist **Berufung**[2], gegen das Berufungsurteil **Revision** statthaft, auch soweit Gegenstände mitentschieden sind, für die grundsätzlich FG-Verfahrensrecht gilt → § 629 Rdnr. 1. Voraussetzung ist nur, daß unter den von der Entscheidung betroffenen Verfahrensgegenständen sich einer befindet, der von Haus aus dem ZPO-Verfahren unterliegt. § 629a Abs. 1 und 2 setzen dies aus allgemeinen Vorschriften

---

[1] Lit.: *Bergerfurth* § 629a Abs. 3 ZPO – Die Sphinx im neuen Verfahrensrecht, FamRZ 1986, 940. *Philippi* Anfechtung und Rechtskraft von Scheidungsverbundurteilen, FamRZ 1989, 1257; *F. Schweizer* Der Eintritt der Rechtskraft bei Teilanfechtung im Verbundverfahren (1991). Speziell zu den Änderungen aufgrund des UÄndG 1986 *Kemnade* FamRZ 1986, 625; *Sedemund-Treiber* FamRZ 1986, 209.

[2] Zu den Besonderheiten der Berufung gegen den Scheidungsausspruch → Allg. Einl. § 511 Rdnr. 63 ff.

der ZPO (§ 511) sich ergebend voraus und regeln nur die Ausnahmen → Rdnr. 4 ff. Eine der Folgen davon ist, daß in einer solchen Situation das Rechtsmittel auch insoweit dem Begründungszwang unterliegt, als es eine FG-Folgesache betrifft[3]. Bei Fehlbezeichnungen von Rechtsmitteln hat sich die Rechtsprechung als großzügig erwiesen[4]. Wegen des Einspruchs gegen ein Versäumnisurteil → Rdnr. 25, § 629 Rdnr. 2. Es kann daher sehr leicht dazu kommen, daß in Rechtsmittelverfahren nur ein Teil dessen Streitgegenstand ist, was es in erster Instanz war, sei es, daß der Kläger in den Folgesachen nur teilweise durchgedrungen ist und sich gegen sein Unterliegen wehrt, sei es, daß eine oder beide Parteien das Urteil auch nur insoweit teilweise anfechten, als es zu ihrem Nachteil ergangen ist. Die Revision ist ohnehin immer zulassungsabhängig (§§ 621 d, 546). Zur Rechtsmittelproblematik, wenn das Familiengericht oder das OLG einen Scheidungsantrag abgewiesen hat → § 629 b.

Die Voraussetzungen für die Zulässigkeit einer Berufung **sind dieselben wie allgemein.** **Berufungsgericht ist das OLG** nur, wenn ein Gericht der FG entschieden *hat,* § 119 Abs. 1 Nr. 1 GVG. Hat ein Richter der allgemeinen Prozeßabteilung des Amtsgerichts fälschlich in einer Familiensache entschieden, so wahrt der Berufungsführer die Berufungsfrist nur durch Berufungseinlegung beim LG[5]. Eine Berufung kann im allgemeinen mangels *formeller Beschwer* nicht darauf gestützt werden, daß das Gericht eine auf gestellten Antrag oder von Amts wegen zu treffende Entscheidung unterlassen hat, sofern die fragliche Angelegenheit Verfahrensgegenstand war → § 623 Rdnr. 11. Vielmehr hat dann Ergänzungsurteil zu ergehen → § 628 Rdnr. 15, 18. Hat das Familiengericht eine von Amts wegen zu betreibende Angelegenheit fälschlicherweise überhaupt nicht zum Verfahrensgegenstand gemacht, so muß man aber die Berufung zulassen. Der Grundsatz von der formellen Beschwer als Berufungsvoraussetzung ist untrennbar verknüpft mit der Dispositionsmaxime bei der Verfahrenseinleitung. Soweit ein Gericht Verfahrensgegenstände von Amts wegen einbeziehen muß, muß ein Fehlverhalten auch ohne formelle Beschwer rügbar sein. Meist wird das Verbundurteil dann wegen des Verfahrensfehlers aufzuheben und die gesamte Sache an das FG zurückzuverweisen sein[6]. Von einer Zurückverweisung kann abgesehen werden, wenn dem Berufungsgericht eine abgestimmte Entscheidung über alle Folgesachen möglich ist, etwa weil über die fehlerhafterweise abgetrennten Folgesachen in der Zwischenzeit rechtskräftig entschieden ist[7]. 2

2. Die Neuregelung durch das UÄndG

In seiner ursprünglichen Form führte die Anwendung der Norm in der Praxis zu einer Reihe von nicht beabsichtigten Mißlichkeiten. Das UÄndG 1986 hat versucht, ihnen abzuhelfen, nicht immer mit Erfolg[8]. 3

a) Der neue *Satz 3 von Absatz 2* soll sicherstellen, daß die Folgesachen auch im Rechtsmittelzug untereinander im Verbund bleiben, wenn, wie meist, die Entscheidung in der Scheidungssache nicht angefochten wird → Rdnr. 10.

b) *Absätze 3 und 4* sollen dagegen Abhilfe schaffen, daß die Rechtskraft der Scheidung auf unabsehbare Zeit hinausgeschoben bleibt, obwohl die Ehegatten nur noch über die Folgesachen streiten. Abs. 3 beschränkt demgemäß die zeitlichen Möglichkeiten, binnen deren die Ehescheidung durch späteres Anschlußrechtsmittel noch angefochten werden kann → Rdnr. 11 ff. Abs. 4 erleichtert den Verzicht auf Anschlußrechtsmittel, soweit davon die Ehescheidung betroffen werden könnte → Rdnr. 19.

---

[3] *OLG Oldenburg* FamRZ 1980, 474.
[4] *BGH* FamRZ 1981, 946 = NJW 2360; *OLG Frankfurt* FamRZ 1984, 406.
[5] *BGH* NJW 1991, 231.
[6] *BGH* FamRZ 1979, 581 = NJW 1603, heute allg. M.
[7] *OLG Hamm* FamRZ 1990, 1255.
[8] Näher dazu *Schweizer* (Fn. 1) 9 f.; *MünchKommZPO-Klauser* Rdnr. 2 – zu Abs. 3.

II. Die Ausnahmen von den allgemeinen Rechtsmittelgrundsätzen und deren Modifizierungen im Verbundverfahren; Abs. 1 u. 2

1. Der Ausschluß der Revision nach Absatz 1

4   Die Erwähnung der Revision in Abs. 1 betrifft nur einen seltenen Fall. Wird die Entscheidung des OLG in einer Hausratssache (§ 621 Nr. 7) oder einer Zugewinnausgleichs-Stundungs- oder -Vermögensübertragungssache (§ 621 Nr. 9) angefochten, so wäre normalerweise das Rechtsmittel, wenn überhaupt statthaft, die weitere Beschwerde nach § 621e → dort Rdnr. 17. Nur wenn das Berufungsurteil zusätzlich auch in einem Bestandteil angefochten wird, der nach der ZPO zu entscheiden war, ist das Rechtsmittel Revision, auch soweit es sich gegen Entscheidungen in FG-Sachen richtet → Rdnr. 1. Absatz 1 meint lediglich den Fall, daß das drittinstanzliche Rechtsmittel sich gegen eine Entscheidung in einer ZPO-Sache und zusätzlich gegen die Entscheidung in einer FG-Sache nach § 621 Abs. 1 Nr. 7 oder 9 richtet. In einer solchen Situation kann daher auch keine Beschwerde gegen die vom OLG versagte Wiedereinsetzung in die Frist zur Einlegung oder Begründung des Rechtsmittels eingelegt werden[9]. Wenn hingegen der Zugewinnausgleichsanspruch als solcher in die Revisionsinstanz gelangt, sind Entscheidungen, die das OLG im Rahmen eines Verfahrens nach § 621 Abs. 1 Nr. 9 getroffen hat, überprüfbar[10] → § 621a Rdnr. 17, freilich dann nicht, wenn die Berufung als unzulässig verworfen worden war[11]. Entsprechend anzuwenden ist die Vorschrift über den Ausschluß der Revision auf den Fall des § 53g Abs. 2 FGG[12]. § 629c bleibt unberührt[13].

2. Zeitliche gestaffelte Einlegung von Rechtsmitteln und der ZPO- oder FG-Charakter des Verfahrens

5   Soll ein Rechtsmittel nur wegen einer solchen Folgeentscheidung eingelegt werden, die nach FG-Grundsätzen verhandelt wurde, so ordnet Abs. 2 an, daß gegen das **(zivilprozessuale!) Urteil eine dem FGG unterliegende Beschwerde** eingelegt werden muß, die ein Verfahren auslöst, das ganz den durch § 621e modifizierten FG-Grundsätzen unterliegt. Es gilt etwa nicht § 128 ZPO, sondern § 53b Abs. 1 FGG. Anwaltszwang → § 78 Rdnr. 3c. Zur subjektiven Beschwerdeberechtigung s. die Kommentare zu § 20 FGG.

Kommt es nach Einlegung der Beschwerde zu einem Berufungs- oder Revisionsverfahren, so wird das Verfahren insgesamt wieder zu einem zivilprozessualen. Die 1986 vorgenommene redaktionelle Änderung des Textes von Abs. 2 S. 2 hat dies klargestellt, ohne in der Sache eine Änderung der Rechtslage zu bewirken. Die einmal eingetretene Natur des Verfahrens als eines zivilprozessualen Rechtsmittelverfahrens – von Anfang an oder nach Abs. 2 S. 2 – bleibt auf jeden Fall auch dann bestehen, wenn sich das zivilprozessuale Rechtsmittel durch Vergleich erledigt hat[14], jedoch auch bei anderweitiger Beendigung der Rechtshängigkeit der zivilprozessualen Rechtsmittelgegenstände, etwa durch Klage- oder Berufungszurücknahme[15] oder Erklärung des Rechtsstreits als in der Hauptsache erledigt – es sei denn, die Einschränkung des Rechtsmittels auf FG-Folgesachen geschehe bereits in der Rechtsmittelbegründung[16] → Rdnr. 12. Die Natur des Verfahrens als eines zivilprozessualen Gesamtverfah-

---

[9] *OLG Zweibrücken* FamRZ 1984, 1031.
[10] Allg.M. – A.M. Vorauflage.
[11] BGH FamRZ 1980, 670; BHG FamRZ 1980, 234 = NJW 402.
[12] *Zöller-Philippi*[17] Rdnr. 14.
[13] *MünchKommZPO-Klauser* Rdnr. 11.
[14] *OLG München* FamRZ 1980, 374, 375; *OLG Stuttgart* FamRZ 1981, 704. – A.M. *OLG Hamburg* FamRZ 1984, 398; *MünchKommZPO-Klauser* Rdnr. 12.
[15] *OLG Bamberg* FamRZ 1982, 506, 507; offengelassen in *BGH* FamRZ 1991, 549, aber gegen das zivilprozessuale Urteil nach dem Grundsatz der Meistbegünstigung Berufung zulassend.
[16] *BGH* NJW 1981, 2360 = FamRZ 946.

rens¹⁷ hat zur Konsequenz, daß auch über FG-Angelegenheiten mündlich zu verhandeln ist, und auch ihretwegen Versäumnisentscheidungen gegen den Berufungsführer erlassen werden können¹⁸. Denn dieser kann dann keinen wirksamen Berufungsantrag stellen. Hingegen ist bei Säumnis des Berufungsgegners in den FG-Sachen wie bei Versäumnis eines Ehegatten in erster Instanz einseitig zu verhandeln und der Entscheidung das Ermittlungsergebnis zugrundezulegen. Sämtliche bis zum Übergang ins Berufungs- oder Revisionsverfahren vorgenommenen Prozeßhandlungen behalten freilich ihre Wirksamkeit, auch Beweiserhebungen nach Freibeweisgrundsätzen des FG-Verfahrens. Wird Beschwerde eingelegt, so kann die Berufung auch nach den Grundsätzen der Anschlußberufung → Rdnr. 11 eingelegt werden, wie wenn die Beschwerde eine Berufung gewesen wäre. Abs. 2 S. 2 gilt freilich nur, wenn es der Beschwerdeführer selbst ist, der nachträglich Berufung einlegt, nicht auch, wenn dies der Gegner tut. Das letztere folgt aus der im Singular gehaltenen Wortwahl (»*das* Rechtsmittel«)¹⁹.

Soll ein Berufungsurteil nur in einem Punkt angefochten werden, der von Haus aus einem FG-Verfahren unterliegt, dann muß weitere Beschwerde eingelegt werden, die in den Grenzen des § 621 e → dort Rdnr. 16, 17 zulässig ist, auch wenn das Berufungsgericht insoweit die Revision zugelassen hat. Will das Berufungsgericht freilich nur wegen einer unter § 621 Nr. 1–3, 6, 7, 9 fallenden Angelegenheit die dritte Instanz eröffnen, so hat es nicht die Revision, sondern die weitere Beschwerde zuzulassen. Legt der Beschwerdeführer nach Einlegung der weiteren Beschwerde noch Revision ein, so wird das Verfahren insgesamt wieder zum zivilprozessualen in der dritten Instanz. Anschlußrevision ist möglich, wie wenn das Verfahren der weiteren Beschwerde ein Revisionsverfahren gewesen wäre.

3. Der Verbund mehrerer durch Rechtsmittel in die höhere Instanz gelangter Folgeverfahren untereinander

Der *BGH* hatte entschieden, daß im Rechtsmittelzug kein Verbund der Folgesachen untereinander entsteht, wenn zwar die Entscheidung zu mehreren Folgesachen angefochten wird, der Scheidungsausspruch selbst aber nicht²⁰. Dies war mißlich, weil es dem Rechtsmittelgericht die Aufgabe unnötig erschwerte, die Regelung der Scheidungsfolgen aufeinander abzustimmen. Daher hatte das UÄndG 1986 dem Absatz 2 einen Satz 3 angefügt, der jetzt den Verbund der in die höhere Instanz gelangenden Folgesachen untereinander anordnet. Daß sich der Verbund zwischen den Scheidungs- und Folgesachen in der Berufungsinstanz fortsetzt, wenn auch die Scheidungssache dorthin gelangt, ist ohnehin selbstverständlich²¹. Die Verweisung auf §§ 627–629 stellt klar, daß in der Berufungsinstanz der Verbund in entsprechender Weise wie in der ersten Instanz gelöst werden kann. Ist jedoch die Scheidungssache nicht in den Rechtsmittelzug gebracht worden, so kann sie durch das Rechtsmittelgericht auch nicht »abgetrennt« werden.

Wenn keine Abstimmungsprobleme existieren, kann von § 628 Abs. 1 Nr. 3 großzügig Gebrauch gemacht werden²².

6

---

¹⁷ Krit. zur Lehre von der Dominanz der ZPO gegenüber dem FGG *MünchKommZPO-Klauser* Rdnr. 52 (Zuweisung auch der FG-Folgesachen an den Einzelrichter in Mischfällen unzulässig; das FGG als die insoweit strengere Verfahrensordnung genieße Vorrang) – A.M. *Zöller-Philippi*¹⁷ Rdnr. 8 m.N.
¹⁸ *Zöller-Philippi*¹⁷ Rdnr. 8.
¹⁹ *Zöller-Philippi*¹⁷ Rdnr. 5. – A.M. *Thomas-Putzo*¹⁸ Rdnr. 9.
²⁰ *BGH* FamRZ 1980, 773; 82 358 – gegen verschiedene OLGe.
²¹ *BGH* FamRZ 1982, 358.
²² *MünchKommZPO-Klauser* Rdnr. 55.

4. Die Kostenentscheidung in zweiter Instanz

7   Wegen der vom Gericht zweiter Instanz zu treffenden Kostenentscheidungen ist vieles unklar und strittig.

a) Im Falle *erfolglos gebliebener Rechtsmittel* gilt § 97, auch wenn nur eine Entscheidung in einer FG-Sache angefochten worden ist → § 97 Abs. 3 und selbst wenn Dritte Rechtsmittelführer waren[23]. Ist das Rechtsmittel teilweise erfolglos, so ist § 97 für die erfolglose Quote anzuwenden[24].

Bei *Rücknahme einer Berufung* gilt § 515 Abs. 3, der nach § 566 entsprechend auf das *Revisionsverfahren* anwendbar ist. § 97 Abs. 3 kann nur so verstanden werden, daß auch die *Beschwerde nach § 621e* gemeint ist, wenn sie sich gegen eine FG-Folgesache einer Scheidungssache richtet. In diesem Rahmen ist auch ein zurückgenommenes Rechtsmittel ein ohne Erfolg eingelegtes[25]. Da dies dem Grundgedanken des § 515 Abs. 3 S. 1 entspricht, kann auch S. 2 der Vorschrift entsprechend angewandt werden[26].

8   b) Im Fall eines *erfolgreichen Rechtsmittels* gilt für das Verhältnis der Eheleute zueinander § 93a. Wird, wie meist, der Scheidungsausspruch durch das Rechtsmittelverfahren nicht tangiert, so liegt der Tatbestand, daß »auf Scheidung der Ehe erkannt wird« vor. Eine Ausnahmevorschrift (wie § 97 im Fall erfolgloser Rechtsmittel) greift nicht ein. Es bleibt also dann bei § 93a Abs. 1[27]. Allerdings ist über die Kosten des Rechtsmittelzugs ein besonderer, wenngleich sich ebenfalls nach § 93a richtender Kostenentscheid zu erlassen, wenn die Scheidung selbst nicht in die Rechtsmittelinstanz gelangt ist[28].

Dringt ein *Dritter mit einem Rechtsmittel durch*, so gilt für die dadurch entstandene Kosten wieder, daß sie den Ehegatten nach dem Maßstab des § 93a aufzuerlegen sind. Bei teilweisem Obsiegen hat der Dritte die Kosten im wertmäßigen Verhältnis zu seinem Unterliegen selbst zu tragen[29].

9   c) Eine **Erledigung** *gerade des Rechtsmittels* **in der Hauptsache** ist kaum denkbar. Erledigt sich die angefochtene Angelegenheit während des Rechtsmittelverfahrens in der Hauptsache, so ist in zivilprozessualen Sachen § 91a mit der Maßgabe anzuwenden, daß dem Rechtsmittelführer die Kosten aufzuerlegen sind, wenn er ohne das erledigende Ereignis mit seinem Rechtsmittel keinen Erfolg gehabt hätte. Im anderen Fall ist Maßstab für die Kostenentscheidung wiederum § 93a, soweit ein Ehegatte Rechtsmittelführer war. Erledigt sich eine Folgesache, in der ein Dritter ein Rechtsmittel eingelegt hat, so bleibt es bei der Anwendbarkeit von § 13a FGG → § 621a Rdnr. 19.

III. Änderungen des Verfahrensgegenstands im Rechtsmittelzug

10 In den von §§ 610, 623 gezogenen Grenzen sind auch im Verbundverfahren Dispositionsakte möglich, die zu einer Änderung des Verfahrensgegenstandes führen: Auf der Seite des Rechtsmittelgegners durch Rechtsmittelanschließung; auf der Seite des Rechtsmittelführers durch nachträgliche Einschränkung oder Erweiterung des Rechtsmittels bzw. durch Änderung (und Erweiterung) des in erster Instanz gestellten Antrags. Auch wenn das Haupt-

---

[23] KG FamRZ 1981, 381; *OLG Frankfurt* FamRZ 1986, 369.
[24] *BGH* FamRZ 1983, 44, 48.
[25] Im Ergebnis mit unterschiedlicher Begründung ebenso: *BGH* FamRZ 1983, 154; *OLG München* FamRZ 1979, 734; *OLG Düsseldorf* FamRZ 1980, 1052; *OLG Zweibrücken* JurBüro 80, 1894; *OLG Karlsruhe* MDR 1984, 59; *KG* FamRZ 1984, 67; h.LitM. – A.M. (nämlich § 13a FGG anwendend) *OLG Hamburg* FamRZ 1992, 1457; *dass.* FamRZ 1979, 326; *OLG Schleswig* SchlHA 1979, 165; *OLG Oldenburg* FamRZ 1980, 1135; *OLG Saarbrücken* JurBüro 82, 1092; *OLG Hamm* JurBüro 82, 1744; *OLG Stuttgart* FamRZ 1983, 936; *OLG Frankfurt* FamRZ 1986, 368; Zöller-Philippi[17] Rdnr. 13.
[26] *BGH* FamRZ 1983, 154.
[27] KG FamRZ 1981, 381; allg.M.
[28] *OLG München* FamRZ 1980, 473.
[29] KG FamRZ 1981, 381.

rechtsmittel den Scheidungsausspruch nicht betrifft, eröffnet es die Möglichkeit, daß sich ihm der Gegner mit dem Ziel anschließt, den Scheidungsausspruch zu bekämpfen. Damit wird das rechtspolitische Anliegen verfolgt, es jedem Ehegatten freizustellen, auch noch in der Rechtsmittelinstanz dafür zu kämpfen, nur zu bestimmten Bedingungen in den Folgeregelungen geschieden zu werden. Die ursprüngliche Fassung der Norm hat freilich dazu geführt, daß die Rechtskraft der Scheidung auf lange und unabsehbare Zeit hinausgeschoben bleiben konnte, vor allen Dingen, wenn es bei der Durchführung des Versorgungsausgleichs zu zeitraubenden Komplikationen kam. Aus diesem Grund hat das UÄndG 1986 die sonst ungewöhnliche Figur befristeter Rechtsmittelanschließungen gebracht → Rdnr. 14 und zudem den Verzicht auf Anschlußrechtsmittel erleichtert → Rdnr. 19. Die Norm gilt aber nur für Verbundentscheidungen. Vorabentscheidungen nach § 627 oder über das Scheidungsbegehren allein werden von ihr nicht erfaßt. Auch wenn ein Rechtsmittelführer die Vorabentscheidung vor den gleichen Berufungsspruchkörper bringt, der über die Rechtsmittel gegen die Schlußentscheidung angerufen worden ist, lebt die Befugnis zur Anschließung nicht wieder auf, weil diese sich nur gegen das Urteil richten kann, gegen welches sich auch das Hauptrechtsmittel richtet[30].

Um des Verständnisses des Zusammenhangs willen sollen zunächst die Auswirkungen der allgemeinen Grundsätze über Verfahrensgegenstandsänderungen im Rechtsmittelverfahren auf das Verbundverfahren dargestellt werden, ehe auf die mit Abs. 3 bewirkten Besonderheiten einzugehen ist.

1. Verbundverfahren und allgemeine Grundsätze über Streitgegenstandsänderungen

Die allgemeinen, durch Abs. 3 nicht modifizierten Grundsätze zu Streitgegenstandsänderungen im Rechtsmittelverfahren wirken sich im Verbundverfahren folgendermaßen aus: 11

a) Abs. 3 soll nicht die allgemeinen Grundsätze über *die Rechtsmittelanschließung* – auch die Hilfsanschließung[31] zurückdrängen, sofern nicht gerade die neu eingeführte Fristbindung in Frage steht[32]. Anschließen kann man sich dem Rechtsmittel des anderen Ehegatten auch wegen der Ehesache selbst[33], wegen einer ganz anderen Folgesache[34], etwa auch wegen des in Prozeßstandschaft geltend gemachten Kindesunterhalts, wenn sich das Hauptrechtsmittel gegen die Höhe des zuerkannten Ehegattenunterhalts richtet[35]. Eine spätere Abänderung von Unterhaltstiteln ist präkludiert, wenn im Berufungsverfahren des Vorprozesses eine mögliche Anschließung unterblieben ist[36]. Ob Hauptrechtsmittel oder Anschließung ZPO-Folgesachen oder FG-Folgesachen betreffen, ist gleichgültig[37]. Der *BGH*[38] hat dies bisher zwar nur für Fälle entschieden, wo die fraglichen FG-Folgesachen den Versorgungsausgleich betrafen, der eine Streitsache der FG darstellt, für die die Statthaftigkeit der Anschlußbeschwerde anerkannt ist[39]. Das gleiche muß aber auch für das Hausratsverfahren gelten. Da das Prinzip des Verfahrensverbunds abgestimmte Folgeentscheidungen ermöglichen soll, muß darüber hinaus die Anschlußmöglichkeit auch bezüglich der Angelegenheiten des § 621 Abs. 1 Nr. 1–3 gelten, bei denen es sich im Schwerpunkt nicht um Streitverfahren der FG handelt. In der Begründung seiner zur Zulässigkeit der Rechtsmittelanschließung im Versorgungsausgleichs-

---

[30] *BGH* FamRZ 1983, 461 = NJW 1317.
[31] *MünchKommZPO-Klauser* Rdnr. 19.
[32] *OLG Frankfurt* FamRZ 1987, 496.
[33] *BGH* FamRZ 1980, 233 = NJW 702.
[34] *BGH* FamRZ 1986, 455 = NJW 1494; st. Rspr.
[35] Durch Abs. 2 S. 3 i.d.F. des UÄndG 1986 überholt die auf das Fehlen des Verbundes unter den allein in die Rechtsmittelinstanz geratenen Folgesachen gestützte ge-

genteilige Auffassung des *OLG München* FamRZ 1987, 169, so zu Recht Philippi FamRZ 1987, 607. Kritisch zu *OLG München* auch *Wosgien* FamRZ 1987, 1102.
[36] *BGH* FamRZ 1986, 43; 88, 601.
[37] *Schweizer* (Fn. 1) 7.
[38] St.Rspr., zuletzt FamRZ 1986, 455 = NJW 1494.
[39] Zu letzterem *BGHZ* 71, 314 = NJW 1978, 1977; st.Rspr., z.B. auch *BGHZ* 86, 51 = FamRZ 83, 154.

verfahren ergangenen Rechtsprechung hebt auch der *BGH* nicht auf den Streitcharakter des Verfahrens über den Versorgungsausgleich ab, sondern auf die Notwendigkeit, alle Entscheidungen, die im Verbund stehen, einheitlich zu behandeln[40].

Zwar ist die Statthaftigkeit einer Rechtsmittelanschließung grundsätzlich nicht von einer *Beschwer* abhängig → § 521 Rdnr. 5. Dieser Grundsatz ist jedoch auf das Zweiparteienverfahren zugeschnitten. Sind an einem zivilprozessualen Verfahren mehrere beteiligt, dann kann sich nur der *Rechtsmittelgegner* (»Berufungsbeklagter«, s. § 551) *dem Rechtsmittel anschließen* → § 521 Rdnr. 15. Auch Abs. 3 hat daran nichts geändert[41]. Anschließen kann sich ein Ehegatte daher *wegen des Scheidungsausspruchs oder irgendeiner Folgesache* auch an das Rechtsmittel *eines Dritten, insbesondere eines Trägers der Versorgungslast*[42]. Nur in seltenen Ausnahmefällen kann es dazu kommen, daß ein Ehegatte nicht Gegner des Rechtsmittels ist, dann nämlich, wenn er nicht dieselbe Beschwerde wie der Dritte hätte einlegen können. Verlangt z.B. der Vermieter die Zuweisung der Ehewohnung an den anderen Ehegatten als denjenigen, dem sie das Familiengericht zugewiesen hat, dann ist der andere Ehegatte nicht Rechtsmittelgegner[43]. In Angelegenheiten, die nicht den Versorgungsausgleich betreffen, ist der Träger des Versorgungsausgleichs niemals Rechtsmittelgegner[44]. Das Jugendamt ist Rechtsmittelgegner nur in Sorgerechts- und Umgangsrechtsfällen. Der Ehegatte als Rechtsmittelgegner bezüglich des Ehegattenunterhalts kann sich als Prozeßstandschafter des Kinderunterhalts dem Rechtsmittel anschließen[44a].

Auf das *Hauptrechtsmittel eines Trägers der Versorgungslast* kann im allgemeinen jede der Gesetzeslage entsprechende Änderung der Versorgungsausgleichsentscheidung folgen, weil insoweit das Verbot der reformatio in peius nicht gilt → § 621e Rdnr. 12. Daher ist eine unselbständige Anschließung eines Ehegatten oder eines anderen Trägers der Versorgungslast, die nur die Entscheidung über den Versorgungsausgleich betrifft, im allgemeinen als überflüssig unzulässig[45]. Mangels Rechtsschutzinteresse hat der *BGH* eine Anschließung auch für unzulässig gehalten, wenn mit ihr dasselbe Ziel wie mit dem Hauptrechtsmittel verfolgt wird[46]. Diejenigen Verfahrensbeteiligten, die weder Rechtsmittelführer noch Rechtsmittelgegner noch aktiv oder passiv Beteiligte eines Anschlußrechtsmittels sind, müssen aber Gelegenheit zu rechtlichem Gehör erhalten, wenn die Möglichkeit besteht, daß die Rechtsmittelentscheidung zu ihrem Nachteil von der Ausgangsentscheidung abweicht.

Eine *Anschließung gegen eine Anschließung* ist nach allgemeinen Grundsätzen nicht möglich[47]. Das wirft unter dem Gesichtspunkt der prozessualen Waffengleichheit Probleme auf, weil der Anschlußrechtsmittelführer, ohne an Begründungsfristen gebunden zu sein, seine Anschließung durch fortlaufende neue Anschließungen erweitern kann. Der *BGH* versucht, diese Probleme dadurch zu überwinden, daß er eine nachträgliche Rechtsmittelerweiterung großzügiger zuläßt, als der Wortlaut von § 519 an sich nahelegt → Rdnr. 12. Für das Verbundverfahren hat Abs. 3 in diesem Punkt eine Veränderung gebracht → Rdnr. 15.

---

[40] Z.B. *BGH* FamRZ 1982, 36, 38.

[41] *OLG Köln* FamRZ 1988, 411; *Philippi* FamRZ 1989, 1258f.; *Schmitz* FamRZ 1987, 1101; heute allg. M.

[42] *OLG Zweibrücken* FamRZ 1988, 856. A.M. *MünchKommZPO-Klauser* Rdnr. 20, weil Verfahrensziel mangels des Verbots der reformatio in peius auch ohnehin erreichbar sei. Zu den nötigen Differenzierungen → § 621e Rdnr. 12.

[43] Beispiel nach *Philippi* FamRZ 1989, 1258.

[44] *OLG Köln* FamRZ 1988, 411; *Rüffer* FamRZ 1989, 405, 413; *MünchKommZPO-Klauser* Rdnr. 22 mwN.

[44a] *OLG Hamm* FamRZ 1988, 187, 188. – A.M. *OLG München* FamRZ 1987, 169.

[45] *BGH* FamRZ 1985, 59 = NJW 968; entsprechend für Sorgerechtssachen: *OLG Koblenz* FamRZ 1987, 955. Durch neue Rechtsprechung wohl überholt *OLG Hamm* FamRZ 1983, 1241, das für den Fall anders entschieden hat, daß der Anschlußbeschwerdeführer gerade das entgegengesetzte Ziel zu der Hauptbeschwerde verfolgt. Für Beschwerdebefugnis beider Ehegatten in diesem Fall *Johannsen/Henrich/Sedemund-Treiber*[2] Rdnr. 10; *MünchKommZPO-Klauser* Rdnr. 22.

[46] *BGH* FamRZ 1982, 36, 38; *OLG Hamburg* FamRZ 1988, 639..

[47] *BGHZ* 88, 360 = NJW 1984, 437; FamRZ 1986, 455 = NJW 1494; *MünchKommZPO-Klauser* Rdnr. 16.

Ein Anschlußrechtsmittel ist auch zu dem Zweck statthaft, *den ursprünglichen Antrag zu erweitern.* Eine Folgesache kann nach § 623 Abs. 2 in der Berufungsinstanz aber nicht mehr anhängig gemacht werden.

Weil Abs. 3 keinen neuen Rechtsbehelf schafft, sondern nur die Rechtsmittelanschließung modifiziert, gilt auch § 522a[48] → s. Anm. dort. Die Rücknahme des Hauptrechtsmittels hat auch im Verbundverfahren die Unzulässigkeit der Anschließung (insbesondere in einer anderen Folgesache) zur Konsequenz, wenn diese nicht als selbständiges Rechtsmittel zulässigerweise aufrecht erhalten werden kann[49]. Das gleiche gilt, wenn das Hauptrechtsmittel als unzulässig verworfen wird[50], aber nicht wegen Unzulässigkeit des Rechtsmittels, bevor diese ausgesprochen wird. Unter Umständen muß also ein labiles Rechtskraftzeugnis erteilt werden[51].

b) Eine *Erweiterung des Verfahrensgegenstandes durch den Rechtsmittelführer* ist auf zweierlei Art und Weise denkbar, durch eine bloße Erweiterung des zunächst beschränkt eingelegten Rechtsmittels oder → Rdnr. 13 durch Erweiterung des ursprünglich in erster Instanz gestellten Antrags. **12**

Ein *zunächst beschränkt eingelegtes Rechtsmittel* kann nachträglich erweitert werden. Angaben zum Umfang der Anfechtung sind in der Berufungsschrift entbehrlich, eine entsprechende Ankündigung in ihr ist ohne Bedeutung[52]. So kann die Berufung in der Berufungsbegründung auf weitere Entscheidungsteile erstreckt werden, auch auf solche, die zu anderen Folgesachen ergangen sind, ja auf die Scheidung als solche[53]. Nach der Rechtsprechung muß sich eine nach Ablauf der Frist für die Rechtsmittelbegründung versuchte Erweiterung freilich in deren Rahmen halten[54], wird aber darüber hinaus durch Abs. 3 nicht unterbunden[55]. Allerdings läßt es die Rechtsprechung auch zu, daß dann noch neue Tatsachen (nach Abschluß des Verfahrens erster Instanz aufgetretene) geltend gemacht werden[56]. Zur Modifizierung dieser Grundsätze durch Abs. 3 → Rdnr. 14.

Die zur Rechtsmittelerweiterung im ZPO-Verfahren geltenden Grundsätze hat der *BGH* auch auf die Beschwerde des § 621e übertragen → § 621e Rdnr. 12.

In der Beschränkung der zunächst unbeschränkt eingelegten Berufung liegt nicht zwangsläufig schon eine Teilrücknahme. Sie ist vielmehr meist nur Ausdruck der Absicht, das Verfahren vorläufig nicht weiter zu betreiben[57], auch wenn zunächst das Urteil beschränkt angefochten, dann »Berufung im vollen Umfang« eingelegt worden war, die Rechtsmittelbegründung sich aber doch wieder nur mit dem ursprünglichen Rechtsmittelziel befaßt[58].

Auch im Verbundverfahren kann eine voll siegreiche Partei kein Rechtsmittel zu dem Zweck einlegen, *ihren ursprünglich gestellten Antrag zu erweitern.* Ist sie jedoch teilweise unterlegen, dann kann sie ein Rechtsmittel nicht nur mit dem Ziel einlegen, gemessen am erstinstanzlich gestellten Antrag voll zu obsiegen. Nach §§ 523, 263f. ist vielmehr auch im Rechtsmittelverfahren eine Klageänderung, insbesondere eine Klageerweiterung zulässig → § 263 Rdnr. 24. Auch im Verbundverfahren kann daher durch Anfechtung einer dem Rechtsmittelführer nachteiligen Folgeentscheidung (etwa zum Versorgungsausgleich) der Weg eröffnet werden, in einer anderen Folgesache (etwa Unterhalt) mehr zu begehren, als **13**

---

[48] *OLG Frankfurt* FamRZ 1987, 496.
[49] *OLG Hamm* FamRZ 1989, 414.
[50] *OLG Bremen* FamRZ 1989, 649.
[51] So mit Recht *Zöller-Philippi*[17] Rdnr. 32.
[52] *BGH* FamRZ 1983, 685 = NJW 1561.
[53] *BGH* FamRZ 1989, 1064; *BGH* FamRZ 1981, 946 = NJW 2360.
[54] *BGHZ* 88, 360 = NJW 1984, 437; *BGH* FamRZ 1985, 267 = NJW 2266 – Angriffe ausschließlich gegen die Unterhaltsentscheidung stehen einer Erweiterung des Rechtsmittels auf die Regelung des Versorgungsausgleichs entgegen; *MünchKommZPO-Klauser* Rdnr. 12; *Schweizer* (Fn. 1) 74 ff.; für Verbundverfahren im übrigen → § 519 Rdnr. 48.
[55] *OLG Koblenz* FamRZ 1990, 769. – A.M. *Sedemund-Treiber* FamRZ 1986, 209, 211.
[56] *BGH* FamRZ 1986, 895 = NJW 1987, 1024; *OLG Hamburg* FamRZ 1984, 706; *OLG Düsseldorf* FamRZ 1987, 295 f.; *OLG Koblenz* FamRZ 1988, 302; 1072. Zust. *Schweizer* (Fn. 1) 89 ff.
[57] *BGH* FamRZ 1989, 1064.
[58] *OLG Frankfurt* FamRZ 1984, 406.

dem Rechtsmittelführer in erster Instanz antragsgemäß zugesprochen worden war[59]. Neue Folgesachen können wegen § 623 Abs. 1 S. 2 aber auf diese Weise nicht anhängig gemacht werden. Zur Abgrenzung →Rdnr. 14 vorletzter Absatz.

2. Fristgebundenheit von Streitgegenstandserweiterungen im Rechtsmittelverfahren

14   Gegenüber diesen allgemeinen Grundsätzen hat der durch das UÄndG 1986 eingefügte Abs. 3 die **Neuerung gebracht,** daß weitere als mit dem Hauptrechtsmittel angestrebte Entscheidungsänderungen »**nur noch bis zum Ablauf eines Monats nach Zustellung der Rechtsmittelbegründung**« beantragt werden können, allerdings mit der Maßgabe, daß jede Anschließung eine neue Frist für eine Gegenanschließung eröffnet. Die Vorschrift erfaßt auch Verbundurteile ohne Scheidungsausspruch[60], die dann entstehen, wenn mehrere Folgesachen abgetrennt worden waren oder (was in der dritten Instanz in höchst seltenen Fällen vorkommen kann) wenn Revision bzw. weitere Beschwerde gegen ein Verbundurteil des Berufungsgerichts eingelegt worden war, das über den Scheidungsausspruch gar nicht mehr zu befinden hatte →Rdnr. 6. Auch bei Änderung der Verhältnisse können rechtskräftig gewordene Teile der Verbundentscheidung nicht mehr angefochten werden[61].

a) Die Vorschrift beschränkt sich ihrem Wortlaut nach auf »Änderungen von Teilen der einheitlichen Entscheidungen, die eine *andere Familiensache* betreffen«. Nimmt man Anschlußrechtsmittel und Rechtsmittelerweiterungen, die dieselbe Familiensache wie das Hauptrechtsmittel betreffen, vom Anwendungsbereich der Vorschrift aus, und nimmt man diese auch sonst wörtlich, so ergibt sich folgende Ungereimtheit: Nach allgemeinen Grundsätzen könnten Rechtsmittelerweiterungen →Rdnr. 12 f. auch nach Zustellung der Rechtsmittelbegründung bis zum Ablauf eines Monats nicht mehr vorgenommen werden, wenn sie sich nicht im Rahmen der Rechtsmittelbegründung hielten. In der Zeit von Zustellung der Rechtsmittelbegründung bis zum Ablauf von einem Monat könnten also etwa zwar keine weiteren Erhöhungen oder Ermäßigungen von Unterhaltsbeträgen begehrt werden (wenn der Grund hierfür sich nicht wenigstens schon andeutungsweise aus der Berufungsbegründung ergäbe), wohl aber könnten in dieser Zeit noch Änderungen der Zugewinnausgleichs- oder Versorgungsausgleichsentscheidung beantragt werden. Auch eine Änderung der Sorgerechtsentscheidung könnte noch begehrt werden, nicht aber mehr die dadurch bedingten Änderungen in den Unterhaltsentscheidungen. Dies kann nicht gewollt sein. Es liegt daher nahe anzunehmen, daß der Gesetzgeber nur die Möglichkeit einer nachträglichen Erweiterung des Verfahrensgegenstandes *beschränken* wollte, daß aber *alle Beschränkungen, die nach allgemeinen Grundsätzen schon gelten, aufrecht erhalten bleiben.* So gesehen erlaubt es Abs. 3 dem Hauptrechtsmittelführer nicht, sein eigenes Rechtsmittel nach Einreichung der Rechtsmittelbegründung und Ablauf der Begründungsfrist noch über das in der Begründung wenigstens Angedeutete[62] oder Vorbehaltene →Rdnr. 12 hinaus zu erweitern, weder bezüglich der von seinem Rechtsmittel betroffenen Familiensache noch bezüglich einer anderen Familiensache[63]. Hält sich freilich eine Erweiterung des Rechtsmittels innerhalb ein und derselben Familiensache[64] in den Grenzen der Rechtsmittelbegründung, so ist sie zeitlich unbegrenzt

---

[59] *BGHZ* 85, 140 = FamRZ 1982, 1198 = NJW 1983, 172.
[60] *MünchKommZPO-Klauser* Rdnr. 26.
[61] *OLG Frankfurt* FamRZ 1986, 924; *MünchKommZPO-Klauser* Rdnr. 14. – A.M. *OLG Koblenz* FamRZ 1988, 302; *Rahm-Künkel* VII Rdnr. 193.
[62] Beispiel nach *Philippi* FamRZ 1989, 1257: Im Hauptrechtsmittel rügt der Unterhaltsschuldner das Fehlen seiner Leistungsfähigkeit. Bezieht sich das Hauptrechtsmittel nur auf den Ehegattenunterhalt, so kann es später auch auf den Kindesunterhalt erweitert werden.
[63] *OLG Frankfurt* FamRZ 1987, 959; *OLG Koblenz* FamRZ 1990, 769; *Bergerfurth* FamRZ 1986, 940 Fn. 3; *Philippi* FamRZ 1989, 1257.
[64] Nur dann! – A.M. *Thomas-Putzo*[18] Rdnr. 13 ff. unter unzutreffender Berufung auf *OLG Koblenz* FamRZ 1990, 769, das die Frage ausdrücklich offen läßt.

zulässig[65]. Öffentlichrechtlicher und schuldrechtlicher Versorgungsausgleich[66], Zuweisung der Ehewohnung und Hausratsteilung, Zugewinnausgleich und Verfahren nach § 621 Abs. 1 Nr. 9[67], Sorgerechts-[68] und Unterhaltsansprüche für verschiedene Kinder sind verschiedene Verfahrensgegenstände; Elementarunterhalt und Vorsorgeunterhalt sind es nicht[69]. Wird der Trennungsunterhalt unrichtigerweise im Verbund entschieden, so ist der Geschiedenenunterhalt demgegenüber ebenfalls eine andere Familiensache[70]. Ein Anschlußrechtsmittel in derselben Familiensache setzt eine neue Gegenanschlußfrist bezüglich anderer Familiensachen nicht in Lauf. Rechtsmittelantragserweiterungen, die noch innerhalb der ursprünglichen Frist vorgenommen wurden, prägen den Gegenstand des primären Rechtsmittels. An ihm ist dann zu messen, ob weitere Erweiterungen oder ob eine Anschließung eine andere oder dieselbe Familiensache betreffen.

Eine unzulässige Rechtsmittelerweiterung kann auch in FGG-Sachen nach § 519b Abs. 1 S. 2 durch Beschluß verworfen werden[71].

b) Die Vorschrift bezieht sich auf *Anschlußrechtsmittel wie auf Rechtsmittelerweiterungen*[71a]. Die *dadurch bedingte Ungleichbehandlung der Parteien* (nur die Rechtsmittelerweiterung muß sich im Rahmen der Rechtsmittelbegründung halten, fortlaufende weitere Rechtsmittelanschließungen sind aber immer möglich → Rdnr. 11) ist also aufrecht erhalten. Keinesfalls läßt sich die Vorschrift aber so interpretieren, daß auch darüber hinaus nur der Gegner des Hauptrechtsmittelführers noch nach Zustellung der Rechtsmittelbegründung die Möglichkeit zur Erweiterung des Verfahrensgegenstandes haben soll[72]. Zur Abmilderung der Ungleichbehandlung hat die Vorschrift immerhin und abweichend von den allgemeinen Grundsätzen zur Ermöglichung aufeinander abgestimmter Entscheidungen in Folgesachen eine *Gegenanschließung gegen eine Anschließung* zugelassen, die nicht von der ursprünglichen Rechtsmittelbegründung getragen sein muß[73]. Die gegenteilige Rechtsprechung des *BGH*[74] ist durch die Neufassung von Abs. 3 überholt. Diese Auslegung der Norm ist zwingend, weil die Sätze 2 und 3 sonst sinnlos wären. Sie können füglich nicht nur gewollt haben, es dem Anschlußrechtsmittelführer zu ermöglichen, innerhalb eines Monats nach der Einlegung des Anschlußrechtsmittels dessen Erweiterung insoweit vorzunehmen, als sie in der nach § 522a Abs. 2 notwendigen Begründung antezepiert wurde[75]. Obwohl das Gesetz in Abs. 3 nicht von »unselbständiger« Anschließung spricht, handelt es sich um eine solche, auch im Verhältnis zur jeweiligen Gegenanschließung[76] → Rdnr. 11 a. E.

Da Absatz 3 die Zulässigkeit der Gegenanschließung nicht ausdrücklich verfügt, sondern als im Verbundverfahren notwendig voraussetzt, kann man sie auch als konnexe, nämlich zur selben Familiensache wie die erste Anschließung, zulassen[77].

c) Die Monatsfrist des Abs. 3 bzw. eine der weiteren Monatsfristen dieses Absatzes »beginnt« jeweils mit *der Zustellung der Rechtsmittelbegründung*, setzt aber natürlich vorherige

---

[65] *Bergerfurth* FamRZ 1986, 940 Fn. 4; *Philippi* FamRZ 1989, 1259.
[66] BGH FamRZ 1990, 606; OLG Hamm FamRZ 1981, 375.
[67] Insoweit a. M. *Zöller-Philippi*[17] Rdnr. 31a.
[68] A. M. wohl OLG Schleswig SchlHA 1980, 188 – Prozeßkostenhilfe erstreckt sich auch auf das Sorgerecht bezüglich eines nach Abtrennung des Sorgerechtsverfahrens geborenen Kindes.
[69] *Philippi* FamRZ 1989, 1289.
[70] OLG Düsseldorf FamRZ 1987, 295, wo aber anscheinend gar nicht erkannt wurde, daß der Trennungsunterhalt nicht im Verbund steht.
[71] OLG Frankfurt FamRZ 1986, 924.
[71a] BGH NJW RR 1993, 260 – auch wenn ausdrücklich vorbehalten.

[72] So mit Recht OLG Koblenz FamRZ 1990, 769.
[73] OLG Frankfurt FamRZ 1987, 960; OLG Karlsruhe FamRZ 1988, 412; *Bergerfurth* FamRZ 1986, 940; *Philippi* FamRZ 1989, 1258. – A. M. *Sedemund-Treiber* FamRZ 1986, 212.
[74] BGH NJW 1986, 1494 = FamRZ 455 – jedenfalls dann unzulässig, wenn die Anschließung gegen die Anschließung eine andere Familiensache betrifft als Hauptrechtsmittel und erste Anschließung.
[75] So mit Recht *Schweizer* (Fn. a) 114ff. Rechtspolitisch kritisch zu diesem »Anschlußkarussell« *Peschel-Gutzeit* MDR 1986, 455.
[76] *Bergerfurth* FamRZ 1986, 941f.; *Schweizer* (Fn. 1) 118.
[77] *Schweizer* (Fn. 1) 120ff. – A. M. *H. Roth* FuR 1992, 183.

Zustellungen der Verbundentscheidung als solche voraus[78]. Bei Zustellung an mehrere Beteiligte kommt es für alle Beteiligten auf die letzte Zustellung an, auch wenn nicht ein Hauptrechtsmittel an mehrere Beteiligte zugestellt werden soll, sondern deren mehrere. Man wollte verschiedene Fristläufe für verschiedene Einzelrechtsmittelführer vermeiden[79]. Zuzustellen ist an *alle Rechtsmittelgegner*, worunter aber automatisch alle Verfahrensbeteiligten zu verstehen sind, die durch einen Erfolg des Rechtsmittels in ihren Rechten nachteilig betroffen werden könnten[80]. Richtet sich das Hauptrechtsmittel auch gegen die Durchführung (oder Nichtdurchführung) des Versorgungsausgleichs, so ist auch den betroffenen Trägern der Versorgung zuzustellen[81], nicht aber dem Jugendamt, wenn die Entscheidung zum Sorgerecht nicht angefochten wurde[82]. Der Versorgungsträger bleibt auch dann Verfahrensbeteiligter, wenn die Parteien auf Versorgungsausgleich verzichten und das Familiengericht den Verzicht genehmigt hat, weil er auch diese Genehmigung anfechten kann[83]. Für die Zuständigkeit des Jugendamtes als Zustellungsadressaten gelten §§ 76 f. KJHG.

Hingegen ist es nicht Sinn des Gesetzes, daß »jede rechtzeitig erklärte Anschließung, soweit sie einen anderen Verbundgegenstand betrifft, den Eintritt der Rechtskraft bezüglich der bis dahin nicht angefochtenen Teile der Verbundentscheidung um einen zusätzlichen Monat hinausschiebt und zwar auch dann, wenn mehrere Anschließungen innerhalb der Zeit bis zum Ablauf einer Frist erfolgen«[84]. Hat sich der Rechtsmittelanschlußführer also schon innerhalb der Rechtsmittelbegründungsfrist für das Hauptrechtsmittel angeschlossen, so verlängert sich die Frist für die Gegenanschließung nur um einen Monat, nicht um deren zwei[85]. Die Frist für die zweite Anschließung beginnt nach Ende der Frist für die erste Anschließung, auch wenn diese schon vor Fristende erklärt wurde[86] oder wenn die rechtzeitig erklärte Anschließung einschließlich Begründung erst später zugestellt wurde[87].

Im Ergebnis ist man sich darin einig, daß selbstverständlich die Anschließung auch schon vor Zustellung der Begründung für das Hauptrechtsmittel möglich ist[88]. Ob man damit die Zulässigkeit der Anschließung zu einem Zeitpunkt postuliert, zu dem noch keine Frist läuft, oder ob man sagt, die Frist beginne schon mit der Einlegung des Hauptrechtsmittels[89], bleibt sich so gut wie immer gleich. Letztere Ausdrucksweise ist freilich genauer. Sie hilft in jenen seltenen Situationen weiter, wo die Frist des § 556 bereits vor Zustellung der Begründung für das Hauptrechtsmittel abgelaufen ist. Vor allem vermeidet sie, bei einer »Verlängerung« der Frist nach Abs. 3 S. 2 § 224 Abs. 3 analog i. Vdg. m. einer u. U. doppelten Anwendung von § 222 Abs. 2 heranzuziehen[90].

17   d) Die Frist ist im Gesetz *nicht als Notfrist* ausgewiesen. Ihr Lauf wird daher durch die Gerichtsferien gehemmt[91]. An der Anwendbarkeit von § 224 Abs. 1 braucht man sich nicht zu stören[92].

---

[78] Einzelheiten bei *Kemnade* FamRZ 1986, 625.
[79] *OLG Frankfurt* FamRZ 1987, 959; *Sedemund-Treiber* FamRZ 1986, 209, 211; *Schweizer* (Fn. 1) 31.
[80] Nähere Erläuterungen mit instruktiven Beispielen bei *Kemnade* aaO und *Philippi* FamRZ 1989, 1260.
[81] *OLG Nürnberg* FamRZ 1986, 923.
[82] *OLG Nürnberg* aaO.
[83] *OLG Zweibrücken* FamRZ 1988, 856.
[84] So aber *Bergerfurth* FamRZ 1986, 941, von dem das Zitat stammt. Wie hier: *Kemnade* FamRZ 1986, 625; *Schweizer* (Fn. 1) 47 ff., der aber gleichwohl die Wortlautinterpretation (»in der verlängerten Frist« und nicht: »in der Fristverlängerung«) als unumgänglich hinstellt.
[85] *Schweizer* (Fn. 1) 33 ff.
[86] *OLG Karlsruhe* FamRZ 1988, 412.
[87] *Zöller-Philippi*[17] Rdnr. 37; *Bergerfurth* FamRZ 1986, 941.

[88] *Bergerfurth* aaO 941; *Sedemund-Treiber* aaO 211; *Kemnade* aaO 625.
[89] So *Schweizer* (Fn. 1) 24 ff., 29. – A.M. *H. Roth* FuR 1992, 183.
[90] So mit Recht *Schweizer* (Fn. 1) 37 ff. gegen *Bergerfurth* aaO 177 Fn. 8.
[91] *OLG Frankfurt* FamRZ 1986, 1122; *OLG Köln* FamRZ 1987, 1059; *OLG Karlsruhe* FamRZ 1988, 412; *OLG Celle* FamRZ 1990, 646 f.; *OLG Hamburg* FamRZ 1990, 771; *Philippi* FamRZ 1989, 1259; *Schweizer* (Fn. 1) 51 ff. – A.M. *Bergerfurth* FamRZ 1987, 177 (»Redaktionsversehen«); *Johannsen/Henrich/Sedemund-Treiber*[2] Rdnr. 15); *MünchKommZPO-Klauser* Rdnr. 31.
[92] A.M. *Bergerfurth* aaO. Frist aufgrund einer teleologischen Reduktion von § 224 Abs. 1 für unverkürzbar haltend: *Schweizer* (Fn. 1) 59 ff.

Die Tatsache, daß das Gesetz nicht von einer Notfrist spricht, sollte aber auch Anlaß sein, eine fehlerhafte Zustellung durch § 187 S. 1 als heilbar zu betrachten[93]. Die Tatsache, daß Rechtsmittelbegründungsfristen normalerweise den Notfristen im Sinne von § 187 S. 2 gleichgestellt werden → § 187 Rdnr. 31, spricht nicht dagegen. Für den Normalfall bedeutet dies nur, daß die Rechtsmittelbegründung nachgeholt werden kann. Im vorliegenden Zusammenhang würde die Leugnung der Heilbarkeit dazu führen, daß häufig fälschlich zu früh Rechtskraft der Scheidung angenommen wird (wenn nämlich die Parteien auf die Ordnungswidrigkeit der Zustellung gar keinen Wert legen, weil sie nicht die Absicht haben, Anschlußrechtsmittel einzulegen). Um diese Konsequenz zu vermeiden, sollte man am Wortlaut der Vorschrift festhalten. Das Rechtssicherheits- und Vertrauensschutzargument kann nicht nur aus der Perspektive des hinterher nach »Entdeckung« des Zustellungsfehlers die Rechtslage klar überschauenden Richters[94] artikuliert werden. Kommt es wirklich einmal dazu, daß über die Frage, ob ordnungsgemäß zugestellt worden ist, im Zusammenhang mit einem tatsächlich eingelegten Anschlußrechtsmittel zu entscheiden ist, so kann von dem richterlichen Ermessen im Hinblick auf die bei → § 187 Rdnr. 31 angestellten Erwägungen auch in der Weise Gebrauch gemacht werden, daß eine Heilung nicht anerkannt wird. Geradezu anstößig wäre es, eine Zustellung an das falsche Jugendamt (etwa wegen Übersehens eines dem Gericht korrekterweise angezeigten Übergangs der Zuständigkeit auf ein anderes Jugendamt → Rdnr. 16) auch dann als unwirksam zu betrachten, wenn die Rechtsmittelbegründungsschrift vom unzuständigen an das zuständige Jugendamt weitergeleitet wurde.

Obwohl die Frist keine Notfrist ist, kann wegen Rechtsähnlichkeit der Situation Wiedereinsetzung in den vorigen Stand gewährt werden[95], wovon wegen der Verworrenheit der Rechtslage in »Ferienfällen« großzügig Gebrauch gemacht werden sollte.

e) Kann die Scheidung selbst auch nicht mehr mit Anschlußberufung bekämpft werden, so 18 ist sie ebenso rechtskräftig wie Folgeentscheidungen rechtskräftig werden, sobald sie mit einem Anschlußrechtsmittel nicht mehr angegriffen werden können → Rdnr. 20 f. Es braucht dann aber noch keine vollstreckbare Entscheidung über den Ehegattenunterhalt für die Zeit nach Rechtskraft der Scheidung vorzuliegen. Im Gegensatz zu einer einstweiligen Anordnung über den Getrenntlebensunterhalt → § 620 f. Rdnr. 8 verliert eine Hauptsacheentscheidung über den Getrenntlebensunterhalt mit der Rechtskraft der Scheidung ihre Wirksamkeit[96]. Anstatt auf den Notbehelf zurückzugreifen, in einer solchen Situation eine einstweilige »Leistungsverfügung« zuzulassen, wird etwas systemwidrig vorgeschlagen, ausnahmsweise eine einstweilige Anordnung über den nachehelichen Unterhalt durch das Rechtsmittelgericht oder das Familiengericht statthaft sein zu lassen[97]. Systemkonformer ist es jedoch, das Verbundurteil im Ausspruch über den Geschiedenenunterhalt für die Zeit ab Rechtskraft des Scheidungsausspruchs für vorläufig vollstreckbar zu erklären → § 629 d Rdnr. 1, was in der Rechtsmittelinstanz nachgeholt werden kann[98].

IV. Verzicht auf Anschlußrechtsmittel

Vor Einfügung von Abs. 4 in die Vorschrift war zweifelhaft, ob auf ein Anschlußrechtsmit- 19 tel verzichtet werden konnte, solange noch kein Hauptrechtsmittel eingelegt war → § 521

---

[93] A.M. obwohl den Charakter der Frist als Notfrist leugnend *OLG Köln* FamRZ 1987, 1059; *OLG Nürnberg* FamRZ 1986, 923 f.; *Thomas-Putzo*[18] Rdnr. 22; *Zöller-Philippi*[17] Rdnr. 35; *Schweizer* (Fn. 1) 54 ff.; *Münch-KommZPO-Klauser* Rdnr. 33.
[94] So aber *Schweizer* (Fn. 1) 56 ff.
[95] *OLG Karlsruhe* FamRZ 1988, 412, 413. *OLG Frankfurt* FamRZ 1986, 1122; Bergerfurth FamRZ 1987,

127; *Philippi* FamRZ 1989, 1259; *Schweizer* (Fn. 1) 61 ff.; allg. M.
[96] *BGHZ* 78, 130 = FamRZ 80, 1099; *BGH* FamRZ 1981, 242, 441.
[97] *Diederichsen* NJW 1986, 1465. Fn. 78; *Mörsch* FamRZ 1986, 630.
[98] *OLG Frankfurt* FamRZ 1990, 539.

Rdnr. 21. Diese Zweifel hat das UÄndG 1986 im Anschluß an eine Grundsatzentscheidung des *BGH*[99] ausgeräumt, soweit der Scheidungsausspruch in Betracht kommt. Im merkwürdigen Gegensatz zur Regelung des § 628, wo Gesetzgeber und Rechtsprechung äußerste Zurückhaltung gezeigt haben, ist im Rahmen des Abs. 4 die unwiderrufliche Lösung des Verbundes privatautonomer Disposition überlassen → § 623 Rdnr. 13, 628 Rdnr. 11. Im Rechtsmittelverfahren kann die Trennung des (rechtskräftig werdenden) Scheidungsausspruchs von den Folgesachen durch Parteieinverständnis, ja durch korrespondierende, einseitige Erklärungen der Parteien herbeigeführt werden. Es ist erklärter Sinn der Vorschrift, den Ehegatten zu ermöglichen, ohne Rücksicht auf das weitere Schicksal der Folgesachen das Scheidungsurteil rechtskräftig werden zu lassen. Die in der Praxis häufig gebrauchte Formulierung, auf alle Rechtsmittel und Rechtsbehelfe gegen den Scheidungsausspruch werde verzichtet, reicht dazu aus[100], entgegen der Regel des § 521 Abs. 1 auch ein von beiden Ehegatten allgemein erklärter Rechtsmittelverzicht[101]. Der Verzicht umfaßt dann auch den Antrag nach § 629c → dort Rdnr. 11, was aber im Grunde gar nicht nötig ist, wenn der Scheidungsausspruch nicht Gegenstand des Berufungsverfahrens war und daher gar nicht in die dritte Instanz gebracht werden kann[102].

Ein uneingeschränkter Verzicht auf Hauptrechtsmittel betrifft auch die Entscheidungen in den Folgesachen[103]. Im übrigen gelten die allgemeinen Grundsätze über den Rechtsmittelverzicht (Protokollierung, Erklärung vor Verkündung eines Urteils, Widerruf usw.) → Erläuterungen zu § 514.

V. Der Zeitpunkt des Eintritts der Rechtskraft der Scheidung[104]

20   Die Neuregelung hat zwar verhindert, daß der Eintritt der Rechtskraft der Scheidung häufig überlang in der Schwebe bleibt. Leicht läßt sich sagen, wenn nicht rechtzeitig eine Rechtsmittelerweiterung oder Rechtsmittelanschließung erklärt werde, würden alle durch das Hauptrechtsmittel nicht angefochtenen Teile der Verbundentscheidung rechtskräftig[105]. Die Zurückverweisung von Folgesachen in die erste Instanz hat auf die Rechtskraft des Scheidungsausspruches keinen Einfluß[106]. Gleichwohl ist es nicht immer leicht, den genauen Zeitpunkt des Eintritts der Rechtskraft zu bestimmen.

1. Suspendierung der Rechtskraft durch die Möglichkeit einer Rechtsmittelanschließung

Auch die **Möglichkeit eines Rechtsmittelanschlusses** genügt, um den Eintritt der Rechtskraft aufzuhalten, selbst die nur bedingte. Ist für die Ehegatten die Frist zur Berufung gegen das Scheidungsurteil abgelaufen, kann der Träger der Versorgungslast aber noch Beschwerde (gegen die Behandlung des Versorgungsausgleichs) einlegen, so ist die Scheidung nicht rechtskräftig, weil gegen seine eventuelle Beschwerde Anschlußberufung gegen das Scheidungsurteil eingelegt werden kann. Die Möglichkeit, das Scheidungsurteil anzufechten, ist auch noch nicht abgelaufen, wenn auf die Beschwerde des Trägers der Versorgungslast Anschlußbeschwerde eines Ehegatten zum Unterhalt eingelegt wird, weil dann immer noch eine Gegenanschließung des anderen Ehegatten zum Scheidungsausspruch möglich ist. Ist eine Folgeentscheidung isoliert angefochten worden und hat das Rechtsmittelverfahren zur

---

[99] *BGH* FamRZ 1984, 467.
[100] *OLG Hamm* FamRZ 1980, 278.
[101] *OLG Köln* FamRZ 1986, 482 für den Fall des gleichzeitigen Verzichts auf Tatbestand und Entscheidungsgründe. – A.M. wohl *MünchKommZPO-Klauser* Rdnr. 40.
[102] heute allg. M.
[103] *BGH* FamRZ 1986, 1089.
[104] Lit.: *Schweizer* Fn. 1.
[105] *OLG Schleswig* NJW RR 1988, 1479.
[106] *OLG München* FamRZ 1983, 1258.

Aufhebung der familiengerichtlichen Entscheidung und zur Zurückweisung der Sache an das Ausgangsgericht geführt, so war schon nach dem vor Inkrafttreten des UÄndG 1986 geltenden Recht eine Anschließung oder Rechtsmittelerweiterung bezüglich anderer Familiensachen nicht mehr möglich[107].

2. Suspendierung der Rechtskraft durch die Möglichkeit einer Rechtsmittelerweiterung

Eine Rechtsmittelerweiterung auf die bisher nicht angefochtene Scheidungssache wird zwar häufig daran scheitern, daß sich aus der Begründung des primären Rechtsmittels keine Anhaltspunkte für Erweiterungsgründe ergeben → Rdnr. 12, 14. Da der Urkundsbeamte der Geschäftsstelle des Gerichts aber schwerlich überprüfen kann, ob die Rechtsmittelbegründung solche Anhaltspunkte enthält, genügt allein die **abstrakte Möglichkeit einer Rechtsmittelerweiterung**, um die Rechtskraft bis zum Ablauf der Frist des Abs. 3 hinauszuschieben[108].

21

3. Rechtskraft und unzulässige Revision

Auch im Falle einer im konkreten Fall (etwa weil nicht zugelassenen) unzulässigen Einlegung der an sich statthaften Revision nimmt man u. a. auf die Nöte des zur Ausstellung von Rechtskraftzeugnissen berufenen Urkundsbeamten der Geschäftsstelle Rücksicht. Rechtskräftig wird die angefochtene Entscheidung erst mit Verwerfung der Revision als unzulässig[109]. Im Falle eines Verzichts auf alle Rechtsmittel einschließlich der Rechtsmittelanschließung → Rdnr. 19 tritt aber die Rechtskraft sofort ein[110]. Zum Rechtskrafteintritt in der Revisionsinstanz → § 629c Rdnr. 10f.

22

4. Wiedereinsetzung in den vorigen Stand

Anträge auf Wiedereinsetzung und darauf bezogene Prozeßkostenhilfeanträge hemmen als solche den Eintritt der Rechtskraft noch nicht → § 705 Rdnr. 8. Jedoch sollte in einem Rechtskraftzeugnis gegebenenfalls vermerkt sein, daß ein solcher Antrag gestellt ist[111].

23

5. Fehlerhafte Zustellungen

Tückisch sind auch die vielfältigen Möglichkeiten **unterbliebener**[112]**, falscher und vor allem unrichtig adressierter Zustellungen**[113]. Dann wird die Rechtsmittelfrist erst nach Ablauf von fünf Monaten und nicht schon mit der »Zustellung« der Entscheidung in Lauf gesetzt, § 621e Abs. 3 i.Vdg.m. § 516. Ist ein Betroffener überhaupt nicht am Ausgangsverfahren beteiligt gewesen, typischerweise ein Träger von Versorgungslasten, so will die h.M. auch die Fünf-Monatsfrist des § 516 nicht in Lauf gesetzt wissen, so daß sich noch nach längerer Zeit herausstellen kann, daß die getroffenen Entscheidungen – häufig das ganze Verbundurteil – nicht rechtskräftig geworden sind[114]. Der Belang der Rechtssicherheit hat in diesem Konflikt

24

---

[107] *OLG München* FamRZ 1980, 279.
[108] *OLG Hamburg* FamRZ 1990, 185.
[109] GemSObGH *BGHZ* 88, 353, 357 = FamRZ 1984, 975 = NJW 1027. Zu weiteren Fällen unstatthafter oder sonst unzulässiger Rechtsmittel *Philippi* FamRZ 1989, 1261.
[110] *Zöller-Philippi*[17] § 629d Rdnr. 8.
[111] Philippi FamRZ 1989, 1260f.
[112] Etwa wegen Verkennung der Drittbetroffenheit, dazu *Schweizer* (Fn. 1) 16.

[113] Beispiel: *OLG Zweibrücken* FamRZ 1988, 856. Zusammenstellung der kritischen Zustellungssituationen bei *Philippi* FamRZ 1989, 1257.
[114] *OLG Celle* FamRZ 1989, 881; *OLG München* FamRZ 1991, 1460; h.M. in der Erläuterungsliteratur. Der *BGH* hat obiter angedeutet, daß selbst in Fällen, in denen ein Verfahrensbeteiligter zu einem Termin nicht geladen worden ist, die Fünf-Monatsfrist nicht zu laufen beginne: FamRZ 1988, 827.

aber Vorrang[115]. Wenn rechtliches Gehör versagt geblieben ist, muß Verfassungsbeschwerde eingelegt werden. Deren Erfolg steht aber unter der Obliegenheit des Beschwerdeführers, darzutun, was er Erhebliches vorzutragen gehabt hätte, wäre er zum Verfahren zugezogen worden. Allein die abstrakte Möglichkeit, daß wegen einer bisher noch nicht entdeckten Versorgungsanwartschaft ein bisher im Verfahren nicht aufgetauchter Träger einer Versorgung Verfahrensbeteiligter sein könnte, hindert den Eintritt der Rechtskraft keinesfalls[116].

6. Aus streitiger und Versäumnisentscheidung zusammengesetztes Urteil

25 Ist das Verbundurteil teils als streitiges, teils als Versäumnisurteil ergangen → § 629 Rdnr. 2, wird die Scheidung nicht erst rechtskräftig, wenn über den Einspruch entschieden ist und feststeht, daß auch gegen das dem Einspruch folgende Urteil keine Berufung eingelegt wird, der man sich zur Anfechtung der Scheidung anschließen könnte[117]. Das auf Einspruch ergehende Urteil enthält niemals einen Scheidungsausspruch → § 612 Rdnr. 3 ff. Infolgedessen kann auch ein Anschlußrechtsmittel im Zusammenhang mit Rechtsmitteln gegen das auf Einspruch ergehende Urteil nicht zu Angriffen auf den Scheidungsausspruch führen. Dieser ist vielmehr im streitigen Teil des Verbundurteils enthalten, für den allein die Anschlußkette mit ihren jeweiligen Anschlußfristen gilt[118].

§ 629 b [Zurückverweisung bei Scheidung in höherer Instanz]

(1) Wird ein Urteil aufgehoben, durch das der Scheidungsantrag abgewiesen ist, so ist die Sache an das Gericht zurückzuverweisen, das die Abweisung ausgesprochen hat, wenn bei diesem Gericht eine Folgesache zur Entscheidung ansteht. Dieses Gericht hat die rechtliche Beurteilung, die der Aufhebung zugrunde gelegt ist, auch seiner Entscheidung zugrunde zu legen.

(2) Das Gericht, an das die Sache zurückverwiesen ist, kann, wenn gegen das Aufhebungsurteil Revision eingelegt wird, auf Antrag anordnen, daß über die Folgesachen verhandelt wird.

Gesetzesgeschichte: Rdnr. 1 ff. vor § 606.

1 I. In der amtlichen Begründung zum Regierungsentwurf[1] ist die Vorstellung zum Ausdruck gebracht, die Folgesachen könnten nicht über die Instanz hinaus gelangen, die den Scheidungsantrag abgewiesen hat, da für sie nur für den Fall der Scheidung zu entscheiden gewesen sei; die Folgesachen stünden also für den Fall der Scheidung in der ersten Instanz noch zur Entscheidung an. **Die Folgesachen stehen in der Tat zum Scheidungsantrag im uneigentlichen Eventualverhältnis** → § 260 Rdnr. 24 ff. dergestalt, daß entsprechende Anträge für den Fall der Scheidung gestellt sind. Ist ein uneigentlicher Eventualantrag in erster Instanz nicht behandelt worden, weil über den Prinzipalantrag in einer Weise entschieden worden ist, die für eine Entscheidung über den Eventualantrag keinen Raum mehr ließ, so ist in der Tat derartiges anzunehmen. Diese Annahme hat der Gesetzgeber durch § 629 b bestätigt. Die Vorschrift gilt auch dann, wenn das familiengerichtliche Urteil nur deshalb aufgehoben

---

[115] *OLG Frankfurt* FamRZ 1985, 613; *Johannsen/Henrich/Sedemund-Treiber*² Rdnr. 13.
[116] *OLG Hamburg* FamRZ 1987, 725.
[117] So aber *KG* FamRZ 1989, 1206.
[118] *Zöller-Philippi*[17] Rdnr. 39; *Freckmann* FamRZ 1990, 185.
[1] BRDrucks 260/73 = BTDrucks VI 650 S. 213.

werden muß, weil inzwischen das Trennungsjahr verstrichen ist[2]. Zur Entscheidung »steht« eine Folgesache auch »an«, wenn zwar beim Familiengericht bisher noch kein Antrag gestellt worden ist, jedoch die Folgesache von Amts wegen einzuleiten ist, insbesondere ein Versorgungsausgleichsverfahren[3]. Folgesachen stehen auch zur Entscheidung an, wenn ihre Fortführung als selbständige Familiensache nach § 629 Abs. 3 gestattet worden war, weil diese Gestattung erst mit Rechtskraft der Abweisung des Scheidungsantrags wirksam wird[4].

Die Folgesachen »stehen« aber nicht mehr zur Entscheidung »an«, wenn die Zurückweisung einen reinen Leerlauf bedeuten würde, weil die Ehegatten sie alle einvernehmlich geregelt haben und keinerlei Anhaltspunkte existieren, daß das Gericht dem nicht folgen würde, soweit es überhaupt noch eine förmliche Entscheidung zu treffen hat[5]. Nicht gerechtfertigt ist es, daß das OLG über das Sorgerecht bezüglich eines Kindes entscheidet, das erst nach dem Urteil des Familiengerichts geboren wurde[6]. Zum »Anstehen« einer Entscheidung, weil wegen eines an sich verspätet gestellten Antrags die mündliche Verhandlung wieder zu eröffnen ist → § 623 Rdnr. 10.

II. Normalerweise muß über den in erster Instanz versteckt anhängig gebliebenen uneigentlichen Hilfsantrag nach Erlaß des Berufungsurteils Ergänzungsurteil ergehen. Die Anwendung dieser Regel würde indes dem Grundsatz des Entscheidungsverbundes widersprechen. Daher ordnet § 629b die **Zurückverweisung der Scheidungssache** an, auch wenn der Rechtsstreit insoweit zur Entscheidung reif erscheint. Zusammen mit der in Abs. 1 S. 2 angeordneten Bindungswirkung hat das Erkenntnis des Rechtsmittelgerichts daher die Funktion eines Scheidungsinterlokuts, wenn zum Scheidungsantrag selbst weitere Aufklärung nicht mehr nötig ist. Später eintretende Umstände können aber berücksichtigt werden. Besser wäre es gewesen, keine Zurückverweisung anzuordnen, sondern das Rechtsmittelgericht die Scheidung aussprechen zu lassen, deren Wirksamkeit aber von der Entscheidung über die Folgesachen abhängig zu machen. Nach geltendem Recht kann jedenfalls gegen das nach Zurückverweisung ergehende Scheidungsurteil abermals Berufung eingelegt werden, auch wenn das zurückverweisende Urteil rechtskräftig ist und klipp und klar ausgesprochen hat, daß die Ehe zu scheiden ist. Eine solche Berufung ist zwar meist aussichtslos, weil die Grundsätze für die Selbstbindung des Revisionsgerichts bei erneuter Revision in der selben Sache entsprechend anwendbar sind[7] → § 565 Rdnr. 12, kann aber die Rechtskraft der Scheidung hinausschieben – und sei es auch nur deshalb, weil sie (gegebenenfalls als Anschlußberufung) noch eingelegt werden kann.

Nach Zurückverweisung können neue Folgesachen anhängig gemacht werden, weil der Verbund wieder hergestellt wird → Rdnr. 1.

III. In seltenen Ausnahmefällen kann es dazu kommen, daß der **BGH** ein Urteil aufhebt, durch das der Scheidungsantrag abgewiesen worden ist.

1. Hat das OLG ein Urteil des Familiengerichts bestätigt, durch das der Scheidungsantrag abgewiesen worden ist, und kommt der BGH zu der Überzeugung, daß die Ehe scheidungsreif ist, so hat er die Scheidung auszusprechen, wenn keine Entscheidung in einer Folgesache ansteht. Sonst hat er nach § 565 Abs. 3 in Anwendung von § 629b Abs. 1 die Sache an das

---

[2] *OLG Hamburg* FamRZ 1985, 711.
[3] *OLG Karlsruhe* FamRZ 1979, 946; dass. FamRZ 1981, 191; *OLG Celle* FamRZ 1979, 234; *OLG Hamm* FamRZ 1992, 1180. – A.M. *OLG Frankfurt* FamRZ 1980, 283 in einem inzwischen obsolet gewordenen Übergangsfall.
[4] *Diederichsen* NJW 1977, 660; *Göppinger-Wax* Unterhaltsrecht[5] Rdnr. 3161; *Baumbach/Lauterbach/Albers*[51] Rdnr. 1. – A.M. *Zöller-Philippi*[17] Rdnr. 6.
[5] *OLG Frankfurt* FamRZ 1980, 710 ff.; *OLG Köln* FamRZ 1980, 1048; *OLG Karlsruhe* FamRZ 1984, 57; *MünchKommZPO-Klauser* Rdnr. 9. – A.M. *Baumbach/Lauterbach/Albers*[51] Rdnr. 1.
[6] A.M. *KG* FamRZ 1989, 647.
[7] *OLG Düsseldorf* FamRZ 1981, 808.

Familiengericht zurückzuverweisen. Ist die Frage der Scheidungsreife der Ehe von der Tatsachengrundlage her noch aufklärungsbedürftig, so ist nach § 565 Abs. 1 an das OLG zurückzuverweisen, welches seinerseits nach § 629b Abs. 1 vorzugehen hat, wenn es nunmehr zu der Überzeugung kommt, die Ehe sei scheidungsreif, und deshalb das Urteil des Familiengerichts aufhebt.

2. Hatte das Familiengericht dem Scheidungsantrag stattgegeben, das OLG ihn aber abgewiesen und kommt der BGH zur Überzeugung, die Ehe sei scheidungsreif, so ist folgendermaßen zu unterscheiden:

a) Steht keine Entscheidung einer Folgesache an, hat insbesondere das Familiengericht keine Entscheidung in einer Folgesache getroffen und sind auch seither keine anhängig gemacht worden, so hat der BGH die Ehe zu scheiden.

b) Hat der Scheidungsantragsgegner seine Berufung → § 629a Rdnr. 1 hilfsweise auch auf alle Entscheidungen in den Folgesachen erstreckt, so gelangen diese durch Aufhebung des Berufungsurteils wieder in die Berufungsinstanz. Beim OLG stehen also die Entscheidungen in den Folgesachen an. Der BGH hat nach Abs. 1 S. 1 an das OLG zurückzuverweisen.

c) Hat der Scheidungsantragsgegner das Urteil des Familiengerichts nicht auch hilfsweise wegen seines Inhalts in den Folgesachen angefochten → § 629a Rdnr. 12, 15, so bleibt es bei diesen Entscheidungen. Der BGH kann die Ehe scheiden und damit die Entscheidungen des Familiengerichts rechtskräftig werden lassen.

Kosten → § 93a Rdnr. 7.

4   **IV.** Von der in Abs. 2 eröffneten Möglichkeit soll das erstinstanzliche Gericht großzügig Gebrauch machen, solange keine teuren Beweisaufnahmen zu erwarten sind. Eine Entscheidung in der Folgesache kann aber erst ergehen, wenn die Zurückverweisung rechtskräftig geworden ist. Gegen die Ablehnung des Antrags ist Beschwerde statthaft, gegen die Anordnung des Weiterverhandelns nicht. Dazu, daß nach Rückverweisung in die erste Instanz Folgesachen geltend gemacht werden können → § 623 Rdnr. 6.

5   **V. Entsprechend anzuwenden** ist die Vorschrift immer dann, wenn in erster Instanz ein Urteil ergangen ist, mit welchem keine Scheidung ausgesprochen wird, dieses Urteil durch die Berufungsinstanz aufgehoben wird und nunmehr Scheidungsantrag gestellt wird. Dies kann etwa geschen, weil das Scheidungsverfahren durch das Familiengericht fälschlich in der Hauptsache für erledigt erklärt worden war[8], weil erst in der zweiten Instanz die Klage von Nichtigerklärung oder Aufhebung auf Scheidung umgestellt worden ist[9] oder weil in der Berufungsinstanz derjenige Ehegatte die Scheidung beantragt, der sich ihr in erster Instanz widersetzt hat[10].

Mit der Maßgabe entsprechend anzuwenden ist die Vorschrift, daß an das zuständige Gericht zu verweisen ist, wenn das Familiengericht den Scheidungsantrag aus Zuständigkeitsgründen abgewiesen hat und in der Berufungsinstanz ein Verweisungsantrag gestellt wird[11]. Die beim ursprünglich angerufenen Familiengericht anhängig gebliebenen Familiensachen sind dorthin zu verweisen bzw. abzugeben.

Im Wiederaufnahmeverfahren kann das Berufungsgericht, wenn es die Ausgangsentscheidung aufhebt und auf Scheidung erkennt, auch über Folgesachen befinden[12].

---

[8] *OLG Karlsruhe* IPRax 1990, 53 – angeblicher Erledigungsgrund eines über das italienische Recht vermittelten kirchlichen Ehenichtigkeitsurteils.
[9] *OLG Hamburg* FamRZ 1982, 1211, 1212; *MünchKommZPO-Klauser* Rdnr. 2. – A.M. *Zöller-Philippi*[17] § 611 Rdnr. 6: Scheidung und Erledigung der Folgesachen durch OLG.
[10] *OLG Frankfurt* FamRZ 1980, 710, 712.
[11] *OLG Hamburg* FamRZ 1983, 612; *OLG Zweibrücken* FamRZ 1985, 81; *MünchKommZPO-Klauser* Rdnr. 3.
[12] *KG* FamRZ 1989, 647.

§ 629 c [Erweiterte Aufhebungsanträge in dritter Instanz]

Wird eine Entscheidung auf Revision oder weitere Beschwerde teilweise aufgehoben, so kann das Gericht auf Antrag einer Partei die Entscheidung auch insoweit aufheben und die Sache zur anderweitigen Verhandlung und Entscheidung an das Berufungs- oder Beschwerdegericht zurückverweisen, als dies wegen des Zusammenhangs mit der aufgehobenen Entscheidung geboten erscheint. Eine Aufhebung des Scheidungsausspruchs kann nur innerhalb eines Monats nach Zustellung der Rechtsmittelbegründung, bei mehreren Zustellungen bis zum Ablauf eines Monats nach der letzten Zustellung, beantragt werden.

Gesetzesgeschichte: Rdnr. 1 ff. vor § 606, S. 2 angefügt: BGBl. 1986 I 301.

I. Sinn und systematischer Stellenwert der Vorschrift[1]

1. Die Vorschrift soll den **Sinn des Entscheidungsverbundes auch in der Revisionsinstanz** bzw. der Instanz der weiteren Beschwerde wahren. In der Berufungsinstanz liegt diese Wahrung von vornherein in der Hand der Parteien. Sie müssen Anschlußrechtsmittel einlegen, wenn sie befürchten, ein Erfolg des Hauptrechtsmittels könne die Abstimmung der Entscheidungen zu den Folgesachen zerstören. Hebt das OLG auf Teilanfechtung gegen ein Verbundurteil dieses im Umfang der Anfechtung oder noch dahinter zurückbleibend auf, so bleiben aber die nicht angefochtenen Teile des familiengerichtlichen Urteils rechtskräftig, selbst wenn sie nicht mehr in einen geglückten Zusammenhang mit der anstehenden Neuentscheidung gebracht werden können[2]. In der Revisionsinstanz steht den Parteien eine Möglichkeit, die Abstimmung der Einzelentscheidungen durch Rechtsmittel und Rechtsmittelanschließungen zu steuern, nicht mehr offen, weil es eine zulassungsfreie Revision oder weitere Beschwerde gegen einzelne im Verbund getroffene Entscheidungen nicht gibt → § 621 d Rdnr. 1, § 621 e Rdnr. 16 ff. und daher bei Teilzulassung des zur dritten Instanz führenden Rechtsmittels auch eine Rechtsmittelanschließung bezüglich einer anderen im Verbund entschiedenen Sache ausscheidet → § 556 Rdnr. 10, § 621 d Rdnr. 1. Schon nach allgemeinen Grundsätzen sind Rechtsmittel und Rechtsmittelanschließungen über das zugelassene Maß hinaus möglich, soweit die weiter angefochtenen Teile von den angefochtenen Teilen der Entscheidung *rechtlich* abhängen[3] → Rdnr. 5. Das Gesetz wollte der Möglichkeit vorbeugen, daß Verbundentscheidungen in Folgesachen, die in einem Sinnzusammenhang stehen, als nur *tatsächlich* voneinander abhängig gewertet werden könnten[4]. Von der Zulässigkeit einer Rechtsmittelanschließung unterscheidet sich der in § 629 c vorgesehene Antrag nur dadurch, daß der BGH nicht verpflichtet ist oder auch nur berechtigt wäre, die Rechtsfehlerfreiheit der nicht angefochtenen Entscheidungsteile per se zu überprüfen. Vielmehr ist ihre Aufhebung nur dann zulässig, wenn auch der eigentliche Rechtsmittelangriff zum Erfolg führt und die nicht angefochtenen Teile der Entscheidung in »Zusammenhang« mit jenem Entscheidungsteil stehen, der der Aufhebung verfällt → Rdnr. 7.

2. Daraus ergibt sich:
a) Nur Teile einer *OLG-Verbundentscheidung*, die nicht schon auf das Rechtsmittel hin aufgehoben werden müssen, können nach § 629 c aufgehoben werden. War schon das erstinstanzliche Verbundurteil nur teilweise angefochten worden und haben Revision oder weitere Beschwerde gegen die daraufhin ergehende OLG-Entscheidung Erfolg, so können nicht die

---

[1] Lit: *Deneke* Die Bedeutung des § 629 c innerhalb des Rechtsmittelsystems des Verbundverfahrens, FamRZ 1987, 1214.
[2] *OLG München* FamRZ 1980, 279; allg. M.
[3] *BGHZ* 35, 302 = NJW 1961, 1811.
[4] BRDrucks 260/73 = BTDrucks VII 650 S. 213 f.

nicht in die zweite Instanz gelangten Teile des familiengerichtlichen Urteils aufgehoben werden. Diese sind vielmehr rechtskräftig[5]. Der an ihrer Aufhebung interessierte Teil hätte den Eintritt der Rechtskraft durch rechtzeitige Rechtsmittelanschließung in zweiter Instanz verhindern müssen[6].

Das angefochtene Urteil muß zwar ein Verbundurteil sein. Es braucht aber keinen Scheidungsausspruch zu enthalten, sondern kann auch Folgesachen betreffen, die untereinander im Verbund stehen → § 629a Rdnr. 3, 10.

3   b) In seltenen Fällen können auch *angefochtene Teile einer OLG-Verbundentscheidung* nach § 629c aufhebbar sein, dann nämlich, wenn ihretwegen die dritte Instanz mangels Zulassung oder wegen Fristversäumnis gar nicht eröffnet gewesen wäre. Betrachtet man den von § 629c geschützten Zusammenhang nur als faktischen → Rdnr. 1, so folgt auch allein aus § 629c, daß ein angefochtener Entscheidungsteil aufgehoben werden kann, wenn er nur deshalb »fehlerhaft« ist, weil er in einem Zusammenhang mit dem ohnehin aufzuhebenden Teil steht. Daß ein Ehegatte, dessen Revision oder weitere Beschwerde zugelassen ist, sich mit dem Antrag nach § 629c begnügen kann, wenn anderweit ein Rechtsmittel gegen das OLG-Urteil zulässig ist und eingelegt wurde, folgt daraus, daß einem Ehegatten das Antragsrecht nach § 629c nicht deshalb genommen sein kann, weil das in vieler Hinsicht weitergehende Rechtsmittel zulässig gewesen wäre. Zudem brauchte dieses gar nicht im eigentlichen Sinne erfolgreich gewesen zu sein – und dennoch kann die Aufhebung geboten sein → Rdnr. 1[7].

4   c) Anwendbar ist § 629c zwar nicht, wenn der BGH ein den Scheidungsantrag abweisendes Urteil aufhebt → § 629b Rdnr. 3, wohl aber dann, wenn, umgekehrt, der BGH den Scheidungsausspruch aufhebt und die Scheidungssache an das OLG zurückverweist. Denn dann beginnen die in § 629a aufgeführten Fristen nicht erneut zu laufen. Dem OLG eine abgestimmte Verbundentscheidung zu ermöglichen, ist nur durch Anwendung von § 629c möglich[8].

5   d) Soweit Entscheidungen von anderen in einer Weise abhängen, daß sie ohne sie nicht sinnvoll durchgeführt werden können, kann man auf eine Anwendung von § 629c ohnehin verzichten. Eine Entscheidung zum Umgangsrecht und eine solche nach §§ 1382, 1383 BGB fällt von selbst in sich zusammen, wenn die zugrundeliegende Regelung über das elterliche Sorgerecht bzw. das zugrundeliegende Urteil über den Zugewinnausgleich aufgehoben werden.

6   e) Unanwendbar ist § 629c, wenn die Revision nur hinsichtlich der Entscheidung zur Scheidung selbst zugelassen wird. Wird auf Revision hin der Scheidungsausspruch aufgehoben und der Scheidungsantrag abgewiesen, so wird die Entscheidung in der Folgesache gegenstandslos → § 629 Rdnr. 3. Wird an eine untere Instanz zurückverwiesen, so sind die Folgesachen ohnehin dort weiterzubetreiben. Wird ein Urteil aufgehoben, durch das der Scheidungsantrag abgewiesen wurde, so gilt die Zurückverweisungsregel von § 629b, allg. M.

II. Voraussetzungen für eine Aufhebung auf der Grundlage der Vorschrift

7   1. Der **Hauptanwendungsbereich** der Vorschrift ist die auf Revision oder weitere Beschwerde hin erfolgte Aufhebung einer Entscheidung in einer **Folgesache**, die in einem »**Zusammenhang**« mit einer Entscheidung in einer **anderen Folgesache** steht. Im Vordergrund

---

[5] *OLG München* FamRZ 1979, 942.
[6] Heute allg. M. Nachweise bei *Deneke* FamRZ 1987, 1215 Fn. 11. – A.M. noch *Heintzmann* FamRZ 1980, 112, 114.
[7] Wie hier *Deneke* aaO 1217; *Johannsen/Henrich/ Sedemund-Treiber*[2] Rdnr. 9. – A.M. *Zöller-Philippi*[17]

Rdnr. 10. Einschränkend *MünchKommZPO-Klauser* Rdnr. 8.
[8] *Zöller-Philippi*[17] Rdnr. 3, die frühere gegenteilige Meinung von *BGH* FamRZ 1987, 264f. a.E. zu Recht als durch das UÄndG 1986 überholt ansehend.

steht hierbei die Aufhebung der Entscheidung zum Sorgerecht. Dieses steht meist im Zusammenhang mit der Zuweisung der Ehewohnung und damit der Hausratsverteilung und mit der Entscheidung zum Ehegattenunterhalt, dessen Zuerkennung gänzlich oder teilweise häufig dadurch bedingt ist, daß der Unterhaltsgläubiger Sorgerechtsinhaber werden soll[9]. Die Sorgerechtsentscheidung kann aber auch im Zusammenhang mit dem Kindesunterhalt stehen, weil barunterhaltspflichtig meist nur derjenige Elternteil ist, dem das Sorgerecht nicht zusteht[10]. Auch Ehewohnungs- und Hausratsentscheidungen sowie Zugewinnausgleichs- und Versorgungsausgleichsentscheidungen können interdependent sein.

2. Nach einer durch den Bundesrat erreichten Änderung des Textes des Regierungsentwurfs[11] kann eine durch den BGH auf Rechtsmittel hin ausgesprochene Aufhebung der OLG-Entscheidung in einer Folgesache auch dazu führen, daß der **Scheidungsausspruch selbst aufgehoben** wird. Man wollte dadurch den Ehegatten die Möglichkeit erhalten, sich ihren Scheidungsentschluß im Lichte der Folgesachenentscheidung des BGH noch einmal zu überlegen. Ein solcher Fall ist bisher nicht bekannt geworden. »Geboten« kann unter diesen Umständen die Aufhebung des Scheidungsausspruches außer dann, wenn der BGH erstmals von einem gemeinsamen Vorschlag der Ehegatten zum Sorgerecht abweicht, kaum jemals sein[12]. 8

3. Die Aufhebung nicht ohnehin erfolgreich angefochtener Teile des OLG-Verbundurteils darf nur **auf Antrag »einer Partei«** geschehen. 9
Dies kann grundsätzlich jeder Beteiligte des Verfahrens sein, allg. M. Eine Beschwer ist wie bei einer Rechtsmittelanschließung nicht erforderlich → § 629 a Rdnr. 11; jedoch wird eine Aufhebung von Entscheidungsteilen kaum je »geboten« sein, wenn sie ein Verfahrensbeteiligter beantragt, der durch sie nicht formell oder materiell beschwert ist. In Ausnahmefällen kann es aber vorkommen, daß ein Ehegatte glaubhaft zu machen vermag, er hätte mehr verlangt, wenn er nicht fest darauf vertraut hätte, daß die vom OLG in der (vom BGH dann auf Rechtsmittel aufgehobenen) Schlüsselentscheidung stehende Regelung getroffen werden würde.
Der Antrag ist grundsätzlich nicht befristet, kann also bis zum Schluß der letzten mündlichen Verhandlung gestellt werden. War wegen der Entscheidung, auf die sich der Antrag bezieht, die Revision bzw. die weitere Beschwerde zugelassen, so wäre eine Anschließung fristgebunden gewesen, § 629 a Abs. 3. Diese Regelung läßt sich auf den Antrag nach § 629 c nicht übertragen[13]. Man muß umgekehrt sagen, soweit eine Anschließung in einer solchen Situation nicht mehr möglich ist, weil die Frist dafür abgelaufen ist, kann immer noch ein Antrag nach § 629 c gestellt werden → Rdnr. 3, was zu einer gewissen Aufweichung der Folgen der Fristversäumung führt, aber keinesfalls die volle Überprüfung der Entscheidung ermöglicht, wie sie die Revision oder weitere Beschwerde erlaubt hätte.
Eine Ausnahme von der Unbefristetheit macht nur S. 2 für den Fall, daß sich der Aufhebungsantrag auf den Scheidungsausspruch selbst bezieht. Dadurch soll verhindert werden, daß die Rechtskraft der Scheidung auf unabsehbare Zeit in der Schwebe bleibt → Rdnr. 2.
Der Antrag muß, wenn eine mündliche Verhandlung stattfindet, durch einen beim BGH zugelassenen Anwalt gestellt werden, soll aber nach § 129 Abs. 1, § 130 Nr. 2 durch vorbereitende Schriftsätze angekündigt werden. Nach § 139 kann der BGH auf die Notwendigkeit eines Antrags hinweisen, wenn auf der Hand liegt, daß nicht angefochtene (und meist auch

---

[9] BGH FamRZ 1986, 895 = NJW 1987, 1024, 1026.
[10] Deneke FamRZ 1987, 1216.
[11] BRDrucks 260/73 = BTDrucks VII/650 S. 213.
[12] Zöller-Philippi[17] Rdnr. 6 – unter Berufung auf die Vorauflage.
[13] Zöller-Philippi[17] Rdnr. 8.

III. Rechtsfolgen des Tatbestands der Vorschrift

10 Durchweg sagt man, auch wenn die Voraussetzungen der Vorschrift vorlägen, liege es immer noch im **Ermessen** des BGH, im Zusammenhang mit der Aufhebungsentscheidung stehende Entscheidungsteile auch aufzuheben oder nicht. Nach den unser Rechtssystem allgemein beherrschenden Argumentationsmustern ist freilich wenig einsichtig, wo noch ein »Ermessens«-Spielraum liegen soll, wenn eine bestimmte Entscheidung »geboten erscheint«. Jedoch würde es unserer Rechtskultur in der Tat auch insgesamt mehr bekommen, sehr allgemeine Rechtsbegriffe, die für die primäre Anwendung nicht von Verwaltungsbehörden, sondern von Gerichten gedacht sind, als Ermächtigungen zu Ermessensentscheidungen zu deuten. Der BGH kann auf jeden Fall über die Folgesache auch dann nicht selbst entscheiden, wenn in der Rechtsmittelangelegenheit selbst endgültig entschieden wird oder wenn der Inhalt der Entscheidung, die die nach § 629 c aufgehobene Entscheidung ersetzen soll, liquide ist[14]. »Geboten« ist die Aufhebung nach Art. 6 GG insbesondere dann, wenn der Antragsteller die Absicht kundtut, im Falle des Erfolgs des Rechtsmittels nicht mehr auf Scheidung zu bestehen[15]. Sie ist aber auch immer dann geboten, wenn mit der Möglichkeit zu rechnen ist, daß das OLG im Lichte der eigentlichen Revisions- bzw. Beschwerdeentscheidung in der im Zusammenhang stehenden Folgesache zu einer anderen Entscheidung als bisher gelangen wird. Die Möglichkeit, daß der Antragsteller die Revisionsentscheidung bzw. die auf weitere Beschwerde ergehende Entscheidung zum Anlaß nehmen kann, eine Abänderung im Zusammenhang stehender Folgesachenentscheidungen für die Zukunft zu begehren (vgl. § 1696 BGB bzw. § 323 ZPO), läßt das Gebot der Aufhebung nicht entfallen[16], auch wenn die Aufhebung durch den BGH, wie bei Sorgerechtsentscheidungen, nicht zurückwirkt. Entsteht nach Aufhebung durch das Revisionsgericht ein dringender Bedarf für eine sofortige anderweitige Entscheidung, so ist für eine einstweilige Anordnung nur das OLG zuständig → § 620 a Rdnr. 6.

IV. Einfluß von § 629 c auf die Rechtskraft der einzelnen im Verbund stehenden Entscheidungen

11 **1. Der Scheidungsausspruch** selbst ist nicht rechtskräftig, solange es noch möglich ist, in erfolgversprechender Weise einen Antrag nach § 629 c zu stellen. Aus diesem Grund wird häufig außer auf Rechtsmittel und Anschlußrechtsmittel auch auf die Stellung des in § 629 c vorgesehenen Antrags verzichtet, was möglich ist[17]. Dieser Verzicht kann auch konkludent durch »Rechtsmittelverzicht« erklärt werden[18]. Solange der Antrag nach § 629 c S. 2 noch gestellt werden kann und die Scheidung daher nicht rechtskräftig ist, kann der Scheidungsantrag auch noch zurückgenommen werden[19], was nach Einreichung der Revision oder der weiteren Beschwerde gegenüber dem BGH zu erklären ist. Gerade deshalb wurde 1986 in Gestalt des S. 2 die Fristbindung eingeführt. Für die Frist gelten die gleichen Grundsätze wie für die Fristen des 629 a Abs. 3 → § 629 a Rdnr. 16.

---

[14] *BGH* FamRZ 1986, 895, 897; allg. M.
[15] *Deneke* FamRZ 1987, 1214, 1218.
[16] A.M. *Deneke* aaO. *MünchKommZPO-Klauser* Rdnr. 2 nennt die allgemeinen Korrekturmöglichkeiten der §§ 323, 767 ZPO, 1696 BGB, 17 HausrVO als Faktoren der Ermessensentscheidung. Er hält die Vorschrift daher für überflüssig (Rdnr. 2).
[17] *OLG München* FamRZ 1979, 444; *OLG Düsseldorf* FamRZ 1980, 709; *KG* FamRZ 1981, 381; allg. M.
[18] *BGH* FamRZ 1984, 467, 468; *ders.* FamRZ 1981, 947.
[19] *Deneke* FamRZ 1987, 1214, 1220.

2. Auch **Entscheidungen in Folgesachen** werden nicht rechtskräftig, solange noch die 12
Möglichkeit besteht, daß sie nach § 629c aufgehoben werden[20]. Die gegenteilige Mindermeinung[21], die ein Mittel der Rechtskraftdurchbrechung annahm, ist durch den mit dem UÄndG
1986 eingeführten S. 2 überholt, der erklärtermaßen den Schwebezustand bezüglich des
Rechtskrafteintritts nur für den Scheidungsausspruch beseitigen wollte.

In Anwendung von § 629c können Folgesachen aufgehoben werden, solange noch die
Anfechtung einer Entscheidung in irgendeiner Folgesache mit Revision oder weiterer Beschwerde statthaft (wenn auch nicht: »zulässig«) ist → § 629a Rdnr. 21, oder wenn eine
solche Entscheidung angefochten wurde und das Verfahren noch in der dritten Instanz
anhängig ist → § 629a Rdnr. 22.

Praktisch bedeutet dies, daß Entscheidungen in Folgesachen nur unter folgenden Voraussetzungen formell rechtskräftig werden:

a) Auf Rechtsmittel, Anschlußrechtsmittel und Antrag nach § 629c ist ausdrücklich oder
schlüssig verzichtet worden.

b) Andernfalls: Eine in erster Instanz erlassene Entscheidung zu einer Folgesache ist nicht
innerhalb der Fristen des § 629a Abs. 2, 3 rechtzeitig angefochten worden.

c) Wenn Rechtskraft nicht schon nach a) oder b) eingetreten ist:

aa) Die OLG-Entscheidung ist nur zu Folgesachen nach § 621 Abs. 1 Nr. 7 und 9 ergangen.
Dann tritt die Rechtskraft mit deren Bekanntgabe ein, denn eine weitere Beschwerde ist nicht
statthaft, § 621e Abs. 2;

bb) sonst, sofern die Frist zur Einlegung der Revision oder der weiteren Beschwerde gegen
irgendeinen Teil des OLG-Verbundurteils in einer Folgesache nach § 621 Abs. 1 Nr. 1 – 6, 8
abgelaufen ist, ohne daß das Rechtsmittel eingelegt worden wäre.

d) Außer nach Zurückweisung von Revision oder weiterer Beschwerde tritt die Rechtskraft schließlich ein, wenn in der letzten mündlichen Verhandlung vor dem BGH kein Antrag
nach § 629c gestellt worden ist, bzw., wenn der BGH einen solchen zurückgewiesen hat.

§ 629d [Wirksamkeitsaufschub in Folgesachen]

Vor der Rechtskraft des Scheidungsausspruchs werden die Entscheidungen in Folgesachen nicht wirksam.

Gesetzesgeschichte: Rdnr. 1 ff. vor § 606.

I. Die Vorschrift ist eine zwingende Folge davon, daß Folgesachen kraft Legaldefinition 1
nur solche sind, in denen *für den Fall der Scheidung* eine Entscheidung rechtzeitig beantragt
ist oder von Amts wegen getroffen werden muß → § 623 Rdnr. 2 – 5. Daher muß die Vorschrift konsequenterweise unabhängig vom FGG auch auf FG-Folgesachen[1] und abgetrennte
Folgesachen[2] und Vorabentscheidungen über die elterliche Sorge nach § 627 angewandt
werden[3]. Nicht aber gilt das Umgekehrte. Die Scheidung kann rechtskräftig und gleichwohl
können Folgesachen noch rechtshängig und daher bereits getroffene Entscheidungen unter

---

[20] *OLG Celle* FamRZ 1979, 168; *OLG Zweibrücken*
FamRZ 1979, 533; *KG* FamRZ 1979, 530; *Deneke*
FamRZ 1987, 1214, 1218 mwN; *Zöller-Philippi*[17]
Rdnr. 8a.
[21] *OLG Celle* FamRZ 1980, 176; *Heintzmann* FamRZ
1980, 112, 114; *Rosenberg-Schwab*[14] § 168 I 12b.

[1] *OLG München* FamRZ 1978, 614, 615f.
[2] *Zöller-Philippi*[17] § 628 Rdnr. 19a.
[3] *MünchKommZPO-Klauser* Rdnr. 1.

Umständen noch nicht wirksam sein → § 629a Rdnr. 20f. Dann gelten für solche Folgesachen wieder die allgemeinen Grundsätze. In kindschaftsrechtlichen FG-Sachen werden Entscheidungen allerdings häufig schon mit ihrem Erlaß wirksam; als Verbundentscheidungen werden sie es dann mit der Rechtskraft des Scheidungsausspruchs, auch wenn ihretwegen noch ein Rechtsmittelverfahren schwebt. In Versorgungsausgleichssachen werden Entscheidungen aber erst mit ihrer Rechtskraft wirksam, § 53g FGG. Ist gegen eine Versorgungsausgleichsentscheidung des OLG eine weitere Beschwerde nicht zugelassen, so werden sie genauso wie Scheidungsurteile der Oberlandesgerichte, gegen die die Revision nicht zugelassen ist → § 629a Rdnr. 22, erst mit Ablauf der Beschwerdefrist nach § 621e Abs. 3 i.Vdg.m. § 516 oder mit deren Verwerfung rechtskräftig[4]. Entscheidungen in *Unterhalts-*[5] und *Zugewinnausgleichssachen* sind für die Zeit ab Rechtskraft des Scheidungsurteils für vorläufig vollstreckbar zu erklären, weil sie sonst erst mit ihrer formellen Rechtskraft vollstreckbar würden und vom Zeitpunkt der Rechtskraft der Scheidung bis dahin eine Titellücke entstehen könnte[6] → § 629a Rdnr. 18. Vor Rechtskraft der Scheidung besteht aber kein Anlaß, die Zwangsvollstreckung aus einem Unterhalts- oder Zugewinnausgleichsurteil einzustellen[7]. Da ein vorläufig vollstreckbares Urteil aber keine anderweitige Regelung im Sinne von § 620f. ist → § 620f. Rdnr. 2 a. E. und die Existenz zweier gleichlautender Titel vermieden werden muß, ist aber die vorläufige Vollstreckbarkeit nur in dem Umfange auszusprechen, wie die Verurteilung über das hinausgeht, was aufgrund einstweiliger Anordnung geleistet werden muß. Sind Unterhaltsurteile vor Rechtskraft des Scheidungsurteils formell rechtskräftig, so darf aus ihnen gleichwohl nicht vollstreckt werden, bevor die Scheidung rechtskräftig ist.

2 In der Vorschrift ist nämlich nicht von »Rechtskraft« der Folgesachen die Rede. Formell rechtskräftig können solche Entscheidungen vielmehr schon früher werden, nämlich mit dem Zeitpunkt, zu dem sie auch im Wege einer Rechtsmittelerweiterung oder eines Anschlußrechtsmittels nicht mehr anfechtbar sind → § 629a Rdnr. 11ff., 20ff., § 629c Rdnr. 12. Von diesem Zeitpunkt an sind sie auch materiell rechtskräftig und lösen deshalb ne-bis-in-idem-Wirkungen → § 322 Rdnr. 196ff. aus. **Lediglich der Beginn der Gestaltungswirkung** bzw. der **Vollstreckungswirkung** ist in Anwendung von § 629d **aufschiebend bedingt**. Bei Erteilung der Vollstreckungsklausel muß dies beachtet werden. Da sie nur unbedingt erteilt werden darf, kann sie nach § 726 nur erteilt werden, wenn nachgewiesen wird, daß auch der Scheidungsausspruch rechtskräftig ist[8]. Zeigt sich in der Zeit bis dahin eine Regelungsbedürftigkeit, so steht das Rechtsinstitut der einstweiligen Anordnung zur Verfügung → § 620a Rdnr. 2. Bereits erlassene einstweilige Anordnungen behalten ihre Wirksamkeit, bis die Entscheidung in der Folgesache mit der Rechtskraft des Scheidungsurteils in Kraft tritt → § 620f. Rdnr. 3ff.

§ 630 [Einverständliche Scheidung]

(1) Für das Verfahren auf Scheidung nach § 1565 in Verbindung mit § 1566 Abs. 1 des Bürgerlichen Gesetzbuchs muß die Antragsschrift eines Ehegatten auch enthalten:
1. die Mitteilung, daß der andere Ehegatte der Scheidung zustimmen oder in gleicher Weise die Scheidung beantragen wird;
2. den übereinstimmenden Vorschlag der Ehegatten zur Regelung der elterlichen Sorge für

---

[4] *BSG* FamRZ 1985, 595 mit leider widersprüchlichen Formulierungen in den Gründen.
[5] Grundlegend *Gießler* FamRZ 1986, 938. Aus der Rechtsprechung der OLGe: *OLG München* FamRZ 1981, 481; *OLG Schleswig* SchlHA 1982, 43; *OLG Frankfurt* FamRZ 1987, 1171; *OLG Karlsruhe* FamRZ 1987, 496; *OLG Stuttgart* Justiz 1989, 88.
[6] *Kemnade* FamRZ 1986, 625, 527.
[7] *OLG Schleswig* SchlHA 1979, 125 = Büro 1377.
[8] *MünchKommZPO-Klauser* Rdnr. 6.

ein gemeinschaftliches Kind und über die Regelung des Umgangs des nicht sorgeberechtigten Elternteils mit dem Kinde;

3. Die Einigung der Ehegatten über die Regelung der Unterhaltspflicht gegenüber einem Kinde, die durch die Ehe begründete gesetzliche Unterhaltspflicht sowie die Rechtsverhältnisse an der Ehewohnung und am Hausrat.

(2) Die Zustimmung zur Scheidung kann bis zum Schluß der mündlichen Verhandlung, auf die das Urteil ergeht, widerrufen werden. Die Zustimmung und der Widerruf können zu Protokoll der Geschäftsstelle oder in der mündlichen Verhandlung zur Niederschrift des Gerichts erklärt werden.

(3) Das Gericht soll dem Scheidungsantrag erst stattgeben, wenn die Ehegatten über die in Absatz 1 Nr. 3 bezeichneten Gegenstände einen vollstreckbaren Schuldtitel herbeigeführt haben.

Gesetzesgeschichte: Rdnr. 1ff. vor § 606; geändert BGBl. 1979 I 1061.

I. Systematischer Stellenwert der Vorschrift[1]

1. Die Vorschrift ist systematisch und redaktionell mißglückt. Man gewinnt den Eindruck, als setze sie voraus, in § 1565 i.Vbg.m. § 1566 Abs. 1 BGB sei ein »**Verfahren auf Scheidung**« geregelt, wenn die genannte Paragraphenverbindung zur Grundlage des Scheidungsbegehrens gemacht werden soll[2]. Dem ist aber nicht so[3]. Das Verfahren »der« einverständlichen Scheidung ist zwar weniger komplex als viele »streitige« Scheidungen, unterscheidet sich von ihm aber nicht mehr als ein einfacher vermögensrechtlicher Prozeß von einem komplexen. Insbesondere §§ 627, 623 i.Vbg.m. § 621 Rdnr.n. 3, 6, 8 und 9, § 624 finden in jedem Scheidungsverfahren Anwendung. § 1565 BGB i.Vbg.m. § 1566 Abs. 1 BGB besagen vielmehr nur, daß das Scheitern der Ehe unwiderleglich vermutet wird, wenn die Ehegatten ein Jahr getrennt leben und Einverständnis über die Scheidung in der Weise herrscht, daß entweder beide Ehegatten die Scheidung beantragen oder der andere Ehegatte der Scheidung zustimmt. Unter diesen Voraussetzungen braucht die Behauptung, die Ehe sei gescheitert, nicht substantiiert und erst recht nicht bewiesen zu werden. § 630 Abs. 1 fügt dem als weiteres Erfordernis hinzu, daß die in den Nrn. 2 und 3 erwähnten Einigungen der Ehegatten vorliegen und, sollten sie vorliegen, daß über die Einigung bezüglich der anstehenden Unterhaltsregelung ein vollstreckbarer Titel existieren muß. Zur rechtlichen Einordnung dieser Erfordernisse als (scheinbar unerläßlicher) »Inhalt der Antragsschrift« →Rdnr. 3.

Niemand kann freilich die Ehegatten daran hindern, ihr Einverständnis mit der Scheidung kundzutun, ohne daß sie sich über Sorgerecht und Umgang mit dem Kind bzw. über Unterhaltsregelungen geeinigt oder eine solche Einigung kundgetan hätten. Man spricht dann von **verdeckter Konventionalscheidung**. In der Praxis spielt sie eine so überragende Rolle, daß die offene Konventionalscheidung über § 1565, § 1566 BGB, § 630 ZPO kaum noch vorkommt[4]. Ein Grund dafür ist, daß die Parteien die kostenträchtige Einschaltung der Anwälte in die Regelung ihrer nachehelichen Beziehungen vermeiden wollen.

---

[1] Lit: *Brehm* Die Zulässigkeitsvoraussetzungen der einverständlichen Scheidung, JZ 1977, 596; *Diederichsen* ZZP 91 (1978) 397, 423ff.; *Schlosser* Die einverständliche Scheidung im Spannungsfeld der Streitgegenstandsdogmatik, FamRZ 1978, 319ff.; *Harald Vogel* Die Scheidungsantragsschrift, AnwBl 1982, 457; *Müller-Alten* Ehescheidung und Scheidungsverträge. Eine juristisch-empirische Untersuchung über die einverständliche Scheidung und die Scheidungsvereinbarungen, 1984 – mit kritischem rechtspolitischem Ergebnis (Besprechung *Langenfeld* NJW 1985, 188); *Göppinger* Vereinbarungen anläßlich der Ehescheidung[5] 1987; *Detkloff* Die einverständliche Scheidung (rechtsvergleichend und rechtshistorisch) Diss. Freiburg (1990).

[2] So in der Tat *Diederichsen* aaO 427.

[3] *Brehm* aaO 597; *D. Schwab* FamRZ 1976, 503; *Zöller-Philippi*[17] Rdnr. 3.

[4] MünchKommZPO-Klauser Rdnr. 2 Fn. 5.

Leben scheidungseinige Ehegatten seit drei Jahren getrennt, kommt ihnen die unwiderlegliche Vermutung des § 1566 Abs. 2 BGB zugute. Die Ehegatten können aber auch einvernehmlich Scheidung aus dem Grundtatbestand des § 1565 BGB begehren und sind dann nicht gehalten, dem § 630 Genüge zu tun[5]. Behaupten sie substantiiert das Vorliegen der Voraussetzungen von Abs. 1 oder Abs. 2 jener Vorschrift, so hat dies zwar hohen, in der Praxis meist ausreichenden Indizwert für die tatsächlich bestehende Zerrüttung der Ehe, entbindet das Gericht aber nicht schlechthin von der Amtsermittlung nach § 616 Abs. 1 und 2[6]. Dazu, um ein »Ausweichen« der Parteien in die verdeckte Konventionalscheidung zu verhindern, besonders mißtrauisch von den Möglichkeiten des § 616 Gebrauch zu machen, besteht aber kein Anlaß → § 616 Rdnr. 6.

Ist im Falle einer verdeckten Konventionalscheidung das Trennungsjahr des § 1565 Abs. 2 BGB oder des § 1566 Abs. 1 BGB abgelaufen, so soll das Gericht seine Vermittlung anbieten, um eine einvernehmliche Regelung des Sorgerechts, des Umgangsrechts und der Unterhaltsfragen zu erreichen → § 616 Rdnr. 6.

Auf eine kurze Formel gebracht, läßt sich der Inhalt des § 630 Abs. 1 folgendermaßen zusammenfassen: Die Unwiderleglichkeit der Vermutung des § 1566 Abs. 1 BGB greift nur ein, wenn auch die Voraussetzungen der Nrn. 2 und 3 jener Vorschrift vorliegen[7].

Andere als die in Nrn. 2 und 3 genannten Angelegenheiten der nachehelichen Beziehungen sind auch dann, wenn beide Ehegatten die Scheidung beantragt haben oder mit ihr einverstanden sind, als Folgesachen geltend zu machen oder, soweit der Versorgungsausgleich in Frage steht, von Amts wegen in das Verfahren einzubeziehen; der Tatbestand des Scheidungseinverständnisses ist ohne Einfluß auf die Behandlung dieser Angelegenheiten.

2 **2.** Der Sinn von § 630 Abs. 1 hat Konsequenzen für den **Streitgegenstand** des auf das Einverständnis beider Ehegatten gestützten Scheidungsbegehrens und die materiellrechtliche oder prozessuale Einordnung der in der Norm aufgestellten »Antragserfordernisse«.

a) Es besteht kein Grund, für den einvernehmlich oder unter Zustimmung des anderen Ehegatten gestellten Scheidungsantrag den **Streitgegenstand** des Scheidungsverfahrens zu verengen → § 611 Rdnr. 2. Es gibt keinen besonderen Verfahrensgegenstand der einverständlichen Scheidung[8]. Das Scheidungsverfahren behält seine Identität, wenn das Einverständnis des anderen Ehegatten erst nachträglich erklärt, die Vereinbarung über Sorgerecht, Umgangsrecht und Unterhalt erst nachträglich zustandekommen oder wenn, umgekehrt, das Einverständnis mit der Scheidung nachträglich widerrufen wird[9]. Der Scheidungsantrag ist und bleibt auch zulässig, wenn die Ankündigungen in der Antragsschrift nicht erfüllt werden. Unterlagen über das Scheidungseinverständnis des anderen Teils und Vereinbarungen im Sinne von Abs. 2 Nrn. 2 und 3 können nachgereicht werden. Der primär an der Scheidung interessierte Ehegatte braucht auch seinen Scheidungsantrag nicht »umzustellen« und ihn fürderhin auf § 1565 BGB oder § 1566 Abs. 2 BGB zu »stützen«, wenn den Anforderungen des § 630 nicht Genüge getan ist. Das Gericht muß von Amts wegen prüfen, ob der Scheidungsantrag nach einer der genannten Normen begründet ist, darf allerdings ehefeindliche Tatsachen gegen den Widerspruch des anderen Ehegatten hierbei nicht ermitteln → § 616 Rdnr. 3. Jedoch ist der Scheidungsausspruch in einem solchen Fall zu Lasten beider Ehegatten im Sinne von § 278 Abs. 3 überraschend, wenn ohne vorherigen gerichtlichen Hinweis nach

---

[5] *OLG Köln* FamRZ 1978, 25; *KG* FamRZ 1978, 34; *OLG Hamburg* FamRZ 1979, 702; *OLG Frankfurt* FamRZ 1982, 809, 811; heute wohl allg. M. – A.M. früher, aber wohl durch die ständige Praxis überholt: *Bergerfurth* FamRZ 1976, 582 f.; *Diederichsen* aaO 429. Dagegen *Scheld* FamRZ 1977, 226 (mit Erwiderung *Bergerfurth* 227); *ders.* JR 1978, 49.

[6] *OLG Köln* aaO; *dass.* FamRZ 1979, 236; *OLG Hamburg* FamRZ 1979, 702; *OLG Zweibrücken* FamRZ 1983, 1132; wohl auch sämtliche Kommentare zu § 1566 BGB.

[7] *MünchKomm-Wolf*[2] § 1566 Rdnr. 10 ff.

[8] Näher *Schlosser* aaO; *Zöller-Philippi* aaO Rdnr. 3; *Johannsen/Henrich/Sedemund-Treiber*[2] Rdnr. 3, 12.

[9] *OLG Hamburg* FamRZ 1979, 702.

§ 1565 BGB geschieden wird, obwohl im Scheidungsantrag nur auf § 1566 Abs. 1 Bezug genommen war. Das gilt vor allem dann, wenn der andere Ehegatte, der Ankündigung im Scheidungsantrag zuwider, der Eheauflösung widersprochen hat[10]. Umgekehrt muß den Erfordernissen des § 630 auch Genüge getan sein, wenn die Scheidung erst im Laufe des Verfahrens zu einer offenen Konventionalscheidung werden soll und das Gericht den Scheidungsausspruch auf § 1566 Abs. 1 BGB stützen will[11].

Es ist nicht ratsam, im Tenor des Scheidungsurteils zum Ausdruck zu bringen, die Ehe sei im Einvernehmen der Gatten gelöst worden, weil somit automatisch alle verdeckten Konventionalscheidungen als ohne Zustimmung eines der beiden Ehegatten verfügt hingestellt werden würden. Zu parallel laufenden Scheidungsanträgen beider Ehegatten → § 611 Rdnr. 2.

b) Ist dem aber so, so können die in Abs. 1 genannten Erfordernisse auch **keine prozessualen Zulässigkeitsvoraussetzungen eines Scheidungsantrags** sein[12]. Es muß sich also um materielle Voraussetzungen für die echte einverständliche Scheidung handeln, welche die nach § 1565 i.Vbg.m. § 1566 aufgestellten ergänzen[13]. Für diese Einordnung sprechen auch die sonstigen Rechtsfolgen, die mit der Unterscheidung von materiellem und Prozeßrecht verbunden sind[14]: Einen vorausgesetztermaßen unzulässigen Antrag in einen zulässigen umzudeuten, nachdem man sich über seine Unzulässigkeit klar geworden ist, wirkt angesichts der Tatsache, daß vorher und nachher Scheidung der Ehe beantragt wird, sehr spröde und würde die Verengung des Verfahrensgegenstandes auf die einzelnen Tatbestände der unwiderruflichen Zerrüttungsvermutung bzw. den Grundtatbestand voraussetzen. Ein Zwischenurteil darüber zu fällen, ob der Antrag wegen Erfüllung der Voraussetzungen von § 630 Abs. 1 zulässig ist, dem Gericht zu verbieten, den Scheidungsantrag wegen Fehlens eines einjährigen Getrenntlebens abzuweisen und die Frage nach der Wirksamkeit der Vereinbarungen der Ehegatten offen zu lassen oder dem Berufungsgericht die Befugnis zu geben, die Sache an das Familiengericht zurückzuweisen, das fälschlich das Vorliegen wirksamer Voraussetzungen im Sinne von Abs. 1 Nr. 2 oder 3 geleugnet hat, hat wenig Sinn. Zustimmung i.S.v. § 1933 BGB verlangt das Vorliegen der Voraussetzungen von § 630[14a].

3

Vor allem aber würde es bei Anwendung **ausländischen Scheidungsstatuts** seltsam wirken, auf der Einhaltung der Erfordernisse des § 630 Abs. 1 zu bestehen, wenn dieses Recht solche Erfordernisse nicht kennt[15]. Nur soweit ausländisches Recht die Einigung der Ehegatten über die Nebenfolgen zur Scheidungsvoraussetzung macht, ist § 630, angepaßt an den Inhalt des ausländischen Rechts, anzuwenden[16], auch über die in Abs. 1 Nrn. 2 und 3 aufgeführten Gegenstände hinaus, aber nicht schon dann, wenn ähnliche Zerrüttungsvermutungen wie nach deutschem Recht bestehen[17]. Zum Titulierungserfordernis → Rdnr. 8.

Schon gar nicht können die Erfordernisse von Abs. 1 als Erfordernisse einer wirksamen Antragsschrift behandelt werden. Ihr Fehlen hindert, anders als häufig das Fehlen des notwendigen Inhalts einer Klageschrift → § 253 Rdnr. 181 ff., den sofortigen Eintritt der Rechtshängigkeit nicht[18]. Daher ist die häufig gestellte Frage gegenstandslos, ob bei zwei selbständi-

---

[10] *OLG Frankfurt* FamRZ 1985, 823.
[11] *Göppinger* aaO Rdnr. 43.
[12] *Zöller-Philippi*[17] Rdnr. 3; *Johannsen/Henrich/Sedemund-Treiber*[2] Rdnr. 3, 12 mwN; *Schwab-Maurer*[2] Rdnr. 335 ff.; *Brehm* JZ 1977, 596; *D. Schwab* FamRZ 1976, 491, 503; *J. Blomeyer* ZRP 1974, 118, 132; MünchKommZPO-Klauser Rdnr. 5; *MünchKomm-Wolf*[2] § 1566 BGB Rdnr. 12. – A.M. *Göppinger* Vereinbarungen anläßlich der Ehescheidung[5] (1987) Rdnr. 38; *Thomas-Putzo*[18] Rdnr. 5 ff.; *Baumbach/Lauterbach/Albers*[51] Rdnr. 4; *Diederichsen* NJW 1977, 654; *ders.* ZZP 91 (1978) 397, 426 f.; *Damrau* NJW 1977, 1169, 1174; *Brüggemann* FamRZ 1977, 10; *K. H. Schwab* FamRZ 1976, 662; *Bergerfurth* FamRZ 1976, 583; *Hagena* FamRZ 1975, 388.
[13] *Brehm* aaO.
[14] Dazu näher *Schlosser, Brehm* aaO.
[14a] *OLG Schleswig* NJW 1993, 1082 mwN.
[15] *AG Hamburg* IPRax 1983, 74; *Baumbach/Lauterbach/Albers*[50] Anm. 1; *MünchKommZPO-Klauser* Rdnr. 4; *Göppinger* Vereinbarungen anläßlich der Ehescheidung[5] (1987) Rdnr. 45 – trotz enger Streitgegenstandskonzeption; *Johannsen/Henrich/Sedemund-Treiber*[2] Rdnr. 21.
[16] *Jayme* NJW 1977, 1378, 1381 f. Kritisch *MünchKommZPO-Klauser* Rdnr. 4.
[17] A.M. *Baumbach/Lauterbach/Albers*[51] aaO.
[18] *OLG Frankfurt* FamRZ 1982, 809, 811; wohl allg. M.

gen Scheidungsantragsschriften der Ehegatten jede dem Erfordernisse von § 630 entsprechen muß, eine Frage, die mit der naheliegenden Versicherung beantwortet zu werden pflegt, der spätere Antrag könne insoweit auf den früheren verweisen. Der in seiner Erwiderung auf den Scheidungsantrag der Scheidung zustimmende Ehegatte braucht nichts weiter zu tun, als den Abschluß der Sorgerechtsvereinbarung zu bestätigen und den Abschluß der Unterhaltsvereinbarung nicht zu bestreiten.

Auch im **Prozeßkostenhilfeverfahren** muß geprüft werden, ob die Voraussetzungen von Abs. 1 aller Voraussicht nach erfüllt sein werden[19].

II. Die Erfordernisse des Abs. 1 im einzelnen

1. Materielle Voraussetzung für die wegen des Einverständnisses der Eheleute erleichterte Form der Scheidung ist nach § 1566 Abs. 1 BGB, daß **beide die Scheidung beantragen oder der Antragsgegner der Scheidung zustimmt**. Beantragen beide Ehegatten gleichzeitig die Scheidung, so ist für die Anwendung von **Nr. 1** von vornherein kein Raum. Ebenso fehlt es für sie an einem Anwendungsbereich von dem Zeitpunkt ab, von dem an der Antrag oder die Zustimmung des anderen Ehegatten bei Gericht vorliegen. Es wäre sinnlose Förmelei, dann vom ersten Antragsteller noch eine »Mitteilung« über die Stellung des anderen Ehegatten zur Scheidung verlangen zu wollen. Mangels seiner formalen Voraussetzungen a limine abweisungsreif wäre der Scheidungsantrag auch nicht, wenn man den Verfahrensgegenstand des Eheauflösungsverfahrens jeweils auf die einzelnen unwiderruflichen Vermutungstatbestände bzw. auf den Grundtatbestand beschränkt ansähe → Rdnr. 2; auch dann könnte das Fehlende jederzeit nachgeholt werden und würde obsolet, sobald die Zustimmung des anderen Ehegatten bei Gericht erklärt ist. Solange der andere Ehegatte seinen eigenen Scheidungsantrag noch nicht gestellt oder seine Zustimmung zur Scheidung noch nicht erklärt hat, bringt aber auch die in Nr. 1 erwähnte Mitteilung das Verfahren nicht weiter. Diese Mitteilung hat daher nur die Funktion, dem Gericht eine Orientierung zu geben, welche Scheidungsvoraussetzungen vermutlich einschlägig sein werden. Irgendwelche Sanktionen können an das Unterbleiben der Mitteilung daher vernünftigerweise nicht geknüpft werden[20]. Fehlt es an der Mitteilung, sollte sich das Gericht zunächst darauf einstellen, daß als Scheidungsvoraussetzungen nur § 1565 oder 1566 Abs. 2 BGB in Betracht kommen.

Die **gleichzeitige Beantragung der Scheidung** durch den anderen Ehegatten ist **Prozeßhandlung**. Sie unterliegt daher dem Anwaltszwang. Die **Zustimmung zur Scheidung**[21] hingegen ist ein **materiellrechtliches Rechtsgeschäft**. Es kann freilich wirksam erst nach Rechtshängigkeit des Scheidungsantrags vorgenommen werden, weil es vorher an einem hinreichend präzisierten Zustimmungsgegenstand fehlt. Die materiellrechtliche Natur der Zustimmung folgt daraus, daß das Gesetz weder in § 1566 Abs. 1 BGB noch sonstwo für die Zustimmung die Form einer Prozeßhandlung verlangt. Zur Vornahme und zur prozessualen Wirksamkeit der Zustimmung bedarf es der Mitwirkung eines Anwalts nicht[22]. Auch Abs. 2 S. 2 setzt dies voraus. Denn die dort genannte Form ist nicht zwingend[23]. Der die Scheidung beantragende Ehegatte kann dem Gericht in jeder anderen Form nachweisen, daß der andere Ehegatte zustimmt, ohne daß es dazu einer wirksamen Prozeßhandlung des anderen Ehegatten bedürfte[24]. Selbst

---

[19] *OLG Zweibrücken* FamRZ 1983, 1132; *Münch-Komm-Wolf*[2] § 1566 Rdnr. 10.
[20] *Vogel* AnwBl 1982, 457, 466. – A.M. (nämlich Abweisung des Antrags als unzulässig) – auf der Grundlage des engen Streitgegenstandsbegriffs – *Damrau* NJW 1977, 1169 ff.
[21] Bloße Erklärung, der Scheidung nicht entgegentreten zu wollen, betrachten *OLG Zweibrücken* FamRZ 1990, 59 und *OLG Stuttgart* NJW 1979, 662 nicht als Zustimmung.
[22] *D. Schwab* FamRZ 1976, 491, 503; *MünchKommZPO-Klauser* Rdnr. 9. *Zöller-Philippi*[17] Rdnr. 8.
[23] *MünchKommZPO-Klauser* Rdnr. 9. – A.M. *Brüggemann* FamRZ 1977, 1, 9.
[24] Anders die weitaus h.M.: *BGH* FamRZ 1990, 1109 = NJW 2382 = JZ 1134 (zust. *Battes-Thofern*

im Wege der Amtsermittlung nach § 616 Abs. 1 kann das Gericht ergründen, ob die Zustimmung des anderen Ehegatten vorliegt. Daher kann dieser auch bei seiner persönlichen Anhörung die Zustimmung prozessual wirksam erklären. Das Revisions- oder Rechtsbeschwerdegericht kann eine möglicherweise eine Zustimmung darstellende Erklärung nicht frei nachprüfen[25].

In entsprechender Anwendung von § 607 ist auch der beschränkt geschäftsfähige Ehegatte zustimmungsbefugt[26]. Zum Widerruf → Rdnr. 9 Umgekehrt ist aber auch eine vom bevollmächtigten Anwalt erklärte Zustimmung für die Anwendbarkeit des § 1933 BGB ausreichend[27].

2. Solange der **Vorschlag der Eheleute zur Regelung der elterlichen Sorge und des Umgangsrechts nicht vorliegt**, kann eine Scheidung, gestützt auf § 1566 Abs. 1 BGB, nicht ausgesprochen werden. Der Vorschlag bindet das Gericht, wie auch sonst, nicht schlechthin, sondern nur im Rahmen von § 1671 Abs. 2 BGB → Rdnr. 10, § 627 Rdnr. 1, § 623 Rdnr. 11 a. E. Der gemeinsame Vorschlag braucht nicht in der Antragsschrift enthalten zu sein. Es genügt, wenn er im Laufe des Verfahrens prozeßordnungsgemäß eingeführt wird. Der Schriftform bedarf er nicht. Der anwaltlich nicht vertretene Ehegatte kann ihn anläßlich seiner persönlichen Anhörung bestätigen[28]. Auch der beschränkt geschäftsfähige Ehegatte kann den Vorschlag in entsprechender Anwendung von § 607 machen[29].

Der persönliche Umgang muß so genau geregelt sein, wie er auch in einer Gerichtsentscheidung geregelt sein müßte, allg. M. Ein Vorschlag, das Sorgerecht aufzuteilen (etwa nach Personen- und Vermögenssorge oder nach Zeitabschnitten) ist nicht wirksam.

3. Was den **Kindesunterhalt** anbelangt, so ist, sobald der Scheidungsantrag eingereicht ist, immer § 1629 Abs. 3 BGB anwendbar. Stets wird der Ehegatte, dem nach dem Vorschlag der Eltern das Sorgerecht zuerkannt werden soll, der Anspruchsteller sein. Nur den Barunterhaltsanspruch des Kindes meint § 630 Abs. 1 Nr. 3[30]. Da der Unterhaltsanspruch *volljähriger Kinder* nicht in den Verbund gehört → § 623 Rdnr. 6a, braucht insoweit auch keine Abmachung getroffen zu werden[31]. Ist das Kind nach Ansicht seiner Eltern nicht unterhaltsbedürftig, so genügt eine entsprechende Erklärung gegenüber dem Familiengericht.

Über die **Form**, die eine Unterhaltsvereinbarung haben muß, sagt Abs. 1 Nr. 3 nichts[32]. Bestätigung der vom Antragsteller behaupten Übereinkunft in der mündlichen Verhandlung oder anläßlich der persönlichen Anhörung des anderen, der Scheidung zustimmenden Ehegatten, genügt. Existiert eine wirksame Unterhaltsvereinbarung, dann ist die Scheidung nicht fehlerhaft ausgesprochen, auch wenn es an einem vollstreckbaren Titel im Sinne von Abs. 3 oder gar an einer schriftlichen Fixierung fehlt. Jedoch muß die Einigung hinreichend bestimmt sein, um den Erfordernissen eines Vollstreckungstitels genügen zu können. Zustandekommen muß die Unterhaltsregelung erst vor Schluß der letzten mündlichen Verhandlung → Rdnr. 1,

---

1135 f.);*LG Düsseldorf* Rpfleger 1980, 187, 188; *Zöller-Philippi*[17] Rdnr. 8; *Göppinger* Vereinbarungen anläßlich der Ehescheidung[5] Rdnr. 35; *MünchKomm-Leipold*[2] § 1933 Rdnr. 7; *MünchKomm-Wolf*[2] § 1566 BGB Rdnr. 23; *Vogel* AnwBl 1982, 457 bei Fn. 110ff.); *Lüke* AcP 178 (1978) 1, 29. Einige der Genannten wollen sich freilich mit der Vorlage einer notariell beurkundeten Zustimmung begnügen. Von ihrem Standpunkt aus müßte allein zum Zwecke dieser Vorlage ein Anwalt bestellt werden! Zum Teil nimmt man Doppelnatur der Zustimmung an (*LG Düsseldorf*; *Zöller-Philippi*, *Diederichsen*). Angesichts der ausdrücklichen Regelung des Widerrufs in Abs. 2 ist diese letztere Variante ohne Bedeutung..

25 A.M. *OLG Zweibrücken* OLGZ 1983, 160 ff.
26 *MünchKommZPO-Klauser* Rdnr. 9.

27 *BayObLG* FamRZ 1983, 96.
28 *MünchKomm-Wolf*[2] § 1566 Rdnr. 11; *Bergerfurth* FamRZ 1976, 583; *Sedemund-Treiber* DRiZ 1976, 337 Fn. 67. – A.M. *Zöller-Philippi*[17] Rdnr. 6; *Göppinger* Vereinbarungen anläßlich der Ehescheidung[5] Rdnr. 38; *Jost* NJW 1980, 327, 328; *Thomas-Putzo*[18] Rdnr. 7,8; *Damrau* NJW 1977, 1171; *Diederichsen* NJW 1977, 654.
29 *Brüggemann* aaO.
30 *Göppinger* aaO Rdnr. 554.
31 *MünchKommZPO-Klauser* Rdnr. 6. – A.M. *Johannsen/Henrich/Sedemund-Treiber*[2] Rdnr. 9.
32 Für Schriftformerfordernis *Jost* NJW 1980, 327, 328; *Baumbach/Lauterbach/Albers*[51] Rdnr. 2 a.E. Wie hier *Bergerfurth* aaO; *Johannsen/Henrich/Sedemund-Treiber*[2] Rdnr. 8.

2. Vorher darf auch nicht eine Terminsanberaumung abgelehnt werden[33]. Das Gericht hat von Amts wegen zu prüfen, ob die Vereinbarung aus irgendeinem Grunde unwirksam sein könnte[34], was insbesondere deshalb von Bedeutung ist, weil nach § 1614 BGB auf den Kindesunterhalt nicht gänzlich und auch nicht in substantiellen Teilen verzichtet werden kann. Auch wechselseitige Freistellungsvereinbarungen der Ehegatten sind auf ihre Wirksamkeit hin zu prüfen. Unterhalts-*Urteile* → Rdnr. 8.

7   4. Für die die **nacheheliche Unterhaltspflicht der Eheleute untereinander** betreffenden Abmachungen gilt Entsprechendes, freilich mit der Maßgabe, daß nach § 1585 c BGB insoweit Unterhaltsvereinbarungen nahezu unbeschränkt zulässig sind[35].

Auch die Vereinbarungen über die Rechtsverhältnisse an der **Ehewohnung und am Hausrat** müssen vollständig und wirksam sein. Alles, was der die Ehewohnung verlassende Ehegatte soll herausverlangen können, muß mit einer für die Schaffung eines Vollstreckungstitels hinreichenden Bestimmtheit gekennzeichnet werden. Der Auszugstermin muß bestimmbar sein. Soll auf der Seite der Mieter ein Ehegatte das Mietverhältnis fortsetzen, der nicht (allein) Mieter ist, so bedarf es zur Wirksamkeit der Abrede unter den Eheleuten nicht der Zustimmung des Vermieters[36]. Vielmehr ist dann die Folgesache »Ehewohnung« einzuleiten und in diesem Verfahren unter Umständen die Zustimmung des Vermieters zu ersetzen[37].

8   5. Der nach **Abs. 3** erforderliche **vollstreckbare Schuldtitel** ist gegenstandslos und damit entbehrlich, wenn die von den Parteien getroffenen Regelungen keinen vollstreckbaren Inhalt haben können, etwa weil sie einen Verzicht auf alle Unterhaltsansprüche beinhalten, oder der Hausrat gänzlich demjenigen Ehegatten zustehen soll, der in der bisherigen Wohnung verbleibt. Auch wenn die Parteien versichern, sich bereits geeinigt und ihre Einigung bereits vollzogen zu haben, bedarf es keines Titels[38]. Eine ohne Vorhandensein eines vollstreckbaren Titels ausgesprochene Scheidung wird deshalb nicht fehlerhaft (»soll«). Das familiengerichtliche Urteil kann nicht allein aus diesem Grunde im Rechtsmittelzug aufgehoben werden[39]. Auch wenn ein vollstreckbarer Titel vernünftigerweise als entbehrlich betrachtet werden kann, braucht das Gericht nicht auf seiner Errichtung zu bestehen[40], etwa weil der verpflichtete Teil Sicherheit geleistet oder unwiderrufliche Abbuchungsvollmacht eingeräumt hat und uneingeschränkt vertrauenswürdig ist[41].

Die nächstliegende Art, einen vollstreckbaren Titel zu erreichen, ist die Schaffung eines **gerichtlichen Vergleichs**. Aus diesem Grunde hat das Gesetz schon im Gesetzeswortlaut die Vorlage eines solchen Titels nicht zum Erfordernis der Antragsschrift gemacht. Die Erstellung einer **notariellen Urkunde** kann aber kostengünstiger sein, als die zum Vergleichsabschluß nötige Bestellung eines Prozeßbevollmächtigten[42]. Jedoch kann eine vollstreckbare notarielle Urkunde bezüglich der Ehewohnung und des Hausrats nicht aufgenommen werden.

Manche Gerichte schließen aus Abs. 2 S. 2, § 78 Abs. 3, daß auch ein Vergleich über die zur Ermöglichung der »einverständlichen« Scheidung im Sinne von § 1566 Abs. 1 BGB notwendige und nach § 630 Abs. 3 mit einem Vollstreckungstitel zu bewehrende Einigung als Prozeßvergleich ohne anwaltliche Vertretung des die Scheidung nicht primär betreibenden Ehegat-

---

[33] *Jost* aaO 328.
[34] *Johannsen/Henrich/Sedemund-Treiber*[2] Rdnr. 9.
[35] Das letztere festhaltend: *BGH* NJW 1990, 703; *ders.* NJW 1986, 1167.
[36] *MünchKommZPO-Klauser* Rdnr. 18. – A.M. *Johannsen/Henrich/Sedemund-Treiber*[2] Rdnr. 9.
[37] *MünchKommZPO-Klauser* Rdnr. 18, 24.
[38] OLG Schleswig SchlHA 1980, 23; *Tiarks* NJW 1977, 2303; allg. M.
[39] A.M. wohl *Johannsen/Henrich/Sedemund-Treiber*[2] Rdnr. 18.
[40] A.M. *Baumbach/Lauterbach/Albers*[51] Rdnr. 6; *Diederichsen* NJW 1977, 655. Wie hier *D. Schwab* FamRZ 1976, 662.
[41] Ähnlich *Thomas-Putzo*[18] aaO.
[42] *Müller-Alten* Fn. 1; *Vogel* AnwBl 1982, 457 bei Fn. 117; *Putzier-Derleder* ZRP 1982, 9.

ten zulässig ist[43]. Auf jeden Fall steht einer späteren Berufung des Verzichtenden auf die Unwirksamkeit eines auf einer Seite ohne Anwaltsbeteiligung zustandegekommenen Vergleichs der Einwand der Arglist entgegen, wenn der Betreffende die Notwendigkeit einer anwaltlichen Vertretung gekannt hat und trotzdem längere Zeit den Vergleich erfüllte[44], wohl auch ohne diese Kenntnis.

Ein Vollstreckungstitel ist auch ein **gerichtliches Urteil über den Kindesunterhalt**. Wenn die Ehegatten es durch Vereinbarung als maßgebend anerkennen, ersetzt es den sonst privatautonom zu erneuernden Vollstreckungstitel[45]. Ein Urteil über den Getrenntlebensunterhalt ist demgegenüber bedeutungslos[46].

Ist ein ausländisches Scheidungsfolgenstatut anwendbar, so richtet sich das Titulierungserfordernis nach dem Umfang der Regelungen, die von den Parteien als Voraussetzung der einverständlichen oder sonst erleichterten Scheidung getroffen werden müssen.

III. Widerruf des Scheidungseinverständnisses

1. Die Zustimmung zur Scheidung könnte nach allgemeinen Grundsätzen nicht mehr widerrufen werden, sobald sie dem anderen Teil zugegangen ist. Absatz 2 ist eine Durchbrechung dieses Grundsatzes. Sie rechtfertigt sich deshalb, weil sich die Zulassung des Widerrufs eheerhaltend auswirken kann, indem dieser nämlich in manchen Fällen auch die Rücknahme des Scheidungsantrags selbst herbeiführen wird. Zudem kann auch das Verfahren der einverständlichen Scheidung offenbaren, daß die Zustimmung unter falschen Voraussetzungen erklärt wurde, etwa weil das Familiengericht nicht im Sinne des gemeinsamen Vorschlags der Eheleute über die Regelung der elterlichen Gewalt zu entscheiden gedenkt. Aus diesem Grunde muß man Abs. 2 entsprechend auf den gemeinsam gestellten Scheidungsantrag selbst anwenden. Er kann unabhängig von den Voraussetzungen von § 269 zurückgenommen werden[47].

Die Zustimmung kann auch im Rechtsmittelverfahren zurückgenommen werden. An den überlieferten Grundsätzen → Allg. Einl. § 511 Rdnr. 63 zum Verzicht auf eine Beschwer als Rechtsmittelvoraussetzung in Ehesachen hat sich durch die Neugestaltung des Scheidungsverfahrens nichts geändert[48].

Auch der Widerruf der Zustimmung ist materiellrechtliches Rechtsgeschäft → Rdnr. 4 und kann daher in jeder Form nachgewiesen werden. Die Rücknahme der Zustimmung hindert den Ehegatten nicht daran, später der Scheidung erneut zuzustimmen.

2. Ob mit dem Widerruf des Scheidungseinverständnisses auch die Abreden über die Nebenfolgen der Scheidung, insbesondere über Sorgerecht, Umgangsrecht und Unterhalt, hinfällig werden, läßt sich nicht allgemein positiv oder negativ beantworten.

---

[43] *OLG München* MDR 1986, 770; dass. AnwBl 1988, 124; *AG Groß-Gerau* FamRZ 1988, 187; *AG Hersbruck* FamRZ 1980, 358; *Philippi* FamRZ 1982, 1083; *Tiarks* NJW 1977, 2303; *Thomas-Putzo*[18] Rdnr. 15; *Schwab-Maurer*[2] Rdnr. 165. – A.M. BGH FamRZ 1991, 679 = NJW 1793; *OLG Zweibrücken* FamRZ 1985, 1071; *AG Hofgeismar* FamRZ 1984, 1027; *Jost* NJW 1980, 327; *Johannsen/Henrich/Sedemund-Treiber*[2] Rdnr. 15 → § 617 Rdnr. 10, 11, § 620a Rdnr. 5; *MünchKommZPO-Klauser* Rdnr. 22.
[44] *OLG Hamm* FamRZ 1979, 848; *OLG Frankfurt* FamRZ 1984, 302.
[45] *Hagena* FamRZ 1975, 379, 392; *Johannsen/Henrich/Sedemund-Treiber*[2] Rdnr. 18. – A.M., aber den Umstand, daß das Urteil vereinbarungsgemäß als maßgebend anerkannt worden sein muß, nicht beachtend: *Damrau* NJW 1977, 1173, 1174.
[46] *BGH* FamRZ 1982, 782; *Zöller-Philippi*[17] Rdnr. 18; allg. M.
[47] *AG Charlottenburg* FamRZ 1986, 704. – A.M. *MünchKommZPO-Klauser* Rdnr. 9 (zum Zustimmungserfordernis des § 269 Abs. 1 – Anwaltszwang wegen Prozeßhandlung); *MünchKomm-Wolf*[2] § 1566 BGB Rdnr. 20, der aber Verzicht für möglich hält.
[48] *BGH* FamRZ 1984, 350.

Ist die Einigung über die Nebenfolgen nur für den Fall der einverständlichen Scheidung zustandegekommen, so wird sie mit dem Widerruf der Zustimmung obsolet[49]. Im allgemeinen muß man eine Scheidungsfolgenvereinbarung auch als unter diesem Vorbehalt geschlossen betrachten[50]. Nach der Schlußfolgerung aus dem Mehr auf das Weniger kann unter dieser Voraussetzung auch eine Scheidungsfolgenvereinbarung isoliert widerrufen werden[51]. Kommt es dann freilich zu keiner neuen Vereinbarung, so kann nur noch aus dem Grundtatbestand des § 1565 BGB oder nach § 1566 Abs. 2 BGB geschieden werden.

Unwiderruflich sind Vereinbarungen, wenn sie auch für den Fall der »streitigen« Scheidung gemeint sind[52]. Auch in diesem Fall sind gemeinsame Vorschläge zur Regelung von Sorgerecht und Umgangsrecht aber jederzeit frei widerrufbar[53].

---

[49] AG Charlottenburg FamRZ 1981, 787, 788; *Baumbach/Lauterbach/Albers*[50] 2 A c.
[50] *Baumbach/Lauterbach/Albers*[51] aaO.
[51] *Zöller-Philippi*[17] Rdnr. 11; *MünchKommZPO-Klauser* Rdnr. 19. – A.M. *Johannsen/Henrich/Sedemund-Treiber*[2] Rdnr. 11.

[52] *Zöller-Philippi*[17] Rdnr. 11; *MünchKommZPO-Klauser* Rdnr. 19.
[53] *OLG Hamm* FamRZ 1989, 654, 656; dass. FamRZ 1985, 637; *OLG Zweibrücken* FamRZ 1986, 1038 = NJW RR 1330; allg. Literaturmeinung. – A.M. *OLG Köln* FamRZ 1982, 1237; LG Düsseldorf FamRZ 1983, 628.

Vierter Titel

Verfahren auf Nichtigerklärung und auf Feststellung des Bestehens oder Nichtbestehens einer Ehe

§ 631 [Nichtigkeitsklage]

Für die Nichtigkeitsklage gelten die in den nachfolgenden Paragraphen enthaltenen besonderen Vorschriften.

Gesetzesgeschichte: § 585 CPO; keine Änderungen

I. In den §§ 631 bis 637 sind die besonderen Verfahrensvorschriften für die Ehenichtigkeitsklage zusammengefaßt, die in ihrem Anwendungsbereich die §§ 606 ff. verdrängen. Im übrigen aber sind die §§ 606 ff. sehr wohl anwendbar; im einzelnen: §§ 606[1] – 609, 611 – 613, 616 Abs. 1, 617, 618, 620 – 620 g und – soweit § 636 nicht entgegensteht – § 619. Über den Begriff der **Nichtigkeitsklage** → Rdnr. 7 vor § 606. Darüber, daß sie der einzige Weg ist, die Nichtigkeit der Ehe aus den Gründen der §§ 17 – 22 EheG geltend zu machen, s. §§ 23, 24 EheG; über die Abgrenzung gegenüber der Klage auf Feststellung des Nichtbestehens der Ehe → Rdnr. 9 vor § 606, → auch daselbst Rdnr. 23. Bei Maßgeblichkeit einer ausländischen lex causae ist das Urteil mit den Wirkungen des ausländischen Rechts zu erlassen[2]. Immer dann, wenn die lex causae die rückwirkende Vernichtung einer Ehe in einem Umfang zuläßt, der nicht wesentlich hinter den Nichtigkeitsfolgen des deutschen Eherechts zurückbleibt, sind die §§ 631 – 637 anwendbar.

II. Auf die Klage auf Feststellung der *Rechtsunwirksamkeit* des Ausspruchs einer *nachträglichen Eheschließung* sind die für die Ehenichtigkeitsklage geltenden Vorschriften entsprechend anzuwenden, § 4 Abs. 4 Ges. vom 29. III. 1951, BGBl. I S. 215. Auf die Anerkennung einer freien Ehe nach dem Gesetz v. 23. VI. 1950 (BGBl. I S. 226) sind die Vorschriften über die Nichtigkeitserklärung von Ehen jedoch nicht entsprechend anwendbar[3].

III. Zum Streitgegenstand im Nichtigkeitsprozeß → § 611 Rdnr. 5.

§ 632 [Prozeßführungsbefugnis]

(1) Die Nichtigkeitsklage des Staatsanwalts ist gegen beide Ehegatten und, wenn einer von ihnen gestorben ist, gegen den überlebenden Ehegatten zu richten. Die Nichtigkeitsklage des einen Ehegatten ist gegen den anderen Ehegatten zu richten.

(2) Im Falle der Doppelehe ist die Nichtigkeitsklage des Ehegatten der früheren Ehe gegen beide Ehegatten der späteren Ehe zu richten.

Gesetzesgeschichte: § 586 CPO; Änderungen RGBl 98 I 256, 38 I 923.

---

[1] → § 606 Rdnr. 1, 7 ff.
[2] Dazu näher: *Schlosser* Gestaltungsklagen und Gestaltungsurteile (1966), § 30 III 313 ff.; dort nähere Nachweise zu abweichenden Ansichten → im übrigen Rdnr. 17 ff. vor § 606; *OLG Karlsruhe* Justiz 1985, 296; *OLG München* FamRZ 1980, 565.

[3] BGHZ 22, 65 = FamRZ 1957, 17 ff. (grundl. zust. *Bettermann*) = NJW 57 = JZ 279; *Johannsen/Henrich/Sedemund-Treiber* Rdnr. 2.

§ 632 I   4. Teil. Nichtigerklärung, Bestehen oder Nichtbestehen einer Ehe

1   I. § 632 regelt in Ergänzung des § 24 EheG das **Prozeßführungsrecht** für die **Nichtigkeitsklage**. Seinerseits wird § 632 durch § 636 ergänzt.

2   **1. Zur Klage berechtigt** sind grundsätzlich:
   a) **Vor Auflösung der Ehe** durch Tod, Scheidung oder Aufhebung:
   aa) in *allen* Fällen der Staatsanwalt und jeder der beiden Ehegatten, auch derjenige, in dessen Person der Nichtigkeitsgrund entstanden ist, z. B. auch der Ehegatte, der die Doppelehe eingegangen war; auf Gut- oder Bösgläubigkeit kommt es dabei nicht an;
   bb) in den Fällen der *Doppelehe*, § 22 EheG, auch der Ehegatte der früheren Ehe, § 24 Abs. 1 das.; ob die ursprünglich bigamische Ehe auch dann noch vernichtet werden kann, wenn die frühere Ehe aufgelöst ist, ist streitig. Für Fortbestand der Vernichtbarkeit h. M.[1]. Legitime familienpolitische Gründe für eine fortbestehende Vernichtbarkeit der ursprünglich bigamischen Ehe sind jedoch nicht ersichtlich. Für die Zukunft könnten die »Bigamisten« ohnehin neu heiraten. Dann kann man ihnen aber wie in sonstigen Fällen ursprünglicher Vernichtbarkeit auch die formlose Bestätigung gestatten. Daß damit auch die vor Auflösung der Erstehe liegenden Rechtswirkungen der zweiten, bigamischen Ehe erhalten bleiben, braucht genausowenig anstößig zu erscheinen wie die Anerkennung inzwischen aufgelöster bigamischer Ehen für den Zeitraum ihres Bestandes[2]. Zum Problem mißbräuchlicher Ausübung des Vernichtungsklagerechts → Rdnr. 6.

3   b) **Nach Auflösung der Ehe** durch Tod, Scheidung oder Aufhebung ist in allen Fällen *nur* der *Staatsanwalt* klagebefugt (§ 24 Abs. 1 S. 2 EheG).

4   **2.** Ob der Staatsanwalt die Klage erheben will, steht vorbehaltlich dienstlicher Anweisung seiner Vorgesetzten, § 146 GVG, im allgemeinen[3] in seinem pflichtmäßigen Ermessen. Eine gesetzliche Pflicht dazu besteht nur im Falle einer – nicht durch Bestätigung nach Auflösung der Erstehe geheilten → oben Rdnr. 2 – bigamischen Ehe. Dann folgt die Pflicht des Staatsanwaltes zur Erhebung der Klage aus Art. 6 Abs. 1 GG[4]. Lehnt der Staatsanwalt die Erhebung der Nichtigkeitsklage ab, kann dagegen nur Aufsichtsbeschwerde erhoben werden, nicht aber Antrag auf gerichtliche Entscheidung gem. § 23 EGGVG gestellt werden[5]. Der Staatsanwalt ist Partei kraft Amtes → vor § 50 Rdnr. 35. § 239 ist nicht anwendbar; denn »der Staatsanwalt« stirbt nicht. Wegen der Vertretung durch die Beamten der Staatsanwaltschaft s. GVG §§ 144f. Die Parteibezeichnung hat zweckmäßig zu lauten »In Sachen des Staatsanwalts (Oberstaatsanwalt in X, im Revisionsverfahren Generalbundesanwalt) gegen ...«.
   Dem Anwaltszwang unterliegt der Staatsanwalt nicht[6], § 78 Rdnr. 11.
   Wegen der Kosten → § 637.

5   **3. Dritte** sind – abgesehen von dem Falle der Doppelehe bei Lebzeiten beider Ehegatten, → Rdnr. 2 – in Abweichung vom früheren Recht zur Nichtigkeitsklage in keinem Falle berechtigt. Dem an der Feststellung der Nichtigkeit Interessierten bleibt nur die Möglichkeit, bei dem Staatsanwalt die Klageerhebung anzuregen.

6   **4.** Nach ständiger Rechtsprechung[7] stellt die Erhebung der Nichtigkeitsklage durch den bei Eheschließung bereits verheirateten Ehegatten der bigamischen Ehe eine unzulässige Rechts-

---

[1] *BGH* FamRZ 1964, 418 ff. = NJW 1853 = LM Nr. 6 zu § 24 EheG; *OLG Schleswig* SchlHA 53, 205; *OLG München* FamRZ 1980, 565; *OLG Karlsruhe* Justiz 1985, 296; *Müller-Freienfels* JZ 1959, 635 f.; *Habscheid* FamRZ 1965, 185; *Ramm* JZ 63, 81 f.; *Erman-Hefermehl*[8] § 20 EheG 2; *Palandt-Diederichsen*[51], § 20 EheG Rdnr. 1.
[2] Für Heilung der bigamischen Ehe durch die Auflösung der Erstehe mindestens nach formloser (rückwirkender) Bestätigung: *Beitzke* MDR 1952, 931 f.; *Böhmer* NJW 1959, 2185 (2197 ff.); *Gernhuber* FamR § 13 III.
[3] *Gernhuber* FamR[3] § 13 II 3; *Robrecht* JR 1952, 390;

Zöller-Philippi[17] Rdnr. 2; *Johannsen/Henrich/Sedemund-Treiber* Rdnr. 5.
[4] *Baumbach/Lauterbach/Albers*[51] § 636 a Rdnr. 1; *Ramm* JZ 1963, 81, 83 mit Fn. 86.
[5] Ebenso *Palandt-Diederichsen*[51] § 24 EheG 4; *Gernhuber* FamR[3] 13 II 3; *Zöller-Philippi*[17] Rdnr. 2; *Johannsen/Henrich/Sedemund-Treiber*. – A.M. *Lüke* JuS 1961, 205, 210 f.
[6] *BGHZ* 23, 377, 383 f.
[7] *BGHZ* 30, 140 ff. = FamRZ 1959, 450 = NJW 2207 = MDR 738 = JZ 633 (Berufungsurteil *OLG Bamberg* in

ausübung dar, wenn sie unter Berücksichtigung der gesamten Umstände so sehr zu mißbilligen ist, daß demgegenüber der durch Eingehung der Doppelehe begangene, gleichfalls verwerfliche Verstoß gegen die sittliche Ordnung jedenfalls insofern zurücktreten muß, als nicht mehr gerade der Kläger gegenüber seinem gutgläubigen Partner[8] die Beseitigung des dieser Ordnung widersprechenden Zustandes verlangen kann[9]. Der Staat ist jedoch nach Art. 6 Abs. 1 GG gehalten, für die Beseitigung einer bigamischen Ehe zu sorgen. Dem steht zwar die Möglichkeit einer Heilung durch Auflösung der Erstehe nicht entgegen[10] → Rdnr. 2. Soweit jedoch eine Heilung nicht eingetreten oder zu erwarten ist, wäre es widersprüchlich, wenn der Staat den Staatsanwalt zur Erhebung der Nichtigkeitsklage verpflichtet erachten wollte → Rdnr. 4, die Klage des von der bigamischen Ehe fortstrebenden Ehegatten aber für mißbräuchlich hielte. Daran wird auch durch verwerfliche Motive des Klägers nichts geändert[11]. Denkbar sind aber exzeptionelle Fälle, in denen jeder Angriff auf die bigamische Ehe, also auch ein vom Staatsanwalt ausgehender, Rechtsmißbrauch ist. Das wird man etwa in jenem Falle[12] sagen können, in welchem es ausschließlich in der Hand des Klägers lag (durch Antrag auf Anerkennung eines ausländischen Scheidungsurteils), die Voraussetzungen für die Heilung der bigamischen Ehe → dazu Rdnr. 2 zu schaffen. Da richtigerweise durch Auflösung der Erstehe die bigamische Verbindung geheilt wird, bedarf es des Umwegs über die Annahme einer rechtsmißbräuchlichen Ausübung des Klagewegs[13] zur Lösung der Problematik dieses Falles nicht.

II. Das Verhältnis der mehreren Klageberechtigten zueinander

Die unter Rdnr. 2, 3 bezeichneten Klageberechtigungen, die selbstverständlich auch für die Widerklage gelten, sind voneinander *unabhängig*; weder ist der einzelne Ehegatte bzw. der Ehegatte der früheren Ehe erst nach Ablehnung seitens des Staatsanwalts noch umgekehrt dieser erst hilfsweise legitimiert. Werden mehrere Klagen erhoben, so kann (und wird) das Gericht sie nach § 147 verbinden. Eine Streitgenossenschaft auf der Aktivseite ist nur im Falle der Doppelehe in der Weise möglich, daß der Staatsanwalt und der Ehegatte der früheren Ehe sich zu gemeinsamer Klage verbinden. Im übrigen kann aber der Ehegatte der früheren Ehe dem klagenden Ehegatten oder dem Staatsanwalt als (streitgenössischer, § 69) Streitgehilfe beitreten. Eine Streithilfe seitens des Staatsanwalts kommt nicht in Frage, da er nach § 634 ohnehin den Rechtsstreit betreiben, Anträge stellen und Rechtsmittel einlegen kann. Für die Ehegatten selbst besteht eine Möglichkeit der Streithilfe nicht, da jede von dem Ehegatten nicht selbst erhobene Klage gegen ihn gerichtet sein muß → Rdnr. 8. 7

III. Passiv legitimiert ist für die Klage eines Ehegatten der andere Ehegatte. Dagegen kann, wenn der Staatsanwalt oder im Falle der Doppelehe der Ehegatte der früheren Ehe die Klage erhebt, diese nur gegen beide Ehegatten als notwendige Streitgenossen (§ 62) gerichtet werden, sollte auch bereits ein Nichtigkeitsprozeß zwischen den Ehegatten schweben 8

FamRZ 1958, 370); *BGH* FamRZ 1961, 427f. = JZ 1962, 446 = MDR 1961, 919 (Berufungsurteil *OLG Celle* in NdsRpfl 1961, 30); BGHZ 37, 51ff. = FamRZ 1962, 299 = MDR 551; *BGH* FamRZ 1964, 418 = NJW 1853. Zu dieser Rechtsprechung – zurückhaltend – zust.: *Habscheid* FamRZ 1963, 7.
[8] *AG Düsseldorf* IPRax 1991, 346.
[9] Grunds. zust. die meisten Kommentare sowie *Habscheid* FamRZ 1963, 6, 7. Für die Zurückweisung der Klage als »fraudulös« in derartigen Fällen bereits vor dem ersten einschlägigen BGH-Urteil *Bruns* JZ 1959, 149, 151.
[10] *BGH* FamRZ 1986, 879, 880.
[11] Ebenso *Baumbach/Lauterbach/Albers*[51] Rdnr. 3; *Ramm* (beide wie Fn. 4).
[12] *BGH* FamRZ 1961, 427f. = MDR 919 = JZ 1962, 446. Ein Rechtsmißbrauch des Staatsanwalts liegt aber nicht schon dann vor, wenn die bigamische Ehe schon 25 Jahre besteht und aus ihr Kinder hervorgegangen sind, *BGH* NJW 1975, 872ff.; *MünchKomm-Müller-Gindullis*[2] § 24 EheG Rdnr. 11.
[13] Etwa *BGH* FamRZ 1964, 418, 420 = NJW 1853 = MDR 663.

→Rdnr. 7. Dieser Umstand hindert jedoch keinen der beiden Beklagten daran, einen vom Antrag des Mitbeklagten abweichenden Antrag zu stellen, oder in der Sache dasselbe Ziel wie der Staatsanwalt zu verfolgen. Dem Staatsanwalt als Streitgehilfe beizutreten, ist ihm jedoch versagt[14]. *Nach dem Tode* eines der Ehegatten ist für die Klage des Staatsanwalts →Rdnr. 3 der überlebende Ehegatte allein passiv legitimiert.

Wegen des Todes eines Ehegatten *während des Prozesses* → § 619 Rdnr. 6 (Klage eines der Ehegatten) und § 636 (Klage des Staatsanwalts).

9   IV. Bei *Auslandsbeziehungen* ist das Klagerecht des Staatsanwalts jedenfalls dann gegeben, wenn materiell deutsches Recht zur Anwendung kommt[15]. Kommt ausländisches Recht zur Anwendung, so kann der deutsche Staatsanwalt die Klage dann nicht erheben, wenn das ausländische Recht eine behördliche Klagebefugnis nicht kennt[16], weil dann ausländisches Recht auch für die Klagebefugnis des Staatsanwaltes maßgebend ist[17]. Die in einem ausländischen Recht vorgesehenen Klagerechte eines Staatsanwaltes oder einer vergleichbaren Behörde können aber vom deutschen Staatsanwalt wahrgenommen werden[18].

§ 633   [Klagenverbindung, Widerklage]

(1) **Mit der Nichtigkeitsklage kann nur eine Klage auf Feststellung des Bestehens oder Nichtbestehens einer Ehe zwischen den Parteien verbunden werden.**
(2) **Eine Widerklage ist nur statthaft, wenn sie eine Nichtigkeitsklage oder eine Feststellungsklage der im Absatz 1 bezeichneten Art ist.**

Gesetzesgeschichte: § 587 CPO; Änderung RGBl 98 I 256.

I. Klagenverbindung und Widerklage

1   1. Mit Rücksicht auf das sonst dem Staatsanwalt nicht zustehende Recht zum Betreiben des Prozesses und zur Klageerhebung (§§ 632, 634) verbietet § 633 andere[1] als *Nichtigkeitsklagen* oder Ehefeststellungsklagen (§ 638) *miteinander zu verbinden* und gegeneinander als Widerklagen zu erheben. Die Nichtigkeits- und die Feststellungsklage stehen begrifflich in einem Eventualverhältnis: es kann stets nur eine von ihnen begründet sein. Da aber für die Feststellungsklage *nur* die Ehegatten als Parteien in Betracht kommen, besteht die Möglichkeit von Widerklage und Verbindung nur dann, wenn der eine Ehegatte gegen den anderen klagt. Es ist auch möglich, eine Bestandsfeststellungsklage mit einer vom Staatsanwalt oder dem Gatten der früheren Ehe erhobenen Nichtigkeitsklage zu verbinden.

2   2. Über die Folgen unzulässiger Verbindung → § 610 Rdnr. 1. Ist die Nichtigkeitsklage unzulässigerweise hilfsweise einer Scheidungs- oder Aufhebungsklage oder einer nicht im Statusverfahren zu verfolgenden »normalen« Feststellungsklage angefügt -oder umgekehrt –, so ist die hilfsweise erhobene Klage in jedem Falle als unzulässig abzuweisen, da für eine Abtrennung der hilfsweise, also bedingt erhobenen Klage in ein selbständiges Verfahren kein

---

[14] *OLG München* NJW 1957, 954.
[15] *Beitzke* RabelsZ 23, 709, 712, 724. Vgl. aber *Geimer* NJW 1976, 1039f.
[16] *Beitzke* RabelsZ 23, 709, 712.
[17] Ebenso *KG* JW 1938, 1242; *Dölle* FS Boehmer (1954) 134, 136. – A.M. *KG* IPRspr 1934 Nr. 141.

[18] *Beitzke* RabelsZ 23, 709, 726. – A.M. *Dölle* aaO 139.
[1] Beispiel: *AG Düsseldorf* IPRax 1991, 346: Unzulässigkeit des hilfsweise gestellten Feststellungswiderantrags, der Kläger sei nicht berechtigt, für die Zukunft die Geltung des Scheidungsfolgenrechts auszuschließen.

Raum ist². Eine Trennung ist aber möglich (und nötig), wenn eine Klage auf Feststellung des Bestehens einer Ehe mit einer Herstellungsklage verbunden ist³. Werden unzulässigerweise Klage auf Feststellung des Nichtbestehens der Ehe und Scheidungsantrag miteinander verbunden, und wird die Feststellungsklage durch Teilurteil rechtskräftig abgewiesen, so ist nur noch der Scheidungsantrag Gegenstand des Rechtsstreits und damit zulässig⁴.

3. Daß dagegen ein Übergang von der Nichtigkeits- oder Feststellungsklage zur Scheidungs- oder Aufhebungsklage im Wege der Klageänderung durch § 633 nicht ausgeschlossen ist → § 611 Rdnr. 7.

4. Wegen der Zuständigkeit für die Widerklage → § 606 Rdnr. 19.

5. Im einzelnen ergibt sich zur Zulässigkeit von Verbindung und Widerklage folgendes:
a) Eine Verbindung von *positiver Bestandsfeststellungsklage* und *Nichtigkeitsklage* ist möglich. Diese können auch als Klage und Widerklage erhoben werden. Im ersteren Fall *muß* aber die Bestandsfeststellungsklage eventualiter gewollt sein⁵, widrigenfalls beide Klagen unzulässig sind. Hat die Nichtigkeitsklage Erfolg, so kann aber auf die Feststellungsklage hin ausgesprochen werden, daß die Ehe bis zur Vernichtung bestanden hat → vor § 606 Rdnr. 10;
b) Ebenso ist eine Verbindung von *negativer Bestandsfeststellungsklage* und *Nichtigkeitsklage* möglich. Beide können auch als Klage und Widerklage erhoben werden. Dann ist zuerst zu prüfen, ob die Ehe formell besteht. Wenn nein, braucht die Nichtigkeitsklage nicht gesondert abgewiesen zu werden, da sie regelmäßig als eventualiter erhoben angesehen werden kann. Wenn ja, dann ist über die Nichtigkeitsklage zu entscheiden und die Feststellungsklage in jedem Falle abzuweisen.
c) *Positive* und *negative Bestandsfeststellungsklage* können nicht als Klage und Widerklage erhoben werden wegen der Identität des Streitgegenstandes.
d) Ist *Ehenichtigkeitsklage* erhoben, kann eine *Nichtigkeitsklage* als Widerklage erhoben werden, die sich auf denselben Nichtigkeitsgrund stützt → § 611 Rdnr. 5.

6. Daß in einer Klage mehrere Nichtigkeitsgründe geltend gemacht werden können, ist selbstverständlich. Meist wird dann objektive Klagenhäufung vorliegen (zum Streitgegenstand im Nichtigkeitsprozeß → § 611 Rdnr. 5). Durch Erhebung einer auf einen bestimmten Nichtigkeitsgrund gestützten Klage werden daher die übrigen Nichtigkeitsgründe nicht rechtshängig⁶.

7. Die verbundenen Klagen oder die Widerklage müssen **dieselbe Ehe** betreffen. Eine Widerklage in bezug auf eine andere Ehe – etwa im Falle der Doppelehe, § 20 EheG, mit dem Ziele, durch Nichtigerklärung der ersten Ehe oder Feststellung ihres Nichtbestehens die Nichtigkeit der zweiten abzuwenden – ist unzulässig. Regelmäßig würde dem auch schon die fehlende Identität der Parteien entgegenstehen. Man muß aber eine derartige Widerklage auch dann für ausgeschlossen erachten, wenn der Ehegatte der ersten Ehe gegen die beiden Ehegatten der zweiten klagt.

---

² *BGHZ* 34, 135, 153 = LM Nr. 2 zu § 58 EheG = NJW 1961, 874 ff. = JZ 1967 ff. = FamRZ 203, 208 im Anschluß an *RG* JW 1919, 1538; *KG* FamRZ 1958, 324, 326.
³ *BGH* FamRZ 1961, 208, 209 = MDR 397 = LM Nr. 8 zu § 328 ZPO.
⁴ *OLG Düsseldorf* FamRZ 1989, 648.
⁵ *Zöller-Philippi*¹⁷ Rdnr. 4.
⁶ *Baumbach/Lauterbach/Albers*⁵¹ Rdnr. 1; *Zöller-Philippi*¹⁷ Rdnr. 2.

II. Neue Bundesländer

8 Das Ehenichtigkeitsrecht der Bundesrepublik ist materiell wie prozeßrechtlich auch in den neuen Bundesländern in Kraft gesetzt worden. Die nach früherem DDR-Recht geschlossenen Ehen werden wie solche behandelt, die nach dem Recht der Bundesrepublik zustandegekommen sind. Eine Klage auf Nichtigkeit einer von einem früheren DDR-Gericht ausgesprochenen Scheidung → Anh § 639 ist aber auch noch heute zulässig.

§ 634 [Betreibungsrecht des Staatsanwalts]

Der Staatsanwalt kann, auch wenn er die Klage nicht erhoben hat, den Rechtsstreit betreiben, insbesondere selbständig Anträge stellen und Rechtsmittel einlegen.

Gesetzesgeschichte: § 589 CPO

1 I. Der *Staatsanwalt* kann sich bei der Nichtigkeitsklage, auch wenn er sie nicht selbst erhoben hat, und ebenso nach § 638 bei der positiven oder negativen *Ehefeststellungsklage* → Rdnr. 9 vor § 606 beteiligen – sowohl im Interesse der Aufrechterhaltung der Ehe wie ihrer Nichtigkeit. Er kann den Rechtsstreit *betreiben*, selbständig *Anträge stellen* und *Rechtsmittel einlegen*, solange das Verfahren noch anhängig ist[1], auch durch Aufnahme eines unterbrochenen, ausgesetzten oder ruhenden Verfahrens, und die *Wiederaufnahmeklage* erheben[2]. Diese ihm vom Gesetz zugewiesene Stellung ist sachlich die einer Partei[3]. Betreibt er daher den Prozeß auf seiten einer Partei, so ist er *nicht Streitgehilfe*[4] und hat auch nicht die Stellung eines notwendigen *Streitgenossen* dieser Partei im Sinne des § 62[5]. Der Staatsanwalt ist vielmehr beiden Parteien gegenüber völlig selbständig. Seine Stellung ist am ehesten mit derjenigen des Vertreters des öffentlichen Interesses im verwaltungsgerichtlichen Verfahren zu vergleichen. Als Partei ohne eigenes Interesse kann er die Rechtsmittel auch dann einlegen, wenn nach seinen Anträgen entschieden ist oder beide Parteien darauf verzichtet haben.

2 II. Legt der Staatsanwalt in einer von ihm gegen beide Ehegatten (§ 632) erhobenen Klage ein Rechtsmittel ein, so sind selbstverständlich beide Ehegatten Gegner; legt er in einer zwischen beiden anhängigen Sache nach § 634 ein Rechtsmittel zugunsten des einen als dessen Streitgenosse ein → oben Rdnr. 1, so ist der andere Ehegatte der alleinige Gegner, und legt er endlich im Falle der Doppelehe das Rechtsmittel zugunsten des klagenden Ehegatten der früheren Ehe ein, so sind die beiden Ehegatten der jetzigen Ehe die Gegner.

Das Beteiligungsrecht des Staatsanwalts bei Auslandsbeziehungen richtet sich nach denselben Grundsätzen wie das Recht zur Klageerhebung (§ 632 Rdnr. 9).

---

[1] D.h. solange nicht durch Ablauf der Rechtsmittelfristen beiden Parteien gegenüber das Urteil rechtskräftig geworden ist, RG JW 1931, 1337. – Nach Zurücknahme der Klage müßte der Staatsanwalt einen neuen Prozeß beginnen, vgl. RG JW 1905, 537.
[2] Zust. *Johannsen/Henrich/Sedemund-Treiber*[2] Rdnr. 1.
[3] Vgl. hierzu *OGHZ* 3, 200.
[4] *Johannsen/Henrich/Sedemund-Treiber*[2] Rdnr. 1.
[5] A.M. *Baumbach/Lauterbach/Albers*[51] Rdnr. 1; *Zöller-Philippi*[17] Rdnr. 1; *Thomas-Putzo*[18] Rdnr. 1.

§ 635 [Versäumnisurteil]

Das Versäumnisurteil gegen den im Termin zur mündlichen Verhandlung nicht erschienenen Kläger ist dahin zu erlassen, daß die Klage als zurückgenommen gelte.

Gesetzesgeschichte: Eingefügt RGBl 98 I 256.

I. Bei der *Nichtigkeitsklage* und ebenso bei der positiven oder negativen Ehefeststellungsklage → Rdnr. 9 vor § 606 ist das öffentliche Interesse nicht auf den Bestand der Ehe, sondern auf die Ermittlung des wirklichen Sachverhalts gerichtet → §§ 616 Rdnr. 2, 617 Rdnr. 1. Um daher zu verhindern, daß die Parteien etwa in gemeinsamem Zusammenwirken durch Herbeiführen der *Versäumnisfolgen* des § 330 den Bestand einer nichtigen Ehe sichern, schließt § 635 den § 330 aus, wie in § 612 Abs. 4 das gleiche für alle Ehesachen hinsichtlich des § 331 geschehen ist. Das Versäumnisurteil gegen den Kläger darf nur dahin ergehen, daß die *Klage* als *zurückgenommen* gilt → § 269. Die Voraussetzungen von § 269 Abs. 1 und 2 müssen zwar gegeben sein, jedoch liegt die dort erforderte Einwilligung des Beklagten bereits in dessen Antrag auf Erlaß eines Versäumnisurteils. § 269 Abs. 3 ist unanwendbar, anwendbar aber wohl § 269 Abs. 4. Der Beklagte kann aber, statt das Versäumnisurteil zu beantragen, auch Entscheidung nach Aktenlage verlangen (§ 331a, 251a) oder in Abwesenheit des Klägers (§ 612 Rdnr. 2) die Nichtigkeits- oder negative Feststellungsklage als Widerklage erheben und so die Nichtigerklärung herbeiführen. Im letzteren Falle gilt allerdings § 335 Abs. 1 Nr. 3 entsprechend. Auch wenn man bei ein- und demselben Nichtigkeitsgrund Streitgegenstandsidentität zwischen Klage und Widerklage annimmt → § 611 Rdnr. 5 muß man dem Beklagten eine Widerklage gestatten, um ihm unabhängig von den Voraussetzungen der §§ 331a, 251a eine Sachentscheidung zu sichern. Daß § 635 entsprechend für den Widerkläger gilt, versteht sich von selbst. Daß der Staatsanwalt nach § 634 den Rechtsstreit »betreiben« kann, schließt ein Versäumnisurteil gegen den nicht erschienenen Kläger nicht aus[1]; dieser könnte ja die Klage auch zurücknehmen, und § 635 beruht auf der unwiderleglichen Vermutung, daß er an der weiteren Durchführung des Verfahrens desinteressiert ist.

Auch ein Verzichtsurteil kann nur dahin gehen, daß die Klage als zurückgenommen gilt; die volle Wirkung des § 306 hat der Verzicht, wenn in ihm zugleich eine Bestätigung der Ehe nach § 18 Abs. 2 EheG liegt.

II. Für die **höheren Instanzen** hat § 635 keine Bedeutung. Da keine Partei Rechtsmittel einzulegen braucht, kann auch keine gehindert werden, darauf zu *verzichten* oder das eingelegte zurückzunehmen. Geschieht dies aber, so verbleibt es bei dem ersten auf Grund sachlicher Prüfung ergangenen Urteil[2]. Daher ist hier, wenn die Nichtigkeitsklage abgewiesen war und dieses Urteil vom Kläger angefochten wird, bei dessen Ausbleiben nicht etwa die Klage für zurückgenommen zu erklären, sondern das Rechtsmittel als unbegründet zurückzuweisen → § 542 II a. E. Ebenso hat ein Versäumnisurteil auf Zurückweisung des Rechtsmittels zu ergehen, wenn der unterlegene Beklagte als Rechtsmittelkläger ausbleibt[3] → dazu näher oben § 612 Rdnr. 12. Bleibt dagegen der Rechtsmittelbeklagte aus, so ist wie oben § 612 Rdnr. 13 zu differenzieren[4].

---

[1] A.M. konsequenterweise diejenigen, welche den Staatsanwalt als notwendigen Streitgenossen oder selbständigen Streitgehilfen einer Partei ansehen; → die bei § 634 Fn. 3, 4 Genannten.
[2] *Prütting* ZZP 91 (1978) 197, 201. – A.M. OLG Stuttgart NJW 1976, 2305, das erste und zweite Instanz als Einheit betrachtet und § 635 anwendet.
[3] *Prütting* aaO 201.
[4] Ebenso *Thomas-Putzo*[18] Rdnr. 4 und *Prütting* aaO 204. – A.M. OLG Stuttgart aaO.

§ 636 [Tod eines Ehegatten]

Hat der Staatsanwalt die Nichtigkeitsklage zu Lebzeiten beider Ehegatten erhoben, so ist, wenn ein Ehegatte stirbt, § 619 nicht anzuwenden. Das Verfahren wird gegen den überlebenden Ehegatten fortgesetzt.

Gesetzesgeschichte: Eingefügt RGBl 38 I 923, Änderung BGBl. 76 I 1421.

1   I. Nach § 619 führt bei der von einem der Ehegatten oder vom Ehegatten der früheren Ehe (§ 20 EheG) erhobenen Nichtigkeitsklage der Tod des einen Ehegatten zur Erledigung des Rechtsstreits; denn mit dem Tod des Ehegatten büßt der Kläger in jedem Falle die Klagebefugnis ein. War der Staatsanwalt bis zu diesem Zeitpunkt am Verfahren nicht gem. § 634 beteiligt, kann er nur nach den Grundsätzen über die Parteiänderung den Rechtsstreit fortführen (§ 619 Rdnr. 6). Ist dies nicht möglich, muß er neu klagen.

2   Der **Tod** eines der Ehegatten führt demgegenüber bei der **vom Staatsanwalt erhobenen Nichtigkeitsklage** zu keiner Veränderung der Legitimationsverhältnisse: der Staatsanwalt bleibt zur Klage weiter legitimiert, und die Passivlegitimation konzentriert sich nunmehr nach § 632 Abs. 1 auf den überlebenden Ehegatten. Das Verfahren kann daher, ohne daß eine Unterbrechung oder gar eine Erledigung der Hauptsache veranlaßt wäre, gegen den auf der Beklagtenseite allein verbliebenen überlebenden Ehegatten seinen Fortgang nehmen.

3   1. Hervorzuheben ist im einzelnen nur folgendes:
    a) Es besteht auch keine Ausnahme in dem Falle, daß der überlebende Ehegatte im Prozeß bisher dasselbe Ziel wie der Staatsanwalt verfolgt hatte → oben § 632 Rdnr. 8.

4   b) Hatte ausschließlich der verstorbene Ehegatte ein Rechtsmittel eingelegt, das nach Maßgabe der zwischen beiden bestehenden notwendigen Streitgenossenschaft auch dem Überlebenden zugute kommt, so tritt der letztere ohne weiteres in die Stellung des alleinigen Rechtsmittelklägers ein[1].

5   2. § 636 wird man jedoch auch anzuwenden haben, wenn der Staatsanwalt zwar die Nichtigkeitsklage nicht erhoben hatte, sich aber gem. § 634 noch zu Lebzeiten beider Ehegatten am Verfahren beteiligte[2]. Das gilt auch dann, wenn der vom Staatsanwalt unterstützte Beklagte stirbt, da der Staatsanwalt seiner Prozeßaktivität in jedem Stadium des Verfahrens eine andere Richtung geben kann. Der Staatsanwalt wird dann zwar notwendigerweise Nichtigkeitskläger[3], der bisherige Kläger Beklagter. Der Staatsanwalt kann aber gleichwohl die Klage zurücknehmen oder Klageabweisung beantragen. Diese zugegebenermaßen ungewöhnliche automatische Neuprofilierung der Parteirollen ist einfacher zu handhaben, als – nach Erledigung des Verfahrens – den Staatsanwalt zu einer Neuerhebung der Klage zu veranlassen.

6   II. Der **Tod beider Ehegatten** und der Tod des **allein verklagten überlebenden Ehegatten** hat in jedem Falle – gleichviel, von welcher Seite die Nichtigkeitsklage erhoben wird – die Unterbrechung des Verfahrens und die Erledigung der Hauptsache nach der Regel des § 619 → Rdnr. 6 das. zur Folge; denn für eine Fortführung des Nichtigkeitsprozesses ist auch bei der vom Staatsanwalt erhobenen Klage kein Raum.

---

[1] A.M. *Johannsen/Henrich/Sedemund-Treiber* Rdnr. 3.
[2] *Zöller-Philippi*[17] Rdnr. 3.
[3] A.M. *Johannsen/Henrich/Sedemund-Treiber* Rdnr. 3.

§ 636 a [Umfang der Rechtskraft]

Das auf eine Nichtigkeitsklage ergehende Urteil wirkt, wenn es zu Lebzeiten beider Ehegatten oder, falls der Staatsanwalt die Nichtigkeitsklage erhoben hatte, des Längstlebenden von ihnen rechtskräftig geworden ist, für und gegen alle.

Gesetzesgeschichte: § 629 CPO; Änderungen RGBl 98 I 256, 38 I 923.

I. Soweit die in Ehesachen ergehenden Endurteile *rechtsgestaltende Kraft* haben, wirken sie ihrer Natur nach für und gegen alle → § 325 Rdnr. 66. Insofern bringt § 636 a nur einen allgemeingültigen Satz zum Ausdruck. Er geht aber darüber hinaus, da er auch den die Nichtigkeitsklage *abweisenden* Urteilen die *Rechtskraft für und gegen alle* beilegt, obwohl es sich hier um einen rein deklarativen Ausspruch handelt. Das öffentliche Interesse erheischt diese Wirkung, und der Ausschluß des Verhandlungsgrundsatzes (§§ 616, 617) rechtfertigt sie → § 325 Rdnr. 66.   1

Praktisch läuft die Inter-omnes-Wirkung des klageabweisenden Urteils auf einen Ausschluß des Klagerechts der anderen Klageberechtigten hinaus. Denn inzident kann ja der nicht durch rechtskräftiges Urteil sanktionierte Nichtigkeitsgrund keine Rolle spielen.

Eine Ausnahme von den in § 636 a aufgestellten Grundsätzen hat der BGH bei einer **Klageabweisung wegen Mißbräuchlichkeit der Rechtsausübung** gemacht. Dann soll das Klagerecht der übrigen Anfechtungsberechtigten ebensowenig tangiert sein, wie das Klagerecht des Ehegatten durch die Abweisung definitiv aberkannt werden soll[1]. Erkennt man an, daß es Mißbrauchstatbestände gibt, die nur in der Person eines von mehreren Klageberechtigten vorliegen oder temporärer Natur sind, dann ist dieser Standpunkt konsequent. Um Anerkennung einer »Ausnahme« von der Regel des § 636 a handelt es sich aber auch dann nicht, weil nur das Vernichtungsrecht *eines* Anfechtungsberechtigten (zur Zeit) aberkannt wird, was durch Prozeßurteil zu geschehen hat, da die subjektive Anfechtungsbefugnis prozessual zu qualifizieren ist[2]. In Wirklichkeit gibt es aber keine auf bestimmte Personen beschränkte oder nur temporär wirkende rechtlich relevante Mißbrauchstatbestände → § 632 Rdnr. 6.   2

Für den Fall der *Doppelehe* machte der frühere § 629 Abs. 1 S. 2 eine Ausnahme zugunsten des Dritten, mit dem der bigamische Ehegatte in gültiger Ehe lebte: wurde hier die von dem einen Ehegatten oder vom Staatsanwalt erhobene Nichtigkeitsklage abgewiesen, so wirkte das Urteil gegen den klageberechtigten Ehegatten der früheren Ehe nur, wenn er an dem Rechtsstreit teilgenommen hatte. Diese Ausnahmebestimmung hat die EheVO als vermeintlich auf rein theoretischen Erwägungen beruhend aufgehoben. Der erste Ehegatte des Bigamisten hat aber nach Art. 103 Abs. 1 GG Anspruch auf rechtliches Gehör und ist deshalb im Verfahren um die Vernichtung der bigamischen Ehe beizuladen. Ist die Zuziehung unterblieben, so hat aber das ergehende Urteil gleichwohl inter-omnes-Wirkung. Dem früheren Ehegatten bleibt nur die Verfassungsbeschwerde → vor § 606 Rdnr. 20.   3

Für die Gültigkeit der *ersten* Ehe kommt das Urteil in keinem Fall in Betracht.   4

Das eine Nichtigkeitsklage abweisende Urteil entfaltet Rechtskraftwirkung aber nur in bezug auf den geltend gemachten Nichtigkeitsgrund, da nur dieser vom Streitgegenstand des Verfahrens erfaßt wird → § 611 Rdnr. 5[3].   5

---

[1] *BGHZ* 30, 140, 149 = FamRZ 1959, 450 = NJW 2207 = JZ 633; *BGH* FamRZ 1964, 418 = NJW 1853; *Habscheid* FamRZ 1965, 185 sowie die meisten Kommentare.

[2] *Schlosser* Gestaltungsklagen und Gestaltungsurteile (1966) § 37 III 2.
[3] Ebenso *Bruns* ZPR § 59 II 2 a.E.

6 II. Voraussetzung der Wirkung für und gegen alle ist, daß das Urteil *zu Lebzeiten der Ehegatten* und, wenn der Staatsanwalt die Klage gegen beide Ehegatten oder den *längstlebenden* erhoben hatte, § 632, zu Lebzeiten des letzteren *rechtskräftig* wird, → dazu § 619 Rdnr. 10.

§ 637 [Kosten]

In den Fällen, in denen der als Partei auftretende Staatsanwalt unterliegt, ist die Staatskasse zur Erstattung der dem obsiegenden Gegner erwachsenen Kosten nach den Vorschriften des fünften Titels des zweiten Abschnitts des ersten Buchs zu verurteilen.

Gesetzesgeschichte: § 591 CPO

Der *Staatsanwalt* ist im Nichtigkeitsverfahren Partei, wenn er die *Klage erhoben* (§ 632) oder das Verfahren nach § 634 betrieben hat. Soweit ihn als Partei kraft Amtes *Kosten* nach dem allgemeinen Vorschriften der §§ 91 ff., insbesondere des § 100, treffen, ist die *Staatskasse* zur Erstattung an den Gegner zu verurteilen. Auch wenn der sich nach § 634 beteiligende Staatsanwalt nicht Streitgenosse einer Partei ist, so gehört er, wenn entgegen seinem Antrag entschieden wird, gleichwohl zu den unterlegenen Personen im Sinne von § 100. Wegen der Gerichtskosten s. § 2 Abs. 1 S. 1 GKG. Für die Kostenpflicht der unterliegenden Privatpersonen gilt keine Besonderheit. Die Kostenfrage für einen von einem Ehegatten gegen den anderen angestrengten Nichtigkeitsprozeß ist in § 93a Abs. 3 geregelt. Bei der Nichtigkeitsklage des Ehegatten der früheren Ehe, § 24 Abs. 1 EheG, § 632 Abs. 2, bleibt es bei den allgemeinen Kostenvorschriften.

§ 638 [Feststellungsklage]

Die Vorschriften der §§ 633 bis 635 gelten für eine Klage, welche die Feststellung des Bestehens oder Nichtbestehens einer Ehe zwischen den Parteien zum Gegenstand hat, entsprechend. Das Urteil, durch welches das Bestehen oder Nichtbestehen der Ehe festgestellt wird, wirkt, wenn es zu Lebzeiten beider Parteien rechtskräftig geworden ist, für und gegen alle.

Gesetzesgeschichte: Eingefügt RGBl 98 I 256; Änderung RGBl 38 I 923.

1 I. Die Klage auf **Feststellung** *des Bestehens oder Nichtbestehens* der Ehe zwischen den Parteien → Rdnr. 9 vor § 606 wird der Nichtigkeitsklage für die Anwendung der §§ 633, 635 und seit der EheVO auch für die des § 634 gleichgestellt, weil auch hier das öffentliche Interesse ebensosehr die Aufrechterhaltung der gültigen Ehe wie die Aufdeckung eines bloßen Scheines einer Ehe fordert.

2 II. Wegen des Todes eines Ehegatten → § 619 Rdnr. 9; die Erledigung der Hauptsache tritt auch ein, wenn sich der Staatsanwalt vorher nach § 634 am Verfahren beteiligt hat. Die Vorschrift in Satz 2 über den Umfang der *Rechtskraftwirkung* entspricht der Regelung in § 636a → dort. Die Erweiterte Rechtskraftwirkung gilt auch für klageabweisende Urteile – h. M. – und Beweislastentscheidungen → § 640 Rdnr. 9, 10.

III. Legt der Staatsanwalt nach § 634 selbständig ein Rechtsmittel ein, so erlangt er damit nicht die Stellung eines *Streitgenossen* zu der Partei, deren Begehren er sich zu eigen gemacht hat. Es gilt nichts anderes als oben zu § 634 Rdnr. 1 ausgeführt. Eine Klageberechtigung Dritter ist begrifflich ausgeschlossen (»zwischen den Parteien«) → dazu Rdnr. 15 vor § 606. 3

IV. Bei Feststellungsklagen über den Bestand einer Ehe wird es verhältnismäßig häufig nötig sein, zur Gewährung *rechtlichen Gehörs Dritte zum Verfahren zuzuziehen* → vor § 606 Rdnr. 20. Das gilt ganz besonders für die aus der angeblichen Ehe hervorgegangenen Kinder. Ein ohne deren Zuziehung ergangenes Urteil ist aber wirksam. Den Kindern bleibt die Möglichkeit, die Entscheidung mit der Verfassungsbeschwerde anzugreifen. 4

§ 639 [fortgefallen]

Gesetzesgeschichte: § 592 CPO, Änderung RGBl 98 I 256, gestrichen RGBl 38 I 923.

Der durch § 43 der 1. DVO zum EheG v. 27.7.1938 (RGBl I S. 923) gestrichene § 639 stellte die bis 1938 mögliche Aufhebung der ehelichen Gemeinschaft verfahrensrechtlich der Scheidung gleich. Auch heute noch finden auf eine sich nach ausländischem materiellem Recht richtende Trennung von Tisch und Bett, die auch von deutschen Gerichten ausgesprochen werden kann, die prozessualen Vorschriften über die Scheidung entsprechende Anwendung → vor § 606 Rdnr. 17a.

§ 639 Anhang
Das Übergangsrecht des Einigungsvertrages für Ehestreitigkeiten

Lit.: *Baumbach/Lauterbach-Albers*[50] Anh. zu § 639; *Zöller-Philippi*[17] Vorbem. zu § 606 Rdnr. 4 ff.; *Gottwald* FamRZ 1990, 1181, *Thomas/Putzo*[18] Einl. VII Z. 6 und Erl. nach Z. 9 Rdnr. 28–33.

Für das Verfahren in **Ehestreitigkeiten** iSd §§ 606–638 sieht der **Einigungsvertrag in Anl. I Kap. III Sachgeb. A Abschn. III Z. 5 besondere Übergangsbestimmungen** vor, die neben die allgemeinen Übergangsvorschriften für Rechtsmittel treten. Zweck der Regelung ist, den Änderungen des materiellen Familienrechts mit Wirkung vom 3.10.1990 (autonomes Recht: Art. 234 §§ 1 ff.; internationales Privatrecht: Art. 236 §§ 2 f. EGBGB idF EV Anl. I Kap. III Sachgeb. B Abschn. II Z. 1) auch in zu diesem Zeitpunkt in den **neuen Bundesländern** anhängigen Verfahren Rechnung zu tragen. Die Bestimmungen entsprechen Art. 12 Nr. 7 des 1. EheRG. Zur Regelung für **Ost-Berlin** (insbesondere Ausschluß des Übergangsrechtes der Z. 5): EV Anl. I Kap. III Sachgeb. A Abschn. IV Z. 3 c aa, 4 → vor § 606 Rdnr. 5.

Kap. III Abschn. 3 Maßg. 8 i lautet:

»Gegen Entscheidungen, die vor dem Wirksamwerden des Beitritts rechtskräftig geworden sind, finden die vorgesehenen Rechtsbehelfe gegen rechtskräftige Entscheidungen statt (§§ 323, 324, 579 ff., 767 ff.). Die Voraussetzungen einschließlich der Fristen richten sich nach der Zivilprozeßordnung«.

Daraus muß man schließen, daß, abgesehen von der Eröffnung der erwähnten außerordentlichen Rechtsbehelfe Urteile der Gerichte der früheren DDR wie bisher auch in der alten Bundesrepublik[1] wirksam bleiben.

---

[1] Dazu 20. Aufl. § 328 Rdnr. 301 ff.

Das Anwendungsvolumen der Übergangsbestimmungen des Einigungsvertrags hat sich inzwischen so gut wie erledigt. Daher wird auf eine Erläuterung verzichtet. Sie hatten folgenden Wortlaut:

EV Anl. I Kap. III Sachgeb. A Abschn. III Z. 5:

»h) Für einen Rechtsstreit in Ehesachen (§§ 606 bis 638), der vor dem Wirksamwerden des Beitritts anhängig geworden ist, gelten folgende Regelungen:

aa) Eine mündliche Verhandlung, die in einem Verfahren auf Scheidung oder Feststellung der Nichtigkeit der Ehe geschlossen worden ist, ist wieder zu eröffnen.

bb) Tatsachen, die erst durch mit dem Vertrag übergeleitete Rechtsvorschriften erheblich geworden sind, können noch in der Revisionsinstanz vorgebracht werden. Das Revisionsgericht verweist die Sache an das Berufungsgericht zurück, wenn bezüglich der neuen Tatsachen eine Beweisaufnahme erforderlich wird.

cc) Ist ein Verfahren auf Scheidung oder Feststellung der Nichtigkeit der Ehe in der Rechtsmittelinstanz anhängig, so ist, wenn die Ehe aufgelöst wird, in der ersten Entscheidung, die nach dem Wirksamwerden des Beitritts ergeht, über die Kosten des gesamten Verfahrens nach § 93a Abs. 1, 3, 4 zu entscheiden.

dd) Werden innerhalb eines Monats nach dem Wirksamwerden des Beitritts Folgesachen der in § 621 bezeichneten Art anhängig, während die Scheidungssache in der Rechtsmittelinstanz anhängig ist, so wird der Scheidungsausspruch nicht wirksam, bevor nicht über die Folgesachen erstinstanzlich entschieden ist; das Familiengericht kann den Scheidungsausspruch vorher für wirksam erklären, wenn die Voraussetzungen des § 628 Abs. 1 Satz 1 gegeben sind.

ee) Eine Entscheidung, die auf Grund der bisher geltenden Vorschriften ergangen ist, steht der Berufung auf solche Tatsachen nicht entgegen, die erst durch mit dem Vertrag übergeleitete Rechtsvorschriften erheblich geworden sind«.

2. Abschnitt

Verfahren in Kindschaftssachen

Vorbemerkungen[1]

I. Geschichte des Kindschaftsverfahrensrechts

1. Die **CPO** hatte in ihrer **ursprünglichen Fassung** keinen Abschnitt, der sich speziell mit dem Kindschaftsverfahrensrecht befaßte. Der Grund lag in der ausgeprägten landesrechtlichen Verschiedenheit des materiellen Kindschaftsrechts. Gleichwohl ist das Fehlen eines einheitlichen Kindschaftsverfahrensrechts allenthalben als Lücke empfunden worden.

2. Aus Anlaß des **Inkrafttretens des BGB** entstand der jetzige 2. Abschnitt. Er regelte damals wie auch heute noch die bekannten Klagen auf Anfechtung der Ehelichkeit, auf Feststellung des Bestehens oder Nichtbestehens eines ehelichen Kindschaftsverhältnisses zwischen den Parteien und auf Feststellung des Bestehens oder Nichtbestehens der elterlichen »Gewalt« unter ihnen. Die auch heute noch verfügte → § 640 Abs. 1 entsprechende Anwendung einer Reihe von Vorschriften aus dem Eheverfahren geht auf diese Zeit zurück.

Nach der Grundentscheidung des BGB zum Recht des – damals so genannten – »unehelichen« Kindes war die Vaterschaftsfeststellung vom Statusprozeß völlig ferngehalten. Die Feststellung der »Gilt-Vaterschaft« – unmittelbar oder inzident im Zusammenhang mit dem Unterhaltsverfahren möglich – sollte nach den gewöhnlichen Grundsätzen des ordentlichen Erkenntnisverfahrens vor sich gehen. § 644 sagte daher in seiner damaligen Fassung mit an sich nicht mißzuverstehender Eindeutigkeit: »Die Vorschriften der §§ 640 bis 643 gelten nicht für einen Rechtsstreit, der die Feststellung des Bestehens oder Nichtbestehens der unehelichen Vaterschaft zum Gegenstand hat«.

3. Methodisch mehr als gewagt, in der Sache aber einer unausweichlichen Notwendigkeit nachgebend, wenngleich auf eine rassenideologische Zusatzbegründung nicht verzichtend, hat das Reichsgericht[2] trotz dieser Rechtslage die Klage auf **Feststellung** des Bestehens oder Nichtbestehens der »**blutmäßigen Abstammung**« eines unehelichen Kindes von einem bestimmten Manne zugelassen und sie den Vorschriften des Statusprozesses unterworfen. Der BGH ist dem unter Eliminierung der anstößigen Begründungsteile gefolgt[3]. Die Frage der Zulässigkeit einer solchen Klage und die Wirkungen eines ihr stattgebenden Urteils im Verhältnis zu einem früheren Unterhaltsurteil blieben bis zum Jahre 1961 ungeklärt und in der Rechtsprechung kontrovers[4].

4. Das **FamRÄndG von 1961** (BGBl. I 1221) ließ dann in § 644 rev. F. die positive und die negative Abstammungsklage im Unehelichenrecht generell zu und postulierte gleichzeitig den prinzipiellen Vorrang des Statusurteils vor früheren über den Unterhaltsanspruch ergangenen Erkenntnissen. Die Rechtsprechung ging sogar dazu über, ein Rechtsschutzbedürfnis für die negative Statusklage des zu Unterhaltsleistungen verurteilten Mannes mit der Überle-

---

[1] Lit.: *Odersky* Nichtehelichengesetz[4] (1978); *Roth-Stielow* Der Abstammungsprozeß[2] (1978); *Brühl-Göppinger-Wax* Unterhaltsrecht[5] (1987); *Ramm* Jugendrecht (1990) § 25 III, § 26 II, III; Denkschrift der Bundesregierung BTDrucks V/3719.

[2] RGZ 160, 293.
[3] BGHZ 5, 368. WN 18. Aufl. § 644 Fn. 8.
[4] S. 18. Aufl. § 644 V 2, 7.

gung anzunehmen, auf diese Weise könne dieser die Wirkungen des u. U. zu Unrecht gegen ihn ergangenen Unterhaltsurteils beseitigen[5].

5   5. Hatte dadurch die »Zahl-Vaterschaftsklage« praktisch schon erheblich an Bedeutung eingebüßt, so brachte das **NEhelG v. 19.8.1969** (BGBl. I 1243) mit Wirkung vom 1.7.1970 auch deren rechtliches Ende. Verglichen mit der Ausgangslage des Jahres 1900 hat sich die Rechtslage geradezu umgekehrt: Die Geltendmachung der nichtehelichen Abstammung im Statusprozeß ist nicht nur nicht ausgeschlossen, sondern zur einzig möglichen Art. der Geltendmachung erklärt worden, sofern der in Anspruch genommene Mann nicht die Vaterschaft anerkennt, § 1600 a BGB. Das Gesetz brachte im übrigen eine ganze Reihe weiterer Neuerungen im Kindschaftsverfahrensrecht:

a) Eine völlig neue Statusklage war die Klage auf Anfechtung des Vaterschaftsanerkenntnisses, § 640 Abs. 2 Nr. 3.

b) Systematisch ist jetzt streng zwischen dem für sämtliche Kindschaftsverfahren geltenden Vorschriften der §§ 640 bis 640 h und den Sondervorschriften für das Statusverfahren des nichtehelichen Kindes, §§ 641 ff., unterschieden. Im ersteren Komplex war neu vor allen Dingen die Möglichkeit einer Beiladung, § 640 e. Im letzteren stechen an Besonderheiten vor allen Dingen vor: die an die Führung von Vormundschaft oder Pflegschaft anknüpfende Zuständigkeitsregel, § 641 a; die besondere Rechtsgrundlage für einstweilige Anordnungen auf Leistung von Unterhalt, §§ 641 d ff, die Einführung eines eigenen Restitutionsgrundes für den Fall der Beibringung eines neuen medizinischen Vaterschaftsgutachtens, § 641 i.

c) Schließlich und vor allen Dingen hat das Gesetz den jetzigen 3. Abschnitt des 6. Buches neu eingeführt. Erstmals brachte dieser besondere Vorschriften über die Geltendmachung des Unterhaltsanspruchs eines nichtehelichen Kindes und, in der Form des Antrags auf Verurteilung zur Zahlung von Regelunterhalt, § 643 f., die Möglichkeit einer, wenn auch eingeschränkten Verbindung von Statusverfahren und Unterhaltsprozeß.

6   6. Danach kamen nur noch einige Randberichtigungen:

a) Das **Gesetz zur Vereinfachten Abänderung von Unterhaltsrenten** aus dem Jahre 1970 (BGBl. I 2029) hat den 3. Abschnitt in zwei Titel geteilt und den jetzigen ersten Titel (§§ 641 ff) neu geschaffen.

b) Änderungen von § 640 Abs. 1 und § 640 g Abs. 1 brachte das Erste Gesetz zur Reform des Ehe- und Familienrechts vom 14.6.1976 (BGBl. I 1421) sowie eine weitere Änderung des § 640 Abs. 1 die sogenannte Vereinfachungsnovelle vom 3.12.1976 (BGBl. I 3281).

c) Durch das Gesetz zur Neuregelung des Rechts der elterlichen Sorge vom 18.7.1979 (BGBl. I 1061) wurde der Begriff der »elterlichen Gewalt« in »elterliche Sorge« abgeändert.

d) Modifikationen bei § 640 a sowie den Wegfall des § 641 a Abs. 2 bewirkte das IPR-Reformgesetz vom 25.7.1986 (BGBl. I 1142).

e) Eine geringfügige Änderung des § 640 b zog das Betreuungsgesetz vom 12.9.1990 (BGBl. I 2002) nach sich.

f) Im Gebiet der ehemaligen **DDR** traten am 3.10.1990 die §§ 640 bis 641 k in Kraft[6]. Gemäß Art. 8 des Einigungsvertrages i. Vbg.m. der Anlage I Kap. III A. Abschnitt III. 5. e) vom 31.8.1990 (BGBl. II 889) sind aus dem 2. Abschnitt nur die Vorschriften in §§ 641 l bis 644 zeitlich erst später anzuwenden → siehe dort.

---

[5] *BGHZ* 40, 367 = FamRZ 1964, 150 = NJW 723. WN 19. Aufl. § 644 II 1 b.

[6] Lit.: *Siehr* Das Kindschaftsrecht im Einigungsvertrag, IPRax 1991, 20 ff., dort auch zur Problematik des Übergangsrechts für alte DDR-Urteile.

II. Internationales Kindschaftsverfahrensrecht

1. Sinn der Frage nach dem Recht der Statusfeststellung

Die Geltung der §§ 640 ff. ist grundsätzlich **unabhängig davon, ob in der Hauptsache deutsches oder ausländisches Recht zur Anwendung kommt**. Die häufig im Nichtehelichenrecht anzutreffende Frage nach dem Recht, das »auf die Feststellung« des Familienstatus' anwendbar ist, ist sehr ungenau gestellt. Niemand wirft die Frage auf, welches Recht auf »die Feststellung« des Bestehens eines Kaufvertrages, eines Gesellschaftsvertrages oder der Haftpflicht aus einer unerlaubten Handlung anzuwenden ist. Es sind eindeutig die prozessualen Vorschriften der lex fori über die Feststellungsklage und über die bei bestimmten Streitgegenständen erweiterten Rechtskraftwirkungen eines Feststellungsurteils. Demgemäß hat auch bisher niemand die Frage als problematisch empfunden, welches Recht »auf die Feststellung« des Bestehens oder Nicht-Bestehens eines ehelichen Kindschaftsverhältnisses anzuwenden ist, wenn man von der Frage der Abstammungsvermutungen absieht, die materiellrechtlich zu qualifizieren sind. Der Frage nach dem auf die »Statusfeststellung« anwendbaren Recht läßt sich nur in zwei spezifischen Hinsichten Sinn abgewinnen.

6a

a) Besondere kollisionsrechtliche Probleme treten einmal auf, wo Statusverfahren die Form eines **Gestaltungsklageverfahrens** annehmen, durch welches allein eine bestimmte »**Rechtsausübungssperre**« beseitigt werden kann. Das gilt vor allen Dingen für die Ehelichkeitsanfechtungsklage, die Klage auf Anfechtung eines Vaterschaftsanerkenntnisses und für die als Gestaltungsklage ausgeformte → § 640 Rdnr. 9 Klage auf Feststellung des Bestehens der nichtehelichen Vaterschaft. Dann muß es nämlich Kollisionsregeln geben, die sagen, nach welchem Recht die Frage zu beantworten ist, ob eine Rechtsausübungssperre besteht, und nach welchem Recht gegebenenfalls die Möglichkeiten, sie zu beseitigen.

b) Außer auf die Frage nach der Durchbrechung einer etwa bestehenden Rechtsausübungssperre vermittelt das Kollisionsrecht freilich zum anderen auch noch eine Antwort auf die Frage, ob die familienrechtlichen Beziehungen zwischen zwei Personen **selbständig anzuknüpfen sind**. Ist das der Fall, so kann man von einem »Status-Statut« sprechen. Das EGBGB hat sich in Art. 19 Abs. 1 (für das eheliche Kind) und in Art. 20 Abs. 1 (für das nichteheliche Kind) für die selbständige Anknüpfung entschieden.

2. Das eheliche Kindschaftsverfahrensrecht

a) Enthält bezüglich des festzustellenden Rechtsverhältnisses **weder etwa anwendbares ausländisches, noch deutsches Recht eine Rechtsausübungssperre**, also ein Gestaltungsklageerfordernis, so sind die statusprozeßrechtlichen Vorschriften der ZPO uneingeschränkt anwendbar. Beiladungsmöglichkeiten und gesteigerte Urteilswirkungen richten sich etwa nach deutschem Recht, auch wenn das in der Sache anwendbare ausländische Recht entsprechende Rechtsfiguren nicht kennt oder überhaupt keinen besonderen Status*prozeß* entwickelt hat. Auch die »Feststellungsbefugnis« unterfällt den deutschen Grundsätzen zur Anstrengung einer Statusfeststellungsklage, kommt also nur dem Kind oder dem Vater, bzw. der Mutter zu → § 640 Rdnr. 1, 4. Sind Kind oder ein Elternteil verstorben, so kann vor deutschen Gerichten eine Klage auf Feststellung des Bestehens eines ehelichen Kindschaftsverhältnisses zulässigerweise nicht mehr erhoben werden, auch wenn nach dem Recht, das in der Hauptsache maßgebend ist, der Statusprozeß noch ausgetragen werden dürfte, etwa durch Übernahme der Parteirolle des Verstorbenen.

7

b) Ganz Entsprechendes gilt grundsätzlich, wenn der beanspruchte Status **sowohl nach deutschem als auch nach in Frage kommendem ausländischen Recht nur im Wege einer**

8

Gestaltungsklage geltend gemacht werden kann. Auf eine Ehelichkeitsanfechtungsklage bleiben auch dann die besonderen Vorschriften der §§ 640 b, 640 d, 640 g anwendbar, wenn in der Sache französisches Recht zur Anwendung kommt, das die Ehelichkeitsanfechtungsklage in ähnlicher Weise ausgestaltet wie das deutsche[7]. **Die materielle Anfechtungsberechtigung**, generell gesprochen das materielle Substrat der Gestaltungsklageberechtigung, bemißt sich nach anwendbarem ausländischem Recht. Entsprechend diesem können auch vor deutschen Gerichten etwa die Erben des Mannes oder der Mutter anfechtungsberechtigt sein, etwa nach Art. 318 französischer code civil i.d.F. des Gesetzes Nr. 72−3 vom 03.01.1972. Ist der beanspruchte Status im Wege der Gestaltungsklage zu verfolgen, so sind nämlich materiell zu qualifizierende Rechtsausübungssperren zu überwinden. Deshalb müssen die nach dem anwendbaren Sachrecht zur Beseitigung der Sperre berufenen Personen ihre Befugnis auch durch Klage vor deutschen Gerichten ausüben können. Da die deutsche Staatsanwaltschaft im Kindschaftsverfahren keine Funktionen mehr ausübt, kann sie freilich eine Ehelichkeitsanfechtungsklage selbst dann nicht mehr erheben, wenn nach der lex causae der Staatsanwalt anfechtungsberechtigt ist und obwohl eine solche Anfechtungsberechtigung an sich materiell qualifiziert werden muß[8].

Allerdings ist § 1599 BGB insoweit auch in Auslandsfällen maßgebend, als er die **Zuständigkeit der Behörden der freiwilligen Gerichtsbarkeit** von derjenigen des Richters der streitigen Gerichtsbarkeit abgrenzt. Denn selbst wenn das anwendbare materielle Recht ausländisches Recht ist, regelt die lex fori die Anwendung der zivilprozessualen Vorschriften über das Statusverfahren[9]. Ist derjenige verstorben, der zu Lebzeiten aller Beteiligten Anfechtungsgegner sein müßte, so ist das Vormundschaftsgericht zuständig, auch wenn vor Gerichten des Staates, dessen Rechtsordnung in der Sache anwendbar ist, das Prozeßgericht entscheiden müßte[10]. Das folgt aus dem Grundsatz der Austauschbarkeit der Verfahrensarten → Rdnr. 11. In einem der Erhebung der Klage vorgelagerten Schritt kann es am Fürsorgebedürfnis für die Bestellung eines Ergänzungspflegers zur Vertretung des minderjährigen Kindes fehlen, wenn das Urteil im gemeinsamen Heimatstaat aller Beteiligten aus Gründen der Ablehnung der deutschen internationalen Zuständigkeit nicht anerkannt werden würde[11].

9 c) Ist nach **ausländischem Recht die Erhebung einer Gestaltungsklage in einer Situation notwendig, in welcher nach deutschem Recht** mangels Rechtsausübungssperre der beanspruchte Status **nur durch eine Statusfeststellungsklage** allgemein verbindlich gemacht werden könnte, so ist, wenn das ausländische Recht den beanspruchten Status beherrscht, Gestaltungsklage notwendig. Nach österreichischem Recht kann etwa die Ehelichkeit eines mehr als 302 Tage nach der Auflösung der Ehe geborenen Kindes nicht inzident[12], sondern nur durch Gestaltungsklage geltend gemacht werden. Ist Status-Statut österreichisches Recht, so sind Inzidentberufungen auf die Ehelichkeit eines solchen Kindes auch vor deutschen Gerichten und selbst dann nicht möglich, wenn es sich um eine Rechtsfolge handelt, die deutschem Recht unterliegt. Eine Regel, Gestaltungsklagen, die lediglich nach ausländischem

---

[7] Ein ganz ähnliches Kriterium wird zur Beurteilung der Frage herangezogen, ob ein ausländisches Ehelichkeitsanfechtungsurteil nach § 328 anerkannt werden kann: die Ähnlichkeit der Ehelichkeitsvermutung nach deutschem und ausländischem Recht (*OLG München* DA-Vorm 1983, 246).

[8] Zu dieser Qualifikation für die Zeit, als auch dem deutschen Staatsanwalt noch Anfechtungsbefugnisse zustanden: 18. Aufl. § 640 I 1b; *Beitzke* RabelsZ 23, 708, 714ff., 723ff.; *LG München I* 3. Zivilkammer IPRspr 1952/53 Nr. 179, 180. − A.M. *LG München I* 5. Zivilkammer NJW 1951, 278 (abl *Beitzke*).

[9] *OLG Bamberg* IPRspr 1984, 94; *OLG Karlsruhe* DA-Vorm 1983, 147 = IPRspr 1982, 83; *AG Heidelberg* IPRax 1987, 381 = IPRspr 1986, 152.

[10] Mit beachtlichen Gründen a.M. *Beitzke* FamRZ 1967, 592, 601.

[11] *LG Hamburg* IPRspr 1981, Nr. 90b. Zur Frage der internationalen Zuständigkeit zur Einrichtung einer Ergänzungspflegschaft für das Kind einerseits BayObLGZ 1982, 32 und andererseits *LG Hamburg* aaO.

[12] § 155 S. 1 Österreichisches ABGB; *Zemen* FamRZ 1973, 355, 357.

Recht vorgesehen sind, könnten vor deutschen Gerichten zulässigerweise nicht erhoben werden, existiert im Kindschaftsrecht genausowenig wie im Eherecht → Rdnr. 17 a vor § 606.

d) Problematischer ist der umgekehrte Fall, in dem nach der anwendbaren **ausländischen Rechtsordnung** der beanspruchte Status **ohne** Zwischenschaltung einer **Gestaltungsklage** geltend gemacht werden kann, in vergleichbaren Fällen aber die **deutsche Rechtsordnung die Beseitigung einer Rechtsausübungssperre** durch Gestaltungsurteil verlangt. Nach englischem und US-amerikanischem Recht etwa gibt es keine Ehelichkeitsanfechtungsklage. Die für bestimmte Zeiträume ohne klare Befristung angenommene Vermutung der ehelichen Abstammung kann in jedem gerichtlichen Verfahren, vor allem auch inzident widerlegt werden[13]. Ist auf ein Verhältnis Kind-Ehemann seiner Mutter amerikanisches, irisches oder englisches Recht anwendbar, so kann daher nach herrschender und richtiger Ansicht vor deutschen Gerichten die Ehelichkeit des Kindes inzident bestritten werden[14]. Eine Klage, deren direktes Ziel es ist, auf der Grundlage eines dieser Rechte die Nichtehelichkeit des Kindes geltend zu machen, ist dann eine Statusfeststellungs- und keine Ehelichkeitsanfechtungsklage. Die Gegenansicht[15] will Rechtsfolgen aus der Nichtehelichkeit trotz grundsätzlicher Anwendbarkeit englischen oder amerikanischen Rechts in Deutschland nur geltend machen lassen, wenn hier vorher ein die Nichtehelichkeit feststellendes Statusurteil entsprechend unserem Ehelichkeitsanfechtungsurteil ergangen ist. Zur Begründung dienen die Schwierigkeiten bei einem außergerichtlichen Beweis, vornehmlich vor dem Standesbeamten, sowie der Umstand, daß einige Staaten des common law bei Geltendmachung der Nichtehelichkeit Beweismittelbeschränkungen und Beschränkungen der subjektiven Beweisführungsbefugnisse kennen. 10

e) Der Grundsatz der **Austauschbarkeit der Verfahrensarten** besagt, daß ein auf ausländisches Recht gestütztes Begehren in der Verfahrensart verfolgt werden muß, in der ein entsprechendes Begehren in Deutschland vor Gericht zu bringen ist. Die **Herausgabe eines Kindes** kann nur in einem vormundschaftsgerichtlichen Verfahren erstrebt werden, auch wenn das Heimatrecht der Beteiligten einen ordentlichen Zivilprozeß und vielleicht sogar ein Statusverfahren verlangt[16]. Zur Ehelichkeitsanfechtungsklage → Rdnr. 8. 11

3. Nichteheliches Kindschaftsverfahrensrecht

Die Diskussion um die kollisionsrechtliche Behandlung der im Nichtehelichenrecht möglichen Statusklagen war bis zur Reform des deutschen IPR 1986[17] äußerst verwirrend. Das hatte seinen Grund darin, daß im Nichtehelichenrecht dem Gesetz nur schwer die Vorstellung eines »Status-Statuts« → Rdnr. 6 zu entnehmen war. Seither liegt in Gestalt von Art. 20 Abs. 1 EGBGB eine klare Entscheidung des Gesetzgebers vor. Das so bestimmte Status-*Statut* ist unabhängig davon, ob die Status*wirkungen* sich im einzelnen nach inländischem oder nach ausländischem Recht bestimmen, ob der Status gesondert festgestellt wird oder festgestellt werden muß oder im Wege einer Inzidentbeurteilung feststellbar ist. Für deutsche Gerichte und Behörden wirkt eine durch deutsche Gerichte getroffene Statuszuordnung auch dann, wenn Wirkungsstatut eine ausländische Rechtsordnung ist → Rdnr. 15. Die Frage nach der **kollisionsrechtlichen Relativität von Rechtskrafts- und Gestaltungswirkungen** gerichtlicher 12

---

[13] Dölle FamR § 88 III 5, 6, V 4; *MünchKommZPO-Coester-Waltjen* Rdnr. 13.
[14] KG IPRax 1984, 42; *dass.* IPRax 1985, 48; OLG Hamm FamRZ 1965, 90; AG Rottweil FamRZ 1990, 1030; LG Berlin IPRax 1987, 123; AG Baden-Baden IPRax 1987, 123; AG Hamburg IPRspr 1984 Nr. 75; AG Bielefeld FamRZ 1963, 458; LG Ulm IPRspr 1958/59

Nr. 126; *Soergel-Kegel*[11] Art. 18 EGBGB Rdnr. 28; *Siehr* DAVorm 1973, 126, 133.
[15] *Sonnenberger* FamRZ 1964, 238.
[16] *Beitzke* FamRZ 1967, 592, 602; *Jayme* FamRZ 1964, 352 ff.
[17] Näher Vorauf. Rdnr. 12–14.

Urteile → § 328 Rdnr. 11 spielt im Bereich des nichtehelichen Kindschaftsstatuts, das immer selbständig anzuknüpfen ist → Rdnr. 15, keine Rolle.

13 a) Gibt es auch im internationalen Nichtehelichenrecht ein besonderes Status-Statut, so richtet sich die prozeßrechtliche Behandlung von Statusklagen des Nichtehelichenrechts ganz nach den in Rdnr. 7–10 entwickelten und entsprechend anzuwendenden Grundsätzen.

14 aa) Sieht das Status-Statut vor, daß man sich auf **Rechtsfolgen aus dem Kindschaftsverhältnis erst nach Zustandekommen statusbegründender Akte** berufen kann, so können auch vor deutschen Gerichten solche Rechtsfolgen nicht inzident geltend gemacht werden. Die gerichtliche Erzwingung des statusbegründenden Aktes entspricht unserer Klage auf »Feststellung« des Bestehens eines nichtehelichen Kindschaftsverhältnisses, auch wenn sie nach dem anwendbaren Recht die Form einer Klage auf »Verurteilung zur Vaterschaftsanerkennung« annimmt oder nur bei Vorliegen besonderer Umstände zulässig ist. Funktionell der deutschen Klage auf Feststellung des Bestehens der nichtehelichen Vaterschaft gleichwertige auswärtige Gestaltungen folgen daher vor deutschen Gerichten den §§ 641 ff.[18]. In dieser Weise kann etwa vor deutschen Gerichten die statusbegründende[19] Feststellung der Vaterschaft nach österreichischem Recht betrieben werden. Allerdings bindet die nach deutschem Recht vorgenommene Vaterschaftsfeststellung auch dann, wenn eindeutig ein ausländisches Recht anwendbar gewesen war[20]. Wer im Klageweg die Neugestaltung der Statusrechtsklage auslösen kann, bestimmt das Status-Statut[21], also nicht das deutsche Prozeßrecht → Rdnr. 8. Dasselbe gilt für die einzuhaltende Klagefrist[22]. Im übrigen ist das deutsche Prozeßrecht den ausländischen materiellen Rechtsnormen anzupassen, was insbesondere auch für die Beweisregeln gilt[23].

15 bb) Sind nach dem Status-Statut **Inzidentfeststellungen über die Vaterschaft zulässig**, so sind sie es auch vor Gerichten der Bundesrepublik[24]. Sie sind aber selbständig nach dem Status-Statut anzuknüpfen. Die Möglichkeit von Inzidentfeststellungen führt keineswegs zur unselbständigen Anknüpfung. Klagt etwa ein in Frankreich lebendes Kind einer französischen Mutter gegen einen in Deutschland wohnhaften Mann als möglichen Vater »subsides« nach französischem Recht[25] ein, so kann »die Vaterschaft« inzident festgestellt werden – aber als Beiwohnung während der Empfängniszeit ohne Vaterschaftsausschluß nach Maßgabe des sich nach dem gewöhnlichen Aufenthalt des Kindes richtenden französischen Status-Statuts. Ist jedoch bereits ein deutsches Urteil über den Status ergangen, etwa die Vaterschaftsfeststellungsklage abgewiesen worden, so wirkt dies für die sich nach ausländischen Recht richtenden Beziehungen auch dann, wenn dort eine inzidente Feststellung der Vaterschaft möglich ist[26]. Aus der Möglichkeit von Inzidentfeststellungen folgt die Entbehrlichkeit eines Statusurteils, keineswegs aber, daß ein rechtskräftiges Statusurteil ignoriert werden kann, wenn es ergangen ist. Es macht auch keinen Unterschied, ob das über das Statusbegehren entscheidende Gericht das richtige Status-Statut erkannt hat oder nicht.

Allerdings knüpfen manche Rechtsordnungen den Unterhaltsanspruch des nichtehelichen Kindes an die bloße Beiwohnung, u. U. eingeschränkt durch die Möglichkeit des Vaterschafts-

---

[18] Ähnlich *MünchKommZPO-Coester-Waltjen* Vor § 640 Rdnr. 3; *Siehr* IPRax 1984, 20 ff.
[19] Obwohl aus dem Gesetz nicht klar ersichtlich, gilt wie in Deutschland außerhalb des Statusprozesses eine Rechtsausübungssperre: *Zemen* FamRZ 1973, 355, 358.
[20] *LG Bonn* StAZ 1984, 279 = IPRspr 1984 Nr. 102.
[21] *OLG Celle* FamRZ 1975, 509 (DDR); *MünchKommZPO-Coester-Waltjen* Rdnr. 27.
[22] *AG Ludwigshafen* IPRax 1985, 109 = IPRspr 1984 Nr. 74.
[23] *MünchKommZPO-Coester-Waltjen* Rdnr. 25.
[24] *BGH* NJW 1975, 114 = FamRZ 24; *BGH* NJW 1975, 493; *BGH* NJW 1976, 1028 = FamRZ 204; *Roth-Stielow*² (Fn. 1) Rdnr. 112; *Göppinger* JR 1975, 159.
[25] Art. 342 ff. c.c. dazu *Ferid* Das französische Zivilrecht² (1987) Bd. 3, 4 C 456 ff.
[26] Unrichtig *BGH* NJW 1976, 1028, 1029 = FamRZ 204. Ihm zust *Kropholler* NJW 1976, 1011, 1012. Dieses Urteil läuft auf die These von der kollisionsrechtlichen Relativität von Feststellungs- und Gestaltungsurteilen hinaus → Rdnr. 12, wonach sich die Wirkungen eines nach deutschem Recht ergangenen Statusurteils auf die Rechtsbeziehungen beschränken, die deutschem Recht unterliegen.

ausschlusses, z. B. Frankreich, s. o. Dann kann ein den Status nach diesem Recht aberkennendes Urteil den Rückgriff auf solche statusunabhängigen Unterhaltsansprüche nicht ausschließen. Ein deutsches Urteil, das in den Gründen den Ausschluß der Vaterschaft eines Mannes feststellt, entfaltet in diesem Punkt nicht materielle Rechtskraft, wenn es auch praktisch von hoher Überzeugungskraft sein mag.

§ 1600a S. 2 BGB ist keinesfalls als absolute international-privatrechtliche Sperrwirkung dergestalt zu verstehen, daß ein deutsches Kind Unterhaltsansprüche auch gegen einen Ausländer nur soll geltend machen dürfen, wenn vorher die Vaterschaft nach deutschem Recht festgestellt worden ist[27]. Die Vorschrift ist auch über den ordre-public-Gedanken nicht kollisionsrechtlich verabsolutierbar[28]. Selbst dann, wenn Kindschaftswirkungsstatut ganz oder teilweise deutsches Recht ist, ein anderes Recht aber Status-Statut, hindert § 1600a S. 2 BGB die nach diesem Statut möglichen Inzidentfeststellungen genausowenig, wie im entsprechenden Fall eine nach dem Status-Statut zulässige Inzidentberufung auf die Nichtehelichkeit eines scheinehelichen Kindes auch möglich ist → Rdnr. 10, wenn die letztlich beanspruchte Rechtsfolge deutschem Recht unterliegt.

Sind nach dem Status-Statut Inzidentberufungen auf ein nichteheliches Kindschaftsverhältnis zu einem bestimmten Manne zulässig, so ist eine Klage, mit dem dieser Status festgestellt werden soll, eine Statusfeststellungs-, keine Gestaltungsklage. Die subjektive Klageberechtigung bemißt sich daher in solchen Fällen, anders als bei Statusgestaltungsklagen → Rdnr. 8, nach der lex fori, da sie Sachurteilsvoraussetzung ist[29].

b) Zu Rechtsordnungen die nicht zwischen ehelichen und nichtehelichen Kindern unterscheiden → § 640 Rdnr. 13.

III. Neue Bundesländer

Der Zweite Abschnitt über das Verfahren in Kindschaftssachen gilt seit dem **3.10.1990** auch in den **neuen Bundesländern und in Ost-Berlin**, in ersteren nach den **Maßgaben des EV Anl. I Kap. III Sachgeb. A Abschn. III Z. 1**. Einzelheiten bei den jeweiligen Vorschriften.

16

§ 640 [Kindschaftssachen]

(1) In Kindschaftssachen sind die Vorschriften der §§ 609, 611 Abs. 2, §§ 612, 613, 615, 616 Abs. 1, §§ 617, 618, 619, 635 entsprechend anzuwenden.

(2) Kindschaftssachen sind Rechtsstreitigkeiten, welche zum Gegenstand haben
1. die Feststellung des Bestehens oder Nichtbestehens eines Eltern-Kindes-Verhältnisses zwischen den Parteien; hierunter fällt auch die Feststellung der Wirksamkeit oder Unwirksamkeit einer Anerkennung der Vaterschaft,
2. die Anfechtung der Ehelichkeit eines Kindes,
3. die Anfechtung der Anerkennung der Vaterschaft oder

---

[27] So aber *Klinkhardt* Die Geltendmachung von Unterhaltsansprüchen nichtehelicher Kinder gegenüber ausländischen Vätern (1971), 7; KG FamRZ 1972, 152, 154; OLG Hamm FamRZ 1970, 600; OLG Celle FamRZ 1972, 587; *Bosch* FamRZ 1970, 158 Nr. 13; *Buchheim* StAZ 1970, 291, 292. Dagegen mit Recht *Siehr* FamRZ 1971, 292, 295; *Kropholler* NJW 1976, 1011, 1012. In der Rechtsprechung des BGH ist diese These auch implizit abgelehnt.

[28] Den § 1600a S. 2 BGB zum ordre public rechnen: *Beitzke* Annales de la Faculté de Strasbourg 25 (1973) 19 ff., 134 ff., 136; *Firsching* Rev. int. dr. comp. 25 (1973) 17 ff.; *Sturm* JZ 1974, 201, 204.

[29] So mit Recht KG FamRZ 1970, 322, 324; *Müller-Freienfels* FamRZ 1957, 147, 148. – A.M. OLG Düsseldorf FamRZ 1970, 325, 326.

4. die Feststellung des Bestehens oder Nichtbestehens der elterlichen Sorge der einen Partei für die andere.

Gesetzesgeschichte: Eingefügt RGBl. 1898 I 256. Änderungen RGBl. 1938 I 923, BGBl. 1961 I 1221, 1969 I 1243, 1976 I 1421, 1976 I 3281, 1979 I 1061.

I. Anwendungsbereich	1
1. Die Aufzählung der Kindschaftssachen in Abs. 2	1
a) Feststellung der ehelichen Abstammung von einem Mann	2
b) Feststellung des Nichtbestehens eines Kindschaftsverhältnisses	5
c) Besonderheiten im Fall einer Ehelichkeitserklärung	7
d) Klage auf Feststellung der nichtehelichen Abstammung	8
e) Klage auf Feststellung der Wirksamkeit oder Unwirksamkeit eines Vaterschaftsanerkenntnisses	12
f) Unterscheidung zwischen ehelichen und nichtehelichen Kindschaftsverhältnissen	13
g) Klage auf Feststellung von Kind-Mutterabstammung	14
h) Statusfeststellungsklage und Adoptionsverhältnis	17
2. Die klageweise Anfechtung der Ehelichkeit eines Kindes	18
a) Die Notwendigkeit der Anfechtungsklage	19
b) Die Klageberechtigung	20
c) Die Ausübung des Klagerechts	25
d) Klage auf Feststellung der Unanfechtbarkeit der Ehelichkeit	27
3. Die klageweise Anfechtung eines Vaterschaftsanerkenntnisses	28
4. Feststellungsklagen über elterliche Sorge	30
II. Die im Kindschaftsverfahren entsprechend geltenden Vorschriften aus dem Eheverfahren	31
1. § 616 Abs. 1, § 617	32
Beweisantrag und Amtsermittlung im allgemeinen	33
aa) Amtsermittlungspflicht	33
bb) Das Beweisantragsrecht der Parteien	34
b) Beweisantrag und Amtsermittlung bei den einzelnen Beweismitteln	35
aa) Vernehmung der Mutter	35
bb) Blutgruppengutachten unter Einbezug von Mutter, Kind und beklagtem Mann	37
cc) Anthropologisch-morphologisches Gutachten	39
dd) DNA-Analyse	41a
ee) Andere Vaterschaftsfeststellungsmethoden	42
ff) Probleme der zeitlichen Verzögerung der Beweisaufnahme	43
c) Einschränkung der Dispositionsmaxime	44
2. Die übrigen in Bezug genommenen Vorschriften	45
a) § 609	45
b) § 611 Abs. 2	45a
c) § 612	46
d) § 613	47
e) § 618	48
f) § 619	49
g) § 635	50
III. Im übrigen geltende Besonderheiten	51
1. Die regelmäßig bestehende Unmöglichkeit von Inzidentfeststellungen	51
2. Das Rechtsschutzbedürfnis	52
3. Die sachliche Zuständigkeit	53a
4. Die Beschwer als Zulässigkeitsvoraussetzung eines Rechtsmittels	54
5. Die Mutter als Zeugin	55
6. Klagefristen	56
7. Feriensache	57
8. Öffentlichkeit	58
9. Wiederaufnahme	59
10. Prozeßkosten	60
11. Intertemporales Recht	61
12. Rechtliches Gehör	62
13. Beweiswürdigung	63
14. Urteilsabfassung	64
15. Einstweilige Einstellung der Zwangsvollstreckung	65
16. Anrechenbarkeit von Vertreterverschulden	66

I. Der Anwendungsbereich des 2. Abschnitts (Abs. 2)

1. Die Aufzählung der Kindschaftssachen in Abs. 2

Die wichtigsten dem 2. Abschnitt unterfallenden Verfahren sind in Abs. 2 Nr. 1 genannt. Es handelt sich ausschließlich um Verfahren zwischen Personen, von denen eine ein Eltern-Kindes-Verhältnis zu der anderen in Anspruch nimmt und zum Streitgegenstand des Verfahrens gemacht hat[1], auch wenn dies in der Form einer Klage auf *Anerkennung eines ausländischen Statusurteils* geschieht[1a]. Um keine Kindschaftssache handelt es sich also bei der Geltendmachung eines Auskunftsanspruchs des nichtehelichen Kindes gegen seine Mutter über die Identität des Vaters[2], des Unterhaltsanspruchs der Mutter gem. § 1615 l BGB[3], beim Streit zwischen Mutter und nichtehelichem Vater über den Einfluß auf das Kind[4] und bei einer Klage auf Duldung der Untersuchung zwecks Erlangen eines neuen Gutachtens zur Erhebung der Restitutionsklage gem. § 641 i[5]. Der Kläger braucht aber die Klage nicht ausdrücklich im Statusprozeß zu erheben. Das Gericht muß vielmehr **von Amts wegen entscheiden**, ob das festzustellende oder zu gestaltende Rechtsverhältnis ein solches ist, das die Anwendung der Vorschriften über den **Statusprozeß notwendig** macht. Bringt der Kläger zum Ausdruck, er wolle die Klage im normalen Erkenntnisverfahren behandelt wissen, meint aber das Gericht, der Statusprozeß komme zur Anwendung, so ist nach den Vorschriften über den Statusprozeß zu verfahren. Im umgekehrten Falle liegt es entsprechend. Auch im Rechtsbehelfsverfahren gilt nichts anderes. Wenn das erstinstanzliche Gericht nach Meinung des zweitinstanzlichen fälschlicherweise nicht die Vorschriften des Statusverfahrens angewandt hat, muß das Rechtsbehelfsgericht nach diesen Vorschriften verfahren; zum Wiederaufnahmeverfahren → Rdnr. 59.

a) Wenn sie auch selten vorkommt, so beruht die Klage auf **Feststellung der ehelichen Abstammung** als Institution doch auf langer Tradition. Ob die Ehelichkeit der Abstammung bereits bei der Geburt bestanden hat oder durch nachfolgende Eheschließung eingetreten ist, bleibt gleich → Rdnr. 5. Die Klage kann auch als negative Feststellungsklage erhoben werden. Jedoch sind im Verhältnis des Kindes zum Ehemann seiner Mutter die Sondervorschriften über die Ehelichkeitsanfechtung zu beachten. Im einzelnen gilt folgendes: Die Klage auf Feststellung des Bestehens oder Nichtbestehens eines ehelichen Kindschaftsverhältnisses kann etwa darauf gestützt werden, das Kind sei *unterschoben*[6] oder der bislang angenommene *Zeitpunkt der Geburt* sei unrichtig, wenn davon die Abstammung im Rechtssinne abhängt. Der *Geburtstag* selbst kann, weil er kein Rechtsverhältnis ist, nicht Gegenstand des Feststellungsprozesses sein[7]. Die Klage kann auch darauf gestützt werden, das Kind stamme nicht aus einer Ehe, auch nicht einer vernichtbaren. Nicht aber kann auf diese Weise geltend gemacht werden, die Ehe leide an einem ihre »Nichtigkeit« begründenden Mangel im Sinne der §§ 16 ff. EheG. Denn einmal kann sich nach §§ 23 f EheG vor Nichtigerklärung der Ehe durch gerichtliches Urteil niemand auf ihre Nichtigkeit berufen. Zum anderen behalten auch Kinder aus für nichtig erklärten Ehen ihre Rechtsstellung als eheliche Kinder bei, § 1591 S. 1 2. Hs. BGB.

Der BGH glaubt, die Klage auf Feststellung des Bestehens oder Nichtbestehens der ehelichen Abstammung sei »sachlichrechtlich« zu qualifizieren und leitet daraus – für den Fall der

---

[1] *BGH* FamRZ 1974, 130 = NJW 494; *Zöller-Philippi*[17] Rdnr. 1; *Rosenberg-Schwab*[14] § 170 I 1.
[1a] *OLG Hamm* FamRZ 1993, 438.
[2] *OLG Düsseldorf* DAVorm 1991, 944; *OLG Saarbrücken* FamRZ 1990, 1371 = NJW-RR 1991, 643; *LG Münster* FamRZ 1990, 1031; *AG Passau* FamRZ 1987, 1309 (abl. *Hilger* FamRZ 1988, 764: Kindschaftssache kraft Sachzusammenhangs).
[3] *LG Berlin* FamRZ 1983, 306 (zust im Ergebnis *Büdenbender* 306).
[4] *OLG Oldenburg* FamRZ 1983, 309.
[5] *LG Berlin* FamRZ 1978, 835; *MünchKommZPO-Coester-Waltjen* Rdnr. 2.
[6] *RGZ* 76, 283.
[7] *Maßfeller* JW 1938, 2486 gegen *LG Wuppertal* JW 1938, 2485.

negativen Abstammungsklage, aber mit Gründen, die ebenso auf die positive Abstammungsklage passen – ab, ein besonderes **Rechtsschutzbedürfnis** müsse nicht vorliegen; allenfalls stehe eine grobe Mißbräuchlichkeit der Klageerhebung der Durchführung des Abstammungsverfahrens entgegen[8]. Jedoch ist dem Begriff »sachlichrechtlicher Feststellungsanspruch« ein greifbarer Sinn nicht abzugewinnen.

Richtig an der vom BGH unternommenen Wertung ist, daß die Statusfeststellungsklage nicht subsidiär zu irgendwelchen Leistungsklagen sein kann, für deren Erfolg die Feststellung des Status' präjudizielle Bedeutung hat. Jeder ernsthafte Zweifel über den Status begründet ein hinreichendes Rechtsschutzbedürfnis. Das rechtfertigt aber nicht die Annahme, ein Rechtsschutzbedürfnis sei grundsätzlich nicht Sachurteilsvoraussetzung für ein Statusfeststellungsurteil. Für die positive Abstammungsfeststellungsklage besteht allerdings immer ein Rechtsschutzbedürfnis, wenn das Eltern-Kindesverhältnis von einem Beteiligten oder von ernstzunehmender dritter Seite bestritten wird oder sonst unklar ist – sofern es sich nicht um Gründe handelt, die im Wege der Ehelichkeitsanfechtungsklage geltend gemacht werden müssen → Rdnr. 27. Für die negative Abstammungsfeststellungsklage genügt es aber nicht, wenn der Kläger das Abstammungsverhältnis bestreitet. Hinzukommen muß, daß der Beklagte oder ein ernstzunehmender Dritter das Bestehen des Statusverhältnisses bestreitet oder dieses sonst zweifelhaft ist.

4 Zum Fall einer das leibliche Eltern-Kindesverhältnis überlagernden **Adoption** → Rdnr. 17.

Die Klage auf Feststellung des Bestehens oder Nichtbestehens eines ehelichen Kindschaftsverhältnisses kann immer nur zwischen Personen ausgetragen werden, die das Verhältnis von Elternteil und Kind für sich in Anspruch nehmen oder leugnen → Rdnr. 1, nicht **zwischen zwei Vaterschafts- oder Mutterschaftsprätendenten**[9]. Diese Entscheidung des Gesetzes ergibt sich aus §§ 640e und 640h S. 2, die voraussetzen, daß das Kind immer als Partei am Verfahren teilgenommen hat und daher nicht beigeladen zu werden braucht, noch für den Fall seiner Nichtbeteiligung am Verfahren den Vorbehalt seiner Rechte nötig hat. Daß nach dem Tode von Kind oder (in Anspruch genommenem) Elternteil ein Feststellungsverfahren nicht mehr möglich ist, folgt aus der entsprechenden Anwendung von § 619 → Rdnr. 49.

5 b) Daß Situationen denkbar sind, in welchen die Klage auf Feststellung des Nichtbestehens eines Kindschaftsverhältnisses darauf gestützt werden kann, daß eine **Legitimation durch nachfolgende Eheschließung** nicht eingetreten ist, ergibt sich aus § 641. Jedoch ist der Anwendungsbereich einer solchen Klage nach § 1600a S. 2 BGB stark eingeschränkt. Auch die Legitimation durch nachfolgende Eheschließung wird rechtlich erst existent, wenn die Vaterschaft anerkannt oder gerichtlich festgestellt ist. Vorher ist für eine erfolgreiche Klage auf Feststellung des Nichtbestehens der durch Legitimation rechtlich begründeten ehelichen Vaterschaft kein Raum[10]. Will einer der Beteiligten trotz Existenz eines Vaterschaftsanerkenntnisses oder einer rechtskräftigen Vaterschaftsfeststellung das durch nachfolgende Legitimation ehelich gewordene Kindschaftsverhältnis mit der Begründung bestreiten, der Mann sei doch nicht der Vater, bleibt prinzipiell nur der Weg einer Wiederaufnahmeklage gegen das Vaterschaftsfeststellungsurteil bzw. die Anfechtung des Vaterschaftsanerkenntnisses[11]. Eine Inzidentberufung auf das Nichtvorliegen der Vaterschaft ist in beiden Fällen ausgeschlossen. Die Klage auf Feststellung des Nichtbestehens der ehelichen Vaterschaft kann daher mit Aussicht auf Erfolg nur in zwei Situationen erhoben werden; einmal, wenn die Legitimation sich entsprechend § 31 PStG nach ausländischem Recht bestimmt und nach diesem Recht als

---

[8] *BGH* FamRZ 1973, 26 f. = NJW 51; zust *Rosenberg-Schwab*[14] § 170 II 8.
[9] *Roth-Stielow*[2] (vor § 640 Fn. 1) Rdnr. 169.
[10] A.M. *Odersky* (vor § 640 Fn. 1) § 641 I 2.

[11] So mit Recht *BGHZ* 81, 353 = FamRZ 1982, 48 = NJW 96; *OLG München* FamRZ 1987, 307; *OLG Hamburg* DAVorm 1984, 610; *OLG Düsseldorf* DAVorm 1982, 596; allg.M.

dem Status-Statut die Unwirksamkeit einer behaupteten Legitimation ohne vorherige rechtskräftige Beseitigung eines Vaterschaftsanerkenntnisses oder einer sonstigen statusbegründenden Rechtsaktes statthaft ist → Rdnr. 15 vor § 640; zum anderen, wenn behauptet wird, das Vaterschaftsanerkenntnis sei wegen der Verletzung einer der Bestimmungen von §§ 1600b bis 1600e BGB unwirksam. Denn die Geltendmachung solcher Mängel ist nach § 1600f. BGB nicht an die Erhebung einer Anerkenntnisanfechtungsklage gebunden → Rdnr. 12.

Die **Übergangsbestimmungen** bezüglich solcher Kinder, die vor dem 1.7.1970 geboren wurden, sind sehr kompliziert. War kein Legitimationsfeststellungsbeschluß nach § 31 PStG a.F. ergangen und liegt auch keiner der in Art. 12 § 3 NEhelG → § 644 Anh III erwähnten Titel (Vaterschaftsanerkenntnis, vollstreckungsfähiges Unterhaltsanerkenntnis, rechtskräftiges Unterhaltsurteil) vor, so kann die Vaterschaft nur unter den Voraussetzungen von § 1600a S. 2 BGB geltend gemacht werden. Die Rechtslage gleicht daher derjenigen, die für Kinder gilt, die nach dem 1.7.1970 geboren wurden. Inzidentfeststellungen bleiben ausgeschlossen. Liegt einer der erwähnten Titel vor, so kann die von ihnen nach Art. 12 § 3 Abs. 1 NEhelG → § 644 Anh III ausgehende Rechtsscheinwirkung nach Abs. 2 der gleichen Vorschrift – gleich ob bereits vor dem 1.7.1970 Statusfeststellungsklage erhoben worden ist oder nicht[12] – nur auf dem Wege einer Anfechtungsklage beseitigt werden[13]. Auf sie sind die Vorschriften der ZPO über die Anfechtung des Vaterschaftsanerkenntnisses entsprechend anwendbar, d.h. die Bestimmungen der §§ 640a bis 640h[14], 641i[15]. Sind Kind oder Mann verstorben, ist nur ein Anfechtungsantrag beim Vormundschaftsgericht zulässig, Art. 12 § 3 Abs. 2 NEhelG → § 644 Anh III i.Vdg.m. § 1600l Abs. 2 S. 1 BGB. Für eine Klage auf Feststellung des Nichtbestehens der Vaterschaft ist dann ebensowenig Raum wie generell bezüglich Kindern mit rechtens festgestellter Vaterschaft. Ist vor Inkrafttreten des NEhelG ein Legitimationsfeststellungsbeschluß nach § 31 PStG a.F. ergangen, so gelten nach Art. 12 § 8 NEhelG → § 644 Anh III zwar die oben erörterten Absätze 2 und 3 von § 3 dieses Artikels nicht, sondern die »bisher geltenden bürgerlich-rechtlichen Vorschriften«. Aber auch schon vor dem 1.7.1970 konnte das Kindschaftsverhältnis unter dieser Voraussetzung nur durch Anfechtung der Ehelichkeit des Kindes im Klagewege in Frage gestellt werden[16]. Dieses Verfahren fällt jetzt unter § 640 Abs. 2 Nr. 2.

c) Eine **Ehelichkeitserklärung** i.S. von §§ 1723, 1740a ff. kann mit der Begründung, das angenommene Abstammungsverhältnis existiere nicht, nur durch eine rechtskräftige Feststellung in Frage gestellt werden, der Mann sei nicht der Vater des Kindes, §§ 1735, 1740a Abs. 2. So gut wie immer ist dies nur auf dem Wege einer Vaterschaftsanerkenntnis-Anfechtungsklage oder einer Wiederaufnahmeklage gegen das Vaterschaftsfeststellungsurteil → Rdnr. 9 möglich. Lediglich wenn fraglich ist, ob die Ehelichkeitserklärung wegen besonders gravierender Mängel absolut unwirksam ist, was äußerst selten der Fall ist, kann im Statusprozeß mit Aussicht auf Erfolg auf Feststellung geklagt werden, daß kein eheliches Kindschaftsverhältnis bestehe. Ist die Ehelichkeit des Kindes vor dem 1.7.1970 erklärt worden, so bleibt es nach Art. 12 § 3 NEhelG → § 644 Anh III dabei, daß Ehelichkeitsanfechtungsklage erhoben werden muß, wofür der sonst aufgehobene § 1735a BGB weitergilt[17]. Das gleiche muß man annehmen, wenn nach dem 1.7.1970 – unzulässigerweise – die Ehelichkeit eines Kindes erklärt wurde, ohne daß die Vaterschaft gemäß § 1600a BGB durch Anerkenntnis oder

---

[12] *OLG Koblenz* DAVorm 1974, 244.
[13] Zur Verfassungsmäßigkeit der Regelung, welche an das Vorliegen der Titel stärkere Wirkungen knüpft, als ihnen ursprünglich zukamen: *BGH* FamRZ 1973, 300.
[14] *OLG Koblenz* aaO; *LG Berlin* DAVorm 1974, 248.
[15] So mit Recht *Odersky*[4] (vor § 640 Fn. 1) Art. 12 § 3 IV 5a → 641i Rdnr. 1.
[16] Dazu 19. Aufl. § 640 I, a, dd.
[17] *Odersky*[4] (vor § 640 Fn. 1) Art. 12 § 8 III 1.

gerichtliches Urteil festgestellt worden war. Die Rechtsstellung solcher Kinder gleicht nämlich ganz der eines Kindes, das vor dem 1.7.1970 für ehelich erklärt wurde.

8   d) Die Klage auf **Feststellung der nichtehelichen Abstammung** von einem bestimmten Mann hat sich nur langsam durchgesetzt → Rdnr. 2 ff. vor § 640. Im Statusprozeß ist auch die (unzulässige) Klage eines Mannes auf Feststellung der Vaterschaft eines angeblich nur scheinehelichen Kindes abzuwickeln[18].

9   Nach § 1600a S. 2 können Rechtswirkungen aus dem nichtehelichen Vaterschaftsverhältnis erst nach Vorliegen eines Vaterschaftsanerkenntnisses oder eines rechtskräftigen Statusurteils geltend gemacht werden. Inzidentberufungen sind also ausgeschlossen → Rdnr. 51. Deshalb ist die positive Vaterschafts-Statusklage im Grunde **auch keine Feststellungs-, sondern eine Gestaltungsklage**[19]. Daß vor rechtskräftiger Vaterschaftsfeststellung einstweilige Anordnungen über Unterhalt möglich sind und nach Feststellung Unterhalt auch rückwirkend für die Zeit vor Feststellung der Vaterschaft geschuldet wird, steht dem nicht entgegen[20]. Die Notwendigkeit einer Gestaltungsklage schließt einstweiligen Rechtsschutz mit teilweisem Vorgriff auf das durch Richterspruch neu- oder umzugestaltende Rechtsverhältnis generell nicht aus, und Gestaltungsurteile können auch Rückwirkung haben. Aus der gestaltenden Natur der Vaterschafts»feststellung« folgt auch, daß der Strafrichter an sie gebunden ist[21] und ein besonders zu prüfendes Rechtsschutzbedürfnis nicht Sachurteilsvoraussetzung ist. In seltenen Ausnahmefällen hat die Rechtsprechung freilich auch Inzidentberufungen auf die nichteheliche Vaterschaft eines Mannes zugelassen[22].

Eine **Adoption** macht die Klage auf Feststellung der nichtehelichen Vaterschaft nicht unstatthaft → Rdnr. 17. Auch entfällt dadurch nicht das allgemeine Rechtsschutzbedürfnis → Rdnr. 52.

10 So wie sonst eine Klage auf Feststellung des Fehlens von Gestaltungsklage-Voraussetzungen nur unter strengen Rechtsschutzvoraussetzungen zugelassen werden kann, ist heute eine **negative Vaterschaftsfeststellungsklage** im Nichtehelichenrecht, obwohl in §§ 641, 641h erwähnt, zwar nicht prinzipiell ausgeschlossen, aber selten rechtsschutzwürdig[23]. Der Wille, die Vermutung des § 1600a BGB widerlegen zu wollen, reicht, da von dieser allein konkrete Rechtswirkungen nicht ausgehen, zur Begründung des Rechtsschutzbedürfnisses nicht aus. Weil der Mann vor Inzidentberufungen auf die Vaterschaft in jedwedem Zusammenhang geschützt ist, ist Rechtsschutzvoraussetzung für die negative Vaterschafts-Feststellungsklage, daß das Kind, sein gesetzlicher Vertreter oder eine ernst zu nehmende dritte Seite nachhaltig die Vaterschaft behaupten[24]. Lediglich im Zusammenhang mit einer Klage auf Anfechtung eines Vaterschaftsanerkenntnisses verlangt das Gesetz generell, daß sie gleichzeitig auf Feststellung des Nichtbestehens des nichtehelichen Kindschaftsverhältnisses gerichtet wird,

---

[18] Als selbstverständlich vorausgesetzt in *BGHZ* 80, 218 = FamRZ 1981, 538 = NJW 1372.
[19] *Schlosser* Gestaltungsklagen und Gestaltungsurteile (1966), 56; *MünchKommZPO-Coester-Waltjen* Rdnr. 19; *Brüggemann* FamRZ 1969, 120, 123; *Gravenhorst* FamRZ 1970, 127; *Leipold* Grundlagen des einstweiligen Rechtsschutzes (1972), 171; *Sturm* JZ 1974, 202, 204; *Bökelmann* StAZ 1970, 246, 247. Sonst geht man, ohne es ausdrücklich zu sagen, wohl von einer Feststellungsklage aus. Zum Rechtsschutzbedürfnis → Rdnr. 52.
[20] A.M. *Rosenberg-Schwab*[14] § 170 III 1.
[21] Im Ergebnis ebenso *OLG Stuttgart* NJW 1973, 2305; *OLG Hamm* NJW 1973, 2306; *OLG Zweibrücken* MDR 1974, 1024; *Lackner* StGB[19] § 170b Rdnr. 3, 4; *Schönke-Schröder-Lenckner*[24] § 170b Rdnr. 4; *BGH (St)* FamRZ 1975, 486.
[22] Dazu etwa *AG Euskirchen* FamRZ 1990, 198; *Rai-*

ser Die Rechte des Scheinvaters in Bezug auf geleistete Unterhaltszahlungen FamRZ 1986, 942, 946; *Nehlsen-v.Stryk* Probleme des Scheinvaterregresses FamRZ 1988, 225, 228; *Gernhuber* FamR³ § 57 I 7.
[23] Skepsis äußernd auch *Damrau* FamRZ 1970, 285, 287 Fn. 37. – A.M., nämlich für uneingeschränkte Zulässigkeit, *Thomas-Putzo*[18] Rdnr. 5; *Soergel-Gaul*[12] § 1600n BGB Rdnr. 11 ff.; *Palandt-Diederichsen*[51] § 1600n BGB Rdnr. 2; *Zöller-Philippi*[17] Rdnr. 13; *Baumbach-Lauterbach-Albers*[50] § 641h; *Gernhuber* FamR³ § 57 II 1 Fn. 2; *Beitzke* FamR[25] § 23 IV 6; *Odersky*⁴ (vor § 640 Fn. 1) § 1600n BGB IV 1; *Lange* NJW 1970, 297, 300; *Büdenbender* (§ 641d Fn. 1) 78 Fn. 6; *Reinheimer* FamRZ 1970, 122, 123; *OLG Hamburg* DAVorm 1975, 229, 231; *Habscheid* FamRZ 1981, 1142, 1146.
[24] Ähnlich *Ramm* Jugendrecht (1990) § 26 III 1 b.

§ 1600 f. BGB. Es macht daher in diesem Bereich Anträge auf Feststellung des Nichtbestehens der nichtehelichen Vaterschaft zur Regel → Rdnr. 29.

Klageberechtigt sind nach 1600n BGB nur Mann oder Kind, nicht die Mutter oder gar sonstige Verwandte. Auch der Mann, von dem der Samen bei der künstlichen Insemination stammt, kann erfolgreich klageberechtigt oder beklagt sein[25]. Ist das Kind geschäftsunfähig, erfolgt eine Vertretung entweder durch die Mutter oder durch den Pfleger gemäß § 1706 Nr. 1 BGB. Die Klage kann sich immer nur gegen das Kind oder gegen den als Vater in Anspruch genommenen Mann richten[26] → Rdnr. 1. Im Vaterschafts-Feststellungsprozeß kann der in Anspruch genommene Mann nicht einredeweise geltend machen, das vorher ergangene, die Scheinehelichkeit beseitigende Ehelichkeitsanfechtungsurteil sei arglistig erschlichen worden, soweit dadurch nicht die Anwendung von § 826 BGB begründet wird[27]. Würde eine auf Feststellung des Bestehens der nichtehelichen Vaterschaft gerichtete Klage **im Erfolgsfall dazu führen, daß das Kind wegen nachfolgender Eheschließung als eheliches** zu betrachten ist, so ist sie unbegründet, wenn sie nicht auf Feststellung des Bestehens des ehelichen Kindschaftsverhältnisses umgestellt wird[28] → Rdnr. 5.

Zum Übergangsrecht → Rdnr. 6. Art. 12 § 3 NEhelG ist auf Urteile, die auf *ausländisches Recht* gestützt sind, nicht, auch nicht entsprechend anwendbar. Es muß selbständig Statusurteil erstrebt werden, wenn nicht ein als Statusurteil zu wertendes, anerkennungsfähiges ausländisches Urteil vorliegt[29].

e) Als einen Unterfall der Klage auf Feststellung des Bestehens oder Nichtbestehens eines nichtehelichen Kindschaftsverhältnisses wertet das Gesetz auch eine **Klage auf Feststellung der Wirksamkeit oder Unwirksamkeit eines Vaterschaftsanerkenntnisses**, unterscheidet diese Klage aber scharf von der Klage, die auf Anfechtung eines Vaterschaftsanerkenntnisses gerichtet ist. Das hängt damit zusammen, daß § 1600f BGB es zuläßt, binnen fünf Jahren seit der Eintragung des Anerkenntnisses im Geburtenbuch ohne Notwendigkeit eines negativen Vaterschaftsnachweises[30] formelle Mängel des Vaterschaftsanerkenntnisses, wozu auch die Geschäftsunfähigkeit des anerkennenden Mannes[31], die Außerachtlassung der Formerfordernisse des § 1600e BGB[32] oder des § 641c, das Fehlen der Zustimmung des Kindes gemäß § 1600c BGB[33] oder der Zustimmung des gesetzlichen Vertreters des Kindes gemäß § 1600d Abs. 2 BGB[34] gehören, uneingeschränkt, d.h. auch inzident[35], geltend zu machen. Nur die Berufung auf die inhaltliche Unrichtigkeit des Anerkenntnisses ist an die Erhebung einer Anfechtungsklage – diese dann aber zwingend verknüpft mit der Klage auf Feststellung des Nichtbestehens der Vaterschaft – gebunden. Strittig ist nur, ob auch die Geltendmachung von Willensmängeln bei Abgabe des Anerkenntnisses oder einer Zustimmungserklärung ebenfalls an die Form der Anfechtungsklage gebunden ist[36]. Die Klage mit dem Antrag, die ursprüngliche Unwirksamkeit eines Vaterschaftsanerkenntnisses festzustellen, hat daher auch nicht die gleichzeitige Klage auf Feststellung des Nichtbestehens eines nichtehelichen

---

[25] Ähnlich *MünchKommZPO-Coester-Waltjen* Rdnr. 20; *Coester-Waltjen* Gutachten zum 56. DJT 1986, B 58.
[26] BGH FamRZ 1974, 130 = NJW 494.
[27] AG Solingen FamRZ 1991, 111 mit ablehnender Haltung zur Qualifizierung einer Urteilserschleichung als sittenwidriger Schädigung.
[28] A.M. *MünchKommZPO-Coester-Waltjen* Rdnr. 11: für Klage auf Feststellung der ursprünglich nichtehelichen Vaterschaft wegen der Gestaltungswirkung des Urteils.
[29] BGH FamRZ 1986, 655.
[30] *Roth-Stielow*[2] (vor § 640 Fn. 1) Rdnr. 204; *Odersky* FamRZ 1975, 440, 449.
[31] BGH FamRZ 1985, 271 = NJW 804.
[32] LG Rottweil NJW 1992, 630, 631 für die Zugangsfrist des § 1600e Abs. 3 BGB.
[33] OLG Hamm DAVorm 1987, 805.
[34] LG Rottweil NJW 1992, 630, 631.
[35] BGH aaO; allg. M.
[36] Für Ausschluß der Anwendbarkeit von §§ 116ff. BGB *Odersky*[4] (vor § 640 Fn. 1) 1600c III 1 und 1600f. II 1; *Gernhuber* FamR[3] § 57 II 9. – A.M. *MünchKomm ZPO-Coester-Waltjen* Rdnr. 67 für §§ 119, 123. Bürgerlich-rechtliche Anfechtung hinsichtlich der Zustimmungserklärungen, nicht aber bezüglich der Anerkennungserklärung zulassend *Palandt-Diederichsen*[51] § 1600f. Rdnr. 2; *Lange* NJW 1970, 297, 299 Fn. 23; *Göppinger* DRiZ 1970, 144.

Kindschaftsverhältnisses zum notwendigen Korrelat³⁷ → § 640h Rdnr. 9b, § 640c Rdnr. 3, § 641 Rdnr. 5. Für eine solche Erweiterung würde es auch an einem Rechtsschutzbedürfnis fehlen → Rdnr. 10. Ist die Klage auf Feststellung der Unwirksamkeit eines Vaterschaftsanerkenntnisses ausdrücklich zugelassen, so darf man in Zweifelsfällen auch eine Klage auf Feststellung seiner Wirksamkeit nicht für unstatthaft halten.

13 f) **Eheliches und nichteheliches Kindschaftsverhältnis** sind zwei vom Gesetz speziell für das Problem der Vaterschaftsfeststellung getrennt geregelte Rechtsverhältnisse. Es kann daher bei deutschem Statusstatut → Rdnr. 7 ff., 12 ff. vor § 640 bezüglich eines Mannes nur das Bestehen der einen oder anderen Art von Kindschaftsverhältnis, nicht aber das Bestehen einer zwischen ehelich und nichtehelich nicht unterschiedenen Statusbeziehung festgestellt werden. Theoretisch denkbar wäre freilich eine negative Feststellungsklage dahingehend, daß weder eine eheliche noch eine nichteheliche Abstammung bestehe. Angesichts der Grundsätze, die zum Rechtsschutzbedürfnis für die negative Vaterschaftsfeststellungsklage im nichtehelichen Kindschaftsrecht gelten → Rdnr. 10, sind jedoch Konstellationen, in denen für beide Feststellungsbegehren ein Rechtsschutzbedürfnis bestünde, praktisch so gut wie unvorstellbar.

Wenn das anwendbare ausländische Recht nicht zwischen ehelicher und nichtehelicher Kindschaft unterscheidet, braucht es auch das deutsche Prozeßrecht nicht zu tun.

14 g) Auch **Verfahren über die Feststellung der leiblichen Abstammung im Verhältnis zur Mutter** sind denkbar. Bei **Klagen des Kindes gegen seine Mutter und umgekehrt** sind mehrere Fälle zu unterscheiden:

15 aa) Will ein Kind nur festgestellt wissen, daß es **überhaupt von einer bestimmten Frau abstamme**, dann kann dies (und muß gegebenenfalls) im Wege der Statusklage → Rdnr. 2 geschehen³⁸. Das gleiche gilt, wenn eine Frau festgestellt wissen will, daß eine bestimmte Person ihr Kind sei. Die Unterschiede in der Rechtsstellung der ehelichen und der nichtehelichen Mutter sind gering, so daß kein Grund besteht, von zwei gegeneinander abgegrenzten Rechtsverhältnissen zu sprechen und die Prozeßparteien zu zwingen, ihre Anträge auf Ehelichkeit oder Nichtehelichkeit des Mutterschaftsverhältnisses zu spezifizieren.

16 bb) Bezüglich Statusfeststellungsklagen zwischen Mutter und Kind über die **Frage der Ehelichkeit oder Nichtehelichkeit** der Abstammung ist zu unterscheiden:

Daß das Kind entgegen der Vermutung der §§ 1591f. BGB nichtehelich sei, kann nur im Wege der Anfechtungsklage nach §§ 1593 ff. BGB geltend gemacht werden, also niemals in einem Rechtsstreit zwischen Mutter und Kind³⁹. Wohl aber kann im Statusprozeß geltend gemacht werden, das Kind sei entgegen der gesetzlichen Vermutung – etwa weil es später als 302 Tage nach Auflösung der Ehe geboren wurde – doch ehelich⁴⁰. Für Mutter und Kind muß es eine Möglichkeit geben, in einem solchen Fall die Frage der Ehelichkeit oder Nichtehelichkeit der Geburt klären zu lassen. Da es im Kind-Mutter-Bezug zwei qualitativ verschiedene Varianten des Kindschaftsverhältnisses gibt, wenn auch mit geringen Unterschieden, und weil der Begriff »Eltern-Kindesverhältnis« in § 640 sich ohne große Mühe auch auf die beiden verschiedenen Varianten des Kind-Mutter-Verhältnisses beziehen läßt, ist dies auch positivrechtlich begründbar. Wenn in einem solchen Fall die Ehelichkeit des Kindes festgestellt wird, so gilt dies aber nur für das Kind-Mutter-Verhältnis, nicht für das Verhältnis des Kindes zum Vater → § 640h Rdnr. 2.

---

³⁷ So auch *MünchKommZPO-Coester-Waltjen* Rdnr. 37.
³⁸ *MünchKommZPO-Coester-Waltjen* Rdnr. 9.
³⁹ RGZ 102, 359, 360; OLG Bremen NJW 1956, 512 (einem DDR-Urteil, das gegen diese Grundsätze verstoße, sei deshalb sogar die Anerkennung in der Bundesrepublik zu versagen gewesen).
⁴⁰ So mit Recht *LG Tübingen* NJW 1952, 942; *MünchKommZPO-Coester-Waltjen* Rdnr. 8. – A.M. *RG* aaO.

h) Dem § 640 Abs. 2 unterfallen auch Verfahren über die **Feststellung eines Adoptionsver-** 17
hältnisses. Dabei ist aber scharf zwischen solchen (angeblichen) Adoptionsverhältnissen, die vor dem 1.1.1977 und solchen, die nach dem 31.12.1976 begründet wurden, zu unterscheiden.

aa) Hinsichtlich der **vor dem 1.1.1977 (angeblich) begründeten Fälle** bleibt es bei der bis dahin bestehenden Rechtslage. Denn nach Art. 12 des Adoptionsgesetzes von 1976 verändert sich zwar der Inhalt früher begründeter Adoptionsverhältnisse. Nicht aber erfährt durch dieses Gesetz etwa rückwirkend der seinerzeit die Adoption begründende Akt (früher Vertragssystem, jetzt Dekretsystem) eine Umqualifizierung. Eine Statusklage ist also hinsichtlich der Altfälle weiterhin zulässig, wenngleich nicht notwendig[41], wenn behauptet wird, die Annahme an Kindesstatt (§§ 1741 ff. BGB a. F.) oder deren Aufhebung (§§ 1768 f. BGB a. F.) sei inexistent bzw. gültig[42].

bb) Auch **nach jetzigem Recht** ist eine Klage, die darauf gerichtet ist, das Bestehen oder Nichtbestehen eines Adoptionsverhältnisses oder eines durch Adoption ungeschmälerten Eltern-Kindesverhältnisses feststellen zu lassen, eine Statusklage. Sehr problematisch ist aber, ob eine solche Statusklage denkbarerweise noch Erfolg versprechen kann, wenn ein Adoptionsverhältnis nach dem 1.1.1977 begründet worden ist, was nur durch Verfügung des Vormundschaftsgerichts und nicht mehr durch vormundschaftsgerichtlich bestätigten Vertrag geschehen kann, §§ 1752, 1767 Abs. 2, § 1772 BGB n. F. Auf keinen Fall können auf diese Weise Mängel der Adoptionsverfügung des Vormundschaftsgerichts gerügt werden. Denn diese Verfügung ist vom Gesetz ausdrücklich als unanfechtbar bezeichnet, § 56 e S. 2,3 FGG. Sie ist, wie jede Gerichtsentscheidung, grundsätzlich auch dann wirksam, wenn im vorausgehenden Verfahren Fehler unterlaufen sind, wenn etwa eine notwendige Zustimmung nicht oder fehlerhaft erteilt war. Letzteres wird insbesondere durch die Vorschriften über die Aufhebung eines Adoptionsverhältnisses bestätigt, §§ 1760 ff. BGB, welche aus solchen Mängeln nur eine Aufhebungsbefugnis mit Wirkung für die Zukunft erwachsen lassen. Was für die Adoptionsverfügung gilt, gilt in gleicher Weise für die gerichtliche Aufhebung einer Adoption; auch ihre Mängel können grundsätzlich nicht inzident in einem Statusprozeß überprüft werden.

Freilich muß es auch ein Streitverfahren geben, in welchem rechtskräftig geklärt werden kann, ob eine Adoptionsverfügung oder eine Adoptionsaufhebung von vornherein wirksam ist[43], was in Fällen ohne internationalen Einschlag nur in extrem seltenen Situationen einmal vorkommen mag. Da die Freiwillige Gerichtsbarkeit ein solches Verfahren nicht zur Verfügung stellt, muß insoweit der Statusprozeß ebenso zulässig sein wie für die Feststellung der Identität der Beteiligten[44]. Er kann auch das positive Ziel haben, das Bestehen des Adoptionsverhältnisses (wegen der Wirksamkeit der Adoptionsverfügung) oder das Bestehen des Eltern-Kindes-Verhältnisses zu den leiblichen Eltern (wegen der Wirksamkeit der Adoptionsaufhebung) festzustellen.

Dafür, ob eine **ausländische Adoptionsentscheidung im Inland anzuerkennen ist**, stellt § 16a FGG nur die materiellen Kriterien, aber kein Feststellungsverfahren zur Verfügung. Die Anerkennung kann zwar in anderen Verfahren vor inländischen Gerichten und Behörden jederzeit inzident ausgesprochen oder geleugnet werden[45]. Eine allgemein verbindliche Entscheidung darüber ist aber nur im Statusprozeß möglich.

Trotz wirksam bleibender und von keiner Seite bekämpfter Adoption kann auch das Bestehen eines leiblichen Eltern-Kindesverhältnisses – ehelich oder nichtehelich -festgestellt

---

[41] So besonders deutlich *Gernhuber* FamR³ § 62 VII 9.
[42] Einzelheiten siehe 20. Aufl.
[43] Generell zum Problem der Wirksamkeit bzw. der Nichtigkeit von Entscheidungen, die im Verfahren der Freiwilligen Gerichtsbarkeit ergangen sind, *Habscheid* Freiwillige Gerichtsbarkeit⁷ § 25.
[44] *MünchKommZPO-Coester-Waltjen* Rdnr. 9.
[45] BGH NJW 1989, 2197.

werden. Eine Rechtsschutzbedürfnis hierfür leitet sich aus der rudimentär auch heute noch bestehenden Rechtsbeziehung des Adoptierten zu seinen leiblichen Eltern[46] sowie aus der Möglichkeit des Wiederauflebens des leiblichen Eltern-Kindesverhältnisses infolge einer Adoptionsaufhebung her.

2. Die klageweise Anfechtung der Ehelichkeit eines Kindes

18 In Abs. 2 Nr. 2 zeigt sich die durch das NEhelG geschaffene neue Systematik der Vorschriften über den Kindschaftsprozeß. Die Ehelichkeitsanfechtungsklage ist innerhalb der allgemein für Kindschafts-Statusprozesse geltenden Normen der §§ 640 bis 640h abschließend geregelt und nur in einigen vereinzelten Aspekten Gegenstand einer Sonderbehandlung. §§ 641 ff. beziehen sich auf sie nicht.

19 a) Die Nichtehelichkeit eines nach gesetzlicher Vermutung ehelich geborenen Kindes kann allein durch **Anfechtung seiner Ehelichkeit** geltend gemacht werden. Wenn die Abstammungsproblematik als Vorfrage in einem anderen Prozeß auftritt, sind Inzidentberufungen grundsätzlich ausgeschlossen. Die erfolgreiche Ehelichkeitsanfechtung ist Voraussetzung für die Berücksichtigung der Nichtehelichkeit im Versorgungsausgleichsverfahren[47]. Vor ihrem Erfolg ist das Umgangsrecht des klagenden Vaters mit dem Kind nicht ausgeschlossen[48]. Unterhalt kann gegen den nichtehelichen Vater erst nach erfolgreicher Ehelichkeitsanfechtungsklage und nach Anerkennung der nichtehelichen Vaterschaft durch ihn geltend gemacht werden[49], so wie umgekehrt die Feststellung der Nichtehelichkeit für den Unterhaltsprozeß gegen den Ehemann als Scheinvater ein die Hauptsache erledigendes Ereignis ist[50]. Auch der Regreßanspruch nach § 1615b BGB setzt die im Ehelichkeitsanfechtungsprozeß erstrittene rechtskräftige Feststellung der nichtehelichen Geburt voraus[51, 52]. Das auf die Klage im Erfolgsfall ergehende Urteil ist daher ein Gestaltungsurteil[53]. Ist der potentielle Beklagte (Kind oder Mann) gestorben, so ist die Ehelichkeit nach § 1599 BGB zwar durch Antrag beim Vormundschaftsgericht anzufechten. Jedoch bleibt auch in diesem Fall die Sperre gegen Inzidentfeststellungen bestehen. Der Entscheidung auch des Vormundschaftsgerichts kommt im positiven und negativen Fall Rechtskraft für und gegen alle zu[54]. Da alle scheinehelichen Kinder bis zur Rechtskraft des der Anfechtungsklage stattgebenden Urteils als eheliche zu behandeln sind, verstößt eine gegen den Scheinvater erhobene Unterhaltsklage des als ehelich geltenden Kindes auch bei unstreitiger Nichtehelichkeit nicht gegen die guten Sitten[55]. Allerdings hat das Gericht bei gleichzeitiger Rechtshängigkeit von Anfechtungsverfahren und Unterhaltsklage das Unterhaltsverfahren auf Antrag bis zur Entscheidung des Anfechtungsprozesses auszusetzen, §§ 152 f[56]. Eine Aussetzung von Amts wegen nach § 148 ist dann,

---

[46] Dazu *Engler* FamRZ 1976, 584, 589.
[47] BGH NJW 1983, 824 = FamRZ 267 (§ 1587c Nr. 1 BGB).
[48] BGH FamRZ 1988, 711.
[49] LG Dortmund NJW-RR 1990, 12.
[50] OLG Frankfurt FamRZ 1991, 1457.
[51] OLG Köln FamRZ 1978, 834; *Gernhuber* FamR[3] § 57 I 7; *MünchKomm-Mutschler*[2] § 1600a BGB Rdnr. 15; *Nehlsen-von Stryk* FamRZ 1988, 225, 238; *Büdenbender* FamRZ 1983, 306, 308. – A.M. *Raiser* FamRZ 1986, 942, 945.
[52] Über die Rechtslage nach einer Todeserklärung des Ehemanns vgl. OLG Neustadt NJW 1952, 940, Anm. *Horn* und *Völker* 1141; OLG München Rpfleger 1952, 547; LSG Essen FamRZ 1955, 19; LG Mönchen-Gladbach MDR 1952, 549; LG Hagen NJW 1951, 256 (zu Recht krit. *Völker*); LG Koblenz NJW 1952, 146.
[53] RGZ 90, 70 ff.; *Münzel* ZZP 66, 334, 345; *Kuttner* Urteilswirkungen 27 Fn. 5; *Gaul* FamRZ 1963, 630, 632; *Schlosser* Gestaltungsklagen und Gestaltungsurteile (1966) § 8. – A.M. (Feststellungsklage oder – in verschiedenen Formulierungen – angeblich bestehende Zwischenform zwischen Gestaltungs- und Feststellungsklage) *Nikisch* ZPR[2] § 40 I 3; *Blomeyer* ZPR[2] § 94 I; *Nicklisch* Die Bindung der Gerichte an gestaltende Gerichtsentscheidungen und Verwaltungsakte (1965) 115 f. (»Quasi-Gestaltungsklagen«).
[54] *Dölle* FamR § 88 VI 2 aE; *Staudinger-Göppinger*[12] § 1599 Rdnr. 60.
[55] OLG Köln MDR 1958, 851; LG Kiel SchlHA 1952, 29.
[56] Dazu KG JR 1955, 469; OLG Schleswig SchlHA 1962, 161.

wenn der Statusprozeß noch geraume Zeit benötigen wird, nicht vertretbar. Nach dem durch das NEhelG geschaffenen Recht ist die Ehelichkeitsanfechtungsklage nur noch zur Beseitigung des Status' ehelich *geborener* Kinder vorgesehen → Rdnr. 5, 6 (Legitimation), Rdnr. 7 (Ehelichkeitserklärung).

Allerdings führt die Rechtsprechung das Verbot der Inzidentfeststellung der Nichtehelichkeit scheinehelich geborener Kinder nicht mit letzter Rigorosität durch. Ein Statusprozeß ist nicht erforderlich, um die Nichtehelichkeit des Kindes bei der Kürzung des Unterhaltsanspruchs gemäß §§ 1579 Nr. 6 BGB[57] oder im Rahmen eines Scheidungsverfahrens[58] zu berücksichtigen. Dasselbe gilt im Falle des Schadensersatzanspruchs des Scheinvaters gegen den Rechtsanwalt, der die Frist für die Ehelichkeitsanfechtungsklage versäumt hat[59] → Rdnr. 51.

b) **Anfechtungsberechtigt** sind der Ehemann der Mutter und das Kind. 20

aa) Der **Ehemann der Mutter** ist es innerhalb von zwei Jahren seit Kenntnis der Umstände, die die Ehelichkeit des Kind ernsthaft in Zweifel zu stellen geeignet sind[60] und damit für seine Nichtehelichkeit sprechen, § 1594 Abs. 1, 2 S. 1. Auch dann, wenn das Kind durch heterologe künstliche Insemination gezeugt wurde, steht dem Ehemann das Ehelichkeitsanfechtungsrecht zu, da ihn die vorherige Einwilligung nicht stärker als die Anerkennung binden kann[61]. Die Frist beginnt frühestens mit der Geburt des Kindes, § 1594 Abs. 2 S. 2 BGB. Ausschlaggebend ist die Kenntnis des Mannes von gegen die Vaterschaft sprechenden Umständen, wobei es nicht ausreicht, wenn die Mutter behauptet, der Ehemann sei nicht der Erzeuger[62]. Insoweit kommt es auf die Sicht eines objektiven Beobachters an[63]. Es ist dabei ausreichend, wenn der Scheinvater davon Kenntnis hat, daß die Kindesmutter während der Empfängniszeit mit einem anderen Mann Urlaub verbracht hat[64]. Die Beweislast für den Ablauf der Frist trifft in der Regel das Kind[65], wobei die Frist schon durch Einreichung eines Prozeßkostenhilfegesuchs gewahrt wird[66].

bb) Das **Kind** ist unter den Voraussetzungen des § 1596 Abs. 1 Nr. 1 bis 5 BGB[67] anfech- 21
tungsberechtigt, wobei nach Ansicht des BVerfG[68] zu berücksichtigen ist, daß § 1596 Abs. 1 Nr. 2 i.Vdg.m. §§ 1593, 1598 BGB insoweit mit dem GG unvereinbar ist, als das volljährige Kind ausnahmslos daran gehindert wird, die Abstammung klären zu lassen. Aus ähnlichen Gründen wurden auch Zweifel an der Vereinbarkeit von § 1596 Abs. 1 Nr. 1 BGB mit dem Grundgesetz geäußert[69]. Beim minderjährigen Kind kommt es für den Fristbeginn nach § 1596 Abs. 2 S. 1 BGB auf die Kenntnis des gesetzlichen Vertreters an, wobei das Auswechseln des gesetzlichen Verteters auf den Lauf der Anfechtungsfrist keinen Einfluß hat[70].

cc) Schließlich können **nach dem Tod des Mannes** dessen Eltern – als notwendige Streitge- 22
nossen, § 62[71] – anfechten, § 1595a BGB.

Kein Anfechtungsrecht besitzen dagegen:

dd) Der **Staatsanwalt** seit dem FamRÄndG 1961 und 23

---

[57] *BGH* FamRZ 1985, 51 = NJW 428.
[58] *OLG Bamberg* FamRZ 1985, 1069.
[59] *BGHZ* 72, 299 = FamRZ 1979, 112 = NJW 418.
[60] *BGHZ* 9, 336 = NJW 1953, 980; *BGH* FamRZ 1956, 344; *OLG Hamm* NJW 1960, 2244.
[61] *BGH* FamRZ 1983, 686 = NJW 2073; *Münch-KommZPO-Coester-Waltjen* Rdnr. 54; enger *Beitzke* FS Müller-Freienfels (1986) 31ff., 35; *OLG Celle* NJW 1992, 1516. – A.M. *AG Norderstedt* DAVorm 1991, 419.
[62] *KG* FamRZ 1991, 111.
[63] *BGH* FamRZ 1990, 507.
[64] *OLG Hamm* FamRZ 1992, 472.
[65] *BGH* FamRZ 1979, 1007 = NJW 1980, 1335; *BGH* FamRZ 1978, 494 = NJW 1629.
[66] *KG* FamRZ 1978, 927.
[67] Zur Fristberechnung in Anbetracht der Tatsache, daß der Vater gehindert ist, Anfechtungsklage namens des Kindes gegen sich selbst zu erheben, s. *KG* DAVorm 1974, 648.
[68] *BVerfGE* 79, 256 = FamRZ 1989, 255 = NJW 891. Dazu und zu den Folgen des Urteils *Gaul* Familienrecht in Geschichte und Gegenwart (1992) 23ff.
[69] *OLG Zweibrücken* NJW 1992, 51 = FamRZ 217.
[70] *OLG Bamberg* FamRZ 1992, 220.
[71] *Dölle* FamR § 88 IV 36; *Gernhuber* FamR[3] § 45 IV 2.

24 ee) die **Mutter**[72]. Dem steht Art. 3 Abs. 2 GG nicht entgegen, weil das Anfechtungsrecht des Scheinvaters nicht aus seiner elterlichen Sorge fließt, sondern nur der Widerlegung der Vaterschaftsvermutung des § 1593 BGB dient. Dazu die Initiative zu ergreifen, aber ist in erster Linie Sache des vermuteten Vaters und seiner Eltern als seinen nächsten Verwandten[73] → § 640e Rdnr. 2, 4.

24a ff) Auch der außereheliche Erzeuger hat kein Anfechtungsrecht[74].

25 c) Das **Anfechtungsrecht wird geltend gemacht:**
aa) vom Scheinvater bzw. dessen Eltern durch Klage gegen das Kind, § 1599 Abs. 1 BGB, nach dem Tode des Kindes durch Antrag beim Vormundschaftsgericht, § 1599 Abs. 2 S. 1 BGB.

26 bb) Vom Kind durch Klage gegen den Scheinvater, § 1599 Abs. 1 BGB, nach dem Tode des Scheinvaters durch Antrag beim Vormundschaftsgericht, § 1599 Abs. 2 S. 2 BGB.
Zum Tode einer Partei vor Rechtskraft des Urteils → Rdnr. 49. Wegen der Möglichkeit von Widerklagen mit gleichem Ziel → § 640c Rdnr. 3.

27 d) Das positive Gegenstück zur Ehelichkeitsanfechtungsklage wäre die **Klage auf Feststellung der Unanfechtbarkeit der Ehelichkeit des Kindes.** Wie für andere Klagen auf Feststellung des Nichtvorliegens von Gestaltungsklagevoraussetzungen besteht für eine solche Klage grundsätzlich kein Rechtsschutzbedürfnis[75]. Der potentielle Kläger hat außerhalb der Ehelichkeitsanfechtungsklage keine relevante Leugnung von Pflichten des Scheinvaters zu befürchten. Eine Ausnahme muß man aber anerkennen[76], wenn die Anfechtbarkeit der Ehelichkeit in solch massiver und nachhaltiger Weise behauptet wird, daß dem anderen Teil nicht mehr zuzumuten ist, abzuwarten, ob und wann die Ehelichkeitsanfechtungsklage erhoben wird[77]. Es gelten mit umgekehrten Vorzeichen die gleichen Grundsätze wie für die Zulässigkeit einer Klage auf Feststellung des Nichtbestehens einer nichtehelichen Vaterschaft → Rdnr. 10.

3. Die klageweise Anfechtung eines Vaterschaftsanerkenntnisses

28 Mit der Anfechtung der Anerkennung der Vaterschaft → Rdnr. 12 muß geltend gemacht werden, das Anerkenntnis sei unrichtig, auch wenn das Kind durch das Anerkenntnis erst legitimiert wurde → Rdnr. 5, 6. Die Anfechtung ist grundsätzlich nicht an besondere, zur Unrichtigkeit des Anerkenntnisses etwa hinzukommende »Anfechtungsgründe« gebunden. Wohl aber sind die normalerweise geltenden Fristen bei Vorliegen bestimmter Gründe verlängert. Die grundsätzlich geltende Frist des § 1600h BGB wird durch die Kenntnis von der fehlenden Vaterschaft auch dann ausgelöst, wenn der Mann minderjährig ist[78], wobei für die Kenntnis die bloße Behauptung der Mutter, jemand anders sei der Vater, auch hier → Rdnr. 20 nicht genügt[79]. Ist Anfechtungsklage erhoben, so begründet das Vaterschaftsanerkenntnis die Vermutung der Vaterschaft, die voll widerlegt werden muß. Zur Anfechtung sind neben dem Anerkennenden auch Mutter und Kind (§ 1600g BGB) berechtigt.

---

[72] KG FamRZ 1985, 1156; *MünchKommZPO-Coester-Waltjen* Rdnr. 50. – A.M. *Finger* NJW 1984, 846 ff.; *Beer-Britten* Die Rechtsstellung der Mutter im Ehelichkeitsanfechtungsprozeß, Diss. Mainz (1992) mit Einschränkungen *Beitzke* FS Müller-Freienfels (1986) 31 ff., 50.

[73] Ebenso *BGH* FamRZ 1958, 168 (Armenrechtsverweigerung mangels hinreichender Erfolgsaussicht); *OLG Schleswig* NJW 1954, 156; *OLG Hamm* FamRZ 1955, 140 (abl *Otto*); *OLG Frankfurt* FamRZ 1956, 113; *OLG Düsseldorf* FamRZ 1958, 168 = NJW 712. – A.M. *LG Essen* FamRZ 1955, 263; *Krüger* DRiZ 1953, 84 und NJW 1954, 1509.

[74] BGHZ 80, 218 = NJW 1981, 1372 = FamRZ 538; *Finger* NJW 1984, 846. – unter starken Einschränkungen *Beitzke* aaO 51.

[75] *MünchKommZPO-Coester-Waltjen* Rdnr. 58: für Scheitern am numerus clausus der Statusklagen.

[76] Die Klage für ganz ausgeschlossen haltend *OLG Köln* MDR 1967, 1017.

[77] Ähnlich *Roth-Stielow*² (vor § 640 Fn. 1) Rdnr. 165.

[78] *OLG Düsseldorf* DAVorm 1982, 596.

[79] *KG* FamRZ 1991, 111.

Ein Urteil, das sich in seinem der Rechtskraft fähigen Ausspruch darauf beschränkt, die 29
Rechtswirkungen eines Anerkenntnisses zu beseitigen, soll nach § 1600f. Abs. 1 BGB den
angestrebten Erfolg gerade nicht erreichen. Hinzukommen muß die Feststellung, der aner-
kennende Mann sei nicht Vater des Kindes[80]. Das bedeutet, daß prinzipiell das Rechtsschutzbedürfnis für eine isolierte Anerkenntnis-Anfechtungsklage fehlt, diese daher unstatthaft ist.
Dem Kläger wird eine Erweiterung des Streitgegenstandes dahingehend aufoktroyiert, daß er
auch die Feststellung des Nichtbestehens der nichtehelichen Vaterschaft beantragen muß[81]
→ Rdnr. 10, → § 641h Rdnr. 1, → § 640c Rdnr. 4.

4. Feststellungsklagen über elterliche Sorge

Die Klage auf Feststellung des **Bestehens oder Nichtbestehens der elterlichen Sorge** des 30
Vaters oder der Mutter gegenüber dem Kind (Nr. 4) kann nur von einem Elternteil oder
beiden Eltern gegen das Kind oder von diesem gegen einen Elternteil oder beide Eltern
erhoben werden. Sie hat nur dann selbständige Bedeutung – ohne daß die Klage also zugleich
unter Nr. 1 fiele –, wenn es sich entweder um einen Streit über den Zeitpunkt der Volljährigkeit, das heißt um das Datum der Geburt handelt, oder wenn die Verwirkung der elterlichen
Sorge nach § 1680 BGB den Grund des Rechtsstreites bildet. Das Ruhen der elterlichen Sorge
oder die Verhinderung an ihrer Ausübung kann dagegen ebensowenig selbständig Gegenstand eines Zivilprozesses sein, wie sonstige Teilaspekte der elterlichen Sorge. Die Klageart
spielt in der Praxis keine Rolle. Inzidentfeststellungen über die elterliche Sorge sind in
anderen Prozessen jederzeit möglich.

II. Die im Kindschaftsverfahren entsprechend geltenden Vorschriften aus dem Eheverfahren

Für die unter Rdnr. 2–30 aufgeführten Klagen gilt nach Abs. 1 eine **Reihe von Vorschriften** 31
aus dem 1. Abschnitt, die dort für Ehesachen aufgestellt sind. Differenzierungen innerhalb der
Kindschaftssachen sind einmal durch die Sondervorschriften für Verfahren über den Status
nichtehelicher Kinder in §§ 641 ff. und in einigen der Bestimmungen der §§ 640a ff. getroffen
worden. Wegen der im Kindschafts-Statusprozeß entsprechend geltenden Sonderbestimmungen aus dem Eheverfahren wird in erster Linie auf die Kommentierung zu den einzelnen in
§ 640 Abs. 1 genannten Normen verwiesen, die auch für das Kindschaftsrecht gilt. Wegen der
speziellen Auswirkungen der in Bezug genommenen Normen gerade auf den Kindschaftsprozeß sei im einzelnen folgendes festgehalten:

1. § 616 Abs. 1, § 617

Der **Dispositionsgrundsatz** ist eingeschränkt (§ 617) → Rdnr. 44, der **Verhandlungsgrund-** 32
satz ist ausgeschlossen. Das Gericht ist zur Ermittlung und zur Berücksichtigung von Tatsachen befugt, die von den Parteien nicht vorgetragen worden sind. Das gilt sowohl in Anbetracht der für, wie der gegen den Bestand des Rechtsverhältnisses sprechenden Umstände[82].
Wegen der Besonderheiten bei Anfechtungsklagen → § 640d, wegen der für die Entscheidung über einen Antrag auf Erlaß einer einstweiligen Anordnung notwendigen Ermittlungen

---

[80] So auch *OLG Hamburg* DAVorm 1984, 610.
[81] *Göppinger* FamRZ 1970, 125, 126. Ebenso wohl *Odersky*[4] (vor § 640 Fn. 1) § 1600f. BGB III 3; *Damrau* FamRZ 1970, 285, 295.
[82] Dazu ausführlich *Leipold* FamRZ 1973, 65, 66ff.

→ § 641d Rdnr. 18. Geständnisse sind nur Beweismittel. Ein unbestrittener Sachvortrag bindet das Gericht nicht. Irgendwelche Obliegenheiten der Parteien zu einem die begehrte Rechtsfolge tragenden Klagevortrag mit der Möglichkeit einer Klageabweisung als unschlüssig bestehen nicht[83]. Der Umfang der Ermittlungen steht nur begrenzt[84] im Ermessen des Gerichts. Zu Aufklärungsdefiziten → § 616 Rdnr. 15. Zu unterscheiden ist einmal (a) danach, ob ein förmlicher Beweisantrag gestellt ist (bb) oder nicht (aa) und zum anderen (b) nach den typischen Beweismitteln des Kindschaftsprozesses.

33 a) **Beweisantrag und Amtsermittlung allgemein.**

aa) Das Gericht muß sich, auch wenn **kein Beweisantrag gestellt** ist, um die Aufklärung der Abstammungsfrage so gut bemühen, wie es ihm möglich ist. Um dem Amtsermittlungsgrundsatz nachzukommen, muß das Gericht sich mittels aller verfügbaren und Aufklärung versprechenden Beweise seine Überzeugungsgrundlage verschaffen[85]. Eine Beweisaufnahme kann nur dann unterlassen werden, wenn sie keine weitere Klärung mehr erreichen kann[86]. So kann die Vaterschaftsfeststellung nach § 1600 o Abs. 1 BGB[87] genausowenig wie nach § 1600 o Abs. 2 BGB[88] getroffen werden, wenn Umstände noch nicht aufgeklärt sind, die gegen die Vaterschaft sprechen. Andernfalls verletzt ein Gericht seine Aufklärungspflicht[89]. Erst nach **Ausschöpfung aller Beweismöglichkeiten** kann die Frage aufgeworfen werden, ob für schwerwiegende Zweifel i. S. von § 1600 o Abs. 2 S. 2 BGB Raum ist[90], wenn die Vaterschaft mit Sicherheit weder angenommen noch geleugnet werden kann[91]. Das Gericht ist nur dann zur Unterlassung weiterer Ermittlungen berechtigt, wenn nach dem bisherigen Prozeßstand seine Überzeugung vom Vorliegen oder Nichtvorliegen der Vaterschaft so gefestigt ist, daß sie durch das Ergebnis weiterer möglicher Ermittlungen nicht mehr als gefährdbar erscheint[92]. Unter Umständen muß ausgesetzt werden → Rdnr. 43. Nach festgestelltem Geschlechtsverkehr in der Empfängniszeit weitere Beweiserhebungen von »**Anhaltspunkten**« abhängig zu machen, die gegen die Vaterschaft sprechen, insbesondere von solchen für Mehrverkehr, geht grundsätzlich nicht an[93] → Rdnr. 36, 38. Auch wenn der beklagte Mann die Vaterschaft nicht bestreitet – ohne sie förmlich anzuerkennen – und selbst wenn von keiner Seite Mehrverkehr behauptet wird, müssen alle zu Verfügung stehenden Beweismittel ausgeschöpft werden[94], um auch diesen Punkt zu klären. Notfalls muß das Gericht selbst ladungsfähige Anschriften von Zeugen ermitteln[95], sofern dadurch eine weitere Klärung des Sachverhalts zu erwarten ist. Weigert sich ein Beteiligter, sich eine Blutprobe entnehmen zu lassen, so muß das Gericht sämtliche Zwangsmöglichkeiten ausschöpfen[96],

---

[83] *OLG Köln* FamRZ 1983, 736 (Anfechtung eines Vaterschaftsanerkenntnisses). Zwar auf die Schlüssigkeit abstellend, aber mit Minimalanforderungen *KG* DAVorm 1979, 586 (Feststellung der nichtehelichen Vaterschaft); *OLG Düsseldorf* FamRZ 1985, 1275 (Anfechtung eines Vaterschaftsanerkenntnisses); *MünchKommZPO-Coester-Waltjen* Rdnr. 85. – Gänzlich a. M. *OLG Karlsruhe* DAVorm 1989, 416; *OLG München* FamRZ 1987, 969; *dass* FamRZ 1982, 1239; *OLG Hamm* FamRZ 1982, 956 (Ehelichkeitsanfechtung); *Roth-Stielow*² (vor § 640 Fn. 1) Rdnr. 252.

[84] So mit Recht *Leipold* FamRZ 1973, 65, 69; *Rosenberg-Schwab*¹⁴ § 170 II 2. Die übliche Formel »pflichtgemäßes Ermessen« ist sehr mißverständlich.

[85] *BGH* NJW 1991, 2961 = FamRZ 426; *BGH* FamRZ 1990, 615; *BGH* FamRZ 1989, 1067; *BGH* FamRZ 1988, 1037; *BGH* FamRZ 1987, 583 = NJW 2296; *BGH* FamRZ 1982, 691 = NJW 2124.

[86] *OLG Zweibrücken* DAVorm 1991, 102 = FamRZ 602 (L.S.); *OLG Saarbrücken* DAVorm 1990, 81; *OLG Hamburg* ZBlJR 1978, 487; *OLG Karlsruhe* FamRZ 1977, 341.

[87] *BGH* FamRZ 1989, 1067; *BGH* FamRZ 1987, 583 = NJW 2296 (trotz 99,99% Vaterschaftswahrscheinlichkeit, wenn Unstimmigkeit bei Tragzeit und angenommenem Termin des Geschlechtsverkehrs → Rdnr. 42); *OLG Hamburg* DAVorm 1985, 325; *dass* DAVorm 1984, 505.

[88] *BGH* NJW 1991, 2961 = FamRZ 426.

[89] *BGH* NJW 1991, 2961 aaO.

[90] *BGHZ* 61, 537 = FamRZ 1973, 596, 597 = NJW 1924.

[91] *BGH* NJW 1991, 2961 aaO.

[92] *BGHZ* 61, 537 aaO, st Rspr zuletzt NJW 1991, 2961 aaO.

[93] Heute allg. M. Zum früheren Streitstand siehe Voraufl. Fn. 49.

[94] *Leipold* FamRZ 1973, 65, 66.

[95] *Warneke* Nichtehelichenrecht in der Bewährung (1972) 36, 40; *Roth-Stielow*² (vor § 640 Fn. 1) Rdnr. 266.

[96] *OLG Zweibrücken* DAVorm 1973, 489ff.; *BayObLG* DAVorm 1992, 229, 230.

auch in internationalen Fällen[97]. Die frühere Rechtsprechung des BGH[98], das Gericht könne eine weitere Beweiserhebung von Anhaltspunkten abhängig machen, daß sich das bisher aufdringende Beweisergebnis als unrichtig herausstellen könnte, hat angesichts der Perfektion der heutigen Vaterschaftsfeststellungsmethoden an Bedeutung verloren. Bei sehr hohen serostatistischen Wahrscheinlichkeiten der Vaterschaft → § 644 Anhang I Rdnr. 17 ff. braucht von Amts wegen nicht weiter ermittelt zu werden, ohne daß der BGH sich auf einen Grenzwert festgelegt hätte[99]. Wenn in Vaterschaftsfeststellungsverfahren des Nichtehelichenrechts nach bisherigem Prozeßergebnis Anhaltspunkte für einen Mehrverkehr eines bestimmten anderen Mannes fehlen, brauchen serologische und erbbiologische Gutachten bezüglich seiner Person von Amts wegen nicht eingeholt zu werden[100]. Solche Anhaltspunkte liegen aber vor, wenn ein Prozeßbeteiligter Mehrverkehr ernsthaft und auf andere Weise nicht widerlegt behauptet. Immer aber ist zu beachten, daß auch bezüglich der nichtehelichen Vaterschaft deren Feststellung oder Leugnung, nicht aber die Ausmachung schwerwiegender Zweifel Beweiserhebungsziel ist[101]. Näheres über die in Betracht kommenden Untersuchungsmethoden → § 644 Anhang I. Da das Gericht von Amts wegen alle Beweismöglichkeiten ausschöpfen muß, kann es ein Verbot der »**Ausforschung**« verborgener Tatsachen durch das Gericht nicht geben[102]. Zur Verletzung der Aufklärungspflicht → § 616 Rdnr. 15.

Eine **objektive Beweislast** gibt es freilich auch im Vaterschaftsfeststellungsprozeß. Sie ist nur im Nichtehelichenrecht durch § 1600o Abs. 2 S. 2 BGB gegenüber den allgemeinen Grundsätzen dahin aufgelockert, daß der Mann, dessen Beiwohnung feststeht, die objektive Beweislast schon dann trägt, wenn keine schwerwiegenden Zweifel an der Vaterschaft mehr verbleiben[103]. Wenn eine Partei die Erstellung von Gutachten in treuwidriger Weise vereitelt, kann nach entsprechendem Hinweis[103a] ihr Verhalten im Rahmen der Beweiswürdigung zu ihrem Nachteil gereichen. Die leicht nuancierten Ausdrucksweisen »Feststellung der nichtehelichen Vaterschaft nach § 1600o Abs. 2 S. 2 BGB«[104], »Nachteile im Rahmen der freien Beweiswürdigung«[105] und »Erwiesensein der nachteiligen Tatsache«[106] laufen sachlich auf das gleiche hinaus. Die beweisbelastete Partei (nichteheliches Kind, bzw., im Vaterschaftsanfechtungsprozeß, Ehemann der Mutter) trifft die objektive Beweislast, wenn Blutuntersuchungen nicht möglich sind[107], etwa weil die im Ausland lebende Mutter oder weil angebliche Mehrverkehrer eine Blutentnahme verweigern und Zwangsmittel nicht zur Verfügung stehen[108]. Zur Rechtskraft von Non-liquet-Entscheidungen → § 640h Rdnr. 9a.

33a

bb) Im Statusprozeß die Möglichkeit zu vertreten, **Beweisanträge der Parteien** als verbotene Ausforschungsbeweisanträge zurückzuweisen, wenn sie »ohne Anhaltspunkte« gestellt werden, wäre ohne Sinn[109] → Rdnr. 35. Trotz der grundsätzlich bestehenden Untersuchungsmaxime darf das Gericht in entsprechender Anwendung von § 244 StPO einen förmlichen Beweisantrag nur unter den Voraussetzungen zurückweisen, unter denen er sonst zurückge-

34

---

[97] Dazu ausführlich *Zender* NJW 1991, 2947. Zur Beweiswürdigung gegen den kooperationsunwilligen beklagten Mann → Rdnr. 33a.
[98] *BGH* FamRZ 1974, 369, 370; *BGH* FamRZ 1975, 682 ff.; NJW 1976, 366.
[99] *BGH* NJW 1991, 2961 aaO (bei 99,99 Prozent Vaterschaftswahrscheinlichkeit normalerweise keine weiteren Gutachten nötig); *KG* FamRZ 1992, 599 = DAVorm 1991, 763 ff.(keine weiteren Gutachten bei Ausschlußwahrscheinlichkeit → § 644 Anh. I Rdnr. 15 von 99,99%).
[100] *OLG Karlsruhe* FamRZ 1973, 48.
[101] *BGH* NJW 1991, 2961 aaO.
[102] So mit Recht *BGH* NJW-RR 1987, 898; *Glage* NJW 1970, 1223 f.; *Leipold* FamRZ 1973, 65, 68.
[103] Einzelheiten Kommentare zu § 1600o BGB.
[103a] *BGH* NJW 1993, 1391 – als hätten die Untersuchungen keine schwerwiegenden Zweifel erbracht.

[104] *BGH* FamRZ 1986, 663 = NJW 2371 = IPrax 1987, 176 (*Schlosser* 153 – Auslandsfall → § 372a Rdnr. 31); *OLG Hamburg* DAVorm 1987, 359; *OLG Hamm* FamRZ 1993, 473.
[105] *OLG Stuttgart* DAVorm 1990, 82; *OLG Braunschweig* DAVorm 1981, 51; *OLG Köln* DAVorm 1980, 850; *OLG Karlsruhe* DAVorm 1976, 627 = FamRZ 1977, 205.
[106] *KG* DAVorm 1985, 1001; *Grunsky* FamRZ 1983, 826; *Hausmann* FamRZ 1977, 302.
[107] *Stürner* JZ 1987, 44.
[108] *OLG Köln* FamRZ 1983, 825 (Anm. *Grunsky*).
[109] *BGH* FamRZ 1988, 1037, 1038 – freilich die Möglichkeit einräumend, daß ein »erkennbar ins Blaue« hinein erfolgter Antrag auf Zeugenvernehmung als ungeeignetes Beweismittel behandelt wird.

wiesen werden kann[110]. Diese sind: Das Gericht erachtet die unter Beweis gestellten Tatsachen, nicht aber deren Gegenteil[111], für bereits erwiesen; das angebotene Beweismittel taugt von vorneherein nicht, den Beweis für die behaupteten Tatsachen zu erbringen, was insbesondere aber nicht für die Vernehmung eines Mehrverkehrszeugen[112] und die Einholung von Blutgruppen- und DNA-Gutachten[113] angenommen werden kann, auch nicht, wenn sich bereits sehr hohe Vaterschaftswahrscheinlichkeiten ergeben haben[114]; das Beweisthema ist materiellrechtlich irrelevant → § 284 Rdnr. 74, 79 oder das Beweismittel ist nicht hinreichend bestimmt → § 284 Rdnr. 42. Zur rechtsstaatlichen Zulässigkeit eines Beweismittels → § 372a Rdnr. 11 ff., § 284 Rdnr. 56 ff. Vor allem ist dann, wenn ein Beweisantrag gestellt ist, für jede Art von vorweggenommener Beweiswürdigung dergestalt, ob Anhaltspunkte für die behauptete Tatsache vorliegen, kein Raum, auch wenn das gewünschte Beweisergebnis sehr unwahrscheinlich ist[115]. Hierin zeigt sich gerade der besondere Stellenwert des Beweisantrages. Keinesfalls darf ein solcher immer schon dann zurückgewiesen werden, wenn das Gericht nicht verpflichtet gewesen wäre, die beantragte Beweisaufnahme auch von Amts wegen durchzuführen[116]. Nur wenn die Voraussetzungen der Beweiserhebung von Amts wegen nicht vorliegen, kann ein Auslagenvorschuß verlangt werden[117]. In solchen Fällen hat jedoch der Beweisantrag fast nie »hinreichend Aussicht auf Erfolg«, so daß in entsprechender Anwendung von § 114 sich die gewährte Prozeßkostenhilfe auf ihn nicht erstreckt[118]. Eine Diskriminierung der nichtbemittelten Partei liegt darin genausowenig wie in der generellen Regel, Prozeßkostenhilfe nur bei hinreichender Erfolgsaussicht zu gewähren.

35 b) **Beweisantrag und Amtsermittlung bei den einzelnen Beweisarten.**

aa) Dem Beweisantrag auf **Vernehmung der Mutter des nichtehelichen Kindes** über Mehrverkehr wird im allgemeinen stattgegeben, auch wenn Thema nur der abstrakte Mehrverkehrseinwand ist und kein Anhaltspunkt → Rdnr. 33 für Mehrverkehr vorliegt[119]. Diese Praxis ist zu billigen und auf alle Statusfeststellungsverfahren auszudehnen. Wieweit ein Beweisthema substantiiert sein muß, ergibt sich ausschließlich aus den gesetzlichen Tatbestandsmerkmalen. Materiellrechtlich ist nur erheblich, ob die Mutter mit irgendeinem Mann, mag er auch für das Gericht nicht identifizierbar sein, Mehrverkehr gepflogen hat. Der Antrag darf aber auch nicht mit der Begründung zurückgewiesen werden, aufgrund naturwissenschaftlicher Untersuchungen sei die Vaterschaft des vom Kläger genannten Mannes bereits ausgeschlossen, es sei denn, dem Untersuchungsbefund komme absoluter Beweiswert → § 644 Anh I Rdnr. 3, 4 zu, was aber etwa bei einem Zeugungsunfähigkeitsgutachten nicht der Fall ist → 644 Anh I Rdnr. 1a.

36 Da das Gericht auch Umständen, die gegen die Vaterschaft sprechen, **von Amts wegen** nachzugehen hat, ist es unvorstellbar, daß eine eingehende Vernehmung der **Mutter** als

---

[110] *BGH* FamRZ 1991, 426 = NJW 2961; *BGH* FamRZ 1990, 615; *BGH* FamRZ 1988, 1037. Näher dazu *Schlosser* FamRZ 1976, 6 mit Erwiderung von *Hummel* FamRZ 1976, 257 und Replik *Schlosser* FamRZ 1976, 258. Allgemein zur entsprechenden Anwendung von § 244 StPO BGHZ 53, 245 = NJW 1970, 946 (»Anastasia«) → § 274 Rdnr. 64 ff.

[111] *BGH* FamRZ 1988, 1037, 1038 (Mehrverkehrszeugen).

[112] *BGH* FamRZ 1990, 615 aaO; *BGH* FamRZ 1988, 1037, 1038.

[113] *BGH* NJW 1991, 2961 aaO.

[114] A.M. für den Fall einer Vaterschaftswahrscheinlichkeit von 99,99 Prozent *KG* DAVorm 1991, 763 = FamRZ 1992, 599; *Hummel/Mutschler* NJW 1991, 2929, 2931.

[115] *BGH* FamRZ 1988, 1037, 1038; *BGH* FamRZ 1991, 426 = NJW 2961 (inzident). – A.M., aber wohl überholt, *BGH* FamRZ 1974, 369, 370 (Zeugungsunfähigkeit → § 644 Anh I Rdnr. 1).

[116] *BGH* aaO.

[117] *OLG Hamm* DAVorm 1992, 220; *dass.* DAVorm 1991, 947; *OLG Hamburg* DAVorm 1991, 678; *dass.* FamRZ 1986, 195; *OLG Hamm* DAVorm 1985, 149; *Zöller-Philippi*[17] Rdnr. 37; *Roth-Stielow*[2] (vor § 640 Fn. 1) Rdnr. 251.

[118] *OLG Hamm* FamRZ 1992, 455.

[119] *RGZ* 165, 248, 254; wohl auch *BGH* FamRZ 1964, 253 aaO; *Leipold* FamRZ 1973, 65, 68. In diesem Sinne auch, wenngleich allgemein gehalten und nicht auf den Statusprozeß zugeschnitten *Peters* aaO 38 ff. Überholt wohl *KG* FamRZ 1967, 233, das Anhaltspunkte fordert.

Zeugin[120] oder als Partei → § 640e Rdnr. 10 und eine Anhörung des beklagten Mannes im Rahmen von § 613[121] → Rdnr. 47 über Vorkommen, Umstände und Zeitpunkt etwaigen Intimverkehrs unterbleiben kann[122]. Das gleiche gilt wegen etwaigen Mehrverkehrs, über den die Mutter zu befragen ist, ohne daß Anhaltspunkte → Rdnr. 33 vorliegen müßten[123]. Die Vernehmung eines Mehrverkehrszeugen kann freilich an dessen Aussageverweigerungsrecht wegen der Gefahr der späteren unterhaltsrechtlichen Inanspruchnahme gemäß § 384 Nr. 1 scheitern[124]. Auch entferntere Indiztatsachen sind verwertbar. Die Frage beispielsweise, ob die Mutter leicht zugänglich war oder mit mehreren Männern gleichzeitig engere Freundschaften pflegte, kann Antworten erbringen, die Rückschlüsse auf die Vaterschaftswahrscheinlichkeit erlauben, und muß von Amts wegen geklärt werden, wenn nicht anderweitig die Vaterschaft schon mit an Sicherheit grenzender Wahrscheinlichkeit feststeht. Fragen des beklagten Mannes in diese Richtung müssen immer zugelassen werden. Hatte die Mutter während der Empfängniszeit mit mehreren Männern in einer Wohngemeinschaft gelebt, so müssen sie, wenn sich nicht die Vaterschaft eines von ihnen vorab klären läßt, allesamt in die Untersuchung einbezogen werden[125]. Zur Überprüfung der Glaubwürdigkeit der Beteiligten können auch Scheidungsakten und Akten des Jugendamtes herbeigezogen werden[126]. Gegenüberstellung von Mutter und angeblichem Vater ist geboten, bevor der Klage des nichtehelichen Kindes stattgegeben werden kann, solange der Vater den Intimverkehr leugnet.

bb) Ein **Blutgruppengutachten** unter Einschluß von Mutter, Kind und beklagtem Mann muß immer eingeholt werden, was auch der wohl ausnahmslos gepflogenen Praxis entspricht → Rdnr. 38. Der Kläger kann durch **Beweisantrag** eine Erstreckung des Gutachtens auf bestimmte Merkmale → § 644 Amh I Rdnr. 5ff. erzwingen[127]. Macht daher der als Vater in Anspruch genommene Mann geltend, ein früher erstattetes Blutgruppengutachten, aufgrund dessen er nicht ausgeschlossen werden konnte, habe bestimmte, erst in den letzten Jahren entdeckte Blutgruppensysteme noch nicht verwertet, darf der Antrag auf Einholung eines Ergänzungsgutachtens nicht zurückgewiesen und die Entscheidung des Gerichts nicht auf das alte Gutachten gestützt werden, ohne daß ein Sachverständiger zu der Frage Stellung genommen hätte, ob aufgrund der neuentdeckten Blutmerkmale neuer Aufschluß möglich ist[128]. Hierbei ist zweierlei zu beachten[129]:

Einmal ist neuer Aufschluß nicht nur von der Benutzung eines Blutgruppenmerkmalsystems zu erwarten, das voll beweiskräftige Ausschlußchancen sichert. Es genügt auch ein solches System, das wissenschaftlich noch nicht ganz gesichert ist, aber immer Befunde liefern kann, welche – gegebenenfalls in Verbindung mit anderen Beweisergebnissen – schwerwiegende Zweifel an der Vaterschaft des in Anspruch genommenen Mannes zu begründen geeignet sind[130]. Ein Beweisantrag auf Erstreckung der Untersuchung auf bestimmte Blutgruppenmerkmale kann daher nicht mit der Begründung abgewiesen werden, das fragliche System befinde sich noch in der wissenschaftlichen Erprobung oder werde nur von wenigen Sachverständigen beherrscht. Das galt früher insbesondere für die HL-A Untersuchung[131]

---

[120] Bei Aussageverweigerung muß von Amts wegen der Sachverhalt im übrigen so gut wie möglich geklärt werden, *OLG Köln* DAVorm 1987, 265.
[121] *OLG Köln* FamRZ 1990, 761.
[122] *Ankermann* NJW 1974, 584, 588; *Roth-Stielow*² (vor § 640 Fn. 1) Rdnr. 256. – A.M. hinsichtlich des Lebenswandels der Mutter *Christian* ZBlJR 1974, 497, 500.
[123] *KG* FamRZ 1974, 467, 468.
[124] *OLG Karlsruhe* FamRZ 1991, 94 = NJW 1990, 2758. Zum Verfahrensgang bei Aussageverweigerung im Kindschaftsprozeß s. *OLG Koblenz* DAVorm 1977, 646.
[125] *KG* NJW 1987, 2311.
[126] *Roth-Stielow*² (vor § 640 Fn. 1) Rdnr. 264f.
[127] *Schlosser* FamRZ 1976, 6, 7.
[128] *BGH* FamRZ 1964, 251 = NJW 1184.
[129] Dazu näher *Schlosser* FamRZ 1976, 6, 9ff.
[130] Ganz unbegründeterweise a.M. *Brühl* FamRZ 1974, 66, 68. Eine entsprechende Formulierung in *BGH* NJW 1973, 596, 598 bezieht sich nur auf den Vaterschaftsausschluß und nicht auf das Verhältnis wahrscheinlicher Ausschluß zu schwerwiegenden Zweifeln im Sinne von § 1600o BGB. Wie hier *KG* DAVorm 1972, 342, 343; *OLG Düsseldorf* NJW 1972, 396, 397; *OLG Zweibrücken* DAVorm 1975, 232.
[131] *AG Essen* FamRZ 1975, 227, wo sich für den beklagten Mann eine Vaterschaftswahrscheinlichkeit von

→ § 644 Anh I Rdnr. 11. Heute gilt dieser Grundsatz vorwiegend für die DNA-Analyse → Rdnr. 41 a.

Zur Entscheidung der Frage, ob der beantragte Beweis völlig untauglich und daher der Antrag zurückzuweisen ist, darf sich das Gericht zum anderen zwar des **Bundesgesundheitsamtes** als eines »Behörden-Sachverständigen« bedienen → § 404 Rdnr. 10 ff. Der Beweis ist Streng- und nicht Freibeweis. Es genügt aber nicht eine allgemein gehaltene Anfrage über den Beweiswert bestimmter Blutgruppenbefunde[132]. Vielmehr muß die Frage auf der Grundlage der bisher im individuellen Prozeß ermittelten Beweiskonstellation dahin gehen, ob das System geeignet ist, Indizien oder hohe Wahrscheinlichkeit gegen die Vaterschaft eines Mannes zu erbringen. Wird der Antrag gestellt, einen individuellen Sachverständigenbeweis zur Frage der Leistungsfähigkeit eines bestimmten Systems zu erheben, so wird der Antrag durch ein Gutachten des Bundesgesundheitsamts nicht obsolet, wenn der benannte Sachverständige selbst mit dem fraglichen System gearbeitet hat. Denn er verfügt zur Beurteilung der Geeignetheit dieses Systems in Bezug auf den angestrebten Beweis über überlegene Forschungsmittel im Sinne des entsprechend anwendbaren § 244 Abs. 4 S. 2 2. Hs. StPO[133]. Zur Frage der »Anhaltspunkte« als Beweiserhebungsvoraussetzung → Rdnr. 34. Durch Beweisantrag kann erzwungen werden, daß die Wahrscheinlichkeit auch nach der vom Sachverständigen gewöhnlich nicht angewandten Methode → § 644 Anh I Rdnr. 14 -16 berechnet wird[134]. Die offizielle »Anerkennung« einer Methode durch das Bundesgesundheitsamt ist nicht Voraussetzung für ihre forensische Verwertung[135].

Durch Beweisantrag kann auch die Erstreckung der Blutgruppenuntersuchung auf einen als Mehrverkehrer in Betracht kommenden Mann erzwungen werden[136].

38 Aber auch **ohne Antrag** muß jedenfalls bezüglich Mutter, Kind und seinem Prozeßgegner ein **Blutgruppengutachten** eingeholt werden[137]. Das gilt auch dann, wenn die Mutter Mehrverkehr eidlich leugnet, und greifbare Anhaltspunkte → Rdnr. 33 dafür fehlen, daß sie die Unwahrheit sagt[138]. So fest kann die Überzeugung des Gerichts davon, daß kein Mehrverkehr stattgefunden hat, gar nicht begründet sein, um naturwissenschaftliche Vaterschaftsgutachten von vornherein als völlig untaugliche Beweismittel erscheinen zu lassen[139]. Aber auch dann, wenn die Vaterschaft des beklagten oder klagenden Mannes sich bereits als unwahrscheinlich herausgestellt hat, etwa aufgrund eines Tragzeitgutachtens → Rdnr. 42, darf von der Einholung eines Blutgruppengutachtens nicht Abstand genommen werden.

Wegen der großen Kosten eines alle heute bekannten Systeme umfassenden Blutgruppengutachtens und wegen der unter den Sachverständigen eingetretenen ist häufig zuerst nur ein die klassischen Blutgruppenmerkmale erfassendes Gutachten in Auftrag zu geben und dieses nur dann auf weitere Systeme zu erstrecken, wenn es zu keinem ein Sachurteil erlaubendes Ergebnis geführt hat. Nach 1.1.1. der Richtlinien des BGA → § 644 Anh II soll ein Gutachten mindestens 16 näher bezeichnete Systeme berücksichtigen. Hat ein Gutachten auf der Grundlage aller vom Bundesgesundheitsamt für die Einbeziehung empfohlenen Merkmale → § 644

99,66 Prozent ergab, er aber durch HL-A Untersuchung ausgeschlossen wurde, obwohl das System damals noch nicht als voll beweiskräftig anerkannt war.

[132] Oder gar ein Hinweis auf formelhafte Verlautbarungen des Bundesgesundheitsamts über den Beweiswert bestimmter Methoden: *BGH* FamRZ 1976, 517, 518.

[133] Siehe dazu näher *Schlosser* FamRZ 1976, 6, 8.

[134] Dazu näher *Schlosser* aaO 10 ff. – A.M. *KG* DAVorm 1991, 763 ff. = FamRZ 1992, 599.

[135] *BGH* NJW 1977, 2124.

[136] *OLG Hamburg* DAVorm 1986, 81 (trotz 99,98 % Essen-Möller-Wert beim Beklagten). – A.M. *OLG München* DAVorm 1984, 314 ff.; *KG* DAVorm 1984, 503 ff.

[137] *BGH* FamRZ 1986, 665 = NJW 2193 mit umfangreichen Nw. aus seiner früheren Rechtsprechung; *OLG Hamburg* DAVorm 1992, 521. – A.M. *OLG Stuttgart* DAVorm 1991, 215 in einem Ehelichkeitsanfechtungsfall, in dem sich alle Beteiligten über die nichteheliche Abstammung einig waren: Gegen eine »blind ablaufende Beweiserhebungsautomatik«; *Roth-Stielow* JR 1988, 358.

[138] *BGH* aaO. Zum Teil a.M. *Roth-Stielow*[2] (vor § 640 Fn. 1) Rdnr. 276.

[139] *MünchKommZPO-Coester-Waltjen* Rdnr. 86; zu einem Ausnahmefall siehe *OLG Hamburg* DAVorm 1987, 260.

Anh I Rdnr. 2 zu keinem Ausschluß geführt, aber eine hohe Vaterschaftswahrscheinlichkeit erbracht, braucht ein Ergänzungsgutachten von Amts wegen nicht eingeholt zu werden[140], wenn keine Anhaltspunkte für Mehrverkehr mit einem (noch) nicht ausgeschlossenen Mann bestehen.

cc) Unter deutlichem Bruch mit der früheren Praxis[141] ließ der BGH vor 1970 für die Zulässigkeit der Einholung eines **anthropologisch-morphologischen Gutachtens** keine anderen Grundsätze mehr gelten, als unter Rdnr. 32 bis 39 beschrieben wurden[142]. Durch den Fortschritt in der Blutgruppenanalyse und das Aufkommen der DNA-Analyse → Rdnr. 41a ist die Bedeutung dieses Beweismittels aber so stark zurückgegangen[143], daß die Dinge neu überdacht werden müssen. 39

Bevor die Klage auf Feststellung der nichtehelichen Vaterschaft wegen schwerwiegender Zweifel an dieser (§ 1600 o BGB) abgewiesen werden oder wegen Fehlens solcher Zweifel gutgeheißen werden kann, muß, solange kein Blutgruppenausschluß vorliegt, ein zur Vermeidung dieses Ergebnisses **beantragtes Ähnlichkeitsgutachten** häufig eingeholt werden, ohne daß Anhaltspunkte für Mehrverkehr vorzuliegen bräuchten[144]. Auch insoweit → Rdnr. 34 ist § 244 StPO entsprechend anwendbar. Ein detaillierter erbbiologischer Befund braucht ebensowenig wie bei einem Antrag auf Blutgruppenuntersuchung behauptet zu werden[145]. 40

Durch serostatistische Gutachten kann die Wahrscheinlichkeit der Vaterschaft aber einen Grad erreicht haben, der eine erbbiologisch-morphologische Untersuchung untauglich zur weiteren Aufklärung macht[146].

Die denkbaren Ergebnisse einer solchen Analyse sind dann zu unsicher, um der Annahme der Vaterschaft im Wege zu stehen.

Die Überlegung, daß Mutter oder Mehrverkehrszeugen sich belästigt und zu Unrecht in ihrer Glaubwürdigkeit angegriffen fühlen könnten, darf für die Entscheidung des Gerichts über die Durchführung einer Ähnlichkeitsbegutachtung keine Rolle spielen[147].

Stellt **keine Partei einen Antrag** auf Einholung eines Ähnlichkeitsgutachtens, so muß ein solches meist nicht in Auftrag gegeben werden, nämlich dann nicht, wenn das Gericht, wie heute üblich, schon aufgrund der Beweisaufnahme im übrigen von der Vaterschaft oder ihrem Fehlen überzeugt sein darf. Bei serostatistischen Wahrscheinlichkeiten von 99,8 Prozent und mehr betrachtet man die Vaterschaft als naturwissenschaftlich erwiesen → § 644 Anh I Rdnr. 18. Aber auch bei solchen von über 99,0 Prozent ist ein erbbiologisches Gutachten wohl 41

---

[140] *BGH* FamRZ 1975, 682 (*Schlosser* FamRZ 1976, 258f) = NJW 366 (98,5 bis 99 Prozent Wahrscheinlichkeit zu Lasten des die Ehelichkeit anfechtenden Mannes); *BGH* FamRZ 1975, 683 = NJW 2246 (97,5 Prozent Wahrscheinlichkeit zu Lasten des als nichtehelichen Vater in Anspruch genommenen Mannes). Bei sonst gegebener Wahrscheinlichkeit von 99,6% verlangt aber *OLG Zweibrücken* DAVorm 1981, 222 HL-A Gutachten → Anh I zu § 644 Rdnr. 11.
[141] Nachweise siehe 20. Aufl. Fn. 88.
[142] FamRZ 1964, 253 = NJW 1179.
[143] So auch *OLG Hamburg* DAVorm 1992, 521: geringere Aussagekraft des anthropologisch-morphologischen Gutachtens gegenüber dem HL-A Gutachten und DNA-Gutachten.
[144] *OLG Celle* DAVorm 1990, 390; *OLG Stuttgart* DAVorm 1971, 337 – wenn die Mutter eidlich jeden Mehrverkehr leugnet. – A.M. *OLG Stuttgart* FamRZ 1972, 584 (bei 98,5 Prozent Wahrscheinlichkeit nach Essen-Möller → § 644 Anh. I Rdnr. 14 und Fehlen von Anhaltspunkten für Mehrverkehr). Zur Problematik näher *Schlosser* FamRZ 1976, 6, 13.
[145] *BGH* aaO; RGZ 169, 224; *OLG Karlsruhe* FamRZ 1962, 202 = NJW 1305.
[146] *OLG Celle* aaO; *KG* FamRZ 1992, 599 = DAVorm 1991, 763. – A.M. *BGH* FamRZ 1974, 598, 599 – obiter (festgestellter Mehrverkehr); *OLG München* DAVorm 1985, 70, 73; *OLG Hamm* DAVorm 1984, 727, 731 (99,73 %); *OLG Nürnberg* DAVorm 1973, 299; *OLG Stuttgart* FamRZ 1972, 584 (98,5 Prozent serostatistische Wahrscheinlichkeit, kein Anhaltspunkt für Mehrverkehr); *KG* FamRZ 1974, 101 (97, 5 bis 98 Prozent serostatistische Wahrscheinlichkeit, kein Anhaltspunkt für Mehrverkehr). Prozentzahlen unter 99, 5 sind aber wohl zu gering für eine solche Schlußfolgerung.L.
[147] So z.B., wenn dadurch eine Inzestbeziehung aufgedeckt würde, *OLG Karlsruhe* FamRZ 1992, 334 = DAVorm 1991, 1100. – A.M. *OLG Bamberg* DAVorm 1974, 184. → § 372a Rdnr. 12ff.

§ 640 II   2. Abschnitt. Verfahren in Kindschaftssachen   386

entbehrlich[148], wenn Mehrverkehr sehr unwahrscheinlich ist[149], und auch sonst keine auffälligen Umstände existieren, die gegen die Vaterschaft sprechen → Rdnr. 33. Als Gegenbeweis gegen einen Ausschluß ist die erbbiologisch-mophologische Untersuchung untauglich[150].

41a dd) Immer wichtiger wird die erst kürzlich entwickelte DNA-Analyse, bei der die Bandenmuster von Genen verglichen werden → Anh I § 644 Rdnr. 26 ff. Anerkannt ist, daß das DNA-Gutachten als ergänzendes Beweismittel herangezogen werden kann → Anh I § 644 Rdnr. 26 f. Bereits jetzt ist abzusehen, daß das DNA-Gutachten künftig die entscheidende Rolle bei der Feststellung der Vaterschaft spielen wird. Ein entsprechender Beweisantrag kann auch insoweit nur unter den Voraussetzungen des § 244 StPO zurückgewiesen werden. Auch eine noch so hohe serostatistische Vaterschaftswahrscheinlichkeit macht die DNA-Analyse nicht absolut untauglich zum Vaterschaftsausschluß[151].

42 ee) Für **andere Vaterschaftsfeststellungsmethoden**, etwa Untersuchung der **Zeugungsfähigkeit** oder solche, die sich auf körperliche Funktionsabläufe stützen (**Tragzeitgutachten** → § 644 Anh I Rdnr. 1a) gelten die unter Rdnr. 40, 41 entwickelten Grundsätze entsprechend[152].

43 ff) Wenn die **Beweisaufnahme geraume Zeit** kostet, z. B. wenn nicht genügend Gutachter zur Verfügung stehen oder weil die Ähnlichkeitsprüfung ein gewisses Mindestalter des Kindes voraussetzt, so müssen in der Regel auch die damit verbundenen Erschwerungen in Kauf genommen werden[153]. Auch eine Aussetzung des Rechtsstreits mit Rücksicht auf vorzunehmende Ähnlichkeitsuntersuchungen ist nach § 640 f. zulässig. Keinesfalls darf eine der Parteien auf die Möglichkeit einer späteren Restitutionsklage nach § 641 i verwiesen werden[154]. Steht der Beweiserhebung jedoch ein Hindernis von ungewisser Dauer entgegen, so kann nach fruchtloser Fristsetzung → § 356 ohne diesen Beweis entschieden werden[155]. Zur Frage der Beweislast → § 640 h.

44 c) Die **Dispositionsmaxime** ist zu einer Zeit so wie im Eheverfahren eingeschränkt worden, als es im Nichtehelichenrecht den Statusprozeß noch nicht gab.

Sie auch wegen der **Klage auf Feststellung der nichtehelichen Vaterschaft** einzuschränken, war vom Gesetzgeber wohl nicht ganz durchdacht[156]. Anstatt eines prozessualen **Anerkenntnisses** i. S. von § 307 muß der verteidigungsunwillig gewordene Beklagte im (§ 641 c) oder während des Prozesses ein Vaterschaftsanerkenntnis abgeben. Für den weiteren Verlauf des Verfahrens gelten dann die Grundsätze über beidseitige oder einseitige Erledigungserklärungen[157] → § 91 a, § 640 c.

Umgekehrt wirft die Zulässigkeit eines **Verzichtsurteils** verglichen mit der Situation im Eheverfahren, besondere Probleme auf[158]. Praeter legem muß man es da für unzulässig

---

[148] *BGH* FamRZ 1974, 181 (aber nicht mehr bei 98,5 Prozent); *KG* FamRZ 1974, 467, 468; *OLG Koblenz* FamRZ 1975, 50; *Hummel* FamRZ 1969, 19, 21; *ders* DAVorm 1970, 224. Da die Zahl der durchgeführten Untersuchungen ständig wächst, darf man sich nicht schrecken lassen, wenn tatsächlich einmal ein Fall auftritt, in welchem Beklagter und Mehrverkehrszeuge eine Vaterschaftswahrscheinlichkeit von 99,32 Prozent und 99,66 Prozent (*AG Essen* FamRZ 1975, 227) erreichen oder über neue Methoden sich ein Ausschluß ergibt, obwohl der Mann vorher mit 99,78 Wahrscheinlichkeit als Vater angesehen werden mußte (*Rittner* DAVorm 1975, 138, 140).
[149] So mit Recht einschränkend *Odersky* FamRZ 1975, 440, 444.
[150] *OLG Hamburg* DAVorm 1982, 680, 681, unbestr.
[151] *BGH* FamRZ 1991, 185; *BGH* FamRZ 1991, 426 = NJW 2961; *OLG Hamm* DAVorm 1991, 947. – A.M. *KG* FamRZ 1992, 559 = DAVorm 1991, 763 (für Ungeeignet-

heit des Beweismittels; *Hummel-Mutschler* NJW 1991, 2929, 2932, aber auch beeinflußt durch unrichtige Bestimmung des Stellenwerts eines Beweisantrags im Zivilprozeßrecht → Rdnr. 34.
[152] Auch bei einem Essen-Möller-Wert von 99,98% Tragzeitgutachten zur Erschütterung des Beweisergebnisses nicht untauglich für die Hypothese einer sehr ungewöhnlichen Tragzeit bezogen auf angenommenen Zeitpunkt des Schlechtverkehrs und Reifegrad des Kindes.
[153] *RG* DR 1941, 643; *BGHZ* 40, 367 = FamRZ 1964, 150 = NJW 723; *Leipold* FamRZ 1973, 65, 69.
[154] *OLG Celle* FamRZ 1971, 592.
[155] *OLG Hamburg* DAVorm 1972, 273, 277.
[156] So mit Recht *Reinheimer* FamRZ 1970, 122, 123; *Grunsky* StAZ 1970, 248, 252..
[157] So mit Recht *OLG München* FamRZ 1985, 530; *Damrau* FamRZ 1970, 285, 287; Reinheimer aaO 123.
[158] Für generell unzulässig haltend *Roth-Stielow*[2] (vor § 640 Fn. 1) Rdnr. 99.

halten, wo ein materiellrechtlicher Verzicht auf die Rechtswirkungen unzulässig ist, die aus dem festzustellenden oder zu schaffenden Rechtsverhältnis entspringen[159]. Das gilt vor allem für das Vaterschaftsfeststellungsbegehren des nichtehelichen Kindes[160], aber auch für die Feststellungsklagen des ehelichen Kindschaftsrechts → Rdnr. 2 bis 4. Ein nichtehelich geborenes Kind kann daher den Vaterschaftsfeststellungsprozeß nicht durch Verzicht beenden, ein vielleicht eheliches Kind eines Mannes nicht durch prozessualen Verzicht rechtskräftig für und gegen alle feststellen lassen, daß es nicht dessen ehelicher Abkömmling sei. Eine Person kann auch nicht nach Erhebung der Klage auf Feststellung des Nichtbestehens eines Kindschaftsverhältnisses durch prozessualen Verzicht eine allen gegenüber rechtskräftige Feststellung erreichen, ehelicher Vater oder eheliche Mutter des Beklagten zu sein. Auf die Anfechtung eines gesetzlich vermuteten Status' kann man aber sehr wohl verzichten. Daher können die Ehelichkeitsanfechtungsklage und die Klage auf Anfechtung der Anerkennung der nichtehelichen Vaterschaft durch Verzichtsurteil beendet werden[161]. Der Gegenpartei, die an einem solchen Verfahrensausgang desinteressiert ist, ist die Erhebung einer Widerklage → § 640c Rdnr. 3 anzuraten. Wo Verzichtsurteil unzulässig ist, führt die Verzichtserklärung zur Rechtsfolge des § 635[162].

Ein **Vergleich** ist möglich, soweit er kein nach den hier entwickelten Grundsätzen unzulässiges Anerkenntnis oder keinen unzulässigen Verzicht beinhaltet. In diesem Rahmen ist auch eine vergleichsweise Anerkennung der Vaterschaft möglich[163]. Ihr muß freilich der gesetzliche Vertreter persönlich zustimmen, § 1600d Abs. 3, § 1600d Abs. 1 BGB[164]. Die »Anfechtbarkeit« eines solches Vergleichs unterliegt dann aber nicht dem § 779 BGB, sondern den spezielleren Normen in §§ 1600a ff. BGB, 640 Abs. 2 Nr. 3 ZPO. Auch kann das Vaterschaftsanerkenntnis nicht unter einer Bedingung abgegeben werden[165]. Wie auch sonst ist insofern freilich zwischen einer zulässigen innerprozessualen Bedingung, insbesondere in Form der Stattgabe der Ehelichkeitsanfechtung[166] und einer unzulässigen echten Bedingung zu unterscheiden. In jedem Fall unwirksam ist jedoch die bedingungslose Vaterschaftsanerkennung, solange das Kind noch als eheliches Kind eines anderen Mannes gilt[167].

Wegen rein prozessualer Dispositionsakte gelten im Statusprozeß keine Besonderheiten. Klagerücknahme und Erledigungserklärung[168] sind wie in anderen Verfahren zulässig, also ohne Rücksicht darauf, ob sich der Gegenstand des Rechtsstreits tatsächlich erledigt hat.

2. Die übrigen in Bezug genommenen Vorschriften

a) **§ 609.** Der Prozeßvertreter des Klägers bedarf einer besonderen, auf den Rechtsstreit gerichteten Vollmacht. Ihr Vorliegen ist von Amts wegen zu prüfen. In Bezug auf die Prozeßfähigkeit und die gesetzliche Vertretung sind besondere Bestimmungen nur für die Anfechtungsklage der Nr. 2 und 3 von Abs. 2 getroffen → § 640b. Das Kind ist häufig prozeßunfähig. Nach § 1626 BGB ist regelmäßig der ihm gegenüber stehende, noch mit seiner Mutter verheiratete Scheinvater sein gesetzlicher Vertreter. Gemäß § 1909 Abs. 1 S. 1 BGB muß dem Kind dann ein Pfleger bestellt werden, weil unter diesen Voraussetzungen beiden Elternteilen die Vertretungsmacht fehlt (arg. § 1629 Abs. 2 BGB)[169].

45

---

[159] So auch *MünchKommZPO-Coester-Waltjen* Rdnr. 93.
[160] So mit Recht *Grunsky* aaO 253.
[161] *OLG Düsseldorf* FamRZ 1969, 550.
[162] *LG Stuttgart* ZZP 68 (1955) 473.
[163] So mit Recht *Grunsky* aaO; *Zöller-Philippi*[17] § 641c Rdnr. 1a.
[164] *MünchKommZPO-Coester-Waltjen* Rdnr. 45; *LG Mannheim* FamRZ 1987, 1076.

[165] *Odersky*[4] (vor § 640 Fn. 1) § 1600b II 1.
[166] *BGHZ* 99, 236 = FamRZ 1987, 375 = NJW 899; *OLG Schleswig* DAVorm 1981, 123; *LG Dortmund* NJW-RR 1990, 12. – A.M. *OLG Karlsruhe* Justiz 1987, 63.
[167] *OLG Stuttgart* FamRZ 1981, 707.
[168] So mit Recht *Damrau* FamRZ 1970, 285, 287.
[169] Zum Gesamtproblem der Vertretungsmacht der Mutter vor und nach Scheidung *Weyer* FamRZ 1968, 498 ff.

45a b) **§ 611 Abs. 2.** → § 611 Rdnr. 13.

46 c) **§ 612** Das erstinstanzliche Versäumnisurteil gegen den Beklagten ist durch die Anwendung des § 612 ausgeschlossen. Im einseitig streitigen Prozeß müssen die Ermittlungen mit derselben Sorgfalt betrieben werden, wie oben Rdnr. 30 bis 43 ausgeführt[170]. Bei der öffentlichen Zustellung von Klage und Ladung spielt das voraussichtliche Ergebnis der Beweisaufnahme noch keine Rolle[171]. Hinsichtlich der Wirkungen eines unzulässigerweise ergangenen Urteils → § 640h Rdnr. 1. Siehe zur Berufungsinstanz → Rdnr. 50.

47 d) **§ 613.** Macht das Gericht von seiner Befugnis, das persönliche Erscheinen des die Vaterschaft leugnenden Mannes anzuordnen, keinen Gebrauch, so liegt darin meist eine Verletzung seiner Aufklärungspflicht[172].

48 e) **§ 618.** → Erläuterungen zu § 618.

49 f) **§ 619.** Stirbt eine der Prozeßparteien, so ist der Prozeß in der Hauptsache erledigt (anders → § 640g Rdnr. 3). Im Nichtehelichenrecht kann freilich nach § 1600n Abs. 2 beim Vormundschaftsgericht ein Verfahren auf Vaterschaftsfeststellung eingeleitet werden. Die Erledigung des Statusverfahrens nach der ZPO hindert dies nicht[173]. Eine Fortsetzung des Verfahrens gegenüber den Eltern des angeblichen Vaters[174], den Erben des Prozeßgegners[175] oder – bei der Abstammungsklage des nichtehelichen Kindes gegen den angeblichen Vater – gegenüber der Mutter[176] kommt außer wegen der Kosten gegen den Erben nicht in Betracht. Soweit es sich um die gegebenenfalls noch in Frage stehenden sekundären, insbesondere erbrechtlichen Wirkungen handelt, wird über das streitige Familienverhältnis entweder im gewöhnlichen Prozeß als Vorfrage entschieden, oder aber die Geltendmachung des »wahren« Familienstandes hängt von der Durchführung eines erfolgreichen Gestaltungsprozesses ab, wie bei der Ehelichkeitsanfechtungsklage, der Klage auf Anfechtung des Vaterschaftsanerkenntnisses und – vor allem – der Vaterschaftsfeststellungsklage im Nichtehelichenrecht → Rdnr. 9. Ist dieser undurchführbar geworden, bleibt es endgültig bei der vermuteten Rechtslage.

50 g) **§ 635.** Bleibt der erstinstanzlich obsiegende Kläger im Berufungsverfahren aus, ist ein Versäumnisurteil gegen ihn zu erlassen[177] → Rdnr. 44.

III. Im übrigen geltende Besonderheiten

1. Die regelmäßig bestehende Unmöglichkeit von Inzidentfeststellungen

51 Die Entwicklung des Familienstatusverfahrens ist durch die Tendenz gekennzeichnet, weit über den klassischen Fall des scheinehelich geborenen Kindes hinaus in Zweifelsfällen **Inzidentfeststellungen** über ein Kindschaftsverhältnis zu unterbinden → Rdnr. 2 bis 5 vor § 640, Rdnr. 5, 6, 8, 12, 17 a. E., 19, 30. Spielt ein Statusverhältnis als Vorfrage im Zusammenhang mit der Beurteilung von Rechtsbeziehungen eine Rolle, an denen Dritte beteiligt sind, so können auch diese eine gerichtliche Überprüfung des Kindschaftsverhältnisses nur erreichen, wenn Inzidentfeststellungen generell zugelassen sind. Im übrigen sind auch die Dritten an die durch Gesetze vermutete Rechtslage solange gebunden, bis eine zur Erhebung der Statusklage berechtigte Person ein die Vermutung außer Kraft setzendes Urteil erstritten hat. Ein

---

[170] *OLG Karlsruhe* DAVorm 1976, 627.
[171] *OLG Hamburg* DAVorm 1983, 308.
[172] *OLG Köln* FamRZ 1990, 761.
[173] *OLG Stuttgart* FamRZ 1973, 466; *Palandt-Diederichsen*[51] § 1600n Rdnr. 5; *Odersky*[4] (vor § 640 Fn. 1) III 2. Zum Schicksal eines gemäß § 643 gestellten Antrags → § 643 Rdnr. 9.

[174] *OLG Düsseldorf* HRR 1940 Nr. 242.
[175] BGHZ 25, 351 = NJW 1958, 61.
[176] *BGH* aaO.
[177] *OLG Stuttgart* NJW 1976, 2305; *OLG Koblenz* FamRZ 1983, 759.

Dritter kann daher etwa vor rechtskräftiger Vaterschaftsfeststellung niemals geltend machen, daß ein nichtehelich geborenes Kind einen bestimmten Mann zum Vater habe[178]. Eine Klage, die auf ein Rechtsverhältnis gestützt wird, das inzident nicht geltend gemacht werden kann, insbesondere also die Unterhaltsklage des nichtehelichen Kindes vor rechtskräftiger Vaterschaftsfeststellung, ist also als unbegründet[179], nicht als unzulässig[180], abzuweisen.

2. Das Rechtsschutzbedürfnis

Soweit Statusklagen innerhalb des Kindschaftsrechts wegen des Ausschlusses der Inzidentberufungen als Gestaltungsklagen ausgeformt sind, stellt sich die Frage eines besonderen **Rechtsschutzbedürfnisses** in der Praxis so gut wie nie. Da der Kläger den erstrebten Rechtserfolg nur auf dem Wege einer Gestaltungsklage erreichen kann, hat er auch immer ein Rechtsschutzbedürfnis zur Seite[181]. Eine vorherige fälschlicherweise erhobene Ehelichkeitsanfechtungsklage beseitigt das Rechtsschutzbedürfnis für die richtigerweise zu erhebende Vaterschaftsanerkennungs-Anfechtungsklage nicht[182]. Theoretisch kann freilich auch in der Erhebung einer Gestaltungsklage ein Rechtsmißbrauch liegen und zu Ihrer Unzulässigkeit führen[183]. Jedoch sind im Kindschaftsrecht konkrete Fälle kaum vorstellbar. Das bedeutet, daß vor allen Dingen die Klage auf »Feststellung« des Bestehens der nichtehelichen Vaterschaft als Gestaltungsklage → Rdnr. 9 vom Vorliegen eines Rechtsschutzbedürfnisses unabhängig ist. Selbst eine Adoption des Kindes durch die nichteheliche Mutter beseitigt das Rechtsschutzinteresse für die Vaterschaftsfeststellungsklage nicht[184]. Wenn der gewünschte Rechtsstatus schon auf andere Weise erreicht wurde, ist die Statusklage allerdings unstatthaft, auch wenn das erstrebte Statusurteil sich durch größere Bestandskraft auszeichnen würde. Die Klage auf Feststellung der nichtehelichen Vaterschaft ist daher unzulässig, wenn ein wirksames Vaterschaftsanerkenntnis existiert[185]. Aber auch wenn der beklagte Mann zum Vaterschaftsanerkenntnis bereit ist, fehlt es für die Vaterschaftsfeststellungsklage regelmäßig am Rechtsschutzbedürfnis[186]. Der nichteheliche Vater hat freilich die Wahl, ob er anerkennen oder die Vaterschaft gerichtlich feststellen lassen will[187]. Das Gegenstück zur Gestaltungsklage, eine Klage auf Feststellung des Fehlens der Gestaltbarkeit eines Rechtsverhältnisses, insbesondere also eine negative Vaterschaftsfeststellungsklage, ist nur in außergewöhnlichen Fällen zulässig → Rdnr. 9, 27.

Zur Frage des Rechtsschutzbedürfnisses bei echten Statusfeststellungsklagen → Rdnr. 2.

Wegen der **Rechtshängigkeit** gelten die allgemeinen Grundsätze. Hat das Kind Klage auf Feststellung der Vaterschaft gegen einen bestimmten Mann erhoben, so steht die Rechtshängigkeit dieses Verfahrens einer Klage eines anderen Mannes als Vaterschaftsprätendenten nicht entgegen und umgekehrt. Für die zweite Klage fehlt es auch nicht am Rechtsschutzbedürfnis[188]. Ein anderer Mann kann durch Beitritt als Nebenintervenient keine inter omnes, ja

---

[178] *OLG Köln* FamRZ 1978, 834.
[179] *Siehr* DAVorm 1973, 126, 133; *ders.* FamRZ 1971, 398.
[180] So aber *OLG Karlsruhe* OLGZ 1972, 18.
[181] *OLG Braunschweig* DAVorm 1979, 663 (Vaterschaftsfeststellung); *OLG Hamburg* DAVorm 1984, 610.
[182] *OLG Hamburg* aaO.
[183] S. dazu anhand des Beispiels der Ehenichtigkeitsklage *BGHZ* 30, 140ff.; *BGH* FamRZ 1961, 427; FamRZ 1962, 299; FamRZ 1964, 418. Allgemein *Schlosser* Gestaltungsklagen und Gestaltungsurteile (1966) 326ff., 338.
[184] *OLG Koblenz* FamRZ 1979, 968.
[185] *OLG Braunschweig* DAVorm 1979, 663. – A.M. *KG* DAVorm 1991, 864; *dass* DAVorm 1991, 946 mit der Ansicht, das allgemeine Rechtsschutzinteresse sei immer gegeben. Ebenso *Brüggemann* FamRZ 1979, 381ff., 384; ähnlich *OLG München* FamRZ 1985, 530; *OLG Stuttgart* DAVorm 1985, 1039.
[186] So wohl *OLG Frankfurt* FamRZ 1971, 589 – nur wegen der durch die ausländische Staatsbürgerschaft des Beklagten bestehenden Besonderheit ein Rechtsschutzbedürfnis im Konkreten gleichwohl annehmend. – A.M. *OLG Braunschweig* DAVorm 1979, 663; *MünchKommZ-PO-Coester-Waltjen* Rdnr. 29.
[187] *OLG Koblenz* FamRZ 1979, 968.
[188] A.M. *OLG Hamm* FamRZ 1985, 305: Der neuen Klage gegen einen anderen Mann stehe nur dann die Rechtshängigkeit entgegen, wenn der Beklagte des Erstprozesses dem Beklagten des Zweitprozesses dort nicht beigetreten sei.

nicht einmal verlässlich eine inter partes wirkende Feststellung seiner Vaterschaft erreichen. Das Kind darf aber unmöglich durch Klageerhebung eines beliebigen Mannes daran gehindert werden, die Vaterschaftsfeststellung gegen denjenigen zu betreiben, den es für seinen Vater hält.

3. Die sachliche Zuständigkeit

53a Sachlich zuständig ist in erster Instanz das AG, § 640a, in zweiter Instanz das OLG, § 119 Nr. 1 GVG → § 641a Rdnr. 3. Örtliche Zuständigkeit → § 640a Rdnr. 2, § 641a Rdnr. 4ff. In manchen Fällen ist der **Rechtsweg** zu den ordentlichen Gerichten der streitigen Zivilgerichtsbarkeit nicht gegeben → §§ 1599 Abs. 2, 1600n Abs. 2, 1600l Abs. 2 BGB. Ist fälschlicherweise Klage zum Prozeßgericht erhoben worden, so kann der Rechtsstreit in entsprechender Anwendung von § 17a GVG an das Vormundschaftsgericht verwiesen werden[189].

4. Die Beschwer als Zulässigkeitsvoraussetzung eines Rechtsmittels

54 Die Frage der Beschwer als Voraussetzung für die Zulässigkeit eines Rechtsmittels hat im Kindschaftsverfahren ähnliche Schwierigkeiten aufgeworfen wie im Eheverfahren → allgemeine Einleitung vor § 511 Rdnr. 63ff. Anstatt sich um sehr differenzierte Abgrenzungen zu bemühen, sollte man § 641i Abs. 2 entsprechend auf alle Rechtsmittel anwenden und eine förmliche Beschwer in keinem Fall mehr als Rechtsmittelvoraussetzung betrachten → § 641i Rdnr. 1. Materiell ist wegen der Bündelung von Rechten und Pflichten, die ein Eltern-Kindesverhältnis beinhaltet, sowohl der Sieger als auch der Unterlegene des Prozesses immer beschwert[190].

5. Die Mutter als Zeugin

55 In allen Verfahren, an denen nur das Kind als Kläger und ein Mann als Beklagter Hauptparteien des Prozesses sind, kann die Mutter als Zeugin vernommen werden, sofern sie das Kind nicht vertritt (wie etwa die nichteheliche Mutter nach Aufhebung der Amtspflegschaft[191]) oder dem Prozeß nach § 640e beitritt → § 640e Rdnr. 10. Zum Zeugnisverweigerungsrecht der Mutter bezüglich des Geschlechtsverkehrs mit dem Beklagten und anderen Männern → § 384 Rdnr. 7.

6. Klagefristen

56 Bestimmungen über Klagefristen, welche Fristen für die Ausübung von Gestaltungsklagerechten sind, finden sich in den materiellrechtlichen Regelungen[192]. Wie aber sonst allgemein materiellrechtliche Klagefristen gewahrt sind, wenn Zustellungsmängel nach § 295 geheilt werden → § 253 Rdnr. 181f., so ist auf diese Weise die Versäumnis der Frist zur Erhebung der Ehelichkeitsanfechtungsklage[193] und der Klage auf Anfechtung der Anerkennung der Vater-

---

[189] *BGH* FamRZ 1974, 130 = NJW 494. – A.M. *Roth-Stielow*[2] (vor § 640 Fn. 1) Rdnr. 391.
[190] A.M. *KG* DAVorm 1985, 412; *OLG München* NJW-RR 1987, 259.
[191] So mit Recht *KG* DAVorm 1977, 174; *OLG Karlsruhe* FamRZ 1973, 104; *Damrau* FamRZ 1970, 285, 286; siehe auch *OLG Hamm* FamRZ 1978, 204 (Fortbestehen der Amtspflegschaft nicht mit der Zeugenstellung der Mutter begründbar).
[192] Zur Fristenproblematik eines Übergangsfalls im Kontext der Wiedervereinigung *OLG Celle* FamRZ 1991, 1228.
[193] *BGH* NJW 1972, 1373f.

schaft heilbar. Das gleiche gilt bezüglich der Anwendbarkeit von § 270 Abs. 3[194]. Auch wo materiellrechtliche Fristen für die Erhebung einer Statusklage bestehen, erfahren die Voraussetzungen für die Wiedereinsetzung in den vorigen Stand keine Ausnahme.

7. Feriensache

Kindschaftssachen sind ausnahmslos Feriensachen, § 200 Abs. 2 Nr. 5 GVG. 57

8. Öffentlichkeit

Die Verhandlungen in Kindschaftssachen sind heute nach § 170 GVG nicht öffentlich. Ein Verstoß dagegen ist als Verfahrensmangel unheilbar[195]. 58

9. Wiederaufnahme

Die Verhandlung und Entscheidung über eine Wiederaufnahmeklage folgt in allen Stadien den Regeln über den Statusprozeß, soweit nicht die besonderen, für die Wiederaufnahme geltenden Vorschriften angewandt werden müssen[196]. Auch insoweit richtet sich die Anwendbarkeit der Vorschriften über den Statusprozeß danach, ob das Verfahren einen der in § 640 Abs. 2 bezeichneten Streitgegenstände hat, nicht danach, ob das angefochtene Urteil (richtiger- oder fälschlicherweise) im Statusprozeß zustandegekommen ist → Rdnr. 1. 59

10. Prozeßkosten

Bezüglich der Prozeßkosten → § 93 c und Anmerkung dort → § 114 und Anmerkungen dort (Prozeßkostenvorschußpflicht, Prozeßkostenhilfe). 60

11. Intertemporales Recht

Die übergangsrechtlichen Bestimmungen des NEhelG zum Statusverfahren finden sich in Art. 12, vor allem in dessen § 3 → § 644 Anh II. Die in § 3 Abs. 2 erwähnten Titel sind dadurch in ihren Rechtswirkungen einer gerichtlichen Vaterschaftsfeststellung bzw. einem Vaterschaftsanerkenntnis gleichgestellt. 61

12. Rechtliches Gehör

Wegen der Gewährung des **rechtlichen Gehörs** und des Zusammenhangs dieser Problematik mit dem der Urteilswirkungen → Rdnr. 20 vor § 606, § 640 e Rdnr. 1, 5 ff., § 641 b Rdnr. 3, § 641 k. 62

13. Beweiswürdigung

Bezüglich der **Beweiswürdigung** gelten die allgemeinen Grundsätze, insbesondere die starre Regelung des deutschen Rechts, daß die Partei, welche die Beweislast trifft, immer 63

---

[194] Siehe dazu, wenn auch bezüglich eines Falles, der keine Statusklage zum Gegenstand hatte, *BGH* NJW 1974, 57 ff.
[195] *OLG Köln* NJW-RR 1986, 560.
[196] *BGH* NJW 1955, 1879; *OLG Celle* MDR 1953, 304. – A.M. *OLG Köln* JW 1930, 2996; *OLG Celle* NdsRPfl 1953, 6.

einen vollen Nachweis führen muß. Eine Ausnahme macht lediglich die Klage auf Feststellung des Bestehens oder Nichtbestehens der nichtehelichen Vaterschaft. Aus § 1600o Abs. 2 S. 2 BGB ist zu schließen, daß zur Widerlegung der Zeugungsvermutung auch eine hohe Wahrscheinlichkeit des Fehlens der Abstammung ausreicht. Zu den Folgen einer treuwidrigen Beweisvereitelung durch eine Partei → Rdnr. 33.

14. Urteilsabfassung

64 Zur Unverzichtbarkeit eines Tatbestandes und von Entscheidungsgründen im Urteil → § 313 a Abs. 2 Nr. 2.

15. Einstweilige Einstellung der Zwangsvollstreckung

65 Zur einstweiligen Einstellung der Zwangsvollstreckung aus Titeln, die vor Anstrengung der Statusklage erlangt worden sind → § 641 d Rdnr. 3.

16. Zurechenbarkeit von Vertreterverschulden

66 Rechtsstaatliche Grundsätze verbieten es nicht, auch im Kindschaftsverfahren § 51 Abs. 2, § 85 Abs. 2 anzuwenden[197].

§ 640 a [Zuständigkeit]

(1) Hat der Beklagte im Inland keinen allgemeinen Gerichtsstand, so ist das Amtsgericht zuständig, in dessen Bezirk eine der Parteien ihren gewöhnlichen Aufenthalt oder der Kläger seinen allgemeinen Gerichtsstand hat. Ist auch für diesen kein Gerichtsstand begründet, so ist das Amtsgericht Schöneberg in Berlin zuständig.
(2) Die deutschen Gerichte sind zuständig, wenn eine der Parteien
1. Deutscher ist oder
2. ihren gewöhnlichen Aufenthalt im Inland hat.
Diese Zuständigkeit ist nicht ausschließlich.

Gesetzesgeschichte: Eingefügt BGBl. 1969 I 1243. Änderung BGBl. 1986 I 1142.

I. Gesetzliche Systematik

1 Die Zuständigkeitsproblematik ist in §§ 640 a und 641 a für verschiedene Arten von Verfahren differenziert gelöst. Dabei regelt § 640 a Abs. 2 generell die deutsche internationale Zuständigkeit für alle Klagearten, wobei die örtliche Zuständigkeit sich entweder nach §§ 640 a Abs. 1 oder § 641 a richtet. § 641 a gilt als Sondernorm für den gesetzestechnischen Spezialfall der Feststellung der nichtehelichen Vaterschaft, der freilich in der Praxis mit Abstand das Hauptanwendungsgebiet des Kindschaftsprozesses darstellt, sowie für die Klage auf Anfechtung des Vaterschaftsanerkenntnisses → § 641 a Rdnr. 2. Wegen der Komplikationen, die eintreten, wenn Klageanträge verbunden werden, für die verschiedene ausschließliche Zuständigkeiten vorgesehen sind → § 641 Rdnr. 6.

---

[197] *BGH* FamRZ 1993, 308 (krit. *Bosch*).

Zur sachlichen Zuständigkeit der Amtsgerichte → § 1 Rdnr. 63. Für die Berufung funktionell zuständig ist einheitlich das OLG, § 119 Abs. 1 Nr. 1 GVG, im Fall der Verbindung des Vaterschaftsfeststellungsantrags mit dem Antrag auf Zahlung des Regelunterhalts gemäß § 643 insbesondere auch dann, wenn lediglich die Regelunterhaltsentscheidung angegriffen wird[1]. Das gilt auch dann, wenn Gericht oder Parteien (§ 640c) mit dem Statusprozeß andere Klagen in unzulässiger Weise verbunden haben, gleich ob die Entscheidung über beide Streitgegenstände angefochten wird[2] oder nur die Entscheidung über den Unterhalt Gegenstand der Berufung ist[3]. Gegen eine Entscheidung des Amtsgerichts, das die verbundenen Ansprüche abtrennt oder (fälschlicherweise) als unzulässig abweist, ist daher nur das Rechtsmittel zum OLG statthaft.

II. Die örtliche Zuständigkeit

Die örtliche Zuständigkeit in Kindschaftssachen bestimmt sich gemäß § 640a Abs. 1 mangels einer abweichenden Sonderregelung grundsätzlich nach dem allgemeinen Gerichtsstand des Beklagten, §§ 12ff. Für Feststellungsklagen ist demnach – im Gegensatz zu den Ehesachen – die Zuständigkeit u. U. eine verschiedene, je nachdem, ob das Rechtsverhältnis im Wege positiver oder negativer Klage gegen oder durch das Kind zur Entscheidung gebracht wird. Eine abweichende Vereinbarung ist nach § 40 Abs. 2 S. 1 ausgeschlossen, obwohl die örtliche Zuständigkeit in Abs. 1 nicht als ausschließliche bezeichnet worden ist. Das Gericht muß demnach seine Unzuständigkeit von Amts wegen berücksichtigen. Siehe dazu → § 529 Rdnr. 2 → § 549 Rdnr. 79f.

2

An § 16 hat der Gesetzgeber bei der Neufassung der Vorschrift anläßlich der Reform des internationalen Privatrechts 1986 offensichtlich nicht mehr gedacht. Die schon vorher bestehende große Ungereimtheit[4] würde bei wörtlicher Auslegung der Vorschrift heute noch gesteigert, weil die Begriffe »gewöhnlicher Aufenthalt« des Beklagten (»einer Partei«) in Abs. 1 und »Wohnsitzlosigkeit« bzw. »Aufenthalt« (gemeint: des Beklagten) in § 16 sich nicht zu einer halbwegs sinnvollen Ordnung zusammenführen lassen[5]. Das erlaubt es, das Gesetz berichtigend dahin auszulegen, daß § 16 nicht in Bezug genommen werden sollte[6].

Ist die internationale Zuständigkeit der deutschen Gerichte gegeben → Rdnr. 3, so bestimmt sich für die örtliche Zuständigkeit die Zuständigkeitsleiter demgemäß folgendermaßen:

1. Zuständigkeitsbegründend ist primär der inländische Wohnsitz des Beklagten, §§ 12, 15.

2. Fehlt es daran: nach Wahl des Klägers dessen allgemeiner Gerichtsstand nach §§ 12, 15, sein gewöhnlicher Aufenthalt oder der gewöhnliche Aufenthalt des Beklagten, sollte dieser vom Wohnsitz des Klägers abweichen.

3. Läßt sich nach keinem der genannten Gesichtspunkte eine örtliche Zuständigkeit begründen, so ist das Amtsgericht Berlin-Schöneberg zuständig.

Zum Wohnsitz von Ausländern → § 13 Rdnr. 20.

---

[1] *BGH* FamRZ 1984, 36; *BGH* FamRZ 1980, 48 = NJW 292. – Anders jedoch dann, wenn isoliert Klage auf Zahlung von Unterhalt erhoben wird, *OLG Düsseldorf* DAVorm 1988, 441, und im Falle der Abtrennung des Regelunterhaltsverfahrens für dieses, *LG Oldenburg* NJW-RR 1986, 78..

[2] *OLG Hamm* FamRZ 1988, 1317 = NJW-RR 1354.

[3] *BGH* FamRZ 1980, 48 = NJW 292.

[4] Dazu Voraufl. Rdnr. 2.

[5] (Leider nur) de lege ferenda Kritik übend auch *Zöller-Philippi*[17] Rdnr. 9.

[6] Anders *MünchKommZPO-Coester-Waltjen* § 640a Rdnr. 4: Korrektur über den Grundsatz »forum non conveniens« oder die Annahme einer internationalen Notzuständigkeit.

III. Die internationale deutsche Zuständigkeit.

3 1. Soweit die **deutsche internationale Entscheidungszuständigkeit**[7] (Zuständigkeit der deutschen Gerichte zur Entscheidung über Streitfälle mit Auslandsbeziehungen) in Frage steht, so gilt § 640a Abs. 2[8] selbst dann, wenn das Ausland eine ausschließliche internationale Zuständigkeit seiner eigenen Gerichte beansprucht[9] (Aufenthaltszuständigkeit). Soweit die Statusfeststellung (oder -gestaltung) allein in Frage steht, bleiben die Vorschriften der ZPO über die örtliche Zuständigkeit durch das EuGVÜ unberührt, weil nach dessen Art. 1 Abs. 2 Nr. 1 »der Personenstand« von seinem Anwendungsbereich ausgeschlossen ist. Wegen der internationalen Zuständigkeit für die Geltendmachung des Regelunterhalts → § 643 Rdnr. 7; zum internationalen Statusprozeßrecht → Rdnr. 6aff. vor § 640.

§ 640a Abs. 2 knüpft nach Wahl des Klägers sowohl an die deutsche Staatsangehörigkeit[10] als an den gewöhnlichen Aufenthalt einer der Parteien in Deutschland an. Die Vorschrift gilt also in letzterem Fall auch für reine Ausländerprozesse[11]. Die Frage, ob nach Art. 19, 20 EGBGB materiell deutsches Recht zur Anwendung kommt, ist für die Zuständigkeit ohne Bedeutung. Es spielt auch keine Rolle, ob der Heimatstaat einer oder beider ausländischer Parteien das Urteil anerkennen wird[12] oder ob das etwa zur Anwendung berufene ausländische Recht Personen eine Klagebefugnis zugesteht, die sie nach deutschem Recht nicht hätten.

Bezüglich der verfassungsrechtlich gebotenen Einschränkung der sich exorbitant auswirkenden Bestimmung der internationalen Zuständigkeit in Kindschaftssachen gilt das bei → § 606a Rdnr. 13 Ausgeführte entsprechend. Insbesondere reicht die deutsche Staatsangehörigkeit zur Begründung internationaler Zuständigkeit auch in Kindschaftssachen nicht aus, wenn keine der Parteien seit längerer Zeit mehr wesentliche Bindungen zu Deutschland, wie z.B. häufigen längeren Aufenthalt, hat.

4 2. Abs. 2 S. 2 stellt ebenso wie → § 606a Abs. 1 S. 2 § 606a Rdnr. 21 klar, daß einem ausländischen Gerichtsurteil in einer Kindschaftsstatussache nicht allein deshalb die Anerkennung versagt werden darf, weil auch die deutschen Gerichte zuständig gewesen wären. Ausländische Gerichte haben nach der Regel des § 328 Abs. 1 Nr. 1 immer dann von der Bundesrepublik respektierte Anerkennungszuständigkeit, wenn – die dortige Geltung des deutschen § 640a Abs. 2 unterstellt – eine Zuständigkeit des ausländischen Gerichts nach dieser Norm begründet gewesen wäre. Das bedeutet, daß eine von einem ausländischem Gericht erlassene Entscheidung nur dann nicht anerkannt wird, wenn keine der Parteien Angehöriger des Entscheidungsstaats war und auch dort keine ihren gewöhnlichen Aufenthalt hatte → § 640h Rdnr. 16.

5 3. Zur Klage auf Anfechtung der Anerkennung der nichtehelichen Vaterschaft und zur Klage auf Feststellung der ursprünglichen Unwirksamkeit des Vaterschaftsanerkenntnisses → § 641a Rdnr. 2.

---

[7] Ist sie festgestellt, richtet sich das weitere Verfahren nach der lex fori, BGH FamRZ 1981, 23 = NJW 1980, 2646.

[8] Zum gesetzgeberischen Hintergrund Basedow StAZ 1983, 233ff.; Gottwald IPRax 1984, 57ff.

[9] KG OLGRspr 26, 242; OLG Dresden JW 1920, 660; OLG Düsseldorf HRR 1938, 839; KG DR 1939, 246; allg. M.

[10] Klagen mehrere oder sind mehrere verklagt (etwa nach § 1595a BGB), die zueinander im Verhältnis notwendiger Streitgenossen stehen, genügt die deutsche Staatsangehörigkeit eines von ihnen.

[11] BGH NJW 1980, 2646 = FamRZ 1981, 23 = IPRspr 1980 Nr. 145; AG Erding DAVorm 1986, 742.

[12] BGH IPRax 1983, 193; OLG Köln FamRZ 1983, 825 = IPRspr 1983 Nr. 160; MünchKommZPO-Coester-Waltjen § 640a Rdnr. 4; allg. M.

§ 640 b [Prozeßfähigkeit bei Anfechtungsklagen]

In einem Rechtsstreit, der die Anfechtung der Ehelichkeit eines Kindes oder die Anfechtung der Anerkennung der Vaterschaft zum Gegenstand hat, sind die Parteien prozeßfähig, auch wenn sie in der Geschäftsfähigkeit beschränkt sind; dies gilt nicht für das minderjährige Kind. Ist eine Partei geschäftsunfähig oder ist das Kind noch nicht volljährig, so wird der Rechtsstreit durch den gesetzlichen Vertreter geführt; dieser kann die Klage nur mit Genehmigung des Vormundschaftsgerichts erheben.

Gesetzesgeschichte: Eingefügt BGBl. 1969 I 1243. Änderung BGBl. 1990 I 2002

Entgegen §§ 51 ff. sind der Scheinvater und das volljährige Kind auch dann prozeßfähig, wenn sie sonst in der Geschäftsfähigkeit beschränkt sind. Materiellrechtlich entspricht dem § 640 b für den Mann § 1595 Abs. 1 S. 2 BGB, für das volljährige Kind § 1597 Abs. 4 iVdgm § 1595 Abs. 1 S. 2 BGB. Anders als das volljährige Kind kann der Scheinvater, der nach § 1 EheG bei der Eheschließung nicht ausnahmslos volljährig sein muß, auch gemäß § 106 BGB in der Geschäftsfähigkeit beschränkt sein. Zur Klage auf Feststellung der ursprünglichen Unwirksamkeit eines Vaterschaftsanerkenntnisses → § 640 Rdnr. 12. Sie unterfällt dem § 640 b nicht. 1

Sind Mann oder Kind **geschäftsunfähig**, § 104 BGB, oder ist das Kind noch nicht volljährig, so fehlt ihnen die Prozeßfähigkeit entsprechend §§ 51 f., 640 b S. 2, vgl. dazu das materielle Recht §§ 1595 Abs. 2 S. 1, 1597 Abs. 1 BGB. 2

Das nicht volljährige Kind wird bei einer Ehelichkeitsanfechtungsklage grundsätzlich vom Personensorgeberechtigten als gesetzlichem Vertreter vertreten. Im Falle einer Interessenkollision zwischen Kind und Personensorgeberechtigtem muß gemäß §§ 1629 Abs. 2 S. 3, 1796 Abs. 2, 1909 BGB für die Erhebung und Durchführung der Ehelichkeitsanfechtungsklage ein Ergänzungspfleger bestellt werden[1]. Eine Vertretung des nicht volljährigen Kindes durch den Ergänzungspfleger ist gemäß §§ 1693, 1909 BGB auch dann notwendig, wenn der Ehemann gegen das Kind Ehelichkeitsanfechtungsklage erhebt und beide Eltern noch Personensorgeberechtigte sind. Denn der Vater wäre von der Vertretung des Kindes gemäß §§ 1629 Abs. 2 S. 1, 1795 Abs. 1 Nr. 3, Abs. 2 i.Vdg.m. § 181 BGB ausgeschlossen, was zur Folge hat, daß die Mutter, die nur zusammen mit ihrem Ehemann gemäß §§ 1626, 1629 Abs. 1 S. 2 BGB vertretungsberechtigt ist, das Kind allein nicht vertreten kann[2]. Bei Gefahr im Verzug kann auch ein Prozeßpfleger nach § 57 ZPO bestellt werden.

Die nach § 104 Nr. 2 BGB Geschäftsunfähigen und die betreuungsbedürftigen Personen werden durch den Betreuer vertreten, dazu näher → § 607 Rdnr. 4 ff.

Soweit die Genehmigung des Vormundschaftsgerichts für die Ehelichkeitsanfechtungsklage eines minderjährigen Kindes erforderlich ist, hat das Vormundschaftsgericht bei der Entscheidung über die Erteilung eine Interessenabwägung[3] vorzunehmen, bei der regelmäßig

---

[1] *OLG Hamm* DAVorm 1985, 1026 = RPfleger 1986, 13 = NJW-RR 1986, 80; *BayObLG* DAVorm 1988, 1024; *OLG Stuttgart* FamRZ 1983, 831; *LG Berlin* DAVorm 1991, 481; *OLG Karlsruhe* FamRZ 1991, 1337 (mit besonderer Hervorhebung, daß sich im konkreten Einzelfall ein erheblicher Interessengegensatz ergeben muß). Zur Frage der internationalen Zuständigkeit eines deutschen Vormundschaftsgerichts für die Anordnung einer Ergänzungspflegschaft zur Vertretung im Ehelichkeitsanfechtungsprozeß *BayObLGZ* 1982, 32; zur Anwendung des MSÜ in diesem Zusammenhang *OLG Düsseldorf* DAVorm 1984, 426 = IPRspr 1984 Nr. 95.

[2] *OLG Zweibrücken* FamRZ 1980, 911. Anders, wenn die Ehe der Eltern rechtskräftig geschieden ist und der Mutter die elterliche Sorge übertragen worden ist, *BayObLG* DAVorm 1988, 102; *OLG Karlsruhe* FamRZ 1991, 1337.

[3] *OLG Hamm* FamRZ 1984, 81; *dass* DAVorm 1985, 1030.

das Interesse des Kindes, in seiner Ursprungsfamilie aufzuwachsen, dem Interesse an der Feststellung der blutmäßigen Abstammung vorgeht. Auch das Gesetz begünstigt in den Vorschriften der §§ 1591, 1594 ff., 1596 BGB und § 640 d den Status der Ehelichkeit des Kindes[4].

3   § 640b gilt entsprechend für die **Manneseltern**. Die Anfechtung der Ehelichkeit stellt auch für sie ein höchstpersönliches Recht dar, § 1595a Abs. 3 iVdgm § 1595 Abs. 1 S. 1 BGB, das sie selbst ausüben sollen, falls ihnen das nicht wegen Geschäftsunfähigkeit unmöglich ist[5]. Dem entspricht im materiellen Recht § 1595a Abs. 3 iVdgm § 1595 Abs. 1 S. 2 und Abs. 2 S. 1 BGB → § 607.

§ 640 c   [Klagenverbindung und Widerklage]

Mit einer der im § 640 bezeichneten Klagen kann eine Klage anderer Art nicht verbunden werden. Eine Widerklage anderer Art kann nicht erhoben werden. § 643 Abs. 1 Satz 1 bleibt unberührt.

Gesetzesgeschichte: Eingefügt in BGBl. 1969 I 1243

I. Gesetzesentwicklung

1   In der Vorschrift ist der gleiche Grundgedanke niedergelegt, wie er in §§ 610, 633 für das Eheverfahren gilt. Lediglich wegen der Verbindung des Antrags auf Zuerkennung des Regelunterhalts mit dem Statusprozeß des nichtehelichen Kindes konzediert das Gesetz in § 643 eine Ausnahme, die in § 640c ausdrücklich vorbehalten bleibt. Sonst kann der Statusprozeß mit Unterhaltsklagen nicht verbunden werden → § 643 Rdnr. 1.

II. Objektive Klagehäufung

2   Die Möglichkeiten für zulässige objektive Klagehäufungen sind sehr gering. Mit der Klage auf Feststellung des ehelichen Kindschaftsverhältnisses kann die Klage auf Feststellung der nichtehelichen Vaterschaft hilfsweise verbunden werden. Auch die Feststellung eines Adoptionsverhältnisses kann hilfsweise begehrt werden. Da auch die Annahme eines leiblichen nichtehelichen Kindes zulässig ist (§ 1742a BGB), ist es theoretisch sogar möglich, die Klage auf Feststellung der Mutterschaft oder nichtehelichen Vaterschaft ohne Begründung eines Eventualverhältnisses mit der Klage auf Feststellung des Adoptionsverhältnisses zu verbinden.

Bei negativen Statusfeststellungsklagen sind nicht hilfsweise geltend gemachte Klageverbindungen eher denkbar. Zu einer Klage auf Feststellung, daß weder ein eheliches Kindschaftsverhältnis bestehe, noch die Anerkennung der nichtehelichen Vaterschaft wirksam sei, dürfte es zwar kaum jemals kommen. Mit der Klage auf Feststellung des Nichtbestehens eines ehelichen Kindschaftsverhältnisses kann immerhin hilfsweise die Ehelichkeitsanfechtungsklage verbunden werden, mit der Klage auf Feststellung der Unwirksamkeit eines Vater-

---

[4] *BGHZ* 76, 304 = NJW 1980, 1693 = FamRZ 1980, 559. – Teilweise a.M. *OLG Karlsruhe* FamRZ 1991, 1337: das Interesse an der Klärung der wirklichen Abstammung ist jedenfalls nicht vorrangig.

[5] Ebenso *Brühl* FamRZ 1962, 8, 11; *Palandt-Diederichsen*[51] § 1595a Rdnr. 2; *Gernhuber* FamR[3] § 45 IV 6.

schaftsanerkenntnisses eine hilfsweise erhobene Klage auf dessen Anfechtung[1]. Wegen Zuständigkeitskomplikationen → § 641 Rdnr. 5. Zum Rechtsschutzbedürfnis → § 640 Rdnr. 12.

III. Widerklagen

1. Nur in dem Umfange, in welchem eine objektive Klagehäufung zulässig ist, sind auch Widerklagen statthaft. Gegen die Klage auf Feststellung des Bestehens oder Nichtbestehens eines Eltern-Kindesverhältnisses kann mit einer hilfsweise oder nicht hilfsweise erhobenen Ehelichkeitsanfechtungsklage geantwortet werden[2], gegen eine Klage auf Feststellung der Wirksamkeit eines Vaterschaftsanerkenntnisses mit der Klage auf dessen Anfechtung. Unter dem Gesichtspunkt von § 640c genauso möglich ist es, gegen eine Klage auf Anfechtung des Vaterschaftsanerkenntnisses oder eine Klage auf Feststellung der Unwirksamkeit der Vaterschaftsanerkennung, eine Widerklage auf Feststellung der nichtehelichen Vaterschaft zu erheben. Für die somit verbindungsfähige Widerklage fehlt es jedoch am allgemeinen Rechtsschutzbedürfnis → § 640 Rdnr. 29. Die Zulässigkeit der Widerklage würde im übrigen die Folge haben, daß die Anerkennung durch gerichtliches Urteil bestätigt würde, was vom Gesetz nicht vorgesehen ist[3].

Erst recht kann im Unterhaltsprozeß nicht Status-Widerklage erhoben werden. Ist über beide einig einheitlich entschieden worden, so geht die Berufung einheitlich zum OLG[4].

2. Auch eine **Ehelichkeitsanfechtungs-Widerklage**, die das gleiche Ziel verfolgt wie die Klage, ist nach § 640c trotz Identität des Streitgegenstandes von Klage und Widerklage zulässig[5], obwohl durch den jetzigen § 93c das früher im Vordergrund stehende kostenrechtliche Interesse an der Widerklage entfallen ist[6]. §§ 1594, 1596 gewähren dem Scheinvater bzw. dessen Eltern und dem Kinde ein eigenes, von dem des anderen Anfechtungsberechtigten unabhängiges Anfechtungsrecht. Dieser materiellen Rechtslage muß bei ihrer prozessualen Durchsetzung in der Weise Rechnung getragen werden, daß dem beklagten Anfechtungsberechtigten mit der Möglichkeit der Widerklage die Befugnis eröffnet wird, auf den Prozeßverlauf in gleichem Umfange Einfluß zu nehmen wie der Kläger selbst. Andernfalls könnte der Kläger durch Unterlassung prozeßfördernder Anträge oder durch Säumnis im Termin die auch vom Beklagten erstrebte Entscheidung über die Anfechtung erheblich verzögern oder gar nach Ablauf der zugunsten des Beklagten laufenden Anfechtungsfrist auf den Anspruch verzichten. Schließlich wäre der Beklagte auch insoweit benachteiligt, als er mangels Klägereigenschaft der Verwendung ehelichkeitsfeindlicher Tatsachen gemäß § 640d nicht widersprechen und das Gericht zur Außerachtlassung dieser Tatsachen nicht zwingen könnte. Damit liegt das Rechtsschutzinteresse hier vor[7]. Die Einrede der Rechtshängigkeit steht der

---

[1] *Göppinger* FamRZ 1970, 125, 126.
[2] So auch *MünchKommZPO-Coester-Waltjen* § 640c Rdnr. 6.
[3] *OLG München* DAVorm 1989, 632.
[4] *OLG Hamm* NJW-RR 1988, 1354f. = FamRZ 1317.
[5] So mit Recht *OLG Celle* FamRZ 1991, 978; *OLG Köln* NJW 1972, 1721f. = FamRZ 514 (LS); *MünchKommZPO-Coester-Waltjen* § 640c Rdnr. 6; *Baumbach-Lauterbach-Albers*[51] Rdnr. 2. Zum Recht vor dem 1.7.1970 ebenso: *OLG Bremen* NJW 1965, 873 = FamRZ 390 = OLGZ 195; *OLG Celle* NJW 1962, 2112 = FamRZ 1963, 98; *dass* FamRZ 1968, 38; *OLG Düsseldorf* NJW 1964, 207; *dass* FamRZ 1969, 550 – mit der auch hier vertretenen Begründung; *OLG Hamm* AnwBl 1964, 206; *OLG Köln* NJW 1964, 1860 = FamRZ 574; *OLG München* FamRZ 1964, 312; *OLG Nürnberg* FamRZ 1964, 449; *Brühl* FamRZ 1962, 8, 12; *Gaul* FamRZ 1963, 630, 635; *Schneider* MDR 1966, 280; *Schlosser* Gestaltungsklagen und Gestaltungsurteile (1966) § 33 I 1 aE; *Gernhuber* FamR³ § 45 VI 6. – A.M. *OLG Celle* MDR 1971, 489. Zum Recht vor dem 1.7.70 ebenso *OLG Celle* NJW 1966, 1322 = FamRZ 360; *OLG Oldenburg* FamRZ 1964, 633; *OLG Schleswig* NJW 1963, 766 = RdJ 1964, 16; *dass* SchlHA 1965, 83; *OLG Saarbrücken* JBl Saar 1964, 138 = FamRZ 633 (LS); *LG Deggendorf* FamRZ 1963, 98; *LG Tübingen* FamRZ 1963, 369; *Baur* FamRZ 1965, 508, 511; *Blanke* FamRZ 1963, 99f.; *Schmidt* NJW 1963, 2310; *Künkel* FamRZ 1966, 176.
[6] Zur Notwendigkeit von Prozeßkostenhilfe für den widerklagenden Vater im Ehelichkeitsanfechtungsprozeß unter Berücksichtigung des § 93c *OLG Celle* FamRZ 1991, 978.
[7] So auch *MünchKommZPO-Coester-Waltjen* § 640c Rdnr. 6.

Zulässigkeit der Widerklage nicht entgegen, da § 261 einander widersprechende Urteile verhindern will, die nur bei Anhängigkeit der Streitsache in verschiedenen Verfahren zu befürchten sind.

Was für die Ehelichkeitsanfechtungsklage und -widerklage gilt, ist auch für die Klage auf **Anfechtung der Anerkennung der nichtehelichen Vaterschaft** rechtens. Für eine Widerklage auf **Feststellung des Nichtbestehens eines ehelichen Kindschaftsverhältnisses** besteht jedoch kein Bedürfnis, wenn seinetwegen positive Feststellungsklage erhoben ist. In diesem Fall ist also die Widerklage wegen Streitgegenstandsidentität unzulässig[8]. Ist **Klage auf Feststellung des Nichtbestehens der nichtehelichen Vaterschaft** erhoben, so will man teilweise eine positive Feststellungswiderklage des Kindes zulassen, um zum Anwendungsbereich der §§ 641 d, 643 zu gelangen[9] – mit der Folge, daß das Rechtsschutzbedürfnis für die ursprüngliche Klage sogar entfallen soll[10]. Jedoch wendet man § 641 d besser auch auf negative Vaterschaftsfeststellungsklagen entsprechend an → dort Rdnr. 4. Aus ganz ähnlichen Gründen braucht man dem Kind nicht das Recht zu geben, gegen die Klage eines Mannes auf Feststellung seiner nichtehelichen Vaterschaft Widerklage mit identischem Klageziel zu erheben, um zum Anwendungsbereich des § 643 zu gelangen → dort Rdnr. 2.

IV. Prozeßgericht und Vormundschaftsgericht

5   Ein **gleichzeitiges Ehelichkeitsanfechtungsverfahren vor dem Prozeßgericht und dem Vormundschaftsgericht** ist unzulässig. Dem zeitlich späteren Rechtsschutzbegehren steht der Einwand der Rechtshängigkeit entgegen[11], wenn die Ehelichkeit des Kindes nach dem Tode des Scheinvaters von den Manneseltern durch Klage vor dem Prozeßgericht (§ 1599 Abs. 1 BGB) und vom Kind durch Antrag beim Vormundschaftsgericht (§ 1599 Abs. 2 S. 2 BGB) angefochten wird. Die Unzulässigkeit des später erhobenen Rechtsschutzbegehrens hat zwar zur Folge, daß der betroffene Anfechtungsberechtigte sein Recht entgegen §§ 1595 ff. BGB zunächst nicht in der dafür vorgesehenen Prozeßart aktiv verfolgen kann. Dieser Nachteil muß jedoch in Kauf genommen werden. Denn in Anbetracht des im Anfechtungsverfahren geltenden Untersuchungsgrundsatzes wiegt er ungleich leichter als die Unzuträglichkeit doppelter Prozeßführung und vor allem die Gefahr einander widersprechender Entscheidungen. Jedoch muß man, wenn die Eltern des verstorbenen Mannes Klage erhoben haben, das Kind entgegen § 1599 Abs. 2 S. 2 BGB zur Widerklage berechtigen[12], so wie es den Eltern unbenommen bleibt, vor dem Vormundschaftsgericht auch ihr Anfechtungsrecht geltend zu machen, wenn das Kind dort einen Antrag gestellt hat. Dem Klageverfahren prinzipiell den Vorrang einzuräumen[13], hätte den Nachteil, daß die Eltern des Mannes einen aussichtsreichen und entscheidungsreifen Feststellungsantrag des Kindes durch Klageerhebung unzulässig machen und somit eine Verzögerung der endgültigen Feststellung herbeiführen könnten. Zudem würde dem Kind endgültig die kompliziertere Prozeßart aufgezwungen. Die Anfechtungsfrist ist als gewahrt anzusehen, wenn sie im Laufe des Anfechtungsstreits abgelaufen war, dieser in der Folgezeit ohne Sachurteil endete und der Beklagte bzw. Antragsgegner nunmehr sein eigenes Anfechtungsrecht geltend macht → § 640 g Rdnr. 3.

---

[8] *OLG Hamburg* DAVorm 1971, 141 = FamRZ 384.
[9] *Büdenbender* (§ 641 d Fn. 1) 80.
[10] *Odersky*[4] (vor § 640 Fn. 1) II 1 a; *Bergerfurth* FamRZ 1970, 362 N 5. – A.M. *OLG Düsseldorf* NJW 1973, 1331 = FamRZ 212 = MDR 675 für den vergleichbaren Fall der Anfechtungsklage nach Art. 12 § 3 NEhelG → § 644 Anh II.
[11] Nach *Baur* (FamRZ 1962, 508, 511) und *Dölle* (FamR § 88 VI 1) ist in diesem Fall das Verfahren vor dem Vormundschaftsgericht aus Gründen der Prozeßökonomie und zur Vermeidung einander widersprechender Entscheidungen auszusetzen. Grundsätzliches zur Anwendbarkeit des § 261 bei gleichzeitiger Anhängigkeit eines Verfahrens vor dem Prozeßgericht und dem Richter der freiwilligen Gerichtsbarkeit → § 261 Rdnr. 8.
[12] So mit Recht *Gernhuber* FamR[3] § 45 VI N 6 Fn. 9.
[13] So anscheinend *Gernhuber* aaO.

V. Subjektive Klagehäufung

Denkbar sind subjektive Klagehäufungen, etwa in der Weise, daß das Kind gegen Vater und Mutter oder diese gegen jenes auf Feststellung klagen, es sei deren gemeinschaftliches eheliches Kind. Auch Feststellungs- oder Anfechtungsklagen mehrerer Kinder gegen ein und dieselbe Person oder gemeinschaftliche Eltern wird man zulassen müssen, auch wenn es sich nicht um Zwillinge handelt. In solchen Fällen entsteht aber, wie auch sonst bei subjektiver Klagehäufung, nur eine äußere Zusammenfassung mehrerer Verfahren. Die Klage des einen Streitgenossen kann dann durchaus abgewiesen und dennoch der des anderen stattgegeben werden. Das Urteil wirkt immer nur im Verhältnis zu denjenigen Personen, zwischen denen es ergangen ist → § 640h Rdnr. 7. Stirbt im Falle der subjektiven Klagehäufung einer der Beteiligten, so gilt § 628 nur im Verhältnis zu ihm und seinen Gegnern.

Der Umstand, daß die Verbindung einer Feststellungsklage mit einer Anfechtungsklage nicht untersagt ist, führt dazu, daß die **Ehelichkeitsanfechtungsklage des Kindes mit dessen Klage gegen einen anderen Mann auf Feststellung seiner nichtehelichen Vaterschaft** verbunden werden kann. Ist das Kind Beklagter der Ehelichkeitsanfechtungsklage, so kann es zwar nicht gegen seinen vermeintlichen nichtehelichen Vater »Widerklage« erheben. Es kann ihn jedoch selbständig verklagen und die Verbindung beider Verfahren nach § 147 beantragen. Alles spricht dafür, daß das Gericht dann von dem ihm zustehenden Ermessen Gebrauch machen soll.

Eine **alternative oder hilfsweise subjektive Klagenhäufung** ist, wie auch sonst → vor § 59 Rdnr. 3, unzulässig. Ein Kind kann daher nicht mehrere Männer auf Feststellung der nichtehelichen Vaterschaft in der Weise verklagen, daß der eine oder andere oder – hilfsweise gestaffelt – in erster Linie der eine, im Mißerfolgsfall der andere verurteilt werden möge[14]. Denkbar ist jedoch eine unbedingte subjektive Klagenhäufung gegen mehrere Männer mit der offen getragenen Konsequenz, daß die Klage höchstens gegen einen von ihnen erfolgreich sein kann[15]. Gegen den Grundsatz der prozessualen Wahrheitspflicht verstößt[16] ein solches Vorgehen nicht, weil dieser Grundsatz nur bewußt wahrheitswidrige Behauptungen verbietet, nicht aber bewußte Widersprüche, wenn eine Prozeßpartei über keine der vorgebrachten Alternativen sichere Aussagen machen kann → § 138 Rdnr. 2. Eine positive Feststellungsklage des nichtehelichen Kindes und eine – ebenfalls positive – Feststellungsklage eines anderen Vaterschaftsprätendenten → § 640 Rdnr. 11 aE können miteinander verbunden werden.

VI. Rechtsfolgen unzulässiger Verbindungen

Wenig erörtert ist, wie das Gericht genau zu verfahren hat, wenn den unter I.-IV. entwickelten Grundsätzen zuwider der Kläger Anträge kumuliert oder der Beklagte Widerklageanträge stellt. Die Frage ist in der Zeit unmittelbar nach Inkrafttreten des NEhelG akut geworden, als in Unkenntnis der Rechtslage Vaterschaftsfeststellungsanträge mit bezifferten Unterhaltsanträgen verbunden wurden. Die Frage ist aber allgemeiner Natur. Ein Gericht wollte unter Verstoß gegen § 640c auf Zahlung bezifferter Unterhaltsbeiträge gerichtete Anträge durch Prozeßurteil[17] abweisen. Jedoch ist hierbei übersehen worden, daß ein Statusverfahren nicht, ähnlich einem Urkundenprozeß, dadurch zustande kommt, daß Klage in einer bestimmten Prozeßart erhoben wird. Die Eigenschaft eines Statusverfahrens richtet sich vielmehr gemäß § 640 Abs. 2 ausschließlich nach seinem Streitgegenstand → § 640 Rdnr. 1. Das bedeutet, daß,

---

[14] So mit Recht *Lüderitz* FamRZ 1966, 613 (621).
[15] Regierungsentwurf BTDrucks V 3719, 37f.
[16] So *Damrau* FamRZ 1970, 285 (286); andeutungsweise so auch *Lüderitz* aaO. *Göppinger* FamRZ 1970, 125 hält die Klagenverbindung wegen der Sondervorschrift des § 641b für unzulässig.
[17] OLG Düsseldorf FamRZ 1971, 383f.; ebenso *Damrau* FamRZ 1970, 285 (290).

wie auch sonst bei Verbindungen von Klagen, auf die unterschiedliche Prozeßarten anwendbar sind, die Verfahren von Amts wegen getrennt werden müssen[18]. Das Verfahren über den bezifferten Unterhaltsantrag ist auf Antrag nach § 154 Abs. 2[19] auszusetzen, ohne daß eine vorherige Abtrennung nötig wäre. Dies gilt auch dann noch, wenn die Statusklage abgewiesen wird, ohne daß schon vorher ausgesetzt worden wäre[20], das Verfahren aber weiterhin in der Berufungsinstanz schwebt. Stellt niemand Aussetzungsantrag, so darf erst nach Trennung die verbundene Unterhaltsklage als zur Zeit unbegründet[21] abgewiesen werden. Wird die Inkorrektheit der Verbindung erst im Berufungsverfahren entdeckt, so muß wegen des Verfahrensfehlers zurückverwiesen werden[22].

Berufungsgericht ist immer das OLG, auch in dem Fall, in dem das AG im Kindschaftsprozeß über einen Antrag, der unter Verstoß gegen § 640c verbunden wurde, entschieden hat[23].

§ 640 d [Einschränkung des Amtsermittlungsgrundsatzes]

Ist die Ehelichkeit eines Kindes oder die Anerkennung der Vaterschaft angefochten, so kann das Gericht gegen den Widerspruch des Anfechtenden Tatsachen, die von den Parteien nicht vorgebracht sind, nur insoweit berücksichtigen, als sie geeignet sind, der Anfechtung entgegengesetzt zu werden.

Gesetzesgeschichte: Eingefügt BGBl. 1969 I 1243

1   Die Vorschrift entspricht, beschränkt auf die genannten Klagearten, dem § 616 Abs. 2. Das Gericht hat daher etwa in jedem Fall von Amts wegen zu ermitteln, ob die Anfechtungsfrist gewahrt ist[1]. Nur die objektive Beweislast trifft insoweit den Beklagten[2]. Das Gericht darf aber nicht etwa von Amts wegen Ermittlungen über einen Mehrverkehr der Mutter – allgemein oder mit einem bestimmten Mann – anstellen, wenn der Anfechtende dem widerspricht[3]. Das gilt auch für den Zeitpunkt des ersten Geschlechtsverkehrs des Anfechtenden mit der Mutter des Kindes, wenn durch einen angenommenen früheren Zeitpunkt, als vom Anfechtenden behauptet, die Kenntnis von »Umständen« i.S. von § 1594 Abs. 2 BGB entfiele[4]. Die Vorschrift bezieht sich im übrigen nur auf **Tatsachen, nicht auf Beweismittel**[5]. »Tatsachen« i.S. von § 640d sind freilich nicht solche gegen die Abstammung sprechenden bloße Indizien, die erst aufgrund sachverständiger Untersuchung ans Licht kommen können. Wenn der Anfechtende daher behauptet hat, seine Vaterschaft sei offenbar unmöglich, kann und muß das Gericht von Amts wegen und dies gegebenenfalls auch gegen den Widerspruch

---

[18] *BGH* NJW 1974, 751 (752) = FamRZ 249 → § 260 Rdnr. 33, 50.
[19] So auch *OLG Hamm* NJW-RR 1988, 1354 (1355) = FamRZ 1317, das darüber hinaus der Ansicht ist, daß auch ohne Antrag gemäß § 154 Abs. 2, 148 ausgesetzt werden muß.
[20] *OLG Karlsruhe* FamRZ 1974, 263 (264).
[21] Nicht: »unzulässig«: *BGH* aaO. So auch *OLG Düsseldorf* FamRZ 1971, 594f. für einen Übergangsfall, in welchem zwar die Verbindung zulässig, aber der Unterhaltsanspruch vor rechtskräftiger Vaterschaftsfeststellung nicht entscheidungsreif war. – A.M. *OLG Hamm* NJW-RR 1988, 1354 = FamRZ 1317: das Unterhaltsverfahren muß auch ohne Antrag von Amts wegen gemäß §§ 154 Abs. 2, 148 ausgesetzt werden.

[22] *OLG Hamm* NJW-RR 1988, 1354 (1355) = FamRZ 1317; *OLG Bamberg* FamRZ 1974, 161.
[23] *BGH* NJW 1980, 292 = FamRZ 48; *OLG Hamm* FamRZ 1988, 1317 = NJW-RR 1354; im übrigen → § 640a Rdnr. 1.
[1] *BGH* NJW 1980, 1335 = FamRZ 1979, 1007; *BGH* NJW 1990, 2813 = FamRZ 507.
[2] *RG* Warn 21 Nr. 100: *RG* Warn 31 Nr. 127; *BGH* NJW 1952, 302; *OLG Neustadt* MDR 1961, 769.
[3] *Odersky*[4] (vor § 640 Fn. 1) 2a.
[4] *BGH* NJW 1980, 1335 = FamRZ 1979, 1007; *BGH* NJW 1990, 2813 = FamRZ 507.
[5] So mit Recht *Thomas-Putzo*[18] Rdnr. 1.

des Anfechtenden allen Sachverständigenbeweis erheben, der zur Aufklärung notwendig ist. Das gilt vor allem für Blutgruppen- und Ähnlichkeitsgutachten[6].

Die Vorschrift gilt selbst für den Fall, daß der Verwertung von Tatsachen, die von der beklagten Partei vorgebracht wurden, vom Kläger widersprochen wird[7]. 2

Ein Widerspruch liegt auch dann vor, wenn der Anfechtende Tatsachen vorbringt, die mit denen vom Gericht ermittelten oder zu ermittelnden oder mit den vom Beklagten vorgebrachten unvereinbar sind[8]. 3

Schließlich erfordert der Sinn der Vorschrift ihre Anwendung auch im Verfahren vor dem Vormundschaftsgericht nach § 1599 Abs. 2, § 1600l Abs. 2 BGB[9]. 4

§ 640 e [Beiladung]

Ist an dem Rechtsstreit ein Elternteil nicht als Partei beteiligt, so ist er unter Mitteilung der Klage zum Termin zur mündlichen Verhandlung zu laden. Hat die Mutter die Anerkennung der Vaterschaft angefochten, so ist das Kind unter Mitteilung der Klage zum Termin zur mündlichen Verhandlung zu laden. Der Elternteil oder das Kind kann der einen oder anderen Partei zu ihrer Unterstützung beitreten.

Gesetzesgeschichte: Eingefügt BGBl. 1969 I 1243

I. Sinn der Vorschrift

Die Vorschrift[1] schloß 1976 für den Bereich des Kindschaftsrechts eine Lücke, welche im ganzen Ehe- und Kindschaftsrecht klaffte. Wegen der über die Rechtsbeziehungen unter den Verfahrensparteien hinausreichenden Gestaltungs- oder Feststellungswirkungen des Statusurteils konnte es vorkommen, daß Personen mit ihren Rechten präjudiziert wurden, ohne im Verfahren rechtliches Gehör erhalten zu haben. Das galt vor allen Dingen bezüglich der Mutter im Ehelichkeitsanfechtungsverfahren, welches sie im Falle des Klageerfolgs in den Status einer nichtehelichen Mutter versetzte. Ohne die Bestimmung würde auch dem Kind das rechtliche Gehör dann vorenthalten, wenn der Streit um die Anfechtung eines Vaterschaftsanerkenntnisses zwischen Mutter und Mann ausgetragen wird. § 640e hat jedoch **den Kreis der zum Verfahren zuzuziehenden Personen** weiter gezogen, als wegen der drohenden Urteilswirkungen zu Lasten Dritter verfassungsrechtlich notwendig gewesen wäre, ohne andererseits alle Beiladungspflichtigen zu erfassen → Rdnr. 7. Die Rechtsstellung der Beigeladenen ist höchstpersönlich und erlischt mit ihrem Tod ersatzlos. Ist ein Elternteil schon als gesetzlicher Vertreter am Verfahren beteiligt, braucht er nicht noch beigeladen zu werden. Die Befugnis zur Nebenintervention gemäß § 66 wird durch § 640e nicht eingeschränkt[2]. 1

---

[6] *Odersky* aaO 2b; *OLG Hamburg* DAVorm 1972, 277.
[7] *BGH* aaO.
[8] *BGH* aaO; anders wohl *MünchKommZPO-Coester-Waltjen* § 640d Rdnr. 2, wo ein ausdrücklicher Widerspruch verlangt wird.
[9] *Odersky* aaO 3; *Gernhuber* FamR[3] § 45 VI 3; *Palandt-Diederichsen*[51] § 1599 Rdnr. 2.

[1] Lit.: *Beck* Die Beteiligung des potentiellen außerehelichen Erzeugers am Prozeß über die Anfechtung der Ehelichkeit FS Mühl (1981) 85 ff.
[2] BGHZ 76, 299, 302 = FamRZ 1980, 559 = NJW 1693; *MünchKommZPO-Coester-Waltjen* § 640e Rdnr. 3.

II. Voraussetzung der Beiladung.

2   Die Vorschrift ist leider in den Denkkategorien des materiellen Rechts – «ein Elternteil» – geschrieben, obwohl häufig gerade geklärt werden soll, wer «Elternteil» ist. Gelten gesetzliche Vermutungen mit Rechtsausübungssperren, die durch die Klage erst beseitigt werden sollen, so ist der vermutete Elternteil beizuladen, sonst die Person, welche als anderer Elternteil feststeht, falls das in Anspruch genommene Kindschaftsverhältnis besteht. Beizuladen sind in den einzelnen Statusverfahren, § 640 Rdnr. 2, folgende Personen:

3   1. Ist **Klage auf Feststellung des Bestehens der schon bei Geburt als ehelich geltenden Abstammung** erhoben, so ist die Ehe, aus welcher das Kindschaftsverhältnis hergeleitet wird, entscheidend für die beizuladende Person. Soll nach dem Wunsch des Klägers festgestellt werden, daß ein eheliches Kindschaftsverhältnis nicht besteht, so ist für die beizuladende Person diejenige Ehe entscheidend, aus der der Beklagte seine Stellung als eheliches Kind des Klägers herleitet. Bekämpft dieser sachlich die Klage nicht, so ist diejenige Ehe maßgebend, aus der zu stammen für das Kind behauptet wird oder sonst in Frage kommt. Dies alles gilt grundsätzlich auch, wenn die Rechtsstellung eines ehelichen Kindes aus einer Ehe hergeleitet wird, die zur **nachfolgenden Legitimation** geführt hat. Kann jedoch, wie meist, der Legitimationsschein nur durch eine Wiederaufnahmeklage gegen das Vaterschaftsfeststellungsurteil des Nichtehelichenrechts oder durch eine Klage auf Anfechtung des Vaterschaftsanerkenntnisses bekämpft werden → § 640 Rdnr. 5, so gelten die für diese Klage maßgebenden Grundsätze → Rdnr. 4. Die Beiladungsnotwendigkeit richtet sich auch bei klageweisen Angriffen auf die Rechtsstellung eines Kindes, das für ehelich erklärt worden ist, nach dem im konkreten Fall in Frage kommenden Klagetyp → § 640 Rdnr. 7. Für den Fall, daß ein Adoptionsverhältnis eine Rolle spielt → Rdnr. 5.

4   2. Wird die **Klage auf Festellung des Bestehens oder Nichtbestehens der nichtehelichen Vaterschaft** oder **auf Anfechtung eines Vaterschaftsanerkenntnisses** erhoben → § 640 Rdnr. 8ff., so ist die Mutter beizuladen. Geht eine Klage auf Feststellung der Mutterschaft einer im Zeitpunkt der Geburt unverheirateten Frau oder, speziell, der nichtehelichen Mutterschaft → § 640 Rdnr. 14ff., so kann kein Mann als nichtehelicher Vater beigeladen werden, der nicht als solcher festgestellt ist oder die Vaterschaft anerkannt hat. Er dürfte angesichts von § 1600a S. 2 BGB nicht als Elternteil angesprochen werden. Zur entsprechenden Anwendung auf potentielle andere Väter im Vaterschaftsprozeß → Rdnr. 7.

5   3. Ist die Klage auf Feststellung des Bestehens oder Nichtbestehens eines **durch Adoption begründeten Kindschaftsverhältnisses** gerichtet → § 640 Rdnr. 17, so ist nach dem Wortsinn der Vorschrift lediglich dann eine Beiladung notwendig, wenn als Kläger oder Beklagter nur ein Adoptivelternteil beteiligt ist. Dem Sinn der Vorschrift entspricht es aber, in diesem Fall auch die leiblichen Eltern beizuladen. Entsprechendes gilt umgekehrt, wenn sich die Klage auf Feststellung des ungeschmälerten Eltern-Kindesverhältnisses → § 640 Rdnr. 17 gegen die leiblichen Eltern richtet oder von ihnen ausgeht, aber damit begründet wird, das von der Gegenseite oder den Adoptivelternschafts-Prätendenten behauptete Adoptionsverhältnis bestehe nicht: Letztere sind beizuladen.

6   4. Verfahren, welche die Feststellung des Bestehens oder Nichtbestehens der **elterlichen Sorge** zum Gegenstand haben → § 640 Rdnr. 18, lösen eine Beiladungspflicht nicht aus, wenn die elterliche Sorge der nichtehelichen Mutter im Spiele ist. Wird um die elterliche Sorge eines Elternteils gestritten, der als ehelicher Elternteil klagt oder beklagt wird, so ist über die Beiladungspflicht wie im Fall der Rdnr. 3 zu entscheiden.

5. Wenn § 640 e auch die Beiladung von Personen unabhängig davon vorsieht, ob sie einen verfassungsrechtlich abgesicherten Anspruch auf rechtliches Gehör haben, so ist man dennoch nicht gehindert, die **Vorschrift entsprechend auf solche Fälle anzuwenden, wo ein verfassungsrechtlich gesicherter Anspruch auf rechtliches Gehör** besteht, ohne daß der einfache Gesetzgeber seiner gedacht hätte. Das gilt vor allen Dingen hinsichtlich der am Verfahren als Hauptpartei nicht beteiligten Männer, die als Vater in Betracht kommen[3]. Sind diese selbst Vaterschaftsprätendenten, so präkludiert das erstrebte Urteil ihre Rechtsstellung. Wehren sie sich, wie regelmäßig, dagegen, als Vater in Anspruch genommen zu werden, so wird ihre spätere Rechtsverteidigung dadurch verkürzt, daß sie im Falle der Abweisung der gegen einen anderen Mann gerichteten Klage oder im Falle des Erfolges der Ehelichkeitsanfechtungsklage an die Feststellung des Nichtbestehens von dessen Vaterschaft gebunden sind → § 640h Rdnr. 7, 9. Auch das kann nicht geschehen, ohne ihnen rechtliches Gehör einzuräumen. Zwar bleibt ihnen die Möglichkeit der Nebenintervention. So kann der als außerehelicher Erzeuger in Betracht kommende Mann dem Kind im Ehelichkeitsanfechtungsverfahren beitreten und entsprechend Rechtsmittel gegen ein ihm ungünstiges Urteil einlegen[4]. Die abstrakte Möglichkeit der sicher auch ohne Beiladung zulässigen[5] streitgenössischen Nebenintervention → § 69 Rdnr. 3[6] oder der Erhebung der Hauptintervention[7] genügt nicht[8]. Das gilt mindestens dann, wenn der Dritte zumutbarerweise vom Gang des Verfahrens nichts hat wissen können. Aber auch falls er davon unterrichtet war, etwa als Mehrverkehrszeuge angehört oder untersucht wurde, so ist es ihm im allgemeinen nicht anzulasten, wenn ihm unbekannt war, daß das ergehende Urteil auch ihn binden wird und er deshalb die Möglichkeit gehabt hätte, als Subjekt am Verfahren teilzunehmen. Eine Streitverkündung mit Aufklärung über ihre Bedeutung reicht aber aus → § 641b Rdnr. 3. Wegen § 640h S. 2 nicht notwendig ist hingegen eine Beiladung ehelicher Vaterschaftsprätendenten. 7

6. § 640 e gilt auch im **Wiederaufnahmeverfahren**. Die früher Beigeladenen sind erneut beizuladen. Diejenigen sind erstmals beizuladen, die schon im Vorprozeß hätten beigeladen werden müssen, aber fälschlicherweise oder deshalb nicht beigeladen wurden, weil das Urteil aus der Zeit vor dem 1.7.1970 stammt. Ist im Prozeß das Bestehen oder Nichtbestehen einer ehelichen oder nichtehelichen Vaterschaft oder, bei Ehelichkeitsanfechtungsklagen, die Nichtehelichkeit des Kindes festgestellt worden, so ist darüber hinaus beizuladen, wer in der Zwischenzeit die nichteheliche Vaterschaft anerkannt hat oder als Vater festgestellt worden ist, weil er in seinen Rechten mindestens ebenso betroffen ist wie ein »anderer Elternteil«. 8

III. Die prozessuale Behandlung der Beiladung

1. Tritt der Beigeladene nicht bei → Rdnr. 11, 12, so muß er nach dem Wortlaut der Vorschrift und der Vorstellung ihrer Schöpfer unter Beifügung der Klage lediglich zum ersten Termin geladen werden. Eine Ladung zu weiteren Terminen hält man demgemäß allgemein für entbehrlich[9]. Man darf jedoch nicht aus dem Auge verlieren, daß die Vorschrift keinesfalls 9

---

[3] So, wenn auch hilfsweise zu einer anderen von ihm für richtig gehaltenen Ansicht (→ Fn. 4) *Odersky*[4] (vor § 640 Fn. 1) § 641 k 2. Beschränkt auf die Vaterschaftsprätendenten ebenso *Zöller-Philippi*[17] § 641k Rdnr. 2 – A.M. BGHZ 83, 391 = NJW 1982, 1652 = FamRZ 692; BayObLG DAVorm 1992, 526.
[4] BGHZ 76, 299, 302 = FamRZ 1980, 559 = NJW 1693; BGHZ 92, 275 = FamRZ 1985, 61 = NJW 386; OLG Hamm FamRZ 1980, 392. – A.M. noch OLG Hamm FamRZ 1978, 928.
[5] OLG Oldenburg NJW 1975, 883.
[6] Wegen richtigerweise abweichend von BGH vorzu-

nehmender Bestimmung der Rechtskraft nach § 640h (→ dort Rdnr. 7) entgegen BGH aaO doch streitgenössische Nebenintervention! – A.M. aber auch *MünchKommZPO-Coester-Waltjen* § 640e Rdnr. 4.
[7] Zulässig: *Roth-Stielow*[2] (vor § 640 Fn. 1) Rdnr. 72.
[8] *Schlosser* Gestaltungsklagen und Gestaltungsurteile (1966) § 22 I. – A.M. wohl *Odersky*[4] (vor § 640 Fn. 1) § 641k 2; *MünchKommZPO-Coester-Waltjen* § 640e Rdnr. 3.
[9] *Odersky*[4] (§ 640 Fn. 1) 3; *Thomas-Putzo*[18] Rdnr. 1; *Damrau* FamRZ 1970, 285, 286; *Rosenberg-Schwab*[14] § 170 II 5 Fn. 17; *Brüggemann* FamRZ 1969, 120, 123.

nur eine besondere Vergünstigung darstellt, die der Gesetzgeber bestimmten Personen gewährt, die nicht Prozeßpartei sind. In weiten Teilen ihres Anwendungsbereiches ist sie eine zwingende Folge des verfassungsrechtlich garantierten Anspruchs auf rechtliches Gehör[10]. Dem genügt eine im übrigen kommentarlose Ladung unter Beifügung der Klageschrift nicht[11]. Eindeutig fehlerhaft ist eine Ladung ohne Mitteilung der Klage. Es handelt sich um einen schweren Verfahrensfehler, der nur dann nicht zur Zurückweisung der Sache an die erste Instanz führt, wenn das Berufungsgericht die Beiladung nachholt und anschließend selbst in der Sache entscheidet[12]. Der Geladene muß mindestens in groben Zügen über seine prozessuale Rolle und seine Risiken aufgeklärt werden, insbesondere in dem Fall, in dem er zugleich Zeugenstellung innehat[13]. Im Falle des § 856 Abs. 3 vertritt man denn auch den Standpunkt, daß die Ladung in der Form der Streitverkündung zu geschehen habe → § 856 Rdnr. 2. § 73 ist daher entsprechend anwendbar. Überträgt man diese Gedanken auf die Beiladung gemäß § 640e, dann muß das Gericht dem Geladenen mitteilen, daß er an das ergehende Urteil gebunden sein wird und daher Gelegenheit hat, dem Verfahren beizutreten. Aus der Garantie des rechtlichen Gehörs und seiner Effizienz folgt auch, daß dem Geladenen mitgeteilt werden muß, Ladungen zu künftigen Terminen, die Zuleitung von Schriftsätzen der Prozeßparteien oder schriftlicher Mitteilungen des Gerichts würden unterbleiben, wenn er dem Verfahren nicht beitritt. Nur wenn diesen Erfordernissen Rechnung getragen ist, verlangt die Garantie des rechtlichen Gehörs keine weitere Beteiligung des nicht beigetretenen Dritten am Verfahren mehr. Das gilt auch hinsichtlich solcher Dritter, deren Verfahrensbeteiligung verfassungsrechtlich nicht zwingend ist. § 640e hat zum Ausdruck gebracht, sie sollen förmlich zum Verfahren zugezogen werden. Dann verlangt aber Art. 103 Abs. 1 GG auch die Gewährung rechtlichen Gehörs, wie wenn die Beiladung schon von Verfassungs wegen zwingend wäre. Ist der Dritte nicht geladen worden, so muß die Ladung unter Anberaumung eines neuen Verhandlungstermins nachgeholt werden[14]. Nur falls gewährleistet ist, daß der Dritte mit allem Vorbringen gehört wird, ist dem Anspruch auf rechtliches Gehör und damit dem § 640e genügt, wenn die in erster Instanz unterlassene Beiladung in der Berufungsinstanz nachgeholt wird[15]. Im allgemeinen wird unter diesen Voraussetzungen wegen des Unterbleibens einer Beiladung daher nicht zurückzuverweisen sein[16].

10   2. Hinsichtlich der **Rechtsstellung des Beigeladenen** sagt § 640e nur, er könne der einen oder anderen Partei zu ihrer Unterstützung beitreten. Macht der Dritte davon Gebrauch, wozu er gegebenenfalls Anspruch auf Gewährung von Prozeßkostenhilfe hat[17], erhält er die Stellung eines streitgenössischen Nebenintervenienten gemäß § 69[18]. Daraus ergibt sich vor allen Dingen, daß der Beigeladene nicht mehr als Zeuge vernommen werden kann, sondern als Partei aussagen muß[19], eine Konsequenz, die besonders für die nichteheliche Mutter praktisch wird[20]. Auch § 613 ist auf den Beigeladenen anwendbar[21], nicht aber § 607.

---

[10] S. dazu meine Schrift Gestaltungsklagen und Gestaltungsurteile (1966), 211, 214 f. → vor § 606 Rdnr. 20.
[11] So mit Recht *Roth-Stielow*² (vor § 640 Fn. 1) Rdnr. 63.
[12] OLG Koblenz DAVorm 1981, 55.
[13] *MünchKommZPO-Coester-Waltjen* § 640e Rdnr. 6.
[14] *Thomas-Putzo*[18] Rdnr. 3; *Odersky*⁴ (vor § 640 Fn. 1) 2.
[15] Ähnlich *Roth-Stielow*² (vor § 640 Fn. 1) Rdnr. 64 f. Eine Nachholung der Beiladung im Berufungsverfahren generell zulassend OLG Düsseldorf FamRZ 1971, 377.
[16] OLG Düsseldorf aaO; OLG Stuttgart DAVorm 1974, 250.
[17] So mit Recht OLG Frankfurt FamRZ 1984, 1041; OLG Stuttgart DAVorm 1984, 610; OLG Koblenz FamRZ 1986, 1233 u. OLG Karlsruhe DAVorm 1992,

994; für die Mutter als Nebenintervenientin. – A.M. OLG Hamm DAVorm 1987, 682.
[18] BGHZ 89, 121 = NJW 1984, 353 = FamRZ 164; *Thomas-Putzo*[18] Rdnr. 2; *Odersky* aaO 4; *Roth-Stielow*² (vor § 640 Fn. 1) Rdnr. 69; *MünchKommZPO-Coester-Waltjen* § 640e Rdnr. 11. Im Falle der Teilnahme als Nebenintervenient aus eigenen Stücken schon für das frühere Recht so RG DR 1944, 914.
[19] OLG Hamm FamRZ 1978, 204; OLG Karlsruhe FamRZ 1973, 104; OLG Düsseldorf FamRZ 1971, 377; *Odersky* aaO 4; *Damrau* FamRZ 1970, 285, 286.
[20] Auch der nicht Beigetretene darf aber nur als Partei vernommen werden: *Roth-Stielow*² (vor § 640 Fn. 1) Rdnr. 72; im übrigen OLG Hamm FamRZ 1978, 204.
[21] *Damrau* FamRZ 1970, 285, 286.

Ist die Beiladung verspätet, dann können die Beschränkungen der prozessualen Befugnisse, die § 67 auch zu Lasten des streitgenössischen Nebenintervenienten → § 69 Rdnr. 7f., vorsieht, nicht gelten. Wohl aber gelten sie, wenn der rechtzeitig Beigeladene verspätet beitritt.

Im übrigen muß man den Wortlaut der Vorschrift sprengen und dem Dritten das Recht zum Beitritt geben, ohne ihn dazu zu zwingen, gleichzeitig eine der beiden Parteien zu unterstützen. Denn § 640e ist nur die prozessuale Verlängerung eigener Rechte des Dritten. Die Garantie des rechtlichen Gehörs verlangt daher, daß der Beigeladene in seiner Rechtsverteidigung nicht durch eine Zwangsanlehnung an die prozessuale Stellung der einen oder anderen Partei beschnitten wird. Der Beigeladene kann sich darauf beschränken zu sagen, ihm komme es nur darauf an, mitzuwirken, daß das Statusverhältnis in zuverlässiger Weise festgestellt werde. Bezüglich der Interventionswirkungen nach § 68 muß er sich dann freilich gegenüber jeder Partei so behandeln lassen, als wäre sie die ihm zugeordnete Hauptpartei. Eine Klageerweiterung kann der Beigeladene nicht erzwingen, wohl aber auf Abweisung der Klage plädieren, die der Beklagte selbst für begründet hält.

Zur Rechtsmitteleinlegungsbefugnis → § 641i Rdnr. 6.

3. § 640e sagt nichts dazu, ob die bloße, keinen Beitritt nach sich ziehende Beiladung **zu** **11** **Lasten des Dritten Urteilswirkungen** auslöst, welche sonst nicht eintreten, also über die in § 640h angeordnete gesteigerte Rechtskraft hinausgehen. Im ursprünglichen Anwendungsbereich der Vorschrift ist dies nicht der Fall. Am Verfahren teilgenommen i. S. v. § 640h haben auch solche Beigeladenen, die ihm nicht beigetreten sind[22] – genauso wie ein ausgebliebener Kläger oder Beklagter. Dafür, Beigeladene ähnlich den als streitgenössischen Nebenintervenienten Beitretenden an Urteilselemente zu binden, besteht, anders als im Fall von § 641b, keine Rechtsgrundlage. Im entsprechenden Anwendungsbereich der Vorschrift bezüglich solcher Männer, die auch als nichtehelicher Vater in Betracht kommen → Rdnr. 7, ist deren Bindung an die Entscheidungen, welche das Bestehen der Vaterschaft feststellen, in § 641k angeordnet. Hält man mit der hier vertretenen Ansicht die dort speziell für den Fall der Nichtbeteiligung angeordnete Bindungswirkung für einen Verfassungsverstoß, so ergeben sich aus der Beiladung mittelbar doch gesteigerte Urteilswirkungen.

4. Ist die **Beiladung unterblieben**, so ist mit Sicherheit in den Bereichen, wo die Verpflich- **12** tung des Gerichts zur Anhörung des Dritten bereits aus Art. 103 Abs. 1 GG folgt (etwa der Mutter im Ehelichkeitsanfechtungsprozeß), der **Anspruch auf das rechtliche Gehör verletzt**. Aber auch im übrigen Anwendungsbereich von § 640e gilt nichts anderes, weil das Gesetz einen Anspruch auf förmliche Verfahrensbeteiligung begründet hat. Unter diesen Voraussetzungen ist seine Mißachtung ebenfalls ein Verstoß gegen Art. 103 Abs. 1 GG → Rdnr. 9, vor § 606 Rdnr. 20. Mindestens folgt aus dem Anspruch auf rechtliches Gehör jedoch, daß demjenigen, der beigeladen hätte werden müssen, das Urteil zuzustellen ist. Ist auch dies unterlassen worden, laufen die Rechtsmittelfristen nicht an und das Urteil wird nicht rechtskräftig[23].

---

[22] *Odersky*[4] (vor § 640 Fn. 1) § 640h 3; *Brüggemann* FamRZ 1969, 122, 124; *Rosenberg-Schwab*[14] § 170 II 9. – A.M. *Roth-Stielow*[2] (vor § 640 Fn. 1) Rdnr. 77f.; *Zöller-Philippi*[17] Rdnr. 5.

[23] *BGHZ* 89, 121 = NJW 1984, 353 = FamRZ 164 = JR 156 mit abl Anm. bezüglich der Begründung *Waldner* JR 1984, 158.

§ 640f [Aussetzung des Verfahrens]

Kann ein Gutachten, dessen Einholung beschlossen ist, wegen des Alters des Kindes noch nicht erstattet werden, so hat das Gericht, wenn die Beweisaufnahme im übrigen abgeschlossen ist, das Verfahren von Amts wegen auszusetzen. Die Aufnahme des ausgesetzten Verfahrens findet statt, sobald das Gutachten erstattet werden kann.

Gesetzesgeschichte: Eingefügt BGBl. 1969 I 1243.

1   I. Die Vorschrift ist auf **erbbiologische Ähnlichkeitsgutachten zugeschnitten**, die erst erstellt werden können, wenn das Kind mindestens drei Jahre alt ist. → § 640 Rdnr. 39 ff., Anh § 644 Rdnr. 1. Ihre Anwendbarkeit auf andere Arten von Gutachten ist aber deshalb nicht ausgeschlossen. Auch im Falle von Entwicklungsstörungen oder krankheitsbedingter Begutachtungsunfähigkeit kann die Bestimmung herangezogen werden[1]; nicht freilich im Falle anderer Begutachtungshindernisse, vor allem nicht im Falle der Unerreichbarkeit des beklagten Mannes oder von Mehrverkehrszeugen[2]. Das Gericht ist verpflichtet, förmlich auszusetzen und nicht informell die Zeit abzuwarten, ist aber ebenso gehalten, alle Beweiserhebungen vorzunehmen, die vorher erledigt werden können[3]. Ob das erst später erstellbare Gutachten von Amts wegen oder auf Antrag einer Partei eingeholt werden soll, bleibt sich gleich. Nicht nur die Aussetzung, sondern auch die Aufnahme des Verfahrens geschieht von Amts wegen[4].

2   II. Gegen die Aussetzung kann nach § 252 ZPO iVdgm § 119 Abs. 1 Nr. 2 GVG **Beschwerde zum OLG** eingelegt werden, auch wenn es sich um einen kombinierten Beweis- und Aussetzungsbeschluß handelt[5]. Dem Beschwerdegericht steht aber nur eine solche Überprüfung zu, die nicht in die Beweiswürdigung des erstinstanzlich mit der Sache befaßten Gerichts eingreift[6]. Die Beschwerde ist aber dann begründet, wenn die Aussetzung aus Rechtsgründen unzulässig oder rechtsmißbräuchlich ist, wenn das Amtsgericht also nicht vor der Aussetzung alle anderen Beweiserhebungsmöglichkeiten erschöpft hat[7] oder von einer zur Einholung des Gutachtens nicht notwendig langen Zeit ausgegangen ist.

3   III. Wie alle Beschlüsse, gegen die ein Rechtsmittel statthaft ist → § 329 Rdnr. 10 müssen Aussetzungsbeschlüsse begründet werden. Läßt die Begründung erkennen, daß die Entscheidung über die Aussetzung von ermessensfehlerhaften Erwägungen getragen ist, so ist der Beschwerde stattzugeben. Das gilt vor allen Dingen, wenn nicht erkenntlich ist, ob sich das Gericht über die Zulässigkeit der Klage oder über ihre Entscheidungsreife ausreichend Gedanken gemacht hat. Jedoch kann dann das erstinstanzliche Gericht mit tragfähiger Begründung erneut aussetzen.

---

[1] *Roth-Stielow*[2] (vor § 640 Fn. 1) Rdnr. 295; *MünchKommZPO-Coester-Waltjen* § 640f. Rdnr. 1.
[2] *OLG Köln* FamRZ 1983, 825 = IPRspr 1983 Nr. 160; *OLG Hamm* DAVorm 1972, 509.
[3] *OLG Stuttgart* DAVorm 1972, 507.
[4] *Odersky* (vor § 640 Fn. 1) 2; *Zöller-Philippi*[17] Rdnr. 1; *Thomas-Putzo*[18] Rdnr. 3.

[5] Amtliche Begründung BTDrucks. V/3719 35; *OLG Nürnberg* FamRZ 1971, 590 f. m. N. zum Streitstand bezüglich des Rechts vor dem 1.7.1970; *Thomas-Putzo*[18] Rdnr. 2; *Odersky*[4] (vor § 640 Fn. 1) 4.
[6] *OLG Nürnberg* aaO; *Odersky* aaO 4.
[7] *OLG Nürnberg* aaO.

§ 640 g [Tod des Mannes im Anfechtungsprozeß]

(1) Hat der Mann die Klage auf Anfechtung der Ehelichkeit des Kindes oder auf Anfechtung der Anerkennung der Vaterschaft erhoben und stirbt er vor der Rechtskraft des Urteils, so ist § 619 nicht anzuwenden, wenn zur Zeit seines Todes seine Eltern oder ein Elternteil noch leben. Die Eltern können das Verfahren aufnehmen; ist ein Elternteil gestorben, so steht dieses Recht dem überlebenden Elternteil zu.

(2) War der Mann nichtehelich, so bleibt sein Vater außer Betracht.

(3) Wird das Verfahren nicht innerhalb eines Jahres aufgenommen, so ist der Rechtsstreit in der Hauptsache als erledigt anzusehen.

Gesetzesgeschichte: Vor § 640 Rdnr. 2–5. An die Stelle von § 641 a. F. getreten durch BGBl. 1969 I 1243. Änderung BGBl. 1976 I 1421.

I. Die tatbestandlich erfaßten Fälle

Stirbt eine der Prozeßparteien vor der Rechtskraft des Urteils, ist der Rechtsstreit grundsätzlich als in der Hauptsache erledigt anzusehen, § 640 Abs. 1 i.Vdg.m. § 619 → § 640 Rdnr. 49. Eine Ausnahme von diesem Grundsatz macht § 640 g Abs. 1 S. 1 für den Fall, daß der Mann eine Anfechtungsklage erhoben hat, vor Rechtskraft des Urteils aber stirbt und zur Zeit seines Todes wenigstens ein Elternteil, bei nichtehelichen Kindern die Mutter, noch lebt. Diese haben nämlich nach §§ 1595a, 1600g Abs. 2 BGB nach dem Tode des Mannes ein eigenes Anfechtungsrecht, das durch Aufnahme des früheren Verfahrens anstatt durch Neueinleitung eines solchen auszuüben, man ihnen zweckmäßigerweise gestatten wollte.

Stirbt eine Partei vor Rechtskraft des Urteils, so gilt also hinsichtlich Erledigung oder Nichterledigung im einzelnen folgendes:

1. Bei Anfechtung der Ehelichkeit durch den Scheinvater bzw. des **Vaterschaftsanerkenntnisses durch den Anerkennenden** ist der Rechtsstreit in der Hauptsache in folgenden Fällen erledigt:

a) Der Kläger stirbt nach dem Tode seiner Eltern, §§ 640 Abs. 1, 619.

b) Er stirbt zu Lebzeiten seiner Eltern oder eines Elternteils, und der Rechtsstreit wird von den Eltern, bzw. dem überlebenden Elternteil, nicht innerhalb eines Jahres aufgenommen, § 640 g Abs. 3; bei nichtehelichen Kindern tritt an die Stelle der Eltern oder eines Elternteils die Mutter, § 640 g Abs. 2.

c) Das Kind stirbt. In diesem Falle kann der Mutter-Gatte das Anfechtungsrecht durch Antrag beim Vormundschaftsgericht ausüben, § 1599 Abs. 2 S. 1 BGB. Da ihm das vor dem Tode des Kindes nicht möglich war, ist die Anfechtungsfrist für das Verfahren vor dem Vormundschaftsgericht selbst dann als gewahrt anzusehen, wenn sie im Laufe des Rechtsstreits vor dem Prozeßgericht abgelaufen war, der Scheinvater bzw. der Anerkennungsvater seinen Antrag aber nach dem Tode des Kindes alsbald gestellt hat[1].

2. Bei Anfechtung der Ehelichkeit oder der Vaterschaftsanerkennung durch die Manneseltern bzw. den überlebenden Elternteil tritt die Erledigung – auch nach Aufnahme des Rechtsstreits gemäß § 640 g – mit dem Tode des zuletzt sterbenden[2] Elternteils oder dem des

---

[1] *Staudinger-Göppinger*[12] § 1599 BGB Rdnr. 15; allg. M. Dieses Ergebnis gilt auch für die Fälle der Rdnr. 4, 5, wenn die Manneseltern bzw das Kind die Ehelichkeit durch Antrag beim Vormundschaftsgericht anfechten.

[2] Dieser führt gegebenenfalls als Überlebender das Verfahren alleine weiter: *Odersky*[4] (vor § 640 Fn. 1) § 640 III 2.

Kindes ein, § 640 Abs. 1, § 619. Im Falle des Todes des Kindes können die Eltern des Scheinvaters bzw. Anerkennungsvaters die Anfechtung nunmehr durch Antrag beim Vormundschaftsgericht betreiben, § 1599 Abs. 2 S. 1 BGB → Rdnr. 1.

4 3. Hatte **das Kind die Anfechtungsklage erhoben**, so ist der Rechtsstreit mit seinem Tode oder mit dem des Beklagten erledigt, §§ 640 Abs. 1, 619. Weder kann das Verfahren beim Tode des Kindes – von dessen Verwandten – noch beim Tode des Beklagten – gegen dessen Eltern – aufgenommen werden. Im letzteren Falle bleibt dem Kind jedoch die Möglichkeit eines Antrags beim Vormundschaftsgericht nach § 1599 Abs. 2 S. 2 BGB → Fn. 1.

5 4. Ist der **Mann oder das Kind vor Klageerhebung gestorben**, so ist eine Anfechung im ordentlichen Statusprozeß grundsätzlich überhaupt nicht mehr statthaft, sondern nur ein vormundschaftsgerichtliches Verfahren, § 1599 Abs. 2, § 16001 Abs. 2 BGB. Lediglich die Großeltern, welche zu Lebzeiten des Kindes dessen Ehelichkeit oder das Vaterschaftsanerkenntnis des Verstorbenen anfechten wollen, müssen Klage vor den ordentlichen Gerichten erheben. Bezüglich dann etwa auftretender Verfahrenskonkurrenzen → § 640c Rdnr. 4.

II. Rechtsfolgen der Anwendung von § 640g

6 1. In den von § 640g erfaßten Fällen führt der **Tod des klagenden Mannes** zum **Stillstand des Verfahrens**. Diese Rechtsfolge ist in § 640g zwar nicht ausdrücklich angeordnet. Auch scheint sie für die immerhin nicht seltenen Fälle anwaltschaftlicher Vertretung dem § 246 Abs. 1 zu widersprechen. Sie ergibt sich jedoch aus dem Umstand, daß die Aufnahme eines Verfahrens, wie sie § 640g verlangt, dessen vorherigen Stillstand voraussetzt. Die Jahresfrist von § 640g Abs. 3 würde zudem sonst ihren Sinn verlieren, nämlich den Manneseltern diese Zeit als Überlegungsfrist zu geben. Zum Stillstand des Verfahrens kommt es nach dem allgemeinen Grundsatz des § 239 Abs. 1 durch seine Unterbrechung[3], nicht durch seine Aussetzung. § 246 Abs. 1 ist nicht anwendbar, weil der Stillstand nach dem Sinn von § 640g auch ohne entsprechenden Antrag der Prozeßbevollmächtigten eintreten muß[4].

7 2. Die **Jahresfrist** von Abs. 3 beginnt mit dem Tode des Mannes[5], nicht erst mit Kenntnis der Manneseltern davon und von der Geburt des Kindes[6]. Das folgt bereits aus Wortlaut und systematischer Stellung von § 640g: Wenn die Vorschrift Regelungen für den Fall trifft, daß der Mann als Anfechtungskläger stirbt, und wenn sie die Aufnahme des Verfahrens durch die Manneseltern nur innerhalb eines Jahres zuläßt, so bezieht sich die Frist notwendigerweise auf den Tod des Mannes, nicht auf irgendwelche zusätzlichen späteren Ereignisse. Dem läßt sich nicht entgegenhalten, die Harmonie zwischen verschiedenen Vorschriften des materiellen Rechts erfordere eine übereinstimmende Berechnung der Fristen des § 640g und des § 1595a BGB. Denn eine Übereinstimmung ließe sich überhaupt nur erzielen, wenn auch die Ausschlußfrist des § 1595a Abs. 3 BGB übernommen würde. Für deren Einbeziehung in § 640g aber bietet die Vorschrift keinerlei Anhaltspunkte.

Leben beide Elternteile noch, so müssen sie den Rechtsstreit als notwendige Streitgenossen gemeinsam aufnehmen[7].

---

[3] *Odersky*[4] (vor § 640 Fn. 1) II 4a.
[4] Im Ergebnis ebenso *Baumbach-Lauterbach-Albers*[51] Rdnr. 1.
[5] *Staudinger-Göppinger*[12] § 1595a BGB Rdnr. 22; *RGRK-Scheffler*[11] § 1595a BGB Rdnr. 12; *Baumbach-Lauterbach-Albers*[51] aaO; *Odersky*[4] (vor § 640 Fn. 1) II 4d.
[6] So aber *Gernhuber* FamR³ § 45 IV 3 Fn. 2.
[7] *Odersky*[4] (§ 640 Fn. 1) II 4b; *Thomas-Putzo*[18] Rdnr. 2.

§ 640h [Erweiterte Urteilswirkungen]

Das Urteil wirkt, sofern es bei Lebzeiten der Parteien rechtskräftig wird, für und gegen alle. Ein Urteil, welches das Bestehen des Eltern-Kindesverhältnisses oder der elterlichen Sorge feststellt, wirkt jedoch gegenüber einem Dritten, der das elterliche Verhältnis oder die elterliche Sorge für sich in Anspruch nimmt, nur dann, wenn er an dem Rechtsstreit teilgenommen hat.

Gesetzesgeschichte: Vor § 640 Rdnr. 2–5, BGBl. 1969 I 1243. Änderung BGBl. 1979 I 1061.

I. Allgemeines

1. Die Bestimmung betrifft nur Sachurteile, nicht Prozeßabweisungen[1]. Eine solche steht daher einer von dritter Seite erhobenen Klage nicht entgegen. Zur Rechtskraft der Prozeßabweisung gegenüber den Parteien des Verfahrens → § 322 Rdnr. 62 ff. Die Vorschrift gilt auch, wenn in der Sache ausländisches Recht zur Anwendung kam[2]. Da die Anwendung der §§ 640 ff. unabhängig davon ist, ob eine Klage als Statusklage erhoben worden ist oder nicht → § 640 Rdnr. 1, kommt es auch für die Anwendung von § 640h ausschließlich darauf an, ob der Entscheidungsgegenstand unter den Katalog des § 640 Abs. 2 fällt. Ob das Gericht des Vorprozesses dies erkannt hat oder nicht, spielt keine Rolle[3].

2. Die Rechtskraftwirkung besteht darin, daß **in einem Folgeprozeß weder primär noch inzident eine Annahme erlaubt ist, die mit den rechtskräftigen Feststellungen in Widerspruch steht.** Das ist nicht nur bedeutsam für Folgeprozesse, für die das rechtskräftig festgestellte oder geleugnete Statusverhältnis von präjudizieller Bedeutung ist – einschließlich späterer Strafverfahren wegen Verletzung der Unterhaltspflicht → § 640 Rdnr. 9 –, sondern auch für solche, in denen auf andere Weise um Behauptungen gestritten wird, die im Widerspruch zu den rechtskräftigen Feststellungen stehen. Zur Frage einer kollisionsrechtlichen Relativität der Entscheidungswirkung → Rdnr. 12 vor § 640. Ein auf das Kindschaftsverhältnis zu einem Elternteil bezogenes Urteil ergreift das Kindschaftsverhältnis zum anderen Elternteil oder zu Geschwistern zwar nicht unmittelbar; selbst dann nicht, wenn nach Logik oder naturwissenschaftlichen Erfahrungssätzen für das Verhältnis der Prozeßbeteiligten zu den am Prozeß nicht beteiligten Kindern oder Elternteilen nichts anderes, als im Prozeß ermittelt, gelten könnte; auch nicht, wenn der im Prozeß verklagte und unterlegene Elternteil niemals anderweitig verheiratet war. Auch in einem neuen Kindschaftsprozeß, der später gegen den anderen Elternteil angestrengt wird, kann jedoch das früher festgestellte Kindschaftsverhältnis nicht geleugnet werden. Klagt das Kind auf Feststellung seiner ehelichen Abstammung von der Mutter, so kann die früher festgestellte eheliche Abstammung von ihrem Ehemann nicht bezweifelt werden. Das Urteil, welches feststellt, der Kläger sei das eheliche Kind einer Frau, schließt im späteren Feststellungsprozeß gegen deren Ehemann jede Annahme aus, die mit dieser Feststellung in Widerspruch steht. Wohl aber kann in derartigen Zweitverfahren (etwa) ein anderer Geburtszeitpunkt, als früher behauptet, angenommen werden. Denn auch im Rahmen von § 640h ergreift die Rechtskraft nicht etwa Urteilselemente, auch nicht solche, die naturgesetzlich bedingt Voraussetzung für den Klageerfolg waren → Rdnr. 7.

---

[1] So auch *MünchKommZPO-Coester-Waltjen* § 640h Rdnr. 2.
[2] *OLG Stuttgart* FamRZ 1971, 659 ff.
[3] *OLG Stuttgart* aaO; *OLG Karlsruhe* FamRZ 1971, 46 f.; *OLG Frankfurt* FamRZ 1974, 162.

3 3. Die Rechtskraftausdehnung gilt auch gegenüber Dritten, im Verhältnis zu denen (z. B. in einem Herausgabeprozeß bezüglich des Kindes) über den Status **inzident im anderen Sinne entschieden war**[4]. Jedoch bleibt die früher zuerkannte Rechtsfolge rechtskräftig. Zur Frage der Anerkennung der Vaterschaft trotz Bestehens eines entgegenstehenden Statusurteils → § 641 k. Der Zusatz »sofern es bei Lebzeiten der Parteien rechtskräftig wird«, ist überflüssig. Hat sich das Verfahren nach § 640 Abs. 1 iVdgm § 619 mit dem Tode einer Partei sofort oder nach Ablauf eines Jahres erledigt → §§ 640 Rdnr. 49, § 640 g Rdnr. 2, so kann das Urteil nach §§ 239, 249 → § 640 g Rdnr. 3 überhaupt nicht mehr rechtskräftig werden. Ist das Verfahren aber wirksam aufgenommen worden, so gelten die Aufnehmenden als Parteien im Sinne von § 640 h.

II. Rechtskraft bei Anfechtungsklagen

4 Die Ausdehnung der Rechtskraft auf jedermann einschließlich aller Behörden ist bei einem Urteil, das einer Klage auf **Anfechtung der Ehelichkeit oder des Vaterschaftsanerkenntnisses** → § 641 h Rdnr. 1 stattgibt, als einem **Gestaltungsurteil** selbstverständlich. Eine eigenständige Regelung bedeutet § 640 h nur für echte **Feststellungsurteile**, die im Statusverfahren ergehen, zu denen aber auch diejenigen gehören, welche eine Statusanfechtungsklage abweisen.

5 1. Immer ist freilich scharf darauf zu achten, ob das Urteil **nur das subjektive Anfechtungsrecht aberkennt** oder die Abstammung bzw ihre eheliche Natur leugnet. Wird die Anfechtungsklage des Kindes abgewiesen, weil die Voraussetzungen von § 1596 Abs. 1 Nr. 2–5 oder § 1600 i Abs. 1 BGB nicht vorliegen, ist damit nicht die Ehelichkeit des Kindes rechtskräftig festgestellt, sondern nur der Umstand, daß das Kind im Zeitpunkt der letzten mündlichen Verhandlung kein Anfechtungsrecht besessen hat[5]. Das ergibt sich ohne weiteres daraus, daß die Klage ohne Eingehen auf die Frage der Ehelichkeit abgewiesen wurde.

Ganz Entsprechendes gilt, wenn eine frühere Anfechtungsklage wegen Mißbräuchlichkeit der Rechtsausübung abgewiesen war, falls man dann nicht ohnehin nur von einem prozessualen Mangel → Rdnr. 1 sprechen will. Nicht aber kann eine wiederholte Ehelichkeitsanfechtungsklage des Kindes darauf gestützt werden, eine der in § 1596 BGB normierten Voraussetzungen habe schon zur Zeit des Vorprozesses vorgelegen, sei aber vom Gericht nicht geprüft worden. Konstruktiv ist die gekennzeichnete Rechtslage damit zu erklären, daß der Streitgegenstand der Anfechtungsklage gestuft ist. Er umfaßt das subjektive Anfechtungsrecht des Klägers und (gegebenenfalls) die Frage von Ehelichkeit oder Nichtehelichkeit des Kindes. Ob der erstere Teil materiellrechtlich oder prozessual[6] zu qualifizieren ist, ist für den Umfang der Rechtskraft unerheblich.

6 2. Ist das **Urteil mit Aussagen zur Abstammung** selbst begründet, so steht im positiven Fall die Nichtehelichkeit bzw. das Fehlen der Vaterschaft des Anerkennenden, im negativen die dann auch für alle übrigen Personen geltende Unanfechtbarkeit der Ehelichkeit bzw des Vaterschaftsanerkenntnisses fest[7]. Ist die Vaterschaftsanfechtungsklage daher trotz Bestehens der subjektiven Anfechtungsvoraussetzungen deshalb abgewiesen worden, weil sich die Nichtehelichkeit des Kindes nicht nachweisen ließ, dann kann sie nicht von einem anderen Klageberechtigten wiederholt werden[8]; ebenso wie im Falle einer eventuellen Wiederholung durch den früheren Kläger auch nicht mit der Begründung, in der Zwischenzeit seien neue

---

[4] *RGZ* 122, 26.
[5] *OLG Düsseldorf* FamRZ 1980, 831 = NJW 2760; allg. M.
[6] So *Schlosser* Gestaltungsklagen und Gestaltungsurteile (1966) § 37 III 2.
[7] *OLG Hamburg* DAVorm 1984, 610.
[8] A.M. *OLG Düsseldorf* aaO.

naturwissenschaftliche Feststellungsmethoden entwickelt worden, die eine andere Beurteilung der Vaterschaftsfrage herbeiführen könnten[9]. § 640h stand einer Anfechtungsklage des Kindes nach § 1596 BGB n.F. daher auch dann entgegen, wenn eine nach § 1595a BGB a.F. vom Staatsanwalt[10] oder vom Vater erhobene Anfechtungsklage schon vor dem Inkraftteten des FamRÄndG 1961 rechtskräftig abgewiesen worden ist.

3. Das Urteil bezieht sich unmittelbar immer nur auf die **Statusbeziehungen der den Rechtsstreit führenden Personen zueinander** → Rdnr. 2. Ein durch oder gegen eines von mehreren Geschwistern – auch Zwillingsgeschwistern – erstrittenes Urteil wirkt nicht für und gegen die übrigen Geschwister[11]. Jedoch kann das gestaltete Rechtsverhältnis als präjudizielles auch für andere Rechtsbeziehungen – selbst Statusbeziehungen – Bedeutung erlangen. Für die Stellung der Mutter als ehelicher oder nichtehelicher Mutter ist es etwa präjudiziell, ob das Kind von ihrem Ehemann abstammt. Die Rechtskraftwirkungen des Ehelichkeitsanfechtungsurteils gelten in dem gekennzeichneten Rahmen für jedweden Zusammenhang. Nach erfolgreicher Anfechtung der Ehelichkeit eines Kindes durch den Ehemann der Mutter hindert § 640h den im künftigen Vaterschaftsprozeß des nunmehr nichtehelich gewordenen Kindes beklagten Mann daran, die Vaterschaft des Ehemannes der Mutter geltend zu machen[12] und ihn als Mehrverkehrszeugen zu benennen[13]. Sinn der Vorschrift ist nicht nur, die Bestandskraft des *rechtlichen* Status' sicherzustellen, sondern auch, für psychologische Beruhigung unter den Beteiligten zu sorgen. Mit diesem Ziel wäre es nicht vereinbar, zwischen dem Status und der »*Tatsache*« *der Abstammung oder Nichtabstammung* unterscheiden zu wollen und dem auf Feststellung der nichtehelichen Vaterschaft in Anspruch genommenen Mann zu gestatten, sich auf die »Tatsache« zu berufen, der Ehemann der Mutter sei entgegen einer erfolgreichen Ehelichkeitsanfechtungsklage doch der Vater[14].

Die erweiterte Rechtskraftwirkung gilt im übrigen auch, wenn das *Vormundschaftsgericht* im Falle von § 1599 Abs. 2 oder § 1600n Abs. 2 BGB die Nichtehelichkeit des Kindes festgestellt oder einen dahin zielenden Antrag abgewiesen hat → § 640 Rdnr. 19.

III. Sonstige Statusverfahren

Die Anwendung des § 640h auf sonstige Statusprozesse im Recht der ehelichen und nichtehelichen Kindschaft hat nach ganz entsprechenden Grundsätzen zu geschehen. Für die Vaterschaftsklage des Nichtehelichenrechts als einer Gestaltungsklage → § 640 Rdnr. 9 ist die Vorschrift ohnehin selbstverständlich.

1. Im Verfahren auf **Feststellung der nichtehelichen Vaterschaft oder Anfechtung eines Vaterschaftsanerkenntnisses** können sich in einem zweiten Prozeß allenfalls die Parteirollen umkehren. Nicht aber kann das Problem der Rechtskraft gegenüber anderen Anfechtungsberechtigten oder Feststellungsbefugten bezüglich derselben Vater-Kind-Beziehung auftreten.

---

[9] So mit Recht *BGHZ* 23,1 = NJW 1957, 420 (für den nach altem Recht durch den Staatsanwalt wiederholten Versuch einer Ehelichkeitsanfechtung); *Gernhuber* FamR³ § 45 VI 7.
[10] A.M. *BGHZ* 43, 94 = NJW 1965, 866 = FamRZ 262. Zu Recht nennt *Gernhuber* aaO Fn. 4 das Urteil eine auf den Einzelfall bezogene Billigkeitsentscheidung. Heute könnte mit § 641i, der auch auf die Ehelichkeitsanfechtungsklage anwendbar ist → dort Rdnr. 1, in relativ einfacher Weise geholfen werden.
[11] So auch *MünchKommZPO-Coester-Waltjen* § 640h Rdnr. 7.

[12] *OLG München* FamRZ 1979, 345; *OLG Oldenburg* NJW 1975, 883; *Deneke* ZZP 99 (1986), 101, 102; *Roth-Stielow²* (vor § 640 Fn. 1) Rdnr. 253.
[13] So mit Recht schon für den Unterhaltsprozeß des früheren Rechts *LG Göttingen* FamRZ 1965, 231.
[14] A.M. *BGHZ* 92, 275, = FamRZ 1985, 61 = NJW 386; *BGHZ* 83, 391 = FamRZ 1982, 692 = NJW 1652; *OLG Frankfurt* NJW 1988, 832; *Häsemeyer* ZZP 101 (1988), 385, 398; *Braun* JZ 1985, 339; *Zeuner* FS Schwind 383 ff.

Will man das Urteil nicht schon kraft seiner Gestaltungswirkung → § 640 Rdnr. 9 gegenüber einem anderen Vaterschaftsprätendenten oder der Inanspruchnahme eines anderen Mannes als Vater bindend sein lassen, so folgt die Bindung aus § 640h.

Sollte die frühere Klage mangels Rechtsschutzbedürfnis abgewiesen worden sein, so würde dies nicht hindern, bei Wegfall der hierfür maßgebenden Umstände ein neues Verfahren zulässigerweise einzuleiten.

Auf die **Rechtshängigkeit** bezieht sich die Vorschrift nicht[15].

9a   In einem positiven oder negativen Feststellungsprozeß außerhalb des Statusverfahrens trägt jeweils diejenige Partei die **objektive Beweislast** für das Bestehen eines Rechtsverhältnisses, die sich auf seinen Bestand beruft, im positiven Feststellungsstreit also regelmäßig der Kläger, im negativen entsprechend der Beklagte → § 286 Rdnr. 40ff., 48. Auch eine Beweislastentscheidung führt zu einer vollgültigen Feststellung des Bestehens oder Nichtbestehens eines Rechtsverhältnisses. Für den Statusprozeß des »unehelichen« Kindes nach altem Recht, in dem keinerlei zu dessen Gunsten wirkende Vermutungen galten, wurde eine solche Einstellung als unpassend empfunden[16]. Der Grund für eine solche Durchbrechung der normalerweise bei Beweislastentscheidungen geltenden Rechtskraftgrundsätze ist mit der Neugestaltung des Nichtehelichenrechts 1969/70 weggefallen[17]. Zu Gunsten des nichtehelichen Kindes wirken jetzt auch im Statusprozeß kräftige Vermutungen, § 1600o Abs. 2 BGB. Wird die Klage dennoch wegen Bestehenbleibens schwerwiegender Zweifel abgewiesen, so muß sichergestellt sein, daß die Vaterschaft zum beklagten Mann als aberkannt gilt, genauso wie umgekehrt die Nichtanfechtbarkeit der ehelichen Vaterschaft für und gegen alle festgestellt ist, wenn die Ehelichkeitsanfechtungsklage wegen zweifelhafter Vaterschaft abgewiesen wird. Zudem hat der Gesetzgeber mit Schaffung von § 641i zum Ausdruck gebracht, daß er etwaige Korrekturen von einer nach Beweislastprinzipien ergangenen Statusentscheidung nur über den Weg der (erleichterten) Restitutionsklage zulassen möchte. Auch in der Formulierung des Tenors eines negativen Feststellungsurteils ist keine besondere Zurückhaltung nötig, etwa dahingehend, es werde festgestellt, daß der Beklagte nicht als Vater angesehen werden könne[18]. Die Behauptung[19], § 641i setze eine Sachentscheidung über die Klage voraus, verfängt demgegenüber nicht. Auch Beweislastentscheidungen sind Sachentscheidungen[20]. Neue Gutachten erschüttern zudem typischerweise gerade non-liquet-Entscheidungen[21]; denn angesichts der heute üblichen Vorsicht bei der Behauptung naturwissenschaftlich abgesicherter Befunde dürften kaum jemals Entscheidungen, die positiv eine bestimmte Aussage zur blutmäßigen Abstammung treffen, mit § 641i bekämpfbar sein. Der hier vertretene Standpunkt führt auch nicht dazu, im Falle mehrerer Beiwohner, deren Vaterschaft nicht ausgeschlossen werden kann, dem zuletzt Verklagten zwangsläufig das Nachsehen zu geben[22]. Denn der zuletzt in Anspruch genommene Mann kann sich zwar nicht mehr direkt mit der Behauptung verteidigen, ein früher erfolglos beklagter Mann sei der Vater, was

---

[15] Mit vorsichtiger, auf den konkreten Fall bezogener Argumentation (»jedenfalls«) ebenso *OLG Hamm* FamRZ 1985, 305.
[16] BGHZ 17, 252 = NJW 1955, 1107. Weitere Nachweise siehe Vorauflage.
[17] *Arens* FS Müller-Freienfels (1986) 13ff., 29; *Gravenhorst* FamRZ 1970, 127, 129f.; *Gernhuber* FamR[3] § 57 III 1; *Roth-Stielow*[2] (vor § 640 Fn. 1) Rdnr. 521ff.; *Gaul* FS Bosch (1976) 241, 247ff. – sehr ausführlich. – A.M. *OLG Stuttgart* DAVorm 1971, 92, 96; *Wieser* FamRZ 1971, 393, 395; *Odersky*[4] (vor § 640 Fn. 1) § 1600n IV 3c; *Reinheimer* FamRZ 1970, 122, 123; *Rosenberg-Schwab*[14] § 170 III 4; *Beitzke* FamR[25] § 23 IV 6;

Palandt-Diederichsen[51] § 1600n Rdnr. 2; *Zöller-Philippi*[17] Rdnr. 9ff.
[18] So aber früher *OLG Nürnberg* FamRZ 1974, 219; *OLG München* DAVorm 1975, 27. – A.M. *OLG Düsseldorf* FamRZ 1976, 646 (wie hier).
[19] *Reinheimer* FamRZ 1970, 122, 123.
[20] Genauso *MünchKommZPO-Coester-Waltjen* § 640h Rdnr. 11.
[21] Siehe auch *MünchKommZPO-Coester-Waltjen* § 641i Rdnr. 13.
[22] So die Bedenken von *Wieser* FamRZ 1971, 393, 395.

auch ausschließt, daß dieser in eine neue Vaterschaftsbegutachtung miteinbezogen wird → Rdnr. 7. Wohl aber kann der neu Beklagte die Zweifelhaftigkeit seiner Vaterschaft geltend machen und zu diesem Zweck neue Gutachten bezüglich seiner Person einholen lassen, die angesichts des heutigen Standes der Humangenetik fast immer schwerwiegende Zweifel an der Vaterschaft offenlegen werden, wenn einer der früher erfolglos beklagten Männer doch der Vater sein sollte.

Ein **Urteil**, daß die **ursprüngliche Unwirksamkeit eines Vaterschaftsanerkenntnisses feststellt** – scharf zu unterscheiden von einem Urteil, das die Anfechtung eines Vaterschaftsanerkenntnisses für begründet erklärt → § 640 Rdnr. 12 – stellt nicht zugleich auch fest, daß der anfechtende Mann nicht der Vater des Kindes ist. Das ergibt sich eindeutig aus § 1600 m S. 2 BGB[23]. 9b

2. Auch bezüglich einer **Feststellung des Bestehens oder Nichtbestehens eines ehelichen** (natürlichen oder durch Adoption begründeten) **Kindschaftsverhältnisses** hat der Gesetzgeber durch § 641 i, der nicht nur im Nichtehelichenrecht gilt → dort Rdnr. 1, eine neue Wertung vorgenommen und zum Ausdruck gebracht, daß neue Beweismittel zu einer anderen Beurteilung der Vaterschaft nur über den Wege eines Wiederaufnahmeverfahrens führen dürfen. 10

Die Feststellung des Bestehens eines ehelichen Kindschaftsverhältnisses hindert die **spätere Ehelichkeitsanfechtung** nicht, weil diese einen anderen Streitgegenstand hat als das frühere Feststellungsverfahren. 11

IV. Beschränkung der Rechtskrafterweiterung

Die durch Satz 2 verfügte Beschränkung der Rechtskrafterweiterung **gilt nur bei Klagen nach § 640 Abs. 2 Nr. 1 und 4**. Daß sie zudem für Klagen des Nichtehelichenrechts nicht gilt, folgt aus § 641 k, dessen verfassungsrechtliche Haltbarkeit aber problematisch ist → Erläuterung § 641 k. Sie gilt im übrigen nicht nur, wenn der Dritte selbst das Recht in Anspruch nimmt, das einem anderen zuerkannt wurde, sondern auch, wenn er dessen Mitberechtigung (etwa als anderer Elternteil) leugnet. 11a

1. Daß die Vorschrift nicht für **Urteile über Ehelichkeitsanfechtungsklagen, Klagen auf Anfechtung des Vaterschaftsanerkenntnisses und generell nicht für negative Feststellungen** gilt, ist nur im Falle von erfolglosen Ehelichkeitsanfechtungsklagen unproblematisch; denn der »wahre« nichteheliche Vater hat gegenüber dem ehelichen Scheinvater schon materiellrechtlich keinerlei irgendwie durchsetzbare Rechtspositionen. Dagegen ist auch verfassungsrechtlich nichts einzuwenden. Art. 6 Abs. 1 GG muß Vorrang vor seinem Abs. 2 haben. Normen sind gerechtfertigt, die im Interesse der Einbettung des Kindes in eine Familie die Anrechte auf die natürliche Elternschaft zurückdrängen, sofern sie nicht darauf zielen, feststehende Beziehungen zu ignorieren, sondern im Interesse einer stabilen Zuordnung des Kindes zu einer Familie Nachforschungen nach der wahren Vaterschaft zu verhindern. Daran hat auch das bekannte Urteil des BVerfG[24] zur Erweiterung des Ehelichkeitsanfechtungsrechtes des scheinehelichen Kindes nichts geändert. Die Erweiterung beschränkt sich auf solche Fälle wo »eine Gefährdung der Ehe oder des Familienfriedens nicht zu erwarten ist und deshalb der Schutz von Ehe und Familie den Ausschluß des Anfechtungsrechts selbst bei Berücksichtigung eines abstrakten Gefährdungsprinzips nicht trägt«. 12

Hat jedoch die Ehelichkeitsanfechtungsklage oder die Klage auf Anfechtung des Vaterschaftsanerkenntnisses Erfolg gehabt, oder ist das Nichtbestehen eines ehelichen Kindschafts-

---

[24] *BVerfGE* 79, 256 = NJW 1989, 891.   [23] A.M. *Göppinger* FamRZ 1970, 125, 126.

verhältnisses festgestellt worden, so hat die Anwendbarkeit von Satz 2 eine nicht ganz selbstverständliche Folge: Männer, deren Vaterschaft nunmehr in Anspruch genommen wird, können sich nicht darauf berufen, derjenige sei in Wirklichkeit doch Vater, dessen Vaterschaft im früheren Verfahren geleugnet wurde → Rdnr. 2, 7. Das bedeutet eine gewisse Beweismittelbeschränkung. Jedoch muß dies im Interesse der sicherlich notwendigerweise einheitlich zu geschehenden Statusfeststellung in Kauf genommen werden. Da, wo Entscheidungen mit Rechtskraft für und gegen alle von der Sache her dringend geboten sind, muß der Anspruch auf rechtliches Gehör zurücktreten[25], sofern aus praktischen Gründen, insbesondere solchen der Effizienz des Rechtsschutzes, die Betroffenen nicht zu dem früheren Verfahren zugezogen werden konnten. Letzteres ist aber bei allen Männern sehr wohl der Fall, die als mögliche Väter schon im früheren Verfahren bekannt waren oder vom Gericht hätten in Erfahrung gebracht werden können. Sie müssen daher bereits im ersten Verfahren beigeladen werden → § 640e Rdnr. 7.

13 2. Außer im Falle einer Beiladung → § 640e Rdnr. 11 kann der Dritte auch als **Nebenintervenient** aus eigener Initiative im Vorprozeß teilgenommen haben[26]. Auch dann wirkt die Statusfeststellung ihm als Statusprätendenten gegenüber. Dem muß man es gleichstellen, wenn im Vorprozeß Dritten der Streit verkündet wurde[27].

14 3. Hat der Dritte, der ein Elternverhältnis oder die elterliche Sorge für sich in Anspruch nimmt, im Vorprozeß **nicht selbst die Initiative ergriffen und ist er auch nicht durch das Gericht beigeladen worden** → § 640e Rdnr. 11, so verlangt man zum Teil, daß er seine Rechte durch eine Klage wahrnimmt, die gegen beide Parteien des Vorprozesses gerichtet ist[28], zum Teil gibt man ihm wenigstens alternativ zu einer gegen das Kind zu erhebenden Klage diese Möglichkeit[29]. Man meint, eine Klage gegen das Kind führe nur zu einem Urteil, an das der Sieger aus dem Vorprozeß nach § 640h S. 2 abermals nicht gebunden wäre[30]. Seit dem 1.1.1970 ist es aber nicht mehr nötig, den Grundsatz zu durchbrechen, daß Statusverfahren nicht zwischen verschiedenen Vaterschafts- und Mutterschaftsprätendenten, sondern nur zwischen Kind und Elternteil durchgeführt werden können → § 640 Rdnr. 1. Denn der Sieger aus dem Vorprozeß kann nunmehr nach § 640e beigeladen werden[31]. Ist die Beiladung unterblieben, so hat das spätere Statusurteil allerdings grundsätzlich Vorrang, kann aber wegen Verletzung des Anspruchs auf rechtliches Gehör mit der Verfassungsbeschwerde angefochten werden → vor § 606 Rdnr. 20.

15 4. Der Wortlaut von § 640h S. 2 zwingt nicht dazu, dem Dritten auch indzident die Berufung auf ein Elternrecht zu gestatten[32]. Mit dem Sinn des vorausgehenden Statusprozesses wäre dies nicht vereinbar, vom Anspruch auf rechtliches Gehör wird derartiges nicht verlangt.

16 V. Zu den Wirkungen **ausländischer Urteile in Kindschaftssachen** → § 328 Rdnr. 11, 242.

---

[25] So auch *Jauernig* ZZP 101 (1988), 361, 380, 384. Zur gesamten Problematik näher *Schlosser* Gestaltungsklagen und Gestaltungsurteile (1966), 184ff.; ders JZ 1967, 431, 433. Ähnlich *Wolf* JZ 1971, 405, 407 und andeutungsweise *Zeuner* Rechtliches Gehör, materielles Recht und Urteilswirkungen (1974) 39.
[26] OLG Oldenburg NJW 1975, 883.
[27] *Odersky*[4] (vor § 640 Fn. 1) 3.
[28] 19. Auflage § 643 II; *Baumbach-Lauterbach-Albers*[51] Rdnr. 2.

[29] *Odersky*[4] (vor § 640 Fn. 1) 3; *Thomas Putzo*[18] Rdnr. 3; wohl auch *Roth-Stielow*[2] (vor § 640 Fn. 1) Rdnr. 80.
[30] Ohne näher Begründung dessen Bindung an ein gegen das Kind ergangenes Urteil behauptend: *Zöller-Philippi*[17] Rdnr. 14.
[31] So wohl auch *Zöller-Philippi*[17] Rdnr. 14.
[32] *Zöller-Philippi*[17] Rdnr. 13.

§ 641 [Sondervorschriften bei Feststellung der ne. Vaterschaft]

Auf einen Rechtsstreit, der die Feststellung des Bestehens oder Nichtbestehens der nichtehelichen Vaterschaft sowie der Vaterschaft zu einem durch nachfolgende Ehe legitimierten oder zu einem für ehelich erklärten Kinde zum Gegenstand hat, sind die nachfolgenden besonderen Vorschriften anzuwenden.

Gesetzesgeschichte: Rdnr. 2 – b vor § 640.

I. Die Vorschrift[1] hat **rechtssystematische Orientierungsfunktion**: Auf einen bestimmten Kreis von Verfahren[2] ist eine Reihe von Sondervorschriften anwendbar. **Folgende Verfahren sind gemeint:** 1

1. Das Verfahren zur **Feststellung** des Bestehens oder Nichtbestehens der **nichtehelichen Vaterschaft**, auch soweit mangels Rechtsschutzbedürfnisses unzulässig → § 640 Rdnr. 10. Die Vorschriften gelten auch im Rechtsmittelverfahren und im Verfahren der Wiederaufnahme. 2

2. Das Gesetz erwähnt auch die Feststellung der Vaterschaft zu einem **durch nachfolgende Ehe legitimierten Kind**. Liegt kein Anerkenntnis vor, so kann die Legitimationswirkung nur über eine Klage auf Feststellung der Vaterschaft erreicht werden, die der Vaterschaftsklage des Nichtehelichenrechts gleichgeordnet ist → § 640 Rdnr. 5. Dem § 641 unterfällt gleichwohl eine Klage des Ehemanns der Mutter, mit dem dieser die Feststellung begehrt, das vor der Eheschließung geborene Kind stamme nicht von ihm ab und sei daher nicht als eheliches legitimiert, auch wenn sie mangels Rechtsschutzbedürfnisses unzulässig ist → § 640 Rdnr. 5. Anwendbar sind die §§ 641 ff. auch auf ein Verfahren, in dem der Scheinlegitimationsvater gegenüber einem positiven Vaterschaftsfeststellungsurteil Wiederaufnahme begehrt. Hatte er indes die Vaterschaft anerkannt, leugnet er aber danach die Abstammung des Kindes von ihm, so muß er den Weg der klageweisen Anfechtung der Anerkennung beschreiten → § 640 Rdnr. 5. Auf diese Klage sind die §§ 641 ff. grundsätzlich nicht anwendbar[3]. Wegen der rechtssystematischen Zuordnung von Klagen, die es mit Rechtsverhältnissen zu tun haben, die in der Zeit vor dem 1.7.1970 entstanden sind → § 640 Rdnr. 6. Dort auch wegen der Geltendmachung der ursprünglichen Unwirksamkeit des Vaterschaftsanerkenntnisses. 3

3. § 641 nennt auch einen Rechtsstreit, der die Feststellung des Bestehens oder Nichtbestehens der **Vaterschaft zu einem für ehelich erklärten Kind** zum Gegenstand hat. Jedoch ist insoweit der tatsächliche Anwendungsbereich der §§ 641 ff. sehr klein. Denn seit dem 1.7.1970 kommen Ehelichkeitserklärungen in aller Regel erst nach einem vorherigen Vaterschaftsanerkenntnis zustande. Dann steht den Beteiligten nur noch dessen klageweise Anfechtung zur Verfügung, wenn sie das Kindschaftsverhältnis leugnen wollen → Rdnr. 7. Bezüglich der im Verhältnis Vater – für ehelich erklärtes Kind möglichen reinen Feststellungsklagen → § 640 Rdnr. 7. Den §§ 641 ff. unterfallen Wiederaufnahmeklagen gegen das positive Vaterschaftsfeststellungsurteil und **Klagen auf Feststellung der ursprünglichen Unwirksamkeit des Vaterschaftsanerkenntnisses**[4]. 4

---

[1] Literatur S. vor § 640 Fn. 1.
[2] So auch *OLG Koblenz* DAVorm 1977, 430: Die Vorschriften der §§ 641 ff. gelten nicht für alle Rechtsstreitigkeiten, in denen die Frage der Abstammung geklärt werden soll.
[3] *MünchKommZPO-Coester-Waltjen* § 641 Rdnr. 1.
[4] So auch *MünchKommZPO-Coester-Waltjen* § 641 Rdnr. 1.

5   4. Denn **letztere** sind in § 640 Abs. 2 Nr. 1 → § 640 Rdnr. 12 ausdrücklich ganz allgemein den Klagen auf Feststellung des Bestehens oder Nichtbestehens des nichtehelichen Kindschaftsverhältnisses gleichgeordnet[5], obwohl sie nicht zu einer endgültigen Klärung der Vaterschaft führen → § 640 h Rdnr. 9 und § 641 h Rdnr. 1. Wegen der Klage auf Anfechtung eines Vaterschaftsanerkenntnisses → Rdnr. 7.

6   5. **Statusfeststellungs- und Statusanfechtungsklagen können miteinander verbunden werden** → § 640 c. Grundsätzlich kann daher auch eine Klage, auf welche §§ 641 ff. anwendbar sind, mit einer solchen verbunden werden, bei der dies nicht der Fall ist, etwa die Klage auf Anfechtung des Vaterschaftsanerkenntnisses hilfsweise mit der Klage auf Feststellung seiner ursprünglichen Unwirksamkeit. Die Anwendung der §§ 641 b ff. nur auf den Feststellungsantrag begegnet keinerlei Komplikationen. Ergeben sich freilich für die verbundenen Ansprüche nach §§ 640 a, 641 a **verschiedene Zuständigkeiten**, so müssen die Verfahren getrennt werden → § 641 a Rdnr. 2.

7   6. Anders als die hier in Nr. 1–4 genannten Verfahren unterfallen den §§ 641 ff. nicht Verfahren, welche ein **eheliches Kindschaftsverhältnis oder eine Anfechtungsklage** (§ 640 Abs. 2 Nr. 2–3) zum Gegenstand haben[6]. Daran ändert auch der Umstand nichts, daß die auf Anfechtung eines Vaterschaftsanerkenntnisses gerichtete Klage notwendigerweise → § 640 Rdnr. 29 mit einem Feststellungsantrag verbunden ist[7]. § 641 a ist jedoch analog anwendbar → dort Rdnr. 2.

8   II. Daß die **§§ 640 b, 640 d und 640 g** auf die in § 641 erwähnten Feststellungsverfahren **nicht anwendbar** sind, folgt schon aus ihren Tatbestandsmerkmalen. Nach allgemeinen rechtssystematischen Grundsätzen sind die Vorschriften in **§§ 641 a bis 641 k** leges speciales gegenüber den Bestimmungen der §§ 640 a – 640 h und verdrängen diese im Falle unterschiedlichen Regelungsinhalts. Praktisch wird dies jedoch nur bezüglich der beiden nicht kongruenten Zuständigkeitsbestimmungen in §§ 640 a, 641 a. Fälle, in denen durch die Anwendung von §§ 641 b ff. der Regelungsanspruch der §§ 640 b ff. eingeschränkt oder modifiziert werden könnte, sind nicht ersichtlich. § 641 i wird man jedoch analog auch auf alle Urteile erstrecken können, die im Kindschaftsverfahren ergangen sind → dort Rdnr. 1.

§ 641 a [Zuständigkeit]

Ausschließlich zuständig ist das Amtsgericht, bei dem die Vormundschaft oder die Pflegschaft für das Kind anhängig ist. Ist eine Vormundschaft oder Pflegschaft im Inland nicht anhängig, so ist das Amtsgericht ausschließlich zuständig, in dessen Bezirk das Kind seinen Wohnsitz oder bei Fehlen eines inländischen Wohnsitzes seinen gewöhnlichen Aufenthalt hat. Hat das Kind im Inland weder Wohnsitz noch gewöhnlichen Aufenthalt, so ist der Wohnsitz oder bei Fehlen eines inländischen Wohnsitzes der gewöhnliche Aufenthalt des Mannes maßgebend. Hat auch der Mann im Inland weder Wohnsitz noch gewöhnlichen Aufenthalt und ist der Mann oder das Kind Deutscher, so ist das Amtsgericht Schöneberg in Berlin ausschließlich zuständig.

Gesetzesgeschichte: Rdnr. 2–5 vor § 640. Änderung BGBl. 1986 I 1142

---

[5] *Thomas-Putzo*[18]; *Odersky*[4] (vor § 640 Fn. 1) I 1.
[6] So auch BGH NJW-RR 1989, 1478; *OLG Koblenz* DAVorm 1976, 147.
[7] *Damrau* FamRZ 1970, 285, 295; *Gravenhorst* FamRZ 1970, 127, 128; *Odersky*[4] (vor § 640 Fn. 1) I 1. – A.M. *Göppinger* FamRZ 1970, 125, 126 ohne nähere Begründung.

I. Allgemeines

1. Sinn der Vorschrift ist es einmal, zu gewährleisten, daß dann, wenn mehrere Männer als Vater des Kindes in Betracht kommen, alle um die Vaterschaft zu führenden Verfahren an ein und demselben Ort stattfinden. Zum anderen war die besonders schutzwürdige Situation des nichtehelichen Kindes Grund dafür, von dem Regelgerichtsstand des Wohnsitzes des Beklagten abzusehen und eine Lösung zu wählen, die normalerweise zur Zuständigkeit der Gerichte am Wohnsitz von Kind und Mutter führt. Die Vorschrift begründet demgemäß für Statusverfahren des Nichtehelichenrechts – ihrem Wortlaut nach allerdings nur für die Feststellungsverfahren – die markanteste Abweichung von den in §§ 640 ff. für das Kindschafts-Statusverfahren normalerweise geltenden Regelungen. Sie betrifft die **örtliche Zuständigkeit**. Für Übergangsfälle gehen die Zuständigkeitsbestimmungen von Art. 12 § 21 NEhelG denjenigen von § 641 a vor[1]. Wegen verbundener Klagen → § 641 Rdnr. 6.

2. Die Vorschrift gilt nicht für die Ehelichkeitsanfechtungsklage[2]. Nach dem Wortlaut und dem an sich klar zum Ausdruck kommenden gesetzgeberischen Willen soll die Vorschrift auch auf ein Verfahren nicht angewandt werden, **das die Anfechtung eines Vaterschaftsanerkenntnisses** zum Gegenstand hat[3]. Indes liegen die Voraussetzungen vor, die in einem Ausnahmefall gesetzesberichtigende Rechtsfindung gestatten[4]. Die Vorschrift führt zu Folgen, die der Gesetzgeber nicht bedacht hat und vernünftigerweise sicher nicht in der aus dem Gesetzestext sich ergebenden Weise hat regeln wollen. Alle Gründe, welche die Regelung des § 641 a tragen, sprechen dafür, auch die Klage auf Anfechtung eines Vaterschaftsanerkenntnisses dieser Zuständigkeitsvorschrift zu unterwerfen[5]: Das Kind, dem der durch das Anerkenntnis zugeordnete Vater streitig gemacht wird oder das die so begründete Vaterschaftszuordnung selbst angreifen muß, befindet sich in keiner stärkeren Position als nichteheliche Kinder generell in Vaterschaftsverfahren, in denen sie Partei sind. Im Gefolge des auf die Anfechtungsklage ergehenden Urteils wird, wenn nicht ein anderer Mann anerkennungsbereit ist, in aller Regel die Einleitung eines Vaterschaftsfeststellungsverfahrens notwendig werden. Vielleicht kommen sogar mehrere andere Männer als Vater des Kindes in Betracht. Für alle diese Verfahren das Gericht an ein und demselben Ort für zuständig zu erklären, ist genauso berechtigt wie im gesetzlichen Normalfall. Dazu kommt, daß verschiedene Zuständigkeiten für die Klagen verschiedener Anfechtungsberechtigter zu äußerst mißlichen Konsequenzen führen müßten[6]. Schließlich und endlich ist, was der Gesetzgeber bei der Redaktion der §§ 640 ff. übersehen hat, der ein Vaterschaftsanerkenntnis anfechtende Kläger gehalten, gleichzeitig zu beantragen, das Nichtbestehen der Vaterschaft festzustellen → § 640 Rdnr. 29, so daß diese Klage durchaus auch eine solche ist, die unter anderem »die Feststellung des Nichtbestehens der nichtehelichen Vaterschaft zum Gegenstand hat«.

3. An den allgemeinen Grundsätzen über die **sachliche und funktionelle Zuständigkeit** in Kindschaftssachen, wie sie in §§ 23 a Nr. 1, 119 Nr. 1 und 2 GVG niedergelegt sind, ändert § 641 a nichts. Hat das Amtsgericht über einen der in § 641 genannten Verfahrensgegenstände entschieden, so ist für die Beschwerde und Berufung das OLG zuständig, gleichgültig, ob das Amtsgericht korrekt verfahren ist. Insbesondere wenn das Amtsgericht unzulässigerweise über einen bezifferten Unterhaltsbetrag mitbefunden hat, ist zur Entscheidung über die

---

[1] *OLG Koblenz* FamRZ 1974, 159.
[2] *BGH* NJW-RR 1989, 1478.
[3] So auch angewandt von *OLG Koblenz* FamRZ 1976, 371 = DAVorm 1976, 147; *Zöller-Philippi*[17] Rdnr. 1.
[4] Wie hier andeutungsweise schon *Gravenhorst* FamRZ 1970, 127, 129 Fn. 9.
[5] *MünchKommZPO-Coester-Waltjen* § 640 Rdnr. 72, § 641 a Rdnr. 3.
[6] So mit Recht *Brüggemann* FamRZ 1969, 120, 124.

Berufung insgesamt das OLG funktionell zuständig[7] → § 640a Rdnr. 1. Das folgt daraus, daß dann, wenn über mehrere Ansprüche in einem Urteil entschieden ist, immer nur **ein** Rechtsmittelgericht funktionell zuständig ist und der Ausspruch zum familienrechtlichen Status als der gewichtigere dem Erkenntnis sein Gesamtgepräge gibt. Das alles gilt auch, wenn der letztlich rechtshängig gebliebene Streitgegenstand als solcher gar keine Kindschaftssache mehr ist, wenn also das Amtsgericht etwa nur nach § 91a über die Kosten entschieden hat[8]. Zur funktionellen Zuständigkeit für Entscheidungen über den Regelunterhalt → § 643 Rdnr. 8. Hat das Amtsgericht eine auf § 1615o BGB gestützte einstweilige Verfügung erlassen, so ist wegen § 643 Gericht der Hauptsache auch das Gericht, das für den Statusprozeß zuständig ist[9], so daß die Berufung beim OLG eingelegt werden kann.

3a   4. Neue Bundesländer → § 640a Rdnr. 6.

II. Örtliche Zuständigkeit

4   Seit der Änderung der §§ 641a, 640a durch IPR-Reformgesetz vom 25.7.1986 ist klargestellt, daß der § 641a sich nicht auf die internationale Zuständigkeit bezieht, sondern sich auf die örtliche Zuständigkeit beschränkt → § 640a Rdnr. 1.

5   1. Wenn bei einem **deutschen Amtsgericht eine Vormundschaft oder Pflegschaft über das Kind anhängig ist,** ist dieses Gericht ausschließlich zuständig, gleichgültig, welche Staatsangehörigkeit der Vater oder das Kind haben und wo sie wohnen und selbst, ob im Heimatstaat des Vaters das Urteil anerkannt werden wird[10]. Hat das Kind mit der Geburt gewöhnlichen Aufenthalt in Deutschland, so tritt regelmäßig mit der Geburt des Kindes Pflegschaft ein, § 1709 BGB, § 55 Abs. 1 KJHG i.Vdg.m. § 1709 Abs. 2 BGB[11]. »Anhängig« sind Vormundschaft und Pflegschaft erst, wenn das Vormundschaftsgericht erstmals mit der Angelegenheit befaßt ist. Jedoch wird diese Voraussetzung vor Klageerhebung immer vorliegen, falls die Führung einer Vormundschaft oder Pflegschaft vor deutschen Gerichten vorgesehen ist. Die Zuständigkeit für die Führung von Vormundschaften und Pflegschaften ergibt sich aus § 36 FGG. Ob die Beteiligten Inländer oder Ausländer sind, bleibt sich prinzipiell gleich.

Ist das Kind erwachsen, so steht eine eventuell angeordnete Betreuung einer Vormundschaft oder Pflegschaft nicht gleich.

6   2. S. 2 von § 641a kann, ebenso wie die jeweils mit subsidiärem Geltungsanspruch nachfolgenden Sätze, in verschiedenen Fällen zur Anwendung kommen. An der Führung einer Vormundschaft oder Pflegschaft »im Inland« für ein Kind mit inländischem Wohnsitz kann es deshalb fehlen, weil angeordnet wurde, daß Pflegschaft nicht eintritt, § 1707 Nr. 1 BGB, oder weil das im Ausland geborene Kind keinen gewöhnlichen Aufenthalt in der Bundesrepublik hat, § 55 Abs. 1 KJHG i.Vdg.m. § 1709 Abs. 2 BGB. Die Anknüpfungsskala beginnt dann erst bei Satz 2. Maßgebend ist in erster Linie, ob der Wohnsitz des Kindes im Inland liegt, was bei nichtehelichen Minderjährigen notwendigerweise (§ 11 BGB) vom Wohnsitz der Mutter abhängt, subsidiär der gewöhnliche Aufenthalt des Kindes im Inland.

---

[7] *BGH* FamRZ 1971, 369f, zust *Bürgle*; *BGH* FamRZ 1973, 261; *BGH* NJW 1974, 751; *OLG Braunschweig* FamRZ 1972, 98f. = NJW 829f.; *OLG Düsseldorf* FamRZ 1971, 451; *dass.* FamRZ 1971, 664; *OLG Karlsruhe* FamRZ 1971, 662, 663; *dass.* FamRZ 1974, 263; *OLG Celle* FamRZ 1971, 592. – A.M. *LG Hamm* FamRZ 1971, 196 = DAVorm 69, abl. *Bodenstaff*.

[8] *OLG Stuttgart* DAVorm 1972, 63.
[9] *Palandt-Diederichsen*[51] § 1615o Rdnr. 1; zögernd *Brüggemann* FamRZ 1969, 120. – A.M. *Damrau* FamRZ 1970, 285, 295; *Rosenberg-Schwab*[14] § 170 IV 1.
[10] *OLG Karlsruhe* FamRZ 1971, 662f.
[11] *BGH* FamRZ 1990, 1103 = NJW 3073.

3. **Satz 3** knüpft für den Fall, daß weder Amtsvormundschaft oder Amtspflegschaft im 7 Inland anhängig ist, noch das Kind Wohnsitz oder gewöhnlichen Aufenthalt im Inland hat, die Zuständigkeit an den **Wohnsitz** und – wiederum subsidiär – an den **gewöhnlichen Aufenthalt des Mannes** an. Auf dieser – dritten – Anknüpfungsstufe wird also notgedrungen auf den Vorteil eines einheitlichen Gerichtsstandes für alle Verfahren, die ein und dasselbe Kind betreffen, verzichtet. Satz 3 kommt bei Kindern deutscher Mütter vor allen Dingen zur Anwendung, wenn das Kind im Ausland geboren wurde und dort bleibt – so daß Amtspflegschaft gemäß § 55 Abs. 1 KJHG i.Vdg.m. § 1709 Abs. 2 BGB unterbleibt, der in Anspruch genommene Mann aber Wohnsitz oder wenigstens gewöhnlichen Aufenthalt in der Bundesrepublik hat. Auf die Staatsangehörigkeit kommt es aber nicht an. Der Gerichtsstand von Satz 3 kann auch in Anspruch genommen werden, wenn Mutter, Kind und Vater Ausländer sind und deutsches Recht nicht zur Anwendung kommt.

4. Ist eine örtliche Zuständigkeit nach den ersten drei Sätzen des Abs. 1 nicht begründet, so 8 stellt das Gesetz auf der **letzten Anknüpfungsstufe einen Gerichtsstand** nur zur Verfügung[12], wenn Mann oder Kind Deutsche sind. Auffällig ist, daß die deutsche Staatsangehörigkeit der Mutter nicht ausreicht, obwohl sie nach Art. 20 EGBGB teilweise Anknüpfungspunkt für die Anwendbarkeit des deutschen Rechts ist.

5. Eine nach Satz 1, 2 oder 4 begründete Zuständigkeit ist ausdrücklich für ausschließlich 9 erklärt. Bei Satz 3 folgt der **Ausschließlichkeitscharakter** daraus, daß Wohnsitz oder gewöhnlicher Aufenthalt des Mannes offensichtlich an die Stelle von Wohnsitz oder Aufenthalt des Kindes treten sollen. Der Ausschließlichkeitscharakter der nach § 641a begründeten Zuständigkeit bedeutet, daß Prorogationen unzulässig sind und daß das Fehlen der Zuständigkeit in jeder Lage des Verfahrens von Amts wegen berücksichtigt werden muß. Der Ausschließlichkeitsanspruch zugunsten der in § 641a aufgestellten Zuständigkeitsrangfolge schließt die Geltung der allgemeinen Grundsätze über die **perpetuatio fori** nicht aus → § 261 Rdnr. 73 ff. Ist im Gerichtsstand nach § 641a S. 2, 3 oder 4 geklagt worden und wird danach eine Vormundschaft oder Pflegschaft bei einem deutschen Vormundschaftsgericht anhängig, so hat dies auf den Fortbestand der einmal begründeten Zuständigkeit keinen Einfluß.

§ 641b [Streitverkündung]

Ein Kind, das für den Fall des Unterliegens einen Dritten als Vater in Anspruch nehmen zu können glaubt, kann bis zur rechtskräftigen Entscheidung des Rechtsstreits dem Dritten gerichtlich den Streit verkünden.

Gesetzesgeschichte: Rdnr. 2–5 vor § 640.

I. Sinn und Anwendungsbereich der Vorschrift

1. Die Vorschrift[1] soll nicht nur sicherstellen, daß dann, wenn mehrere Männer als Vater in 1 Betracht kommen, nicht mehrmals, aber mit entgegengesetzter Begründung, zu Lasten des Kindes entschieden wird. Sie soll auch doppelte Prozeßführung verhindern helfen, weil ein Streitverkündungsgegner sehr häufig bei einem für ihn ungünstigen Ausgang des ersten

---

[12] *Siehr* (vor § 640 Fn. 7) 46.

[1] Lit.: *Wieser* Streitverkündung im Verfahren zur Feststellung der nichtehelichen Vaterschaft, FamRZ 1971, 393 ff.

Prozesses die Vaterschaft anerkennen wird. Die Vorschrift war notwendig, weil nach § 72 für diesen Fall keine Möglichkeit einer Streitverkündung besteht. Die Möglichkeit der Nebenintervention gemäß § 66 wird durch § 641 b nicht eingeschränkt[2].

2 2. Der **Hauptanwendungsfall** ist das Kind, das die Feststellung der Vaterschaft eines Mannes begehrt, im Falle der Klagabweisung aber einen anderen Mann als seinen Vater in Anspruch nehmen will. Entsprechendes gilt, wenn ein Mann negative Feststellungsklage gegen das Kind erhoben hat. Hat ein Mann eine positive Feststellungsklage erhoben, oder das Kind negative Feststellungsklage gegen einen Mann, dann kann es zu der Situation nicht kommen, daß das Kind für den **Fall seines Unterliegens** einen anderen Mann als Vater in Anspruch nehmen zu können glaubt. § 641 b gilt also unmittelbar immer nur, wenn das Kind die Vaterschaft des Mannes beansprucht, der sein Prozeßgegner ist, unabhängig davon, ob das Kind passiv oder aktiv am Prozeß teilhat. Eine entsprechende Anwendung der Vorschrift dann, wenn das Kind Klage auf Feststellung des Nichtbestehens der Vaterschaft zu einem bestimmten Mann oder Klage auf Anfechtung des Vaterschaftsanerkenntnisses eines bestimmten Mannes erhebt und für den **Fall seines Obsiegens** glaubt, einen anderen Mann als Vater in Anspruch nehmen zu können, ist aber angezeigt[3]. Eine in erster Instanz unterbliebene Streitverkündung kann auch im Rechtsmittelverfahren nachgeholt werden. Auch im Wiederaufnahmeverfahren ist sie zulässig.

3 3. Nach positivem Gesetzesrecht ist das Verhältnis der Streitverkündung zu der durch § 640 e eröffneten Beiladungsmöglichkeit klar. »Elternteil« i. S. dieser Vorschrift kann **ein Mann, dessen nichteheliche Vaterschaft weder anerkannt noch festgestellt** ist, nach § 1600 a S. 2 BGB nicht sein. Daraus folgt, daß der Gesetzgeber eine Beteiligung von Männern, deren Vaterschaft das Kind für möglich hält oder welche die Vaterschaft für sich in Anspruch nehmen, nur nach den allgemeinen Grundsätzen der Nebenintervention oder über § 641 b zulassen wollte. Da durch Streitverkündung oder durch Beitritt das rechtliche Gehör der potentiellen Väter in ausreichendem Maße gewährleistet ist, kommt eine ausdehnende Anwendung der Beiladungsvorschriften nicht in Betracht, wenn das Kind von der Streitverkündungsbefugnis Gebrauch macht und der Verkündungsgegner über deren Funktion unterrichtet ist. **Das Gericht muß jedoch zur Gewährleistung des Anspruchs auf rechtliches Gehör Initiative ergreifen**, wenn das Kind einem als seinem Vater in Betracht kommenden Manne nicht den Streit verkündet und über deren Bedeutung aufklärt. Denn das ergehende Urteil präjudiziert die Rechte anderer Männer, die als Väter in Anspruch genommen werden können oder die Vaterschaft für sich in Anspruch nehmen könnten. Die Lücke im Gesetz ist möglichst systemkonform auszufüllen. Sieht das Gericht, daß außer dem Beklagten auch individualisierbare andere Männer als Vater in Betracht kommen, so hat es zu versuchen, das Kind zu einer Streitverkündung zu bewegen[4] und den Streitverkündungsgegner über deren Bedeutung aufzuklären. Hat das Gericht damit keinen Erfolg, so ist es in entsprechender Anwendung von § 640 e zu einer Beiladung von Amts wegen verpflichtet → § 640 e Rdnr. 7.

II. Das Verfahren der und nach Streitverkündung

4 1. Die Streitverkündung kann gleichzeitig oder nacheinander an mehrere Männer gerichtet sein[5], ja selbst von einem Verkündungsgegner an andere Männer ausgehen, und hat in der

---

[2] *BGHZ* 76, 299 = FamRZ 1980, 559 = NJW 1693; *Zöller-Philippi*[17] Rdnr. 4.
[3] So schon andeutungsweise *Gravenhorst* FamRZ 1970, 127, 129 Fn. 9; *MünchKommZPO-Coester-Waltjen* Rdnr. 3.
[4] Auch *Wieser* (Fn. 1) rät dies dringend.
[5] *Wieser* (Fn. 1) 393 Fn. 1.

Form des § 73 zu geschehen[6], dem auch die Anforderungen an die Wirksamkeit der Prozeßhandlung zu entnehmen sind → § 73 Abs. 1[7].

2. Das Gesetz geht davon aus, daß **§ 74 anwendbar ist, wenn der Streitverkündungsgegner dem Verfahren beitritt**. Auf die Streitfrage, ob die Zulässigkeit des Beitritts aufgrund einer zulässigen und formgerechten Streitverkündung gesondert zu prüfen ist → § 74 Rdnr. 3, kommt es nicht an. Ist nämlich eine Streitverkündung nach § 641 b zulässig, so fehlt es niemals am rechtlichen Interesse des Streitverkündungsgegners zum Beitritt[8]. Durch die gesetzliche Systematik ist die Konsequenz indiziert, daß der Streitverkündungsgegner sich nicht nur zum Beitritt überhaupt, sondern gegebenenfalls auch dazu entscheiden muß, eine der beiden Parteien im Verfahren zu unterstützen. Dann ist allerdings die Annahme zwangsläufig, daß er nur derjenigen Partei beitreten kann, an deren Obsiegen er ein rechtliches Interesse hat[9]. Beansprucht der Dritte selbst die Vaterschaft, so könnte er daher nur dem Mann beitreten, der im Verfahren seine eigene Vaterschaft leugnet; leugnet er, so müßte er dem Kind beitreten. Jedoch ist der Zwang dazu, entweder nur der einen oder der anderen Partei beizutreten, hier genausowenig mit der Garantie des rechtlichen Gehörs vereinbar, wie im Zusammenhang mit der in § 640 e vorgesehenen Beiladung von Amts wegen → § 640 e Rdnr. 10.

Tritt der Streitverkündungsgegner nicht bei, so gilt § 74 Abs. 3.

3. Den beitretenden Mann betrachtet die h. M. als **streitgenössischen Nebenintervenienten** und leitet dies aus der inter-omnes-Wirkung des ergehenden Urteils ab[10], wobei sie leider schlechthin von »notwendiger Streitgenossenschaft« spricht, obwohl diese trotz des Wortlauts von § 69 mit streitgenössischer Nebenintervention nicht identisch ist → § 69 Rdnr. 6. Der Einstufung des beitretenden Streitverkündungsgegners als streitgenössischem Nebenintervenienten ist *Wieser*[11] mit beachtlichen Gründen entgegengetreten, denen sich mittlerweile auch der BGH und andere Gerichte angeschlossen haben[12]: Das ergehende Urteil habe »auf das Rechtsverhältnis« zwischen dem Kind und dem Streitverkündungsgegner gar keinen Einfluß – weil ein solches vor Vaterschaftsfeststellung oder -anerkennung nicht existiere –, sofern nicht besondere Umstände vorlägen, wie etwa dann, wenn dieser dem Kind »als Vater« Unterhalt gewährt habe und nach § 1615 b Abs. 2 BGB den festgestellten Vater regreßpflichtig machen will. Jedoch darf man den Begriff »Rechtsverhältnis« i. S. v. § 69 nicht so eng auslegen. Das ergibt sich aus folgendem: Obsiegt das Kind gegen den Beklagten, dann kann ein rechtlich relevantes Kindschaftsverhältnis zwischen Kind und Streitverkündungsgegner auch nicht mehr entstehen. Durch eben dieses Urteil wird nämlich die Möglichkeit abgeschnitten, im Verhältnis Kind-Streitverkündungsgegner das Rechtsverhältnis der nichtehelichen Kindschaft (durch Anerkenntnis oder gerichtliche Feststellung) zustande zu bringen. Auch dies muß man als eine Wirksamkeit des Urteils »auf das Rechtsverhältnis« des Streitverkündungsgegners zum Kinde ansprechen.

Die wichtigsten Folgen des streitgenössischen Charakters der durch den Beitritt ausgelösten Nebenintervention sind diese: An die sich aus § 67 ergebenden Beschränkungen ist der Beitretende nur teilweise gebunden → § 69 Rdnr. 8 ff.; er ist als Partei, nicht als Zeuge zu

---

[6] *Thomas-Putzo*[18] Rdnr. 1; *Odersky*[4] (vor § 640 Fn. 1) 2.
[7] *Wieser* (Fn. 1) 393 behauptet ohne nähere Begründung, die Streitverkündung müsse, um wirksam zu werden, nur ernsthaft gemeint, aber nicht ordnungsgemäß i.S.v. § 73 sein. Das entspricht aber nicht dem, was zur Wirksamkeit der Streitverkündung sonst gelehrt wird.
[8] *Wieser* (Fn. 1) 393; *MünchKommZPO-Coester-Waltjen* Rdnr. 5.
[9] *Wieser* (Fn. 1) 393. – A.M. wohl *Odersky*[4] (vor § 640 Fn. 1) 5, der meint, die Voraussetzungen von §§ 66, 71 seien nicht mehr zu prüfen, wenn diejenigen von § 641 b vorlägen.
[10] *Thomas-Putzo*[18] Rdnr. 2; *Odersky*[4] (vor § 640 Fn. 1) 6; *Bosch* FamRZ 1970, 599. – A.M. *MünchKommZPO-Coester-Waltjen* § 641 b Rdnr. 6.
[11] *Wieser* (Fn. 1) 396.
[12] *BGHZ* 92, 275 = FamRZ 1985, 61 = NJW 386; *OLG Koblenz* DAVorm 1977, 646. Zur Kritik an der BGH-Entscheidung → § 640 h Rdnr. 7.

vernehmen → § 69 Rdnr. 11; Entscheidungen sind ihm gesondert zuzustellen, Fristen laufen ihm gegenüber besonders → § 69 Rdnr. 10. Nur nach den allgemein für einen Parteiwechsel geltenden Grundsätzen → § 264 Rdnr. 103 ff. kann der Beitretende das Verfahren als Beklagter übernehmen, was auch in der Weise geschehen kann, daß der alte Beklagte Streitverkündungsgegner und streitgenössischer Nebenintervenient wird. Kommt es zu einem Parteiwechsel, dann bleiben aber die bisherigen Beweisergebnisse gemäß § 68 verwertbar[13].

III. Die Wirkungen des Beitritts auf das Urteil

7   1. Die Streitverkündungs- bzw Interventionswirkung besteht darin, daß die den Streit verkündende Partei oder die vom Dritten unterstützte Partei, wenn sie im ersten Verfahren unterlegen ist, in einem Folgeverfahren nicht aus solchen Gründen abermals unterliegen kann, die mit den Gründen des ersten Urteils im Widerspruch stehen[14]. Auf die Streitfrage, ob Streitverkündungswirkung auch beim Obsiegen des Verkündenden eintreten kann[15], kommt es im Rahmen von § 641 b nie an. Im Statusprozeß des nichtehelichen Kindes kommt es nicht zu Konstellationen, in denen dieses aus der Perspektive seines möglichen Unterliegens den Streit verkündet – und nur dies ist zulässig –, aber auch im Fall des Obsiegens Streitverkündungswirkungen in Anspruch nehmen kann. Denn entweder hat (im Falle der positiven Feststellungsklage des Kindes und der negativen des Mannes) das Obsiegen des Kindes zur Folge, daß ein Status rechtskräftig festgestellt wird; dann ist jede Inanspruchnahme eines anderen Mannes als Vater ohnehin ausgeschlossen. Oder aber (im Falle der negativen Feststellungsklage des Kindes und der positiven des Mannes) das Unterliegen des Kindes führt zur Statusfeststellung. Dann war Streitverkündung nicht zulässig und entfaltet daher keine Wirkung.

8   2. Für einige typische Situationen wirkt sich die Streitverkündungs -bzw Interventionswirkung folgendermaßen aus[16]: Hat das Gericht die Vaterschaft des Streitverkündungsgegners verneint, aber gleichwohl die Klage abgewiesen, so kann diese Feststellung für das Unterliegen nicht ausschlaggebend gewesen sein. Im neuen Prozeß gegen den ehemaligen Streitverkündungsgegner kann dessen Vaterschaft also sehr wohl angenommen werden. Wurde die Klage hingegen allein mit der Begründung abgewiesen, der Streitverkündungsgegner sei der Vater, so ist diese Feststellung im Folgeprozeß bindend[17]. Das gleiche gilt, wenn das Gericht die Beiwohnung des Streitverkündungsgegners für erwiesen erachtet hat, und sich aus den Gründen des Urteils ergibt, daß unter anderem wegen dieser Feststellung die Klage abgewiesen wurde. Daß im Falle der Klagabweisung die Feststellung des Nichtbestehens der Vaterschaft des Beklagten den Streitverkündungsgegner bindet, folgt bereits aus der erweiterten Rechtskraftwirkung des Urteils. Zur Frage, ob Bindungswirkung auch eintritt, wenn Tatsachen nicht wegen der positiven Überzeugung des Gerichts von ihrem Vorliegen festgestellt wurden, sondern nach Beweislastgrundsätzen der Entscheidung zugrundegelegt wurden[18] → § 68 Rdnr. 5. Indes sind Fälle kaum vorstellbar, in denen nicht schon die Rechtskraftwirkung, sondern erst die Interventionswirkung Beweislastentscheidungen zu Lasten des Dritten verbindlich macht. Ist die Klage gegen den ersten Beklagten wegen Unaufklärbarkeit der Beiwohnung oder nicht zu beseitigender Zweifel an seiner Vaterschaft abgewiesen worden, so steht für und gegen alle, also auch gegen den Streitverkündungsgegner, rechtskräftig fest,

---

[13] *Odersky*[4] (vor § 640 Fn. 1) 7; *Wieser* (Fn. 1) 396.
[14] So mit Recht *Wieser* (Fn. 1) 393.
[15] Dazu *Wieser* (Fn. 1) 393 Fn. 7 mwN. Siehe auch oben Erläuterungen zu § 74.
[16] Die für das Systemverständnis sehr gut gewählten Beispiele entnehme ich *Wieser* (Fn. 1) 394 ff. Dort weitere Fälle.
[17] *Wieser* aaO; *Bosch* FamRZ 1970, 599.
[18] Für § 641b abl *Wieser* (Fn. 1) 394 f.; *Zöller-Philippi*[17] Rdnr. 8.

daß der Beklagte nicht der Vater des Kindes ist → § 640h Rdnr. 3. Hat das Gericht im Urteil, mit welchem die Klage gegen einen Mann abgewiesen wurde, zum Ausdruck gebracht, daß es die Vaterschaft des Streitverkündungsgegners für unaufklärbar oder vielleicht sogar für wahrscheinlich hält, so ist nach Beweislastgrundsätzen nur das Nichtbestehen der Vaterschaft des Beklagten, nicht aber das Bestehen der Vaterschaft des Streitverkündungsgegners festgestellt. Auch »die Unaufklärbarkeit« der Vaterschaft oder eine bestimmte Vaterschaftswahrscheinlichkeit kann über die Streitverkündungs- bzw. Nebeninterventionswirkung nicht »festgestellt« werden.

3. Die sich aus §§ 74 Abs. 3, 68 ergebenden **Einschränkungen der Streitverkündungs- oder Nebeninterventionswirkungen** sind im Statusprozeß auf ein Minimum reduziert[19]. Infolge der Geltung der Untersuchungsmaxime kann der Dritte nicht durch den Widerspruch der Hauptpartei an Sachausführungen gehindert werden. Wegen seiner Stellung als streitgenössischer Nebenintervenient kann er auch gegen den Widerspruch der Hauptpartei Rechtsmittel einlegen. Der Streitverkündungsgegner kann also, um später der Bindungswirkung zu entgehen, nur vorbringen, er sei durch Unkenntnis oder eine selbst für ihn als streitgenössischen Nebenintervenienten bindende Lage des Rechtsstreits an notwendigen Sach- oder Rechtsausführungen gehindert gewesen.

4. Kostenfolgen zwischen Verkündendem und Verkündungsgegner löst die Streitverkündung allein nicht aus[20].

§ 641 c [Beurkundung]

Die Anerkennung der Vaterschaft, die etwa erforderliche Zustimmung des gesetzlichen Vertreters des Anerkennenden sowie die Zustimmung des Kindes und seines gesetzlichen Vertreters können auch in der mündlichen Verhandlung zur Niederschrift des Gerichts erklärt werden.

Gesetzesgeschichte: Rdnr. 2–5 vor § 640.

I. Die Vorschrift[1] steht in einem gewissen Spannungsverhältnis zu der nach § 640 Abs. 1 gebotenen entsprechenden Anwendung von § 617. Daß im Verfahren um Feststellung des Bestehens der nichtehelichen Vaterschaft kein prozessuales Anerkenntnis[2], wohl aber ein zu Protokoll des Gerichts zu erklärendes materiellrechtliches Vaterschaftsanerkenntnis möglich ist, hat jedoch seinen Grund. Wirksam ist auch das zu Protokoll des Gerichts erklärte Anerkenntnis nur, wenn es allen materiellrechtlich für ein wirksames Zustandekommen vorgesehenen Erfordernissen entspricht. Ergeht aufgrund der materiellrechtlichen Anerkennungserklärung trotzdem prozessual unzulässigerweise Anerkenntnisurteil, soll Klage auf Anfechtung der Anerkennung der Vaterschaft möglich sein[3].

---

[19] S. zu Einzelheiten Wieser (Fn. 1) 395 f.
[20] *OLG Stuttgart* DAVorm 1974, 231.
[1] Lit.: *Kemper* Die Anerkennung der Vaterschaft zur Niederschrift des Gerichts nach § 641c ZPO, ZBlJR 1971, 194 ff.; *ders* Mehr Sorgfalt bei der Anerkennung der Vaterschaft im Prozeß nach § 641c ZPO DAVorm 1987, 841 ff.; *Brüggemann* Vaterschaftsprozeß gegen den anerkennungswilligen Erzeuger? FamRZ 1979, 381 ff.
[2] So auch *OLG Hamm* DAVorm 1987, 805 = FamRZ 1988, 101; *dass.* FamRZ 1988, 854; *Brüggemann* FamRZ 1979, 381, 383.
[3] *OLG Hamm* DAVorm 1987, 805: Es soll außerdem gleichzeitig mit der Feststellung der Unwirksamkeit des Vaterschaftsanerkenntnisses aus formellen Gründen die Feststellung der Unzulässigkeit des verfahrenswidrigen Anerkenntnisurteils erfolgen; *Kemper* DAVorm 1987, 841.

Die Anerkennung kann nach § 1600d Abs. 3 BGB nur höchstpersönlich, also nicht durch einen Prozeßbevollmächtigten, erklärt werden. Das Kind muß zustimmen. Die Zustimmung seines gesetzlichen Vertreters und die Zustimmung des Vormundschaftsgerichts muß, soweit materiellrechtlich verlangt, vorliegen. Lediglich die Formvorschrift des § 1600e Abs. 1 BGB wird durch die Niederschrift des Gerichts ersetzt. Das Gericht hat die in § 1600e Abs. 2 BGB vorgesehenen Mitteilungen zu erledigen. Für die Form des Protokolls gelten die Vorschriften der §§ 159ff.[4]. Da das zu gerichtlichem Protokoll erklärte Vaterschaftsanerkenntnis mindestens genauso bedeutsam ist wie die in § 160 Abs. 3 Nr. 1 erwähnten prozessualen Dispositionsakte, ist auch § 162 entsprechend anwendbar[5]. Zur Frage eines vergleichsweisen Anerkenntnisses → § 640 Rdnr. 44 aE.

2   II. Strenggenommen ist der **Rechtsstreit** mit dem Zustandekommen des Vaterschaftsanerkenntnisses **nicht von selbst erledigt**[6], vielmehr muß er nach § 91a von beiden Parteien für erledigt erklärt werden[7]. Geschieht das nicht, so ist die Klage abzuweisen, weil eine Vaterschaftsfeststellungsklage nach § 1600n Abs. 1 BGB unstatthaft ist, wenn ein Anerkenntnis vorliegt. In aller Regel werden freilich das Vaterschaftsanerkenntnis und die dazu erklärte Zustimmung des Kindes auch als Erledigungserklärungen interpretiert werden können. Eine beidseitige Erledigungserklärung ist ohne Rücksicht darauf wirksam, ob das Vaterschaftsanerkenntnis wirksam oder wegen Fehlens der Zustimmungen schwebend unwirksam ist → § 640 Rdnr. 44. Im allgemeinen werden im Falle einer nach Anerkenntnis beidseitig erklärten Erledigung die Kosten dem Manne aufzuerlegen sein[8]. Etwas anderes gilt, wenn er, aus heiterem Himmel verklagt, keine Veranlassung zur Klageerhebung gegeben hat[9]. Im Vaterschaftsfeststellungsverfahren muß der beklagte Mann aber sofort gemäß § 641c anerkennen, spätestens im Termin, damit Kostenentscheidung nach § 93 ergehen kann[10]. Wegen des prozessualen Schicksals eines nicht miterledigten Antrags auf Zuerkennung des Regelunterhalts → § 643 Rdnr. 9. Wurde der Antrag auf Feststellung der nichtehelichen Vaterschaft durch Anerkennung erledigt, und war er mit einem Antrag auf Leistung des Regelunterhalts verbunden, so ist der Restprozeß über den Regelunterhalt nichtsdestoweniger als Kindschaftssache[11] anzusehen, so daß für die Berufung bezüglich dieses Streitgegenstands dann auch das OLG zuständig ist[12].

§ 641d [Einstweilige Anordnung]

(1) **In einem Rechtsstreit auf Feststellung des Bestehens der Vaterschaft kann das Gericht auf Antrag durch einstweilige Anordnung bestimmen, daß der Mann dem Kinde Unterhalt zu zahlen oder für den Unterhalt Sicherheit zu leisten hat, und die Höhe des Unterhalts regeln.**

(2) **Der Antrag ist zulässig, sobald die Klage eingereicht ist. Er kann vor der Geschäftsstelle zu Protokoll erklärt werden. Der Anspruch und die Notwendigkeit einer einstweiligen**

---

[4] So auch *OLG Hamm* DAVorm 1987, 805.
[5] *OLG Hamm* DAVorm 1987, 805; *Thomas-Putzo*[18]. – A.M. *Damrau* FamRZ 1970, 285, 287 Fn. 28.
[6] *Damrau* FamRZ 1970, 285, 287; anscheinend auch *Odersky*[4] (vor § 640 Fn. 1) 3. – A.M. wohl amtliche Begründung BTDrucks V/ 3719 39; *Rosenberg-Schwab*[14] § 170 III 5.
[7] *OLG München* FamRZ 1985, 530.
[8] *OLG Stuttgart* DAVorm 1972, 63; *Odersky*[4] (vor § 640 Fn. 1) 3; nach Ansicht von *OLG München* FamRZ 1985, 530 trägt der beklagte Mann die Kosten des Sachverständigengutachtens sogar dann, wenn er anerkannt hat, bevor das Gutachten vorlag und das klagende Kind erst danach zugestimmt hat.
[9] *OLG Stuttgart* DAVorm 1972, 63.
[10] *OLG Köln* DAVorm 1991, 1102 = FamRZ 1992, 697; weitergehend *Brüggemann* Vaterschaftsprozeß gegen den anerkennungswilligen Erzeuger? FamRZ 1979, 381, 385, für den Fall, daß die Anerkennungserklärung schon vor dem Prozeß vorliegt und der Beklagte sich im Prozeß darauf beruft.
[11] BGH FamRZ 1980, 48 = NJW 292; *Demharter* FamRZ 1985, 977, 978; *Zöller-Philippi*[17] Rdnr. 2.
[12] BGH FamRZ 1980, 48 = NJW 292.

Anordnung sind glaubhaft zu machen. Die Entscheidung ergeht auf Grund mündlicher Verhandlung durch Beschluß. Zuständig ist das Gericht des ersten Rechtszuges und, wenn der Rechtsstreit in der Berufungsinstanz schwebt, das Berufungsgericht.

(3) Gegen einen Beschluß, den das Gericht des ersten Rechtszuges erlassen hat, findet die Beschwerde statt. Schwebt der Rechtsstreit in der Berufungsinstanz, so ist die Beschwerde bei dem Berufungsgericht einzulegen.

(4) Die entstehenden Kosten gelten für die Kostenentscheidung als Teil der Kosten der Hauptsache; § 96 gilt sinngemäß.

Gesetzesgeschichte: Rdnr. 2–5 vor § 640. Eingefügt BGBl. 1969 I 1243

I. Anwendungsbereich	1	III. Verfahren	16
1. Grundsatz	1	1. Antrag	16
2. Einschränkungen des Prinzip	2	2. Zuständigkeit	17
3. Verhältnis zur einstweiligen Verfügung	6	3. Verhandlung	18
		IV. Entscheidung	19
II. Materielle Voraussetzungen und ihre Glaubhaftmachung	7	1. Erstinstanzliche Entscheidung	19
1. Unterhaltsanspruch	8	2. Rechtsmittel- und Änderungsentscheidung	23
2. Regelungsnotwendigkeit	13		

I. Anwendungsbereich

1. Die Vorschrift[1] erfaßt in ihrem **unmittelbarem Anwendungsbereich** nicht sämtliche Statusfeststellungsverfahren des Nichtehelichenrechts einschließlich der Ehelichkeitsanfechtungsklage[2]. Sie bezieht sich nicht einmal auf alle in § 641 erwähnten Verfahren aus diesem Bereich, sondern nur auf ein Verfahren, das durch eine Klage auf Feststellung des Bestehens der Vaterschaft ausgelöst wird, nicht also auf ein Verfahren, dem eine negative Vaterschaftsfeststellungsklage zu Grunde liegt[3], siehe aber →Rdnr. 4. § 641d ist zwar auf die Klage anwendbar, mit der die ursprüngliche Unwirksamkeit eines Vaterschaftsanerkenntnisses festgestellt werden soll[4], grundsätzlich aber nicht auf eine Klage, mit der ein solches angefochten wird[5]. 1

2. Die Beschränkung des Anwendungsbereiches von § 641d folgt aus dem **Zweck der Regelung**, welcher seinerseits der Beschränkung genaue Konturen geben muß. Die zunehmenden Komplizierungen der Vaterschaftsfeststellungs-Methoden lassen in jedem Fall, in dem es mangels Vaterschaftsanerkenntnis zu einem gerichtlichen Feststellungsverfahren kommt, eine längere Verfahrensdauer befürchten. Vor rechtskräftiger Vaterschaftsfeststellung können aber nach § 1600a S. 2 BGB Unterhaltsansprüche nicht geltend gemacht werden. In Fällen, in welchen eine gewisse Wahrscheinlichkeit für die Vaterschaft des Beklagten spricht, gibt das Gesetz daher dem Richter eine Möglichkeit, im Wege der einstweiligen 2

---

[1] Lit.: *Bergerfurth* Die einstweilige Anordnung im Vaterschaftsfeststellungsprozeß, FamRZ 1970, 362; *Brühl* Die einstweilige Anordnung im Vaterschaftsfeststellungsprozeß, FamRZ 1970, 226ff.; *Leipold* Grundlagen des einstweiligen Rechtsschutzes (1971), 168ff.; *Büdenbender* Der vorläufige Rechtsschutz durch einstweilige Verfügung und einstweilige Anordnung im Nichtehelichenrecht (1975); *Brühl-Göppinger-Wax*[5] (vor § 640 Fn. 1) Rdnr. 3257; *Lüderitz* FS Bosch (1976) 613.
[2] Auf diese unanwendbar: OLG Stuttgart DAVorm 1978, 217; OLG Koblenz FamRZ 1974, 383.
[3] *Bergerfurth* aaO 362; *Thomas/Putzo*[18] Rdnr. 2; *Odersky*[4] (vor § 640 Fn. 1) II 1a; *Baumbach-Lauterbach-Albers*[50] Anm. 1; *Habscheid* FamRZ 1974, 342, 343; *Büdenbender* aaO 79; *Brühl-Göppinger-Wax*[5] aaO Rdnr. 3265; OLG Düsseldorf FamRZ 1973, 212 = NJW 1331. – A.M. *Brühl* aaO 226.
[4] *Odersky*[4] (vor § 640 Fn. 1) II 1a.
[5] Genauso *MünchKommZPO-Coester-Waltjen* Rdnr. 3.

Anordnung unterhaltsrechtlich der Vaterschaftsfeststellung in gewisser Weise vorzugreifen. Dies geschieht nicht nur, um dem Kind bis zum Verfahrensende Unterhalt zu sichern, sondern auch, um zu verhindern, daß der Rückgriffsanspruch von Personen, die dem Kind in der Zwischenzeit Unterhalt gewährt haben, nur auf dem Papier steht.

3 a) Wenn die **Ehelichkeit oder ein Vaterschaftsanerkenntnis angefochten** worden ist und ein Titel gegen den Vater existiert oder das Kind in seinem Haushalt lebt und dort versorgt wird, bedarf es keiner einstweiligen Anordnung[6]. Wegen des Anspruchs der nichtehelich geborenen Kinder auf Gleichbehandlung mit den scheinehelichen ist auch im Verfahren der Anfechtung eines Vaterschaftsanerkenntnisses eine einstweilige Einstellung der Zwangsvollstreckung aus solchen Titeln nicht zulässig[7].

Hat das Kind noch keinen Titel, dann will man ihm z. T. auch nicht mit einer einstweiligen Verfügung helfen[8]. Das Verfügungsverfahren soll nach § 153 aussetzbar oder gar unzulässig sein[9]. Vor rechtskräftiger Gutheißung der Anfechtung kann aber auch der wirkliche Vater gerichtlich nicht zur Leistung von Unterhalt gezwungen werden. In diesem rechtsschutzfreien Raum kann man das Kind nicht belassen. In entsprechender Anwendung von § 641 d muß man eine einstweilige Anordnung zulassen. Der Scheinvater kann seine Regreßansprüche dann unter Umständen durch Arrest sichern lassen → § 620 Rdnr. 6 b.

4 b) Das Kind, welches selbst die Feststellung seiner Vaterschaft nicht aktiv betreibt, bedarf keiner einstweiligen Anordnung bezüglich des Unterhalts. Ist das **Kind Beklagter einer Vaterschaftsfeststellungsklage** und wehrt es sich gegen die Vaterschaftsfeststellung, so wäre sein Antrag auf Erlaß einer einstweiligen Anordnung sicherlich wegen Arglist unzulässig[10]. Der Gesetzgeber hat daraus aber vorschnell geschlossen, den Anwendungsbereich der Vorschrift auf positive Feststellungsklagen einengen zu können. Denn nach normalen Rechtshängigkeitsgrundsätzen wird das Kind an der Erhebung der positiven Feststellungsklage gehindert, solange die negative Feststellungsklage des Mannes anhängig ist. Anstatt diese Ungereimtheit dadurch zu beheben, daß man ausnahmsweise ein Rechtsschutzbedürfnis für die positive Feststellungs-Widerklage gegen die negative Feststellungsklage zugesteht → § 640 c Rdnr. 3, sollte man § 641 d entsprechend anwenden.

5 3. Die Vorschriften des Ehe- und Kindschaftsverfahrens über einstweilige Anordnungen sind **leges speciales** im **Verhältnis zu den allgemeinen Vorschriften über einstweiligen Rechtsschutz** → Rdnr. 5 vor § 935 · Auch wenn die Klage zu einem Zeitpunkt erhoben wird, zu dem nach § 1615 o BGB noch eine einstweilige Verfügung bezüglich des für die ersten drei Monate zu gewährenden Unterhalts möglich wäre, hat das Kind kein Wahlrecht zwischen der einstweiligen Verfügung und der einstweiligen Anordnung[11].

6 War ein auf § 1615 o BGB gestützter Antrag auf Erlaß einer einstweiligen Verfügung abgelehnt worden, so steht dies dem Erlaß einer einstweiligen Anordnung für die Zeit nach Ablauf von drei Monaten seit Geburt sicher nicht im Wege[12]. Eine formell rechtskräftige Entscheidung im einstweiligen Verfügungsverfahren entfaltet jedoch Rechtskraftwirkungen für ein zweites Verfügungsverfahren → Rdnr. 15 vor § 935 i.Vdg.m. Rdnr. 11 vor § 916. Da § 641 d nur eine andere Form des einstweiligen Rechtsschutzes begründet → Rdnr. 6 ff. vor § 935, entfaltet für dieses Verfahren Rechtskraftwirkungen in der Tat auch eine Entscheidung,

---

[6] *OLG Stuttgart* DAVorm 1978, 217.
[7] *OLG Saarbrücken* DAVorm 1985, 155; *OLG Stuttgart* DAVorm 1980, 115; *dass.* DAVorm 1978, 217.
[8] A.M. *OLG Stuttgart* DAVorm 1978, 217.
[9] *OLG Düsseldorf* FamRZ 1982, 1230. Siehe zu Details → § 153 Rdnr. 3.

[10] A.M. *MünchKommZPO-Coester-Waltjen* Rdnr. 2.
[11] *OLG Frankfurt* FamRZ 1984, 512; *Zöller-Philippi*[17] Rdnr. 3. – A.M. *Thomas-Putzo*[18] Rdnr. 3; *Damrau* FamRZ 1970, 285, 294 f.; *Büdenbender* aaO 135.
[12] So auch *MünchKommZPO-Coester-Waltjen* Rdnr. 6.

die im einstweiligen Verfügungsverfahren ergangen ist¹³. Auch die Rechtshängigkeit ist im Verhältnis beider Verfahren zueinander zu beachten.

Zur Zuständigkeitsproblematik für einstweilige Verfügungen die auf § 1615 o BGB gestützt sind → § 937 Rdnr. 3.

II. Materielle Voraussetzungen und Glaubhaftmachung

Wie im Recht des einstweiligen Rechtsschutzes generell müssen der **Hauptanspruch** und der **Anordnungsgrund** (»Notwendigkeit«) glaubhaft gemacht werden, wobei der Antragsgegner seinerseits die Befugnis hat, alle gegen die Glaubhaftmachung sprechenden Tatsachen vorzubringen und mit sofort verfügbaren Mitteln der Glaubhaftmachung zu belegen. Je stärker der Unterhaltsanspruch glaubhaft gemacht ist, um so geringer werden die Anforderungen an die Glaubhaftmachung einer Notwendigkeit für die einstweilige Anordnung und umgekehrt. 7

1. Der Unterhaltsanspruch selbst ist glaubhaft zu machen.

a) **Glaubhaft zu machen ist daher einmal die Vaterschaft selbst.** Das ist wesentlich mehr, als daß die Vaterschaft nur möglich erscheint. § 1600 a S. 2 BGB gilt hierbei nicht, weil sich aus § 641 d gerade im Sinne dieser Norm »ein anderes ergibt«. Zu unterscheiden sind die **Beweiserhebungsanforderungen** und die schließlich nötige **Intensität der Glaubhaftmachung**. 8

aa) Der Begriff »Glaubhaftmachung« ist aus seiner Einbettung in die auch das Verfahren der einstweiligen Anordnung beherrschende Untersuchungsmaxime → Rdnr. 18 zu verstehen. Das Gericht muß sich um Ermittlungen bemühen, die eine Wahrscheinlichkeitsprognose über den Erfolg der Hauptsache erlauben. Tendenz muß sein, alle Beweismittel auszuschöpfen, die kurzfristig zur Verfügung stehen¹⁴, und dann zu prüfen, ob wahrscheinlich auch am Ende des Verfahrens schwerwiegende Zweifel an der Vaterschaft des Beklagten verbleiben¹⁵. Die Frage, ob in diesem Rahmen die Anordnung erst nach **Einholung eines traditionellen Blutgruppengutachtens** ergehen kann, ist streitig¹⁶. Die Geltung der Untersuchungsmaxime hindert nicht, aus dem Verhalten der Verfahrensbeteiligten Schlüsse zu ziehen. Beantragt der beklagte Mann keine Sachverständigenbegutachtung, obwohl er den Umständen nach von deren Bedeutung wissen muß, so ist allein dadurch die Vaterschaft ihrerseits glaubhaft gemacht. Aus der Wahrheitspflicht folgt nicht, daß das Kind selbst auf Umstände hinweisen müßte, die die Vaterschaft des Beklagten zweifelhaft machen¹⁷. Ist **Mehrverkehr** glaubhaft gemacht, oder verlangt der Beklagte ein Blutgruppengutachten, so muß allerdings vor der Entscheidung über die einstweilige Anordnung jedenfalls bezüglich des Beklagten ein Blutgruppengutachten eingeholt werden. Dies kann so rasch geschehen, daß sich durchaus noch von einer sofortigen Beweisaufnahme im Sinne von § 294 Abs. 2 sprechen läßt. Nur die Einholung kurzfristig nicht verfügbarer Beweismittel braucht nicht abgewartet zu werden¹⁸, auch nicht, wenn eine einstweilige Anordnung auf Zahlung von Unterhaltsbeträgen → Rdnr. 14 in Frage kommt¹⁹. Wenn der Beklagte auf Grund eines traditionellen Blutgruppengutachtens nicht ausgeschlossen werden kann, braucht auch kein anderes Gutachten (etwa Blutgruppengutachten bezüglich eines Mehrverkehrszeugen) mehr eingeholt zu wer- 9

---

¹³ *Brüggemann* FamRZ 1969, 120, 125.
¹⁴ *KG* FamRZ 1971, 44; *OLG Stuttgart* Justiz 1974, 16, 17; *Lüderitz* FamRZ 1966, 613, 620 – zum damaligen Regierungsentwurf.
¹⁵ *Odersky*⁴ (vor § 640 Fn. 1) II 3 a.
¹⁶ So *Reinheimer* FamRZ 1969, 388, 390; *Firsching* Rpfleger 1969, 73, 79; *Czerner* ZBlJR 1971, 1, 6. – A.M.

Brühl (Fn. 1) 226, 230; *Damrau* FamRZ 1970, 285, 293; *Büdenbender* (Fn. 1) 90ff.; *Baumbach-Lauterbach-Albers*⁵⁰ Anm. 2 I B.
¹⁷ *Brühl* (Fn. 1) 228.
¹⁸ *Lüderitz* (Fn. 1) 616. – A.M. *Damrau* FamRZ 1970, 285, 293.
¹⁹ A.M. *OLG Stuttgart* DAVorm 1971, 306f.

den. Die Anordnung kann allein aufgrund der **serostatistischen Wahrscheinlichkeitsprognose** ergehen[20] → Anhang § 644 Rdnr. 17 ff.

10 bb) Sind alle sofort verfügbaren Beweismittel erschöpft, dann ist zu fragen, ob der **Erfolg der Klage wahrscheinlicher ist als ihr Scheitern**[21]. Grundvoraussetzung ist zwar nicht der Beweis[22]. Die Würdigung des vorläufigen Beweisergebnisses unter dem Gesichtspunkt der Glaubhaftmachung der Vaterschaft unter »besonders strenge« Anforderungen zu stellen[23], ist nicht gerechtfertigt. Insbesondere geht es zu weit zu verlangen, daß die Vaterschaft aller sonstigen Konkubenten aufgrund naturwissenschaftlicher Gutachten ausgeschlossen sein oder die Vaterschaft eines Antragsgegners aufgrund naturwissenschaftlicher Gutachten so gut wie erwiesen sein müsse[24]; das wäre mehr an Wahrscheinlichkeit, als nach § 1600 o Abs. 2 S. 2 BGB für die Hauptsacheentscheidung notwendig ist. Dessen Vermutungsregeln sind vielmehr auch im Rahmen des Anordnungsverfahrens zu berücksichtigen[25]. Ist die Beiwohnung innerhalb der Empfängniszeit glaubhaft gemacht oder gar bewiesen, Mehrverkehr nicht wahrscheinlich und die Vaterschaft des Beklagten nicht ausgeschlossen[26] oder sogar aufgrund serostatistischen Befundes wahrscheinlich, so ist die Anordnung geboten[27].

Die Glaubhaftmachung kann vor allem scheitern an: Mangelnder Glaubwürdigkeit der Mutter und Unsicherheit in den Erkenntnissen der Gutachter[28], Beiwohnung kurz zu Beginn oder Ende der Empfängniszeit, Beiwohnung mehrerer nicht auszuschließender Männer[29].

11 b) Das Gesetz kennt grundsätzlich **keine verschiedenen Grade der Glaubhaftmachung eines Anspruchs**. Aus diesem Grunde will man es zum Teil nicht zulassen, an die Glaubhaftmachung der Vaterschaft geringere Anforderungen zu stellen, wenn die einstweilige Anordnung nur auf **Sicherheitsleistung** für den Unterhalt gerichtet sein soll[30]. Jedoch beruht die starre Parallelisierung der Gegensätze »bewiesen – nicht bewiesen«0 mit »glaubhaft gemacht – nicht glaubhaft gemacht« auf illusionärer Begriffsbildung. Das Gesetz gibt keine Andeutungen darüber, mit welchem Grad von Wahrscheinlichkeit es den Begriff »Glaubhaftmachung« ausgefüllt sehen möchte. Daher müssen die Konturen des Begriffs aus dem jeweiligen Normzusammenhang erschlossen werden. Im Recht des einstweiligen Rechtsschutzes ist dies aber: Das Risiko möglichst klein zu halten, daß einer der Beteiligten im Falle des Prozeßsieges durch zwischenzeitlich eingetretene unwiderrufliche Tatsachen um sein Recht gebracht wird; im Nichtehelichenrecht also, daß weder dem später obsiegenden Kind während der Dauer des Prozesses ausreichender Unterhalt vorenthalten bleibt und später für die Vergangenheit Unterhaltsnachforderungen nicht mehr zu erlangen sind, noch daß der später obsiegende Beklagte aufgrund einstweiliger Anordnung zu Unrecht geleistete Unterhaltsbeträge faktisch nicht mehr zurückerhält. In diesem Spannungsfeld ist es dringend geboten, bei der Alternative einstweilige Unterhaltszahlung oder bloße Sicherheitsleistung den Grad der Wahrschein-

---

[20] In der Begründung zu weitgehend, aber bezüglich des erbbiologischen Gutachtens richtig OLG Celle DA-Vorm 1971, 462.
[21] OLG Stuttgart aaO; OLG Oldenburg DAVorm 1971, 304 ff.; OLG Düsseldorf FamRZ 1971, 380; KG NJW 1971, 331; KG DAVorm 1973, 378 f.; Gernhuber FamR³ § 59 VII 4; Büdenbender (Fn. 1) 97 ff.; Brühl-Göppinger-Wax⁵ (vor § 640 Fn. 1) Rdnr. 3258.
[22] So aber Firsching Rpfleger 1969, 73, 79; Huvalé ZBlJR 1968, 245, 249. – Wie hier Büdenbender (Fn. 1) 89; Damrau FamRZ 1970, 285, 293; Thomas-Putzo[18] Rdnr. 5; Baumbach-Lauterbach-Albers⁵⁰ Anm. 2 I B. Beweis fordert aber mit Recht Leipold (vor § 640 Fn. 1) 173 für den Fall einer Anordnung, die gleichzeitig mit einem Aussetzungsbeschluß nach § 641f. ergeht.
[23] KG FamRZ 1971, 44; ähnlich Reinheimer FamRZ 1969, 388 f. – Wie hier Brühl-Göppinger-Wax⁵ (vor § 640 Fn. 1) Rdnr. 3258.

[24] So aber Brühl (Fn. 1) 230.
[25] OLG Düsseldorf FamRZ 1971, 380; OLG Stuttgart Justiz 1974, 16, 17; Büdenbender FamRZ 1981, 320, 321, 324; Lüderitz (Fn. 1) 615 f.
[26] Schon für diesen Fall: OLG Köln DAVorm 1971, 303 f. Jedoch ist in jedem Fall ein serostatistisches Gutachten einzuholen. Weist dies die Vaterschaft als unwahrscheinlich aus, kann die Anordnung nicht ergehen.
[27] OLG Braunschweig DAVorm 1971, 301.
[28] Brühl-Göppinger-Wax⁵ (vor § 640 Fn. 1) Rdnr. 3258.
[29] Rosenberg/Schwab¹⁴ § 170 IV 2a betonen zu Recht, daß die Widerlegung der Vermutung von § 1600o BGB glaubhaft sein muß, um den Erlaß einer einstweiligen Anordnung auszuschließen.
[30] Brühl (Fn. 1) 230; Damrau FamRZ 1970, 285, 294 Fn. 106; Gernhuber FamR³ § 59 VII 4; Büdenbender (Fn. 1) 117 ff.

lichkeit des späteren Obsiegens des Kindes mitzuberücksichtigen[31]. Es ist daher durchaus möglich und manchmal sinnvoll, in einem frühen Stadium des Verfahrens sich mit einem geringeren Grad von Glaubhaftmachung zu begnügen[32] und etwa nur Sicherheitsleistung anzuordnen und später dem Beklagten Unterhaltszahlungen aufzugeben.

c) Glaubhaft zu machen sind auch die außer der Vaterschaft noch **weiter bestehenden Voraussetzungen für den Unterhaltsanspruch und seine Höhe.** Das gilt vor allen Dingen für die nach § 1615 c BGB als Bemessungsgrundlage heranzuziehenden **Einkommensverhältnisse** beider Elternteile, die auch im Falle bloßer Sicherheitsleistung maßgebend sind[33] → Rdnr. 14, 21. Macht das Kind nur Beträge in Höhe des Regelunterhalts geltend, so muß das Gericht von Amts wegen ermitteln, ob eine **Herabsetzung nach § 1615 h BGB** in Betracht kommt, kann dies jedoch für unglaubhaft halten, wenn der Beklagte dazu nichts vorträgt. Abzüge vom Regelunterhalt sind nur erlaubt, wenn nach Abschluß der vorläufigen Ermittlungen wahrscheinlich ist[34], daß auch das Hauptsacheverfahren über den Unterhaltsanspruch zu einem solchen Ergebnis führen wird. Ganz Entsprechendes gilt für die nach **§ 1615 g BGB** anzurechnenden Beträge, wenn das Kind einen Betrag in Höhe des Regelbedarfs geltend macht. Jedoch folgt aus der prozessualen Wahrheitspflicht, daß dem Gericht Bezüge mitzuteilen sind, die nach § 1615 g BGB angerechnet werden müssen[35]. Andererseits kann eine Anordnung auf Leistung von Unterhalt oder Sicherheit auch Beträge vorsehen, die über dem Regelunterhalt liegen[36]. Bei Würdigung der Einkommensverhältnisse des in Anspruch Genommenen ist auch zu berücksichtigen, was er zumutbarer Weise verdienen könnte. Wegen des Übergangs der Unterhaltsansprüche auf andere Rechtsträger → Rdnr. 15 a. Wegen Leistungen nach dem Unterhaltssicherungsgesetz für Wehrpflichtige → Rdnr. 14. Zur Anwendbarkeit ausländischen Rechts → Rdnr. 21.

2. Auch die **Notwendigkeit einer einstweiligen Anordnung** ist glaubhaft zu machen. Dazu gehört, daß der Prozeßgegner nicht freiwillig den gesamten geltend gemachten und wahrscheinlich geschuldeten Betrag[37] bezahlt → § 620 Rdnr. 14, daß das Kind nicht schon einen anderen Titel in ausreichender Höhe hat[38], sowie die Glaubhaftmachung der Vermögens- und Einkommenslosigkeit des Kindes. Eine Anordnung kann unter Umständen gerade deshalb notwendig sein, damit ein Wehrpflichtiger seine Unterhaltspflicht im Sinne des Unterhaltssicherungsgesetzes nachweisen kann[39]. Im übrigen ist das Prinzip des geringstmöglichen Eingriffs zu wahren.

a) Sofern nur eine auf Sicherheitsleistung gerichtete Anordnung notwendig ist, darf daher der Beklagte nicht zur Zahlung angehalten werden, auch wenn seine Vaterschaft noch so wahrscheinlich ist. **Eine Sicherheitsleistung** kann freilich schon allein deshalb geboten sein, weil zu befürchten ist, daß der in Anspruch genommene Mann im Falle seines späteren Unterliegens rückständige Unterhaltsraten nicht[40] oder nicht sofort[41] wird bezahlen können. Das ist zwar keinesfalls immer anzunehmen[42], sondern muß im Einzelfall glaubhaft gemacht

---

[31] OLG Köln FamRZ 1971, 382; OLG Stuttgart DAVorm 1972, 148 f.; Amtliche Begründung BTDrucks V/3719 40; *Warneke* Nichtehelichenrecht in der Bewährung (1972) 36 ff.; *Lüderitz* (Fn. 1) 619..
[32] *Lüderitz* (Fn. 1) 617 (»je größer die Not, desto eher ist eine einstweilige Anordnung zu erlassen«).
[33] OLG Düsseldorf DAVorm 1974, 691. – A.M. OLG Stuttgart DAVorm 1982, 292: Entscheidend Lebensstellung des allein barunterhaltspflichtigen Elternteils.
[34] Strenge Prüfung der Vermögens- und Einkommensverhältnisse der Beteiligten verlangt OLG Stuttgart DAVorm 1977, 246.
[35] *Brühl* (Fn. 1) 228.
[36] OLG Stuttgart DAVorm 1982, 292.
[37] *Zöller-Philippi*[17] Rdnr. 16.
[38] Andernfalls Aufstockung: OLG Hamm FamRZ 1971, 456.
[39] AG Tübingen DAVorm 1973, 380 f.
[40] OLG Zweibrücken FamRZ 1981, 391; OLG Koblenz DAVorm 1981, 773; OLG Celle FamRZ 1971, 197 f.; OLG Karlsruhe DAVorm 1971, 410 f.; OLG Oldenburg DAVorm 1971, 304 ff.; *Büdenbender* FamRZ 1981, 320, 325.
[41] KG FamRZ 1971, 454; OLG Düsseldorf DAVorm 1974, 263; OLG Koblenz DAVorm 1974, 52; wohl auch OLG Stuttgart FamRZ 1973, 383; OLG Köln FamRZ 1971, 382; wohl allgM.
[42] So aber OLG Hamm FamRZ 1971, 456; OLG Frankfurt FamRZ 1971, 380, 381; KG FamRZ 1971, 317, 318; OLG Düsseldorf ZBlJR 1972, 33, 34.

werden[43]. Unter dieser Voraussetzung besteht die **Notwendigkeit** zur Anordnung von Sicherheitsleistungen aber schon dann, wenn das Kind über kein eigenes Einkommen verfügt[44] – mag es auch Vermögen besitzen[45] – und der wahrscheinliche Vater nicht freiwillig bezahlt[46]. Häufig sind bis zur Einholung aller im Hauptsacheprozeß notwendigen Gutachten weit über DM 10.000,– an Unterhaltsrückständen und Prozeßkosten aufgelaufen. Unter diesen Umständen macht die sofortige Bezahlung erfahrungsgemäß auch einem in ordentlichen Verhältnissen wohnenden und gut verdienenden Mann Schwierigkeiten. Dann braucht die Notwendigkeit von Sicherheitsleistung nicht substantiiert dargetan zu werden[47]. Die bloße **Bereitschaft des Mannes zu Rücklagen** reicht nicht aus[48]. Wenn er sich aber **vertraglich** zu Einzahlungen auf ein Sperrkonto verpflichtet, ist eine Anordnung des Gerichts nicht mehr notwendig[49]. Auf das **Einkommen der Mutter**, die ihren Unterhaltsbeitrag überwiegend durch die Pflege und Erziehung des Kindes erfüllt, kommt es in der Regel ebensowenig an[50] wie auf die Existenz nachrangig haftender, leistungsfähiger Verwandter[51] oder eines (nur subsidiär bestehenden) Anspruchs auf Sozialhilfe → Rdnr. 15 b.

15   b) Eine **auf Zahlung von Unterhaltsbeträgen an das Kind** gerichtete einstweilige Anordnung ist nur ausnahmsweise nötig[52], vor allen Dingen dann, wenn die Mutter den Unterhalt des Kindes nicht aufbringen kann[53].

15a   c) Die Tatsache, daß **Unterhaltsansprüche** auf Verwandte (§ 1615 b BGB)[54] oder Träger öffentlichrechtlicher Versorgungseinrichtungen **übergegangen** sind, ändert daran nichts. Das Einspringen anderer soll nicht den Unterhaltsschuldner entlasten, auch nicht vorübergehend. Im Hinblick auf das »sichere soziale Netz« könnten sonst einstweilige Anordnungen überhaupt nie ergehen. Der Ausdruck »für den Unterhalt Sicherheit zu leisten« (bzw. »den Unterhalt zu regeln« in § 620) läßt sich durchaus weiter auslegen als nur »sicherzustellen, daß der Unterhaltsberechtigte Unterhalt erhält«. Ist der Unterhaltsanspruch schon übergegangen, so hat das Kind (und im Rahmen von § 620 der sonstige Antragsteller) als Prozeßstandschafter dessen, der den Unterhalt vorgeleistet hat, aufzutreten. Der Umstand, daß § 2 BSHG den »Nachrang« von Leistungen besonders betont und daß § 7 UVG nicht nur eine Überleitungsbefugnis, sondern eine Legalzession verfügt, rechtfertigt es nicht[55], eine einstweilige Anordnung für unzulässig zu halten, sobald Leistungen nach dem UVG zugesagt sind.

15b   Speziell für das **Sozialhilferecht** ist allerdings zu berücksichtigen, daß nach § 90 BSHG die Überleitung nur unter der aufschiebenden Bedingung erfolgt, es werde tatsächlich zu Ersatz-

---

[43] So mit Recht *Leipold* (Fn. 1) 172; *Büdenbender* (Fn. 1) 110 mit Hinweis auf folgende Entscheidungen: *OLG Celle* FamRZ 1971, 197, 198; *KG* FamRZ 1971, 454, 455; *OLG Köln* DAVorm 1971, 303; *OLG Karlsruhe* DAVorm 1971, 400; *OLG Stuttgart* FamRZ 1973, 383. In diesen Entscheidungen ist jedoch eine konkrete Gefährdung der künftigen Beitreibung rückständiger Unterhaltsraten angenommen worden, nur wurde nicht dezidert ausgesprochen, daß dies unerläßliche Voraussetzung für den Erlaß der Anordnung sei.
[44] *OLG Zweibrücken* FamRZ 1981, 391; *OLG Koblenz* DAVorm 1981, 773.
[45] So mit Recht *Büdenbender* (Fn. 1) 112 f. – A.M. *Damrau* FamRZ 1970, 285, 294.
[46] *OLG Hamm* NJW 1971, 2234 f.
[47] *OLG Celle* FamRZ 1971, 396; *OLG Frankfurt* 1971, 380; *OLG Koblenz* FamRZ 1975, 230 = NJW 1085.
[48] *OLG Karlsruhe* DAVorm 1975, 198.
[49] *Brühl-Göppinger-Wax*[5] (vor § 640 Fn. 1) Rdnr. 3260.
[50] *KG* FamRZ 1971, 317 = NJW 1223; *OLG Schleswig* DAVorm 1972, 148 f.; *OLG Karlsruhe* DAVorm 1973, 379 f.; *OLG Koblenz* FamRZ 1975, 230.

[51] *OLG Celle* FamRZ 1971, 197, 198; *OLG Braunschweig* DAVorm 1971, 301; *OLG Frankfurt* FamRZ 1971, 380 f.; *KG* FamRZ 1971, 454 = NJW 1945 f.; *OLG Hamm* NJW 1971, 2234; *OLG Hamburg* ZBlJR 1972, 33; *OLG Stuttgart* NJW 1972, 1429; *OLG Koblenz* aaO; *Rosenberg/Schwab*[14] § 170 IV 2 a.
[52] *Warneke* aaO; *OLG Koblenz* FamRZ 1973, 383.
[53] *OLG Oldenburg* DAVorm 1971, 304 f.; *OLG Stuttgart* NJW 1972, 1429; dass. DAVorm 1972, 149 f.; *Büdenbender* (Fn. 1) 106; ders FamRZ 1981, 320, 325; *MünchKommZPO-Coester-Waltjen* Rdnr. 18; *Rosenberg-Schwab*[14] § 170 IV 2 a; *Brühl-Göppinger-Wax*[5] (vor § 640 Fn. 1) Rdnr. 3262. – A.M. *OLG Braunschweig* DAVorm 1971, 301.
[54] *OLG Frankfurt* FamRZ 1971, 380 f.; *KG* FamRZ 1971, 454 = NJW 1945 f.; *OLG Celle* FamRZ 1971, 197; *OLG Köln* FamRZ 1971, 38; *Zöller-Philippi*[17] Rdnr. 12; *Büdenbender* (Fn. 1) 115 f. – A.M. (wohl) *OLG Karlsruhe* FamRZ 1990, 422; *Reinheimer* FamRZ 1969, 388, 390.
[55] A.M. *OLG Karlsruhe* FamRZ 1990, 422.

leistungen für den ausbleibenden Unterhalt kommen, für die Zukunft also noch gar kein Rechtsübergang verfügt ist. Nach Erbringen der Unterhaltsersatzleistungen durch den Träger der Sozialhilfe ist dann der durchaus im eigenen Namen und auf eigene Rechnung des Kindes erstrittene Unterhaltstitel auf den Träger der Sozialhilfe umzuschreiben[56]. Demgemäß bleibt die Sozialhilfe für die Beurteilung von Anträgen nach § 641 d außer Betracht[57]. Unter der Voraussetzung, daß Gewährung von Sozialhilfe erwartet werden kann, nur eine Sicherheitsleistung für zulässig zu halten, besteht kein Grund[58].

Der Träger der Sozialhilfe darf freilich wegen der dem Kind nach § 641 g sonst drohenden Schadensersatzpflicht seine Leistung nur von der Erstreitung einer auf Sicherheitsleistung, nicht aber auf Zahlung gerichteten einstweiligen Anordnung abhängig machen. Vorsichtigerweise beschränken sich die Jugendämter als Amtspfleger der nichtehelichen Kinder auch durchgehend auf die Beantragung von einstweiligen Anordnungen, die nur Sicherheitsleistung aufgeben → Rdnr. 14 aE.

d) Eine auf Zahlung gerichtete einstweilige Anordnung ist in aller Regel auch nicht notwendig, wenn der aus dem Unterhaltsanspruch als Sonderbedarf fließende → § 640 Rdnr. 60 **Prozeßkostenvorschuß**-Anspruch durchgesetzt werden soll. Dem Kind kann die Prozeßkostenhilfe bewilligt werden[59]. Der mit der Verfolgung solcher Anträge verbundene Mehraufwand für die Jugendämter stünde in keinem Verhältnis zu den ersparten Kosten der PKH[60]. Bei der Bestimmung des Begriffs »Notwendigkeit« müssen auch die Belange des in Anspruch genommenen Mannes mit berücksichtigt werden, der im Falle seines Obsiegens im Hauptprozeß in aller Regel keine reale Chance hat, den von ihm ausgelegten Betrag vom Kinde oder dessen wirklichen Vater erstattet zu erhalten[61].

15c

III. Verfahren

1. Das Verfahren wird durch einen **Antrag des Kindes** eröffnet, der **zulässig** ist, sobald die Klage eingereicht ist. Sie braucht noch nicht zugestellt zu sein. Der Antrag ist bis zum Schluß der Rechtshängigkeit zulässig → Rdnr. 17. Er ist es nicht mehr nach Klagerücknahme oder Erledigungserklärung[62], aber wohl, wenn bereits eine (noch nicht rechtskräftige) Entscheidung über den Regelunterhalt ergangen ist[63]. Auch wenn das **Hauptverfahren ruht** oder ausgesetzt ist, ist der Antrag zulässig und muß sofort behandelt werden[64]. Aus § 641 f folgt jedoch, daß der Antrag unzulässig ist, sobald ein, wenngleich noch nicht rechtskräftiges Urteil vorliegt, welches das Nichtbestehen der Vaterschaft feststellt → § 641 f Rdnr. 2. Bezüglich der Entscheidung über rechtzeitig gestellte Anträge → Rdnr. 19. Ein (erneuter) Antrag ist auch nötig, wenn das Gericht schon einmal über einen Antrag entschieden, ihn aber ganz oder teilweise abgelehnt hat → Rdnr. 23 → § 620 b Rdnr. 2. **Anwaltszwang** besteht für den Antrag auch in der Berufungsinstanz nicht, § 78 Abs. 2, wohl aber, wenn das Verfahren vor dem OLG

16

---

[56] KG FamRZ 1978, 134 für den Getrenntlebensunterhalt eines Ehegatten.
[57] OLG Karlsruhe FamRZ 1990, 422; OLG Düsseldorf FamRZ 1975, 504; OLG Braunschweig DAVorm 1971, 301. Nahezu einheitliche Literaturmeinung, etwa Kohlheiss FamRZ 1991; Künkel FamRZ 1991, 14ff., 18; Odersky[4] (vor § 640 Fn. 1) II 2d; Damrau FamRZ 1970, 285, 294 Fn. 103; Lüderitz (Fn. 1) 618. – A.M. OLG Köln FamRZ 1971, 38; Reinheimer FamRZ 1969, 388, 390; OLG Düsseldorf FamRZ 1975, 505 (zu Recht abl Büdenbender).
[58] Zöller-Philippi[17] Rdnr. 11.
[59] Odersky[4] (vor § 640 Fn. 1) II 4. – A.M. Brühl FamRZ 1970, 226, 228, aber das besondere Erfordernis der Notwendigkeit in § 641 d nicht würdigend; Gernhuber FamR[3] § 59 VII 5; Bergerfurth FamRZ 1970, 363 Fn. 18.
[60] So mit Recht Hedrich FamRZ 1970, 7, 8.
[61] Auf diesen Gesichtspunkt zu Recht hinweisend, ihn aber nur zur Steigerung der Anforderungen an die Glaubhaftigkeit der Vaterschaft verwertend: KG FamRZ 1971, 44f.
[62] Brühl (Fn. 1) 226.
[63] KG FamRZ 1971, 198 = NJW 331; OLG Koblenz FamRZ 1975, 51; Büdenbender (Fn. 1) 83.
[64] OLG Düsseldorf DAVorm 1973, 375f.; OLG Karlsruhe ZBlJR 1975, 181; OLG Koblenz FamRZ 1975, 230; MünchKommZPO-Coester-Waltjen Rdnr. 9.

schwebt, für die mündliche Verhandlung. Prozeßvollmacht → § 82 Rdnr. 1. Eine Bewilligung der Prozeßkostenhilfe für den Hauptprozeß erfaßt aber nicht auch das Verfahren der einstweiligen Anordnung[65]. Aus § 641 d Abs. 2 S. 2 folgt, daß der Antrag begründet werden muß. Zur Glaubhaftmachung des Unterhaltsanspruchs genügt im allgemeinen Bezugnahme auf eine notfalls vom Gericht von Amts wegen formlos mitzuteilende Klageschrift oder auf den bisherigen Prozeßstand. Zur Notwendigkeit der Anordnung müssen aber Ausführungen gemacht werden[66]. Die aus dem Erkenntnisverfahren bekannten Grundsätze über die **Dispositionsmaxime** gelten sicherlich insoweit, als ein Antrag erforderlich ist und als das Gericht nicht quantitativ und qualitativ (nicht Zahlung, wenn nur Sicherheitsleistung beantragt) über ihn hinausgehen, wohl aber hinter ihm zurückbleiben darf[67]. Aus dem Erfordernis des rechtlichen Gehörs für den Gegner folgt, daß ein Sonderbedarf → Rdnr. 20 nicht zuerkannt werden kann, wenn der Wunsch danach nicht schon aus dem Antrag hervorgeht[68]. Im übrigen sind Präzisierungen entbehrlich. Der Antrag braucht weder die Höhe des gewünschten Unterhaltsbetrages anzugeben[69], noch sich auf Zahlung oder Sicherheitsleistung oder auf ein bestimmtes Eventualverhältnis zwischen beiden festzulegen[70].

17   2. **Zuständig** ist in erster Instanz das Amtsgericht, bei dem die Hauptklage eingereicht ist, in der Berufungsinstanz das durch den vollbesetzten Senat entscheidende OLG, aber erst nach Einreichung der Berufung[71]. Während der Anhängigkeit des Hauptverfahrens in der Revisionsinstanz ist wieder das Amtsgericht zur Entscheidung berufen[72]. Wenn nach Antragstellung die funktionelle Zuständigkeit für die Hauptsache wechselt, gilt § 261 Abs. 2 Nr. 2 entsprechend. Diese Grundsätze gelten uneingeschränkt auch für die internationale Zuständigkeit[73] s. Art. 24 EuGVÜ → § 620 a Rdnr. 6. neue Bundesländer → § 640 a Rdnr. 6.

18   3. Wie im Verfahren nach §§ 620ff. → § 620a Rdnr. 7 beherrscht die in der Hauptsache geltende **Inquisitionsmaxime** auch das Verfahren der einstweiligen Anordnung[74]. Die Rechtfertigung dafür ergibt sich aus der Unmöglichkeit eines Versäumnisurteils und der wegen des Risikos von Schadensersatzansprüchen nach § 640g besonders hohen Entscheidungsverantwortung des Gerichts[75]. Daher ist es auch nicht gerechtfertigt, die Geltung der Inquisitionsmaxime auf die Ermittlung der Vaterschaftswahrscheinlichkeit zu begrenzen und wegen der Notwendigkeit einer Unterhaltsgewährung und ihrer Höhe der Verhandlungsmaxime das Wort zu reden[76]. Wenn daher der Antrag auch nur die formellen Erfordernisse einer Begründung erfüllt, muß sich das Gericht im Rahmen der rasch verfügbaren Mittel der Glaubhaftmachung, § 294, selbst um einen Erkenntnisstand bemühen, der ein möglichst fundiertes Wahrscheinlichkeitsurteil erlaubt, und ist nicht befugt, den Antragsteller zu entsprechenden Schlüssigkeitsbehauptungen zu veranlassen. Die Möglichkeiten der §§ 141–144, 613 Abs. 1

---

[65] *OLG Hamm* FamRZ 1971, 596 = NJW 261; *Odersky*[4] (vor § 640 Fn. 1) III 1; *Zöller-Philippi*[17] Rdnr. 13.
[66] Zu großzügig bezüglich der Begründungspflicht *Brühl* FamRZ 1970, 226, 227.
[67] *Zöller-Philippi*[17] Rdnr. 18.
[68] *Brühl* aaO.
[69] *MünchKommZPO-Coester-Waltjen* Rdnr. 12. – A.M. *Odersky*[4] (vor § 640 Fn. 1) II 2b; *Roth-Stielow*[2] (vor § 640 Fn. 1) Rdnr. 503.
[70] So *MünchKommZPO-Coester-Waltjen* Rdnr. 12, und wohl auch *Brühl* aaO. Entgegen seiner Ansicht muß der Antragsteller auch nicht in der mündlichen Verhandlung angeben, welche Umstände das Gericht bei Bemessung des Unterhalts berücksichtigen soll.

[71] *Zöller-Philippi*[17] Rdnr. 7; *Büdenbender* (Fn. 1) 80.
[72] *OLG Hamm* FamRZ 1971, 596 = NJW 261; *Odersky*[4] (vor § 640 Fn. 1) III 2; *Thomas-Putzo*[18] Rdnr. 9; *Brühl* (Fn. 1) 226; *Büdenbender* (Fn. 1) 80..
[73] *KG* NJW 1971, 331; *OLG Köln* DAVorm 1971, 303; *OLG Koblenz* FamRZ 1975, 230 = NJW 1085.
[74] *Damrau* FamRZ 1970, 285, 293; *Thomas-Putzo*[18] Rdnr. 10; *Rosenberg-Schwab*[14] § 170 IV 2a; *Zöller-Philippi*[17] Rdnr. 14; *Büdenbender* (Fn. 1) 94ff. – A.M. *Odersky*[4] (vor § 640 Fn. 1) III 3..
[75] So mit Recht *Bergerfurth* (Fn. 1) 363.
[76] So aber *OLG Stuttgart* Justiz 1975, 271; *Brühl* (Fn. 1) 229; *Brühl-Göppinger-Wax*[5] (vor § 640 Fn. 1) Rdnr. 3266; *Büdenbender* (vor § 640 Fn. 1) 96f.

→ § 640 Rdnr. 47 und des analog anzuwendenden § 273 sind voll auszuschöpfen[77]. Mündliche Verhandlung ist ausnahmslos zwingend.

Häufig ist die Geltung der Untersuchungsmaxime Ausdruck der Tatsache, daß die Parteien über das streitige Rechtsverhältnis nicht verfügen können. Jedoch ist der Rückschluß von der Geltung der Untersuchungsmaxime auf die Vergleichsunfähigkeit des Streitgegenstandes nicht zwingend. Über den Interimsunterhalt können die Parteien sehr wohl eine das einstweilige Anordnungsverfahren erledigende **vergleichsweise Regelung** treffen[78]. Auf einen solchen Vergleich sind §§ 641e, 641f sowie die zur Änderung einstweiliger Anordnungen geltenden Grundsätze → Rdnr. 23 entsprechend anwendbar[79]. Eine vormundschaftsgerichtliche Genehmigung nach § 1615e BGB ist nicht erforderlich[80], weil es sich nicht um Unterhaltsvereinbarungen mit »dem Vater« handelt. Das Genehmigungserfordernis nach §§ 1822 Nr. 12, 1915 BGB gilt aber auch hier. Ein endgültiger Unterhaltsvergleich kann für den Fall der rechtskräftigen Vaterschaftsfeststellung durchaus geschlossen werden[81], bedarf aber nach § 1615e BGB der vormundschaftsgerichtlichen Genehmigung, wenn das Kind minderjährig ist[82].

IV. Die Entscheidung

1. Die an die Beschlußform gebundene und zu verkündende → § 329 Abs. 1 Entscheidung 19 kann und muß über jeden rechtzeitig und sonst zulässigerweise gestellten Antrag ergehen, auch wenn das Feststellungsverfahren inzwischen rechtskräftig abgeschlossen[83] oder sonst nicht mehr rechtshängig[84] ist.

a) **Die möglichen Entscheidungsinhalte** sind durch § 641d vorgezeichnet. Die Höhe der zu 20 leistenden oder zu hinterlegenden Beträge, welche nicht auf die Höhe des Regelbedarfs beschränkt sind, muß das Gericht beziffern. Es kann nicht dem Beklagten aufgeben, »den Regelunterhalt« oder Unterhalt »in Höhe des Regelbedarfs« zu leisten[85]. Entgegen h.M.[86] kann die Anordnung auch Unterhaltsleistungen für die vor Antragstellung liegende Zeit mit einbeziehen[87]. Es ist lediglich eine Frage der Notwendigkeit, ob derartiges im Einzelfall gerechtfertigt ist, was aber etwa dann so sein mag, wenn sich die Mutter kurzfristig verschuldet hat oder wenn das Kind mit Wäsche, Kleidung oder sonstigen Säuglingsartikeln nur notdürftig ausgestattet ist. Der Wille, das Kind vor dem Insolvenzrisiko für solche Unterhaltsrückstände zu schützen, reicht aber nicht aus, um die Notwendigkeit einer Anordnung darzutun[88]. Zum Unterhalt kann auch ein Sonderbedarf gehören → Rdnr. 15c. Etwa eingetretene oder zu erwartende Legalzessionen, beispielsweise gemäß § 1615b BGB, sind außer Betracht zu lassen → Rdnr. 14. Wenn das Gericht einem bezifferten Antrag → Rdnr. 16 teilweise stattgibt, so muß es ihn im übrigen förmlich zurückweisen.

b) **Wie Sicherheit zu leisten ist,** bestimmt sich nicht aus §§ 232ff., 264 BGB[89], sondern aus 21 §§ 108f., so daß das Gericht die Art und Weise der Sicherheitsleistung nach freiem Ermessen

---

[77] So mit Recht *Brühl* (Fn. 1) 229 mit zahlreichen Einzelerläuterungen, wenngleich von seinem Standpunkt aus konsequenterweise auf Ermittlungen zur Vaterschaftswahrscheinlichkeit beschränkt.
[78] *Bergerfurth* (Fn. 1) 363; *Rosenberg-Schwab*[14] § 170 IV 2a; *Zöller-Philippi*[17] Rdnr. 15. – A.M. *Brühl* (Fn. 1) 229.
[79] *Bergerfurth* aaO.
[80] *Bergerfurth* aaO.
[81] *Brühl* (Fn. 1) 229f.
[82] *Palandt-Diederichsen*[51] § 1615e Rdnr. 6.
[83] *Brühl* (Fn. 1) 226. – A.M. *Büdenbender* (Fn. 1) 81f.
[84] Etwa wegen Erledigungserklärungen nach einem Vaterschaftsanerkenntnis. So mit Recht *Büdenbender* (Fn. 1) 83ff.

[85] OLG Braunschweig DAVorm 1971, 301; OLG Köln DAVorm 1974, 264; *Odersky*[4] (vor § 640 Fn. 1) II 2b; *Gernhuber* FamR[3] § 59 VII 6. – A.M. LG Koblenz DAVorm 1979, 513.
[86] OLG Braunschweig ZBlJR 1976, 416; OLG Koblenz FamRZ 1975, 51; KG DAVorm 1971, 97, 101; *Brühl* (Fn. 1) 227; *Damrau* FamRZ 1970, 285, 293; *Odersky*[4] (vor § 640 Fn. 1) II 2b; *Büdenbender* (Fn. 1) 124f.
[87] So auch für die Anordnung einer Sicherheitsleistung *MünchKommZPO-Coester-Waltjen* § 641d Rdnr. 21, anders für die Zahlungsanordnung bei § 641d Rdnr. 22.
[88] So mit Recht *Büdenbender* (Fn. 1) 124f.
[89] So aber OLG Koblenz FamRZ 1973, 382.

bestimmen kann[90]. In der Praxis hat sich die Anordnung von Zahlungen auf ein Sperrkonto weitgehend durchgesetzt[91]. Zur Schonung des Mannes kann dies auch ein Sparkonto nach dem VermögensbildungsG sein[92]. Der durch die Inflation bedingte Geldwertschwund ist dem beklagten Manne zuzumuten[93], wenn er nicht anders als durch laufende Zahlungen auf ein Sperrkonto Sicherheit leisten kann. Sicherheiten, die für den Mann keine Einzahlungsobliegenheiten begründen, insbesondere Bankbürgschaft[94], sind nach dem Verhältnismäßigkeitsprinzip zuzulassen.

Wie im Rahmen des § 620 auch → dort Rdnr. 2 besteht eine Bindung des Gerichts an das materielle Unterhaltsrecht[95] in der Weise, daß eine summarische Ermittlung der maßgebenden Rechtsnormen und der entscheidungserheblichen Tatsachen sowie deren bloße Glaubhaftmachung genügen. Auch bezüglich der Höhe der Zahlungen bzw der zu leistenden Sicherheit ist der voraussichtlich später ergehende Unterhaltsbetrag maßgebend → Rdnr. 12. Der angemessene Eigenbedarf des Antragsgegners und seiner Familie ist zwar nur summarisch zu berücksichtigen, aber im übrigen nicht anders zu bewerten als im ordentlichen Unterhaltsprozeß auch[96]. In Fällen mit internationalem Einschlag muß das Gericht auch prüfen, ob nach den allgemeinen Kollisionsregeln **ausländisches Unterhaltsrecht** anzuwenden ist[97]. Der Richter kann aber sehr viel früher als im Hauptsacheprozeß zu der Schlußfolgerung kommen, daß der Inhalt des ausländischen Rechts für ihn nicht feststellbar ist → § 293 Rdnr. 60 ff. Die Vaterschaftsfeststellung richtet sich auch in diesem Rahmen (in Gestalt der Glaubhaftmachung) nach den allgemeinen Grundsätzen vor § 640 Rdnr. 6 ff. Ist auf den Unterhaltsanspruch ausländisches Recht anwendbar, dann gilt aber für seine verfahrensrechtliche Durchsetzung § 641 d gleichwohl. Ob angesichts all dieser für das Gericht bestehenden Bindungen mit Fug noch von einem **Ermessen** des Gerichts gesprochen werden soll, ist eine müßige Frage. Das OLG hat als Beschwerdegericht jedenfalls alle Erwägungen des Amtsgerichts zu überprüfen.

22 c) Die Entscheidung ist nach ihrem Erlaß ohne weiteres vollstreckbar → § 794 Abs. 1 Nr. 3. Sie ist in ihrer Dauer auf die Zeit des Rechtsstreits beschränkt → §§ 641 e, 641 f. Rdnr. 6 ff. Wegen der Kosten → Erläuterung § 620 g. Bezüglich der Kosten des Aufhebungsverfahrens → § 641 e, § 641 f. Rdnr. 8.

23 2. Als **Rechtsmittel** gegen Entscheidungen des Amtsgerichts hat das Gesetz die einfache Beschwerde vorgesehen, ohne das funktionell zuständige Gericht zu kennzeichnen. Weil das Anordnungsverfahren Teil des Kindschaftsprozesses ist, ist das OLG zuständig, allg. M. § 641 d Abs. 3 S. 2 schafft nur eine Ausnahme von § 569, der die Einlegung der Beschwerde bei dem Gericht vorsieht, das die angefochtene Entscheidung erlassen hat. Da § 571 Hs. 1 nicht außer Kraft gesetzt werden sollte, ist aber auch im Verfahren einer Beschwerdeeinlegung beim OLG dem Amtsgericht Gelegenheit zu geben, ihr abzuhelfen[98]. Das kann zwar ohne neue Verhandlung, aber niemals geschehen, ohne daß dem Gegner Gehör gewährt wird. Wegen der Möglichkeit einer Aufhebung oder Änderung läßt sich § 620 b Abs. 1 S. 1 analog heranziehen → dort Rdnr. 1. Ein Änderungsgrund ist zweifellos die Änderung der Regelbe-

---

[90] *KG* FamRZ 1976, 98; *OLG Stuttgart* Justiz 1975, 436; *OLG Celle* FamRZ 1971, 197; *Zöller-Philippi*[17] Rdnr. 18; heute wohl allg. M. (nämlich nur für die Art. der Sicherheitsleistung § 108, im übrigen BGB) *Brühl-Göppinger-Wax*[5] Rdnr. 3260.
[91] *OLG Stuttgart* DAVorm 1982, 292; *OLG Celle* aaO; *OLG Koblenz* aaO (trotz behaupteter Anwendbarkeit von §§ 232 ff. BGB als weniger einschneidende Maßnahme aus der Möglichkeit einer Zahlungsanordnung hergeleitet).
[92] *OLG Köln* FamRZ 1964, 263.

[93] *OLG Düsseldorf* DAVorm 1974, 263.
[94] *OLG Stuttgart* Justiz 1975, 436 = FamRZ 1976, 229 (LS).
[95] *OLG Stuttgart* FamRZ 1973, 383, 384; *Brühl* (Fn. 1) 230.
[96] *OLG Düsseldorf* DAVorm 1974, 691; *OLG Stuttgart* aaO.
[97] *KG* NJW 1971, 331 = FamRZ 198; *Odersky*[4] (vor § 640 Fn. 1) VI; *Siehr* (vor § 640 Fn. 7) 48; *Zöller-Philippi*[17] Rdnr. 5.
[98] *Odersky*[4] (vor § 640 Fn. 1) III 5a; *Brühl* (Fn. 1) 231.

darfsVO⁹⁹. Entscheidungen des OLG sind unanfechtbar. Jedoch kann → § 620d Rdnr. 4 auch das OLG seine eigenen Entscheidungen ändern, so daß ein bei ihm eingelegtes Rechtsmittel als Antrag auf Nachprüfung verstanden werden darf. Die Aussetzung der Vollziehung richtet sich nach § 572 Abs. 2

§ 641 e [Außerkrafttreten und Aufhebung einstweiliger Anordnungen]

(1) Die einstweilige Anordnung tritt, wenn sie nicht vorher aufgehoben wird, außer Kraft, sobald das Kind gegen den Mann einen anderen Schuldtitel über den Unterhalt, der nicht nur vorläufig vollstreckbar ist, erlangt.

(2) Ist rechtskräftig festgestellt, daß der Mann der Vater des Kindes ist, und ist der Mann nicht zugleich verurteilt, den Regelunterhalt zu zahlen, so hat auf Antrag des Mannes das Gericht des ersten Rechtszuges eine Frist zu bestimmen, innerhalb derer das Kind wegen seiner Unterhaltsansprüche die Klage zu erheben hat. Wird die Frist nicht eingehalten, so hat das Gericht auf Antrag die Anordnung aufzuheben. Das Gericht entscheidet durch Beschluß; der Beschluß kann ohne mündliche Verhandlung ergehen. Die Entscheidung über den Antrag nach Satz 2 unterliegt der sofortigen Beschwerde.

(3) Ist der Mann rechtskräftig verurteilt, den Regelunterhalt, den Regelunterhalt zuzüglich eines Zuschlags oder abzüglich eines Abschlags oder einen Zuschlag zum Regelunterhalt zu zahlen, so hat auf Antrag des Mannes das Gericht des ersten Rechtszuges eine Frist zu bestimmen, innerhalb derer das Kind die Festsetzung des Betrages nach § 642a Abs. 1 oder nach § 642d oder § 643 Abs. 2 in Verbindung mit § 642a Abs. 1 zu beantragen hat. Absatz 2 Satz 2 bis 4 gilt entsprechend.

§ 641 f [Außerkrafttreten bei Klagerücknahme oder Klageabweisung]

Die einstweilige Anordnung tritt ferner außer Kraft, wenn die Klage zurückgenommen wird oder wenn ein Urteil ergeht, das die Klage abweist.

Gesetzesgeschichte: Rdnr. 2–5 vor § 640. Eingefügt BGBl. 1969 I 1243

I. Allgemeines

Die beiden Vorschriften bringen abschließende Sonderregelungen über die Dauer der nach § 641d getroffenen Anordnungen. Anwendbar sind die Vorschriften nicht nur auf eine vom Gericht gemäß § 641d erlassene Anordnung, sondern entsprechend auch auf Interimsvergleiche → § 641d Rdnr. 18. Nach den beiden Vorschriften ist scharf zwischen einem **automatischen Außerkrafttreten** der einstweiligen Anordnung und **ihrer Aufhebung** zu unterscheiden. 1

II. Automatisches Außerkrafttreten einstweiliger Anordnungen

1. Die Anordnung wird wirkungslos, wenn ein die »**Klage abweisendes**« Urteil ergeht, § 641f. Gemeint ist die auf Feststellung der Vaterschaft gerichtete Klage. Dem ist die erfolgreiche negative Feststellungsklage des Kindes → § 640d Rdnr. 4 gleichzustellen. Die Rechts- 2

---
⁹⁹ *OLG Hamburg* DAVorm 1975, 199.

kraft des Urteils braucht nicht abgewartet zu werden. Der Grund für diese Regelung besteht darin, daß das Gericht mit der Klageabweisung zum Ausdruck bringt, seine Einstellung zur Glaubhaftmachung der Vaterschaft geändert zu haben[1]. Das Berufungsgericht hat aber die Befugnis, eine erneute Anordnung zu treffen[2], wird jedoch ohne neue Beweiserhebung selten Veranlassung haben, die Vaterschaft für glaubhaft zu halten.

3   2. Die Anordnung wird auch wirkungslos, wenn die **Rechtshängigkeit der Hauptsache sonst wegfällt.** § 641f. nennt insoweit nur die Klagerücknahme. Das gleiche gilt jedoch wie nach § 620f. für sonstige Fälle des Wegfalls der Rechtshängigkeit ohne Sachentscheidung, etwa im Falle einer beidseitigen Erledigungserklärung oder einer durch den Tod einer Prozeßpartei eingetretenen Erledigung[3] → § 640 Rdnr. 49. In letzterem Fall ist dies deshalb gerechtfertigt, weil mit dem Tod von Vater oder Kind der Unterhaltsanspruch für die Zukunft erlischt, § 1615 BGB, und die Vorschrift nicht für Unterhaltsrückstände gedacht ist, deren Aktiv- oder Passivsubjekt eine Person ist, die nicht Prozeßpartei ist oder werden kann. Endet die Rechtshängigkeit, weil nach §§ 640, 635 ein Versäumnisurteil dahin ergeht, die Klage gelte als zurückgenommen, so tritt dessen Wirkung und damit auch die Folgewirkung aus § 640f. erst mit Rechtskraft ein.

4   3. Die Anordnung wird schließlich unwirksam, sobald das **Kind einen Schuldtitel über den Unterhalt erlangt hat, der nicht nur vorläufig vollstreckbar ist;** also noch nicht mit der rechtskräftigen Vaterschaftsfeststellung, auch dann nicht, wenn der Mann die Berufung gegen das seine Vaterschaft feststellende Urteil zurücknimmt[4]. Dies kann ein rechtskräftiges Urteil, ein vollstreckbarer Vergleich, eine vollstreckbare Urkunde oder ein rechtskräftiger[5] → § 775 Rdnr. 8 Festsetzungsbeschluß nach § 794 Abs. 1 Nr. 2a, § 642a sein, § 641e Abs. 1. Die bloße Verurteilung zur Leistung des Regelunterhalts reicht dazu aber nicht aus. Erfaßt der endgültige Titel ersichtlich nur einen Teil der Unterhaltsansprüche – etwa wenn sich der Vater nur zur Leistung des Regelunterhalts verpflichtet hat, eine diesbezügliche Festsetzung nach § 642c auch schon getroffen wurde, über einen Zuschlag hierzu aber noch ein Verfahren läuft –, dann wird die einstweilige Anordnung nur in Höhe des neuen Titels wirkungslos. Es kann durchaus der Fall eintreten, daß dem Kind für ein- und denselben Betrag zwei vollstreckbare Titel zur Verfügung stehen, nämlich die einstweilige Anordnung und ein vorläufig vollstreckbares Urteil. Jedoch hat das Gesetz diese Konsequenz bewußt in Kauf genommen[6], um dem Kind auch in solchen Fällen realisierungsfähige Vollstreckungstitel zu geben, in welchen die vorläufige Zwangsvollstreckung des Urteils durch Sicherheitsleistung abgewendet werden kann oder nur gegen Sicherheitsleistung zulässig ist. Das Kind kann sich in diesem Fall des Titels bedienen, der ihm die größeren Vorteile bringt → § 641g Rdnr. 4.

5   4. Ist das **Außerkrafttreten der einstweiligen Anordnung Folge einer anderen Gerichtsentscheidung,** so ist § 775 Nr. 1 anwendbar, weil es zur Anwendung dieser Vorschrift genügt, wenn die »Aufhebungs«-Entscheidung kraft Gesetzes ohne weiteres vollstreckbar ist → § 775 Nr. 1. Man muß § 775 Nr. 1 aber auch entsprechend anwenden, wenn eine Gerichtsentscheidung auf sonstige Weise automatisch ihre Wirksamkeit verliert → § 775 Rdnr. 8. Wird die Zwangsvollstreckung aus einer nach § 641e Abs. 1, § 641f. aufgehobenen Anordnung weiterbetrieben, so kann sich der Vollstreckungsschuldner nach § 766 wehren. Das gleiche gilt, wenn das Kind in dem oben → Rdnr. 4 geschilderten Fall aus beiden Titeln vollstrecken will. In entsprechender Anwendung von § 620f. Abs. 1 S. 2 und S. 3 kann aber eine Feststellung des Gerichts darüber beantragt werden, daß die Anordnung außer Kraft getreten ist.

---

[1] Amtl Begründung BTDrucks V/3719 41.
[2] *Odersky*[4] (vor § 640 Fn. 1) § 641f. 3.
[3] *Odersky*[4] aaO 4.
[4] *OLG Köln* DAVorm 1987, 453.
[5] A.M. *Zöller-Philippi*[17] § 641e Rdnr. 3.
[6] Amtl Begründung BTDrucks V/3719 41.

III. Aufhebung einer einstweiligen Anordnung

Die **Aufhebung der einstweiligen Anordnung durch Gerichtsentscheidung** regelt § 641 e 6
Abs. 2 und 3. In beiden Fällen dient die Existenz des dort vorgesehenen Rechtsbehelfs dazu, das Kind anzuhalten, sich ohne Verzögerung um einen endgültigen Vollstreckungstitel zu bemühen und nicht unangemessen Nutzen daraus zu ziehen, daß die Dauer der einstweiligen Anordnung nicht auf die Dauer des Rechtsstreits beschränkt ist. Von den in § 641 e Abs. 2 und 3 geregelten Aufhebungsmöglichkeiten sind die Befugnisse des Gerichts, seine Anordnung während der Rechtshängigkeit des Feststellungsverfahrens zu ändern → § 641 d Rdnr. 23, scharf zu unterscheiden.

1. Die **beiden alternativ zu prüfenden Voraussetzungen für die Aufhebung** der Anordnung 7
sind in den Absätzen 2 und 3 des § 641 e festgehalten.

a) Hat das Kind nach Feststellung der Vaterschaft, dem die Anerkennung der Vaterschaft durch den Mann gemäß § 641 c gleichsteht[7], keine bezifferten Unterhaltsansprüche eingeklagt, sondern den Regelunterhalt geltend gemacht oder ist das Kind im Vaterschaftsfeststellungsverfahren mit dem Zusatzantrag auf Zusprechung des Regelunterhalts durchgedrungen, beide Male mit Zuschlag oder Abschlag, so tritt die einstweilige Anordnung nach Abs. 1 erst außer Kraft, wenn der Unterhaltsbetrag nach § 643 Abs. 2, § 642 a festgesetzt ist. Ist hierbei ein geringerer Betrag zu erwarten, als in der einstweiligen Anordnung festgelegt wurde, so hat das Kind kein Interesse daran, das Festsetzungsverfahren beschleunigt zu betreiben. Der Vater kann ihm daher nach Absatz 3 eine Frist setzen lassen, nach deren fruchtlosem Ablauf das Gericht die Anordnung auf Antrag aufheben muß. Die Vorschrift ist entsprechend anwendbar, wenn sich der Vater in einem Vergleich verpflichtet hat, den Regelunterhalt zu bezahlen. Der Fall, daß der Mann rechtskräftig lediglich dazu verurteilt ist, »einen Zuschlag zum Regelunterhalt zu bezahlen«, dürfte nur praktisch werden, wenn wegen des Regelunterhalts schon eine vollstreckbare Urkunde nach § 642 c aufgenommen wurde[8]. Dann muß zur Stellung des Festsetzungsantrags bezüglich beider Titel eine Frist gesetzt werden. Ist bezüglich des Regelunterhalts der konkrete Betrag schon festgesetzt, so gilt insoweit § 641 e Abs. 1 → Rdnr. 4.

b) Ganz Entsprechendes gilt, wenn das im Feststellungsverfahren obsiegende Kind weder einen Zusatzantrag auf Zusprechung des Regelunterhalts gestellt hatte, noch Anstalten macht, den Unterhaltsanspruch gerichtlich zu verfolgen, § 641 e Abs. 2.

2. Das **Aufhebungsverfahren** gestaltet sich folgendermaßen: Zunächst ist beim Amtsgericht als dem Gericht des ersten Rechtszuges, auch wenn die Anordnung vom OLG stammt, Antrag auf Fristsetzung zu stellen. Der Rechtspfleger, § 20 Nr. 14 RpflG, muß die Frist setzen, und die Verfügung dem Kind bzw. seinem für die Geltendmachung des Unterhalts zuständigen gesetzlichen Vertreter (Jugendamt als Pfleger) zustellen, § 329 Abs. 3. Lehnt der Rechtspfleger den Antrag ab, so muß er seine Entscheidung dem Vater zustellen.

Zur **Fristwahrung** genügt Klage- bzw Antragseinreichung bei Gericht, wenn die Zustellung »demnächst«, § 270, erfolgt[9]. Da die einstweilige Anordnung bestehen bleibt, bis das Kind nicht nur einen vorläufig vollstreckbaren Unterhaltstitel erlangt hat, mag es für den Vater manchmal mißlich sein, keinen formalisierten Rechtsbehelf für den Fall zu haben, daß das Kind das Unterhaltsverfahren zwar anstrengt, aber dann verzögert. Das mit dem Unterhalt bzw seiner Festsetzung befaßte Gericht muß daher auf Beschleunigung des Verfahrens bedacht sein und darf die übliche Großzügigkeit nicht obwalten lassen, die sonst bei verzögerlichem Prozeßbetrieb von Seiten des Klägers vertretbar ist.

---

[7] *MünchKommZPO-Coester-Waltjen* § 641 e Rdnr. 7.   [9] *Odersky*[4] (vor § 640 Fn. 1) § 641 e IV 3 d.
[8] *Thomas/Putzo*[18] § 642 Rdnr. 2 ff.

Wird die Frist nicht gewahrt, so kann der Vater die Aufhebung der einstweiligen Anordnung begehren. Diesem Antrag muß stattgegeben werden, auch wenn inzwischen Klage erhoben oder Festsetzungsantrag gestellt ist. Der Aufhebungsantrag kann schon mit dem Fristsetzungsantrag verbunden werden[10]. Zur Entscheidung zuständig ist der Richter. Da das Kind bzw sein gesetzlicher Vertreter der Sache nach frei über den weiteren Bestand der einstweiligen Anordnung verfügen kann, braucht man den Richter nicht zu verpflichten, von Amts wegen zu ermitteln, ob rechtzeitig Klage erhoben worden ist; er kann vom Kind einen entsprechenden Nachweis verlangen. Die Aufhebungsentscheidung hat einen selbständigen Kostenausspruch zu enthalten, der sich nach § 91 auszurichten hat[11]. Sowohl im Erfolgs- als auch im Mißerfolgsfall ist die sofortige Beschwerde das statthafte Rechtsmittel. Wie gestaltende Gerichtsentscheidungen generell[12] wird der Aufhebungsbeschluß erst mit seiner Rechtskraft wirksam[13].

§ 641 g [Schadensersatzpflicht des Kindes]

Ist die Klage auf Feststellung des Bestehens der Vaterschaft zurückgenommen oder rechtskräftig abgewiesen, so hat das Kind dem Manne den Schaden zu ersetzen, der ihm aus der Vollziehung der einstweiligen Anordnung entstanden ist.

Gesetzesgeschichte: Rdnr. 2 5 vor § 640. Eingefügt BGBl. 1976 I 1243.

1   1. Die rechtspolitisch bedenkliche[1] Vorschrift stellt das nichteheliche Kind hinsichtlich des Risikos eines einstweiligen Rechtsschutzes jedem gleich, der Arrest bzw einstweilige Verfügungen hat vollziehen lassen, die später aufgehoben wurden, § 945, oder der – wie sich später zeigt: unberechtigterweise – von einem vorläufig vollstreckbaren Titel Gebrauch gemacht hat, § 717. Die Existenz der Bestimmung dürfte der Grund dafür sein, daß im Anordnungsverfahren kaum noch Anordnung einer Zahlung, sondern fast immer nur einer Sicherheitsleistung beantragt wird.

2   2. Die Bestimmung ist nur anwendbar, wenn eine **gerichtliche Anordnung** ergangen war, nicht wenn sich der beklagte Mann zu einem **Interimsvergleich** → § 641 d Rdnr. 18 bereitgefunden hatte[2]. Sie soll nicht nur im Fall einer rechtskräftigen Klageabweisung der positiven Feststellungsklage, einer rechtskräftigen Stattgabe der negativen Feststellungsklage[3] oder einer Klagerücknahme, sondern unter Umständen auch im Falle der Erledigung des Rechtsstreits in der Hauptsache zur Anwendung kommen[4]. Jedoch ist insoweit zu differenzieren. Haben die Parteien den Rechtsstreit einvernehmlich für erledigt erklärt, kann dies seinen Grund nur in der Abgabe eines Vaterschaftsanerkenntnisses gehabt haben. Dann ist die Anwendung der Bestimmung sicherlich ungerechtfertigt. Stirbt der Mann oder das Kind und haben Kind bzw Mutter mit ihren Feststellungsanträgen beim Vormundschaftsgericht (§ 1600n Abs. 2 BGB) Erfolg, fehlt es von vornherein an jeder Rechtfertigung für einen Schadensersatzanspruch[5]. Wenn der Antrag abgewiesen wird, ist jedoch mindestens dann, wenn der Mann noch lebt, die Interessenlage die gleiche wie bei einer Klageabweisung. Wenn

---

[10] *Odersky*[4] (vor § 640 Fn. 1) § 641 e IV 3 e; *Damrau* FamRZ 1970, 285, 294 Fn. 110.
[11] *Odersky*[4] (vor § 640 Fn. 1) § 641 e IV 3 f.
[12] Dazu *Schlosser* Gestaltungsklagen und Gestaltungsurteile (1966) 231 f.
[13] A.M. *Thomas/Putzo*[18] § 641 e Rdnr. 3.

[1] So mit Recht *Büdenbender* (§ 641 d Fn. 1) 131 f.
[2] A.M. *MünchKommZPO-Coester-Waltjen* § 641 g Rdnr. 2 aE.
[3] *MünchKommZPO-Coester-Waltjen* § 641 g Rdnr. 2.
[4] *Odersky*[4] (vor § 640 Fn. 1) II 3.
[5] So auch *Odersky*[4] (vor § 640 Fn. 1) II 3 a.

der Mann verstorben ist, könnte man zwar meinen, seine Erben seien nicht in gleicher Weise schutzwürdig. Jedoch ist es nach unserem erbrechtlichen Prinzip der Universalsukzession nicht möglich, privatrechtliche Ansprüche und Anwartschaften nach dem Erbfall deshalb anders zu behandeln, weil der Nachlaß den Erben meist ohne eigenen wirtschaftlichen Einsatz zufällt. Daher muß man § 641 g auch anwenden, wenn der Feststellungsantrag beim Vormundschaftsgericht gar nicht gestellt wird[6]. Kann ein solcher Antrag nicht mehr gestellt werden, weil Kind und Mutter verstorben sind, so ist für eine Anwendung von § 641 g kein Raum, vielmehr nur ein Bereicherungsanspruch der Erben des Mannes möglich[7]. Die Unzulässigkeit eines Feststellungsverfahrens in diesem Falle ist in Verbindung mit § 1600 a S. 2 BGB Ausdruck der gesetzlichen Wertung, daß nach der Vaterschaft nicht mehr soll geforscht werden dürfen. Daher kann der Erbe des Kindes dem Bereicherungsanspruch des früher beklagten Mannes nicht entgegensetzen, dieser sei der Vater gewesen[8].

3. Dem Sinn der Vorschrift entsprechend und im Einklang mit dem, was in den Parallelvorschriften der § 717 Abs. 2, § 945 ausdrücklich verfügt ist, tritt die Schadensersatzpflicht nicht nur ein, wenn die einstweilige Anordnung vollzogen wurde, sondern auch dann, wenn der **beklagte Mann ihr freiwillig nachgekommen war.** Einen Schaden hat der beklagte Mann jedoch nur, soweit er keinen realisierungsfähigen Anspruch aus übergegangenem Recht gemäß § 1615 b BGB besitzt, weil der cessio legis erworbene Anspruch dem Mann erfüllungshalber zugewiesen ist[9]. Dem Mann ein Wahlrecht zuzugestehen, den wirklichen Vater oder unter Abtretung eines Anspruchs gegen ihn (§ 255 BGB) das Kind in Anspruch zu nehmen[10], ist weder sachgemäß noch positivrechtlich notwendig. Kann der Mann indes das Kind in Anspruch nehmen, so muß er seine nicht realisierungsfähigen Ansprüche gegen den wahren Vater nach § 812 (Wegfall des rechtlichen Grundes) abtreten[11]. Im übrigen, insbesondere wegen der Verjährung und einer eventuellen Mitschuld des Mannes gilt das entsprechend, was bei Anwendung von §§ 717, 945 rechtens ist. 3

4. Ist im endgültigen Unterhaltstitel ein niedrigerer Unterhalt festgelegt als in einer auf Zahlung → § 641 d Rdnr. 14 lautenden einstweiligen Anordnung, so ist § 641 g nicht entsprechend anwendbar. Nur Bereicherungsansprüche sind möglich[12]. 4

§ 641 h [Urteilsformel bei Abweisung einer negativen Vaterschaftsfeststellungsklage]

Weist das Gericht eine Klage auf Feststellung des Nichtbestehens der nichtehelichen Vaterschaft ab, weil es den Kläger oder den Beklagten als Vater festgestellt hat, so spricht es dies in der Urteilsformel aus.

Gesetzesgeschichte: Rdnr. 2–5 vor § 640. Eingefügt BGBl. 1969 I 1243

---

[6] So mit Recht *Odersky*[4] (vor § 640 Fn. 1) II 3 a.
[7] *Odersky*[4] aaO. – A.M. *MünchKommZPO-Coester-Waltjen* § 641 g Rdnr. 2.
[8] A.M. *Odersky*[4] (vor § 640 Fn. 1) II 3 b.
[9] *Gernhuber* FamR[3] § 59 VII 8, VIII 3; *MünchKommZPO-Coester-Waltjen* § 641 g Rdnr. 1.
[10] *Thomas-Putzo*[18]; *Büdenbender* (§ 640 d Fn. 1) 133. In der rechtspolitischen Diskussion um den insoweit nicht geänderten Regierungsentwurf, wenn auch bedauernd ebenso *Brüggemann* FamRZ 1970, 120, 125; *Reinheimer* FamRZ 1969, 388, 390; *Lüderitz* FamRZ 1966, 613, 619 f.; *Dieckmann* JuS 1969, 156, 161. *Odersky*[4] (vor § 640 Fn. 1) II 4 c läßt den Schadensersatzanspruch immer entfallen, wenn es dem Mann voraussichtlich in Kürze gelingen wird, beim wirklichen Vater Regreß zu nehmen.
[11] *Gernhuber* aaO.
[12] So mit Recht *Brühl-Göppinger-Wax*[5] (vor § 640 Fn. 1) Rdnr. 3272.

§ 641 h   2. Abschnitt. Verfahren in Kindschaftssachen

1 1. Die Vorschrift[1] verdankt ihre Existenz den Mißlichkeiten, die bei Abweisung der negativen Feststellungsklage nach früherem Recht entstanden waren. Man hat bei ihrer Schöpfung aber übersehen, daß Klagen auf Feststellung des Nichtbestehens einer nichtehelichen Vaterschaft nach heutigem Recht, wenn überhaupt noch zulässig, so doch sehr selten sind → § 640 Rdnr. 10 und sich daher der besondere Regelungsaufwand zur Klarstellung einer Rechtslage, die bei einer sachlichen Klageabweisung auch ohnehin gälte[2], nicht lohnt. Der Auspruch zur Vaterschaftsfeststellung ist zwar von Amts wegen zu treffen. Eine Durchbrechung von § 308 liegt darin jedoch wegen der nur klarstellenden Funktion der Feststellung nicht. Die Existenz von § 641 h führt jedoch dazu, daß eine positive Feststellungswiderklage nicht als unzulässig abgewiesen werden darf[3]. Die Bestimmung ist anwendbar, wenn eine auf Feststellung des Nichtbestehens der nichtehelichen Vaterschaft gerichtete Klage abgewiesen wird, gleichgültig ob Mann oder Kind Kläger war. Eine entsprechende Anwendung auf den Fall, daß eine Klage abgewiesen wird, mit der ein Vaterschaftsanerkenntnis angefochten wurde, ist nicht angezeigt, weil dann die Vaterschaftswirkungen aus dem Anerkenntnis bestehen bleiben[4] und jedermann gegenüber (§ 640 h) klargestellt ist, daß dieses unanfechtbar ist[5]. Auch dann ist die Vorschrift unanwendbar, wenn eine Klage abgewiesen wird, mit der die Feststellung der ursprünglichen Unwirksamkeit eines Vaterschaftsanerkenntnisses begehrt wird. Denn ein solches Urteil stellt sachlich gar nicht das Bestehen der Vaterschaft fest, sondern erhält nur die aus dem Anerkenntnis fließenden Vaterschaftswirkungen. Genausowenig ist eine entsprechende Anwendung der Vorschrift auf die Abweisung einer positiven Vaterschaftsfeststellungsklage nötig[6]. Wegen der positiven Vaterschaftsfeststellungsklage siehe im übrigen → § 640 c Rdnr. 3.

2 2. Glaubt man, daß die negative Vaterschaftsfeststellungsklage abgewiesen werden muß, wenn zwar schwerwiegende Zweifel an der Vaterschaft bestehen, diese aber auch nicht ausgeschlossen werden kann → § 640 h Rdnr. 9, so kann auch § 641 h nicht anwendbar werden. Nach der hier vertretenen Lehre → § 640 h Rdnr. 9b ist jedoch in einem solchen Fall der Klage durch eine Entscheidung stattzugeben, die zur Sache gesteigerte Rechtskraftwirkung entfaltet. Daher ist auch dann § 641 h anwendbar[7] Der Zusatz in § 641 h »weil es den Kläger oder den Beklagten als Vater festgestellt hat«, kann genausogut als Abgrenzung eines Sachurteils von einem Prozeßurteil verstanden werden und zwingt nicht dazu, die auf der Grundlage des früheren Rechts von der Rechtsprechung entwickelten Grundsätze zur Rechtskraft bei **non-liquet-Entscheidungen** beizubehalten[8].

3 3. Ist der **Auspruch unterblieben**, so ändert dies nichts daran, daß das Urteil gleichwohl für und gegen alle das Bestehen der Vaterschaft rechtskräftig feststellt[9] und damit die Rechtsausübungssperre des § 1600 a BGB beseitigt. Dem ist freilich nicht so, wenn das Gericht die Vaterschaft für zweifelhaft ansieht und – fälschlich – glaubt, die negative Feststellungsklage unter diesen Voraussetzungen und ohne daß der Entscheidung Rechtskraftwirkungen zukäme, abweisen zu müssen[10]. Denn der rechtskraftfähige Inhalt einer Entscheidung ist aus dem Sinnzusammenhang der Urteilsgründe zu erschließen. Daher ist es auch ein Verstoß

---

[1] Lit.: *Göppinger* Negative Feststellungsklage nach neuem Recht, FamRZ 1970, 125; *Gravenhorst* Negative Feststellungsklage nach neuem Nichtehelichenrecht, FamRZ 1970, 127.
[2] *MünchKommZPO-Coester-Waltjen* Rdnr. 2.
[3] OLG Hamburg DAVorm 1975, 229, 231.
[4] *Damrau* FamRZ 1970, 285, 295; im Ergebnis ebenso *Gravenhorst* aaO 128. – A.M. *Bergerfurth* (§ 641 d Fn. 1) 126 f, der für diesen Fall eine sowohl auf dem Anerkenntnis als auch auf der nach § 641 h zu treffenden Feststellung beruhende Vaterschaft annimmt.
[5] *Damrau* aaO.
[6] *Ramm* Jugendrecht (1991) § 26 III 2.
[7] *MünchKommZPO-Coester-Waltjen* Rdnr. 2.
[8] A.M. *Odersky*[4] (vor § 640 Fn. 1) I C.
[9] *MünchKommZPO-Coester-Waltjen* Rdnr. 4. – A.M. *Odersky*[4] aaO III 3.
[10] *MünchKommZPO-Coester-Waltjen* Rdnr.

gegen das Verbot der reformatio in peius, wenn in einem Fall, in dem das erstinstanzliche Gericht die Klage mit einer solchen Begründung abgewiesen hat, das nur vom Kläger angerufene Gericht die Feststellung nachholt[11].

§ 641 i [Neues Gutachten als Restitutionsgrund]

(1) **Die Restitutionsklage gegen ein rechtskräftiges Urteil, in dem über die Vaterschaft entschieden ist, findet außer in den Fällen des § 580 statt, wenn die Partei ein neues Gutachten über die Vaterschaft vorlegt, das allein oder in Verbindung mit den in dem früheren Verfahren erhobenen Beweisen eine andere Entscheidung herbeigeführt haben würde.**
(2) **Die Klage kann auch von der Partei erhoben werden, die in dem früheren Verfahren obsiegt hat.**
(3) **Für die Klage ist das Gericht ausschließlich zuständig, das im ersten Rechtszug erkannt hat; ist das angefochtene Urteil von dem Berufungs- oder Revisionsgericht erlassen, so ist das Berufungsgericht zuständig. Wird die Klage mit einer Nichtigkeitsklage oder mit einer Restitutionsklage nach § 580 verbunden, so bewendet es bei § 584.**
(4) **§ 586 ist nicht anzuwenden.**

Gesetzesgeschichte: Rdnr. 2−5 vor § 640.

I. Regelungszweck und Anwendungsbereich[1]

Im allgemeinen Wiederaufnahmerecht ist die Vorlage eines neuen Sachverständigengutachtens aus guten Erwägungen kein Wiederaufnahmegrund. Im Statusprozeß hatte sich jedoch diese Regel als sehr mißlich erwiesen. Es kam vor, daß aus irgendeinem Grunde, vor allem im Zusammenhang mit einem Strafverfahren, nach rechtskräftigem Verfahrensabschluß Gutachten[2] eingeholt wurden, welche mit Sicherheit das Gegenteil dessen ergaben, was das Gericht im Statusprozeß entschieden hatte. Die Rechtspraxis hat früher mit verschiedenen, konstruktiv sehr gewagten Mitteln nach Abhilfe Ausschau gehalten. Den auf diese Weise in die Rechtspraxis getragenen Unsicherheiten will § 641 i abhelfen, auch bezüglich solcher Urteile, die vor dem 1.7.1970 rechtskräftig geworden sind[3]. 1

Daraus ergeben sich Konsequenzen für seinen **Anwendungsbereich**. Entgegen seiner systematischen Stellung bezieht er sich nicht nur auf Urteile, in denen im Sinne von § 641 das Bestehen oder Nichtbestehen der nichtehelichen Vaterschaft festgestellt wird, sondern seinem Sinn entsprechend auf **alle im Kindschaftsprozeß möglichen Statusurteile**. Der Text der Vorschrift (»ein rechtskräftiges Urteil, in dem über die Vaterschaft entschieden wurde«) steht dieser Auslegung nicht im Wege. Die Rechtsprechung hat die Vorschrift aus diesem Grunde bereits auf Urteile angewandt, die einer Ehelichkeitsanfechtungsklage stattgegeben hatten[4] und seine Anwendbarkeit auf ein Urteil, mit dem ein Vaterschaftsanerkenntnis erfolgreich 2

---

[11] A.M. *Odersky*[4] aaO II 4; *Roth-Stielow*[2] (vor § 640 Fn. 1) Rdnr. 387.
[1] Lit.: *Gaul* Zum Anwendungsbereich des § 641 i ZPO, FS Bosch (1976) 241 ff.; *Braun* Aktuelle Fragen der Restitutionsklage gemäß § 641 i ZPO, FamRZ 1989, 1129; *Niklas* Vaterschaftsgutachten als Restitutionsgrund, JR 1988, 441.
[2] Zur Bevorzugung des Beweismittels »Gutachten« wegen Fortschreitens der Wissenschaft OLG Hamm DA-

Vorm 1981, 472. Gegen Privilegierung nur von Gutachten *Niklas* aaO 442.
[3] OLG Celle FamRZ 1974, 381, 382.
[4] BGHZ 81, 353 = FamRZ 1982, 48, 50 = NJW 96 (obiter); BGHZ 61, 186 = FamRZ 1973, 594 = NJW 1927; OLG Hamm FamRZ 1986, 1026 = NJW-RR 1452; dass. FamRZ 1980, 392. Ebenso *Niklas* JR 1988, 441, 443; *Odersky*[4] (vor § 640 Fn. 1) III. − A.M. OLG München NJW-RR 1987, 259.

angefochten wurde, angedeutet[5]. Ein innerer Grund, Urteile anders zu behandeln, mit denen das Nichtbestehen eines ehelichen Kindschaftsverhältnisses festgestellt wird, besteht nicht. Man muß jedoch auch noch den letzten Schritt gehen und die Bestimmung auch auf Urteile anwenden, mit denen das Bestehen eines ehelichen[6] oder nichtehelichen Kindschaftsverhältnisses festgestellt wurde. Zwar ließe sich durchaus hören, Urteile sollten weniger leicht angreifbar sein, wenn sie eine Statuszuordnung rechtskräftig feststellten oder begründeten[7]. Jedoch macht die Bestimmung eine Differenzierung zwischen negativen und positiven Statusfeststellungs- und -begründungsurteilen gerade nicht[8]. Auch die Befristung der Ehelichkeitsanfechtungsklage ist kein die Differenzierung rechtfertigender Umstand[9], weil sie für die Zulässigkeit der Wiederaufnahme gegen ein ihr stattgebendes Urteil auch sonst keine Rolle spielt.

Auf die Anfechtung eines Vaterschaftsanerkenntnisses[10] oder der Ehelichkeit läßt sich die Vorschrift nicht übertragen[11], auch nicht, wenn der Mann seine Dispositionen seinerzeit unter dem Eindruck einer Vaterschaftsbegutachtung getroffen hat.

Der häufig von der Rechtsprechung zur Korrektur unerträglicher Urteile begangene Weg über § 826 BGB ist angesichts der spezielleren Vorschrift des § 641i für Statusurteile im Kindschaftsrecht mit Sicherheit ausgeschlossen[12].

Soweit es sich um einen **Unterhaltstitel** handelt, der auf dem Statusurteil beruht, das aufgehoben wurde, ist auch der Unterhaltstitel angreifbar. Möglich ist die Vollstreckungsabwehrklage gemäß § 767 oder die Wiederaufnahmeklage gemäß § 580 Nr. 6. Es könnte auch an eine analoge Anwendung von § 641i auf das Unterhaltsurteil gedacht werden[13].

Auch wäre eine analoge Anwendung des § 641i auf einen Titel über einen Schadensersatzanspruch denkbar[14] → § 640 Rdnr. 19 aE.

II. Der Begriff des neuen Gutachtens

2a Das »neue Gutachten« muß, um die in § 641i vorgesehene Rechtsfolge auslösen zu können, folgende Eigenschaften aufweisen:

Es muß dem Gericht »**vorgelegt**« werden. Ein Antrag, ein neues Gutachten einzuholen, genügt nicht[15]. Die Vorschrift gibt der an einer Wiederaufnahme interessierten Partei auch keinerlei Handhabe[16], von dem Gegner des Vorprozesses oder einer anderen Person die Mitwirkung bei Erstellung eines neuen Gutachtens zu verlangen[17]. Es hängt daher von Glück

---

[5] BGHZ 61, 186 aaO. Ebenso *Damrau* FamRZ 1970, 285, 296 Fn. 125; *Odersky*[4] (vor § 640 Fn. 1) III.
[6] *Zöller-Philippi*[17] Rdnr. 2 ff.; *MünchKommZPO-Coester-Waltjen* Rdnr. 5; *Braun* FamRZ 1989, 1129, 1133; *Gaul* (Fn. 1) 267 ff.- A.M. *BGH* FamRZ 1975, 483 = NJW 1465 (abl. *Braun* 2196), wo zwar mit Recht die entsprechende Anwendung der Vorschrift auf die Frist zur Ehelichkeitsanfechtung abgelehnt wurde, aber zu Unrecht mit der Begründung, auf diese Weise könne nicht der Status eines ehelichen Kindes in Frage gestellt werden. Dem BGH folgend *OLG Frankfurt* NJW-RR 1989, 393 = FamRZ 78; *Brühl-Göppinger-Wax*[5] (vor § 640 Fn. 1) Rdnr. 3345.
[7] So andeutungsweise, aber Festlegungen ausdrücklich abwehrend *BGHZ* 81, 353 aaO.
[8] So mit Recht *Braun* aaO.
[9] A.M. *OLG Frankfurt* aaO.
[10] BGHZ 81, 353 = NJW 1982, 96 = FamRZ 48; *OLG Düsseldorf* DAVorm 1982, 200. – A.M. *MünchKommZPO-Coester-Waltjen* Rdnr. 6, ohne Unterscheidung danach, ob die Klage erfolgreich war oder nicht.
[11] So aber *MünchKommZPO-Coester-Waltjen* Rdnr. 5.
[12] *AG Solingen* FamRZ 1991, 111; *Bosch* Anm. zu BGH FamRZ 1969, 644.
[13] Dafür *MünchKommZPO-Coester-Waltjen* Rdnr. 7.
[14] Auch dafür *MünchKommZPO-Coester-Waltjen* Rdnr. 8.
[15] *OLG Hamburg* DAVorm 1980, 486; *LG Bückeburg* DAVorm 1972, 150 f.; allg. M.
[16] Deswegen als gesetzliche Fehlentscheidung bezeichnet bei *MünchKommZPO-Coester-Waltjen* Rdnr. 15.
[17] *OLG Stuttgart* FamRZ 1982, 193; *OLG Düsseldorf* FamRZ 1978, 206; *LG Berlin* DAVorm FamRZ 1978, 835; *OLG Celle* FamRZ 1971, 592; *LG Bückeburg* DAVorm 1972, 150; *Thomas-Putzo*[18] Rdnr. 4; *Damrau* FamRZ 1970, 285, 287; *Reinheimer* FamRZ 1970, 122; *Göppinger* DRiZ 1970, 141; *Leipold* FamRZ 1973, 65, 70. – A.M. *Odersky*[4] (vor § 640 Fn. 1) II 4 – § 810 f. BGB soll entsprechend angewandt werden.

und Geschicklichkeit des Wiederaufnahmeprätendenten ab, ob er in den Besitz eines neuen Gutachtens kommt. Die Bescheinigung eines Sachverständigen, der Fortschritt der Wissenschaft ermögliche die Anfertigung eines neuen Gutachtens, reicht ebenfalls nicht aus[18]. Zum Antrag auf Beiziehung der Akten → Rdnr. 4.

Es muß sich um ein **Gutachten** handeln. Nicht jedes so bezeichnete Schriftstück erfüllt die Merkmale dieses Begriffs. Vielmehr muß es von einer Person stammen, deren Sachverstand gerichtsbekannt ist oder sich leicht (Zeugnisse, Prüfungen oder berufliche Stellung) nachprüfen läßt und sich inhaltlich als Ergebnis naturwissenschaftlicher Erhebungen ausweist[19]. Es kann sich hierbei um ein Blutgruppengutachten, ein anthropologisches Gutachten, ein Gutachten über die Tragzeit oder die Zeugungsunfähigkeit handeln[20]. Zur Erschütterung älterer Vaterschafts»feststellungen« können die letzteren auch heute noch taugen → Anh I zu § 644 Rdnr. 1. In Zukunft sind auch DNA-Gutachten für die Anwendung von § 641i geeignet → Anh I zu § 644 Rdnr. 26 ff. Sich von anderen Personen ohne Gewalteinwirkung, wenn auch ohne deren Wissen, chromosomhaltige Substanzen (Speichel, Blutstropfen, Haarwurzeln) zu beschaffen, ist ein derartig minimaler Eingriff in die Persönlichkeitssphäre, daß sie der Verwendung des Gutachtens nicht im Wege steht. Um die Wiederaufnahmeklage zulässig zu machen, muß allerdings bewiesen sein, daß sich das neue Gutachten auf Mutter, Kind und »festgestellten Vater« bezieht. 2b

Das Gutachten muß »**neu**« sein, aber nicht »erneut«. Die Vorschrift ist auch anwendbar, wenn im Vorprozeß kein Gutachten eingeholt worden war[21] und unabhängig davon, ob im »neuen« Gutachten auch neue wissenschaftliche Erkenntnisse verwertet wurden, die erst aus der Zeit nach dem Vorurteil stammen[22]. Entscheidend ist allein, daß das Gutachten im Vorprozeß nicht vorgelegen hat[23], selbst wenn es damals schon existierte → Rdnr. 7. Unschädlich ist es auch, wenn das neue Gutachten von einer Person stammt, die bereits im Vorprozeß Gutachter war. Der Sinn der Vorschrift verlangt aber, Gutachten nicht für ausreichend zu halten, die eine im Vorgutachten verwendete, aber vom Gericht nicht als gesichert bewertete Methode bestätigen[24]. 2c

§ 641i verlangt nicht, daß der Mann, welcher Partei des Vorprozesses war, in die Untersuchung einbezogen worden ist, die zu dem neuen Gutachten geführt hat. Auch eine sich auf Mutter, Kind und einen anderen Mann beziehende Begutachtung kann ausreichen[25]. 2d

Das Gutachten muß nach dem Wortlaut des Gesetzes das Gericht zur Überzeugung bringen, daß im **Vorprozeß eine andere Entscheidung gefallen wäre**, wenn es damals bereits vorgelegen hätte. Diese Einschränkung darf aber nicht dahin verstanden werden, das Gutachten einschließlich des früheren Prozeßstoffes müsse dem Gericht eine abschließende Würdigung erlauben. Wie im allgemeinen Wiederaufnahmerecht auch → § 580 Rdnr. 29 muß es genügen, wenn das Gutachten, früher bekannt, **möglicherweise zu einem anderen Ergebnis geführt hätte**[26]. Hatte etwa das Gericht die Vaterschaft des beklagten Mannes aufgrund seiner Überzeugung vom Fehlen eines Mehrverkehrs der Mutter und aufgrund serostatistischer 2e

---

[18] OLG Stuttgart FamRZ 1982, 193.
[19] Leider einschränkend *Gaul* (Fn. 1) 257f. (nur wissenschaftlich anerkannte Untersuchungsmethoden), 265f. (nicht Tragzeit- oder Zeugungsunfähigkeitsgutachten).
[20] *BGH* FamRZ 1989, 374 = NJW-RR 258; *BGH* NJW-RR 1989, 1028; *BGH* NJW 1984, 2630 = FamRZ 681.
[21] BGHZ 89, 353 aaO.
[22] *BGH* FamRZ 1984, 681; BGHZ 61, 186 aaO; *OLG Hamm* FamRZ 1980, 392.
[23] *OLG Hamm* aaO; *dass.* FamRZ 1972, 215f. Weitergehend *MünchKommZPO-Coester-Waltjen* Rdnr. 12:

oder zwar vorgelegen hat, aber auf die falsche Person bezogen wurde.
[24] *Gaul* (Fn. 1) 260f.
[25] *BGH* FamRZ 1980, 880 – nach Klageabweisung im darauf folgenden Prozeß gegen den Mehrverkehrszeugen eingeholtes Gutachten.
[26] *BGH* aaO; *BGH* FamRZ 1982, 690 = NJW 2128; *OLG München* DAVorm 1981, 140; ähnlich *OLG Braunschweig* DAVorm 1982, 198 und *OLG Hamm* DAVorm 1981, 472. Der Beweiswert des Gutachtens spielt bei der Prüfung der Zulässigkeit der Wiederaufnahmeklage noch keine Rolle, *BGH* FamRZ 1984, 681.

Erhebungen für hinreichend wahrscheinlich gehalten, um der Klage stattgeben zu können, und legt das jetzt die Vaterschaft leugnende Kind ein erbbiologisches Gutachten vor, das seine Mutter und einen anderen Mann einbezieht → Rdnr. 2d und das dessen Vaterschaft für überwiegend wahrscheinlich erklärt, so wäre es absonderlich, wenn das erste Urteil unbesehen aufgehoben und das Nichtbestehen der Vaterschaft festgestellt werden müßte, weil jetzt schwerwiegende Zweifel an der ursprünglich festgestellten Vaterschaft existieren. Das Gericht muß die Möglichkeit haben, weitere Gutachten, insbesondere solche einzuholen, die auch den Beklagten des Vorprozesses einbeziehen[27].

2f Das Gutachten muß jedoch allein geeignet sein, die Urteilsgrundlage zu erschüttern und nicht erst in Verbindung mit noch zu erhebenden Beweisen[28]. Dies kann auch verfahrensmäßig ein **Privatgutachten**[29] mindestens dann leisten, wenn Wiederaufnahmekläger und -beklagter mit seiner Verwendung nach § 404 Abs. 4 einverstanden sind. Im übrigen aber ist § 641i bereits eine Durchbrechung der dem Gericht beim Sachverständigenbeweis nach § 404 Abs. 1 zustehenden Personenauswahlkompetenz. Auch wenn man den Anwendungsbereich der Vorschrift auf amtliche oder amtlich in Auftrag gegebene Gutachten beschränken wollte, könnte den Gutachter nicht das über die Wiederaufnahmeklage entscheidene Gericht und auch nicht das Gericht des Vorprozesses ausgewählt haben. Man kann daher die Relevanz privater Gutachten im Rahmen von § 641i nicht mehr mit der Begründung bestreiten, private Gutachten hätten in dem früheren Verfahren niemals eine andere Entscheidung herbeiführen können[30].

III. Das Wiederaufnahmeverfahren

3 § 641i begründet nicht etwa einen neben der Restitutionsklage stehenden eigenständigen Rechtsbehelf, sondern nur einen **neuen Restitutionsgrund.** Die Kosten, zu denen die Einholung des Gutachtens geführt haben, sind daher keine Prozeßkosten, sondern vorprozessuale Aufwendungen[31]. Die Feststellung, ob es sich um ein »neues Gutachten über die Vaterschaft« handelt, trifft das Gericht, auch das Revisionsgericht, von Amts wegen im Rahmen der Prüfung der Zulässigkeit der Restitutionsklage[32]. Das allgemeine Wiederaufnahmerecht ist auch im übrigen anwendbar, soweit die Vorschrift keine Sonderregelungen trifft.

4 1. Das Verfahren beginnt mit der »Vorlage« des Gutachtens. Sie bleibt bis zum Schluß der mündlichen Verhandlung in den Tatsacheninstanzen zulässig. Denn sonst müßte und könnte, da § 586 unanwendbar ist[33], nach Abweisung der Restitutionsklage erneut Restitutionsklage erhoben werden[34]. Ist das Gutachten in einem anderen gerichtlichen oder behördlichen Verfahren erstattet worden, so muß man einen Antrag auf Beiziehung der Akten für ausreichend halten. Es kann sich hierbei auch um die Akten eines anderen Vaterschaftsfeststellungsverfahrens handeln[35]. Das Gutachten muß jedoch bereits existieren → Rdnr. 2.

5 2. Die **Zuständigkeit** richtet sich nach § 584, wenn die Wiederaufnahmeklage außer auf die Vorlage eines neuen Gutachtens auch noch auf andere Gründe gestützt wird. Jedoch wird man – ebenso wie bei der Verbindung von mehreren Wiederaufnahmegründen, die teils die

---

[27] Teilw. aM. *OLG Stuttgart* FamRZ 1982, 193: Das vorgelegte neue Gutachten muß sich auch mit dem Gegner befassen; *Gaul* (Fn. 1) 264.
[28] BGH FamRZ 1980, 880; *Zöller-Philippi*[17] Rdnr. 10.
[29] BGH FamRZ 1984, 681 = NJW 2630; *OLG Hamm* DAVorm 1981, 472.
[30] So aber *Brüggemann* FamRZ 1969, 120, 124. Wie hier *Gaul* (Fn. 1) 263.
[31] *OLG Hamburg* DAVorm 1980, 486.
[32] BGH NJW-RR 1989, 1028 = FamRZ 1067.
[33] Für eine Ausdehnung davon auf das allgemeine Wiederaufnahmerecht der §§ 579, 580 im Statusbereich *MünchKommZPO-Coester-Waltjen* Rdnr. 19.
[34] BGH NJW 1982, 2128 = FamRZ 690.
[35] BGH FamRZ 1980, 880.

Zuständigkeit des Berufungs-, teils diejenige des Revisionsgerichts begründen – das Berufungsgericht auch dann für zuständig erachten müssen, wenn der außer der Vorlage des neuen Gutachtens weiter geltend gemachte Wiederaufnahmegrund die Zuständigkeit des Revisionsgerichts begründen würde[36].

Für die allein auf § 641 i gestützte Klage hat die Vorschrift einmal die Regel bekräftigt, daß grundsätzlich das Gericht zuständig ist, welches das angefochtene Urteil erlassen hat; dies ist trotz der jetzt geltenden erstinstanzlichen Zuständigkeit des Amtsgerichts das Landgericht, wenn dieses nach früherem Recht entschieden hat[37]. Sobald in den neuen Bundesländern Familiengerichte gegründet sein werden, treten sie an die Stelle der Kreisgerichte, die das Ausgangsurteil erlassen hatten. Zum anderen will das Gesetz, daß auch dann das OLG zuständig ist, wenn das angefochtene Urteil vom BGH stammt.

Sind Mann oder Kind inzwischen verstorben, gilt für die Restitutionsklage § 1599 Abs. 2 BGB, der die Zuständigkeit des Vormundschaftsgerichts begründet, entsprechend[38].

3. Unmittelbarer Sinn von Absatz 2 ist es, klarzustellen, daß eine **förmliche Beschwer** nicht Zulässigkeitsvoraussetzung der auf ein neues Abstammungsgutachten gestützten Wiederaufnahmeklage ist → § 640 Rdnr. 54. Grund für diese Ausnahmeregelung ist die besondere Bedeutung, welche die Vaterschaftsfeststellung hat. Daher muß man einer entsprechenden Anwendung der Bestimmung in zwei Fällen das Wort reden. Der Verzicht auf eine Beschwer muß einmal auch gelten, wenn gegen ein Kindschaftsstatusurteil Wiederaufnahme angestrengt wird, die ausschließlich oder zusätzlich auf einen anderen als den im § 641 i genannten Grund gestützt wird. Zum anderen wäre es schwerlich einzusehen, weshalb für ein ordentliches Rechtsmittel eine förmliche Beschwer Zulässigkeitsvoraussetzung sein soll, wenn derartiges im Wiederaufnahmerecht nicht gilt[39]. Da richtiger Ansicht nach § 641 i ohnehin auf alle im Kindschaftsprozeß ergangenen Statusurteile anzuwenden ist → Rdnr. 1, bedeutet dies, daß ein Rechtsmittel gegen ein solches Urteil von jedermann eingelegt werden kann, der im früheren Verfahren Prozeßpartei war, einschließlich des Nebenintervenienten, eines Streitverkündungsgegners, § 641 b, oder eines Beigeladenen, § 640 e, wegen der Höchstpersönlichkeit des Rechts jedoch, nicht vom Erben einer früheren Prozeßpartei[40]. Rechtsmittelvoraussetzung für eine Nebenpartei ist es daher auch nicht, daß die Hauptpartei förmlich beschwert ist, die sie unterstützt hat. Der im Feststellungsverfahren gegenüber der Klage eines nichtehelichen Kindes obsiegende Mann kann zwar die Vaterschaft gleichwohl anerkennen. Indes ist es ratsam, ihm das Rechtsschutzbedürfnis für eine Wiederaufnahmeklage nicht zu versagen, damit er das neben dem Anerkenntnis nur zur Verwirrung geeignete Statusurteil beseitigen kann.

4. Im übrigen gilt das allgemeine Wiederaufnahmerecht. Insbesondere kann die Klage nur unter den Voraussetzungen von § 582 Erfolg haben[41], dessen Anwendung freilich voraussetzt, daß das Gutachten schon zur Zeit des Vorprozesses vorhanden war[42]. Im zweiten Verfahrensabschnitt über die Aufhebung des Urteils → vor § 578 Rdnr. 25 hat das Gericht allein zu prüfen, ob das Urteil, die Richtigkeit des neuen Gutachtens unterstellt, früher anders ausgefallen wäre → Rdnr. 2. Im Nichtehelichenrecht kann ein Gutachten, das die Vater-

---

[36] *Brüggemann* FamRZ 1969, 120, 124. – A.M. *MünchKommZPO-Coester-Waltjen* Rdnr. 18, wo für eine Aufspaltung zwischen Berufungs- und Revisionsgericht plädiert wird.
[37] *Odersky*⁴ (vor § 640 Fn. 1) IV 1. – A.M. *OLG Köln* FamRZ 1981, 195.
[38] *OLG Hamm* NJW-RR 1986, 1452 = FamRZ 1026.
[39] So mit Recht *MünchKommZPO-Coester-Waltjen* vor § 640 Rdnr. 5; *KG* DAVorm 1985, 412; *Grunsky*

StAZ 1970, 248, 253. – A.M. *OLG München* NJW-RR 1987, 259 = FamRZ 171.
[40] *OLG Stuttgart* FamRZ 1982, 193.
[41] *Odersky*⁴ (vor § 640 Fn. 1) II 2. Einschränkend *MünchKommZPO-Coester-Waltjen* Rdnr. 20, die auch nachträglich angefertigte Gutachten über die Zeugungsfähigkeit oder die Tragzeit zuläßt.
[42] *BGH* NJW-RR 1989, 258 = FamRZ 374; *OLG München* DAVorm 1981, 140.

schaftswahrscheinlichkeit eines Mannes bekundet, schwerwiegende Zweifel im Sinne von § 1600o Abs. 2 S. 2 BGB an der ursprünglich festgestellten Vaterschaft eines anderen Mannes auslösen. Gegenüber einem Urteil, das die Anfechtung eines Vaterschaftsanerkenntnisses abweist, genügt nur ein Gutachten, das bekundet, die Vaterschaft des Mannes, der anerkannt hatte, sei mit Sicherheit ausgeschlossen.

Dem Zweck des § 641i würde es zuwiderlaufen, schon in diesem Verfahrensstadium Erwägungen dazu zuzulassen, ob das Gutachten richtig und vollständig ist. Auch im Rahmen einer auf § 580 Nr. 7b gegründeten Wiederaufnahmeklage ist nicht schon im zweiten Verfahrensabschnitt zu prüfen, ob die in der vorgelegten Urkunde bezeugten Tatsachen richtig sind. Im dritten Verfahrensabschnitt ist das Gericht hingegen, wie im allgemeinen Wiederaufnahmerecht, frei, alle ihm zugänglichen Beweismittel heranzuziehen und etwa zu einem entgegengesetzten Ergebnis zu kommen, als in dem vorgelegten Gutachten behauptet wird.

§ 641 k [Rechtskrafterstreckung]

Ein rechtskräftiges Urteil, welches das Bestehen der Vaterschaft feststellt, wirkt gegenüber einem Dritten, der die nichteheliche Vaterschaft für sich in Anspruch nimmt, auch dann, wenn er an dem Rechtsstreit nicht teilgenommen hat.

Gesetzesgeschichte: Rdnr. 2–5 vor § 640.

1   Die nach § 640h angeordneten erweiterten Rechtskraftwirkungen entfalten auch Statusurteile, die das Bestehen oder Nichtbestehen der nichtehelichen Vaterschaft feststellen. § 641k hebt die für das eheliche Kindschaftsrecht in § 640h S. 2 vorgesehene Ausnahme hiervon für das nichteheliche Kindschaftsrecht wieder auf, führt also gegenüber anderen nichtehelichen Vaterschaftsprätendenten als dem Beklagten zu einer noch konsequenteren Geltung der inter-omnes-Wirkung der Statusurteile, als im Ehelichenrecht praktiziert wird. Die Vorschrift bezieht sich nicht auf eheliche Vaterschaftsprätendenten. Sie gilt aber, wenn die ursprüngliche Wirksamkeit eines Vaterschaftsanerkenntnisses festgestellt wird[1]. Die Sachabweisung einer auf Anfechtung eines Vaterschaftsanerkenntnisses gerichteten Klage wollte der Gesetzgeber schon nach § 1600b Abs. 3, § 1600n Abs. 1 zur Bindung anderer Vaterschaftsprätendenten führen lassen. Letzteres ist freilich ein Verstoß gegen die Garantie des Elternrechts in Art. 6 Abs. 2 GG[2], welches auch dem nichtehelichen Vater zusteht[3]. Der Gesetzgeber darf weder im materiellen noch im Prozeßrecht einen Vaterschaftsprätendenten dadurch präkludieren, daß ihm ein anderer mit der Anerkennung oder durch Erstreitung eines Feststellungsurteils zuvorkommt. Die Vorschrift, welche eine Bindung des Dritten speziell für den Fall anordnet, daß er am Verfahren nicht teilgenommen hat, ist daher als Verstoß gegen Art. 103 Abs. 1 GG verfassungswidrig[4]. Dem gesetzgeberischen Willen kann man nur insoweit Rech-

---

[1] *MünchKommZPO-Coester-Waltjen* Rdnr. 2.
[2] *Grunsky* StAZ 1970, 248, 254.
[3] *BVerfGE* 56, 363 = FamRZ 1981, 433, wo Einschränkungen nur im Verhältnis zur Mutter anerkannt wurden. Siehe im übrigen mit jeweils wN *Schlosser* FamRZ 1963, 601, 607, 624; *Hahnzog* FamRZ 1971, 334, 336ff.; *Eva-Marie v. Münch* in Ingo v. Münch Grundgesetz Kommentar (1985) Art. 6 Rdnr. 21a; *Gernhuber* FamR³ § 5 IV 5; *Horstmann* Zum Problem der personenrechtlichen Beziehungen im außerehelichen Eltern-Kind-Verhältnis (1967) 35.

[4] *Grunsky* aaO. Auch *Zeuner* Rechtliches Gehör, materielles Recht und Urteilswirkungen 32 Fn. 53 – für den Fall, daß die hier vertretene materiell-verfassungsrechtliche Prämisse stimmt, zu der er selbst freilich nicht Stellung nimmt. – A.M. *Roth-Stielow*² (vor § 640 Fn. 1) Rdnr. 83 – mit Erwägungen zur materiellrechtlichen Zulässigkeit des Ausschlusses von Vaterschafsprätendenten; *Jauernig* ZPP 101 (1988), 361, 381ff.: kein Verstoß, weil ein besonderer Legitimationsgrund gegeben sei; *MünchKommZPO-Coester-Waltjen* Rdnr. 4.

nung tragen, als das Gericht alles tun muß, um eine den Dritten zulässigerweise bindende Entscheidung herbeizuführen. Daraus folgt, daß es andere Männer, die als Vater in Betracht kommen, in entsprechender Anwendung von § 640a beiladen muß →dort Rdnr. 7. Ist die Beiladung unterblieben, so ist es, wie meist, dem Dritten auch nicht anzulasten, wenn er dem Verfahren nicht von sich aus beitritt. Nur dann, wenn der Dritte von seiner Befugnis gewußt hat, dem Verfahren als streitgenössischer Nebenintervenient beitreten zu können → § 641b, ist gegen die Anwendung von § 641k trotz seines Ausbleibens nichts einzuwenden.

Die Vorschrift bezieht sich nicht auf Urteile, durch die das Nichtbestehen der nichtehelichen Vaterschaft festgestellt wird. An ein solches Urteil sind Männer, deren Vaterschaft nunmehr behauptet wird, schon nach § 640h gebunden. Deshalb müssen sie auch zum Verfahren beigeladen werden → § 640e Rdnr. 7. 2

3. Abschnitt

Verfahren über den Unterhalt Minderjähriger

Erster Titel

Vereinfachtes Verfahren zur Abänderung von Unterhaltstiteln

§ 641 l [Allgemeine Voraussetzungen]

(1) Urteile auf künftig fällig werdende wiederkehrende Unterhaltszahlungen können aufgrund des § 1612a des Bürgerlichen Gesetzbuchs und einer nach diesen Vorschriften erlassenen Rechtsverordnung (Anpassungsverordnung) auf Antrag im Vereinfachten Verfahren abgeändert werden. Das Vereinfachte Verfahren zur Abänderung von Unterhaltstiteln gilt nicht als Familiensache.

(2) Absatz 1 gilt entsprechend, wenn sich die Verpflichtung zu den Unterhaltszahlungen aus einem anderen Schuldtitel ergibt, aus dem die Zwangsvollstreckung stattfindet.

(3) Ausschließlich zuständig ist das Amtsgericht, bei dem der Unterhaltsberechtigte seinen allgemeinen Gerichtsstand hat. Hat der Unterhaltsberechtigte im Inland keinen allgemeinen Gerichtsstand, so ist das Amtsgericht Schöneberg in Berlin ausschließlich zuständig. Wird die Abänderung eines Schuldtitels nach § 641 p beantragt, so ist das Amtsgericht ausschließlich zuständig, das diesen Titel erstellt hat.

(4) Eine maschinelle Bearbeitung ist zulässig.

(5) Die Landesregierungen werden ermächtigt, durch Rechtsverordnung Vereinfachte Verfahren zur Abänderung von Unterhaltstiteln einem Amtsgericht für den Bezirk mehrerer Amtsgerichte zuzuweisen, wenn dies ihrer schnelleren und rationelleren Erledigung dient. Die Landesregierungen können die Ermächtigung durch Rechtsverordnung auf die Landesjustizverwaltung übertragen. Mehrere Länder können die Zuständigkeit eines Amtsgerichts über die Landesgrenzen hinaus vereinbaren.

Gesetzesgeschichte: Rdnr. 5a vor § 640.

I. Überblick[1]

1   Die Bestimmung enthält einige für das Vereinfachte Verfahren grundlegende Anordnungen. Sie regelt in Abs. 1 S. 1 und Abs. 2 die Statthaftigkeit dieses speziellen Verfahrens, enthält in Abs. 1 S. 2 und Abs. 3 die Zuständigkeit betreffende Regelungen und ermächtigt in Abs. 4 und 5 zu verwaltungsmäßigen Vorkehrungen, die eine besonders rationelle Bearbeitung der Vereinfachten Verfahren ermöglichen sollen. In der Praxis hat dieses Verfahren jedoch nicht die erhoffte Bedeutung erlangt[2]. Nach der jüngsten, Vierten Verordnung über die

---

[1] Lit: *Dieter Brüggemann* Gesetz zur Vereinfachten Abänderung von Unterhaltsrenten, Kommentar (1976), Nachtrag (1992); *Puls* DAVorm 1976, 601; *Köhler* NJW 1976, 1532; *Franz* FamRZ 1976, 65; 77, 24; *Siehr* FS Bosch (1976) 927 ff.; *Arnold* JR 1977, 137; *Behr* RPfleger 1977, 432; *Timm* NJW 1978, 745; *Künkel* DAVorm 1984, 943; *Kemper* DAVorm 1987, 938.

[2] *Klauser* DAVorm 1982, 132.

Anpassung und Erhöhung der Unterhaltsrenten für Minderjährige vom 19.3.1992³ können gemäß deren Art. 1 § 1 nach dem 30.6.1992 diese Unterhaltsrenten um 16 vom Hundert erhöht werden⁴.

Auf dem Gebiet der **ehemaligen DDR** findet nach Anl. I Kap. III Abschn. 3 Nr. 5e des Einigungsvertrages das Verfahren erst statt, wenn auch die in § 1612a BGB vorgesehene AnpassungsVO dort gilt⁴ᵃ. Ist in einem von einem Gericht der ehemaligen DDR stammenden Unterhaltstitel DDR-Recht angewandt worden, so ist wie bei Anwendung ausländischen Rechts eine Anpassung im Vereinfachten Verfahren nicht möglich⁵.

II. Statthaftigkeit

1. Die Frage, welche Titel überhaupt einer Änderung im Vereinfachten Verfahren unterliegen, ist in Abs. 1 S. 1 und Abs. 2 geregelt. Danach kommen zunächst Urteile in Betracht, die auf künftig fällig werdende, periodische Zahlungen lauten, welche als Unterhaltsleistungen für einen Minderjährigen gedacht sind. Die Einschränkung auf Minderjährige als Unterhaltsbegünstigte ergibt sich aus der Überschrift des 3. Abschnitts sowie aus der in Abs. 1 S. 1 enthaltenen Verweisung auf § 1612a BGB. Die Bezugnahme auf diese Vorschrift macht es unerheblich, wer – im materiellrechtlichen Sinne – Gläubiger des Unterhaltsanspruchs ist. Das Vereinfachte Verfahren ist auch anwendbar, wenn der Titel nach § 1629 Abs. 3 BGB einen in Prozeßstandschaft klagenden Elternteil als Vollstreckungsgläubiger ausweist oder wenn in einem gerichtlichen Vergleich oder einer vollstreckbaren Urkunde jemand als Vollstreckungsgläubiger auftaucht, der mit dem Minderjährigen nicht identisch ist⁶, zu dessen Unterhalt die versprochenen Leistungen gedacht sind. Nach Rechtskraft der Ehescheidung endet freilich die Prozeßstandschaft nach § 1629 Abs. 3 BGB. Von da ab kann das Kind ohne Notwendigkeit einer Umschreibung des Titels⁶ᵃ das Anpassungsverfahren betreiben. Das gleiche gilt für Legalzessionare⁶ᵇ → Rdnr. 6 Wegen eines Sammeltitels → Rdnr. 6. Mit der Verweisung auf § 1612a BGB ist mittelbar auch ausgedrückt, daß Beschlüsse, die nichtehelichen Kindern den Regelunterhalt zuzüglich eines prozentualen Zuschlags oder abzüglich eines entsprechenden Abschlags gewähren, vom Vereinfachten Verfahren ausgeschlossen sind. Für diese Beschlüsse stellt die Vorschrift des § 642b eine andere Anpassungsregelung im Sinne des in Bezug genommenen § 1612a Abs. 1 S. 2 BGB dar⁷. Bezifferte Unterhaltstitel zugunsten nichtehelicher Kinder können aber sehr wohl nach § 1641ff. angepaßt werden. Minderjährigen Ehegatten steht das Vereinfachte Verfahren nicht offen, allg. M.

Den Urteilen gleichgestellt sind in Abs. 2 **alle anderen**, den gleichen Gegenstand betreffenden Vollstreckungstitel. Zu den in Frage kommenden Titeln gehören neben vollstreckbaren Urkunden die von Notaren oder von Bediensteten der Jugendämter nach §§ 59, 60 KJHG oder vom Konsularbeamten nach § 10 des Konsulargesetzes aufgenommen wurden⁸, vor

---

³ BGBl. I 535 = FamRZ 1992, 519 – AnpVO 1992.
⁴ Vorangegangene Anpassungsverordnungen: AnpassungsVO 1977 (BGBl. I 977) + 10%; AnpassungsVO 1984 (BGBl. I 1035) + 10%; AnpassungsVO 1988 (BGBl. I 1082) + 10%.
⁴ᵃ Zwischenzeitlich konnten die Länder Anpassung VO erlassen, die die Anwendbarkeit des Vereinfachten Verfahrens auslösten. So geschehen in: Mecklenburg-Vorpommern GVBl. 1992, 284; Ost-Berlin GVBl. 1992, 179; Sachsen GVBl. 1992, 241; Thüringen GVBl. 1992, 431; Durchgehend 32% ab 1. 7. 1992 (Zur Problematik *Brüggemann* Nachtrag (Fn1) Rdnr. 52, 53.
⁵ *Zöller-Philippi*¹⁷ Vorbem. zu § 641l Rdnr. 1; *Adlerstein/Wagenitz* FamRZ 1990, 1173 Fn. 29.

⁶ *LG Wuppertal* DAVorm 1978, 604.
⁶ᵃ Das Abänderungsverfahren ist kein Zwangsvollstreckungsverfahren → § 323 Rdnr. 33. Im Ergebnis ebenso *LG Berlin* DAVorm 1986, 359, 361; *Brüggemann* Nachtrag (Fn. 1) Rdnr. 3.
⁶ᵇ *Brüggemann* aaO Rdnr. 5.
⁷ Stellungnahme des Bundesrates zum RegE BTDrucks VII 4791 S. 22 und Rechtsausschuss des Bundestags BTDrucks VII 12311 S. 8; *Brüggemann* (Fn. 1) § 1612a BGB Rdnr. 88 (Vereinfachtes Verfahren aber anwendbar, wenn Titel nicht auf Regelunterhalt lautet, sondern beziffert ist).
⁸ RegE BTDrucks VII 4791 S. 14ff.

allem gerichtliche Vergleiche[9], auch solche, die in einem früheren Anpassungsverfahren nach § 641r S. 4 zustandegekommen sind.

Zusagen in Dokumenten, die keine Vollstreckungstitel sind, insbesondere außergerichtliche Unterhaltsvereinbarungen, bei denen eine Vollstreckungsklausel fehlt, können zwar materiellrechtlich nach § 1612a BGB behandelt, aber nicht im Verfahren nach §§ 641lff. angepaßt werden[10].

2b 2. Bei allen in Betracht kommenden Vollstreckungstiteln gilt aber neben dem Ausschluß von Verpflichtungen zur Zahlung des Regelunterhalts mit Zu- oder Abschlag eine weitere Beschränkung. Sie sind einer Anpassung im Vereinfachten Verfahren dann nicht zugänglich, wenn in ihnen gemäß § 1612a Abs. 1 S. 2 BGB eine Anpassung überhaupt ausgeschlossen oder dafür eine andere Regelung getroffen ist. Allein die Tatsache, daß in einem Vergleich der Unterhalt nach der Düsseldorfer Tabelle bemessen worden ist, begründet aber noch keine abweichende Anpassungsregelung[11]. Auch einstweilige Unterhaltsregelungen kommen als anpassungsfähige Titel nicht in Betracht[12], da ihre Anpassung durch §§ 620b, 641d, 936, 927 anderweitig geregelt ist → § 620b Rdnr. 1. Eine anderweitige Regelung liegt auch vor, wenn lediglich andere Anpassungsmaßstäbe vereinbart worden sind → Rdnr. 4. Wegen Anpassungsregelungen, die nicht aus dem Titel selbst ersichtlich sind → § 641q Rdnr. 3.

Schließlich ist auch die Ausschlußfrist[12a] des § 1612a Abs. 4 zu beachten.

2c 3. Es ist der volle Unterhaltsbetrag anzupassen, anrechenbare Leistungen (z. B. Durchführung des Kindergeldausgleichs) sind zunächst nicht, sondern erst vom angepaßten Betrag abzuziehen[13].

Ist lediglich ein Teilbetrag des gezahlten Unterhalts tituliert, so kommt nur wegen dieses Betrages das Vereinfachte Verfahren in Betracht; im übrigen aber die Leistungsklage[14].

3 4. Daneben besteht für das Vereinfachte Verfahren insofern eine weitere Einschränkung, als in diesem Verfahren nur eine *Abänderung* erreicht werden kann, die sich allein auf eine Anpassungsverordnung stützen läßt[15]. Individuelle Änderungsbegehren werden damit keineswegs völlig abgeschnitten. Sie sind jedoch mit der Abänderungsklage des § 323 zu verfolgen. Da das Vereinfachte Verfahren bei Nichterfüllung der Ausschlußfrist[16] des § 1612a Abs. 4 BGB nicht statthaft ist, ist die Erhebung der Abänderungsklage nicht mehr gemäß § 323 Abs. 5 ausgeschlossen. Mit der Abänderungsklage können dann nicht nur individuelle Änderungen der maßgebenden Verhältnisse durchgesetzt werden, sondern grundsätzlich auch allgemeine wie z.B. die generelle Entwicklung der Einkommen und Lebenshaltungskosten. Denn nach der Intention des Gesetzes soll über das Vereinfachte Verfahren genauso wie über die Abänderungsklage eine »materiell gerechte Entscheidung« getroffen werden[17]. Solange und soweit das Vereinfachte Verfahren statthaft und zumutbar ist, fehlt für ein Individualanpassungsverfahren das Rechtsschutzbedürfnis[18]. Haben die Parteien über die Unterhaltspflicht einen Vergleich unter Zugrundelegung der Sätze der Düsseldorfer Tabelle geschlossen, so liegt darin kein nach § 1612a Abs. 1 S. 2 BGB zu bewertender Ausschluß einer Anpassung außerhalb derjenigen an die Düsseldorfer Tabelle. Die Düsseldorfer Tabelle als

---

[9] *OLG Frankfurt* FamRZ 1982, 734.
[10] *OLG Bamberg* NJW-RR 1987, 643 = FamRZ 855.
[11] BGHZ 101, 235 = NJW 1987, 2999 = FamRZ 1021.
[12] *Zöller-Philippi*[17] Rdnr. 4; *Künkel* DAVorm 1984, 958ff. – A.M. *Behr* RPfleger 1977, 437, der solche nach §§ 620ff. einbeziehen will.
[12a] BGH aaO.
[13] *OLG Hamburg* FamRZ 1984, 706; *OLG Stuttgart* DAVorm 1982, 701; *LGe Konstanz* DAVorm 1981, 607 und *Koblenz* DAVorm 1982, 826; *AG Berlin-Tempelhof* DAVorm 1985, 924; *Künkel* DAVorm 1984, 960. – A.M. *LG Ulm* FamRZ 1989, 1329.
[14] *OLG Düsseldorf* FamRZ 1978, 824 Nr. 588; *Zöller-Philippi*[17] Rdnr. 16 vor § 641l.
[15] RegE BTDrucks VII 4791 S. 14.
[16] Keine bloße Wartefrist: BGHZ 101, 235 = NJW 1987, 2999 = FamRZ 1021.
[17] BGH aaO.
[18] *Brüggemann* (Fn. 1) Rdnr. 1–8.

Grundlage für einen Unterhaltstitel gibt ihm keine größere Bestandskraft als Basis der RegUVO[19]. Zum Verhältnis von Vereinfachten Verfahren und Abänderungsklage → § 641 m Rdnr. 7 und § 641 o Rdnr. 8, § 323 Rdnr. 63 ff. Zu den Einschränkungen der Statthaftigkeit einer Anpassung aufgrund von § 1612 a BGB s. Kommentare dazu.

III. Verfahren

1. Das Vereinfachte Verfahren wird nur auf Antrag durchgeführt. Im Fall der Heraufsetzung der Unterhaltsbeträge durch eine Anpassungsverordnung besteht ein Rechtsschutzbedürfnis für den Antrag nicht nur für den Vollstreckungsgläubiger, im Falle einer Herabsetzung nicht nur für den zur Unterhaltszahlung Verpflichteten. Jeder Beteiligte hat ein legitimes Interesse an verbindlicher Feststellung des nunmehr geschuldeten Betrages[20] → § 642 b Rdnr. 8. Wegen des notwendigen Inhalts des Antrags → § 641 m Rdnr. 1–7. Verfahrensvoraussetzung gemäß § 1612 a BGB ist im übrigen die Minderjährigkeit des Unterhaltsberechtigten. Eine materielle Beschränkung des Anspruchs liegt darin nicht[21]. 4

2. *Sachlich zuständig* ist das Amtsgericht. Die Fiktion des Abs. 1 S. 2 hat den Zweck, die Vereinfachten Verfahren aus der Zuständigkeit des Familienrichters zu lösen, um eine für die rationelle Bearbeitung notwendige gemeinsame Bearbeitung mit dem Verfahren zur Neufestsetzung des Regelunterhalts nach § 642 b zu ermöglichen. Für andere Unterhaltsverfahren bleibt es bei der begrifflichen Qualifikation des § 23 b Abs. 1 Nr. 5 GVG[22]. 5

3. Die *örtliche Zuständigkeit* ist in Abs. 3 geregelt. 6

a) Die **Regelzuständigkeit** nach S. 1 bringt für den Unterhaltsverpflichteten keine unzumutbaren Belastungen, weil das Verfahren schriftlich abgewickelt wird und er nach § 129 a die Möglichkeit hat, Anträge und Erklärungen zu Protokoll eines jeden Amtsgerichtes abzugeben und weil die Zuständigkeitsbestimmung für eine eventuell nach § 641 q zu erhebende Abänderungsklage nicht fortwirkt → § 641 q Rdnr. 2. Doppelwohnsitz begründet Wahlmöglichkeit[23].

»Unterhaltsberechtigter« muß nicht der Minderjährige sein, für dessen Unterhalt die geschuldeten Leistungen bestimmt sind. Hat ein Elternteil einen Unterhaltstitel nach § 1629 Abs. 3 BGB in eigenem Namen erstritten → Rdnr. 2, oder sind sonst andere Personen als der zu unterhaltende Minderjährige Vollstreckungsgläubiger, so richtet sich die örtliche Zuständigkeit gleichwohl nach dem allgemeinen Gerichtsstand des Minderjährigen[24]. Zwar ist er in § 641 m Abs. 1 Nr. 1 nicht erwähnt. Das Gericht kann aber im Rahmen der Prüfung von Amts wegen Angaben über den Wohnsitz des Minderjährigen verlangen.

Dem Vollstreckungsgläubiger steht die Anpassung über §§ 641 l ff. auch noch offen, wenn die Unterhaltsansprüche nach § 90 BSHG auf den Sozialhilfeträger übergeleitet sind, solange dieser noch keine Leistung erbracht hat. Denn der Forderungsübergang ist durch die tatsächliche Sozialhilfeleistung aufschiebend bedingt[25]. Der Überleitungsgläubiger wird nicht »Unterhaltsberechtigter« im Sinne von Abs. 3.

b) Abs. 3 S. 3 soll einer rationellen Arbeitskonzentration dienen. Ist ein Titel einmal im Vereinfachten Verfahren angepaßt worden, so ist das hierüber entscheidende Gericht für alle 7

---

[19] *OLG Stuttgart* DAVorm 1982, 115.
[20] *Brüggemann* (Fn. 1) Rdnr. 10 ff. – A.M. *Zöller-Philippi*[17] § 641 m Rdnr. 3.
[21] *OLG Stuttgart* DAVorm 1982, 115; *LG Berlin* DAVorm 1980, 963. – A.M. *OLG Celle* FamRZ 1981, 585.
[22] Rechtsausschuß des Bundestags BTDrucks VII 5311 S. 8.
[23] *Künkel* FamRZ 1984, 964; *Zöller-Philippi*[17] Rdnr. 10.
[24] *Zöller-Philippi*[17] Rdnr. 10; *Brüggemann* Nachtrag (Fn. 1) Rdnr. 4. – A.M. Vorauflage; *Behr* RPfleger 1977, U 33.
[25] *OLG Düsseldorf* FamRZ 1980, 156; *OLG Hamm* FamRZ 1980, 456; *KG* FamRZ 1978, 134.

weiteren Anpassungsfälle zuständig. Insbesondere die maschinelle Bearbeitung wird dadurch erleichtert.

8   **4. Funktionell** zuständig ist der Rechtspfleger, § 20 Nr. 10 RpflG.

9   **5. Die internationale Zuständigkeit** hat das Gesetz nicht geregelt. Wörtlich genommen würde Abs. 3 S. 2 bedeuten, daß beliebige Personen dieser Welt gegen beliebige Antragsgegner beim Amtsgericht Berlin-Schöneberg eine Titelanpassung begehren könnten. Des EuGVÜ und des Luganer Übereinkommens hat das Gesetz überhaupt nicht gedacht.

10   a) Auch solche Titel können der Anpassung im Vereinfachten Verfahren unterliegen, die durch **ausländische Gerichte oder vor ausländischen Behörden** zustandegekommen sind → § 642a Rdnr. 3, § 642c Rdnr. 9, § 643 Rdnr. 7.

11   b) Der Rechtsausschuß des Bundestags hat geglaubt[26], eine Einschränkung der internationalen Zuständigkeit der deutschen Gerichte ergebe sich daraus, daß der im Titel verbriefte Unterhaltsanspruch deutschem Recht unterliegen müßte, was durch die Verweisung in § 641l Abs. 1 auf § 1612a BGB ausgedrückt sei. Die Anwendbarkeit deutschen Rechts ist kein geeignetes Kriterium für die Anknüpfung der internationalen deutschen Zuständigkeit. Denn es muß im Streitfall ein zuständiges Gericht geben, das entscheidet, ob deutsches Recht anwendbar ist. Unterliegt ein Unterhaltsanspruch, auf den sich ein Antrag auf Anpassung im Vereinfachten Verfahren bezieht, nicht deutschem Recht, so ist § 1612a BGB unanwendbar und daher der Antrag unbegründet, nicht unzulässig. Das gilt auch, wenn inzwischen ein Statutenwechsel hin zum deutschen Unterhaltsstatut stattgefunden hat. Spekulationen darüber, ob im Land des dem Titel zugrundeliegenden Unterhaltsstatuts ein dem deutschen ungefähr gleiches Unterhaltsniveau herrschte, sind viel zu vage, um als Entscheidungsgrundlage dienen zu können[27]. Hat ein ausländisches Gericht in einer Unterhaltsentscheidung ein bestimmtes nationales Recht angewandt, so ist das deutsche, im Vereinfachten Anpassungsverfahren mit der Entscheidung befaßte Gericht daran gebunden, weil sich die als Maßstab dienende Anpassungsverordnung nur auf Urteile bezieht, in denen deutsches Recht angewandt wurde. Ist der Unterhaltsanspruch in einem gerichtlichen Vergleich oder in einer vollstreckbaren Urkunde verbrieft, so fehlt es indes an jeder Vorentscheidung darüber, welches Recht auf den Unterhaltsanspruch anwendbar ist. Nur ein anderweitig für zuständig erklärtes Gericht kann über diese Frage entscheiden.

11a   c) Hat der Unterhaltsberechtigte seinen gewöhnlichen Aufenthalt im Ausland, so spielt wegen der daraus regelmäßig folgenden Unanwendbarkeit des deutschen Rechts (Art. 18 EGBGB) das Vereinfachte Verfahren keine praktisch bedeutsame Rolle mehr.

Für eine positivrechtlich haltbare und sachgerechte Einengung der internationalen Zuständigkeit der deutschen Gerichte bleibt daher außerhalb des Anwendungsbereichs des EuGVÜ nur eine entsprechende Anwendung von § 703b. Die deutschen Gerichte sind danach international nur zuständig, wenn für die Geltendmachung des Unterhaltsanspruchs im ordentlichen Verfahren eine deutsche internationale Zuständigkeit bestünde. Nur wegen der internationalen Zuständigkeit der deutschen Gerichte bedarf es freilich der Analogie zu § 703d. Ist auf diese Weise eine internationale Zuständigkeit deutscher Gerichte begründet, so kann man die örtliche Zuständigkeit des angerufenen Gerichtes wieder dem § 641l entnehmen.

12   Die neue Festsetzung des Unterhaltsbetrages ist eine endgültige Entscheidung über den Unterhaltsanspruch und unterliegt daher den Zuständigkeitsvorschriften des **EuGVÜ** und des

---

[26] Rechtsausschuß des Bundestags BTDrucks VII 5311 S. 6; so auch *Baumbach/Lauterbach/Albers*[51] Rdnr. 4; *Arnold* JR 1977, 137, 140; *Schroeder* JurBüro 1976, 1284.

[27] A.M. *LG Rottweil* DAVorm 1983, 542 zust. *Künkel* DAVorm 1984, 959.

Luganer Übereinkommens → § 642a Rdnr. 3, § 642b Rdnr. 6, § 642c Rdnr. 9, § 643a Rdnr. 7, § 689 Rdnr. 3, 8. Anders als der RU-Ausspruch nach § 643 → dort Rdnr. 7 ist die Entscheidung noch nicht insgesamt vorläufig. Trotz der nach § 641q vorbehaltenen Klagemöglichkeit wird über bestimmte Anpassungskomponenten endgültig entschieden. Für den allein praktisch interessierenden Fall, daß der Unterhaltsberechtigte eine Aufstockung des Titels begehrt, führen die Zuständigkeitsvorschriften des EuGVÜ aber zu kaum einem von § 641l Abs. 3 abweichenden Ergebnis.

Art. 5 Nr. 2 EuGVÜ garantiert dem in der Bundesrepublik ansässigen Unterhaltsberechtigten die örtliche Zuständigkeit des Gerichts seines Wohnsitzes, die aber wiederum auch in § 641l Abs. 3 niedergelegt ist. Nur wenn der Unterhaltsberechtigte in der Bundesrepublik einen von seinem Wohnsitz abweichenden gewöhnlichen Aufenthalt hat, kann er gegen den Unterhaltsverpflichteten mit Wohnsitz außerhalb des Geltungsbereichs von EuGVÜ und Luganer Übereinkommen nach Art. 5 Nr. 2 EuGVÜ und abweichend von § 641l Abs. 3 den Anpassungsantrag auch bei seinem Aufenthaltsgericht stellen. Anders als im Zusammenhang mit § 689 Abs. 2 entwickelt → dort Rdnr. 8, ist in diesem Fall auch für eine teleologische Reduktion von Art. 5 Nr. 2 kein Raum, weil es für den Unterhaltsberechtigten wesentlich sein kann, daß er den Antrag am Gericht seines gewöhnlichen Aufenthalts stellen darf.

6. Wegen der Folgen eines Zuständigkeitsmangels → § 641m Rdnr. 11.   **13**

7. Auch im Vereinfachten Verfahren ist zwischen Zulässigkeit und Begründetheit zu unterscheiden. Die Erfordernisse des § 1012a Abs. 1 S. 2 u. Abs. 4 werden als Begründetheitserfordernisse eingestuft[28].   **13a**

IV. Zur maschinellen Bearbeitung → § 689 Rdnr. 14, Erläuterungen § 641s.   **14**

V. Zur Konzentrationsermächtigung → § 689 Rdnr. 6, 8. Bayern GVBl 77, 512: AG Nürnberg.   **15**

§ 641m [Form und Inhalt des Antrags]

(1) Der Antrag muß enthalten:
1. die Bezeichnung der Parteien, ihrer gesetzlichen Vertreter und des Prozeßbevollmächtigten des Antragstellers;
2. die Bezeichnung des angerufenen Gerichts;
3. die Bezeichnung des abzuändernden Titels;
4. die Angabe der Anpassungsverordnung, nach der die Abänderung des Titels begehrt wird;
5. die Angabe eines bestimmten Änderungsbetrages, wenn der Antragsteller eine geringere als die nach der Anpassungsverordnung zulässige Abänderung begehrt;
6. die Erklärung, daß kein Verfahren nach § 323 anhängig ist, in dem Abänderung desselben Titels begehrt wird.

(2) Dem Antrag ist eine Ausfertigung des abzuändernden Titels, bei Urteilen des in vollständiger Form abgefaßten Urteils, beizufügen. Ist ein Urteil in abgekürzter Form abgefaßt, so ist eine unter Benutzung einer beglaubigten Abschrift der Klageschrift hergestellte Ausfertigung oder, wenn bei dem Prozeßgericht die Akten insoweit noch aufbewahrt werden, neben der Ausfertigung des Urteils eine von den Urkundsbeamten der Geschäftsstelle des

---

[28] *Brüggemann* Nachtrag (§ 641 Fn1) Rdnr. 30.

Prozeßgerichts beglaubigte Abschrift der Klageschrift beizufügen. Der Vorlage des abzuändernden Titels bedarf es nicht, wenn dieser von dem angerufenen Gericht im Vereinfachten Verfahren auf maschinellem Weg erstellt worden ist; das Gericht kann dem Antragsteller die Vorlage des Titels aufgeben.

(3) Entspricht der Antrag nicht diesen und den in § 641l bezeichneten Voraussetzungen, so ist er zurückzuweisen. Die Zurückweisung ist nicht anfechtbar.

Gesetzesgeschichte: Rdnr. 5a vor § 640.

I. Notwendige Angaben (Abs. 1)

1   Das Verfahren **lehnt sich sehr eng an das Mahnverfahren an.** Deshalb kann im Wesentlichen auf die Erläuterung zu § 690 verwiesen werden → dort Rdnr. 1 → Erl. § 641r. Der Antrag muß erkennen lassen, daß keine Abänderungsklage erhoben, sondern eine Anpassung des Titels im Vereinfachten Verfahren erstrebt wird. Obwohl eine dem § 690 Abs. 2 entsprechende Vorschrift fehlt, wird man auch hier handschriftliche Unterzeichnung des Antrags verlangen müssen. Eine Rücknahme des Antrags ohne Einwilligung des Antragsgegners ist zulässig, bis letzterer sich geäußert hat, was in diesen Verfahren regelmäßig schriftlich der Fall sein wird[1]. Wegen der Notwendigkeit einer Vollmacht gilt in diesem Verfahren – abweichend vom Mahnverfahren – nichts Besonderes. Eine Kostenvorschußpflicht besteht nicht.

2   1. Nr. 1 → § 690 Rdnr. 3, § 641l Rdnr. 6. Anzugeben ist auch das Geburtsdatum des betroffenen Minderjährigen. Daß nur der Prozeßbevollmächtigte des *Antragstellers* angegeben werden muß, entspricht im Grunde auch der Rechtslage für das Mahnverfahren. Die Prozßvollmacht aus dem Unterhaltsprozeß gilt nicht fort[2] → § 323 Rdnr. 68.

3   2. Nr. 2 → § 690 Rdnr. 4.

4   3. Nr. 3. Der **abzuändernde Titel** braucht gar nicht eigens angegeben zu werden, wenn er nach Abs. 2 → Rdnr. 8 beigefügt wird[3]. Unter den Voraussetzungen des Abs. 2 S. 2 muß der Titel in einer Weise angegeben werden, die seine Einspeicherung aufzufinden erlaubt. Das kann nur durch die Angabe des Aktenzeichens geschehen. Für das Gericht ist es unzumutbar, sich dieses erst anhand anderer Individualisierungskriterien heraussuchen zu müssen.

5   4. Nr. 4. Auch wenn, wie fast immer, Anpassung an die jüngste Anpassungsverordnung begehrt wird, muß diese angegeben werden. Die Angabe **jedes Individualisierungskriteriums** genügt, etwa nur Angabe des Jahres, in dem die Anpassungsverordnung erlassen wurde, wenn nicht Verhältnisse entstehen sollten, die zu mehreren Anpassungsverordnungen pro Jahr nötigen. Ist der Titel an eine dazwischen liegende Anpassungsverordnung nicht angepaßt worden, und soll er nunmehr an mehrere Verordnungen angepaßt werden, so müssen nicht etwa zwei Verfahren hintereinander geschaltet werden. Es genügt die Angabe, daß der Titel an zwei oder mehrere Anpassungsverordnungen angepaßt werden soll. Dafür spricht der Wortlaut des § 641m Abs. 1 Nr. 4, denn die Angabe der einschlägigen Anpassungsverordnung wäre unnötig, wenn die Anpassung immer nach der letzten Anpassungsverordnung vorgenommen würde[4]. Formularzwang → § 641t.

---

[1] A.M. *Zöller-Philippi*[17] Rdnr. 7 – bis zum Erlaß des Beschlusses.
[2] *Zöller-Philippi*[17] Rdnr. 8; *Behr* RPfleger 1977, 435. – A.M. *Brüggemann* (§ 641l Fn. 1) Rdnr. 1.
[3] A.M. *Zöller-Philippi*[17] Rdnr. 10.
[4] *LG Berlin* DAVorm 1987, 120; *LG Münster* FamRZ 1989, 878 = DAVorm 622; *LG Hamburg* DAVorm 1985, 989.

5. Nr. 5 sagt eindeutig, daß im Regelfall der Abänderungsantrag nicht **beziffert** zu sein 6
braucht → § 642 a Rdnr. 4.
    Aus der Dispositionsmaxime folgt jedoch, daß die Parteien sich mit einer weniger weitgehenden Anpassung begnügen können, als die Anpassungsverordnung ermöglichen würde. Dann müssen sie aber den Betrag angeben, auf den ihrer Ansicht nach der Titel angepaßt werden soll. Die Angabe bloßer Berechnungsgrundlagen (etwa Vomhundertsätze) genügt dann nicht. Ein Rechtsschutzbedürfnis für Teilanträge entsprechend den für Teilklagen geltenden Grundsätzen ist, weil der Antrag einer Bezifferung nicht bedarf und daher keine besonderen Kostenrisiken bestehen, nicht anzuerkennen. Bleibt ein Anpassungsantrag hinter dem nach der Anpassungsverordnung möglichen Ausmaß zurück, so ist die Möglichkeit einer weiteren Anpassung nach derselben Anpassungsverordnung präkludiert. Wegen eines anderen Präklusionsfalls → § 641 q Rdnr. 3. Obwohl im Interesse der Rechtssicherheit auch die Partei eine Anpassung verlangen kann, zu deren Nachteil sie gereichen wird → § 641 l Rdnr. 4, fehlt es an einem Rechtsschutzbedürfnis für einen Gegenantrag auf volle Anpassung, wenn der durch die Anpassung Begünstigte sich mit einer Teilanpassung zufrieden geben will. Liegen freilich der Selbstbeschränkung gegenläufige individuelle Veränderungen der Verhältnisse zugrunde und fallen diese später weg, so kann im Wege einer Klage nach § 323 die versäumte Anpassung nachgeholt werden, wenn ihre Voraussetzungen vorliegen.
    Aus der Dispositionsmaxime würde an sich auch die Befugnis folgen, einen bezifferten Antrag zu stellen, wenn keine Selbstbescheidung beabsichtigt ist. Ein bezifferter »höherer Antrag« ist auch keineswegs unzulässig. In Durchbrechung der allgemein zur Dispositionsmaxime geltenden Grundsätze sagt § 641 p Abs. 1 S. 3 jedoch, daß eine förmliche Zurückweisung der etwa überhöhten Teile entbehrlich ist. Jedoch ist dies nur eine rechtstechnische Regel. Der Sache nach ist die Abänderung auf einer niedrigeren Basis, als vom Antragssteller gewünscht, eine Zurückweisung des Antrags im übrigen. Nur tritt keine Kostenfolge ein.

6. Nr. 6 stellt mittelbar[5] auch klar, daß der Antrag auf Anpassung im Vereinfachten 7
Verfahren solange zu keiner Sachentscheidung führen kann, wie eine Anpassungsklage des Unterhaltsgläubigers nach **§ 323 rechtshängig ist** → § 641 o Rdnr. 8. Eine Erklärungspflicht bezüglich laufender Unterhaltsabänderungsbeschlußverfahren besteht nicht[6].

II. Notwendige Anlagen (Abs. 2)

Die Verpflichtung zur Vorlage des abzuändernden Titels soll es dem Gericht ermöglichen, 8
nachzuprüfen, ob es sich um einen solchen handelt, der sich zur Abänderung im Vereinfachten Verfahren eignet. Daher ist Vorlage einer vollständigen Ausfertigung nicht nötig. Für Urteile in abgekürzter Form gilt eine Sonderregelung, die an die nach § 317 Abs. 4 S. 1 bestehenden Möglichkeiten der Ausfertigung eines abgekürzten Urteils anknüpft. Kann der Antragssteller in der vom Gesetz geforderten Art und Weise den Nachweis nicht erbringen, so bleibt es ihm überlassen, auf eine andere Art. darzutun, daß es sich um einen Titel handelt, der im Vereinfachten Verfahren abgeändert werden kann. Andererseits kann auch der Rechtspfleger weitere Unterlagen anfordern, wenn die Eignung des Titels für die Abänderung im Vereinfachten Verfahren anders noch nicht geklärt werden konnte[7].
    Nur für den Sonderfall, daß der abzuändernde Titel selbst vom angerufenen Gericht im Vereinfachten Verfahren auf maschinellem Wege erstellt wurde, verzichtet das Gesetz im Regelfall auf die Vorlage, weil in diesem Fall das angerufene Gericht die Prüfung bereits

---

[5] Ausführlich *Brüggemann* (§ 641 l Fn. 1) Rdnr. 9 ff.
[6] *Brüggemann* (§ 641 l Fn. 1) Rdnr. 8.
[7] RegE BTDrucks VII 4791 S. 15; *Zöller-Philippi*[17] Rdnr. 15; *Behr* Rpfleger 1977, 434.

einmal vorgenommen hatte und dem Gericht die Unterlagen vorliegen bzw. zugänglich sind[8]. Im Ausnahmefall kann auch hier die Vorlage des Titels verlangt werden, so z.B. wenn die Speicherung der Unterlagen beim Gericht aus irgendeinem Grund gelöscht wurde. Der Rechtspfleger kann nicht verlangen, daß neben einem Anpassungsbeschluß, der zur Abänderung ansteht, auch der Grundtitel vorgelegt wird[9]. Anderes gilt nur, wenn der Antragsgegner sich auf aus dem Grundtitel ersichtliche Einwendungen beruft.

III. Folgen von Antragsmängeln

9 Die in Abs. 3 vorgesehene Zurückweisung des Antrags geschieht, ohne daß dem Antragsgegner von der Anhängigkeit des Verfahrens Mitteilung gemacht werden müßte. Eine Kostenentscheidung ist mangels erstattungsberechtigtem Gegner entbehrlich. Die Zurückweisung ist nach § 329 Abs. 3 nur formlos mitzuteilen[10].

10 1. Soweit es sich um einen **behebbaren Mangel** handelt, darf der Rechtspfleger den Antrag nicht sogleich zurückweisen, sondern muß Gelegenheit geben, den Mangel zu beseitigen[11]. Er wird aus Gründen der Prozeßökonomie dazu gegebenenfalls unter Fristsetzung in einer Art Zwischenverfügung auffordern. Wird der Mangel nicht behoben oder ist er – wie etwa im Falle der fehlenden internationalen Zuständigkeit der deutschen Gerichte – von Anfang an unbehebbar, so ist der Antrag zurückzuweisen. In diesen Fällen erlangt der Antragsgegner keinerlei Kenntnis von dem Verfahren. Eine Anfechtung der Zurückweisung ist ausgeschlossen. Strittig ist dies allerdings für den Fall, daß der Antrag auf Anpassung im Vereinfachten Verfahren aus materiell-rechtlichen Gründen zurückgewiesen wurde. Dafür, auch dann Unanfechtbarkeit anzunehmen, spricht der Wortlaut des § 641 m Abs. 3 S. 2 und die Entstehungsgeschichte des Gesetzes[12] → § 641b Rdnr. 6 Fn. 14. Dem Antragssteller bleibt aber die Möglichkeit, Rechtspflegererinnerung nach § 11 Abs. 1 S. 2, Abs. 2 S. 3 RPflG einzulegen oder einen neuen, mangelfreien Antrag einzureichen oder im Falle der Unstatthaftigkeit des Antrags einen anderen statthaften Weg zu beschreiten, z.B. eine Abänderungsklage nach § 323 zu erheben. Diese ist auch nötig, wenn geltend gemacht wird, eine anscheinend bestehende anderweitige Regelung im Sinne von § 1612a Abs. 1 S. 2 BGB sei unwirksam[13].

11 2. Die Unanfechtbarkeit der Entscheidung schließt nicht die befristete Rechtspflegererinnerung nach § 11 Abs. 1 S. 2 RPflG aus. Über sie entscheidet der Richter endgültig, ohne daß der Rechtspfleger vorher eine Abhilfemöglichkeit hätte, § 11 Abs. 2 S. 1 RPflG.

12 3. Ist ein sachlich oder örtlich unzuständiges Gericht angegangen worden, so besteht kein Grund, weshalb das Verfahren nicht in entsprechender Anwendung von § 281[14] auf Antrag des Antragstellers an das zuständige Gericht **verwiesen** werden sollte. Der Antragsgegner ist aber zuvor zu hören[15] → § 642b Rdnr. 9.

13 4. Absatz 3 meint nur die Fälle einer Zurückweisung als unzulässig, nicht die Entscheidung, der Antrag sei unbegründet[16].

---

[8] So auch *AG Hamburg* DAVorm 1982, 479; *Zöller-Philippi*[17] Rdnr. 14 – keine Ausdehnung auf andere dem Gericht vorliegende Titel! – A.M. *Brüggemann* (§ 641l Fn. 1) Rdnr. 14.
[9] *LG Göttingen* DAVorm 1980, 403.
[10] A.M. *Zöller-Philippi*[17] Rdnr. 20.
[11] RegE BTDrucks VII 4791 S. 16.
[12] *OLG Bremen* RPfleger 1981, 116; *LG Münster* FamRZ 1989, 878 = DAVorm 622; *LG Hamburg* DAVorm 1981, 74; *LG Düsseldorf* RPfleger 1981, 362. – A.M. *LG Bochum* DAVorm 1978, 597, 600; *LG München*

I DAVorm 1978, 597: § 641m sei nicht einschlägig, da es sich bei § 1612a Abs. 4 BGB um eine materielle Rechtsvorschrift handelt, § 641m sich nur auf fehlende Zulässigkeitsvoraussetzungen bezieht.
[13] *Zöller-Philippi*[17] vor § 641l Rdnr. 4.
[14] Keine einfache Weiterleitung! *Zöller-Philippi*[17] Rdnr. 19; *Behr* RPfleger 1977, 434. – A.M. *Brüggemann* (§ 641l Fn. 1) Rdnr. 16.
[15] *Künkel* DAVorm 1984, 968.
[16] *Brüggemann* Nachtrag (§ 641e Fn. 1) Rdnr. 31.

§ 641 n [Mitteilung an den Antragsgegner]

Erscheint nach dem Vorbringen des Antragstellers das Vereinfachte Verfahren zulässig, so teilt das Gericht dem Antragsgegner den Antrag oder seinen Inhalt mit. Zugleich teilt es ihm mit, in welcher Höhe und von wann an eine Abänderung in Betracht kommt, und weist darauf hin, daß Einwendungen der in § 641o Abs. 1 S. 1, 2 bezeichneten Art binnen zwei Wochen geltend gemacht werden können. § 270 Abs. 2 S. 2 gilt entsprechend. Ist der Antrag im Ausland zuzustellen, so bestimmt das Gericht die Frist nach S. 2; § 175 gilt entsprechend mit der Maßgabe, daß der Zustellbevollmächtigte innerhalb dieser Frist zu benennen ist.

Gesetzesgeschichte: Rdnr. 5a vor § 640; BGBl. 1990 I 2847.

I. Die Vorschrift regelt das weitere Verfahren für den Fall, daß der Rechtspfleger bei der Prüfung der Statthaftigkeit und der Antragsvoraussetzungen zu dem Ergebnis kommt, daß das Vereinfachte Verfahren zulässig ist. In diesem Fall muß dem **Antragsgegner** nunmehr **der Antrag** mitgeteilt werden. Es genügt auch, wenn der Antragsgegner vom Inhalt des Antrags verständigt wird, was Bedeutung für die mögliche maschinelle Bearbeitung des Vereinfachten Verfahrens hat → § 641p Rdnr. 5. Obwohl das Gericht sich zur Wahrung des rechtlichen Gehörs vom Zugang des Antrags überzeugen muß[1], genügt formlose Mitteilung; förmliche Zustellung ist erforderlich, wenn der Antragsgegner im Ausland wohnt[2].

II. Mit dieser Mitteilung ist eine Reihe **weiterer Mitteilungen des Gerichts** zu verbinden. Das Gericht hat dem Antragsgegner einmal die in Aussicht genommene sachliche Entscheidung bekanntzugeben. Diese Mitteilung ist das Korrelat zur fehlenden Bestimmtheit des Antrags (→ § 641m Rdnr. 6). Erst mit ihr erlangt der Antragsgegner Kenntnis vom Zeitpunkt und Ausmaß des gegen ihn gerichteten Abänderungsbegehrens. Um ihm eine schnelle Entschließung über sein weiteres Verhalten im Verfahren zu ermöglichen, ordnet das Gesetz zum anderen zwei Einzelhinweise durch das Gericht an. Erstens muß es den Antragsgegner darüber unterrichten, welche Einwendung er gegen den Antrag nach § 641o Abs. 1 S. 1, 2 überhaupt geltend machen kann → § 641o Rdnr. 1-6. Weiter muß es ihn darüber belehren, daß für ihre Geltendmachung eine Frist von zwei Wochen besteht. Die Frist beginnt mit dem Zugang der Mitteilung zu laufen. Entscheidet der Rechtspfleger vor Ablauf der Frist, ist das rechtliche Gehör verletzt, was freilich kaum je kausal für den Entscheidungsinhalt werden kann, da sachlich begründete Einwendungen selten sind. Wegen der Folgen des Unterlassens vorgeschriebener Hinweise → § 641p Rdnr. 5. Nicht ist der Antragsgegner aufzufordern, seinerseits vom Schweben anderweitiger Änderungsverfahren Mitteilung zu machen[3]. Mitzuteilen ist aber die Behauptung des Antragstellers, daß kein anderes Abänderungsverfahren anhängig ist, damit dies der Antragsgegner eventuell richtigstellen kann[4].

III. Die in S. 3 für anwendbar erklärte Vorschrift des § 270 Abs. 2 S. 2 richtet sich nur an das Gericht und soll ihm die **Berechnung der Frist** erlauben, die ihm sonst ohne Kenntnis des Zugangs der Mitteilung nicht möglich wäre[5]. Richtigerweise wird man diesen Berechnungsmodus aber in die Hinweispflicht des S. 2 einbeziehen müssen, da der Hinweis auf die Zwei-Wochenfrist nur dann einen Sinn hat, wenn auch ihre Berechnung bekannt ist. Andernfalls wäre für den Antragsgegner nicht zweifelsfrei erkennbar, bis wann das Gericht seine Einwendung jedenfalls berücksichtigen wird. Die Frist ist keine Ausschlußfrist → § 641o Rdnr. 7.

---

[1] BVerfG NJW 1974, 133.
[2] Zöller-Philippi[17] Rdnr. 5.
[3] A.M. Brüggemann (§ 641l Fn. 1) Rdnr. 2.
[4] Zöller-Philippi[17] Rdnr. 1.
[5] Rechtsausschuß des Bundestags BTDrucks VII 5311 S. 10.

4 IV. In dem 1990 neu der Vorschrift angefügten S. 4 ist § 174 nicht in Bezug genommen. Dessen Abs. 2 gilt aber auch außerhalb des normalen Erkenntnisverfahrens. Zu der aus dem Anspruch auf ein faires Verfahren folgenden Hinweisobliegenheit des Gerichts → Anm. § 174. Bei Bestimmung der Frist nach richterlichem Ermessen sollte großzügig auf die Schwierigkeiten des ausländischen Antragsgegners Rücksicht genommen werden.

§ 641 o [Einwendungen des Antragsgegners]

(1) Der Antragsgegner kann nur Einwendungen gegen die Zulässigkeit des Vereinfachten Verfahrens, die Höhe des Abänderungsbetrages und den Zeitpunkt der Abänderung erheben; die Einwendung, daß nach § 1612 a Abs. 1 S. 2 des Bürgerlichen Gesetzbuchs eine Anpassung nicht verlangt werden kann, kann nur erhoben werden, wenn sich dies aus dem abzuändernden Titel ergibt. Ferner kann der Antragsgegner, der den Anspruch anerkennt, hinsichtlich der Verfahrenskosten geltend machen, daß er keinen Anlaß zur Stellung des Antrags gegeben habe (§ 93). Die Einwendungen sind zu berücksichtigen, solange der Abänderungsbeschluß nicht verfügt ist.

(2) Ist gleichzeitig ein Verfahren nach § 323 anhängig, so kann das Gericht das Vereinfachte Verfahren zur Erledigung des anderen Verfahrens aussetzen.

Gesetzesgeschichte: Rdnr. 5a vor § 640.

I. Zulässige Einwendungen

1 Entsprechend der Konzeption des Vereinfachten Verfahrens legt Abs. 1 S. 1 die überhaupt zulässigen Einwendungen gegen die in Aussicht genommenen Änderung des Titels fest. Individuelle Komponenten des Unterhaltsanspruchs, wie etwa inzwischen entstandene eigene Einkommensquellen des Unterhaltsgläubigers[1], können nicht geltend gemacht werden. Danach kommen folgende Arten von Einwendungen in Betracht:

2 a) Einwendungen, die die **Statthaftigkeit des Vereinfachten Verfahrens** betreffen, sind in erster Linie zu nennen → § 641 l Rdnr. 2, 3. Dazu hebt das Gesetz in Abs. 1 S. 1 Hs. 2 nochmals besonders hervor, daß der Ausschluß der Anpassung oder deren Unzulässigkeit wegen des Vorhandenseins einer anderen Regelung nur geltend gemacht werden können, wenn sie aus dem Titel selbst ersichtlich sind. Die Berücksichtigung anderer Regelungen würde das Vereinfachte Verfahren sprengen → aber dazu § 641 q Rdnr. 3. Zu diesen Einwendungen gehört auch jene, die Frist des § 1612 a Abs. 4 BGB sei nicht eingehalten → § 641 l Rdnr. 3. Der Gegenstand der möglichen Einwendungen war und ist aber auch von Amts wegen zu beachten. Sie hätten, sofern berechtigt, schon zur Zurückweisung des Antrags nach § 641 m Abs. 3 führen müssen. Eine bereits getroffene, titulierte Ad-hoc-Regelung macht das Vereinfachte Verfahren unzulässig[2]. Der Anpassungs-»anspruch« ist unverjährbar[3], weil nur Sonderausprägung des Gedankens von § 323. Die Anpassung wird unzulässig, sobald Minderjähriger volljährig geworden ist[4]. Aus einer Anpassungsentscheidung kann das Kind aber noch vollstrecken, nachdem es volljährig geworden ist, auch wenn sie von einem Elternteil nach § 1629 Abs. 3 BGB erstritten worden war → § 641 p Rdnr. 2.

---

[1] So mit Recht *OLG Stuttgart* FamRZ 1987, 195.
[2] *Brüggemann* (§ 641 l Fn. 1) Rdnr. 9.
[3] A.M. *Brüggemann* (§ 641 l Fn. 1) Rdnr. 14 und § 1612 a BGB Rdnr. 52.
[4] *Brüggemann* (§ 641 l Fn. 1) Rdnr. 6.

b) Die Zulässigkeit der Einwendung, das der **Antragsgegner** aus dem abzuändernden Titel 3
nicht verpflichtet bzw. – im Falle der Herabsetzung – nicht berechtigt sei, das Abänderungsverlangen sich daher nicht gegen ihn richten könne, ergibt sich ohne ausdrückliche Erwähnung in § 641o Abs. 1 aus § 641l Abs. 1 i.V.m. § 1612a Abs. 1 BGB[5]. Freilich zählt im Vereinfachten Verfahren nur, wer im Titel als Vollstreckungsgläubiger bzw. als Vollstreckungsschuldner ausgewiesen ist. Änderungen in der materiell-rechtlichen Aktiv- oder Passivlegitimation müßten im Wege der Titelumschreibung geltend gemacht werden.

c) Einwendungen gegen die **Höhe der Abänderung** sind zulässig, begründet aber nur, wenn 4
ein bezifferter Antrag gestellt ist, der über das Ausmaß der nach der Anpassungsverordnung generell zulässigen Anpassung hinaus geht, oder wenn mehr begehrt wird, als einer aus dem Titel selbst hervorgehenden Vereinbarung über Anpassungsmöglichkeiten → § 641o Abs. 1 S. 2, 2. Hs. entspricht.

d) Einwendungen gegen den **Zeitpunkt der Abänderung** können begründet sein, wenn für 5
einen Zeitraum Abänderung begehrt wird, der vor der Stellung des Abänderungsantrags oder vor Inkrafttreten der Anpassungsverordnung liegt → § 641p Rdnr. 2.

e) Zusätzlich läßt Abs. 1 S. 2 zu, daß der Antragsgegner den Anpassungsanspruch aner- 6
kennt und sich gemäß § 93 gegen die Kosten des Verfahrens verwahrt. Z.B. gibt der Vater eines ehelichen Kindes keinen Anlaß zur Klageerhebung, wenn er sich zwar weigert, einen Schuldtitel i.S. des § 794 Abs. 1 Nr. 5 zu schaffen, wenn er aber den Unterhalt des Kindes immer pünktlich geleistet hat und auch Erhöhungsverlangen immer sofort nachgekommen ist[6]. Regelmäßig wird ein erst nach Verfügung des Beschlusses (Abs. 1 S. 3) gegebenes Anerkenntnis verspätet sein[7]. Anerkannt werden kann auch eine Anpassung, die weiter geht, als in der Anpassungsverordnung vorgesehen ist[8]. Das Gericht ist an ein solches Anerkenntnis gebunden. Es ergeht Anerkenntnis-Beschluß. Zum Vergleich → § 641r S. 4.

II. Frist für die Geltendmachung der Einwendungen

In Abs. 1 S. 3 ist klargestellt, daß die Zwei-Wochenfrist für die Geltendmachung der 7
Einwendung keine Ausschlußfrist ist, sondern alle im übrigen zulässigen Einwendungen auch danach noch zu berücksichtigen sind, solange der Abänderungsbeschluß noch nicht verfügt ist. Dieser Zeitpunkt ist verschieden je nach der Ausgestaltung des Verfahrens → § 694 Rdnr. 1.

III. Aussetzung des Vereinfachten Verfahrens

Die Bestimmung des Abs. 2 ist im Zusammenhang mit § 641m Abs. 1 Nr. 6 zu sehen. 8
Danach ist eine Sachentscheidung im Vereinfachten Verfahren unzulässig, wenn bereits ein vom Unterhaltsberechtigten[8a] angestrengtes Verfahren nach § 323 anhängig ist und der Antragssteller dies angibt. Das gleiche hat zu gelten, wenn die Anhängigkeit erst später bekannt wird. Für den Fall der bewußten falschen Angabe im Antrag ergibt sich das daraus, daß sonst die Zulässigkeitserschleichung anerkannt würde. Aber auch bei irrtümlich unrichtiger Erklärung ist die Unzulässigkeit zu beachten. Insbesondere kann der Antragsgegner sie rügen, solange der Abänderungsbeschluß noch nicht verfügt ist (Abs. 1 S. 1, 3). Eine Ausset-

---

[5] RegE BTDrucks VII 4791 S. 16.
[6] OLG Koblenz FamRZ 1978, 826.
[7] Stellungnahme des Bundesrats BTDrucks VII 4791 S. 24.
[8] A.M. Zöller-Philippi[17] Rdnr. 5; Behr RPfleger 1977, 437.

[8a] Zurecht verlangt Brüggemann Nachtrag (§ 641e Fn. 1) eine teleologische Reduktion der Regel dann, wenn der Unterhaltsverpflichtete auf Abänderung klagt.

zungsbefugnis muß man auch annehmen, wenn die Abänderungsklage bereits vor Antragsstellung erhoben worden ist. Sonst würde die verfahrensmäßige Geltendmachung von Abänderungen gegen § 641g Abs. 1 S. 2 unbillig beschnitten[9].

Für eine Ermessensausübung bezüglich der Aussetzung (»kann«) ist meist kein Raum. Vielmehr muß der Rechtspfleger das Vereinfachte Verfahren meist aussetzen. Die Abänderungsklage führt zu einer umfassenden Prüfung der Abänderungsmöglichkeit und umfaßt insoweit auch den Gegenstand des Vereinfachten Verfahrens, so daß für letzteres in aller Regel das Rechtsschutzbedürfnis entfällt. Das Vereinfachte Verfahren hat die Anpassung an erhebliche Änderungen der allgemeinen wirtschaftlichen Verhältnisse zum Gegenstand, wobei über die Abänderungsklage auch die individuellen Änderungen geltend gemacht werden können, § 1612a Abs. 2 BGB[10]. Die Aussetzung anstelle der Zurückweisung rechtfertigt sich daraus, daß der Wegfall des Rechtsschutzbedürfnisses nicht endgültig feststeht. Es geht grundsätzlich auch nicht an, für die Frage der Aussetzung des Vereinfachten Verfahrens auf die Erfolgsaussichten der Abänderungsklage abzustellen[11], weil damit der Möglichkeit widersprüchlicher Sachentscheidungen nicht begegnet werden kann. Überdies wäre der Rechtspfleger mit der Entscheidung dieser Frage auch überfordert. Endet das Klageverfahren mit einem abändernden Urteil, so wird das Vereinfachte Verfahren mit Eintritt der Rechtskraft des Abänderungsurteils überhaupt unzulässig. Zur Vermeidung einer förmlichen Zurückweisung als unzulässig muß der Antragssteller das Verfahren in der Hauptsache für erledigt erklären[12]. Endet der ordentliche Anpassungsprozeß dagegen ohne Sachentscheidung, so kann das Vereinfachte Verfahren aufgenommen werden.

Lediglich dann, wenn Anhaltspunkte dafür bestehen, daß die Erhebung der Abänderungsklage nur ein prozeßtaktisches Verzögerungsmanöver sein soll, braucht das Vereinfachte Verfahren nicht ausgesetzt zu werden[13].

Hat der Rechtspfleger gesondert auf Nichtaussetzung entschieden, kann dies gemäß §§ 252 ZPO, 11 RPflG mit der befristeten Erinnerung angegriffen werden. Hat der Rechtspfleger dagegen den Aussetzungsantrag nicht berücksichtigt und den Unterhaltstitel gemäß § 641p abgeändert, so ist ein Rechtsmittel gemäß § 641p Abs. 3 unzulässig. In diesem Fall kann die Abänderungsklage des § 323 gegen den ergangenen Abänderungsbeschluß nach § 641p gerichtet werden[14].

Der Abänderungsberechtigte kann nämlich noch nach Abänderung des Titels im Vereinfachten Verfahren, gestützt auf vorher entstandene Abänderungsgründe, Abänderung nach § 323 verlangen. Aus § 323 Abs. 2, der gemäß § 323 Abs. 4 auch auf die Abänderung von Schludtiteln nach § 641p anwendbar ist, kann diesbezüglich keine Einschränkung entnommen werden, da die Gründe jeweils unterschiedlich sind. § 641q gilt nur für Antragsgegner, nicht für den Antragssteller.

Im übrigen entspricht es der Interessenlage von Antragssteller und Antragsgegner, wenn das kostspieligere Klageverfahren nur noch für den individuellen Restbetrag beschritten wird[15].

---

[9] *BGH* FamRZ 1982, 916 – ohne sich endgültig festzulegen; *Zöller-Philippi*[17] vor § 641l Rdnr. 18; h.M. – A.M. *Baumbach/Lauterbach/Albers*[51] Rdnr. 3, f.
[10] *BGH* FamRZ 1982, 915; *BGH* FamRZ 1984, 997; *KG* DAVorm 1979, 121.
[11] So aber Rechtsausschuß des Bundestages BTDrucks VII 5311 S. 9 und *Baumbach/Lauterbach/Albers*[51] Rdnr. 4 unter Berufung auf *LG Saarbrücken* DAVorm 1990, 255 für das Verhältnis der Neufestsetzung des Regelunterhalts zur Klage nach § 323. Einschränkend *Brüggemann* (§ 641l Fn. 1) Rdnr. 24: Keine Aussetzung bei Aussichtslosigkeit der Klage.

[12] *Zöller-Philippi*[17] vor § 641 Rdnr. 15, der anscheinend eine Parteierklärung in diesem Sinne für unnötig hält.
[13] *Behr* RPfleger 1977, 435; *Brüggemann* Nachtrag (§ 641e Fn. 1) Rdnr. 19
[14] *LG Bochum* DAVorm 1986, 83.
[15] *BGH* FamRZ 1982, 915; *Künkel* DAVorm 1984, 958; *Zöller-Philippi*[17] vor § 641l Rdnr. 18; *Hahne* FamRZ 1983, 1192.

Die Aussetzung endet wie im Fall des § 148 automatisch mit der Beendigung der Rechtshängigkeit des Verfahrens nach § 323 → § 148 Rdnr. 49. Das Vereinfachte Verfahren hat sich aufgrund des Ergebnisses des Verfahrens nach § 323 in folgenden Fällen erledigt: Der Erhöhungsklage des Unterhaltsberechtigten wird ganz oder teilweise stattgegeben; die Herabsetzungsklage des Unterhaltsverpflichteten hat ganz oder teilweise Erfolg; allgM. Weigert sich der Antragsgegner in einer solchen Situation, der Erledigungserklärung des Antragstellers zuzustimmen, so wird mit Kostenentscheidung zu seinem Nachteil die Erledigung des Vereinfachten Verfahrens festgestellt, ganz entsprechend der Verfahrensbeendigung bei einseitiger Erledigterklärung eines ordentlichen Klageverfahrens → § 91a Rdnr. 37 ff. In allen anderen Fällen kann das Vereinfachte Verfahren fortgesetzt werden, auf Anregung eines Beteiligten oder von Amts wegen. Um eine Antwort des Antragsgegners mit einer auf § 641q gestützten Klage zu vermeiden, ist der nunmehr zu stellende Antrag dem Urteil anzupassen, wenn dieses eine Anpassung ablehnt, weil der individuell angemessene Betrag nicht wesentlich über dem bisher titulierten liege oder weil eine Herabsetzung daran scheitere, daß der neue festzusetzende Betrag nicht unter dem titulierten liege.

IV. Konkurrenzprobleme im Verhältnis zu § 641q

Die Konkurrenz eines im Vereinfachten Verfahrens gestellten Antrages auf Abänderung zu der in § 641q vorgesehenen Klage hat das Gesetz nicht angesprochen, weil nur eine im Vereinfachten Verfahren ergangene Entscheidung Gegenstand einer Abänderungsklage nach § 641q sein kann. Denkbar ist aber, daß eine Abänderungsklage nach § 641q noch schwebt und im Vereinfachten Verfahren ein weiterer Abänderungsantrag gestellt wird. Dann ist die Abänderungsklage nach § 641q für die Aussetzungsfrage wie eine solche nach § 323 zu behandeln.

9

V. Sonstige Verfahrensprobleme

Das Verfahren ist im allgemeinen schriftlich. Bei persönlicher Vorsprache muß jedoch der Beteiligte angehört werden. Der Rechtspfleger kann auch von sich aus ein Erscheinen anregen, kann aber an ein Ausbleiben keine prozessualen Nachteile knüpfen. Zum schriftlichen oder mündlichen Vorbringen der einen Seite ist der anderen Gelegenheit zur Stellungnahme zu geben. Vergleich → § 641r. Das Verfahren ist kein solches der freigestellten mündlichen Verhandlung, sondern gleicht einem solchen der Freiwilligen Gerichtsbarkeit.

10

§ 641 p [Abänderungsbeschluß]

(1) Ist der Antrag nicht zurückzuweisen, so wird der Titel nach Ablauf der in § 641n bezeichneten Frist ohne mündliche Verhandlung durch Beschluß abgeändert. Der Titel darf nur für die Zeit nach Einreichung oder Anbringung des Antrags abgeändert werden. Betragsangaben in dem Antrag werden nur im Falle des § 641m Abs. 1 Nr. 5 berücksichtigt. In dem Beschluß sind auch die bisher entstandenen erstattungsfähigen Kosten des Verfahrens festzusetzen, soweit sie ohne weiteres ermittelt werden können; es genügt, daß der Antragsteller die zu ihrer Bezeichnung notwendigen Angaben dem Gericht mitteilt.

(2) In dem Beschluß ist darauf hinzuweisen, welche Einwendungen mit der sofortigen Beschwerde geltend gemacht werden können und unter welchen Voraussetzungen der Antragsgegner eine Abänderung im Wege der Klage nach § 641q verlangen kann.

(3) Gegen den Beschluß findet die sofortige Beschwerde statt. Mit der sofortigen Beschwerde kann nur geltend gemacht werden, daß das vereinfachte Verfahren nicht statthaft sei, der Abänderungsbetrag falsch errechnet sei, der Zeitpunkt für die Wirksamkeit der Abänderung falsch bestimmt sei oder die Kosten unrichtig festgesetzt seien.

Gesetzesgeschichte: Rdnr. 5a vor § 640; BGBl. 1990 I 2847.

I. Überblick

1   Die Bestimmung regelt Erlaß und Inhalt des Abänderungsbeschlusses (Abs. 1), ordnet eine Hinweispflicht auf die statthaften Rechtsbehelfe an (Abs. 2) und bestimmt schließlich in Abs. 3 das gegen den Beschluß zulässige Rechtsmittel und die damit zulässig gemachten Einwendungen. Zum Vergleich → § 641 r S. 4. Sonstige Bestimmungen zum Verfahrensablauf fehlen → Rdnr. 10. Insbesondere ist es müßig zu fragen, ob der Verhandlungsgrundsatz oder die Untersuchungsmaxime gilt. Denn nicht ohnehin gerichtsbekannte Tatsachen können in diesem Verfahren in der Sache keine Rolle spielen. Nur auf Rechtsfragen können sich die Einwendungen des Antragsgegners außerhalb solcher Probleme beziehen, die es mit der Zulässigkeit des Verfahrens zu tun haben. Mündliche Verhandlung ist der Natur des Verfahrens gemäß unzulässig.

Auch die Zurückweisung des Antrags geschieht durch Beschluß, gegen die allerdings nur die Rechtspflegererinnerung, nicht aber die Beschwerde nach Abs. 3 statthaft ist[1]

II. Erlaß und Inhalt des Beschlusses

2   1. Zunächst stellt Abs. 1 Satz 1 sicher, daß der Beschluß nicht vor Ablauf der dem Antragsgegner für seine Einwendungen zur Verfügung stehenden Zwei-Wochen-Frist erlassen wird. Die Frist ist nach § 641 n S. 3, § 270 Abs. 2 S. 2 zu berechnen bzw. nach § 641 n S. 4 zu bestimmen. Der Rechtspfleger hat festzustellen, ob die Mitteilungen und die erforderlichen Hinweise erfolgt sind[2]. Nach Ablauf der Frist ist die Zulässigkeit des Antrags unter Berücksichtigung der vom Antragsgegner vorgebrachten zulässigen Einwendungen → § 641 o Rdnr. 2–6 zu überprüfen. Greifen Einwendungen gegen die Zulässigkeit durch oder werden bisher übersehene Zulässigkeitsmängel entdeckt, so ist der Antrag zurückzuweisen, wenn der Mangel unbehebbar ist oder nicht behoben wird → § 641 m Rdnr. 9. Schon aus dem Grundsatz des rechtlichen Gehörs folgt, daß dem Antragsteller Einwendungen des Antragsgegners bekannt gemacht werden müssen, wenn sie der Rechtspfleger für relevant hält. Begegnet der Antrag keinen Bedenken (mehr), ist der Abänderungsbeschluß ohne mündliche Verhandlung zu erlassen. Dabei ist zu beachten, daß eine Abänderung nur für die Zeit nach Anhängigkeit (nicht: Rechtshängigkeit) des Antrags möglich ist.

Dieser Zeitpunkt, von dem ab der erhöhte Unterhalt zu bezahlen ist, ist im Erhöhungsbeschluß anzugeben. Da nur von »Einreichung oder Einbringung des Antrags« die Rede ist, ist der Tag entscheidend, an dem ein entsprechendes Schriftstück bei Gericht eingeht, das als Verfahrensgrundlage tauglich ist, mag es auch verbesserungsbedürftig[3] oder nach § 281 verweisungsbedürftig[4] gewesen sein. Hilfsweise Aufnahme eines Protokolls nach § 129 a durch ein unzuständiges AG genügt aber nicht. Der Anpassungsstichtag kann auch auf einen

---

[1] *LG Heilbronn* DAVorm 1978, 477; *LG Darmstadt* DAVorm 1987, 985; *LG Münster* DAVorm 1983, 542. – A.M. *LG München I* DAVorm 1978, 597; *LG Braunschweig* DAVorm 1981, 492; *Brüggemann* Nachtrag (§ 641l Fn 1) Rdnr. 35.

[2] RegE BTDrucks VII 4791 S. 17.
[3] Allg. Lit.M.
[4] *LG Stuttgart* DAVorm 1982, 828 mwN; *Zöller-Philippi*[17] Rdnr. 4.

Zeitpunkt zwischen zwei Zahlungsraten fallen und ist dann ziffernmäßig auszurechnen[5]. Ein Endzeitpunkt ist nicht festzusetzen. Auch das nach Anpassung volljährig gewordene Kind kann die Rechte aus dem Titel geltend machen[6] → § 641o Rdnr. 2.

Wurde der Antrag vor dem Inkrafttreten der Anpassungsverordnung gestellt, so kann die Abänderung nur für die Zeit nach ihrem Inkrafttreten erfolgen. Das gleiche gilt, wenn der Antrag vor Ablauf der Karenzfrist des § 1612a Abs. 2 S. 2 BGB gestellt wird. Er ist aber auch dann zulässig[7], wenn auch bezüglich der verfrühten Zeitspanne unbegründet. Eine förmliche Teilzurückweisung ist aber auch dann entbehrlich → Rdnr. 2. Betragsangaben im Antrag sind nur zu berücksichtigen, wenn der Antragsteller erkennbar einen niedrigeren als den nach der Anpassungsverordnung zulässigen Betrag begehrt. In allen übrigen Fällen bestimmt sich der Abänderungsbetrag allein nach der Anpassungsverordnung. Eine Begrenzung des Unterhaltstitels im Rahmen des Anpassungsverfahrens auf die Zeit der Minderjährigkeit ist unzulässig[8]. Damit die Anpassung im Vereinfachten Verfahren erreicht wird, empfiehlt es sich, im ursprünglichen Unterhaltstitel den entsprechend den einzelnen Altersstufen geschuldeten Unterhalt als auch den Betrag des abzuziehenden Kindergeldausgleichs gesondert festzulegen[9]. Eine Zurückweisung des überhöhten Begehrens ist überflüssig[10] → § 641m Rdnr. 6. Lautet der anzupassende Titel auf Zahlung einer Spitze über den freiwillig bezahlten Betrag hinaus, so kann nur die Spitze im Vereinfachten Verfahren angepaßt werden. Daher muß man dem Kind erlauben, wegen des noch nicht titulierten Betrags und des Zuschlags zu ihm und gleichzeitig wegen des titulierten Betrages und seine Anpassung an eine neue einheitliche Unterhaltsklage zu erheben[11].

Das Kindergeld muß bei der Berechnung der Anpassung unberücksichtigt bleiben, also erst nach Durchführung der Anpassung wieder angerechnet werden[10a].

2. Der Anpassungsbeschluß ist nach § 329 Abs. 3 **zuzustellen**. Aus Beschlüssen, die die Anpassung verfügen oder den Abänderungsantrag zurückweisen, kann nach § 794 Abs. 1 Nr. 2b vollstreckt werden. § 798a ist zu beachten. Nach Erhebung der Klage aus § 641q kann das für sie zuständige Prozeßgericht die Zwangsvollstreckung aus dem Abänderungsbeschluß in entsprechender Anwendung von § 769 einstellen[13]. Die Lage entspricht derjenigen nach Regelung der Abänderungsklage nach § 323, für die eine entsprechende Anwendung des § 769 allgemein bejaht wird → § 323 Rdnr. 75.

2a

3. Entsprechend § 61 Abs. 1 S. 1 ArbGG und § 699 Abs. 3 → § 699 Rdnr. 8 hat die **Kostenfestsetzung** nach Abs. 1 S. 4 im Beschluß zu erfolgen, wenn die bisher entstandenen erstattungsfähigen Kosten ohne Verzögerung ermittelt werden können. Der Antragsteller braucht nur die Berechnungsunterlagen mitzuteilen. Der Rechtspfleger hat insoweit kein Ermessen, sondern muß die Festsetzung im Beschluß vornehmen, wenn die Ermittlung ohne weiteres möglich ist[14]. Die Kostentragungspflicht richtet sich nach allgemeinen Vorschriften. Daher hat der Antragsteller die Verfahrenskosten zu tragen, wenn die Voraussetzungen des § 93 vorliegen (§ 641o Abs. 1 S. 2). Die Gerichtsgebühr für den Erlaß des Abänderungsbeschlusses

3

---

[5] Zöller-Philippi[17] Rdnr. 4.
[6] LG Berlin DAVorm 1980, 963; OLG Stuttgart DAVorm 1982, 115; Kemper DAVorm 1987, 938; Zöller-Philippi[17] Rdnr. 4. – A.M. OLG Celle FamRZ 1981, 585.
[7] Zöller-Philippi[17] § 641m Rdnr. 3.
[8] LG Berlin DAVorm 1980, 963.
[9] OLG Stuttgart DAVorm 1978, 752 (für Altersstufe); OLG Hamburg FamRZ 1984, 752 (für Kindergeldausgleich).
[10] RegE BTDrucks VII 4791 S. 17. – A.M. Stellungnahme des Bundesrats dass. S. 24.
[10a] Brüggemann Nachtrag (§ 641l Fn. 1) Rdnr. 40 mit Hinweis auf LG Konstanz DAVorm 1981, 607; LG Stuttgart DAVorm 1982, 701.
[11] Ähnlich Zöller-Philippi[17] Rdnr. 21 vor § 641l, der aber der Integrierung der titulierten Spitze in den neu zu erstreitenden Titel nicht das Wort redet.
[12] RegE BTDrucks VII 4791 S. 19; Brüggemann (§ 641l Fn. 1) Rdnr. 24; OLG Frankfurt FamRZ 1982, 736.
[13] Gegenäußerung der Bundesregierung zur Stellungnahme des Bundesrats BTDrucks VII 4791 S. 31; Behr Rpfleger 1977, 436.
[14] Brüggemann (§ 641l Fn. 1) Rdnr. 2.

beträgt einheitlich DM 15,– (KVNr. 1164). Im Falle der Zurückweisung entsteht keine Gerichtsgebühr. Überhaupt ist Abs. 1 S. 4 in diesem Fall unanwendbar[15].

III. Hinweispflicht des Gerichts

3a Das Gericht ist nach Abs. 2 verpflichtet, im Beschluß auf die Möglichkeiten der sofortigen Beschwerde und der Klage nach § 641q hinzuweisen und dabei darüber zu unterrichten, was mit diesen Rechtsbehelfen geltend gemacht werden kann. Wegen der zulässigen Einwendungen → Rdnr. 5. Unterbleibt der Hinweis oder ist er mangelhaft, so berührt das den Lauf der Fristen für die sofortige Beschwerde oder die Klage nach § 641q nicht, sofern die Zustellung ordnungsgemäß erfolgt, da es sich nicht um eine Pflicht zur Rechtsbehelfsbelehrung, sondern nur um eine Hinweispflicht handelt. Auch Wiedereinsetzung wird mit Erfolg nicht allein wegen des Unterbleibens oder der Mangelhaftigkeit eines Hinweises gefordert werden können[16]. Denn einerseits obliegt es auch einer nicht anwaltlich vertretenen Partei, sich über die gegen eine Entscheidung gegebenen Rechtsbehelfe und die dabei zu beachtenden Fristen und Formen zu erkundigen. Andererseits erstreckt sich die Hinweispflicht nach Abs. 2 gar nicht auf die Berechnung der Fristen, sondern zielt darauf ab, angesichts der Aufspaltung der möglichen Einwendungen auf verschiedene Rechtsbehelfe der dadurch erhöhten Gefahr der Einlegung unzulässiger Rechtsbehelfe vorzubeugen.

Wegen der Gefahr, ob bei Versäumung der Monatsfrist des § 641q Abs. 3 die Möglichkeit der Wiedereinsetzung überhaupt eröffnet ist → § 641q Rdnr. 6.

IV. Rechtsbehelfe gegen den Abänderungsbeschluß

4 1. Ohne daß das Gesetz diese Möglichkeit im vorliegenden Zusammenhang besonders erwähnt, ist ebenso wie gegen die Zurückweisung des Abänderungsantrags → § 641m Rdnr. 10 auch gegen den Beschluß selbst die **Erinnerung** nach § 11 RpflG statthaft, weil er vom RpflG erlassen wird (§§ 3 Nr. 3a, 20 Nr. 10 RpflG)[17]. Formelle Mängel des vereinfachten Verfahrens sind ausschließlich mit der Durchgriffserinnerung gemäß § 641p ZPO, § 11 RpflG geltend zu machen, und nicht mit der Abänderungsklage nach § 641q[18]. Über die nach § 11 Abs. 1 S. 2 RpflG befristete Erinnerung entscheidet nach § 11 Abs. 2 S. 3 RpflG der Richter, wenn er sie für zulässig und begründet hält. Andernfalls legt er sie dem LG vor, mit der Folge, daß sie als sofortige Beschwerde gegen die Entscheidung des Rechtspflegers gilt (§ 11 Abs. 2 S. 4, 5 RpflG). Entscheidet der Richter, so ist gegen seine Entscheidung die **sofortige Beschwerde** des Abs. 3 gegeben (§ 11 Abs. 3 RpflG).

5 2. Abs. 3 eröffnet gegen den Abänderungsbeschluß die sofortige Beschwerde (S. 1), **beschränkt das Rechtsmittel** in S. 2 aber – und zwar auch im Fall der Durchgriffserinnerung – entsprechend der Gesamtkonzeption des Vereinfachten Verfahrens auf **die in § 641o Abs. 1 S. 1 genannten Einwendungen** → § 641o Rdnr. 2–6[19]. Insbesondere kann das Rechtsmittel nicht damit begründet werden, daß das Vereinfachte Verfahren im Hinblick auf eine derzeit anhängige Abänderungsklage unzulässig sei[20]. Zu den zulässigen Einwendungen gehören auch solche gegen die Kostenfestsetzung. Daraus ergibt sich, daß die Kostenfestsetzung auch

---

[15] A.M. *Brüggemann* (§ 641l Fn. 1) Rdnr. 15f.
[16] RegE BTDrucks VII 4791 S. 17, Rechtsausschuß des Bundestags BTDrucks VII 5311 S. 10.
[17] *OLG Hamm* FamRZ 1980, 190.
[18] Vereinbarter Ausschluß → § 641o Rdnr. 2 auch hier nur bei Ersichtlichkeit aus dem Titel beachtlich: *OLG Hamm* FamRZ 1980, 190 = NJW 1112.
[19] *LG Bochum* DAVorm 1986, 83.
[20] *Zöller-Philippi*[17] Rdnr. 10.

allein anfechtbar ist[21]. Da die Kostenfestsetzung im vorliegenden Falle die Entscheidung bezüglich der Kostentragungspflicht mit umfaßt, kann sie auch mit der Begründung angefochten werden, daß die Kosten überhaupt von der gegnerischen Partei zu tragen seien. Im übrigen gelten die allgemeinen Bestimmungen über die Beschwerde und insbesondere die Vorschriften des § 577 über die sofortige Beschwerde. Daraus ergibt sich u. a., daß bei der selbständigen Anfechtung der Kostenfestsetzung die Beschwerdesumme des § 567 Abs. 2 erreicht sein muß[22].

Der Ausschluß weiterer Einwendungen bedeutet, daß auch Verfahrensfehler nicht geltend gemacht werden können, wenn sie nicht einen der in Abs. 3 erwähnten Mängel zur Folge haben konnten. Ist dies der Fall, etwa weil das Amtsgericht seinen sich aus § 641n ergebenden Hinweispflichten nicht nachgekommen ist, so kann wegen des Verfahrensfehlers → § 575 Rdnr. 4 auch zurückverwiesen werden.

Der Ausschluß der weiteren Beschwerde folgt nach Streichung des überflüssigen Satzes 3 von Abs. 3 aus § 568 Abs. 2.

3. Der Zurückweisungsbeschluß ist auch, wenn erst nach Anhörung des Antragsgegners ergangen, nicht rechtsbehelfsfähig[23], wenn man von § 11 RechtspflegerG absieht. 6

V. Materielle Rechtskraft

Hat das Gericht der sofortigen Beschwerde entschieden oder ist die Beschwerdefrist unausgenützt abgelaufen und ist schließlich auch die in § 641q für eine Anpassungs*klage* vorgesehene Frist unausgenützt verstrichen – dies freilich muß man verlangen[24] –, so entfaltet der Beschluß **materielle Rechtskraft** über den Unterhaltsanspruch. Daß dann auch vor Erlaß einer erneuten Anpassungsverordnung gemäß § 323 und nach dessen Voraussetzungen auf Anpassung des Unterhalts an individuell geänderte Verhältnisse geklagt werden kann, ändert daran nichts. Soweit zunächst ein Verfahren nach § 641p durchgeführt und dem Antrag stattgegeben wurde, kann eine spätere auf § 323 gegen den Abänderungsbeschluß gestützte Klage nicht mit Gründen erhoben werden, die gemäß § 641p Abs. 3 oder gemäß § 641q hätten geltend gemacht werden können[25]. Auch sonstige Unterhaltsurteile sind dieser Anpassungsmöglichkeit ausgesetzt, ohne dadurch ihre Eigenschaft, der materiellen Rechtskraft fähig zu sein, zu verlieren. 7

VI. Zur abermaligen Anpassung → § 641l Rdnr. 6a.E. 8

---

[21] RegE BTDrucks VII 4791 S. 17. – Teilw. a.M. *Brüggemann* (§ 641l N 1) Rdnr. 21: Nur § 99 Abs. 2 analog.
[22] RegE BTDrucks VII 4791 S. 19; *LG Heilbronn* DAVorm 1978, 477; *LG Tübingen* DAVorm 1981, 129; *LG Stuttgart* FamRZ 1981, 72 = DAVorm 1980, 665; *LG Rottweil* DAVorm 1983, 542; *LG Darmstadt* DAVorm 1982, 985: § 641 Abs. 3 ist auf einen Zurückweisungsbeschluß seinem Wortlaut nach nicht anwendbar. Stattdessen ist jedoch die Abänderungsklage gemäß § 323 statthaft, da das Hindernis des § 323 Abs. 5 ZPO entfallen ist. – A.M. § 641p Abs. 3 analog wird auf den Zurückweisungsbeschluß aus Gründen des § 1612a Abs. 4 BGB angewendet, da dies der effektive Rechtsschutz gemäß Art. 19 Abs. 4 GG gebiete: *LG München I* DAVorm 1978, 597; *LG Bochum* DAVorm 1978, 599 bei § 641m Rdnr. 10. Nach *LG Braunschweig* DAVorm 1981, 492 einfache Beschwerde.
[23] *LG Rottweil* DAVorm 1983, 542; *LG Tübingen* DAVorm 1981, 492; *Zöller-Philippi*[17] Rdnr. 13. – A.M. *LG Braunschweig* DAVorm 1981, 492, *Behr* Rpfleger 1977, 438.
[24] *Brüggemann* Nachtrag (§ 641l Fn 1) Rdnr. 24.
[25] *OLG Celle* FamRZ 1981, 585.

§ 641 q [Klage gegen Abänderungsbeschluß]

(1) Führen Abänderungen eines Schuldtitels im Vereinfachten Verfahren zu einem Unterhaltsbetrag, der wesentlich von dem Betrag abweicht, der der Entwicklung der besonderen Verhältnisse der Parteien Rechnung trägt, so kann der Antragsgegner im Wege der Klage eine entsprechende Abänderung des letzten im Vereinfachten Verfahren ergangenen Beschlusses verlangen.

(2) Der Antragsgegner kann die Abänderung des im Vereinfachten Verfahren ergangenen Beschlusses im Wege der Klage auch verlangen, wenn die Parteien über die Anpassung eine abweichende Vereinbarung getroffen hatten.

(3) Die Klage nach den Abs. 1 oder 2 ist nur zulässig, wenn sie innerhalb eines Monats nach Zustellung des Beschlusses erhoben wird.

(4) Das Urteil wirkt auf den in dem Beschluß bezeichneten Zeitpunkt zurück. Die im Verfahren über den Abänderungsantrag nach § 641 m entstandenen Kosten werden als Teil der Kosten des entstehenden Rechtsstreits behandelt.

Gesetzesgeschichte: Rdnr. 5a vor § 640; BGBl. 1990 I 2847.

I. Überblick

1   Die spezielle Abänderungsklage, die nicht mehr zum Vereinfachten Verfahren gehört und für die Vordrucke nicht eingeführt sind, ist von einem im Vereinfachten Verfahren zu verfolgenden Antrag einerseits und von der Abänderungsklage nach § 323 andererseits zu unterscheiden → § 323 Rdnr. 59 ff. Während das Vereinfachte Verfahren gegen alle vollstreckbaren Unterhaltstitel minderjähriger ehelicher Kinder stattfindet, kann die spezielle Abänderungsklage des § 641 q nur eine Entscheidung des Vereinfachten Verfahrens – auch eine auf Erinnerung und Beschwerde ergangene – zum Gegenstand haben und zielt auf deren Korrektur insoweit ab, als das notwendigerweise schematische Vereinfachte Verfahren der besonderen Lage des einzelnen Falles nicht gerecht wird. Die sog. »Anpassungskorrekturklage« des § 641 q kann höchstens zur Folge haben, daß die im Vereinfachten Verfahren erfolgte Anpassung wegfällt, nicht aber die Änderung des ursprünglichen Titels[1]. Der Unterhaltsgläubiger kann also immer erst im Vereinfachten Verfahren rasch eine Anpassung an die allgemeine wirtschaftliche Entwicklung erreichen und erst danach nach § 641 a vorgehen[1a]. Die Klagen aus § 323 und § 641 q können also simultan erhoben werden und sind dann zweckmäßigerweise zu verbinden[2]. Der entscheidende Unterschied zur Abänderungsklage nach § 323 besteht darin, daß bei der speziellen Abänderungsklage eine Beschränkung auf die Berücksichtigung solcher wesentlicher Änderungen der Urteilsgrundlage nicht besteht, die nach Abschluß des korrespondierenden Vorverfahrens eingetreten sind, und daß die Änderung auf denjenigen Zeitpunkt zurückwirkt, von dem ab die abzuändernde Entscheidung Wirkungen entfalten sollte (Abs. 4 S. 1) → Rdnr. 8. Wer Antragsteller und wer Antragsgegner des Vereinfachten Verfahrens war, ist rein formal zu bestimmen, auch wenn sich hinterher herausstellte, daß in diesem Verfahren jemand fälschlich als Partei aufgetreten ist[3].

Verfassungsbeschwerde ist erst nach Klage gegen den Abänderungsbeschluß zulässig; erst dann ist der Rechtsweg erschöpft i. S. v. § 92 BVerfGG[3a].

---

[1] *OLG Bremen* FamRZ 1982, 1035 f.
[1a] *Brüggemann* Nachtrag (§ 641 e Fn 1) Rdnr. 22.
[2] *Zöller-Philippi*[17] vor § 641 l Rdnr. 16.
[3] *OLG Frankfurt* FamRZ 1982, 734; 1983, 755.
[3a] *BVerfG* FamRZ 1990, 487.

II. Zuständigkeit

Die sachliche Zuständigkeit richtet sich nach § 23 b Abs. 1 Nr. 5 GVG. Die Klage gehört nicht mehr zum Vereinfachten Verfahren, § 641 l Abs. 1 S. 2 gilt nicht[4]. Zur Konkurrenz von Anpassungskorrekturklagen und Rechtsbehelfen aufgrund von § 641 p → Rdnr. 3. Da eine spezielle Regelung der örtlichen Zuständigkeit fehlt, gelten die allgemeinen Bestimmungen[5]. Im Geltungsbereich des EuGVÜ ist auch dessen Art. 5 Nr. 2 anwendbar → § 643a Rdnr. 7. Wegen der gegenüber dem Vereinfachten Verfahren vertauschten Parteirollen wird aufgrund der §§ 12, 13 häufig dasselbe Gericht für die spezielle Abänderungsklage zuständig sein, das nach § 641 l Abs. 3 in 1. Instanz den Beschluß im Vereinfachten Verfahren erlassen hat. Die Zuständigkeit dieses Gerichts läßt sich aber weder in direkter noch analoger Anwendung von § 641 l Abs. 3 noch entsprechend § 767 Abs. 1 begründen. Letzteres ergibt sich schon daraus, daß es hier nicht um die Geltendmachung nachträglich entstandener Einwendungen gegen die im Vereinfachten Verfahren ergangene Entscheidung, sondern um eine insoweit völlig neue Entscheidung geht, die geeignet ist, im einzelnen Fall in der Frage der Abänderbarkeit der ursprünglichen Entscheidung gerecht zu werden.

2

III. Gründe für die spezielle Abänderungsklage

1. Ohne weitere Voraussetzungen kann die Klage nach Abs. 2 darauf gestützt werden, daß die Parteien über die Anpassung des ursprünglichen Titels an veränderte wirtschaftliche Verhältnisse eine **andere Vereinbarung** getroffen haben. Dabei kommen aber solche Vereinbarungen nicht in Betracht, die sich aus dem ursprünglichen Titel selbst ergeben. Deren Geltendmachung ist dadurch präkludiert, daß sie trotz der nach § 641 o Abs. 1 S. 1 insoweit gegebenen Möglichkeit im Vereinfachten Verfahren nicht vorgebracht wurden[6] → § 641 m Rdnr. 6; § 641 o Rdnr. 2. Andernfalls käme es in diesen Fällen regelmäßig zu einer vermeidbaren Doppelspurigkeit von Verfahren, und die Nichtwahrnehmung prozessualer Möglichkeiten aus Nachlässigkeit oder Verschleppungsabsicht bliebe ohne jegliche prozessuale Folgen. Ist eine Klage nach § 641 q erhoben, so können aber auch Anpassungsmöglichkeiten geltend gemacht werden, die sich aus dem Titel ergeben. Sonst zwänge man den Rechtsbehelfsführer zu einer ärgerlichen Zweispurigkeit, im Fall unklarer Formulierung des Titels sogar zu vorsorglicher Zweispurigkeit, um ja das vom Gericht für zutreffend gehaltene Verfahren nicht zu versäumen[7].

3

Nicht erforderlich ist, daß der sich aufgrund der vereinbarten Anpassungsregelung ergebende Unterhaltsbetrag wesentlich von dem im Vereinfachten Verfahren festgesetzten abweicht. Vielmehr soll die vom Willen der Beteiligten getragene Regelung in jedem Falle Vorrang haben.

2. Dagegen gilt wie bei § 323 Abs. 1: **Die individuelle Entwicklung der wirtschaftlichen Verhältnisse** wird nur dann anstelle der allgemeinen der Anpassung des Unterhaltstitels zugrundegelegt, wenn die **Divergenz** zwischen den beiden sich ergebenden Unterhaltsbeträgen **wesentlich** ist[8]. Eine wesentliche Divergenz wird jedenfalls dann anzunehmen sein, wenn der Differenzbetrag in der gleichen Größenordnung liegt wie der sich aufgrund der Verordnung ergebende Änderungsbetrag, den der Gesetzgeber umgekehrt zum Anlaß der allgemei-

4

---

[4] *OLG Frankfurt* FamRZ 1978, 348; allg. M.
[5] Rechtsausschuß des Bundestags BTDrucks VII 5311 S. 8.
[6] RegE BTDrucks VII 4791 S. 18 - auch wenn sie von Amts wegen hätten berücksichtigt werden müssen; *OLG Hamm* FamRZ 1980, 190 = NJW 1111.

[7] A.M. *Zöller-Philippi*[17] Rdnr. 12.
[8] Das kann auch der Fall sein, wenn der Unterhaltsverpflichtete geltend macht, sein Einkommen habe sich tatsächlich geringer gesteigert als die allgemein zugrunde gelegten Verhältnisse, *OLG Frankfurt* FamRZ 1982, 734.

nen Anpassungsregelung genommen hatte. Generell wird man jedoch Abweichungen solchen Umfangs nicht verlangen dürfen. Maßgeblich ist die Bewertung der Abweichung unter Berücksichtigung aller von der Allgemeinheit für die Unterhaltsfrage als bedeutsam angesehenen Umstände des Falles → § 323 Rdnr. 26. Die wesentliche Abweichung braucht nicht auf einer Entwicklung zu beruhen, die erst seit dem letzten Abänderungsbeschluß eingetreten ist, der dem jetzt angegriffenen Beschluß vorausging. Vielmehr können allgemeine und individuelle Entwicklungen der Verhältnisse auch längerfristig so unterschiedlich verlaufen, daß die Abweichung der sich ergebenden Beträge schließlich wesentlich wird[9]. Man wird es dem Antragsgegner nicht einmal verwehren können, sich auf eine bereits vor dem letzten Anpassungsbeschluß eingetretene wesentlich abweichende Entwicklung zu berufen, wenn sich die Unterschiede nicht inzwischen wieder so weit ausgeglichen haben, daß die Abweichung nicht mehr als wesentlich angesehen werden kann. Der Grund liegt darin, daß nach Ablauf der Klagefrist des Abs. 3 nur darüber Klarheit herrschen soll, daß es unter den gegenwärtigen Verhältnissen bei dem im Vereinfachten Verfahren festgesetzten Betrag bleibt. Wenn es aber in einem neuen Vereinfachten Verfahren oder der damit eröffneten Klage nach § 641q zu einer Neufestsetzung und Überprüfung der Unterhaltsfrage kommt, steht nichts entgegen, die wahren Verhältnisse zu berücksichtigen. Daß der Antragsgegner eine frühere Änderung trotz bestehender Abänderungsmöglichkeit hingenommen hat, kann ihm nicht auf Dauer die Möglichkeit versperren, eine den individuellen Verhältnissen entsprechende Unterhaltsregelung herbeizuführen.

5 3. Die Klage muß in beiden Fällen auf Abänderung des im Vereinfachten Verfahren ergangenen Abänderungsbeschlusses gerichtet sein. Formelle Mängel des Vereinfachten Verfahrens können nicht durch Klage nach § 641q, sondern nur im Rahmen der Durchgriffserinnerung nach § 11 RPflG gerügt werden[10] → § 641p Rdnr. 4. Angriffsobjekt kann sowohl der ursprüngliche Beschluß als auch die möglicherweise auf Erinnerung oder sofortige Beschwerde getroffene Entscheidung sein. Damit ist sichergestellt, daß der Antragsgegner zunächst die Rechtsbehelfsentscheidung im Vereinfachten Verfahren abwarten kann, ehe er die Klage nach § 641q erhebt[11]. Die Klage ist gegen den Antragsteller im Anpassungsverfahren zu richten[12]. Ist gegen einen Unterhaltspflichtigen gemäß § 641p Abänderungsurteil ergangen, kann aus den Gründen des § 641p Abs. 3 nach 641q keine Abänderungsklage gemäß § 323 erhoben werden[13]. Ist durch den Unterhaltsschuldner Klage gemäß § 641q gegen einen im Vereinfachten Verfahren ergangenen Unterhaltsbeschluß erhoben worden, kann analog § 769 die einstweilige Einstellung der Zwangsvollstreckung beantragt werden[14]

IV. Klagefrist

6 Die Monatsfrist für die Erhebung der Klage (Abs. 3) ist aufgrund von § 222 nach den Bestimmungen der §§ 187ff. BGB zu berechnen. Die Frist ist zwar nicht als Notfrist bezeichnet, gleichwohl ist sie entsprechend einer solchen zu behandeln. Die Klage stellt zwar kein Rechtsmittel im engeren Sinne dar, ist aber ein Rechtsbehelf eigener Art, der die Überprüfung des Abänderungsbeschlusses wegen der Besonderheiten der Ausgestaltung des Abänderungsverfahrens unter bestimmten Aspekten überhaupt erstmalig ermöglicht. Die Wiedereinsetzung in den vorigen Stand ist also bei Vorliegen ihrer Voraussetzungen wegen der Versäu-

---

[9] A.M. *Brüggemann* (§ 641l Fn. 1) Rdnr. 8.
[10] *OLG Hamm* FamRZ 1980, 190 = NJW 1112; *LG Stuttgart* FamRZ 1987, 195.
[11] RegE BTDrucks VII 4791 S. 17f.
[12] *OLG Hamm* DAVorm 1987, 446.
[13] *OLG Celle* FamRZ 1981, 585.
[14] *OLG Frankfurt* FamRZ 1982, 736.

mung der Klagefrist zu gewähren[15]. Für die Wahrung der Klagefrist ist im übrigen § 253 Abs. 1 i.Vdg.m. § 270 Abs. 3 maßgebend. Die Einhaltung der Klagefrist ist von Amts wegen zu beachten, bei Fristversäumnis ist die Klage als unzulässig abzuweisen.

V. Rückwirkung der Abänderung

Die Vorschrift des Abs. 4 S. 1 ist die Konsequenz der Zweiteilung des Abänderungsverfahrens in denjenigen Fällen, in denen das Vereinfachte Verfahren allein den Besonderheiten des Falles nicht gerecht wird[16]. In diesen Fällen wäre es nicht gerechtfertigt, im Vereinfachten Verfahren getroffene Entscheidungen auch nur für die Zeit bis zur Erhebung der speziellen Abänderungsklage aufrecht zu erhalten. Ihr Erfolg zeigt vielmehr nachträglich, daß die Entscheidung im Vereinfachten Verfahren von Anfang an nicht zutreffend war. Der Unterhalt kann aber lediglich auf den Betrag herabgesetzt werden, der vor Erlaß des Anpassungsbeschlusses tituliert worden war[17].   7

VI. Kumulierung von Abänderungsbegehren

Daraus darf allerdings nicht geschlossen werden, daß im Rahmen der Abänderungsklage nur die Berücksichtigung der tatsächlichen Entwicklung bis zum Erlaß des Anpassungsbeschlusses möglich sei. Es steht nichts entgegen, eine danach eingetretene Entwicklung der individuellen Verhältnisse, gestützt auf § 323, in einer einheitlichen Entscheidung[18] über den Abänderungsantrag hinaus zu berücksichtigen. Lediglich die auf Abs. 4 S. 1 gestützte Rückwirkung scheidet hier aus. Sie wäre auch sachlich nicht gerechtfertigt. Vielmehr richtet sich insoweit der maßgebende Zeitpunkt für die Abänderungswirkungen nach § 323 Abs. 3 mit der Folge, daß sie erst vom Zeitpunkt der Klageerhebung an eintreten können. Soweit das Begehren auf Ereignisse gestützt wird, die erst während des Verfahrens eingetreten sind, kann die Abänderung sogar erst für die Zeit nach ihrem Eintritt ausgesprochen werden → § 323 Rdnr. 38. Die Konsequenz dieser Auffassung ist, daß trotz der strikten Rückwirkungsanordnung des Abs. 4 S. 1 eine Entscheidung ergehen kann, die die Abänderungswirkungen zeitlich staffelt. Dabei ist jedoch zu beachten, daß die bis zum ersten Abänderungszeitpunkt eingetretene Abweichung der Unterhaltsbeträge allein bereits wesentlich sein muß. Für eine Abänderungsklage ist Abs. 3 auch nicht analog anwendbar[19].   8

§ 323 Abs. 2 ist entsprechend anwendbar[19a], sodaß der Unterhaltsschuldner seinerseits Anpassungswiderklage erheben muß, wenn er damit nicht nach Abschluß des vom Unterhaltsgläubiger angestrengten Anpassungsprozesses präkludiert sein will.

VII. Kostenentscheidung

Die Kostenentscheidung richtet sich nach den allgemeinen Grundsätzen. Abs. 4 S. 2 ordnet lediglich an, daß die Kosten des Vereinfachten Verfahrens bis zum Erlaß des Abänderungsbeschlusses als Kosten des Verfahrens über die spezielle Abänderungsklage zu behandeln sind. Das führt dazu, daß im Falle der erfolgreichen Abänderungsklage die gleiche Situation eintritt wie im Falle eines in vollem Umfang erfolgreichen Rechtsmittels. Der schließlich Unterlegene   9

---

[15] Heute nahezu allg.M. → § 323 Rdnr. 13, 23. – A.M. *Brüggemann* Nachtrag (§ 641e Fn 1) Rdnr. 26
[16] RegE BTDrucks VII 4791 S. 18.
[17] OLG Bremen FamRZ 1982, 1035; *Zöller-Philippi*[17] Rdnr. 2a.

[18] Dafür auch trotz sonst strikter Trennung beider Klagen *Brüggemann* (§ 641l Fn. 1) Rdnr. 4, 6.
[19] BGH FamRZ 1982, 915.
[19a] Nachtrag (§ 641e Fn 1) Rdnr. 25.

hat die Kosten des gesamten Verfahrens zu tragen. Im Falle der Klageabweisung träfen den Kläger und ursprünglichen Antragsgegner ohnehin die gesamten Kosten. Abs. 4 S. 2 führt hier lediglich zu einer einheitlichen Kostenentscheidung[20]. Diese einheitliche Kostenentscheidung nach Abs. 4 S. 2 umfaßt aber nicht die Kosten des Erinnerungs- oder Beschwerdeverfahrens, die diesbezügliche Kostenentscheidung – z.B. die auf § 97 Abs. 1 gestützte – bleibt unberührt[21]. Zu beachten ist, daß die im Abänderungsverfahren entstandene Gebühr (→ § 641p Rdnr. 3) nach Nr. 1011 des Kostenverzeichnisses (Anlage 1) zum GKG auf die Verfahrensgebühr der Abänderungsklage anzurechnen ist. Entsprechendes gilt nach § 43a Abs. 2 BRAGO für die dem Rechtsanwalt für das Vereinfachte Verfahren nach § 43a Abs. 1 BRAGO zustehende Gebühr im Verhältnis zur Prozeßgebühr.

§ 641 r [Form von Prozeßhandlungen]

Im Vereinfachten Verfahren können die Anträge und Erklärungen vor dem Urkundsbeamten der Geschäftsstelle abgegeben werden. Soweit Vordrucke eingeführt sind, werden diese ausgefüllt; der Urkundsbeamte vermerkt unter Angabe des Gerichts und des Datums, daß er den Antrag oder die Erklärung aufgenommen hat. Soweit Vordrucke nicht eingeführt sind, ist für den Abänderungsantrag bei dem zuständigen Gericht die Aufnahme eines Protokolls nicht erforderlich. Erscheinen die Parteien vor Gericht und einigen sie sich über die Abänderung, so ist diese Einigung als Vergleich zu Protokoll zu nehmen.

Gesetzesgeschichte: Rdnr. 5a vor § 640.

Der Text der Vorschrift entspricht nahezu wörtlich dem von § 702. Auf die dortigen Erläuterungen kann daher verwiesen werden. Lediglich der vierte und letzte Satz hat im Mahnverfahren kein Gegenstück. Ein im Vereinfachten Anpassungsverfahren geschlossener Vergleich fällt wiederum unter § 641l Abs. 2 dort → Rdnr. 2. Der Rechtspfleger ist für die Protokollierung eines Vergleichs zuständig, § 20 Nr. 10 RPflG. Inhaltlich sind im Vergleich auch Zu- und Abschläge zum Anpassungssatz möglich[1]. Der Vergleich ist vor einem deutschen Gericht geschlossen und damit Titel nach § 794 Abs. 1 Nr. 1. Aufgrund einer späteren Anpassungsverordnung kann er seinerseits wieder im Vereinfachten Verfahren angepaßt werden.

Vordrucke → § 641 t.

§ 641 s [Maschinelle Bearbeitung]

(1) Sind bei maschineller Bearbeitung Beschlüsse, Verfügungen und Ausfertigungen mit einem Gerichtssiegel versehen, so bedarf es einer Unterschrift nicht.

(2) Der Bundesminister der Justiz wird ermächtigt, durch Rechtsverordnung mit Zustimmung des Bundesrates den Verfahrensablauf zu regeln, soweit dies für eine einheitliche maschinelle Bearbeitung der Verfahren erforderlich ist (Verfahrensablaufplan).

Gesetzesgeschichte: Rdnr. 5a vor § 640.

---

[20] A.M. *Brüggemann* (§ 641l Fn. 1) Rdnr. 26: Ursprünglicher Beschluß samt Kostenentscheidung bleibt bestehen.

[21] RegE BTDrucks VII 4791 S. 18.

[1] *Behr* RPfleger 1977, 437.

Abs. 2 entspricht textgleich dem § 703b Abs. 2 → dort Rdnr. 2. In Abs. 1 rührt die Textverschiedenheit im Verhältnis zu § 703b Abs. 1 daher, daß für eine maschinelle Bearbeitung nicht sofort eine vollautomatische Form in Aussicht steht. Man wollte daher eine flexible Lösung, die je nach den Ausstattungsverhältnissen bei Gericht die Alternative Gerichtssiegel oder Unterschrift offenhält. Von der Ermächtigung des Abs. 2 ist noch kein Gebrauch gemacht worden[1].

§ 641 t [Vordrucke]

(1) **Der Bundesminister der Justiz wird ermächtigt, durch Rechtsverordnung mit Zustimmung des Bundesrates zur weiteren Vereinfachung des Abänderungsverfahrens Vordrucke einzuführen.**

(2) **Soweit nach Abs. 1 Vordrucke für Anträge und Erklärungen der Parteien eingeführt sind, müssen sich die Parteien ihrer bedienen.**

Gesetzesgeschichte: Rdnr. 5a vor § 640.

Abs. 1 entspricht, von einer sachlich unbedeutenden Abweichung abgesehen, völlig dem § 703c Abs. 1; Abs. 2 gleicht vollends dem § 703c Abs. 2 → 703c Rdnr.n. 1, 2. Maßgebende VO v. 24.6.1977: BGBl. 1977 I 978. Der Antragsteller hat sich des Vordrucks zu bedienen; erfolgt dies auf Beanstandung durch den Rechtspfleger nicht, so ist der Antrag als unzulässig, § 641m Abs. 3, zurückzuweisen[1].

Vordrucke sind nur für den Abänderungsantrag des Unterhaltsberechtigten eingeführt, nicht aber für Einwendungen des Antragsgegners nach § 641o und das Rechtsbehelfsverfahren. Daß für den Beschluß des Gerichts eingeführte Formular ist nicht zwingend.

---

[1] *Zöller-Philippi*[17] Rdnr. 1.

Zweiter Titel

Verfahren über den Regelunterhalt nichtehelicher Kinder

I. Zweck der Neuregelung[1]

1   Der Titel bringt einige **Sondervorschriften über den Unterhaltsprozeß des nichtehelichen Kindes**. Es handelt sich dabei in der Hauptsache um die verfahrensrechtliche Ausgestaltung der §§ 1615f. bis 1615i BGB, nach welchen der Vater eines nichtehelichen Kindes (im Regelfall des § 1606 Abs. 3 S. 2 BGB) diesem bis zur Vollendung des 18. Lebensjahres mindestens den Regelunterhalt (RU) zu bezahlen hat. Die Höhe des RU richtet sich in erster Linie nach dem Regelbedarf (§ 1615f. Abs. 1 S. 2 BGB), der durch Rechstsverordnung der Bundesregierung festgesetzt wird (§ 1615f. Abs. 2 BGB) und deshalb einfacher als bei Regelung durch förmliches Gesetz den allgemeinen Einkommens- und Preisverhältnissen angepaßt werden kann.

Der materiellrechtlichen Lage entspricht verfahrensrechtlich die Sonderregelung des § 642, wonach das nichteheliche Kind sich im ordentlichen Erkenntnisverfahren darauf beschränken kann, statt eines ziffernmäßig bestimmten Betrages den RU zu verlangen, dessen genaue Höhe in einem vereinfachten Verfahren (§§ 642a, 642b ZPO) entsprechend den jeweils geltenden Sätzen der RegelbedarfsVO festgesetzt wird und laufend angepaßt werden kann, ohne daß der schwerfällige Weg über § 323 notwendig würde.

Der Zweck der Bestimmungen über den RU, eine **automatische Dynamisierung des Unterhaltsanspruchs** zu gewährleisten, soll dem nichtehelichen Kind auch dann zugute kommen, wenn es einen höheren Betrag als den RU verlangt. Dies wird verfahrensrechtlich dadurch erreicht, daß der Zuschlag in einem Prozentsatz des Regelbedarfs berechnet wird und damit entsprechend den Festsetzungen in der RegelbedarfsVO steigt, § 642d.

2   Der materiellrechtlichen Regelung in § 1600a S. 2 BGB entsprechend, wonach Unterhaltsansprüche erst nach Anerkennung oder gerichtlicher Feststellung der Vaterschaft geltend gemacht werden können, sind Feststellungen der Vaterschaft und Unterhaltsleistungen grundsätzlich in verschiedenen Verfahren zu verfolgen (**Mehrspurigkeit**). Unterhaltsklagen sind keine »Kindschaftssachen«. Dies gilt auch für einen Antrag auf Zahlung des Regelunterhalts, der gemäß § 145 von dem Vaterschaftsfeststellungsprozeß abgetrennt worden ist[2]. Die Verfahrensvorschriften des zweiten Abschnitts gelten daher nicht. Maßgebend sind vielmehr die allgemeinen Vorschriften für das ordentliche Erkenntnisverfahren[3]. Es sind jedoch einige Besonderheiten zu beachten: Ein ausschließlicher Gerichtsstand ist nach § 643a Abs. 3 für bestimmte Fälle der Änderungsklage nach § 643a gegeben. Für Klagen der Mutter nach § 1615k und § 1615l BGB, stellt § 644 Abs. 2 einen Wahlgerichtsstand zur Verfügung. Eine Besonderheit gilt für den in Kindschaftssachen geltend gemachten Regelunterhalt nach § 643 Abs. 1. Der Prozeß gilt auch insoweit als Kindschaftssache. Es gelten die Zuständigkeits- und Verfahrensvorschriften für Statusprozesse. Die Zuständigkeit nach § 641a gilt auch für den Nebenantrag auf Regelunterhalt[4]. Für die Beitragsfestsetzung nach §§ 642a ff. ist ausschließ-

---

[1] Lit: Amtl. Begründung zum NEhelG BTDrucks V/3719 S. 43ff.; *Damrau* (vor § 640 Fn. 1) 288ff.; *Kemper* Zur Systematik des RU-Verfahrens FamRZ 1975, 520ff.; *Odersky* Aktuelle Einzelfragen bei Festsetzung und Neufestsetzung des RU-Betrages (§§ 642a – 642d ZPO) FamRZ 1973, 528ff.; *Niclas* Die Durchsetzung des Unterhaltsanspruchs nach dem Nichtehelichenrecht ZBlJR 70, 10f.; *Künkel* DAVorm 1984, 943.

[2] *Zöller-Philippi*[17] Rdnr. 2; *Thomas-Putzo*[18] Rdnr. 1; *Behr* RPfleger 1977, 432 Fn. 4.

[3] *LG Oldenburg* NJW-RR 1986, 78.

[4] Amtliche Begründung Regierungsentwurf (Fn. 1) S. 43.

lich das AG zuständig, bei dem der Unterhaltsberechtigte seinen allgemeinen Gerichtsstand hat, § 642a Abs. 4. Die Stellung der §§ 642 ff. im Gesetz ist wie diejenige der §§ 641l ff. im Grunde eine Systemwidrigkeit, da sich sonst das sechste Buch der ZPO nur mit »Statussachen« befaßt[5].

II. Die unterschiedlichen Möglichkeiten für das Kind, Unterhaltsansprüche geltend zu machen.[6]

1. Klagen nach Feststellung der Vaterschaft:

a) Die Normalklage auf **Verurteilung zur Leistung bestimmter Unterhaltsraten** ist in der Praxis selten. Sie hat den Vorteil der sich aus § 708 Nr. 8 ergebenden unmittelbaren Vollstreckbarkeit eines nach Antrag ergehenden Urteils. Sie hat aber den Nachteil, daß die Höhe des Unterhalts nicht, den Änderungen der RegelbedarfsVO folgend, im Vereinfachten Verfahren nach § 642b neu festgesetzt werden kann, sondern nur über § 323 ZPO oder § 641l → dort Rdnr. 1, 2 anpaßbar ist. Die Stellung eines bezifferten Antrages empfiehlt sich in Ausnahmefällen, in denen der regelmäßige Mehrbedarf[7] nicht wegen einer gehobenen Lebensstellung des Kindes geschuldet wird, sondern auf anderen Umständen beruht (chronische Erkrankung, Behinderung, Heimunterbringung). Die Geltendmachung in der Form eines Zuschlags zum Regelbedarf ist dann nicht sachgemäß, da diese Kosten nicht im selben Verhältnis wie die allgemeinen Lebenshaltungskosten steigen müssen[8]. Wegen des Wegfalls der Unterhaltsverpflichtung, etwa durch erfolgreiche Anfechtung des Vaterschaftsanerkenntnisses → § 767 Rdnr. 18.

b) Als Ausnahmevorschrift zu § 253 Abs. 2 Nr. 2 läßt § 642 auch eine ziffernmäßig nicht durchgerechnete **Klage auf Verurteilung zur Leistung des »Regelunterhalts«** zu. Sie kommt in Betracht, wenn die Vaterschaft festgestellt ist, ohne daß auch ein Titel über ihre unterhaltsrechtlichen Folgen existierte. Im Rahmen einer RU-Klage nach § 642 kann (und muß zur Vermeidung des Rechtsverlustes) auch ein Antrag auf Zuschlag bzw. Abschlag gemäß § 642d gestellt werden, da eine darauf abzielende spätere Änderung nicht zulässig ist, wenn die dafür maßgebenden Umstände schon im Zeitpunkt der Klageerhebung existierten (§ 323 Abs. 2), und im Festsetzungsverfahren nach § 642a Zu- und Abschläge, die nicht im Grundtitel enthalten sind, nicht berücksichtigt werden.

Vollstreckbar wird das RU-Urteil erst, wenn der Betrag in einem gesonderten Verfahren, das dem Kostenfestsetzungsverfahren im Anschluß an einen Urteilsausspruch zum Kostenpunkt nachgebildet ist, vom Rechtspfleger festgesetzt worden ist (§ 642a).

2. Anträge im Zusammenhang mit dem Vaterschaftsfeststellungsverfahren

a) Im praktisch häufigsten Falle der Geltendmachung von Unterhaltsansprüchen des nichtehelichen Kindes wird nach § 643 in Durchbrechung der grundsätzlich bestehenden Klagen-Verbindungssperre des § 640c **die Unterhaltsklage mit der Klage auf Feststellung der Vaterschaft verbunden.** Dieser Weg ist nicht zuletzt wegen der Kosten des Verfahrens vorteilhaft, da gemäß § 12 Abs. 3 GKG bei der Streitwertermittlung der Unterhaltsanspruch in der Regel

---

[5] Zöller-Philippi[17] vor § 642 Rdnr. 3; Grunsky JZ 73, 643. – A.M. Siehr Auswirkungen des NEG auf das internationale Privat- und Verfahrensrecht (1971) 107 f.; Beitzke ZZP 86, 100.

[6] Damrau (Fn. 1) 288.

[7] Kritik an der Umständlichkeit, die die Mehrspurigkeit des Verfahrens mit sich bringt, übt Brüggemann FamRZ 1969, 121.

[8] Zur Begriffsbestimmung vgl. Göppinger Unterhaltsrecht[5] Rdnr. 354 ff.

vom nicht vermögensrechtlichen Anspruch des Statusverfahrens konsumiert wird⁹. § 643 modifiziert den Grundsatz des § 1600a S. 2 BGB dahingehend, daß der Anspruch auf Leistung von Regelunterhalt schon vor der Rechtskraft der Feststellung der Vaterschaft zuerkannt werden kann. Nach § 643a Abs. 2 kann aber der als Unterhalt geschuldete Betrag erst nach Rechtskraft des Feststellungsurteils festgesetzt werden. Im übrigen könnte schon wegen § 704 Abs. 2 ZPO vor Rechtskraft des Feststellungsanspruchs nicht aus dem Urteil vollstreckt werden. Anders als im Rahmen einer isolierten Unterhaltsklage nach § 642 ZPO kann der RU-Zusatzantrag nach § 643 nicht um Anträge auf Erhöhung oder Herabsetzung bzw. auf Stundung oder Erlaß des RU ergänzt werden → § 643 Rdnr. 10. Solche Anträge sind nach § 643a einem gesonderten Nachverfahren vorbehalten. Im einzelnen → Erl. § 643 und § 643a. Wird die Vaterschaft im Statusurteil des Prozesses anerkannt, so kann das Verfahren allein wegen des Regelunterhalts fortgesetzt werden → § 643a Rdnr. 9.

6 b) Wegen eines Antrags auf Erlaß einer einstweiligen Anordnung gemäß § 641 d → Erl. §§ 641 d – 641 g.

3. Der Unterhaltsanspruch als Gegenstand vertraglicher Regelungen

7 kann nach § 1615g BGB auch Gegenstand vertraglicher Vereinbarungen werden, für die allerdings nach § 1615e Abs. 2 BGB eine Genehmigungspflicht besteht. Die Praxis bevorzugt daher das einseitige, nicht genehmigungspflichtige, auf Leistung von RU ggf. mit Zu- oder Abschlägen lautende deklaratorische Anerkenntnis des Vaters in vollstreckbarer Urkunde (§ 794 Abs. 1 Nr. 5)¹⁰. Dieses **RU-Verpflichtungsanerkenntnis** des nichtehelichen Vaters ist einem sonstigen RU-Grundtitel gleichwertig, da die §§ 642a, 642b und 642d u. a. dann entsprechend gelten, wenn sich der Vater in einer gerichtlichen, notariellen oder jugendamtlichen Urkunde zur Zahlung des RU verpflichtet hat (§ 642c). Der in der Praxis häufigste Fall ist die von einem **Urkundsbeamten des Jugendamtes** aufgenommene Urkunde. Sie ist in § 642c Nr. 2 zwar nicht erwähnt, weil das Änderungs- und Ergänzungsgesetz zum JWG vom 27.6.1970, das dies erstmals ermöglicht hatte, erst nach dem NEhelG verabschiedet wurde. Da es aber noch rechtzeitig mit ihm in Kraft getreten ist, wurde § 642c Nr. 2 sachlich durch § 50 Abs. 2 JWG ergänzt, der heute durch §§ 59, 60 KJHG ersetzt ist. Zuständig zur Errichtung einer Urkunde i. S. des § 642c Nr. 2 ZPO ist demnach der Rechtspfleger (§ 62 Nr. 2 BeurkG, § 3 RpflG), der Notar, (§ 1 BeurkG) oder der Urkundsbeamte des Jugendamtes (§ 50 KJHG), der diese Aufgabe in der Regel wahrnimmt. Da die Jugendämter über den Vorteil einer eingespielten Amtshilfe verfügen, überdies die Beurkundung kostenfrei ist, ist dieser Weg in allen Fällen zu empfehlen, in denen kein Streit über die Vaterschaft besteht. Der Vater verpflichtet sich in einer solchen Urkunde meist zur Zahlung des RU mit entsprechendem Zu- bzw. Abschlag und unterwirft sich der Festsetzung nach § 642a und § 642b. Der Rechtspfleger setzt daraufhin den ziffernmäßig bestimmten Betrag des Unterhalts durch Beschluß gem. §§ 642a, 642c, 642d fest. Denkbar, wenngleich praktisch selten, ist auch die Anerkennung eines ziffernmäßig bestimmten Monatsbetrages.

---

⁹ So mit Recht *Brühl* aaO Rdnr. 354 f.
¹⁰ *Mümmler* JurBüro 1970, 283.
¹¹ Zu dieser Rechtsnatur der urkundlichen RU-Verpflichtungserklärung: *KG* FamRZ 1971, 41 = DAVorm 428; *OLG Celle* DAVorm 1971, 115; *LG Berlin* DAVorm 1971, 118 = FamRZ 40; *LG Kiel* DAVorm 1973, 445;

Gernhuber FamR³ § 59 III 4, VI 2; *Odersky* FamRZ 1971, 137 ff.; *ders.* (vor § 640 Fn. 1) § 1615e II 3; *Niclas* ZBlJR 1970, 43 ff.; *Kurtze* Die Beurkundung im Jugendamt (1971) 25 ff. – A. M. *Wiegel* FamRZ 1971, 17 ff., der generell vormundschaftsgerichtliche Genehmigung verlangt.

III. Neue Bundesländer

Das Verfahren über den Regelunterhalt findet in den neuen Bundesländern erst statt, wenn die in den §§ 1612a, 1615f. BGB vorgesehenen Verordnungen dort in Kraft getreten sind, EinigV Anl I Kap III Sachgeb. A Abschnitt III Z 5 e. **8**

§ 642 [Verurteilung zur Leistung des Regelunterhalts]

Das nichteheliche Kind kann mit der Klage gegen seinen Vater auf Unterhalt, anstatt die Verurteilung des Vaters zur Leistung eines bestimmten Betrages zu begehren, beantragen, den Vater zur Leistung des Regelunterhalts zu verurteilen.

Gesetzesgeschichte: Rdnr. 5 f. vor § 640.

I. § 642 ist eine **Sondervorschrift für Klagen des nichtehelichen Kindes gegen seinen Vater**. **1** Sie beschränkt sich darauf, das Gericht zu einer sonst nicht möglichen Art der Entscheidung zu ermächtigen. Im übrigen richten sich Verfahren (einschließlich Zuständigkeit) und Urteilsinhalt nach den für bezifferte Unterhaltsklagen geltenden Vorschriften. Eine analoge Anwendung auf Unterhaltsklagen gegen andere Verwandte ist wegen des engen Zusammenhangs der Vorschrift mit § 1615f. BGB, der nur den Anspruch des nichtehelichen Kindes gegen seinen Vater regelt, nicht möglich. Nach § 1610 Abs. 3 BGB entspricht zwar der Lebensbedarf eines ehelichen Kindes mindestens dem Regelbedarf eines nichtehelichen Kindes. Hieraus folgt jedoch nicht, daß auch eheliche Kinder einen Rahmentitel nach § 642 erwirken und dann Festsetzung nach § 642a betreiben können, allg. M. Das gleiche gilt, wenn Schadensersatzansprüche wegen entgangenen Unterhalts geltend gemacht werden sollen[1]. Die Unterhaltsklage kann erst Erfolg haben, wenn die Vaterschaft feststeht (§ 1600a BGB). Pünktliche Zahlungen lassen das Rechtsschutzbedürfnis nicht entfallen[2] → § 643a Rdnr. 5.

Wegen der Zusatzklage zu einem anderen Regelunterhaltstitel → § 643a Rdnr. 1a.E. Bei Geltung ausländischen Unterhaltsrechts → § 643 Rdnr. 6.

II. § 642 ist eine »**Kann**«-**Vorschrift**, die ziffernmäßig bestimmte Unterhaltsklagen nach **2** den allgemeinen Vorschriften nicht ausschließt. Wird ein über den RU hinausgehender Unterhalt verlangt, gibt § 642d die Möglichkeit, im Tenor einen prozentualen Zuschlag zum Regelbedarf zu berücksichtigen. Dabei ist zu beachten, daß die Entscheidung über Zu- und Abschläge im Grundtitel ausgesprochen werden muß, da im Festsetzungsverfahren darüber nicht mehr befunden werden darf → § 642 Rdnr. 4. Das Kind kann auch, anstatt Anträge des Beklagten auf Berücksichtigung eines Abschlages abzuwarten, von sich aus auf die Zuerkennung des RU unter Abzug eines prozentualen Abschlages klagen, um dem Kostenrisiko wegen teilweisen Unterliegens zu entgehen. Ein Urteilstenor lautet also etwa folgendermaßen: »Der Beklagte wird verurteilt, vom ... ab monatlich im voraus dem Kläger bis zur Vollendung seines 18. Lebensjahres den RU (bzw. zuzüglich eines Betrages in Höhe von ...,% des Regelbedarfes) zu zahlen«.

III. Der Regelunterhalt errechnet sich aus dem jeweils durch VO festgesetzten Regelbedarf **3** abzüglich der Anrechnungsbeiträge des § 1615g BGB, vgl. § 1615f. Abs. 1 S. 2 BGB. Näheres ergibt sich aus der RegelunterhaltsVO vom 27.6.1970 (BGBl. I 1010; letzte AnpassungsVO

---

[1] *LG Ulm* FamRZ 1976, 225; *Künkel* DAVorm 1984, 950; allg. M. [2] *OLG Stuttgart* NJW 1978, 11.

BGBl. 88 I 1092). Regelunterhalt ist Mindestunterhalt, § 1615f. Abs. 1 BGB. Das Kind muß seine persönlichen Verhältnisse nur näher darlegen, wenn es wegen höherer Bedürfnisse oder einer gehobenen Lebensstellung der Eltern einen den Regelunterhalt übersteigenden Unterhalt beansprucht → § 642 d. Der Vater kann im Prozeß Einwendungen, die einen prozentualen Abschlag rechtfertigen geltend machen → §§ 1615h BGB, 642 d. Voraussetzung für die Statthaftigkeit des Rechtsbehelfs ist die Anwendbarkeit deutschen Rechts, heute allg. M.

§ 642 a [Festsetzung des Regelunterhalts]

(1) Auf Grund eines rechtskräftigen oder für vorläufig vollstreckbar erklärten Urteils, das einen Ausspruch nach § 642 enthält, wird der Betrag des Regelunterhalts auf Antrag durch Beschluß gesondert festgesetzt.

(2) Die Entscheidung kann ohne mündliche Verhandlung ergehen. Ist der Antrag im Ausland zuzustellen, so gilt § 175 entsprechend mit der Maßgabe, daß der Zustellungsbevollmächtigte innerhalb der Frist für die Stellungnahme zu dem Antrag zu benennen ist.

(3) Gegen die Entscheidung findet die sofortige Beschwerde statt.

(4) Ausschließlich zuständig ist das Amtsgericht, bei dem der Unterhaltsberechtigte seinen allgemeinen Gerichtsstand hat. Hat der Unterhaltsberechtigte im Inland keinen allgemeinen Gerichtsstand, so ist das Amtsgericht Schöneberg in Berlin ausschließlich zuständig.

(5) Eine maschinelle Bearbeitung ist zulässig. § 641l Abs. 5, §§ 641r, 641s, 641t, 640 Abs. 3 gelten entsprechend.

Gesetzesgeschichte: Rdnr. 5 f. vor § 640 5. Änderung BGBl. 76 I 2029, 90, I 2847

I. Zweck der Vorschrift

1 § 642 a bestimmt, unter welchen Voraussetzungen und **in welchem Verfahren ein nach § 642 ergangenes Urteil ergänzt und damit vollstreckungsfähig wird.** Ebenso wie die Kostenentscheidung eines Urteils noch der Konkretisierung durch die Kostenfestsetzung bedarf[1] → §§ 104, 794 Abs. 1 Nr. 2, muß der Unterhaltsbetrag eines RU-Urteils noch ziffernmäßig bestimmt werden. Über Zu- und Abschläge zum RU kann in diesem Verfahren nicht entschieden werden → Rdnr. 7.

Die Festsetzung nach § 642 a ist nicht der einzige Weg für den Inhaber eines RU-Titels, um zu dessen Vollstreckbarkeit zu gelangen. Wenn sich der Vater bereit erklärt, in **vollstreckbarer Urkunde** die Zahlung des festzusetzenden Betrages zuzusagen, fehlt für ein Festsetzungsverfahren das Rechtsschutzbedürfnis, nicht aber, wenn er schlicht freiwillig leistet[2]. Ist der sich ergebende Betrag unstreitig, so ist eine durch das Jugendamt aufzunehmende vollstreckbare Urkunde (§§ 59, 60 KJHG) wegen ihrer Gebührenfreiheit (§ 55 a KostO) für alle Beteiligten die günstigste Lösung.

II. Anwendungsbereich

2 Es muß ein **Urteil** vorliegen, das den Vater zur **Zahlung des RU** verpflichtet. Entsprechend anwendbar ist die Vorschrift einmal, wenn der Unterhaltsanspruch als Nebenfolge der Status-

---

[1] Diese Analogie ist in der amtl. Begründung selbst erwähnt (vor § 642 Fn. 1) 44; Daher auch Festsetzung rückwirkend auf den Zeitpunkt, von dem ab der Titel wirksam sein soll: LG Nürnberg-Fürth DAVorm 1976, 528, 529.

[2] OLG Freiburg DAVorm 1974, 467.

feststellung zuerkannt wurde → § 543 Rdnr. 1. § 642a ist gem. § 642c entsprechend zum anderen auch anwendbar auf einen Vergleich (§ 794 Abs. 1 Nr. 1) und auf eine vollstreckbare Urkunde (§ 794 Abs. 1 Nr. 5), in denen sich der Vater verpflichtet hat, den RU zu zahlen → vor § 642 Rdnr. 7. Die nach Vaterschaftsanerkennung im Prozeß zu Gerichtsprotokoll einseitig erklärte Verpflichtung den Regelunterhalt zu zahlen, genügt nicht den Anforderungen des § 642c.

Das Urteil muß rechtskräftig oder vorläufig vollstreckbar sein (§§ 705, 706, 708 Nr. 8, 710). Wenn die Vollstreckung von einer Sicherheitsleistung abhängt oder durch Sicherheitsleistung abgewendet werden darf (§§ 709, 711f), kann der Betrag des RU zwar festgesetzt werden. Die Vollstreckung ist dennoch aber von den Voraussetzungen abhängig, die im Urteilstenor genannt sind. Möglich ist aber auch dann ein Vorgehen nach § 795 S. 2 i.Vdg.m. § 720a. Die Zustellung des Urteils ist für den Erlaß des Festsetzungsbeschlusses grundsätzlich entbehrlich. Etwas anderes gilt nur im Falle von § 643 Abs. 2, wenn die Zustellung des Urteils Voraussetzung für Eintritt seiner Rechtskraft ist, und im Falle der Vollstreckung für und gegen einen Rechtsnachfolger. Aber selbst dann braucht die Zustellung nicht nachgewiesen zu werden, da sie – wie heute alle Urteile → § 317 – von Amts wegen zu geschehen hatte[3].

Das Ausgangsurteil kann auch ein anerkennungsfähiges ausländisches sein, wenn deutsches Recht angewandt wurde → § 642 Rdnr. 3[4].

III. Verfahren

1. Die **Zuständigkeitsregel** in Abs. 4 entspricht wörtlich dem § 641l Abs. 3 S. 1, 2 und bestimmt außerhalb des Anwendungsbereiches des EuGVÜ auch die **internationale** Zuständigkeit. Die deutschen Gerichte sind außerhalb des Anwendungsbereichs des EuGVÜ international immer zuständig, wenn der Regelunterhaltstitel von einem deutschen Gericht stammt oder unter Mitwirkung eines deutschen Rechtspflegeorgans entstanden ist. Man wird Abs. 4 aber auch anwenden können, wenn unter Anwendung deutschen Rechts im Ausland ein solcher in der Bundesrepublik anerkennungsfähiger Titel geschaffen wurde → § 642c Rdnr. 9, § 643a Rdnr. 7.

3

Die Zuständigkeitsbestimmungen des **EuGVÜ** und des Luganer Übereinkommens haben indes Vorrang → § 643 Rdnr. 7, § 643a Rdnr. 7, § 689 Rdnr. 3, 8. Hat der Unterhaltsverpflichtete seinen Wohnsitz in einem Vertragsstaat, so kann nach Art. 2 auch das für ihn zuständige ausländische Gericht angegangen werden. Hat der Unterhaltsberechtigte seinen Wohnsitz in einem Vertragsstaat, so gilt Entsprechendes nach Art. 5 Nr. 2. Hat der Unterhaltsberechtigte einen von seinem Wohnsitz abweichenden gewöhnlichen Aufenthalt, so ist nach dieser Norm auch das dafür zuständige Gericht entscheidungskompetent, wenn der Unterhaltsverpflichtete seinen Wohnsitz in einem anderen Vertragsstaat hat. An die Stelle der Zuständigkeit nach Abs. 4 kann durch VO die Zuständigkeit zentraler Amtsgerichte gesetzt werden § 642a Abs. 5 S. 2 i.V.m. § 641l Abs. 5.[5]. Wird der Antrag beim unzuständigen Gericht gestellt → § 281.

Innerhalb des Gerichts ist der Rechtspfleger zuständig, § 20 Nr. 11 RPflG.

Neue Bundesländer: vor § 642 Rdnr. 4.

2. Die Festsetzung erfolgt auf **Antrag des Kindes**. Der Vater kann den Antrag nicht stellen, wie sich aus § 641e Abs. 3 ergibt, wonach das Gericht des ersten Rechtszuges eine Frist zu setzen hat, innerhalb derer das Kind die Festsetzung des Betrages nach § 642a zu beantragen

4

---

[3] *Göppinger*[5] Rdnr. 3098.
[4] Allg. M. s. etwa *Siehr* FS Bosch (1976) 947, 959.
[5] In Bayern ist dies das AG Nürnberg s. VO v. 9.5.78 BayGVBl 330.

hat[6]. Der Antrag ist formlos gültig und braucht nicht beziffert zu werden[7], auch dann nicht, wenn der Grundtitel Zu- oder Abschläge zum Regelunterhalt verfügt. Der Rechtspfleger ist an den Dispositionsgrundsatz gebunden und darf nicht mehr oder für einen längeren Zeitraum festsetzen, als beantragt worden ist, sofern bestimmte Anträge gestellt wurden. Das gilt auch, wenn das Kind von sich aus Zu- oder Abschläge einkalkuliert hat[8]. Die unbezifferte Bewilligung eines Ab- oder Zuschlags durch Verfahrensbeteiligte ist aber unwirksam. Wegen Stundung § 642e Rdnr. 1. Gebührenvorschußpflicht besteht nicht. Ist der Antrag – gemessen an dem, was nach materiellem Recht berücksichtigt werden soll – unvollständig, z.B. weil er nicht die gem. § 1615g BGB, § 2 RegelbedarfsVO anzurechnenden Sozialleistungen nennt, ist er nicht etwa unschlüssig. Ein Vortrag irgendwelcher für die Unterhaltsbemessung maßgebender Tatsachen obliegt dem Kind nicht. Insbesondere hinsichtlich der Tatsachen, die den Einwendungstatbestand des § 1615g BGB betreffen, ist grundsätzlich der Vater darlegungspflichtig.

Das Rechtsschutzbedürfnis fehlt (nur), wenn schon auf andere Weise ein bezifferter vollstreckbarer Titel vorliegt. Bei Antrag zu Protokoll der Geschäftsstelle: §§ 641r, 129a. Der Antrag ist förmlich zuzustellen[9].

5 3. Das Gericht muß aber nach § 139 auf eine **möglichst vollständige Aufklärung** hinwirken, insbesondere den Vater auffordern, über alle regelmäßig wiederkehrenden Leistungen Auskunft zu erteilen, die dem Kind direkt oder indirekt zufließen. Es kann zur Klärung dieser Frage von Amts wegen Anordnungen gemäß §§ 141, 142 erlassen sowie nach § 273 Abs. 2 Nr. 2 amtliche Auskünfte einholen. Es gilt der **Verhandlungsgrundsatz**, der insbesondere mündlichen und schriftlichen Zeugenbefragungen ohne dahingehenden Parteiantrag im Wege steht. Auch wenn die Verurteilung zur Leistung des RU auf § 643 fußt, ist das Festsetzungsverfahren kein Teil des vom Untersuchungsgrundsatz beherrschten Statusprozesses mehr. Das Kind (gesetzlich meist durch das Jugendamt als Amtspfleger vertreten) ist aber nach § 138 verpflichtet anzugeben, welche anrechenbaren Leistungen ihm zufließen[10]. Eine ihm unmögliche Substantiierung kann man vom Vater nicht verlangen. Verweigert das Kind eine zumutbare Mitwirkung bei der Aufklärung der anrechenbaren Beträge, so kann das Gericht diesen Umstand zu seinem Nachteil berücksichtigen → § 286 Rdnr. 10, 120ff. Über Anrechnungsbeträge ist im Bestreitensfall Beweis zu erheben.

Ist Inhalt und Fortbestand des Grundtitels unstreitig, so kann der Rechtspfleger nicht dessen Vorlegung verlangen[11]. Maschinelle Bearbeitung und Vordrucke → Abs. 5 S. 2.

6 4. Die Entscheidung ergeht im **einfachen Beschlußverfahren**. Mündliche Verhandlung ist freigestellt. Wegen des in Art. 103 Abs. 1 GG garantierten Anspruchs auf rechtliches Gehör ist es unerläßlich, dem Antragsgegner die Möglichkeit zu geben, etwaige, seine Leistungspflicht mindernde Umstände → Rdnr. 6a geltend zu machen. Dies muß nicht unbedingt in Form einer mündlichen Verhandlung geschehen. Es genügt auch, wenn der Antragsgegner Gelegenheit hat, sich schriftlich zu äußern.

6a Auf Antrag kann der Unterhalt schon für die jeweiligen Altersstufen bis zu Vollendung des 18. Lebensjahres festgesetzt werden, damit sich bei der Erreichung einer höheren Altersstufe

---

[6] *Damrau* FamRZ 1970, 285, 288 Fn. 49; *Brüggemann* FamRZ 1969, 120, 126; *Mümmler* JurBüro 1970, 287. – A.M. *Odersky* (vor § 640 Fn. 1) IV 2; *Baumbach/Lauterbach/Albers*[51] Rdnr. 2.
[7] *LG Oldenburg* DAVorm 1974, 58; *LG Hamburg* DAVorm 1981, 410; *Odersky*[2] § 642b IV 3; *Zöller-Philippi*[17] Rdnr. 5.
[8] A.M. *Zöller-Philippi*[17] Rdnr. 5; *Odersky* FamRZ 1973, 528.
[9] *Zöller-Philippi*[17] Rdnr. 5.
[10] *LG Kiel* DAVorm 1973, 210.
[11] *LG Göttingen* DAVorm 1980, 405.

die Neufestsetzung gem. § 642b erübrigt[12]. Wird ein solcher Antrag nicht gestellt, so geschieht eine Festsetzung nur für die Altersstufe, in welcher sich das Kind derzeit befindet. Der festgesetzte Betrag gilt auch für Rückstände. Gegebenenfalls sind für die einzelnen Zeitabschnitte die jeweiligen Beträge gesondert festzusetzen.

IV. Die Entscheidung

1. Der Inhalt der Entscheidung richtet sich nach der RegelunterhV → § 642 Rdnr. 3. Wenn im Grundtitel auf die Anrechnung von Sozialleistungen verzichtet war, ist dies im Festsetzungsbeschluß zu berücksichtigen[13]. Für den Zeitpunkt, ab dem die Festsetzung gilt, ist der Grundtitel maßgebend, nicht der Eingang des Festsetzungsantrags, allg. M., es sei denn, im Antrag ist ein späterer Zeitpunkt genannt. Immer ist ein beziffertes Betrag festzusetzen.

Grundsätzlich können **Einwendungen gegen die Berechtigung des RU – Anspruchs** in diesem Verfahren nicht geltend gemacht werden, auch nicht bereits erfolgte Zahlungen[14]. Vielmehr stehen dafür nur die Rechtsbehelfe nach §§ 643a, 642d, 767, 795, 323, Rdnr. 9 zur Verfügung. Allenfalls kann das Festsetzungsverfahren nach § 148 ausgesetzt werden[15]. Anträge, die bereits im Ausgangsverfahren hätten berücksichtigt werden müssen, wie solche nach § 1615i BGB, können nicht mehr berücksichtigt werden. Jedoch muß man zur Vermeidung von den Beteiligten nicht zumutbaren Umständlichkeiten § 775 entsprechend anwenden und die in dieser Norm genannten Einwendungen gleichwohl zulassen. Rechtskräftige Urteile über den Fortfall der dem RU – Urteil zugrundeliegenden Statusbeziehungen sind vollstreckbaren Entscheidungen i. S. v. § 775 Nr. 1 gleichzustellen → § 775 Rdnr. 9[16].

Da das Kind für die Zeit, die im Grundtitel ausgewiesen ist, bis zum Erlaß der Festsetzung zusätzlich einen nach § 641e aufrecht erhaltenen anderen Titel in Händen haben kann, muß darüber hinaus angerechnet werden können, was aufgrund dieses anderen Titels bezahlt ist[17] oder noch zu zahlen ist. Das gilt aber nicht für Zahlungen auf ein Sperrkonto, solange sich der Vater nicht mit der Auszahlung der angesammelten Beträge einverstanden erklärt[18].

2. Die Entscheidung ist zu **begründen**. Hierbei genügt die Angabe des Regelbedarfs unter Hinweis auf die gemäß § 1615f. BGB erlassene RegelbedarfsVO und die Darlegung etwaiger Abzüge nach § 1615g BGB.

3. Der Beschluß ist **Vollstreckungstitel gem. § 794 Abs. 2 Nr. 2a.** Voraussetzung für die Vollstreckbarkeit ist die Wirksamkeit des Beschlusses, nicht seine Rechtskraft[19]. Bei Beschlüssen nach mündlicher Verhandlung ist dies nach § 329 Abs. 2 der Zeitpunkt der Zustellung[20]. Für den Beginn der Zwangsvollstreckung ist die Sondervorschrift des § 798 (Wochenfrist nach Zustellung) zu beachten. Ist im Festsetzungsverfahren nicht beachtet worden, daß nach dem Urteil die Festsetzung nur unter bestimmten Voraussetzungen möglich ist, so kann gleichwohl nur unter diesen Voraussetzungen vollstreckt werden. Vollstreckungsklausel ist nötig, vgl. §§ 795, 724, 725. Sie ist zu erteilen, sobald der Beschluß wirksam geworden ist.

---

[12] *LG Düsseldorf* DAVorm 1971, 381; *LG Traunstein* DAVorm 1973, 443; *LG Memmingen* DAVorm 1971, 252 = RPfleger 149; *LG Wuppertal* DAVorm 1977, 185; *LG Stuttgart* DAVorm 1983, 400; *Kemper* FamRZ 1973, 525; allg. M.
[13] *LG Regensburg* RPfleger 1977, 188.
[14] *Brüggemann* DAVorm 1979, 877.
[15] *OLG Frankfurt* DAVorm 1980, 728.
[16] A.M. Voraufl. Rdnr. 5.
[17] *Zöller-Philippi*[17] Rdnr. 8.
[18] *Göppinger/Mutschler* aaO Rdnr. 1508.
[19] *Brüggemann* DAVorm 1972, 432.
[20] *Brüggemann* DAVorm 1972, 434; *Thomas-Putzo*[18] § 750 Rdnr. 8ff.; *Kemper* FamRZ 1973, 526 (aber insofern ungenau, als er auf den Zeitpunkt des Eingangs der Zustellungsurkunde bei Gericht abstellt); *Arndt* ZBlJR 1971, 179f.

9   4. Gegen den Beschluß des Rechtspflegers ist binnen zweier Wochen ab Zustellung nach §§ 642a Abs. 3, 11 RpflG, 577 Abs. 2 **Erinnerung** zum Amtsgericht (§§ 569 Abs. 1 2. Hs, 577) statthaft, deren weitere Behandlung in § 11 Abs. 2 RpflG geregelt ist. Gegen die Entscheidung des danach zuständigen Richters ist die **sofortige Beschwerde** nach §§ 642a Abs. 3 S. 1, 567, 11 Abs. 3 Rpfleger G möglich. Weitere Rechtsbehelfe sind die Vollstreckungsgegenklage nach § 767 (795) und der Antrag auf Neufestsetzung nach § 642b. Zur Abgrenzung beider voneinander → § 642b Rdnr. 5. Zur analogen Anwendung von § 775 → Rdnr. 6a.

10   5. Fragen der **Gerichts- und Anwaltskosten** werfen einige Probleme auf.
   a) Der **Streitwert** des ursprünglichen Unterhaltsverfahrens wird nach § 17 Abs. 1 S. 2 GKG vom Richter geschätzt. Die nachträgliche ziffernmäßige Festsetzung des Regelunterhalts durch den Rechtspfleger kann sich durchaus von dieser Schätzung unterscheiden. In krassen Fällen kommt eine Änderung der Streitwertannahme in Betracht. Zur prinzipiellen Vermeidung einer Divergenz nimmt Odersky[21] eine Rückwirkung des Festsetzungsbeschlusses auf die Festlegung des Streitwertes an. Dies stellt aber eine Systemwidrigkeit dar, da grundsätzlich die Festlegung des Streitwerts eine nicht mehr ohne weiteres gegenstandslos werdende Rechtsentscheidung darstellt.

11   b) Eine Entscheidung über die RU-Festsetzung hat in jedem Fall auch einen neuen **Kostenausspruch** zu enthalten[22]. Die Kosten als Teil der Hauptsache zu betrachten[23], ist nicht durchführbar, wenn der Grundtitel keinen Kostenausspruch enthält, und sehr unpraktisch, wenn die Festsetzung erst längere Zeit nach Erlaß des Urteils erfolgt. Allerdings entstehen meist keine besonderen Festsetzungskosten. Ist RU-Titel nämlich ein Urteil oder ein Prozeßvergleich, so werden keine besonderen Gebühren erhoben. Nur wenn er ein von einer Gütestelle geschlossener Vergleich oder eine Urkunde i.S. von § 642c ist, entsteht je eine halbe Gebühr, da dem Festsetzungsverfahren nach § 642a dann kein angemessenes Gebührenäquivalent in der Hauptsache gegenübersteht (Nr. 1125 Kostenverzeichnis zum GKG).

12   V. S. 2 von Abs. 5 gilt nicht nur bezüglich maschineller Bearbeitung. Vgl. im übrigen Erläuterungen zu den Vorschriften, auf die verwiesen ist → § 641 I Rdnr. 16, sowie → § 689 Rdnr. 14ff.

§ 642b [Neufestsetzung]

(1) Wird der Regelbedarf, nachdem sich der Regelunterhalt errechnet, geändert, so wird der Betrag des Regelunterhalts auf Antrag durch Beschluß neu festgesetzt. Das gleiche gilt, wenn sich ein sonstiger für die Berechnung des Betrages des Regelunterhalts maßgebender Umstand ändert. § 323 Abs. 2, § 641p Abs. 1 Satz 2 und § 642a Abs. 2 bis 5 gelten entsprechend. Wird die Abänderung eines Schuldtitels des § 642a beantragt, so ist das Amtsgericht ausschließlich zuständig, das diesen Titel erstellt hat.

(2) Ist gleichzeitig ein Verfahren nach § 323 anhängig, so kann das Gericht das Verfahren nach Abs. 1 bis zur Erledigung des anderen Verfahrens aussetzen.

Gesetzesgeschichte: Rdnr. 5f. vor § 640. Änderung BGBl. 76 I 2029; 90 I 2852.

---

[21] (Vor § 640 Fn. 1) IV 10c. – Wie hier *Mümmler* Jur-Büro 1970, 287.
[22] *Thomas-Putzo*[18] Rdnr. 7.
[23] *Odersky* (vor § 640 Fn. a) IV 10d.

I. Zweck der Bestimmung

1. Gem. § 642b ZPO kann der nach § 642a zustande gekommene Festsetzungsbeschluß in einem vereinfachten Verfahren geändert werden, wenn sich ausschließlich die der RU-Berechnung – nicht aber, wenn sich die der Entscheidung über Zuschlag, Abschlag oder Stundung – zugrunde liegenden Umstände geändert haben. Dies ermöglicht die **Anpassung des Unterhaltstitels**, ohne daß gleichzeitig das Ausgangsurteil geändert zu werden bräuchte. Ist das Ausgangsurteil in der Recheneinheit »Regelunterhalt« gehalten, dann kommt für die durch Änderungen in der Lohn- und Preisstruktur bedingte übergroße Mehrheit aller Anpassungsfälle der schwerfällige Behelf der Abänderungsklage nach § 323 nicht mehr in Betracht. Durch beziffertes Unterhaltsurteil zugesprochene Beträge können nicht nach § 642b neu festgesetzt werden, auch dann nicht, wenn sich das Urteil an die damals geltenden Regelbedarfssätze oder verwandte Regelungen gehalten hat[1]. Da es hier an der Verpflichtung des Schuldners fehlt, die jeweils geltenden Regelunterhaltssätze zu bezahlen, würde die Neufestsetzung einen unzulässigen Eingriff in das Urteil bedeuten. Solche Urteile sind veränderten wirtschaftlichen Verhältnissen vielmehr im Wege des vereinfachten Abänderungsverfahrens nach § 641lff. anzupassen. Spricht ein Urteil den Regelunterhalt zu und setzt zugleich den Betrag fest, so findet eine Neufestsetzung nur statt, wenn der Richter eindeutig zugleich den Festsetzungsbeschluß erlassen wollte[2]. Daß der Rechtspfleger hierfür zuständig gewesen wäre, schadet nicht, vgl. § 8 Abs. 1 RpflG. 1

2. Neben § 642b bleibt für eine **Abänderungsklage nach** § 323 aber durchaus Raum, da § 642b zwar statistisch gesehen den Hauptfall, rechtssystematisch betrachtet jedoch nur einen Sonderfall (lex specialis) aus dem Anwendungsbereich letzterer Norm regelt. Alle Änderungen der für die Unterhaltshöhe maßgebenden Umstände, die keine Änderung des Betrags des Regelbedarfs und auch keine für die Berechnung des Betrages des RU sonst maßgebenden Umstände sind, können nur auf dem Wege einer Abänderungsklage geltend gemacht werden[3], z.B. wenn höherer Unterhalt als der Regelunterhalt aus einer Besserung der Lebensstellung des Vaters, § 1615c BGB, also seiner größeren Leistungsfähigkeit hergeleitet wird, aber auch dann, wenn besondere Ereignisse deren Verminderung, § 1615h BGB, bewirkt haben[4]. Diese Umstände müssen zu einer Änderung der Zu- oder Abschläge von mindestens 10% führen[5]. Das sind alle Umstände, die, hätten sie früher vorgelegen, im ordentlichen Unterhaltsprozeß oder im Anpassungsprozeß nach § 643a hätten geltend gemacht werden müssen und schon damals nicht im Festsetzungsverfahren geprüft werden konnten. Ist ein Anpassungsverlangen nach § 642a statthaft, ist eine wegen des fraglichen Umstandes erhobene Klage auf Abänderung des RU-Ausgangstitels nicht etwa (mangels Rechtsschutzbedürfnis) unzulässig[6]. Die Klage ist vielmehr unbegründet, weil die geltend gemachten Umstände den auf Leistung des RU lautenden Titel gar nicht tangieren können. 2

Wie sich aus **Abs. 2** ergibt, sind eine Klage nach § 323 und ein Antrag nach § 642b gleichzeitig verfolgbar, mit der Konsequenz, daß das Verfahren nach § 642b ausgesetzt werden kann (zu den Aussetzungskriterien → § 641o Rdnr. 8). Die Aussetzung ist abzulehnen, wenn das Klagevorbringen wenig erfolgversprechend ist[7]. Daraus läßt sich aber nicht schließen, daß ein und derselbe Umstand alternativ auf einem der beiden Rechtsbehelfswege geltend gemacht werden kann. Mit der Aussetzungsmöglichkeit wollte man nur vermeiden, daß innerhalb relativ kurzer Fristen der konkrete Unterhaltsbetrag zweimal neu berechnet

---

[1] *LG München I* DAVorm 1977, 76; *LG Mainz* DAVorm 1977, 613.
[2] *Künkel* DAVorm 1985, 950.
[3] *LG Hamburg* DAVorm 1977, 283; *LG Würzburg* NJW 1978, 1168; *OLG Oldenburg* FamRZ 1986, 506.
[4] *Wax* FamRZ 1984, 1040.
[5] *Künkel* DAVorm 1984, 954.
[6] So zu Unrecht *Odersky* (vor § 640 Fn. 1) II 4; *Thomas-Putzo*[18] Rdnr. 9, 10.
[7] *LG Saarbrücken* DAVorm 1990, 255.

werden muß. Wenn einem der Beteiligten durch eine Hinausschiebung der bereits liquiden Neuberechnungsgründe ins Gewicht fallende Nachteile drohen, darf von der Aussetzungsbefugnis kein Gebrauch gemacht werden. Eine Aussetzung des mit der Abänderungsklage eingeleiteten Verfahrens ist prinzipiell unzulässig, da die Abänderung des Urteils der Neufestsetzung des Betrages vorgeht. Da § 642b lex specialis zu § 323 ist, schließt er in seinem Geltungsbereich ebenso wie letztere Norm in ihrem, die Anwendung von § 767 aus → § 323 Rdnr. 41 ff.

II. Voraussetzungen der Neufestsetzung

3 1. Es müssen zunächst die in § 642a genannten → dort Rdnr. 2 **allgemeinen Bedingungen für die Unterhaltsfestsetzung** existieren. Stellt sich heraus, daß der Unterhalt richtigerweise schon ursprünglich nicht hätte festgesetzt werden dürfen, so muß auch eine Neufestsetzung unterbleiben, bis der Mangel behoben ist[8].

4 2. Ein für die Berechnung des RU maßgebender Umstand muß sich geändert haben. Das kann gem. Abs. 1 S. 1 Änderung der RegelbedarfsVO § 1615f. Abs. 2 BGB[9] oder nach § 642b Abs. 1 S. 2 ein »sonstiger« Umstand sein. Gleichgültig ist, ob im Ergebnis ein höherer oder niedrigerer Betrag herausspringt[10] → Rdnr. 8. Gemeint sind aber ausschließlich solche Umstände, die, hätten sie schon zur Zeit der Grundentscheidung vorgelegen, bei Verurteilung zur Leistung des RU unberücksichtigt hätten bleiben müssen und erst im Festsetzungsverfahren hätten bedacht werden dürfen. Dazu gehört z.B. gem. § 1615g BGB, §§ 1, 2 Regelunterhalts-VO die Gewährung, der Wegfall oder die Erhöhung des Kindergeldes, das Erreichen einer anderen Altersstufe[11] (für die ein anderer Satz gilt), sofern nicht der Unterhalt für alle Altersstufen bis zur Erreichung des 18. Lebensjahres festgesetzt worden ist → § 642a Rdnr. 7. Zu diesen Umständen zählt jedoch nicht erhöhtes Kindergeld, das der Unterhaltspflichtige selbst durch die Geburt ehelicher Kinder – auch vermittelt durch die Zählkindeigenschaft seines nichtehelichen Kindes – erhält[12]. Als Leistung i.S.v. § 4 RegelunterhaltsVO ist nach allg. M. auch der dem Vater durch das Vorhandensein eines nichtehelichen Kindes gewährte erhöhte Ortszuschlag anzusehen[13].

5 Nicht maßgebend ist nach geltendem Recht der Umzug an einen anderen Ort, da die gegenwärtige RegelbedarfsVO nicht nach den örtlichen Unterschieden in den Lebenshaltungskosten differenziert. Nicht ausreichend ist ferner die freiwillige Vereinbarung eines im Urteil nicht vorgesehenen Zu- oder Abschlags, da solche Vereinbarungen nur innerhalb der Voraussetzungen von §§ 642c und 642d im Festsetzungsverfahren gem. § 642a entsprechend berücksichtigt werden können[14]. Ebensowenig kann eine Verminderung der Leistungsfähigkeit des Vaters im Neufestsetzungsverfahren berücksichtigt werden[15]. Dazu muß der Grundtitel geändert werden → Rdnr. 2.

6 3. Die Gründe, auf die die Neufestsetzung gestützt wird, müssen in entsprechender Anwendung (§ 642b Abs. 2 S. 3) des § 323 Abs. 2 neu, also solche sein, die im ursprünglichen Festsetzungsverfahren noch nicht geltend gemacht werden konnten. Entscheidender Zeitpunkt ist bei Festsetzungsbeschlüssen, die ohne mündliche Verhandlung erlassen wurden,

---

[8] *LG Berlin* DAVorm 1973, 366 → § 642e Rdnr. 3.
[9] Dazu *Odersky* Rpfleger 1974, 209 ff.
[10] *LG Stade* NdsRpfl 1974, 284 f. = Rpfleger 441 (*Odersky*).
[11] *Arndt* ZBlJR 1972, 304; *LG München I* DAVorm 1974, 56; *Damrau* FamRZ 1970, 289; 711 *Kemper* FamRZ 1973, 525.
[12] *LG Münster* DAVorm 1978, 220.
[13] *LG Hamburg* DAVorm 1977, 283.
[14] *Odersky* FamRZ 1973, 528.
[15] *LG Würzburg* NJW 1978, 1167; *LG Aachen* JurBüro 1983, 308; *Odersky* FamRZ 1972, 623; *Brüggemann* DAVorm 1973, 459.

entsprechend den zu § 128 Abs. 2 geltenden Grundsätzen, die Absendung des Beschlusses an mindestens eine Partei[16], bei Vergleichen und öffentlichen Urkunden, bei denen ein Festsetzungsverfahren nach § 642a entbehrlich ist → § 642c Rdnr. 2, der Zeitpunkt der Errichtung bzw. der Abschlußzeitpunkt[17]. Auf die Kenntnis von der jeweiligen Änderung kommt es nicht an, so daß die Parteien gezwungen sind, bei Errichtung aller Unterhaltsgrundtitel äußerste Sorgfalt obwalten zu lassen. Die erhöhte Unterhaltsverpflichtung nach Neufestsetzung des Regelbedarfs beginnt mit dem in den jeweiligen Monat fallenden Geburtstag des Kindes[18].

Fehler bei der Berechnung des Unterhalts, z. B. bei der Anrechnung oder Nichtanrechnung von Sozialleistungen, können nicht über eine Neufestsetzung nach § 642b berichtigt werden, sondern nur nach § 319 Abs. 1. Dabei ist davon auszugehen, daß die Festsetzung des Unterhalts im wesentlichen ein rechnerischer Vorgang ist und daher nach dieser Vorschrift korrigiert werden kann[19]. Auch über § 319 Abs. 1 sind aber Korrekturen nur möglich, wenn sich die Entscheidung aus der Richterperspektive als mit Flüchtigkeitsfehlern behaftet ausweist. Haben es die Parteien unterlassen, den Richter von der Existenz anrechenbarer Beträge zu unterrichten, ist eine Berichtigung ausgeschlossen. Irrtümer bei der vorausgegangenen Festsetzung können bei der Neufestsetzung nicht rückwirkend richtig gestellt werden [20]; ebensowenig, wenn sich durch Änderung der Rechtsprechung der anrechenbare Betrag des Kindergeldes geändert hat[21].

III. Verfahren

1. Sachlich zuständig ist das Amtsgericht (§ 23a Nr. 2 GVG), und zwar gem. § 20 Nr. 11 RPflG der Rechtspfleger. Der auf einen bestimmten Betrag konkretisierte Titel braucht kein Beschluß nach § 642a zu sein → § 642c Rdnr. 2. Für die Anpassung nach § 642b muß man dann die Zuständigkeitsbestimmung von § 642a Abs. 4 entsprechend anwenden[22]. Verweisung entsprechend § 281 ist möglich, allg. M. **Örtlich zuständig** ist das Amtsgericht, das bereits nach § 642a den Betrag festgesetzt hat. Ob diese Festsetzung vor Inkrafttreten der heutigen Zuständigkeitsregelung am 1.1.1977 oder danach erfolgt ist, ist bedeutungslos[23]. Zweck dieser Regelung ist es, die vorher bei diesem Gericht angefallenen Daten ohne größeren Aufwand nutzbar zu machen. Aus dieser Zweckbestimmung folgt, daß der ausschließliche Gerichtsstand des Gerichts, das den vorigen Feststellungstitel erstellt hat, auch dann gilt, wenn dieser Titel keine Ersatzfestsetzung i. S. v. § 642a, sondern eine Änderungsfestsetzung i. S. v. § 642b ist[24]. Auf diese Weise wird die Regel, daß das AG zuständig ist, bei dem das Kind seinen allgemeinen Gerichtsstand hat, vgl. § 642b Abs. 1 S. 3 § 642a Abs. 4, zur Ausnahme. Für diesen Gerichtsstand bleiben nur die Fälle übrig, in denen eine Neufestsetzung nicht an eine vorangegangene Betragsfestsetzung durch Gerichtsbeschluß anknüpfen kann, weil der geschuldete Regelunterhalt zuletzt durch Vergleich oder Verpflichtungsurkunde betragsmäßig festgelegt worden war[25]. Wenn eine Kette von Unterhaltstiteln durch einen Unterhaltsvergleich oder eine Urkunde i. S. v. § 642c unterbrochen wird, gilt für die erste Festsetzung nach Schaffung dieses Titels die Zuständigkeitsregel des § 642a Abs. 4[26].

---

[16] *Thomas-Putzo*[17] § 128 III 3f.; *Brüggemann* ZfJ 1984, 179.
[17] *Thomas-Putzo*[18] § 323 Rdnr. 24.
[18] *LG Baden-Baden* DAVorm 1977, 183.
[19] *Odersky* FamRZ 1973, 528 (529f.).
[20] *Kemper* FamRZ 1973, 525; *Odersky* aaO.; *LG Deggendorf* DAVorm 1978, 71. – A.M. *LG Bremen* DAVorm 1982, 1102.
[21] *Künkel* DAVorm 1984, 968; *Zöller-Philippi*[17] Rdnr. 3. – A.M. *LGe Stuttgart* DAVorm 1982, 987; *Heilbronn* DAVorm 1983, 395; *Itzehoe* DAVorm 1985, 607.
[22] A.M. *Odersky* (vor § 640 Fn. 1) IV 1 auf der Grundlage des alten Textes der Vorschrift.
[23] *BGH* FamRZ 1978, 499 = MDR 738.
[24] *BGH* FamRZ 1980, 562 = NJW 1281.
[25] *BGH* FamRZ 1980, 675 = NJW 2086 = MDR 742.
[26] *LG Braunschweig* DAVorm 1980, 304.

8   2. Die **Neufestsetzung** ist von einem **Antrag** abhängig, der -ebenso wie der ursrpüngliche Antrag → § 642a Rdnr. 4 – nicht beziffert zu sein braucht[27]. Da ebenso wie im ursprünglichen Festsetzungsverfahren die **Verhandlungsmaxime** gilt, kann der Antrag nur Erfolg haben, wenn der Antragsteller durch schlüssigen Tatsachenvortrag darlegt, daß die Antragsvoraussetzungen erfüllt sind. Fehlt es daran, so liegt jedoch ein Verfahrensfehler vor, wenn der Antrag – als unbegründet! – abgewiesen wird, ohne daß der Antragsteller Gelegenheit erhalten hätte, die Begründung zu ergänzen. Bei fortlaufenden Neufestsetzungen braucht nur der jeweils letzte Titel, nicht aber der ursprüngliche, vorgelegt zu werden[28]. § 642b ist in Analogie zu § 641p wegen des völlig gleichliegenden Sachverhalts verfassungskonform dahin auszulegen, daß auch für Anträge nach § 642b nicht zwischen »Anhängigkeit« und »Rechtshängigkeit« zu unterscheiden ist[29].

9   3. Das **Rechtsschutzinteresse** entfällt nicht deswegen, weil der Vater freiwillig einen höheren Betrag leistet[30] → § 642 Rdnr. 1 oder sich eine Neufestsetzung auf Antrag des Kindes lediglich zugunsten des Vaters auswirken würde. Denn auch das Kind hat ein Interesse an einem richtigen Vollstreckungstitel[31]. Die Durchführung eines besonderen Güteverfahrens, wie es z. B. Art. 12 Abs. 2, 3 NEhelG vorsieht, ist nicht vorgeschrieben. Eine Pflicht zum Versuch, sich gütlich zu einigen, wie sie Kemper[32] annimmt, ist auch sonst von nirgendwo ableitbar. Im Hinblick auf §§ 642b Abs. 1 S. 3, 323 Abs. 3, wonach der Unterhalt erst für die Zeit ab Antragstellung neu festgesetzt werden kann, ist es geradezu ein rechtsstaatliches Gebot, dem Kind die Möglichkeit zu geben, zumindest vorsorglich Antrag auf Neufestsetzung auch ohne vorgängigen Versuch zur gütlichen Einigung zu stellen, um keine finanziellen Nachteile zu erleiden. Aus § 642c, der auf § 642b verweist, kann das Gegenteil nicht entnommen werden[33]. Es wird aber in der Regel zweckmäßig sein, schon im Hinblick auf das durch die entsprechende Anwendbarkeit von § 93 bedingte Kostenrisiko den Versuch einer gütlichen Einigung zumachen. Daß gem. §§ 59 KJHG, 62 BeurkG, 55a KostO eine freiwillige Verpflichtungserklärung (die ja über § 642c ein vollwertiger Titel ist), kostenfrei beurkundet werden kann, während das Verfahren nach § 642b gebührenpflichtig ist, sollte ein zusätzlicher Anreiz sein. Können sich die Parteien nicht einigen und diese Einigung bei Gericht oder Jugendamt in vollstreckbarer Form zu Protokoll geben, so entscheidet auf Antrag der Rechtspfleger durch Beschluß, § 20 Nr. 11 RPflG.

10 4. Dem Antragsgegner ist **rechtliches Gehör** zu gewähren.

IV. Die Entscheidung

11 Die Entscheidung ergeht als **Beschluß für die Zukunft** frühestens mit Wirkung vom Zeitpunkt des Eingangs[34] des Abänderungsantrags an. Der bisher bestehende Streit, ob für den

---

[27] *LG Oldenburg* DAVorm 1974, 58, *Odersky* RPfleger 1974, 209, 211. – A.M. *LG Nürnberg-Fürth* DAVorm 1975, 316.
[28] *LG Berlin* DAVorm 1974, 628.
[29] *LG Hamburg* FamRZ 1984, 1264.
[30] *LG Dortmund* DAVorm 1972, 114; *LG Freiburg* DAVorm 1974, 467. – A.M. *LG Wuppertal* RPfleger 1975, 370 (*Odersky*).
[31] *Kemper* ZBlJR 1971, 178; *LG Stade* NdsRpfl 1974, 284 = RPfleger 441 (*Odersky*); *LG Bremen* DAVorm 1977, 317. – A.M. *LG Eisenschmidt* Rpfleger 1976, 44 (mit Entgegnung *Odersky*); *LG Wuppertal* Rpfleger 1975, 370.
[32] *Kemper* FamRZ 1972, 490 (492). Wie hier *LG Ko-* blenz DAVorm 1975, 315; *LG Nürnberg-Fürth* DAVorm 1973, 41; *LG Lüneburg* DAVorm 1973, 42.
[33] *Odersky* (vor § 640 Fn. 1) IV 2; *ders.* FamRZ 1973, 528; *Czerner* ZblJR 1973, 168.
[34] *Arndt* ZBlJR 1971, 305; *LG Ravensburg* DAVorm 1973, 215; *LG Stuttgart* DAVorm 1973, 213; *LG Braunschweig* DAVorm 1973, 43; *LG Düsseldorf* DAVorm 1971, 381; *LG Bonn* DAVorm 1973, 217; *LG München I* DAVorm 1974, 57; *LG Berlin* DAVorm 1974, 58; *LG Augsburg* DAVorm 1974, 133; *LG Essen* DAVorm 1974, 629; *LG Kiel* DAVorm 1976, 167; *LG Paderborn* DAVorm 1977, 177; *LG Hanau* DAVorm 1977, 297; *LG Konstanz* DAVorm 1977, 612; *LG Stuttgart* DAVorm 1982, 387; *LG Hamburg* FamRZ 1984, 1264 = MDR

Änderungszeitpunkt der Eingang oder die Zustellung maßgeblich ist, wurde vom Gesetzgeber durch die Verweisung auf § 641p Abs. 1 S. 2 im Rahmen des RpflVereinfG entschieden. Wenn die Verhandlungen mit dem Vater noch nicht abgeschlossen sind empfiehlt sich ein vorsorglicher Antrag, der in entsprechender Anwendung von § 257 auch schon vor Wirksamwerden der neuen Umstände gestellt werden kann[35]. Eine Abänderung für die Vergangenheit, etwa bei versehentlich verspäteter Antragstellung, ist nicht möglich (§§ 642b Abs. 1 S. 3, 323 Abs. 3). Da der Unterhalt nach § 1612a Abs. 3 S. 1 BGB monatlich im voraus zu zahlen ist, ist die Änderung füestens zum Monatsersten nach Antragstellung zulässig[36].

Tenorierungsbeispiel:
»1. Der Betrag des nach dem Urteil des Amtsgerichts in ... vom ... zu leistenden RU wird mit Wirkung vom ... neu festgesetzt auf DM ...
2. Dieser Beschluß tritt an die Stelle des Festsetzungsbeschlusses vom ... des entscheidenden Gerichts«.

Der Beschluß ist gem. § 794 Abs. 1 Nr. 2a ZPO vorläufig vollstreckbar → § 642a Rdnr. 8. Nach § 642b Abs. 1 S. 3 sind gegen den Neufestsetzungsbeschluß dieselben Rechtsbehelfe gegeben wie gegen den Festsetzungsbeschluß. Bis zur Entscheidung über den Abänderungsantrag kann auf Antrag wie bei der Klage nach § 323 in entsprechender Anwendung von § 769 die Zwangsvollstreckung einstweilen eingestellt werden (§ 642b Abs. 1 S. 3). Frühere Vollstreckungsakte behalten ihre rangwahrende Wirkung[37].

§ 642c [Regelunterhalt, Vergleiche, vollstreckbare Urkunden]

Die Vorschriften der §§ 642a, 642b gelten entsprechend, wenn
1. in einem Vergleich der in § 794 Abs. 1 Nr. 1 bezeichneten Art der Vater sich verpflichtet hat, dem Kinde den Regelunterhalt zu bezahlen;
2. in einer Urkunde, die von einem deutschen Gericht oder von einem deutschen Notar innerhalb der Grenzen seiner Amtsbefugnisse in der vorgeschriebenen Form aufgenommen worden ist, der Vater eine Verpflichtung der in Nummer 1 bezeichneten Art übernommen und sich der Festsetzung des Betrags des Regelunterhalts in einem Verfahren nach den §§ 642a, 642b unterworfen hat.

Gesetzesgeschichte: Rdnr. 5f. vor § 640. Änderung: BGBl. 76 I 2029.

I. Den **Anwendungsbereich** der §§ 642a, 642b erweitert § 642c auf die dort genannten Titel. Der Vater kann sich danach in einem Vergleich oder in einer vollstreckbaren Urkunde verpflichten, den RU (eventuell mit prozentualen Zu- oder Abschlägen) zu bezahlen. Es liegt dann ein einem RU-Urteil gleichwertiger RU-Grundtitel vor → vor § 642 Rdnr. 7. Zu beachten ist aber, daß ein Vergleich regelmäßig vormundschaftsgerichtlicher Genehmigung nach § 1615e Abs. 2 BGB bedarf → vor § 642 Rdnr. 7. Dem gerichtlichen Vergleich ist der Vergleich nach § 1044b gleichzuerachten. **1**

1985, 61. – A.M. *LG Hamburg* DAVorm 1973, 46, 506, 575f.; *dass.* DAVorm 1980, 402; *LG Berlin* DAVorm 1980, 667; *Künkel* FamRZ 1984, 1064; *Zöller-Philippi*[17] Rdnr. 12 wonach wegen § 641b Abs. 1 S. 3 und § 323 Abs. 3 die Neufestsetzung erst ab Zustellung des Antrags erfolgen darf.C.

[35] *Odersky* RPfleger 1974, 209, 211.
[36] *LG Berlin* DAVorm 1976, 299.
[37] *OLG Stuttgart* RPfleger 1985, 199 = DAVorm 996 = Justiz 294.

2 II. Sind Kind und Vater zu einer **vergleichsweisen Regelung** bereit, stehen ihnen zwei Möglichkeiten zur Verfügung. Sie können sich auf eine Verpflichtung des Vaters zur Zahlung des RU festlegen und die endgültige Festsetzung des Unterhaltsbetrages dem Festsetzungsverfahren nach § 642a vorbehalten → Rdnr. 1. Der Vater kann sich aber auch vergleichsweise zur Zahlung einer bestimmten Summe verpflichten und sich insoweit der sofortigen Zwangsvollstreckung unterwerfen.

Ergibt sich in letzterem Falle aus dem Titel oder den Umständen, daß zur Berechnung des Unterhalts die Vorschriften über den RU herangezogen wurden und eine Verpflichtung des Vaters zur Zahlung des jeweiligen RU gemeint war, dann erübrigt sich zwar die Festsetzung nach § 642a. Gleichwohl kann dann unter den Voraussetzungen des § 642b jederzeit Neufestsetzung beantragt werden[1]. Daß der Wille der Beteiligten auf Zahlung des jeweiligen Regelunterhalts ging, ist im Zweifel anzunehmen[2]. Steht fest, daß die Beteiligten nicht Zahlung von RU meinten, auch wenn sie sich bei der Festlegung des Betrages an den Bestimmungen über den RU orientiert hatten, dann kommt eine über § 642c vermittelte Anwendung der §§ 642a, 642b nicht in Betracht. Nach § 641 ff. können aber auch solche Titel an die Änderung der allgemeinen wirtschaftlichen Verhältnisse angepaßt werden. Zur Abänderungsklage → § 323 Rdnr. 53.

War erkennbar, daß die Verpflichtungserklärung zur Leistung von RU nur einen Teil des Unterhaltsanspruches befriedigen sollte, kann der Zuschlag gem. §§ 642, 642d eingeklagt werden[3] — § 643a Rdnr. 1.

3 III. Den Vergleichen sind gemäß § 642c Nr. 2 **gerichtliche**, (zuständig ist der Rechtspfleger nach § 62 Nr. 2 BeurkG, § 3 Nr. 1f. RPflG) → Rdnr. 5, und **notarielle** (§ 1 BeurkG) und die von den entsprechend ermächtigten Beamten oder Angestellten der **Jugendämter** aufgenommenen **Verpflichtungsurkunden** (§§ 49, 50 JWG bzw. §§ 59, 60 KJHG), sowie die konsularischen Urkunden (§ 10 KonsularG) gleichgestellt. In den Fällen des § 642c Nr. 2 ist nicht erforderlich, daß sich der Vater der sofortigen Zwangsvollstrekung unterwirft[4]. Die Festsetzung ist nach § 794 Abs. 1 Nr. 2a von selbst vollstreckbar. Wohl aber muß er sich in der Verpflichtungsurkunde der Festsetzung des Betrages in einem Verfahren gem. §§ 642a, 642b unterwerfen. Sonst kann aus der Urkunde nicht vollstreckt werden, da sie für die Vollstreckungsorgane hinsichtlich des geschuldeten Betrages nicht bestimmbar ist. Minderjährige müssen gesetzlich vertreten sein. Die Zustimmung der gesetzlichen Vertreter zur Verpflichtserklärung über RU-Zahlungen genügt nicht[5]. Wenn sich der Vater zur Zahlung eines bestimmten, als RU gemeinten Betrages, oder wenn er sich zur Zahlung des RU verpflichtet hat und dieser schon ausgerechnet und fixiert wurde, kann auch keine Neufestsetzung nach § 642b erreicht werden, sofern es an der ausdrücklichen Unterwerfung unter die Änderungs-Festsetzung im vereinfachten Verfahren fehlt. Eine zu Protokoll des Gerichts nach Vaterschaftsanerkenntnis erklärte Verpflichtung genügt nicht[6].

4 IV. Bezogen auf die verschiedenen Modalitäten der Vaterschaftsfeststellung und Titulierung von Unterhaltsansprüchen ergibt sich also folgendes:
1. Wird die **Vaterschaft außergerichtlich anerkannt,** so kommt es meist auch zu einem Unterhaltsanerkenntnis in einer den Voraussetzungen des § 642c genügenden Form. Die Urkundsbeamten der Jugendämter gehen bei der Errichtung von Urkunden im Zusammen-

---

[1] *Odersky* (vor § 640 FN 1) 2; *Firsching* RPfleger 1970, 42; *LG Aschaffenburg* DAVorm 1973, 219; *LG Göttingen* DAVorm 1974, 469. – A.M. *LG Hechingen* DAVorm 1973, 220.
[2] A.M. *LG Mainz* DAVorm 1977, 613; *Zöller-Philippi*[17] Rdnr. 3. Wie hier *Baumbach/Lauterbach/Albers*[51].
[3] *Damrau* FamRZ 1970, 285 (288 Fn. 47); *Odersky* FamRZ 1973, 528 (529); *LG Stuttgart* DAVorm 1972, 367.
[4] Irrig *LG Wuppertal* DAVorm 1975, 430.
[5] *LG Wuppertal* DAVorm 1975, 430.
[6] *LG Berlin* DAVorm 1974, 366.

hang mit einer Bereitschaft des in Anspruch genommenen Mannes, seinen Verpflichtungen nachzukommen, nach einem einheitlichen Modell vor. Danach **wird in der Regel neben der Abgabe des Vaterschaftsanerkenntnisses sowohl die Verpflichtung des Mannes zur Zahlung des RU mit Zu- bzw. Abschlägen festgehalten, als auch eine ziffernmäßige Anerkennung** des schon von Beamten des Jugendamtes errechneten Unterhaltsbetrages festgelegt, um ein Verfahren nach § 642a zu ersparen. Gleichzeitig unterwirft sich der Vater nach § 642c Nr. 2 der künftigen Neufestsetzung der Unterhaltsbeträge nach § 642b sowie wegen des bereits berechneten Betrages der sofortigen Zwangsvollstreckung und bewilligt die Erteilung einer vollstreckbaren Ausfertigung zu Händen des jeweiligen gesetzlichen Vertreters des Kindes → Rdnr. 2.

Verpflichtet sich der Vater zur Zahlung eines RU ohne den geschuldeten Zuschlag oder mit einem zu geringen Zuschlag, so ist § 643a entsprechend anzuwenden → § 643a Rdnr. 1. Solange die Abmachungen mit dem Jugendamt nicht als Unterhaltsvereinbarung vormundschaftsgerichtlich genehmigt ist → § 642 Rdnr. 7, ist die Geltendmachung von Zuschlägen nicht abgeschnitten.

2. Erkennt der beklagte Mann die Vaterschaft erst im Rechtsstreit an (§ 641c), so bleibt, wenn der Antrag nach § 643 gestellt war, der Unterhaltsanspruch rechtshängig, über den noch eine vergleichsweise Regelung getroffen werden kann. Auf jeden Fall muß die Pflicht zur Leistung des RU mit Zu- und Abschlägen → § 641c Rdnr. 5 oder einer privatautonomen Regelung gemäß Rdnr. 5 entweder in einem Vergleich oder in einem Anerkenntnisurteil festgehalten werden, wenn der Unterhaltsbetrag nach § 642a, b festgesetzt werden können soll. Die Erklärung zur Niederschrift des Prozeßgerichts, den RU bezahlen zu wollen, kann nicht als Urkunde i.S.v. § 642c Nr. 2 anerkannt werden. Der Grund dafür liegt in der erhöhten Schutzbedürftigkeit des Unterhaltsverpflichteten hinsichtlich der Tragweite einer solchen Verpflichtungserklärung (§§ 6, 62 Nr. 2 BeurkundungsG)[7]. 5

3. Kommt es zu einer Vaterschaftsfeststellung durch Anerkenntnis oder Urteil, ohne daß gleichzeitig eine Regelung des Unterhalts getroffen wurde, so kann ein durch § 642c erfaßter Titel zustande kommen durch: 6
a) Vergleich in einem isolierten Unterhaltsprozeß;
b) Errichtung einer Urkunde mit dem in den Rdnr. 3, 4 beschriebenen Inhalt;
c) Anwaltsvergleich nach § 1044b.

V. Die entsprechende Anwendung des § 642a ergibt bei Urkunden der in Nr. 2 vorgesehenen Art die **Zuständigkeit** des Gerichts, das den Streitfall über den Unterhaltsanspruch entscheiden würde. Wegen der Einzelheiten → § 642a Rdnr. 3ff. Bei Vergleichen oder Urkunden, die fürs erste eine Festsetzung nach § 642a entbehrlich machen, ergibt sich die Zuständigkeit für Anpassungsentscheidungen und das dann einzuschlagende Verfahren entsprechend dem bei § 642b Rdnr. 6f. Ausgeführten. 7

VI. Die Ausgangstitel müssen grundsätzlich vor einem **deutschen Gericht, Notar oder Jugendamt** zustande gekommen sein. Dem lassen sich auch nach Art. 50 EuGVÜ entsprechende Dokumente aus den Gründungsstaaten der EWG nicht gleichstellen, auch nicht, wenn sie förmlich anerkannt oder für vollstreckbar erklärt worden sein sollten. Denn eine Pflicht zur Anerkennung solcher Akte kennt das EuGVÜ nicht. Die Vollstreckbarkeit ist von der Vollstreckbarkeit im Ursprungsland abhängig. Dort schaffen aber Regelunterhaltsverpflichtungen und Festsetzungsunterwerfung keine vollstreckbaren Titel. 8

---

[7] *LG Berlin* DAVorm 1972, 366; *Odersky* RPfleger 1974, 209, 211.

§ 642 d [Zu- und Abschläge vom und zum Regelunterhalt]

(1) Die §§ 642–642 c sind auf die Verurteilung oder Verpflichtung des Vaters zur Leistung des Regelunterhalts zuzüglich eines Zuschlags oder abzüglich eines Abschlags oder zur Leistung eines Zuschlags zum Regelunterhalt sinngemäß anzuwenden.

(2) Der Zuschlag oder der Abschlag ist in einem Vomhundertsatz des Regelbedarfs (§ 1615 f. Abs. 1 Satz 2 des Bürgerlichen Gesetzbuchs) zu bezeichnen. Der Unterhaltsbetrag, der sich infolge des Zuschlags oder des Abschlags ergibt, ist auf volle Deutsche Mark abzurunden, und zwar bei Beträgen unter fünfzig Pfennig nach unten, sonst nach oben.

Gesetzesgeschichte: Rdnr. 5 f. vor § 640. Änderung: BGBl. 76 I 2029

I. Zweck der Vorschrift

1   Der Anspruch auf RU gemäß § 1615 f. BGB sichert dem Kind für seinen Unterhalt einen Mindestbetrag, den es verlangen kann, ohne seine Bedürftigkeit (§ 1602 BGB), die Leistungsfähigkeit des Vaters (§ 1603 BGB) und – im Hinblick auf die Lebensstellung der Eltern (§ 1615 c BGB) – die Angemessenheit der Höhe der verlangten Raten dartun zu müssen. Das Gesetz unterstellt zwar in der Legaldefinition für den Begriff »Regelunterhalt«, daß sich das Kind in der Pflege seiner Mutter befindet, d. h. daß diese ihre Unterhaltsverpflichtung durch die Pflege und Erziehung des Kindes erfüllt (§ 1606 Abs. 3 S. 2 BGB), was auch neben einer Berufstätigkeit geschehen kann. Der RU steht dem Kind aber regelmäßig auch zu, wenn es die Mutter nicht selbst betreut. Lediglich wenn das Kind in den Haushalt des Vaters aufgenommen ist, entfällt nach § 1615 f. Abs. 1 S. 1 2. Hs. dessen Verpflichtung zur Zahlung des RU. Ist somit dem Kind auch ein Mindestunterhalt garantiert, so schließt dies nicht aus, daß ihm ein individuell bemessener höherer oder – auf Grund besonderer Umstände ausnahmsweise auch -nur ein niedrigerer Unterhaltsanspruch (§ 1615 h BGB) zusteht. Für alle Fälle, in denen dies der Fall ist, gibt § 642 d die **Möglichkeit, die Abweichung vom RU im Unterhaltsgrundtitel in der Form eines am** *Regelbedarf* **gemessenen prozentualen Zu- oder Abschlags** zu fassen, um zu erreichen, daß sich mit der Änderung des Regelbedarfs auch der Zu- bzw. Abschlag ändert. § 642 d eröffnet einen solchen Weg zwar nicht ausdrücklich, setzt ihn aber als zulässig voraus. Einen Prozentsatz des Regelunterhalts zu wählen, ist hingegen deshalb ausgeschlossen, weil es ungerechtfertigt wäre, die Höhe des Zu- bzw. Abschlags von den auf den Regelbedarf anzurechnenden Sozialleistungen abhängig zu machen (§ 1615 g BGB, § 2 RegelbedarfsVO). Aus der Vorschrift kann aber nicht geschlossen werden, daß Vereinbarungen unwirksam wären, die den Abschlag nicht in Form eines Prozentsatzes vom Regelbedarf ausdrücken[1].

Am Rechtsschutzbedürfnis fehlt es nicht deshalb, weil der verlangte höhere Betrag freiwillig bezahlt wird[2] → § 642 Rdnr. 1.

II. Zuschläge zum Regelunterhalt

2   1. Das Gesetz sieht bei der Bemessung des Individualunterhalts eine Entscheidung unter Abwägung aller Umstände des Einzelfalls vor. Um auszuschließen, daß bei vergleichbaren Tatbeständen innerhalb eines Gerichtsbezirks unterschiedliche Entscheidungen ergehen, hat die Rechtsprechung in Anlehnung an die Bemessung des Unterhalts ehelicher Kinder eine

---

[1] A. M. *LG Göttingen* DAVorm 1974, 469.   [2] *LG Stuttgart* FamRZ 1974, 474.

große Anzahl von **Berechnungsschlüsseln in Form von Tabellen** entwickelt[3]. Dieses Streben nach Vereinfachung und Schematisierung ist nicht ohne Kritik geblieben[4], zumal die einzelnen Schlüssel und Tabellen unterschiedliche Maßstäbe anlegen und entgegen darauf zielender Bestrebungen noch nicht vereinheitlicht werden konnten. Gleichwohl handelt es sich um ein nur durch Schematisierungen zu meisterndes Massenproblem. Angesichts der generalklauselartigen Unbestimmtheit der gesetzlichen Angaben zur Unterhaltsbemessung kann nur die Rechtsprechung die zur praktikablen Anwendung des Gleichheitssatzes notwendige Schematisierungsaufgabe leisten.

2. Nach dem Gesetz, § 1615 c BGB, ist die »Lebensstellung« beider Elternteile zu berücksichtigen. Hierbei kann die Zugehörigkeit zu einer bestimmten Berufsgruppe[5], allenfalls als Hilfsindiz für die »Lebensstellung« des Kindes, § 1610 BGB, dienen, notgedrungen dann, wenn sich das Elterneinkommen nicht genau ermitteln läßt. Diese Einstellung vermeidet ein pauschalisierendes Werturteil über ganze Bevölkerungskreise und einzelne Berufe und berücksichtigt, daß gesellschaftliches Ansehen und höhere Bildung sich nicht im materiellen Lebenszuschnitt und damit in der Lebensstellung niederschlagen können, wenn dem kein entsprechendes Einkommen zur Seite steht. Zur Konkretisierung der von § 1615 c BGB vorgegebenen Maßstäbe, haben sich zwei Denkschulen entwickelt. Die einen stellen auf ein Mittelmaß der Einkommens- und Lebensstandardverhältnisse beider Elternteile ab[6]. Danach muß ein, gegenüber der Mutter in gehobenen Einkommensverhältnissen lebender Vater seinem nichtehelichen Kind ceteris paribus weniger Unterhalt bezahlen, als einem ehelichen. Deshalb mehren sich die Stimmen, sich auch beim nichtehelichen Kind an die im Gerichtsbezirk für eheliche Kinder gebräuchliche Tabelle zu halten[7]. Eine solche Handhabung würde aber eine verfassungsrechtliche Korrektur des § 1615 c BGB voraussetzen[8]. 3

Die bisher gebräuchlichen Tabellen unterscheiden zwischen drei und neun Gruppen[9]. Weit verbreitet ist die »**Düsseldorfer Tabelle**«[10].

Gruppe		Bedarfskontrollbetrag
1	Nettoeinkommen bis 2300,– DM RU	1150,– DM/1300,– DM
2	2300,– DM – 2600,– DM RU	1370,– DM
3	2600,– DM – 3000,– DM RU	1450,– DM
4	3000,– DM – 3500,– DM RU	1550,– DM
5	3500,– DM – 4100,– DM RU	1680,– DM
6	4100,– DM – 4800,– DM RU	1880,– DM
7	4800,– DM – 5700,– DM RU	2100,– DM
8	5700,– DM – 6700,– DM RU	2350,– DM
9	6700,– DM – 8000,– DM RU	
10	über 8000,– DM	nach den Umständen des Falles

---

[3] Zum Stand der Unterhaltsrichtlinien und Bedarfstabellen an derer Gerichte vgl. *Palandt-Diederichsen*[51] § 1610 Rdnr. 17 ff.
[4] *Göppinger* DRiZ 1968, 299 ff.; *BGH* FamRZ 1969, 205 ff.; *Brühl/Göppinger/Wax*[5] Rdnr. 619 ff.
[5] So *LG Düsseldorf* MDR 1965, 745.
[6] *OLG Koblenz* FamRZ 1980, 936; *LG Wiesbaden* DAVorm 1989, 1031; *Palandt-Diederichsen*[51] § 1615 c Rdnr. 1 mwN zum Streitstand.
[7] *OLG Stuttgart* DAVorm 1982; 194; *LG Heidelberg*

DAVorm 1984, 1265; *LG Dortmund* DAVorm 1985, 714; *LG Wiesbaden* DAVorm 1985, 807.
[8] S. *Schlosser* FamRZ 1963, 601 ff., 617 f. – Teilw. A.M. Voraufl.
[9] Die Kölner Tabelle hat 8 Gruppen, ebenso die bei Köhler abgedruckte. Die Düsseldorfer Tabelle hat in der neuesten Fassung ebenfalls 8 Gruppen, vgl. FamRZ 1988, 911.
[10] Düsseldorfer Tabelle 1992, Stand 01.07.89, abgedruckt in FamRZ 1992, 398.

III. Abschläge vom Regelunterhalt

4 1. Unter zwei Gesichtspunkten kann der RU herabgesetzt werden.

a) Einen Ausgleich der Nachteile, die sich aus der Festsetzung des Regelunterhalts für den nichtehelichen Vater ergeben können, ermöglicht § 1615h BGB. Übersteigt der RU **wesentlich** und nicht nur aufgrund vorübergehender Umstände den Betrag, den der Vater dem Kinde ohne Berücksichtigung der Vorschriften über den Regelunterhalt leisten müßte, so kann er verlangen, daß der zu leistende Unterhalt auf diesen Betrag herabgesetzt wird. Bei Bewertung der **Leistungsunfähigkeit** des Vaters spielt es vor allem eine Rolle, welcher Eigenbedarf dem Unterhaltspflichtigen zuzugestehen ist. Der **notwendige** Eigenbedarf (Selbstbehalt) des nicht erwerbstätigen Unterhaltspflichtigen beträgt monatlich 1150,– DM, des erwerbstätigen Unterhaltspflichtigen 1300,– DM[11]. Die Düsseldorfer Tabelle erhält aus Vereinfachungsgründen einen Bedarfskontrollbetrag. Ab Gruppe 2 ist er nicht identisch mit dem Eigenbedarf. Er soll eine ausgewogene Verteilung des Einkommens zwischen dem Unterhaltspflichtigen und den unterhaltsberechtigten Kindern gewährleisten. Wird er unter Berücksichtigung anderweitiger Unterhaltsverpflichtungen unterschritten, ist der Tabellenbetrag der nächst niedrigeren Gruppe, deren Bedarfskontrollbetrag nicht unterschritten wird, oder ein Zwischenbetrag anzusetzen.

Vorübergehende Umstände, die zu einer Minderung des Einkommens führen, können ein Herabsetzungsverlangen nicht stützen.

b) Ein Unterhaltsanspruch entfällt oder mindert sich ferner, soweit sich das Kind seinen Bedarf aus **eigenen Mitteln** bestreiten kann.

2. Jedoch kann auf beiden Wegen der RU nur unterschritten werden, wenn die Individualberechnung zu einer »**wesentlichen**« Abweichung (§ 1615h BGB) führt. Der errechnete Individualunterhaltsanspruch ist mit dem RU zu vergleichen und im Falle eines wesentlichen Zurückbleibens hinter diesem in der Form eines prozentualen Abschlags vom Regelbedarf zu fassen. Bei der Beurteilung, was als wesentlich anzusehen ist, differieren die einzelnen Vorschläge[12]. Ein Anspruch wegen **Sonderbedarfs**, § 1613 Abs. 2 BGB, kann auch neben der nach § 1615h BGB herabgesetzten Unterhaltsrente bestehen, § 1615h Abs. 2 BGB.

IV. Nachträgliche Klage auf Zu- oder Abschlag

5 Besteht ein **Regelunterhaltstitel**, so kann das Kind nur mit der Abänderungsklage nach § 323 auf einen Zuschlag zum Regelunterhalt klagen[13]. Eine Abänderungsklage liegt auch dann vor, wenn der durch einen Titel zum Regelunterhalt verpflichtete Vater nachträglich einen Abschlag verlangt[14]. Hat die Klage Erfolg, so ist im Betragsfestsetzungsverfahren die sich aus den zusammengesetzten Titeln ergebende Restsumme festzusetzen[15].

V. Rundung

6 Ergibt sich, daß Zu- oder Abschläge vorzunehmen und Leistungen (Kindergeld) anzurechnen sind, so ist nur das Endergebnis zu runden, nicht aber das Zwischenergebnis[16].

---

[11] Anmerkung 5 zur Düsseldorfer Tabelle 1992, FamRZ 1992, 398.
[12] *Odersky* (vor § 640 Fn. 1) § 1615h BGB II 1 (nur ganz unbedeutende Abweichungen nicht berücksichtigend); für eine generelle Berücksichtigung nur von Differenzen, die 10% übersteigen; *Gernhuber* FamRZ³ § 59 II 4; *Richter* FamRZ 1970, 283; *Göppinger/Wax*⁵ Rdnr. 741.
[13] *BGHZ* 34, 110.
[14] *Brüggemann* DAVorm 1973, 459.
[15] *LG Saarbrücken* DAVorm 1977, 396.
[16] *LG Hamburg* DAVorm 1982, 388. – A.M. *LG Berlin* DAVorm 1982, 479.

VI. Verfahren

Die Festsetzung erfolgt durch den Rechtspfleger (§ 20 Nr. 11 RPflG) auf Grund des ergangenen Urteils zahlenmäßig in einer Summe. Der Wert ist entsprechend § 20 Abs. 2 GKG festzusetzen.   7

§ 642 e [Stundung]

Das Gericht kann die Stundung rückständigen Unterhalts von einer Sicherheitsleistung abhängig machen.

Gesetzesgeschichte: Rdnr. 5 f vor § 640.

I. § 642 e ergänzt die Vorschrift des § 1615 i BGB, indem er dem Gericht die Befugnis gibt,   1
die nach bürgerlichem Recht mögliche Stundung von Unterhaltsrückständen von einer Sicherheitsleistung abhängig zu machen. Nach § 1615 i Abs. 1 BGB kommen für die Stundung nur Unterhaltsleistungen in Betracht, die fällig geworden sind, bevor der Mann die Vaterschaft anerkannt hatte oder eine gerichtliche Entscheidung erging, die seine Verpflichtung zum Regelunterhalt oder zur Zahlung aussprach. Danach fällig gewordene Unterhaltsleistungen scheiden für eine Stundung aus, weil sich der Mann nach der Vaterschaftsanerkennung oder Verurteilung auf die Erfüllung seiner Unterhaltspflicht einrichten mußte. Ein besonderes Verfahren, in dem über die Stundung entschieden würde, gibt es aber nicht[1]. Das ist auffällig, weil die Änderung einer Stundungsentscheidung nach § 642 f in einem erleichterten Antragsverfahren möglich ist. Ausschlaggebend war wohl der enge sachliche Zusammenhang zwischen Stundung und Herabsetzung des RU (vgl. § 1615 Abs. 2 S. 2 BGB). Dies bedeutet, daß der Antrag auf Stundung im ordentlichen Unterhaltsprozeß gestellt bzw. die Stundung beim Beurkundungsverfahren vermerkt werden muß, da im Festsetzungsverfahren eine Stundung nicht mehr gewährt werden kann. Wenn bereits ein rechtskräftiges Urteil oder eine vollstreckbare Urkunde gemäß § 794 Abs. 1 Nr. 1, 5 vorliegt, kann Stundung (eventuell gegen Sicherheitsleistung) im Wege der Vollstreckungsgegenklage geltend gemacht werden, wenn die sie rechtfertigenden Umstände erst zu einem Zeitpunkt eingetreten sind, zu dem sie nach § 767 Abs. 2 noch geltend gemacht werden können. Der Weg über § 323 ist verschlossen, da diese Vorschrift nur künftig fällig werdende Leistungen betrifft, für welche nach materiellem Recht eine Stundung nicht möglich ist. Im Nebenverfahren zum Vaterschaftsfeststellungsprozeß nach § 643 ist der Antrag auf Stundung unzulässig, er kann aber im Verfahren nach § 643 a nachgeholt werden § 643 a Rdnr. 2.

II. Ausmaß, Art und Weise der Sicherheitsleistung bestimmt das Gericht nach freiem   2
Ermessen § 108. Stundung ist auch möglich, wenn der Anspruch auf einen Dritten übergegangen ist, der den Unterhalt geleistet hat § 644. Kosten: § 93 d. Eine Möglichkeit, die Stundungsentscheidung nachträglich aufzuheben oder abzuändern, ist in § 642 f vorgesehen. Die Stundung wirkt erst, wenn die Sicherheit geleistet ist[2].

---

[1] Amtliche Begründung (vor § 642 Fn. 1) S. 45. Insoweit kritisch *Brüggemann* FamRZ 1969, 120, 127 ff.

[2] *Thomas-Putzo*[18] § 642 e.

§ 642 f [Aufhebung und Änderung einer Stundung]

(1) Hat das Gericht rückständigen Unterhalt gestundet, so kann die Entscheidung auf Antrag aufgehoben oder geändert werden, wenn sich die Verhältnisse nach der Entscheidung wesentlich geändert haben oder der Vater mit einer ihm obliegenden Unterhaltsleistung in Verzug gekommen ist. § 642 a Abs. 2, 3 gilt entsprechend, es sei denn, das Verfahren ist mit einem Verfahren nach § 323 verbunden.

(2) Ist in einem Schuldtitel des § 642 c, des § 642 d in Verbindung mit § 642 c oder des § 794 Abs. 1 Nr. 1 oder 5 die Zahlungsverpflichtung für rückständige Beträge in einer der Stundung entsprochenen Weise beschränkt, so ist Absatz 1 entsprechend anzuwenden.

Gesetzesgeschichte: Rdnr. 5 f. vor § 640.

I. Grundgedanke und Anwendungsbereich

1 § 642 f stellt einerseits für notwendige Anpassungen der Stundungsentscheidung ein **erleichtertes Antragsverfahren** zur Verfügung. Wird wegen anderer Anpassungswünsche Abänderungsklage erhoben, dann kann aber auch ein Begehren auf Änderung der Stundungsentscheidung mitverfolgt werden. Eine auf § 323 gestützte Abänderungsklage kann auch neben einem durch § 642 f ermöglichten Antragsverfahren anhängig sein. Sofern dasselbe Gericht zuständig ist, können beide Verfahren nach § 147 miteinander verbunden werden. In diesem Fall wird auch über die Aufhebung und Änderung der Stundung im Urteilsverfahren mitentschieden[1]. Es ergeht ein einheitliches Urteil. Die Verbindung ist zweckmäßig, da hier die besonderen Leistungsverhältnisse und Bedürfnisse ebenfalls zu beurteilen sind.

Im Unterschied zu § 323, der nur die Änderung der für Grund und Höhe künftiger Unterhaltsraten maßgebenden Umstände erfaßt, ist für die Abänderung der Stundungsentscheidung zu rückständigen Unterhaltsraten die Änderung der dafür maßgebenden Umstände oder Verzug des nichtehelichen Vaters Voraussetzung.

Es kann auch – umgekehrt – ein Bedürfnis entstehen, **nachträglich** – sei es nach Ablehnung eines Stundungsantrags, sei es in Fällen, in denen ein solcher niemals gestellt worden war – **wegen veränderter Verhältnisse Stundung zu gewähren**. Das Gesetz sieht – abgesehen von § 643 a – derartiges nicht ausdrücklich vor. Über § 323 kann nicht geholfen werden, da er sich nur auf künftig fällig werdende Leistungen bezieht. Jedoch läßt sich § 642 f auf diesen Fall entsprechend anwenden.

§ 642 f ist, wie das Gesetz ausdrücklich sagt, auch entsprechend anwendbar, wenn die Stundung gegenüber einem **Dritten** gewährt worden ist oder sich auf rückständige Unterhaltsverpflichtungen gegenüber der Mutter bezieht, welche dieser nach § 1615 l BGB zustehen → Erl. § 644.

II. Voraussetzungen

2 1. Die abzuändernde Stundung muß durch Urteil gewährt worden oder in einem Vergleich oder einer vollstreckbaren Urkunde enthalten sein.

2. Eine Änderungsmöglichkeit eröffnet die Vorschrift bei Vorliegen zweier Tatbestände.

a) Im **ersten Fall** müssen sich **die für die Stundung maßgebenden Umstände nach Rechtskraft des Urteils** oder nach Entstehen des Titels (Abs. 2) **verändert haben**. In Betracht

---

[1] *Thomas-Putzo*[18] Rdnr. 5; *Odersky*[2] (vor § 640 Fn. 1) III 3 a.

kommen alle für die Entscheidung wesentlichen Komponenten (§ 1615i bzw. 1615l BGB) wie z. B. erhebliche Verbesserung oder Verschlechterung der wirtschaftlichen Verhältnisse des Vaters, aufgetretene Zweifel an seiner Vertrauenswürdigkeit, vermehrte oder verminderte Bedürfnisse des Kindes (bzw., im Fall von § 1615l BGB, der Mutter).

b) **Im zweiten Fall** muß der Vater mit einer ihm obliegenden Unterhaltsleistung in **Verzug** geraten sein. Dabei ist zu beachten, daß Verzug regelmäßig ohne Mahnung eintritt, da für die einzelnen Unterhaltszahlungen wohl immer ein Datum bestimmt ist (§ 284 Abs. 2 BGB), und daß es auf ein Verschulden des Vaters am Unterbleiben der Zahlungen nicht ankommt (§ 279 BGB). Es genügt auch Verzug mit der Zahlung laufender Unterhaltsraten, wie sich aus dem Wortlaut des Gesetzes ergibt. Der Grund dafür liegt darin, daß ein Grund für die Stundung auch die Absicht gewesen sein kann, dem Schuldner die Bezahlung des laufenden Unterhalts des Kindes zu erleichtern. Es genügt im übrigen, wenn der Vater einmal in Verzug gekommen war. Daß er sich noch im Zeitpunkt der Entscheidung im Verzug befindet, ist nicht notwendig, aber von Einfluß auf die Ausübung des dem Gericht zustehenden Ermessens. Es besteht nämlich keine Automatik zwischen Verzugseintritt und Änderung der Stundungsentscheidung. Ein Änderungsantrag kann auch abgelehnt werden, obwohl der Vater in Verzug geraten ist, etwa wenn sich ergibt, daß es sich um eine einmalige Nachlässigkeit handelt oder daß es an einem Verschulden des Vaters fehlt.

III. Verfahren

1. Zuständig ist das nach allgemeinen Vorschriften zur Entscheidung berufene Amtsgericht (§ 23 Nr. 2 GVG) also nicht notwendig das Gericht, das die Stundung gewährt hatte. Das EuGVÜ ist anwendbar, die Ausgangsentscheidung kann auch von einem ausländischen Gericht stammen → § 643a Rdnr. 7. Das Verfahren ist dem Rechtspfleger übertragen (§ 20 Nr. 11 RpflG). Der Antrag muß erkennen lassen, welche Änderung gewollt ist. Eine **mündliche Verhandlung** ist freigestellt (Abs. 1 i. V. m. § 642 Abs. 2). Die **Anhörung** des Gegners ist aber unerläßlich → § 642a Rdnr. 4. Die Entscheidung ergeht durch Beschluß, der zugestellt werden muß, § 329 Abs. 3 i. Vdg. m. § 642a Abs. 3. Für die **Kostenentscheidung** gilt § 93d, insbesondere dessen Abs. 1 S. 2. Sie ist die Grundlage für einen eigenen Kostenfestsetzungsbeschluß.

2. Die **Entscheidung** lautet auf Abweisung, Aufhebung oder Änderung der Stundung. Es können z. B. andere Fälligkeitsdaten eingesetzt werden, die Stundung kann von einer Sicherheitsleistung abhängig gemacht, die Höhe der Raten oder das Ausmaß der Sicherheitsleistung kann abgeändert werden. Für die Entscheidung gelten dieselben Grundsätze wie für die abzuändernde Entscheidung, d. h. das Gericht hat das Schutzbedürfnis des Kindes (im Falle von Ansprüchen der Mutter deren Schutzbedürfnis) und die Leistungsfähigkeit des Vaters, insbesondere die ihn sonst treffenden Unterhaltsverpflichtungen, sein Verschulden und dergleichen abzuwägen[2].

Wegen der **Rechtsmittel** gilt das gleiche wie zu § 642a gesagt → dort Rdnr. 9. Das Beschwerdegericht hat die Ermessenserwägungen des Amtsgerichts voll nachzuprüfen. Wird über das Stundungsabänderungsbegehren im Rahmen einer nach § 323 erhobenen Abänderungsklage befunden → Rdnr. 1, dann gibt es nur das Rechtsmittel der Berufung, auch wenn nur die Entscheidung des Gerichts über den Stundungsabänderungsantrag angegriffen werden soll.

---

[2] *Palandt-Diederichsen*[51] § 1615i BGB Anm. 2.

§ 643 [Regelunterhaltsentscheidung als Annex zur Vaterschaftsfeststellung]

(1) Wird auf Klage des Kindes das Bestehen der nichtehelichen Vaterschaft festgestellt, so hat das Gericht auf Antrag den Beklagten zugleich zu verurteilen, dem Kinde den Regelunterhalt zu leisten. Herabsetzung des Unterhalts unter den Regelunterhalt sowie Erlaß und Stundung rückständiger Unterhaltsbeträge können in diesem Verfahren nicht begehrt werden.

(2) § 642a gilt entsprechend mit der Maßgabe, daß der Betrag des Regelunterhalts nicht vor Rechtskraft des Urteils, das die Vaterschaft feststellt, festgesetzt wird.

Gesetzesgeschichte: Rdnr. 5f. vor § 640.

I. Grundgedanke und Anwendungsbereich[1]

1 1. In Anknüpfung an das auf das Nichtehelichenrecht beschränkte Rechtsinstitut des Regelunterhalts hat es der Gesetzgeber zugelassen, unter **Durchbrechung** des in § 640c niedergelegten **Verbindungsverbots** den Unterhaltsanspruch in der pauschalen Form des Regelunterhalts schon im Vaterschaftsfeststellungsprozeß geltend zu machen. Die Verurteilung zur Leistung des Regelunterhalts kann nach § 643 Abs. 2 i.V.m. § 642a → § 642a Rdnr. 2 in einfacher Weise in einen vollstreckbaren Titel umgesetzt werden. Jedoch muß damit bis zur Rechtskraft des Urteils gewartet werden, das die nichteheliche Vaterschaft feststellt. Das Urteil kann auch nicht hinsichtlich der Verurteilung zur Leistung des Regelunterhalts für vorläufig vollstreckbar erklärt werden, § 704 Abs. 2. Somit bedeutet die Regelung nur für die Antragstellung, nicht aber für die Wirksamkeit der Entscheidung eine Durchbrechung der »Rechtsausübungssperre« des § 1600a S. 2 BGB. Notwendige Anpassungen unterliegen dem Verfahren wie isolierte Unterhaltsurteile, die auf Zuerkennung des Regelunterhalts lauten. Dafür hat der Gesetzgeber mit § 643a ein Nachverfahren zur Verfügung gestellt. Ob der Antrag nach § 643 gestellt werden soll, bleibt der freien Entscheidung des Kindes überlassen, welche bis zum Schluß der letzten mündlichen Verhandlung getroffen werden kann → vor § 642 Rdnr. 5. Wird ein Antrag gestellt, der im Verbundverfahren nicht untersucht werden darf → Rdnr. 10, muß er als unzulässig abgewiesen werden[2]. Ein Versäumnis- oder Anerkennungsurteil oder ein Vergleich über den Regelunterhalt ist nur möglich, wenn der Beklagte im Verlauf des Rechtsstreits die Vaterschaft nach den hierfür geltenden Vorschriften anerkannt hat. Bei dem verbleibenden Verfahren über den Regelunterhalt handelt es sich weiterhin um eine Kindschaftssache, so daß weiterhin die Vorschriften der §§ 643, 643a anwendbar bleiben und nicht öffentlich zu verhandeln ist, § 170 GVG[3].

2 2. Die Festlegung des **Anwendungsgebietes** der Vorschrift folgt ihrem Grundgedanken.

a) Das Urteil muß **das Bestehen der nichtehelichen Vaterschaft** feststellen, weil nur nichteheliche Kinder in den besonderen Genuß der Vorschriften über den Regelunterhalt kommen, § 1615f. BGB. Führt der Erfolg der Klage auf Feststellung des Bestehens der »nichtehelichen Vaterschaft« dazu, daß das Kind infolge einer Legitimation durch nachfolgende Eheschließung ehelich wird, so ist für die Anwendung von § 643 kein Raum mehr und der Antrag abzuweisen. Obwohl die Klage auf **Feststellung der ursprünglichen Wirksamkeit eines Vater-**

---

[1] Lit.: *Demharter* Der Unterhaltsanspruch im Kindschaftsprozeß FamRZ 1985, 977.
[2] *OLG Zweibrücken* FamRZ 1980, 1066.
[3] *BGH* FamRZ 1971, 637; *BGH* DAVorm 1974, 206 = MDR 370; *Demharter* FamRZ 1985, 977. – A.M. *Göppinger*[5] Rdnr. 3182; *Zöller-Philippi*[17] § 641c Rdnr. 2.

schaftsanerkenntnisses nach § 640 Abs. 2 Nr. 1 der Klage auf Feststellung des Bestehens der Vaterschaft **gleichgestellt** ist, führt der Klageerfolg nicht zu einer gerichtlichen Feststellung der Vaterschaft, sondern zur Feststellung der Wirksamkeit des Anerkenntnisses. Die Interessenlage ist gleichwohl die gleiche, wie in § 643 für die gerichtliche Feststellung der Vaterschaft vorausgesetzt wird, so daß in diesem Falle die Vorschrift entsprechend anwendbar ist.

b) Das Klageziel braucht nicht die Feststellung des Bestehens der nichtehelichen Vaterschaft zu sein. Die Vorschrift kommt auch zur Anwendung, wenn **das Kind das Nichtbestehen der nichtehelichen Vaterschaft eines Mannes hat feststellen lassen wollen**, aber hilfsweise für den Fall seines Unterliegens den Antrag nach § 643 gestellt hat. 3

c) Die Feststellung des Bestehens der nichtehelichen Vaterschaft eines Mannes muß – wörtlich genommen – **durch eine Klage des Kindes** ausgelöst sein. Der Sinn dieser Begrenzung ist nicht recht einzusehen und in der amtlichen Begründung[4] auch nicht erläutert. Für eine entsprechende Anwendung im Falle der vom Manne erhobenen Klagen besteht auch ein Bedürfnis. Selbst das Kind, das sich materiell gegen die Klage eines Mannes auf Feststellung des Bestehens von dessen Vaterschaft verteidigt, handelt nicht arglistig, wenn es hilfsweise den Antrag auf Zuerkennung des Regelunterhalts stellt. Erst recht gilt dies für ein Kind, das dem Klageantrag gar nicht entgegentritt. Das kann vorkommen, wenn die zum Zustandekommen eines wirksamen Anerkenntnisses nach § 1600d S. 2 BGB notwendige Zustimmung des Vormundschaftsgerichts nicht erteilt wird oder wenn der gesetzliche Vertreter des Kindes sich zur Zustimmung zum Anerkenntnis nicht aufraffen kann und auf einer gerichtlichen Vaterschaftsfeststellung besteht. Vor allem aber besteht ein Bedürfnis, § 643 auch im Falle einer gegen das Kind gerichteten Klage für anwendbar zu halten, wenn diese eine Klage auf Feststellung des Nichtbestehens der nichtehelichen Vaterschaft ist, das Kind aber mit seinem Klageabweisungsantrag die Feststellung des Bestehens der Vaterschaft beabsichtigt. Anstatt dem Kind in solchen Fällen systemwidrig die Befugnis einzuräumen, Widerklage mit identischem Klageziel zu erheben[5] und mit ihr den Antrag auf § 643 zu verbinden → § 640 Rdnr. 4, ist es einfacher, diese Vorschrift auf die erwähnten Fälle entsprechend anzuwenden → § 641 d Rdnr. 4. 4

d) Schließlich muß man die Vorschrift auch entsprechend anwenden, wenn durch einen Mann oder das Kind Klage auf **Anfechtung des Vaterschaftsanerkenntnisses** erhoben ist und der Antrag für den Fall des Unterliegens gestellt wird. Daß es dann nicht zu einer »Feststellung« des Bestehens der Vaterschaft kommt, liegt nur daran, daß diese Funktion das gerichtlich bestätigte Anerkenntnis erfüllt, das Kind aber durch § 153, von dem sein Prozeßgegner regelmäßig Gebrauch machen dürfte, in aller Regel gehindert wird, vor Rechtskraft des Urteils einen Unterhaltstitel zu erhalten. 5

e) Der Unterhaltsanspruch braucht nicht **deutschem Recht** zu unterliegen[6]. Zu beachten ist bei Maßgabe ausländischen Rechts nur, daß die Garantie des RU, wie sie §§ 1615 f, 1615 h BGB vorsehen, nicht zu bestehen braucht und eine Herabsetzung schon deswegen gerechtfertigt sein kann, weil im fraglichen Ausland, wo das Kind sich befindet, die Lebenshaltungskosten geringer sind. All dies schließt aber nicht aus, daß die Verurteilung zur Leistung von Unterhalt in der Recheneinheit RU geschehen kann, damit der Zugang zu den verfahrensrechtlichen Erleichterungen gemäß §§ 642 ff. offen bleibt[7]. Erst im Nachverfahren ist daher bei Geltung ausländischen Rechts der Unterhaltsanspruch genau der materiellrechtlichen Rechtslage anzupassen. 6

---

[4] BTDrucks V/3719 S. 47.
[5] So *Zöller-Philippi*[17] Rdnr. 1a.
[6] *OLG Stuttgart* DAVorm 1971, 412 (DDR). – A.M. *OLG Celle* FamRZ 1975, 509 (DDR).
[7] A.M. *OLG Celle* FamRZ 1975, 509 (DDR).

II. Zuständigkeit

7   1. Die **internationale Zuständigkeit der deutschen Gerichte** ist im Geltungsbereich des EuGVÜ problematisch. Nach dessen Art. 1 Abs. 2 Nr. 1 ist es zwar nicht anwendbar auf den Feststellungsrechtsstreit, wohl aber auf Rechtsstreitigkeiten über Unterhaltsansprüche. Für statusrechtliche Verbundverfahren gilt bezüglich des Unterhaltsanspruchs Art. 5 Nr. 2. Danach fehlt es an der internationalen Zuständigkeit der deutschen Gerichte, wenn deren Zuständigkeit für den Statusprozeß lediglich auf die Staatsangehörigkeit einer der Parteien gegründet ist. Das ist auch der Fall, wenn sich aus § 36 Abs. 5 i.V.m. Abs. 2 FGG die Zuständigkeit des AG Berlin-Schöneberg ergibt. Jedoch hat der in § 643 vorgesehene gerichtliche Ausspruch zum Regelunterhalt wegen des Vorbehalts individueller Anpassungen ohnehin nur vorläufigen Charakter und unterfällt daher dem Art. 24 EuGVÜ, welcher die durch nationale Gesetze bezüglich »einstweiliger Maßnahmen« begründete Zuständigkeit unberührt läßt. Die nach § 642a erfolgte Festsetzung ist dann auch in allen anderen Gründungsstaaten der EWG vollstreckbar, so wie dies wegen aller nach streitigem Verfahren erlassenen[8] einstweiligen Maßnahmen der Fall ist, die unter Inanspruchnahme der nach § 24 EuGVÜ vorbehaltenen Zuständigkeiten erlassen wurden. Daß faktisch dem Ausspruch zur Regelunterhaltsleistung und seiner Festsetzung nach § 642a nicht selten kein individuelles Anpassungsverfahren nachfolgt, ist unschädlich, weil Maßnahmen des einstweiligen Rechtsschutzes auch in ihrem klassischen Anwendungsbereich nicht selten Dauerwirkung zukommt, wenn niemand das Hauptverfahren betreibt.

8   2. Der Antrag auf Verurteilung des Beklagten zur Leistung von Regelunterhalt ist als Annex **Teil des Kindschaftsprozesses** und folgt daher den für diesen vorgesehenen Zuständigkeiten. Auch über eine Berufung, welche sich lediglich gegen den Ausspruch zur Leistung von Regelunterhalt richtet, entscheidet daher das OLG[9]. Das gleiche gilt, wenn das Amtsgericht über einen mit dem Statusverfahren unzulässigerweise verbundenen bezifferten Unterhaltsbetrag sachlich oder durch Prozeßurteil entschieden hat[10] → § 640c Rdnr. 7 und § 641a Rdnr. 3. Aus dem Umstand, daß es sehr häufig speziell die Entscheidung über den Regelunterhalt betreffende sachliche Berufungsgründe nicht gibt, läßt sich die Unzulässigkeit einer auf diesen Anspruch beschränkten Berufung nicht herleiten[11]. Da gegen die Entscheidung über das Bestehen der Vaterschaft die Revision nur statthaft ist, wenn das OLG sie zugelassen hat, § 546 Abs. 1, ist analog § 621d Abs. 1 auch gegen die Verurteilung zum Regelunterhalt keine Wertrevision möglich.

9   3. Die allgemeinen Grundsätze über die **Rechtshängigkeit** erfahren im Wirkungsbereich von § 643 gewisse Einschränkungen. Über den Antrag kann nämlich nur zusammen mit der gerichtlichen Feststellung des Bestehens der nichtehelichen Vaterschaft erkannt werden. Entfällt die Rechtshängigkeit des Feststellungsverfahrens, so endet auch die Rechtshängigkeit des Antrags auf Verurteilung zur Zahlung des Regelunterhalts[12]. Hat sich das Feststellungsverfahren durch beidseitige Erledigungserklärungen, etwa nach einem Anerkenntnis der Vaterschaft → § 640 Rdnr. 44, erledigt, so bleibt das Verfahren beschränkt auf das Begehren zum RU im Statusprozeß rechtshängig und zulässig[13]. § 261 Abs. 3 Nr. 2 ist anwendbar. Zur freiwilligen Titulierung des Unterhaltsanspruchs in diesem Fall → § 642c Rdnr.n. 4, 5.

---

[8] Diese Einschränkung macht der *EuGHE* 1980, 1553 = RIW 510 = IPRax 1981, 95 (*Hausmann* 79) – Denilauer ./. Couchet Frères.
[9] *BGH* FamRZ 1971, 369; *BGH* FamRZ 1971, 637 = NJW 1972, 111; *BGH* NJW 1974, 751 = FamRZ 249; *BGH* FamRZ 1980, 48 = NJW 292.
[10] *OLG Karlsruhe* FamRZ 1974, 263.
[11] *BGH* aaO.
[12] *OLG Stuttgart* FamRZ 1973, 466; *Roth-Stielow*[2] (vor § 640 Fn. 1) Rdnr. 61 – im Falle des Todes einer Partei.
[13] *BGH* NJW 1974, 751 f.; *BGH* NJW 1980, 292 = FamRZ 48; heute allg. M.

Da die Verurteilung zur Leistung des Regelunterhalts der Sache nach eine vorläufige Regelung darstellt → Rdnr. 7, begründet der nach § 643 gestellte Antrag keine Rechtshängigkeit hinsichtlich einer isolierten Unterhaltsklage[14]. Die Verurteilung zur Leistung des Regelunterhalts erwächst, wie § 643 a zeigt, auch nicht in materielle Rechtskraft. Vor rechtskräftiger Vaterschaftsfeststellung läßt sich gerichtlich ein Unterhaltstitel aber ohnehin nicht erzielen und nach Rechtskraft der Feststellung und des Ausspruchs zur Regelunterhaltsleistung fehlt es für eine endgültige gerichtliche Geltendmachung von Unterhaltsansprüchen außerhalb des in § 643 a vorgesehenen Verfahrens an einem Rechtsschutzbedürfnis.

III. Zwingende Begrenzung des Verfahrensgegenstandes

Der Bewegungsspielraum des Gerichts hinsichtlich der berücksichtigungsfähigen Umstände ist praktisch auf Null reduziert. Das Gesetz hat bewußt die Geltendmachung aller Umstände ausgeschlossen, die eine Erhöhung oder Minderung des Regelunterhalts begründen sollen, da der Kindschaftsprozeß nicht mit schwierigen Unterhaltsfragen belastet werden soll. Das gilt nicht nur für ziffernmäßige Korrekturen gem. §§ 1615 c, 1615 h BGB, für die in einem Erkenntnis, das keinen ziffernmäßig fixierten Ausspruch enthält, ohnehin kein Raum wäre. Es gilt auch für **Zu- und Abschläge**, die nach § 642 d in einem Vomhundertsatz des Regelbedarfs ausgedrückt sind. § 643 Abs. 1 S. 2 bezeichnet zwar nur eine Herabsetzung unter den Regelunterhalt als unzulässig. Zweck dieser Vorschrift ist es aber, eine schnelle Entscheidung über die Vaterschaft zu ermöglichen. Deshalb muß § 643 Abs. 1 S. 2 über seinen Wortlaut hinaus auch für einen Zuschlag zum Regelunterhalt gelten[15]. Für Stundung und Erlaß rückständigen Unterhalts → Rdnr. 1. 10

Die Klärung anderer Fragen ist nicht dem Nachverfahren nach § 643 a vorbehalten. **Sonstige Einwendungen** gegen den Grund des Anspruchs[16] sind bereits im Kindschaftsprozeß zu prüfen und nicht erst in Nachverfahren. Dies hat zur Folge, daß der Antrag auf Verurteilung zum Regelunterhalt für die Zeit bis zum Erlaß des Urteils im Kindschaftsprozeß abzuweisen ist, wenn der beklagte Vater oder ein Dritter, auf den der Unterhaltsanspruch des Kindes übergegangen ist, für diese Zeit den Regelunterhalt **vollständig** bezahlt hat. Die Abweisung steht einer Abänderungsklage nach § 643 a mit dem Antrag, den Vater zur Zahlung der Differenz zwischen dem Regelunterhalt und dem nach den individuellen Verhältnissen angemessenen Unterhalt zu verurteilen, nicht entgegen. Wurde ein **Teil des Regelunterhalts** bezahlt, so ist die Klage in Höhe des bezahlten Betrages abzuweisen und der Beklagte im übrigen zur Zahlung des Regelunterhalts zu verurteilen. Zur Möglichkeit eines Teilurteils Rdnr. 11. Einwendungen zur Leistungsfähigkeit können jedenfalls nicht im Verfahren nach § 643 geltend gemacht werden[16a]. Nach Abschluß des Verfahrens können die Einwendungen nur noch nach den allgemeinen Vorschriften, insbesondere § 767 Abs. 2 zugelassen werden. 10a

IV. Verfahren

Es macht keinen Sinn, Unterhaltsklagen immer und überall der Dispositions- und der Verhandlungsmaxime zu unterstellen, das auf den Annex-Regelunterhaltsantrag anzuwendende Verfahren aber uneingeschränkt dem des zugrundeliegenden Statusprozesses[17]. Viel- 11

---

[14] A.M. *OLG Celle* FamRZ 1971, 47.
[15] Allg.M. *Göppinger* FamRZ 1970, 167 ff.; *Damrau* FamRZ 1970, 285, 290; *Bürgle* ZBlJR 1970, 106 f.; *Czerner* ZBlJR 1971, 1, 5; *Kemper* FamRZ 1973, 520, 523; *Gernhuber* FamR³ § 59 II Fn. 1.
[16] *BGH* FamRZ 1981, 32 = NJW 393; *BGH* FamRZ 1982, 50 = NJW 515; *OLG Düsseldorf* FamRZ 1981, 603; *OLG Karlsruhe* DAVorm 1982, 214; *OLG Karlsru-*
he DAVorm 1984, 490 = Justiz 207 – Aufnahme des Kindes in den väterlichen Haushalt, § 1615 f. Abs. 1 S. 1 BGB; *KG* FamRZ 1986, 1039 – Erfüllung; Forderungsübergang gemäß §§ 1615 b BGB, 90 Abs. 2 BSHG, 7 UnterhVorschG.
[16a] *OLG Karlsruhe* FamRZ 1993, 712.
[17] *Demharter* FamRZ 1985, 977, 980 ff.

mehr sollten die Grundsätze über die relative verfahrensrechtliche Autonomie der Verbundsachen zu Ehesachen entsprechend angewandt werden → § 624 Rdnr. 2.

Ist der Antrag gestellt, so existiert eine ausreichende prozessuale Grundlage für eine vergleichsweise Regelung des Unterhaltsanspruchs, aufschiebend bedingt für den Fall der Vaterschaftsanerkenntnis oder nach Abgabe eines Vaterschaftsanerkenntnisses → Rdnr. 9[18].

Ebenso gilt § 308. Das Gericht ist an den Antrag des Kindes, nur den Regelunterhalt abzüglich eines Abschlags zuzusprechen, gebunden; Abs. 1 S. 2 bezieht sich nur auf Anträge des beklagten Mannes. Ebenso kann nach § 306 auf den Unterhaltsanspruch verzichtet werden[19]. Im Hinblick darauf, daß der Beklagte die in Rdnr. 10a erwähnten Einwendungen vorbringen kann, muß man auch ein Anerkenntnis nach § 307 zulassen[20]. Für die Rücknahme des Antrags gilt § 269[21].

Für die Alternative **Untersuchungs- oder Verhandlungsgrundsatz** ist selten Raum. Die in Rdnr. 10a genannten Einwendungen unterliegen dem ersteren. Insbesondere muß der Beklagte, will er eine cessio legis geltend machen, die zugrundeliegenden Tatsachen behaupten[22]. Auch ein Versäumnisurteil bezüglich des RU-Annexes ist möglich[23].

Gleichwohl bleibt der Annex im Verbund mit einem Statusprozeß → Rdnr. 9. Ein **Teilurteil** nur über die Vaterschaftsfeststellung, eventuell zuzüglich über bestimmte Zeitabschnitte, für die Regelunterhalt zu bezahlen ist (sollte die Entscheidung über in Rdnr. 10a erwähnte Einwendungen noch der Aufklärung bedürfen), ist zulässig[24].

Eine **Trennung** aufgrund von § 145 ist möglich, vor allem auch noch nach Anerkennung der Vaterschaft im Prozeß, womit man sich vor allem behilft, wenn man § 640 Abs. 1 i.V.m. §§ 616, 617 uneingeschränkt auch auf das Annex-Unterhaltsverfahren anwendet[25].

Erledigt sich durch den Tod des Mannes der Kindschaftsprozeß, §§ 640 Abs. 1, 619, erledigt sich damit auch der Nebenantrag auf Regelunterhalt. Stellt das Vormundschaftsgericht die Vaterschaft fest, § 1600n Abs. 2, ist der Unterhaltsanspruch mit selbständiger Unterhaltsklage weiter zu verfolgen[26].

643a [Konkretisierungsverfahren]

(1) Den Parteien ist im Falle des § 643 Abs. 1 Satz 1 vorbehalten, von der Rechtskraft des Urteils an im Wege einer Klage auf Abänderung der Entscheidung über den Regelunterhalt zu verlangen, daß auf höheren Unterhalt, auf Herabsetzung des Unterhalts unter den Regelunterhalt oder auf Erlaß rückständiger Unterhaltsbeträge erkannt wird, oder Stundung rückständiger Unterhaltsbeträge zu beantragen.

(2) Das Urteil darf, wenn die Klage auf höheren Unterhalt oder auf Herabsetzung des Unterhalts unter den Regelunterhalt nicht bis zum Ablauf von drei Monaten nach Rechtskraft des Beschlusses, der den Betrag des Regelunterhalts festsetzt, erhoben wird, nur für die Zeit nach Erhebung der Klage abgeändert werden. Die Klage auf Erlaß und der Antrag auf Stundung rückständiger Unterhaltsbeträge sind nur bis zum Ablauf dieser Frist zulässig. Ist

---

[18] *Brühl* FamRZ 1970, 226, 229; *Zöller-Philippi*[17] § 641c Rdnr. 2 – A.M. *Demharter* aaO.
[19] *Demharter* FamRZ 1985, 977, 978, 982.
[20] A.M. *OLG Hamm* FamRZ 1988, 854; *Zöller-Philippi*[17] § 641c Rdnr. 2.
[21] *Demharter* FamRZ 1985, 977, 981.
[22] *OLG Hamm* DAVorm 1981, 769; *KG* DAVorm 1978, 467; A.M. *OLG Karlsruhe* DAVorm 1982, 214; *Demharter* FamRZ 1985, 977, 979f.
[23] A.M. *Demharter* FamRZ 1985, 977, 980; *Bosch* FamRZ 1972, 269; *OLG Karlsruhe* FamRZ 1971, 46 = Justiz 1970, 415; *Baumbach/Lauterbach/ Albers*[51] Rdnr. 1.
[24] *BGH* FamRZ 1981, 32 = NJW 393.
[25] *Demharter* FamRZ 1985, 977, 981.
[26] *OLG Stuttgart* FamRZ 1973, 466.

innerhalb der vorgenannten Frist ein Verfahren nach Absatz 1 anhängig geworden, so läuft die Frist für andere Verfahren nach Absatz 1 nicht vor Beendigung des ersten Verfahrens ab.

(3) Ist die Frist nach Absatz 2 noch nicht abgelaufen, so ist das Gericht ausschließlich zuständig, das im ersten Rechtszug über die Klage auf Feststellung des Bestehens der nichtehelichen Vaterschaft erkannt hat.

(4) Sind mehrere Verfahren nach Absatz 1 anhängig, so ordnet das Gericht die Verbindung zum Zwecke gleichzeitiger Verhandlung und Entscheidung an. Ist nur ein Antrag auf Stundung gestellt, so wird durch Beschluß entschieden; § 642a Abs. 2, 3 gilt entsprechend.

Gesetzesgeschichte: Rdnr. 5f. vor § 640.

I. Die möglichen Anpassungen

Die Vorschrift regelt die konkrete, in § 643 einem Nachverfahren vorbehaltene Unterhaltsbemessung. Einen ausdrücklichen Vorbehalt braucht die Verurteilung zur Leistung des Regelunterhalts nicht zu enthalten, um die Bestimmung anwendbar zu machen[1]. Welche Umstände bei der nunmehr, abgesehen von späterer Änderung der Verhältnisse endgültigen Unterhaltsbemessung berücksichtigt werden dürfen, und von welchem Zeitpunkt an die individuelle Anpassung wirksam werden kann, richtet sich danach, ob das Anpassungsverlangen innerhalb dreier Monate nach Rechtskraft des Beschlusses gestellt wird, der den Betrag des Regelunterhalts festsetzt, oder erst danach. Für die Fristwahrung kann § 270 Abs. 3 entsprechend angewandt werden[2]. Die Vorschrift beruht auf dem Gedanken, daß jemand, der sich nicht in angemessener Zeit um eine Anpassung bemüht, mit seinem Recht für die Vergangenheit präkludiert wird. Danach ist es geboten, die Frist auch durch rechtzeitige Einreichung eines Antrags auf Prozeßkostenhilfe als gewahrt zu betrachten[3]. Die Erhebung der Nichtigkeitsklage reicht allerdings zur Fristwahrung ebensowenig aus[4] wie der Erlaß einer einstweiligen Anordnung[5]. Wird kein Betragsfestsetzungsverfahren durchgeführt, so beginnt die Dreimonatsfrist nicht zu laufen. Da die Verurteilung zum Regelunterhalt im Kindschaftsprozeß nicht auf einer Erforschung der individuellen Verhältnisse der Parteien beruht, ist die Anpassung nach Abs. 1 – anders als bei einer Abänderungsklage nach § 323 – nicht davon abhängig, daß sich seit der letzten mündlichen Verhandlung im Kindschaftsprozeß die Verhältnisse wesentlich geändert haben[6].

Auf andere als nach § 643 ergangene Unterhaltstitel ist die Sonderregelung des § 643a nicht anwendbar[7]. Eine Ausnahme bilden nur Unterhaltsvereinbarungen, in denen sich der Vater zur Leistung des Regelunterhalts verpflichtet. In diesem Fall ist eine entsprechende Anwendung aus praktischen Gründen gerechtfertigt[8]. Das Kind konnte die individuelle Unterhaltsbemessung zwar geltend machen, aber nicht durchsetzen. Anstatt es zu zwingen, im Normalverfahren eine Zusatzklage zu erheben oder gar auf eine Aufstockung des RU zu verzichten, und anstatt den Vater dem Risiko auszusetzen, daß Zusatzklagen außerhalb der zeitlichen Grenzen von § 643a erhoben werden, ist dessen entsprechende Anwendung die

1

---

[1] *BGH* FamRZ 1981, 32 = NJW 393.
[2] *LG Kempten* DAVorm 1982, 386; *Göppinger-Wax*[5] 3186.
[3] *AG Hamburg* DAVorm 1976, 162. – A.M. *Odersky* (vor § 640 Fn. 1) 2b.
[4] *Baumbach/Lauterbach/Albers*[51] Rdnr. 3 – A.M. *AG Herford* MDR 1980, 149, wonach die Frist erst zu laufen beginnt, wenn die Vaterschaft im Wiederaufnahmeverfahren erneut und endgültig festgestellt ist.
[5] *LG Heidelberg* DAVorm 1979, 857.

[6] *Damrau* FamRZ 1970, 291.
[7] *LG Osnabrück* DAVorm 1989, 163; *Zöller-Philippi*[17] Rdnr. 3; *Baumbach/Lauterbach/Albers*[51] Rdnr. 1.
[8] *LG Berlin* DAVorm 1973, 90; *LG Traunstein* DAVorm 1973, 47; *LG Arnsberg* DAVorm 1974, 466 – A.M. *Odersky* FamRZ 1973, 529; *Göppinger-Wax*[5] Rdnr. 3185, wonach die Voraussetzung des § 643a, daß die Geltendmachung individueller Unterhaltsbemessungen in einem Vorprozeß rechtlich abgeschnitten war, nicht vorliegen soll.

sachgerechtere Lösung. Das Verfahren ist keine Kindschaftssache mehr. Daher sind Klageverbindungen nach allgemeinen Grundsätzen möglich. Insbesondere können Anpassungsverfahren mit Verfahren verbunden werden, wie sie in § 644 vorgesehen sind.

2 1. Wird die **Anpassung innerhalb der in § 643 Abs. 2 S. 1 vorgesehenen Frist verlangt,** so kann auf »höheren Unterhalt«, auf »Herabsetzung des Unterhalts«, auf »Erlaß rückständiger Unterhaltsbeträge« oder deren Stundung – mit oder ohne Sicherheitsleistung → § 642 e – erkannt werden. Beinhaltet Klage oder Antrag zunächst nur eines der möglichen Verlangen, so kann ein weiteres Verlangen auch nach Ablauf der Dreimonatsfrist gestellt werden → Abs. 2 S. 3, solange das zuerst eingebrachte Verlangen rechtshängig bleibt → Rdnr. 5. Ist das weitere Verlangen nach diesen Voraussetzungen rechtzeitig eingebracht worden, so bleibt es dies auch, wenn das ursprünglich gestellte Verlangen zurückgenommen wird oder sich sonst erledigt[9]. Wird Klage auf Erhöhung des Unterhalts bis zum Ablauf von 3 Monaten nach Rechtskraft des Beschlusses, der den Betrag des Regelunterhalts festsetzt, erhoben, so kann im Urteil der erhöhte Betrag rückwirkend, also bis zum Beginn der Unterhaltspflicht, gegebenenfalls bis zum Zeitpunkt der Geburt, festgesetzt werden. **Welche Anpassungen möglich sind,** liegt nicht im Ermessen des Richters, sondern **ergibt sich aus den Vorschriften des materiellen Rechts,** nämlich den §§ 1615 c (Erhöhung), 1615 h (Herabsetzung) und 1615 i (Stundung und Erlaß). Denkbar ist, daß materiellrechtlich überhaupt kein Unterhalt geschuldet wird und daher eine Herabsetzung auf Null ausgesprochen werden muß. Erhöhung oder Herabsetzung können sowohl ziffernmäßig ausgedrückt werden (etwa »DM 50,– weniger als der Regelunterhalt«) als auch in der Form geschehen, daß auf prozentuale Zuschläge oder Abschläge gemäß § 642 d erkannt wird. Ein ziffernmäßig ausgedrückter Aufschlag hat allerdings den Nachteil, daß sich dann eine spätere Anhebung des Regelbedarfs auf den Aufschlag nicht auswirkt. Auch wenn der Regelunterhaltsbetrag noch nicht festgesetzt ist, kann im späteren Festsetzungsverfahren ein Anpassungsurteil ohne weiteres berücksichtigt werden, das lautet, der Regelunterhalt sei um einen ziffernmäßigen Betrag hinauf- oder herabzusetzen, weshalb eine vorherige Festsetzung entbehrlich ist[10]. Daher besteht kein Grund, die Parteien auf die Möglichkeit, prozentuale Zu- und Abschläge geltend zu machen, zu beschränken[11]. Jedoch kann der Vater keine ziffernmäßig bestimmte Anpassung erzwingen, wenn das Kind dem widerspricht. Das Wahlrecht steht dem Kinde zu[12]. Zur Bestimmtheit des Antrags → Rdnr. 5.

3 Das Gericht kann zu dem Ergebnis kommen, daß dem Kind Rückstände an Unterhaltsforderungen aus der Zeit zustehen, die im Urteil nicht berücksichtigt ist. Diese Beträge muß es dem Kind zusätzlich zuerkennen, wobei das Kind wiederum die Wahl hat, den ihm zustehenden Anspruch zu beziffern oder in der Recheneinheit Regelunterhaltsraten mit Zu- und Abschlägen auszudrücken.

4 2. Ist das **Anpassungsverlangen nicht innerhalb der in Abs. 2 vorgesehenen Dreimonatsfrist rechtshängig** geworden, so sind Anpassungen nur bezüglich der Unterhaltsraten zulässig, die nach Erhebung der Klage[13] bzw. Stellung des Antrags fällig werden. Insbesondere sind Erlaß und Stundung vorher aufgelaufener Unterhaltsbeträge nicht mehr möglich. Die Präklusionsvorschrift beschränkt sich aber darauf, eine Änderung des Urteils für die Zeit vor Klageerhebung bzw. Antragstellung zu verhindern. Nicht bedeutet sie, daß zur Durchsetzung von Änderungsbegehren für die Zeit danach die Geltendmachung von Umständen ausge-

---

[9] *Odersky* (Vor § 640 Fn. 1) III 2 c; *Baumbach/Lauterbach/Albers*[51] Rdnr. 3, b). – A.M. *Göppinger-Wax*[5] Rdnr. 3187.
[10] *LG Berlin* DAVorm 1974, 267.
[11] A.M. *Kemper* FamRZ 73, 520, 523 Fn. 39, 40.
[12] *Zöller-Philippi*[17] Rdnr. 2.
[13] A.M. *Göppinger-Wax*[5] Rdnr. 3186: Es kommt auf den Zeitpunkt der Zustellung der Klage an.

schlossen wäre, die sich vorher ereignet haben¹⁴. Die Formulierung von § 643 Abs. 2 S. 1 unterscheidet sich insoweit in charakteristischer Weise von derjenigen des § 323 Abs. 2. Es kann also eine auf künftige Erhöhung des Regelunterhalts gerichtete Klage sehr wohl mit wirtschaftlichen Verhältnisses des Vaters begründet werden, die schon zur Zeit der Urteilsfällung existierten. Das Recht, Sonderbedarf nach § 1613 Abs. 2 BGB zu fordern, wird von der Präklusionsbestimmung nicht berührt¹⁵. Ein diesbezüglicher Antrag kann im Urteilsverfahren des § 643 a zusätzlich gestellt werden, § 260, gegebenenfalls auch im Wege der Widerklage.

Die Frist ist zwar nicht als **Notfrist** bezeichnet, läßt sich aber als solche behandeln. Es gelten dafür die in → § 641 q Rdnr. 6 angestellten Erwägungen, auch wenn die Fristversäumnis nicht den Rechtsbehelf ganz abschneidet, sondern nur seinen Wirkungszeitraum begrenzt.

II. Das Verfahren

1. Die verfahrensmäßige Initiative zur Unterhaltsanpassung ist im allgemeinen an die **Klageform** gebunden. Nur wenn die Stundung rückständiger Unterhaltsbeträge begehrt wird, genügt ein bloßer Antrag → Rdnr. 9. Der **Klageantrag** muß auch bezüglich des Zeitpunktes, zu dem die Anpassung wirken soll, bestimmt sein und gilt für die Zeit vor Klageerhebung auch im Falle der Rdnr. 2 nur, wenn ausdrücklich so gestellt. Jedoch ist die Erweiterung des Antrags auf die Zeit vor Klageerhebung nach § 643 a Abs. 2 S. 3 auch noch später möglich¹⁶. Die Zulässigkeit des Verfahrens setzt die Rechtskraft des Urteils voraus, dessen Annex die Verurteilung zur Leistung des Regelunterhalts ist. Jedoch ist nicht Voraussetzung, daß bereits ein Festsetzungsverfahren stattgefunden hat. Wenn das Kind über die Einkommensverhältnisse des Vaters nicht Bescheid weiß, so kann es Stufenklage erheben. Pünktliche Zahlungen schließen das Rechtsschutzbedürfnis nicht aus → § 642 Rdnr. 1. Eine spätere individuelle Veränderung der Verhältnisse ist durch Abänderungsklage gemäß § 323¹⁷ oder, wenn sie auf einer Abänderung des Regelbedarfs beruht, nach § 642 b geltend zu machen. Begehrt das nichteheliche Kind im Verfahren gemäß § 643 a Verurteilung des Vaters zur Zahlung eines prozentualen Zuschlags, § 642 d, will aber andererseits der Vater Erlaß oder Stundung von Unterhaltsrückständen geltend machen, § 1615 i BGB, so muß er hierzu Widerklage erheben¹⁸.

2. a) Die örtliche und sachliche **Zuständigkeit** ist verschieden, je nachdem, ob die Dreimonatsfrist des Abs. 2 S. 1 schon abgelaufen ist oder nicht. Ist dies nicht der Fall, dann ist das Amtsgericht, welches den Statusprozeß im ersten Rechtszug über den Feststellungsantrag entschieden hat, § 641 a, ausschließlich zuständig, Abs. 3. Das gilt auch für solche Anträge, die durch Klageerweiterung oder Widerklage mit einer rechtzeitig erhobenen Klage verbunden worden sind. War ein Antrag fristgerecht gestellt und wird er später nach Ablauf der Frist zurückgenommen, sind inzwischen aber weitere Anträge gestellt worden, so bleibt das Gericht für die Entscheidung über die letzteren Anträge zuständig, § 261 Abs. 3 Nr. 2. Ist innerhalb der Frist von keiner Seite die Initiative zur Unterhaltsanpassung ergriffen worden, so gelten die allgemeinen Vorschriften über die örtliche und sachliche Zuständigkeit.

b) Wohnt der Beklagte oder Antragsgegner in einem Vertragsstaat des **EuGVÜ** oder des Luganer Übereinkommens → Einl. Rdnr. 781 ff., so gehen deren Zuständigkeitsvorschriften der Zuständigkeitsregelung in § 643 a Abs. 3 vor. Das Verfahren hat nicht, wie die Zuspre-

---

¹⁴ *Damrau* FamRZ 1970, 285, 291 (Fn. 73); *AG Bruchsal* DAVorm 1975, 426. – A.M. *Niclas* ZBlJR 1970, 10 (15).
¹⁵ *Damrau* FamRZ 1970, 269.
¹⁶ *LG Kaiserslautern* FamRZ 1975, 429 = NJW 1037.
¹⁷ *LG Oldenburg* DAVorm 1986, 433; *Zöller-Philippi*¹⁷ § 642 d Rdnr. 4.
¹⁸ *Göppinger-Wax*⁵ Rdnr. 3186.

chung des Regelunterhalts nach § 643, nur vorläufigen Charakter; es ist auch nicht mehr mit einer Statussache als deren Annex verbunden → § 643 Rdnr. 7. Ein Grundsatz, daß die Gerichte eines Staates Urteile von Gerichten anderer Staaten nicht ändern können, gilt jedenfalls bezüglich der Anpassung von Unterhaltsurteilen nicht → 323 Rdnr. 17. Die im EuGVÜ normalerweise für Unterhaltssachen vorgesehenen Zuständigkeitsvorschriften betreffen auch Klagen auf Anpassung von Unterhaltstiteln[19]. Ausgangsurteil kann daher auch ein ausländisches sein, wenn es nur einen RU-Anspruch enthält. Klagt das Kind, so gibt ihm das EuGVÜ zwei Zuständigkeitsalternativen. Es kann am allgemeinen Gerichtsstand des Vaters in dem Staat klagen, in dem dieser seinen Wohnsitz hat. Hat der Vater also seinen Wohnsitz in der Bundesrepublik, dann sind die deutschen Gerichte zuständig. Das EuGVÜ kümmert sich in diesem Fall nicht um die örtliche Zuständigkeit innerhalb Deutschlands, so daß § 643a Abs. 3 anwendbar bleibt. Das Kind kann auch vor dem Gericht klagen, in dessen Bezirk es selbst seinen Wohnsitz oder gewöhnlichen Aufenthalt hat (Art. 5 Nr. 2 EuGVÜ). Bei Inanspruchnahme dieser Zuständigkeit ist jedoch schon das örtlich zuständige Gericht bestimmt, so daß die Zuständigkeit gegenüber einem im Vertrags-Ausland wohnenden Vater nur dann mit derjenigen des § 643a Abs. 3 zusammenfällt, wenn das Kind Wohnsitz oder gewöhnlichen Aufenthalt im Bezirk des Gerichts hat. Andernfalls muß sich das Kind auch dann an das für seinen Wohnsitz oder gewöhnlichen Aufenthalt zuständige Gericht oder an das ausländische Gericht am Wohnsitz des Vaters wenden, wenn die Anpassungsklage binnen drei Monaten nach Rechtskraft des Regelunterhalts-Festsetzungsbeschlusses erhoben wurde. Klagt der Mann, dann kann er sich nur an das Gericht am Wohnsitz oder gewöhnlichen Aufenthalt des Kindes wenden, wenn ersterer im Vertragsinland liegt, auch wenn das Kind zur Zeit der Fällung des Statusurteils Wohnsitz oder gewöhnlichen Aufenthalt noch in der Bundesrepublik oder gar im Bezirk des mit der Sache befaßten Amtsgerichts hatte, Art. 5 Nr. 2 EuGVÜ → § 621 Rdnr. 22.

8   c) Sind **mehrere Klagen auf Anpassung** erhoben, so sind sie zu verbinden, Abs. 4, auch wenn nach den normalen Geschäftsverteilungsregeln verschiedene Richter zur Entscheidung zuständig wären. Wegen der Einzelheiten → § 147 Rdnr. 2 ff.

III. Die Entscheidung

9   Die Entscheidung ergeht im Regelfall durch **Urteil**. Ein Beschlußverfahren ist lediglich dann vorgesehen, wenn keine Klage erhoben, sondern ausschließlich ein Stundungsantrag gestellt ist. War der Stundungsantrag zunächst neben einer Klage rechtshängig, die sich später erledigt hat, so bleibt der Richter auch für ersteren zuständig[20]. Das Verfahren ist **keine Kindschaftssache**. Es gelten also die allgemeinen Vorschriften über die Verteilung der Verantwortung für Streitgegenstandsbestimmung und Prozeßstoffeinführung. Vergleiche sind möglich. Ist das Verfahren vor dem Rechtspfleger anhängig → § 20 Nr. 11 RpflG (Stundung), so kann der Vergleich auch Regelungen enthalten, die der Rechtspfleger nicht treffen durfte[21]. Zur Entscheidung über die Berufung ist das Landgericht zuständig, § 72 GVG, und nicht das OLG, weil Nachverfahren keine Kindschaftssachen sind.

Das Beschlußverfahren ist dem Rechtspfleger übertragen, § 20 Nr. 11 RPflG, obwohl es sich um ein zivilrechtliches Streitverfahren handelt. Eine mündliche Verhandlung ist nur freigestellt, aber nicht obligatorisch, Abs. 4 i.Vdg.m. § 642a Abs. 2. All dies ändert aber nichts daran, daß das Verfahren nach den üblichen kontradiktorischen Prinzipien durchzuführen ist,

---

[19] Dazu ausführlich *Schlosser* FamRZ 1973, 424, 426 ff.; *Siehr* (Fn. 14) 933 f.; *Kropholler* Europäisches Zivilprozeßrecht³ Art. 5 Rdnr. 28 ff.

[20] *Zöller-Philippi*[17] Rdnr. 6.
[21] *Göppinger-Wax*⁵ Rdnr. 3190.

die für Verfahren mit und ohne mündliche Verhandlung – in jeweils spezifischer Ausprägung – gelten. Wegen Bekanntmachungserfordernissen und der Statthaftigkeit von Rechtsbehelfen → § 642a Rdnr. 8, 9.

Wegen der **Kostenentscheidung** gilt im Urteils- und Beschwerdeverfahren gleichermaßen § 93d, wenn Stundung gewährt wird. Wird der Antrag ganz oder teilweise abgelehnt, gelten §§ 91, 92.

§ 644 [Klagen Dritter]

(1) **Macht ein Dritter, der dem Kind Unterhalt gewährt hat, seine Ansprüche gegen den Vater geltend, so sind die §§ 642e, 642f. entsprechend anzuwenden.**

(2) **Eine Klage wegen der Ansprüche nach den §§ 1615k, 1615l des Bürgerlichen Gesetzbuchs kann auch bei dem Gericht erhoben werden, bei dem wegen des Unterhaltsanspruchs des nichtehelichen Kindes gegen seinen Vater eine Klage im ersten Rechtszug anhängig ist. Für das Verfahren über die Stundung des Anspruchs nach § 1615l des Bürgerlichen Gesetzbuchs gelten die §§ 642e, 642f. entsprechend.**

Gesetzesgeschichte: Rdnr. 5f. vor § 640.

I. § 644 Abs. 1 **erweitert den Anwendungsbereich der §§ 642e, 642f auf den Fall, daß ein Dritter** z.B. der Ehemann der Mutter oder ein anderer nicht mit der Mutter verheirateter Mann als vermeintlicher Vater[1] dem Kind Unterhalt gewährt hat und die auf ihn übergegangenen Unterhaltsansprüche[2] gegen den Vater geltend macht. Die Bestimmung stellt daher die **verfahrensrechtliche Ergänzung zu den §§ 1615b, 1615i Abs. 3, 412, 404 BGB dar,** wonach der Vater auch gegenüber einem Dritten, auf den die Ansprüche des Kindes übergegangen sind, Stundung der rückständigen Unterhaltsforderung verlangen kann.   1

II. § 644 Abs. 2 S. 1 erweitert die allgemeinen Zuständigkeitsregeln um einen weiteren (nicht ausschließlichen) **Gerichtsstand für Klagen der nichtehelichen Mutter** auf Ersatz von Entbindungskosten und Leistung von Unterhalt gemäß §§ 1615k, 1615l BGB, bzw. auf Klagen eines Dritten, auf den der Anspruch der Mutter nach §§ 1615b BGB, 90 BSHG, 7 UnterhVorschG übergegangen ist. Damit wird die Verbindung (§ 147) dieser Klagen mit der Unterhaltsklage des Kindes ermöglicht, was oft sachdienlich ist, aber ohne die Bestimmung in Abs. 2 S. 1 wegen verschiedener Zuständigkeiten in einzelnen Fällen nicht möglich wäre. Wegen § 1600a BGB können die Ansprüche aus §§ 1615k, 1615l BGB jedoch erst nach Anerkennung oder gerichtlicher Feststellung der Vaterschaft geltend gemacht werden. Gegen den nach § 1600o BGB als Vater vermuteten Mann ist eine einstweilige Verfügung nach § 1615o Abs. 2 BGB möglich. Wird der Unterhaltsanspruch gemäß § 643 Abs. 1 S. 1 im Rahmen des Feststellungsverfahrens erhoben, ist § 644 Abs. 2 S. 1 nicht anwendbar, vielmehr gilt dann das in § 640c stehende Verbot einer Klageverbindung[3].   2

Die Bestimmungen des **EuGVÜ** und des **Luganer Übereinkommens** über die internationale Zuständigkeit gehen dem § 644 Abs. 2 vor. Hat der Beklagte seinen Wohnsitz in einem

---

[1] Zum Scheinvater siehe *Stolterfoht* FamRZ 1971, 341; *Beitzke* FamRZ 1974, 671; *OLG Koblenz* FamRZ 1977, 68.
[2] In Betracht kommen auch die nach §§ 90 BSHG, 7 UnterhVorschG übergegangenen Unterhaltsansprüche des Kindes; ebenso Erstattungsansprüche eines nicht zum Personenkreis des § 1615b BGB gehörenden Dritten aus Geschäftsführung ohne Auftrag oder ungerechtfertigter Bereicherung.
[3] *Büdenbender* FamRZ 1983, 307.

§ 644 II – § 644 Anhang I   Vaterschaftsfeststellung

anderen Vertragsstaat eines dieser beiden Übereinkommen, können Unterhaltsansprüche der Mutter nur vor Gerichten dieses Staates (Art. 2) oder den für den Wohnsitz oder den gewöhnlichen Aufenthalt der Mutter zuständigen Gerichten (Art. 5 Nr. 2) eingeklagt werden. Das gleiche gilt für die Entbindungskosten, die man i. S. des EuGVÜ wohl als Unterhaltsansprüche zu qualifizieren hat. Lehnt man letzteres ab, so kann ihretwegen nur vor den Gerichten des Staates geklagt werden, in dem der Vater seinen Wohnsitz hat. → zum EuGVÜ auch § 643 Rdnr. 17 und § 643 a Rdnr. 7.

3   III. § 644 Abs. 2 S. 2 ordnet die Anwendung der §§ 642 e, 642 f an, *wenn die Zahlung von rückständigen Unterhaltsforderungen der nichtehelichen Mutter* gemäß § 1615 l BGB gestundet werden soll, was nach §§ 1615 l Abs. 3 S. 4, 1615 i Abs. 1 BGB möglich ist, wenn die Mutter und nach §§ 1615 l Abs. 3 S. 4, 1615 i Abs. 1, 3 BGB, wenn ein Dritter, auf den diese Ansprüche übergegangen sind (§ 1607 Abs. 2 BGB), klagt.

§ 644   Anhang I

Naturwissenschaftliche Methoden der Vaterschaftsfeststellung

Einleitung	1
I Blutgruppenausschluß	3
1. Grundlagen	3
a) Ausschluß, nicht Nachweis der Vaterschaft	3
b) Phänotyp – Genotyp	3 a
c) Faktorenausschluß – Reinerbigkeitsausschluß	3 b
d) Einbeziehung von Blutsverwandten	3 c
e) Nachweis des Erbgangs	4
f) Störfaktoren	4 a
2. Die einzelnen Blutgruppensysteme	5
a) ABO	5
b) M/N	6
c) Andere Systeme mit 2 Varianten	7
d) Systeme mit mehr als 2 Varianten	8
e) Vorhandensein bzw. Fehlen eines einzigen Merkmals	9
f) Das Rh System	10
g) Das HL-A System	11
h) Sonstige Systeme	12
II Die Serostatistik	13
1. Die theoretischen Grundlagen der Serostatistik	13
a) Die Essen-Möller-Methode	14
b) Die Berechnung der Zufallswahrscheinlichkeit	15
c) Der Schulenstreit	16
2. Der Beweiswert serostatistischer Befunde	17
a) Die Bedeutung des 99,73%-Wertes	18
b) Der Verbleib schwerwiegender Zweifel i. S. v. § 1600 o Abs. 2 S. 2 BGB	19
c) Der Ehelichkeitsanfechtungsprozeß	20
3. Problematische Sondersituationen	21
a) Mögliche Mehrfachverwandtschaft und Isolate	21
b) Beteiligung von Ausländern	21 a
c) Mehrere übrig bleibende Putativväter	22
d) Unbekannte Beteiligte	23
e) Zwillingsfälle	24
f) Dirnenfälle	25
III Die DNA-Analyse (»genetischer Fingerabdruck«)	26

Einleitung[1]

1   Der rechtliche Stellenwert von naturwissenschaftlichen Methoden der Vaterschaftsfeststellung hat sich im Laufe der Jahre stark geändert. Nach dem Recht aus der Zeit vor 1970 dienten

---

[1] Lit.: *Roth-Stielow*[2] Der Abstammungsprozeß (1978, 112 ff.; *Oepen* in *Förster* Praxis der Rechtsmedizin für Mediziner und Juristen (1986), 295 ff. (besonders informativ); *Prokop-Göhler* Die menschlichen Blutgruppen[5]

sie sowohl im Falle der ehelichen als auch in dem der nichtehelichen Abstammung zur Feststellung von deren »offenbaren Unmöglichkeit«. Dabei ist es für das Recht der **Ehelichkeitsanfechtung** auch geblieben. Im **Nichtehelichenrecht** konnten in der Zeit unmittelbar danach naturwissenschaftliche Erhebungen zur Abstammungsfrage im wesentlichen nur die Funktion eines Elements zur Beurteilung der Frage gewinnen, ob »nach Würdigung aller Umstände schwerwiegende Zweifel an der Vaterschaft verbleiben« (§ 1600 o BGB). Heute ist aufgrund ausgefeilter biostatistischer, insbesondere serostatistischer Methoden → Rdnr. 13 ff., neuerdings auch des DNA-Gutachtens → Rdnr. 26 ff. häufig[2] eine positive Vaterschaftsfeststellung möglich. Dies hat den *BGH* dazu veranlaßt, von **zwei Methoden der rechtlichen Vaterschaftsfeststellung** zu sprechen, der *unmittelbaren positiven*, bei der sogar eine Beiwohnungsfeststellung entbehrlich ist[3], und jener, bei der nach Ausschöpfung aller Erkenntnismöglichkeiten *keine schwerwiegenden Zweifel* an der Vaterschaft im Sinne von § 1600 o Abs. 2 S. 2 BGB mehr verbleiben. Die Einschaltung des Sachverständigen hat freilich unabhängig von diesen beiden, sich jeweils erst am Schluß des Verfahrens zu stellenden Alternativen zu geschehen. Auch die vom Sachverständigen anzustellenden Erhebungen und Berechnungen sind unabhängig davon, ob der Richter schließlich aufgrund von § 1600 o Abs. 1 BGB »unmittelbar« zur Vaterschaftsfeststellung kommen wird oder sich entscheiden muß, ob im Sinne von § 1600 o Abs. 2 S. 2 BGB schwerwiegende Zweifel an der Vaterschaft verbleiben. Die nachfolgenden Hinweise wollen dem Benutzer des Kommentars eine Andeutung über die empirischen Grundlagen der jeweiligen Methode, eine Erläuterung der logischen Natur der ihr zugrundeliegenden Gedankenoperation sowie einen Hinweis vermitteln, ob die jeweilige Methode naturwissenschaftlich so abgesichert ist, daß ihr absolute, jeden Gegenbeweis obsolet machende Verläßlichkeit eignet. Für abstrakte Irrtumsspekulationen ist in letzterem Fall kein rechtlich zulässiger Raum mehr[4]. Soweit eine Methode (noch) nicht absolut verläßlich ist, folgt ein Hinweis zur Verwertbarkeit bestimmter Untersuchungsergebnisse in praktisch wichtigen Beweiskonstellationen, sofern sich die Aussage kurz formulieren läßt.

Die früher gelegentlich notwendigen[5] **indirekten Methoden** wie *erbbiologisch-morphologische, Tragzeit-, Zeugungsfähigkeits-Analysen* usw. spielen angesichts der Verläßlichkeit der serostatistischen Aussagen und der sich anbahnenden Prädominanz der DNA-Analyse → Rdnr. 26 ff. in der heutigen forensischen Praxis so gut wie keine Rolle mehr[6]. **1a**

Zur Notwendigkeit und Zulässigkeit der einzelnen Beweiserhebungen auf naturwissenschaftlicher Basis → § 640 Rdnr. 35 ff.

In der Praxis eine überragende Rolle spielen die jeweils aktualisierten **Richtlinien des Bundesgesundheitsamts**. Die letzten, welche die vorhergehenden von 1977 abgelöst haben, stammen vom Juli 1990[7] → § 644 Anh II. Diese Richtlinien können freilich durch wissen- **2**

(1986); *Schwerd* Rechtsmedizin für Mediziner und Juristen[4] (1986, 129 ff.; *Tutsch/Bauer/Josephini* in *Bachmann/Loeffelholz/Dalichau/Grüner* (Hsg.) Das grüne Gehirn. Der Arzt des öffentlichen Gesundheitswesens (1988) – Loseblattsammlung Abschnitt JZ; *Ritter* Die humangenetische Abstammungsbegutachtung FamRZ 1991, 646.

[2] Nach sachverständiger Behauptung praktisch immer: *Ritter* aaO 647.

[3] *OLG Celle* NJW 1990, 2942; *OLG Hamm* DAVorm 1982, 346, 349.

[4] So schon *BGHZ* 12, 22, 32 = NJW 1951, 558.

[5] Voraufl. Rdnr. 19–25.

[6] *Hummel* DAVorm 1989, 36. Siehe im übrigen noch *OLG Bremen* NJW 1984, 672, wo versucht worden ist, aufgrund des erbbiologisch-morphologischen Gutachtens die serostatistische Ausgangswahrscheinlichkeit

→ Rdnr. 16 in Prozentsätzen zu schätzen. In *BGH* FamRZ 1989, 1067 = NJW RR 1223 f. war es notwendig, einen von zwei eineiigen Zwillingen als Vater durch Feststellung der Zeitpunkte des jeweiligen Verkehrs und die daran anschließende Tragzeitberechnung auszuschließen. Für Fälle von Unsicherheit über die Blutgruppenfrequenzen außerhalb Europas die Einholung eines erbbiologisch-morphologischen Gutachtens anmahnend *BGH* FamRZ 1988, 1037, 1039. Im Falle verstorbener Elternteile ist die Anfertigung eines Gutachtens aufgrund eines Lichtbildes nicht völlig ohne Aussagewert: *Oepen* (Fn. 1) 298; *Schwerd* (Fn. 1) 151; DIV-Gutachten DAVorm 1989, 251, 252. Zur Entkräftung serostatistischer Befunde sind anthropologisch-morphologische Erhebungen aber ungeeignet → § 640 Rdnr. 40, 41.

[7] BGesundheitsBl. 33 Nr. 6 S. 264 ff.

schaftliche Fortschritte rasch überholt sein. So wurden viele Jahre lang HL-A Gutachten → Rdnr. 11 als verläßlich angesehen, bevor sie auch in den Richtlinien des BGA so gekennzeichnet worden sind. Ein wissenschaftlicher Fortschritt hat aber nur bezüglich der Erweiterung der tauglichen Methoden Bedeutung. Aufgrund richtlinienkonformer Begutachtung zustandegekommene Vaterschaftsausschlüsse verlieren ihre Verläßlichkeit nicht durch die Weiterentwicklung der Wissenschaft – ausgenommen der ganz außerordentlich seltenen Fälle, in denen es heute möglich ist, Mutationen festzustellen, die einen Scheinausschluß vorgetäuscht hatten. Im Gegensatz zu den Richtlinien von 1977 verzichten die neuen Richtlinien auf Aussagen zum Beweiswert von solchen Systemen, die der Sachverständige nicht mindestens berücksichtigen soll.

I. Blutgruppenausschluß[8]

1. Grundlagen

3 a) Der Blutgruppenbeweis in Vaterschaftsfeststellungsangelegenheiten beruht auf der Tatsache, daß das Blut verschiedener Gruppen von Menschen in den roten und weißen Blutkörperchen, im Serum und seinen Bestandteilen sowie in den Fermentgruppen verschiedene Eigenschaften besitzt, die ausschließlich durch erbliche Faktoren determiniert sind. Sind die Blutgruppen von Mutter und Kind bekannt – beim »Reinerbigkeitsausschluß« → Rdnr. 6 genügt auch Kenntnis der Kindesblutgruppe –, dann läßt sich auf diese Weise ermitteln, Träger welcher Blutmerkmale der Vater des Kindes sein kann und welcher nicht. Die Untersuchung eines als Vater oder als Mehrverkehrszeugen in Anspruch genommenen Mannes kann dann den **Ausschluß der Vaterschaft** ergeben. Dieser ist dann gegeben, wenn der fragliche Mann ein Blutmerkmal nicht besitzt, daß das Kind von seinem Vater geerbt haben muß. Der **positive Vaterschaftsbeweis** läßt sich nur durch *serostatistische* Methoden führen. Da es heute bereits sehr viele forensisch verwertbare Blutgruppsysteme gibt, besteht für einen zu Unrecht als Vater in Anspruch genommenen Mann schon bei der Standardbegutachtung eine Chance von über 97%, bei Ausschöpfung aller Möglichkeiten von über 99,9%, daß er wenigstens in einem System ausgeschlossen wird[9].

3a b) Manche Blutgruppenanalysen (etwa solche im M/N-System → Rdnr. 5) können sich auf das äußerliche Blutgruppenerscheinungsbild (Phänotyp) beschränken. Bei ihnen entspricht jeder denkbaren Kombination der Erbanlagen eine äußerlich wahrnehmbare und sich von anderen Kombinationen unterscheidende Bluteigenschaft (kombinante Vererbung der fraglichen Anlagen). Es gibt aber Blutgruppensysteme, in denen scharf zwischen **Phänotypen und Genotypen** zu unterscheiden ist. Das beruht auf dem Umstand, daß sich manche Faktoren im System **dominant**, andere **rezessiv** vererben. So entsprechen der äußerlich feststellbaren Blutgruppe A_1, die Genotypen A_1, A_1A_2 und A_10. Sitz der Erbanlagen in den Keimzellen sind die Chromosome. Im befruchteten Ei sind für jede Erbeigenschaft zwei Träger (Gene) vorhanden, einer, der vom Vater und einer, der von der Mutter stammt. Diese beiden für eine Erbanlage konstitutiven Gene brauchen im äußeren Erscheinungsbild nicht immer kombinant aufzutreten. Es ist denkbar, daß eines von beiden allein das äußere Erscheinungsbild bestimmt, wie dies von A_1 im Verhältnis zu A_2 und 0 der Fall ist (aber nicht im Verhältnis zu B). Da beide Eltern auf ihre Kinder ohne irgendwelche Präferenzen sowohl das dominante als auch das rezessive Gen vererben können, kann es vorkommen, daß Kinder einer phänotypischen Blutgruppe zugehören, die keines der beiden Elternteile besitzt. Das ist etwa der Fall,

---

[8] Lit: siehe Fn. 1.   [9] *Ritter* aaO 467.

wenn beide Elternteile die Blutgruppe A_1 und den Genotyp $A_1 0$ besitzen; denn dann kann das Kind von jedem seiner Elternteile das Gen 0 geerbt haben, was bei ihm zu einem Phänotyp 0 führen muß.

c) Je nach Art. der Konstellation unterscheidet man den »**klassischen**« oder **Faktorenausschluß** und den **Reinerbigkeitsausschluß**. Der erstere beruht auf der Schlußfolgerung, daß die Vaterschaft ausgeschlossen ist, wenn das Kind ein Merkmal besitzt, das sich weder bei der Mutter noch beim Präsumtivvater findet. Beispiel: Kind hat M/N, Mutter M/M, Präsumtivvater M,M. In Systemen rezessiv vererblicher Bestandteile muß jeder mögliche Genotyp berücksichtigt werden. Beispiel: Kind hat A, Mutter A, Präsumtivvater 0 oder B. Das Kind kann dem Genotyp A0 angehören, also das 0 von seinem Vater geerbt haben, also auch von einem solchen Mann des Phänotyps B, der dem Genotyp B0 angehört. Beim Reinerbigkeitsausschluß bedarf es einer Kenntnis der Blutgruppen der Mutter nicht. Beispiel: Kind hat N/N, Präsumtivvater M/M; der Präsumtivvater kann seinem Kind nur ein M vererbt haben. Ein Kind, das kein M besitzt, kann von ihm nicht abstammen. 3b

d) Daß Erbanlagen, die sich rezessiv vererben, als Gene neben dem dominaten Gen äußerlich nicht feststellbar sind, vermindert die Chance für einen Vaterschaftsausschluß. Es ist jedoch in manchen Fällen möglich, durch **Einbeziehung von Blutsverwandten** (Großeltern des Kindes) indirekt den Genotyp von Mutter und Präsumtivvater zu ermitteln und auf diese Weise zu weiteren Ausschlußkonstellationen zu gelangen. Beispiel: Kind hat die Blutgruppe A_2, die Mutter A_1, der Präsumtivvater 0. Läßt sich nachweisen, daß ein Elternteil der Mutter die Blutgruppe 0 besitzt, so wäre dadurch für diese der Genotyp $A_1 0$ erwiesen. Das Kind muß dann das bei ihm mindestens einmal vorhandene A_2 von seinem Vater geerbt haben; der Mann mit der Blutgruppe 0 kann also der Vater nicht sein. Die Blutgruppenmerkmale naher Verwandter können unter Umständen auch Aufschluß erbringen, wenn **unmittelbar Beteiligte verstorben** sind und die Frist von wenigen Stunden nach ihrem Tod zu einer tauglichen Blutentnahme verstrichen ist[10]. Bei Einbeziehung von Großvater mütterlicherseits und Vater des Präsumtivvaters ist aber Vorsicht geboten, weil die Abstammungsverhältnisse insoweit nie sicher sind. Die Vermutungswirkung des § 1593 BGB gilt für das Verhältnis Eltern – bzw. Präsumtivelternteil zu dessen Vater nicht, wenn aus dieser Beziehung im Rahmen von Blutgruppengutachten indirekt Rückschlüsse auf die Abstammungsverhältnisse des Kindes gezogen werden sollen. § 1593 BGB soll nur verhindern, daß der rechtliche Status einer Person als Rechtsstellung direkt oder inzident in Frage gestellt wird, nicht Kausalitätsrückschlüsse verhindern. Gerade das jetztige Nichtehelichenrecht eröffnet neue Perspektiven für die Einbeziehung von Großeltern in Blutgruppenuntersuchungen, weil häufig Zweifel an der Abstammung der Eltern von ihnen so fern liegen, daß sie im Rahmen der nach § 1600o Abs. 2 S. 2 BGB gebotenen Wahrscheinlichkeitsabwägung außer Betracht bleiben können. 3c

e) Die **Beweiskraft** des Blutgruppenvergleichs beruht auf der Verläßlichkeit der der Schlußfolgerung zugrundeliegenden **Annahmen über den Erbgang**. Diese Annahmen können nur auf massenstatistischen Erhebungen fußen. Bei keiner statistischen Aussage kann aber eine hundertprozentige Erkenntnissicherheit erreicht werden. Als gesicherte Erkenntnis der Naturwissenschaft läßt man einen Erfahrungssatz aber allgemein dann gelten, wenn die massenstatistische Erhebung eine Wahrscheinlichkeit von 99,73% (sog. »Drei-Sigma-Grenze«) erreicht haben. Das bedeutet, daß sich der fragliche Erbgang in nahezu 500 untersuchten Fällen ohne jede Ausnahme bestätigt haben muß[11]. Ist dieser Wert erreicht, so kennt der 4

---

[10] DIV-Gutachten DAVorm 1989, 251 f.; *AG Duisburg* DAVorm 1988, 192.
[11] BGA-Richtlinien 7.2. → § 644 Anh II. Diese Festlegung geht zurück auf ein Gutachten des Robert-Koch-Instituts vom 20.04.1940, siehe dazu *Beitzke-Dahr* Vaterschaftsgutachten für die gerichtliche Praxis² (1965), 106.

BGH[12] dem fraglichen Erfahrungssatz einen die individuelle richterliche Beweiswürdigung ausschließenden und jeden Gegenbeweisantrag unzulässig machenden absoluten Beweiswert zu. Auch ein mit dem Prädikat »mit an Sicherheit grenzender Wahrscheinlichkeit« entgegenstehender Befund eines anthropologisch-morphologischen Sachverständigen vermag diesen Beweis nicht zu erschüttern[13], sondern allenfalls eine Wiederholung der Blutgruppenuntersuchung angezeigt erscheinen lassen.

Die Beweiskraft des Blutgruppenvergleichs beruht selbstverständlich auch darauf, daß bei der Zuordnung der untersuchten Blutgruppen zu bestimmten Personen **keine Fehler** unterlaufen sind[14]. Wie auch sonst beim Sachverständigenbeweis darf sich aber der Richter bei Fehlen entgegenstehender Anhaltspunkte im allgemeinen darauf verlassen, daß der Sachverständige und seine Hilfskräfte insoweit zuverlässig gearbeitet haben, insbesondere dann, wenn sie sich an die diesbezüglich vom BGA herausgegebenen Richtlinien gehalten haben[15]. Da *Identitätstäuschungen* immer wieder versucht werden[16], ist jedoch auf Antrag des Kindes zu überprüfen, ob sich der Sachverständige über die Identität des Mannes, dem die Blutprobe entnommen wurde, zuverlässig vergewissert hat. Weicht ein Zweitgutachten vom Erstgutachten ab, so kann ihm gefolgt werden, wenn eine plausible Erklärung für den Fehler im Erstgutachten gegeben wird[17].

Der **Nachweis der Merkmale** geschieht meist entweder durch eine sog. *Antigen-Antikörper-Reaktion* durch *Antiseren* oder durch *Ermittlung der verschiedenen elektrischen Ladungen der Ausprägungen von Protein* mittels sog. Elektrophorese oder isoelektrischer Fokussierung[18].

4a f) Der scheinbare Ausschluß kann in extrem seltenen Fällen durch **stumme Gene, intermediäre Faktoren** oder **Mutationen** verfälscht worden sein[19]. Von einem stummen Gen spricht man dann, wenn fast ausnahmslos eine kombinante Vererbung stattfindet, aber höchst selten auch ein Gen auftritt, das phänotypisch nicht in Erscheinung tritt. Im Laufe der vielfältigen über viele Jahrzehnte laufenden Gutachtererfahrung und aufgrund des Fortschritts der Forschungsmethoden sind immer wieder solche im Einzelfall nachweisbare Anomalien beschrieben worden, durch die ein früheres »Ergebnis« fehlgesteuert worden war oder eine aktuelle Fehlsteuerung drohte, die gerade noch abgewandt werden konnte. Dadurch ist die Praxis zunehmend sensibilisiert worden. Der BGH[20] hatte zunächst die Zulässigkeit jeder abstrakten Skepsis wegen des möglichen Übersehens einer schwachen Eigenschaft geleugnet. Im Laufe der Zeit hat man aber anerkannt, daß sog. »*isolierte Reinerbigkeitsausschlüsse*«, vor allem dann, wenn ihnen ein sehr hoher serostatistischer Vaterschaftswert gegenübersteht, nicht voll beweiskräftig sind[21]. Von einem »isolierten« Reinerbigkeitsausschluß spricht man dann, wenn sich in vielen Dutzend untersuchten Systemen mit zahlreichen Untervarianten nur ein einziger Ausschluß eingestellt hat, obwohl Nicht-Väter heutzutage fast immer in mehreren Systemen ausgeschlossen sind. In einem Fall hat sich sogar herausgestellt, daß, hätte man dem Befund Glauben geschenkt, die Mutter dreifach durch entgegengesetzte Reinerbigkeit ausge-

---

[12] *BGHZ* 2, 6, 10 = NJW 1951, 558; *BGHZ* 12, 22, 36 f. = NJW 1954, 550.
[13] *BGHZ* 12, 22, 32 aaO; *BGH* NJW 1966, 1863; *OGHZ* 3, 333; *OLG Köln* NJW 1966, 405 (99,3 % Wahrscheinlichkeit im erbbiologischen Gutachten); *KG* NJW 1968, 1188.
[14] Einen Überblick über mögliche Fehlerquellen gibt *Hummel* NJW 1981, 607: Personenverwechslungen, Probenvertausch, Ansatzfehler im Laboratorium, Fehlablesung, Fehleintragung, Fehlübertragung, Fehlinterpretation, hervorgerufen durch stumme Gene. Zusammenstellung auch in BGA-Richtlinien.
[15] *BGH* aaO.
[16] *AG Stuttgart* DAVorm 1990, 160; *Dehm* DAVorm 1987, 574.
[17] *OLG Düsseldorf* DAVorm 1979, 583, 584.
[18] *Oepen* (Fn. 1) 299 ff. Zu letzterer *Manney* FamRZ 1984, 332.
[19] Dazu näher *Oepen* (Fn. 1) 309 (für Rh-System).
[20] *BGHZ* 2, 6, 10 = NJW 1951, 558.
[21] *Schwerd* (Fn. 1) 129; *Spielmann* DAVorm 1982, 253, 254; *Motsch* Vom rechtsgenügenden Beweis (1983), 234; *Roth-Stielow*[2] (Fn. 1) Rdnr. 334; *Pulverer* DAVorm 1977, 424, 425; *Tutsch-Bauer/Josephini* (Fn. 1) JZ 9 f.; Richtlinien BGA 6.3.2. → § 644 Anh II.

schlossen gewesen wäre[22]. Übereinstimmend wird in solchen Fällen dringend die Einholung eines Ergänzungs- oder eines Zweitgutachtens empfohlen.

Diese Einstellung hat man inzwischen auf **isolierte Ausschlüsse ganz allgemein** übertragen[23] und fordert dann weitere Begutachtungen[24]. Die Richtlinien des BGA empfehlen dies aber nur bei wenigen isolierten Ausschlüssen → § 644 Anh II 6.3.3. Zwar können klassische Ausschlüsse nicht durch stumme Gene vorgetäuscht werden[25], wohl aber durch Mutationen[26], die Gene gebildet haben und von denen fälschlich geschlossen wird, das Kind müsse sie von seinem Vater geerbt haben[27]. Ein Urteil des *OLG Karlsruhe*[28], in dem die Mutation Bipaternität von Zwillingskindern vorgetäuscht hatte, die durch praktisch gleiche Vaterschaftswahrscheinlichkeit des Putativvaters bezüglich beider Kinder widerlegt werden konnte, hat die von Mutationen ausgehenden Fehlerquellen, die sich immer zu Lasten des die Vaterschaftsfeststellung begehrenden Teils (also fast immer des Kindes) auswirkt, ins Licht der Fachöffentlichkeit gerichtet. Auch sonst sollte man die Bestätigung der Mutationshypothese durch sehr hohe serostatistische Wahrscheinlichkeiten zulassen[29].

Auch durch *DNA-Gutachten* wurden schon *Mutationen und dadurch vorgetäuschte Vaterschaftsausschlüsse* entdeckt[30].

Ergibt sich kein (scheinbarer) Ausschluß, so steht die Möglichkeit von Mutanten oder stummen Allelen einer serostatistischen Auswertung nicht entgegen. Diese kann dadurch nicht verändert worden sein[31].

2. Die einzelnen Blutgruppensysteme[32]

a) Das **AB0-System** ist, weil auf mehr als zwei verschiedenen Merkmalen auf ein und demselben Genort beruhend, nicht das einfachste, aber das zuerst entdeckte Blutgruppensystem. Es ist an der Zellwand der roten Blutkörperchen lokalisiert. Den vier Phänotypen A, B, 0, AB entsprechen sechs Genotypen: AA, A0, BB, B0, 00, AB. 0 vererbt sich gegenüber A und B rezessiv, A und B sind unter sich kombinant → Rdnr. 3. Ein Vaterschaftsausschluß ist nur möglich, wenn man die einem Phänotypus zugeordneten Genotypen als reale Möglichkeiten in die Betrachtung mit einbezieht. Wenn etwa das Kind die Blutgruppe A (möglicher Genotypus: A0 oder AA), die Mutter die Gruppe 0 (notwendiger Genotypus 00) hat, dann kann das Kind nur den Genotypus A0 besitzen, weil es ein 0 von seiner Mutter geerbt haben muß. Das A stammt dann von seinem Vater. Ein A- oder ein AB-Mann kann dann als Vater nicht ausgeschlossen werden, wohl aber ein Träger der Blutgruppe B oder 0 (**Faktorenausschluß** → Rdnr. 4a). Einen **Reinerbigkeitsausschluß** → Rdnr. 4a gibt es im AB0-System nicht, weil phänotypisch die Reinerbigkeit nur bei der Blutgruppe 0 und daher nicht bei Kind und Mann unterschiedlich feststellbar ist. Jedoch ist es auch in diesem System möglich, daß ein Mann mit Sicherheit nur Merkmale hat, von denen das Kind keines aufweist (Phänotypus AB = Genotypus AB im Verhältnis zum Phänotypus 0 = Genotypus 00). Ein Vaterschaftsausschluß in AB0-System hat heute eine jede individuelle richterliche Beweiswürdigung und jeden

---

[22] *Ritter* FamRZ 1991, 646.
[23] *BGH* FamRZ 1991, 185, 196f. = NJW 749f.; *BGH* DAVorm 1981, 274ff.
[24] *Roth-Stielow*[2] (Fn. 1) Rdnr. 333.
[25] Dann müßte nämlich der mit dem gleichen Serum arbeitende Gutachter das »stumme« Gen bei einem Beteiligten entdeckt haben, beim anderen aber nicht.
[26] *Hummel* NJW 1981, 605, 607f.; *Mammey* FamRZ 1980, 225.
[27] Warnend schon *BGH* NJW 1958, 252; Voraufl. Rdnr. 10 insoweit überholt.
[28] FamRZ 1990, 662f.

[29] *BGH* aaO (99,99 %). Auf einen solchen Mindestwert pochend *Spielmann* DAVorm 1981, 551, 554.
[30] *Reichelt* FamRZ 1991, 1265, 1267 unter Bezug auf *Hummel* DAVorm 1989, 610; *Henke-Hoffmann* DAVorm 1989, 503, 505; *OLG Karlsruhe* FamRZ 1990, 1245.
[31] So für das Parallelproblem bei der DNA-Analyse *BGH* FamRZ 1991, 187 = NJW 749, 751f.
[32] Einen guten tabellarischen Überblick über den Beweiswert der Blutgruppensysteme geben *Prokop-Göhler* (Fn. 1) 258ff.

Gegenbeweis ausschließende **Beweiskraft**[33], obwohl einige Male atypische Vererbungen festgestellt wurden, welche einen Ausschluß durch entgegengesetzte Genotypen nicht aber einen klassischen Ausschluß vortäuschen können. In einem bekannt gewordenen Fall[34] hat nur der Umstand, daß sonst die Mutter ausgeschlossen wäre, die Aufmerksamkeit der Gutachter auf eine solche Konstellation gelenkt. Ein Zweitgutachten ist für eine AB0-Untersuchung allenfalls bei einem isolierten Ausschluß → Rdnr. 4a angebracht.

Vollen Beweis haben wegen ihrer voneinander unabhängigen Vererbung auch die **Untergruppen** A_1A_2[35], von denen A_2 rezessiv vererbt wird[36]. Durch sie wird das AB0-System auf sechs Phänotypen und zehn Genotypen erweitert. Wegen der Schwierigkeiten bei der Blutbestimmung und wegen des Alterserfordernisses beim Kind empfiehlt das BGA die Einholung eines Zweitgutachtens → § 644 Anh II 6.3.3.

In der gerichtsmedizinischen Wissenschaft werden **Zwischenformen** sowohl bei der Blutgruppe A als auch bei der Blutgruppe B diskutiert[37]. Dies beeinträchtigt aber den Beweiswert der sich bloß auf A_1 und A_2 erstreckenden Gutachten nicht, weil immer eine Zuordnung zu diesen beiden Großgruppen möglich ist[38]. Auf die Zwischenformen selbst gestützte Vaterschaftsausschlüsse hält man noch nicht für voll beweiskräftig. Man hat aber Ausschlüsse über A_3 und A_4 schon als Indiz gegen die Vaterschaft herangezogen[39].

6   b) Die **Merkmale M/N** (Zellwand der roten Blutkörperchen) sind, da sie sich kombinant vererben → Rdnr. 3 immer im äußeren Erscheinungsbild nachweisbar. Das ermöglicht unter Umständen einen Vaterschaftsausschluß, wenn nur Kind und in Anspruch genommener Mann untersucht werden (**Reinerbigkeitsausschluß** Rdnr. 3b). Daneben gibt es aber auch im M/N-System den Faktorenausschluß. Auch dieses System gilt heute als wissenschaftlich absolut gesichert, so daß jede individuelle richterliche Beweiswürdigung und jeder Gegenbeweis ausgeschlossen sind[40]. Zu dem mit M/N gekoppelten Merkmal Ss → Rdnr. 7[41].

7   c) Das M/N-System gehört zu den auf zwei verschiedenen Merkmalen auf ein und demselben Genort beruhenden und darum denkbar einfachsten Systemen. Die meisten der übrigen heute wissenschaftlich gesicherten Ausschlüsse gehen ebenfalls auf die Möglichkeit von Faktoren- oder Reinerbigkeitsausschlüssen der beschriebenen Art zurück, wenngleich sie auf völlig unterschiedlichen biologischen Gegebenheiten und Untersuchungsmethoden beruhen, welche hier darzustellen zu weit führen würde. Dazu gehören folgende Systeme:

aa) Als Merkmalsysteme der Zellwände der Blutkörperchen existieren das **K-k (Kellcellano)**-System[42], das **Duffy-System** (Fya, Fyb)[43] und das **Ss-System**[44]. Letzteres System vererbt sich freilich nicht unabhängig vom M/N-System → Rdnr. 6, woraus sich weitere Ausschlußmöglichkeiten ergeben. Es wird als das System mit der größten Ausschlußchance für Nicht-Väter bezeichnet[45].

---

[33] *BGHZ* 2, 6, 10 aaO; allg. M.
[34] *Pulverer* DAVorm 1971, 139 und *Baumeister* DAVorm 1972, 69.
[35] *BGHZ* 12, 22, 36f.
[36] Phänotyp A^1 kann seinem Kind das phänotypische A^2 vererbt haben: *AG Hamburg* DAVorm 1981, 877, 878.
[37] *Oepen* (Fn. 1) 303.
[38] *BGH* aaO.
[39] Siehe dazu eine von *Beitzke* in *Ponsold-Beitzke*, Lehrbuch der gerichtlichen Medizin³ (1967) 579 berichtete Stellungnahme von Prokop.
[40] *BGHZ* 2, 6 aaO; *BGHSt* 6, 70 = NJW 1954, 1336.
[41] Ein Fall nachgewiesener Mutation: *OLG Karlsruhe* FamRZ 1990, 662, 663.

[42] So schon *BGH* FamRZ 1964, 251f. Wird heute routinemäßig untersucht → § 644 Anh II 1.1.1.
[43] Routinemäßig zu berücksichtigen: BGA → § 644 Anh II 1.1.1. In ganz seltenen Fällen sind Personen entdeckt worden, die weder Fy^a noch Fy^b aufwiesen, *Zimmermann* Forensische Blutgruppenkunde (1975) 14. Zum stummen Allel Fy^0, das entgegengesetzte Reinerbigkeit vortäuschen kann, *Tutsch-Bauer/Josephini* (Fn. 1) JZ 5; → Rdnr. 4a.
[44] Bei Reinerbigkeitsausschlüssen allein über S. Zweitgutachten ratsam → Rdnr. 4a.
[45] *Schwerd* (Fn. 1) 134.

bb) Auf der Grundlage der Encyme im Inneren der roten Blutkörperchen existiert das System der Phosphoglucomitasen (**PGM**)[46] und das System der Galaktose-Phosphat-Uridyltransferase (**Gt**).

cc) Auf der Grundlage der Blutserumbestandteile ergeben sich das **Haptoglobin-System**[47] und das **Gc-System**[48], beide mit kodominanter Vererblichkeit, letzteres weiter differenziert in Untergruppen[49].

d) Andere Systeme folgen im Prinzip den Strukturen, welche → Rdnr. 6, 7 dargestellt wurden – nur mit dem Unterschied, daß **mehr als zwei Varianten** existieren. Dies gilt vor allem für den heute als voll beweiskräftig anerkannten[50] Ausschluß über die **sauren Phosphatasen der roten Blutkörperchen (ACP)**, welche Encyme im Zellinneren darstellen. Drei Merkmale, Pa, Pb und Pc vererben sich wechselseitig kombinant, so daß sechs mit entsprechenden Genotypen identische Phänotypen bestehen. Neben dem Reinerbigkeitsausschluß → Rdnr. 4a (etwa Vater: Paa, Kind: Pbb) und dem klassischen Ausschluß (Mutter: Pab, Kind: Pac, Vater: Paa) kann sich hier ein Ausschluß dadurch ergeben, daß das Kind zwar zwei verschiedene Merkmale hat, von denen jedoch der Vater keines besitzt oder umgekehrt (Kind: Pac, Vater: Pbb)[51].

Ähnlich strukturiert ist das **System der Glutamatpyruvat-Transaminase (GPT)**, welches ebenfalls in den Encymen lokalisiert ist, wobei allerdings wegen relativ häufig auftretender stummer Allele → Rdnr. 4a nur klassische Ausschlüsse vollen Beweiswert haben[52]. Wegen der Instabilität des Encyms besteht auch sonst Gefahr von Fehlinterpretationen[53]. Die Ausschlußwahrscheinlichkeit ist allerdings sehr groß[54].

e) Viele heute möglichen Vaterschaftsausschlüsse basieren auf dem **Vorhandensein oder Fehlen eines einzigen Merkmals**. Ein Ausschluß ist dann möglich, wenn das Kind dieses Merkmal besitzt, Mutter und Eventualvater aber nicht. Dabei handelt es sich fast immer um Merkmale, die ihrer biologischen Struktur nach in ein System von Merkmalen eingebettet sind, dessen übrigen Merkmale theoretisch noch nicht gesichert oder – meist – praktisch noch nicht nachweisbar sind. Dann gibt es keine Reinerbigkeitsausschlüsse, weil Reinerbigkeit nicht sicher feststellbar ist. Dazu gehören:

Die aus dem **Gammaglobulinsystem** (Blutserum) stammenden Einzelmerkmale **Inv und Gm**)[55];

---

[46] Routinemäßig zu berücksichtigen: BGA → § 644 Anh II 1.1.1. In der Rechtsprechung anerkannt etwa durch *OLG Celle* FamRZ 1973, 587, 588. Nachweis von PGM 3 aber sehr aufwendig (*Oepen* Fn. 1, 361). Bei Reinerbigkeitsausschlüssen wegen der Möglichkeit stummer Gene nur hohe Wahrscheinlichkeit möglich. Siehe den von *Schemel* FamRZ 1975, 228f. berichteten Fall. Dem System wegen der durch Fokussierung ermöglichten weiteren Differenzierungen und aus weiteren Gründen hohe Aussagefähigkeit bescheinigend *Schwerd* (Fn. 1) 144.

[47] Routinemäßig zu berücksichtigen: BGA → § 644 Anh II 1.1.1. Anerkannt von *BGH*-Urteil vom 29.01.1964 – unveröffentlicht, aber als Revisionsurteil (mit Zurückverweisung) *OLG Köln* NJW 1966, 405 zugrundeliegend; *BGHZ* 45, 234 = FamRZ 1966, 447. Zum stummen Allel HpO, das entgegengesetzte Reinerbigkeit vortäuschen kann, *Tutsch-Bauer/Josephini* (Fn. 1) JZ 5.

[48] Routinemäßig zu berücksichtigen: BGA → § 644 Anh II 111. Beweiskraft anerkannt: *KG* FamRZ 1966, 2210; *OLG Schleswig* SchlHA 1955, 11.

[49] *Schwerd* (Fn. 1) 140.

[50] Die Revision gegen ein auf solcher Annahme fußendes Urteil zurückweisend, weil Beurteilung in tatrichterliches Ermessen fallend *BGH* NJW 1973, 1411.

[51] Routinemäßig zu berücksichtigen: BGA → § 644 Anh II 1.1.1. *OLG Braunschweig* DAVorm 1980, 553, 555: voller Beweiswert.

[52] *Prokop-Göhler* (Fn. 1) 138; *OLG Stuttgart* DAVorm 1974, 579; *OLG Hamburg* DAVorm 1975, 229, 231.

[53] *Tutsch-Bauer/Josephini* (Fn. 1) 8.

[54] *Schwerd* (Fn. 1) 144.

[55] Routinemäßig zu berücksichtigen: BGA → § 644 Anh II 1.1.1. Bei isolierten Ausschlüssen empfiehlt BGA weiteres Gutachten, → § Anh II 6.3.3. Die rassenweise unterschiedliche Ausprägung betonen *Tutsch/Bauer/Josephini* (Fn. 1) JZ 6. Bei Personen der weißen Rasse absoluten Beweiswert für Gm(1), Gm(2), Gm(4) und Gm(5) behauptend *Prokop/Göhler* (Fn. 1) 203. *OLG Hamburg* DAVorm 1982, 680, 681: keine offenbare Unmöglichkeit der Vaterschaft, wohl aber schwerwiegende Zweifel an ihr begründbar.

§ 644 Anhang I   Vaterschaftsfeststellung   512

Adenosindesaminase (ADA)[56] und die **Adenylatkinase (AK)** -beides Encyme[57] sowie die **Posttransferine (Pt)** bzw. der **Komplimentärfaktor C**[58] und C[59].

10 f) Im **Rh-System** (Zellwand der roten Blutkörperchen), das um noch einige Grade komplizierter ist, gibt es die Faktoren Cc, Dd und Ee, welche in Fortsetzung der AB-Bezeichnung so genannt werden. Jeder Mensch besitzt aus jeder Buchstabengruppe (Rh-Untergruppen) zwei Gene reinerbig (etwa CC oder cc) oder auch gemischterbig (Cc). Die Merkmale Cc, Ee und D können direkt nachgewiesen werden, vererben sich also kombinant. d war bisher noch nicht direkt nachweisbar. Es wird zum Teil bestritten, daß es überhaupt existiert. Es sind daher wie im M/N-System klassische und Reinerbigkeitsausschlüsse →Rdnr. 4a innerhalb jeder Rh-Untergruppe möglich. Den ersteren kommt anerkanntermaßen absoluter Beweiswert zu[60]. Nach dem heutigen Stand der Wissenschaft können erfahrene Gutachter etwaige **Varianten und Mutanten** →Rdnr. 4a erkennen, so daß in Rechtsprechung und Fachliteratur gelegentlich auch einem Reinerbigkeitsausschluß absoluter Beweiswert zuerkannt wurde, wenn ein Zweitgutachten eingeholt worden war[61]. Im Zeichen der in den letzten Jahren generell aufgekommenen Skepsis gegenüber isolierten Reinerbigkeitsausschlüssen ist man inzwischen aber zurückhaltender geworden[62] und verlangt zusätzliche Ermittlungen →Rdnr. 4a. Die Variante Cw läßt sich umgekehrt als Grundlage für einen klassischen Ausschluß verwerten, dem absoluter Beweiswert zukommt.

11 g) Das **HL-A-System** ist ein sehr komplexes System von Merkmalen an den weißen Blutkörperchen. Der Name kommt von »human leucocyte antigen«. Es handelt sich um Transplantations-Antigene. Die Komplexität des Systems rührt daher, daß die Informationen von mehreren Genorten gesteuert, und daher die Merkmale in Komplexen vererbt werden. Daher existiert eine große, wissenschaftlich noch gar nicht vollständig erschlossene Zahl von Faktoren. Schon 1986 ist die Zahl der Phänotypen auf über 100.000 geschätzt worden[63]. Die durchgehend kombinante Vererbung ermöglicht die große Aussagekraft der Befunde zusätzlich. Klassische Ausschlüsse →Rdnr. 4 sind voll beweiskräftig[64]. Wegen der großen Zahl möglicher Faktoren sind die bei jedem Menschen anzutreffenden Befunde meist sehr individuell, wodurch dem System ein Stellenwert in der serostatistischen Begutachtung zukommt, der dem der Auswertung aller übrigen normalerweise erhobenen Blutgruppenbefunde zusammengenommen gleichkommt. Die Ausschlußchance allein in HL-A-System beträgt 96%[65]. Neuerdings werden allerdings Zweifel an der Verläßlichkeit von HL-A-Ausschlüssen geäußert[66].

Die Handhabung des Systems ist allerdings sehr aufwendig, weil Tests mit mehreren 100 Antiseren nötig sind[67]. Durch die Entdeckung und forensische Verwertung von isoelek-

---

[56] Routinemäßig zu berücksichtigen: BGA → § 644 Anh II 1.1.1. *OLG Köln* DAVorm 1975, 28.

[57] Routinemäßig zu berücksichtigen: BGA → § 644 Anh II 1.1.1. Voll beweiskräftig: *Prokop-Göhler* (Fn. 1) 130; *OLG Hamm* DAVorm 1972, 214; *OLG Köln* DAVorm 1975, 28; *OG DDR* DAVorm 1971, 266.

[58] Als beweiskräftig erklärt bei *Prokop* DAVorm 1970, 294 (mit gewissen Einschränkungen aber *Prokop-Göhler* (Fn. 1) 239); *Spielmann* DAVorm 1972, 482; *Zimmermann* Forensische Blutgruppenkunde (1975) 18.

[59] Zu letzteren *Ritter-Mollenhauer* Ärztl. Laboratorium 27 (1981), 232.

[60] Das ganze System routinemäßig zu berücksichtigen: BGA → § 644 Anh II 1.1.1. Aus der Rechtsprechung *LG Bielefeld* NJW 1958, 713 (auch für D), *OLG Hamm* NJW 1960, 1402 (Ee); *LG Heidelberg* ZblJR 1964, 246.

[61] *Wichmann* NJW 1958, 252; *Dahr* NJW 1958, 2097. In *BGHZ* 21, 237 = NJW 1956, 1716 wurde dem Instanzrichter zugebilligt, den Beweiswert eines Reinerbigkeitsausschlusses nach CC für absolut halten zu können.

[62] *OLG Braunschweig* DAVorm 1980, 553, 555.

[63] *Oepen* (Fn. 1) 325.

[64] Heute allg. M. *OLG Hamm* DAVorm 1985, 143, 146 – dreifacher Ausschluß im HL-A-System voll beweiskräftig; *OLG Hamburg* DAVorm 1985, 147, 149; *dass.* ZBlJR 1974, 530; *dass.* DAVorm 1977, 166; *KG* DAVorm 1978, 28. *OLG Bremen* FamRZ 1978, 134 = NJW 1202; *dass.* DAVorm 1976, 463, 486; *OLG Zweibrücken* DAVorm 1975, 232 – »Vaterschaft sehr unwahrscheinlich«; *OLG Schleswig* DAVorm 1976, 270; *OLG Düsseldorf* FamRZ 1976, 646 – schwerwiegende Zweifel begründend. In der serostatistischen Auswertung werden HL-A-Befunde, wo nötig, von niemandem beanstandet mit einbezogen (Beispiel: *OLG Koblenz* FamRZ 1983, 759, 760).

[65] So *Oepen* (Fn. 1) 326f. Bei *Ritter* FamRZ 1991, 646, 647 werden freilich nur 80 % Ausschlußchance genannt, verglichen mit einer solchen von 97,6 % beim »Grundgutachten«.

[66] *Hummel* DAVorm 1988, 58.

[67] *Oepen* (Fn. 1) 327; *Mammey* FamRZ 1984, 332.

trischer Fokussierung ist in normalen Terzettfällen die Einholung eines kostenaufwendigen HL-A-Gutachtens entbehrlich geworden[68].

h) Routinemäßig einbezogen werden in Gutachten auch noch die Systeme Phosphogluconatdehydrogenase (**PGD**)[69], Esterase (**ESD**) und Glyoxalase → § 644 Anh II 1.1.1. Zu Systemen, die nur vereinzelt, vor allem bei Ergebnislosigkeit der Untersuchungen in anderen Systemen, ausgewertet werden, s. die in Fn. 1 angegebene Literatur. 12

II. Die Serostatistik[70]

1. Die theoretischen Grundlagen der Serostatistik

Massenstatistische Untersuchungen haben nicht nur die Vererbungsweise der für die Blutgruppen konstitutiven Gene, sondern auch die Genenhäufigkeit erwiesen. Auf der Grundlage ihrer Auswertung ist es im Einzelfall möglich, bestimmte *Wahrscheinlichkeiten für oder gegen die Vaterschaft eines als Erzeuger in Anspruch genommenen Mannes* zu ermitteln. Klassisch ist die **Essen-Möller-Methode** die der BGH[71] primär empfiehlt. An ihrer statt befürworten namhafte Gutachter die Berechnung nach der **Vaterschaftsausschlußchance**. In der Praxis werden meistens Berechnungen nach beiden Methoden erbeten. 13

a) In der Wahrscheinlichkeitsrechnung nach **Essen-Möller**[72] wird das Verhältnis der merkmaltragenden Väter zu den merkmaltragenden Nicht-Vätern ermittelt. Ist etwa ein Merkmal zu 2% in der Gesamtbevölkerung vorhanden und bei den (als solche feststehenden) Vätern merkmaltragender Kinder zu 18%, so ist bei diesem Rechenansatz die Wahrscheinlichkeit, daß ein Präsumtivvater, der das fragliche Merkmal besitzt, auch tatsächlich Vater ist: 14
$18 (= x_1) : 2 (= y_1)$.
In Prozenten ausgedrückt sind dies:
$100 : (1 + y_1 : x_1) = 90\%$.
Es gibt seltene Merkmalskonstellationen, die eine Vaterschaftswahrscheinlichkeit von über 90% verbürgen, wenn der Präsumtivvater allein in diesem System nicht ausgeschlossen werden kann. Besteht in einem zweiten Merkmal eine generelle Häufigkeit von 4% und bei Vätern merkmaltragender Kinder eine solche von 32%, so ist ein merkmaltragender Vater mit einer Wahrscheinlichkeit von 32 : 4, in Prozenten ausgedrückt $100 : (1 + 4 : 32) = 88,88\%$ Vater des Kindes.
Stimmen Kind und Präsumtivvater in den gemachten Beispielen in beiden Merkmalen überein, so ist die Wahrscheinlichkeit für die Vaterschaft:
$1 \times 1 : 8 \times 9 = 72 : 1$.
In Prozenten ausgedrückt bedeutet dies:
$100 : [1 + (2 : 18) \times (4 : 32)] = 98,63\%$.
Um diese Methode nicht mit den Problemen der a-priori-Wahrscheinlichkeit → Rdnr. 16 zu belasten, ist auch vorgeschlagen worden, den Gerichten nur den Quotienten $y_1 : x_1$, genannt der Liklihood-Quotient anzugeben[73].

---

[68] *Hummel* DAVorm 1989, 33.
[69] Ausschlußwahrscheinlichkeit aber gering: *Schwerd* (Fn. 1) 145.
[70] Literatur: siehe Fn. 1. Aus der älteren Literatur etwa *Spielmann-Seidl* NJW 1973, 2228; *Hummel* ZBlJR 1974, 511.
[71] BGHZ 61, 165 = FamRZ 1973, 596, 598.
[72] Grundlage: *Essen-Möller* Die Beweiskraft der Ähnlichkeit im Vaterschaftsnachweis, Mitteilungen der Anthropologischen Gesellschaft Wien 68 (1938), 368. Heute hauptsächlich in fortentwickelter Weise angewandt von *Hummel*. Beschrieben auch durch *Scholl* NJW 1979, 1913, 1916.
[73] *Schulte-Möntig/Walter* BGesundheitsBl. 15 (1972) 257. Dazu *Scholl* NJW 1980, 1323, 1324 und (krit.) *Hummel* NJW 1978, 576; BGA → § 644 Anh II 7.4.2.

15 b) Das auf Fiedler, Hoppe und Pettenkofer zurückgehende Rechenprinzip nach der **Zufallswahrscheinlichkeit**[74] sieht folgendermaßen aus. Auf eine Verwertung der Information »Häufigkeit des beim Kind vorhandenen Merkmals im Blute der als solche feststehenden Väter« wird ganz verzichtet. Als andere Information wird aber die Mutter-Kind-Kombination herangezogen und nach der Wahrscheinlichkeit Ausschau gehalten, mit der das gesuchte Merkmal oder die Summe der gesuchten Merkmalsalternativen in der Gesamtbevölkerung existiert. Hat das Kind die Blutgruppe B, die Mutter A oder 0, so muß der Vater den Gruppen B oder AB angehören[75]. Da nur 15% der mitteleuropäischen Bevölkerung einer dieser beiden Blutgruppen angehört, ist die Wahrscheinlichkeit, daß ein untersuchter Mann nur zufällig nicht ausgeschlossen werden kann, 15%. Daher ist wiederum – bei diesem Rechenansatz – die Wahrscheinlichkeit seiner Vaterschaft 85%. Liegen die Verhältnisse in einem anderen Merkmalsystem gleich, so ist die Vaterschaftswahrscheinlichkeit

$1 - (15 \times 15) : (100 \times 100) = 97{,}75\%$.

Für Werte von mehr als 99,9% wird absoluter Beweiswert und Verzicht auf Einbeziehung von möglichen Mehrverkehrern propagiert[76].

16 c) Wegen der beiden Berechnungsweisen herrscht ein heftiger Schulenstreit[77]. Der Haupteinwand, der gegen das Essen-Möller-Verfahren vorgebracht wird, es gehe von der unzutreffenden, jedenfalls nicht belegten Annahme (sog. »a-priori«- oder »Ausgangswahrscheinlichkeit«) aus, daß gleich viele wahre wie Nicht-Väter zur Begutachtung kämen[78], oder daß sich Väter unter Beklagten und Mehrverkehrszeugen gleich häufig befänden[79], will jedoch nicht recht einleuchten. Aus statistisch-repräsentativen Erhebungen dazu, wieviele Männer zutreffender- und wieviele unzutreffenderweise als Väter benannt werden, läßt sich sicherlich für einen Naturwissenschaftler eine weitere Verfeinerung für ein Gesamtwahrscheinlichkeitsurteil gewinnen[80]. Sie im Paternitätsprozeß nutzbar zu machen, verbietet sich jedoch aus rechtsstaatlichen Gründen[81]. Ein Gutachten, das von einer anderen »a-priori-Wahrscheinlichkeit« der Vaterschaft eines in die Untersuchung bezogenen Mannes als 0,5 ausgeht, darf als rechtsstaatlich untauglich nicht verwertet werden. Mit dem gleichen Recht könnte man einem Angeklagten im Strafprozeß schon eine 80% Schuldwahrscheinlichkeit deshalb vorhalten, weil es nur 20% Freisprüche gibt! Auch mit der Frage, ob Mehrverkehr stattgefunden hat oder nicht, hat die neutral anzusetzende a-priori-Wahrscheinlichkeit nichts zu tun → Rdnr. 15. Die biostatistische Analyse bei festgestelltem Verkehr beruht geradezu auf der Annahme, daß Mehrverkehr stattgefunden haben könnte. Man muß sich nur von der Vorstellung freimachen[82] eine Addition der für jeden Mann errechneten Wahrscheinlichkeit dürfe niemals mehr als 100% betragen → Rdnr. 19. Nachgewiesener Verkehr des Putativvaters hat nur zur Folge, daß ein statistischer Wert ausreicht, der keine schwerwiegende Zweifel mehr aufkommen läßt → § 640 Rdnr. 33a. Selbst im Fall einer Prostituierten als Mutter ist genausowenig eine a-priori-Wahrscheinlichkeit oder Unwahrscheinlichkeit von weniger als 50%

---

[74] BGesundheitsBl. 1968, 129, verfochten etwa von *Hoppe* DAVorm 1986, 11 ff., *Ritter* (Fn. 1) und *Spielmann-Seidl* aaO. Krit.: *Hummel* ZBlJR 1974, 511 ff.; *ders.* Zeitschrift für Rechtsmedizin 76 (1975), 49 ff.

[75] Beispiel nach *Spielmann-Seidl* aaO.

[76] *Hoppe* DAVorm 1986, 11, 15 f.

[77] Nach *Ritter* FamRZ 1973, 121 hatte das Essen-Möller-Verfahren »rein historische Bedeutung«. Nach *Hummel* ist die Anwendung einer anderen Methode ein »gutachterlicher Kunstfehler« (DAVorm 1974, 597, 599) und eine »defiziente Information« (DAVorm 1986, 253, 254).

[78] *Ritter* FamRZ 1973, 121, 124 f.; *Hoppe* DAVorm 1986, 11, 13. Die Tatsache als solche bestätigt *Hummel* MedR 1985, 154, 155; *ders.* DAVorm 1983, 126 f.; *ders.* NJW 1980, 1320, 1321.

[79] *Mutschler* FamRZ 1978, 839, 840.

[80] von *Hummel* zwischendurch in seine Essen-Möller-Berechnungstabellen eingebaut ZBlJR 1974, 511; siehe aber Rdnr. 25.

[81] Siehe dazu näher *Schlosser* FamRZ 1976, 6, 12 f. Skeptisch auch *Johannsen* FS Bosch (1976) 469, 478; *Motsch* Vom rechtsgenügenden Beweis (1983), 238; MünchKomm-*Mutschler*³ § 1600o BGB Rdnr. 7c; Soergel-*Gaul*¹² § 1691 Rdnr. 67. – A.M.allgM. *Scholl* NJW 1979, 1913, 1916.

[82] Anscheinend der Ablehnung der Essen-Möller-Formel in Mehr-Mann-Fällen bei *Roth-Stielow*² (Fn. 1) Rdnr. 350 zugrundeliegend.

anzusetzen[83] wie im Ehelichkeitsanfechtungsprozeß[84]. Zur serostatistischen Handhabung von Mehrverkehrsfällen → Rdnr. 22, 25. Völlig absurd wäre es auch, aus der steigenden Zahl der Ausschlüsse zu Lasten der verbleibenden Mehrverkehrer ein serostatistisches malus ansetzen zu wollen[85]. Der Vorwurf, die Essen-Möller-Formel vernachlässige die a-priori-Wahrscheinlichkeit, steht zudem auch deshalb auf schwachen Beinen, weil es auch die Kritiker ablehnen, a-priori-Wahrscheinlichkeit in ihre Berechnung eingehen zu lassen.

Auf der anderen Seite ist der gegen die Berechnung nach der *Zufallswahrscheinlichkeit* erhobene Vorwurf[86], sie berücksichtige nicht die Blutgruppenbefunde beim Putativvater, haltlos, weil gerade gefragt wird, ob er ausgeschlossen werden kann.

Die beiden Schulen gehen von qualitativ unterschiedlichen Wahrscheinlichkeitsbegriffen aus[87]. Das Gesetz läßt sich nicht zugunsten einer dieser Denkansätze ins Feld führen[88]. Auch das BGA betrachtet sie als gleichwertig → § 644 Anh II 7.2.[89]. Daher steht es dem Tatrichter frei, die ihm aussagekräftiger erscheinende Methode zu bevorzugen. Vorsicht ist zudem gegenüber der häufig zu hörenden Behauptung am Platze, beide Berechnungsweisen führten in den für eine positive Vaterschaftsplausibilität in Frage kommenden Prozeßbereichen zu annähernd denselben Ergebnissen. Gerade in den Bereichen von Grenzwerten einer im Vaterschaftsprozeß ausschlaggebenden Bedeutung divergieren die Berechnungsweisen nicht selten, so daß die Entscheidung unterschiedlich ausfallen muß, je nachdem, welche Methode angewandt wurde. Daher sollte in solchen Situationen eine Berechnung nach beiden Systemen durchgeführt werden[90] → § 640 Rdnr. 37.

2. Der Beweiswert serostatistischer Befunde

Der Gesetzgeber des Jahres 1969 ging noch von der Vorstellung aus, daß die Abstammung von einem Mann naturwissenschaftlich niemals direkt beweisbar ist. Für ihn war der Beweis der Vaterschaft, ohne daß als erster Schritt die Beiwohnung des Putativvaters während der Empfängniszeit nachgewiesen worden wäre, nicht denkbar. § 1600o Abs. 1 und Abs. 2 BGB waren für ihn eine Einheit. Die Serostatistik hat inzwischen so hohe Wahrscheinlichkeitswerte ermöglicht, daß es die Rechtsprechung anerkannt hat, allein aufgrund ihrer Aussagen im Einzelfall die Vaterschaft für erwiesen zu halten. Damit gibt es heute zwei Wege des »Vaterschafts-« Beweises.

Entweder die Vaterschaft wird **direkt bewiesen**, ohne daß es also eines vorangehenden Beweises der Beiwohnung bedürfte. Oder es gelingt zunächst der Beweis der Beiwohnung. Dann genügt ein Ergebnis der Serostatistik, das keine **schwerwiegenden Zweifel** an der Vaterschaft mehr übrig läßt (b).

a) In Anlehnung an die für die Verwertbarkeit massenstatistischer Erhebungen anerkannte »3-Sigma-Grenze« von 99,73% → Rdnr. 4 wird immer wieder behauptet, auch bei einem Essen-Möller-Wert von 99,73% und mehr sei die Vaterschaft »praktisch erwiesen«, so daß weitere Ermittlungen niemals mehr anzustellen seien[91]. Das ist aber ein Fehlschluß. Die massenstatistische Verläßlichkeit beruht auf der Annahme, man könne von einem Naturge-

17

18

---

[83] Jetzt so auch *Hummel* DAVorm 1983, 361, 362. Wegen entgegenstehender empirischer Erfahrungen von einer Ermäßigung der a-priori-Wahrscheinlichkeit bei Prostituierten abratend: *Spielmann-Seidl* NJW 1980, 1322 (Fn. 6).
[84] *Scholl* NJW 1980, 1323, 1324.
[85] So mit Recht *Hummel* NJW 1980, 1320, 1321 gegen *Scholl* NJW 1979, 1913, 1916ff.
[86] *Hummel* NJW 1978, 576. Aufgegriffen etwa durch OLG Oldenburg FamRZ 1979, 969 und *MünchKomm-Mutschler*[3] 1600o BGB Rdnr. 7f.

[87] DIV-Gutachten DAVorm 1981, 438, 440: beide Methoden behandelten verschiedene Fragen.
[88] *BGH* FamRZ 1977, 538; *BGH* FamRZ 1979, 793, 796 = NJW 1980, 636.
[89] Dies heftig kritisierend *Mutschler* aaO..
[90] Gutes Beispiel KG DAVorm 1978, 586ff.
[91] Vor allem die insoweit ausdrücklich von der Rechtsprechung des BGH abweichende Judikatur des *KG*: DA-Vorm 1988, 620; 1988, 280 (99,985% Ausschlußwahrscheinlichkeit); DAVorm 1985, 412, 419 (99,73%); DA-Vorm 1984, 503, 505.

setz ausgehen, wenn sich eine Beobachtung unter gleichen Bedingungen 500 mal ohne Ausnahme wiederhole. Würde im 501. Fall eine damit nicht vereinbare Beobachtung gemacht, so wäre die statistische Basis für die Annahme eines Naturgesetzes zerstört.

Demgegenüber beruht die Essen-Möller-Formel geradezu auf der Voraussetzung, daß die Differenz zu 100% die Zahl der durchschnittlich abweichenden Fälle markiert, daß also bei einem Wert von 99,80% unter 500 gleichgelagerten Fällen es durchschnittlich einmal vorkommt, einen Falschen als Vater festzustellen. Es hat sich auch tatsächlich einmal ereignet, daß für zwei in die Untersuchung einbezogene Mehrverkehrer Vaterschaftswahrscheinlichkeiten von mehr als 99,73% errechnet wurden[92]. Da man sich freilich forensisch generell mit einem für das praktische Leben ausreichenden Grad von Gewißheit, »mit an Sicherheit grenzender Wahrscheinlichkeit«, begnügen muß, bleibt im Grunde kein anderer Weg, als bei sehr hohen serostatistischen Wahrscheinlichkeiten die Vaterschaft für erwiesen zu halten. Auch dagegen, sich auf 99,73% zu einigen[93], läßt sich im Grunde nichts einwenden[94]. Mit Recht betont der BGH jedoch, daß im Rahmen der Amtsermittlungspflicht auch bei derart hohen Wahrscheinlichkeiten allen Anhaltspunkten nachgegangen werden muß, die gegen die scheinbar feststehende Vaterschaft sprechen[95]. Ein iserne rechtsstaatliches Prinzip ist es zudem, daß Beweisanträge der Parteien nicht mit der Begründung zurückgewiesen werden dürfen, das Gegenteil der unter Beweis gestellten Behauptung sei bereits erwiesen. Daher dürfen auch bei noch so hoher serostatistischer Wahrscheinlichkeit Beweisanträge, etwa Vernehmung eines Mehrverkehrszeugens oder die Einbeziehung von Männern, die als Mehrverkehrer in Betracht kommen, prinzipiell nicht zurückgewiesen werden → § 640 Rdnr. 34, 37.

Hat das Gericht seine Amtsermittlungstätigkeit erschöpft und alle zulässigen Beweisanträge beachtet, dann liegt es freilich in seinem tatrichterlichen Ermessen, wenn es gegenläufige Indizien gegen sehr hohe Wahrscheinlichkeitswerte abwägt[96]. Bei einem Essen-Möller-Wert von 99,99% kann sicherlich die Vaterschaft festgestellt werden, auch wenn der Geschlechtsverkehr nicht »normal« vollzogen worden ist, sondern die beiden Geschlechtsteile sich nur berührt haben[97].

Zur Neigung der Gerichte, im Konflikt zu anderen Abgrenzungsmethoden dem Essen-Möller-Wert ausschlaggebende Bedeutung beizumessen → Rdnr. 16 aE.

19 b) Zur Frage, wann bei festgestelltem Mehrverkehr ohne Ausschluß der Mehrverkehrer trotz hoher Wahrscheinlichkeitswerte für den beklagten Präsumtivvater schwerwiegende Zweifel an der Vaterschaft verbleiben, haben sich die Gerichte mit Recht nicht auf einen festen Grenzwert festgelegt[98]. Von medizinischer Seite wird ein Essen-Möller-Wert von

---

[92] Berichtet von *BGH* FamRZ 1990, 615, 616 = NJW 2312.
[93] *BGH* FamRZ 1974, 88 (99,85%). So auch die Empfehlung verantwortlicher Wissenschaftler: Hummel NJW 1981, 605, 608; ders. DAVorm 1986, 785; *Mammey* FamRZ 1984, 332.
[94] Beispiele aus der neueren Rechtsprechung der OLGe: *KG* DAVorm 1991, 864 (99,99%); dass. DAVorm 1984, 503 (99,73%); *OLG Hamburg* DAVorm 1985, 147, 149 (99,97%, in den Urteilsgründen die Grenze bei 99,85% ziehend); dass. DAVorm 1985, 325 (99,89%) – Ausschluß durch Mehrvehrszeugen auch bei nur einmaligem Verkehr; dass. DAVorm 1986, 89 (99,89%); dass. MDR 1977, 316 (99,87% Essen-Möller-Wert und 99,76% Ausschlußchance); *OLG München* NJW 1984, 1826 = FamRZ 1148; dass. DAVorm 1979, 756, 759 (ab 99,8% auch bei unterstelltem Mehrverkehr); *OLG Hamm* DAVorm 1984, 727 (99,73%); dass. DAVorm 1992, 220, 221 (99,93%); *OLG Koblenz* FamRZ 1983, 759, 760 (99,9982%, in den Gründen aber auf 99,73% abstellend); dass. DAVorm 1980, 100, 102 (ab 99,73%); *OLG Zweibrücken* FamRZ 1981, 205; *OLG Bamberg* DAVorm 1977, 507 ff.
[95] *BGH* FamRZ 1990, 615; *BGH* FamRZ 1987, 583: 99,996%, aber Leugnen des Verkehrs durch den Putativvater und behaupteter Verkehr nur bis zum vierten Tag der Empfängniszeit bei einem die Möglichkeit der Empfängnis leugnenden Tragzeitgutachten. In diesem Fall hätte sich sicherlich die Einholung eines morphologischen Gutachtens empfohlen → Rdnr. 1, § 640 Rdnr. 41.
[96] In dem vom *BGH* FamRZ 1987, 583 aaO entschiedenen Fall hätte die Vaterschaft sicherlich nur festgestellt werden können, wenn auch das anthropologisch-morphologische Gutachten zu dem Ergebnis »Vaterschaft sehr wahrscheinlich« gekommen wäre.
[97] *OLG Celle* NJW 1990, 2942.
[98] Keine schwerwiegende Zweifel mehr bei 99,5% Essen-Möller-Wert: *OLG Oldenburg* FamRZ 1979, 669.

98,9% empfohlen[99]. Bei Werten darunter kommt es sicherlich ganz besonders auf die übrige Beweislage an. Bei einer einigermaßen glaubhaften Aussage der Mutter, in der Empfängniszeit nur mit einem Mann Verkehr gehabt zu haben, können auch vergleichsweise geringere Wahrscheinlichkeiten keine schwerwiegenden Zweifel an der Vaterschaft begründen[100]. Eine nicht näher konkretisierte Mehrverkehrsbehauptung kann außer Betracht bleiben[101]. Bei erwiesenem oder auch nur durch Anhaltspunkte wahrscheinlich gemachten Mehrverkehr genügen 85% zur Ausräumung schwerwiegender Zweifel nicht[102]. Im Konfliktsfall → Rdnr. 16 a.E. wird auch hier dem Essen-Möller-Wert ausschlaggebende Bedeutung zuerkannt[103] → Rdnr. 22.

De lege lata nicht zutreffend ist ein Abstellen auf eine über 50% liegende Wahrscheinlichkeit mit der (über das Kindschaftsrecht hinausgehenden ganz generell gemeinten) Erwägung, immer sei zu Lasten dessen zu entscheiden, bei dem das Risiko eines Fehlurteils am geringsten sei[104].

c) Auch im **Ehelichkeitsanfechtungsprozeß** oder im Verfahren der Anfechtung eines Vaterschaftsanerkenntnisses kommt es in seltenen Ausnahmefällen vor, daß beide in Betracht kommende Männer als Väter in keinem Einzelmerkmal ausgeschlossen werden können. Auch dann ist es aber denkbar, daß sich durch den serostatistischen Vergleich der Ausschluß der Vaterschaft des Anfechtenden ergibt.

20

3. Problematische Sondersituationen[105]

a) Besondere Umsicht und zusätzliche Vergewisserungen sind notwendig, wenn Putativvater und Kind zusätzlich zur möglichen Abstammungsbeziehung **verwandt**[106] sind oder wenn Kind und Putativvater aus einem sog. **Isolat**[107], d. h. aus einem räumlich abgegrenzten Gebiet mit traditionell isolierter Fortpflanzung stammen oder wenn ein Beteiligter fremder **ethnischer Zugehörigkeit** entstammt.

21

b) Bei Beteiligung von **Ausländern** (oder auch nur fiktiven ausländischen Putativvätern) ist sehr genau zu differenzieren. Wenn der betreffende Ausländer aus Ländern stammt, in denen die statistische Häufigkeit der Blutgruppenmerkmale nachweislich die gleiche ist wie in Deutschland, bestehen gegen die Heranziehung der üblichen Werte keine Bedenken[108]. Heute ist gesichert, daß die statistischen Befunde in allen Gebieten, die von der weißen (Fachausdruck: kaukasischen) Rasse bewohnt werden, ziemlich genau übereinstimmen[109]. Eine abstrakte Einschränkung dahingehend, daß Frequenzunsicherheiten durch besonders hohe Wahrscheinlichkeitswerte gewissermaßen ausgeglichen werden müßten[110], ist nicht angebracht. Bei einzelnen Staaten, für die keine speziellen Werte ermittelt worden sind, zur Sicherheit die Einholung eines erbbiologisch-morphologischen Gutachtens zu fordern[111], ist

21a

---

[99] *Hummel* DAVorm 1988, 58.
[100] *AG Hamburg* DAVorm 1982, 1089, 1090 (90%); *AG Radolfszell* DAVorm 1979, 760, 761.
[101] *OLG Zweibrücken* FamRZ 1981, 391, 392; *OLG Bamberg* DAVorm 1977, 507, 508f.
[102] *OLG Karlsruhe* DAVorm 1976, 619.
[103] *OLG Oldenburg* aaO.
[104] So *Motsch* Vom rechtsgenügenden Beweis (1983), insbesondere 164ff. Tendenziell (aber de lege lata Vorbehalt machend) zust. *Grunsky* NJW 1984, 858f. A.M. *Mammey* FamRZ 1984, 547f.
[105] Weitere Details mit umfangr. Nw aus der humangenetischen Lit.: *MünchKomm-Mutschler*³ § 1600o BGB Rdnr. 7g.
[106] *Oepen* (Fn. 1) 298; *Hummel* DAVorm 1988, 56;

DAVorm 1987, 348ff. (Vater-Tochter-Inzest); *Spielmann* DAVorm 1983, 630, 631.
[107] Einfluß leugnend *Hummel* DAVorm 1988, 57.
[108] *BGH* FamRZ 1977, 706, 707 = NJW 2120, 2121.
[109] *BGA* BGesundheitsBl. 1972 31 = DAVorm 1972, 268; *Hummel* ZBlJR 1972, 32; *ders.* NJW 1981, 605, 609; *KG* DAVorm 1988, 620 (Türkei); *dass.* DAVorm 1978, 586 (Türkei); *dass.* DAVorm 1980, 660, 663 (Tunesien); *dass.* DAVorm 1980, 204, 210 (Türkei). Gegenteilige Skepsis (*BGH* NJW 1980, 636, 637 = FamRZ 1979, 793, 795 – Türkei; *BGH* FamRZ 1977, 706 a.E.) ist überholt (zum Stand vor 1976 siehe Vorauf. Fn. 73).
[110] So *OLG München* DAVorm 1985, 70.
[111] Sofern nicht ein dahin zielender Beweisantrag gestellt ist → § 640 Rdnr. 41.

nicht gerechtfertigt[112]. Ist nur der Putativvater Ausländer, nicht aber ein fiktiver oder realer Mehrverkehrszeuge, so kann der Essen-Möller-Wert ihm gegenüber ohnehin auch nicht verfälscht werden, wenn er aus einem Gebiet mit andersartiger Frequenz kommt[113]. Wenn freilich bei einzelnen Merkmalen auch innerhalb der Siedlungsgebiete der kaukasischen Rasse Frequenzabweichungen auftreten, dann muß die serostatistische Begutachtung dem angepaßt werden, wenn ein Mehrverkehr aus dem gleichen Siedlungsgebiet in Betracht kommt, sonst wird der Wahrscheinlichkeitswert zu hoch[114].

Heute existiert ein breit gestreutes Material auch für viele **ethnische Gruppen außerhalb Europas**[115]. Der BGH hat einmal beanstandet[116], daß eine »Kombination« von Frequenzen aus verschiedenen Populationen vom Gutachter (*Hummel*) nicht erläutert wurde. Inzwischen existieren aber einschlägige Lösungen[117]. Im Falle extrem hoher Wahrscheinlichkeit sind die auf europäische Frequenzen gestützten Befunde auch bei Beteiligung von Angehörigen fremder Rassen verwertbar[118]. Die Zuordnung einer Person zu einer bestimmten rassischen Gruppe kann ihrerseits wieder aufgrund serostatistischer Analysen vorgenommen werden [119].

22 c) Bei der hohen Ausschlußchance, die Nicht-Väter heute haben, kommt es nur selten vor, daß **mehrere Putativväter für die serostatistische Beurteilung übrig bleiben**. Sie dann beim Beklagten ohne Berücksichtigung der Mehrverkehrer (oder auch nur möglichen Mehrverkehrer) anstellen zu lassen, wäre ein Defizit an Amtsermittlung, das auch nicht dadurch nachträglich geheilt wird, daß sie für den einen von mehreren eine sehr hohe Wahrscheinlichkeit ergibt[120]. Sind allesamt in die serostatistische Begutachtung mit einbezogen worden, so kann man nicht einfach denjenigen als Vater feststellen, der die höchsten Wahrscheinlichkeitswerte aufweist[121]. Zunächst ist zu versuchen, über ein DNA-Gutachten → Rdnr. 26 ff. weiteren Aufschluß zu erhalten. Ergibt sich auch dadurch keiner, ist eine Gesamtwahrscheinlichkeitsrechnung aufzumachen. In diese Spekulationen über »a-priori-Wahrscheinlichkeiten« eingehen zu lassen, ist ebensowenig wie sonst → Rdnr. 13 gerechtfertigt[122]. Vielmehr sind die sich für die mehreren Putativväter gebenden Wahrscheinlichkeitswerte ihrerseits in eine relative Wahrscheinlichkeitsaussage zueinander zu setzen. Spricht für die Vaterschaft von V_1 etwa eine Wahrscheinlichkeit von 99,990% und für jene von V_2 eine solche von 99,900%, so ist die relative Wahrscheinlichkeit von V_1 zu V_2 in Analogie zur Essen-Möller-Formel 100 : (1 + 999 : 9999) = 90,91%. Das reicht sicherlich nicht, um schwerwiegende Zweifel verstummen zu lassen. Bei einer relativen Vaterschaftswahrscheinlichkeit von 99% kann man vom Ausschluß schwerwiegender Zweifel an der Vaterschaft ausgehen, darauf aber sicherlich noch keinen Vaterschaftsnachweis nach § 1600o Abs. 1 BGB stützen, wenn die Beiwohnung von V_1 nicht bewiesen ist. Beiwohnungszeiten und Tragzeitgutachten können dann das ihre zum Beweisergebnis beitragen → Rdnr. 2. Allerdings bleibt bei der Ermittlung der relativen Wahrscheinlichkeit unter zwei nicht ausgeschlossenen Putativvätern unberücksichtigt, daß auch ein Dritter Vater sein könnte. Es wird behauptet, daß es auch für die Einbeziehung eines

---

[112] A.M. *BGH* FamRZ 1988, 1037, 1039 (Iran).
[113] *KG* DAVorm 1980, 204, 210.
[114] *Hummel* DAVorm 1986, 253, 256.
[115] *Hummel* DAVorm 1986, 253; *ders.* DAVorm 1988, 57; *ders.* NJW 1981, 605 unter Bezugnahme auf das »Standardwerk« von *Mourant/Kopec/Domaniewska/Sobczak* The distribution of the human bloodgroups and other polymorphisms.
[116] NJW 1980, 636, 637 = FamRZ 1979, 793, 795 f.
[117] *Hummel* DAVorm 1988, 57, 160 f.
[118] *Hummel* DAVorm 1975, 469.
[119] *Hummel* ZfJ 1989, 9; *ders.* DAVorm 1988, 160 f.
[120] *BGH* FamRZ 1990, 619 → § 640 Rdnr. 37.
[121] So aber *Motsch* Vom rechtsgenügenden Beweis (1983), 238, 240.
[122] Insoweit zutreffend *Motsch* aaO; *MünchKomm-Mutschler*³ § 1600o BGB Rdnr. 7g. – A.M. wohl *Hummel* NJW 1980, 1320, der in einem Drei-Mann-Fall eine a-priori-Wahrscheinlichkeit von einem Drittel für einen jeden von ihnen zugrundelegt(!) – als ob in einem »Ein-Mann-Fall« eine solche von 100% bestünde..

unbekannten Dritten als möglichen Beiwohner eine statistische Berechnungsmethode gebe[123].

Die Zufallswahrscheinlichkeit → Rdnr. 15 ist für alle nicht ausgeschlossenen Männer gleich und darum ohne Aussagekraft[124].

d) Bei einem unbekannten[125], also für Blutgruppenuntersuchungen nicht zur Verfügung stehendem Mehrverkehrer, von dem und in Bezug auf den nichts weiter feststeht, als daß er in der gesetzlichen Empfängniszeit mit der Mutter Verkehr gehabt hat, muß die hypothetische rechtsstaatliche Chance von 50% Wahrscheinlichkeit zugestanden werden. Stehen die näheren Umstände für einen Mehrverkehr fest, so können sich diese Wahrscheinlichkeiten um Schätzungswerte erhöhen oder verringern.

e) Bei **zweieiigen Zwillingen** muß die seltene[126] Möglichkeit einer **superfecundatio** (die Kinder haben verschiedene Väter) in Betracht gezogen werden. Es ist daher für jede Kind-Vater-Beziehung eine selbständige Untersuchung und – bei Nicht-Ausschluß des als Vater beider Kinder in Anspruch genommenen Mannes – eine selbständige serostatistische Berechnung anzustellen[127]. *Eineiige Zwillinge* können natürlich nur einen gemeinsamen Vater haben.

Unter *Putativvätern eineiiger Zwillinge* lassen sich keine serostatistischen Wahrscheinlichkeiten differenzieren. Zur Klärung der Vaterschaft durch Zeugungszeit- und Tragzeitbestimmung → Rdnr. 1a.

f) In **Dirnenfällen** eine besondere Zurückhaltung vor dem durch naturwissenschaftliche Methoden, insbesondere die Serostatistik, als erbracht angesehenen Vaterschaftsbeweis obwalten zu lassen, ist nicht gerechtfertigt. Der BGH verlangte 1977 für ein Abweichen von der sonst für die erwiesene Vaterschaft oder die Ausräumung schwerwiegender Zweifel erforderliche Prozentzahl, die mit der Prostituierteneigenschaft der Mutter begründet worden war, eine »nähere Darlegung«, wie sich dieser Umstand bei der biostatistischen Berechnung auf das Ergebnis auswirkt[128]. Später meinte der BGH, der dirnenhafte Lebenswandel der Mutter[129] oder ihr häufiger Mehrverkehr[130] müsse bei Ansatz der a-priori-Wahrscheinlichkeit in die biostatistische Berechnung eingehen[131]. Empirische Erhebungen sprechen jedoch dafür, daß auch Dirnenmütter meist den zutreffenden Mann als Vater bezeichnen[132]. Einen Wert von unter 0,5 oder gar einen höheren Wert[133] für die »a-priori-Wahrscheinlichkeit« anzusetzen, ist genausowenig gerechtfertigt wie irgendeine sonstige »individuell« anzusetzende »a-priori-Wahrscheinlichkeit« → Rdnr. 16. Eine »Darlegung« der Auswirkung des dirnenhaften Lebenswandels der Mutter auf die »a-priori-Wahrscheinlichkeit« der Vaterschaft könnte nur in der abstrakten Spekulation bestehen, daß ein anderer Freier ebenfalls nicht ausgeschlossen werden könnte und einen so hohen Vaterschaftswahrscheinlichkeitswert aufweisen könnte, daß schwerwiegende Zweifel an der Vaterschaft von beiden übrig bleiben → Rdnr. 22. Häufig wird zudem übersehen, daß es in Dirnenfällen nicht auf das Prädikat »Vaterschaft praktisch erwiesen«, sondern auf das Verbleiben schwerwiegender Zweifel ankommt. Dieses sind aber bei einem Essen-Möller-Wert von 99,8 sicherlich nicht mehr berechtigt.[134] Berücksichtigt

---

[123] *Hummel* DAVorm 1988, 160. Von der Richtigkeit des Rechenansatzes her nicht belegtes, im Ergebnis uneinsichtiges Zahlenbeispiel: 94% und 78,8% Vaterschaftswahrscheinlichkeiten nach Essen-Möller sollen zu einer relativen Wahrscheinlichkeit von 75 : 25, bzw., bei Einbeziehung eines Unbekannten, für den 10% Wahrscheinlichkeit angegeben werden) von 72 : 18 : 10 führen.
[124] *Hummel* DAVorm 1988, 160.
[125] Bei Verstorbenen kann DNA-Analyse helfen → Rdnr. 30.
[126] Beispiel: *Ritter* DAVorm 1978, 96 (bei einem Kind Ausschluß, beim anderen Wahrscheinlichkeit von 99,998%).

[127] *Hummel* DAVorm 1988, 58f.
[128] FamRZ 1977, 706, 707 = NJW 2120, 2121.
[129] *BGH* FamRZ 1982, 691, 692 = NJW 2124.
[130] *BGH* FamRZ 1990, 615.
[131] Ähnlich *OLG Braunschweig* DAVorm 1978, 351.
[132] *Spielmann-Seidl* NJW 1980, 1322 (Fn. 6).
[133] A.M. *OLG Hamm* DAVorm 1984, 727, 730 (wegen der statistischen Richtigkeitschance der von den Müttern in Mehr-Mann-Fällen als Vater bezeichneten Männern).
[134] Verfehlt daher *BGH* FamRZ 1982, 691 aaO: in Dirnenfällen Vaterschaft auch bei einem Essen-Möller-Wert von 99,99% nicht praktisch erwiesen, und schwer-

werden müssen auch die heutige Rate im Dirnenmilieu üblichen Verhütungspraktiken[135]. Beweisanträge bezüglich namentlich benannter Mehrverkehrszeugen sollte aber auch in diesen Fällen stattgegeben werden → § 640 Rdnr. 37.

III. Die DNA-Analyse (»genetischer Fingerabdruck«)[136]

26   Aller Voraussicht nach wird der »genetische Fingerabdruck« die Standard-Vaterschaftsbegutachtung der Zukunft sein, weil sie wesentlich billiger und nach Aussagen vieler Praktiker heute schon mindestens genauso zuverlässig ist wie eine erweiterte serostatistische Begutachtung. Grundprinzip der Methode ist der Zugriff nicht auf die Genprodukte (Bluteigenschaften, ausgedrückt in Allelen), sondern auf die Gene selbst. Die menschliche Erbsubstanz DNA (Desoxyribonucleinsäure) besteht nur aus vier chemischen Substanzen, Ademin (A), Cytosin (C), Gnamin(G) und Tymin (T). Diese Substanzen reihen sich in linearen Sequenzen zu mehreren Milliarden Basen-Paaren aneinander. Nur ein geringer Prozentsatz, der meist auf 10% geschätzt wird, ist »kodiert«, enthält also eine genetische Information. Diese Abschnitte der DNA sind es freilich gerade nicht, die für die Vaterschaftsfeststellung fruchtbar gemacht werden. In dem Rest befinden sich längere und kürzere regelmäßige simple Sequenzen von Basen-Paaren. Mutationen in diesem Bereich wirken sich, da von ihnen keine Erbinformationen ausgeht, nicht auf die Überlebensfähigkeit aus, werden also immer wieder weiter vererbt. Dadurch ist es gekommen, daß die Sequenzen dieser Basen-Paare in bestimmten Abschnitten des Genoms (Gesamtheit der DNA), die man als »hypervariable Regionen« bezeichnet, eine Vielfalt (Fachausdruck: Polimorphismus) erreichen, von der man annimmt, daß sie jeden Menschen individuell unterscheidet[137], ausgenommen eineiige Zwillinge.

Es ist gelungen, eine Technik zu entwickeln, mit sog. »Restriktionsencymen« die DNA so zu spalten, daß die hypervariablen Regionen herausgeschnitten werden. Die Spaltstücke werden im elektrischen Feld nach ihrer jeweiligen Größe geordnet. Sie werden dann mit einer als Sonde bezeichneten radioaktiv markierten Substanz (synthetisch hergestellte DNA-Sequenzen), die die Eigenschaft haben, sich an den hypervariablen Zonen anzulagern, in einer die Übersichtlichkeit wahrenden Auswahl sichtbar gemacht. Sichtbar sind dann schwarze Banden, die das individuelle Bandmuster ausdrücken.

Dabei unterscheidet man die die Praxis beherrschenden Multi-Locos-Sonden und die Single-Locos-Sonden[138]. Bei den ersteren werden Banden erfaßt, die von unterschiedlichen Chromosomen und Chromosomorten stammen. Diese Methode beruht auf der Annahme,

---

wiegende Zweifel verbleibend, wenn Sachverständiger keine a-priori-Wahrscheinlichkeit angenommen hat, die dem dirnenhaften Lebenswandel der Mutter entsprach.

[135] letztere als Indiz gegen die Vaterschaft allgemein anerkannt, z. B. OLG Celle DAVorm 1980, 940, 942.

[136] Lit.: *Reichelt* Anwendung der DNA-Analyse (genetischer Fingerabdruck) im Vaterschaftsfeststellungsverfahren, FamRZ 1991, 1265; *ders.* Verfahren, Zulässigkeit und Auswirkungen der DNA-Technologie (genetischer Fingerabdruck) auf den Anwendungsbereich der Vaterschaftsvermutungen im Rahmen des § 1600o II BGB (1992); *Bonte* u. a. FamRZ 1992, 278; *Böhm* u. a. FamRZ 1992, 275 in Erwiderung auf *Ritter* (Fn. 1) und dessen Replik FamRZ 1992, 277; *Berghaus/Brühmann/Ritter/Stark* DNA-Technology and its Forensic Application, Heidelberg 1991; *Hummel/Mutschler* NJW 1991, 2929, 2930; *Henke/Paas/Hoffmann/Henke* ZRMed 1990, 235; *Böhm/von Luxburg/Epplin* DAVorm 1990, 1101, 1102 ff. (Dazu *Bender* DAVorm 1991, 173).

Zu Einzelaspekten: *Hummel* NJW 1990, 753; *ders.* DAVorm 1990, 356; *ders.* DAVorm 1989, 34; 610; *Henke/Schnitter* MDR 1989, 404; *Henke/Hoffmann* DAVorm 1989, 503; *Rittner/Schacher/Schneider* MedR 1989, 12.

Einflußreich auch die DNA-Resolution der Deutschen Gesellschaft für Rechtsmedizin, Informationen der Deutschen Gesellschaft für Rechtsmedizin Heft 37 (1989), 564.

[137] Statt aller *Böhm/von Luxburg/Epplin* aaO.

[138] Nur den letzteren einen Beweiswert zubilligend *Ritter* aaO 648, jedoch mit einer sehr plausiblen Antwort durch *Böhm* u. a. FamRZ 1972, 275. Skeptisch gegen Multi-locus-Sonden auch *MünchKomm-Mutschler*³ § 1600o BGB Rdnr. 7g unter Berufung auf eine Resolution des Deutschen Gesellschaft für Rechtsmedizin ZRMed 37 (1989), 564.

daß über alle Chromosome verteilt zwei Menschen nicht zufällig gleichlange Banden haben können.

Der Vaterschaftsausschluß fußt auf dem gleichen Schlußfolgerungsmuster wie der Vaterschaftsausschluß durch Blutgruppenmerkmale. Scheidet man die Bandenmuster, die bei Kind und Mutter identisch sind, aus, so ist die Vaterschaft ausgeschlossen, wenn das Kind Bandmuster hat, die beim Vater fehlen. Allerdings wird bezweifelt, ob die Erhebungstechnik schon zuverlässig ist → Rdnr. 29.

27

Ist die Vaterschaft auf diese Weise nicht ausgeschlossen, so ist sie nach der zugrundeliegenden Annahme der absoluten Individualität der Basenmorphologie erwiesen.

Diese Grundannahme ist freilich noch nicht empirisch abgesichert → Rdnr. 29. Es kann theoretisch nicht nur sein, daß auf der Welt zwei Männer mit identischen Bandenmustern existieren, sondern auch und näherliegenderweise, daß zwei Männer existieren, die gerade jenen Ausschnitt aus dem Bandmuster besitzen, den das Kind von seinem Vater geerbt haben muß.

Auch unter den Sachverständigen wird die Verläßlichkeit des Systems noch unterschiedlich beurteilt[139], wobei allem Anschein nach auch wirtschaftliche Interessen infolge der unterschiedlichen apparativen Ausstattung der einzelnen Labors eine Rolle spielen. Die Angriffe richten sich einmal gegen die Verläßlichkeit der Erhebungstechniken[140]; sie sollen aber durch Einsatz von Zweitgutachtern und Kontrollansätzen behebbar sein[141]. Sodann können, wie beim Blutgruppenausschluß → Rdnr. 4a, Neumutationen einen Ausschluß vortäuschen. Daher ist ein Ausschluß nur dann verläßlich, wenn beim Vater mehr als eine Bande fehlen[142].

Schließlich ist bezüglich des positiven Vaterschaftsbeweises noch nicht sicher, ob das Bandmuster einer Person wirklich höchst individuell nur einmal existiert[143]. In Anbetracht der Tatsache, daß noch kein Fall zweier in den Bandmustern identischer Personen entdeckt worden ist[144], kann jedoch vernünftigerweise davon ausgegangen werden, daß bei Übereinstimmung von Kind und Vater mindestens die Wahrscheinlichkeit von 99,80%[145] vorliegt, auf die man sich als zuverlässigen Vaterschaftsbeweis auch bei der Serostatistik geeinigt hat → Rdnr. 18. In einem Fall hat ein Sachverständiger eine Wahrscheinlichkeit von 99,99999998% errechnet und dies für zuverlässig genug erachtet, einen scheinbaren Vaterschaftsausschluß im PCM-System → Rdnr. 7 als durch Neumutation bedingt auszuweisen[146]. Die Möglichkeit von Neumutationen steht ohnehin nur der Verläßlichkeit eines isolierten Ausschlusses, nicht aber einer statistischen Auswertung des Ergebnisses entgegen[147]. Die Kritik, welche an dem kriminologischen Einsatz einer DNA-Analyse geübt worden ist, ist auf Vaterschaftsfeststellungen nicht übertragbar[148]. Zur Rechtsprechung Rdnr. → 41 a.

Die Vorteile des »genetischen Fingerabdrucks« gegenüber der Blutgruppenanalyse sind vielfältig. Er ist wesentlich weniger kostspielig, weil nur eine Arbeitstechnik beherrscht werden muß und, vor allem, weil nicht Tests mit zahllosen unterschiedlichen Seren nötig

---

[139] Mit Belegen aus dem naturwissenschaftlichen Schrifttum zusammengestellt in BGH FamRZ 1992, 185, 187 = NJW 751.
[140] Vor allem Ritter FamRZ 1981, 646, 648.
[141] Böhm u. a. aaO 1107f, bzw. 275.
[142] Reichelt FamRZ 1991, 1265, 1269; Henke/Paas/Hoffmann/Henke ZRMed 1990, 235, 243f.; OLG Celle DAVorm 1990, 388: bei Fehlen von sieben Banden Wahrscheinlichkeit der Abweichung aufgrund von sieben Neumutationen geringer als 1 zu 1.000.000. Daher Ausschluß absolut verläßlich.
[143] Von umfangreichen Familienuntersuchungen berichten aber Böhm u.a. FamRZ 1992, 275 und Bartel FamRZ 1992, 276.

[144] OLG Karlsruhe FamRZ 1990, 1145, 1146 berichtet davon, daß die Schätzungen über Zufallsübereinstimmungen zweier Personen zwischen einem Fall pro 100 Millionen und einem Fall pro 100 Milliarden Menschen schwanken.
[145] Nach Böhm u. a. aaO 1105 erlauben massenstatistische Erhebungen heute bereits Wahrscheinlichkeitsaussagen von »mindestens 99,9%«. Die statistische Berechenbarkeit von Wahrscheinlichkeiten unter gewissen Voraussetzungen bestätigen auch Hummel NJW 1990, 753f.
[146] Hummel DAVorm 1989, 610, 612.
[147] BGH FamRZ 1991, 185, 187 = NJW 749, 751.
[148] Böhm u. a. aaO 1107.

sind[149]. Jedes Körpergewebe reicht als Ausgangsmaterial aus, auch von Verstorbenen entnommenes[150]. Auch sich im Ausland aufhaltende Personen können mühelos in die Untersuchung einbezogen werden. Selbst die Einbeziehung von Föten ist möglich.

§ 644   Anhang II

Neufassung der Richtlinien des Bundesgesundheitsamtes für die Erstattung von Blutgruppengutachten[1]

1. Allgemeines

1.1. Diese Richtlinien treten an die Stelle der »Richtlinien für die Erstattung von Blutgruppengutachten« vom 28.10.1977 (BundesgesundhBl. 22 (1977) 326–331).
Sie wenden sich an den in einem gerichtlichen Verfahren gem. § 372a ZPO bzw. § 81a bis c StPO beauftragten Sachverständigen.
Die Richtlinien stellen Mindestanforderungen dar.
1.1.1 Im allgemeinen soll ein Blutgruppengutachten mindestens folgende Systeme berücksichtigen:
1. ABO
2. MNSs
3. Rhesus (Rh)
4. Kell (K)
5. Duffy (Fy)
6. Haptoglobin (Hp)
7. Gruppenspezifische Komponente (Gc)
8. Gammaglobulin Gm (Gm)
9. Gammaglobulin Inv (Inv)
10. Saure Phosphatase der Erythrozyten (ACP)
11. Phosphoglukomutase (PGM1)
12. Adenosindesaminase (ADA)
13. Adenylatkinase (AK)
14. Phosphoglukonatdehydrogenase (PGD)
15. Esterase D (ESD)
16. Glyoxalase I (GLO)

(Spezielle Nomenklatur, Einzelbefunde und Beweiswert: siehe Ziff. 6.2 und 6.3)
1.1.2 Das Ziel jeder wissenschaftlichen Blutgruppenbegutachtung muß es sein, sowohl bei Ausschließung als auch beim positiven Vaterschaftshinweis eine möglichst hohe Sicherheit zu erzielen. Soweit also weitere Merkmale und Systeme berücksichtigt werden, gelten die Ausführungen von Ziffer 4.2.5.
1.2 Die Anwendung der Richtlinie wird auch für die Ausführung nichtforensischer Abstammungsuntersuchungen, die von den Beteiligten in Auftrag gegeben werden, empfohlen.
1.3 Erteilung des Auftrags
1.3.1 Der Sachverständige wird auf Auftrag tätig.

---

[149] *Böhm* u.a. aaO 1105 schätzen DM 1.700,– bis 2.500,– anstatt DM 5.000,– für ein umfassendes Blutgruppengutachten.
[150] Zur Tauglichkeit der Methode in Defizienzfällen:
Ritter u.a. DAVorm 1992, 105ff.; *Bonte* u.a. FamRZ 1992, 278ff.
[1] Stand 15.3.1990 Bundesgesundheitsblatt 1990, 264ff.

Dieser kann entweder auf einem Gerichtsbeschluß oder auf freiwilliger Übereinkunft der Beteiligten beruhen. Der Sachverständige soll auf schriftliche persönliche Auftragserteilung bedacht sein.

1.3.2 In dem Auftrag müssen die zu untersuchenden Personen mit Familien- und Vornamen und mit ihrer ladungsfähigen Anschrift bezeichnet sein.

1.4 Anforderungen an den Sachverständigen und sein Laboratorium.

1.4.1 Blutgruppengutachten soll nur ein ärztlicher Sachverständiger erstatten, der mit der Blutgruppenwissenschaft vertraut und entsprechend qualifiziert ist. Er muß die erforderlichen theoretischen Spezialkenntnisse besitzen und die notwendigen methodischen Erfahrungen in mehrjähriger, nicht wesentlich unterbrochener, praktischer Arbeit im Laboratorium eines Sachverständigen erworben haben. Erforderlichenfalls muß er in der Lage sein, durch entsprechende Unterlagen seine wissenschaftliche Qualifikation auf diesem Gebiet nachzuweisen.

Es dient der Zuverlässigkeit der Gutachtenerstattung, wenn in der Tätigkeit als Sachverständiger keine wesentliche Unterbrechung eingetreten ist.

1.4.2 Der Sachverständige hat sich mit dem Fortschritt der Wissenschaft vertraut zu halten, um die Begutachtung diesem Fortschritt anpassen zu können.

1.4.3 Im Laboratorium müssen alle Geräte zur Verfügung stehen, die zur Untersuchung der im Gutachten verwerteten Systeme notwendig sind (Ziff. 4.2 ff.).

1.4.4 Medizinisches Assistenzpersonal darf nur unter Anleitung und Verantwortung sowie auf Weisung des Sachverständigen tätig werden.

1.4.5 Kontroll- und Vergleichsproben von Blutkörperchen und Seren mit bekannten Merkmalen müssen zur Verfügung stehen.

2. Einleitende Maßnahmen

2.1 Entnahme und Einsendung von Blutproben

2.1.1 Blutgruppenuntersuchungen sollten bei Kindern im allgemeinen erst dann erfolgen, wenn sie ein Alter von acht Monaten erreicht haben (s. auch 4.2.2.5).

2.1.2 Vor Ablauf von drei Monaten nach prophylaktischer oder therapeutischer Anwendung von Substanzen menschlichen Ursprungs ist im Regelfall ein Blut für forensische Blutgruppenuntersuchungen ungeeignet. Über Ausnahmen entscheidet der Sachverständige.

2.1.3 Der Sachverständige hat nicht nur selbst dafür zu sorgen, sondern auch den mit der Blutentnahme betrauten Arzt darauf hinzuweisen, daß die Blutprobenröhrchen in Gegenwart der zu untersuchenden Person(en) mit einem fest haftenden und mit dem richtigen Namen unverwechselbar beschrifteten Klebezettel zu versehen sind. Die Blutproben sind unverzüglich an den Sachverständigen abzusenden.

2.1.4 Die offenkundige Zugehörigkeit zu einer fremden Rasse ist, soweit dies für die Bewertung der Befunde erforderlich ist, in der Niederschrift zu vermerken.

2.2 Identitätsprüfung

2.2.1 Vor der Blutentnahme sind die Personalien der erschienenen Personen durch den Sachverständigen oder den von ihm beauftragten Arzt durch Einsichtnahme in einen amtlichen Ausweis festzustellen. Die zu untersuchenden Personen sind, soweit es sich nicht um ein einvernehmlich gewünschtes Tätigwerden des Gutachters handelt, auf die gesetzliche Duldungspflicht hinzuweisen. Die Identitätsprüfung ist in der Niederschrift über die Blutentnahme zu dokumentieren (Muster s. S. 265), die der Blutprobe beizufügen ist. Durch Fingerabdruck bzw. Fußabdruck auf dem Niederschriftsbogen und durch Lichtbild, die dem Gutachten beigefügt werden, wird auch dem Auftraggeber die Prüfung ermöglicht, ob tatsächlich die zu untersuchenden Personen untersucht wurden. Ergeben sich anläßlich der Blutentnahme oder später Zweifel an der Identität, so muß der Auftraggeber unterrichtet werden.

2.2.2 Die Durchführung dieser Maßnahmen dient dazu, spätere Überprüfungen zu ermöglichen. Ist im Einzelfall eine Person nicht bereit, die notwendigen Maßnahmen zur Identitätssicherung durchführen zu lassen, so ist auf die möglichen Folgen (z.B. Mitteilung an das Gericht, Notwendigkeit der Wiederholung der Untersuchungen) hinzuweisen.

2.2.3 Bei zugesandten Blutproben muß sich der Sachverständige oder eine zuverlässige Hilfskraft beim Auspacken der Blutproben von deren einwandfreier Kennzeichnung und von der vollständigen Ausfüllung der zugehörigen Niederschriften überzeugen. Dabei sind Eingangsdatum, Blutmenge und -beschaffenheit sowie etwaige Besonderheiten zu Protokoll zu nehmen und, wenn nötig, dem Gericht mitzuteilen.

2.2.4 Das Gutachten und die Niederschrift erhält das Gericht oder bei nichtforensischen Gutachten der Auftraggeber. Die beim Sachverständigen verbleibenden Niederschriften und sonstigen Unterlagen sind dort in sorgfältiger Weise verschlossen aufzubewahren.

3. Anforderungen an die Testreagenzien

3.1 Der Sachverständige ist verpflichtet, für seine Untersuchungen nur solche Reagenzien zu verwenden, die von ihm auf ihre Qualität geprüft und als geeignet befunden worden sind. Ohne zwingenden Grund sollte nicht von den Gebrauchsanleitungen abgewichen werden, die den Testreagenzien beigefügt werden.

3.2 Alle Prüfungen müssen mit der gleichen Methode und unter den gleichen Bedingungen wie die Untersuchungen für das Gutachten erfolgen.

3.3 Voraussetzung für die Prüfung der Testreagenzien ist die einwandfreie Beschaffenheit aller Reaktionspartner (z.B. Testerythrozyten, Hämolysate, Koenzyme, Hilfsenzyme, Pufferlösungen, Gele usw., aber auch destilliertes bzw. vollentsalztes Wasser).

3.4 Testseren, die nur im Antiglobulin-Test anzeigen, sind darauf zu prüfen, ob sie eine ausreichende Beladung der Erythrozyten bewirken. Antiglobulinseren dürfen mit unbeladenen Erythrozyten keine Reaktion zeigen. Sie müssen qualitativ und quantitativ besonders geprüft und als für das jeweilige System bzw. Merkmal geeignet befunden werden, bevor sie Verwendung finden.

4. Die Untersuchungen für das Gutachten

4.1 Allgemeine Maßnahmen

4.1.1 Reste der Blutproben sollten sachgemäß aufbewahrt werden, damit Untersuchungen wiederholt werden können.

4.1.2 Für jedes serologisch nachzuweisende Merkmal sind mindestens zwei Testseren verschiedener Herkunft zu verwenden.

4.1.3 Über alle Bestimmungen ist ein Protokoll zu führen, aus dem auch das Untersuchungsdatum und der Name der an der Untersuchung Beteiligten hervorgehen. Aus dem Untersuchungsprotokoll muß auch die Herkunft und Charge der Testseren ersichtlich sein. Es empfiehlt sich, auch einen Vermerk über die Herkunft der Kontrollblutkörperchen bzw. Kontrollseren in das Protokoll aufzunehmen.

4.1.4 Bei der Ablesung von durch Antikörper bewirkten Reaktionen (z.B. Agglutination, zytotoxische Reaktion) ist grundsätzlich als Ergebnis das Resultat der einzelnen Reaktionen in das Untersuchungsprotokoll einzutragen.

4.1.5 Bei allen Untersuchungen an Erythrozytenmembranen, die auf Ag/Ak-Reaktionen beruhen, sind positive (heterozygote) und negative Kontrollen mitzuführen. Bei komplexen

Systeme, die von verschiedenen loci kontrolliert werden, ist zusätzlich der Positionseffekt zu beachten, um – falls erforderlich – sogenannte kritische Kontrollen hinzuzuziehen. Ebenso sollen in allen anderen Systemen bei den Merkmalsbestimmungen die jeweils erforderlichen Kontrollproben mituntersucht werden.

4.1.6 Die Alterungs- und Lagerungsempfindlichkeit von Merkmalen aller Systeme ist in Betracht zu ziehen (5.4).

4.1.7 Für Titrationsversuche ist die Verwendung geeigneter Seren und einer angemessenen Technik eine unerläßliche Voraussetzung. Wie bei allen quantitativen Tests sind mehrfache (mindestens je drei) homozygote und heterozygote Kontrollen erforderlich, bei denen durch Familienuntersuchung der Genotyp soweit wie möglich abgesichert sein sollte. Bei komplexen Systemen ist auf Positionseffekte zu achten. Zur Erkennung technisch bedingter Unterschiede sollte die zu untersuchende Probe ebenfalls mindestens dreimal im Titrationsversuch angesetzt werden. Die Ablesung erfolgt im Blindversuch. Nur falls die Ergebnisse der homozygoten und heterozygoten Kontrollen Unterschiede über die dreifache Standardabweichung hinaus erkennen lassen und sich der Proband eindeutig in eine der zwei Klassen einordnen läßt, kann das Ergebnis als sicher betrachtet werden.

Ergibt sich bei der Konstellation einer möglichen entgegengesetzten Reinerbigkeit eindeutig eine doppelte Dosis bei Kind und Eventualvater, so sind dennoch störende Regulatorgene denkbar, die sich im Titrationsversuch nicht manifestieren, so daß die sogenannten Reinerbigkeitsausschlüsse nicht volle Beweiskraft erreichen (s. auch 6.3.2).

4.2 Spezielle Untersuchungen

4.2.1 Membranantigene der Erythrozyten

4.2.1.1 ABO-System

Die Untersuchung erfolgt durch Feststellung der Blutgruppenmerkmale an den Erythrozyten und der Iso-Agglutinine im Serum. Ein hochwirksames Anti-A+B-Serum ist mitzuführen, damit auch schwach ausgeprägte Merkmale nach Möglichkeit erfaßt werden können.

4.2.1.2 Das Merkmal (die Antigendeterminante) A1 wird durch direkte Agglutination mit Anti-A1-Reagenzien bestimmt. In besonders gelagerten Fällen kann die zusätzliche Untersuchung auf H-Substanz zur Bestätigung der A-Untergruppenbefunde von Nutzen sein. Als Kontrollen sind bei der Gruppe A A1- und A2-Testerythrozyten, bei der Gruppe AB A1B- und A2B-Testerythrozyten mitzuführen. Bleiben Zweifel, so hat der Sachverständige zusätzliche Untersuchungen vorzunehmen und dies im Gutachten zu erörtern.

4.2.1.3 MNSs-System

Bei isolierten MN-Ausschlüssen auf Grund entgegengesetzter Reinerbigkeit sind die entscheidenden Befunde durch zusätzliche Untersuchungen zu sichern (z.B. Untersuchungen mit Anti-Mg-Seren oder Titrationen unter Verwendung geeigneter, humaner Testseren [Anti-M- und Anti-N-Seren]).

4.2.1.4 Eines der beiden je Merkmal zu benutzenden Testseren muß inkomplette Antikörper enthalten. Um abgeschwächte Merkmale einschließlich des Merkmals Du zu erkennen, sind dafür die nach dem jeweiligen Wissensstand erprobten Methoden zusätzlich heranzuziehen.

4.2.2 Serumproteine

4.2.2.1 Haptoglobin-System

Das Puffer-System ist so zu wählen, daß zwischen dem Phänotypus Hp 1 und einer Ahaptoglobinämie sicher unterschieden werden kann, wenn Stärke als Trennmedium verwendet wird.

4.2.2.2 Gc-System

Wird eine isoelektrische Fokussierung durchgeführt, so ist eine Kontrolle durch Immunfixation nach elektrophoretischer Auftrennung erforderlich.

4.2.2.3 Gammaglobulin-Systeme Gm und Inv

Der Agglutinationshemmtest soll pro Merkmal mit zwei Reaktionssystemen durchgeführt werden. Außerdem sind die Probandenseren auf vorhandene Gm- und Inv-Antikörper zu prüfen. Bei Auftreten einer dadurch bedingten Agglutination kann das Bestimmungsergebnis nicht gewertet werden.

Die Probanden eines Gutachtenfalles sollen nach Möglichkeit mit denselben Reaktionssystemen untersucht werden.

4.2.2.4 Die zu verwendenden Testerythrozyten sollen möglichst frisch sein. Die beladenen Erythrozyten sind nicht lange verwendbar. Ihre ausreichende Beladung ist am Ausfall der Agglutinationskontrolle zu erkennen, die durch den Ansatz mit dem negativen Kontrollserum vorzunehmen ist.

4.2.2.5 In Ergänzung zu 2.1.1 wird darauf hingewiesen, daß bei der Untersuchung der Serumproteine auch bei über acht Monate alten Kindern gelegentlich mit unsicheren Befunden zu rechnen ist.

4.2.3 Enzyme

4.2.3.1 Für die Bestimmung gelten in allen Systemen analoge Empfehlungen:

Die Wahl einer geeigneten Methode zur elektrophoretischen Auftrennung sowie die Wahl eines geeigneten Trägermediums bleiben dem Sachverständigen überlassen. Zur Untersuchung von intrazellulären Enzymen müssen frisch hergestellte Hämolysate verwendet werden. Die Ergebnisse sollten in einer zweiten Elektrophorese bzw. isoelektrischen Fokussierung mit einem weiteren Hämolysat bestätigt werden. Auf eine einwandfreie Auftrennung der Enzymfraktionen ist zu achten. Nur regelhafte Zymogramme dürfen verwertet werden. Besondere Aufmerksamkeit ist den Varianten zu widmen.

4.2.4 HLA-System

Die Bestimmung der serologisch definierten HLA-Merkmale erfordert die genaue Kenntnis der Reaktionsweise der vom Sachverständigen verwendeten Antiseren. Im Hinblick auf eine größtmögliche Sicherheit der Befunde sollen bevorzugt solche Antigendeterminanten herangezogen werden, zu deren Bestimmung ausreichende Mengen spezifischer und besonders kräftiger Antiseren leicht erhältlich sind. Die Bestimmung der gut definierten breiten Spezifitäten des A- und B-Locus reicht im Regelfall aus.

In Problemfällen, insbesondere bei Beteiligung fremdrassischer Personen, sollten nach Möglichkeit zusätzliche Merkmale bzw. Splits am A- und B-Locus berücksichtigt werden. In Ausnahmefällen (z. B. wenn die Vaterschaft nur über ein Blank am A- oder B-Locus möglich ist) kann darüber hinaus die zusätzliche Untersuchung der Merkmale des C- und insbesondere des DR-Locus sowie die Einbeziehung von Familienmitgliedern von Bedeutung sein. Die Terminologie richtet sich nach dem jeweils letzten Bericht des WHO-Nomenklatur-Komitees. Im HLA-System können jedoch nicht für jedes Merkmal Kontrollen mitgeführt werden, so daß im allgemeinen jedes HLA-Merkmal mit mindestens drei unterschiedlichen, gut definierten Antiseren bestimmt werden sollte. Als Standardmethode gilt der Mikrolymphozytotoxizitätstest. Bei jedem HLA-Gutachten sind diejenigen Merkmale aufzuführen, die der Sachverständige sicher erfassen kann.

4.2.5 Weitere Merkmale und Systeme

4.2.5.1 Wenn in diesen Richtlinien nicht erwähnte Systeme bzw. Merkmale des Blutes in das Gutachten einbezogen werden, sollen sie unter Beachtung der bisher aufgeführten Grundsätze untersucht werden.

4.2.5.2 Unter diesen Umständen verstößt eine Erweiterung des Gutachtens dann nicht gegen die Richtlinien, wenn die Untersuchung im Einvernehmen mit dem Auftraggeber erfolgt, wenn es sich um Systeme handelt, für die der Erbgang von der Fachwissenschaft hinreichend geklärt ist und wenn die Phänotypen mit verfügbaren Reagenzien reproduzierbar sind (s. auch Ziff. 1.3).

5. Fehlermöglichkeiten

5.1 Der Sachverständige muß mit den Fehlermöglichkeiten aller von ihm verwendeten Methoden vertraut sein.

5.2 Der Sachverständige sollte sich in einem an der Probandenzahl gemessenen Zeitraum über die Phänotypenhäufigkeit in seinem Beobachtungsgut wiederholt einen Überblick verschaffen. Deutliche Abweichungen von Frequenzen, die an einem vergleichbaren Material erhoben wurden, weisen auf einen systematischen (gerichteten) Fehler hin.

5.3 Auf die Möglichkeit von Fehlern und Fehlbegutachtungen, die durch Verwechslung von Blutproben und ungenügende Sicherung der Identität (Ziffer 2.2) oder durch Unzulänglichkeiten der Testreagenzien (Ziff. 3 ff.) oder durch nicht ausreichende Beachtung des bei den Untersuchungen für das Gutachten notwendigen Vorgehens (Ziff. 4 ff.) verursacht werden können, sei nochmals hingewiesen.

5.4 Alle Blutmerkmale können gelegentlich quantitativ oder qualitativ verändert vorkommen; manche können besonders lagerungsempfindlich sein. Außerdem kann die Reaktionsfähigkeit aller Merkmale durch sekundäre Einflüsse wie z.B. Überalterung der Genprodukte und deren Nachweisreagenzien, beginnende Hämolyse, ungeeignetes Milieu oder bakterielle Einwirkung eingeschränkt sein. Trockenseren können nach ihrer Auflösung sehr bald an Wirksamkeit verlieren.

5.5 Bei der Bestimmung der HLA-Merkmale ist darauf zu achten, daß die verwendeten Zellen intakt sind. Da durch Lagerung und Transport die Bestimmungssicherheit abnimmt, sollte die Blutentnahme möglichst am Ort des Gutachters vorgenommen werden. Das Probandenblut sollte bei Testbeginn nicht älter als 24 Stunden sein und in der Zwischenzeit möglichst bei 20o C gehalten werden. Werden die Lymphozyten unmittelbar nach der Entnahme isoliert und in einem geeigneten Medium, z.B. Hank'scher Lösung, suspendiert (20o C), können unter Umständen noch nach Tagen sichere Befunde erzielt werden. Der Qualität der verwendeten Testseren und dem Auftreten von Kreuzreaktionen ist besondere Aufmerksamkeit zu widmen. Der Sachverständige soll bei den Merkmalen, deren endgültige Definition noch aussteht, bei der Interpretation – falls erforderlich – einen entsprechenden Hinweis geben.

5.6 Antiglobulin-Seren zum indirekten Nachweis von Membran-Antigenen der Erythrozyten sind für die verschiedenen Systeme nicht immer gleich gut geeignet. Die Antigen-Antikörper-Reaktionen im Antiglobulintest müssen bei Anwendung der Zentrifugiertechnik sofort abgelesen werden.

5.7 Bei den Gc-Merkmalen kann bei stark hämolytischen Blutproben je nach der verwendeten Bestimmungstechnik unter Umständen eine Phänotypenbestimmung nicht möglich sein.

5.8 Einwandfreie Bestimmungen der Genprodukte hängen von deren Menge und Beschaffenheit ab. Bei Kindern unter einem Jahr kann die Bildung von Proteinen herabgesetzt sein, auch bei Erwachsenen kommt es in Ausnahmefällen zu einem vorübergehenden Mangel an einzelnen Serumproteinen (s. Haptoglobine, Gammaglobuline). Pathologisch veränderte Proteine sind gegebenenfalls in Betracht zu ziehen. Eine unterschiedliche Expressivität einzelner Genprodukte kann in verschiedenen Kombinationen vorkommen.

5.9 Die häufigsten Fehler sind Hör-, Diktier-, Schreib- und Übertragungsfehler. Solche Fehler können weitgehend vermieden werden durch doppelten Ansatz, mehrfache Ablesung, den Einsatz von Computern und vergleichende Überprüfung von Inhalt und Interpretation des schriftlichen Gutachtens.

6. Das Gutachten

6.1 Allgemeines

Bei der Abfassung des Gutachtens sind die Sache und der erteilte Auftrag genau zu bezeichnen. Auf die dem Gutachten beizufügenden Niederschriften ist hinzuweisen. Mängel oder Unklarheiten der Identitätssicherung, die nicht beseitigt werden konnten, sind anzumerken. Die Daten der Blutentnahme und/oder die Daten des Eingangs zugesandter Blutproben sind festzuhalten (z.B. auf der Niederschrift) (s. Ziff. 2.2.3).

6.2 Untersuchungsergebnisse

Die erhobenen Befunde sind in einer Tabelle übersichtlich zusammenzustellen. Hierbei ist eine Anordnung der Befunde für alle Beteiligten eines Falles zu wählen, die eine gute Übersichtlichkeit gewährt. Im Interesse der Übersichtlichkeit wird als übliche Reihenfolge für die Personen empfohlen: Kind, Mutter, Beklagter oder Kläger und Zeugen.

Für die Phänotypen/Reaktionstypen sollen folgende Bezeichnungen verwendet werden:
1. A1,A2,B,O,A1B,A2B
2. MMSS, MMSs, MMss, MNSS, MNSs, MNss, NNSS, NNSs, NNss
3. CCD.ee, CcD.Ee, CcD.ee, Cw.Dee, CwcD.Ee, CwcD.ee, ccD.EE, ccD.Ee, ccD.ee, Ccddee, ccddEe, ccddee
4. K+, K-
5. Fy(a+), Fy(a-)
6. Hp 1, Hp 2−1, Hp 2
7. Gc 1, Gc 2−1, Gc 2
8. Gm(1,2), Gm(1,−2), Gm(-1,−2)
9. Inv(1), Inv(-1)
10. ACP A,ACP AB,ACP AC,ACP B,ACP BC,ACP C
11. PGM1 1,PGM1 2−1,PGM1 2
12. ADA 1,ADA 2−1,ADA 2
13. AK 1,AK 2−1,AK 2
14. PGD A,PGD AB,PGD B
15. ESD 1,ESD 2−1,ESD 2
16. GLO 1,GLO 2−1,GLO 2

Phänotypen mit einer Häufigkeit unter 0,1% und Du-Phänotypen des Rh-Systems sind hier nicht aufgeführt. Diese und die Phänotypen weiterer Systeme sind analog zu schreiben.

6.3 Beweiswert und weiterführendes Gutachten

6.3.1 Der sichere Ausschluß ist dadurch gekennzeichnet, daß das Kind ein Merkmal besitzt, welches der Mutter und dem Eventualvater fehlt (»klassischer« Ausschluß).

6.3.2 Ausschlüsse auf Grund der Konstellation entgegengesetzter Reinerbigkeit zwischen Kind und Eventualvater (sog. Reinerbigkeitsausschlüsse) sind im Regelfall keine sicheren Ausschlüsse. Wird ein solche Befund nur in einem einzigen System erhoben, muß der Gutachter dem Auftraggeber begründete Vorschläge zur weiteren Aufklärung der zweifelhaften Feststellung unterbreiten (weiterführende serologische Begutachtung, anthropologisches Gutachten).

Eine entgegengesetzte Reinerbigkeit darf insbesondere dann nicht ohne zusätzliche Untersuchungen wie Familiengutachten oder quantitative Tests unterstellt werden, wenn die Summe stummer Gene und solcher mit reduzierter Aktivität in einem System möglicherweise größer als 0,01 ist (z.B. Duffy-System). Selbst wenn solche phänotypischen Konstellationen in mehreren solcher Systeme auftreten sollten, ergibt sich daraus kein voll beweiskräftiger Ausschluß.

Isolierte klassische Ausschlüsse erfordern eine weiterführende Begutachtung, wenn sie in einem noch nicht voll beweiskräftigen Merkmalsystem (unter Ziff. 1.1.1 nicht aufgeführt) auftreten oder durch seltene Merkmale (Allelfrequenz 0,01) bedingt sind.

In all diesen Fällen muß das Indiz gegen die Vaterschaft bei der statistischen Auswertung (s. 7.1) angemessen berücksichtigt werden.

6.3.3 Der Sachverständige muß außerdem die Einholung eines weiterführenden Gutachtens in folgenden Fällen empfehlen: bei isolierten Ausschlüssen in den Systemen bzw. mit den Merkmalen A1/A2, Gm, Inv(1), ferner bei isolierten Ausschlüssen, die mit Hilfe der Antiglobulin-(Coombs-)Technik zustande gekommen sind.

6.3.4 Auch aus anderen Gründen kann der Sachverständige ein weiterführendes Gutachten empfehlen; z.B. wenn der entscheidende positive oder negative Hinweis, der bei der statistischen Befundauswertung nach Ziffer 7 ermittelt wird, überwiegend auf einer seltenen Konstellation oder auf Merkmalen eines noch nicht voll beweiskräftig anerkannten Systems basiert.

6.3.5 Ein weiterführendes Gutachten nach diesen Richtlinien soll neben dem zum Ausschluß führenden System und den zusätzlich untersuchten Systemen lediglich noch drei weitere Systeme umfassen, die eine möglichst weitgehende Identifizierung der Blutproben erlauben.

6.4 Zweitgutachten

6.4.1 Der Sachverständige sollte ein Zweitgutachten durch einen weiteren Sachverständigen vorschlagen, wenn er die Bestätigung bestimmter Untersuchungsergebnisse für notwendig erachtet. Ein weiterer Sachverständiger ist auch dann vorzuschlagen, wenn eine weiterführende Begutachtung nicht durch den Erstsachverständigen vorgenommen werden kann.

6.4.2 Ergeben sich durch ein Zweitgutachten Differenzen der Ergebnisse oder Unklarheiten in der Deutung der Befunde, so sollen diese durch Zusammenarbeit der beiden Sachverständigen geklärt werden. Sollte eine Einigung unter den beiden Sachverständigen ausnahmsweise nicht möglich sein, so sollten sie sich auf einen dritten Gutachter einigen, den sie gemeinsam dem Gericht empfehlen.

6.5 Auswertung der Befunde

6.5.1 Der Sachverständige muß für jedes untersuchte System seine Schlußfolgerungen aus den Befunden verständlich ableiten.

6.5.2 In dafür geeigneten, jedoch seltenen Fällen ist dem Auftraggeber zu empfehlen, zur Gewinnung einer zusätzlichen Information die Ausdehnung der Untersuchung auf Familienmitglieder des betreffenden Probanden anzuordnen. Wird dabei ein indirekter Vaterschaftsausschluß festgestellt, so muß darauf hingewiesen werden, daß dieser Ausschluß nur dann vollen Beweiswert besitzt, wenn die Abstammung der in Frage stehenden Personen nicht bezweifelt wird.

6.5.3 Nach der Darstellung und Erläuterung der Einzelbefunde sind die wesentlichen Schlußfolgerungen zusammenzufassen. Vor seiner eigenhändigen Unterschrift gibt der Sachverständige eine Erklärung ab, ob er bei den durchgeführten Untersuchungen und der Abfassung des Gutachtens diese Richtlinien eingehalten hat.

7. Statistische Auswertung der Blutgruppenbefunde

7.1 Mit Hilfe der statistischen Auswertung von Blutgruppenbefunden ist der absolute Beweis einer biologischen Vaterschaft auch bei hohen Hinweiswerten (hoher Wert für A, niedriger Wert für L und hohe Werte für PI und W) nicht möglich. Niedrige Plausibilitäten beweisen für sich allein nicht die Nichtvaterschaft; sie sind nur Indizien, die der weiteren Erhärtung durch Untersuchung mit anderen Methoden bedürfen (insbesondere Ausdehnung auf weitere Merkmale und Systeme sowie ggf. Hinzunahme von Familienmitgliedern, s. 6.3.2).

7.2 Als hinreichend hohe Wahrscheinlichkeit (»an Sicherheit grenzende Wahrscheinlichkeit«, verbales Prädikat »Vaterschaft praktisch erwiesen«) kann im Regelfall die Überschreitung analog zur 3 σ-Vertrauensgrenze angesehen werden (entspricht A bzw. W = 99,73%, L = 0,0027, PI = 400).

7.3 Verwandtschaftsbeziehungen unter den Beteiligten sind bei der statistischen Auswertung in adäquater Weise zu berücksichtigen. Bei Verwandtschaft zwischen der Kindsmutter und dem Putativvater können Verwandschaftsverhältnisse unberücksichtigt bleiben, die entfernter sind als diejenigen zwischen Geschwistern oder zwischen Vater und Tochter, da diese sich in der Regel nicht auf das Endergebnis auswirken.

7.4 Bei der statistischen Analyse werden verschiedene Parameter verwendet. Gebräuchlich sind:

1. Die Berechnung der Vaterschaftsausschlußchance A für Nichtväter; sie berücksichtigt die Merkmale von Mutter und Kind, fragt nach der Häufigkeit der unerläßlichen väterlichen Erbanlagen und ist dabei von den Merkmalen des Präsumptivvaters unabhängig.

2. Die Berechnung des Likelihood-Quotienten

L = Y:X oder PI = Y:X bzw. die Transformierung nach W im Sinne von Essen Möller (W = 1/1 + L bzw. W = PI/PI + 1 bei einer normierten a-priori-Wahrscheinlichkeit von q = 0,5). Y gibt die Häufigkeit von Männern des beurteilten Phänotyps in der Bevölkerung an, X die Häufigkeit des betreffenden Phänotyps unter wahren Vätern zur gegebenen Mutter-Kind-Konstellation. Der Likelihood-Quotient berücksichtigt die Merkmale von Mutter und Kind in der Kombination mit den Merkmalen des Eventualvaters.

Bei ausreichend großem Untersuchungsumfang und sehr hohen Hinweiswerten konvergieren die Ergebnisse für die beiden Kenngrößen A und L (PI, W). Erreicht oder überschreitet A die in 7.2 genannte Grenze, erübrigt sich im Regelfall die Berechnung des Likelihood-Quotienten.

Weichen beide Ergebnisse erheblich voneinander ab, so ist eine zusätzliche Erläuterung zu geben.

Bei der Angabe von W-Werten muß die der Berechnung zugrunde liegende a-priori-Wahrscheinlichkeit angegeben werden.

7.5 Für die Berechnungen werden üblicherweise die durchschnittlichen mitteleuropäischen Genfrequenzen verwendet.

Bei anderen europiden Populationen können die Genfrequenzen von den mitteleuropäischen mehr oder weniger abweichen. Wesentlich ausgeprägter als zwischen den Völkern innerhalb eines Großrassekreises (z.B. Europide) sind die Unterschiede in den Genhäufigkeiten zwischen den Großrassekreisen.

Bei Beteiligung von Personen, die nicht aus Mitteleuropa stammen, aber zu den Europiden gehören, sollte der Untersuchungsumfang möglichst groß sein, um mögliche Fehler durch abweichende Genfrequenzen weitgehend auszuschalten. Es empfiehlt sich in derartigen Fällen, mit Hilfe der Vaterschaftsausschlußchance zu definieren, was die Befunde für Beteiligte aus dem mitteleuropäischen Raum bedeuten. Es kann davon ausgegangen werden, daß bei genügend großem Untersuchungsumfang (etwa 25 möglichst informative Systeme einschließlich HLA) mögliche Fehler minimal sind und im Regelfall vernachlässigt werden können.

Bei Beteiligung von Personen anderer Großrassekreise (Nicht-Europide) sollen, wenn möglich, die entsprechenden Genfrequenzen den Berechnungen zugrunde gelegt werden.

Der Gutachter hat das rechnerische Ergebnis in Worten zu erklären und in seiner Tragweite zu erläutern, so daß bei Bejahung der Vaterschaft das Irrtumsrisiko erkennbar wird. Die Irrtumsrisiken entsprechen dabei nicht den komplementären W-Werten.

§ 644 Anhang III

Auszug aus Art. 12 des Nichtehelichengesetz

§ 2
Unter welchen Voraussetzungen ein Mann als Vater anzusehen ist, wird auch für Rechtsverhältnisse, die sich nach dem bisher geltenden Recht bestimmen, nach den Vorschriften dieses Gesetzes beurteilt.

§ 3
(1) Hat ein Mann vor dem Inkrafttreten dieses Gesetzes in einer öffentlichen Urkunde seine Vaterschaft anerkannt oder in einem vollstreckbaren Schuldtitel sich zur Erfüllung eines Anspruchs nach § 1708 des Bürgerlichen Gesetzbuchs verpflichtet, so ist er als Vater im Sinne dieses Gesetzes anzusehen. Das gleiche gilt, wenn ein Mann in einer rechtskräftigen Entscheidung, die vor dem Inkrafttreten dieses Gesetzes erlassen worden ist, zur Erfüllung eines Anspruchs nach § 1708 des Bürgerlichen Gesetzbuchs verurteilt worden ist[1]. Die vorstehenden Vorschriften sind nicht anzuwenden, wenn beim Inkrafttreten dieses Gesetzes sowohl der Mann als auch die Mutter und das Kind verstorben sind.
(2) Die Vaterschaft kann durch Klage oder Antrag auf Feststellung, daß der Mann nicht der Vater des Kindes ist, angefochten werden. Berechtigt anzufechten sind der Mann, die Mutter und das Kind sowie nach dem Tod des Mannes auch seine Eltern, seine überlebende Ehefrau und seine Abkömmlinge, nach dem Tode des Kindes auch sein überlebender Ehegatte und seine Abkömmlinge. Nach dem Tode eines Elternteils steht das Anfechtungsrecht dem überlebenden Elternteil zu. § 1600k Abs. 1 bis 3 und 1600l des Bürgerlichen Gesetzbuchs sowie die Vorschriften der Zivilprozeßordnung über die Anfechtung der Anerkennung der Vaterschaft sind entsprechend anzuwenden; die Vorschriften über das Anfechtungsrecht der Eltern des Mannes gelten dabei für eine überlebende Ehefrau und seine Abkömmlinge sinngemäß. Es wird vermutet, daß der Mann der Mutter in der Empfängniszeit beigewohnt hat; im übrigen bestimmt sich die Vermutung der Vaterschaft nach § 1600o Abs. 2 des Bürgerlichen Gesetzbuchs. Für das Verfahren über die Anfechtung der Vaterschaft durch Antrag beim Vormundschaftsgericht gilt § 94 Abs. 1 Nr. 7 der Kostenordnung entsprechend.

§ 4
Die Anfechtung der Ehelichkeit wird nicht dadurch gehindert, daß die Frist nach § 1594 Abs. 4 oder § 1595a Abs. 3 des Bürgerlichen Gesetzbuchs in der bisher geltenden Fassung beim Inkrafttreten dieses Gesetzes bereits abgelaufen war. Der Zeitraum vom Ablauf dieser Frist bis zum Inkrafttreten dieses Gesetzes wird in die Anfechtungsfristen nach § 1594 Abs. 1, § 1595a Abs. 1, 2 des Bürgerlichen Gesetzbuchs in der bisher geltenden Fassung nicht eingerechnet.

---

[1] Treffen beide Vermutungen bezüglich verschiedener Männer zu, so heben sie sich gegenseitig auf: *Karlsruhe* DAVorm 1976, 174.

§ 8

Hat das Vormundschaftsgericht vor Inkrafttreten dieses Gesetzes rechtskräftig festgestellt, daß ein nichteheliches Kind durch die Eheschließung seiner Eltern ehelich geworden ist, oder ist ein nichteheliches Kind vor diesem Zeitpunkt für ehelich erklärt worden, so sind die §§ 2, 3 nicht anzuwenden. Die Anfechtung der Ehelichkeit bestimmt sich unbeschadet des § 4 nach den bisher geltenden bürgerlichrechtlichen Vorschriften.

§ 13

Für das Verhältnis einer vor dem Inkrafttreten dieses Gesetzes erlassenen Entscheidung über Ansprüche nach § 1708 des Bürgerlichen Gesetzbuchs und einer abweichenden Entscheidung über die Vaterschaft ist § 644 der Zivilprozeßordnung[2] in der Fassung des Familienrechtsänderungsgesetzes vom 11. August 1961 (BGBl. I S. 1221) weiterhin anzuwenden. Dies gilt auch in den Fällen des § 3 Abs. 2.

§ 14

(1) Ist in einem rechtskräftigen Urteil, das vor dem Inkrafttreten dieses Gesetzes erlassen ist, auf Zahlung einer Geldrente nach § 1708 Abs. 1, § 1710 des Bürgerlichen Gesetzbuchs erkannt, so wird auf Antrag der Partei für die Zeit nach der Antragstellung das Urteil in ein Urteil auf Leistung des Regelunterhalts (§ 642 Abs. 1 der Zivilprozeßordnung) abgeändert und gleichzeitig der Betrag des Regelunterhalts festgesetzt. Dies gilt entsprechend für Schuldtitel des § 794 Abs. 1 Nr. 1, 5 der Zivilprozeßordnung und des § 49 Abs. 2 des Gesetzes für Jugendwohlfahrt, die vor dem Inkrafttreten dieses Gesetzes errichtet worden sind.

(2) Der Antrag ist nur zulässig, wenn der Antragsteller glaubhaft macht, daß erfolglos versucht worden ist, im Wege der gütlichen Einigung einen zur Zwangsvollstreckung geeigneten Schuldtitel über die Unterhaltsverpflichtung zu errichten, die sich aus den Vorschriften dieses Gesetzes ergibt.

(3) Das Gericht soll darauf hinwirken, daß sich die Parteien zur Vermeidung einer Klage nach § 16 gütlich einigen; es kann mit den Parteien mündlich verhandeln. Kommt eine Einigung zustande, so ist sie zu gerichtlichem Protokoll zu nehmen. Für die Einigung gelten die Vorschriften der Zivilprozeßordnung über den Vergleich in bürgerlichen Rechtsstreitigkeiten entsprechend.

(4) Die Entscheidung ergeht durch Beschluß. Gegen die Entscheidung findet die sofortige Beschwerde statt; eine weitere Beschwerde ist ausgeschlossen. Die Entscheidung ist erst mit Rechtskraft wirksam.

(5) Im übrigen sind die Vorschriften der Zivilprozeßordnung sinngemäß anzuwenden.

§ 16

Den Parteien ist im Falle des § 14 Abs. 1, 4 vorbehalten, im Wege einer Klage eine abweichende Entscheidung über den Unterhalt zu verlangen. § 643 a Abs. 2 Satz 1, 3, Abs. 4 Satz 1 der Zivilprozeßordnung ist entsprechend anzuwenden.

---

[2] § 644 alter Fassung lautet:
(1) Wird in einem Verfahren nach § 640 festgestellt, daß ein uneheliches Kind von einem bestimmten Manne nicht abstammt, so verliert ein Urteil, durch das der Mann zur Zahlung von Unterhalt an das Kind verurteilt ist, vom Zeitpunkt der Rechtskraft des Feststellungsurteils an seine Wirkung. Dies gilt für andere Schuldtitel entsprechend.
(2) Wird in einem Verfahren nach § 640 festgestellt, daß ein uneheliches Kind von einem bestimmten Manne abstammt, so kann das Kind Unterhaltsansprüche gegen den Mann für die Zeit von der Rechtshängigkeit dieser Streitsache an auch dann geltend machen, wenn eine Unterhaltsklage des Kindes rechtskräftig abgewiesen ist. Ist ein anderer Mann zur Zahlung von Unterhalt verurteilt, so verliert dieses Urteil vom Zeitpunkt der Rechtskraft des Feststellungsurteils an seine Wirkung; dies gilt für andere Schuldtitel entsprechend.

Vierter Abschnitt

Verfahren in Entmündigungssachen

§§ 645 bis 687 sind mit Wirkung vom 1.1.1992 aufgehoben → Allg. Einl. zum 6. Buch Rdnr. 1.

7. Buch

Mahnverfahren

Vorbemerkungen

1. Dem **Mahnverfahren**[1], einer Fortbildung des gemeinrechtlichen bedingten Mandatsprozesses, liegt der Gedanke zugrunde, daß bei unstreitigen Ansprüchen zur Erlangung eines vollstreckbaren Titels das mündliche Verfahren mit seinem Zwang zum Erscheinen vor Gericht entbehrlich ist. Auf einseitige Behauptung hin → § 690 Rdnr. 2 erläßt das Amtsgericht → § 689 wegen einer Geldforderung → § 688 Abs. 1 einen Mahnbescheid (MB), gegen den der Antragsgegner binnen bestimmter Frist → § 694 ohne Begründung Widerspruch einlegen kann. Geschieht dies, so geht das Verfahren auf Antrag einer Partei in das ordentliche Erkenntnisverfahren über → § 696 ff.; andernfalls wird auf Antrag der Vollstreckungsbescheid (VB) erlassen, der den MB vollstreckbar macht → § 699 und dem Versäumnisurteil des ordentlichen Verfahrens gleichsteht → § 700. Unanfechtbar geworden, ist er eine endgültige, nach der Rechtsprechung der materiellen Rechtskraft fähige Entscheidung über den Anspruch[2]. Zur Kritik → Rdnr. 1c, § 700 Rdnr. 10. **1**

2. Das Mahnverfahren ist durch **Novellengesetzgebung** wiederholt umgestaltet worden. Die Grundzüge der jetzigen Regelung, insbesondere der vereinfachte Übergang in das ordentliche Verfahren, entstammen der Nov. 1909. Das Rechtspflegergesetz vom 08.02.1957[3] hat das gesamte Mahnverfahren grundsätzlich in die Hand des Rechtspflegers gelegt, die Vereinfachungsnovelle von 1976[4] hat das Verfahren in vielen Einzelheiten reformiert, vor allem die Umstellung auf EDV ermöglicht und die Schlüssigkeitsprüfung → § 691 Rdnr. 6 ff. abge- **1a**

---

[1] Lit. *Bublitz* Das Mahnverfahren nach der Vereinfachungsnovelle, WM 1977, 574; *Büchel* Probleme des neu geregelten Mahnverfahrens, NJW 1979, 945; *Grün* Notwendigkeit und Zulässigkeit der Rechtskraftbeschränkung beim Vollstreckungsbescheid, NJW 1991, 2860; *dies.* Zwangsvollstreckung aus Vollstreckungsbescheiden über sittenwidrige Ratenkreditforderungen, Diss. Regensburg (1990); *Hansens* Zum Rechtspflegevereinfachungsgesetz, Rpfleger 1991, 134; *Holch* Das gerichtliche Mahnverfahren nach der Vereinfachungsnovelle, 1978; *ders.* Mahnverfahren zwischen Schuldnerschutz und Entlastungsfunktion, ZRP 1981, 281; *ders.* Geändertes Mahnverfahren – Neue Vordrucke, NJW 1991, 3177; *Lechner* Das gerichtliche Mahnverfahren, Augsburger Diss. 1991; *Mayer* Die Automation des gerichtlichen Mahnverfahrens, NJW 1983, 92; *Menne* Das Mahnverfahren, 1979; *Prütting* Auf dem Weg zu einer europäischen Zivilprozeßordnung – dargestellt am Beispiel des Mahnverfahrens, FS Baumgärtel (1990), 457; *Schmid* Elektronische Datenverarbeitung im Mahnverfahren, Diss. Augsburg (1990); *Seidel/Brändle* Das automatisierte Mahnverfahren (1989), *Vollkommer* Schlüssigkeitsprüfung und Rechtskraft – Gedanken zur Struktur des Mahnverfahrens, Erlanger FS Schwab (1990), 229; *Zinke* Streitfragen im Mahnverfahren, NJW 1983, 1081.
[2] *BGHZ* 101, 380 = NJW 1987, 3256; NJW 1987, 3259; 112, 54 = NJW 1991, 30.
[3] BGBl. I 18 zum heute geltenden Rechtspflegergesetz von 1969 → Anhang § 576, § 20 Nr. 1.
[4] BGBl. 1976 I 3281.

schafft. Das Rechtspflegevereinfachungsgesetz vom 17.12.1990[5] hat verschiedene Regelungen der Vereinfachungsnovelle, die sich nicht bewährt hatten, korrigiert und Zweifelsfragen außer Streit gestellt → §§ 696, 697, 700; 46a WEG. Das Verbraucherkreditgesetz vom 17.12.1990[6] hat für Verbraucherkredite Sonderregelungen getroffen, um die Erschleichung sog. sittenwidriger VBe unter Ausnutzung des Mahnverfahrens zu vermeiden → § 688 Rdnr. 6, → § 690 Rdnr. 6.

1b 3. Die **praktische Bedeutung des Mahnverfahrens** ist groß: In der Bundesrepublik Deutschland (alte Bundesländer) werden jährlich ca. 5,2 Millionen Mahnbescheide erlassen[7], die zumeist zur Begleichung der Forderungen führen. In ca. 5–10% aller Fälle wird Widerspruch eingelegt mit der Folge, daß es zur Einleitung des Zivilprozesses kommt → §§ 694, 696. Die Zahl der VBe macht ca. ein Drittel bis die Hälfte der Mahnbescheide aus; die Einspruchsquote liegt hier bei ca. 1%[8]. Die Zahlen machen deutlich, daß das Mahnverfahren für die Gläubiger einer voraussichtlich unstreitigen Geldforderung eine rasche und kostengünstige Möglichkeit zur Erlangung eines rechtskräftigen Vollstreckungstitels eröffnet. Allerdings dauert das Verfahren länger, wenn der Schuldner von den ihm im Mahnverfahren eingeräumten Rechtsbehelfen Gebrauch macht. In diesem Fall beschränkt sich die Funktion des Mahnverfahrens auf eine besondere Form der Prozeßeinleitung[9].

1c 4. In der Literatur[10] und der Rechtsprechung einiger Oberlandesgerichte[11] wird vielfach ein **Mißbrauch des Mahnverfahrens** behauptet: Angesichts der Verschärfung der Rechtsprechung des BGH zur Sittenwidrigkeit von Ratenkrediten[12] hat der Wegfall der Schlüssigkeitsprüfung in der Vereinfachungsnovelle → § 691 Rdnr. 6 ff. dazu geführt, daß im Mahnverfahren eine Vielzahl sittenwidriger Darlehensforderungen tituliert wurde. In der Rechtsprechung einiger Oberlandesgerichte[13] und in der Literatur[14] wurde angesichts dieses Mißstandes zu Recht vorgeschlagen, an der Rechtskraft des VB nicht mehr festzuhalten → § 700 Rdnr. 10. Der BGH geht demgegenüber in ständiger Rechtsprechung von der vollen Rechtskraft des VB aus und läßt eine Aufhebung des Titels nur über § 826 BGB zu[15]. Das Verbraucherkreditgesetz hat durch die Einführung einer begrenzten Verfahrenssperre für bestimmte Forderungen aus Verbraucherkreditverträgen im zentralen Bereich der Mißbrauchsanfälligkeit Abhilfe geschaffen → § 688 Rdnr. 6.

2 II. Auf das Mahnverfahren finden die **allgemeinen Vorschriften** des ersten Buches Anwendung. Nur ist für die mündliche Verhandlung kein Raum. Im übrigen → § 119 Rdnr. 9 (Prozeßkostenhilfe) → § 688 Rdnr. 12 (Anspruchshäufung) → § 689 Rdnr. 8 (Wahl des zuständigen Gerichts) → § 690 Rdnr. 15 (Zustellungsbevollmächtigter) → § 693 Rdnr. 13 (Unterbrechung, Aussetzung) → § 699 Rdnr. 3 (§ 281), 7 (Veräußerung des streitbefangenen Anspruchs) → § 223 Rdnr. 32 (Gerichtsferien). Die Ablehnung wegen Besorgnis der Befangenheit muß der Gläubiger dem mit der Sache befaßten Rechtspfleger gegenüber bei Vorstellung des Antrags auf Erlaß des MB erklären, wenn ihm der Beamte seiner persönlichen Identität nach bekannt ist.

---

[5] BGBl. 1990 I 2847.
[6] BGBl. 1990 I 2840.
[7] Holch NJW 1991, 3177.
[8] Genaue Zahlen sind nicht bekannt. Die Angaben beruhen auf den Ermittlungen des AG München aus dem Jahre 1990, dazu Heß CR 1991, 245, 246.
[9] MünchKommZPO-Holch, Vorb. § 688 Rz. 3.
[10] Lappe/Grünert Rpfleger 1986, 161.
[11] OLG Köln NJW 1986, 1350; OLG Stuttgart, NJW 1987, 444.

[12] BGHZ 80, 160; 99, 335; 101, 390; 104, 105.
[13] OlG Köln, OLG Stuttgart aaO.
[14] Braun JuS 1992, 177; Grün NJW 1991, 2860; Kohte NJW 1985, 2217; Vollkommer Erlanger FS Schwab (1990) 229.
[15] BGHZ 101, 380 = NJW 1987, 3256; 112, 58 = NJW 1991, 31.

III. Die in § 698 a. F. enthaltene **Kostenregelung** für den Fall, daß Widerspruch eingelegt   3
wurde, ist als »überflüssig«[16] entfallen. An den bisher geltenden Grundsätzen hat sich aber
nichts geändert, weil »überflüssig« im Sinne von »selbstverständlich« gemeint ist. Folgende
Situationen sind zu unterscheiden:

1. Bei Zurückweisung oder Zurücknahme des Mahngesuchs → § 693 Rdnr. 12 trifft den   4
Antragsteller eine Pflicht zur Kostentragung nach allgemeinen Grundsätzen. Eine derartige
Pflicht besteht dagegen für den Antragsgegner nicht bei Erledigung der Sache vor Zustellung
des MB → § 91 Rdnr. 11. Eine etwaige Erstattungspflicht nach Bürgerlichem Recht → Vor
§ 91 Rdnr. 14 ist klageweise zu verfolgen[17].

2. Ergeht der VB, so trägt der Antragsgegner die Kosten → § 699 Abs. 3 S. 1.

3. Wird Widerspruch eingelegt, so sind die Kosten des Mahnverfahrens als Teil der Kosten   5
des anschließenden Streitverfahrens anzusehen. Der Gerichtskostenvorschuß für das Mahnverfahren tritt an die Stelle des allgemeinen Prozeßkostenvorschusses, § 65 Abs. 1 GKG. Die
Anwaltsgebühren sind nach § 43 Abs. 2 BRAGO auf die Prozeßgebühr des Rechtsanwalts
(§ 31 Abs. 1 Nr. 1 BRAGO) anzurechnen. Wird im Streitverfahren über die Kosten entschieden, so umfaßt die Verurteilung in die Kosten des Rechtsstreits die Kosten des vorausgegangenen Mahnverfahrens. Bezüglich etwaiger Mehrkosten → § 696 Rdnr. 11, 12 → § 91
Rdnr. 108. Beim Unterliegen des Klägers ist der Grund seiner Abweisung gleichgültig. Im
Falle seines Obsiegens können ihm die Kosten des Mahnverfahrens nicht deshalb auferlegt
werden, weil dieses unzulässig war[18]; denn wegen § 43 Abs. 2 BRAGO und § 65 GKG
entstehen keine gesonderten Mehrkosten → § 697 Rdnr. 1, 2 a. E. Auch § 93 ist anwendbar,
wenn der Beklagte zum Mahngesuch keinen Anlaß gegeben hat. Der Widerspruch als solcher
steht einem sofortigen Anerkenntnis nicht entgegen[19]. Er ist vielmehr für den Antragsgegner
das einzige Mittel, um sich gegen die Kostenlast zu wenden. Wird aber die Berechtigung des
Anspruchs bei Einlegung des Widerspruchs explizit bestritten, so ist für die Anwendung des
§ 93 kein Raum[20].

4. Nach Einspruch gegen den VB ist § 344 anwendbar. Vor Erlaß des VB gibt es keine   6
Schlüssigkeitsprüfung mehr, so daß die Fälle, in denen ein VB nicht in gesetzlicher Weise
ergangen ist, seltener werden als sie es früher waren. Zur Prüfung nach §§ 700 Abs. 6, 345
→ § 700 Rdnr. 7. Doch ist es gerechtfertigt, dem schließlich obsiegenden Antragsgegner die
Mehrkosten aufzuerlegen, die dadurch bedingt sind, daß er nicht rechtzeitig gegen den
Mahnbescheid Widerspruch eingelegt hat. In der Tenorierung ist zweckmäßigerweise folgendermaßen zu formulieren: »Der Kläger trägt die Kosten des Rechtsstreits – mit Ausnahme
derjenigen, die dadurch entstanden sind, daß der Beklagte nicht rechtzeitig Widerspruch
gegen den MB eingelegt hat«. Ob tatsächlich Mehrkosten entstanden sind, ist im Erkenntnisverfahren nicht zu prüfen → § 104.

5. Wegen der Gerichtskosten s. Nr. 1000, 1005 Kostenverzeichnis Anlage 1 GKG, wegen   7
der Anwaltsgebühren § 43 BRAGO[21]. Wegen der Vorwegerhebung der Gerichtsgebühren
→ § 65 Abs. 1 S. 2, Abs. 2 GKG. Wegen des Falles der Verweisung → § 696 Rdnr. 14.

IV. Das **Mahnverfahren vor den Arbeitsgerichten** ist in § 46a ArbGG ausdrücklich geregelt.

---

[16] BTDrucks VII 2729, 5102.
[17] *OLG Dresden* SächsAnn 1921, 525.
[18] A. M. *RG* JW 1903 Beilage 114.
[19] *RG* aaO; *KG* MDR 1980, 942.

[20] *OLG Frankfurt* MDR 1984, 149; *OLG Hamm* AnwBl 1989, 104.
[21] Dazu *Hansens* Rpfleger 1989, 487.

8   1. Die Vorschriften der Zivilprozeßordnung gelten grundsätzlich entsprechend. Jedoch ist von der Anwendbarkeit all jener Vorschriften abgesehen worden, die ihren Grund in der Automation des Mahnverfahrens haben. Die in der Arbeitsgerichtsbarkeit anfallende Zahl von Mahnverfahren[22] rechtfertigt den Einsatz von EDV-Anlagen nicht. Das Mahnverfahren des früheren Rechts ist damit für die Arbeitsgerichtsbarkeit grundsätzlich erhalten geblieben → § 689 Rdnr. 19 → § 692 Rdnr. 12 → § 696 Rdnr. 15 → § 700 Rdnr. 11. Nach § 9 Abs. 3 ArbGG, 20 Abs. 1 Nr. 1 RPflG ist die Durchführung des Verfahrens dem Rechtspfleger übertragen.

9   2. Hinsichtlich der Kosten im arbeitsgerichtlichen Verfahren s. Nr. 2100 Gebührenverzeichnis Anlage I zu § 12 Abs. 1 ArbGG. Die Höhe der Gebühr richtet sich nach Anlage II zu § 12 Abs. 2 ArbGG. Eine Vorwegerhebung gibt es im arbeitsgerichtlichen Verfahren nicht, § 12 Abs. 4 ArbGG.

10   V. Seit dem 01.04.1991 ist das **Mahnverfahren in Wohnungseigentumssachen** nach § 46a WEG insoweit zulässig, als über die Zahlungsansprüche nach § 43 WEG zu entscheiden ist[23]. Von § 46a WEG erfaßt werden die Ansprüche der Wohnungseigentümer auf Beiträge zu den Lasten des gemeinschaftlichen Eigentums und zu den Kosten seiner Instandhaltung, Instandsetzung und sonstigen Verwaltung, sowie seines gemeinschaftlichen Gebrauchs (§ 16 Abs. 2 WEG), auf Beiträge zur Instandhaltungsrückstellung (§ 28 Abs. 1 Nr. 3 WEG), auf Vorschüsse entsprechend dem Wirtschaftsplan (§ 28 Abs. 2 WEG) und auf Schadensersatz wegen Verletzung der aus der Gemeinschaft entspringenden schuldrechtlichen Verpflichtungen. Dasselbe gilt für Ansprüche der Wohnungseigentümer gegen den Verwalter wegen einer Verletzung des Verwaltervertrages oder für die Ansprüche des Verwalters gegen einzelne oder mehrere Wohnungseigentümer, z.B. auf seine Vergütung. Ausschließlich zuständig ist das Amtsgericht, in dessen Bezirk das Grundstück liegt, § 46a Abs. 1 S. 2 WEG, doch geht eine Zuständigkeitskonzentration nach § 689 Abs. 3 → dort Rdnr. 20 vor.

Das Verfahren richtet sich grundsätzlich nach den Vorschriften der ZPO, die WEG-Mahnsachen werden bei den Mahnabteilungen der Amtsgerichte miterledigt. Sie sind auch in die Automation mit einbezogen → § 689 Rdnr. 14 ff. Bis zum Zeitpunkt des – eventuellen – Eingangs eines Widerspruchs ergeben sich keine Abweichungen zum herkömmlichen Verfahren. Besonderheiten ergeben sich erst bei der Behandlung nach Eingang von Widerspruch oder Einspruch: Nunmehr ist das Verfahren an das zuständige Gericht der freiwilligen Gerichtsbarkeit abzugeben. Das weitere Verfahren ist in § 46a Abs. 2 (nach Widerspruch) und Abs. 3 (nach Einspruch) geregelt. → § 696 Rdnr. 16; → § 700 Rdnr. 12.

11   2. Hinsichtlich der **Kosten im WEG-Verfahren**[24] s. Nr. 1000 GKG Kostenverzeichnis (halbe Gebühr für den Mahnantrag). Wird anschließend ein Verfahren nach § 43 WEG betrieben, so ist gem. § 48 Abs. 1 S. 4 WEG eine Gebühr nach § 48 Abs. 1 S. 1–3 WEG nur zu erheben, soweit sie die nach dem GKG für die Entscheidung über den Mahnantrag zu erhebende Gebühr übersteigt. Für die Anwaltsgebühr gilt gem. § 63 Abs. 1 Nr. 2 BRAGO § 43 BRAGO entsprechend → Rdnr. 7. Aus der Verweisung des § 46a Abs. 1 S. 1 WEG auf die ZPO ergibt sich, daß ebenso wie im Fall der §§ 696 Abs. 1 S. 5, 700 Abs. 3 S. 2 die Kosten des Mahnverfahrens als Teil der Kosten gelten, die beim Gericht der freiwilligen Gerichtsbarkeit erwachsen. Folglich ist über sie nach § 47 WEG nach billigem Ermessen zu entscheiden.

---

[22] Im Jahre 1990 66.952 Verfahren vor den Arbeitsgerichten in den alten Bundesländern, *Holch* NJW 1991, 3177.
[23] Umfassend zum Mahnverfahren in Wohnungseigentumssachen *Hansens* Rpfleger 1992, 277.

Zur Kontroverse darüber, ob auch nach altem Recht diese Ansprüche im Mahnverfahren geltend gemacht werden konnten, *Baumbach/Lauterbach/Hartmann*[51] § 688 Rdnr. 2.
[24] *Hansens* Rpfleger 1991, 135 ff.

§ 688 [Zulässigkeit]

(1) Wegen eines Anspruchs, der die Zahlung einer bestimmten Geldsumme in inländischer Währung zum Gegenstand hat, ist auf Antrag des Antragstellers ein Mahnbescheid zu erlassen.

(2) Das Mahnverfahren findet nicht statt:
1. für Ansprüche des Kreditgebers, wenn der nach dem Verbraucherkreditgesetz anzugebende effektive oder anfängliche effektive Jahreszins den bei Vertragsabschluß geltenden Diskontsatz der Deutschen Bundesbank zuzüglich zwölf vom Hundert übersteigt;
2. wenn die Geltendmachung des Anspruchs von einer noch nicht erbrachten Gegenleistung abhängig ist;
3. wenn die Zustellung des Mahnbescheids durch öffentliche Bekanntmachung erfolgen müßte.

(3) Müßte der Mahnbescheid im Ausland zugestellt werden, findet das Mahnverfahren nur statt, soweit das Anerkennungs- und Vollstreckungsausführungsgesetz vom 30. Mai 1988 (BGBl. I S. 662) dies vorsieht.

Gesetzesgeschichte: § 628 CPO. Änderungen: RGBl. 98 I 256, RGBl. 40 I 1609, BGBl. 76 I 3281, BGBl. 88 I 662, BGBl. 90 I 2840, BGBl. 90 I 2847.

I. Sachurteilsvoraussetzungen

1. Für das Mahnverfahren gelten die allgemeinen Sachurteilsvoraussetzungen →Einleitung Rdnr. 736 ff. Bei Fehlen einer solchen ist das Gesuch zurückzuweisen. Das Rechtsschutzbedürfnis für ein Mahnverfahren fehlt meist dann, wenn es auch für ein ordentliches Verfahren fehlen würde, etwa dann, wenn Kostenfestsetzung möglich ist. Doch darf ein Mahnantrag für Rechtsanwaltskosten nicht wegen des Vorrangs des Verfahrens nach § 19 BRAGO zurückgewiesen werden, weil eine Spezifizierung des Rechtsschutzbedürfnisses im Mahnformular nicht vorgesehen ist[1]. Auch darf ein Mahnantrag zur Verjährungsunterbrechung (§ 218 Abs. 2 Nr. 5 BGB) einer titulierten Forderung über künftige Zinsen beantragt werden, wenn in der Hauptsache Klage möglich wäre[2]. Echte prozeßhindernde Einreden können im Mahnverfahren selbst nicht, sondern nur auf Widerspruch des Schuldners im ordentlichen Verfahren berücksichtigt werden.

II. Eignung des Anspruchs für das Mahnverfahren

2. Besondere Zulässigkeitsvoraussetzung des Mahnverfahrens ist die dafür bestehende Eignung des geltend gemachten Anspruchs.

1. a) Der Anspruch muß wie beim Urkundenprozeß auf **Zahlung einer bestimmten Geldsumme** in inländischer Währung gerichtet sein. Wegen anderer vertretbarer Sachen und Wertpapiere, wegen der Ansprüche aus einer Hypothek, Grundschuld, Rentenschuld oder Schiffshypothek sowie wegen solcher auf Duldung der Zwangsvollstreckung nach §§ 743, 745 Abs. 2, 737, 748 Abs. 2 steht das Mahnverfahren nicht zur Verfügung. Die beschränkte Haftung des Erben macht das Mahnverfahren hingegen nicht unzulässig, weil sie erst in der

---

[1] *BGH* NJW 1981, 875.
[2] A.M. *AG Hannover* NJW RR 1988, 1343; wie hier *Zöller-Vollkommer*[17] § 688 ZPO Rdnr. 1.

Vollstreckung praktisch wird → § 781 und der Vorbehalt → § 780 Rdnr. 8 im MB ausgesprochen werden kann.

b) Der Anspruch muß auf einen **Geldbetrag in inländischer Währung** lauten. Diese Regelung verstößt nicht gegen Art. 7 EGWV[3]. Echte Fremdwährungsschulden können nur im Fall des Abs. 3 i.Vdg.m. § 34 Abs. 1 S. 2 AVAG im Mahnverfahren geltend gemacht werden → § 689 Rdnr. 11. Bei unechten Fremdwährungsschulden kann der Gläubiger den geschuldeten Betrag in DM umrechnen und nach Abs. 1 im Mahnverfahren einklagen[4]. Erhebt der Schuldner Widerspruch mit dem Zweck, Zahlung in ausländischer Währung zu leisten, kann der Gläubiger seinen Antrag entsprechend umstellen, ohne daß dies eine Klageänderung beinhaltet[5].

3   2. Die Höhe des Anspruchs ist unerheblich → § 689 Rdnr. 4. Wegen der Ansprüche aus Wechseln und Schecks → § 703a. Auch der Überweisungsgläubiger nach § 835 kann das Mahnverfahren wählen; daß er der Pflicht zur Streitverkündung nach § 841 zunächst nicht genügen kann, macht ihn unter Umständen schadensersatzpflichtig, berührt aber die Zulässigkeit des Mahnverfahrens nicht.

4   3. Das amtsgerichtliche Mahnverfahren gehört zum Verfahren der ordentlichen streitigen Gerichtsbarkeit. Daraus folgt, daß es für solche Ansprüche nicht statthaft ist, für die es am **Rechtsweg zu den ordentlichen Gerichten oder an deren sachlicher Zuständigkeit** → vor § 688 Rdnr. 8 f. fehlt → § 689 Rdnr. 19. Der Rechtsweg zu den ordentlichen Gerichten ist aber sehr wohl gegeben, wenn eine Sache im Verfahren der freiwilligen Gerichtsbarkeit abzuwickeln ist. Eine Frage der Auslegung ist es, ob mit einer solchen gesetzgeberischen Entscheidung auch das Mahnverfahren ausgeschlossen werden sollte. In Wohnungseigentumssachen gilt nunmehr § 46a WEG → vor § 688 Rdnr. 10.

5   4. Der Anspruch muß als **fälliger und unbedingter** geltend gemacht werden, weil dem Schuldner im Mahnbescheid die Befriedigung binnen einer bestimmten kurzen Frist aufgegeben wird; zumindest muß der Schuldner innerhalb der Widerspruchsfrist verpflichtet sein[6]. §§ 257 ff. sind also im Mahnverfahren unanwendbar.

6   5. Nach Abs. 2 Nr. 1 gilt für **Forderungen, auf die das VerbrKrG anwendbar ist (§§ 1–3 VerbrKrG), folgende Sonderregelung:** sie können nur dann im Mahnverfahren geltend gemacht werden, wenn der vereinbarte effektive Jahreszins den bei Vertragsschluß geltenden Bundesbankdiskontsatz nicht um 12% überschritten hat[7]. Damit sollen solche Ansprüche vom Mahnverfahren ausgenommen werden, bei denen aus Gründen eines fairen Verfahrens nicht auf eine substantiierte Anspruchsbegründung und deren Schlüssigkeitsprüfung durch den Richter verzichtet werden kann[8]. Die Festlegung von 12% Zinsüberschreitung als Obergrenze präjudiziert nicht die Sittenwidrigkeit des Kreditvertrages im Sinn von § 138 BGB. Vielmehr hat der Gesetzgeber eine praktikable, pauschale Sperre für das Mahnverfahren einführen wollen[9]. Tatsächlich wird durch diese Regelung ein beträchtlicher Teil von Ansprüchen aus – nach der Rechtsprechung als zulässig erachteten – Kreditverträgen vom Mahnverfahren ausgenommen[10]. Sie sind im ordentlichen Verfahren geltend zu machen.

---

[3] *EuGH* Rs 22/80 Boussai ./. Gerstenmeier, EuGHE 1980, 3427.
[4] *BGHZ* 104, 268; *Hanisch* IPRax 1989, 276.
[5] *K. Schmidt* NJW 1989, 66 f.
[6] *RGZ* 90, 177, 179.
[7] Die Berechnung richtet sich gemäß § 4 Verordnung zur Regelung der Preisangaben vom 14.03.1980 (BGBl. I 580); der jeweilige Diskontsatz wird nach §§ 15, 33 BundesbankG vom 26.07.1957, BGBl. I 795 von der Bundesbank festgelegt und im Bundesanzeiger veröffentlicht.

[8] Die Begründung des Regierungsentwurfs zum VerbrKrG spricht im Hinblick auf die sog. sittenwidrigen Vollstreckungsbescheide von einer »[Belastung] des Ansehens des Rechtsstaats« BTDrucks 11/5462, 16.
[9] Begründung des Regierungsentwurfs aaO S. 31.
[10] Die Rechtsprechung bejaht demgegenüber ein sittenwidriges, auffälliges Mißverhältnis bei einem absoluten Zinsunterschied von 12 % zwischen Markt- und Vertragszins, *BGHZ* 110, 336. Krit. *Münstermann-Hannes* VerbrKrG, Art. 6 Rz 906; *Scholz* DB 1992, 127.

Die **Sonderregelung** des Abs. 2 Nr. 1 **gilt nur für** Ansprüche aus **Kreditverträgen, die dem Schriftformerfordernis nach § 4 Abs. 1 S. 2 VerbrKrG unterfallen**, also für allgemeine Kreditverträge, §§ 1, 4 Abs. 1 S. 2 Nr. 1e VerbrKrG, und Abzahlungsverträge, § 4 Abs. 1 S. 2 Nr. 2d VerbrKrG. Ansprüche aus Finanzierungsleasing und aus vereinbarten Dispositionskrediten können ohne die Einschränkung des § 688 Abs. 2 Nr. 1 im Mahnverfahren durchgesetzt werden, da für diese Vertragstypen nach §§ 3 Abs. 2 Nr. 1 und 5 Abs. 1 VerbrKrG das Angabeerfordernis nach § 4 Abs. 1 S. 2 VerbrKrG nicht gilt[11]. Dasselbe gilt für die in § 3 Abs. 1 VerbrKrG aufgeführten Ansprüche. Dagegen unterfallen die in § 3 Abs. 1 Nr. 2 VerbrKrG genannten Existenzgründungsdarlehen dem Sonderregime des § 4 Abs. 1 S. 2 VerbrKrG, § 688 Abs. 2 Nr. 1 ZPO. Hinsichtlich der in § 3 Abs. 2 Nr. 3 VerbrKrG genannten Ansprüche wird es für die Geltendmachung im Mahnverfahren regelmäßig am allgemeinen Rechtsschutzbedürfnis fehlen, da der Gläubiger bereits über einen Vollstreckungstitel im Sinne von § 794 Abs. 1 Nr. 1 bzw. Nr. 5 verfügt → Rdnr. 1.

Für die von Abs. 2 Nr. 1 erfaßten Ansprüche gilt das Spezifikationsgebot des § 690 Abs. 1 Nr. 3 → dort Rdnr. 5; siehe auch → § 703c Rdnr. 2. Diese Angaben ermöglichen dem Mahngericht die Prüfung, ob die Grenze des Abs. 2 Nr. 1 eingehalten wurde. Zur Prüfungspflicht des Mahngerichts → § 691 Rdnr. 1, 6–7.

6. Das Mahnverfahren ist **unzulässig**, wenn »die Geltendmachung des Anspruchs von einer noch **nicht erfolgten Gegenleistung** abhängig ist«, Abs. 2 Nr. 2 – gleichviel, ob der Gläubiger vorzuleisten hat oder das bisherige Ausbleiben der Gegenleistung durch Einrede geltend zu machen ist, wie nach §§ 320, 322 BGB. Gegenleistung in diesem Sinne ist nicht die Ausstellung einer Quittung oder die Aushändigung der Schuldurkunde (§ 368 BGB, Art. 39 WG, Art. 34 ScheckG). Die Vorschrift besagt nur, daß der MB → § 690 Rdnr. 7 niemals auf Leistung Zug um Zug ergehen darf. Denn der Antragsgegner wäre nicht in der Lage, einem derartigen Befehl ohne Mitwirkung des Antragstellers nachzukommen. Ob der Anspruch entgegen der Darstellung des Antragstellers nur als Zug-um-Zug-Anspruch begründet ist, hat der Rechtspfleger nicht zu prüfen → § 691 Rdnr. 2.

III. Ausnahme von der Statthaftigkeit

Auch bei geeigneten Ansprüchen ist nach Abs. 2 Nr. 3 das Mahnverfahren unzulässig, wenn die Zustellung des MB durch **öffentliche Bekanntmachung** → §§ 199–206 erfolgen müßte. Gibt der Mahnantrag → § 690 Rdnr. 3 einen inländischen Wohnort des Antragsgegners an und zeigt sich erst bei dem Versuch der Zustellung, daß sie als öffentliche erfolgen müßte, so ist eine Aufhebung des Mahnbescheids nicht nötig. Das Verfahren ist alsdann ohne weiteres erledigt, kann aber in analoger Anwendung des § 696 auf Antrag in das ordentliche Erkenntnisverfahren übergeleitet werden[12].

Das Mahnverfahren ist grundsätzlich nicht statthaft, wenn der MB gerichtsfreien Personen → Einl. Rdnr. 655ff. zugestellt werden müßte, sofern keine Immunitätsausnahme eingreift[13]. Doch kann ein Mahnverfahren auch gegenüber den Mitgliedern ausländischer Truppen und deren Angehörigen, die in Deutschland stationiert sind, durchgeführt werden[14]. Sonderregeln

---

[11] Doch ist im Mahnantrag anzugeben, daß auf diese Verträge das VerbrKrG anwendbar ist, Art. 1 § 2 Verordnung vom 18.07.1991 BGBl. 91 S. 1547 – für den Fall des § 5 VerbrKrG.
[12] *OLG Frankfurt* Rpfleger 1987, 27; *LG Hamburg* Rpfleger 1985, 119 zust. *Blum*; *Zöller-Vollkommer*[17] § 688 Rdnr. 8. – Nach a. M. ist neue Klage zu erheben, *LG Flensburg* Rpfleger 1989, 377 zust. *Blechinger* Rpfleger 1990, 81; Baumbach/Lauterbach/*Hartmann*[51] § 696, Rdnr. 2; *Münchkomm ZPO-Holch* Rdnr. 15.
[13] Für den Fall eines Deutschen, der in einer US-Kaserne wohnt, *Schallhorn* JurBüro 1974, 161.
[14] *Schwenk* NJW 1976, 1562; *Kratz* NJW 1987, 1126.

bestehen nur hinsichtlich der Zustellung, die unter Einschaltung der Verbindungsstellen zu erfolgen hat[15]. Zustellungsmängel können nach §§ 187, 295 geheilt werden[16]. Für den Fall, daß ein inländischer Wohnort des Antragsgegners angegeben worden ist → Rdnr. 9.

IV. Grenzüberschreitendes Mahnverfahren

11   1. Das Mahnverfahren ist grundsätzlich nicht statthaft, wenn der Mahnbescheid im Ausland zugestellt werden müßte[17]. Anderes gilt nach Abs. 3, § 34 AVAG für die in § 35 AVAG aufgeführten Abkommen → § 328 Rdnr. 901 ff. Praktisch bedeutsam sind vor allem das EuGVÜ → § 328 Rdnr. 901 ff., das in Art. 25 die Freizügigkeit des Mahnverfahrens garantiert → § 689 Rdnr. 3, und das Luganer Übereinkommen. Für das Haager Unterhaltsübereinkommen vom 02.10.1973[18] gilt das Mahnverfahren nicht, § 41 Abs. 2 AVAG. Einzelheiten des Verfahrens sind in § 34 AVAG geregelt. Formularzwang → § 703 c Rdnr. 5. Dem Mahnbescheid (und dem Vollstreckungsbescheid) ist eine Übersetzung in der Amtssprache des Staates am Sitz des Schuldners beizufügen, § 25 ZRHO. Das Bundesjustizministerium hat in Zusammenarbeit mit den Landesjustizverwaltungen Standardübersetzungen erarbeitet, die bei den Mahngerichten erhältlich sind[19]. Wenn kein inländischer Zustellungsbevollmächtigter, → § 174, bestellt wurde[20], erfolgt die Zustellung des Mahnbescheids nach den Haager Zustellungsübereinkommen von 1965[21] und 1954[22] bzw. nach bilateralen Zustellungsübereinkommen. Bei der Zustellung des Mahnbescheids ist der Antragsgegner gemäß § 34 Abs. 3 S. 2 AVAG, § 174 zur Benennung eines inländischen Zustellungsbevollmächtigten aufzufordern. Die Widerspruchsfrist beträgt einen Monat, § 34 Abs. 3 S. 1 AVAG. Benennt der Antragsgegner keinen Zustellungsbevollmächtigten, kann der VB nach § 175 → dort Rdnr. 7 ff. zugestellt werden, § 34 Abs. 3 S. 3 AVAG[23]. Für den Fall, daß ein inländischer Wohnort des Antragsgegners angegeben worden ist → Rdnr. 9. Der Mahnbescheid kann auch auf Zahlung in ausländischer Währung lauten, § 34 Abs. 1 S. 2 AVAG → Rdnr. 2.

2. Die Anerkennung von ausländischen, unseren VB vergleichbaren Titeln in Deutschland erfolgt nach den internationalen Übereinkommen, insbesondere nach Art. 25 ff. EuGVÜ oder nach bilateralen Abkommen[24] oder nach § 328. § 689 Abs. 2 S. 2 steht – trotz Statuierung einer ausschließlichen Zuständigkeit – der Anerkennung des ausländischen Titels nicht entgegen: Die dort geregelte Zuständigkeit ist auf das Anerkennungsverfahren nicht anwendbar[25]. Der ausländische Zahlungstitel ist einem rechtskräftigen ausländischen Urteil gleichgestellt, wenn ihm nach dem Recht seines Ursprungsstaates diese Wirkung zukommt. Die Anerkennung und Vollstreckung eines von deutschen Gerichten erlassenen Vollstreckungsbescheids im Ausland richtet sich ebenfalls nach internationalen Verträgen; im übrigen nach der lex fori des ausländischen Staates[26].

---

[15] Art. 32 Zusatzabkommen NTS (BGBl. 61 II 1218), Art. 17 i.Vdg.m. Anlage 4 VIII Vertrag zwischen der Bundesrepublik Deutschland und der UdSSR über die Bedingungen des befristeten Aufenthalts und die Modalitäten des planmäßigen Abzugs der sowjetischen Truppen aus dem Gebiet der Bundesrepublik Deutschland vom 12.10.1990, BGBl. 91 II 258. Für die Truppen der früheren West-Alliierten in Berlin gilt Art. 32 Zusatzabkommen NTS entsprechend; Notenwechsel vom 25.09.1990, BGBl. 90 II 1252. Eine Zusammenstellung der Verbindungsstellung nach dem NTS gibt *Kratz* NJW 1987, 1126, 2136.
[16] *LG Aachen* NJW RR 1990, 1344.
[17] Lit.: *Hök* JurBüro 1991, 1146, 1303, 1605.
[18] BGBl. 1986 II S. 826.

[19] Begründung des Regierungsentwurfs zum AVAG, BTDrucks 10/5711, 30; *Hök* JurBüro 1991, 1149.
[20] Beispiel: *BGH* WM 1992, 87.
[21] BGBl. 1977 II 1453.
[22] BGBl. 1958 II 577.
[23] Dazu *Roth* IPRax 1990, 92 ff.; zur früheren Rechtslage: *BGHZ* 98, 263, 207 ff. Anm. *Schlosser* JR 1987, 157.
[24] *MünchKommZPO-Holch* § 688 Rdnr. 18. Zum deutsch-österreichischen Vertrag vom 6.6.1960 BGBl. II 1246 *Lechner* Gerichtliches Mahnverfahren (Diss. Augsburg 1991), 61 f.
[25] *Lechner* aaO.
[26] Beispiel: *Cour de Cassation* 19.07.89, D.S. 1989, I. R. 217.

V. Anspruchshäufung

1. Die Verbindung mehrerer Ansprüche gegen denselben Antragsgegner in einem Antrag und in einem MB (§ 260) ist problemlos zulässig, weil das Amtsgericht örtlich und sachlich als Mahngericht zuständig ist. Die objektive Klagehäufung ist deshalb in den nach § 703c vorgeschriebenen Formularen → § 703c Rdnr. 2 ausdrücklich vorgesehen. 12

2. Ebenso ist eine subjektive Klagenhäufung nach §§ 59 und 60 aktiv und passiv statthaft, wenn sich sämtliche Ansprüche für das Mahnverfahren eignen. Andererseits ist der Erlaß eines einheitlichen MB aufgrund verschiedener Gesuche nicht zulässig. § 147 ist nicht anzuwenden, da keine mündliche Verhandlung stattfindet. Dem Antragsteller werden die Mehrkosten nicht erstattet, die dadurch entstanden sind, daß er Ansprüche nicht in einem Gesuch geltend gemacht hat, wenn nicht für die getrennte Geltendmachung triftige Gründe vorlagen[27]. Bei notwendiger Streitgenossenschaft → § 62 Rdnr. 40 wirkt der Widerspruch des einen Streitgenossen auch zugunsten des anderen. Notwendige Streitgenossenschaft mangels Passivlegitimation nur eines Streitgenossen → § 62 Rdnr. 14, 20 ist bei Zahlungsklagen ohnehin außerordentlich selten.

Im Bereich des Formularzwangs → § 703c Rdnr. 2 ist bei der Streitgenossenschaft zwischen nicht automatisiertem und automatisiertem Verfahren zu unterscheiden → § 689 Rdnr. 14 ff.: Im nicht automatisierten Verfahren sieht das Antragsformular keine Möglichkeit vor, mehrere Personen gemeinsam zu verklagen. Dementsprechend muß für jeden Antragsgegner ein gesondertes Mahnformular ausgefüllt werden. Doch müssen weitere Antragsgegner jeweils im Mahnantrag als solche bezeichnet werden[28]. Das Formularblatt für das automatisierte Verfahren enthält die Möglichkeit, mehrere Antragsteller und Antragsgegner auf einem Antragsformular gemeinsam zu bezeichnen. Bei passiver Streitgenossenschaft enthält jeder Streitgenosse eine eigene Ausfertigung des Mahnbescheides. Zum Wahlrecht aktiver Streitgenossen hinsichtlich des Mahngerichtsstands → § 689 Rdnr. 8.

VI. Ist der MB erlassen und zugestellt, obgleich die Voraussetzungen von § 688 nicht vorliegen, so steht dem Schuldner nicht die Beschwerde, sondern nur der Widerspruch nach § 694 zu. Auch wenn kein Widerspruch eingelegt wurde, ist der VB aber nicht zu erlassen, wenn der Erlaß des MB und somit das gesamte bisherige Mahnverfahren unzulässig waren[29]. Dies hat der Rechtspfleger von Amts wegen zu prüfen → § 699 Rdnr. 10. 13

§ 689 [Zuständigkeit, maschinelle Bearbeitung]

(1) **Das Mahnverfahren wird von den Amtsgerichten durchgeführt. Eine maschinelle Bearbeitung ist zulässig. Bei dieser Bearbeitung sollen Eingänge spätestens an dem Arbeitstag erledigt sein, der dem Tag des Eingangs folgt.**

(2) **Ausschließlich zuständig ist das Amtsgericht, bei dem der Antragsteller seinen allgemeinen Gerichtsstand hat. Hat der Antragsteller im Inland keinen allgemeinen Gerichtsstand, so ist das Amtsgericht Schöneberg in Berlin ausschließlich zuständig. Sätze 1 und 2 gelten auch, soweit in anderen Vorschriften eine andere ausschließliche Zuständigkeit bestimmt ist.**

(3) **Die Landesregierungen werden ermächtigt, durch Rechtsverordnung Mahnverfahren einem Amtsgericht für die Bezirke mehrerer Amtsgerichte zuzuweisen, wenn dies ihrer schnelleren und rationelleren Erledigung dient. Die Landesregierungen können die Ermächti-**

---

[27] *AG Mönchengladbach* JurBüro 1964, 295.
[28] Zeile 4 des Vordrucksformulars nach Verordnung vom 18.07.1991 BGBl. 91 S. 1547, Anlage 1.
[29] *BGH* NJW 1990, 1119; *OLG Karlsruhe* Justiz 1987, 186; *OLG Stuttgart* Justiz 1988, 432; h.M.

gung durch Rechtsverordnung auf die Landesjustizverwaltungen übertragen. Mehrere Länder können die Zuständigkeit eines Amtsgerichts über die Landesgrenzen hinaus vereinbaren.

Gesetzesgeschichte: § 629 CPO. Änderungen: RGBl. 98 I C 256, 09 I 475, BGBl. 76 I 3281, 90 I 2847.

I. Die Internationale Zuständigkeit der deutschen Gerichte

1   Die Internationale Zuständigkeit ergibt sich nicht aus § 689 sondern aus § 703 d. Staatsverträge können vorrangige Regelungen enthalten → Rdnr. 3.

2   1. Die deutschen Gerichte sind international zuständig, wenn der *Antragsgegner* seinen allgemeinen Gerichtsstand im Inland hat. Die deutsche **internationale Zuständigkeit** folgt dann freilich **nicht,** wie üblich, **aus der örtlichen,** sondern **ist unabhängig** von dieser → Rdnr. 5 ff. **in § 703 d Abs. 1 begründet.** Wo der Antragsteller seinen allgemeinen Gerichtsstand in Deutschland hat, ist ohne Belang[1].

Hat der Antragsgegner seinen allgemeinen Gerichtsstand nicht in Deutschland, so bleibt es wieder bei der allgemeinen Grundregel, daß eine deutsche internationale Zuständigkeit gegeben ist, wenn ein in der Bundesrepublik liegender örtlicher Gerichtsstand → Einl. Rdnr. 756 existiert, § 703 d Abs. 2.

Insgesamt ist außerhalb des staatsvertraglichen Bereichs damit sichergestellt, daß ein Mahnverfahren in Deutschland nur möglich ist, wenn auch für das nachfolgende Streitverfahren eine internationale deutsche Zuständigkeit besteht.

3   2. Darüber hinaus kann eine internationale Zuständigkeit kraft **völkerrechtlichen Vertrages** begründet oder ausgeschlossen sein. Das gilt insbesondere für das EuGVÜ, → Einl. Rdnr. 781 ff. Dessen Zuständigkeitsvorschriften gehen wegen der Einbindung des Übereinkommens in das Recht der Europäischen Gemeinschaften dem nationalen Recht vor, auch dem später entstandenen → Rdnr. 781 vor § 1, § 621 Rdnr. 18. Sie gelten grundsätzlich schon von sich aus und nicht erst über § 703 d Abs. 2 auch für das Mahnverfahren[2].

Diese Erkenntnis wirkt sich freilich, soweit die Begründung von Zuständigkeit durch das EuGVÜ in Betracht kommt, nur für die örtliche Zuständigkeit aus → Rdnr. 10. Im Bereich der internationalen Zuständigkeit schließt sich § 703 d ohnehin weitgehend an die Zuständigkeitsordnung des EuGVÜ an. Dessen Vorrang zeigt sich aber auch im Bereich der internationalen Zuständigkeit dann, wenn die Gerichte eines anderen Vertragsstaates als desjenigen des allgemeinen Gerichtsstandes einer Person ausschließlich zuständig sind. Will jemand beispielsweise rückständige Mietzinsforderungen gegen eine Person mit allgemeinem Gerichtsstand in Deutschland geltend machen, so kann er nach Art. 16 Nr. 1 EuGVÜ auch im Mahnverfahren die deutschen Gerichte nicht anrufen, wenn sich das vermietete Grundstück in einem anderen Vertragsstaat befindet → § 24 Rdnr. 4.

Das **Luganer Übereinkommen** folgt ganz dem EuGVÜ.

II. Die sachliche Zuständigkeit

4   Die **Amtsgerichte** sind für das Mahnverfahren sachlich unbeschränkt zuständig, auch wenn für die Klage das Landgericht nach § 71 Abs. 2 und 3 GVG ausschließlich zuständig wäre[3]. In

---

[1] *BGH* NJW 1981, 2647.
[2] *BGH* IPRax 1982, 159; *EuGHE* 1981, 1593 = RIW 781 = IPRax 1982, 14 (*Nagel* 5) Klomps v. Michel (Zahlungsbefehl des früheren deutschen Rechts).
[3] *RGZ* 24, 198.

den neuen Bundesländern ist bis zur Gründung der Amtsgerichte das Kreisgericht zuständig, Art. 8 Einigungsvertrag i.Vdg.m. Anl. I Kapitel III Sachgebiet A Abschnitt III Nr. 1e. Wegen der Arbeitsgerichte → Rdnr. 19. Nach § 703d ist dies sogar in Fällen mit Auslandsbezug uneingeschränkt durchgehalten. Zur Entscheidung berufen ist der **Rechtspfleger,** § 20 Abs. 1 Nr. 1 RPflG → vor § 688 Rdnr. 1a, auch im Falle der Ablehnung des Gesuchs → § 691 Rdnr. 1.

III. Die örtliche Zuständigkeit

Die örtliche Zuständigkeit knüpft im Regelfall zwingend an den allgemeinen Gerichtsstand des Antragstellers, nicht mehr des Antragsgegners, an → § 38 Rdnr. 3 und geht auch anderen ausschließlichen Gerichtsständen vor, Abs. 1 S. 3 Zu § 46a WEG → Rdnr. 20, zu § 46a ArbGG → Rdnr. 19. In Fällen mit internationalem Einschlag gibt es Ausnahmen → Rdnr. 10. 5

1. In Fällen ohne internationalen Einschlag ist das **Amtsgericht ausschließlich zuständig,** in dessen Bezirk sich der **allgemeine Gerichtsstand des Antragstellers** befindet. Entscheidend ist der Zeitpunkt der Einreichung des Antrags. Insbesondere ist für eine Anknüpfung an den Gerichtsstand des Antragsgegners oder gar an den besonderen Gerichtsstand des Erfüllungsortes oder an einen vereinbarten Gerichtsstand → § 38 kein Raum; auch nicht, wenn lediglich Kaufleute am Mahnverfahren beteiligt sind; und auch nicht, wenn die Vereinbarung lediglich im Hinblick auf das Mahnverfahren geschlossen sein sollte[4]. 6

Der allgemeine Gerichtsstand des Antragstellers ergibt sich aus den §§ 12ff. Bei juristischen Personen mit unselbständigen Zweigniederlassungen ist nur das Amtsgericht am Gesellschaftssitz zuständig[5], sofern kein statutarischer Nebensitz nach § 17 Abs. 3 besteht. Das örtliche Reisebüro (Niederlassung im Sinn von § 21) begründet daher keine Zuständigkeit für Ansprüche des Reiseveranstalters. Zu ausländischen juristischen Personen → Rdnr. 11.

2. Von dieser generellen Regelung können die Landesregierung (bzw. die Landesjustizverwaltungen) nach Abs. 3 eine Ausnahme dahin schaffen, daß **durch Verordnung zentrale Mahngerichte** eingerichtet werden. Zweck dieser Verordnungsermächtigung ist die Erleichterung der Automation des Mahnverfahrens, da so die edv-mäßige Abwicklung des Verfahrens an einem Ort konzentriert wird → Rdnr. 14ff. Die Zuständigkeit des zentralen Mahngerichts geht der in Abs. 2 statuierten Zuständigkeit vor; sie gilt auch im Fall des § 703d → Rdnr. 11. 7

Von der Ermächtigung nach Abs. 3 S. 1 haben bisher Baden-Württemberg (VO vom 02.07.86, GBl. 275: AG Stuttgart), Bayern (VO vom 14.11.90 (GVBl. 507: *AG Nürnberg* für die Bezirke Nürnberg u. Fürth für Fälle, in denen der Antrag in einer nur maschinell lesbaren Form eingereicht wird). Berlin (VO vom 08.09.87, GVBl. 2294, geändert durch VO vom 13.05.88, GVBl. 834: AG Wedding, für Ansprüche nach § 689 Abs. 2 S. 3 AG Schöneberg); G. vom 25.09.1990 u. vom 28.09.1990 (GVBl. 2076, 2119) – Ausdehnung auf Ost-Berlin; Hamburg (VO vom 01.09.87, GBl. 172), Hessen (VO vom 13.10.80, GVBl. 397: AG Hünfeld für die AG-Bezirke Frankfurt, Darmstadt, Offenbach, Bad Homburg, Wiesbaden); Nordrhein-Westfalen (VOen vom 01.02.88 GVBl. NW 57, vom 7.9.88 GVBl. 366, vom 3.2.89 GVBl. 88, vom 28.2.89 GVBl 100, vom 16.8.89 GVBl 460, vom 31.8.91 GVBl 355: AG Hagen, nach sukzessiver Einführung sind nunmehr alle OLG-Bezirke mit Ausnahme von Düsseldorf erfaßt); Rheinland-Pfalz (VO vom 05.07.88, GVBl. 151, zuletzt geändert durch VO vom 04. 09.89, GVBl. 214: AG Mayen, für Antragsteller mit Wohnsitz im LG-Bezirk Koblenz und im AG-Bezirk Alzey). Von der Ermächtigung nach Abs. 3 S. 2 haben ebenfalls Baden-Württemberg (VO vom 07.10. 80, GBl. 570), Bayern (VO vom 17.02.87, GVBl. 33),

---

[4] *BGH* NJW 1985, 322.   [5] *BGH* NJW 1978, 321.

Berlin (VO vom 24.04.87, GVBl. 1547), Hessen (VO vom 02.10.80, GVBl. 350) und Nordrhein-Westfalen (VO vom 14.07.87, GVBl. NW 269) Gebrauch gemacht[6]. Von der Ermächtigung nach Abs. 3 S. 3 wurde bisher noch kein Gebrauch gemacht.

8   3. Machen mehrere Antragsteller als **Streitgenossen** Ansprüche geltend → § 688 Rdnr. 12, deren allgemeiner Gerichtsstand nicht im Bezirk ein und desselben für Mahnsachen zuständigen Amtsgerichts liegt, so können sie nach § 35 zwischen den für sie nach § 689 Abs. 2 zuständigen Gerichten wählen; für eine Zuständigkeitsbestimmung nach § 36 ist kein Raum[7]. Die Gerichtsstandswahl wirkt nicht über das Mahnverfahren hinaus.

9   4. In **Fällen mit internationalem Einschlag** gilt folgendes:
Das **EuGVÜ** → Rdnr. 3, → Einl Rdnr. 781 ff. und das Luganer Übereinkommen garantieren in vielen Fällen die internationale deutsche Zuständigkeit, nicht auch die örtliche. Das gilt insbesondere für die Zuständigkeitsgrundnorm in Art. 2. Der deutschen Rechtsordnung bleibt es in solchen Fällen unbenommen, anstatt des in Deutschland gelegenen Gerichts des Wohnsitz des Beklagten (Antragsgegners) ein anderes Gericht, etwa das – ebenfalls in Deutschland gelegene – Gericht am Wohnsitz des Klägers (Antragstellers) für örtlich zuständig zu erklären. Vielfach, vor allem in Art. 5, garantiert das EuGVÜ aber auch eine bestimmte örtliche Zuständigkeit in einem Vertragsstaat, und zwar sowohl dem Antragsteller als auch dem Antragsgegner. Eine in Frankreich wohnhafte Person könnte also bei wörtlicher Interpretation des EuGVÜ einen Mahnbescheid gegen einen in Deutschland ansässigen Antragsgegner auch im Gerichtsstand des Erfüllungsortes (Art. 5 Nr. 1) erwirken. Freilich erscheint insoweit eine teleologische Reduktion dieser Norm erlaubt. Die Zuständigkeitsgarantien des EuGVÜ haben für Kläger und Beklagten den Sinn, ihnen die Lästigkeiten zu ersparen, die mit der Inanspruchnahme eines anderen Gerichts, insbesondere eines solchen eines anderen Staates, verbunden wären. Für die Parteien des Mahnverfahrens ist es aber belanglos, wohin sie Mahngesuch und Widerspruch senden müssen, wenn nur deutsche Gerichte zur Auswahl stehen und sofern garantiert ist, daß die für das Mahnverfahren bestehenden Zuständigkeiten nicht fortwirken können. Es ist daher mit dem EuGVÜ vereinbar, daß der in einem Mitgliedsstaat ansässige Antragsteller seinen Antrag auf Erlaß eines Mahnbescheids gegen eine in der Bundesrepublik ansässige Person nur vor dem Amtsgericht Schöneberg in Berlin und nicht am Gerichtsstand des Wohnsitzes des Antragsgegners oder – etwa – des Erfüllungsortes oder der Zweigniederlassung stellen kann. Die Konzentrationsermächtigung nach § 689 Abs. 3 ist ohnehin mit dem EuGVÜ vereinbar, weil dieses durchaus erlaubt, daß für bestimmte Angelegenheiten einzelne Gerichte zu Spezialgerichten mit wesentlich breiterer örtlicher Zuständigkeit gemacht werden, als sie den Gerichten gleichen Ranges normalerweise zukommt.
Im Anwendungsbereich des **Luganer Übereinkommen** gilt entsprechendes.

10 5. Rechtlich unselbständige **Zweigniederlassungen** ausländischer **Versicherungen und Banken** sollen wegen ihrer in §§ 109 VAG, 53 KWG herausgehobenen Rechtsstellung i. S. v. § 689 Abs. 2 S. 1 ihren allgemeinen Gerichtsstand im Inland haben[8].

11 6. Hat der **Antragsgegner keinen allgemeinen Gerichtsstand in der Bundesrepublik,** so findet sich in § 703 d Abs. 2 ein Systembruch. Das Verfahren ist dann nicht erst nach Widerspruch an das Gericht zu leiten, wo dieser Person gegenüber ein örtlicher Gerichtsstand begründet ist. Vielmehr ist schon das Mahnverfahren selbst dort anzustrengen. Wo solche Gerichtsstände bestehen, ergibt sich aus den Abschnitten 2–6 des ersten Titels des EuGVÜ

---

[6] *Heß* CR 1991, 245.
[7] *BGH* NJW 1978, 321 zust. *Haack* NJW 1980, 672, 674.
[8] *BGH* NJW 1979, 1785; *AG Frankfurt* NJW 1980, 2028.

→Einl. Rdnr. 781 ff. bzw. des Luganer Übereinkommens, wenn sich der Antrag gegen eine Person mit Wohnsitz im Geltungsbereich eines der Übereinkommen richtet, sonst nach den §§ 12 ff. ZPO[9]. § 703 d Abs. 2 S. 2 stellt klar, daß auch insofern eine Konzentration möglich ist. Insbesondere können in einem Bundesland dieselben Gerichte, welche in sonstigen Fällen für Mahnverfahren zuständig sind, auch dann Zuständigkeit erlangen, wenn der Antragsgegner keinen Gerichtsstand in der Bundesrepublik hat: der in Hamburg wohnende Antragsteller muß dann seinen Antrag an das in Mahnverfahren allein für ganz Baden-Württemberg zuständige Amtsgericht in Stuttgart richten, wenn er eine in Italien wohnhafte Person belangen will, mit der er die ausschließliche Zuständigkeit des Landgerichts in Karlsruhe vereinbart hat. Nach § 34 Abs. 2 AVAG sind dem Antrag die Nachweise zum Vorliegen der Gerichtsstandsvereinbarung beizufügen. Außerhalb der Vertragsstaaten des EuGVÜ und des Luganer Übereinkommens wird freilich die Durchführung des Mahnverfahrens daran scheitern, daß eine Auslandszustellung erforderlich ist → § 688 Rdnr. 11. Haben weder Antragsteller noch Antragsgegner einen allgemeinen Gerichtsstand im Inland, so gilt § 703 d Abs. 2[10].

IV. Die Zuständigkeitsprüfung

1. Das Amtsgericht hat seine **sachliche, internationale und örtliche Zuständigkeit von Amts wegen zu prüfen.** Den Angaben des Antragstellers darf es aber vertrauen, soweit nicht Anhaltspunkte dafür vorliegen, daß sie falsch sein könnten. Offenbare Unrichtigkeiten, wie etwa die Bezeichnung »LG« statt »AG« können berichtigt werden. Die fehlende Zuständigkeit des Mahngerichts ist zu monieren → § 691 Rdnr. 8 und Antragstellung beim zuständigen Gericht bei gleichzeitiger Rücknahme anzuregen. Die Wirkungen des § 691 Abs. 2 treten aber nur ein, wenn der Antragsteller im streitigen Verfahren Klage erhebt → § 691 Rdnr. 12. Darauf ist der Antragsteller im Monierungsschreiben hinzuweisen. Die Wirkung der Verjährungsunterbrechung wird, anders als im Fall des § 212 Abs. 2 BGB, durch ein neues Mahngesuch nicht erhalten[11]. Wenn Verjährung droht, ist also Rücknahme des Mahngesuchs und Klageerhebung anzuraten → § 691 Rdnr. 12.   12

2. Eine **formlose Weiterleitung des Antrags** an das zuständige Amtsgericht ist entgegen der h. M.[12] nicht möglich[13]. Dem steht nunmehr die ausdrückliche Regelung des § 691 Abs. 2 entgegen. Angesichts der eindeutigen und einfachen Regelung des § 689 Abs. 2 besteht kein Grund mehr, den Antragsteller zu privilegieren. Eine vom Eingangsgericht dennoch verfügte formlose Abgabe hat nicht zur Folge, daß die Verjährung schon mit Eingang des Mahnantrags beim unzuständigen Gericht unterbrochen wurde[14]. Hat der Antragsteller das richtige Gericht bezeichnet, ist aber der Antrag beim falschen Gericht eingegangen, so kann er »weitergeleitet« werden. Das weiterleitende Gericht hat dabei aber nur Botenfunktion.   13

3. Dem Antragsgegner steht zur Geltendmachung der Unzuständigkeit nur der Widerspruch nach § 694 bzw. der Einspruch nach § 700 zur Verfügung, § 11 Abs. 5 S. 2 RpflG. Jedoch bleibt nach Widerspruch oder Einspruchseinlegung das Verfahren ohnehin nicht bei dem Amtsgericht, das den MB erlassen hat. Der vom unzuständigen Gericht erlassene MB kann nicht Grundlage des VB bilden[15] → § 699 Rdnr. 3. Der Antragsteller kann gegen die   13a

---

[9] *AG München* Rpfleger 1991, 425: internationale Zuständigkeit nach §§ 703 d Abs. 2, 23 ZPO bei Nichtanwendbarkeit des EuGVÜ.
[10] *BGH* NJW 1981, 2647.
[11] *OLG München* MDR 1980, 501.
[12] *BGH* NJW 1990, 1368; *BGHZ* 86, 313, 322 = NJW 1983, 1050; *OLG Hamm* NJW 1989, 375; *Petermann* Rpfleger 1964, 49; *Zöller-Vollkommer*[17] § 689 Rdnr. 5; *Baumbach/Lauterbach/Hartmann*[51]/690 Rdnr. 5.
[13] *Lechner* Gerichtliches Mahnverfahren (Diss. Augsburg 1991), 151; *KG* NJW 1983, 2709; *OLG Köln* NJW RR 1989, 573.
[14] *KG* aaO.
[15] *BGH* MDR 1990, 222.

Zurückweisung des Antrages nach § 11 Abs. 1 S. 2 Rechtspflegererinnerung einlegen → § 691 Rdnr. 14.

V. Automatisiertes Mahnverfahren

14 Regeln für das »Verfahren« vor dem um Erlaß des MB angegangenen Amtsgericht kennt das Gesetz kaum. Aus diesem Grunde hat man die wenigen für notwendig erachteten Bestimmungen im textlichen Zusammenhang mit den Zuständigkeitsnormen erlassen. Sie betreffen ausschließlich das **automatisierte Mahnverfahren** und zeigen so deutlich die Intention des Gesetzgebers, das Verfahren überwiegend mittels maschineller Bearbeitung abzuwickeln.

15 1. Die Vereinfachungsnovelle hat im Jahre 1977 die Voraussetzungen für eine vollständige, maschinelle Bearbeitung des Mahnverfahrens geschaffen. Man hoffte, so die Rechtspfleger von der weitgehend mechanischen und eintönigen Bearbeitung gleichförmiger Anträge zu entlasten und das Verfahren beschleunigen zu können[16]. Die Einführung der Automation veranlaßte den Gesetzgeber zudem zur Abschaffung der Schlüssigkeitsprüfung → vor § 688 Rdnr. 1c; → § 691 Rdnr. 1. Mit der **Entwicklung und Erprobung** des Verfahrens wurde das **baden-württembergische Justizministerium beauftragt**, das seit 1974 am Amtsgericht Stuttgart die notwendigen Datenverarbeitungsprogramme entwickelt[17]. 1982 wurde für die Amtsgerichtsbezirke Stuttgart und Bad-Cannstatt das automatisierte Verfahren eingeführt. Seit 1987 ist das AG Stuttgart zentrales Mahngericht für ganz Baden-Württemberg[18]. Seitdem ist das Stuttgarter EDV-Programm auch von anderen Bundesländern übernommen worden. Über den Zeitpunkt und den Umfang der Einführung entscheiden nach § 703c Abs. 2 die jeweiligen Landesjustizverwaltungen durch Rechtsverordnung. Zum aktuellen Einführungsstand der Automation → Rdnr. 7, § 703c Rdnr. 9. Zum Teil haben sich die Bundesländer zur Entwicklung eigenständiger EDV-Programme entschieden, um verbesserte Rationalisierungs- und Kostenvorteile zu erzielen[19].

16 2. Derzeit lassen sich **drei Automationsstufen** unterscheiden[20]:
(1) Bei der herkömmlichen, maschinellen Bearbeitung werden spezielle Vordrucke → § 703c Rdnr. 3 von den Antragstellern ausgefüllt und beim Mahngericht manuell in die EDV-Anlage eingegeben und anschließend automatisch bearbeitet. (2) Beim Datenträgeraustausch (DTA-Verfahren) werden die Mahnanträge auf der EDV-Anlage des Antragstellers über eine spezielle Software erstellt, anschließend auf Magnetbändern oder Disketten gespeichert und so zum Mahngericht weitergereicht. Dort werden die Datenträger direkt in die EDV-Anlage eingelesen. Dieses Verfahren ist vor allem für Großgläubiger[21] von Interesse, da die Diskettenformate zwischen Antragsteller und Mahngericht vorab aufeinander abgestimmt werden und auch Abweichungen von den üblichen Mahnangaben vereinbart werden können → § 690 Rdnr. 20. (3) Die neueste Entwicklung verzichtet auf die Einreichung von

---

[16] Ausführliche Darstellung des Reformziels in BTDrucks 7/7229, 46ff.

[17] Zwischenberichte geben *Keller* NJW 1981, 81, 1184; *Mayer* NJW 1983, 92ff.; *Heß* CR 1991, 245. Umfassend *Schmid* EDV im Mahnverfahren (Diss. Augsburg 1991).

[18] VO des Justizministeriums vom 2.7.1986, GBl. Baden-Württemberg 1986, 275. Ausführliche Darstellung bei *Seidel-Brändle* Automatisiertes Mahnverfahren (1989), 2ff.

[19] So in Hamburg, vgl. *Beinghaus/Thielke* Rpfleger 1991, 245. In Bayern ist die Automation nur in begrenztem Umfang am AG München für Großgläubiger eingerichtet worden, dazu *Heß* CR 1991, 245.

[20] Eine ausführliche Beschreibung des Verfahrens gibt die von den Landesjustizverwaltungen Baden-Württemberg und Nordrhein-Westfalen herausgegebene Broschüre: *Die maschinelle Bearbeitung der Mahnsachen in Baden-Württemberg [bzw. in] Nordrhein-Westfalen* (1991), die bei den Mahngerichten angefordert werden kann.

[21] Großgläubiger sind u.a. Versandhandelsunternehmen, Versicherungsgesellschaften und Inkassobüros, die zum Teil bis zu 200.000 Mahnanträge pro Jahr stellen. Dazu *Heß* CR 1991, 246.

Datenträgern beim Mahngericht und arbeitet stattdessen mittels Datenfernübertragung zwischen der betrieblichen EDV-Anlage des Antragstellers und dem Rechner des Mahngerichts. Das AG Stuttgart erprobt derzeit einen solchen Zugang über den Teletex-Dienst der Bundespost[22]. Zum Verfahrensablauf → § 703c Rdnr. 6ff.

3. Insgesamt gesehen hat sich die **Einführung der EDV** als **langwieriger und schwieriger** 17 erwiesen **als zunächst angenommen.** Der erstrebte Rationalisierungseffekt konnte nur bei der zeitlichen Beschleunigung verwirklicht werden, die in § 689 Abs. 2 S. 2 vorgesehene Bearbeitungszeit von 2 Tagen seit Einreichung kann im großen und ganzen eingehalten werden. Dagegen hat die Automation nicht zu den erhofften Einsparungen geführt; vielmehr erweist sich das Verfahren wegen der hohen Investitionskosten als um ca. 17% teurer als das herkömmliche Verfahren. Die Einsparung von Rechtspflegern wurde durch einen erhöhten Bedarf an Erfassungskräften (zur Eingabe der Mahnanträge in die EDV-Anlage) wieder aufgewogen[23]. Rationalisierungsvorteile ergeben sich somit nur im DTA- und DFÜ-Verfahren, da dort die personalintensive Erfassung der Mahnanträge wegfällt. Zudem führt der zwischen Gläubiger und Gericht koordinierte Einsatz der EDV zu einer wesentlichen Verminderung des Formular- und Papieranfalls: Die gerichtlichen Verfügungen werden maschinell erstellt und den Parteien zugestellt → § 703b Rdnr. 1; im DTA- und DFÜ-Verfahren → Rdnr. 16 werden auch die formlosen Informationen an den Antragsteller edv-mäßig übermittelt[24]. Bei den Mahngerichten werden Akten edv-mäßig geführt. Bei der Abgabe der Mahnsache an das Prozeßgericht nach Widerspruch → § 696 Rdnr. 4 bzw. Einspruch → § 700 Rdnr. 5 wird ein computermäßiger Aktenauszug erstellt[25] und an das zuständige Gericht weitergeleitet. Große Rationalisierungsvorteile ergeben sich für Großgläubiger, die die gesamte Aktenführung ihrer Mahnabteilung auf EDV umstellen können[26].

4. Verfassungsrechtliche Bedenken gegen die automatisierte Bearbeitung des Mahnverfahrens **bestehen nicht.** Die EDV-Programme gewährleisten nämlich, daß die Rechtspfleger 18 jederzeit in die Bearbeitung eingreifen und das Verfahren umfassend kontrollieren können. Die Verfahrensherrschaft der Rechtspfleger ist eher verbessert denn gemindert worden. Denn die EDV ermöglicht eine schnellere Bearbeitung von routinemäßigen Fällen und aufgrund der besseren Spezifizierung des Antragsformulars → § 703c Rdnr. 3 eine verbesserte Plausibilitätskontrolle des Mahngerichts → § 691 Rdnr. 6, 7, die einen erweiterten Schuldnerschutz im Verhältnis zur herkömmlichen Bearbeitung gewährleistet[27]. Unter dem Gesichtspunkt des gleichen Zugangs zu den Gerichten (Art. 103 GG[27a]) erscheint freilich auf den ersten Blick die Privilegierung von Großgläubigern bedenklich, da nur diesen eine direkte Kommunikation mit dem Mahngericht eingeräumt wird und die edv-mäßige Bearbeitung schneller ist als die herkömmliche Erfassung der Mahnanträge. Jedoch ergeben sich aus der zögerlicheren Bearbeitung der Anträge im herkömmlichen Verfahren nur mittelbare Nachteile für die Gläubiger: Hinsichtlich der Verjährungsunterbrechung kommt es generell auf den Zeitpunkt der Anbringung des Antrags beim Mahngericht an → § 693 Rdnr. 7, so daß hier die Gleichbehandlung gewahrt bleibt. Der schnellere Zugriff auf den Schuldner durch den automatisierten VB

---

[22] Dazu *Seidel* CR 1990, 615ff.
[23] Ausführlich *Gößler* NJW CoR 2/1989, 24; *Lechner* Gerichtliches Mahnverfahren (Diss. Augsburg 1991), 148 – die Mehrkosten (in Baden-Württemberg im Jahre 1987 um ca 2,8 Mio DM) resultierten aus der fortbestehenden Notwendigkeit der manuellen Erfassung und der hohen Monierungsquote, die zur manuellen Bearbeitung durch die Rechtspfleger führte.
[24] Einzelheiten bei *Schmid* EDV im Mahnverfahren (1991), 143ff.
[25] Muster bei *Mayer* NJW 1983, 94; *Schmid* EDV im Mahnverfahren (Diss.1991) Anlage 29.
[26] Ausführlich *Seidel-Brändle* Automatisiertes Mahnverfahren (1989), 84ff.
[27] Ebenso *Schmid* EDV im Mahnverfahren (Diss. Augsburg 1991), 54ff.
[27a] *BVerfGE* 74, 234.

führt lediglich eventuell zu tatsächlichen Vorteilen in der Zwangsvollstreckung[28]. Dies wird freilich im Einzelfall kaum feststellbar sein und ist angesichts des Rationalisierungseffekts des DTA-Verfahrens bei der Justiz hinzunehmen. Jedoch ist es notwendig, daß auch beim DTA-Verfahren mit Großgläubigern vom Mahngericht regelmäßige Plausibilitätskontrollen in Bezug auf die Anträge durchgeführt werden, die Abstimmung der korrespondierenden EDV beim erstmaligen Probelauf → § 690 Rdnr. 20 reicht hierfür nicht aus[29].

VI. Arbeitgerichtliches Mahnverfahren

19   Im arbeitsgerichtlichen Mahnverfahren → vor § 688 Rdnr. 8 ff. gelten die vorstehend dargelegten Grundsätze entsprechend.

1. Sachlich zuständig ist das Arbeitsgericht, § 46 a Abs. 2 ArbGG, den MB erläßt nach § 9 Abs. 3 ArbGG, § 20 Abs. 1 Nr. 1 RPflG der Rechtspfleger. Die örtliche Zuständigkeit richtet sich aber nicht nach dem Wohnsitz des Antragstellers, sondern danach, welches Gericht für die im Urteilsverfahren erhobene Klage zuständig wäre. Das gilt auch für den Fall einer nach § 48 Abs. 2 ArbGG tarifvertraglich vereinbarten Zuständigkeit; für andere Zuständigkeitsvereinbarungen gelten Art. 17 EuGVÜ, § 38 Abs. 2 und 3 → dort Rdnr. 70.

2. Das Gesuch ist auf der Grundlage der Angaben des Antragstellers im Mahnantrag – Formularzwang besteht nach § 46 a Abs. 7 ArbGG[30] – daraufhin zu überprüfen, ob die sachliche und die örtliche Zuständigkeit des angegebenen Gerichts gegeben sind. Ansprüche, die nicht unter die absoluten arbeitsgerichtlichen Zuständigkeiten nach § 2 ArbGG fallen, können im Mahnverfahren nur nach Maßgabe von § 3 ArbGG in Verbindung mit Ansprüchen der in § 2 ArbGG bezeichneten Art geltend gemacht werden. Ansprüche, die unter § 2a ArbGG fallen, können nicht im Mahnverfahren durchgesetzt werden, da dieses nur für solche Forderungen zur Verfügung steht, über die im Streitverfahren durch Urteil zu entscheiden ist[31]. Dagegen vermag der Gerichtsstand des Sachzusammenhangs, § 2 Abs. 3 ArbGG, eine Zuständigkeit für das Mahnverfahren zu begründen: doch ist – wie im Streitverfahren – erforderlich, daß eine Verfahrensverbindung (objektive oder subjektive Klagehäufung) vorliegt. Sofern die Verfahrensverbindung über eine Gesamtschuldnerschaft hinausgeht, ist sie in einem gesonderten Beiblatt zum Mahnantrag anzugeben.

3. Sofern der Mahnbescheid beim örtlich unzuständigen Gericht angebracht wird, soll der Rechtspfleger auf Antrag nach § 281 analog die Mahnsache an das zuständige Gericht verweisen können. Diese Verweisungsmöglichkeit soll sich aus dem Zuständigkeitsgleichlauf von Streitgericht und Mahngericht ergeben[32]. Jedoch trägt dieser Unterschied zur Zuständigkeitsordnung bei den ordentlichen Gerichten das postulierte Ergebnis nicht.

VII. Verfahren in Wohnungseigentumssachen

20   Im Verfahren für Wohnungseigentumssachen → vor § 688 Rdnr. 10 ist nach § 46 a WEG das Amtsgericht des belegenen Grundstücks ausschließlich zuständig. Anderes gilt dann, wenn eine Zuständigkeitsverordnung nach § 689 Abs. 3 erlassen wurde[33]. Sachlich zuständig ist das Amtsgericht. Über den Mahnantrag entscheidet der Rechtspfleger § 20 Abs. 1 Nr. 1 RpflG. Wird der Mahnantrag beim örtlich unzuständigen WE-Gericht oder beim allgemein für den

---

[28] Dazu *Smid* CR 1988, 648 – in der Kritik freilich überzogen.
[29] *Lechner* Gerichtliches Mahnverfahren (Diss. Augsburg 1991), 146.
[30] Dazu Verordnung vom 15.12.1977 (BGBl. 1977 I 2625).
[31] *Germelmann/Matthes/Prütting* ArbGG § 46 a Rdnr. 3.
[32] *BAG* EzA § 209 Nr. 3 = NJW 1982, 2792 (LS); *BAG* DB 1987, 2313.
[33] *Hansens* Rpfleger 1991, 135.

Antragsteller zuständigen (aber wegen § 46a WEG im speziellen Fall nicht zuständigen) Mahngericht des § 689 Abs. 2 angebracht, ist eine Abgabe nicht möglich → Rdnr. 13. Die Verjährungsunterbrechung endet mit Rücknahme oder Zurückweisung des Mahnantrags. § 691 Abs. 2 kann aber analog angewandt werden.

§ 690 [Inhalt des Mahngesuchs]

(1) Der Antrag muß auf Erlaß eines Mahnbescheids gerichtet sein und enthalten:
1. Die Bezeichnung der Parteien, ihrer gesetzlichen Vertreter und der Prozeßbevollmächtigten;
2. die Bezeichnung des Gerichts, bei dem der Antrag gestellt wird;
3. die Bezeichnung des Anspruchs unter bestimmter Angabe der verlangten Leistung; Haupt- und Nebenforderungen sind gesondert und einzeln zu bezeichnen, Ansprüche aus Verträgen, für die das Verbraucherkreditgesetz gilt, auch unter Angabe des Datums des Vertragsabschlusses und des nach dem Verbraucherkreditgesetz anzugebenden effektiven oder anfänglichen effektiven Jahreszinses;
4. die Erklärung, daß der Anspruch nicht von einer Gegenleistung abhängt oder daß die Gegenleistung erbracht ist;
5. die Bezeichnung des Gerichts, das für ein streitiges Verfahren zuständig ist.
(2) Der Antrag bedarf der handschriftlichen Unterzeichnung.
(3) Der Antrag kann in einer nur maschinell lesbaren Form übermittelt werden, wenn diese dem Gericht für seine maschinelle Bearbeitung geeignet erscheint; der handschriftlichen Unterzeichnung bedarf es nicht, wenn in anderer Weise gewährleistet ist, daß der Antrag nicht ohne den Willen des Antragstellers übermittelt wird.

Gesetzesgeschichte: § 630 CPO. BGBl. 1976 I 3281; 1990 I 2840, 2847.

I. Da bundesweit Formularzwang besteht, sind die Erfordernisse des § 690 nur für die individuell in das Formular einzusetzenden Bestandteile von Wichtigkeit → 703c, 702 Rdnr. 1. Weil es sich um einen Schriftsatz handelt, der ein Verfahren einleitet, ist eine Faksimileunterschrift oder eine sonstige nicht eigenhändige Unterschrift grundsätzlich nicht ausreichend, Abs. 2. Wegen der Ausnahme nach Abs. 3 → Rdnr. 19. 1

Fehlt die eigenhändige Unterschrift, so ist dies ein Zurückweisungsgrund nach § 691[1]. Wurde der Mahnbescheid trotzdem erlassen, so hindert der Mangel nicht die Rückwirkung nach § 693 Abs. 2, wenn an der Identität des Antragstellers und an seiner Absicht, das Verfahren in Gang zu bringen, keine Zweifel bestehen[2].

In entsprechender Anwendung von § 269 kann das Gesuch bis zur Rechtskraft des VB zurückgenommen werden → § 693 Rdnr. 12. Wegen der Zurücknahme des Antrags auf Durchführung des streitigen Verfahrens → § 696 Rdnr. 2. Wegen der Vollmacht → § 703, wegen der gesetzlichen Vertretung → § 691 Rdnr. 2. Wegen der Vorwegerhebung der Gebühr → § 692 Rdnr. 1, wegen Bestellung eines Zustellungsbevollmächtigten → § 175 Rdnr. 1 ff.

Ein Gesuch, das ersichtlich von einem Bevollmächtigten herrührt, der die nach dem **Rechtsberatungsgesetz** vom 13.12.1935 erforderliche Erlaubnis zur geschäftsmäßigen Besorgung fremder Rechtsangelegenheiten nicht besitzt, ist unter entsprechender Belehrung der Partei unerledigt zu lassen → § 79 Rdnr. 4. Dabei ist zu beachten, daß **Inkassounternehmen**

---

[1] *BGHZ* 86, 313, 324 = *NJW* 1983, 1050, 1052.   [2] *BGH* aaO.

die Erlaubnis zur Betreibung des Mahnverfahrens in aller Regel nicht erteilt wird; s. auch (wegen der Einziehung aufgekaufter Forderungen) die 5. AusfVO vom 29.3.1938 (RGBl. I 359) zu dem genannten Gesetz.

2 **II. Die Erfordernisse des Inhalts eines Mahngesuchs** orientieren sich nicht am Inhalt einer Klageschrift, weil der MB nach erhobenem Widerspruch nicht die Funktion der Klage annimmt → § 697 Abs. 1. Angaben zum Klagegrund sind nicht erforderlich; eine Schlüssigkeitsprüfung entfällt. Erst recht bedarf es daher auch nicht irgendeiner Glaubhaftmachung oder der Beifügung von Beweismitteln. Wie sonst Parteibehauptungen stehen aber auch alle im Antrag auf Erlaß eines MB gemachten Angaben unter der jedes Prozeßverfahren beherrschenden Wahrheitspflicht → § 138 Rdnr. 1. Wegen des Urkunden- und Wechselmahnverfahrens → § 703 a Rdnr. 2. Im einzelnen gilt folgendes:

3 1. Nr. 1 – **Parteien, gesetzliche Vertreter und Prozeßbevollmächtigte** müssen so genau bezeichnet werden, daß ihre Individualisierung unschwer möglich ist → § 253 Rdnr. 31. Dazu gehören Angaben zum Beruf nicht, wohl aber in aller Regel solche zum Wohnort, zur Straße und zur Hausnummer der Wohnung. Die Angabe des Vornamens ist nur nötig, wenn sonst Identitätszweifel möglich sind. Unter Umständen kann auch die Angabe zusätzlicher Individualisierungsmerkmale wie »jr.« oder das Geburtsdatum notwendig sein. Wohnort (im Gegensatz zum Wohnsitz) ist auch der Wohnort im Sinne von §§ 16, 20.

Handelt es sich beim Antragsgegner um einen Kaufmann, so genügt gem. § 17 Abs. 2 HGB die Angabe der Firma. Im Hinblick darauf, daß seit der letzten Information des Antragsgegners der Inhaber gewechselt haben könnte, ist jedoch die ergänzende Angabe des derzeitigen Inhabers zu empfehlen[3]. Bei nicht prozeßfähigen natürlichen Personen ist die Nennung der gesetzlichen Vertreter wegen § 171 Abs. 1 erforderlich, bei juristischen Personen ist sie für die Zustellung wegen § 171 Abs. 2 nicht zwingend notwendig, aber zweckmäßig. Zusätze zur korrekten Fa.-Bezeichnung sind unschädlich, wenn die Identität der Schuldnerin einwandfrei feststeht[4].

Die Angabe eines Prozeßbevollmächtigten des Antragsgegners mit der Wirkung, daß diesem zugestellt werden muß, ist wegen § 88 nur unter Vorlage von dessen Vollmacht zulässig[5] → § 703 Rdnr. 3. Ist der Prozeßbevollmächtigte des Gegners nicht angegeben, so ist eine Zustellung an diesen selbst gleichwohl wirksam, auch wenn er einem anderen Prozeßvollmacht erteilt hatte.

Die Zurückweisung eines Mahnantrages wegen einer unklaren oder unvollständigen Parteibezeichnung gemäß § 691 ist erst möglich, nachdem der Rechtspfleger vergeblich zur Berichtigung oder Ergänzung aufgefordert hat. Diese Berichtigung wird nicht durch das Gericht selbst durchgeführt, sie ist Sache des Antragstellers[6].

Ist der MB erlassen, eine Identifizierung des Antragstellers oder des Antragsgegners aber trotz aller Anstrengung nicht möglich, so ist die Zustellung unwirksam und die Einspruchsfrist wird nicht in Gang gesetzt[7].

4 2. Nr. 2 – **Das Gericht**, von dem der MB erbeten wird, **muß bezeichnet werden**. Auch insoweit genügt aber Individualisierbarkeit. Diese leistet auch ein Antrag, der etwa »zum Mahngericht in X« gerichtet ist oder der an das »für Baden-Württemberg in Mahnsachen zuständige Gericht« lautet, sofern es, wie in der Tat in Baden-Württemberg, aufgrund der Konzentrationsermächtigung nach § 689 Abs. 3 nur ein solches Gericht gibt. Offensichtliche Schreibfehler (LG statt AG) können von Amts wegen berichtigt werden. Wird ein Antrag bei

---

[3] *Zöller-Vollkommer*[17] Rdnr. 10.
[4] *OLG Köln* Rpfleger 1975, 102; *LG Berlin* Rpfleger 1974, 407.
[5] *Schalhorn* JurBüro 1974, 700.
[6] *OLG München* Rpfleger 1990, 28.
[7] *OLG Koblenz* MDR 1980, 149; *OLG Nürnberg* OLGZ 1987, 483, 484.

einem anderen Gericht eingereicht als dem, an das er gerichtet ist, so ist in entsprechender Anwendung von §§ 702, 129a Abs. 2 eine Weiterleitung möglich[8]. Zum Zuständigkeitsmangel → § 691 Rdnr. 4c.

3. Nr.3 – a) Der geltend gemachte Anspruch muß durch die Angaben im Mahnantrag zweifelsfrei individualisierbar sein. Für die h. M. ist der Grund hierfür, daß später aufgrund des Mahnbescheides ein rechtskraftfähiger Vollstreckungsbescheid erlassen werden kann (§ 699 Abs. 1 S. 1). Auch nach der hier vertretenen Ansicht → § 700 Rdnr. 10 ist dies nötig, um später das Rechtsschutzbedürfnis für andere Klagen bestimmen zu können und um arglistige Spekulationen auf die Trägheit des Antragsgegners zu verhindern. Die Angabe des Anspruchsgrundes ist hierfür zwar zweckmäßig[9], aber nicht zwingend erforderlich, sofern die Individualisierung auf andere Weise sichergestellt wird[10]. In einem Fall, in dem im Mahnantrag von Schadenersatz wegen Nichterfüllung, in der nach Widerspruch eingereichten Anspruchsbegründung von Werklohnanspruch die Rede war, hat der BGH die Verjährung bezüglich des letzteren nicht durch die Anbringung des Mahnantrags als unterbrochen angesehen[11]. Zulässig war der Mahnbescheid gleichwohl. In der Anspruchsbegründung kann die Klage geändert werden.

Fast immer reicht bei rechtsgeschäftlich begründeten Forderungen die Angabe des Vertragsdatums, der Rechnung oder des Entstehungszeitpunktes. Im Verhältnis zu privaten Kunden, insbesondere von Handwerkern, besteht eine tatsächliche Vermutung, daß Antragsteller und Antragsgegner nur durch einen Auftrag miteinander verbunden sind. Es genügt dann die Bezeichnung »Rechnungsbetrag für Reparaturleistungen«, »Elektroarbeiten« u. dgl. Aus praktischen Gründen sollte man in Kauf nehmen, daß in den seltenen Fällen, in denen wirklich einmal der Umfang des durch VB titulierten Anspruchs strittig wird, ermittelt werden muß, auf welche Forderung des Antragstellers gegen den Antragsgegner er sich bezogen haben muß.

Über den Formularzwang → § 703c Rdnr. 2, kann aber zur Individualisierung eines Anspruchs pauschal mehr verlangt werden, als im jeweiligen Einzelfall absolut unerläßlich wäre. Vor allem kann ein Zwang zur Benutzung bestimmter Individualisierungskriterien ausgeübt werden, etwa dergestalt, daß eine Angabe zur rechtlichen Qualifikation »aus Kaufvertrag«, »aus Werkleistung«, »aus unerlaubter Handlung« verlangt wird.

Wird der Antrag auf Ansprüche aus unterschiedlichen Lebenssachverhalten gestützt, so ist eine Aufteilung der Forderung auf diese Ansprüche vorzunehmen[12]. Andernfalls ist der Antrag unzulässig, wenn nicht eine Eventualstellung gemeint ist und dadurch der primär geltend gemachte Anspruch Gegenstand des Verfahrens wird[12a].

Die Neufassung des § 690 Abs. 1 Nr. 3 verlangt gesonderte Angabe und Individualisierbarkeit auch der **Nebenforderungen,** z. B. Kontoführungsgebühren, Bearbeitungsgebühren, Verzugsgebühren, Inkassokosten. Entsprechend anzuwenden ist Hs. 2 auf Zinsen, obwohl diese in der bürgerlichrechtlichen Dogmatik die Gegenleistung für die Überlassung der Kapitalnutzung und keine »Nebenleistungen« sind. Nr. 7 der Ausfüllungshinweise im amtlichen Vordruck (»Als Nebenforderungen *können*...*auch*...Zinsen angegeben werden«) ist viel zu schwach. Haupt- und Nebenforderungen sind dem Betrag nach in DM zu beziffern (§ 688 Abs. 1; → für die Angabe in ausländischer Währung § 688 Rdnr. 2. Lediglich etwa geforderte Zinsen → § 692 Abs. 1 Nr. 3 müssen nicht dem Betrage nach angegeben werden; es genügt

---

[8] *MünchKommZPO-Holch* Rdnr. 10.
[9] *OLG Frankfurt* NJW 1991, 2091 betrachtet sie als in aller Regel notwendig.
[10] *BGH* aaO; *BGH* NJW 1991, 171, 172; NJW 1982, 2002.
[11] *BGH* NJW 1992, 1111; ähnlich *BGH* NJW 1993,

862 – die 5 Rechnungen, aus denen sich die geltendgemachte Summe zusammensetzte, waren im Mahnantrag mit »Nrn 85031–85466« bezeichnet.
[12] *BGHZ* 112, 367 = NJW 1991, 43, 44.
[12a] Sowohl *BGH* aaO mit leider oder unsauberen Begründungselementen.

vielmehr die Nennung von Zinssatz und Laufzeit und die Klarstellung, für welche Haupt- oder Nebenforderung sie geltend gemacht werden. Wohl aber muß der Antragsteller dem Betrage nach nennen, was er als Prozeßkostenerstattung begehrt → § 692 Rdnr. 6.

6 b) Resultiert die Forderung aus einem Darlehensvertrag, auf den das VerbrKrG Anwendung findet, so ist neben dem Datum des Vertragsabschlusses der effektive oder anfängliche effektive Jahreszins anzugeben, soweit er gemäß § 4 Abs. 1 S. 2 Nr. 1e, Nr. 2d und § 8 Abs. 1 VerbrKrG notwendiger Inhalt der Vertragsurkunde ist.

In Verbindung mit den §§ 688 Abs. 2 Nr. 1, 691 Abs. 1 soll hierdurch bereits bei der Prüfung des Mahnantrags verhindert werden, daß der Antragsteller für Forderungen aus sittenwidrigen Ratenkreditverträgen in Form des Vollstreckungsbescheides einen Titel erhält, der zudem nach h. M. → § 700 Rdnr. 10 nur noch unter den eingeschränkten Voraussetzungen des § 826 BGB beseitigt werden kann.

Zur eingeschränkten Plausibilitätskontrolle durch den Rechtspfleger → § 691 Rdnr. 7.

7 4. Nr. 4 – → § 688 Rdnr. 8. Damit § 688 Abs. 2 Nr. 2, weil eine individuelle Schlüssigkeitsprüfung nicht mehr möglich ist → Rdnr. 2, nicht leerläuft, wird der Antragsteller gezwungen, positiv zu behaupten, daß der **Anspruch nicht von einer Gegenleistung abhängt** oder, wenn dies der Fall war, daß die Gegenleistung schon erbracht ist.

8 5. Nr. 5 – a) Im Falle des Widerspruches muß das Gericht, welches den MB erlassen hat, wissen, an welches Gericht es die Sache abzugeben hat. Entsprechend der bereits in der Vorauflage vorgeschlagenen Handhabung → dort Rdnr. 8 verlangt die Neuregelung des § 690 Abs. 1 Nr. 5, daß der Antragsteller im Mahnantrag das endgültig **zuständige Gericht** angibt; unter mehreren zuständigen Gerichten kann er wählen. Damit ist allerdings sein Wahlrecht nach § 35 verbraucht; eine Korrektur ist gem. § 696 Abs. 1 S. 1 letzter Hs. nur noch durch übereinstimmenden Wunsch der Parteien möglich. Diese Regelung vermeidet die bis 1991 vor allem im Falle einer vom Wohnsitzgerichtsstand abweichenden ausschließlichen Zuständigkeit erforderliche Weiterverweisung nach der Abgabe ans Streitgericht → § 696 Rdnr. 4.

9 b) **In Wohnungseigentumssachen** ist gem. § 46a Abs. 1 S. 3 WEG das nach § 43 Abs. 1 WEG zuständige Amtsgericht anzugeben.

10 c) Die Angabe speziell der »**Zuständigkeit**« **des Familiengerichts** ist nie erforderlich. Wenn abweichend von den normalen Zuständigkeitsregelungen gem. § 23c GVG ein zentrales Familien- und Vormundschaftsgericht eingerichtet ist oder wenn sich die Zuständigkeit des Amtsgerichtes wegen der Höhe des Streitwertes nicht schon aus § 23 Nr. 1 GVG ergibt, ist der Hinweis auf das Familiengericht aber zur Vermeidung von Irritationen zweckmäßig[13].

11 d) Auch eine Entscheidung durch die **Kammer für Handelssachen** kann zwar bereits im Mahnantrag beantragt werden. Dies ist in dem nach § 703c eingeführten Vordruck sogar vorgesehen. Es muß aber nicht bei Meidung von Rechtsverlust geschehen[14]. Der Antrag kann auch noch im Rahmen der Klagebegründung oder durch gesonderten Schriftsatz gestellt werden, spätestens aber in jedem Fall innerhalb der Frist des § 697 Abs. 1[15], da anderenfalls wegen § 697 Abs. 3 eine vergebliche Terminierung durch eine unzuständige Kammer nicht ausgeschlossen ist[16].

12 e) Das Gericht, das den MB erlassen hat, gibt im Falle der Einlegung eines Widerspruches nach § 696 das Verfahren an das vom Kläger nach § 690 Nr. 5 bezeichnete Gericht ab, ohne zu prüfen, ob die Angaben im Antrag stimmen oder ob das angegebene Gericht sonst zuständig

---

[13] Teilw. A. M. *Zöller-Vollkommer*[17] Rdnr. 19 (dann Angabe der Zuständigkeit des Familiengerichts nötig).
[14] A. M. *Baumbach/Lauterbach/Hartmann*[51] Rdnr. 11.
[15] *Schäfer* NJW 1985, 296, 299; *MünchKommZPO-Holch* Rdnr. 29.
[16] *OLG Düsseldorf* NJW RR 1988, 1471, 1472.

ist → § 696 Rdnr. 9. Hat jedoch der Antragsteller im Mahnantrag als sachlich zuständiges Gericht offensichtlich irrtümlich statt des LG das AG angegeben, so kann der Rechtspfleger das von Amts wegen berichtigen[17].

7. Wegen der Antragsvoraussetzungen im Fall einer Auslandszustellung des Mahnbescheides vgl. § 34 AVAG und → § 688 Rdnr. 11.

13

8. Das Gesuch kann außerdem eine **Berechnung der Kosten des Antragstellers** → § 692 Rdnr. 6 sowie, für den Fall des Widerspruchs nach § 696 Abs. 1, den **Antrag auf Durchführung des streitigen Verfahrens** enthalten. Zur Unzulässigkeit eines gleichzeitig gestellten Antrages auf Erlaß des VB → § 699 Abs. 1 S. 2. Auch hinsichtlich dieses erweiterten Inhaltes des Gesuchs bedarf es keiner Vorlage einer Vollmacht → § 703.

14

9. Ein **Ausländer** hat erst nach Eintritt in das streitige Verfahren Sicherheit wegen der Prozeßkosten zu leisten → § 110 Rdnr. 13. Wegen der Bestellung eines Zustellungsbevollmächtigten → § 175 Rdnr. 1, § 34 Abs. 3 AVAG.

15

10. Zur Unterbrechung durch Tod einer Partei oder Konkurs nach Antragstellung → § 693 Rdnr. 13.

16

11. Zur handschriftlichen Unterzeichnung → Rdnr. 1 und 19.

17

12. a) Der neu gefaßte Abs. 3 läßt als weitere Rationalisierungsmaßnahme die **Übermittlung der Mahnanträge in einer nur maschinell lesbaren Form zu.** Darunter fällt nicht nur die Einreichung von Datenträgern wie Magnetbänder und Disketten (DTA-Verfahren), sondern auch die Übermittlung von Verfahrensdaten an das Gericht im Wege der Datenfernübertragung (DFÜ-Verfahren)[18] → 689 Rdnr. 16. Die notwendigen Angaben müssen zunächst zwischen Mahngericht und Antragsteller abgeklärt und in einem Probelauf getestet werden. Die edv-mäßige Übermittlung muß alle Angaben enthalten, die nach Abs. 1 vorgeschrieben sind. Durch diese Vorgehensweise wird nicht nur dem Antragsteller, der mit einer EDV-Anlage arbeitet, der Ausdruck der Mahnanträge erspart; vor allem entfällt bei dem für das Mahnverfahren zuständigen Gericht insoweit die personalintensive Erfassung und Eingabe der schriftlichen Mahnanträge[19].

18

b) Eine **handschriftliche Unterzeichnung** des Mahnantrages ist in den Fällen des § 690 Abs. 3 **nicht zwingend erforderlich.** Da aber der Erlaß von Mahnbescheiden im maschinellen Verfahren nicht von der Vorauszahlung eines Gerichtskostenvorschusses abhängt (§ 65 Abs. 3 S. 2 GKG), muß auf andere Weise sichergestellt werden, daß der Antrag nicht ohne den Willen des Antragstellers übermittelt wird. Im DTA-Verfahren erfolgt dies durch einen dem Magnetband bzw. der Diskette beigefügten Begleitzettel, der vom Antragsteller bzw. einer vertretungsberechtigten Person unterzeichnet wird. Die Übermittlung der Diskette an das Gericht geschieht per Wertpaket. Die Übersendung der Daten wird zugleich in einer Versandanzeige dem Gericht angekündigt[20]. Im DFÜ-Verfahren wird hingegen auf die Unterschrift gänzlich verzichtet. Übermittelt wird durch den Teletex-Dienst der Bundespost. Um zu gewährleisten, daß nur Berechtigte von der eingeräumten Zugriffsmöglichkeit Gebrauch machen, teilt das Mahngericht jedem Teilnehmer eine codierte Chipkarte zu, die allein einen Zugang zum Teletex-Anschluß des Gerichts eröffnet. Zudem erhält jeder Teilnehmer eine persönliche Identifizierungsnummer (PIN), die er vor der Datenübertragung in seine Daten-

19

---

[17] BGH Rpfleger 1984, 26.
[18] BTDrucks 11/3621, 47.
[19] Gößler NJW-CoR 2/1989, 24.

[20] Heß CR 1991, 245, 248, 249; Schmid Automatisiertes Mahnverfahren (Diss. Augsburg 1991), 196 ff.

verarbeitungsanlage eingeben muß. Nur wenn Codekarte und PIN korrespondieren, läßt die EDV-Anlage des Mahngerichts die Übermittlung zu. Es versteht sich von selbst, daß Codekarte und PIN nicht an dritte Personen weitergegeben werden dürfen[21].

20   c) Es liegt auf der Hand, daß ein **Datenträgeraustausch nur zugelassen werden kann, wenn die übermittelten Daten** genau **auf die EDV-Anlage des** angegangenen **Gerichts abgestimmt sind.** Der Datenträgeraustausch ist deshalb nur zulässig, wenn die Datenaufzeichnung dem angegangenen Gericht für seine maschinelle Bearbeitung geeignet erscheint. Es kommt also auf die Wertung dieses Gerichts an. Ungeeignet wird ein Datenträgeraustausch auch dann erscheinen, wenn Unregelmäßigkeiten bei den Daten die Arbeit des Gerichts erschweren würden. Der Antragsteller muß sich deshalb zunächst mit dem Gericht ins Benehmen setzen. Die Mahngerichte haben Konditionen für den Datenträgeraustausch erarbeitet, die einzuhalten sind. Sie sind mit marktgängiger Mahn- und Anwaltssoftware kompatibel. Nach formloser Beantragung der Zulassung führt das Mahngericht einen Probelauf durch, in dem die Kompatibilität generell geprüft und mit dem Teilnehmer eine spezielle Kennziffer vereinbart wird. In dieser Kennziffer sind alle allgemeinen Angaben zum Antragsteller enthalten[22]. Die Übermittlung der Anträge erfolgt auf speziell kodierten Disketten/Bändern. Zur Anfechtbarkeit der Zurückweisung bei Datenträgeraustausch → § 691 Rdnr. 15.

§ 691   [Zurückweisung des Mahnantrags]

(1) Der Antrag wird zurückgewiesen:
1. wenn er den Vorschriften der §§ 688, 689, 690, 703 c Abs. 2 nicht entspricht;
2. wenn der Mahnbescheid nur wegen eines Teiles des Anspruchs nicht erlassen werden kann.
Vor der Zurückweisung ist der Antragsteller zu hören.
(2) Sollte durch die Zustellung des Mahnbescheids eine Frist gewahrt oder die Verjährung unterbrochen werden, so tritt die Wirkung mit der Einreichung oder Anbringung des Antrags auf Erlaß des Mahnbescheids ein, wenn innerhalb eines Monats seit der Zustellung der Zurückweisung des Antrags Klage eingereicht und diese demnächst zugestellt wird.
(3) Gegen die Zurückweisung findet die Beschwerde statt, wenn der Antrag in einer nur maschinell lesbaren Form übermittelt und mit der Begründung zurückgewiesen worden ist, daß diese Form dem Gericht für seine maschinelle Bearbeitung nicht geeignet erscheine. Im übrigen sind die Entscheidungen nach Absatz 1 unanfechtbar.

Gesetzesgeschichte: § 631 CPO. Änderungen RGBl. 09 I 475, BGBl. 76 I 328, 90 I 2847, 90 I 2840 (das zum 01.01.1992 in Kraft getretene VerbrKrG hat der Vorschrift die endgültige Fassung gegeben).

I. Die Prüfung des Gesuchs im allgemeinen

1   1. Das Gericht hat von Amts wegen die prozessuale Ordnungsmäßigkeit des Antrags zu prüfen, Abs. 1. Es handelt sich hierbei – auch nach dem Wegfall der Schlüssigkeitsprüfung – um ein **echtes Prüfungsrecht** und um eine **entsprechende Prüfungspflicht des Rechtspflegers**[1]. Grundlage der Prüfung sind die Angaben im Mahnantrag → § 690 Rdnr. 2, denen grundsätzlich vertraut werden kann. Der Rechtspfleger ist nicht befugt, bei zweifelhaften Angaben vom Antragsteller Unterlagen anzufordern. Ein solches Vorgehen würde dem Beschleunigungs-

---

[21] *Seidel* CR 1990, 615, 616.
[22] *Heß* CR 1991, 248.

[1] *BGH* NJW 1981, 875; *BGH* NJW 1984, 242 zust. *Quack* Rpfleger 1984, 27 f.

zweck des Mahnverfahrens widersprechen[2]. Vielmehr ist es grundsätzlich Sache des Antragsgegners, sich mittels Widerspruch → § 694 Rdnr. 1 gegen unberechtigte Forderungen zu wehren. Darauf wird er im MB ausdrücklich hingewiesen. Doch hat der Rechtspfleger die Angaben im Mahnantrag darauf zu überprüfen, ob sie die Zulassung eines Mahnverfahrens an sich rechtfertigen. Man kann insoweit von den **besonderen prozessualen Voraussetzungen** des Mahnverfahrens sprechen (Rdnr. 2–4b). Die wichtigsten, in den in Bezug genommenen Vorschriften verankerten Voraussetzungen sind die folgenden:

2. Das Gericht muß prüfen, ob eine nicht mehr von der Erbringung einer **Gegenleistung** abhängige bestimmte Geldforderung geltend gemacht wird → § 688 Rdnr. 8[3]. Solange Widersprüche bestehen, etwa Bezeichnung eines synallagmatischen Vertragstyps und Erklärung der Unabhängigkeit der Forderung von einer Gegenleistung, kann der MB nicht erlassen werden[4].

Es ist zu verifizieren, ob Zustellung im Inland möglich ist oder die Voraussetzungen des internationalen Mahnverfahrens nach §§ 34, 35 AVAG → § 688 Rdnr. 11. vorliegen.

3. Da umfassend **Formularzwang** eingeführt wurde, ist zu prüfen, ob die Formulare benutzt und gegebenenfalls ob sie ordnungsgemäß und vollständig ausgefüllt, unterzeichnet sowie, bei Auftreten eines Stellvertreters, mit der Vollmachtsversicherung nach § 703 S. 2 versehen wurden → § 703 Rdnr. 2. Auch ein Prozeßkostenhilfeantrag kann aus diesem Grunde zurückgewiesen werden[5]. Zum Datenträgeraustausch und zur Datenfernübertragung → § 689 Rdnr. 16 f. Die Vordrucke sind Grundlage der weiteren Prüfungen des Mahngerichts → Rdnr. 7 ff.

4. Soweit der Anspruch dem **VerbrKrG** unterfällt → § 688 Rdnr. 7 hat das Mahngericht den bei Vertragsschluß geltenden Diskontsatz zu ermitteln[6] und festzustellen, ob der im Vertrag vereinbarte, angegebene Zins diesen um mehr als 12% überschreitet. Ist dies der Fall, kann der Anspruch nicht im Mahnverfahren geltend gemacht werden, der Antragsteller ist nach der gem. S. 2 notwendigen Anhörung auf die Geltendmachung im ordentlichen Verfahren zu verweisen → Rdnr. 8. Die Angaben des Antragstellers zur Frage, ob das VerbrKG Anwendung findet, hat das Mahngericht ohne inhaltliche Prüfung zu übernehmen; eine Beanstandung ist nur im Falle offensichtlicher Unrichtigkeit vorzunehmen.

5. Weiter ist zu prüfen, ob die nach § 690 Abs. 1 Nr. 3 erforderliche **Spezifikation von Haupt- und Nebenforderungen** vorgenommen wurde → § 690 Rdnr. 5. Dabei ist zwischen *automatisiertem* und *nicht automatisiertem* Mahnverfahren zu unterscheiden:

Im *automatisierten Verfahren* schreibt das Vordruckformular → § 703 c Rdnr. 3 eine solche Aufschlüsselung vor. Insbesondere sind auch die Nebenforderungen (Verzugsschaden), getrennt nach Mahnkosten, Auskunfts-, Bankrücklastkosten, Inkassokosten und sonstigen Kosten zu bezeichnen[7]. Hier ist zu prüfen, ob eine derartige Trennung vorgenommen wurde; zudem sind geltend gemachte Zinsansprüche vom Mahngericht auszurechnen, sofern die dem laufenden Diskontsatz entsprechenden Zinsen verlangt werden[8].

---

[2] Der ursprüngliche Entwurf der Bundesregierung zum VerbrKrG (BRDrucks 427/89, 32, 79) hatte eine derartige Befugnis noch vorgesehen, sie wurde dann aber im Verlauf des Gesetzgebungsverfahrens aufgegeben.
[3] Auf den Antragsformularen (vgl. Anlagen 1 und 2 zur VO vom 18.7.1991 BGBl. I 1547) hat sich der Antragsteller hierzu eindeutig (durch Ankreuzung entsprechender Felder) zu erklären.
[4] *MünchKommZPO-Holch* Rdnr. 15.
[5] *OLG Oldenburg* NJW 1981, 1793.

[6] Nach §§ 15, 33 BundesbankG vom 26.7.1957 (BGBl. I 580) wird der jeweilige Diskontsatz von der Bundesbank festgelegt und im Bundesanzeiger veröffentlicht.
[6a] *MünchKommZPO-Holch* Rdnr. 19. – A.M. *Bülow* NJW 1991, 129, 133.
[7] Zeile 44 des Vordruckformulars nach Anlage 2 zur VO vom 15.7.1991, BGBl. I 1547, 1568.
[8] Zeile 43 des Vordruckformulars nach Anlage 2 zur VO vom 15.7.1991, oben FN 7.

Im *nicht automatisierten* Verfahren muß der Antragsteller nach § 690 Abs. 1 Nr. 3 ebenfalls zwischen Haupt- und Nebenforderung unterscheiden und diese hinreichend deutlich spezifizieren. Freilich enthält das Antragsformular[9] keine gesonderten Felder zur Spezifikation unterschiedlicher Schadensposten bei Ansprüchen aus Verzug. Daher ist bei der Nachprüfung ein großzügiger Maßstab anzulegen. Ausreichend ist eine Aufschlüsselung der Forderung in Haupt- und Nebenforderung und deren hinreichende Umschreibung → § 690 Rdnr. 5. Zur Frage, ob eine materielle Prüfung der jeweiligen Forderungen zulässig ist → Rdnr. 6, 7.

4b 6. Schließlich ist zu prüfen, ob der Antragsteller ein **für das Streitverfahren zuständiges Gericht** bezeichnet hat, § 690 Abs. 1 Nr. 5. Da dieses Gericht nach Abgabe des Mahnverfahrens das Vorliegen seiner örtlichen und sachlichen Zuständigkeit selbständig prüft → § 696 Rdnr. 9, ist es nicht Aufgabe des Rechtspflegers, die Schlüssigkeit dieser Angaben festzustellen[10]. Vielmehr ist es ausreichend, wenn ein an sich existentes Amts-, Land- oder Kreisgericht benannt wurde und die Unzuständigkeit nicht offensichtlich erkennbar ist[11]. Weitere Prüfungen, auch im Hinblick auf das Vorliegen einer ausschließlichen Zuständigkeit, hat das Mahngericht nicht vorzunehmen[12].

4c **Auch die allgemeinen Sachurteilsvoraussetzungen** sind zu prüfen. Vor allem die Zulässigkeit des ordentlichen Rechtswegs, die Zuständigkeit[13] → § 690 Rdnr. 4, die Partei- und die Prozeßfähigkeit[14] und die Prozeßvertretung → § 56 Rdnr. 4 ff. kommen in Betracht. Wegen der Vollmacht → § 703 Rdnr. 1 ff. Jedoch darf ein Antrag nur dann zurückgewiesen werden, wenn sich das Fehlen einer Sachurteilsvoraussetzung aus dem ordnungsgemäß ausgefüllten Formularantrag eindeutig ergibt[15]. Insbesondere ist vom Vorliegen des allgemeinen Rechtsschutzbedürfnisses regelmäßig auszugehen, da hierzu keine Angaben im Mahnantrag zu machen sind[16], im Falle der Geltendmachung von Anwaltshonoraren ist auch nicht zu prüfen, weshalb eine Festsetzung nach § 19 BRAGO ausscheidet.

5 7. Die **Kosten des Mahnverfahrens** sind in entsprechender Anwendung von §§ 103 ff. vom Mahngericht vollständig zu überprüfen[17]: Im automatisierten Verfahren hat der Antragsteller hierzu keine Angaben mehr zu machen. Das EDV-Programm berechnet die Kosten selbst. Im nicht automatisierten Verfahren sind die Verfahrenskosten vom Antragsteller anzugeben[18] und vom Mahngericht nachzuprüfen[19].

Eine Berichtigung offenbarer Rechenfehler von Amts wegen ist geboten, ohne daß eine vorherige Anhörung des Antragstellers erforderlich wäre. Sonst muß der Antragsteller vor einer Berichtigung angehört werden[20], Abs. 1 S. 2 → Rdnr. 8. Keine Verfahrenskosten sind hingegen vorgerichtliche Aufwendungen wie Mahn- und Inkassokosten → Rdnr. 4a, 7a.

---

[9] Zeile 5–7 des Vordruckformulars nach Anlage 1 zur VO vom 18.7.1991, BGBl. I 1547, 1550.
[10] Da nach der Neufassung der §§ 690 Abs. 1 Nr. 5, § 696 Abs. 1 die Wahl unterschiedlicher Gerichte möglich ist, kommt eine amtswegige Berichtigung einer unzutreffenden Angabe des zuständigen Gerichts nicht mehr in Betracht; anders zur früheren Rechtslage BGH NJW 1984, 242.
[11] *Holch* NJW 1991, 3178; *Zöller-Vollkommer*[17] § 690 ZPO Rdnr. 17.
[12] A.M. *Holch* NJW 1991, 3178.
[13] BGH NJW 1984, 242.
[14] In der Praxis der Mahngerichte ist die Feststellung der ordnungsgemäßen Vertretung von juristischen Personen als Antragstellern besonders bedeutsam, da hier wiederholt unzutreffende Angaben gemacht werden. Im automatisierten Verfahren → § 689 Rdnr. 14 ff. erfolgt eine gesonderte Plausibilitätskontrolle.
[15] *BGH* aaO.
[16] *BGH* NJW 1981, 875, 876.
[17] *OLG Karlsruhe* Rpfleger 1987, 422; *AG Bonn* Rpfleger 1982, 71; *MünchKommZPO-Holch* Rdnr. 26; *Hofmann* Rpfleger 1979, 446; heute allg. M.
[18] Zeile 8 des Formulars für den Mahnantrag BGBl. 1991 I 1550.
[19] *LG Stuttgart* Rpfleger 1988, 537; *AG Hamburg* Rpfleger 1988, 272; *AG Bonn*, *Hofmann* aaO.
[20] A.M. *Hofmann* Rpfleger 1979, 447; wohl auch *MünchKommZPO-Holch* Rdnr. 8..

II. Die sog. »eingeschränkte Schlüssigkeitsprüfung« im besonderen.

In Rechtsprechung und Literatur ist umstritten, inwieweit dem Mahngericht über das formelle Prüfungsrecht im Hinblick auf die Stimmigkeit des Mahnantrags hinausgehend auch eine eingeschränkte Schlüssigkeitsprüfung, bezogen auf die materielle Richtigkeit der geltend gemachten Forderungen, zukommt[21]. Anlaß dieser Diskussion ist der oft beklagte Mißbrauch des Mahnverfahrens, das zur Titulierung von nicht begründeten Nebenforderungen und überhöhten Zinsen benutzt werden kann, da der Mahnantrag an sich inhaltlich nicht nachgeprüft wird → vor § 688 Rdnr. 1 c.

1. Die eingeschränkte Plausibilitätskontrolle im Grundsatz

Der Gesetzgeber hat in der Vereinfachungsnovelle 1976 die Schlüssigkeitsprüfung ausdrücklich abgeschafft[22]. Auch im Geltungsbereich des VerbrKrG gilt nichts anderes[23]. Es hat sich jedoch herausgestellt, daß der Verzicht auf eine Begründetheitsprüfung, selbst in deren Rudimentärform der eingeschränkten Schlüssigkeitsprüfung, nicht verabsolutiert werden darf. Leider haben Rechtsprechung und Schrifttum in diesem Zusammenhang mit Formulierungen der Verärgerung über schäbige Spekulationen der Gläubiger nicht gespart: Das Mahnverfahren diene nur »der Durchsetzung eindeutig gegebener Ansprüche«[24]; »dubiose«, »offensichtlich zweifelhafte«[25] Forderungen hätten im Mahnverfahren keinen Platz. Weder kann solchen Formeln ein als Subsumtionsmaßstab greifbarer Sinn abgewonnen werden, noch ist die aus ihnen sprechende Verärgerung allgemein berechtigt.

Als wirklich problematisch erweist sich im wesentlichen nur die Geltendmachung von überhöhten Nebenforderungen[26]: Schuldner, denen die Berechtigung der Hauptforderung klar ist, prüfen im Zweifel nicht nach, ob auch die Nebenforderungen und vor allem, ob sie in der geltend gemachten Höhe bestehen, sondern zahlen den gesamten, im Mahnbescheid bezeichneten Betrag[27]. Der Verzicht auf die materielle Rechtskraft des VB oder gar die vom BGH auf der Grundlage von § 826 BGB geschaffene Abhilfe in Extremfällen → § 700 Rdnr. 10 können gerade diesen Mißbräuchen nicht Herr werden.

Das Rechtsstaatsprinzip[28] erlaubt es außerhalb der noch nicht valutierten vollstreckbaren Urkunden nicht, daß offensichtlich nicht begründete Forderungen tituliert werden. Das Mahnverfahren soll seiner Grundidee nach der raschen Durchsetzung von Forderungen dienen, deretwegen der Gläubiger einen Widerspruch des Schuldners gar nicht erwartet. Daß er in 95% aller Fälle auch nicht eingelegt wird, besagt daher nichts gegen die Funktionstüchtigkeit des Verfahrens. Das Gesetz spekuliert vielmehr auf die systemimmanente Selbstregu-

---

[21] Als Tendenzaussage heute allg. anerkannt. Vorauf. Rdnr. 6 insoweit überholt.
[22] Begründung in BTDrucks 7/5250 S. 7ff. Die Abschaffung der Schlüssigkeitsprüfung im Rahmen der Vereinfachungsnovelle (1977) erfolgte durch den Rechtsausschuß des Bundestages entgegen der ursprünglichen Vorlage der Bundesregierung, BTDrucks 7/2729, S. 47ff. Ausführlich *Lechner* Mahnverfahren (Diss. Augsburg 1991), 122ff.
[23] *Markwardt* NJW 1991, 1220; *Holch* NJW 1991, 3180. – A.M. *Bülow* NJW 1991, 133, *ders.* VerbrKrG, Art. 6 Rdnr. 37 im Hinblick darauf, ob der Anspruch unter das VerbrKrG fällt.
[24] So das unglückliche obiter dictum in der auf § 826 BGB gestützten, zur Durchbrechung der Rechtskraft des VB ergangenen Entscheidung des BGH, *BGHZ* 101, 380, 388 = NJW 1987, 3256, 3258.

[25] *LG Stuttgart* Rpfleger 1988, 534; *dass.* Rpfleger 1989, 246.
[26] Zusammenfassung der Rechtsprechung zu ihnen bei *Jenisch* JurBüro 1989, 721, 725.
[27] Insofern erscheint der im Vordruck zum MB (VO vom 18.7.1991, BGBl. I 1547) enthaltene Hinweis, daß die Berechtigung des Anspruchs vom Gericht nicht überprüft worden sei, nicht ausreichend: Es müßte deutlicher hervorgehoben werden, daß auch hinsichtlich einzelner Forderungen, auch bzgl. der Nebenforderungen Widerspruch eingelegt werden kann.
[28] So *Bückel* NJW 1979, 945, 946; *Keller* NJW 1981, 1184, 1187. Andere sprechen von Arglistabwehr (*Schneider* DGVZ 1983, 113, 114) oder Fehlen eines Rechtsschutzbedürfnisses (*Crevecoeur* NJW 1977, 1320, 1324; *Schlemmer* Rpfleger 1978, 201, 204).

lierung: Der Gläubiger, der einen Widerspruch erwartet, wird, um nicht unnütz Zeit zu verlieren, gleich Klage erheben. Daß manche Gläubiger, umgekehrt, auf Gleichgültigkeit, Unerfahrenheit, Ungewandtheit oder Resignation des Schuldners setzen, muß im Interesse der Griffigkeit des Systems zwar in Kauf genommen werden und darf es auch, wenn man von der materiellen Rechtskraft des VB Abschied nimmt → § 700 Rdnr. 10. Nicht störend für die Funktionstüchtigkeit des Mahnverfahrens sind jedoch **zwei Elemente** einer eingeschränkten **Plausibilitätskontrolle**:

(1) Offensichtliche, sich nach wenigen Lektüreminuten aufdrängende Fälle der Unbegründetheit (nicht der Zweifelhaftigkeit![29]) der Forderung können aus dem Mahnverfahren ausgeschieden werden. Keinesfalls aber ist es ein hinreichender Grund zur Zurückweisung, daß der Nichtbestand der Forderung erkennbar viel unwahrscheinlicher ist als ihr Bestand[30] → Rdnr. 7ff.

(2) Der Gedanke von § 688 Abs. 2 Nr. 1 → § 688 Rdnr. 7 läßt sich verallgemeinern: Aufgrund allgemein festgelegter Indikatoren können Angaben zu Nebenforderungen und Zinsen aufgespürt werden, die höchstwahrscheinlich maßlos übersetzt sind.

Zur eingeschränkten Plausibilitätskontrolle vor Erlaß des VB → § 699 Rdnr. 10.

2. Einzelauswirkungen der eingeschränkten Plausibilitätskontrolle

7 a) Hinsichtlich der **Hauptforderung** ist der Rechtspfleger gehalten zu prüfen, ob nach den Angaben im Mahnantrag die Forderung überhaupt bestehen kann. Ergibt sich bereits aus der Umschreibung im Antrag, daß unter keinem rechtlichen Gesichtspunkt eine klagbare Forderung vorliegen kann (z.B. Anspruch auf »Zinses-Zinsen«[31] oder aus »Partnervermittlungsvertrag«[32]), so ist ein derartiger Antrag nach Monierung zurückzuweisen → Rdnr. 11. Daß ein als vertraglicher geltend gemachter Anspruch aus allgemeinen Erwägungen nicht entstanden sei, hat der Rechtspfleger aber nur zu beachten, wenn sich die Schlußfolgerung aus einer höchstrichterlichen Rechtsprechung, die sich im wesentlichen durchgesetzt hat, oder aus klarer Gesetzeslage ergibt. Zur Kontrolle einer Klausel am AGBG kann es danach praktisch nicht kommen, wenn sich der Antragsteller nicht gerade auf eine klar unwirksame Bestimmung in seinen AGB beruft. Wenn beispielsweise »Zinsen« aus einem »Darlehensvertrag« geltend gemacht werden, auf den das VerbrKrG (noch) nicht anwendbar ist[33], kann der Antrag nur dann zurückgewiesen werden, wenn der Mahnantrag schon ergibt, daß der Zinssatz für sich allein ohne jeden Zweifel sittenwidrig ist. Eine Beurteilung der Berechtigung der Zinsen allein aufgrund des Mahnantrags ist jedoch so gut wie nie möglich[34]. Selbst die Bezeichnung »Verlustausgleich aus Warentermingeschäft gem. Vertrag vom... u. unserer Rechnung vom...« würde den zwingenden Rückschluß auf die Unwirksamkeit der zugrundeliegenden Abmachung nicht erlauben.

Bei Verwendung der in den **amtlichen Ausfüllungshinweisen** aufgeführten Anspruchsbezeichnung entfällt jede weitere Prüfung[35].

Keine Besonderheiten bestehen bei der vom Antragsteller behaupteten Geltung von *aus-*

---

[29] *OLG Stuttgart* JurBüro 1988, 1514 = Die Justiz 431; *OLG Hamburg* MDR 1982, 502; *LG Münster* MDR 1988, 682. – A.M. *LG Stuttgart* Rpfleger 1989, 246.
[30] Ebenso *MünchKommZPO-Holch* Rdnr. 17 für den Antrag auf Erstattung von Inkassokosten. – A.M. *LG Stuttgart* Rpfleger 1988, 534.
[31] *Holch* NJW 1991, 3131.
[32] Im Ergebnis zutr. *LG Essen* NJW-RR 1991, 1208.

[33] Nicht erfaßt sind alle vor dem 1.1.1991 abgeschlossenen Kreditverträge Art. 9 VerbrKrG, *Braun/Raab-Gaudin* FLF 1991, 246.
[34] Angesichts der fehlenden Anwendbarkeit des VerbrKrG auf Altfälle bleibt die Problematik des »sittenwidrigen VB« weiterhin virulent.
[35] *MünchKommZPO-Holch* Rdnr. 13.

ländischem Sachrecht: Es ist nicht Aufgabe des Mahngerichts, in umständlicher Prüfung zu ermitteln, ob nach dem Forderungsstatut der Bestand des Anspruchs möglich erscheint[36].

Ist bei Gericht (und das ist auch der Rechtspfleger) aus einer Vielzahl paralleler Verfahren bekannt, daß sich der Antragsteller Vertragsabschlüsse erschleicht, so kann der Rechtspfleger auch dies berücksichtigen[36a].

b) Entgegen einer gelegentlich zu hörenden Ansicht ist die Geltendmachung von **Neben-** **forderungen** ganz entsprechend zu beurteilen: Nur soweit diese bereits aufgrund zwingenden Rechts nicht begründet sein können, der (disponiblen) Gesetzeslage nicht entsprechen und entgegenstehende Parteivereinbarungen äußerst unwahrscheinlich sind[37] oder in bezug auf die Hauptforderung ungewöhnlich hoch erscheinen[38], ist der Antrag zu monieren und der Antragsteller auf das ordentliche Klageverfahren zu verweisen. Evidentermaßen unbegründet, weil in grober Weise gegen die Schadensbegrenzungsobliegenheit des Gläubigers verstoßend sind **Inkassokosten**, wenn ein Factoringunternehmer noch ein Inkassounternehmen einschaltet[39] oder wenn Inkassokosten neben Anwaltskosten geltend gemacht werden[40], vor allem bei offensichtlicher wirtschaftlicher Verflechtung von Inkassobetrieb und Anwalt bzw. Rechtsbeistand[41].

7a

Dagegen ist es nicht Sache des Rechtspflegers, unterhalb der Maßlosigkeitsgrenze zu ermitteln, ob geltend gemachte Verzugsschäden in der behaupteten Höhe wirklich bestehen. Die Höhe der Inkassokosten ist grundsätzlich nicht zu überprüfen, etwa im Hinblick darauf, ob gegen die Schadensminderungspflicht verstoßen wurde[42]. Auch bei Ansprüchen aus unerlaubter Handlung braucht es keiner zusätzlichen Erläuterungen, um höhere als die gesetzlichen Verzugszinsen geltend machen zu können[43]. Derartige Aufklärung ist dem ordentlichen Verfahren vorbehalten[44]. Erst bei Überschreitung eines großzügig bemessenen Limits, in Verhältnis gesetzt zur Höhe der Hauptforderung[45], oder bei einer deutlichen Überschreitung entsprechender Anwaltsgebühren[46] ist ohne weiteres erkennbar, daß eine Forderung nahezu mit Sicherheit nicht besteht und daher Verweisung des Antragstellers auf das ordentliche Verfahren angebracht ist[47]. Die im automatisierten Verfahren eingeführten Plausibilitätsgrenzen können Anhaltspunkte auch für das nicht automatisierte Verfahren abgeben[48] → Rdnr. 7b. Eine Monierung ist auch bei der gleichzeitigen Geltendmachung von Anwalts- und Inkassokosten angebracht, wenn Prozeßvertreter und Anwaltsbüro dieselbe Anschrift haben[49].

---

[36] Ausführlich *Hök* MDR 1988, 188 f. Kann der geltend gemachte Zahlungsanspruch nur nach dem ausländischen Sachrecht bestehen, empfehlen sich hierzu Ausführungen in einer Anlage zum Mahnantrag.
[36a] *AG Bremen* Rpfleger 1993, 117.
[37] Z.B. Verzugszinsen ab Rechnungsstellung, *Herbst* Rpfleger 1978, 199, 200.
[38] *OLG Hamburg* MDR 82, 502 f.
[39] *AG Walsrode* Rpfleger 1983, 359.
[40] *OLG Karlsruhe* Rpfleger 1987, 422; *LG Frankfurt* MDR 1991, 194; i.E. zutr. *LG Stuttgart* Rpfleger 1983, 246 → Rdnr. 6. – A.M. *AG Hamburg* Rpfleger 1988, 272; *AG Breisach* NJW RR 1986, 936. Generell gegen den Ausschluß von Inkassokosten *LG Münster* MDR 1988, 682.
[41] *LG Stuttgart* Rpfleger 1988, 534, 536 abl. *David* 509; *OLG Karlsruhe* NJW RR 1987, 15.
[42] *OLG Stuttgart* Rpfleger 1988, 536; *LG Münster* aaO.

[43] A.M. *LG Krefeld* MDR 1986, 418; *MünchKommZPO-Holch* Rdnr. 15.
[44] *OLG Stuttgart* JurBüro 1988, 1514 = Die Justiz 431; *AG Münster* JurBüro 1989, 1282; *AG Hamburg* aaO; *Jenisch* JurBüro 1989, 727; *Holch* NJW 1991, 3181; weitergehend *Zöller-Vollkommer*[17] § 691 Rdnr. 1; *OLG Karlsruhe* Rpfleger 1987, 422, abl. *David* Rpfleger 1987, 508.
[45] *OLG Hamburg* MDR 1982, 502; *AG Göttingen* Rpfleger 1985, 70.
[46] *AG Freyung* MDR 1986, 680.
[47] S. bei Fn. 52.
[48] *Heß* CR 1991, 250. Zu großzügig (doppelte BRAGO-Sätze) *OLG Hamm* JurBüro 1984, 1534; *Löwisch* NJW 1986, 1725, 1727.
[49] *LG Stuttgart* Rpfleger 1989, 536; *LG Frankfurt* MDR 1991, 194, i.e. streitig.

Der Rechtspfleger ist auch nicht zur Überprüfung nach höchst speziellen Gesichtspunkten berufen, auch wenn er sich auf eindeutige Rechtsprechung stützen kann. Mehrwertsteuer auf Verzugszinsen braucht er nicht zu beanstanden[50].

7b c) Die **Automation** des Verfahrens ermöglicht die Erfassung ungewöhnlicher *Hauptforderungen*, für die keine Katalognummer vorgesehen ist. In diesen Fällen erfolgt eine automatische Aussonderung der Mahnanträge und eine manuelle Bearbeitung durch den Rechtspfleger[51].

Bei Einführung der Automation sorgt das Programm auch für eine Kontrolle der Plausibilität von *Nebenforderungen*. Das EDV-Programm des AG Stuttgart geht beispielsweise für Inkassokosten von einer Grundvergütung von maximal 15/10 der entsprechenden Anwaltsgebühr zuzüglich einer Pauschale von 15% der nach § 26 S. 2 BRAGO erstattungsfähigen Auslagen (höchstens DM 40,–) sowie einer Ermittlungsgebühr von maximal DM 30,– und einer monatlichen Kontoführungsgebühr von maximal DM 40,– aus[52]. Wird diese Grenze überschritten, ist eine Monierung angebracht. Geht daraufhin keine plausible Erklärung bei Gericht ein, ist der Mahnantrag zurückzuweisen.

Immer kann sich der Rechtspfleger einen Antrag zur persönlichen Prüfung vorlegen lassen[53].

III. Mängel des Mahnantrags

8 1. Kommt der Rechtspfleger im Rahmen der ihm nach Rdnr. 2–4c obliegenden Prüfung zu dem Ergebnis, daß der MB nicht erlassen werden kann, so ist nach Abs. 1 S. 2 dem Antragsteller **rechtliches Gehör zu gewähren,** damit er dem Mangel abhilft. Bei unbehebbaren Mängeln ist die Rücknahme des Antrags anzuraten. Der Antragsgegner ist nicht zu hören, § 702 Abs. 2. Im Falle der Einreichung beim unzuständigen Gericht ist formlose Abgabe an das zuständige Gericht nicht möglich → § 689 Rdnr. 13.

8a 2. Der Rechtspfleger entscheidet nach pflichtgemäßem Ermessen, wie rechtliches Gehör zu gewähren ist. Zu beachten sind dabei einerseits das Interesse des Antragstellers an einer zügigen Bearbeitung des Mahnantrags, andererseits dient die Plausibilitätskontrolle einer Verhinderung offensichtlich rechtswidriger Mahn- und Vollstreckungsbescheide. Als Maßnahmen kommen in Betracht eine formlose, telefonische Rückfrage beim Antragsteller oder der Erlaß einer Zwischenverfügung (sog. Monierungsschreiben), in der der Fehler genau bezeichnet und eine Abhilfe vorgeschlagen wird[54]. In der Regel ist dem Antragsteller eine vierwöchige Frist zur Behebung des Mangels einzuräumen → Rdnr. 11.

8b 3. Eine **Amtsberichtigung** sieht das Gesetz nicht vor. Vor Einführung von Abs. 1 S. 2 hat der BGH[55] eine solche für möglich gehalten, wenn, wie bei einer irrigen Angabe des LG anstatt des AG, dadurch »keine schutzwürdigen Interessen der Beteiligten oder des Gerichts berührt werden können«[56]. Dem wird auch für die heutige Rechtslage zugestimmt[57]. Bei eindeutig fehlerhafter Kostenberechnung nach der BRAGO wird so verfahren. Man kann voraussetzen, daß dem Antragsteller dann der rasche Erlaß des MB lieber ist als die geringe Chance, die Bedenken des Rechtspflegers zu zerstreuen.

---

[50] A.M. *MünchKommZPO-Holch* Rdnr. 15; *Zöller-Vollkommer*[17] Rdnr. 1. Zur materiellrechtlichen Lage OLG Frankfurt NJW 1983, 394.
[51] *Heß* CR 1991, 250; *Lechner* Mahnverfahren (Diss. Augsburg 1991), S. 145 ff.
[52] *Löwisch* NJW 1986, 1727.
[53] *MünchKommZPO-Holch* Rdnr. 3.
[54] *Quack* Rpfleger 1984, 27 f.
[55] BGH NJW 1984, 242.
[56] Bedenken gegen Amtsberichtigung bei *Vollkommer* Rpfleger 1987, 85.
[57] *MünchKommZPO-Holch* Rdnr. 9.

4. Im automatisierten Verfahren → § 689 Rdnr. 14 ff. wird zwischen den sog. EDV- und den Rechtspflegermonierungen unterschieden[58]: Typische Fehler, insbesondere Unstimmigkeiten und Unvollständigkeiten des Mahnantrags werden vom EDV-Programm gegenüber dem Antragsteller automatisch moniert, ohne daß es zu einer internen Vorlage an den Rechtspfleger kommt. Nur ungewöhnliche oder kritische Auffälligkeiten werden nach Indikation durch das Programm vom Rechtspfleger manuell bearbeitet und entsprechend moniert. Die Monierungsantwort hat auf einem dem Monierungsschreiben beigefügten Formblatt zu erfolgen, dessen Benutzung zwingend vorgeschrieben ist → § 703 c Rdnr. 3.

IV. Zurückweisung des Mahnantrags

1. Um eine Verdoppelung von Verfahren zu vermeiden, war es schon vor 1977 nicht gestattet, ein damals so genanntes Mahngesuch **teilweise zurückzuweisen**. In Abs. 1 Nr. 2 ist diese Vorschrift fortgeführt worden. Ihre praktische Bedeutung ist freilich gering. Denn eine gänzliche Zurückweisung des Mahnantrages bei teilweiser Unzulässigkeit kommt nur in Betracht, wenn bei einem Anspruchsteil die Voraussetzungen für das Mahnverfahren fehlen. Das ist aber nur der Fall, wenn von einem ziffernmäßigen Gesamtbetrag Teile sich als unzulässig erweisen. Der praktische Anwendungsbereich der Vorschrift beschränkt sich heute auf die Plausibilitätsprüfung des Mahngerichts → Rdnr. 6 ff. Kann die geltend gemachte Forderung in Haupt- und Nebenforderungen unterteilt werden, so ist der MB hinsichtlich des zulässigen Teils zu erlassen. Freilich verfährt die Praxis bisweilen anders: Handelt es sich nicht ersichtlich um mehrere Forderungen im Sinne einer objektiven oder subjektiven Klagehäufung → § 260 Rdnr. 5 ff., → § 59[59], so ergeht vor dem Erlaß des MB ein Monierungsschreiben, um den Antragsteller Gelegenheit zur Berichtigung zu geben. Diese Vorgehensweise ist angesichts des Zwecks des § 691 Abs. 1 Nr. 2, nämlich einer unzulässigen Verdoppelung von Verfahren entgegenzuwirken, legitim. Nachteile für den Antragsteller entstehen nicht, da bei rechtzeitiger Behebung des Mangels nach § 693 Abs. 2 auf die ursprüngliche Antragseinreichung abzustellen ist[60] → § 693 Rdnr. 9.

2. Hilft der Antragsteller dem beanstandeten Mangel nicht innerhalb der ihm gesetzten Frist ab, so ist der Antrag als unzulässig zurückzuweisen. Die **Zurückweisung** erfolgt durch einen formlosen Beschluß des Mahngerichts, der zu begründen ist. Eine Bezugnahme auf die vorausgegangene Monierung ist statthaft. Die Kosten sind nach § 91 analog dem Antragsteller aufzuerlegen. Der Beschluß ist nach § 329 Abs. 2 S. 2 dem Antragsteller förmlich zuzustellen, da er der Fristwahrung nach Abs. 2 dient. Dem Antragsgegner ist die Zurückweisung nicht mitzuteilen, § 702 Abs. 2. Die Zurückweisung hindert nicht eine Erneuerung des Mahnantrags, wenn die bisherigen Mängel vermieden werden. Sie ist insbesondere kein Hindernis für eine Klage im ordentlichen Verfahren, wie Abs. 2 deutlich zeigt.

3. Die Zurückweisung des Mahnantrags hindert nicht die **Fristwahrung** für den Antragsteller, wenn er binnen Monatsfrist nach Zustellung des Zurückweisungsbeschlusses Klage im ordentlichen Verfahren erhebt, Abs. 2. Die erneute Einreichung eines – ordnungsgemäßen – Mahnantrags oder die – gar nicht zulässige – formlose Abgabe an das zuständige Gericht → § 689 Rdnr. 13 genügen hingegen nicht. Die Vorschrift erweitert die entsprechenden Bestimmungen der §§ 270 Abs. 3 und 693 Abs. 2. Sie will verhindern, daß dem Antragsteller durch die Wahl des Mahnverfahrens bei nicht ordnungsgemäßem Antrag materiellrechtliche

---

[58] *Schmid* Automatisiertes Mahnverfahren (Diss. Augsburg 1991), S. 127 ff.

[59] Insoweit wird Teilzurückweisung allg. für zulässig gehalten, z. B. *MünchKommZPO-Holch* Rdnr. 29.

[60] *BGH* WM 1985, 36.

Nachteile entstehen. Für die Fristwahrung ist jedoch erforderlich, daß der geltend gemachte Anspruch im Mahnantrag ausreichend genau bezeichnet wurde → § 690 Rdnr. 5. Ist die streitgegenständliche Forderung aus den Angaben im Mahnantrag nicht feststellbar, kann keine Unterbrechung der Verjährung (§ 209 BGB) eintreten[61], → § 693 Rdnr. 6. Die Unterbrechung der Verjährung wirkt auf den Tag zurück, an dem der Mahnantrag eingereicht oder angebracht wurde.

Entsprechend anwenden muß man die Vorschrift, wenn der Mahnantrag zurückgenommen wird → § 689 Rdnr. 12.

V. Rechtsbehelfe

13 1. In Abweichung von der allgemeinen Regel des § 567 ist die **Zurückweisung des Antrags auf Erlaß eines MB grundsätzlich der Anfechtung,** d. h. der Beschwerde **entzogen.** Ein Rechtsmittel ist im Hinblick auf die dem Gläubiger unbenommene Möglichkeit entbehrlich, nunmehr zu klagen, oder das Gesuch verbessert zu wiederholen. Ein Rechtsmittel wäre im allgemeinen auch unzweckmäßig, da der untere Richter in dem sich an das Mahnverfahren anschließenden Streitverfahren als erkennender Richter an die Auffassung des Beschwerdegerichts nicht gebunden wäre. Der Ausschluß der Anfechtung gilt für alle Fälle der Zurückweisung, nicht nur für die des formell mangelhaften Gesuchs. Wegen der Ausnahme → Rdnr. 15. Auch ein Verstoß gegen Verfahrensgrundsätze (z. B. unzulässige Teilabweisung, Unterlassung der Anhörung des Antragstellers nach Abs. 1 S. 2, Zurückweisung wegen unbegründeter Kostenforderung → § 692 Rdnr. 6) kann eine Ausnahme von dem Grundsatz des Abs. 3 nicht rechtfertigen. Die Beschwerde wurde aber zugelassen wenn geltend gemacht wird, ein zugewiesener Antrag sei gar nicht gestellt worden[61a].

14 2. Hat der *Rechtspfleger* den Erlaß des MB abgelehnt, so ist die **befristete Erinnerung** an den Amtsrichter **nach § 11 Abs. 1 S. 2 RPflG** zulässig[62]. Denn diese ist kein Rechtsmittel und in § 11 Abs. 5 RPflG nicht ausgeschlossen. Die Frist beträgt zwei Wochen seit Zustellung des Ablehnungsbeschlusses. Der Rechtspfleger kann der Erinnerung nicht abhelfen, § 11 Abs. 2 S. 2 RPflG. Gegen die Entscheidung des Richters über die Erinnerung gibt es kein Rechtsmittel, § 11 Abs. 2 S. 3, 2. Hs. RPflG.

15 3. Eine **Ausnahme von der Unanfechtbarkeit** zurückweisender Beschlüsse macht **Abs. 3 S. 1** für den Fall, daß die Begründung lautet, die eingereichten, nur maschinell lesbaren Aufzeichnungen seien für die maschinelle Bearbeitung durch das Gericht nicht geeignet. In einem solchen Fall kann die Zurückweisung von erheblicher wirtschaftlicher Bedeutung sein, weil sie einem Unternehmen mit massenweise anfallenden Anträgen auf Erlaß von Mahnbescheiden (z. B. Versandhandel) unter Umständen eine sehr kostengünstige Erledigung gerichtlicher Mahnung verbaut. Die Beschwerde kann materiell auch darauf gestützt werden, die bei Gericht etwa notwendigen Zusatzinvestitionen stünden in keinem Verhältnis zu den Kostenersparnissen beim Antragsteller[63]. Allerdings stellt § 690 Abs. 3 auf die jeweils beim Mahngericht vorhandene Hard- und Software ab, so daß es grundsätzlich Sache des Antragstellers

---

[61] *OLG Frankfurt* NJW 1991, 2091; *OLG Düsseldorf* ZIP 1990, 1193; *LG Bremen* NJW-RR 1991, 58 – jeweils zu § 693 Abs. 2.
[61a] *LG Hagen* NJW 1992, 2036.
[62] Das Rechtsschutzbedürfnis für die Erinnerung entfällt, wenn diese nur die Teilzurückweisung des Mahnantrags betrifft und gegen den hinsichtlich der Restforderung erlassenen MB Widerspruch eingelegt wird. Dem Antragsteller ist es dann im Interesse der Klarheit der Verfahrenslage zuzumuten, seinen Anspruch im ordentlichen Verfahren durch Klageerweiterung zu verfolgen. Auf den seltenen Fall, daß ein Widerspruch zurückgenommen werden könnte, kann man nicht abstellen; *AG Köln* MDR 1991, 1198, abl. *Schneider* 1199.
[63] *MünchKommZPO-Holch* Rdnr. 33 konstatiert hingegen ein Leerlaufen der Beschwerde in der Praxis.

ist, sich die notwendigen Voraussetzungen für die Teilnahme am automatisierten Mahnverfahren zu verschaffen. In der Praxis erfolgt die Zulassung in enger Abstimmung zwischen Mahngericht und Antragstellern → § 689 Rdnr. 16. Auch in diesem Falle muß aber gegen die Entscheidung des Rechtspflegers zunächst Erinnerung eingelegt werden, § 11 Abs. 1 S. 1 RPflG.

§ 692 [Inhalt des Mahnbescheids]

(1) Der Mahnbescheid enthält:
1. die in § 690 Abs. 1 Nr. 1 bis 5 bezeichneten Erfordernisse des Antrags;
2. den Hinweis, daß das Gericht nicht geprüft hat, ob dem Antragsteller der geltend gemachte Anspruch zusteht;
3. die Aufforderung, innerhalb von zwei Wochen seit der Zustellung des Mahnbescheids, soweit der geltend gemachte Anspruch als begründet angesehen wird, die behauptete Schuld nebst den geforderten Zinsen und den dem Betrage nach bezeichneten Kosten zu begleichen oder dem Gericht mitzuteilen, ob und in welchem Umfange dem geltend gemachten Anspruch widersprochen wird;
4. den Hinweis, daß ein dem Mahnbescheid entsprechender Vollstreckungsbescheid ergehen kann, aus dem der Antragsteller die Zwangsvollstreckung betreiben kann, falls der Antragsgegner nicht bis zum Fristablauf Widerspruch erhoben hat;
5. für den Fall, daß Vordrucke eingeführt sind, den Hinweis, daß der Widerspruch mit einem Vordruck der beigefügten Art erhoben werden soll, der auch bei jedem Amtsgericht erhältlich ist und ausgefüllt werden kann;
6. für den Fall des Widerspruchs die Ankündigung, an welches Gericht die Sache abgegeben wird, mit dem Hinweis, daß diesem Gericht die Prüfung seiner Zuständigkeit vorbehalten bleibt.
(2) An Stelle einer handschriftlichen Unterzeichnung genügt ein entsprechender Stempelabdruck.

Gesetzesgeschichte: § 632 CPO. Änderungen: RGBl. 98 I 2566, 09 I 475, 24 I 552, BGBl. 76 I 3281.

I. Ergibt die nach § 691 anzustellende Prüfung keinen Mangel, so erläßt das Gericht (Rechtspfleger § 20 Nr. 1 RPflG), den MB, der die Rechtsnatur eines Gerichtsbeschlusses hat; auch im Fall des Datenträgeraustausches, § 690 Abs. 3. Nach § 65 Abs. 3 GKG soll dies jedoch – im ordentlichen Verfahren, nicht auch im arbeitsgerichtlichen Verfahren, § 12 Abs. 4 ArbGG – erst nach Zahlung der in Nr. 1000 des Kostenverzeichnisses – Anlage 1 zum GKG – bestimmten Gebühr geschehen → § 122 Abs. 1 Nr. 1a (Prozeßkostenhilfe).

1

II. 1. Den Inhalt des MB bilden: 1. **Die Beurkundung**[1] der in § 690 Nr. 1–5 enthaltenen Erfordernisse des Antrags. Der MB muß in den tatsächlichen Angaben ebenso genau und vollständig sein wie der Antrag selbst → § 690 Rdnr. 3 ff.[2] Fast ausnahmslos wird dies durch den Datenträgeraustausch bzw. das Durchschreibeverfahren gewährleistet, zu dem das amtliche Formular zwingt. Mängel im Mahnantrag dürfen nicht v. A. w. im MB berichtigt werden → § 691 Rdnr. 8 ff.

2

---
[1] A.M. *MünchKommZPO-Holch* Rdnr. 4, der im MB keine Beurkundung der Antragserfordernisse sieht.

[2] *RG* Gruch. 50, 1065 f.

§ 692 II   Mahnverfahren

3   **2. Der Hinweis nach Nr. 2** soll dem besonders fatalen Mißverständnis beim Antragsgegner begegnen, das Gericht habe die Begründetheit des geltend gemachten Anspruchs schon geprüft → § 691 Rdnr. 1 ff.

4   **3. Die Aufforderung nach Nr. 3** ist das Kernstück eines MB. Alle ihre Bestandteile sind wesentlich:

a) Der MB muß die Aufforderung enthalten, **die behauptete Schuld zu bezahlen**, soweit sie als begründet angesehen wird, **oder Widerspruch einzulegen.** Wichtig ist vor allen Dingen, daß der MB auch an dieser Stelle noch einmal zum Ausdruck bringt, der Antragsgegner müsse, bevor er zahlt, erst noch selbst prüfen, ob der geltend gemachte Anspruch auch wirklich besteht. Wie das frühere Recht, so ist auch die Nr. 3 in der jetzigen Fassung insofern ungenau, als prozessuale Einwendungen nicht erwähnt sind, und unvollständig, als der Antragsgegner nicht darauf aufmerksam gemacht wird, daß er Widerspruch auch einlegen muß, wenn er inzwischen bezahlt hat oder wenn er die geltend gemachten Kosten und andere Nebenforderungen für ganz oder teilweise unbegründet hält. In der Aufforderung kann eine nach materiellem Recht erforderliche Nachfristsetzung[3], nicht aber eine Ablehnungsandrohung gesehen werden.

5   b) **Die regelmäßige Widerspruchsfrist**, die im MB genannt werden muß, beträgt zwei Wochen. In Auslandsfällen → § 688 Rdnr. 11 beträgt sie einen Monat, § 34 Abs. 3 S. 1 AVAG. Die Frist ist keine Notfrist. Wiedereinsetzung in den vorigen Stand ist der Sache nach auch entbehrlich, weil ein verspäteter Widerspruch als Einspruch behandelt wird → § 694 Abs. 2.

6   c) Der MB muß die dem Betrag nach bezeichneten **Kosten** enthalten. Dazu gehören mit Sicherheit die Gerichtsgebühren nach Nr. 1000 des Kostenverzeichnisses Anlage 1 zum GKG, einschließlich Zustellungsauslagen, KV 1902 i. V. m. § 39 PostO, aber auch die Kosten des RA, § 43 BRAGO. Der Antragsteller hat in seinem Antrag den ihm seiner Meinung nach geschuldeten Betrag anzugeben. Seinetwegen findet ebensowenig wie zum Hauptanspruch eine Schlüssigkeitsprüfung[4] statt → § 691 Rdnr. 1. Der Antragsgegner, welcher nichts weiter als die Höhe der geltend gemachten Kosten beanstandet, muß allein wegen der Kosten Widerspruch einlegen → § 694 Rdnr. 3. Der Widerspruch führt dazu, daß im VB kein bestimmter Kostenbetrag mehr angegeben wird, vielmehr ein Kostenfestsetzungsverfahren betrieben werden muß → § 699 Rdnr. 16.

7   **4.** Schließlich muß der MB noch die Nr. 4–6 **genannten Hinweise** enthalten. Nr. 5 nimmt Bezug auf § 703 c, macht aber die Benutzung des Vordrucks ausnahmsweise nicht verbindlich (»... werden soll«). → § 694 Rdnr. 3. Nr. 6 bezieht sich auf § 690 Nr. 5 → dort Rdnr. 8, sowie auf § 696 Abs. 5.

8   **5.** In **Auslands-Fällen** → § 688 Rdnr. 11 ist der Antragsgegner auch darauf hinzuweisen, daß er einen Zustellungsbevollmächtigten nach § 174 zu benennen hat §§ 34 Abs. 3.2, AVAG.

9   **6.** Nach Abs. 2 bedarf der MB im Gegensatz zum Antrag auf Erlaß eines MB → § 690 Abs. 2 nicht der handschriftlichen Unterzeichnung. Im Falle einer maschinellen Bearbeitung genügt ohnedies das Gerichtssiegel → § 703 b Abs. 1.

---

[3] *BGH* NJW-RR 1986, 1346.
[4] A.M. *AG Bonn* Rpfleger 1982, 71; *Hofmann* Rpfleger 1979, 446; *Hofmann* Rpfleger 1982, 325; *LG Stuttgart* Rpfleger 1988, 537; *MünchKommZPO-Holch* Rdnr. 5; *Zöller-Vollkommer*[17] § 691 Rdnr. 1: Die Kosten des Mahnverfahrens seien in entsprechender Anwendung der §§ 103 ff. ZPO auf ihre Schlüssigkeit zu prüfen; der Hinweis nach § 692 I Abs. 1 Nr. 2 erfasse die Verfahrenskosten nicht.

III. Enthält der MB **Schreib- oder Rechenfehler** oder andere **offenbare Unrichtigkeiten**, sei es infolge eines Versehens des Gerichts, sei es infolge unrichtiger Angaben im Gesuch, sei es infolge von Tücken der maschinellen Bearbeitung, so ist die Berichtigung in entsprechender Anwendung von § 319 zulässig, und zwar vor wie nach der Zustellung → § 699 Rdnr. 4.   10

Mangelt dem MB eines der unter Rdnr. 2–5, 7 und 8 angeführten wesentlichen Erfordernisse seines Inhalts, so kann der Antragsteller die Verbesserung verlangen. Wird der mangelhafte MB zugestellt, so kann er nicht die Grundlage eines VB bilden → § 693 Rdnr. 1.

IV. Stirbt der Antragsteller vor der Zustellung, so muß der Erbe, wenn nicht ein Bevollmächtigter des Erblassers zugestellt hatte → § 86 Rdnr. 2, die nochmalige Zustellung des auf seinen Namen umgestellten MB bewirken. **Stirbt der Antragsgegner** vor der Zustellung, so kann diese nicht mehr ausgeführt werden. Der Antragsteller muß den Erlaß desselben MB gegen den Erben beantragen. Das ist im Wege eines in diesem Verfahrensstadium ohne weiteres möglichen Parteiwechsels zulässig[5]. Stirbt der Antragsgegner gar vor Erlaß des MB, so ist dieser unwirksam; der Antrag muß neu gestellt werden; eine Berichtigung des MB ist ausgeschlossen[6]. Wegen des Todes einer Partei nach Zustellung → § 693 Rdnr. 13.   11

Fällt der Antragsgegner **vor Zustellung in Konkurs**, so ist weder die Zustellung des erlassenen MB an den Konkursverwalter noch der Erlaß eines neuen MB diesem gegenüber statthaft. Die Zustellung an den Gemeinschuldner ist zwar zulässig[7], aber für den Konkurs ohne Bedeutung[8]. An die Stelle der Zustellung kann freilich in analoger Anwendung von § 209 Abs. 2 Nr. 3 BGB die Anmeldung zum Konkurs treten, welche dann ebenfalls die Wirkungen von § 693 Abs. 2 auslöst[9]. Fällt der **Antragsteller** in dieser Zeit in **Konkurs**, so kann mit der Folge von § 693 Abs. 2 zugunsten der Konkursmasse zugestellt werden[10]. Für die Unterbrechung des Verfahrens ist in keinem Falle Raum. Denn ein Verfahren ist vor Zustellung überhaupt noch nicht anhängig[11] → § 693 Rdnr. 14.

V. Zum **arbeitsgerichtlichen Verfahren** ist einmal hervorzuheben, daß nach § 12 Abs. 4 ArbGG Gebühren nicht vorweg erhoben werden → Rdnr. 1, → vor § 688 Rdnr. 9. Deshalb darf auch im arbeitsgerichtlichen Verfahren in den MB ein Kostenbetrag nicht aufgenommen werden. Damit der Antragsteller nicht wegen der Kosten ein neues Verfahren anstrengen muß, ist die Kostentragungspflicht allgemein auszusprechen[12]. Weil nach § 12 Abs. 3 S. 2 2. Hs. ArbGG keine Kosten entstehen, wenn der Antragsteller nach Übergang in das streitige Verfahren die Klage ohne streitige Verhandlung zurücknimmt, entstehen ebenfalls keine Kosten, wenn er den Antrag auf Erlaß eines MB zurückzieht.   12

In Ergänzung zu → Rdnr. 5 ist zu bemerken, daß die Widerspruchsfrist nach § 46a Abs. 3 ArbGG eine Woche beträgt.

---

[5] *LG Verden* ZZP 55, 432; *Rosenberg-Schwab*[14] § 165 III 6. – A.M. *Ahlborn* JurBüro 1969, 19.
[6] *AG Köln* JurBüro 1968, 418; 1969, 875 = Rpfleger 1969, 250; *Ahlborn* JurBüro 1969, 19; *LG Oldenburg* JurBüro 1979, 1718. A.M. *Zöller-Vollkommer*[17] vor § 688 Rdnr. 10.
[7] *OLG Kassel* JW 1931, 2155 will auch hier einen Widerspruch des Konkursverwalters zulassen.
[8] RGZ 129, 399, 344.
[9] *Rosenberg-Schwab*[14] § 165 III 6. – A.M. *RG* aaO.
[10] *Rosenberg-Schwab*[14] aaO.
[11] Vgl. *RG* aaO.
[12] *LArbG Frankfurt* NJW 1963, 268 = BB 94.

§ 693 [Zustellungen, Mitteilungen]

(1) Der Mahnbescheid wird dem Antragsgegner zugestellt.
(2) Soll durch die Zustellung eine Frist gewahrt oder die Verjährung unterbrochen werden, so tritt die Wirkung, wenn die Zustellung demnächst erfolgt, bereits mit der Einreichung oder Anbringung des Antrags auf Erlaß des Mahnbescheids ein.
(3) Die Geschäftsstelle setzt den Antragsteller von der Zustellung des Mahnbescheids in Kenntnis.

Gesetzesgeschichte: § 633 CPO. Änderungen: RGBl. 09 I 475, 24 I 552, 27 I 175, 334, BGBl. 76 I 3281.

I. Zustellung des Mahnbescheids

1   1. Die Zustellung an den Antragsgegner hat förmlich zu sein. Ohne sie ist der MB wirkungslos und kann nicht zu einem VB führen. Eine öffentliche Zustellung kommt wegen § 688 Abs. 2 nicht in Betracht. Sie richtet sich nach den §§ 208ff. § 270 Abs. 2 S. 1 ist nicht anwendbar. Die Zustellung kann durch einfache Übergabe gegen Empfangsbekenntnis nicht ersetzt werden[1]. Eine Zustellung an den Antragsteller unterbleibt → Rdnr. 14. Zur Zustellung ins Ausland → § 688 Rdnr. 11.

2   2. Wie bei jeder Zustellung von Amts wegen → § 208 bleibt die **Urschrift des MB bei den Gerichtsakten** → § 697 Abs. 5 (wonach die Urschrift zur Herstellung des Urteils verwendet werden kann). Dem Antragsgegner wird eine Ausfertigung oder eine beglaubigte Abschrift des MB zugestellt, § 170. Das »ob« und »wann« der Zustellung wird auf der Urschrift des MB vermerkt. Ebenso ist die Zustellungsurkunde nach § 212 Abs. 2 der Geschäftsstelle zu überliefern und zu den Akten zu nehmen. Im Falle einer maschinellen Bearbeitung gibt es eine Urschrift nicht. Zugestellt wird dann ein Aktenausdruck → § 703 b Abs. 1.

3   3. Ergibt sich aus der Zustellungsurkunde, daß die **Zustellung mangelhaft** war, so ist von Amts wegen sofort eine neue Zustellung zu bewirken. Andernfalls kommen Amtshaftungsansprüche in Betracht[2] → § 209 Rdnr. 3. Denn einmal ist im Mahnverfahren als solchem eine Heilung nach § 295 ausgeschlossen → § 697 Rdnr. 1. Zustellungsmängel sind nur im streitigen Verfahren nach § 295 heilbar[3]. Zum anderen würde der Antragsteller in einer nicht zu rechtfertigenden Weise benachteiligt sein, wenn man erst abwarten wollte, ob er einen VB beantragt. Daß die Zustellung wiederholt werden muß, wenn sich der Mangel erst bei Erlaß des VB herausstellt, ist selbstverständlich.

4   4. Nach Abs. 3 hat die Geschäftsstelle den **Antragsteller**, und wenn für ihn ein Prozeßbevollmächtigter aufgetreten ist, diesen → § 176 von der Zustellung formlos → vor § 166 Rdnr. 42 **in Kenntnis zu setzen**. Dies geschieht sofort nach Eingang der Zustellungsurkunde. Die Mitteilung braucht nur den Tag der Zustellung anzugeben. Werden die Einzelheiten der Zustellung nachträglich von Bedeutung, so muß der Antragsteller die Akten einsehen → § 299. Falls der MB unter der angegebenen Anschrift nicht zugestellt werden kann, ist dies dem Antragsteller mitzuteilen, damit er die richtige nachreichen kann. Der Antragsteller muß alles ihm Zumutbare tun, um die Voraussetzungen für die alsbaldige Zustellung zu schaffen[4]. Ist der Antragsgegner endgültig nicht aufzufinden oder hält er sich nicht im von § 688 Abs. 3

---

[1] *RG* JW 1926, 2910.
[2] *BGH* NJW 1990, 176.
[3] *LG Oldenburg* Rpfleger 1983, 117.
[4] *BGHZ* 98, 295, 301; 103, 20, 24; *BGH* NJW 1972, 1948.

erfaßten Ausland auf, so ist das Mahnverfahren ergebnislos beendet, da wegen § 688 Abs. 2 eine öffentliche Zustellung ausscheidet. Der Rechtsstreit kann dann nur an das im MB angegebene Gericht abgegeben werden → § 696 Rdnr. 8, § 690 Rdnr. 8, § 688 Rdnr. 9, 10.

II. Die Wirkungen des Mahnbescheids

1. Die Zustellung des MB begründet **keine Rechtshängigkeit**; mit wirksamer Zustellung 5 tritt jedoch Anhängigkeit im Mahnverfahren ein[5]. Die von dieser ausgehenden prozessualen und materiellrechtlichen Wirkungen → § 261 Abs. 3 treten vielmehr erst mit dem Übergang in das streitige Verfahren bzw. mit dem Erlaß eines VB ein. Dann wird freilich der Rechtshängigkeitsbeginn auf den Zeitpunkt der Zustellung des MB zurückbezogen → § 696 Abs. 3 → dort Rdnr. 7, → § 700 Abs. 2. Für die Wahrung von Fristen und die Unterbrechung der Verjährung → Rdnr. 6 – nicht aber für die eigentlichen Rechtshängigkeitswirkungen – reicht die Rückwirkung nach § 693 Abs. 2 darüber hinaus bis zum Zeitpunkt der Einreichung oder der mündlichen Anbringung des Antrags auf Erlaß eines MB → Rdnr. 7–11. Mangels bestehender Rechtshängigkeit sind der Beitritt eines Streitgehilfen und die Erhebung einer Hauptintervention vor Eintritt in das Streitverfahren ausgeschlossen.

2. § 209 Abs. 2 Nr. 1, BGB knüpft an die Zustellung des MB → Rdnr. 7–11 die Unter- 6 brechung von Verjährung und Ersitzung. Für die Unterbrechung der Verjährung ist ausreichend, daß für den Schuldner der Rechtsverfolgungswille des Gläubigers erkennbar ist, also auch dann, wenn der Mahnantrag nicht handschriftlich unterzeichnet, § 690 Abs. 2, oder sonst unzulässig war[6]. Die Unterbrechung dauert nach § 213 i. Vdg. m. § 212a BGB bis zur Erledigung des Mahnverfahrens oder nach §§ 221 f. BGB fort, wenn sich an das Mahnverfahren ein Streitverfahren anschließt. »Erledigung« des Mahnverfahrens bedeutet rechtskräftige Entscheidung oder anderweitige Erledigung. Wenn das Verfahren in Stillstand gerät, tritt sie mit der letzten Prozeßhandlung der Parteien oder des Gerichts ein, vorbehaltlich der bedingten Weiterdauer nach § 212 BGB. Wird nach der Zustellung des MB ein Klageerweiterungsschriftsatz eingereicht, so wird die Verjährung bezogen auf den Einreichungszeitpunkt unterbrochen, wenn die Mahnsache alsbald gemäß § 696 Abs. 3 abgegeben und der Erweiterungsschriftsatz gemäß § 270 Abs. 3 auch demnächst zugestellt wurde[7]. Die Verjährungsunterbrechung kann auch durch die Geltendmachung des Rechts eines anderen eintreten[8]. Wird weder Widerspruch erhoben noch Erlaß des VB beantragt, so endet die Unterbrechung mit der Zustellung des MB[9]. Durch die Zustellung des MB wird die Verjährung auch dann unterbrochen, wenn der damit geltend gemachte Anspruch die Zahlung einer Geldschuld in ausländischer Währung zum Gegenstand hat und lediglich für das Mahnverfahren in inländische Währung umgerechnet worden ist[10]. Mit dem Ablauf der in § 701 bestimmten Frist gilt die Unterbrechung als nicht erfolgt, § 213 BGB. Darüber hinaus endet die Unterbrechung bei Nichtzahlung des weiteren Gebührenvorschusses mit Mitteilung über Widerspruch und weiterer Gebührenforderung durch das Gericht[11].

---

[5] LG Oldenburg Rpfleger 1983, 118; Poretschkin DRiZ 1988, 378. – A. M. Schilken JR 1984, 446: bereits mit Einreichung des Mahnantrags.
[6] BGH NJW 1988, 1965.
[7] BGH NJW 1988, 1980, zust. Vollkommer Rpfleger 1988, 197.
[8] BGH NJW 1972, 1380; BGH NJW 1978, 698: durch den Zedenten bei stiller Sicherungszession; BGH NJW 1961, 725: bei vollmachtlosem, vom Gläubiger nachträglich genehmigtem Mahnantrag.
[9] Vgl. dazu Berolzheimer BIFRA 1976, 621.
[10] BGH NJW 1988, 1965; zust. Schmidt NJW 1989, 68.
[11] OLG München NJW-RR 1988, 896; BGHZ 1988, 175.

III. Rückdatierung der Zustellungswirkungen

7   Durch Abs. 2 ist entsprechend § 270 Abs. 3 die Rückdatierung der Zustellungswirkungen vorgeschrieben, soweit die Wahrung von Fristen und die Unterbrechung der Verjährung →Rdnr. 6 in Frage stehen. Zusätzliche Voraussetzung ist aber späterer Erlaß eines VB oder Abgabe nach Widerspruch gem. § 696[11a]. Die Rückwirkung kann sich sowohl auf prozessuale als auch auf materiellrechtliche Fristen erstrecken. § 693 Abs. 2 ist aber einschränkend auszulegen, da der Antragsteller nur vor den von ihm nicht zu vertretenden Nachteilen des Amtsbetriebs geschützt werden soll[12]. Die Zustellungsrückwirkung tritt deshalb nur ein, wenn der Anspruchsberechtigte allein durch Inanspruchnahme des Gerichts eine Frist wahren kann[13]. Die Rechtsprechung hat die Zustellungsrückwirkung in folgenden Fällen bejaht: Art. 12 Abs. 3 AusfG zum NTS[14]; für die Geltendmachung von Versicherungsansprüchen nach § 12 Abs. 3 VVG[15] und § 8 AKB[16]; Vorbehaltsfrist gemäß § 16 Nr. 3 II VOB/B[17]. Sie gilt nicht für die Inanspruchnahme des Zeitbürgen gemäß § 777 BGB[18]. Rückzudatieren ist auf den Zeitpunkt der Einreichung[19] oder der Anbringung des Antrags, wenn die Zustellung »demnächst« erfolgt. Zur Auslegung des Wortes »demnächst« → § 270 Rdnr. 47. Demnächst bedeutet innerhalb einer den Umständen nach angemessenen Frist[20]. Der Antragsteller soll vor Nachteilen geschützt werden, die durch verzögerliche Sachbehandlung im Gerichtsbereich entstehen und weder von ihm noch von seinem Prozeßbevollmächtigten zu vertreten sind[21], z.B. bei nicht veranlaßter Amtsermittlungstätigkeit des Rechtspflegers[22]; Rückfrage des Rechtspflegers beim Antragsteller, wenn Berichtigung v. A. w. möglich und geboten ist[23] oder Rückfrage des Rechtspflegers wegen offenbarer Unkenntnis von Parteifähigkeit und Rechtsform einer Partenreederei[24]. Die Einreichung beim unzuständigen Gericht, das ihn an das zuständige weiterleitet, schadet bei nur geringfügiger Verzögerung nicht, gleichgültig ob richtig oder falsch adressiert war[25]; ebensowenig ein übersehener Unterschriftsmangel[26], weil der MB ein wirksamer Staatsakt auch dann ist, wenn ihm kein ordnungsgemäßer Antrag zugrunde liegt. Wird der MB knapp 6 Wochen nach Eingang des Antrags auf Erlaß des MB zugestellt, so kann die Zustellung noch im Sinne des § 693 Abs. 2 als demnächst erfolgt angesehen werden. Verzögerungen von bis zu 14 Tagen zwischen der Kostenanforderung des Gerichts und deren Erledigung durch die Partei können noch als geringfügig betrachtet werden[27]. Hält sich die Verzögerung in diesem Rahmen, kommt es auf ein Verschulden des Antragstellers nicht an[28]. Verzögerungen bedingt durch bargeldlosen Zahlungsverkehr sind dem Antragsteller nicht zuzurechnen[29]. Auch ein kurzes Hinausschieben der Einzahlung wegen schwebender Vergleichsverhandlungen schadet nicht, da der Antragsteller weiß, daß er in Anspruch genommen werden soll[30]. Die verspätete Zustellung eines MB im Ausland gilt als nicht »demnächst« erfolgt, wenn die Verspätung darauf beruht, daß der Antragsgegner bei

---

[11a] *BGH* NJW 1991, 1057 ff.
[12] *BGH* NJW 1982, 172 mwN.
[13] *BGH* NJW 1982, 172; *MünchKommZPO-Holch* Rdnr. 17; *Raudszus* NJW 1983, 667.
[14] *BGH* NJW 1979, 1709.
[15] *LG Düsseldorf* NJW 1986, 1413; *LG Hamm* VersR 1987, 194.
[16] *LG Hamm* VersR 1971, 459.
[17] *BGH* NJW 1980, 455. – A.M. *Raudszus* NJW 1983, 667.
[18] *BGH* NJW 1982, 172; zust. *Raudszus* NJW 1983, 668.
[19] Zum Zeitpunkt der Einreichung im einzelnen vgl. *OLG Hamm* AnwBl. 1958, 194 Anm. *Wieczorek*.
[20] *BGH* NJW 1981, 875.
[21] *BGH* NJW 1988, 1982.
[22] *LG Karlsruhe* AnwBl 1983, 178.
[23] *BGH* NJW 1984, 242.
[24] *BGHZ* 86, 113, 322 f.
[25] *BGH* NJW 1990, 1368. – A.M. *KG* NJW 1983, 2709; *OLG Köln* NJW RR 1989, 572; *Loritz* JR 1985, 98; *MünchenKommZPO-Molch* Rdnr. 24.
[26] *BGHZ* 86, 313, 323.
[27] *BGH* WM 1985, 36 = JurBüro 1985, 393. – Irreführend *OLG Düsseldorf* Fam RZ 1992, 1223, 1225 (drei Wochen).
[28] *BGH* NJW 1984, 242; 1986, 1348; WM 1986, 367.
[29] *BGH* WM 1985, 36 = JurBüro 394 (Zahlung durch Verrechnungsscheck).
[30] *BGH* NJW 1960, 1952.

dem Versuch der einfachen Zustellung den MB nicht annahm und der Antragsteller es versäumt hatte, sogleich eine förmliche Mitteilung zu beantragen[31].

Eine Unterbrechung der Anfechtungsfristen des § 41 KO durch Rückdatierung gem. § 693 Abs. 2 lehnt die Rechtssprechung ab[31a].

Die Voraussetzungen für eine wirksame Unterbrechung der Verjährung hat der Gläubiger zu beweisen. Der Gläubiger hat also zu beweisen, daß ihn an der Verzögerung der Zustellung des MB kein Verschulden trifft[32]. Immer aber ist Voraussetzung, daß nach den einschlägigen Vorschriften die Frist durch Zustellung eines MB gewahrt wird und nicht Klageerhebung nötig ist[33]. Im einzelnen ist folgendes zu bemerken:

1. Wird kein Widerspruch eingelegt und der Mangel der Zustellung des MB auch bei Erlaß des VB übersehen, so kann die **Zustellung** noch im Verfahren nach erhobenem Einspruch, und zwar auch noch nach Abgabe der Sache gemäß § 700 Abs. 3, **nachgeholt** werden[34]. Die Rechtskraft des VB wird zwar durch den Mangel der Zustellung des MB nicht beeinträchtigt, jedoch tritt die Zustellungswirkung dann erst mit dem Zeitpunkt der Rechtskraft und nur für die Zukunft ein. 8

2. Im Falle der **Verbesserung** des Antrags → § 691 Rdnr. 8 ff. gilt das zu § 270 Bemerkte entsprechend → Erl. dort. Unverzügliche Ergänzung nach Beanstandung durch den Rechtspfleger schadet nicht[35], wenn danach ebenfalls unverzüglich zugestellt wird. 9

3. Die **spätere Zustellung** muß im Verhältnis zu dem, demgegenüber die fristwahrende Wirkung in Anspruch genommen wird, **wirksam** erfolgt sein; bei Zustellung des MB an Gemeinschuldner → § 692 Rdnr. 11. Nur eine im Mahnverfahren nach § 688 Abs. 2 zulässige Zustellung kommt in Betracht, auch wenn sie erst im Laufe des späteren ordentlichen Verfahrens nachgeholt wird, in dem an sich Zustellungen im Ausland außerhalb der Alt-EWG-Staaten und öffentliche Zustellungen zulässig sind. 10

4. Wegen der **Heilung von Zustellungsmängeln** nach § 295 → § 697 Rdnr. 1. Wird ein solcher Mangel geheilt, so tritt Rückdatierung auf den Zeitpunkt der Antragstellung ein[36]. 11

IV. Erlöschen des Mahnbescheids

Die Wirkungen des MB erlöschen außer durch Ablauf der Frist des § 701 S. 1 und durch die endgültige Ablehnung des VB → § 701 S. 2 auch durch die **Zurücknahme des Gesuchs** in entsprechender Anwendung von § 269. Die Rücknahme ist, wenn kein Widerspruch eingelegt wurde, ohne Einwilligung des Antragsgegners zulässig, auch nach dem Erlaß des VB bis zu dessen Rechtskraft. Nach Einlegung des Widerspruchs gilt das gleiche bis zur Abgabe nach § 696 Abs. 1 → dort Rdnr. 2. Die Zurücknahme kann durch Einreichung eines Schriftsatzes oder mündlich vor dem Urkundsbeamten der Geschäftsstelle → § 702 Abs. 1 S. 1 erklärt werden. Die Erklärung ist von Amts wegen zuzustellen → § 270 Abs. 2 S. 1. Die Zurücknahme hat zur Folge, daß der Antragsteller die Kosten des Verfahrens tragen muß. Dies ist auf Antrag des Schuldners durch Beschluß auszusprechen, arg. § 269 Abs. 3 S. 2[37]. 12

Durch Zahlung, Stundung u. dgl. erlöschen die Wirkungen des MB nicht.

---

[31] OLG Schleswig NJW 1988, 3104 (abl. *Pfennig* NJW 1989, 2172).
[31a] BGHZ 112, 328; BGH NJW 1991, 1058; BGH JZ 1993, 146. – A.M. *Siemon* ZIP 1991, 283.
[32] OLG Koblenz JurBüro 1989, 257.
[33] BGH NJW 1973, 248 (Art. 12 Abs. 3 AG z. NATO-Truppenstatut – nein); OLG Hamm VersR 1971, 237 (§ 8 Abs. 3 S. 1 VVG – ja); *dass.* VersR 1971, 458 (§ 8 AKB – ja).
[34] Vgl. *RG* DRechtsPfl 1935, 186.
[35] *LG Essen* Rpfleger 1972, 32; OLG Köln JMBlNRW 1972, 62 – 19 Tage sind zu lang.
[36] S. auch *RG* JW 1926, 2910.
[37] *E. Schneider* JurBüro 1966, 645.

V. Unterbrechung des Verfahrens

13   Ausdrückliche Vorschriften über die Unterbrechung des Mahnverfahrens enthält das Gesetz nicht. Dringende praktische Bedürfnisse zwingen aber, die Lücke im Wege einer **entsprechenden Anwendung der** §§ 239 f. auszufüllen.

1. Stirbt der Antragsteller oder der Antragsgegner nach Zustellung des MB, jedoch vor Abschluß des eigentlichen Mahnverfahrens, d. h. vor seiner Abgabe → § 696 Rdnr. 1 und vor Erlaß des VB, so wird das Verfahren unterbrochen[38]. Die Aufnahme geschieht durch den Erben des Antragstellers bzw. durch den Antragsteller gegen den Erben des Antragsgegners unter Behauptung des Erbrechts. Das Ziel der Aufnahme kann im Rahmen des Mahnverfahrens nur folgendes sein: nunmehr gegenüber dem Erben des Antragstellers bzw. von dem Erben des Antragsgegners die stillschweigende Unterwerfung unter den MB oder den Widerspruch zu erlangen. Für eine mündliche Verhandlung und eine Entscheidung über die Erbfolge ist im Mahnverfahren kein Raum. Das Verfahren hat sich daher so zu gestalten, daß der Aufnahmeschriftsatz von Amts wegen unter Fristsetzung gemäß § 692 zuzustellen ist, und zwar dem Antragsgegner mit der Aufforderung, nunmehr den Erben des Antragstellers zu befriedigen, dem Erben des Antragsgegners mit der Aufforderung, nunmehr seinerseits zu leisten oder Widerspruch einzulegen[39]. Wird Widerspruch eingelegt, so ist im nachfolgenden Streitverfahren über die Erbfolge zu entscheiden.

Der Fall, daß der Antragsgegner das Verfahren gegen den Erben des Antragstellers oder der Erbe des Antragsgegners das Verfahren von sich aus aufnimmt, wird kaum praktisch werden; die Aufnahme würde hier in Verbindung mit dem Widerspruch zu geschehen haben.

Tritt die Unterbrechung nach Abgabe gemäß § 696 ein, so fällt sie in das Streitverfahren; in diesem Falle ist § 239 unmittelbar anwendbar. Wird das Verfahren nach Erlaß des VB unterbrochen, so ist die Rechtslage die gleiche wie bei einer Unterbrechung nach Erlaß eines Versäumnisurteils[40]. – Wegen des Todes vor Zustellung des MB → § 692 Rdnr. 11.

14   **2.** Wegen der **Rechtsfolgen des Konkurses einer Partei** sind verschiedene Unterscheidungen zu treffen.

a) Im Falle des Konkurses nach Abgabe gemäß § 696 → § 696 Rdnr. 1 oder nach Erlaß des VB gelten die §§ 240 und 146 Abs. 3 S. 6, KO unmittelbar.

b) Für den Fall der Konkurseröffnung vor Zustellung des MB → § 692 Rdnr. 11.

c) Für die Zwischenzeit gilt § 240 entsprechend. Der Konkurs des Antragstellers führt zur Anwendung von § 10 KO. Gerät der Antragsgegner in Konkurs, so muß der Antragsteller nunmehr seine Forderung zur Masse anmelden und im Falle des Widerspruchs, § 144 KO, die Feststellung gegen den Widersprechenden betreiben, § 146 KO. Da das Mahnverfahren keine Rechtshängigkeit begründet → Rdnr. 5, kann ein schwebendes Mahnverfahren nicht als anhängiger Rechtsstreit i. S. von § 146 Abs. 3 KO angesehen werden. Die Feststellung ist daher nach § 146 Abs. 2 KO zu betreiben. Dies muß auch deshalb so sein, weil das Mahnverfahren nicht in einen Feststellungsprozeß überleitbar ist[41].

Die **Eröffnung des Vergleichsverfahrens** für Antragsteller oder Antragsgegner berührt das Mahnverfahren nicht. Wegen der Kosten im Falle des Widerspruches s. § 49 VerglO → § 93 Rdnr. 26.

---

[38] *Ahlborn* JurBüro 1969, 19; *Rosenberg-Schwab*[14] § 165 III 6.
[39] So im wesentlichen bereits *Hellwig* System II 81 f. – A.M. *Wansch* JustAmtZ 1929, 111.
[40] S. hierzu *Ahlborn* JurBüro 1969, 19.
[41] RGZ 129, 339, 343.

§ 694 [Widerspruch]

(1) **Der Antragsgegner kann gegen den Anspruch oder einen Teil des Anspruchs bei dem Gericht, das den Mahnbescheid erlassen hat, schriftlich Widerspruch erheben, solange der Vollstreckungsbescheid nicht verfügt ist.**

(2) **Ein verspäteter Widerspruch wird als Einspruch behandelt. Dies ist dem Antragsgegner, der den Widerspruch erhoben hat, mitzuteilen.**

Gesetzesgeschichte: § 634 CPO. Änderungen: BGBl. 76 I 3281.

I. Der **Widerspruch** ist der einzige Rechtsbehelf gegen einen MB. Er kann erst ab Zustellung des MB eingelegt werden. Auf einen gegen den nicht zugestellten MB eingelegten Widerspruch hin ist nichts zu veranlassen, insbesondere das Verfahren nicht an das Prozeßgericht abzugeben[1]. Der Widerspruch ist Prozeßhandlung, die auch materiellrechtliche Wirkungen entfalten kann[2]. So ist im Widerspruch eine den Erfordernissen des § 651g Abs. 2 S. 3 BGB genügende schriftliche Zurückweisung der Gewährleistungsansprüche des Reisenden zu sehen[3]. 1

Die Person des Widerspruchsführers ist gegebenenfalls durch Auslegung zu ermitteln. Dies gilt auch, wenn unklar ist, ob mit dem bei Gericht eingegangenen Schreiben überhaupt Widerspruch gewollt ist, z. B. mit Erklärung der Zahlungsunfähigkeit oder einem Stundungsverlangen. Verbleibende Zweifel hat der Rechtspfleger durch Rückfrage zu klären[4].

Rechts*mittel* sind nicht statthaft. Auch wenn den MB der Rechtspfleger erlassen hat, ist eine Erinnerung an den Richter ausgeschlossen, § 11 Abs. 5 S. 2 RpflG.

Die Frist für den Widerspruch bemißt sich nach § 692 Abs. 1 Nr. 3, d.h. 2 Wochen ab Zustellung des MB, beim ArbG 1 Woche, § 46a Abs. 3 ArbGG, bei Zustellung im Geltungsbereich des AVAG 1 Monat, § 34 Abs. 3 AVAG. Sie läuft auch in den Gerichtsferien, § 202 GVG, wird nach § 222 i.Vdg.m. § 188 BGB berechnet und kann als gesetzliche Frist weder verkürzt noch verlängert werden. Da sie keine Notfrist ist, ist Wiedereinsetzung nicht möglich, §§ 233 f. Sie ist aber auch keine Ausschlußfrist. Denn der Widerspruch ist nach Abs. 1 auch nach Fristablauf noch solange zulässig, bis der VB »verfügt« d.h. von dem Rechtspfleger in den Geschäftsgang gegeben[5] wurde. Im Falle maschineller Bearbeitung ist dies der Zeitpunkt, zu dem die Eingabe des VB in die Maschine abgeschlossen ist[6]. Ist der Widerspruch verspätet, aber noch vor Ausdruck des VB erhoben worden, so kann dieser durchaus verfügt werden. Der Sinn der maschinellen Bearbeitung würde nämlich beeinträchtigt, wenn nach jedem Ausdruck eines VB noch überprüft werden müßte, ob in letzter Minute doch noch Widerspruch erhoben wurde.

II. Geht der **Widerspruch** erst danach ein, so wird er **als Einspruch** gegen den VB behandelt, § 694 Abs. 2 S. 1, sofern er den an einen solchen zu stellenden Anforderungen genügt[7]. Die Zurückweisung eines verspäteten Widerspruchs ist ausgeschlossen. Hat der Rechtspfleger den Widerspruch nicht als solchen erkannt und deshalb einen VB erlassen, so ist der Widerspruch in entsprechender Anwendung des § 694 Abs. 2 S. 1 als Einspruch zu behandeln[8]. Die 2

---

[1] LG Oldenburg Rpfleger 1983, 117.
[2] BGHZ 88, 174 = NJW 1983, 2699.
[3] BGHZ aaO.
[4] BGH NJW-RR 1989, 1403.
[5] BGHZ 85, 361 = NJW 1983, 633.
[6] Baumbach/Lauterbach/Hartmann[51] Rdnr. 3 C; MünchKommZPO-Holch Rdnr. 6.

[7] BGH NJW 1987, 3263; LG Freiburg Rpfleger 1984, 323.
[8] BGHZ 85, 361 = NJW 1983, 633; KG OLGZ 1984, 135.

Umdeutung des Widerspruchs ist geboten, um die Wirkungen einer inkorrekten Entscheidung zu vermeiden. Bei Mehrheit von Antragsgegnern muß jeder für sich Widerspruch einlegen; bei notwendiger Streitgenossenschaft, § 62, wirkt der Widerspruch eines Streitgenossen für die anderen.

Eine Frist, vor deren Ablauf der VB nicht verfügt werden darf, bestimmt das Gesetz in § 694 nicht ausdrücklich. Aus § 692 Abs. 1 Nr. 3 folgt jedoch, daß der VB vor Ablauf der Widerspruchsfrist nicht verfügt werden darf. Der Widerspruch gegen einen MB ist auch dann rechtzeitig erhoben, wenn er, als der VB verfügt wurde, zwar noch nicht der Geschäftsstelle der Mahnabteilung, wohl aber bereits dem Gericht zugegangen war[9]. Bei maschineller Bearbeitung ist daher das Programm so gestaltet, daß die Daten aus einem rechtzeitig erhobenen Widerspruch der Anlage noch rechtzeitig eingegeben werden können, bevor diese den VB ausdruckt. Wegen eines verfrüht erlassenen VB → § 700 Rdnr. 2.

Ein verspäteter Widerspruch hemmt die Zustellung des VB nicht, wenn er eingelegt wurde, nachdem dieser verfügt war. Der Widerspruch wird als Einspruch behandelt, ohne daß gefragt werden müßte, ob der Wille des Widersprechenden tatsächlich in diesem Sinne interpretiert werden kann, Abs. 2 S. 1. Anders ließe sich insbesondere auch eine maschinelle Bearbeitung nicht durchführen. Diese Art der Behandlung des Widerspruchs ist dem Antragsgegner (formlos) mitzuteilen, Abs. 2 S. 2. Ihm soll Gelegenheit gegeben werden, den zum Einspruch gewordenen und daher automatisch in das streitige Verfahren überleitenden Widerspruch zurückzunehmen.

3   III. Der Widerspruch ist schriftlich oder durch **mündliche Erklärung** vor dem Urkundsbeamten der Geschäftsstelle, sowie bei der Geschäftsstelle eines jeden anderen AG, § 129a, zu erheben → § 702. Der Widerspruch ist erhoben, wenn das ihn enthaltende Schriftstück in den Machtbereich des Gerichts gelangt ist. Er kann telegraphisch, durch Telefax oder durch Fernschreiben, nicht aber telefonisch erhoben werden[10]. Der Widerspruch kann sowohl persönlich wie durch einen Bevollmächtigten eingelegt werden. Bevollmächtigter kann auch ein künftiger Streitgehilfe sein, der vor seinem Beitritt nicht als solcher, sondern nur als Vertreter zu handeln vermag. Wie sonst bei bestimmenden Schriftsätzen ist eine eigenhändige Unterschrift zu leisten → § 130 Nr. 6. Dies gilt auch dann, wenn der Widerspruch durch einen Bevollmächtigten eingelegt wird[11]. Die Verwendung des Ausdrucks »Widerspruch« ist nicht wesentlich. Jede Erklärung genügt, die den Willen zum Ausdruck bringt, sich nicht freiwillig der Zwangsvollstreckung unterwerfen zu wollen. Reicht ein Schuldner den ihm mitübersandten Vordruck zur Einlegung des Widerspruchs bei dem zuständigen Gericht ein, ohne den Vordruck zu unterzeichnen, so genügt dies auch dann nicht den Erfordernissen der Schriftlichkeit, wenn an der Person dessen, der den Vordruck ausgefüllt hat, ernsthafte Zweifel nicht aufkommen können[12]. Der Widerspruch kann sich auf den ganzen Anspruch oder auf einen Teil oder auch bloß auf die Kosten[13] → § 692 Rdnr. 6 oder andere Nebenforderungen beziehen. Wird gegen den wegen des unwidersprochenen Teils ergangenen VB Einspruch eingelegt, so ist wegen des ganzen Anspruchs das streitige Verfahren durchzuführen. Bei Säumnis ergeht dann eine Kombination von erstem und zweitem Versäumnisurteil. Ergibt der Teilwiderspruch gegen einen MB nicht eindeutig, gegen welche Teile des im MB bezeichneten Anspruchs er sich richtet, ist dem Antragsgegner Gelegenheit zur Klarstellung zu geben; bis zur Klarstellung ist der Widerspruch als unbeschränkt eingelegt zu behandeln.

---

[9] *BGH* NJW 1982, 888.
[10] *BGH* NJW 1986, 1759.
[11] *LG München II* NJW 1987, 1341.
[12] A. M. *MünchKommZPO-Holch* Rdnr. 10 und *Zöller-Vollkommer*[17] § 694 Rdnr. 2, der grds. keine eigenhändige Unterschrift auf dem ausgefüllten Formular verlangt da dieses Erfordernis aus dem dem Mahnverfahren fremden Anwaltszwang oder der Anwaltsvertretung hergeleitet werde.

[13] *OLG Zweibrücken* OLGZ 1971, 380, 383; *MünchKommZPO-Holch* Rdnr. 22; *Zöller-Vollkommer*[17] Rdnr. 1.

Berücksichtigt der Rechtspfleger den unklaren, in Wirklichkeit aber unbeschränkt gemeinten Widerspruch nur hinsichtlich bestimmter Teile des Anspruchs und erläßt er i. ü. VB, ist insoweit der Widerspruch genauso als Einspruch zu behandeln wie in dem Falle, in dem der Rechtspfleger verkennt, daß ein Widerspruch vorliegt. Das streitige Verfahren nach § 696 wird einheitlich durchgeführt[14]. Der Antragsgegner kann mit dem Widerspruch den Antrag auf Durchführung des streitigen Verfahrens → § 696 Abs. 1 verbinden. Auch dazu bedarf es nicht des Nachweises einer Vollmacht.

Wird der Widerspruch vor Erteilung des VB eingelegt, so hat dies zur Folge, daß ein solcher nicht mehr erteilt werden kann. Das Verfahren wird nur fortgeführt, wenn ein Antrag auf Durchführung des streitigen Verfahrens, § 696 Abs. 1 S. 1, gestellt wird; geschieht dies nicht, kommt das Mahnverfahren zum Stillstand. Die Akten werden gemäß § 7 Nr. 3c AktenO nach 6 Monaten weggelegt[15].

Die nach § 703 c eingeführten Vordrucke enthalten auch ein Formular für die Einlegung des Widerspruchs, das dann dem MB anhängt. Vordrucke sind auch bei jedem Amtsgericht erhältlich. Jedes Amtsgericht muß bei ihrer Ausfüllung behilflich sein → § 692 Abs. 1 Nr. 4. Der Gebrauch des Widerspruchsformulars ist abweichend von § 703 c Abs. 2 nicht zwingend; hier geht die Soll-Vorschrift des § 692 Abs. 1 Nr. 5 vor[15a].

IV. Der Antragsgegner kann nach Zustellung des MB durch einseitige Erklärung gegenüber Gericht oder Gegner auf den **Widerspruch verzichten**. Denn vom genannten Zeitpunkt an ist er Partei. Einer entsprechenden Anwendung der §§ 346, 514 steht nichts im Wege. Ein Verzicht auf den Widerspruch vor Zustellung des MB ist grundsätzlich – ähnlich einem vorgängigen Rechtsmittelverzicht → § 514 Abs. 1 – ebenfalls wirksam[16]. Bei wirksamem Verzicht kann sofort der VB verfügt werden. Über seine Wirksamkeit kann aber erst aufgrund mündlicher Verhandlung entschieden werden. Stellt sich in der mündlichen Verhandlung die Wirksamkeit des Verzichts heraus, dann ist so zu entscheiden, wie wenn sich in der Verhandlung eine aus anderen Gründen herrührende Unwirksamkeit des Widerspruchs ergibt: in entsprechender Anwendung von § 341 ist der Widerspruch als unzulässig zu verwerfen → § 697 Rdnr. 1. 4

V. Prozessual ist es zulässig → § 279, und in vielen Fällen ist es zweckmäßig, daß das Gericht (der Rechtspfleger) eine **Stundungshilfe** vermittelt[17]. Bittet der Antragsgegner um Bewilligung von Ratenzahlungen, so wird es vielfach angebracht sein, daß das Gericht dem Antragsteller diesen Antrag zur Stellungnahme zuleitet. Erklärt dieser sich mit der vorgeschlagenen Frist einverstanden, so ist im VB die Vollstreckung vom Ablauf der Frist abhängig zu machen; wird dagegen die Zustimmung verweigert, so gilt der Antrag des Antragsgegners als Widerspruch. Bei maschineller Bearbeitung dürfen Stundungsbitten unbeachtet bleiben. 5

Eines ausdrücklichen Anerkenntnisses bedarf es in dem Antrag des Antragsgegners nicht. Es genügt, wenn aus ihm klar hervorgeht, daß es ihm nur um die Bewilligung der Frist zu tun ist. Das im Antrag auf Fristbewilligung liegende Anerkenntnis wird mit der Ablehnung des Antragstellers hinfällig. Es nimmt dem Antragsgegner demgemäß nicht die Möglichkeit, im weiteren Verfahren gegen den Anspruch Einwendungen zu erheben.

---

[14] *BGH* NJW 1983, 1100.
[15] *LG Düsseldorf* JurBüro 1981, 1100.
[15a] Ebenso *MünchKommZPO-Holch* Rdnr. 8.
[16] A.M. *Zöller-Vollkommer*[17] § 694 Rdnr. 15.

[17] *Berner* Rpfleger 1951, 395; 1954, 223; *LG Leipzig* JW 1922, 524; *LG Stuttgart* WürttNotVer 1928, 33. – A.M. *MünchKommZPO-Holch* Rdnr. 3; *Wald* Rpfleger 1951, 529.

§ 695 [Benachrichtigung des Antragstellers]

Das Gericht hat den Antragsteller von dem Widerspruch und dem Zeitpunkt seiner Erhebung in Kenntnis zu setzen. Wird das Mahnverfahren nicht maschinell bearbeitet, so soll der Antragsgegner die erforderliche Zahl von Abschriften mit dem Widerspruch einreichen.

Gesetzesgeschichte: § 635 CPO ist 1924 (RGBl. I 552) mit seinem ursprünglichen Inhalt entfallen. 1976 (BGBl. I 3281) wurde er mit dem Inhalt des bisherigen § 594 Abs. 2 und dem auch inhaltlich neuen S. 2 neu geschaffen.

1   I. Ist Widerspruch erhoben, so hat das Gericht unter Mitteilung des Zeitpunktes (wegen § 211 Abs. 2 BGB → § 696 Rdnr. 3 den **Antragsteller** bzw. dessen Vertreter (§ 176) von Amts wegen durch formlose Mitteilung in **Kenntnis zu setzen**[1]. Auch der Zeitpunkt des Eingangs ist mitzuteilen, § 695 S. 1, weil der Eintritt der Rechtshängigkeit nur dann auf den Zeitpunkt der Zustellung des MB zurückzubeziehen ist, wenn die von einem entsprechenden Antrag abhängige Abgabe ins Streitverfahren, § 696 Abs. 1 S. 1, der Erhebung des Widerspruchs »alsbald« nachfolgt, § 696 Abs. 3. Die Umdeutung des Widerspruchs in einen Einspruch → § 694 Rdnr. 2 ist dem Antragsteller ebenfalls mitzuteilen, damit er sich auf das Streitverfahren, § 700 Abs. 3 S. 1, einstellen kann. Kommt dem Widerspruch materiellrechtlich die Bedeutung einer Anspruchszurückweisung zu, endet die Verjährungshemmung mit der Inkenntnissetzung des Antragstellers[2] → § 696 Rdnr. 3. Es macht keinen Unterschied, ob der Widerspruch rechtzeitig erhoben ist oder nicht. Die Mitteilung der Geschäftsstelle genügt, einerlei ob den MB der Richter oder der Rechtspfleger erlassen hat. Einer abschriftlichen Mitteilung der Widerspruchserklärung bedarf es nicht, sofern nicht der Antragsgegner die Durchführung des streitigen Verfahrens beantragt hat → § 694 Rdnr. 3 und sich seine Erklärung als vorbereitender Schriftsatz darstellt. Aus S. 2 ist jedoch zu schließen, daß die Mitteilung aus Praktikabilitätsgründen regelmäßig in der Form der Übersendung einer Abschrift vorzunehmen ist. Wird auf Antrag des Antragsgegners der Rechtsstreit nach § 696 abgegeben, so kann die Mitteilung mit der Information darüber → § 696 Abs. 1 S. 3 verbunden werden.

2   II. S. 2 soll der Rationalisierung dienen. Denn es ist für den Antragsgegner vielfach einfacher, den Widerspruch mit einer Durchschrift herzustellen, als für das Gericht die Herstellung einer Ablichtung. Jedoch ist die Vorschrift nicht sanktioniert: Der Widerspruch ist auch ohne Beifügung der nötigen Anzahl von Abschriften wirksam. Die erforderliche Zahl richtet sich nach der Zahl der Antragsteller. Noch erforderliche Abschriften werden gegebenenfalls auf Kosten des Antragsgegners vom Gericht hergestellt. Die Urschrift verbleibt im Gerichtsakt.

Im Falle einer maschinellen Bearbeitung bedarf es der Abschriften nicht, weil die Anlage eine hinreichende Zahl von Ausdrucken herstellen kann.

§ 696 [Verfahren nach Widerspruch]

(1) Wird rechtzeitig Widerspruch erhoben und beantragt eine Partei die Durchführung des streitigen Verfahrens, so gibt das Gericht, das den Mahnbescheid erlassen hat, den Rechtsstreit von Amts wegen an das Gericht ab, das in dem Mahnbescheid gemäß § 692 Abs. 1 Nr. 1

---

[1] Zu weitgehend *OLG Celle* JurBüro 1956, 59, demzufolge der »Schuldner« (heute: Antragsgegner) Sorge zu tragen hat, daß der Gläubiger benachrichtigt wird, und sich nicht auf Benachrichtigung durch das Gericht verlassen darf.

[2] *BGHZ* 88, 177.

bezeichnet worden ist, wenn die Parteien übereinstimmend die Abgabe an ein anderes Gericht verlangen, an dieses. Der Antrag kann in den Antrag auf Erlaß des Mahnbescheids aufgenommen werden. Die Abgabe ist den Parteien mitzuteilen; sie ist nicht anfechtbar. Mit Eingang der Akten bei dem Gericht, an das er abgegeben wird, gilt der Rechtsstreit als dort anhängig. § 281 Abs. 3 S. 1 gilt entsprechend.

(2) Ist das Mahnverfahren maschinell bearbeitet worden, so tritt an die Stelle der Akten ein maschinell erstellter Aktenausdruck. Für diesen gelten die Vorschriften über die Beweiskraft öffentlicher Urkunden entsprechend.

(3) Die Streitsache gilt als mit Zustellung des Mahnbescheids rechtshängig geworden, wenn sie alsbald nach der Erhebung des Widerspruchs abgegeben wird.

(4) Der Antrag auf Durchführung des streitigen Verfahrens kann bis zum Beginn der mündlichen Verhandlung des Antragsgegners zur Hauptsache zurückgenommen werden. Die Zurücknahme kann vor der Geschäftsstelle zu Protokoll erklärt werden. Mit der Zurücknahme ist die Streitsache als nicht rechtshängig geworden anzusehen.

(5) Das Gericht, an das der Rechtsstreit abgegeben ist, ist hierdurch in seiner Zuständigkeit nicht gebunden.

Gesetzesgeschichte: § 636 CPO. Änderungen RGBl. 09 I 475, 25 I 552, 33 I 394, BGBl. 50 I 455, 76 I 3281, 90 I 2847.

I. Widerspruch und Antrag auf Durchführung des streitigen Verfahrens

1. Der rechtzeitige → § 694 Rdnr. 1 **Widerspruch bewirkt**, daß der MB seine Kraft verliert und ein VB nicht erlassen werden kann. Verzicht auf Widerspruch → § 694 Rdnr. 4, Teilwiderspruch → § 694 Rdnr. 3. Gemeinsame Antragstellung bzw. Streitgenossen → § 694 Rdnr. 2. Der Widerspruch kann mit der Wirkung zurückgenommen werden, daß sofort der VB erlassen werden kann, den nach Abgabe das Gericht erläßt, an das abgegeben worden ist. Er führt aber nicht ohne weiteres zur Abgabe des Verfahrens ans Streitgericht.

Die Abgabe setzt, um zwecklose Tätigkeiten zu vermeiden, einen **Antrag** voraus, der aber nur ganz abstrakt «auf Durchführung des streitigen Verfahrens» lauten muß.

a) **Der Antrag kann sowohl vom Antragsteller** stammen – und wird dann in aller Regel als bedingter bereits im Antrag auf Erlaß des MB selbst stehen – **als auch vom Antragsgegner herrühren** → § 694 Rdnr. 3. Für die Form des Antrags gilt § 702. Es genügt, wenn sich der Wunsch des Antragstellers zeigt, das Verfahren möge als normales gerichtliches Verfahren seinen Fortgang nehmen. Das kann auch durch Einreichung einer Klageschrift ausgedrückt werden. Die Fälligkeit der zweiten Hälfte der Prozeßgebühr tritt nicht ein, wenn der Antragsgegner des Mahnverfahrens den Antrag auf Durchführung des streitigen Verfahrens stellt[1].

Wird weder der VB erlassen noch die Sache zur Durchführung des streitigen Verfahrens abgegeben oder der Widerspruch nicht als Einspruch behandelt, so muß ein etwa gestellter Antrag auf Durchführung des streitigen Verfahrens förmlich zurückgewiesen werden. Hiergegen ist Beschwerde nach § 567 Abs. 1 statthaft. Zulässig ist die Zurückweisung, wenn es an einem ordnungsgemäßen und zulässigen MB-Antrag fehlt. Wegen des Antrags auf Verhandlung vor der Kammer für Handelssachen → § 690 Rdnr. 11.

b) Nach der Abgabe kann der Antrag auf Erlaß des MB nicht mehr zurückgenommen werden → § 693 Rdnr. 12. Dafür eröffnet das Gesetz in Abs. 4 dem Antragsteller des Mahnverfahrens die Möglichkeit, den Antrag auf Durchführung des streitigen Verfahrens zurück-

---

[1] Ebenso *MünchKommZPO-Holch* Rdnr. 5.

zunehmen, ohne daß hierin automatisch eine Rücknahme des Mahnantrags zu sehen ist[2]. Die Antragsrücknahme ist der Sache nach eine auf Beendigung der Rechtshängigkeit zielende Erklärung und steht daher der Klagerücknahme gleich[3]. Es ist daher auch müßig zu fragen, ob man nicht jedenfalls von dem Zeitpunkt an, zu dem eine der Klageschrift entsprechende Begründung des Anspruchs vorliegt, von einer Klagerücknahme sprechen muß. § 269 Abs. 3 läßt sich ohnehin unschwer entsprechend anwenden[4]. § 696 Abs. 4 S. 2 möchte sicherstellen, daß es auch vor den Landgerichten keiner Anwaltsbestellung bedarf, nur um den Antrag auf Durchführung des streitigen Verfahrens zurücknehmen zu können. Der Antragsgegner des Mahnverfahrens kann, auch wenn er ihn gestellt hat, ohne Einverständnis des Antragstellers den Antrag auf Durchführung des streitigen Verfahrens nicht zurücknehmen, wenn das Verfahren einmal abgegeben ist. Denn in aller Regel hat unter diesen Umständen der Antragsteller eine Antragstellung deshalb unterlassen, weil er sie angesichts eines entsprechenden Antrages seines Gegners für überflüssig gehalten hat.

Erklärt der Gläubiger nach Stellung des Antrages auf Durchführung des streitigen Verfahrens und vor Beginn der mündlichen Verhandlung die Hauptsache für erledigt, so ist dies als Rücknahme des genannten Antrags zu werten[5]. Entsprechendes gilt bei einer Teilerledigungserklärung[6].

Nach Erlaß eines VB ist Rücknahme des Antrages auf Durchführung des streitigen Verfahrens nicht mehr möglich. Hier kommt nur noch eine Klagerücknahme in Betracht, für die wegen der fehlenden Verweisung von § 700 Abs. 3 S. 2 auf § 696 Abs. 4 S. 2 gem. § 78 Abs. 1 Anwaltszwang besteht[7].

Bei Rücknahme des Antrags auf Durchführung des streitigen Verfahrens bleibt der Rechtsstreit bei dem Gericht anhängig, an das er nach Abs. 1 S. 1 abgegeben wurde. Das Verfahren kann jederzeit durch erneuten Antrag wieder aufgenommen werden[8].

3   c) **Wird der Antrag nicht gestellt**, so tritt ein tatsächlicher Stillstand des Verfahrens ein. Die Unterbrechung der Verjährung endet nach § 211 Abs. 2 BGB mit der letzten gerichtlichen Handlung, nämlich der Mitteilung des Widerspruchs nach § 695 Abs. 1[8a]. Auf den Zeitpunkt von deren Zugang kommt es nicht an.

4   2. a) **Abzugeben** ist an das vom Antragsteller in seinem Antrag nach § 690 Abs. 1 Nr. 5 → dort Rdnr. 8 bezeichnete Gericht. Hierbei handelt es sich infolge der Neufassung des § 690 Abs. 1 Nr. 5 → dort Rdnr. 8 nicht mehr zwangsläufig um das Gericht des allgemeinen Gerichtsstandes, wodurch die bisher erforderlichen zeit- und kostenaufwendigen Weiterverweisungen vermieden werden sollen. Dem dient auch die den Parteien jetzt in Abs. 1.1 eingeräumte Möglichkeit, übereinstimmend die Abgabe an ein anderes Gericht zu verlangen. Hierdurch sind noch Korrekturen möglich, aber auch eine Gerichtsstandsvereinbarung. Eine Formvorschrift besteht für dieses Verlangen der Parteien nicht; es ist daher auch mündlich oder telefonisch zulässig[9]. Auch in den Fällen des § 703d → § 689 Rdnr. 11 kann es zu einer Abgabe kommen, dann nämlich, wenn das übergeordnete Landgericht als sachlich zuständiges Gericht angegeben ist. Eine Kontrolle, ob dem benannten Gericht tatsächlich Zuständigkeit zukommt, unterbleibt in diesem Verfahrensstadium → Rdnr. 9. Für den Fall, daß das Gericht angegeben ist, das auch den MB erlassen hat → Erl. § 698.

---

[2] *OLG Stuttgart* MDR 1990, 557; *Zöller-Vollkommer*[17] Rdnr. 2; *Thomas-Putzo*[18] Rdnr. 14ff.
[3] A.M. *MünchKommZPO-Holch* Rdnr. 29.
[4] *OLG München* OLGZ 1987, 255; *dass.* AnwBl 1984, 371; *Thomas-Putzo*[18] Rdnr. 26; *Baumbach/Lauterbach/Hartmann*[50] Anm. 4 C c. − A.M. *OLG Stuttgart* OLGZ 1989, 201; *Zöller-Vollkommer*[17] Rdnr. 2.
[5] *OLG Köln* Büro 1988, 616; *dass.* Rpfleger 1982, 158; *OLG Karlsruhe* Büro 1981, 1231; *Zöller-Vollkommer*[17] Rdnr. 2. − A.M. *OLG Nürnberg* NJW RR 1987, 1278; *Baumbach/Lauterbach/Hartmann*[51] Rdnr. 12 Anm. 4 mwN.
[6] *AG Stuttgart* MDR 1984, 673.
[7] *OLG Koblenz* MDR 1984, 322.
[8] *OLG Düsseldorf* MDR 1981, 766.
[8a] *OLG München* NJW RR 1988, 896, s. auch *BGH* NJW RR 1992, 1021.
[9] *Hansens* Rpfleger 1991, 133, 134.

b) Die **Abgabe hat die Rechtsnatur eines Gerichtsbeschlusses**. Sie ist hinreichend begründet, wenn aus ihr hervorgeht, daß an das vom Antragsteller für den Fall des Widerspruchs selbst bezeichnete Gericht abgegeben worden ist. Die Abgabe ist nicht nur dann unanfechtbar, wenn eine Partei meint, es hätte an ein anderes Gericht abgegeben werden müssen, sondern auch, wenn die Abgabe überhaupt bekämpft werden soll. Daher begnügt sich Abs. 1 S. 2 auch mit einer einfachen Mitteilung an die Parteien[10]. Abs. 1 S. 3 schließt nach überwiegender Auffassung auch die Rechtspflegererinnerung nach § 11 RpflG aus[11].

c) Ist das Mahnverfahren konventionell bearbeitet worden, so geschieht die Abgabe durch **Aktenversendung**, Abs. 1 S. 4. Andernfalls ist ein maschinell erstellter **Aktenausdruck** zu versenden, Abs. 2, dem die Beweiskraft öffentlicher Urkunden zukommt. Dieser Aktenausdruck dient als Grundlage der bei jedem Gericht, an das abgegeben worden ist, anzulegenden Akten. Der Aktenausdruck muß alle Daten enthalten, die aus einer ordnungsgemäß angelegten Akte selbst ersichtlich wären, z.B. die aus der Zustellungsurkunde ersichtlichen Daten darüber, wann und wo die Sendung übergeben worden ist und wo bei Zustellung durch Niederlegung die Zustellungsnachricht hinterlegt worden ist.

d) Wird die Streitsache alsbald abgegeben, gilt sie als mit Zustellung des MB rechtshängig geworden, Abs. 3. »Alsbald« ist hier wie »demnächst« in § 693 Abs. 2 zu verstehen[12] → dort Rdnr. 7. Entscheidend ist, ob der Antragsteller den Antrag auf Durchführung des streitigen Verfahrens alsbald gestellt und die Gebühr nach § 65 Abs. 1 S. 2 GKG gezahlt hat, die mit der Stellung des Antrags entstanden ist[13], Nr. 1005 Kostenverz. Anlage 1 zum GKG.

Wurde nicht alsbald abgegeben, so tritt Rechtshängigkeit erst mit der Zustellung der Anspruchsbegründung nach § 697 Abs. 1 beim Antragsgegner ein[14], nach anderer Ansicht bereits mit Eingang der Akten beim Empfangsgericht[15] bzw. nicht vor dem Zeitpunkt, in dem das Empfangsgericht den Parteien den Eingang der Akten mitgeteilt hat[16]. Unerheblich ist die Zustellung der Abgabeverfügung[16a]. Der BGH hat sich bisher nur auf »nicht vor Abgabe«[17] und »spätestens mit der Zustellung der Anspruchsbegründung«[17a] festgelegt.

e) Mit der Abgabe *endet das eigentliche Mahnverfahren*, Abs. 1 S. 4, Abs. 3[17b]. Ein für das Mahnverfahren bestellter Prozeßbevollmächtigter, der bei dem Streitgericht nicht postulationsfähig ist, bleibt jedoch solange Zustellungsbevollmächtigter, bis sich ein anderer Prozeßbevollmächtigter bestellt hat[18].

II. Zuständigkeitsprüfung

Das weitere Verfahren folgt, soweit das Gesetz nichts anderes anordnet, den Bestimmungen über das Streitverfahren → Erl. § 697.

1. Das Mahngericht prüft bei der Abgabe nicht die Zuständigkeit des im MB angegebenen Gerichtes. Vielmehr **prüft das Empfangsgericht die Sachurteilsvoraussetzungen** so, wie wenn bei ihm Klage erhoben worden wäre. Abzustellen ist hierbei auf den Zeitpunkt der Rechtshängigkeit, wobei die Rückbeziehung nach Abs. 3 unberücksichtigt bleibt[19]. Eine Bindung an die Rechtsansicht des Mahngerichts besteht nicht[20].

---

[10] *Zöller-Vollkommer*[17] Rdnr. 4; *Thomas-Putzo*[18] Rdnr. 4. – A.M. *OLG München* MDR 1980, 501, das von einer Zustellung der Abgabeverfügung ausgeht.
[11] *Zöller-Vollkommer*[17] Rdnr. 4; *Thomas-Putzo*[18] Rdnr. 6; *Baumbach/Lauterbach/Hartmann*[51] Rdnr. 5 c; *MünchKommZPO-Holch* Rdnr. 15.
[12] BGHZ 103, 20, 28 = NJW 1988, 1980; allg. M.
[13] BGH aaO; *MünchKommZPO-Holch* Rdnr. 19.
[14] *MünchKommZPO-Holch* Rdnr. 22; *Zinke* NJW 1983, 1081, 1083; *Sundermann* JA 1990, 3.
[15] *Waldner* MDR 1981, 460; *Zöller-Vollkommer*[17] Rdnr. 5 mwN zum Streitstand.
[16] OLG Köln MDR 1985, 680; vgl. auch OLG Karlsruhe FamRZ 1991, 90, 91.
[16a] A.M. OLG Köln MDR 1980, 501.
[17] BGHZ 112, 325, 329 = NJW 1991, 171.
[17a] BGH ZZP 105 (1992), 330, 331.
[17b] OLG Frankfurt NJW 1992, 1341.
[18] OLG Düsseldorf MDR 1987, 503.
[19] *Zöller-Vollkommer*[17] Rdnr. 7 mwN.
[20] AG Koblenz Büro 1988, 1562.

Hält sich das Empfangsgericht selbst für unzuständig, so verweist es auf Antrag gem. § 281 Abs. 1 an das zuständige Gericht. Anwaltszwang besteht für den Verweisungsantrag nur, soweit das Gericht hierüber in mündlicher Verhandlung entscheidet, im übrigen kann der Antrag vor dem Urkundsbeamten der Geschäftsstelle erklärt werden, §§ 78 Abs. 3, 281 Abs. 2 S. 1.

Sind dagegen neben dem Empfangsgericht noch weitere Gerichte zuständig, so kommt eine **Weiterverweisung** nicht in Betracht, da der Kläger gem. § 690 Abs. 1 Nr. 5 bereits im Mahnantrag die Möglichkeit hatte, das gewünschte zuständige Gericht zu bestimmen und somit sein Wahlrecht gem. § 35 bereits verbraucht ist. Unabhängig hiervon haben aber die Parteien gemeinsam die Möglichkeit, vor der Abgabe gem. Abs. 1 S. 1 ein Empfangsgericht zu bestimmen.

10   2. Bei mehreren Antragsgegnern in Streitgenossenschaft kann gem. § 36 Nr. 3 ein gemeinsames zuständiges Gericht bestimmt werden. Dies ist bereits vor Abgabe[21], aber auch noch nach Eintritt der Rechtshängigkeit bei den jeweiligen Empfangsgerichten möglich[22].

III. Kosten im Falle der Abgabe ans Streitgericht

11   1. Die durch die Vorschaltung des Mahnverfahrens entstandenen Kosten werden gem. Abs. 1 S. 5, § 281 Abs. 3 S. 1 als Kosten des Streitverfahrens behandelt. Sie werden also dem Antragsteller nicht auferlegt, soweit er nach Widerspruch im streitigen Verfahren obsiegt.

12   2. Wurde durch die Abgabe ans Streitgericht ein Anwaltswechsel erforderlich, so sind die hierdurch entstandenen Mehrkosten dann notwendig und somit nach § 91 Abs. 2 S. 3 erstattungsfähig, wenn mit einem Widerspruch nicht zu rechnen war[23]. Die Frage ist jedoch in der Rechtsprechung der OLGe umstritten. Die Mehrkosten werden angesehen: als in aller Regel nicht notwendig[24], als nicht notwendig, wenn mit an Sicherheit grenzender Wahrscheinlichkeit mit einem Widerspruch zu rechnen war[25], als stets notwendig[26] und als stets notwendig bei am Mahngericht zugelassenem Rechtsanwalt[27]. Besteht ein zentrales Mahngericht nach § 689 Abs. 3, so sollen im letzten Fall auch die Kosten für den Rechtsanwalt notwendig sein, der bei dem AG zugelassen ist, das im Normalfall des § 689 Abs. 2 zuständig wäre[28].

13   3. § 269 Abs. 3 ist auf die Rücknahme des Antrags auf Durchführung des streitigen Verfahrens entsprechend anwendbar, da diese Erklärung auf Beendigung der Rechtshängigkeit zielt[29] →Rdnr. 2. Die Gegenmeinung begründet die entsprechende Anwendung von § 91a damit, daß die Rücknahme des Antrags auf Durchführung des streitigen Verfahrens nicht die Rücknahme des Mahnantrages enthält und die Streitsache deshalb anhängig bleibt[30].

14   4. Verweist das Gericht, an das abgegeben wurde, selbst gem. Abs. 5, § 281 weiter an das tatsächlich zuständige Gericht, so gilt nun infolge der ersatzlosen Streichung des § 696 Abs. 5 S. 2, 3 a.F. die Vorschrift des § 281 Abs. 3 uneingeschränkt: Danach hat der Kläger die Mehrkosten der Verweisung zu tragen, da er es nach der Neuregelung des § 690 Abs. 1 Nr. 5 in der Hand hatte, von Anfang an die Abgabe an das tatsächlich zuständige Gericht zu veranlassen.

---

[21] *BayObLGZ* 1980, 149, 151. Vgl. für den Fall der Unterbrechung durch Konkurs *BayObLGZ* 1985, 315.
[22] *BGH* NJW 1978, 1982; *OLG Düsseldorf* Rpfleger 1978, 184.
[23] *OLG Hamm* Rpfleger 1989, 212; *KG* Rpfleger 1986, 491; *Zöller-Vollkommer*[17] Rdnr. 12; *Hansens* Rpfleger 1989, 487, 491.
[24] *AG Bremen* Rpfleger 1987, 79.

[25] *OLG Karlsruhe* MDR 1979, 587; vgl. auch *dass.* Rpfleger 1987, 422.
[26] *OLG Celle* MDR 1979, 587.
[27] *OLG Düsseldorf* MDR 1988, 679.
[28] *OLG Düsseldorf* AnwBl 1988, 652.
[29] *Baumbach/Lauterbach/Hartmann*[51] Rdnr. 15, c.
[30] *Zöller-Vollkommer*[17] Rdnr. 2.

IV. Arbeitsgerichtliches Verfahren

Im arbeitsgerichtlichen Verfahren ist der Übergang ins streitige Verfahren den §§ 696, 697 angeglichen worden[31]. Die Bestimmung eines Termins zur mündlichen Verhandlung setzt nicht nur Widerspruch und Antrag voraus, sondern auch den Eingang einer Anspruchsbegründung, § 46a Abs. 4 ArbGG. Solange es an dieser letzten Voraussetzung fehlt, wird Termin nur auf Antrag des Antragsgegners anberaumt.

Der Termin ist stets zur streitigen Verhandlung festzusetzen. Im Sinne des Gesetzes wird es indes liegen, wenn er nach § 54 ArbGG vor dem Vorsitzenden stattfindet und mit dem Versuch einer gütlichen Einigung, der sogenannten Güteverhandlung, beginnt. Mit der alsbaldigen Anberaumung des Gütetermins tritt die Rückbeziehung der Rechtshängigkeit ein, § 46a Abs. 5 ArbGG.

Ist im Mahnverfahren übersehen worden, daß das angegangene Gericht örtlich oder sachlich nicht zuständig war, so kann nach Einlegung des Widerspruchs im Streitverfahren nach § 46 Abs. 2, § 48 Abs. 1 ArbGG jeweils in Verbindung mit § 281 ZPO an das zuständige Gericht verwiesen werden.

Eine Gebühr wird im Gegensatz zu der im ordentlichen Verfahren geltenden Rechtslage → Rdnr. 1 bei Überleitung in das streitige Verfahren nicht fällig, § 12 Abs. 4 ArbGG.

15

V. Verfahren nach dem WEG

Erging der MB wegen eines Anspruchs nach § 43 Abs. 1 WEG, so ist nach Widerspruch auf Antrag einer der Parteien die Sache an das nach dieser Vorschrift ausschließlich zuständige Gericht abzugeben. Das weitere Verfahren richtet sich nach den Vorschriften des WEG (insbesondere § 46a Abs. 2) und nach dem FGG. Die ZPO ist nach Maßgabe von § 46a Abs. 2 S. 3 WEG anzuwenden.

16

§ 697 [Verfahren nach Abgabe]

(1) **Die Geschäftsstelle des Gerichts, an das die Streitsache abgegeben wird, hat dem Antragsteller unverzüglich aufzugeben, seinen Anspruch binnen zwei Wochen in einer der Klageschrift entsprechenden Form zu begründen.**

(2) **Bei Eingang der Anspruchsbegründung ist wie nach Eingang einer Klage weiter zu verfahren. Zur schriftlichen Klageerwiderung im Vorverfahren nach § 276 kann auch eine mit der Zustellung der Anspruchsbegründung beginnende Frist gesetzt werden.**

(3) **Geht die Anspruchsbegründung nicht rechtzeitig ein, so wird bis zu ihrem Eingang Termin zur mündlichen Verhandlung nur auf Antrag des Antragsgegners bestimmt. Mit der Terminbestimmung setzt der Vorsitzende dem Antragsteller eine Frist zur Begründung des Anspruchs; § 296 Abs. 1, 4 gilt entsprechend.**

(4) **Der Antragsgegner kann den Widerspruch bis zum Beginn seiner mündlichen Verhandlung zur Hauptsache zurücknehmen, jedoch nicht nach Erlaß eines Versäumnisurteils gegen ihn. Die Zurücknahme kann zu Protokoll der Geschäftsstelle erklärt werden.**

(5) **Zur Herstellung eines Urteils in abgekürzter Form nach §§ 313b Abs. 2, 317 Abs. 4 kann der Mahnbescheid an Stelle der Klageschrift benutzt werden. Ist das Mahnverfahren**

---

[31] BTDrucks 11/3621 S. 56.

maschinell bearbeitet worden, so tritt an die Stelle der Klageschrift der maschinell erstellte Aktenausdruck.

Gesetzesgeschichte: Inhaltlich neu eingefügt BGBl. 76 I 3281; geändert BGBl. 90 I 2847.

1   I. Ist die Sache nach Abgabe an das Gericht gelangt, das für das streitige Verfahren zuständig ist, so gilt, abgesehen von den in § 697 ausdrücklich geregelten Besonderheiten → Rdnr. 2 ff., die **Verfahrensstruktur des ordentlichen Erkenntnisverfahrens**. Gehört die Sache in das Verfahren der freiwilligen Gerichtsbarkeit → vor § 688 Rdnr. 10, so ist sie von dem nach der Geschäftsverteilung hierfür zuständigen Richter nach dieser Verfahrensart zu erledigen. Der jetzt zum Kläger gewordene aktive Teil des Verfahrens kann sein Begehren auf eine nicht im Mahnverfahren verfolgbare Leistung umstellen[1]. Ob ein neues Vorbringen eine Klageänderung ist, ist nach dem Inhalt des MB zu beurteilen. Klageerweiterungen nach § 264, die Erhebung einer Widerklage oder einer Inzidentfeststellungsklage → § 256 Abs. 2 sind zulässig und können zur Anwendung von § 506 führen. Im Wege einer Klageänderung kann der Kläger auch in den Urkunden- und Wechselprozeß übergehen → § 593 Rdnr. 1. Wegen der Klagerücknahme → § 696 Rdnr. 2.

Das Gericht hat die **Sachurteilsvoraussetzungen** zu prüfen, ohne hierbei an irgendwelche Annahmen gebunden zu sein, welche die mit der Abwicklung des Mahnverfahrens befaßten Justizorgane → § 691 Rdnr. 1 gemacht haben. Wegen der Zuständigkeitsprüfung → § 696 Rdnr. 9 f. Wegen des Zeitpunktes der Präklusion prozessualer Rügen → Erl. zu § 282 Abs. 3, der nach Abs. 2 S. 1 anwendbar ist. Sachurteilshindernisse können sich auch aus **Mängeln des vorausgehenden Mahnverfahrens** ergeben. Sie sind jedoch heilbar. Insbesondere die Heilung von Zustellungsmängeln → § 693 Rdnr. 3 ist durchaus möglich[2]. Auch die Tatsache, daß der MB wegen eines Anspruchs erging, der sich für ihn an sich nicht geeignet hätte, wird durch den Übergang in das streitige Verfahren geheilt → Rdnr. 2 a.E. War indes der Widerspruch unzulässig, etwa wegen eines Verzichts des Schuldners auf ihn → § 694 Rdnr. 4 oder weil bereits ein rechtskräftiger VB vorliegt und der Widerspruch daher nicht mehr als zulässiger Einspruch behandelt werden kann, so ist er in entsprechender Anwendung von § 341 als unzulässig zu verwerfen → § 694 Rdnr. 4.

2   II. Weil der im Antrag auf Erlaß eines MB geltend gemachte Anspruch nicht substantiiert zu werden braucht, kann der MB nach Widerspruchseinlegung auch nicht die Funktion der **Klageschrift** übernehmen. Aus diesem Grunde muß die Klageschrift nachgeholt werden. Dies soll Abs. 1 gewährleisten. Ist das Verfahren an ein Landgericht abgegeben, so muß der bisherige Antragsteller sich durch einen Rechtsanwalt vertreten lassen. In diesem Fall muß grundsätzlich die Anspruchsbegründung durch einen beim Prozeßgericht zugelassenen Rechtsanwalt unterschrieben sein. Jedoch sind auch Sachvorträge, die die Partei *vor* der Abgabe selbst eingeführt hat, für das Streitverfahren zu berücksichtigen[3].

Hat die Partei **nach der Abgabe** selbst eine Anspruchsbegründung beim zuständigen Landgericht eingereicht, so genügt es, wenn der in der mündlichen Verhandlung für die Partei auftretende Rechtsanwalt hierauf schriftsätzlich und mündlich Bezug nimmt[4]. Die für die Bezugnahme in der Klageschrift im Anwaltsprozeß entwickelten Grundsätze[5] hält der *BGH* für nicht übertragbar auf den Fall des § 697 Abs. 1[6].

---

[1] *RGZ* 90, 178.
[2] *RGZ* 87, 271.
[3] *BGHZ* 84, 139 = NJW 1982, 2002. *MünchKomm ZPO-Holch* Rdnr. 11, 19 fordert auch in diesem Fall Bezugnahme durch den am LG zugelassenen Prozeßbevollmächtigten.
[4] *BGHZ* aaO.
[5] *BGH* NJW 1957, 263.
[6] *BGH* Fn. 3.

Zum Antrag auf Verhandlung vor der Kammer für Handelssachen → § 690 Rdnr. 11.

Ist die nachfolgende Anspruchsbegründung ordnungsgemäß, so ist kaum vorstellbar, daß es noch Mängel aus dem Mahnverfahren gibt → Rdnr. 1, die auch dem Streitverfahren anhaften bleiben. Jedoch kann das Mahnverfahren Mängel gehabt haben, die der Rückwirkung der Rechtshängigkeit gemäß § 696 Abs. 3 → dort Rdnr. 7 entgegenstehen.

Reicht der Antragsteller die Anspruchsbegründung erst nach Ablauf der gem. § 697 Abs. 1 gesetzten Frist ein, so kann hierauf keine Zurückweisung nach § 296 Abs. 1 gestützt werden[7]. Es ist jedoch eine Zurückweisung nach § 296 Abs. 2 möglich, wenn in der Verspätung gleichzeitig ein Verstoß gegen die Prozeßförderungspflicht des § 282 Abs. 2 zu sehen ist[8].

Wird die Anspruchsbegründung nicht eingereicht, so ist das Rechtsschutzbegehren des Antragstellers dennoch wie eine Klage (als unzulässig) abzuweisen[9]. Da es sich der Sache nach um eine Prozeßabweisung handelt, kann getrost auf »Klageabweisung« tenoriert werden.

III. 1. Bei Eingang der Anspruchsbegründung ist wie nach dem Eingang einer Klage weiter zu verfahren, § 697 Abs. 2 S. 1.

a) Diese Verweisung erfaßt im Gegensatz zu der bis 1990 geltenden Rechtslage auch § 276 Abs. 1, 2. Entscheidet sich also das Gericht für das schriftliche Vorverfahren, so muß der Antragsgegner gem. § 276 Abs. 1 nach Zustellung der Anspruchsbegründung das Fortbestehen seiner Verteidigungsbereitschaft anzeigen. Der Widerspruch gegen den Mahnbescheid genügt hierfür nicht mehr. Unterläßt er diese Anzeige, so kann auf Antrag im schriftlichen Verfahren Versäumnisurteil gem. § 331 Abs. 3 ergehen. Andererseits ist gem. § 307 Abs. 2 in Verbindung mit § 276 Abs. 1 S. 1 nun auch ein Anerkenntnisurteil möglich. Diese Änderungen sollen nach der Vorstellung des Gesetzgebers einer Verschleppung des Verfahrens entgegenwirken[10].

b) Zum Schutz unerfahrener Antragsgegner ist mit der Belehrung nach § 276 Abs. 2 zusätzlich darauf hinzuweisen, daß der Widerspruch gegen den Mahnbescheid noch nicht als Anzeige der Verteidigungsbereitschaft im Sinne des § 276 Abs. 1 gewertet wird.

c) Abweichend vom Verfahren nach Klagezustellung kann gem. § 697 Abs. 2 S. 2 als Fristbeginn für die Klageerwiderung auch der Zeitpunkt der Zustellung der Anspruchsbegründung und nicht erst der Ablauf der Frist zur Erklärung des Fortbestands der Verteidigungsbereitschaft bestimmt werden. Diese Verkürzungsmöglichkeit soll der Verfahrensbeschleunigung dienen und ist deshalb gerechtfertigt, weil der Antragsgegner bereits während des Mahnverfahrens Gelegenheit gehabt hat, sich mit dem Streitgegenstand zu befassen[11]. Sowohl die Bemessung der Frist[12] wie die Festsetzung ihres Beginns dürfen jedoch nicht schematisch gehandhabt werden. Das Gericht ist gehalten zu prüfen, ob die gesetzliche Mindestfrist oder ihr Beginn schon mit Zustellung der Anspruchsbegründung den Umständen des Einzelfalles angemessen ist. Eine unterbliebene Ermessensprüfung kann ein mitwirkender Fehler des Gerichts sein, der der Nichtberücksichtigung verspäteten Parteivorbringens nach § 296 Abs. 1 entgegensteht[13]. Wirksam in Gang gesetzt wird die Frist nur, wenn die Anspruchsbegründung ordnungsgemäß erfolgte → Rdnrn. 1, 2, insbesondere vor dem LG die Vorschriften über den Anwaltszwang beachtet wurden[14]. Andernfalls ist § 296 Abs. 1 nicht anwendbar[15].

2. Begründet der Antragsteller seinen Anspruch nicht rechtzeitig, so wird gem. § 697 Abs. 3 Termin zur mündlichen Verhandlung nicht mehr von Amts wegen, sondern nur noch

---

[7] BGH NJW 1982, 1533.
[8] BGH aaO; OLG Hamm MDR 1980, 147; OLG Hamburg MDR 1979, 148; Zöller-Vollkommer[17] Rdnr. 4.
[9] OLG München NJW RR 1989, 1405; unentschieden BGHZ 84, 136, 139 = NJW 1982, 2002.
[10] BTDrucks 11/3621 S. 48.
[11] BTDrucks 11/3621 S. 49.
[12] OLG Köln NJW 1980, 2421.
[13] OLG Köln aaO.
[14] OLG Schleswig MDR 1988, 151; OLG Düsseldorf MDR 1983, 943.
[15] OLG Karlsruhe NJW 1980, 2806.

auf Antrag des Antragsgegners hin bestimmt. Hierdurch werden eine vergebliche Terminierung oder auch zusätzliche Kosten für eine Rechtsanwaltsbestellung vermieden, wenn beide Parteien zunächst nicht an der Fortsetzung des Verfahrens interessiert sind, etwa weil noch Vergleichsverhandlungen im Gang sind[16].

Beantragt der Antragsgegner Anberaumung eines Termins, so wird gleichzeitig mit der Terminbestimmung der Antragsteller unter erneuter Fristsetzung dazu aufgefordert, seinen Anspruch zu begründen, § 697 Abs. 3 S. 2. Erst wenn auch diese Frist versäumt wird, ist § 296 Abs. 1, 4 entsprechend anzuwenden.

5   IV. Abs. 4 erlaubt die **Rücknahme des Widerspruchs** bis zum Beginn der mündlichen Verhandlung, also auch noch nach Abgabe. Die Folge der Rücknahme ist, daß das streitige Verfahren endet, die Rechtshängigkeit entfällt und das Mahnverfahren fortgesetzt werden kann[17]. Zuständig zum Erlaß des VB ist in diesen Fällen aber das Prozeßgericht, weil das Verfahren mit der Abgabe endgültig und unwiderruflich aus der Verantwortung des ursprünglich im Verfahren angerufenen Gerichts entlassen worden ist. Ist gegen den zum Beklagten gewordenen Antragsgegner bereits ein Versäumnisurteil ergangen, würde es nur eine Verfahrensverzögerung ermöglichen, wollte man auch dann noch eine Rücknahme des Widerspruchs erlauben. Der Antragsteller müßte jetzt wieder den Erlaß eines VB beantragen. Daher ist in dieser Verfahrensphase die Rücknahme des Widerspruchs nicht mehr möglich. S. 2 von Abs. 4 soll sicherstellen, daß nicht lediglich deshalb die Dienste eines Anwalts in Anspruch genommen werden müssen, weil ein Widerspruch zurückgenommen werden soll.

6   V. Abs. 5 → §§ 313 b Rdnr. 12 ff.; 317 Rdnr. 21 ff.

7   VI. Wegen der Kosten → vor § 688 Rdnr. 5.

§ 698 [Identität des für Mahnverfahren und streitige Verhandlungen zuständigen Gerichts]

Die Vorschriften über die Abgabe des Verfahrens gelten sinngemäß, wenn Mahnverfahren und streitiges Verfahren bei demselben Gericht durchgeführt werden.

Gesetzesgeschichte: Anstatt des obsolet gewordenen § 698 a. F. eingefügt durch BGBl. 76 I 3281 → Vor § 688 Rdnr. 3 ff.

1   I. Die sinngemäße Anwendung der Vorschrift über die Abgabe des Verfahrens, § 696, kann nur heißen, daß innerhalb des Gerichts die Sache an das nach der Geschäftsverteilung zuständige Zivildezernat (ggf. auch Familiengerichtsdezernat) abgegeben wird, wie wenn der MB von einem auswärtigen Gericht stammte. Der Rechtspfleger hat aber die Sache an die Prozeßabteilung seines AG abzugeben, wo nach § 697 weiter verfahren wird. Auch im Falle des § 703 d findet eine Abgabe innerhalb desselben AG statt. Hier richtet sich die örtliche Zuständigkeit für das Mahnverfahren von vornherein nach der für das streitige Verfahren. Richtet sich die Zuständigkeit des einzelnen Amtsrichters nach der Reihenfolge der Nummern der Eingänge, so müssen die »abgegebenen« Sachen mit einem Eingangsstempel versehen und eingereiht werden.

---

[16] BTDrucks 11/3621 S. 49.   [17] *OLG Hamm* MDR 1985, 66; *OLG München* Rpfleger 1985, 167.

II. Auch in diesem Falle ist den Parteien nach § 696 Abs. 1 S. 3 die »Abgabe« an die 2
allgemeine Prozeßabteilung des Amtsgerichts mitzuteilen. Die Abgabe muß wiederum »alsbald« → § 696 Rdnr. 7 geschehen, wenn die Wirkungen der Rechtshängigkeit zurückbezogen werden sollen.

§ 699 [Vollstreckungsbescheid – VB]

(1) **Auf der Grundlage des Mahnbescheids erläßt das Gericht auf Antrag einen Vollstreckungsbescheid, wenn der Antragsgegner nicht rechtzeitig Widerspruch erhoben hat. Der Antrag kann nicht vor Ablauf der Widerspruchsfrist gestellt werden; er hat die Erklärung zu enthalten, ob und welche Zahlungen auf den Mahnbescheid geleistet worden sind; § 690 Abs. 3 gilt entsprechend. Ist der Rechtsstreit bereits an ein anderes Gericht abgegeben, so erläßt dieses den Vollstreckungsbescheid.**
(2) **Soweit das Mahnverfahren nicht maschinell bearbeitet wird, kann der Vollstreckungsbescheid auf den Mahnbescheid gesetzt werden.**
(3) **In den Vollstreckungsbescheid sind die bisher entstandenen Kosten des Verfahrens aufzunehmen. Der Antragsteller braucht die Kosten nur zu berechnen, wenn das Mahnverfahren nicht maschinell bearbeitet wird; im übrigen genügen die zur maschinellen Berechnung erforderlichen Angaben.**
(4) **Der Vollstreckungsbescheid wird dem Antragsgegner von Amts wegen zugestellt. Dies gilt nicht, wenn der Antragsteller die Übergabe an sich zur Zustellung im Parteibetrieb beantragt oder wenn der Antragsteller die Auslagen für die Zustellung von Amts wegen nicht bezahlt hat. In diesen Fällen wird der Vollstreckungsbescheid dem Antragsteller zur Zustellung übergeben; die Geschäftsstelle des Gerichts vermittelt diese Zustellung nicht. Bewilligt das mit dem Mahnverfahren befaßte Gericht die öffentliche Zustellung, so wird der Vollstreckungsbescheid an die Gerichtstafel des Gerichts angeheftet, das in dem Mahnbescheid gemäß § 692 Abs. 1 Nr. 1 bezeichnet worden ist.**

Gesetzesgeschichte: § 639 CPO. Änderung: RGBl. 09 I 475, 27 I 175, BGBl. 76 I 3281, BGBl. 78 I S. 333.

I. Allgemeines

Für die Zwangsvollstreckung wegen des Anspruchs, der dem MB zugrundeliegt, bedarf es 1
eines VB, der auf der Grundlage des MB erlassen wird. Erst der VB stellt einen Titel nach § 794 Abs. 1 Nr. 4 dar.

II. Voraussetzungen

1. Der VB wird nur auf Antrag erlassen. Unabhängig davon, ob der Antrag schriftlich 2
gestellt wird oder mündlich ohne Protokollierungszwang (§ 702 Abs. 1 S. 3), ist gem. § 703c Abs. 2 die Benutzung der eingeführten Vordrucke vorgeschrieben. Eine eigenhändige Unterschrift ist im Gegensatz zum Mahnantrag (§ 690 Abs. 2) nicht ausdrücklich vorgeschrieben, aber jedenfalls im Vordruck vorgesehen.
Die Verweisung des § 699 Abs. 1 S. 2 auf § 690 Abs. 3 ermöglicht auch hier die Übermittlung von Verfahrensdaten auf maschinellem Wege → § 690 Rdnr. 18. In diesem Fall kann unter den Voraussetzungen des § 690 Abs. 3 Hs. 2 auf die Unterschrift verzichtet werden → § 690 Rdnr. 19. Wird der Antrag von einem Bevollmächtigten gestellt, so gilt § 703.

3   2. Voraussetzung für den Erlaß eines VB ist ein wirksamer MB[1], was das Gericht vor Erlaß des VB zu überprüfen hat[1a]. Dazu gehört auch die wirksame Zustellung[2]. Fehlerhafte Parteibezeichnungen können, wenn der MB der richtigen Partei zugestellt worden ist, nur berichtigt werden, wenn schon die ursprüngliche Bezeichnung keinen Zweifel an der Identität der Partei aufkommen lassen konnte[3]. Zu den Wirksamkeitsvoraussetzungen des MB rechnet der *BGH* auch die Sachentscheidungsvoraussetzungen, auf die § 691 verweist. Wurde also der MB von einem unzuständigen Gericht erlassen, so kann danach weder dieses noch das eigentlich zuständige Gericht einen VB erlassen, da ein wirksamer MB als Grundlage für den VB fehlt. Nach dieser Lehre muß also der Antrag auf Erlaß eines VB verworfen und erneut Mahnantrag beim zuständigen Gericht gestellt werden[4]. Richtigerweise aber macht die Verletzung der ausschließlichen örtlichen Zuständigkeit einen Staatsakt nicht nichtig (s. § 44 Abs. 2 Nr. 3 VwVfG). Daher muß in entsprechender Anwendung von § 281 an das zuständige Gericht verwiesen werden, welches dann auf der Grundlage des von ihm wirksam zu erlassenden MB den VB erlassen kann.

4   3. Der VB kann nicht vor Ablauf der Widerspruchsfrist beantragt werden (§ 699 Abs. 1 S. 2), auch nicht bedingt für den Fall, daß innerhalb dieser Frist kein Widerspruch erhoben wird. Diese Regelung soll in Verbindung mit der von § 699 Abs. 1 S. 2 geforderten Erklärung, ob und welche Zahlungen auf den MB geleistet wurden, verhindern, daß ohne sorgfältige Prüfung durch den Antragsteller schematisch VBe beantragt und erlassen werden, obwohl möglicherweise während der Widerspruchsfrist der Anspruch aus dem MB ganz oder zum Teil erfüllt wurde. Dementsprechend ist der Antrag auf Erlaß eines VB jedenfalls dann verfrüht, wenn er vor Ablauf der Widerspruchsfrist bei Gericht eingeht[5]. Ein Teil der Rechtsprechung weist ihn mit Hinweis auf den Zweck des § 699 Abs. 1 S. 2 auch dann als verfrüht zurück, wenn erkennbar ist, daß er vor Fristablauf abgefaßt oder abgesandt wurde[6] und deshalb spätere fristgerechte Zahlungen nicht berücksichtigt. Auch ein nach Fristablauf gestellter Antrag ist jedoch zurückzuweisen, wenn noch vor Verfügung des VB gem. § 694 Abs. 1 Widerspruch eingelegt wurde. Nach Ablauf von sechs Monaten seit Zustellung des MB kann VB nicht mehr beantragt werden, § 701. Das gilt auch dann, wenn innerhalb dieser Frist bereits ein Antrag gestellt und wegen fehlender Angaben zu geleisteten Zahlungen zurückgewiesen wurde[7]. Wegen der Rechtsfolge eines verfrühten Erlasses des VB → § 700 Rdnr. 2 und unten → Rdnr. 14 (Kosten).

5   4. Der Antrag muß Angaben dazu enthalten, ob und welche Zahlungen auf den MB hin geleistet wurden. Diese Erklärung ist zwingende Voraussetzung für den Erlaß; ihr Fehlen ist Zurückweisungsgrund[8]. Bewußt falsche Angaben können den Tatbestand des versuchten Prozeßbetruges erfüllen[9].

6   Wurden Zahlungen geleistet oder hat der Antragsgegner nur Teilwiderspruch eingelegt, so muß der Antrag auf Erlaß des Vollstreckungsbescheides entsprechend reduziert werden. Soweit Teilwiderspruch erhoben wurde, kommt Abgabe ans Streitgericht gem. § 696 Abs. 1 S. 1 in Betracht, wobei sich die sachliche Zuständigkeit nach dem Wert des vom Widerspruch erfaßten Teiles richtet[10].

---

[1] *BGH* NJW 1990, 1119; *BGHZ* 85, 362, 365 f. = NJW 1983, 633; *KG* NJW 1983, 2709, 2710; *OLG Karlsruhe* Die Justiz 1987, 186
[1a] *LG Traunstein* Rpfleger 1987, 206; *LG Stuttgart* Rpfleger 1988, 534.
[2] *AG Köln* Rpfleger 1969, 438.
[3] *Bull* Rpfleger 1957, 401; 1959, 82; *AG Köln Rpfleger* 1967, 220.
[4] *BGH* aaO.
[5] *Zöller-Vollkommer*[17] Rdnr. 3.

[6] *LG Bielefeld* BB 1979, 19; *LG Frankenthal* Rpfleger 1979, 72; *LG Stade* NJW 1981, 2366; *LG Darmstadt* NJW 1978, 2204; ebenso *MünchKommZPO-Holch* Rdnr. 6, der auf den Zeitpunkt der Unterzeichnung abstellt. – A.M. *LG Frankfurt* NJW 1978, 767; *LG Braunschweig* Rpfleger 1978, 263.
[7] *LG Frankfurt* Rpfleger 1982, 295.
[8] *LG Frankfurt* Rpfleger 1982, 295.
[9] Vgl. *BGHSt* 24, 257.
[10] *OLG Koblenz* Rpfleger 1982, 292.

5. Von einer **anderen Partei als dem im MB stehenden Antragsteller**[11] oder gegen eine 7
andere Partei als den dort ausgewiesenen Antragsgegner kann der Antrag in entsprechender
Anwendung der §§ 239 ff., 265 f., erforderlichenfalls nach Unterbrechung und Aufnahme,
gestellt werden → § 693 Rdnr. 13. Der Rechtsnachfolger muß seine Legitimation in entsprechender Anwendung von § 727 durch öffentliche oder öffentlich beglaubigte Urkunden
nachweisen, die nach § 750 Abs. 2 mit dem VB in Abschrift zuzustellen sind. Der Zessionar
einer Forderung muß daher die Zustimmung des Schuldners nach § 265 Abs. 2 S. 2 einholen.
Ist der VB ohne diese ergangen, so ist zwar der unterbliebene Einspruch keine schlüssige
Zustimmung, jedoch überlagert die materielle Rechtskraft des VB den Mangel, wenn man
eine solche anerkennt → § 700 Rdnr. 10.

6. Eine Rücknahme des Antrags auf Erlaß des VB ist möglich, solange der VB noch nicht 8
verfügt ist.

III. Zuständigkeit

Zuständig für den Erlaß des VB ist das Gericht, das den MB erlassen hat. Wegen der Folgen 9
hinsichtlich des VB, wenn ein unzuständiges Gericht den MB erlassen hat → Rdnr. 3. Wird
nach einer rechtlich zulässigen Abgabe ein VB beantragt, nachdem der Widerspruch zurückgenommen worden ist, so ist aus Gründen der Verfahrensökonomie das Gericht zuständig, an
das abgegeben wurde, Abs. 1 S. 3. Auf Verweisung und Weiterverweisung wird diese Regelung entsprechend angewendet[12]. Erfolgte die Abgabe, ohne daß die Voraussetzungen dafür
vorgelegen hätten (etwa weil Widerspruch nicht eingelegt wurde), so soll das Mahngericht
zuständig bleiben[13]. Richtigerweise wendet man aus Gründen der Verfahrensbeschleunigung
Abs. 1 S. 3 seinem Wortlaut entsprechend auch in diesem Falle an. Funktionell zuständig ist
nach § 20 Nr. 1 RpflG der Rechtspfleger.

IV. Entscheidung

1. Der für den Erlaß des VB zuständige Rechtspfleger ist berechtigt, alle **Zulässigkeitsvor-** 10
aussetzungen des MB erneut zu prüfen[14]. An die vor Erlaß des MB erfolgten Feststellungen
zur Zulässigkeit ist er nicht gebunden[15]. Das gilt aber nur deshalb, weil die Zulässigkeitsvoraussetzungen für einen MB auch Zulässigkeitsvoraussetzungen für den VB sind. Die Wirksamkeit des vom unzuständigen Gericht erlassenen MB kann nicht in Frage gestellt werden
→ Rdnr. 3.
Gegenüber den geltend gemachten Ansprüchen hat der Rechtspfleger erneut sein schon
gegenüber dem Mahnantrag bestehendes rudimentäres Prüfungsrecht wahrzunehmen
→ § 691 Rdnr. 6. Das hat Bedeutung vor allen Dingen dann, wenn sich jetzt in unzweifelhafter
Weise herausstellt, daß schon vor Antrag auf Erlaß des MB ein Teil der Forderung bezahlt
wurde[15a].

2. Soweit die unter Rdnr. 2–9 dargestellten Voraussetzungen nicht gegeben sind, ist der 11
Antrag auf Erlaß des VB zurückzuweisen. Grundsätzlich genügt formlose Mitteilung des

---

[11] A.M. *Zöller-Vollkommer*[17] vor 688 Rdnr. 8; *Rosenberg-Schwab*[14] § 165 III 6.
[12] *Baumbach/Lauterbach/Hartmann*[51] Rdnr. 13 *Zöller-Vollkommer*[17] Rdnr. 11.
[13] *OLG München* NJW RR 1989, 128. – A.M. *Thomas-Putzo*[18] Rdnr. 13 ff.
[14] *OLG Karlsruhe* Justiz 1987, 186 = Rpfleger 1987, 422; *LG Stuttgart* Rpfleger 1988, 534.
[15] *BGH* NJW 1990, 1119.
[15a] *LG Traunstein* Rpfleger 1987, 206.

Beschlusses an den Antragsteller[16], da gegen den Beschluß im Normalfall nur unbefristete Erinnerung gem. § 11 Abs. 1 S. 1 RpflG statthaft ist. Zustellung ist jedoch dann gem. § 329 Abs. 2 S. 2 erforderlich, wenn der Antrag hinsichtlich geltend gemachter Kosten zurückgewiesen wurde, da hiergegen gem. § 104 Abs. 3 i.V.m. § 11 Abs. 1 S. 2 RpflG befristete Erinnerung statthaft ist.

Die Zurückweisung des Antrags braucht dem Antragsgegner nicht mitgeteilt werden, da er auch von der Antragstellung nicht in Kenntnis zu setzen war, § 702 Abs. 2.

12   Nach der Zurückweisung kann innerhalb der Frist des § 701 S. 1 ohne weiteres erneut Antrag auf Erlaß eines VB gestellt werden[17]. Zwar bestimmt § 701 S. 2, daß der MB mit der Zurückweisung des Antrags auf Erlaß eines VB seine Wirkung verliert. Diese Vorschrift ist jedoch nur auf die letztinstanzliche Zurückweisung anwendbar[18] → § 701 Rdnr. 2: Da gegen die Zurückweisung des Antrages grundsätzlich unbefristete Beschwerde statthaft ist, muß bis zur Ausschöpfung des Instanzenzuges der Erlaß des VB möglich bleiben. Dieser setzt jedoch den Bestand eines MB voraus → Rdnr. 3, weshalb der MB bis zur letztinstanzlichen Zurückweisung wirksam bleiben muß. Bis zu diesem Zeitpunkt oder – wenn Erinnerung nicht eingelegt wurde – bis zum Ablauf der Frist des § 701 S. 1 kann daher erneut Antrag auf Erlaß des VB gestellt werden.

13   **3. a)** Liegen die Voraussetzungen der Rdnr. 2–9 vor, so ist VB zu erlassen. Bei maschineller Bearbeitung wird der VB gem. § 703b Abs. 1 ausgedruckt; einer Unterschrift bedarf es nicht. Anderenfalls sind die amtlichen Vordrucke zu verwenden und durch den Rechtspfleger zu unterschreiben. Fehlt die Unterschrift, so liegt weder ein Vollstreckungstitel, noch überhaupt eine ordnungsgemäße Ausfertigung vor. Die Rechtsmittelfrist wird daher nicht in Gang gesetzt[19]. Nach Einlegung des Widerspruchs kann die Unterschrift nicht mehr nachgeholt werden, da der Rechtspfleger zu diesem Zeitpunkt nicht mehr zum Erlaß des VB befugt ist[20].

14   **b) Der VB lautet dahin,** daß der MB ganz oder zum Teil vorläufig vollstreckbar sei. Er kann dabei auch einen Personenwechsel berücksichtigen → Rdnr. 7. Erweiterungen bezüglich des Betrages, z. B. der beanspruchten Zinsen, sind dagegen schlechthin ausgeschlossen.

In den VB sind nach Abs. 3 die vom Antragsteller zu berechnenden **Kosten** des Mahnverfahrens – bei maschineller Bearbeitung genügt die Angabe der zur Berechnung nötigen Daten – aufzunehmen. § 104 Abs. 1 S. 2 ist mit der Maßgabe entsprechend anwendbar, daß der Erlaß des VB für den Beginn der Verzinsungspflicht maßgebend ist[21]. Zu den Kosten des Mahnverfahrens gehören auch solche, die nach Rücknahme des Widerspruchs entstanden sind[22], nicht aber solche, die bereits im MB anzugeben gewesen wären, dort aber versehentlich nicht berechnet oder aufgenommen wurden. Denn für sie fehlt es an einem MB. Zu den bereits im MB ausgewiesenen treten die Kosten für den VB selbst. Die Notwendigkeit der Kosten für den VB ist aber nur dann dargetan, wenn mit dem Antrag auf seinen Erlaß so lange gewartet wird, bis eine am letzten Tag der Zahlungsfrist aufgegebene Banküberweisung eingetroffen sein kann.

15   Ein VB nur wegen der Kosten des Verfahrens ist zulässig[23]. Wird nach Teilwiderspruch nur über einen Teil des Anspruchs VB erlassen, so sind in diesen die Kosten des Mahnverfahrens nicht aufzunehmen. Über sie wird im streitigen Verfahren entschieden[24].

---

[16] *OLG Karlsruhe* Justiz 1987, 186; *OLG Frankfurt* Rpfleger 1981, 239; *Thomas-Putzo*[18] Rdnr. 10; *Zöller-Vollkommer*[17] Rdnr. 18 ff.; *MünchKommZPO-Holch* Rdnr. 31.
[17] *LG Frankfurt* Rpfleger 1982, 295.
[18] *Zöller-Vollkommer*[17] § 701 Rdnr. 3; *Vollkommer* Rpfleger 1982, 295, 296.
[19] *OLG München* NJW 1982, 2783.
[20] *OLG München* MDR 1983, 675; *MünchKommZPO-Holch* Rdnr. 45, 50.
[21] *LG Detmold* NJW 1959, 774; *AG Remscheid* NJW 1958, 348; *Zöller-Vollkommer*[17] Rdnr. 10; *Baumbach/Lauterbach/Hartmann*[51] Rdnr. 15; *Tschischgale* NJW 1958, 1478.
[22] *LG Berlin* Rpfleger 1963, 235.
[23] *KG* MDR 1963, 323.
[24] *LG Hagen* Rpfleger 1990, 518.

Die überwiegende Meinung in Literatur und Rechtsprechung vertritt die Ansicht, daß die 16
spezialgesetzlich geregelte *Kostenfestsetzung* nach § 699 Abs. 3 S. 1 ein Kostenfestsetzungsverfahren nach §§ 103, 104 ausschließt[25]. Letzteres wird allenfalls dann zugelassen, wenn nach Antragstellung auf Erlaß des VB Kosten entstanden sind, die im VB nicht mehr berücksichtigt werden konnten[26]. Ein Grundsatz, daß im Mahnverfahren nur eine ziffernmäßige Kostenfestsetzung möglich ist, existiert jedoch nicht. Es ist daher möglich, in den VB nur aufzunehmen, wer die Kosten zu tragen hat und im übrigen ein Kostenfestsetzungsverfahren nach §§ 103, 104 durchzuführen. Dieser Weg sollte dann eingeschlagen werden, wenn die Ermittlung der Höhe der Kosten problematisch ist und den Erlaß des VB merklich verzögern würde[27]. Sind die Kosten in den VB individuell aufgenommen worden, wurden aber Einzelposten übersehen, so kann der VB ergänzt werden[28]. Kosten der Zustellung des VB brauchen nicht aufgenommen zu werden, weil sie nach § 788 Abs. 1 i.Vdg.m. § 795 zu den Kosten der Zwangsvollstreckung gehören.

c) **Erlassen** ist der VB dann, wenn er zur Kenntnis von Personen außerhalb des Gerichts 17
hinausgegeben, d.h. vom Rechtspfleger in den Geschäftsgang gegeben wird[29] → § 694
Rdnr. 1.

V. Zustellung

1. Da der VB einem Versäumnisurteil gleichsteht → § 700 Abs. 1, wird er wie dieses der 18
unterlegenen Partei → § 317 Abs. 1 S. 1 **von Amts wegen zugestellt,** Abs. 4 S. 1. Zuständig hierfür ist das Gericht, das den VB erlassen hat[30]. Dem Vordruckzwang des § 703c Abs. 2 ist nur Genüge getan, wenn die amtlichen Vordrucke mit Rechtsbehelfsbelehrung zugestellt werden, die Zustellung von Kopien ohne Rechtsbehelfsbelehrung genügt nicht[31]. Einer Vollstreckungsklausel bedarf es nur in den Fällen der § 796 Abs. 1 und § 33 AVAG (Auslandszustellung).

2. Die Sätze 2–4 des Abs. 4 regeln drei Besonderheiten im Vergleich zu den Bestimmun- 19
gen über die Zustellung eines Versäumnisurteils:

a) Anders als bei Urteilen soll der Antragsteller die **Wahl haben**, **den VB selbst zustellen zu lassen.** Dadurch ist er in die Lage versetzt, die Zustellung zu unterlassen, etwa wenn der Antragsgegner doch noch rechtzeitig zahlt. Das Verfahren kommt dann mit der Folge des § 211 Abs. 2 BGB zum Stillstand[32].

Außerdem soll dem Antragsteller die Möglichkeit offen gehalten werden, gleichzeitig mit der Zustellung die Mobiliarzwangsvollstreckung betreiben zu können → § 750 Abs. 1 S. 2. Optiert der Antragsteller für die Zustellung im Parteibetrieb, so muß er einen Antrag stellen, kann sich aber auch darauf beschränken, die Zahlung der Zustellungsgebühr zu unterlassen. Das Gesetz sagt hier ebensowenig, bis wann der Antrag gestellt werden kann, wie im sogleich zu erörternden Fall, bis wann die Auslagen spätestens bezahlt werden müssen. Entscheidend ist der Zeitpunkt, zu dem der VB »verfügt« wird → Rdnr. 17 →; § 694 Rdnr. 1.

Hat der Antragsteller die **Auslagen für die Zustellung nicht entrichtet,** so wird ihm der VB zur Zustellung übergeben. Indes besteht kein Grund, warum der Antragsteller in diesem Zeitpunkt -eventuell sogar später – die versäumte Zahlung nicht noch sollte nachholen und

---

[25] *BGH* NJW 1991, 2084; *OLG Frankfurt* Rpfleger 1981, 239; *Zöller-Vollkommer*[17] Rdnr. 10; *Baumbach/Lauterbach/Hartmann*[51] Rdnr. 15.
[26] *OLG Koblenz* Rpfleger 1985, 369. – A.M. *Hansens* Rpfleger 1989, 487, 489.
[27] *LG Lüneburg* Rpfleger 1973, 410; *MünchKomm-ZPO-Holch* Rdnr. 42.
[28] *Schultzenstein* ZZP 16, 564.
[29] *BGH* NJW 1982, 889.
[30] *BAG* NJW 1983, 476.
[31] *Zöller-Vollkommer*[17] Rdnr. 15. – A.M. *OLG Karlsruhe* NJW RR 1987, 895; *MünchKommZPO-Holch* Rdnr. 62.
[32] *OLG München* OLGZ 1976, 189.

dadurch Amtszustellung erreichen können. Hat der Antragsteller zuzustellen, so ist ihm eine Ausfertigung von MB und VB zu erteilen. Bei der Zustellung an den Antragsgegner gelangt die Ausfertigung als Urschrift mit der Zustellungsurkunde an den Antragsteller zurück → §§ 190 Abs. 2, 4, 195 Abs. 3.

Der Ausschluß der Zustellungsvermittlung des Gerichts ist nicht etwa als eine Sanktion für die Nichtzahlung der Zustellungsauslagen zu verstehen. Er hat seinen Grund darin, daß nur selten Zustellungen im Bezirk des Gerichts anstehen, das den VB erlassen hat. Aufgrund von § 166 Abs. 2 kann die Zustellung gerichtlich sehr wohl vermittelt werden – selbst dann, wenn zufälligerweise im Bezirk des Gerichts zuzustellen ist, das den VB erlassen hat.

Auch die Parteizustellung des VB setzt die Einspruchsfrist nach §§ 700 Abs. 1, 339 Abs. 1 in Gang[33].

20 b) Bedarf es einer öffentlichen Zustellung oder einer Zustellung im Ausland, die – anders als solche Zustellungen von Mahnbescheiden, § 688 Abs. 2, 3 – immer zulässig ist[34] und etwa bei Verlegung des Aufenthalts notwendig werden kann, so muß der Antragsteller die nach §§ 199, 203 ff. erforderlichen Anträge stellen, auf deren Notwendigkeit hinzuweisen ist → § 139, Art. 25 EuGVÜ (Anh. § 328).

Für den Erlaß des Ersuchungsschreibens nach § 202 Abs. 1 und für die Bewilligung nach § 204 Abs. 1 ist gem. §§ 4; 20 Nr. 1 i.V.m. Nr. 7 RpflG der Rechtspfleger zuständig[35].

21 c) S. 4 soll gewährleisten, daß im Falle öffentlicher Zustellung nicht an der Tafel des mit der Mahnsache befaßten Gerichts angeschlagen wird. Liegt der allgemeine Gerichtsstand des Antragsgegners im Ausland → § 696 Rdnr. 4, kann der Anschlag an der Tafel des Gerichts gemacht werden, das den MB erlassen hat.

VI. Arbeitsgerichtliches Verfahren; WEG.

22 Das in den Rdnrn. 1–21 Ausgeführte gilt im arbeitsgerichtlichen Verfahren und im Verfahren nach § 46a WEG entsprechend. Das Erfordernis der obligatorischen Belehrung über den Einspruch nach § 59 S. 3 ArbGG gilt auch für VBe.

§ 700 [Einspruch gegen den Vollstreckungsbescheid]

(1) **Der Vollstreckungsbescheid steht einem für vorläufig vollstreckbar erklärten Versäumnisurteil gleich.**
(2) **Die Streitsache gilt als mit der Zustellung des Mahnbescheids rechtshängig geworden.**
(3) **Wird Einspruch eingelegt, so gibt das Gericht, das den Vollstreckungsbescheid erlassen hat, den Rechtsstreit von Amts wegen an das Gericht ab, das in dem Mahnbescheid gemäß § 692 Abs. 1 Nr. 1 bezeichnet worden ist, wenn die Parteien übereinstimmend die Abgabe an ein anderes Gericht verlangen, an dieses. § 696 Abs. 1 Satz 3 bis 5, Abs. 2, 5, § 697 Abs. 1, 4, § 698 gelten entsprechend. § 340 Abs. 3 ist nicht anzuwenden.**
(4) **Bei Eingang der Anspruchsbegründung ist wie nach Eingang einer Klage weiter zu verfahren, wenn der Einspruch nicht durch Beschluß als unzulässig verworfen wird. § 276 Abs. 1 Satz 1, 3, Abs. 2 ist nicht anzuwenden.**
(5) **Geht die Anspruchsbegründung innerhalb der von der Geschäftsstelle gesetzten Frist**

---

[33] *OLG Koblenz* NJW 1981, 408.
[34] Hierzu *BGHZ* 98, 263 = JR 1987, 157 Anm. *Schlosser*. Die Entscheidung ist insofern überholt, als nun § 34 Abs. 3 S. 3 AVAG den § 175 ausdrücklich für anwendbar erklärt, allerdings mit der Maßgabe, daß der Zustellungsbevollmächtigte innerhalb der Widerspruchsfrist zu benennen ist.
[35] BTDrucks 11/3621 S. 59; *Hansens* NJW 1991, 954.

nicht ein und wird der Einspruch auch nicht durch Beschluß als unzulässig verworfen, bestimmt der Vorsitzende unverzüglich Termin; § 697 Abs. 3 Satz 2 gilt entsprechend.

(6) Der Einspruch darf nach § 345 nur verworfen werden, soweit die Voraussetzungen des § 331 Abs. 1, 2 erster Halbsatz für ein Versäumnisurteil vorliegen; soweit die Voraussetzungen nicht vorliegen, wird der Vollstreckungsbescheid aufgehoben.

Gesetzesgeschichte: § 640 CPO. Änderungen: RGBl. 09 I 475, 24 I 552, BGBl. 76 I 3281; 90 I 2847.

I. Gleichstellung mit vorläufig vollstreckbaren Versäumnisurteilen

1. Der VB steht, auch wenn zu Unrecht erlassen, einem **Versäumnisurteil**, also einer im Streitverfahren ergangenen Entscheidung gleich. Das weitere Verfahren ist Streitverfahren. Die damit eintretenden Rechtshängigkeitswirkungen werden in gleicher Weise wie in anderen Fällen einer Überleitung des Mahnverfahrens in das Streitverfahren → § 696 Abs. 3 auf den Zeitpunkt der Zustellung des MB zurückdatiert. Für die perpetuatio fori nach § 261 Abs. 3 Nr. 2 ist hingegen auf den Zeitpunkt des Erlasses des VB abzustellen. Vorher eingetretene Veränderungen der zuständigkeitsbegründenden Umstände sind daher zu berücksichtigen[1]

Gegen den VB steht dem Antragsgegner auch bei Mängeln des Verfahrens[2], etwa Zustellungsmängeln, oder zur bloßen Anfechtung der darin enthaltenen Kostenfestsetzung – vom Wiederaufnahmeverfahren abgesehen – nur der **Einspruch** zu. Selbst die Erinnerung gegen die Entscheidung des Rechtspflegers ist nach § 11 Abs. 5 S. 2 RpflG ausgeschlossen. Zur Rechtskraft des VB → Rdnr. 10. Der Einspruch kann auf einen Teil des VB, insbesondere auf die Kosten[3] beschränkt werden. Bleibt der Antragsgegner auch nach Einspruchseinlegung säumig, so ergeht gegen ihn zweites Versäumnisurteil nach § 345.

2. Der VB steht einem für **vorläufig vollstreckbar** erklärten Endurteil gleich. Er ist also schon vor Ablauf der Einspruchsfrist, nämlich von seiner Zustellung an → § 750 vollstreckbar → §§ 794 Abs. 1 Nr. 4, § 795. Zur Vollstreckungsklausel → § 796 Abs. 1, § 33 AVAG → §§ 328 Rdnr. 938, 699 Rdnr. 7.

Die Zwangsvollstreckung folgt im übrigen den allgemeinen Regeln. Lediglich die in § 135 HGB, § 725 BGB bezüglich einer bloß vorläufigen Vollstreckbarkeit bestehenden Einschränkungen sind auch hier zu beachten. Der Einspruch hemmt die Zwangsvollstreckung nicht. Allerdings kann das Gericht die in § 719 i. Vdg. m. § 707 zugelassene einstweilige Einstellung anordnen, aber auch durch deren Verweigerung etwaigen Verschleppungsabsichten des Antragsgegners entgegenwirken. Wird durch das nach Einspruch ergehende Endurteil der VB aufgehoben → § 343, so tritt mit Verkündung dessen Vollstreckbarkeit außer Kraft → § 717 Abs. 1. Die Schadensersatzpflicht nach § 717 Abs. 2 wird dadurch ausgelöst.

II. Das Verfahren nach Einspruch

1. Grundsätzlich sind §§ 338 ff. mit den sich aus Abs. 3 ergebenden Besonderheiten anzuwenden. Eingelegt wird der Einspruch durch *Einreichung eines Schriftsatzes* → § 340 oder durch Erklärung vor dem Urkundsbeamten der Geschäftsstelle → § 702. Auf eine Anwendung von § 340 Abs. 3 ist deshalb verzichtet worden, weil in diesem Verfahrensstadium der Anspruch des Antragstellers noch gar nicht substantiiert dargelegt worden ist. Daß der

---

[1] *MünchKommZPO-Holch* Rdnr. 7.
[2] BGH NJW 1984, 57.
[3] *OLG Zweibrücken* OLGZ 1971, 380, 383.

Einspruch bereits vor Zustellung, u. U. sogar vor Erlaß des VB erhoben werden kann, steht außer Zweifel → § 339 Rdnr. 7. Ein verspäteter Widerspruch gilt nach § 694 Abs. 2 als Einspruch. Deshalb gelten für die Form des Einspruchs keine strengeren Anforderungen, als für die des Widerspruchs. Auch die Einspruchsschrift muß eigenhändig unterzeichnet werden[4]. Einlegung durch Telegramm, Fernschreiben oder Telefax ist zulässig[5]. Der Einspruch gehört zum Mahnverfahren und unterliegt deshalb nicht dem Anwaltszwang. Dies gilt auch dann, wenn er sich gegen einen gemäß § 699 Abs. 1 S. 3 vom Rechtspfleger des LG erlassenen VB richtet, da § 78 Abs. 1 nicht eingreift. Ein Bevollmächtigter, der nicht Rechtsanwalt ist, kann auch in diesem Fall das Vorliegen seiner Vollmacht nach § 703 versichern. Ein Nachweis seiner Vollmacht ist nicht erforderlich. Der Rechtspfleger, der den VB erlassen hat, gibt die Akten von Amts wegen an das im MB gemäß §§ 692 Abs. 1 Nr. 1, 690 Abs. 1 Nr. 5 bezeichnete Gericht, im Fall des § 698 und des § 703d gegebenenfalls an die für das Streitverfahren zuständige Abteilung des eigenen Gerichts ab.

5   2. Das Gericht, welches den VB erlassen hat, **prüft die Zulässigkeit des Einspruchs nicht.** Diese wird erst von dem Empfangsgericht geprüft. In Abs. 3 ist nicht von einem »zulässigen« Einspruch die Rede. Eine solche Prüfung wäre mit dem Rationalisierungsanliegen des Mahnverfahrens nicht vereinbar. Liegt bei Gericht ein Schriftstück vor, mit dem ersichtlich ein Rechtsbehelf gegen den VB eingelegt werden soll, so hat es den Rechtsstreit von Amts wegen an das Gericht abzugeben, das für die Durchführung des streitigen Verfahrens benannt worden ist → § 690 Rdnr. 8, 9. Seit dem 1.1.1992[6] können die Parteien auch übereinstimmend die Abgabe an ein anderes Gericht verlangen. Wegen der entsprechenden Anwendbarkeit von § 696 Abs. 1 S. 3–5, Abs. 2, 5 → § 696 Rdnr. 5, 6, 9ff. Vor einer etwaigen Weiterverweisung an das zuständige Gericht hat sich das Gericht, an welches die Sache abgegeben worden ist, aber darüber zu vergewissern, ob der Einspruch zulässig ist → § 341. Es kann vor der Weiterverweisung darüber ein Zwischenurteil erlassen. Tut es dies nicht, so ist seine Ansicht zur Zulässigkeit des Einspruchs für das neu mit der Sache befaßte Gericht nicht bindend[7].

Mit der *Abgabe* endet das Mahnverfahren → § 20 Nr. 1 RPflG. Es wird in das Streitverfahren übergeleitet. Die Abgabe erfolgt von Amts wegen, § 700 Abs. 3 S. 1, durch Beschluß oder Verfügung des Rechtspflegers, § 20 Nr. 1 RPflG, an das im MB gemäß § 690 Abs. 1 Nr. 5 bezeichnete LG oder AG, je nach dem Betrag, über den der VB erlassen ist[8]. Wegen der Verweisung auf § 696 Abs. 2 ist gegebenenfalls ein maschineller Aktenausdruck zu erstellen und an das Gericht zu übersenden, an das abgegeben wird.

6   3. Das Gericht, an das die Sache abgegeben worden ist, prüft zweckmäßigerweise zuerst die Zulässigkeit des Einspruchs und verwirft diesen im Falle seiner Unzulässigkeit nach § 341 Abs. 1 S. 2. Vor dem Gericht, an das die Sache abgegeben worden ist, muß sodann noch einiges nachgeholt werden, um das Verfahren in den Stand zu versetzen, den es im Versäumnisverfahren vor Erlaß des VU annimmt. Diesem Ziel dient die entsprechende Anwendung von § 697 Abs. 1–4, § 698 sowie die mit dem Rechtspflegevereinfachungsgesetz 1990 eingefügten Absätze 4 und 5. Genauso wie nach Widerspruch gegen den MB muß eine *Klagebe-*

---

[4] *BGHZ* 101, 134 m.w.N. = NJW 1987, 2588; *LG Hamburg* NJW 1986, 1997; *LG München II* MDR 1987, 504. – A.M. *Zöller-Vollkommer*[17] § 700 Rdnr. 5; *LG Heidelberg* NJW-RR 1987, 1213; *LG Karlsruhe* VersR 1973, 852 → § 694 Rdnr. 3.

[5] *MünchKommZPO-Holch* Rdnr. 15. Zöller-*Vollkommer*[17] Rdnr. 5 will weitergehend auch eine fernmündliche Einlegung zulassen.

[6] Art. 11 Abs. 2 Rechtspflegevereinfachungsgesetz.

[7] So auf der Grundlage des vor 1976 geltenden Rechts, aber ohne daß das neue Recht andere Aspekte gebracht hätte, *BGH* NJW 1976, 676; zust. *MünchKommZPO-Holch* Rdnr. 33.

[8] *OLG Koblenz* Rpfleger 1982, 292.

gründung nachgereicht werden. Ist sie eingegangen, so hat das Gericht, wie im normalen Erkenntnisverfahren, die Wahl, ob es sogleich einen frühen Verhandlungstermin bestimmen oder die Durchführung eines schriftlichen Vorverfahrens anordnen will. Im letzteren Fall hat natürlich die Aufforderung, die Verteidigungsbereitschaft zu erklären, keinen Sinn, Abs. 4 S. 2. Anders als im Fall der Inaktivität des Antragstellers → § 696 Rdnr. 77 ruht das Verfahren nicht faktisch, wenn der nach Einspruch zum Kläger gewordene Antragsteller seine Klage nicht begründet. Der Einspruch wird nach Abs. 5 vielmehr behandelt wie ein Widerspruch verbunden mit einem Antrag des Antragsgegners/Beklagten, mündliche Verhandlung anzuberaumen → § 697 Rdnr. 22.

Die in Abs. 3 vorgenommene Bezugnahme auf § 697 Abs. 4 bedeutet, daß der Einspruch gegen den VB nicht mehr zurückgenommen werden kann, wenn gegen den zum Beklagten gewordenen Antragsgegner ein Versäumnisurteil nach § 345 ergangen ist. Denn durch eine solche Rücknahme würde nur der VB in seinen Rechtswirkungen wieder aufleben, also eine Folge eintreten, die der Sache nach auch mit dem zweiten Versäumnisurteil ausgesprochen ist.

4. In der mündlichen Verhandlung ist zunächst erneut die **Zulässigkeit des Einspruchs** zu prüfen → § 341.   7

Ergeht ein diese feststellendes Zwischenurteil → § 303, so kann darin die Aufhebung des VB noch nicht ausgesprochen werden. Dies kann vielmehr nach § 343 erst in dem aufgrund der weiteren Sachverhandlung ergehenden Endurteil geschehen. Bleibt der Antragsteller des Mahnverfahrens aus, so wird die Aufhebung nach §§ 330, 343 in Form eines gegen ihn ergehenden Versäumnisurteils ausgesprochen. Sein (statthafter) Einspruch hiergegen berührt die Beendigung der Vollstreckbarkeit ebensowenig wie seine Schadensersatzpflicht nach § 717 Abs. 2. Erscheint der Antragsgegner des Mahnverfahrens nicht, so ist ein sich nach § 345 richtendes Versäumnisurteil gegen ihn zu erlassen. Zuvor ist die bisher unterbliebene Schlüssigkeitsprüfung nachzuholen. § 700 Abs. 6 stellt dies ausdrücklich klar. Fällt die Prüfung negativ aus, muß der VB aufgehoben und die Klage durch unechtes Versäumnisurteil abgewiesen werden. Gegen ein erlassenes Versäumnisurteil besteht nur die Möglichkeit der Berufung nach § 513 Abs. 2. Dabei ist der Begriff »Fall der Versäumung« weit auszulegen, so daß die Berufung gegen ein den Einspruch verwerfendes Versäumnisurteil auch auf die verfahrensrechtliche Unzulässigkeit des VB gestützt werden kann[9]. Zum Tatbestand der »Versäumung« im übrigen → § 345 Rdnr. 1, 5.

5. Ist der Einspruch zulässig, so wird das Verfahren in die Lage zurückversetzt, **in der es sich vor der Versäumnis** befand → § 342. Da der Einspruch sachlich die Nachholung des Widerspruchs ist, ist dies das Anfangsstadium des Prozesses. Demgemäß befindet sich der Rechtsstreit jetzt in genau derselben Lage wie in dem ersten Streittermin nach Erhebung des Widerspruchs. Der zum Beklagten gewordene Antragsgegner kann sich ebensowohl gegen den Anspruch verteidigen wie gegen die Vollstreckbarkeit einer seinetwegen ergangenen Entscheidung, z.B. durch Geltendmachung der beschränkten Haftung des Erben → § 780. Der Beklagte kann sich aber auch darauf beschränken, sich gegen seine Kostentragungspflicht zu wenden. Vor allem ist jetzt von Amts wegen zu prüfen, ob das Gericht, an welches die Sache abgegeben worden ist, tatsächlich zuständig ist. Ergeht Versäumnisurteil in abgekürzter Form, das auf den MB Bezug nimmt, so bildet der MB wegen der dort dem Betrag nach benannten Kosten keinen Vollstreckungstitel; da das Mahnverfahren beendet ist, wird über die Kosten nur dem Grunde nach entschieden und ihre Konkretisierung dem Festsetzungsverfahren vorbehalten[10].   8

---

[9] *BGHZ* 73, 87; 85, 361 = NJW 1983, 633.   [10] *LG Wiesbaden* Rpfleger 1971, 322.

Erscheint der zum Beklagten gewordene Antragsgegner nicht zur mündlichen Verhandlung, so ergeht gegen ihn zweites Versäumnisurteil, wenn die Klage zulässig und schlüssig ist. Die Berufung dagegen kann nach Ansicht des BGH auch darauf gestützt werden, daß die Klage im Zeitpunkt der Entscheidung über den Einspruch unzulässig oder unschlüssig war[11].

9   6. Wegen der **Kosten** → vor § 688 Rdnr. 44 ff.

III. Wirkungen des Vollstreckungsbescheids

10   Unterbleibt ein zulässiger Einspruch, so erlangt nach den Vorstellungen des ursprünglichen Gesetzgebers der ZPO, die insoweit aus Anlaß der Abschaffung der Schlüssigkeitsprüfung 1976 nicht korrigiert worden sind, der ordnungsgemäß zugestellte VB formelle und materielle **Rechtskraft** wie ein Versäumnisurteil. Dies gilt trotz der Abschaffung der Schlüssigkeitsprüfung bei Erlaß des VB[12]. Ist die Wahl des Mahnverfahrens durch den Gläubiger eine mißbräuchliche Umgehung der im Klageverfahren stattfindenden Schlüssigkeitsprüfung, so sollen die Schuldnerinteressen dadurch hinreichend geschützt sein, daß der Vollstreckung aus dem VB mit § 826 BGB bekämpft werden kann[13]. Der besondere Umstand, den die Rechtsprechung zu § 826 BGB für die Durchbrechung der materiellen Rechtskraft erfordert, liegt allerdings bereits in der Wahl des Mahnverfahrens, wenn der Gläubiger nach dem Stand der höchstrichterlichen Rechtsprechung zum Zeitpunkt der Antragstellung auf Erlaß des VB erkennen konnte, daß bereits die gerichtliche Schlüssigkeitsprüfung im Klageverfahren zur Ablehnung des begehrten Titels geführt hätte. Dies soll jedoch nicht gelten, wenn der Schuldner damals anwaltlich vertreten war, da es sich bei der Durchbrechung der Rechtskraft durch § 826 BGB um eine Ausnahmeregelung aus Billigkeitsgründen handelt, die in diesem Fall nicht mehr als gerechtfertigt empfunden wird[14]. Die **zeitlichen Grenzen der materiellen Rechtskraft** → § 322 Rdnr. 228 ff. entnimmt diese Lehre dem § 796 Abs. 2[15]. Das bedeutet zwar nicht, daß alles Vorbringen präkludiert wäre, das mittels Einspruchs noch hätte geltend gemacht werden können → § 767 Rdnr. 40. Jedoch wäre es immer noch sehr hart, wenn alles Vorbringen präkludiert wäre, das sich zwischen Anbringung des Mahngesuchs und Zustellung des VB zugetragen hat.

Mit vollem Recht ist freilich in jüngster Zeit, vor allem durch *Braun*[16], herausgearbeitet worden, daß es rechtsstaatlichen Anforderungen nicht genügt, einen der materiellen Rechtskraft fähigen Titel zu schaffen, wenn keine Person bei Gericht die Berechtigung des geltend gemachten Anspruchs auch nur ansatzweise geprüft hat. Es ist sicherlich rechtspolitisch gut vertretbar und verfassungsrechtlich unproblematisch, dem Gläubiger bei Ausbleiben eines Widerspruchs des Schuldners im Interesse effizienter Rechtsdurchsetzung einen vollstreckbaren Titel zu verschaffen. Ihn mit materieller Rechtskraft auszustatten, geht jedoch unvertretbarerweise und dem verfassungsmäßigen Übermaßverbot zuwiderlaufend über das hinaus, was aus Effizienzgründen geboten ist. Zudem verstößt es gegen Art. 92 GG, wenn Rechtspfleger der materiellen Rechtskraft fähige Entscheidungen treffen[16a].

---

[11] *BGH* ZZP 105 (1992) 74 (abl. *Schreiber*).
[12] *BGHZ* 101, 380 = NJW 1987, 3256; NJW 1987, 3259; *OLG Köln* NJW-RR 1987, 941; *LG Essen* NJW 1991, 2425; *AG Bad Schwalbach* NJW 1991, 2426 *Gießler* NJW 1987, 166; *Münzberg* NJW 1986, 361; JZ 1987, 477 und 818. – A.M. *Lappe/Grünert* Rpfleger 1986, 161 ff. (der VB habe keinerlei materielle Rechtskraft); *OLG Köln* NJW 1986, 1350 = JZ 642 (Bespr. *Grunsky*); *OLG Stuttgart* JZ 1986, 1116 (*Braun*); dass. NJW 1987, 44; NJW 1987, 444; *Kohte* NJW 1985, 2227; *Bender* JZ 1987, 503; *Grün* Die Zwangsvollstreckung aus Vollstreckungsbescheiden über sittenwidrige Ratenkreditforderungen (1990), 162 ff. – allesamt: lediglich eingeschränkte Rechtskraft.
[13] *BGH* aaO; bestätigt in NJW-RR 1990, 179, 303 und 434.
[14] *BGH* NJW 1987, 3256. – A.M. *Braun* JZ 1988, 48.
[15] Z.B. *Zöller-Vollkommer*[17] Rdnr. 10; *MünchKommZPO-Holch* Rdnr. 8.
[16] JuS 1992, 177 ff., insbes. 184. Ebenso schon Vorlagebeschluß *OLG Stuttgart*, der zu *BVerfG* NJW 1991, 2412 geführt hat, s. sogleich. S. auch die in Fn. 12 unter A.M. genannten.
[16a] Rechtspfleger als Richter i.S.v. Art. 92 GG betrachtend allerdings *Habscheid* Rpfleger 1989, 434.

Das BVerfG hat eine entsprechende Vorlage des OLG Stuttgart für unzulässig erklärt[17], weil sich das vorlegende Gericht in seiner Begründung in Widersprüche verwickelt und nicht klargemacht hatte, ob es in der Entstehung eines Titels ohne Schlüssigkeitsprüfung oder im Eintritt der materiellen Rechtskraft den Stein des Anstoßes sah. Nur das letztere ist rechtsstaatswidrig. Eine den Widerspruch des OLG Stuttgart vermeidende erneute Vorlage ist jederzeit zulässig.

Ohne materielle Rechtskraft hat der VB Vollstreckungswirkungen ähnlich einer notariellen Vollstreckungsunterwerfung. Der die Vollstreckung betreibende Gläubiger ist also nicht einem Schadensersatzanspruch, ähnlich dem aus § 717 fließenden, ausgesetzt, wenn in einem späteren Verfahren festgestellt wird, daß die titulierte Forderung nicht bestand.

IV. Arbeitsgerichtliches Verfahren

Eine »Abgabe« kennt das arbeitsgerichtliche Mahnverfahren auch nach Einspruch nicht. 11
Auf die Möglichkeit der Einspruchseinlegung ist gemäß § 59 S. 3. ArbGG im VB hinzuweisen. Nach § 46a Abs. 6 ArbGG hat der Einspruch zur Folge, daß von Amts wegen Termin anberaumt wird. In diesem Termin muß das Arbeitsgericht seine Zuständigkeit erneut → § 689 Rdnr. 10 prüfen und ggf. nach § 48 Abs. 1 ArbGG i.Vdg.m. § 17a GVG an das zuständige Gericht verweisen. Für eine Bindung des nach Verweisung mit der Sache befaßten ordentlichen Gerichts an die Beurteilung der Zulässigkeit des Einspruchs durch das Arbeitsgericht gibt es nach Wegfall von § 508 heute keine Rechtsgrundlage mehr. Jedoch darf das Arbeitsgericht schon gar nicht erst verweisen, wenn es den Einspruch nicht für zulässig erachtet → § 341 Rdnr. 25. Es kann auch ein die ordentlichen Gerichte bindendes Zwischenurteil erlassen → Rdnr. 5. Im arbeitsgerichtlichen Verfahren beträgt die Einspruchsfrist 1 Woche, §§ 46a Abs. 3, 59 ArbGG.

V. Verfahren nach dem WEG

Wurde der VB aufgrund eines Anspruchs nach § 43 Abs. 1 WEG erlassen, so ist nach dem 12
Einspruch das Verfahren vor dem Amtsgericht am Belegenheitsort des Grundstückes im Verfahren der freiwilligen Gerichtsbarkeit fortzuführen, § 46a Abs. 3 WEG. Der Mahnantrag gilt dann als Antrag nach § 43 WEG. Die Einspruchsfrist beträgt zwei Wochen, §§ 46a Abs. 3 WEG, 339 ZPO. Der Erlaß einstweiliger Anordnungen ist nach §§ 46a Abs. 3 S. 3, 44 Abs. 3 WEG auch vor Anspruchsbegründung zulässig. Der Einspruch muß den Erfordernissen des 340 Abs. 1 und 2 ZPO genügen. Die Zulässigkeit des Einspruchs ist vorab gem §§ 46a Abs. 3 S. 2 WEG, 341 ZPO zu prüfen. Im übrigen richtet sich der Verfahrensfortgang nach den §§ 45 ff. WEG und den Vorschriften der freiwilligen Gerichtsbarkeit; für die Tenorierung der abschließenden Entscheidung gilt § 343 ZPO entsprechend, § 46a Abs. 3 S. 7 WEG.

§ 701 [Außerkrafttreten des Mahnbescheids]

Ist Widerspruch nicht erhoben und beantragt der Antragsteller den Erlaß des Vollstreckungsbescheids nicht binnen einer sechsmonatigen Frist, die mit der Zustellung des Mahnbescheids beginnt, so fällt die Wirkung des Mahnbescheids weg. Dasselbe gilt, wenn der Vollstreckungsbescheid rechtzeitig beantragt ist, der Antrag aber zurückgewiesen wird.

Gesetzesgeschichte: § 641 CPO. Änderungen: RGBl. 24 I 552, BGBl. 76 I 3281.

---

[17] *BVerfGE* 84, 160 = NJW 1991, 2412.

1　**I. Das Erlöschen der Wirkungen einer Gerichtsentscheidung** mit Ablauf von sechs Monaten seit ihrer Zustellung ist eine sonst nicht bekannte Art der Beendigung eines Verfahrens. Die Frist wird nach § 222 i. Vdg. m. §§ 187 ff. BGB berechnet. Sie beginnt mit der Zustellung des MB und nicht erst mit der Benachrichtigung des Antragstellers nach § 693 Abs. 3[1]. Da es sich um eine Ausschlußfrist handelt, kann sie weder verkürzt noch verlängert werden[2]. Es findet keine Wiedereinsetzung statt[3]. Wird gegen den MB Widerspruch eingelegt, so wird der weitere Ablauf der Frist gehemmt. Wird der Widerspruch wieder zurückgenommen, läuft der Rest der Frist weiter ab. Sie wird weiter durch Antrag auf Erlaß des VB unterbrochen, läuft aber bei seiner Zurücknahme weiter[4]. Die Gerichtsferien sind ohne Einfluß, § 202 GVG. Für die Fristwahrung ist der Antragsteller beweispflichtig[5]. Mit Fristablauf kann der MB nicht mehr Grundlage des VB sein. Will der Antragsteller zu einem Titel kommen, muß er einen neuen MB erwirken oder Klage erheben. Ob auch die materiellrechtlichen Nebenwirkungen des MB mit rückwirkender Kraft entfallen, entscheidet das bürgerliche Recht. Für die Unterbrechung der Verjährung ist dies in § 213 BGB ausdrücklich so vorgeschrieben. Im übrigen → § 262 Rdnr. 1. Unberührt bleiben auch etwaige Vorschriften des materiellen Rechts, wonach gewisse Wirkungen schon früher erlöschen.

2　**II.** Dieselben Folgen treten nach S. 2 ein, wenn, nachdem Widerspruch nicht erhoben worden ist (S. 1), das Gesuch um den VB zwar rechtzeitig, also innerhalb von sechs Monaten gestellt, aber rechtskräftig zurückgewiesen wurde. Dabei ist jedoch vorausgesetzt, daß die Zurückweisung endgültig ist → § 699 Rdnr. 12. Da dem Antragsteller gegen die Zurückweisung die unbefristete Erinnerung → § 699 Rdnr. 12 zusteht und somit der Zurückweisungsbeschluß im Rechtsbehelfsverfahren aufgehoben werden kann, ist § 701 S. 2 auf erstinstanzliche Zurückweisungsbeschlüsse nicht anwendbar[6]. Ein noch nicht eingeleitetes Rechtsbehelfsverfahren wird mit Fristablauf unzulässig[7]. Wird ein neues Gesuch lediglich nicht beschieden, so tritt die Wirkung von § 701 nicht ein[8]. Solange es an einer ordnungsgemäßen Zustellung des MB mangelt, kann § 701 überhaupt nicht angewandt werden, da der MB noch gar nicht in Kraft getreten war → § 693.

3　**III.** Die Ausschlußfrist des § 701 S. 1 ZPO beginnt mit der Zustellung des MB zu laufen. Der Zeitpunkt des Eingangs der Zustellungsnachricht ist für den Beginn und den Lauf der Frist ohne Bedeutung[9]. Der MB wird nachträglich wirkungslos, wenn der Mahnantrag in zulässiger Weise zurückgenommen wird. Die Rücknahme ist ohne Zustimmung des Antragsgegners möglich bis zur Rechtskraft des VB, bei Widerspruch oder Einspruch bis zur Abgabe ins streitige Verfahren, § 696 Abs. 1 bzw. § 700 Abs. 3. Die Nichtzustellung eines erwirkten VB berührt die Wirkungen des MB nicht, auch nicht die Zurücknahme des Antrags auf Durchführung des streitigen Verfahrens.

4　**IV.** Ist der VB erlassen, so ist der Lauf der sechsmonatigen Frist ausgeschlossen, sollte auch der Antragsteller die **Zustellung unterlassen**, die er sich nach § 699 Abs. 4 S. 2 selbst vorbehalten hat. Der Antragsgegner hat dann kein Mittel, die Einspruchsfrist in Lauf zu setzen. In entsprechender Anwendung von § 211 Abs. 2 BGB endet jedoch die Unterbrechung der Verjährung in diesem Fall mit der Aushändigung des VB an den Antragsteller[10].

---

[1] *LG Köln* AnwBl 1986, 538.
[2] *LAG Berlin* MDR 1990, 187.
[3] *LAG Berlin* aaO.
[4] *AG Köln* JurBüro 1969, 90; *MünchKommZPO-Holch* Rdnr. 3.
[5] *AG Köln* JurBüro 1969, 90.
[6] *Vollkommer* Rpfleger 1982, 296; ebenso *MünchKomm ZPO – Holch* Rdnr. 4.
[7] *LG Frankfurt* Rpfleger 1982, 295.
[8] *LG Frankfurt* Rpfleger 1970, 100 (VB-Antrag war mit MB-Antrag verbunden, was vor 1977 zum Teil als zulässig betrachtet wurde).
[9] *LG Köln* AnwBl 1986, 538.
[10] A.M. *Berolzheimer* BlfRA 1976, 622, 624.

V. Eine **Mißachtung von § 701** berührt die Wirksamkeit des gleichwohl erlassenen VB 5
nicht[11]. Rechtsmittel → § 700 Rdnr. 2.

§ 702   [Form von Prozeßhandlungen]

(1) Im Mahnverfahren können die Anträge und Erklärungen vor dem Urkundsbeamten der Geschäftsstelle abgegeben werden. Soweit Vordrucke eingeführt sind, werden diese ausgefüllt; der Urkundsbeamte vermerkt unter Angabe des Gerichts und des Datums, daß er den Antrag oder die Erklärung aufgenommen hat. Auch soweit Vordrucke nicht eingeführt sind, ist für den Antrag auf Erlaß eines Mahnbescheids oder eines Vollstreckungsbescheids bei dem für das Mahnverfahren zuständigen Gericht die Aufnahme eines Protokolls nicht erforderlich.

(2) Der Antrag auf Erlaß eines Mahnbescheids oder eines Vollstreckungsbescheids wird dem Antragsgegner nicht mitgeteilt.

Gesetzesgeschichte: § 642 CPO. Änderung BGBl. 76 I 3281.

I. **Hauptzweck von Abs. 1** ist es klarzustellen, daß sämtliche im Mahnverfahren anfallen- 1
den Erklärungen vor dem Urkundsbeamten der Geschäftsstelle abgegeben werden können und daß es dort der Aufnahme eines Protokolls nicht bedarf. Gleichzeitig ist damit auch zum Ausdruck gebracht, daß der Antrag auf Erlaß eines MB nicht beim zuständigen Rechtspfleger persönlich und mündlich gestellt werden kann. Die vorgeschriebenen Verfahrensalternativen, je nachdem, ob Vordrucke eingeführt sind oder nicht → § 703c, sind nicht nur Verfahrensanweisungen an die Geschäftsstelle. Wird ein eingeführtes Formular nicht verwandt, so ist die vorgenommene Prozeßhandlung ungültig → § 703 c Rdnr. 2. Für den Widerspruch ist der Vordruckzwang gemildert, da sich der Antragsgegner des Vordrucks nur bedienen »soll« → § 692 Abs. 1 Nr. 5. Bedient sich der Urkundsbeamte eines Formulars, muß er freilich einen Vermerk aufnehmen, aus dem ersichtlich ist, daß er es war, der das Formular ausgefüllt hat. Für diesen Vermerk genügt ein Stempel. Der Urkundsbeamte eines anderen als des zuständigen AG hat dagegen ein Protokoll aufzunehmen[1]. Bei dem für das Mahnverfahren zuständigen AG genügt ein Vermerk auf dem Schriftstück → § 702 Abs. 1 S. 3. Sonstige Erklärungen, für die kein Vordruck eingeführt ist, sind stets zu Protokoll zu nehmen. Mit diesen Vermerken ersetzt das ausgefüllte und unterzeichnete Formblatt das herkömmliche Protokoll des Urkundsbeamten. Nach der Einführung der maschinellen Bearbeitung können der Mahnantrag und der Antrag auf Erlaß des VB auch in einer nur maschinell lesbaren Aufzeichnung eingereicht werden → §§ 690 Abs. 3, 699 Abs. 1 S. 2 1. Hs. Nach Abgabe ins streitige Verfahren besteht gemäß §§ 697 Abs. 4 S. 2, 700 Abs. 3 S. 2 für die Zurücknahme von Widerspruch und Einspruch die gleiche Formerleichterung wie nach § 702.

II. Mit Rücksicht auf die dem Antragsgegner zustehenden Rechtsbehelfe (Widerspruch, 2
Einspruch) bedarf es seiner gesonderten Benachrichtigung davon nicht, daß Antrag auf Erlaß eines MB oder eines VB gestellt wurde. Eine Mitteilung vom Antrag auf Erlaß eines VB zu unterlassen, rechtfertigt sich zusätzlich aus dem Grunde, den Überraschungseffekt der anstehenden Zwangsvollstreckung sicherzustellen. War der MB dem Antragsgegner bereits zugestellt, so ist ihm eine Zurücknahme des Mahnantrags bekanntzumachen.

---

[11] AG Siegen DGVZ 1971, 122.

[1] A.M. *MünchKommZPO-Holch* Rdnr. 5, der im Fall des § 702 Abs. 1 S. 2 keine Protokollierung für erforderlich hält.

§ 703 [Nachweis der Vollmacht]

Im Mahnverfahren bedarf es des Nachweises einer Vollmacht nicht. Wer als Bevollmächtigter einen Antrag einreicht oder einen Rechtsbehelf einlegt, hat seine ordnungsgemäße Bevollmächtigung zu versichern.

Gesetzesgeschichte: § 643 CPO. Änderung: BGBl. 76 I 3281.

1   I. § 703 verzichtet auf den Nachweis der Vollmacht, nicht jedoch auf die Vollmacht selbst. Die im Mahnverfahren bestehende Vollmacht muß auch dann, wenn der Vertreter nicht Rechtsanwalt ist, abweichend von § 88 Abs. 2 nicht auf Verlangen des Gegners nachgewiesen werden. Im Innenverhältnis muß jedoch stets wirksame Bevollmächtigung vorliegen oder mit rückwirkender Kraft nachgewiesen werden[1]. Andernfalls ist die von dem vermeintlichen Bevollmächtigten vorgenommene Prozeßhandlung unwirksam. Die Unwirksamkeit kann vom angeblich Vertretenen jederzeit geltend gemacht werden. Selbstverständlich ist aber das Vorliegen der Vollmacht nach Überleitung in das streitige Verfahren zu prüfen, sofern dann allgemein vorgeschrieben → § 88 Abs. 2. Demjenigen, der tatsächlich als Vertreter auftritt, kommen für das Mahnverfahren sämtliche Funktionen des Prozeßvertreters zu, also wegen aller notwendigen Mitteilungen, Zustellungen und Ladungen.

2   II. Die Versicherung, welche einem Vollmachtsprätendenten abverlangt wird, soll der Erleichterung der Geltendmachung späterer Haftung dienen, sowohl zugunsten des zu Unrecht, weil ohne Vollmacht in Anspruch genommenen Antragsgegners, als auch zugunsten des hintergangenen »Antragstellers«. Die Versicherung ersetzt den Vollmachtsnachweis nur für das Mahnverfahren, nicht aber für eine nachfolgende Zwangsvollstreckung, weil § 81 den Nachweis gemäß § 80 voraussetzt[2]. Legt ein Laie »i.A.« des abwesenden Schuldners Einspruch gegen einen VB ein, so versichert er damit konkludent die Existenz seiner Bevollmächtigung[3].

3   III. § 703 gilt nur für denjenigen, der für sich selbst die Stellung eines Bevollmächtigten in Anspruch nimmt. Wird jemand als Bevollmächtigter des Prozeßgegners, vor allem des Antragsgegners, in Anspruch genommen, so muß seine Vollmacht vorgelegt werden, wenn erreicht werden soll, daß das Gericht Prozeßhandlungen ihm gegenüber vornimmt.

§ 703 a [Urkunden-, Wechsel- und Scheckmahnbescheid]

(1) Ist der Antrag des Antragstellers auf den Erlaß eines Urkunden-, Wechsel- oder Scheckmahnbescheids gerichtet, so wird der Mahnbescheid als Urkunden-, Wechsel- oder Scheckmahnbescheid bezeichnet.

(2) Für das Urkunden-, Wechsel- und Scheckmahnverfahren gelten folgende besondere Vorschriften:

1. die Bezeichnung als Urkunden-, Wechsel- oder Scheckmahnbescheid hat die Wirkung, daß die Streitsache, wenn rechtzeitig Widerspruch erhoben wird, im Urkunden-, Wechsel- oder Scheckprozeß anhängig wird;

2. die Urkunden sollen in dem Antrag auf Erlaß des Mahnbescheids und in dem Mahnbe-

---

[1] *BGHZ* 33, 321 Rdnr. 5; *Zöller-Vollkommer*[17] Rdnr. 1.
[2] *Bank* JurBüro 1980, 1620; *MünchKommZPO-Holch* Rdnr. 6.
[3] *OLG Köln* FamRZ 1991, 451.

scheid bezeichnet werden; ist die Sache an das Streitgericht abzugeben, so müssen die Urkunden in Urschrift oder in Abschrift der Anspruchsbegründung beigefügt werden;
3. im Mahnverfahren ist nicht zu prüfen, ob die gewählte Prozeßart statthaft ist;
4. **beschränkt sich der Widerspruch auf den Antrag, dem Beklagten die Ausführung seiner Rechte vorzubehalten, so ist der Vollstreckungsbescheid unter diesem Vorbehalt zu erlassen. Auf das weitere Verfahren ist die Vorschrift des § 600 entsprechend anzuwenden.**

Gesetzesgeschichte: Eingefügt RGBl. 15 I 562. Änderungen: RGBl. 24 I 29, BGBl. 50 I 455, 74 I 722, 76 I 3281.

I. **Die Abweichungen** des Urkunden-, Wechsel- und Scheckmahnverfahrens vom gewöhnlichen Mahnverfahren bestehen in der Überleitung des Verfahrens in den Urkunden-, Wechsel- oder Scheckprozeß und in der Zulassung eines nur das Nachverfahren nach § 600 eröffnenden beschränkten Widerspruchs.

II. Der **Antrag** → § 690 muß deutlich erkennen lassen, daß er auf Erlaß eines Urkunden-, Wechsel- oder Scheckmahnbescheids gerichtet ist → §§ 593 Rdnr. 1, 604 Rdnr. 1. Verwechslungen dieser Begriffe sind unschädlich, wenn die zur Anspruchsbegründung angeführten Urkunden das Richtige ergeben. Fehlt es an einer deutlichen Äußerung, so ergeht gewöhnlicher MB, der bei Widerspruch zum normalen Streitverfahren führt. Die Urkunden, auf welche sich der Antragsteller zu stützen gedenkt, brauchen dem Antrag nicht beigefügt zu werden und werden, wenn beigefügt, nicht mehr entgegengenommen. Insbesondere die maschinelle Bearbeitung verträgt ein solches Verfahrenselement nicht. Die Urkunden müssen aber im MB bezeichnet sein. Fehlt es daran, so ist nicht etwa ein gewöhnlicher MB zu erlassen. Vielmehr ist der Antrag auf Erlaß eines Urkunden-, Wechsel- oder Scheckmahnbescheids nach § 691 zurückzuweisen, sofern nicht der Antragsteller zum gewöhnlichen Mahnverfahren übergeht[1].

III. Das Gesuch ist im übrigen wie ein gewöhnliches Mahngesuch zu prüfen → § 691 Rdnr. 1 ff. Über die **Statthaftigkeit des Urkunden-, Wechsel- oder Scheckprozesses** ist dagegen in diesem Stadium des Verfahrens nicht zu befinden. Der MB ist demgemäß auch bei offensichtlicher Unstatthaftigkeit der genannten Verfahren zu erlassen, und zwar als Urkunden-, bzw. Wechsel- oder Scheckmahnbescheid, nicht als gewöhnlicher MB.

IV. Zwei Arten von Widersprüchen sind vorgesehen:
1. Der **gewöhnliche unbeschränkte Widerspruch** bewirkt – wie sonst → § 696 Rdnr. 1 –, daß der VB nicht erlassen werden kann, und daß aufgrund eines Antrags einer Partei auf Durchführung des streitigen Verfahrens die Sache an das Gericht abzugeben ist, das der Antragsteller nach § 690 Abs. 1 Nr. 5 → dort Rdnr. 8 bezeichnet hat → § 696 Rdnr. 3 ff. Das weitere Verfahren dort folgt den allgemeinen Vorschriften über den Urkunden-, Wechsel- oder Scheckprozeß → § 592 ff. Die einzige Besonderheit besteht darin, daß erst nach der Abgabe Raum für die Einreichung der Urkunden oder der Abschriften von ihnen besteht, denn erst hier ist die Statthaftigkeit der besonderen Verfahrensart zu prüfen. Die Formulierung von § 703a Abs. 2 Nr. 2 (»ist die Sache ... abzugeben«) ist insofern mißverständlich. Bei dem Gericht, das den MB erlassen hat, können die Urkunden nicht eingereicht werden. Sie können bei dem Gericht, an das die Sache verwiesen wird, freilich schon vor der Anspruchsbegründung gemäß § 697 Abs. 1 gesondert eingereicht werden. Wird trotz Nichtvorlage der

---

[1] Ebenso *MünchKommZPO-Holch* Rdnr. 5; *Zöller-Vollkommer*[17] Rdnr. 4.

§ 703a IV – § 703b   Mahnverfahren   598

Urkunden nicht vom Urkunden-, Wechsel- oder Scheckprozeß Abstand genommen → § 596, so kann dies zum Ausschluß der Beweismittel mit der Folge des § 597 Abs. 2 führen.

5   2. Erhebt der Antragsgegner **beschränkten Widerspruch** mit dem Antrag, ihm die Ausführung seiner Rechte vorzubehalten, so ist in den auf Antrag des Antragstellers zu erlassenden VB dieser Vorbehalt aufzunehmen. Wird der VB nicht innerhalb der sechsmonatigen Frist des § 701 beantragt, so verliert der MB wie sonst seine Kraft. Ergeht der VB, so bewirkt dies, daß das Mahnverfahren nunmehr in einen im Nachverfahren nach § 600 anhängigen Rechtsstreit übergeht, Abs. 2 Nr. 4. Die Rechtshängigkeit wird nach § 700 Abs. 2 auf den Zeitpunkt des Erlasses des MB zurückdatiert. Der VB unter Vorbehalt steht nicht einem VU, sondern einem Vorbehaltsurteil gleich.

Das Gesetz hat vergessen zu regeln, wie die Sache an das für das ordentliche Erkenntnisverfahren zuständige Gericht gelangt. Ein Einspruch gegen den unter dem Vorbehalt der Nr. 4 erlassenen VB im technischen Sinne ist ausgeschlossen, da dieser sachlich die Nachholung eines versäumten Widerspruchs darstellt → § 700 Rdnr. 8, eine Säumnis aber in diesem Falle nicht vorliegt[2]. Indes setzt die Fortführung des Verfahrens im Nachverfahren richtiger Ansicht nach eine Prozeßhandlung voraus, die weitgehend in entsprechender Anwendung der für den Einspruch geltenden Vorschriften zu behandeln ist → § 600 Rdnr. 9. Man kann daher auch § 700 Abs. 3 i.Vdg.m. § 696 entsprechend anwenden. Folgt man der herrschenden Meinung, die glaubt, nach Erlaß des Vorbehaltsurteils gehe die Angelegenheit von selbst in das Nachverfahren über → § 600 Rdnr. 6, bleibt nichts anderes übrig, als das Gericht für verpflichtet anzusehen, mit Erlaß des Vorbehalts-VB die Sache zur Durchführung des streitigen Verfahrens an das vom Antragsteller bezeichnete Gericht abzugeben. Ist der Vorbehalt versehentlich unterblieben, so ist der VB nach § 319 zu berichtigen; daneben steht dem Antragsgegner – ebenso wie gegen ein unzulässigerweise ergangenes Versäumnisurteil – der Einspruch nach §§ 700, 338 zu. Wird gegen den Urkunden-, Wechsel- oder Scheckmahnbescheid kein Widerspruch eingelegt, so ergeht auf entsprechenden Antrag VB nach § 700. Gegen diesen VB ist der Einspruch gegeben. Das Mahngericht gibt die Sache dann v. A. w. an das im MB bezeichnete Streitgericht ab. Das weitere Verfahren folgt dann ebenso, wie wenn unbeschränkter Widerspruch eingelegt worden wäre, den Regeln des Urkunden-, Wechsel- und Scheckprozesses. Wird aus dem VB vollstreckt, sind die Urkunden vorzulegen[3].

6   V. Im **arbeitsgerichtlichen Verfahren** ist nach § 46 Abs. 2 S. 2 ArbGG der Urkunden-, Wechsel- und Scheckprozeß unzulässig. Infolgedessen ist auch für das Urkunden-, Wechsel- und Scheckmahnverfahren kein Raum[4].

§ 703 b [Maschinelle Bearbeitung]

(1) **Bei maschineller Bearbeitung werden Beschlüsse, Verfügungen und Ausfertigungen mit dem Gerichtssiegel versehen; einer Unterschrift bedarf es nicht.**

(2) **Der Bundesminister der Justiz wird ermächtigt, durch Rechtsverordnung mit Zustimmung des Bundesrates den Verfahrensablauf zu regeln, soweit dies für eine einheitliche Bearbeitung der Mahnverfahren erforderlich ist (Verfahrensablaufplan).**

Gesetzesgeschichte: Eingefügt BGBl. 76 I 3281.

---

[2] *Petermann* aaO 278; *MünchKommZPO-Holch* Rdnr. 9. – A.M. *Wieczorek* A II a 3.

[3] *LG Saarbrücken* DGVZ 1990, 4.

[4] Vgl. *Blank* DB 1990, 876.

I. Abs. 2 entspricht im Wortlaut, Abs. 1 im Inhalt dem § 641s Abs. 1 gilt für sämtliche 1
Prozeßhandlungen des Gerichts, die dem Mahnverfahren zugerechnet werden können, soweit die maschinelle Bearbeitung reicht. Dazu gehört vor allem der Erlaß von MB und VB, die Zurückweisung der auf ihren Erlaß gerichteten Anträge und die Abgabeverfügung. Die Vorschrift gilt immer, wenn und soweit eine Sache tatsächlich maschinell bearbeitet wird. Werden einzelne Sachen nicht maschinell erledigt, so ist eine Unterschrift nur nötig, wenn der weitere Verfahrensablauf der Automation völlig entzogen ist. Andernfalls kann der Rechtspfleger die nötige Verfügung am Bildschirm erstellen und deren Ausfertigung durch die EDV-Anlage vornehmen lassen, ohne daß es einer Unterzeichnung bedarf. Für den MB → § 690 Abs. 2, für den VB → § 699 Rdnr. 13. Ansonsten wird die Unterschrift durch das Gerichtssiegel ersetzt, das auch bereits eingedruckt sein kann. Für den MB genügt auch bei nicht maschineller Bearbeitung ein Stempelabdruck der Unterschrift → § 692 Abs. 2. Der maschinelle Ausdruck ersetzt auch die vollstreckbare Ausfertigung[1].

II. Der in Abs. 2 vorgesehene Verfahrensablaufplan unterscheidet sich von dem 1976 im 2
Regierungsentwurf vorgesehenen Programmablaufplan[2] dadurch, daß er nicht »alle im Rahmen der Bearbeitung erforderlichen Arbeitsschritte, alle Eingaben und Ausgaben von Daten und die Reihenfolge der Operationen« betrifft, sondern eine «verbale Darstellung der Bearbeitung nach dem logischen Ablauf der zu vollziehenden Vorgänge«[3] gibt. Alles weitere soll der Entscheidung der Länder über die technische Abwicklung des Verfahrens anheim gegeben bleiben[4].
Die Länder haben das baden-württembergische Justizministerium mit der Entwicklung der entsprechenden Rechenprogramme beauftragt[5]. Die Entwicklung erwies sich als zeitaufwendiger und kostenintensiver als ursprünglich geplant[6]. Nachdem auch andere Bundesländer die Stuttgarter Programme übernommen haben → § 689 Rdnr. 15, erfolgt deren Anpassung und Fortentwicklung in enger Abstimmung durch die jeweiligen Mahngerichte. Federführend ist weiterhin das Mahngericht Stuttgart[7]. Angesichts der bundesweit einheitlichen Durchführung des automatisierten Verfahrens war der Erlaß des Verfahrensablaufplans nach Abs. 2 bisher nicht erforderlich.

III. Für das arbeitsgerichtliche Mahnverfahren ist die Einführung einer maschinellen Bearbeitung 3
angesichts des geringen Aufkommens nicht vorgesehen. Wohnungseigentumssachen werden von der Automation mit umfaßt → § 689 Rdnr. 20.

§ 703 c [Vordrucke; Einführung der maschinellen Bearbeitung]

(1) Der Bundesminister der Justiz wird ermächtigt, durch Rechtsverordnung mit Zustimmung des Bundesrates zur Vereinfachung des Mahnverfahrens und zum Schutze der in Anspruch genommenen Partei Vordrucke einzuführen. Für
  1. Mahnverfahren bei Gerichten, die die Verfahren maschinell bearbeiten,
  2. Mahnverfahren bei Gerichten, die die Verfahren nicht maschinell bearbeiten,
  3. Mahnverfahren, in denen der Mahnbescheid im Ausland zuzustellen ist,
  4. Mahnverfahren, in denen der Mahnbescheid nach Artikel 32 des Zusatzabkommens

---
[1] *LG Stuttgart* Justiz 1983, 339.
[2] BTDrucks VII 2729 S. 104.
[3] BTDrucks VII 5250 S. 15.
[4] Zum Entwicklungsstand *Lechner* Mahnverfahren (Diss. Augsburg 1991), 56 ff.; *Heß* CR 1991, 245; *Beinghaus/Thielke* Rpfleger 1991, 294.
[5] *Keller* NJW 1981, 1184.
[6] Kritisch *Gößler* NJW CoR 2/1989, 24.
[7] Zur abweichenden Verfahrensgestaltung in Hamburg *Beinghaus/Thielke* Rpfleger 1991, 294. Die Abweichungen betreffen ausschließlich die gerichtsinterne Organisation.

zum NATO-Truppenstatut vom 3. August 1959 (Bundesgesetzbl. 1961 II S. 1183, 1218) zuzustellen ist, können unterschiedliche Vordrucke eingeführt werden.

(2) Soweit nach Absatz 1 Vordrucke für Anträge und Erklärungen der Parteien eingeführt sind, müssen sich die Parteien ihrer bedienen.

(3) Die Landesregierungen bestimmen durch Rechtsverordnung den Zeitpunkt, in dem bei einem Amtsgericht die maschinelle Bearbeitung der Mahnverfahren eingeführt wird; sie können die Ermächtigung durch Rechtsverordnung auf die Landesjustizverwaltungen übertragen.

Gesetzesgeschichte: Eingefügt BGBl. 76 I 3281.

I. Vordruckzwang

1   1. Daß die Einführung von Formularen der Grundlage in einer Rechtsverordnung bedarf, rührt aus dem in Abs. 2 statuierten Zwang her, sich der eingeführten Formulare bedienen zu müssen. Sie dienen der **Verfahrensvereinfachung.** Zugleich soll auch dem Schutz des Antragsgegners Rechnung getragen werden. Deshalb ist vor allem im Mahnbescheid ein deutlicher Hinweis darauf notwendig, daß eine inhaltliche Prüfung des Anspruchs durch das Mahngericht nicht erfolgt ist. Denn der rechtsunkundige Schuldner wird im Mahnbescheid ein offizielles, gerichtliches Schreiben sehen, an dessen Richtigkeit er zunächst glaubt. Im Zusammenhang mit der Reform des Mahnverfahrens (1991) wurde auch die Gestaltung der Vordrucke verbessert, um die Schuldner zu einer sorgsamen Prüfung zu veranlassen[1].

2   2. Durch Verordnung vom 06.05.1977, geändert durch Art. 1 der Verordnung vom 18.07.1991[2] hat das Bundesjustizministerium **Vordrucke für die nicht maschinelle Bearbeitung** der Mahnverfahren eingeführt. Diese umfassen Anträge auf den Mahnbescheid und den Vollstreckungsbescheid (Anhang A, Anlage 1 der VO). Die Vordrucke sind als Durchschreibesatz ausgestaltet, so daß mit der Ausfüllung des Antrags zugleich die Bescheide, ihre späteren Ausfertigungen und die vorzunehmenden Mitteilungen an den Antragsteller beschriftet werden. In der Anlage 2 ist ein Vordruck für den Widerspruch eingeführt worden.

3   3. Mit Verordnung vom 06.06.1978, geändert durch Art. 2 der Verordnung vom 18.07.1991[3] wurden **Vordrucke für die maschinelle Bearbeitung** der Mahnverfahren eingeführt[4]. Der Satz enthält u. a. einen Vordruck für den Antrag auf Erlaß des Mahnbescheids (Anlage 1 in der Fassung von Anhang B der Änderungsverordnung), für den Widerspruch (Anlage 3 in der Fassung von Anhang B der Änderungsverordnung), für den Antrag auf Erlaß des Vollstreckungsbescheids (Anlage 4) sowie für die gegebenenfalls veranlaßten Anträge auf Neuzustellung des Mahnbescheids bzw. Vollstreckungsbescheids (Anlage 6 und 7). Die Gestaltung des Vordrucks für das maschinelle Mahnverfahren ist seiner Natur nach abstrakter, aber auch genauer: die unterschiedlichen Forderungen sind mit speziellen Kennziffern anzugeben; Nebenkosten sind zu spezifizieren; Gerichtskosten nicht auszurechnen → § 691 Rdnr. 5. Diese Bezifferung der Anspruchsarten ermöglicht die eingeschränkte Plausibilitätskontrolle durch die EDV-Anlage des Mahngerichts → § 691 Rdnr. 7 b.

---

[1] *Holch* NJW 1991, 3181.
[2] BGBl. 1977 I 693; 1991 I 1547, in Kraft seit 01.01.1992.
[3] BGBl. 1978 I 705, BGBl. 1991 I 1547, in Kraft seit dem 01.01.1992.

[4] Eine ausführliche Kommentierung dieser Vordrucke enthalten die von den Justizministerien der Länder herausgegebenen Broschüren zur Automation des Mahnverfahrens, die bei den zentralen Mahngerichten angefordert werden können.

4. Im **arbeitsgerichtlichen Mahnverfahren** sind aufgrund der Ermächtigung des § 46a Abs. 7 ArbGG durch Verordnung vom 15.12.1977[5] Vordrucke eingeführt worden, die den Vordrucken für das nicht maschinelle Mahnverfahren weitgehend entsprechen. In **Wohnungseigentumssachen** sind die Vordrucke für das nicht maschinelle bzw. automatisierte Mahnverfahren zu benutzen.

5. Von der **Ermächtigung** des Abs. 1 **Nr. 3** und **Nr. 4** wurde kein Gebrauch gemacht. Der Mahnantrag kann formlos gestellt werden, muß aber inhaltlich den Anforderungen des § 690 Abs. 1 genügen → dort Rdnr. 2 ff.

II. Verstoß gegen den Vordruckzwang

1. Die Vordrucke sind von den Beteiligten zu verwenden, Abs. 2. Die Antragstellung per Fax ist unzulässig[5a]. Beim automatisierten Mahnverfahren ist der Vordruck nach Nr. 1, im nicht automatisierten Verfahren der Vordruck nach Nr. 2 auszufüllen[6]. Werden nach § 702 Abs. 1 Anträge vor dem Urkundsbeamten der Geschäftsstelle abgegeben, sind sie in das jeweilige Formular aufzunehmen. Soweit eine Übermittlung des Antrags per Datenträgeraustausch oder Datenfernübertragung zulässig ist → § 690 Rdnr. 18, bedarf es der Vordrucke nicht.

2. Wird der **Mahnantrag nicht auf dem** jeweils konkret **zulässigen Vordruck** eingereicht, so ist er nach Monierung gemäß § 691 zurückzuweisen. Das gilt auch dann, wenn die Einreichung per Fotokopie erfolgt[7], weil die Kopie mangels Farbgestaltung nicht den Formularen nach Abs. 1 Nr. 2 entspricht[8]. Fehlt dem Vordruck für das nicht automatisierte Verfahren der Durchschreibesatz für den VB, so ist eine Zurückweisung nicht statthaft, da der Antrag auf Erlaß des VB auch noch nachträglich auf einem anderen Formular gestellt werden kann. Die Benutzung eines einheitlichen Formularsatzes für Mahn- und VB-Antrag ist nicht vorgeschrieben[9]. Wird der Antrag nicht auf dem vorgeschriebenen Vordruck eingereicht, vermag er die Verjährung gem. § 693 Abs. 2 nicht zu unterbrechen[10], doch verbleibt es bei einer Unterbrechung gem. § 691 Abs. 2, wenn rechtzeitig Klage im Streitverfahren erhoben wird → § 691 Rdnr. 12.

3. Die Zurückweisung eines formularfrei gestellten Antrags auf Erlaß des VB (§ 699 Abs. 1) ist zwar nicht ausdrücklich vorgeschrieben – § 699 verweist nicht auf die §§ 690 Abs. 1, 2 und 691 Abs. 1 –, doch verlangt die Praxis gleichwohl die Benutzung der vorgeschriebenen Formulare[11]. Für den Einspruch gegen den VB und die sonstigen Rechtsbehelfe sind bundeseinheitliche Vordrucke nicht vorgesehen worden. Zwar können die Landesjustizverwaltungen weitere Formulare bereitstellen, an deren Nichtbenutzung sind jedoch die nachteilhaften Folgen des Abs. 2 nicht geknüpft.

III. Automatisiertes Mahnverfahren

1. Von der Möglichkeit, das automatisierte Mahnverfahren einzuführen, wurde wegen der technischen Schwierigkeiten und hohen Entwicklungskosten zunächst nur zögerlich Ge-

---

[5] BGBl. 1977 I 2625.
[5a] *LG Berlin* CR 1992, 554 (LS); *LG Hagen* NJW 1992, 2036.
[6] *LG Darmstadt* NJW 1986, 1945.
[7] *LG Stuttgart* CR 1989, 290.
[8] Anderes gilt bei einer Farbkopie im automatisierten Verfahren, Abs. 1 Nr. 1.
[9] *LG Düsseldorf* Rpfleger 1979, 348. – A.M. *AG Mart* DGVZ 1979, 46.
[10] *LG Darmstadt* NJW 1986, 1945.
[11] *LG Düsseldorf* Rpfleger 1979, 348.

brauch gemacht. Aktueller Einführungsstand: Baden-Württemberg, Bayern, Berlin, Nordrhein-Westfalen, Rheinland-Pfalz → § 689 Rdnr. 7.

2. In der Regel wird die Automation sukzessiv für einzelne Amtsgerichtsbezirke eingeführt. Zulässig ist aber auch eine Beschränkung der maschinellen Bearbeitung auf bestimmte Übermittlungsarten, also auf die Einreichung von Anträgen im Datenträgeraustausch oder im Datenfernübertragungsverfahren[12]. Dadurch können die hohen Kosten der herkömmlichen, personalintensiven Erfassung der Vordrucke nach Abs. 1 Nr. 1 eingespart werden. Diese Vorgehensweise wurde für das Mahnverfahren am Amtsgericht München gewählt[13].

§ 703 d [Antragsgegner ohne allgemeinen inländischen Gerichtsstand]

(1) Hat der Antragsgegner keinen allgemeinen Gerichtsstand im Inland, so gelten die nachfolgenden besonderen Vorschriften.

(2) Zuständig für das Mahnverfahren ist das Amtsgericht, das für das streitige Verfahren zuständig sein würde, wenn die Amtsgerichte im ersten Rechtszug sachlich unbeschränkt zuständig wären. § 689 Abs. 3 gilt entsprechend.

Gesetzesgeschichte: Eingefügt BGBl. 1976 I 3281, BGBl. 1990 I 2847.

→ § 689 Rdnr. 1–3, 7, 11
→ § 690 Rdnr. 13
→ § 692 Rdnr. 8
→ § 698 Rdnr. 1
→ § 700 Rdnr. 4

---

[12] *Lechner* Gerichtliches Mahnverfahren (Diss. Augsburg 1991), S. 57 ff.

[13] *Heß* CR 1991, 245.